崔国良 常健 张兰普 主编

张彭春文集

张彭春文集·日记卷

（1923—1932）（上）

张兰普 整理

南开大学出版社

天津

图书在版编目(CIP)数据

张彭春文集.日记卷.1923—1932：上、下 / 崔国良，常健，张兰普主编；张兰普整理. —天津：南开大学出版社，2024.10. —ISBN 978-7-310-06639-1

Ⅰ.C53

中国国家版本馆 CIP 数据核字第 20241CU133 号

张彭春文集·日记卷
ZHANGPENGCHUN WENJI·RIJI JUAN

南开大学出版社出版发行
出版人：刘文华
地址：天津市南开区卫津路 94 号　　邮政编码：300071
营销部电话：(022)23508339　营销部传真：(022)23508542
https://nkup.nankai.edu.cn

天津创先河普业印刷有限公司印刷　全国各地新华书店经销
2024 年 10 月第 1 版　　2024 年 10 月第 1 次印刷
230×170 毫米　16 开本　75.75 印张　4 插页　1241 千字
定价：376.00 元

如遇图书印装质量问题，请与本社营销部联系调换，电话：(022)23508339

本卷由南开大学人权研究中心资助出版

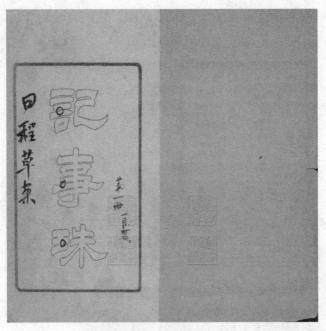

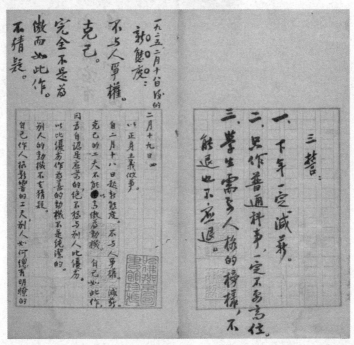

张彭春手迹

编辑说明

一、本书为张彭春所著《日程草案》1923 年 1 月至 1929 年 9 月和 1932 年 7—11 月的整理稿。因限于目前文献的保存情况，1923—1929 年间的日记偶有间断，故日记中所标册数并不连续。

二、在整理过程中，遵从原作者的书写方式，对民国时期与现在不一致的习惯用字词，如"那"与"哪"，"作"与"做"，"才"与"材"，"狠"与"很"，"常"与"长"，"份"与"分"等，凡不致引发歧义之处，一仍其旧。

三、原文中所用字词确为"错"字的，由整理者在该字词后标注于"〈〉"内。在确有漏字而引起歧义之处，由整理者在该字后"[ ]"内填注。未能辨认字用"□"表示。

四、对文中的断句及所用标点，原文中的加点、加线、加粗和使用的各类符号，基本沿用原文。在确需加注标点之处，由整理者按现代标点符号使用规范加注标点。不再于文中另作说明。

五、对文内张彭春所作的解释性文字，整理者按正文处理，为示区分，添加了"（）"。

六、本文为日记体，其语句叙述非规范之处常有，其中涉及人、事简略之处甚多，为方便读者阅读，整理者对其中所涉人、事、地点等，在第一次出现时在脚注中作简略说明。对于众所周知的，一般不再加注。一些无法确认的，也未标注。

七、对中文中插入的英语单词，在脚注中注明其汉语词意。文中成段摘录的英文内容，原文照录，不再译成中文。

八、对原中的眉批，整理时改变字体以夹文注形式出现。

九、对原文中张彭春摘录和引用的报纸、杂志等中英文内容，整理时进行了字体字号更换处理，以示区分。

十、原文记录时仅有年份和具体日期，为方便阅读，整理者在每月开始前增加了月份。

总　目

（上）

一九二三年

　　一月 …………………………………………………… 1

　　二月 …………………………………………………… 4

　　三月 …………………………………………………… 13

　　四月 …………………………………………………… 34

　　五月 …………………………………………………… 42

　　六月 …………………………………………………… 45

　　七月 …………………………………………………… 47

　　八月 …………………………………………………… 69

　　九月 …………………………………………………… 93

　　十月 …………………………………………………… 108

　　十一月 ………………………………………………… 121

　　十二月 ………………………………………………… 145

一九二四年

　　一月 …………………………………………………… 166

　　二月 …………………………………………………… 175

　　三月 …………………………………………………… 186

　　四月 …………………………………………………… 200

　　五月 …………………………………………………… 219

　　六月 …………………………………………………… 235

　　七月 …………………………………………………… 251

　　八月 …………………………………………………… 267

　　九月 …………………………………………………… 280

　　十月 …………………………………………………… 300

　　十一月 ………………………………………………… 325

　　十二月 ………………………………………………… 344

一九二五年

一月 ……………………………………………………………… 358

二月 ……………………………………………………………… 364

三月 ……………………………………………………………… 383

四月 ……………………………………………………………… 402

五月 ……………………………………………………………… 419

六月 ……………………………………………………………… 438

七月 ……………………………………………………………… 464

八月 ……………………………………………………………… 481

九月 ……………………………………………………………… 487

十月 ……………………………………………………………… 502

十一月 …………………………………………………………… 514

十二月 …………………………………………………………… 534

（下）

一九二六年

一月 ………………………………………………………………… 1

二月 ……………………………………………………………… 20

三月 ……………………………………………………………… 33

四月 ……………………………………………………………… 53

五月 ……………………………………………………………… 71

六月 ……………………………………………………………… 91

七月 ……………………………………………………………… 108

八月 ……………………………………………………………… 118

九月 ……………………………………………………………… 129

十月 ……………………………………………………………… 147

十一月 …………………………………………………………… 160

十二月 …………………………………………………………… 177

一九二七年

一月 ……………………………………………………………… 191

二月 …………………………………………………………… 204

三月 …………………………………………………………… 214

四月 …………………………………………………………… 228

五月 …………………………………………………………… 229

六月 …………………………………………………………… 235

七月 …………………………………………………………… 250

八月 …………………………………………………………… 261

九月 …………………………………………………………… 278

十月 …………………………………………………………… 289

十一月 ………………………………………………………… 294

十二月 ………………………………………………………… 308

一九二八年

一月 …………………………………………………………… 326

二月 …………………………………………………………… 339

三月 …………………………………………………………… 354

四月 …………………………………………………………… 365

五月 …………………………………………………………… 389

六月 …………………………………………………………… 402

七月 …………………………………………………………… 412

八月 …………………………………………………………… 424

九月 …………………………………………………………… 426

十月 …………………………………………………………… 436

十一月 ………………………………………………………… 451

十二月 ………………………………………………………… 461

一九二九年

一月 …………………………………………………………… 465

二月 …………………………………………………………… 479

三月 …………………………………………………………… 485

四月 …………………………………………………………… 496

五月 …………………………………………………………… 503

六月 …………………………………………………………… 511

七月 …………………………………………………… 517

八月 …………………………………………………… 532

九月 …………………………………………………… 549

一九三二年

七月 …………………………………………………… 554

八月 …………………………………………………… 566

九月 …………………………………………………… 594

十月 …………………………………………………… 615

十一月 ………………………………………………… 623

目 录

一九二三年

一月 …………………………………………………… 1

二月 …………………………………………………… 4

三月 …………………………………………………… 13

四月 …………………………………………………… 34

五月 …………………………………………………… 42

六月 …………………………………………………… 45

七月 …………………………………………………… 47

八月 …………………………………………………… 69

九月 …………………………………………………… 93

十月 …………………………………………………… 108

十一月 ………………………………………………… 121

十二月 ………………………………………………… 145

一九二四年

一月 …………………………………………………… 166

二月 …………………………………………………… 175

三月 …………………………………………………… 186

四月 …………………………………………………… 200

五月 …………………………………………………… 219

六月 …………………………………………………… 235

七月 …………………………………………………… 251

八月 …………………………………………………… 267

九月 …………………………………………………… 280

十月 …………………………………………………… 300

十一月 ………………………………………………… 325

十二月 ………………………………………………… 344

一九二五年

一月 …………………………………………………… 358

二月 …………………………………………………… 364

三月 …………………………………………………… 383

四月 …………………………………………………… 402

五月 …………………………………………………… 419

六月 …………………………………………………… 438

七月 …………………………………………………… 464

八月 …………………………………………………… 481

九月 …………………………………………………… 487

十月 …………………………………………………… 502

十一月 ………………………………………………… 514

十二月 ………………………………………………… 534

一九二三年

一月

一月卅日（第一册起）

昨天陶知行①路过天津，我到车站上同他见面谈几分钟的话。他对于我下学期在南开设办公室，并且实地试验训练和课程上几个问题，无异议。他说选择地点的事完全任我自由。

谈的时候，我发表我不赞成作空文章的话。他的意思也同我相合，也是想用事业来作文章。现在为省钱起见，他不得不任《新教育》的主笔。人每每立论无意中给自己留立足地；我不主张作文章，我自问起来，恐怕有点因为我自己的文章实在是作不成功。

这样的立论一定是没有价值的！

从今天起要天天按时办公，自己作自己的监督。这半年的课程如下：

（一）工具的预备。国文，书法。

方法：多看书，每天两小时。

写字，每天半小时。

一月卅一日

（二）中学训育问题。

方法：搜集各中学经验和通行方法，确定于训育有关的各种学校生活。

计划一学期高中修身班办法。

（三）课程改造的研究。

方法：预备大学讲演要目及需要材料，搜集各种教科书，对于改造的论文，几处中学现拟办法。

每天在办公室时间：

早九至十二，自修。

下午二至四，接洽，函件（用秘书）。

---

① 陶行知（1891—1946），原名知行，安徽歙县人，美国哥伦比亚大学教育学博士。曾任南京高等师范学校、东南大学教授和教务主任等职，参与发起成立"中华教育改进社"和"中华平民教育促进会"。

每早第一件事：计划本日事程，"日记"只记已过的事，《日程草案》是计划未来的事的。

* * * * * * * *

应理事：

答清华信。

清理 filing sysytem①。

计划如何用书记。

读梁启超《清代学术概论》。

与尹先生②谈写字练习方法。

计划大学学科要目及书籍。

* * * * * * * *

大学学科

名：《中学课程改造之研究》。

时间：下学期共四个月，每周二小时，共约 32 小时。

研究方法：应出于我根本治学方法，不应作无意识的摹仿（依傍）。

我是主张实地观察的；以开辟的魄力，用精密的计划，能发生实效的，给研究人推广的机会。

按中国实现的状况确定前进的方法，要寻出一个最有效的办法来。有效就是一个难题的解决。这不过是"实验主义"上一个推行出来的例，方法不过还是抄袭来的。不过要抄到西法的真精粹罢了。

在现在的时代中国还谈不到绝对自创的根本治学方法。

在改造课程的眼光上，手续上，都可以见出立论人的教育的根本观念："教育到底是为什么？"这个问题要在"教育是什么"之前。头一个是为设计的，第二个是为定界说的。头一问要在事前计划，第二个可在事后再讨论他去。（这也是实验主义的主张。）

* * * * * * * *

读《清代学术概论》③。

颜习斋④的学说，非书本教育，狠有不以学科而以行事作课程的主张。

---

① 文件系统。

② 尹承纲（1878—？），字劭询，时任南开中学训育课主任。

③ 梁启超著，1921 年由上海商务印书馆出版。

④ 颜元（1635—1704），原字易直，号习斋，直隶博野（今河北博野）人，明末清初思想家、教育家，颜李学派创始人。主要著述有《四存编》《习斋记余》。

要深研究。因此想到中国现在谈教育学术，不说东就讲西，动一动就拿外国学说来作根据，只依傍杜威是不成功的。

胡适在《先秦名学史》上作的沟通中西名学的事业。将来谁作中西教育学说的调和？

教育不只是哲学，还有一大部分是技艺。学校制的方法是否与中国合宜？现在没有人想到这里。教育是为什么？是第一最要的问题。

现在只问到某学科如何，教学用何教科书，狠少人问到课程是否必以学科作单位。只有人问到学科进步如何测验，狠少人问为什么必须要学那一科。只有人问学校如何经营，经费如何筹划如何支配，简直没人问学校制的教育在中国是否应用是否相宜。

问一问根本的问题绝不是将一切组织制度成方一时全推翻。不过我们应当知到一个"为什么？"，然后作的时候信心可以坚固些，兴味可以长久些。

在新旧交互的时候，正是研究问题最好的机会。

第一步当在比较研究之前必须知道新的是什么，旧的是什么。半新不旧的，半旧不新的，都是什么！

第二步是分析当时此地环境的变迁。

第三步是定新标准。（从已往经验得来，不拘人，不拘地。）

第四步是计划实施的草案。

第五步是审定实验出来的结果是否合于环境变迁的趋势。

二月

二月十三日

昨天出殡，丧事完了[①]。

家也安排的差不多了。

要注意作工夫了！

二月十四日

疑惯了，遇事不能决断，多空费去许多时间。既作中国人，不知道中国的历史和文字，真是可耻之至！还讲什么教育！还想作什么大事业！

应作的事太多了，必须细心选择。这个时代不是各样都能精通的。我在本国文化方面的预备又是非常的没根柢。自知己短，好好的作工夫罢了！

读《广艺舟双楫》，执笔，缀法，学叙，述学。（卷五）

"夫书小艺耳，本不足述，亦见凡有所学，非深造力追，未
易有得，况大道邪？"

二月十五日（旧历除夕）

昨天定的廿三早车上北京。走前应作的事：

（一）计划大学课程如何教法。（已有计划。）

（二）计划中学训育如何研究法。

（三）想定在京应办事项。（廿四日晚演讲。）

（四）思想清楚如何答复清华。

（五）写出改进社半年工作。

按次序想定方法，在一个问题想定之前，不想下一个问题。

抄顾炎武《日知录》卷十三。

"南北学者之病，饱食终日，无所用心，难矣哉！今日北方
之学者，是也。群居终日，言不及义，好行小慧，难矣哉！今
日南方之学者是也。"

现在这个评语还适用！

---

① 1923 年 1 月 31 日，张彭春母亲去世。

二月十七日

九点前十分到办公室。今天下午不来。

中学训育问题。

训，（教诲也，道也。）训育。（意义与训练同。）训练。（教练兵士也，Discipline。所以直接指导学生之意志，而陶冶其品性者也。）

教授法已改为教学法，训练是否应改？改为什么？

民国教育法令和《教育公报》颁布的条规。

各杂志发表的对于学生的自治，学校训练各问题的文章。

新拟的课程都有公民学一科，调查各处教法。公民学外有无别的训练？各校的规则也应当作一度的考察。

处现在的环境，训练应当有那几条标准？

实施起来，关系学校生活的那些方面？教员人格是最要的。

拟定每星期一次全体集会应当如何利用。南开修身班的特色，要调查清楚；精神方法有可保存发展的一定要接续去作。

Dewey, *Democracy and Education*[①], P. 150.

Now for that (the meaning) of discipline. Where an activity takes time, where many means & obstacles lie between its initiation & completion, deliberation & persistence are requires. It is obvious that a very large past of the everyday meaning of will is precisely the deliberate or conscious disposition to persist & endure in a planned course of action in spite of difficulties & contrary solicitations. A man of strong will, in the popular sense of the words, is a man who is neither tickle nor halfhearted in achieving chosen ends. His ability is executive; i. e., he persistently & energetically strives to execute or carry out his aims. A weak will is unstable as water.

P. 151 也有几句有力量的话。这狠可以定如何答复清华。

And most persons are naturally divested from a proposed

---

① 约翰·杜威（John Dewey，1859—1952），美国哲学家、教育家、心理学家，实用主义的集大成者，机能主义心理学和现代教育学的创始人之一。《民主与教育》（*Democracy and Education*）是其著名教育著作之一。

course of action by unusual, unforeseen obstacles, or by
presentation of inducements to an action that is directly more
agreeable.

心不正，思不清，行事一定不固。

二月十八日

昨天杜里舒①在天津讲演《历史之意义》。今天的题目是《伦理的根本问题》。

昨天听讲的时候，想到哲学家的意义是"能用最长，最不易懂的话，讲最简单的道理！"

今天读杜威《民治与教育》②第廿六章《道德学说》（Theories of Morals）。

二月十九日

今天照钟点办公：早九至十二，下午一半至四半。

训育问题。

昨天同 B.③谈。他赞成训育问题也作为大学学科，给大学学生入班的机会。两种功课一定比一样要多用时候。可是训育也是中学狠要的问题。

将来到各校参观，要同学生们接洽，从他们可得训育的实效。

二月廿日

九点十六分到。昨夜小孩病，我不过睡五小时。

昨晚饭在 B. 家。适之说将来不再教书，专作著作事业。整理国故渐渐的变为他的专职。国故自然是应当整理的，而适之又有这门研究的特长，所以他一点一点的觉悟出来他一身的大业。然而他在北京这几年的经验所以使他发达的趋势改变，是狠可以给我们一个观念：就是中国有才的人在社会上没有一个作"活事"的机会，所以要他们才力放在不被现时人生能迁移的古书古理上。

"活事"是经营现时人与人发生关系的事业，如政治、学校事业、民

---

① 杜里舒（Hans Driesch, 1867—1941），德国人，生机主义哲学家。1922 年 10 月至 1923 年 6 月在上海、南京、武汉、北京、天津进行巡回演讲。

② 现通译为《民主与教育》。

③ 代指其胞兄，南开中学校长张伯苓。下文同。

族生活等。

适之还没完全离开"活事"，他还编他的《努力》周刊，还时常发表与现时生活有关系的文章。

然而一般青年要认作"活事"是可引到真新生活上去，新文化是新生活的光彩，而新生活是非从"开辟经验"上入手不可。新思潮的意义不是批评，批评是新环境使然的，领青年们到新环境的经验上去，他们自然能发生批评的真精神。现在各种变迁的问题全应当从"分析环境"上入手。分析有两种方法，一是用历史来作比较观，一是实际社会调查。教学生也应当拿这两种方法作为公民教育（即应用社会知识）的根本教材。

在北京更不是作"活事"的地方。活事能常活，在有系统的发展机会，然后有费力经营的偿价，使经营高兴往前进行。若没有发展的机会，时常生阻隔，那样作"活事"的人狠少能持久对于活事的兴趣。

* * * * * * * *

在京应办事项：

一、定能去不能。如明明①病不见好，今天下午或明天早晨可以送他医院去。明早要定星期五能走不能，如不能，星六早必须要去。建校明早要给曹先生②写快信去。（同时给主素③信。）

二、在京必须作的：星六晚讲演。见曹。到办公室。

三、次要的：与杨成章④谈话。到许宅见 Steuens。见程柏庐⑤。住清华一夜。见孟和⑥。

四、住处：星五去住清华，星六住青年会。

---

① 张彭春长女张明珉，1922 年 6 月生。

② 曹云祥（1881—1937），字庆五，浙江嘉兴人。1900 年上海圣约翰大学毕业，1907 年赴美国留学，获哈佛大学商业管理硕士学位。1922 年起任清华学校（大学）校长。

③ 陈容，字主素，时任中华教育改进社总事务所事务部主任。

④ 杨成章（1896—1996），辽宁东沟人，1920 年北京高等师范学校英语部毕业。后创办北京弘达中学。

⑤ 程时煃（1890—1951），号柏庐，江西新建人。早年就读于江西实业学堂，1923 年毕业于日本高等师范学院后，留学美国，获芝加哥大学硕士学位。回国后，任江西省立第一中学校长，北京师范大学、大夏大学教授等。

⑥ 陶孟和（1888—1960），名履恭，以字行，天津人。1906 年南开中学第一届师范班毕业后，赴日本、英国留学。1914 年任北京大学教授，1929 年北平社会调查所成立，任所长。曾为国立中央研究院院士、中国科学院副院长。著有《社会与教育》《中国乡村与城市生活》及《孟和文存》等。

如何答清华。

一、清华应当作成试验大学。北大几年内不能大改良。国立学校经费不保长，清华狠应当用这个机会作大学的事业，派留美应当与清华分立，不只清华学生有留学机会。

二、现在全国是没有统一的系统，教育也不能期望某新计划发生狠广的效力。现在研究的中学课程同训育，如有结果，发效也不能狠远。知行也说不过为几个能改造的中学。我所想的，如果在南开不能实行，在别处恐怕实行的可能更没有了。我这半年实在是为南开中学设法改进。如不能胜过这里的各种困难，将来惟一的实行机会是自己组织试验学校。

不过在中国文字有莫大的魔力，把你所研究的用文字发表出来，效力也是不可限量。只于我自己文字发表的技能太薄弱了！各地狠要有人去讲演。讲演也不能毫无影响的。

用学校方法给中国造就一般有用的人才，必须在某一校用工夫。择地要想有发展机会的，能持久的。学校方法是同个人师传不是一样的，也与个人用著作或他种宣传方法所得效果大不相同。必须认定这两种分别，然后可知学校造人才到底是那样事业。

我确信造现代应用人才是非学校方法不成功的。可是学校生活必不能摹仿别国的。并且一个学校应当有一个学校的特性。

学校生活在中学年龄较比在大学还重要，所以我要先从改中学生活起。

生活是人与人接触，不是书本知识能教的。书本知识莫好于个人进步，不限班级。

生活是应当合作的，有组织的，能移用到社会上的。

现在大家还都想学校是只于读书的地方，没有注意到学校共同生活。所以各处学校恐怕因为有不合宜学校生活，学生不只无益，反倒有害。

在知识上，共同生活也引起一种非个人可能的研究法来。得技能，得"利器"是应当个人进度不同，然研究应当利用大家合作的互助精神和方法。现在各国的 Research Institute①可证明这条。所以学校教学法一定得改。

三、我既是发表要在中学学校生活各问题上用工夫，到夏天只作了半年就想改到大学问题上去，这是我自己不能持久，志不在作完一事，

---

① 研究机构。

再作下一件。那样自己一生不能收狠大的成功，也不能得社会的信用。

若接续作中学研究的事，要定意作到一九二五的夏天，再改别的问题。在这两年半里应期望的结果：

（1）南开中学改造。

（2）有文字发表对于课程和训育的主张。

（3）到各大处实地观察，讲演。

（4）实验出来一个研究教育各问题的方法。

这三年的工夫是应当用的！

虽然是狠不少，然而实效如何？

三年后再作别的问题的研究，或别类事的行政。那时中国情形可以多知道一点，文字的用法也可以方便一点了。

改进社半年的工作。

一、从课程改造上入手，这半年搜集材料拿课程作中心。课程、训育，都是学校的作业；不过课程多注意知识方面，训育注重品行习惯方面。实在狠难分开论的。

二月廿一日

到办公室晚了一点钟。在前面参观考场，今天考新生。考的科目都是能用字写的，若是初中入学或可，考入高班也只考能用文字达的知识，未免轻看学校里学科的书本以外的作业同训练。将来定出初中的生活是什么，高中的生活是什么后，新学生必须从初一或高一入学，半途不招新生。如此学校对于初中和高中的生活可以有一个生机的观念，也可以对于受过初中或高中生活经验的学生，负完全责任。训练和课程的问题都可以简单些。特别是训练。

今早明明热度下落，这次病像不至于险了。后天早车可以到京去。

北京车程已定好了，今天下午继续计划改进社的工作。

二月廿二日

九点四十分到学校，参观身体检验。新生有从外省直接来的，衣履状态都可看得出。为狠多的学生这是第一次受新制的教育。学校应当不只作身体的检察，看看入学前的身体，还应当检察他们入学前的社会经验同训练、思想和理事的方法。不过无论那种检察，目的不在他们已有的现状，是在知道原料的性质，然后好酌定最有效率的制造法，为的是产出社会需要的出品。空空检验后，不去用所得的事实，是无意识的动作。现在教育界时髦的心理测验，恐怕也不免这种目的不明了的毛病。

小孩出疹子，已竟出来了，不至大险。

定出应搜集的书报，请林先生作。（？）

二月廿六日

昨天从北京回来。今天南开开学。

要小心不干执行的事。自己要好好的向择定目的上作去。不批评，没有谏议；有问的，我来研究。

想改革一校最要的还是人！方法是为人用的。教育的目的在学生——不在某科的进步；——办教育的也不在某事的办法，某科的教法——还是在人。所以要先好好的预备你自己的人，然后用力影响别的人。"人存政举"是不错的！"为仁由己"也是不错的！

本星期应理事：

一、大学学程的预备。

二、中学高中、初中集会委员会开会。（计划半年办法。）

三、清华建议书。

四、改进社计划草案。（如何用助手？三月四日董事会前拟出。）

起首最忌太狂大，太宽泛！从实事上入手，把结论放在后面。"小立课程，大作功夫！"

二月廿七日

九点到。第一日南开上课。

大学学程，目的是为研究，不为讲演。然而学生程度，狠少数能作研究，多数只能听讲。给他们材料不能太多太杂。

为我的目的，能得助于学生的一定甚有限；不过可以用这个机会把我的意思翻到本国语言，合于本国的经验。所以班上的讨论和讲演都用国语；学生作报告用英文、国文随意。本国经验多的学生一定自己要用国文。

预备每次功课，要把需要的名词先拟定，写在一张纸上，不只实字，别类的字也要。这样作去，我的名词一点一点的可以够用的了。

记载：Records（from "Personal Efficiency"）。

（一）可靠。有观察，有评判。

（二）能时常在手下应用。

（三）可保存。

（四）有满足的事实。

时间的记载。（每作一事所用的时间。）

错误的〇〇[①]；

〇〇用印好的格式；

表图；

个人效率的〇〇；

〇〇所定目标；

定标准、计划、事程细目。（时间支配。）

* * * * * * * *

决行：敏行，Dispatch[②]。

一、好计划；二、细的事程；三、准确；四、严密注意；五、敏速；六、冷静；七、谨慎。

Discipline calls for subjection to one's own lines of life & thought, as planned after research or investigation, aided by counsel & properly scheduled.

二月廿八日

早晨来的狠早，然因为有人来看，废去一点半钟的光阴。

昨晚第一次《课程的改造》讲演用中文，有的学生觉着不如英文便利；然而国文稍好的一定狠容易记载班上的讨论。我声明我不赞成中国大学学程用外国语来教。这个话并不是取巧，因为我用中文教必得出力的，而用英文是于我最方便的。

今天下午第一次《训练问题》，本校全体职员都入这班。讨论的注意要多在实用，少在理论。并且有的学生，我的两门功课都学，所以不能用一样的材料。

据我这几天的观察，中学最大的弱点是：在职的教员没有相当的训

---

① 原文如此，不作修改，下同。

② 迅速办理。

练和精神上的连络。教员不能觉得同学校有什么密切的关系。让他有负责任的机会也是一个办方。校长或主任应当常与教员接洽，这不过是观察所得作为研究的资料，对于学校执行上还要小心不干涉。为南开想，要用的是人——能训练教员的人。

三月

三月一日

今天九点来的。

昨天在《训练问题》班叫学生自己检察个人的时间支配，注意个人的效率。"君子耻其言之过其行"，我自己的时间支配要特别小心！

昨晚中学职员会议，讨论暑假后中学人数问题，我有两个建议：（一）只收初一，高一生——总数初中 800，高中 800。（二）学费增加，为经济不足的学生特设免费办法。

想改进，第一是经济问题——现在算得狠严，必须每班五十人，如每班四十，学校全数要多费一万。解决这个问题有几条路：（一）要少数好教员，每班受教钟点减少，学生作业加多，这样好的教员可以久留，机械的辅助学生，全用助手（或大学生）。（二）增加学费。（三）学生多出力帮助教职员、校役，办事人无须加多，而事体可望往精神处办。团体的精神是最要的。

然而这少数的好教员——能用他们的能力品学感化学生，出力少而效率多的——从那里可以得来？这是人的问题！特别是私立学校，要训练自己的人，勿论有那样的资格程度，必须受过本校的陶冶，方可以得着本校的特别精神和办法。现在的南开，教员是最弱的一部分。来后没有什么训练，不久又他就去了。这个训练教员的人应当是中学主任——现在是教务课兼理主任的事，所以作不到好处。然而谁可以作南开中学的主任，作训练教员的事？在得着人之前，要作批评是没用的，小处可改，知识见解可以稍加，然而改造的大局必须得人。

我现在作的，可以说班上选出两三个能改进中学的学生，然而他们的经验甚有限，并且他们的志愿还未必在南开。

南开这样多的学生，现在不用自己造的教科书，真是可耻！把新课程定后，各科（或作业）用的材料应当自己选择自己排列，也必须自己去作。有这样的好机会，一定可以引来几个好教员。现在我们的时间到了，可以不用外国书，也可以不用书馆出的成本，我们要从研究试验上作出新中学应用书。这又是一个大计划，恐怕南开办不到。

我还静下气作我的研究的工夫罢！大的计划等一等有好的机会再谈。

今天时间的支配：九至十，写日程草案；十一至十二，预备功课。（十至十半，为小孩买推车用口。）一半至五，预备；七至八，功课。

昨晚谈到南开学生的弱点是："狂简！"

三月二日

九点到。十点一刻议初高中集会办法。

昨晚班上学生少了四五个，或者因为问题太专门，多数不能有兴味，或者因为留课太难，或者因为不读外国书，不用外国语。人数的少是在意料之内的，不过既是有人来愿意研究，要问清楚他们的志愿，设法帮助他们达到的目的。（整理者注：所有"帮忙""帮助"的"帮"字，都是"幇"字误。）

自己的态度要检点。自大的意思有时露出来：如同批评现在有的人能读纽约省的教育法令而不欢喜读本国的，又如同说我不赞成在中国大学用外国语教功课。这类地方，容易得罪同人。

我又不是执行的人，大的计划不是我的职务。表示我自己的见解比别人高，在一般学生中间，也是狠无聊的！自己有那样的主张，就老实按着作去罢了，何必拿起架子来批评人。

"温故知新""学不厌，诲不倦"，这是在我的。

"不愤不启，不悱不发"，愤、悱，是在人的——如此，他们才可以"自得"。自己稍作过一点研究，现在就觉自大起来，到处期望人的敬服——小量的小人！"可大受而不可小知""可小知而不可大受"的分别就从人的自大不自大看得清清楚楚！

（"古之学者为己，今之学者为人！"）

十点一刻至十二点，集会的讨论。

一半至三，写集会办法。

三至四，清华信。

今早定每星期一第三时作为集会委员会会期。这半年的集会：主席（校长，课主任，或学生），讲演（校长应有三四次，我在高中五次，初中三次。教员、主任、来宾、学生）。我每次委员会到，又有八次的讲演，以外不干涉执行。

三月三日

九点到。本星期应作的还有对于清华的建议书和改进社的计划。

清华的性质。

设备这样完善，一定是别的大学不同跟着学的。将来办大学的时候，能作为少数人的深造，给一般学者研究学问的机会，不能期望别的大学能采用清华的办法。在办大学之前，要先问大学在现时的中国功用应当是什么。这个问题我没作过一度彻底的研究，应当用至少一年的工夫作调查计划。

中学的改造。

一定要作下去的。现在的进步太慢，只于我一个人的工作；必须想出一种组织，有程度相当的一同进行。这里的学生，功课太忙（四年生都有廿学点上下），不能给许多时间作调查研究的事。职员则更是忙的啦，他们自己的职务还办不清楚，那能用许多时间帮我作研究的事；要认清，在南开的两学程都是讲演性的，可以让我把意思翻到国语，然而不能作多少研究的事。

就是有了研究的结果，产出中学的新课程，然必须实验出来，才可以知道合于实用。得着实验的结果后，必须有一般受过训练的人，然后这种办法才可以实行在别的学校里。不然研究实验的结果不过是几本教科书，几种写在书本上的办法。或者就用力在一个中学上，让他产出些合于时势的青年。

若作研究、实验，跟改进社目的还相同；若作某一校的事，就不是改进社应有的运作了。

方法没有人要紧，人必须是从自己起首，时势逾〈愈〉乱，这个公式逾〈愈〉有效。

这样看来，想中学的改造，必须自己拿一处中学来办，最能期望的实效，是你自己中学的学生，你的方法、精神，传到别处，能生效不能，和生什么样的效，都是离你逾〈愈〉远，意料逾〈愈〉不可靠。

今天早晨读《清华周刊》，下午看"西那模"①。

三月五日

十点到。十点一刻集会委员会。

---

① 英文"电影"（cinema）的音译。

　　昨天陶知行因 McCall①从京来。下午董事会，到会的熊、梁、严、张②四位。议定夏会因"世界教育会"改期到八月廿后。黄③、郭④的妙计，看着很有趣。陶很仿郭、黄方法，志在拿全国教育权。若能为人民造福，"包办主义"也有可说。方法"明公暗私"有时太清楚了！这种野心的鬼祟，对他的态度有几层：懂他，恨他，笑他，用他，不理他！

　　郭、黄论学问没有深的研究，他们的本领在能利用时局，能知人，组织还巧活，工于宣传。改进社大权也在他们手里。利用孟禄⑤是郭的计策，拿美国专家来伸长他们的势力。东南大学是造助手的地方，有钱，有人，无政潮扰乱。倒是真作一点教育的事。将来的教育人才也是他们一系的。中国一朝平定，组织全国教育的人一定是他们的。现在商科、农科、工科都渐渐的办起来了——前途很有希望，不知内部精神和组织如何。

　　这一群自号为大教育家的对于清华，一定要设法干涉，要他们的人在里面年拈〈占〉一部分的势力。知行谈要作一篇清华建议的文章，这里有用意在，下次见面，问他进行没有。改进社让他们拿去，有人还不觉所以然，现在恐怕清华也要落在他们手里。他们比别人强的，有组织，能宣传，手足巧。弱的是没有真正的见识（好用美国入口货！）太好名利。

　　若是如此，现在还应当作真正见识，不好名利的事业。B.大话，野心——也是没有深的根柢，不过比他们正直些，不如他们灵活些，宣传更不如他们。

　　决定不要这两门学程让我愁！作我大的计划，往十年后设想，预备作那个时候的大计划家！知行早开花，将来一定早谢！"欲速则不达。""见小利则大事不成！"

　　必须多到中国各地去，还要寻再到外国的机会。

---

　　① 麦柯尔（William A. McCall），美国教育家、心理测量专家，1922 年 6 月应中华教育改进社之邀来华，直接促成了 20 世纪二三十年代中国测验运动的兴起。

　　② 分别指熊希龄、梁启超、严修、张伯苓。

　　③ 黄炎培（1878—1965），字任之，江苏川沙（今属上海市）人。1917 年发起创办中华职业教育社，任董事长。该社后来成为中华教育改进社的一部分。

　　④ 郭秉文（1880—1969），字鸿声，江苏江浦人，美国哥伦比亚大学博士。1915 年起历任南京高等师范学校教务主任、校长和东南大学校长。1926 年发起组织华美协进社，任社长。

　　⑤ 保罗·孟禄（Paul Monroe，1869—1947），美国教育家。从 1902 年起一直担任哥伦比亚大学师范学院教育学教授，直至 1938 年退休。其于 1921 年来华考察中国教育，促进中华教育改进社的成立，并任该社董事，推动 1922 年我国中小学"六三三"学制的制定。

三月六日

每天的功课，像很重的负担——见他发愁！是因为学的人少么？是因为没有教科书，预备特别费工夫？

我的性情喜欢作一时人说好的事——好小名！作大家一时不能懂的事，只要与自己主张合，就按着自己的意志作下去，效果在将来，不在现在。

我要为学生想，他们既学这门功课，就要他们得着这门功课的真好处。

要少而精，不要多而滥。

三月七日

每天忙——专为两门功课——这不是我原定的计划。不用教科书，必须费力预备；并且有文字上的不方便；每天工作五小时，用在预备功课上要三或四小时，所以觉着功课以外什么事都作不成功。

八点四十五到。以后早来，可以九点前写日程。

定意：每天预备功课不得过三小时。

今天事程：九至十，读《章实斋年谱》。

十至十二，读杜威 M. P.，（预备）Scale for Citizenship。

一半至二半，（答信）读诗。

二半至三半，计划今天的课。

三月八日

大风土，又是从西方来的，坑的味气各处都是①。在这样的环境里想得清楚的思想，俊秀的美感，是比作梦还难！我仍信读诗可以修养感情；我自己有离这个环境的机会，他们不能离开的又应当如何？把坑设法移到别处去，是惟一的办法。

昨天班上精神很好，我很高兴。我自己太容易受别人对我的意思感动。别人赞成的事我特别喜欢去作，让人说好！别人不赞成的或是不懂的事，我作着没有兴味，不能独立持久，这就是好名，好一时的人说好。这样态度有两种不利：（一）让我精神上不得自主不能坦荡；（二）不能作超过一时人能懂的事。

气味太难闻啦！在这气味里又生活一天嗳！

---

① 指位于当时南开中学校园西侧的污水坑，每至春季天气变暖，坑中产生的污浊之气侵袭校园。

我觉出南开学生、先生太沉闷，不灵活。最少的是诗歌！课内课外对于感情陶冶的动作太少啦。天津本来不是产生雅艺的地方！然而近来旅行方便了，不是天津的学生在南开读书也不少，很可以提倡诗歌的风尚，给天津造一个新风气。

我们再看，新课程里对于诗歌美感的材料也是太不注意了。特别中学是造英雄的时期，也是崇拜英雄的时期，英雄离开了诗歌那能造的成功？"燕赵多慷慨悲歌"，这样的歌不知道都到那里去了。

大可作的是选择些中文的诗、英文的诗，适于中学生的，让他们得着诗的兴味，一点一点的能作的也就有了。南开已竟〈经〉办了近廿年，而对于母校的感情，学校生活的乐趣，没有产出一首诗，真奇事！有诗兴的一定不少，不过没给他们一个发展的机会。

九至十写日程。十至十一读《章实斋年谱》。

十一至十二，一半至二半，预备功课。二半至三半，参观集会。四半，陪医生……

三月九日

八点四十五到。

一个梦里的中学。

现在办法延迟下去是坐失机会。从新基础上造：招百五十人，岁 12—14，经过详细的入学试验。课程注重身体、自助、开辟精神。上班钟点大减，班上注意个人，多室外动作，学生组织的训练，制服，宿室多人同住，简单一律食物（不吃零星），沐浴室够用，常作野外履行，机械学科（文字，算法等）进步按个人快慢。不管与别处"六三三"制课程一样不一样。现在的中学一天大比一天，将要到一个没有办法的时候。根本上有错误，枝节上改没有用处。

女中学招六十人，也作同等的试验。

大学学教育的人到中学里参观，作助手，可以看实地试验的情形。教出几个能办这样新式学校的人。

作教育研究的人，必须发表试验的预备同收效。作一个教育者，就是作哲学，也就是作政治和社会学——他的学理必须充足，他的组织能力必须精密，并且他还须是一个美术家，把他神秘的感想用具体的材料表现出来——作教育者不是容易的事！

反想自己的程度如何？本国史、文、心理、经济都没作过彻底的研究。只于可以作一个"小聪明"的教育办事员，那配说什么高深的学理，精密的计划！在教育人之前先教育自己罢！

（写的"白字"太多了！）

九半至十一，读章《年谱》；十一至十二，沈信，读《努力》。

三月十日

九点到。

昨天看胡适的《一个最低限度的国学书目》，内分三部：（一）工具之部，（二）思想史之部，（三）文学史之部。他认，"那些国学有成绩的人大都是下死工夫笨干出来的"；他的主张是："用历史的线索做我们的天然系统，用这个天然继续演进的顺序做我们治国学的历程。"第一部里都是些书目辞典类的书，第二部分（头一本就是胡先生自己的《哲学史大纲》！）是些经、子和性理佛教的书，第三部分是从《诗经》到最近的文、诗、小说。

从这个书目里看不出什么求国学的法门。然而可以看出胡先生所谓国学的是从这些书中可以得来的。既说是历史的国学研究法，所以必须把这些书，按胡先生的次序，从头到尾读一周。

这是他所提倡的。这还是一种"死工夫"。为少数人或可试办，（专心研究思想同文学史的人，大学国学科必须有的两个学程。）为那些不能专心研究文科的人，应当如何可以得一点国学的知识？这是为大多数教育的问题。

就是为少数的人，有这些书应当读，而读法也不同。如何读法是一个问题。参看周书昌集的《先正读书诀》^①，先正读书贵精不贵多，用熟读强记的方法，把几部认为根本的书每字每句攻过了，然后多涉阅群书，涉阅的时候还要做疑问札记的工夫。

我们看这种读书方法，知道当日所谓儒者读书以外没别的事业，用上十年廿年的工夫，不算什么。虽然述说古人的话，"立德，立功，立言"，古人是合着看，后儒只能分着看，大大多数不过期望"立言"，这就算最

---

① 周永年（1730—1791），字书昌，山东历城（今济南）人，乾隆年间进士，曾主编《四库全书》子部。

高了。

现在我们应当认德是功的工具，也是功的结实，言是德功的预备，是与德功相辅并进的。在这个开辟的时代，德功言是不能分立，也不应当分立的。一般读书人若再退居专做立言的工夫，实是自私，而所做的言也绝不能立。

如果这样，学者不应只用读书的方法来求学问。学问既不只是言，就不能全从书上求。

我个人在古书上是没有一点根底的，我现在求得中国已有的思想学术，为的是作现时要做的事。要想教育，必须知道此民族的已往和现在，然后才可拟定将来的趋向。世界的变迁我稍有过一度的研究，现在我最欠的是对于我们已往的，和现在实际上的知识。

现在实际的知识必须亲身观察可以得的来的。已往的情形和思想，必须用记载的帮助；既用各种的记载，必须知道材料的可靠不可靠，同解释的种种研究。

什么是一个教育家？这里有哲学性质，有政治性质，有宗教性质，有艺术性质。所谓科学方法的应当从这各种性质里表现出来。

哲学，分析环境变迁，了解生活意义。

政治，组织人群，使理想的社会实现。

宗教，爱受教育者，遇难不生烦。

艺术，方法的创造，工具的灵活。

（教育事业的四种性质。）

如此说来，教育事业，谈何容易！

讲到这，我自己对于国学应如何入手？

教育思想同教育制度的沿革是我应当知道的，看看我们已往对于教育有如何理想，如何设施。作这一度的研究是必不可少的。从这次研究里可以得着用古书的方法，和应当小心的地处。各时代，各种书（经史集）里对于教育生活，方法和态度有关系的，都当采取。这样看来，应当读的书可就多了！

这个题目全部分太大，应从一个时代，或一个人的学说入手。

再有，是我写国文的能力，这是文字的工夫。如何预备达意的工具。多记字，辞，句，多看书，多写——方法不过如此。

今天试做一点研究古书的事——《论语》里讲到"学"的目的和方法。

次序：

（一）用朱注本，集一切对于"学"的"子曰"。

（二）要问《论语》是什么样的书，做如何解（这是训诂小学）。

（三）《论语》时代的教育如何？

（四）孔子对于教育的学说同方法？

（五）评论（为现时有什么用？）。

（不拿全体"所谓"国学的来研究，用问题做线索，做一部分的搜集。先秦的名学，适之做过一度的整理。谁来做先秦教育的调查？这种事或者可以得任公的帮助。可惜我古书的底子太浅了！不过可以给将来的学生作一个试验，看看一个没读过古书的人能否作国学的研究。）

三月十二日

体育忽略，应速用力改习。

第三时集会委员会。拟建议作学校生活调查，用不记名法，（每组一天，毕，交本班班长，用样子旨在各班上，注意不上课时间。）合高、初三，同否本星期实行？本次集会题目：学应做如何解？或学校生活的特性？第二题与调查是连带的，这样就定第二题。再问学生有对于学校生活上发生过什么疑问？观察不只本校，因我所欲调查的也不只本校。有愿与我讨论的请写明问题送西五排四十九号，后定时间面谈。搜罗问题后设法请人讲演，或有别法改进（每人交集会应讨论题三个）。

初中讲演可否减短？加与学生有兴趣的动作。

三月十三日

今天在高中集会讲《学校生活的性质》。

昨《训育问题》班上，人数又加多，我给他写一点感想。有人（旁听生）不写。后来我同他们说，无论谁都应按本课的功作去行。下班后回想，恐怕因为这句话得罪了人；这也是我喜欢得人赞同的弱点。事自有是非，不应因人改变我的评判。

做讲师的应当引人入胜，使人有自得的机会，绝不应当督促学生如犯人，他自己不愿求学，是他自己的责任。对于大学学生更应如此。

九至十一，一半至二半，预备集会讲演。

十一至十二，三半至四半，预备功课。

三月十四日（第二册起）

每天写日程的习惯渐渐的造成了。

一九二三年又将过去四分之一，时间太不等候我们啦！回想前一个月半，按着定的计划进步很有限。（一）工具的预备，读书每天两小时未能做到，写字还未起首去做。（二）训育问题。（三）课程改造。这两件不过教两班学生，所教的材料都没什么新得。做的是翻译的事，是讲演已知的事实，没做一点新的研究；这样下去，与改进社的宗旨大不相同了。预备我能写文章的技能倒算是改进社的职务，为是发表我有的意思；而只教书不研究新事实便不是改进社的职务。

勿论如何，在本学期末尾必须有一个对于改进社的报告，不然大家要误会我所做的事。

对于"国学"进步的方法，要按着三月十日拟定次序去做。

在本月廿五日前要决定下两问题：

（一）暑假后在什么地方做事？

（二）过夏到什么地方去？

* * * * * * * *

日程：

九．四十五至十一，检阅数种书。（《文史通义》《读书杂志》《论语正义》《经传释词》《经义述闻》）

十一至十二，集《论语》中讲"学"的句子。

一半至三半，预备功课。（想研究新事实，不只讲演。）

四半后，散步。

《文史通义》：

《内篇一》：《易教》上、中、下，《书教》上、中、下，《诗教》上、下，《经解》上、中、下。《内篇二》：《原道》上、中、下，《原学》上、中、下，《博约》上、中、下，《言公》上、中、下。《内篇三》：《史德》《史释》《史注》《传记》《习固》《朱陆》《文德》《文理》《文集》《篇卷》《天喻》《师说》《假年》《感遇》《辨似》。《内篇四》：《说林》《知难》《释通》《横通》《繁称》《匡谬》《质性》《黠陋》《俗嫌》《鍼铭》《砭异》《砭俗》。《内篇五》：《申郑》《答客问》上、中、下，《答问》《古文公式》《古文十弊》《浙东学术》《妇学》《妇学篇书后》《诗话》。《外篇》三卷，《论方志义例》。

《读书杂志》，王念孙（父）。

《逸周书杂志》四卷；《战国策〇〇》三卷；《史记〇〇》六卷；《汉书〇〇》十六；《管子〇〇》十二；《晏子春秋〇〇》二；《墨子〇〇》六；《荀子〇〇》八，补遗一；《淮南·内篇〇〇》廿二，补一；《汉隶拾遗》一。

都是字句训诂。分条研究。

《经传释词》，王引之（子），有一百六十字的解释。

《经义述闻》，王引之。

梁启超《清代学术概论》（七十四页）："虽以方东树之力排'汉学'，犹云：'高邮王氏《经义述闻》，实足令郑、朱俯首。汉、唐以来，未有其比。'"（《汉学·高兑卷》中之下）

《孟子字义疏证》（戴震），梁《清代学术概论》六十八页："《疏证》一书，字字精粹，……综其内容，不外欲以'情感哲学'代'理性哲学'。"必须寻得一本读。

戴："君子之治天下也，使人各得其情，各遂其欲，勿悖于道义；君子之治也，情与欲使一于道义。夫遏欲之害，甚于防川，绝情去智，充塞仁义。"

《论语正义》，刘宝楠。

三月十五日

研究古书不是人人能的，也不是一时半时可以有效的。我现在最急要的是达意的工具。（到现在还没注意觅一个好的书记。）用力应先从工具上入手。

今早因 W.①咳嗽，很生烦。应早觅医生看。尽力做我应做的，不要生烦。烦了后更不能用全分力量在应做的事上。

---

① 代指其妻子蔡秀珠。

昨天下午同华①、优②、凌③谈《一个梦里的中学》，从批评入手；他们的意思总要具体的建议，拿出来立刻可实行。我具体的主张若发表出来，将来对于他的实施我应负责；试验临时发生问题必须当场有人解决。在能实现之前，将来的教员必须有一种特别的训练，把一年的教材同方法都想得周密精审，然后，试验可期望成功。

在南开作如此的预备，倒不至于有很大的障碍，不过少的是人！试验，我自己应负责，那自然就去不开了！

所以第一要决定的是我自己的计划。

试验我的主张是我的天职，是我这次回国想做的事。我自己能真自信我的主张么？能为我的主张牺牲么？清华的是一个好机会，我应当舍去么？

我是否心太急，想立刻试验出来我的主张？我应否再预备的详细些，考虑的周密些，然后拿出来实验？

按清华的职务看，做主任还不是很难的事，可以在本职外做中学改造的工夫。

然而改造是必须实做的，只于学理是不中用的。如果在清华里做这件事，什么地方可以实习？

自己的学问在什么地方可以得发展预备将来用？读书，写文章是求学问，实验主张也是求学问。（可是，试验之前，草案必须完善。）

* * * * * * * *

梁任公答《清华周刊》记问（《周刊》，十二年三月一日）。

"国学常识，依我所见，就是简简单单的两样东西：一、中国历史之大概；二、中国人的人生观。知道中国历史之大概，才知道中国社会组织的来历。中国人的人生观就指过去的人生

---

① 华午晴（1879—1939），号光霁，天津人。早年受教于张伯苓主持的王馆，于1908与张彭春同从南开中学毕业，被聘为该校会计，后又参与南开大学、南开中学、南开女子中学及重庆南开中学庶务、财务、建筑等总务后勤工作，是张伯苓得力助手。

② 优乃如（1890—1947），名文翰，天津人。1911年毕业于直隶高等工艺学堂化学科，后被聘为南开化学教员。1920年兼任校长秘书，后又兼任大学注册课主任。是张伯苓的得力助手。抗日战争时期，随张伯苓寓居重庆，负责国立西南联合大学的联络工作。抗日战争胜利后，与黄钰生等协助张伯苓主持学校复员工作。

③ 凌冰（1892—1993），字济东，河南固始人。1912年考入天津南开，次年考入清华学校，1916年赴美留学，获克拉克大学博士学位。1919年南开大学成立，受张伯苓校长之聘，任大学部主任。1927年任河南中山大学校长、河南省教育厅厅长等职。

观而言；人生观是社会结合的根本力，所以知道过去的人生观是常识的主要部分。

你们应当读的书：（一）《论语》，（二）《孟子》，（三）《左传》（约三分之一），（四）《礼记》（《大学》《中庸》《学记》《乐记》《王制》《礼运》《坊记》《表记》《祭义》《祭法》《射义》《乡饮》《酒义》《檀弓》），（五）《荀子》（三之一），（六）《韩非子》（四之一），（七）《墨子》（五之一），（八）《庄子》（五之一），头七篇，杂篇，（九）《老子》（全），（十）《易》（系辞），（十一）《史记》（五之一），（十二）《通鉴》（全）。这是你们应当读的最低限度了。……你们读完这些，大概可以有个中国史的大略，可以略略明白中国人的人生观了。"

又评美国物质文化的毛病："她的教育过于机械的，实利主义太深了，所以学校教学生总以'够用了'做标准，只要够用便不必多学，所以美国的学问界浅薄异常，没有丝毫深刻的功夫。因为实利主义太深，所以时刻的剖析异常精细，如此好处自然是有，我现在不必多说；而他坏的方面就是一个'忙'字。"

又说："人格教育就以教育者的人格为标准。"

＊＊＊＊＊＊＊＊

无论是做中学的试验，或是清华大学的筹备，我自己的根本学问同发表的工具都不够用！学问上的死功夫是必须得用的！

（作正，做俗。）

三月十六日

修改论文，必须早作，信谕 Kilp[①]，并寄稿。

昨天起集《论语》上讲"学"的句子，看孔门所谓"学"的是何物？要看章实斋[②]的《原学》。

任公评美国教育"只要够用，便不必多学"。实利主义把"用""行动"放在前面。"思想为学问"不是新地开辟时代可能有的。"下学上达"的"学"是"生命"不是"为生命"。杜威也主张"教育是生命"——要

---

① 克伯屈（W. H. Kilpatrick，1871—1965），美国教育家，哥伦比亚大学师范学院教授，于1918年提出的"设计教学法"，对张伯苓创办南开大学的框架影响甚大。

② 章学诚（1738—1801），字实斋，会稽（今浙江绍兴）人，清代史论家。他的《文史通义》被称誉为一部"为千古史学辟其榛芜"的杰作。

看他同孔门的人不同的点是什么。

杏孙[①]来作集会问题的分类。

日程：十至十一，集《论语》句。十一至十二，读章《原学》。一半至四半，KilP 信，论文。

三月十七日

小孩食物问题尚无解决方法，夜里睡不好，全家都被惊扰。母女的健康是我的责任。过一二日如不见好，可否移到医院去住？

清华事在学问，精神上最无可取；恐怕有人用他作为一处身体同经济修养所！现在的董事和办事人对于教育方针毫无眼光，大家在那里看守维持一些钱罢了！

若是去，在一群小官僚部下作一点为物质幸福的事，未免可耻！然而身体的生活也是必须有的。一般青年，不全是没有志气的，在清华得不着一种正当的指导也是很可惜的。清华如有希望根本改组办大学，这个事可作，应当作；若是没有机会，自然是不应当去的。

如果董事部不改组，校长的预算不改定，在五年内清华没有作事的机会。

月涵[②]昨天从清华来，今早可有几分钟的谈话。要研究因为什么清华的学生教员同学会谈改组，要求改组，到现在还未曾发生效果？内中有那些人有教育眼光和技能？

按我自己的学问进步，不应求速效。明年如果文化学院[③]能成功，南开倒是很好研究知识的地方。

小孩的健康，也是 W. 的健康，也是我的健康！

午饭约南开同人及月涵。

三月十八日，星期日

昨天同月涵谈：曹志久留，董事不能大改组，办事人无教育眼光，更谈不到学问。

---

① 林继祖，字杏孙，天津人。时任南开中学斋务课兼庶务课课员。

② 梅贻琦（1889—1962），字月涵，天津人。与张彭春同为 1908 年南开中学第一期毕业生，后赴美国留学。1915 年回国，在清华学校任教，1931 年任清华大学校长。1937 年抗日战争全面爆发，清华与北大、南开三校联合成立西南联合大学，他任校务委员会常委，主持西南联合大学校务工作。

③ 指梁启超拟在南开大学创办东方文化研究院一事。

无论清华能改组不能，我的职务是先改造中学，预备自己发表主张的能力。"欲速则不达，见小利则大事不成。"

"Coveting the little, the instant gain,

The living security,

And easy-tongued renown,

Many will mock the vision that his brain,

Builds to a far, unmeasured monument,

And many bid his resolutions down,

To the wages of content."

要专心在中学课程上作研究工夫，或可有一点贡献。为中国青年寻得教育正途。我当每日自省：为青年谋而不忠乎？自问：诚意为青年！

（诚意为青年，不图自己小名利。）

所以必须寻得学的正当目标。

三月十九日

小孩不见好，W.也是颜色憔悴，这样下去，两命都不可保。从到天津来，没有一天离开医药。母亲已丧，还不知将来 W.同小孩如何！

读书是最快乐最容易的事！人情的关系，能使你时刻不安；当这不安的境况里当安静计划，不然人命难保！

三月廿日

小孩夜里睡的很不好；现在难定应当送他到医院去不送。考虑后定方针……大人比小孩要紧！为大人计，应当送小孩到一处能照顾他的地方去，然后大人能休息。送到什么地方去是一个问题。最近的是妇婴医院，不知到〈道〉能不能进去，也不知里面的生活如何。

三月廿一日

昨天错〈差〉不多把小孩送到妇婴医院去。我们都不肯舍去他。并且外国医生的态度我不甚喜欢，太粗狂，不精细。W.还不能吃很多食物，今天领他去检察。

每星期除教四小时外，毫无别的成绩；心急太没方法！改进社既给我这样自由的机会，应当对他们有点真供献才是。出外演讲是作不到的，写文章不是我的特长，别的有什么我可作的事？

小家庭是没有分工的，什么都得自己着手，所以难。大家族里，可藉助于有经验的地方很多。然各有各的难处。

九半至十二，读《论语》《先秦政治思想史》；一半至三半，预备功课。

三月廿二日

"小不忍则乱大谋"。大谋是什么？造坚实的基础——多观察，多记载，利达意的工具。

早喻先生①来，说：他很受我这几天讲演的感动，自己想有机会要作专门的研究；他并且期望我造出些中学新教员（在高师）；并要我发表我这几次所讲的话。

我很懒发表，一方面因为工具尚不完利，一方面我性是喜欢实行出来，得着一般临近的人的赞许。著述是思想必经的路，还是快快的"利器"罢！

十至十一，买药；十一至十二，读《先秦政治思想史》；

一半至三半，预备功课，余暇读书。

三月廿三日

明年的计划应当早定；要为全家想；全家的生活和自己的发展。

清华现在办事人是毫无眼光的，勿容为讳的。然而青年学子在那里读书的也应当有人向导。若到清华，能否不问行政专作研究的事业？如此则可不害学业，不入污染。

为家人的修养，清华是无比的。为求学何如？近北京诸位学者（藉增见闻），有好的图书馆，空气新鲜，这是些好点；无精神同志的觝触，离中国生活实状过远，阶级社会的臭味，这些是弱点。

最要的还是一生的"大谋"。

看清楚这个大目标，再议方法，就容易有头绪了。"诚意为青年，不图一己的小名利。"这是我的心志么？修炼自己，使自己的言行都可以为青年供参考的资料，这就是"为青年"上乘的工夫。这样看来，自己的

---

① 喻传鉴（1888—1966），原名鉴，别号廉涧，浙江嵊县人。与张彭春同为1908年南开中学首届毕业生，1916年考入北京大学法学院经济系。1919年应张伯苓之邀，回南开任教。1920年任南开中学教务主任，后兼南开女子中学教务课主任，南开小学事务委员会委员。1930年留美，返津后升任南开中学主任，兼南开大学副教授，后赴重庆筹办南渝中学，任校务主任。

不足太显明了！

昨晚班上人数又加，这不过一点小聪明用在教科书的效果。帮助这些青年是我乐为的，然而我自己的真学识是非常有限！

反观自己的习惯，近来对于执行的事不能敏捷。思想的方面愈多，执行的敏捷愈减，这是必然的么？

先读书，午后再想罢。

十至十二，读书；一半到三半，改稿，答信。

三月廿四日

小事使我生烦！或是性懒故。然而自取的缠绕自应负责。"敏于事"，费不多时间，就全能了结。

厌烦！觉着被缚束，不自由！

只于作自己乐作的事，常了，就容易有见自己不乐作的事生厌烦的毛病。然而无论作什么大的计划，表面必有些你自己不乐作的事。"小不忍则乱大谋。"

九至十半，读书；十半至十二，琐事！

三月廿六日

早七点半到，在校吃早饭。七点四十分起首写日程。

今天下午有国民大会，早晨预备功课，下午去观察。

日程：

七．五十至九．三十，读《先秦政治思想史》；

九．三十至十．二十，读杜威；

十．二十至十一，委员会；

十一至十二，预备功课。

三月廿七日

早七点前到。家事不能理清，当"躬自厚而薄责于人"。

为己计太多，不能"为身之所恶以成人之所急"。

求学为青年作向导，打定主张，不要再疑。不能果决是我的大病；左怕右怕，不能勇往直前。

好效果绝不能不下死工夫得的来的！决定志愿在改造中学，不作大学事；所以不作清华事。

改进社给我很好的机会，须作一下，然后再定可能不可能。应到南方参观。

然而全国不定，中学何由改起？处这个时代，真是没有一件可靠的根据！时时变化，事无定则！想用人的理性分析这个时代是很难的事，然也是必须作的。分析必须从体验入手。

中文普通信件，我写不出，旅行时一定很不便。

家里能离的开作旅行么？然而不旅行，改进社的事如何能接续作？

八到八.四十，读《文史通义》；九至十一，写信。

十一至十二，预备功课。一至二，同上。

应写的信：（一）答 Kilp；（二）答 McCall；（三）答曹。

应用而不能写的字，每天记小册。

有道理的论断，也应记小册。

所以懒答 Kilp，因为自己不认论文有印刷的价值！又加上三百多元的债！然而已竟〈经〉起首作的，必须把他作完。论文前或后再加一章也可说明现在的新见识。必须先改论文，后才能答 Kilp。

所以懒答 McC.，因不知本星期能否赴京。所以懒答曹，因为不肯轻舍清华的机会。

这几件事必须决断，迟延不是政策。

论文必须修改寄回。赴京不能定，清华也不能定。

三月廿八日

早七点一刻到，早饭，七点半到本室；如此每天可增一点半钟清晨好光阴来读书。

明明见好，今早电话梁医生。

七.五十至九，读《墨经》；九.十五至十一，读杜威。

十一至十二，答信；一半至三半，预备功课。

三月廿九日

早九点到。

由天津图书馆借来崔述（东壁）《洙泗考信录》。崔是胡适之很佩服的，听说他正为他作年谱①。

我自己立还不能，就要同世界大运动家学赛跑，真是妄想！一定有时给识者作笑柄。若不"道听途说"，庶几少招人笑！

昨天同 B.和喻谈中学一年级秋后应作新课程的试验。B.意：不想出人太远，现在已竟〈经〉为人称许，又何必大改造。然小改进一定欢迎。喻意：在一制度作到好处以前何必再换一制度。

个人有个人的主张，必欲按着自己的主张去作。若按着别人的主张作，自己觉着无立足地。以至于失去自重人重的心安。由这看，作一个新主张的试验必须自辟新天地。

南开的制度是事事"由君出"。优点在是，弱点也在是！

人不知，愠有何用？"求为可知"罢了！

然而下半年的计划如何？如南开不能试验你的主张，那里肯？我要自问：已竟〈经〉有具体的主张了么？有了，必须先著述后，后去实验。

B.的意思，我明年到各处参观，然后择几处谋进的中学去辅助他们。然而我认中学应当根本改革，只于批评，毫无用处。

那里给你机会作根本改革的事。

B.还说，试验应在试验室里作，不应到大工场里作试验。这就是请你到小的地方先去试验的明示。

孟子曰："以德服人者，中心悦而诚服也。"

知、德都不能服人，那敢讲什么主张！

无论如何，各处参观是必须作的。

上两次功课都没好预备，讲的不能动听。每次要有两小时的预备。

三月卅日

昨晚明明一夜没睡好，哭的让人心痛。W.身体一天不如一天，我自己夜里也睡不好：一家三口都很憔悴。我是较比没病的，绝不应生烦，要多在家里帮 W.。我的计划不能决定，也是一家不安的一个大理由。

九至十，读书；十，到家一次看。

---

① 崔述（1740—1816），字武承，号东璧，直隶大名府人。清乾隆二十年（1755）举人，著有《考信录》32 卷，《洙泗考信录》为其中 4 卷，其余部著作汇集为《崔东述遗书》。1923 年 4 月，胡适在北京大学的《国学季刊》第 1 卷第 2 期发表《科学的古史家崔述》一文，内有截至 1783 年的崔述年谱。《崔述年谱》后由赵贞信续完下半部。

十二，梁大夫来。

下午，去买药、食物等。

昨晚班上讲的太动气了！要细心平气才能以理折服人。理若不能，惟有用势或待时。

我所作的要真能于人有益，不只为自己打算。

＊＊＊＊＊＊＊＊

我同 B.、喻谈过中学试验的事，没有什么效果。他们仍旧按着老章程预备明年的办法。然而在我，不应期望收效太早，我自己的主张还没有到一个具体的建议，那能责备人不按着我的主张去行。这种困难将来无论作什么事都要遇的见。"子谓颜渊曰，用之则行，舍之则藏，惟我与尔有是夫！"

好好的把自己的建议计划出来贡献给全国同志。

我一方面说改造课程的难，一方面又急想试验，就像我要将未成熟的理论，用南开来作试验场，并且他们也不敢靠我时常在此地负试验的责任。试验如果不成功，谁来接续往下作？他们自然有他们的理由。所以还不许生烦。这半年，若能帮助些青年有一点新眼光，那就算是成绩。

作我的计划，将来以具体的主张折服人。

（一）论文应快改好，送回。

（二）快决定下年的作业。

（三）把改造主张定稿，发表。（中国文字有绝大的势力。）

＊＊＊＊＊＊＊＊

（一）论文修改

不能改的太多。再写一篇新序。加上后面的备考，共用不过二十小时。四月十日前一定寄美。钱是不能不花费的。

（二）下年作业

应同曹、余、梅、知行、孟和、适之讨论。下星期五赴京。

在四月底五月初，应到南京、上海去一次，住约十日。藉以观察中学研究的可能。

与知行讨论试验学校的可能：目标，经费，人才。

要为全家想，什么地方最合宜。

（三）改造主张

必先利器！达意的工具——国语；名词应从现行著作里得来。

先试写短篇的研究结果，登在《新教育》《努力》或《中等教育》上。想定几个精而有色彩的题目。把讲义择可发表的，写定送印。

利用改进社年会的机会。

三月卅一日

昨晚看明明醒了三次，她的食物还没试验合宜。

今早自省，觉出自己"性薄"的毛病。事事计算为己，没有忠心的朋友。批评人易，帮助人难！

第二件大弱点是"忠直的胆量不足"。太顾人、时、地的更换，自己主张不能坚持到底。

这半年作的事，多为自己计划，没有帮助改进社的社员。在天津、北京的社员，我还都没有为他们作什么事。也许藉着三四次的讲演可以把改造主张发表一部分。

洪深①送来五十元还南开。这笔账应当我负责；他与南开毫无关系，而我因为急于用他演剧，我把南开款给他用了三百美金，这实在是我用南开的。虽然借的时候有孟、张作证，然而钱是由我管。可是想借南开钱的建议确是洪自己的主意，来找我说的。我应当给他写信重责他非快设法不可。现在的五十收与不收要同华先生商议。

---

① 洪深（1894—1955），字浅哉，号伯骏，江苏武进（今常州市）人。1912 年考入清华学校，1919 年考入哈佛大学戏剧训练班，1922 年回国，1923 年 9 月加入戏剧协社。1930 年加入中国左翼作家联盟，并以光明剧社名义加入左翼剧团联盟。抗日战争全面爆发后，和田汉一起组建了十个抗敌演剧队。

四月

四月二日

先不能远虑，必须从近忧上入手；家里有两口病人，那有精神管别的事！心绪乱，夜不成眠。

妇婴医院不甚可靠，北京协和不知内幕如何，看护是否得人？若到京去，把一切的秩序都打破，改组也是非常费神的事。在天津明明不见好，W.不能吃东西，这样将来还要有大危险！

我对于琐事的清理，向不注意；现在遇着这样的家境，才知道自己的短处。

因为精力不足，所以不能按着定的日程进行。

今天在预备功课外，要改论文。

四月三日

今天高中集会，我讲《体验的求学法》。

昨天又没得工夫作改论文的事。

日程：九半至十一，预备讲演；十一至十二，预备功课。×

　　　一半至三半，讲演；三半至五，买药。×

　　"先事后得，非崇德与？攻其恶，无攻人之恶，非修慝与？"

四月四日

昨天因食物事动气。明明不见大好，W.脸上一天比一天难看，真是急的我要发狂！

我想明天到京去看协和医院是否能用，送小孩到那里去。

现在读书作事都没有兴趣！无论什么计划都不能进行。

还是人要紧，先顾人，后想事。要安静沉气替 W.想，大人比小孩重要。

四月五日

生活应当乐，不要被愁囚。既知愁无用，何为不优游？

力有限，为现在生活尚恐不敷用，那有余力计划大谋？还是家庭乐在先，不要忘身心的修养。

每星期打网球三次，打后洗澡。

　　明明还是送到妇婴医院去好，北京太远，必须家庭大改组。到医院住一两星期，试验得着合宜的食物再弄回家来，就应当容易些了。

　　今天不作工，晨，打球，下午，送明明到医院。

　　（两个星期的猜疑才能定议！办事太慢了！）

四月九日

　　五日下午送明明到妇婴医院。

　　六日下午赴京。七日早到清华与曹接洽。七日下午回津。八日休息。

　　日程：九至十，计划；十至十一，委员会；十一至十二，预备功课；二至二半，去看明明；二半至三半，预备功课。

　　与曹谈话条件：

　　甲．关于清华的教育方针：

　　（一）学校与派留美分清为两项事业；款项也应在预算内作两种算法。下五年内派留学欠款应由五年后留学项下出，不应干涉学校进行。

　　（二）学校变大校，课程纯依中国情形规定，不为预备出洋所影响。大学由秋季入学班起首计划，这班在够大学入学程度时即为大学一年生，同时再招男女生若干名直接入大学。毕业时都不能全数出洋。

　　（三）派留学应公开考试，清华大学毕业生与他大学毕业生有同等报名投考的权利。现在校生都应一律送美，从本年秋学生起，入学时写清志愿书时标明不出洋。

　　乙．关于进行手续：

　　（一）以上三项方针须得董事部通过，外交部认可。

　　（二）曹写信给改造社董事部，请得张某为清华教务主任，然同时不碍中等教育研究事，并就职后得依旧进行改进社对于中等教育研究的计划。

　　丙．关于旅费薪金等：

　　（一）清华应建议改进社任旅费，这是大方办法。

　　（二）薪金增加，由这里递还欠南开款。

　　＊＊＊＊＊＊＊＊

　　这是谈话结果。在次序、方针上详加斟酌后，给曹去信，要求提交董事部，并致函改进社。

　　对于此事零散的观察：

　　（一）曹是外交部人，在董事部里很能主持些事，现时不合手续的是部里一般小官僚不愿舍开一点权利，他们自己信清华是他们私有，不愿把权让出。改进第一步是产出一个能负责的董事部，能明白教育政策的董事部。外交部或者有一部分的认可权，然而在琐事上不应干涉执行。董事部通过大政策，次由外交总、次长认可，然后执行事应全在学校教职员手里。这一步的改组，或者可以期望作到。

（二）现时董事部，外交小官僚，及校长都是教育上的外行汉！可是他们自己知道自己的短处，并且外边的意见，他们也能被移动，例如本年派女生事。

（三）曹是外行，然较比黄、郭派的人还直正些，要紧的是改组后不叫"郑"①派人拿了去！"郑"作事的手段在各处都现的出，孟禄已被郭用，要小心从孟处转来的美国影响。

（四）将来想敌"郑"，应与适之联，应与 B.不断关系。

四月十日

效率。（音律不读作帅，我写的"白"字读的"白"音，一定很多，不免被人訾笑，以后要小心，要谦虚。）

不要愁——W.弱一点一点会好的；为明明计最好是住在医院。高起兴来往前进——尽人力，听天命！

现在清华的事对 B.谈不谈？

华先生大概同他说过。能得他的同意于信用上好一些，然而清华方针尚未通过，不知结果如何。

要自问真能有把握不能。

四月十一日

只要家里人能没病，自然能多作许多事。

对于清华还不能简当〈单〉了结；心里总觉着怕有对不过改进社的地方；他们对于我信任很重，虽说清华事可兼理中学研究，然而其实很像辞出改进社。受过人家许多信任，没有给他们作什么事绩，现在竟离开他们到一个薪金较多的地方去，看着实在很难使人心服。

我的难处是因为家中的病人不能到各处参观，而参观讲演是研究手续里必须作的。只于写文章不是我的能力所及。

---

① 指黄炎培和郭秉文。

现在给我一个一定地点作事的就是清华，所以不得已不去看看是否有作事的机会。

教务主任的本职是研究教育的人应当作的。不过关系全校的教育方针，若是定教育方针的团体不改变，恐怕小处不能改变。所以必须等董事部改组后才可以有全盘计划的可能。若是不然，入他们的群里要得行动的自由是怕作不到的！

我作改进社的事，我中文的缺欠是一最大弱点。

现在不能离开家作游行参观，又不能写文章，这实在是对于改进社毫无供献，问心自愧，然而无法补救！

眼看 W.和明明不能长活，是不容忍的！如之何？如之何？

四月十二日

日程：六半至八.廿，读《论语考证集》；九至十一，曹信。

十一至十二，网球；二至四，改论文。

"色厉而内荏，譬诸小人，其犹穿窬之盗也与？"

假！

"不患无位，患所以立；不患莫己知，求为可知也。"

"子绝四，无（从《史记》）意，无必，无固，无我。"

无意，无必是怀疑，无固，无我是客观。

* * * * * * * *

下午四点半

上午同 B.谈：他说，我的精神见老，不如上次回国后有精神。思想较前见老些！然而精神不应见老。

他看我因家的琐事，减去作事的效率大半！

他主张我必须为改进社到各处参观讲演，也是一种"交卷"办法，不能太失信用。

与清华兼顾的办法，不能实行——行时，必至分神，不能专心。

他对于清华的改造很怀疑——因为大家把持权利；学生是为出洋去的，不得出洋，必生反动。好教员不愿在清华长留。想吃"肥差"倒是不难，一想改进，必先打破旧习，政府必须有人主持，外交部特别信任，不然，动必无效。

一种制度必须土里有"根"，然后可望滋养，清华离土地太远了，完全与人民生活没有发生关系，这是清华生命的问题。如果学生专为留美才到清华去的，清华要永远是预备性质；等到把赔款用完，才可希望利用一片设备为教育用。三十年后清华是什么样子？然而事也在人为。

各处参观是应当作的，预算下星期三南下，共出外十四日。南京4，无锡2（苏州2）（南通2），上海3，杭州3（济南2）。五月三日返津。

如果 W.同去，可以多游几天，钱稍多费。小孩在医院有什么省钱办法？

为应用信件，可预先写两三式稿子为临时用。可以大概想得定。

清华按着与曹的谈话给他去信，加上董事部改组一条。条件清楚，主张可供后去的人参考。

四月十三日

今天觉着作事没精神，真有如同 B.批评我的那样老而无勇的样子；这是不是家的责太重了，我能力不能担负？

自己也觉着没有胆量，不敢果断果行！太疑！

没有胆量，只能分析，是绝不能成功的！

南开董事中对于我恐有异议——这是已往的。

现在要紧的是一生的大计划！然而自问：天材如何？能力如何？

无论特长在那方面，必须自己用全分力量作去，不然所有计划都是纸上谈兵，空中楼阁。

必须作的：

（一）清华信。✓写去。

（二）南行日程。

（三）夏天住处。

（四）家中琐事的新组织。

好实，敏以求之者也。

现在南游，将来就清华后还多出外旅行。

提起精神来作独创的事业。

四月十六日

本星期：三，请仲藩①？

诚之，子明请（定日期）

赴京（星五去，次日归）。

作衣服，定仆人。

课程研究：本星期讲分析教科书法。

训育研究：公民测验作完，起首分题研究，讨论方法。

这样是预备我南游的时候，学生还可以多少有一点事作；并且也是一个结束。

预备南游。

（一）赴京见知行，谈参观日程。由改进社通知各处。

（二）计划调察，讨论，晤谈，讲演，各种材料。

（三）时间两星期。起身在四月廿五日？

（四）在见知行前，要定好年会应作的，和下年应作的事。（无论清华事如何，中学课程改造是要往前作去的！）

如何把我对于课程的主张发表出来？

要同胡、袁、黄联络。

在到北京前，同喻议具体的办法，如何实用主张。中学课程必须大改造——只想应办的事，不顾自己的琐事。（星二至五，每早两小时？）

四月十七日

与喻定，本星期二至四下午一半至二半，讨论在年会时应发表的具体建议。

赴京：星五早车，见 McC，知行，适之，余日宣②，月涵。

星期六下午车返。（晚中学青年会纪念会。）

日程：

十一至十二，预备功课，预备下午选科讲演。

一半至二半，与喻谈。

---

① 金邦正（1886—1946），字仲藩，安徽黟县人。与张彭春同为1908年南开中学第一期毕业生，1909年赴美国留学，进入美国康乃尔大学和理海大学，专攻森林学。1914年获林学硕士和理学学士学位。其间与胡适等发起组织"中国科学社"，出版《科学》月刊。1920—1921年任清华学校校长。

② 余日宣（1890—1958），湖北蒲圻人。1912年考入清华学校，1917年获美国普林斯顿大学硕士学位。1918年秋回国，后任南开大学教授，1920—1928年起任清华学校政治学教授。

定仆人事。找成衣，W.同行否？

写给北京各人信。

四月十八日

九.十五至十一，写信；十一至十二，预备功课；

一半至二半，喻；三半，上课；晚，请客。

待办的事：

（一）论文修改。在南行前寄出！答 Kilp。

（二）下年计划——夏天住处。

（三）洪深还钱。（南行前到南洋公司去一次。）

（四）为天津改进社社员讲演。（从南方回来作。）

（五）参观北京、保定中等学校。

四月十九日

（六）给两班学生留功课。（定参考材料。）

九至十，理发；十至十一，看明明；十一至十二，统计作完，功课参考书。

一半至二半，喻。二半至三半，初级集会。

四月廿三日

廿日下午赴京，见陶、余、梅。高师附中参观。

定五月十、十一日在高师讲演。

廿一日晚回。

今天因不能决定动气。露出弱点。按着定的意思作；每定前要想到家人，定后不要再犹疑。

　　"近之则不逊，远之则怨。"

我的工作是什么？

求同情是弱人的态度。远久事业唯自己可以懂得！

四月廿四日

身体疲倦，遇事不能决断，自己就容易生烦动气。以后要小心，不再犯才好。

W.不南游，经济，可安静修养，照顾明明，省我在南方的时间。这是决定的理由。

我廿六日南下。

廿七至卅，南京。

五月一日，无锡。

二至五日，上海。

五至七日，杭州。

八日自上海——九日晚六钟到津。

＊＊＊＊＊＊＊＊

动身前必须作的：

一、修改论文。寄 Kilp.。

二、到南洋烟草公司取洪深寄来钱（今天下午）。

三、下年及暑假住处，曹信。

四月廿五日

对于清华，是否有一点"患得患失"的心理？

五月

五月十八日

陶知行评我是"不求近效而求远功的"，他对任之说，"若是给仲述五年功夫，可以有惊人的结果"。知行是爱我的，也是对于我有信心的。所以不应当使他失望。

中学是根本应改造的，如果南开可行，在南开作，如果不便，可另想试验的机会。改进社是很想帮忙的。

试验中可作的：一、新中学的组织；二、新教科书。（集能写的人在一齐〈起〉，试验一年后出书。）

难处是有的，然是我的志愿，并且我已用了二年多的时间预备。

清华最大的吸力是地点和经济的便利；精神上不是我乐意作的事，因为不能得自由的发展。如果真能改造中学岂不是一个长久的贡献！

W.意思是愿到清华去的，他不乐意我作游行的事；并且天津的住处也是太不方便了。如果下年能得他们"老四"来，或者也是一个解决方法。

作中学的改造，较比作清华事，我自己的预备稍多些，棘手的方面稍少些，只于生活要困难些。

五月十九日

今早要同 B.谈。可以问他：中学事业能否改进？如何入手？清华事——如果就，于改进社方面情面如何？如果就，可望得什么样的效果？清华与中学研究兼，实际上作的到么？

无论在那一方面作事，都不当期望速效。

清华钱太多，所以必不能出英雄！

"Every heroic act measures itself by its contempt of some external good."

并且清华是因外国的钱办起来的，现在外国人的势力还是不少，学生也是将来到外国去求学的。

> Self-trust is the essence of heroism. It is the state of the soul at war & its ultimate objects are the last defiance of falsehood & wrong & the power to bear all that can be inflicted by evil agents. It speaks the truth & it is just, it is generous,

hospitable, temperate, scornful of petty calculations & scornful of being scorned. It persists; it is of an undaunted boldness & of a fortitude not to be wearied out. Its just is the littleness of common life. That false prudence which dotes on health & wealth is the foil, the butt and merriment of heroism. Heroism, like Plotinus, is almost ashamed of its body. ... What joys has kind nature provided for us dear creatures! These seems to be no interval between greatness & meanness. When the spirit is not master of the world, then is it its dupe.

—Emerson

A great man scarcely knows how he dines, how he dresses; but without railing or precision, his living is natural & poetic.

* * * * * * * *

The heroic soul does not sell its justice & its nobleness. It does not ask to dine nicely & to sleep warm. The essence of greatness is the perception that virtue is enough. Poverty is its ornament. Plenty it does not need & can very well abide its loss.

* * * * * * * *

But that which takes my fancy most, in the heroic dare, is the good humour & hilarity they exhibit. It is a height to which common duty can very well attain, to suffer & to dare with solemnity. But these rare souls set opinion, success & light, at so cheap a rate, that they will not soothe their enemies by petitions, or the show of sorrow but wear their own habitual greatness.

我近两年来太注意"物质的史观"，以为民族的盛衰全靠新地与人数的比率。这种的史观是美国的，是适宜于美国的。在中国的现在必须有一种精神来与物质抵抗。

A great man illustrates his place, makes his climate genial in the imagination of view & its air the beloved element of all delicate spirits. That county is the fairest which is inhabited by the noblest minds.

Not in vain you live, for every passing eye is cheesed & refined by the vision.

All men have wandering impulses, fits & starts of generosity. But when you have resolved to be great, <u>abide by yourself</u> & <u>do not weakly try to reconcile yourself with the world</u>.

六月

六月廿六日（第四册起）

雨，天气凉爽。

写信：✓余上沅①，知行。

✓清理书籍，结束改进社账，付成衣。父母遗像。

高荫棠②从清华来，明年ＣⅠ的学生，很能帮忙。

同邱凤翙③谈（字振中）。

六月廿七日

明天是南开大学第一班毕业式，想我大学毕业时候，到现在已经满十年了！这十年有什么成绩可言？再有八年多就要到四十了！可怕！

这几天精神不整，不能按着定的日程去做。

今天要做的：（看结果如何）

一、✓仆人。二、知行信。三、✓庄及✓Danton答。四、✓付成衣。五、✓读《论语》。

早晨安子修来，定演讲为两次，八月一、二日下午四点半至六点，一次讲课程，一次训育。

（"后生可畏，焉知来者之不如今也。四十五十而无闻焉，斯亦不足畏也已。""三军可夺帅也，匹夫不可夺志也。""自强不息。"）

六月卅日

今明两天收拾行李，后天早九点起身。

学校的房子在暑期学校后再移动。

"学之亡也，亡其粗也，原由粗以会其精；政之亡也，亡其迹也，愿崇迹以行其义。"（颜习斋七十岁语）

---

① 余上沅（1897—1970），湖北江陵人。中国戏剧教育家、理论家。1921年北京大学英文系毕业，1923年留学美国，在卡内基大学、哥伦比亚大学、阿美利加戏剧艺术学院学习戏剧。1925年归国，在北京组织"中国戏剧社"，参与创办了国立戏剧专科学校。1926年秋，任光华大学、暨南大学等校教授，并与徐志摩等筹办新月书店。1928年冬，任北平中华教育文化基金会秘书，兼任国立北平大学艺术学院戏剧系教授。

② 高荫棠，时为清华学校留美预备部学生，1924年毕业出国留学。

③ 邱凤翙（1895—？），字振中，热河（今河北承德）人，1923年南开大学第一届毕业生。

上次在北京同君劢①讲颜的哲学，我引这两句话，给引错了，甚可笑！以后再引书的时候要小心。

给知行的信还没有写！

---

① 张君劢（1887—1969），名嘉森，以字行。江苏宝山（今上海市宝山区）人。1902年中秀才，1913年入柏林大学攻读政治学，获博士学位。1915年底回国，1917年后任北京大学教授，1923年在吴淞创办国立自治学院。

七月

七月二日，星期一

到清华。

七月三日

晚饭月涵家。

下午拜曹宅，见着太太。

"望十年后设想，预备作那时候的大计划家！'欲速则不达，见小利则大事不成。'"（三月四日日记）

生活简单，道德、思想深刻！

七月四日

早七点到办公处，见王文显[①]，谈约一小时。下年他教ＣＩ和ＨⅢ英文，每级两组，共十二小时。他自己说，他的兴趣在著作，所以很喜欢离开行政的职务。

（能否改定？）

并且很期望再能同青年学生得接近。（下年他影响最高两级的一半学生，于学生舆论很有关系，要注意。）

（注意这四班学生的举动。）

他说，教员学生精神上不好，大半是因为职员的办事精神有不正当处。又说恐怕改大学是不容易的，有经济的问题，政策问题，还有学生问题。如果改大学，毕业不留美，怕从南方来的学生必至于少，那末清华就不能为全国造就人才。

因为清华与政府有关，所以有种种困难。

他说，在清华作事八年，自问良心，于事并无不到处，现在的撤职，自己觉着于心无愧，所以下年还可以留校作教员。现在要求学校有定合同，一面可以给人知道，自己志在长期作教员，再没有作行政事的野心。

他说，我们的感情容易发生误会，所以要当面谈谈。他不觉出有甚

---

① 王文显（1886—1968），号力山，英文名 J. Quincey-Wong，祖籍江苏昆山，生于英国伦敦。1915年英国伦敦大学毕业，1921年任清华学校英语教授，并担任副校长、代校长等职。1925年清华学校改为清华大学，任外国文学系教授、主任。

么丢脸。（他愈这样说，他自己一定觉着很痛苦。）

在谈完公事后，他说有一两件事要谈谈：第一是钟先生事，第二是他自己的事。（其实他自己的事是惟一找我去谈的理由。）

办公时间：九至十二，一至四。开学时和临放假时最忙，其余时间不甚忙。

今天中午他离开办公室的时候，就把锁交给钟先生。

（王是个问题！能驾御他则教员中问题大半解决。滑而私！王任清华为的是利！没有大希望。不是中国人焉能作中国事！新主任必须与学生、先生接近。要想方法，导引思想舆论。）

* * * * * * * *

下年，一定用钟先生，如果人不足用，再找一个国文好的（英文也懂的）帮手。

* * * * * * * *

今天晚饭，曹请同几个主任见面，但是定局后，他又去陪顾维钧游山去了！他来陈说理由，预备将来顾作总长时，可以期望董事部改组。从此可以看出曹的处事方法。他是实力派的，想用外交手段来维持他自己的地位。他的志愿是将来可以放出公使！

中国的已往是什么？将来是什么？这样的问题，如同曹、王一类的人都没有注意。曹能对付现在，较比王活动的多。

主人不到，这样的待客态度未免太轻薄了！我在他去后想，当时我也辞他就对了，一时没有想到！同人是否因为曹的态度要轻看我？我现在想辞，曹又已竟走了。既然现在没有方法，可以拿他作为一次的经验！看出曹对于校事不如对于他个人的关系要紧，他待人不是忠厚态度——恐怕太注意利实了！他或是一个可以利动，不可以义动的人。

今天晚上他既是无礼，我应取如何态度？这是我出场第一个难题！

曹既亲身来告歉，我已面允，如果今晚不去，必至因这件小事定去留。"小不忍则乱大谋。"

我来不是为曹来的，我来是为一般青年的前途与新国家的关系。就是曹有意（？）轻看我，我也要持"犯而不校"的态度。非礼在他，于我的人格无害。如果同人中也有因为曹不来也不到的，也不要形于言色。

合则留，不合则去，不是在现在定的。

争这类的小体面，于本身的地位或者应当，然而争的机会我已竟放过去了，有什么挽回的法子？

午饭请余日宣，饭后长谈。一同到工字厅，一同找麻伦①。

下午到办公室，定星期五办公。事务应当分析清楚。有成例的事叫书记去做。

* * * * * * * *

改进社事——本星期进城一次。知行想我用策。

* * * * * * * *

下年国学部的事还请戴②暂时担任；我要小心别现丑！一年好好用功！校外的作业与校内作事的效率有莫大关系。

七月五日

昨晚到的：何林一✓，李仲华✓，庄达卿，王维周✓，黄挺芝，瑞熙丞，戴志骞✓，顾人杰✓，胡鲁声✓，余上沅，陈有虞✓。

王，李，戴，何，陈，于作事上最有关系。

（"以德服人者，中心悦而诚服也。"）

都中国服（戴夫妇外），我外国服。中国服容易些，没有礼服问题。

只于注意我自己一部分的事，不批评别的部分的人或办事法。

（"敏于行而慎于言。"）

本部分的事，要把他分的有系统了。

按我以往作事经验看，我必须有负责任的助手，在南开如同华、孟③。可以利用我的地方是想方法解决难问题，或是提倡新事业。让我作一定的机械事，绝不能长久。

助手对于我有信心，对于事特别热心，勤愤〈奋〉直前，有难事或新事再来找我。

先分析教务主任的职务，再想助手用谁。分析要用前主任的日记，把他所办的事分出类来。明天到办公室要作这件。

---

① 麻伦（Carroll Brown Malone，1886—1973），美国人，1911 年入当时清华学堂担任教席，教授西洋历史、地理，清华学校改为清华大学后离职回国。

② 戴志骞（1888—1963），名超，以字行，上海青浦人。1912 年上海圣约翰大学毕业，1914—1917 年担任清华学校图书室主任。1917 年赴美，入纽约州立图书馆专科学校学习。1919 年夏回国，担任清华学校图书馆主任。1922 年再次赴美留学，获爱荷华大学图书馆学博士。1925 年 10 月，回清华学校图书馆任职，是中国新图书馆运动的先驱之一。

③ 孟琴襄（1884—1969），号广进，天津人。1906 年南开中学毕业，1908 年在南开中学做学校事务工作，1916 年任体育课课长，1921 年出任庶务主任，主管全校总务工作。1950 年初任南开大学事务科科长。

无论事情如何，不要过劳，身体最要！身体好，精神也容易足，办事自然有方法。

为成效起见，要观察全校（教职员，学生）所期望于新教务主任的是什么，然后择一两样最要的先来试行，试后看他效果如何。

永远不忘现在还是求学预备的时期，时时刻刻作十年后想！

大家住在此地对于外边的事没有注意的机会，渐渐要养成不闻不问的习惯。我到这三天，新闻纸都没有看。

在下两星期内，匀出时间来到各职员家拜谒。

与月涵谈，大家所期望于新主任的，（一）是课程的改组，（二）与教员接洽及他们的训练。

（我想主任应当作教育思潮的领袖。）

国文部自己一定不去争，好好的读书在前，不然要因为这一部分现丑。如果曹谈到，亦要力推戴留职。

七月六日

昨晚蔡竞平①请饭，同座有：吴公之，庄达卿，余上沅，胡鲁声，潘文焕，余日宣，王维周。

吴大展雄识，已非古风。

与人谈，以后不要长，长了容易精神不惯〈贯〉注，美丑毕露！自修的工夫要长，与人接近要短。不然，就要有"群居终日，言不及义"的病。

昨天下午同月涵走到郎润园。他说，曹觉着我有点拿架子，不肯一请就来，若是没有几位顾问的主张，早就定了全了。如果我将来有失败的事，他一定要责备"顾问"们说，张是你们要他来的！顾问：余，庄，庄，梅，戴。

T.②是九成以利动的。四方面：（一）学生，（二）教员（职员服从），（三）董事（从外面），（四）社会舆论（遗老，改进社）。

有机会多请学生、教员到家里谈。暑假内就可以作。找出多少教员、学生住校。

---

① 蔡竞平（1892—1962），浙江吴兴人。1915 年毕业于清华学校，后获得哥伦比亚大学经济学硕士。时任清华学校经济学教师。

② 代指曹云祥。

两次同席的人，在一两星期内请他们不。（不必全约。）

下星期一约的同庄达卿打球，事前练习。

读《颜渊》篇。

* * * * * * * *

T.今天没有到办公室，还陪着顾，大概有什么事商议。昨天董事会后又回西山去了。

钟无精神，中国字写不出，有忍耐，没有系统。作事太慢。看他两个星期再定。

今天作事有限，读章程，布置办公桌，读旧主任的办公日记，同主素几位午饭，谈改进社年会事。（十一半至三。）

下星期一 T.来时，有什么事要谈？

（一）下年的教员及课程的支配。

（二）改进社年会清华的展览。

（三）国学部如谈到，请他定。（既有前约，最好仍旧。）

（四）考中学新生。

各样教务主任的职务要有一个细目的分析。

各种学程分门，分组或系，建议要先同诸位"顾问"谈……庄，梅，余。

七月七日

今早到香山慈幼院参观，并拟初中课程。有机会要请教熊先生①对于清华的意见。

将来拟好课程后，必须通信，并且要解释内容，这就是中文缺点的痛苦！国文必须到应用的程度。

不要太容易听别人的支配，要有一定的主张，不顾他人的态度如何。欠决断！今天从香山回来，绝不应当去陪 T.（Mrs）打球。以致家人不宁，酿成到此后第一次不快的事。以后要坚决！懦弱是招侮的。不应终日在外，不问家事……这是我的错，先自改。从作上入手，不用口说。家里应有的装饰必须有的，要帮着修理，预备。

每天匀出一小时帮助招〈照〉顾家事。

---

① 熊希龄（1870—1937），字秉三，湖南凤凰县人。1892 年中举人，1895 年中进士，授翰林院庶吉士。1897 年与谭嗣同等在长沙创办时务学堂，又参与创设南学会，创办《湘报》。1913 年任国务总理兼理财政，1918 年创建北京香山慈幼院，1922 年起任中华教育改进社董事长。

七月八日，星期日

病在弱而私。Weak & Selfish！要练刚而劳。Strong & Generous！必先齐家而后能治国平天下。

"温而厉"，不厉招不敬。

（少勇。"内省不疚，何忧何惧。"）

帅以正，自认错误，遇无理之举以直对之。不能严柔兼施，绝非使治之道。施严之道要理由充足，决断敏捷。

每星期日重读前一周日记，（一）看应作而未作的是什么，（二）综合一周内的观察。

七月十日

上午进城，见主素，他要我作：

（一）见曹约他在第一次开会讲演，就着机会请他入会。

（二）约庄泽宣帮年会编辑事。

（三）要我预备年会讲演。

（四）要我写南方参观的报告，登在《新教育》上。

（五）预备年会时讲演分组办法，下次面议。

＊　＊　＊　＊　＊　＊　＊　＊

前五日 W.多烦，常同佣人动气，想必因为近来身体不强，又有小孩不好好的吃奶，也让他容易生烦。

我应当帮他，特别在这个时候，让他有点休息的机会。要坚固信心往好处看，一定要他结果完善。在我一方面应当尽我的责任。

＊　＊　＊　＊　＊　＊　＊　＊

各处拜望的事还没有作了。

能否到天津去，全看这后一星期 W.态度如何。

家必须整理好，然后才可以想作外边的事。琐事也容易使我生烦，然而在"独偶"制度之下，男人这样职务必须有份的。

这绝不是我性之所近，然而必须作的。

＊　＊　＊　＊　＊　＊　＊　＊

对于改进社，我作的事太少了！大大的抛（音泡）弃名誉！有家里的琐事，更难作了！

然而有的人有的时候，越到难处越可以多作事。最好试试看！

提起精神来，"小不忍则乱大谋！"

七月十一日

曹仍没有回来。我今天拟出新课程的大概，怕的是不能得着曹同在校师生的同意。

听说下年定叫 C. T. T.作毕业同学会书记事。这里很有政治兴趣的可能，要注意。

明天不办公，要作改进社事。

下午到图书馆取出十六本教育的书。

住校学生出了一种《消夏旬刊》，误写我的名为“鹏春”，到校事〈时〉并无正式报告，而对于“王教务长”的南游特有专志。无论他有意无意，都可以不去管他。或有误会的地方，日久了自然真伪分明。

明明今天吃的稀饭多一点，在到清华后不愿意吃牛奶，如果能吃稀饭也就算好。

写字，笔笔用力，写过不许修改，使他存他的本来面目。修改的习惯有了，就想笔笔要改，那样，精神是假的了！我写字为文病都是改的次数太多。

七月十二日

要完全打消替 T.的欲望，这样的念想容易减少本职的效率。

真能服人的，德比巧要紧的多！

对于知行太失信了！道德上的缺欠！他很爱我敬我，我绝不应当来信都没答复。并且到清华来，起首没有同他谈，后来谈的时候又有一点无根据的狐疑，所以不免生出点小隔阂。知行虽是“鄘”的健将，然而诚比“鄘”” 多。我待他太忽略了！以后要改过。

一个理由也是因为我中文不够用，所以懒怠写信。在中国作事，不能用中文自由达意，真是笑话！我这样大短处，近来同事的人都已晓得了，主素虽然叫我写东西，他也明白我对于文字的难处。

现在又加上清华国学部的问题。他们的眼也是很快利的，一定看得出我的短处。并且旧习惯是分国学、西学，两部的，如果新主任对于国文不通，那末更换主任的大理由就少了一个了。

这各种的情形都是证明，我的将来都在我的国文能进步不能！慎之慎之！

* * * * * * * * *

曹从西山回来了，他来看我，在吃饭的时候，所以没进来。吃过饭我到他那里看他，谈了将近一小时。要点如下：

一、他对于学生取"合作"手段，对于教员"训练"。

二、说到王提及钟的事，他说这里有"广东系"的关系，这是前张校长①留下的。现在有人说是"浙江系"，譬如去年浙江水灾时师生热心。

三、看他对于校务的经营绝不是为临事〈时〉的，是为远久计。

四、他说送女生事是他用"Trick"②解决的，让他（专科和女生）每两年一次（一次十个），以前定的是每年五个（没有女的）。

我传主素的话，请清华入社，他说董事部里有人觉着改进社以先攻击过清华，现在还没忘的意思。

五、他对待王用手术，处事手脚很灵活。这是好机会观察办事方法及将来的成败。我自己要量力，作能力所及操必成把握的事。建议不要多而滥，看清难点，一件一件的作。（看曹与学生的谈话（登在《周刊》上的），他期望我来的第一大理由是新课程的产出。学生选课是在年中，所以半年之内要产出。）

六、他待我很客气，我必以忠信待人。

七、他要送出我就职的通知，学生或者有要找我谈的。

八、王事的解决法恐怕提起别的教员的反对，大家交征利，以金钱为目标。（这是我的揣测。）

＊＊＊＊＊＊＊＊

定大学的课程是很有兴趣的事，应当在研究后有一个具体的建议，发表出去。文字要充足。

清华的课程不只大学，大学还是在将来，现在是高中应当先拟定。或者可以试验作业为单位的课程。

我的态度纯粹是研究，求学，预备将来。绝没有丝毫想作替 T.的野心。

在校的功夫，是要作教育思想的领袖。

这既是我的事业，我要多读书、思考、旅行、参观，与识者谈话。最要的是能以文字发表意见。

至于执行一方面事，要集众议，使有通力合作的精神。先得大家的意思，以后再作研究计划办法。

---

① 张煜全（1879—1953），字昶云，广东南海人。1918 年 7 月至 1920 年 1 月任清华学校校长。

② 诡计，欺瞒手段。

我自己量我成功与否（在下一年内），就在对于发表思想有什么进步没有。用这样很好的机会长进达意的工具。

今天同曹没有谈到国学部的事，只于说戴还有一星期回校。将来谈到时，一定请他仍旧，为是省出时间来作新课程计划事。当于计划新课程时，自然不分中西。

我前半年的工作纯粹以课程为中心，别的事不去管他，让他由旧章去。

明天到办公室找出"教育方针委员会"的报告或记载，还要调察以往"课程委员会"同"教员会"对于课程的手续。与曹谈，也要问他个人的主张。

七月十三日

"樊迟问仁，子曰：居处恭，执事敬，与人忠，虽之夷狄，不可弃也。"

曹虽善手术，在我更当以德待他。来前的定志就是处现在的清华不以巧，不以学，而以德。

（以德服人。为政以德。）

与 B. 处，是以学，以识，与曹处要以诚，以愚。

（刚，毅，木，讷，近仁。）

＊＊＊＊＊＊＊＊

下午同曹谈，前半有戴在。戴意要早解决国学部有无的事。我是推他仍旧，因为如果现在更换，名称难拟。后来想酌量数日后再定。戴去后，我与曹谈教员分组办法。

他说这就许是解决国学部的方法，把国学部名称改为"国文系"，请戴为"代理国文系主任"。

（系？或用科。）

将来各科都要分系，现在已成系的只有：（一）国文系，（二）英文系，（三）体育系。

（英文、体育，均与组同等分会。梅意，均可从。将来只于大学分系，高中不分。）

其余学科都可按组临时分配。

（一）数学组；（二）自然科学组；（三）史，地，政治，社会，经济学组；（四）其他外国语组。

将来组内学科有成系的，就另有主任。现在只有临时主席。择主席法要小心，要得曹的允许。

现在国学部内的史，地，法制，课程归入第三组，然而哲学，论理，伦理等科暂属国文系内。

又谈"横"分组的办法（将来的大学部，高中部）。

（甲部）C1，H3教员，讨论课程，学生事。

（乙部）H2，H1，M4，M3教员讨论学生训练，学科连络事。

曹对于这样的办法，也像赞成的样子。

不过要小心能不能讲英文的关系。不得已就要两次会议，（英语的，国语的。）那种会无须成为例会，这一点要同别人谈谈再定。

又谈到"课程委员会"事，曹意"教育方针委员会"可取消，全归课程委员会作，由教务主任主其事。校长可请出席（遇要事时）。

委员会内可有七至九人，要从速拟定，须在下学期前有草案通过校务会议，为下学期选科用。（可用甲、乙两部教务会帮助课程事。）（如为课程事，中英语更可分。）

我说在三月后可成功，这话恐怕太夸张！要取试办态度。不要自任，自己也不要功，也不要名。

下午可请梁任公作国文系顾问。戴愿意亲自请梁来，要同戴谈后再定。

* * * * * * * *

我当戴在的时候，对他又说主张不废国学部的话，恐怕T.以为我反复，或者是用手术，这就是我自己失诚。我所为难的是名称同戴的态度。

我所建议的教员分组法，要同旧教员谈。

七月十四日

昨晚睡的不好。

明明还是吃的不如以前，并且每早的热度总在一百以上，我很怕他有什么特别的病。

又加上自己国文不够应用，恐怕因为这个缘故，不能得完美的成功。这是很可愁的事。

小孩不能强壮，一家不能安宁。家不安，我也不得好休息，我自己身体不好，精神必不能振作，致于见事容易生烦。现在搬到清华来，情形又回到在天津小孩进医院前的样子了！

下学年事务一定是很忙，没有好精神是不成功的。然而现在愈急愈不能往下作了。

不要因循延迟，有一件作一件，能作多少就作多少。一定不许愁！

本来想今天进城去，因为小孩不舒服，怕 W.一个人生烦，所以延期进城。下星期二约会同主素谈开会讲演秩序，谈后可以买东西去。

小孩的热度或者因吃的水不足。

既是因为小孩病不进城去，下午看小孩，让 W.休息休息。

可以在家里作的，如同知行烦我的事。

　　　* * * * * * * *

造新课程的原则：

一、不专靠机械，要看教员学生的个人。

二、不要眼光太高远，总以能实行为归依。

　　　* * * * * * * *

对于执行教务上的事，也不要包揽过多；凡可仍旧的先仍旧，用力只于课程上。

　　　* * * * * * * *

与月涵长谈，得益很多。拟定"课程委员会"，庄，陈，梅，余，戴，张，Elwoog，Heing，Danton。政策，高中的要拟定，大学只可暂草，理由是大学课程应由大学教授负完全责，现在不应限制将来的大学教授。

高中部有自己的教务主任；大学部各系有主任。

人选：高中可请余；大学要约新人，如：胡适之，张君劢，赵元任[①]，徐志摩，陶孟和，梁任公，叶企孙[②]（物理），刘崇鋐[③]（史），以后在人上时时留意。

课程委员会可开 Hearing 会[④]请人发表意见，又可利用甲，乙两部的教务会议，讨论课程，如此将来在校务会议时定可通过。

分组的主席及课程委员会，都让曹出名委派。

戴改名"暂代国文科主任"。

---

① 赵元任（1892—1982），字宣仲，祖籍江苏武进，生于天津。1910 年官费赴美留学，1918 年获哈佛大学哲学博士学位。1920 年到清华学校任教，1921 年转赴哈佛大学任教，1925 年再次回到清华，与王国维、梁启超、陈寅恪同任该校国学院导师。

② 叶企孙（1898—1977），名鸿眷，以字行，上海人。1918 年清华学校高等科毕业，1923 年获美国哈佛大学博士学位，次年回国，任东南大学理化系副教授。1926 年任清华学校教授，主持创建物理系，任系主任。1929 年兼任理学院院长，1931 年任代理校长。

③ 刘崇鋐（1897—1990），字寿民，福建福州人。1918 清华学校毕业后赴美国留学，曾在威斯康星大学、哈佛大学、哥伦比亚大学、耶鲁大学等校学习，研究欧洲史与美国史。1923 年归国，任南开大学教授，1924 年任清华学校历史系教授。

④ 听证会。

七月十五日，星期日

今早觉爽快，想是因为以下理由：

一、小孩又仍旧吃奶了，昨天晚间同今天早晨两次都吃十两上下，只于较比从前稍稀。

二、昨天同梅谈的很畅，有几难题，就像似有了办法似的。（其实不过是空的计划罢了，实行的真难处还在以后啦！）

三、昨天接着志摩信说君劢有要事同我谈，当代的文人有看重我的意思，自己无形觉着声价高些！这样的感觉实很浅薄！自己的能力如何，人的知与不知，不应生差别的感觉。

（昨晚睡的还安静，今早又沐浴。）

固然人情是被景况影响的，然而喜的时候，不要忘了忧，忧的时候，不要忘了喜，那样情感可以渐渐的在人的掌握之内。这种工夫不是容易作的！

综上三喜，应有三忧：一、家人的康健，（医院等事，家具，佣人。）二、不能以诚以愚服人，三、国文的大耻！

七月十六日

又没有天材，又没有学积，一天一天的空空度日！今年卅一，毫无一点成绩，那有什么大谋之可言？

为学不能有专心，叙事不能大量耐烦！有时露出一点小聪明，自己还以为满足的了不得！

到一九三二时，仍是依然故我吗？

花开的早的，落的亦快，这是固然。可是不要误认了不能开花的草木以为他将来有大成的希望！

想长进，现在最要的两方面：一、德业。（恭宽信敏惠的美。去四恶——傲，怠，伪，贪。）二、学业。（国文，国史，国情。）实在德与学无须分，德即是学，学即是德。不过一方面多注意在自持处世的精神，一方面在利器达意的课程。这样分法亦是按着我现在的急需定的。

德业，每天自省，谨慎言行。学业，每天读中国书，常用中文记事，抒情。

"无欲速"，十年后看效果。不看现在的小成败，自然也可以"无见小利"。

　　下年在清华只作能力可及，操必成把握的事，那末，最要的就是课程里高中一部分。

　　国文科的事要完全委托给戴，小心现丑！要紧要紧！

＊＊＊＊＊＊＊＊

　　在办公室，上午同戴谈国学部事，还没讲到改组。下午曹来长谈。先讲些空空的社会哲学，他表明对于老道德的崇敬，又述说近来读 Yale Review① 里论大学教育的文章，美国大学自己是改组的时候，我们没有跟随他们的必要，我们应当自创。讲的都是很想进步的话。话里又露出意见，校长的职务有两方面，行政与教育，而近来趋势，教育的事大半交给教务主任作。

　　他很想造久留的资格，所以思想、学识都用力学"内行"。在行政方面，渐渐的要人都是他引入，他说，会计一席不得已将来亦要有新知识的人。

　　各种新的试验很不少，他亦很聪明，利用机会往进步去作。

　　今天看见毕业同学书记的计划，很远大。将来能到各处同学会接洽，与学校前途政策有极大关系。这里有大运用的机会。不知道毕业生有组织力没有？将来还有介绍职业事务，这更是联络的机会。

　　一般新毕业生里面很有政治组合的趋向，将来对于学校亦一定有一种大的势力。这样的势力如果造成功了，恐怕要不容与他们有旧怨的人在校操权。这种组织要非常注意他！要同识见正大的毕业生连络，真能指明清华的教育意义。

　　一方面要在校的学生有正气，将来毕业后不至于作小政客！

　　△△预备将来我有于 T.不利的时候，他就许运用有些毕业生的旧怨。总要见机而退，不作无味的争持。△△

　　果能德服，固然最善。现在还是用工夫在修己罢！他人的议论惟可听其自然。

　　清华里利过多，所以必招来许多政治的活动，这也是不可免的。义能否胜过利去，这是根本问题。能则留，不能则止！在我一定是如此。只要德学都够重量，无论去留，都有相当的影响。

　　虽看清楚什么地方应当留意，然而现在要用全分力量放在德学的预

---

　　① 指美国耶鲁大学出版的《耶鲁评论》季刊。

备，不管暗中反对的可能。态度要表白清楚，为求学，为研究，绝不争地位，绝不为现在的权利。自己如能看的远，也绝干犯不着好利的人，他们大半争的是现在，或是眼前的将来。

我的性情向来不能以厚意联络人。我自己好静，好自己思考，不能作政治的活动。见人多，说些无味的客套话，我就不耐烦了。论到作领袖，我不能与人接近，作自然的友伴。有人一定想我远而冷，多批评，好怀疑，群众式的领袖，我没有这样才。我的态度容易让人觉着我骄傲。这亦是我的大病之一，"傲"！

（"以能问于不能，以多问于寡，有若无，实若虚，犯而不校。"）

"圭角"——自以为奇。是可贵的！再进应当浑厚，以诚，以愚。

（"用之则行，舍之则藏。"）

"子帅以正，孰敢不正。"下年正是道德修养的最好试验所。看看孔孟的道德学说能否实行于现在。这是狂大的志愿，作时要非常谦虚。

（"危行言孙。"）

每早读孔孟书，帮助自省。

七月十八日

昨天进城，因为下雨，一天过洋车上的生活，回来觉着精神乏倦。下次进城去如果下雨，要用火车，不用洋车。

午饭在松坡图书馆，见着君劢、志摩，他们不知道我在清华就职。君劢预备办"自治学院"，名目上算是东南大学的一部分，大概设在上海或苏州，费从江苏省出，每年约八万。他约我帮忙。现在我既不能去，他要我给他想人，美国人（三个）及留学生。

这又是东南的发展！南开的"文化院"恐怕办不成功了，明年梁大概到清华来，现在张也另有职务了。这也是经费不够用使然的失败。东南与政府是联络的，而江苏又是很富足的省，所以他们发展占优胜。

南开的将来，一方面财政，要靠私人的捐助，一方面人才，要靠一般同志，尚义不尚利的人。有了基金后，要作内部整理的工夫。

清华的内幕非常的杂乱！

外部有外交、政治的关系，美国公使及外交部的员吏都要有分；外交上政府里有变更，渐渐的要影响到学校。固然解决法是另组织独立的董事会，然而看现在的情形，一半时不能作到，也怕 T. 不愿意他做到。

如果办到后，外交上的人才自然没有掌权的必须。

内部，职教员多为小利诱，太注意利益均占，对于小节目上互相嫉妒，惟恐别人弄到自己前面去。因为这样，稍想计划内部的整理，就发生许多怀疑，误会。病根在钱多，而以钱为职务轻重，人格高下，学问精粗的最要单位。"上下交征利！"曹就想保自己的地位，手术是特长，所以下必有甚焉者！

内部最少的是为义不为利的精神。不然讲些假道德，说些冒充内行的话，学生的道德是万万不能提高的！校长既然不是为教育而来作清华事的，如何可以期望职教员、学生有纯粹为教育而牺牲个人私意的可能？

昨天访余日宣，谈到课程委员会会员支配及教员新分组法。他说，Smith 应当替 Elwang。对于分组事，他稍露出自己乐意作"政治、社会科学组"主任的样子。我原来想让他作中学教务主任，现在看出，他的志向绝不在此！第一步，他要作政治系的主任（将来分系后），或者野心不只此！

又谈中学训练，下年不能把 H1，H2 合并在一起，他想学生要生反动。这个意思很对，应按着他的主张，等过一年，如果产出新分部时，再作。

昨天听了余的意见后，觉出人的问题的复杂。我自己如果有主张，亦要等找出别人意见后再发表。我前一星期有一点露出意见太多了，这是犯战略，应当前面露出的面积愈少，敌人愈难揣测你内容的实状。

一年之内不要露出主张！有意思，自己同日记谈。

（不言，不笑，不取。"时然后言，人不厌其言；乐然后笑，人不厌其笑；义然后取，人不厌其取。"）

与人谈的时候，总要先给他讲话的机会。

余说，戴以先是赞成西、国分的，以后同余谈后，才拟出裁"国"的意见，据余分析，戴现在愈力辞愈是贪位的表现。这也或者有之。

＊　＊　＊　＊　＊　＊　＊　＊

"患得患失"！大谋远虑，必须完全为义，不争位！

处清华的原则：

一、为义，不为利；

二、为将来，不为现在。

（"巧言令色足恭"，可耻！）

＊＊＊＊＊＊＊＊

下午同戴谈到改组事，他的意思要作"副教务主任"，这个意思他从去年就有，这都是给自己留地位的计划。我给拟的新名目"暂代国文科主任"他不大由意。曹同我一致主张，所以现在算是作一结果。他自明知国文主任不能久占，所以想移到教务上去！可怜！

他将来会生反动，要小心！自己的国文根柢要快快用功！现在快把明年国文用书都读了。这次在南开时要同任公领教，多参考对于几部老书的批评和校正。

将来要请适之或别的有新旧学问的人来主持国文系。

各种事，戴拟的还请他招〈照〉顾，看他肯负责不肯。如果不肯而又发生枝节，那当另有办法。

史，地，法制（中等科的），民国史，外交史（选科），都分在国文科外。我得自己负责，或请他们中间一人为临时主席，或归入"政治，社会组"。

这五学程的教材仍按戴拟的进行。

"上下交征利"，曹很晓得的。他是同这种人智斗。智胜是一种方法，然而德胜的效果应当长久些！"举直错诸枉，能使枉者直。"智是必须有的，然而较他还要紧的是"子帅以正"！

七月十九日

今早十时约庄泽宣①谈。请他罄其胸怀、亦要听他对于学生、教员的分析。试引为同志，为义不为利的通力合作。

下午访古月堂诸位先生，观察生活状况与团体精神的关系。（没作）

（"古之学者为己，今之学者为人。""子贡方人，子曰：赐也，贤乎哉？夫我则不暇。""君子思不出其位。""不患人之不己知，患其不能也。"凡四出，孔子盖履言之。）

＊＊＊＊＊＊＊＊

昨天曹同我讲，开学后第一次全体校务会议时我可以报告我的教育方针。这次是用英文为主的，在第一次开学式时，对学生也应当有发表的主张，这是用中文的。暑假期内要预备这两篇文章。

---

① 庄泽宣（1895—1976），浙江嘉兴人。1916 年清华学校毕业后，赴美国留学，获哥伦比亚大学、普林斯顿大学教育与心理学博士学位。1922 年归国，曾在清华大学、厦门大学、中山大学、浙江大学、岭南大学、广西大学等校任教。

七月廿日

如何对待戴？如何"能使枉者直"？

"子帅以正"是一个办法，然而细目应当如何作？

在态度上最要的是：赦免以往，提醒善根。不要以为一个人有过一次不良的行为或计划，以后永远成为不良的人了。如果这样看法，那末世界无完人！

今天见戴不见？

能在误会萌芽的时候，用一点注意，可以省去将来若干唇舌。按这样看，是找他谈谈好。

然而作事要有决断，这是第一场戏，若是唱坏了，于将来大有妨碍。既是有了判断，要坚持不移。

最好的结果是：不改判断，同时不伤感情。能作到这步是莫好的了！

若是同他谈，要表明，想改组的是他自己，如果他现在觉着不便，有什么别的建议，我很愿喜容纳。对于下年教员同课程，仍请他负完全责任。以至于史地课程既然已有计划，最好按着计划去作。

下年应改的事很多，现在能少一个敌人，最好是和平了结。我本来是不想现时改组的，然而他既来提议，我才按着改组方面设想。如果他现在仍想回到原来的名称，我更是欢迎！

至于他的建议，教务主任应有副主任，试行一年后再定。（这一层太软，没用。）

下年办公室，改在现时庶务主任室。（不能）

他能合作时，要用他的能力，勇敢。

最好是凡事待一年后再作全体的整理。仍旧例可以不起风波。

七月廿一日

昨早九点前去古月堂访戴，去时他将洗脸，很不客气，让我到他房里（衣服尚未齐）。谈约一小时。同到办公室，我约他谈公事，这个时候才讲到我所预备的两层意思。他看办事条理上还清楚，所以很表现愿意合作的样子。我同他说，他的副教务主任的建议，现在无须，因为将来有各科主任时，自然他们都可以算是副主任。他说，他的建议是为不得已情形的，现在教务主任既已得人，自然无用。但是前两天他心中所望的清清楚楚是在教务上占地位。这也是言语可怜的地方！

他是不能容纳胡适之一派的人。他很愿意梁任公来作特别讲师，可以给他的主张上加力量。

他像是乐意安分往前作的，这样下年我可以少一部分的烦扰。然而对于这一方面实在的力量是在有国文的学问没有，这是真的，运用别人的能力是一时的，不是最可靠的。现在既是有人可以暂且担负责任，我可省出一点时间来为自己读中文书。

国文的事算是作一小结束，我这第一场绝没有新奇的地方，总还是唱下来了！

* * * * * * * *

昨天见李庶务主任，先谈琐事，后谈要事，这是秩序的错误。谈到戴办公的地方，他想注册部定要用现在的庶务主任室，或者可以在里面给戴放一张公事桌。

因为我自己没有一定的主张，所以也没有往下谈。

国学部因为有执行性质所以有办公室，国文科是教务性质所以按条理说不应有执行的办公室。这个问题如何解决！有什么意思要未走定了才好，因为现在就要起首修改了。

将来各科主任办公室都应当在图书馆，现在国文在那边有没有屋子？

如果先生、学生，与各科接洽的事都在那边，我再与科主任接洽，就费时间了。

若是勉强注册部让出一间房，他们一定觉着不如意。并且我要自问有没有用一个中文书记的必须？若是有，能否暂放一张桌在我现时的办公室里？

现时还是取让的态度好。如果有中文书记把他放在自己室里或是王的室里，国文科主任办公要到图书馆去，现在的文具室留为课程委员会事务室，内可放几张办事桌为科主任用。既是现在我自己没有一定的主张，最好有主张后再同他们交涉。

主素昨天信里烦我转校长函，通知平民教育事。这里恐有手术在。利用我来吸收曹引清华入社。下次再有转达的事，无论面托，或函寄，都要小心。主素是研究《三国志》的人！然而小手段也很无聊！

七月廿三日

天津南开暑期学校。

昨天从清华来，今天上课。

两门学程，中学训育和中学课程。

两班报名人数均在三十上下。中学校长、教员不少，本大学学生亦有。

每班里人虽然差别很不等，然而在短期内，他们愿意有一点具体的心得，最好是切于实用的。

选这两学程的大半在中学里任职的。

＊＊＊＊＊＊＊＊

已竟上过两班。今天在"训育"班说的气过热了，下次要冷静些。为他们想办法的细目。

（没作到，以致失败。）

七月廿四日

昨天群居终日，没有给 W.信，也没有作预定的事。

今天要作应作的事，有读书的时间。

现在梁任公讲《中国近三百年学术概略》，每天下午四至六。我昨天去听，材料真丰富，这才算是学者。

反省，现任改进社研究员的名，然而这半年曾作过什么研究？自己对于学术真有一种不可揭〈遏〉止的精神吗？自想，太轻薄了！研究一点点，为的是小名，小地位罢了！

＊＊＊＊＊＊＊＊

晚十一时。

今天同志摩谈的很多，我觉出一种特别的力量从他的精神上涌出来。

我多日不同智慧充满的人接近。在清华最少的是精神的感触，大家为地位的计算太多了！我自己也有这样的病！

不朽的大期望！是从功上立，或从言上立？自己本来天资有限（自己要诚心认的），而学问上都是浅薄的，并没有深刻的工夫。自己上进好胜的气（恐怕是虚气！）还有，所以看见他人比我强的，自己就想立志前进。

不要以为只于是国文及国学没有根柢，说到西洋的学问和文字，我又有什么特长？

既没有专学，就容易被手术的引诱！就容易对于地位有患得患失的恶念！

这两个星期在天津受了激刺，要努力求实在的学问，快快预备好达意的工具，不然就是自认卑下。

今晚读 Newman[①]论大学性质同大学教育的目标。他很注重活人的影响，大学就是聚集、传授这种影响的地方。

欧洲虽然去过，不过看一点外表，真正文化没有研究。我只能读英文，不通法、德文，这又工具的短处。现在有家，想再到欧洲求学一定作不到的，至好可以再去游览一次（五年后或有机会）。在欧洲求学固然是必须的，然而预先要有好的根柢，要有可造的天材，不然全是空想！

在文字上，我的记忆太弱了！读过就忘。至好用札记帮助。无欲速！十年后的文章一定要他可以拿得出的！

除去坚强意志，作苦工夫，疯工夫，没有别的方法！

不要以出现时的小风头为满足，我来是读书来的，不要失去机会。

常住清华环境里，精神一定要灭亡的！

七月廿五日

昨天在班上教人要有支配时间的好习惯，自己有几天没有照样作了。

看从清华带来的事是些什么？

一、请梁、戴吃饭。本星期定，下星期吃。

二、买物件。星四作[②]。

三、清理账目，清理书籍。

七至九，预备功课；九至十一，上班。

十一至十二，读书或访教；一半至三，休息，看书。

三至四，中学会；四至六，梁讲。

六至九，请客。

七月廿六日

昨天同志摩谈，对于文字我是一个哑子！

文字上北人都不能润泽畅快，也天生然。

空谈！要实作去！十年苦功夫！

---

① 纽曼（John Henry Newman，1801—1890），英国高等教育思想家，曾任都柏林天主教大学校长，其系列演讲集成《大学的理想》一书。

② 张彭春在日记中的习惯写法，为"星期×"之省略。

八至九，九至十一，功课；十一至十二，送出请单。

一半至三半，休息，读书；四至六，买物件（马宅）。

七半至八半，访人。

＊＊＊＊＊＊＊＊

星六同清华消夏团学生谈"体验与求学"。

下星二，在此地也用这个题。

七月廿七日

几夜没睡足，精神乏倦，容易动怒。

昨天同月涵拜谒严老先生，"伪"的老工夫总像不自若，然而这已竟是北方的宝贝！

梦林[1]昨天下午来，谈见梁事。

下星三约梁在晋阳楼吃饭，亦请严先生[2]。

W.无信，觉着不安，不知出了什么事没有。今天下午回清华。

文学兴趣因同志摩谈，又来叩门。这样小才气的外露不能远久。自己有什么文学的真工具？

近代西洋文才是气浮，不能忍，不能静。所以我每对于文学发生热力的时候也觉着气浮。这几天又是因人而转移自己的兴趣。还要作自己定的事，看定一事，不能坚持作去，这是最弱点，这就是奴隶的根性！不能真有为的表现！

七月廿八日

清华。

早同消夏团讲，题为《冷静》，引了许多先圣贤的话。现代文化容易使人浮嚣，举例：交通，新闻纸，广告，心理测验。救济方法：习默，习行，习苦。

有的地方，言过实，既劝人冷静，自己少说话。先作事后说话，找难事作。

七月卅日（第五册起）

南开暑校第二星期。

---

① 蒋梦麟（1886—1964），原名梦熊，字兆贤，别号孟邻，浙江余姚人。1917年获美国哥伦比亚大学教育学博士学位。时任北京大学代理校长。

② 指严修。

梁、徐要译 Tagor[①]的剧本，秋天他来的时候演作，徐让我排演。这样工作用的时间很多，要量力酌定。排戏的细目我知道很有限，如果担任下来，难问题一定很多，布景，衣装，发音，动作，各方面都得注意。若是许可帮忙，也必须多约助手，自己处备问的地位。

七月卅一日

晚志摩讲"未来的诗"，我"戏的未来"。

---

① 即印度文学家泰戈尔（Rabindranath Tagore），1924 年访问中国。

八月

八月一日

晚在晋阳楼请客，到的有：梁，戴，杨，阎，凌，卞，梅，张（大夫），徐。

八月二日

下午访戴，谈国文教员事。

对于课程，这几天觉着不耐烦。我想听讲的人或者也觉着我有一点自傲态度，并且我预备也不注意。

我以往的经验也是如此：每逢入到美术的态度里，最容易轻视人，对于琐事不耐烦。在纽约二年前因为演剧未免得罪人，露出骄傲气！

艺术大概是容易让人发狂的：讲到艺术的时候，头就在云雾中了！我这几天因为常谈艺术，所以在班上说了许多小器的大话。这样的自夸，人以为你对于他们必是看不起，所以后几日来的人渐渐少了。

相要诚意作教育青年的事，自然应当任劳任怨，不要露出圭角。如果要在艺术上胜人，那末有的时候，因为一时的得意，容易轻视人了。

一方面不怕人的批评，一方面还要有自信自持的把握，不至同那样的人常谈，就受他的影响。

《四书》没有带来，在此地多读些美术的书，所以气就浮起来了！

然而真艺术家一定是谦虚沉静的！艺术不是不可讲的，只于不要让他感动我的气浮。

王尔德①的作品，自然是浮的；Pater②的作品，容易使我懒惰；Tagore容易让我坐在那里作梦；读完了让我作事的有 Emerson③，Nietzsche④，

---

① 王尔德（Oscar Wilde, 1854—1900），出生于爱尔兰首都柏林，英国作家、艺术家，唯美主义代表人物，19 世纪 80 年代美学运动的主力和 90 年代颓废派运动的先驱。

② 佩特（Walter Horatio Pater, 1839—1894），英国作家、批评家，其《文艺复兴史研究》提出"为艺术而艺术"的美学主张。

③ 爱默生（Ralph Waldo Emerson, 1803—1882），美国思想家、文学家，诗人。其代表作品有《论文集》《代表人物》《英国人的特性》《诗集》《五月节及其他诗》等。

④ 尼采（Friedrich Wilhelm Nietzsche, 1844—1900），德国哲学家，西方现代哲学的开创者，主要作品有《权力意志》《悲剧的诞生》《不合时宜的考察》《查拉图斯特拉如是说》等。

Shaw[①]……

八月三日

今天同正定第七中学的耿先生谈，他说班上有人觉着我骂人太多，不能服人。

我自己太狂了！这是我操行的失败，不能了解本国人的心理——他们不喜争论，都愿意人沉心静气的述说实行细目。

因为多注意艺术，气浮，所以有这次失败！

（不能怨艺术，只能怨自己！）

＊＊＊＊＊＊＊＊

今天下午去买东西，明早回清华。五（哥嫂）这次不同来，过几天再定。

八月五日

昨天早晨回清华的。

昨天在车上，遇着梁，徐，同林长民[②]。读林对于国会同人的宣言，文词很精练的。想到现在作白话有成绩的人亦都是文言文很有根柢的，所以文言的工夫一时是舍不开的。如同梁，林一般人的力量，都以文字为不可少的工具。

既然如此，要好好的读起古书来了。

在天津同喻谈买《四部备要》，问北京中华的价钱如何。

我有两部分的工作：一是现在职务上应作的事，一是补以往的不足，或者也可以说是预备将来达意的工具。

现在职务上应作事又有两部分：一是清华教务，一是中等教育课程的改造。

有这样忙的事程，我自己的习惯又不能作事敏捷，遇事即刻判断，所以下年的工作不能不算难了！

我对于学生已竟有过三条件：一、少说话，二、多作事，三、找难事作。这是在此地第一次宣言说的。我自己应当按着这样作。按着拟定

---

① 萧伯纳（George Bernard Shaw, 1856—1950），爱尔兰剧作家，1925 年获诺贝尔文学奖。

② 林长民（1876—1925），字宗孟，福建闽侯（今福州）人。早年在日本早稻田大学研究政治经济，1918 年任北洋政府外交委员会事务长，1920 年被任命为宪法起草委员会委员，是福建政法专门学校（福建师范大学前身之一）和福州二中的创办人。

事程，是有了难事作了。要看一年后的成绩如何。

* * * * * * * *

两星期后，改进社年会来了；两星期内预备演讲稿子。年会后不过十几天就开学了。

* * * * * * * *

定医院，买家具——这又是一部分家里事。

下星二进城，到改进社，再买物。

* * * * * * * *

△△读前一月日记，集得下数条：

一、在津不能浑厚，露出傲狂。

二、在消夏团讲演，不能言孙。

三、总要以君子之心测人，不应想此地人都为利，这样看法，于事实不合，于人也无益，不如宽恕些罢！

四、努力求实在的学问。

五、改进社的"中等教育研究员"已竟作过什么事？将来可以作些什么事？

六、在校作事，要先觅出别人的主张，千万不要露出一己的意见。

七、教务上最要的还是提高教员程度。

* * * * * * * *

现在顾长外交，不知对于清华董事改组有什么政策？曹对于顾，又不知要有什么提议？知行又去进行他的主张吗？改进社年会不知要酿成怎样对清华的意见？

几方面都很可注意。

然而自己处研究地位，不要引起误会。无论那方面有推举的建议，定要坚辞。自量学问，材能，真不胜任。为事计，为前途计，要看清现在纯是求学时期，不要因执行而限制长进。

在天津听人传言我将来要作 P. T.，这种传言足见一般人的揣测。贪是人共患的，能自持的工夫在此处可见。

* * * * * * * *

开学前预备：第一次校务会议的报告（英文）；第一次同全校学生的谈话。

八月六日

今早修改《冷静》讲演记录。

到办公室，理一切近来发生事。

＊＊＊＊＊＊＊＊

下午同曾远荣[①]（H1，四川）谈，问他讲演的反动如何。他说有一派人以为太静，也有人以为正合清华病。我自己觉很得意似的，其实有一部分人不满意。

我知道自己的学识道德都不足为人师，然而想得着全体的欢迎是不可能的；"众好""众恶"不是可靠的标准。

既然知道无论那种主张必不能得全数人的许可，自己对于自己以为得意的事要小心些。

大家的评论也不是讲演一次可以认为定的，不过要作倚靠自己的工夫，自己认为应作的就去作，自己认为应说的就去说；作后说后要自问心无愧，不能顾虑太多。

曾说，新来的人还有勇敢，在清华久了，就不能动。旧习惯的力量非常大。我问有什么建议，我很欢迎。他说，要我多注意事实。他在清华受的困苦很多，特别教务上毛病最多。他说，去年来的三位教员，庄、蔡、陆，学生很满意，初来时很敢说话，一点一点感受旧习惯的压迫，也难有成效。

他说了多次旧习惯的势力。教员说话的力量，与年数作比例。（这恐怕是去年新教员受的经验。）

他说，董事、校长问题一时不能解决，学生希望的，能得好教务长的就是好校长。T.很鼓励学生建议，学生也很喜欢同他合作，两方面办事很顺适。

《冷静》稿子再斟酌登《旬刊》不登。是我怕批评吗？是我怕吗？

离开受恭维的地方到一处受批评的地方，是莫好长进的机会！我很喜欢到清华来了。

最要小心的是自己的身体精神，千万不要过力，一乏倦了，什么事都作不成功了！

下年的事一定是很忙（清华事，改进社事，求学事，家事……），这是试验我能力如何。想各方面都能成功（都能让人说好）一定办不到，

---

① 曾远荣（1903—1994），字桂冬，四川南溪人。1919 年 7 月考入清华学校，1927 年 7 月毕业后赴美国留学，1933 年获芝加哥大学博士学位，同年回国，任教于国立中央大学、清华大学、四川大学、南京大学等校。

不过尽力为之。已有的事，很够忙的，以外的事，别揽了！

* * * * * * * *

△△在校的学生、先生中间，对我很有怀疑！同时我自己也知道程度太低，难能服人。如果自己再一骄傲，反动自然发生出来。这是很难处的环境，不知将来结果如何？可虑，可虑！

（"躬自厚而薄责于人，则远怨矣。"）

八月七日

昨晚戴来谈：梁讲演时间，草拟星四（星期三至五间），《群书概要》（七半至九半），教职员讨论会。星五（四至六），《近三百年学术史》。

下年为改进社星三（上午，下午），或星一、二（下午）。一日比两日于我方便些。

今早进城，与慈幼院中学主任谈。下年初中第一班，很可供试验。又有清华的高中，如果我有具体的主张，下年是莫好的机会。

在这两处实验外，下年在京讲演（或分校，或合）。

再有可作的就是读书，写文章。

（"君子不可小知而可大受也，小人不可大受而可小知也。"）

* * * * * * * *

下年清华同改进社都应有好助手，作事效率如何就在能用助手不能。

社里可作的事有：实验，讲演，研究，答问，出版，不过这五类。

如果能有一个高师研究科毕业的来作助手，或者我可以帮他把中等课程一部分事担任下来，不然我自己只可在头两项稍微作一作。以四分之一的时间不能期望收效很多。

将来别人一定要批评，白拿改进社的钱不作一点外面人可以看见的事。

McCall 一年内的成效很昭昭，全国都看的见，也实在是有具体的贡献，批评只管批评，然而实效是在那里人人都可以看的。我回来这半年有了什么成效？将来可希望的又有什么可能？作不到半年，又跑到清华去了。（一定有人说这是有别的野心。）这样的批评是人人容易有的。

我果然失信过一次，以后再作无论如何计划就要没有人听了！不能以愚以诚，就是不能以仁守，虽得之，必失之！

（"知及之，仁不能守之，虽得之，必失之。知及之，仁能守之，不庄以莅之，则民不敬。知及之，仁能守之，庄以莅之，动之不以礼，未善也。"）

中学课程研究是我的建议，我不能问别人如何去作，别人都很愿意帮忙，计划在我定，将来的效果由我负责。虽然一时无露于外的成效，可是我自己得有一个坚持的计划，交来必须有成效。如果没有这样的诚心和计划，那时不要问人，自己立刻辞职！

（我自己的主张没有同别人见解一样的必须。）

别人也都看这是我自己的事，我自己负完全责任。

（无论别人有什么批评，国家情形如何乱，我的主张也要作下去的。勇。）

* * * * * * * *

在城里遇见熊，知行，主素，杨（慈幼院新中学主任）。杨，无锡人，主素旧交，年约五十。

熊让我拟中学课程，我不自量，就随意说了我的主张，他们恭维我，想将来一定作不到！《三国志》又胜一仗！

知行说他已竟辞东南兼职，全力在改进社，这是很好的。我禁不住有一种逆亿，恐怕这是主观的，"地位"的观念，现在的人都太深，所以互相逆亿的毛病就来了。

然而人心难测，虽不逆亿，也要"先觉"。

弱人因争位，才要结党。强人自然不惧，因为他可以独立，所以不患得患失。我自己要勉强作强人，富贵"如不可求，从我所好"。作我所好的事，就不顾地位了。

（"古之学者为己，今之学者为人。"）

要完全舍开 P. T.的恶念！纯粹以诚心能力来作我所好的事。

焉知在校没有对于 P. T.有自抱比我能的呢？

气胜，争面子，贪高位——这些不能打破，自己不能得真快乐！贪位与贪利没有分别。人要比位大，不要用位来大人！

"不怨天，不尤人，下学而上达。""得志，与民由之，不得志，独行其道。"

* * * * * * * *

为年会演剧，找我帮忙排演，我因为别的事太忙，以后辞了。

八月八日

嫉妒是人人有的病，中国人特别利害；看别人比我好，就想与他争。这是因人多机会少产出的吗？无论起源如何，在中国作事最大的阻碍就是与人争地位。这是道德堕落的最大病根。

大家批评 T. T. 嫉，余评戴也说嫉；自己小心不要嫉！

要为事作事，因为自己好，就是觉着有兴趣，不要因为利禄，地位，名望。为后几个缘因作的事，终久人看的出，终久不能长。

* * * * * * * *

如何帮助在清华的青年为将来中国的人才，这是在此地的事。必须认识这般青年都是谁，然后才能帮助他们。

还要认识作帮助事的人，就是一般教员，职员，要常寻机会与他们接近。

认清这就是我的事，努力作去，不管别人一时的评论，那就是为事不为位的精神。

与教员、职员接洽，容易让他们觉着冷，高。这是缺点，要用真诚来补救。

"知及之，仁能守之。"

（"远人不服，则修文德以来之；既来之，则安之。"）

* * * * * * * *

事程：一、与志诚谈，二、见梦赍①，三、预备第一次对教员说辞，四、见陈有虞（参观消夏团），五、中文书，六，读《清华周镌》。

* * * * * * * *

昨天外交部交际司来电话，问对于哈丁②死，有什么表示。今早开了一个职员会议，议定送挽联，花圈，及赴吊。报告给交际司，过了些时，有回话来说送物可不必，只有学校代表及学生赴吊就好了。本来可以无须有什么表示；既然拟出办法，又给否认了，这明明看学校为外交部私有产！这样态度又小气又可恶！

* * * * * * * *

知行下午来电话，要在清华办"平民教育"试验。我有些怀疑点，他大不满意我冷的态度。他以后说，"你给我找一个热心的"，这清楚是骂人！

然而自问是有私见的，这从怕上生的。地位有什么可怕？成功有什么可怕？

"君子成人之美"，如果我不认这类的平民教育为有用，自然有我的

---

① 杨光弼（1889—1949），字梦赍，天津人。1918—1928年在清华学校任教，1929—1949年在北平研究院化学研究所工作。

② 哈定（Warren Gamaliel Harding, 1865—1923），美国第29任总统，1923年8月2日去世。

理由。他就许想，这是我嫉他的成功。我虽存疑，可以他试验去。

所以人与人的交际是非常复杂的。

明早知行来，我守我正大的存疑，同时要成人之美。我有我独立意见的天职。至于他骂人的话，不必再提起。如果他要我帮忙，我可以量力斟酌，如果不要，我有我自己的工作。大概，他一定努力直前，给我们这些多疑的人创出一个证据。

电话他还说到顾总长的代表……，我没听清楚什么事，明早来再打听详细。

睁开眼，看将来，不知有什么作用？

八月九日

今早陪知行，有余时预备年会讲演。

八月十日

昨天知行坐汽车来。与学生三人谈话时，尽说的 Demagogue[①]的话，煽惑青年，说些个"破天荒""作全国的领袖"一类的话。

他又用平民教育促进会的名给曹同我一个命令，让清华如此这般作。

小猴子的手段！这就是"东南"的澎涨！

他一定在那里要鼓动董事部改组事。我们要想出一种新的组织法，不让这群小教育政客干涉真正学者的事业。一个学校的组织，要给学者（先生、学生都有）最好求学的机会。

（谁是学者？）

如果改组后，董事多数落在这群人手里，还不如不改了。

为清华要创出一种新制来，全可以不用形式上的董事制；现在董事制真作实事的很少，大半是给某人或某系作傀儡。

（狐疑！）

"教育督军""郑"，等于曹三，四，陶想作吴佩孚，同他们通气的有蒋。旧教育系是严[②]，现在范[③]还没回来，陈在教育部是没大本领的。将来北高（或师大）还不晓得落在那系势之内。南开亦可以算是继严的，可以特别有一部分外国人的信用，不是严的。

---

① 煽动的，蛊惑人心的。

② 指严修。

③ 指范源濂（静生）。

清华试过金[1]，失败，很于严不利。现在外[2]自己占据，而都是外行。到东南请人，不来。“鄗”要清华大改组，然后董事同校长都可以有参与的机会。

外叫我来，这样南[3]在清华将要不给“鄗”、陶留地位，所以陶有活动的各种表示。

论学问，“鄗”、陶都是空的；他们所依的是他们的巧（巧言，巧计）和新闻政策。谈学问，现在还是胡，梁及同他们往来的人。

“鄗”在“课程标准起草委员会”把胡拉上，现在东南又让君劢办“自治学院”。

东南对南开外连，暗攻，向来的政策！

现在我在清华，在内是建设，在外如何？

如果“鄗”、陶野心发现，或敌，或退。如敌，惟一是联南，外，胡，梁。如退，找一读书的地方，不问教育上的“政治”，作教人才的工夫。

* * * * * * * * *

今年年会时，再详细审察。（请B.住在家里。）

八月十一日

昨天下午同李，徐，麻伦进城，到协和医学礼堂专为哈丁追悼。在车上来往谈话时，我有自以为“有”的态度，谈美术，历史，我都晓得的样子。这是不能容众的恶！

陶今早来。（他现在住在蒋的家里。）

（“色厉而内荏，譬诸小人，其犹穿窬之盗也与。”“乡原，德之贼也。”“道听而途说，德之弃也。”“其未得之也，患得之；既得之，患失之；苟患失之，无所不至矣。”）

* * * * * * * * *

事程：年会的讲稿，B.信。

八月十二日

志摩送来《小说月报》十四卷五号。我读了志摩的“曼殊斐儿”，今

---

① 指金邦正。

② 指外交系。下同。

③ 指南开中学毕业的人。

早又读顾颉刚①的《诗经的厄运与幸运》。

顾很可以作适之的高徒，写的是同适之一样的清楚明晰，有时也很能说笑话。所拟的假设有历史进化，时代分明的眼光，证据也非常充足。整理古书的条则，适之可以算得汉学的真传。头脑真是灵活，读书也很博详。

这样整理古书的学问，绝不是半路出家的人所可望及的！

志摩的《曼殊斐儿》富于情感，文词很华丽，引诗也很多，不过还有可删而未删的地处，从此看出志摩有乃师的雄富，理性上还不能深刻精细。这并不是坏点，为壮年作者，实在是有希望的表现，不至于象有的人的意思太枯干，字词不够用，感情不畅快，那种不可救药的毛病！想在感情文字上有作品，最怕的是老的太早，被计算和理性给缚束死了。

* * * * * * * *

我要提倡学问，然而请问我有那样专长？我看不起陶一类教育政客的活动，私自批评他们学问空虚，可是我自己的实在学问在那里？所有的一点知识，完全是道听途说，不值一文钱！

什么是我的学问？什么是我的贡献？

大学是研究学问的地方，所以学问是什么必须要问的。

头脑清楚，能条理事物，这也是可以算是学问的表现。有达意的工具，有慎明的思想，有超俗的识见，这些也是学问的工夫。

求学问之道，各人不同。习行的求学法，是我佩服的，然而要行些什么？行前的考虑，行过的经历，必须有相当应用的记载，达意工具。已往的书，文，用处在此，文章艺术的功用也在此。

（"大学之道，在明明德，在亲民，以止于至善。"）

* * * * * * * *

中国所谓学的都偏于史，所谓"好古敏以求之者也"。现在公认的学问家如同梁，胡，也是对于古书专作整理的工夫。

看《日知录》里也大半是读古书有得。习斋所谓学的是"身习夫礼乐射御书数，以及兵农钱谷水大工虞之属而精之"。中世的欧洲同现代欧洲所谓学的又不同，Veblen②的分析，说现代可为高深学问惟有"研究发

---

① 顾颉刚（1893—1980），名诵坤，字铭坚，号颉刚，江苏苏州人。是中国现代著名历史学家、民俗学家，古史辨学派创始人，现代历史地理学和民俗学的开拓者、奠基人。1920 年毕业于北京大学，后历任厦门大学、中山大学、燕京大学、北京大学、云南大学、兰州大学等校教授。

② 凡勃伦（Thorstein B. Veblen，1857—1929），美国经济学家、社会学家。

明"（Research），与实用毫不相关。

学问的机关，时代各不同；组织法与一时代学问的意义是互相影响的。无论如何，必须先有学问家，而后学问机关可望有真生命，不然，徒有虚名，绝不能引起一时代天才的努力。

现在中国正是大学热，然而究竟大学为何物，问的人很少。大学虽然如同鲜蘑似的，一天多似一天，然而将来在历史上有地位的必须是那有学问家的和能产生人才的地方。

学问是依据人的，绝没有离开人用组织可以产出的学问！

从这看来，最要的不是多办几处大学，还是多造就些真有学问的人！

我自己真是天资钝，工夫浅，对于学问之道，毫无根基，又因年岁已长，琐事繁杂，不能专攻，惟望新学者速起，为我民增一线光明！

* * * * * * * *

"温故而知新，可以为师矣。"惟有能作学问的可以当先生。特别高级教育是这样。

* * * * * * * *

现在我以为最有兴趣的是那类的问题？

指定问题的范围，然后用搜罗、考虑的工夫，日久自有心得。

改进社的问题是"中学课程"，我对于他，是有终身不灭的兴趣吗？

是天性不能专？还是没有找着一生的真兴趣？

研究"中学课程"总要到一个地步，你觉着课程不是真正问题，真正问题是作中学教员的个人。所拟的课程，无论如何细致，你总觉着是机械的！所有机械的都不是教育！

如果能帮助造就些中学教员，倒是一个根本解决办法。然而想造就一般中学教员，我自问我的人格，学识，同实验得来的经历，能否应用？所以，为这个问题，解决手续里必须有的是我自己要造就我自己的资格（达意工作，普通学识等）和作实验的工夫。第一层，可以自己用力；第二层，惟有在清华，南开，慈幼院，三处可望试行。第一层，难是难，然而较第二层还多些把握，因为在乱世，所有期望别人帮忙的事都不大可靠！

（新人才的修养，训练，这是我的问题。自己的德学自然是根据，同时也要预备一种课程，可以多数人领会的。要紧的是写中学的新教科书，那是影响青年教育最好办法。朱《四书注》的影响，有千余年！）

就是这三处都诚心愿意试行，我必须先把自己的主张条理清楚，理由足可服人，而后有草拟的具体办法细则，不然都是一些自信的空谈，必不能有人愿意随着你的意思行。

虚心先作这个工夫，然后再问什么是学问！

（能想到，不能作到！）

八月十三日

今早读至《论语》末章，可记的话抄下。

　　"楚狂接舆歌而过孔子曰：凤兮，凤兮，何德之衰，往者不可谏，来者犹可追；已而已而，今之从政者殆而！"

　　"子张曰：士见危致命，见得思义，祭思敬，丧思哀，其可已矣。"

　　"子张曰：……君子尊贤而容众，嘉善而矜不能。我之大贤与，于人何所不容，我之不贤与，人将拒我，如之何其拒人也。"

　　"子夏曰：日知其所亡，月无忘其所能，可谓好学也已矣。"

　　"子夏曰：君子有三变，望之俨然，即之也温，听其言也厉。"

　　"子曰：君子惠而不费，劳而不怨，欲而不贪，泰而不骄，威而不猛。"

　　　　　　　　＊＊＊＊＊＊＊＊

早读前星期日记。

八月十四日

进城：中央公园，刘宅，妇婴医院，前门外。

八月十五日

曹十七日下午回校。

八月十六日

昨天下午格林到办公室来访。与梦赉长谈两小时，他对戴与余的主张相同。

余昨天来校，没得见着。

　　　　　　　　＊＊＊＊＊＊＊＊

（1）（朱注）"子张行过高，而少诚实恻怛之意。"

（2）又，"堂堂，容貌之盛，言其务外自高，不可辅而为仁，亦不能有以辅人之仁也"。

"务外自高"也是我的病。对于中等教育每看别人的主张，总觉不彻底。自己想的过高，而不肯用细心分析，记载，实验的工夫。无论识见怎样高超，没有实在的工夫，万万不能服人的！

工夫全是苦中得来的！我的性情喜欢收效太快。不能下相当的苦工夫。

（子游曰：吾友张也，为难能也，然而未仁。曾子曰：堂堂乎张也，难与并为仁矣。）

*　*　*　*　*　*　*　*

年会的《中等教育》演讲，还没有预备好。

用最精的选择，说三十分钟。仿 Bagley^①在 N.E.A.讲演的精神。引起大家对于某一件事的注意，不能期望听的人都有专门的兴趣。讲演能预先写出最好。将来为印报告用也必须写出。这是回国后第一次的发表，应当守"言必能行"的态度。如何指出前进的途径，与研究的次第。

要这篇东西又彻底，同时又实在，词、意两方面都要有彩色。说出后，要他真能在青年的教育上发生实现的改变。下三天工夫，非成功不可！

中国的新教育，如何可以产出？

*　*　*　*　*　*　*　*

下午余来，谈一小时，关于德育训导事。

星四的全校集会很有改组的机会，现在全体学生没有集会，所以精神上不能一致。

下年多与教员接洽，常到工字厅看报，或谈话。

*　*　*　*　*　*　*　*

晚饭请格林及夫人，饭后谈话，我说赞成君主的意思，他直直的表现他不喜欢君主政治，认他为退化。对于政治，既然没有研究，空谈没有根据，于评判力有害，人以为你没有正确研究就来下断语。

八月十七日

昨天读《大学》，今天读《中庸》。

---

① 巴格莱（William Chandler Bagley，1874—1946），美国教育家，要素主义教育哲学的代表人物。

"慎独"是两部书的同点。这是乱世修养的惟一出发点。

（"君子有大道，必忠信以得之，骄泰以失之。"）

八月十八日

早读《中庸》"哀公问政"章，这是《中庸》的精粹。

（"舜其大知也与？舜好问而好察迩言，隐恶而扬善，执其两端，用其中于民，其斯以为舜矣。"）

五哥同老四早车从天津来。

年会讲演正在预备中，起首读 Snedden[1]《教育目标社会学的拟定》。

当五哥在此地，拟请客一次，时间在星期二或四的晚间。请的人可有：曹，陶，陈，黄，陈，蒋，熊，或本校的李，王，戴，虞，陈（梅，杨陪）。

如果前数人，可在工字厅，无女客；如后数人可在家里，有女宾（恐怕一次坐不开）。

请单至迟明天要送出。今夜决定。

董事诸位，应当请他们一次，同时可以介绍曹。

别人如何招待？请吃茶不方便，几天下午都已竟有事。惟可请吃中饭或晚饭。自己桌子不够大，要早找学校借圆桌面，恐别家亦要用。

招待不能太多，择贤！

今天下午或晚间，同五哥到曹家。

八月十九日

讲演题定为《中学课程准绳草案》。对于中等教育不负全局的责任，只任"中学课程"，并且性质只于为造就领袖人物。或可名为新君子的教育。

专攻这一个问题，不管中等教育其他部分各种问题；绝不认为中等教育专家，只于是中学课程的研究员。

将来的结果可期望的是一处实验的中学（如在清华，即是高级中学）产出一种特别实施的办法，或可出青年用书数种。

我的见解同东南诸位未必一样，可合作分工的地方，一定要合作。要想统一全国中学课程是万万不能的。并且能力太有限，时间又有他事

---

[1] 戴维·斯内登（David Snedden，1868—1951），美国教育家，哥伦比亚大学教育学博士，是"社会效率论"的提出者。

分去。

领袖人才的教育，升学不升学不管他。受相当领袖人才教育的必须能"素位而行"，一方面是"新"，（科学的，求进的，不是贪利的，物质的。）一方面可以继续旧有的人文化。这就是我所期望的人才。这不是用测验可以定的——测验只能量现有的，表于外的，不能量未来的，而有人看到认为应有的。（教育教的不是中数或平均数，教的是各人！）

　　[测验两大恶：（一）把学科固定；（二）只注意外形，不管内省。]

有这样的目标，下一层是分析学校细目的设施。能选择相当的教材，编制成书，或用以〈已〉有的书，加以删改，也很可收效。

今年年会可报告的就是中学课程总目标的商确，就是两方面精神的分析——新之所以新，旧之所谓旧。然后所以新的条件有四则（我拟的准绳），所以旧的条件要现在用工夫拟出。

有了总目标，又有课程组织的原则，然后各校可以按照各校情形去设法实行。所需材料可由研究机关发印。

这是全篇的计划。

演讲的时候，要说的话很多，应解释的事也很复杂——如何在三十分钟要说明白，这是看选择的才力如何。当作这步工夫的时候，自然要注意听讲的人是谁，他们的背景都是什么？

＊　＊　＊　＊　＊　＊　＊　＊

下午到古月堂访戴，谈课程目标事，烦他找关于教育学术和制度的旧书。

又访曹，谈一小时余，将来改组计划。年会后研究他拟的十八年计划。

他要我在开学式有讲演，他自己的讲演已经预备好了，大概报告下年的新事。

我说什么话是要斟酌的。提倡求学精神，所谓新旧文化的分析，与环境发生关系，不被物质用虽然用物质，学的意义，美国教育的特长（教务的统一），先生同学对于教务统一合作。

择要的说二三十分钟。年会后就要预备。预备好，要同曹，梅，余，戴谈。

＊　＊　＊　＊　＊　＊　＊　＊

明天下午到办公处，把请国文教员的信由中文文案送出。

＊　＊　＊　＊　＊　＊　＊　＊

明天就开会了，恐怕没有许多时间预备讲演，只得用旧有的材料。

八月廿日

研究议案。下午预备讲稿。

（廿一日，夜里三点多钟醒了，再睡睡不着，心里不住的想这次的讲演。五点钟就起来了，把中学课程研究手续的十问题拟出，作为讲演的根据。）

八月廿二日

昨天，早分组，又社务，下午朱经农①演讲新学制课程，两小时，很有条理。（外国语很不少！）

晚饭，曹请社里董事、干事，同时庄也请客。饭后同经农谈，忽然想起约适之到这里住着养病，无须担任功课。又说明年再谈约经农也来帮忙。这都是一时情感的话，忘了想一想再出口！以后自己觉出说的不能准实行，所以又同经农讲，先不约适之，等他到北京来后，面见再讲，这是反复！不能慎言！

现在我觉着主素一般的人，对我有不满意的地方，以为我自大，或者太为自己计算，或者一偏之见，以傲侮人，实无学问。

我也有时有看不起他们的态度！恐怕这是我失败的原因！"必忠信以得之，骄泰以失之。""知及之，仁不能守之，虽得之必失之。"

今天下午我演讲的时间里，有全国教育基金委员会开会，同时又有顺直同乡会的茶会。我的骄傲让我猜疑他们有意看轻我的讲演，所以会里把我放在最末尾，又把基金委员会放在同时，顺直同乡也以为今天的讲演不重要，所以也在这个时候开茶会。

这样猜疑是因为我自己以为我的讲演是惊天动地的大言论——其实都是些空话，没有实际的用处。并且我有什么实在的学问？本国的文字都写不通，还谈些什么高深的学理？可怜，可恶！

今天拿"淡而不厌，简而文，温而理，知远之近，知风之自，知微之显"作为讲演体材的目标。

* * * * * * * *

---

① 朱经农（1887—1951），浙江浦江人。1916 年赴美国留学，1918 年获华盛顿大学硕士学位，后转入哥伦比亚大学师范学院。1921 年，任北京大学教育系教授。1923 年到上海商务印书馆编写中小学教科书，并与陶行知一起主编了我国第一套平民千字课本。

早施滉①，梁朝威②拿来上海《时事新报》八月十五日登的《弹劾清华学制》——陈霆锐③写的，内分四条：不公平，不经济，不长进，不认真——他们来问我的意思。我答：第一条，事实是有的，他对不对是一问题，就是不对，如何办法又一问题；第二条，事实上不尽然，不是所有大学[分]各科，国内大学都"不亚美国"，所以应当分析，分析后还得想办法；第三、四两条，都应当有客观的调查，只于主观的意见不能认为可靠。

（曹答：不是不公平，因为每省有分；如果自由考试，那就全要让江苏、广东几省的学生得去了。）

这是谨慎的答法，看所举四则，实在都是应当注意的。不过我想先知道他们的意见，然后再想办法。

八月廿三日

昨天下午的讲演，还算不坏。然而自己绝不要得意，一定有人不佩服你的话，背后批评你。人群的意见是绝不能一致的东西！特别是现在这个时代，更是万事无标准。

昨天不过是报告研究的手续，要作的事才起首，离着可观的成绩，还有十年的工夫！

没有人人都说好的事，也没有人人都佩服的人！沉下气去，作下一步的工夫。

智是美的——聪明密锐——然而只于智，是让人类纷争的，因为智的本性是比较分析，目的要一个比一个高，一时比一时细。

只于智，是不能合人群的，智之上必要有仁——仁是知天，知人。"下学上达，不怨天，不尤人。""下学上达"是智，"不怨天，不尤人"是仁！

别人不懂你，别人诚心轻看你，别人不给你作事的机会——无论他

---

① 施滉（1900—1934），白族，云南洱源人，1917—1924年在清华学校学习。1924年到美国斯坦福大学留学，1927年加入中国共产党，1930年回国，参加党的工作。

② 梁朝威（1900—1975），字苍公，广东开平人。时为清华学校学生，曾任《清华周刊》主编。毕业后赴美国留学，获约翰霍普金斯大学政治学博士。回国后曾任国立中央大学、中山大学、中正大学教授，湖南《民国日报》社长等职。

③ 陈霆锐（1891—1976），江苏吴县人，美国密歇根大学法学博士。曾任东吴大学、暨南大学、中国法政学院教授。

们的态度如何，你也不要被他们感动。所谓"不动心"，不怪他们，依然静深作你的天职，"居易以俟命"。

勇是智同仁都要用的，他是火力，附在智，仁里面的。

* * * * * * * *

稍说几句痛快话，又有什么可以自大？达意的工具还没有预备好了。本国文字写不出来，这是最大可耻！不要空谈了，作些基础工夫罢！

昨天你讲的，自己把他写出来，想靠记录一定失去十之七八！口头可达的人数少，时间短，笔可达人数多，时间久。不要多发表，那是应当的，然而每次的发表，都要能用自己的笔。

我现在信件都自己写不成！还谈什么高深的学问！笑话！

* * * * * * * *

年会，我的责任过去了，再一步预备清华开学和社里下年的事。

师大已有赵教中等教育，不要我去讲演了。北大有高。特别对于课程一部分的研究，有兴趣的人恐怕不多，不知道下年的讲演办的成，办不成。能否找少数对于这一个问题要研究的，聚在一齐。最好他们研究过教育的。（能研究过历史、哲学的更好。）

想作深刻思想的工夫，一定是少数又少数！不能依靠他们。要紧的还是自己研究和实验。自己的要专，只于课程（广意的），一概别的中等教育的题目不问。

从课程上，可以造出将来中国的新教育哲学。为中国也为世界用！

* * * * * * * *

明天在中等教育组报告训育实施方法。要谨慎，有过一次成功，最容易有一次失败跟在他后面！

* * * * * * * *

中饭来的：朱经农，欧元怀[①]，张见安[②]，王文培（仲达），查勉仲[③]，

---

① 欧元怀（1893—1978），字愧安，福建莆田人。1915 年赴美国西南大学和哥伦比亚大学学习。1922 年回国，任厦门大学教育主任兼总务长，1924 年与王毓祥、林天兰等创办私立大夏大学。

② 张见安（1893—？），亦写作见庵，名敬虞，以字行，直隶（今河北）武邑人。美国哥伦比亚大学教育学硕士。回国后，曾任国立北平大学讲师和国立北平大学女子师范学院讲师。

③ 查良钊（1897—1982），字勉仲，天津人。1914 年南开中学毕业，1918 年赴美国留学。1922 年回国后，曾任北京高等师范学校教务长、河南大学校长、河南省教育厅厅长。参加蔡元培等领导的中华教育改进社，并与人合办《教育评论》。抗日战争期间，任国立西南联合大学教授兼训导长。抗日战争胜利后，任昆明师范学院院长。

饶豫〈毓〉泰①，刘湛恩②，晏阳初③，郑晓沧④，汪典存⑤，胡宣明⑥，赵述庭⑦。

晚饭到梦赉家。

回来后预备训育报告！

明天到古月堂拜访天津社员。

八月廿四日

昨夜病，吐泻，因为一天吃了两次酒席，不能消化。以后吃东西要检点。

今早在中等教育组报告训育标准、范围和办法，结果还不算失败。

施，梁把前天讲稿送来，许多的意思没有记录，非要自己能写不成！

在清华能用中文达意的不多，然而将来一天比一天重要。一定在下年内把达意工具练好！不然你所想出来的，只可用口传，不能久远，这是最可惜的。

梁、施送来稿子改完了送回去了，然而总怕自己写的字不好看，或者里面有"白"字。这样的痛苦是最难过的，快快想方法！

庄、正，都是小巧类，他们笔下倒快利，深是不深，然而有意就能达出来——这也是他们的一种利器。在学生中间，或者有人认为真本领，真学问？

北人天生能文的很少，然而诚恳不让南人，如果再能有敏捷的达意

---

① 饶毓泰（1891—1968），字树人，江西临川人。1922 年获美国普林斯顿大学哲学博士学位，1922—1929 年任南开大学教授、物理系主任，1948 年当选为国立中央研究院院士。

② 刘湛恩（1896—1938），湖北阳新人，美国哥伦比亚大学哲学博士。1922 年回国，曾在东南大学、大夏大学和光华大学执教，1928 年起任上海沪江大学校长。

③ 晏阳初（1890—1990），四川巴中人，毕业于美国耶鲁大学。1920 年回国，任青年会平民教育科科长，推进识字运动。1923 年，创办中华平民教育促进会，任总干事。被誉为"世界平民教育之父"。

④ 郑宗海（1892—1979），字晓沧，浙江海宁人，美国哥伦比亚大学教育学博士。1918 年秋回国，曾任南京高等师范学院和东南大学教授，中央大学教育学院院长等职。

⑤ 汪懋祖（1891—1949），字典存，江苏吴县(今苏州市)人，美国哥伦比亚大学教育学硕士。1920 年回国，曾任国立北平师范大学教务长兼代理校长、国立北平女子师范大学哲学系主任和江苏省督学等职。曾加入中国科学社、中华教育改进社等学术团体。

⑥ 胡宣明（1887—1965），祖籍福建龙溪，1910 年在上海约翰学堂（圣约翰大学）获文学学士，1915 年在美国霍普金斯大学获医学博士。1917 年回国，任广州卫生教育委员会副秘书、广州卫生局局长。1922 年任"中国卫生教育会"总干事，1923—1925 年任卫生教育委员会学校卫生处主任。

⑦ 赵乃抟（1897—1986），字述庭，号廉澄，浙江杭州人。1922 年毕业于北京大学法科经济门，1923 年赴美国哥伦比亚大学留学，获哲学博士学位。回国后在北京大学任教。

器皿，那样成效自然可以加大许多。

八月廿五日

今天是年会的末一日。午饭后同 W.到西山卧佛寺，碧云寺，静宜园。

上午，十至十二，赴学术会议，有新学制课程标准起草委员会的报告。

* * * * * * * *

大失败！在会场里批评郑晓沧的提议，用太过实的话，得罪了人，于自己的道德上是一大堕落！不应当在会场上批评人过烈，我犯过这个毛病不只〈止〉一次，这是性薄的明证！不能厚，就是不能仁，"虽得之，必失之"。

因为前两天自己以为太得意了！器小，不能涵容小成功！该死！

得罪了晓沧，必须认罪，然而认罪，也是没用处的了！

"必忠信以得之，骄泰以失之！"

在此地永远不许再骄了！不许自己以为比别人强！不能诚心谦虚的人必不能成大事。不要一时自出风头，因为所望的远，所责于己的厚。

大失败也是大教训！

我不同与别人合作，总想比别人强，这恐怕是我们弟兄的同病！

必须能合作然后可以成大业，有德的一定能容众。

* * * * * * * *

又，顾[①]在京请客，没有我，他拿我当清华的属员看，我很觉不平。他大概是为疏通教育界的意见而请客。我既然已竟在外系之下，就没有疏通的需要。

是我性妒吗？是我觉着有人轻看我，不知道我的真价值？其实，我真的价值还没人注意，别自己把自己看的过高！很少的人真正看的起，真正心服——这是句实话，不要自欺！

"知耻近乎勇。"

"至诚不息。""吾日三省吾身：为人谋而不忠乎？与朋友交而不信乎？传不习乎？"

起首读《孟子》。惟有好好的求学，将来期望加功减过。

以后要练起字来。

---

① 顾维钧（1888—1985），字少川，江苏嘉定（今上海市嘉定区）人。时任北洋政府外交总长。

八月廿六日，星期日

昨天发言，失实污（汗）人，我觉很大的痛苦，然自问我所以难过的缘故，是因为伤了郑的感情？或是恐怕因为在大众面前作了一件失德的事，以后人要对我轻看，然后有患失将来教育界上地位之虞？

自省起来，恐怕第二观念深一些；那就是存心自私的铁证！讲道德，是为渔众望，或是为诚意爱人？

如果有诚意爱人的存心，不是徒贪高位，那才是真人格。

"乡愿"就是因为要渔众望而后外表注意道德的人。所谓"利而行之"的，也不作因贪位而行仁解，不过是说，有的人天生本性浅薄，不得已自觉自己的短处，所以转过头来以仁为利。这是用理性辅助为仁的意思。至于"安而行之"的人，那是天生性情敦厚的了。

诚意爱人，就是忠恕的道理。

爱人是爱个个人，"泛爱众"，人有不足的地方，绝不怨尤，只是诚恳往帮助他们的一方面设想，以至于"知其不可"还要去"为"。

想造宽厚，要在这里用力。

（"士不可不宏毅，任重而道远。以仁为己任，不亦重乎？死而后已，不亦远乎？"）

找到谭嗣同的《仁学》来研究。

"慎独"，所最当慎的就是存心。"莫见乎隐，莫显乎微"，所谓隐微的也是存心。

下星期就要预备开学的手续了。

今天进城，星期二同 W. 到医院。

* * * * * * * *

进城到帝王庙参观职业教育成绩展览会。一时在中央公园午饭。饭后得机会同晓沧谈，昨天在大会对他的提议有误解处，恐有言过实的批评，请他原谅；并且请他修正原案，举例，送到知行处。他答应了，在三五天送来。

在今天的年会日刊里，我的两篇讲稿都登出，所以"自大"得一点满足！这又是器小！

见安在饭前说，直隶教育促进会要约我作会员，约有刘意如的中学约我今秋到保定正定的时候，先到他那里停一停。我说，大概在十一月间可以到他们各处去一次。

又刘湛恩说，近来在上海报上有批评清华的言论。我说今年冬天又到上海去一次，同诸位批评的人领教；他许的可以给我介绍，并且预备会集在一起开一个谈话会。开学后再定半年的事程。

＊＊＊＊＊＊＊＊

到府右街四存学会，买得以下书：

一、颜习斋先生，《存学》《存性》《存活》《存人》。两册。

一、又《四书正误》一册。

一、李恕谷①先生，《〈论语〉〈大学〉〈中庸〉传注》。两册。

并且又得着四存学会章则一本。

八月廿七日，一

早六半至七半，默李恕谷《大学传注》。（三页半，共十一页半，四天可默完。）

今天到办公室理事，要按时到。注意认识先生与学生的个人。

（至圣：

聪明睿智，足以有临也；

宽裕温柔，足以有容也；

发强刚毅，足以有执也；

齐庄中正，足以有敬也；

文理密察，足以有别也。）

＊＊＊＊＊＊＊＊

中饭在麻伦家，请日本公使芳泽。为招待局面我的容仪太不自然，静之外还有傲，不算知礼。

不管顾、曹的态度如何，我作我应作的事。在清华应作的是拟定新课程，并把大学办成功。自己修学的工夫，作十年后的预备！

＊＊＊＊＊＊＊＊

在此地住了将两个月，非常舒服，有时像似怕舍开这个地方似的！有点"患失"的感想，这是很坏的现象！永远预备不和则去。要自己的学问真有根柢，在教育上有点长久的贡献，然后无论什么地方，只要有研究学问的机会，就可安身。如果贪享福的地方，那就要两失了！

＊＊＊＊＊＊＊＊

今天早晨在迎春园发明"习默岛"。此地的景致太好了！一定引人来

---

① 李恕谷（1659—1733），名塨，字刚主，号恕谷，直隶（今河北）蠡县人。17世纪著名的思想家、教育家、哲学家，与其师颜习斋合创"颜李学派"。

争这样的肥而且安逸的差使！

八月廿八日，二（第六册起）

读《大学传注》，解释比朱正确，移易的病到颜、李才看出。至于李的解释是历史的真像〈相〉不是，还不知道。必须作一度古代教育实况的研究后才能定。

八月廿九日，三

今早默完李恕谷的《大学传注》。只读经文，不读传注，是读古书莫好的方法。《大学》本来不是什么很特别的书，因为程、朱把他同《中庸》从《礼记》里拿出来，以后千余年都以他为入学的惟一法门。孔门的学说到《大学》著者的时代，已经过了极盛创造时期，已偏重著述引证，而不以实体观察为可望及。（引《诗》《书》处占全篇之半。）

（"好而知其恶，恶而知其美者，天下鲜矣！""君子有诸己而后求诸人，无诸己而后非诸人，所藏乎身不恕，而能喻诸人者，未之有也。""君子先慎乎德，有德此有人，有人此有土，有土此有财，有财此有用，德者本也，财者末也。"）

孔门时教育实在情形是什么？很是可研究的题目。

想要用科学眼光研究古书，绝不是一两年的工夫可见什么成效的，并且自分对于古书，预备上太不充足，想产出一篇中国历来学的意义的文章，恐怕不是我所能的。在年会报告时已说大话，必须设法研究才是。

八月卅日，四

读《大学》《中庸》本文，觉得文气很畅。又看适之《哲学史》论到这两部书的评语，然后自己知道，想解释古书并非易事！"断章取义"是最易犯的病。

为研究古代教育制度计，必须在书本外能得着证据才好。

研究古书，最要的是时代变迁的观念。这样就可以不混在一起，不分前后的胡乱下解释。

我所以要研究古代教育制度的，是要找出我们历来所谓学的是什么，然后可以拟定现在学字应当作如何解？

读的古书太少，以一两月的工夫就胆大评古书，引来作为证据，恐怕一定免不了弄出笑话来！

眼前的问题是拟出清华的新课程，高中的和大学的。这是实用的问题，急于应用的。研究中学课程的原理已经有三年多了，现在要往实施上着想，看这三年的工夫是否空空的费去。

　　只说空高的话，不能拟出具体的办法来，那就是研究失败的铁证。

　　（空惭愧，无用处！）

九月

九月一日，六

今天进城。

《孟子》："吾知言，吾善养吾浩然之气。"知言，知人，知天——"可与之言而不与言，失人；不可与言而与之言，失言。知者不失人亦不失言。"

"仁能守之。""能行五者于天下可为仁矣。……恭宽信敏惠。"

如何可以影响一时代，知，仁，勇。"先之劳之。"

九月二日，日

昨天午饭在中央公园巧遇陈通伯[1]，张鑫〈歆〉海[2]，林玉〈语〉堂[3]三先生。饭后同张谈一小时，恐怕通伯因为争教员事生误解。以后有机会再同志摩谈。

今天曹叫我去，张已经来看他。又谈约一小时，拟定办法如下：张在清华任全教员职，然因为研究起见，学校只给他教八小时；在北大任四小时，为讲师，他们供给汽车来往或车马费，每星期进城一次。

他回北京同蒋商议去。他像似被我建议说动了，然而北大必不甘心，他们一定要他教八小时。如果那样，我们绝不能认他为专任教员。

今天讲话的时候，不免露出自高气！每逢有得意事时，要特别小心。曹对于我已有忌疑的地方，自己别以为有什么特别本领，所有一点学问都甚肤浅的！大器必须能容众。

（恭，宽，信，敏，惠。）

* * * * * * * *

还有一个星期，就要上课了！

---

[1] 陈通伯（1896—1970），名源，字通伯，笔名西滢，江苏无锡人。1911 年考入吴淞商船学校，1921 年获伦敦大学博士学位。1922 年回国任北京大学外文系教授、系主任，1924 年与徐志摩等创办《现代评论》周刊，1929 年任武汉大学教授兼文学院院长。

[2] 张歆海（1900—1972），上海人，1918 年清华学校毕业后赴美国留学，1923 年获哈佛大学文学博士学位。回国后，曾执教于北京大学、清华大学、东南大学等高校，1928 年后从事外交工作。

[3] 林语堂（1895—1976），乳名和乐，后改为玉堂、语堂，福建漳州人，1916 年上海圣约翰大学毕业，后任教于清华学校。1919 年赴美国哈佛大学留学，1921 年获文学硕士学位，1923 年获德国莱比锡大学语言学博士学位，同年回国任北京大学教授。1926 年后，任北京女子师范大学教务长、厦门大学文学院院长等职。

开学式的讲演还没有预备好。少讲话，预备二十分钟，真是要说的话，至诚的话，无我的话，非说不可的话！如果没有可说的话，惟有不说。

（少讲话，多做事，找难事作！）

今天得到北京师大的聘书，约我教两小时，明天约查去电话，问他近来情形。我很愿意有教书的机会，不知社里赞成联合几校或分校去教。要同知行，主素计划下年事。

* * * * * * * *

今天读了一天小说：F. Ossendowski[1]，"*Beasts，Men & Gods*"，述说著者在中亚的经验，写蒙古（指蒙古地区，整理者注）情形很详，虽是游记体，然而有许多采色必是用小说的眼光加进去的。一天读完。

九月三日，一

能作到永远不自大，然后可以内省不疚，那就可以无忧无惧。恭宽信敏惠，是为仁的工夫，温良恭俭让，是已露于外的成绩。

（先之，劳之。不厌，不倦。君子之道，暗然而日章，小人之道，的然而日亡。君子之道，淡而不厌，简而文，温而理；知远之近，知风之自，知微之显，可与入德矣。）

* * * * * * * *

晚。一天事很忙。

明天下午有职员会，星四上午有国文教员会，下星一开学讲演，并教员会要继续来了。

北师大的信还没有答复。改进社也应起首进行下年计划。

在众忙之内，能得安逸，那是一个人能力大小的准绳。

九月四日，二

在中国师生间情谊很厚，作事最可靠的人，拿以往的经验来看，都是自家的学生。古代的孔、墨，近世的曾文正，都是如此。无论作学问，或是作事，能让人"中心悦而诚服"的都是好先生。先生一定是以德授受——无我的，绝对不自高的，敏于事而慎于言的，不被迩效或小利所引诱的。至诚然后才可以感化人。

自己材力有限，那是没有方法救济的，只可知命。然而大多数的人

---

① 奥森多夫斯基（Ferdinand Anton Ossendowski，1876—1945），波兰诗人、剧作家。

不能用尽他们所有的天材。惟一的态度是"人一能之己百之，人十能之，己千之"。

果然诚心佩服古圣昔贤的道理，很可以认他们为人上人，不过绝对不能全信，必须从个人的经验里生活出来的，那才是真可信的。这是现代人的态度。

* * * * * * * *

从昨天起读《学记》。

九月五日，三

人要赶事，不要事赶人！办公室的坏习惯是等事来找，不去找事。

每天到办公室第一要务是：想定一天要办的事，自己可以作的，书记可以作的，然后再应敷当天发现的事。

以上是敏的工夫。

对于外国教员一样看待，这是恭宽的工夫。以大义来感化他们，不以善服，要以善养。

昨晚读张之洞的《书目答问》。几千卷是应当读的，下一年能读几十卷，就算有成就。

张在《国朝著述诸家姓名略》的前写："由小学入经学者，其经学可信；由经学入史学者，其史学可信；由经学史学入理学者，其理学可信；以经学史学兼词章者，其词章有用；以经学史学兼经济者，其经济成就远大。"

这是为学的正业，虽然没离开诵读，已经识见比平常高明的多了。然而工夫是用时间才可作的，预备十年，将来以经学史学兼词章经济；成就如何，为学时不能顾及。

张之洞，《四川省城尊经书院记》，其十八章如左：

本义第一，定志第二，择术第三，

务本第四，知要第五，定课第六，

用心第七，笃信第八，息争第九，

尊师第十，慎习第十一，善诱第十二，

程功第十三，惜力第十四，恤私第十五，

约束第十六，书籍第十七，释疑第十八。

九月七日，五

昨早同国文教员谈话，说了有一小时。有的地方不清楚，还有的地方，过火热。下次始业会的演说只十五分钟，预备要特别精审。

无论现时成功与失败，满意与不满意，永远不忘十年的预备！

* * * * * * * *

要认字必须研究小学，要明理必须研究经史；这是词章的根柢工夫，也是经济的莫好资料。

不识中国字，不通中国经史，谈不到研究中国的社会科学，更谈不到中国的教育。

研究小学，经史的门径，今年要寻出，渐渐进行，为十年后的大计划预备。

* * * * * * * *

昨天在国文教员面前，口吻是要现在有为的，想要现在有为，就必须把全分力量放在现在的功作上，然后人亦要按着现在的成绩定评判。固然每作一事，就应该用全身的力量，然而也有眼光远近的分别，待人态度缓急的分别。

如果眼光在十年后，那末待人能容厚些，对各方面都没有挑战的必需。

静远！现在往十年后看，到了十年后就可以作往百年后看的事业了！

（"人无远虑，必有近忧。"）

* * * * * * * *

如果词够达意用的，现在把开学的讲演写好，可以送出登在某杂志里；然而文笔不应用，未必完全不好，因为写的不顺适，就可以多往深远处作一点工夫。

今天要读教员以往的报告和意见，为是预备拟出新课程的手续，半年之内要有新课程出现不是可能事，现在只可把手续弄清楚，作一点暂时应用的改革。

下午能进城最好。不然可以下星期三去。今天给查、陶电话。

* * * * * * * *

今早麻伦，谭唐①来约我在"北京历史研究学会"演讲。下午拟题为《中国古代教育的目的和方法举例》。日期：九月廿二，星期六。

自问知道的不确实，恐怕在大雅前现丑！不过藉着这个机会，多读

---

① 谭唐（Danton），美国人，时任清华学校德文教授。

一些书。

我所研究过的有：《论语》《大学》《中庸》《孟子》《学记》。

解释的书有：

颜习斋，《存学》；李恕谷，《大学传注》；

章实斋，《博约》《原学》；朱晦庵，《白鹿洞教条》；

张之洞，《輶轩语》《四川尊经书院记》。

可参考的有：

胡适之，《哲学史大纲》；梁任公，《先秦政治哲学史》；胡适之，《先秦名学》（英文）；郭秉文，《教育行政》（英文）。

要用的有：马端临，《通考》；《史记》《汉书》《毛诗》《礼记》《荀子》。

在下两个星期内，除应作事外，就研究这个问题。这是这次回国后第一次在北京用英文在外国人会里讲演。

上次回国后在美公使馆里讲《中国的戏剧》，那是在一九一八年二月，前五年半的时候。那时候还想在艺术上作工夫；现在过了这几年，兴趣见"老"了！现在喜欢读古书，注意历史的经验。

离着真成绩还有十年！不知道在这十年之内兴趣又要有什么变更。现在总期望可以作一点能久的事——经济或是著述。

答应时候，自知别的事已经很忙，又知道自己没有真根柢，所以答应的缘故，还是舍不了好名的心！想要外国人知道我的学问——这是媚外的态度！

然而不用这样看，外国人知道中国事很少，如果我们真有好东西，我们应当指给他们，然后他们对于中国人就可以有相当的态度。要发明中国已有的文化，宣传，解释，给现代的世界。一则可以增加知识，一则可以用中国已有的经验，帮助解决现代的问题。

最好用希腊古代教育同中国古代教育作比较的研究。

人文的教育与机械的教育——这是中国古代教育可以给现代教育作参考的最要点。

九月九日，日

早独步行到圆明园。

下午昼寝，读《輶轩语》，完。

又看前一星期日记。

明天开学，各样难题将要发现。按以往经验，最当小心的是：

耐烦——劳而不怨，宽容。

谦虚——不自高，不以善服人。

真诚——至诚至公，不作乡愿。

（"以善服人者，未有能服人者也；以善养人，然后能服天下。"）

下星期在百忙中要作这三样工夫。

九月十日，一

第一时在礼堂始业式，有校长报告；我讲的题目是《广义的留学预备的商榷》。

说的时候很火热，很用力，听的人像似能领会，然而实效如何，还在将来的作为。

有了小成功，更要特别的谦虚，因为一定有人忌你的成功。

今天有人没到会，教员中如 W. Q. 一定要作鬼，要小心他的阴险。

现在是预讲，现在的小成功，不算真成功——真成功在十年后。

（好而知其恶，恶而知其美。）

在学校的工夫是：耐烦，谦虚，真诚。

自己的工夫是：读古书，写文章，养精神。

（以直错诸枉，能使枉者直。）

到图书馆找关于古代教育的书。

马端临：《通考》《史记》。

预备二十二日的讲演。

九月十一日，二

最应当忘而最难忘的是小成功！

既是作诚心为青年的事，第一要务是认识学生。在课堂外，时间有限，能在上课时择无课的学生约来谈谈，或可试行。这样办法，要考虑后再试行。无论如何要过了前两星期作。

接洽还是机械，最要的是慎独。"修己以为安人，修己以安百姓。"

（"有不虞之誉，有求全之毁。"）

修己以德以学。

（"君子之所以教者五：有如时雨化之者，有成德者，有达财者，有答问者，有私淑艾者。""为政以德，譬如北辰，居其所而众星拱之。")

自己既说过重学问，自己就应当急于作学问。

下午三至四.廿分，与各组主席会议，结果很满意。分组办法在星四前油印出，颁发诸位教员。

会议后同余谈约一小时。有人对于张鑫海的优待有怨言。我给他解释经过情形：他所以教八小时，因为（一）没有相当学程，（二）他人今年亦有教八小时的，（三）政策鼓励个人研究。

他说人对张教的钟点，还没有人说话，大家批评因为住房事。可是现在已搬到美教员住处，原房可以给罗住。

余对于王倬汉有不满意处，说他有点不精神不热心。

国文教员中有陈文坡，邬，在工字厅用饭，这于他们的联络有关系。

我烦余注意大家在工字厅的细语怨言，所有行政能采纳的舆论，必很欢迎。

工字厅有十四五位一同吃饭，闲事最容易发生，以后学校多建筑住宅为家庭用，这个问题可以稍减轻。家在此地的，讲闲话总少的多。

这十四五位，半教员半职员，没有研究学问的兴趣，一定作些无聊的过活。将来教职员分住，或者可以好一点。

住工字厅的：

谢求灵，梁传铃，江之泳，徐仲良，

罗邦杰，凌达扬，陈隽人，余日宣，

李宝鎏。

* * * * * * * *

晚到工字厅，余陪我到各房拜访：

°徐国祥，°罗邦杰，°梁传铃，陈福田 (片)，

　陈隽人 (片)，凌达扬，谢求灵，°江之泳，

°崔思让，朱敏章。

°有家而因清华无房，不能搬来。

余说，书记一般人，很觉无聊，学校对他们应当注意。

以后每星期或间星期，到工字厅，古月堂各一次。

九月十二日，三

昨日看出司密士似要专权。下次要小心他。看出鬼道来，还可以不

用气——不容易作到！

司密士较老，必须让他知道他的正当地位。或者今天下午到他们聚会地点去旁听。第一次各组聚会都去旁听。

如果那样办，今天不能进城去。将开学，不进城好，过前两星期再去。

早读《中庸》《哀公问政》章五遍。

（不有猜疑。期望他人为君子，宁被愚，不冤好人。"不亿诈，不逆不信，抑亦先觉者其贤乎？"）

下午

英文会议，我到会介绍主席——只为一年。司觉出我的态度，后或为难。

梦松报告，图书馆只能给国文教员一间自习室。图书馆没有报告给我。

我已经许国文教员两间，现在办不出，要另想别的方法。或在中等科找一间房？

不要太追究，小心自己力量有限，用力太过，为长久计不经济。并且今年是试验期，不能所要改的都能办到。

最要问题是课程，省出力来放在新课程的编制上。

不去各班上参观——前半年一定没有时间。

（"君子耻其言之过其行。""刚毅木讷近仁。"）

九月十三日，四

读《中庸》《哀公问政》章五遍。

小心待人不要过苛求。"兵操"与"兵学"本来差不多，我要求别人克己，不先求诸己。曹气胜，将材。气胜必好名，所以喜高其名称。如果他愿意用"兵学科"亦可。

今天下午全校教务会议，不要出头，要居后。

（"君子深造之以道，欲其自得之也。""欲速则不达。""Patience & Tact.""道之以政，齐之以刑，民免而无耻；道之以德，齐之以礼，有耻且格。"）

九月十四日，五

廿二日的英文讲演应当起首预备。

注册更换太慢，今日注意这件事。

认识学生是要早作的。

昨天夜里休息不足，今天恐有不慎，不忙，缓进。多读书可以静神。

　　"君子之道本诸身，征诸庶民，考诸三王而不谬，建诸天地
而不悖，质诸鬼神而无疑，百世以俟圣人而不惑。质诸鬼神而
无疑，知天也；百世以俟圣人而不惑，知人也。是故君子动而
世为天下道，行而世为天下法，言而世为天下则。远之则有望，
近之则不厌。"①

九月十五日，六

　　《周刊》记的开学讲稿，非常草率。绝不能登的。或是记的人没预备
纸笔，我在台上看不见什么人记录。

　　找一个能速记的书记，是一个办法，然而这类人不易得。如有一像
郜那样能用白话记的也不坏。

　　说白话，用文言记，是最不可要的！

　　自己能文，在现在中国的速记程度时代，是最方便的。

　　能说就应当能写。不过用时间。用这次作试验，不知效果如何。写
完给梅看一看，预备改"白字"。

　　能有敏捷达意的工具，是教育事业必需的。国文不够应用，是最大
痛苦，最大可耻！文字不通那能讲什么高深的学问？

　　能找到好书记，可以增作事效率百倍！

　　没有好先生，自习国文，不是容易成功的。不过处现在的地位，不
能就师，不得已惟有自己用功。

　　每天可以有一小时的国文自习，日久了成效自见。

　　看《明儒学案》。

九月十六日，日

　　下星期内的要事：

　　一、注册更换，二、开学讲演（寄出），三、廿二日历史研究会讲演，
四、课程委员会第一次会的预讲。

　　先作已定的事，凡有来找的请他们等到再下星期。

九月十七日，一

　　气浮！接见时间过多，不能静想。每天头两时应作为读书预备的工
夫，接见每天不过两小时。

---

　　① 引自《中庸》。

星一：十至十二；二至四。

[星]二：三至四。

[星]四：十至十二；二至三。

[星]五：二至四。

[星]六：十至十二。

时间可以无须宣布，当于自己预备的时间，用委员室。来的人，请钟先生接洽，定同我接见的时间。

（委员室，一、三、四、六为国文科用。）

星期二、五两天完全为预备新课程用。

凡办事时间来的人，都先请钟先生见。

* * * * * * * *

想作的过多，所以容易乱。

我惟一的责任是课程——其余的事"不在其位，不谋其政"。将来我成功失败，只看我所产出的新课程！

（前半年只于注意新课程，别的改革，以后再问。志定后要坚持。成功失败在毅力如何。）

为学校——新课程。

为自修——达意工具。

九月十九日，三

昨晚在杨家玩牌，说出很野的话！"收放心"，稍有自大自尊气，立刻丑事就要发现。后悔也无用。

以后再不玩牌。

杨最喜批评，非常难处。恭而敬之或可少訾。

无论如何小心，总有人不满意，只要内省不疚，就可以无忧无惧。

内省不疚，必须有致良知功夫。"默生澄心。"

九月廿日，四

昨晚任公第一次讲演。

开学讲稿还没写出。懒于下笔！也实在没有一点文章的根柢，每写一篇东西真是非常痛苦！这也看毅力如何——苦是苦，然而还去作，那才是成功的惟一的途径。

古代教育的精神和方法——我知道的太少，担任讲这个题真是自找现丑！这样历史的研究那是三两天的时间可以作得成的。

昨晚听梁先生讲，又同他谈，稍微得着一点门径，知道一点全局的大概。然而只还有不到三天的功夫，又加上开学讲稿，恐怕不能有好的成效。

找难事作，现在难事来到门前，看你如何处置。

九月廿一日，五

整理开学讲稿，今早烦月涵作，明早可以作出。

临时的办法，——求人不可常！快约国文书记。最好是自立。

明天的演讲还没有把握。

星期到天津去。同时任事太多了，以后小心。

九月廿三日，日

昨天历史研究会讲演，到的清华教员居多数，共约二三十人。

说了一点半钟。言过实的很有。

开学讲稿烦月涵理出，我修改了几个字。晚间想起来，在改的里面恐怕写了一个白字。可耻！

因改法文班事，恐怕得罪了注册部诸位。办事不周处，要小心。

不忘十年预备！

* * * * * * * *

下午赶火车，迟几分钟，不能到天津，误水灾纪念会。他们宣布我必到，使大家失望。

星二（中秋）早车去，星三晚回来。

为水灾纪念去，不免有居功的感想，所以不去于自己修养上，无悔。

* * * * * * * *

读上星期日记。上星期太忙了，以后不再担任能力忙不过来的事。

每星三，不作清华事。

下星期内要事：

一、中三，四，教员会（星四，工字厅，备茶点）。

一、课程委员会（第二次会）预备。

一、注册改好（星一）。

一、设法与学生接洽。

一、北京授课事（每星期至多二时）。

一、清华年报稿。

* * * * * * * *

因为预备上星六演讲，忙忙的读了一点书。然而所知的一点，真是皮毛！

自己要作什么功夫？要有定程，——定时，定业，——来读书。有什么方法练写文章？

九月廿七日，四

廿五（中秋）到天津。参观八里台新校舍。访凌，蒋[①]，孙诸家。

廿六，在女子中学部讲演。女中学生应注意的四点：

一、思考——习惯。

二、默独——群居。

三、习行——诵读。

四、壮美——悲观。

由津回来车上遇着一个安南人（现为法国水兵）名段文郁，能读汉文。让我想中国文化的推广，将来要好好收拾！

* * * * * * * *

今早，起首读《孟子》《梁惠王上》。

公事很多——敏而慎，耐烦，谦虚，真诚！

九月廿八日，五

昨天课程委员会，得到几个公认的定义。将来的工作要拟出细目。用全心全身的力量产出中国的新高等教育来。大规模要在一星期内定稿。

下星四教务会议时征求意见。预备问题。

* * * * * * * *

得好助手——是理事能力第一要素。

使人能忠，能诚，是组织才必需的。如何使一团人高起兴来，向一个一定方向上进行？这是想作君子应当研究的。

（"君子易事而难说也，说之不以道不说也，及其使人也，器之；小人难事而易说也，说之虽不以道，说也，及其使人也，求备焉。"）

* * * * * * * *

读《孟子》《梁惠王下》。

---

① 指蒋廷黼。

九月廿九日，六

《清华周刊》二八七期对于我的开学演说，有几句赞扬的话，又载《与孟宪承谈话记》里也有他很相信我的表示。这都容易助我的骄傲！

"有不虞之誉"将来必有"求全之毁"！一定的理，惟有小心，作"自依""远虑"的工夫。

不要现在出风头！作十年的预备！

现在研究清华大、中的课程，是迫我读书，考虑的好机会。作十年后的计划者！

读《孟子》《公孙丑上》。

（"为政以德。""先之，劳之。""以善养人。""左右皆曰贤，未可也；诸大夫皆曰贤，未可也；国人皆曰贤，然后察之，见贤焉，然后用之。左右皆曰不可，勿听；诸大夫皆曰不可，勿听；国人皆曰不可，然后察之，见不可焉，然后去之。左右皆曰可杀，勿听；诸大夫皆曰可杀，勿听；国人皆曰可杀，然后察之，见可杀焉，然后杀之。故曰，国人杀之也。如之，然后可以为民父母。""齐人有言曰，虽有智慧，不如乘势；虽有镃基，不如待时。"）

九月卅日，日

果然在"不虞之誉"的后面紧跟着就是"求全之毁"！处前一个时有几分的高兴，处后一个时也一定有几分的伤心——两方面是正比例！

（饥者易为食，渴者易为饮。其实演说词还是月涵给写的，可耻！）

前天看了《周刊》以后，自己过于得意，所以另外要了五份——骄气已浮动起来。自己没有切实的觉悟，《周刊》所载的"誉"全是不虞的，自己还迷以为真，所以到"毁"来的时候，也就以他为真了。

所有的誉都是不虞的！大人生活绝不认有可虞的誉。所谓"不动心"的，第一层工夫是看破誉毁。孟子是不动心的人，所以能说出"有不虞之誉，有求全之毁"的话来。

曹所得批评的是办公时间和办公日记，这都在他范围之内。或者批评的方法，不甚确当，然而不能算纯是"求全之毁"。自己还要小心别自大，以为所有的毁都是求全的！自己的短处还多的很呢。

有过自任，不去粉饰。分清什么是过，什么是毁，在修养上是很重要的问题。

（"仁者如射，射者正己而后射发，发而不中，不怨胜己者，反求诸己而已矣。"）

有人批评后，第一反动应当自省疚或不疚。如过，当即改，不再问批评的人有毁的意思没有。真觉着于良心无愧，然后对于批评的人也要有十分的宽恕，不认他们是诚心毁我，恐怕必有误解。如耶稣说的："我父，原谅他们，因为他们不知道他们所作的什么事。"

* * * * * * * *

昨天买了地毯，花了一百多块钱！恐怕一点一点的被物质捆绑起来了！危险！

应当常常存感激的心。现在所享的物质上的福，是特别给我作事的机会，绝不认他为生命的必需。

不一定什么时候，或因天灾，或因人怨，一切的物质供给都离开你，那时候要看你作人如何。应当早有预备。

（"子路人告之以有过则喜。禹闻善言则拜。大舜有大焉，善与人同，舍己从人，乐取人以为善，自耕稼陶渔以至于帝，无非取于人者。取诸人以为善，是与人为善者也，故君子莫大乎与人为善。"）

"战战兢兢"不是为"患得患失"！是怕自己不能完全"自倚""自得""不动心"。

抄《孟子》《不动心》章。

* * * * * * * *

怠傲是相联的病！傲的必怠！

（今国家闲暇，及是时，般乐怠傲，是自求祸也。）

四大病：

傲。不虞之誉来了，自以为得意。傲是各病的源，然而所以傲，不是要誉于人，不能完全自得。

怠。稍一自满，就不理公事。

伪。怠后有错，作假粉饰。

贪。自信力减少，所以患得患失！

别梦想十年后，惟求现在可以"立"！无论此地此时有什么难处——或自己方面的，或事情的方面的——都不应想跑！在此地此时，就要作此地此时应作的事。当于尽力任责的时修，自然学问道德都需要用力，用力也同时就是长进，同时就是预备将来。

（从九月卅日起，舍去十年预备的观念。两大弊端：一、使我自负过高；二、使我忽略现在的职守。）

* * * * * * * *

这是"习行"的求学法，不是预备观念的求学法。

每天沉下气去办琐事。看下星期内浮气有多少次。

办公时间：每天，九至十二，二至四。星期三、六两天如离校可不通知校长，其余几天如有要事离校必须先通知校长。

办公日记从明日起，按事填写，不要懒！

在办公时间内如到班上游行，或在校内别室办事，必在书记处留话，有要事时，即刻可达。

十月

十月一日，一

读上月日记。——一月内事很杂，觉着像过了不只〈止〉一月。

在南开五年前因自以为成功，所以与 B.不能处。其实水灾之功全在同仁。

现在在清华稍有成绩，就有与曹不洽的预相。其实开学演说词还是烦梅写出的。"素位而行"此地此时是功作最好机会！

不应有难处的人，不认有难办的事。

一、谦虚——治傲。

二、耐烦——治怠。

三、真诚——治伪。

四、俭约——治贪。

（恭，宽，信，敏，惠。）

十月二日，二

昨天把办公时间呈给校长看，他倒还客气。由"修己"作起是惟一的法门。

每星三离校一次，觉着像加忙了，然而初试行一、二星期，将来习惯造好了，星二就直接预备星四的事。

曹昨天谈到他有意出外旅行，参观各大学，或与毕业生接洽，为校筹款。所虑的有：（一）办公没人负责，（现在书记不能沉气。）（二）计划尚未完备。

曹的长久计划是无疑的，他理财本领很可以帮助学校的发达。按事实上看来，如果无害于大义，最好是有分工合作的了解——一方面是财政，一方面是教务。

然而不要自以为能！先就着新课程上作，将来大计划，随后再定。

读《孟子》《公孙丑》上。

（"天时不如地利，地利不如人和。……得道者多助，失道者寡助；寡助之至，亲戚畔之，多助之至，天下顺之。以天下之所顺，攻亲戚之所畔，故君子有不战，战必胜矣。""王如用予，则岂徒齐民安，天下之民举安，王庶几改之，予日望之。予岂若是小丈夫然哉！谏于其君而不受则怒，悻悻然见于其面，去则穷日之力而后宿焉。")

＊＊＊＊＊＊＊＊

到清华是为引青年入道来的——道是作人的道，作新中国领袖人才的道。

先从本身上时时刻刻实践这个道，然后不言而自明。

自己"不厌不倦"。看清楚新中国应当如何造成，然后坚信自己造新中国的责任，自己守约的力量多一成，影响青年的力量亦多一成。

对于本国已有的思想，自己知道的太少，所以读古书是造就自己必用的工夫。

现在起首读《论》《孟》，将来接续读《史记》《纲览》等，为是研究民族已有的经验和感想，不能知道以往的，绝不能谈将来。

自己学问的浅薄，不待言的，然而现在已有专职，惟有尽心用已有的见解作去，随时作，随时再往深处造就。

十月三日，三

今天进城，到改进社谈讲演中学教育事。

每星期中间离开办公室一次，初行觉气脉不连贯。或于作事的深切上有碍。这一天的思想是要忘了办公室的事？还是把办公室的事，存在心里，作一种的预备？这两种态度，那样的成效可以多一些？

较比起来，第二个比第一个卫生些。每逢星期三完全不想清华的事，完全用心在中学教育研究及改进社一方面的事。

既然仍作改进社一部分的事，就应当拟出研究中学课程的程续〈序〉来，要一年后或几年后有什么成效。用师大的学生，实是请他们帮忙的性质。（这是从改进社方面看。）

中学如何可以改进？预备新人材是很要的一步，所以师大的机会很可用。并且亦跟我最起初的计划相同。

外边已任职的教职员最好再作一起，另外给他们开讲演。这样或者比两类合在一同研究的效果可以多一些。今天到社里同陈、查、张再商议，问他们的意见如何。

最要而特要的，还是我自己的主张。我有几成把握，将来就有几成成效。

使中国的中学里产出新课程，为新中国造人才——这是最大的目标。

能达到这样目标不能，全看你自己的人格感化力若何。人格感化力是道德，学问，材能，合起来的精神。

第一样要务，还是回到自己的人格上来！

十月四日，四

昨晚在城里同五哥看戏，梅兰芳、杨小楼的《霸王别姬》，皮黄的戏有这样出产亦很可观。

到早三时余才睡，六时起来跑回清华。

明晚在孔教会的讲演，还未曾预备。

* * * * * * * *

下星期放假的几天用力在课程上。——在此地的成功与失败全在新课程如何！

十一月一日教职员会议前，课程的大纲要全拟定。下三星期内，全份力量用在课程上，非成功不可！

十月六日，六

昨晚孔子圣诞会的演说大概如下："孔子是教育家——他与领袖教育的关系。

领袖的性质——为士，在现代不只政事，文学。

领袖的修养——最得力的是：（一）知人，（二）知天。"

* * * * * * * *

放假的几天用在课程上。

昨天已经约定朱敏章①在课程上帮忙，他的中文、英文都还够用。

十月七日，日

昨晚在烟火上浪费了许多钱，学生很高兴。

梁先生的讲演又说到清华学生在将来中国的地位。然而要看到十年廿年以后去，再定清华学生的成功与失败。

清华教育方针要在新课程里表现。如何可以给中国造就一般真领袖人才？

自从新教育到中国来，还没有过一次用创造的精神运用他，现在是

---

① 朱敏章，字志卿，河北大兴（今北京大兴）人，获上海圣约翰大学文学学士。曾任河北永清存实学校校长、清华学校教务处秘书等职。

很好的机会，作一个真中国的新教育试验。使他能合"新的所以新"与"旧的所谓旧"在一起，产出一种新教育制度来。

野心很大，机会也很好，现在就要看你有没有真学问，还要看你能不能以人格感化。一生难遇的机会，不要让他空空飞过！

主张和计划有了以后，中文、英文说明写好，就教于校外中外的学者。

放假的三天内要把大纲拟好。纯是自己的工夫，作过了这一步才可以请人讨论。

十月九日，二

昨天读《清朝全史》，看别人的功绩，自己亦有模仿的意想，然而自问自己真没有学问！本国的文字，本国的历史，本国现在社会的实况——在这几方面，我的预备太不够用了！

要用功夫在这几方面，可是现在所任的职务绝不应当忽略。在假期前定的假期内要作新课程的事，现在又想读起史来，这是与计划不合，对于自己要失信用！

先读《孟子》一篇，以后去拟新课程。

＊＊＊＊＊＊＊＊

涉览《清朝全史》（日本稻叶君山原著）。

清自入关至乾隆末一百五十年，为盛期，最得力的是康、乾两帝。

嘉、道、咸、同、光，百余年已归末叶。自太平天国以后满人只占虚式。

清后又十二年了，政治还没有平靖的希望。十九世纪之中国已变为汉人助满政府对外的局势。太平天国若没有新信仰及新军械绝不能有那样的成功。

欧人的势力到中国来已有一百多年了。他在将来中国占如何地位，是与中国政治有莫大关系的。

西洋文化，一般青年要急急努力的，然而想奏永久的成功，非同本国已有的文化混合一起不成。一方面要快快的造就真正根本现代化的人才，一方面要研究旧文化如何适用于现代。这是人才教育问题。

政治方面，必须分析清楚社会状况，看那部分的势力可以统一全国——新工商的制度和心理，还是旧农民的制度和心理？

怕的是旧村〈时〉的制度和信仰特别经过近廿年的蹂躏，已到不可收拾的地步了。

如果新势力战胜，那末在近五十年内中国要在资本阶级支配之下！

中国的资本界，能独立否？能否与军人合争外国人在中国已占的利权？

钱有他的用处，有他的力量，然而本着钱要作事，必不能有大组织的成功。一个大政府的组织——特别在国家危险的时候——必须得有人格力。

所谓人格力，就是轻利重义的力量，亦是重"自古皆有死，民无信不立"的道理。

提倡这样人格力，必须从新学风造起。想造新学风必须有个人的榜样。个人的榜样惟有从自己始。然则责任亦大矣！

十月十一日，四

昨天进城到严季冲①的喜事。

见着孙子文②（津浦局长），他的少君在美国读书，清华费，明夏已满五年，想延长年限，特来问可否特许。可以给他问一问办法及成绩。

孙临走的时候，还说有什么事他可以办的，可以找他去——很有交换的意思！

将来在校一切利益都应当"机会平等"，事事公开，不然学生一定被坏习俗所染！

＊＊＊＊＊＊＊＊

明天下午课程委员会非常有关系，前两次是讨论庄的议稿，明天要有具体的建议出现。把大纲要预先分送给诸位会员。并且要拟出一份中文稿子为戴用，亦为将来发表。自己作英文的，请朱翻译中文。

今天舍开一切杂事，专心用在课程上！将来成功皆看你能否作别人看不见的事，为事作事，不被一时没有关系的事所引诱。

---

① 严智开（1894—1942），字季冲、季聪，天津人，严修之子。日本东京美术学校及美国哥伦比亚大学毕业。历任国立美术学校教务长、主任等，北平市政府艺术专员，天津市政府顾问，天津市美术馆馆长等职。

② 孙凤藻（1884—1932），字子文，天津人，天津北洋大学毕业。曾赴日本考察教育、工艺和水产，1921 年任直隶教育厅厅长，1923 年任津浦铁路局局长。在任直隶工艺局参议兼直隶高等工业学堂庶务长期间，其受命创办中国最早的水产教育机关——直隶水产讲习所。

先读《孟子》，后攻课程。

（《孟子·离娄》章："徒善不足以为政，徒法不能以自行。""行有不得者，皆反求诸己，其身正而天下归之。""天下有道，小德役大德，小贤役大贤；天下无道，小役大，弱役强；斯二者天也。顺天者存，逆天者亡。""人必自侮，然后人侮之。""得天下有道，得其民斯得天下矣；得其民有道，得其心斯得民矣；得其心有道，所欲与之聚之，所恶勿施尔也。""至诚而不动者，未之有也，不诚未有能动者也。""有不虞之誉，有求全之毁。""人之患在好为人师。"）

十月十二日，五（第七册起）

因宪法颁布，续假两天。

今天课程委员会不会议，下星二开常会。在开会前拟好大纲草案。

昨天华午晴来，今天回北京。早晨陪他到各处参观。

十月十三日，六

读《孟子》《离娄》下。

《孟子》对于"养"字解："中也养不中，才也养不才。"

（朱注）养，涵育熏陶，俟其自化也。

　　"君子深造之以道，欲其自得之也；自得之则居之安，居之安则资之深；资之深则取之左右逢其原，故君子欲其自得之也。"

　　"以善服人者，未有能服人者也；以善养人，然后能服天下；天下不心服而王者，未之有也。"

（朱注）服人者，欲以取胜于人；养人者，欲其同归于善。

（"君子有终身之忧，无一朝之患。""君子以仁存心，以礼存心，仁者爱人，有礼者敬人。"）

＊＊＊＊＊＊＊＊

如果昨天不放假，课程委员会的议事程没拟好，开会时一定失信用。现在天假我以时，到下星期二如果不能拟好，那真不称职了！

明早在改进社开会，中午要回来，下午或可作一点事。

今天午饭顾林[①]来校，曹约我陪。

---

① 顾林（Roger S. Greene，1881—1947），通译为"顾临"，美国人，哈佛大学文学硕士。1914年受聘美国中华医学基金会驻华医社主任，主持北京协和医学院早期建设工作。1922—1927年任北京协和医学院董事会秘书，1928—1935年任代理校长。

午饭前答信。午饭拟课程。

* * * * * * * *

晚六点钟

答邱凤翔的信，用一小时起稿，作事太不敏捷了！亦是自己达意的工具不应用。

不敏必不能有功。没有达意工具绝谈不到学问，亦绝不能有什么久远的计划！

想写好文章，必须要用苦功夫！

十月十四日，日

作事手续上自然要谨慎，然而亦不要踌躇过度。我近来常犯第二类病。

十月十五日，一

放假后办公室应理的事很多。

昨天同曹进城，谈到身体的重要，他的意思，我们现在要操练，不是为现在，为的是将来，年岁长了，恐怕身体要不付用。可见他是有远志的。我的身体近来虽然没病，可是不能算办事很有效率。一个人的决断力的敏不敏很与身体的康健有关系。

每天或每星期定出一定的运动时间。

将来任起事来，体力较比思想还有要紧的，如果体力不能支持，思想亦绝不能敏捷，任责亦不能耐劳，有远见。

读十三分钟《孟子》。

（"使之主祭而百神享之，是天受之；使之主事而事治，百姓安之，是民受之也。""天之生此民也，使先知觉后知，使先觉觉后觉也。予天民之先觉者也，予将以斯道觉斯民也，非予觉之而谁也。"）

十月十六日，二

早拟出课程总纲，这亦是几天"下识觉"的功作。细目还在以后。千万不要有一点得意的自觉！

今天晚车到天津，十八日早回来。

十月十九日，五

昨天早车回校。

十七日在南开周年纪念日演说要点：

毕业生所感激于母校的有：

（一）基本教育的培养。

（二）继续发展的榜样。甲.遇事不怕难；乙.计划有条理。

（三）共觉是非的鼓励。

正确舆论：标准的，或了解的。标准的在现代不能有，了解的必须地方小或是交通好。这是中国现在所以没有正确的舆论。学校团体可以有共觉的是非，使毕业生得相当的鼓励。

* * * * * * * *

课程进行稍有头续，然而还要特别谨慎，小心不要引起别人的忌妒！

实在可靠的成功还在自己本身，不在所作的事。自己没有实在的学问，品行，虽有一时的小成功，将来一定不能长久！

预备国文工具。

（不厌不倦。以善养人。）

十月廿日，六

下星期三师大讲演初次。连说两小说话，这是第一次试验，不知道结果如何。今明两天预备材料。

本校课程委员会事稍有头绪，要注意的：

一、要使教员及一部分的职员、学生觉着新课程是他们自己的意思，绝不是我勉强加在他们身上的。鼓励他们自得，除去以善服人的毛病。

二、别期望太快。"欲速则不达"，总而言之，课程还是机械方面的，"徒法不能以自行"。

实施最要问题在得人。得人的妙诀在正己，举直，尊贤，与人为善。自己的道德学问不足作一时代的领袖，不能期望得着代表时代的人物。想作自己勉进的工夫，又不能求速效的，大概至少亦要十年！

* * * * * * * *

曹派徐志诚代理斋务主任，他或者想用全为秘书，不知道猜的对不对。

* * * * * * * *

改进社报告，报名中学课程研究班的只有三人！可见大家对于本问题的兴趣没很多。（查报告，师大只有廿几个！）

自己不要以为大家愿意听你讲的很多！不要自大，自己学问太没根柢！

十月廿一日，日

昨天同大一学生梅汝璈①谈了许久关于董事会问题和清华教育方针。我表示意见，以为教育方针定后，再看所要的是什么样的董事会。

他听了将来计划，觉着实行上得人一定很难，够大学教授资格的太少！他还说现在清华教员里真有学问的没有一两个。

谈到将来计划，不免提起欲速的心。对于董事会亦想替他设法改造。野心亦因之而起。这不是正当的途径！

在预备完全以前，不要大责任！

自问于自己将来长进最要的，是预备国文及国史。

现在急于实行的，是中学课程的试验。三四年后到欧美再考察一次，专注意大学，然后对于大学亦可以有一个根本改造的计划。

当于执行的时候，要研究中国历来教育的精神和方法。

曹既愿负责，就给他执行的事作，自己小心只处研究的地位，谨防招忌！

* * * * * * * *

廿三日在课程委员会讨论如何提出教职员会。十一月会报告的是总则。让大会表示意见否？

（将来教职会的组织亦得按着新计划改。）

报告大纲要写出，分给教职员。

有什么最简便方法通过大会？委员会可以通过，亦可得校长许可，如何通过大会是下一个问题。然后如何去实行？财政，人材？多少年限？

读 Brent's《领袖人格》。

十月廿二日，一

还有两个多星期新小孩要来了。早有预备，不至临时生事。

昨天下午同曹霖生②谈，从他借来一本军事书读。引起许多空想。然而回头来自问，现在感最大痛苦的是本国达意工具和作事敏捷的训练。

我不是写文章的材，这是我自认的，然而应用的工具是必须有的，

---

① 梅汝璈（1904—1973），字亚轩，江西南昌人。1916—1924 年在清华学校学习，1924 年赴美国留学，1928 年获芝加哥大学法学博士。1929 年回国，曾任山西大学、南开大学、武汉大学教授。1946 年代表中国出任远东国际军事法庭法官，使日本在中国的战争罪犯受到了应有的惩处。

② 曹霖生（1895—1976），生于上海，自幼赴美，1916—1918 年就读于美国西点军校。1922—1926 年在清华学校任教。

有叙事，抒情的便利和准备。

多看中国书，自然辞可以增长富丽；多用中文达意，自然语气熟习，进退自若。

在作事敏捷上，不延迟，应作的事，不等到临头再去用力！

下一个星期四要在教职员会提出新课程计划的大纲。今天早十一时讨论中等课程。明天下午二时全体课程委员会讨论最好报告手续。在明天会前写出报告曲折才好讨论。不要等，这是必须作的事！写出国文，英文的，在大会前颁发。

今早在会前把中学课程大纲拟出。固然思想是不能强迫的，然而有时必须在压力之下作紧急的工夫。

我的大病是在作应作事之前总要延迟到最后几分钟。

这样只可用一时的小聪明，绝不是能作大事业的方法。

今早试验新法：一概别事不作，先筹划中学课程。

（〇〇改习惯。）

十月廿三日，二

请客，在一星期内要两次，包括全体未曾请过的教员。不只注意将来，还要注意现在。

十月廿五日，四

昨天在师大第一次讲，说了许多过火热的话，批评统计学。说后自悔已迟！下次小心。

（"一日暴之，十日寒之。""所欲有甚于生者，所恶有甚于死者。"）

自己国文太不应用！应当能写讲义。

下次要好好预备。

十月廿七日，六

"訑訑之声音颜色，距人于千里之外。"

訑：（朱注）"自足其智。"

动人以仁以诚，绝不应自足其智。

＊＊＊＊＊＊＊＊

有几天早晨未曾读书，至于有错误之言行形于外。每早自修是必须的！

厌倦，都是养法失当的结果。"苟得其养，无物不长；苟失其养，无物不消。"

十月廿九日，一

昨晚与教育学社二员谈话："新学知识见效快的，莫如医药，见效最难的，莫如教育。理由举三：

一、教育与社会目标有密切关系，在过渡时代，所以难。

二、教育不能准有把握，都有一种信心性质在内。

三、"徒善不足以为法，徒法不能以自行，教育必须注意三方面：'善''法''得人'，所以难。"

说到第二点的时候我举出教育家必须有一种"宗教"，可以坚固信心。为这样工夫我觉得孔、孟的书很可鼓励志气。

既然说过这样话，自己每天的自修应不离开孔、孟。无论如何忙，必须每早读书。

读《孟子》《尽心》上。

（"故天将降大任于斯人也，必先苦其心志，劳其筋骨，饿其体肤，空乏其身，行拂乱其所为，所以动心忍性，曾益其有所不能。人恒过，然后能改，困于心，衡于虑，而后作；征于色，发于声，而后喻。入则无法家拂士，出则无敌国外患者，国恒亡。然后知：生于忧患，死于安乐也。"）

* * * * * * * *

下午一时

读前两星期多的日记。（自本册起首。）

好懒，好名，是我常犯的病。

内藏要多，外露要少！什么时候外露过于内藏，那个时候必不能得快乐。

今天下午到图书馆读书报。

（"万物皆备于我矣！反身而诚，乐莫大焉；强恕而行，求仁莫近焉。"）

十月卅日，二

早八点多才起，白费一小时的好光阴。

读《孟子》《尽心》上。

"孟子谓宋句践曰，子好游乎？吾语子游。人知之亦嚣嚣，人不知亦嚣嚣！

曰，何如斯可以嚣嚣矣？

曰，尊德乐义，则可以嚣嚣矣。故士穷不失义，达不离道。穷不失义，故士得己焉；达不离道，故民不失望焉。古之人得志，泽加于民，不得志，修身见于世；穷则独善其身，达则兼济天下。"

＊＊＊＊＊＊＊＊

"孟子曰，霸者之民，欢虞如也，王者之民，皞皞如也；杀之而不怨，利之而不庸，民日迁善而不知为之者。夫君子所过者化，所存者神，上下与天地同流，岂曰小补之哉！"

＊＊＊＊＊＊＊＊

现在有很好试行作"君子"的机会，不要空放过。

注意在："所过者化，所存者神"，不在区区小补的一时计划。人是教育的惟一工具。

十月卅一日，三

"得天下英才而教育之，三乐也。"

（朱注）"尽得一世明睿之才，而以所乐乎己者，教而养之，则斯道之传，得之者众，而天下后世将无不被其泽矣。"

在施教育之前，要自问："所乐乎己者"有没有？有传远的价值吗？是以自荣为乐，还是以新国的产出为乐？果然为造新国，自己的信心如何？能等一般学生任职后才可以发生效力？

＊＊＊＊＊＊＊＊

今天下午，第二次在师大讲演，上次是失败，因为没有好好的预备。精神上没有预备，材料上亦没有预备。

从昨天下午作精神上的预备，现时要作材料的预备。

我自己不敢信，我所能传授的，将来必有用于造新国上，然而所期望的，是与学生以中学人才的基本知识和指导。

信心是：如果中国的中学办好了，中国的精神和社会里领袖人才，都可以有产出地。

这样的信心必须传染全班，然后大家就有共同的进行目标。

自己必须作一个中学教育者的榜样。

想收实效不要在学理上用过多的工夫。

态度不要批评的，要能与人合作的。

学生所学别的功课是什么，必须知道，还要与个人接洽，共谋根本改造中学。

他们将来作事的机会亦要替他们想一想。毕业后要在那一校作事？可以有长进的机会吗？

必须指清楚他们可以前进的途径，然后他们愿意随你的"道"走。你自己必须知道得清清楚楚自己前进的道路！然后才可以引导别人。青年不怕道路艰难，只要有领的，他们就愿意随着走。

有人以来，学生从先生的心理都是这样。外国大教授，如同 Thorndike[①]，Dewey 等人愿意从他们，因为人信他们可以指出前进的途径。

如果我所主张的，可以给在教育上作事的人一条道路，愿意从的亦一定是不少。

真能指出将来，在"先知""先觉"的本能。亦在工夫深浅。无论如何，自己必须有成绩。空谈是毫无效力的！

不用在学生面前露学问，以学服人，不能成大事，要以学养人！

博我以文，约我以礼。循循善诱！

---

① 爱德华·桑戴克（Edward Lee Thorndike，1874—1949），美国心理学家，心理学行为主义的代表人物之一。自 1899 年起开始在哥伦比亚大学任教。

十一月

十一月一日，四

昨天下午的讲演，比前一次有次序，然而只能说，不能写。有学生要我把讲稿的大纲印出，我不敢答应，第一是国文不够用，不敏捷，第二是用的时候要很多。

今天下午在本校教职员会第一次报告，在精神、材料上都应慎加斟酌。

精神上要注意的：

一、谨防"訑訑之声音颜色！""民日迁善而不知为之者。""以善养人。"

二、鼓励"自得"。使大家觉着有发表言论的自由，并且有发表的效果，所产出的课程是大家心里所要的。凡事公开！

三、"欲速则不达。""徒法不能以自行。""正己而物正者也。"

四、专诚为新国之产出。"专心致志。""持其志勿暴其气。""所过者化，所存者神。"

* * * * * * * *

下午，一点四十。

读梁任公讲演：《文史学家的性格及其预备》。反省，我终身可以贡献给人类的是什么？

如果在教育上，要问：

一、中国教育家的性格及其预备；

二、我所缺欠的是在性格上，还是在预备上？

三、如果性格相近，只欠预备，然后要问，所急需预备的是那些方面？

* * * * * * * *

不要野心太盛，自己的天资有限！

现在以我所有兴趣的几件上看来，教育像似较近。亦有机会在前，不得不作。然而自己的预备太不足了！

好好的用工夫，没有别的生路！

* * * * * * * *

晚六点。

在教职员会报告，说了一句错话："清华钱多，并且有许多西教员，所以可作为试验学校。"这是我一时想得外人的赞助，所以说出这样的话来。恐怕得罪了中国留学生！下次说话时不要想得一时的便利。

再者，就是气还是太盛！现在说下大话，将来如何能作到？"訑訑之声音颜色"还是不勉！

虽然有过，停在此地后悔，亦不是好法。惟有慎勉将来的言行，同时用力在课程的细目上。

态度绝不是看不起留学生，更不是要拉拢外国人！可耻可耻！

（The besting sin of the orator is to be dominated by his audiences. 巧言令色，鲜矣仁！）

* * * * * * * *

下午全校集会，Peck 讲演。讲之前发表了三条对于学校政策的意见：

一、赞成储积基金，使清华在赔款完后能永久存在。

二、对于董事会改组，在 Official 董事外加请教育专家。

三、赞成学生留美年岁加高。

虽然是随意说出来的，很可以表现他的意见。

第一，将来清华有接继存在的可能。

第二，董事会，外人仍要占地位。

第三，清华程度可以加高。

第一，第三，与大学的将来最有关系。第二，是外交上清华一时去不了的干涉！如果只于是监督财政亦无妨，不过不可干涉教育政策及校内行政。

* * * * * * * *

将来新课程拟出后，要颁布给美国有见识的人。

* * * * * * * *

小事！大事是作工夫，预备在教育上的将来言论及事业！

十一月二日，五

我的大病是：不能专心学"为己""不为人"。

"天下有道，以道殉身；天下无道，以身殉道。未闻以道殉乎人者也。"

我太怕舆论！太容易拿众人的是非为我的是非。只好一时小名，不能坚持大计！有出风头的机会时，我用力争胜，然而不能为自己所拟定的目标，暗地作自己的工作，作别人不能了解的工作。

　　"君子之道，暗然而日章；小人之道，的然而日亡！"

　　（"君子之所以教者五：有如时雨化之者，有成德者，有达财者，有答问者，有私淑艾者，此五者，君子之所以教也。"）

十一月三日，六

　　《孟子》《尽心》下。

　　"好名之人，能让千乘之国，苟非其人，箪食豆羹见于色。"

　　（朱注）"好名之人，矫情干誉，是以能让千乘之国。然若本非能轻富贵之人，则于得失之小者反不觉其真情之发见矣。盖观人不于其所勉，而于其所忽，然后可以见其所安之实也。"

　　　　　　　＊＊＊＊＊＊＊＊

　　"浩生不害问曰，乐正子何人也？

　　孟子曰，善人也，信人也。

　　何谓善？何谓信？

　　曰，可欲之谓善，有诸己之谓信。充实之谓美。充实而有光辉之谓大，大而化之之谓圣，圣而不可知之之谓神。乐正子二之中，四之下也。"

　　"程子曰，士之所难者在有诸己而已，能有诸己则居之安，资之深，而美且大可以驯致矣。徒知可欲之善，而若存若亡而已，则不受变于俗者鲜矣。"

　　　　　　　＊＊＊＊＊＊＊＊

　　"梓匠轮舆能与人规矩，不能使人巧。"

　　教育事业能希望的不过与人规矩而已！

　　"贤者以其昭昭，使人昭昭；今以其昏昏，使人昭昭。"

　　　　　　　＊＊＊＊＊＊＊＊

　　望远不攀高。

　　（自箴：望远不攀高。）

　　为人能如此，才可有为。

　　不求高位，不求多钱，惟求所行之道，能达远能载物。

　　不谈校董校长事，专心为新国新民造人才。

　　必须作的是常与学生接洽。

　　于我所勉的时候，我是为新民，为青年；然而于我所忽的时候，是不是还被私心、名利心，所支配？勉的时候可轻富贵，忽的时候，对于富贵如何？

惟有大胆按着自己主张作，不管"愠于群小"！

十一月四日，日

"言近而指远者，善言也；守约而施博者，善道也。君子之言也，不下带而道存焉；君子之守，修其身而天下平。人病舍己之田而芸人之田，所求于人者重，而所以自任者轻。"

"《万章》曰，一乡皆称原人焉，无所往而不为原人，孔子以为德之贼何哉？

曰，非之无举也，刺之无利也。同乎流俗，合乎污世；居之似忠信，行之似廉洁，众皆悦之；自以为是，而不可与入尧舜之道，故曰，德之贼也。"

消极道德，无胆量，只求大众的欢心，不能固守自己的主张；别人稍有不悦色，就怕得神精〈经〉错乱；衣食住的小安，惟恐不能保，"见义勇为"是提不到了！

胆量小，求安逸，不够丈夫！

There is a coward & a hero in the breast of very man. Each of the pain has a "logic" of his own adapted to his particular purpose & aim-which is safety for the coward & victory for the hero.

—L. P. Jacks[1]

Religious Perplexities

求安逸，想偷懒，不能作不要人看见的苦工夫，这都是 Coward[2] 的举动！

* * * * * * * *

读上一周日记。

下星期事程：

家事——新小孩来，预备一切。

校事——高中课程细目。与学生茶话。

* * * * * * * *

---

① 杰克斯（Lawrence Pearsall Jacks 1860—1955），英国教育家、哲学家。

② 懦夫，胆小鬼。

下午韩诵裳①喜事，不进城去。

十一月五日，一

默李恕谷《论语传注》。每早两页，试一星期。

近几天，到办公室早十点。稍晚。

在办公时间应先理校务，有余暇再读书。

十一月六日，二

默完《学而》篇，以后短的，一天默一篇。

　　"温和厚，良易直，恭庄敬，俭节制，让谦逊。"

"人不知而不愠"，"不患人之不己知"，都是为学求深固的大道。

"不求饱安"，勉励不被小安逸所束缚。

"敏于事而慎于言"，好实敏以求之！不外露！

平庸为人之道，得之，则穷达可不失离，贫富均能乐礼。

十一月七日，三

默《为政》上一半。

今早送 W.到医院。

下午师大讲演，又没有预备。上次预备的没有讲完。

读上星期三的精神预备。

指给青年一条前进的路！以学养人！认识他们个人。这是教育的事业，不是在他们面前露渊博的学问。

国文还是我的大缺点！

十一月八日，四

昨天师大听的人加多，足见干燥的知识界，稍有一点青草，群羊都云集而来！

这样饥渴的景况，很可以鼓励稍有一知半解的人，加力作工夫，给一般青年开出一条活路。

我自己知道学问非常浅薄，不能为人榜样。所研究的几种学科，如

---

① 韩诵裳（1884—1963），祖籍安徽，生于北京，1900 年入天津严氏家塾，受教于张伯苓。1906 年南开中学第一届师范班毕业，后赴日本留学，入日本高等工业学堂。1910 年回国，任天津南开中学教员，1912 年转任北京高等师范附属中学主任。曾参与中华职业教育社的创办。

同教育，戏剧，都是初入门，表面上或可以说几句内行话，然而都没有进到根深的地方，绝没有死后可留的成绩，亦没有一时公认为天才的出品。望前一看，真觉危险！

如何工夫可以深到根上了？

在那一方面用全分的力量？

给一般青年作向导是应作的！"见义不为无勇也。""For their sakes I sanctify myself."

作苦工夫！机会是应有为的！

学问道德上的缺欠，安静一点一点的修补。

（任重而道远！）

＊＊＊＊＊＊＊＊

默《为政》下半。

昨天 W. 仍回来。

岳父及两小弟自南来。

＊＊＊＊＊＊＊＊

又读前星期三日记，解"得天下英才而教育之"。

清华是造就英才的地方，要处以相当精神的态度！

十一月十一日，日

前两天没写日记。

星五，与丁在君①谈。星六，进城。

昨天早九点五十分，二女生。

将来女子在中国的地位，变为于我亲切的问题。他们应当受那种的教育？将来在社会处什么地位，作些什么事业？

母女都很好，现住在孝顺胡同，妇婴医院。

昨天读《新教育》上有一篇《清华教育的背景》②，批评董事部的组织。

《周刊》里有一段论领袖人才与清华教育。

预备下星四给学生解释新课程的计划。

---

① 丁文江（1887—1936），字在君，江苏黄桥人。1902 年赴日本留学，1904 年赴英国留学，1911 年以地质学和动物学双科毕业。归国后任北洋政府工商部矿政司地质科科长、地质调查所所长、北票煤矿公司总经理等，与胡适等人创办《努力》《独立评论》。曾任南开大学、南开大学矿科及经济学院董事。

② 作者梁达，刊载于《新教育》1923 年第 6 卷第 5 期。

下星期是我很忙的时期，一面要常进城，一面要拟定课程细目。尽力作去！

＊＊＊＊＊＊＊＊

一时中文出版界，不能看到。要自备几种。

洋车上想事去罢！

十一月十二日，一

今天补假。

昨天在城里访志摩。同午饭，还有陈、黄（《晨报》）。逛城南园，看菊花展览。

他和通伯想集合一些对于文艺有兴趣的人在本星期六（？）聚食。与会的大概有：

周作人，鲁迅（作人兄），张凤举，徐祖正，陈通伯。

丁燮林（西林，《一只马蜂》），张欣海，胡适之。

杨袁昌英，郁达夫（《沉沦》），陈博生（《晨报》）。

蒋百里，陶孟和，沈性仁，徐志摩。

想每星期聚会一次，互相鼓励。

他还想组织一个戏剧社和读书团。

＊＊＊＊＊＊＊＊

这多人都在出版界有过成绩的。我在里边，很不够资格。

昨天从志摩借来四本新文艺的书读。

我对于文艺，预备上太肤浅，一曝十寒。最缺欠的是简单文字的工具。

我要知道现代一般青年所想的，所读的。藉着这几个新文人很可以晓得许多一时的思波。

教育是我的本职。课程组织是我专门要作的工夫。清华大学一定要作成功的！

（教育是我的本职！作教育是作青年的向导。）

作教育必须"得人"，想得人先自修己起；作修己的工夫，必须要同现代思想界有相当的联络。

教育亦是思想的一种，是很要的一部分。不应轻轻舍开我自己的专门。研究教育而同时兼治文哲的人还不多，自己抱定自己的职务去作。

＊＊＊＊＊＊＊＊

为清华大学计，应分析国内现有大学的特别性质，然后才可以定清华应作的是那样的工作。

参观全国各要大学，是在开办清华大学前必须作的事。

清华近北京，所以北京各大学的细情应特别注意。（燕京要特别研究他！）

有了根本的观念，然后清华教育自然有他特别的哲学和特别的设施。

作了清华教育的专门研究，然后一切小动摇可以不去管他了。

作研究的时候，同时要照顾到：（一）校内得人，（二）办事手续和（三）自己的真诚。

* * * * * * * *

对于高中，我于国内情形稍熟习些。目标可以拟定，惟有教材细目和师资得人应特别注意。

* * * * * * * *

文艺偏个人的生活，教育是团体生活。教育离不开人群的组织。不同是在手续上，而所要求于作者的"自信""坚勤"和"天才"是没有分别的！

* * * * * * * *

默《八佾》下半。

* * * * * * * *

现在大家都写对于太戈尔的文章，志摩亦要我写，然而没有到过印度，没有看见过他的学校和戏剧，我不愿意写无根基的空话！

我只能了解是：（一）太戈尔与教育。（二）太戈尔与戏剧。

不能读本加利文，惟有信英文本，一译再译，失真可知！

* * * * * * * *

今天放假，一早在家里写日记，作思想。又大风，进城一路难走。午饭后或可去。

* * * * * * * *

星二：课程委员会，二至三。自然科学会议，四至五。

星三：进城。

星四：与学生讨论新课程计划，三至四。中三四教员会议，四至五。

星五：进城或在校。或有课程委员会。

星六：进城——志摩请客？

本星期特别在高中上作细目工夫，然而我一面要常进城，一面又有对于文艺的新兴趣，课程工夫上，怕要失败！小心小心！

今天下午进城，晚火车回来。九点。

文艺书延到下月再读，或稍读一两种。

永不忘课程是我专门的工夫，教育是我的本职！

十一月十三日，二

昨天在城里又买了几本"新文化"的书报。

读了《小说月报》"太戈尔号"的两三篇文章。他们的文词很富丽，幻想很灵活；然而有几处让我觉着它似乎不大切实，根基不甚牢靠。

新文艺只为几个文人抒情，是没有将来的；必须跟全国人民的生活连上，然后才可以有结大果的机会。

我的文词枯干不够用，一来因为读的书少，二来是天赋的缺欠，无法补救的。

细想起来，我已有的小成功，都靠着一时的小聪明，小努力，绝没有过真伟大的表现！这是实情，不能不认为事实！

（小聪明，小努力！）

一时同小，是我的天性吗？

（一时！小！）

我有我大而久的工作，不要被随波逐浪的恶根性给战败！

（长久，大！）

　　　　　　　＊＊＊＊＊＊＊＊

这个时代的病，亦是：一时，小！

人类通长的病，亦是：一时，小！

　　　　　　　＊＊＊＊＊＊＊＊

所有一时的，小的，我都不要！

一时的荣誉，一时的成功，一时的安逸，一时的快乐，都是罪恶！

小的得意，小的利己，小的用计，小的作品，都是恶敌！

我要长久！我要大！

十一月十五日，四

如果私淑孔先生，于练习写文章上，胆子又要小一些。无论如何，下笔万言不是我天赋中所有的。

（"君子欲讷于言而敏于行。"）

在城里见了几个人，从稍微得到一点实在的情形。不免提起我"患得患失"的私心。

这半年算是很享安逸，自己——无论愿意承认不愿意——有图保守地盘的观念。说到明面上是很可耻的！然而自己必须认清自己里面的敌人。

弱者！不能为久远，只求一时安逸！

求安逸的必得不着安逸，求劳苦反得着安逸。

胆量太小！不能独立！

曹不免有地位观念，在清华住常了，——特别北京国立各校一个钱拿不到——自然有患得患失保护地位的感想。

（"不患无位，患所以立。"）

自己本领同自信力越小的，怕的越厉害！

我绝不能依靠南开！在外边比在里边似乎可以帮的忙多一点。

惟有自己的道德与学问。

清华，因为环境好，容易胆量小！

有家，有小孩，都有办法，不用过注意。全身全神作那大的，长久的事业。

（"以约失之者，鲜矣。"）

诚意为青年，产出新国家，新文化。

因为要作这样的事业，所以自己作工夫，为的是给他们寻出一条途径。

自己的工夫，就是深究学问，克己忠恕。

别人说我老腐也罢，说我浅陋也罢，说我迷信也罢，我自己的志向定了，别人的意见，请他们自己去管罢！

自己知道的清清楚楚，自己不过是中才，完全没有看错自己。比我聪明的，比我敏捷的，比我有把握的，周围都是，多极了。然而我既是我，就必须作我一生的过活；所能作的是很有限，然而没有别人可以替我作，我亦不要别人替我作；所以不得已，按着自己的一点小本领，小天赋，自己往前努力去罢。

我相信：我的事业是"诚意为青年，产出新国家，新文化"。这是我的宗教，所以每天读《论语》，觉着很有帮助。

今早读《里仁》下半。

下午同学生讲《新课程计划的讨论》，要完全以诚，以讷，以不惧不私。

十一月十六日，五

默《公冶长》上半。

（李注："能自知则难苟居，能自屈则无骄念。"）

昨天同学生讲，过后觉着说的太多了！不能守讷。多讲话一定有不情实的，一定有给人误解的，一定多引起无谓的批评。

多讲话还是我的病。

晚与余日宣谈，他说我说过三次留学生的无用（开学时，教职员会，又昨天），有的教员觉着我是看不起他们。并且此地学生已经不尊敬教员，我又这样批评，更要引起学生对于先生的轻视。这话很有道理，我以后要小心，不要因为小事（措词而已），徒伤感情。

虽然有的教员程度太低，可是现在让他们晓得我的意见，于他们，于学生，都没有什么好处。

不要以善服人，要以善养人。

（"有诸己而后求诸人，无诸己而后非诸人。"）

并且如果我现在露出看他们不起的意思，于新课程进行上一定要生反动。

给教员亦要指出一条前进的途径。

* * * * * * * *

昨晚又同余谈将来计划。我说高中改组，要教务、管理联在一起，并且想用余，梅，戴，诸人作中心。我又想将来要多用朱敏章。

今早我想到，如果这样作，别人要批评我专用南开，天津系！

学生的反动不知如何？今天找几个来谈。

我说，明年三、四月间定去留。

如果清华，外部[①]，董事或校长，以办事精神，手续，不像有教育的希望，我若只求保守地盘，自己要批评自己。

（"君子周而不比。"）

助纣为虐！

苟且偷安！

如果定去，然后可以作什么事？

* * * * * * * *

昨九点。

---

① 民国时期外交部的习惯简称。

高二学生徐敦璋同别的一个来问对于高二课程的计划。他们所怕的是被留在校多两年。——"Detain"①。

我说，我们惟一的目标是为中国造人材。如果在国内大学比在国外大学所得的训练合宜，自然在国内。

不要怕，你们可以相信我绝没有成见，我拿他作为问题的研究。

明年二月前各班课程的草案可以拟出；大计划（大学的筹备）在六月前可定局。那里我要看清华有作教育事业的机会没有。

下半年还要到各处大学参观。

我对于董事会作观望，看将来计划能否通过，有人负责否？

曹很聪明，他的计划没有更动一般旧生出洋的希望，他的大学计划是从五年后起首。（如果学生把我的计划看作不如敷衍为是，我的计划一定很没有价值了！亦不能定！）

要为学生想，什么可以预备他们作中国有用的人，什么就是好方法。

全校经济，我亦不管的。作教育不能太被外难阻隔。

在十二月内为各班拟课程时，要征集各班意见。（他们已受的课程一定要照顾到的。）

新课程进行在教员中亦要发生大困难了！他们有人以为我轻视他们，所以他们不必愿意与我合作。并且他们如果看将来课程中他们自己的地位不牢靠，他们亦一定要生阻力。

这全要看我的诚意与手续如何。

真难，渐渐地来了！

不只学生，教员，将来我的言论计划传出去，在美和已回国的清华同学中亦一定有反对的，因为我批评留学生用的语词有时过激烈了。

（Meiklejohn②的经验，那还是在美国！在中国的清华，不知如何？）

不要说过头话！方才同徐他们谈话，又有过头的地方。

此地学生同教职员接洽都有猜疑的态度。总是因为办事人在他们身上用手段的次数很多了。互相不能以诚，一定要猜疑了。

如果清华不能长，要怎样进行？

若要研究学问，我有那样的天赋吗？中文，英文，我都没有过根本

---

① 留置，耽搁。

② 米克尔约翰（Alexander Meiklejohn，1872—1964），美国人，哲学家、大学管理者。

文字的训练。写出的"别"字让人可笑！而自己还以为是中国学者之一！该死！假冒！

办小事还可以作，然而自以为不足！

将来惟有可以教书！教书绝不是教育！

如果抱定教育人才的方针，自己必须作苦工夫，然后可以给青年寻出途径来。

B.意中亦是要我有地盘的念头！所以回南开一定不能得 B.的敬重。

清华学生如果太自私，我惟有以去就争。亦要看自己的私心如何！

想清华接续作下去，必须能与教职员和谐，以人格感化，少说话，多作事，不患得患失。在这一天就尽心作一天的事，不管去后有什么事可作。如果多虑去后安身地，患得患失的心，自然除不去了。

现在用力——全生的力——作学问，多读书，多写文章，深造思考，为大计的预备。不要怕离开清华没有别的地方可住！

环境安逸害过于毒药！！

* * * * * * * *

明早进城，不能写日记。当晚回来。

不知不觉的写了四页，用了一小时，心里有意思，自然就笔下有字了。共写了约九百字。

* * * * * * * *

天天，时时，要想离开清华安乐园，无论什么地方都可以住，无论什么事都可以作。那样才可以解脱环境的捆绑！

十一月十七日，六（第八册起）

默《公冶长》篇下半。未完。

"子曰：宁武子邦有道则知，邦无道则愚，其知可及也，其愚不可及也。"

李注："彼当艰险之秋，而矜才恃智者，安有济哉？"

（并且本来没才没智！假诈！）

"子曰：晏平仲善与人交，久而敬之。"

小智自满，不能交人，所以久而不敬了。

交友上我太不注意了，三十多岁还没有交到几个很近的朋友。然君子之交淡如［水］，然而一定不是因为自骄而不去交友。既交之后，可淡可浓。

必先有敬，爱的存心，然后去交人就不难了。

交友为增加势力的念头太卑了！不够人！

* * * * * * * *

今早进城，晚回来。

车上读六、七册日记。

十一月十九日，一

昨天在城里。

这几天因为常进城，不甚注意校里事。

又发生了"新月社"，作下去一定要用许多时间。读两月前日记，有不应过忙的自戒。并且自从到清华第一大问题发现了，就是学生出洋的问题。

高二，高一，都已有反动的声音，如果不动大一同高三的希望，他们可以观望。

一般学生的心理是愈早出去愈妙，眼里没有什么清华教育的价值，而教职中意见不一致。董事会不能主事，校长惟有敷衍。

如果实情是这样，清华可以产出那样的人才？

如果在清华没有作真教育的机会，只有混饭吃的教员愿意在这住下去，稍有志气的都要去了。

处这怒潮将起的时候，我的态度应当如何？

一、早早宣布留学方针现在还没有通过，教职员会议，现正讨论中，所有意见都很欢迎。

二、我自己的主张是找最好方法为中国造人才，绝没有成见。

三、与学生常有谈说，得着他们的感想。

四、观察同人的态度，看有多少能持久的人。

（轻视人一定得不着同人的帮助！）

* * * * * * * *

一年是研究试办期，各大计划一年调查后再定确稿。

* * * * * * * *

○○只能说大话，不能作实事的大失败，就在眼前！

○○自己没有真把握，没有真学问，要在这时露出来！

（"吾党之小子狂简。"李注："志大言大而略于事！"）

手段严厉，机会一生，所有反动都要联合一起。

改革一定要遇着反动的。然而要看你进行的手续如何，个人的品格，影响如何。

当于乱的时候，倒要想现在不过是为十年后的预备。是长进经验和知识的时候，大事在十年后。现在失败，也绝不丧志；成功，也绝不得意，那样态度就对了。

今天风大，W.不能回来。

十一月廿日，二

上星期四当学生报告，怕不免有"钓誉"的念头。

反动来后，不能宁靖〈静〉，昨天同曹谈新感触时，说的很火热。

高二学生找他去，他答至多留校一年。

一年一年的敷衍，于学生精神上大有妨害。他们不认在清华是为教育，在此实在是待候出洋。

（"无伐善，无施劳。""彼当艰险之秋，而矜才恃智者，安有济哉！"）

昨天我说的很用力，三条办法回到夏天到校前所拟定的。

在教员学生间绝不应露出一时的变计。

曹说："你遇第一难关，不要急于变计。"我说的是过急了。

自己有主张，缓缓行出来。我的天性是快快拿出来给人看，教人说好！人家不说好，自己就觉着不痛快了。

总想别人说好，一定办不成大事的！

沉下心去想细目。

（"已矣乎，吾未见能见其过而内自讼者也。"）

想出峰〈风〉头是我的根病！

当此艰险之秋，矜才恃智绝不能成大功。

＊＊＊＊＊＊＊＊

先生，学生，不能懂我的，慢慢他养。

始终如一，不被反潮移动！

默完《公冶长》。

十一月廿一日，三

默《雍也》。

"子谓子夏曰：女为君子儒，无为小人儒。"

李注："成己成物，以天地万物为一体者，君子儒也。言必信，行必

果，砰砰然而无远大之猷者，小人儒也。勉子夏以远大也。"（猷，谋也）

* * * * * * * *

远大，不计一时小成功。

成己成物，修德好学，以善养人，这是造远大的途径。

注意小荣辱，不能成大业。

* * * * * * * *

一九一九因小不痛快，与 B.不能合作。有远大之猷者，不至这样小气。

现在清华又要发生小暗潮，我又同曹有热烈的宣言，未免不能忍，不能沉气。

远大之猷。

往十年后的成功上着想。（到十年后再想百年后！）

增长自持的力量。

使思想切实，久远。

能运用文字。

* * * * * * * *

今天中学课程研究班改在附中，师大已停课。

仍旧按前两次的精神作，不被一时的变更所动摇。

仍旧想得着几个对于青年教育有兴趣的人。绝不是妄自尊大，以为自己所有的一点从外国书抄来的学问，就可以解决中国现时的问题。

* * * * * * * *

昨天 W.同新月①回家来。

因为外面的事，我不能帮助照料，如同明明小时的样子。

将来家庭渐渐长大了，小孩的教养变为亲切的问题。

十一月廿二日，四

昨天遇着很难处的事。

师大学生杜把我评廖的话，写给《上海时报》，廖的答复，很有漫〈谩〉骂的话。

这是出我意料的。

早晨有三个中四学生来找我，谈了一点多钟。他们说同学中有因为这件事，不能沉气读书的。

_____

① 张彭春二女儿张新月。

　　我对廖的批评，实在有一点"矜才恃智"的意思。他答的很有过头的话，然而无聊的笔墨官司，最好不打。并且现在我还没有具体的建议，空评别人有什么用处。

　　写文章亦不是我的特长，这是实话！

　　若小祸最不经济，聚精会神的作十年后的预备。

　　＊＊＊＊＊＊＊＊

　　因为前两件事，今早从四点多醒后，不能再睡，心神不安。亦有怕，亦有烦。这是弱者的心理！大丈夫敢说就敢当，不是关上门说大话，一有人答应，立刻生起怕来了！

　　＊＊＊＊＊＊＊＊

　　前天在京与洋车夫，因为小不平，被他骂，打过后，还是照着他要的那样作。

　　我以后想这是惹小祸很好的譬喻！

　　如果真想改革，就要坚持到底！所以在攻恶以前，必须有责任心的自决。将来打起来，自己必须独当，所以不要容易受别人的运用，听从别人的意见。自己须有决断，择要紧的问题去攻击，小问题不必管他。

　　寻常能不以批评取巧，来矜才，最好不用！

　　我现在很对学校以往政策有批评，对于同人有轻视的表现。这样一定不能得众。

　　＊＊＊＊＊＊＊＊

　　清华同中学课程两方面，都有要失败的预照〈兆〉。总因是在我学问、道德、经验的不足！

　　然而虽是失败，也不丧志。

　　　　"苦其心志，劳其筋骨，饿其体肤，空乏其身，行拂乱其所
　　　　为，所以动心忍性，增益其所不能。……困于心，衡于虑，而
　　　　后作。……生于忧患，死于安乐也。"

　　　　＊＊＊＊＊＊＊＊

　（伪——假外面！贪——求安逸，居高位。）

　　多年的傲，怠，伪，贪，一时不能去净！

　（傲——以批评，轻视人取胜！）

　　　　"先难而后获，可谓仁矣。"

　　　　"言必信，行必果，硁硁然而无远大之猷者，小人儒也。"

　　　　"彼当艰险之秋，而矜才恃智者，安有济哉？"

＊＊＊＊＊＊＊＊

看得远，专心大——"人十能之，己千之！"——不怕失败，只怕自己不真诚！

（怠——不能自己用苦工夫，求得自己主张的理由。）

十一月廿三日，五

默完《雍也》。

这两天因为清华新课程同评廖的事，很不得安神沉气。

器小！不能容事的病！

想有作为，一定免不了风波的。如果胆小怕风波，最好不要期望有为。

因为我现在作的事，有许多人的监视，所以我更要勉强往好处作。

所谓好的，是用自己认为最高的标准，不用一时人的评论，来定的。

廖是安分作实事的，如果我处他的地位，有人批评我的主张，我也想答复的。

我自己要作实事，不只想批评别人。从《上海时报》两篇文章看，容易给读者一种印象，想我是好评人的，并且评的很浅陋不彻底。

廖的答复是保护他自己的主张和在研究中学课程里的地位。这是容易懂的。

如果我作一封声明的信，我亦是保护我在研究中学课程里的地位，并且可以免去别人对于我的误解。

然而我很懒于下笔的！惟恐自己的国文不通，材料不富足。这两层也实在是我的短处！到不得已的时候，是必要发表的，不然大家要误解我，看轻我；我作事的机会也要因此减少，于是于我十年后的计划大有妨碍。到这样的景况，是非发表不可了！

今天找出《上海时报》，再重读一遍，看读者大概已经得着那样的印象。

"困于心，衡于虑，而后作！"

＊＊＊＊＊＊＊＊

到必须争论的时候，自己的材料必须要特别的注意。不负责的，没有根据的，一时得意的话，不得随便说了。

最要的还是实在的工夫。如果别人比我看的书多，研究的工夫深，我空有敏锐的疑问也是毫无用处，争论后的失败，亦可预定的。

廖真用工夫！我看他作事精神很可佩服；有因急于应用，不能深疑的地方，然而作这样工夫的人，已经是很少得了。所以我对于他作事的帮忙上，也必须有正〈郑〉重的声明。

如果声明后，我班上如有看我为胆小的，那只可随他们自己的评判。真正我的价值还是在产出新中学课程来，为养成新中国青年用。这是真正惟一研究中学课程的动机。

＊＊＊＊＊＊＊＊

在研究班上，讲的东西很得用时间预备，而清华现时又非常的忙。这样作下去，两方都要失败！

廖是专心用在中学上，我有许多别的事分神，效果一定不能同他比。

又加上新月社的发现，更要忙死了！

三方面能一同并进，而发生效果吗？恐怕效果一定不能远大，不能深刻！自己的精神和身体要不能支持。

我对于三方面，实在都有兴趣，然而为远大计，必须专心于一！什么是一？

不能深刻，一定不能独立，那样，那一方面有人来攻击，一定要恐慌起来了。

这几天两面受敌，不小心将来要三面受敌！

十一月廿四日，六

默《述而》八章。

今天气稍静。

昨天招待大一级学生茶会，谈调查旅行事。
×××
说大话还是大病！

志自可高，危行而不危言。
××·×·×
不再用指名批评法！如对廖。

（"默而识之，学而不厌，诲人不倦。""志于道，据于德，依于仁，游于艺。"）

十一月廿五日，日

×，××
怕！胆小！

怕惹起官庭的怒，当于南开在法政时，学生一同到省长署，我也哭了！

现在此地学生，因为我有意把高二以下几班，延长年限，在国内大学毕业，在群起反对的暗潮发现，我又怕了！所以想法劝他们不要在周刊上发表意见。

昨天有梁朝威送来陈敦儒的一篇，很有些教训我的话，如果心急，必要失败一类的话。我先想找陈来谈，以后定议，还是让他们自由发表去罢。

张锐说，学生中间有知道我在南开办事方法的，恐怕如果现在不发表意见，将来定议以后就费事反抗了。

有过留他们在校延期的计划——这是要大胆承认的。

现在看他们的理由，又从长计算，我已经想改变以先的意思，这也是事实。

有什么，就认什么，又何必用左藏右盖的妇人女子的手段！

至于外面误解一层，自然能减少最好。

* * * * * * * *

几天食寝不安，实在是自己没有一定的把握。太多想得众人的歌功颂德！

××，怕批评，怕反抗——那能成大业？

（远大之猷，一定有人批评，有人反抗！）

不说要名夺誉的话。

先自己作最谨严的研究，然后再有意见的发表。发表后，如果有人批评，有人反抗，自己没看到的，要大大方方的承认，他们有误解的，要耐烦给他们解释。

不傲，不粗心，不自信太过，不作指名的批评，不以轻视别人为自己得意的阶梯，不以巧言令色博得一时的赞同——这样作去，将来有敌的时候，真是"予岂好辩哉，予不得已也！"

（临事而惧，好谋而成。）

* * * * * * * *

默《述而》九章。

（"饭疏食饮水，曲肱而枕之，乐亦在其中矣，不义而富且贵，于我如浮云！"）

* * * * * * * *

平心看来，陈的警告，许多都是真难题，如同：

一、董事部能持久，中途不变计吗？

二、能得曹的始终同意吗？（我不赞成他十八年大计划，因为只顾财政，不顾教育性质。）

三、财政能有把握吗？

四、能得着真可佩服的学者来作教授吗？

五、在校的先生，学生，能全了解我的计划吗？

六、校外的毕业生，同社会一般好批评的人，能赞成而不发生反动吗？

（六大难关。）

* * * * * * * *

这六道难关，我岂是没有想过！不过，有时以为得着最良办法，说起大话来，就像忘了一切难题似的。

* * * * * * * *

大家都认改革清华不是容易事，谁都知道是应当一点一点的谨慎着作的，不是一时半时，一年两年，能根本改革的。然说些慎重话，不去想方法起首作将来的计划，于实事何益？于在校的清华学生何益？于赔款最有效率的用途何补？

* * * * * * * *

在我自己一方面，最难答的，是：我的学问、道德真够作这事远大的计划者吗？

自己不敢自信，自己的浅薄，不待别人指出来，自知痛恨！然而处于此地位，就当尽自己应尽的责，不敢敷衍，不敢偷安。惟有这样自励自慰罢了！

十一月廿六日，一

默《述而》八章。

不论别人如何待我，我永远存"以善养人"心！

（"发愤忘食，乐以忘忧，不知老之将至。""亡而为有，虚而为盈，约而为泰，难乎有恒矣！"）

有过自认，有义必争——效力将来必可见出。

* * * * * * * *

到清华后尝试第一次难事，要处得平坦光明！大方不乱。

十一月廿七日，二

默《述而》四章。

夜间因小孩哭，没有睡好。

今早因衣服破，怨 W. 不能理家事！

不能吃苦！——口头说着好听，到稍有不适意时候，就怨天尤人起来了！终是弱者！

（弱者！胆小无用的东西！只会说大话，取小巧！）

＊＊＊＊＊＊＊＊

昨天把新意见交给曹看。

学生一方面可以敷衍下去了，董事会和外交部一定难通过。

曹的十八年大计划还没通过，现在又出来一种新花样，他们那能懂得？

在清华恐怕不能长久！

如果不能被董、外通过，明年新生依样招入，那末，我是辞不辞？

今天先拟在校学生课程。

清华是一个难题，不是容易事。

钱又充足，我不愿意作，还有许多人渴想的了不得！

不要忘了，曹对我的信心不是很大的！早他就有意找全来作。

并且他有十八年计划的体面。如果被我改了，他不是脸上难看！

＊＊＊＊＊＊＊＊

中学课程班惟有先用去年的材料。

＊＊＊＊＊＊＊＊

在这各种忙中，每夜又睡不好！

这正是尝试你能否吃真苦！

十一月廿八日，三

现在三面受敌，是今年到清华后最难境遇。

清华学生，校长，教员，都不免误解。是我好名过胜，他们稍有误解，我就觉着不痛快，以为他们有轻看我的意思。

如果能静下气去，这是生命莫好的经验。

＊＊＊＊＊＊＊＊

小孩气！有人说好，就高起兴来，有人怀疑，就不高兴了！

＊＊＊＊＊＊＊＊

默《述而》七章。本篇完。

"君子坦荡荡，小人长戚戚！"

（李注）"坦然荡荡，心广体胖也；日长戚戚，患得患失也。"

＊＊＊＊＊＊＊＊

"丘也幸，苟有过，人必知之。"

有过，人知之，是可幸的事。怕他被人知，是小器了。

＊＊＊＊＊＊＊＊

　　"为之不厌，诲人不倦。"

　　（李注）"不厌不倦，非已圣仁者，不能如此，至诚无息也。"

　　×××× ××××
　　我天性薄，很易厌倦！工夫惟有从至诚无息作起。不怕失败，只怕不真诚。

* * * * * * * *

　　处难，然后人格感化力才可见出。然后自己的短处也特别露在外面！惟看自己操持力如何。

　　（一、坦荡坦荡。二、幸，苟有过，人必知之。三、不厌，不倦。）

　　如果小事上有把握，将来在大事上可有为。现在在小事上，已经恐慌的了不得，将来那会有作大事的机会？

十一月廿九日，四

　　默《泰伯》七章。五章记曾子的言行。

　　　"以能问于不能，以多问于寡，有若无，实若虚，犯而不校，昔者吾友尝从事于斯矣。"

　　这样真是远大的工夫！

* * * * * * * *

　　今早醒来，虑同人中有说我坏话的，在曹耳边弄是非。

　　有过自认，有义必争。别人如何，不要猜疑。

* * * * * * * *

　　曹不肯直说，然而他觉着我反的太快了！将说好高二可留校一年或二年，现在因学生的攻击，又转到使全体在大一后出洋了。这样办法，不只于不比他拟的十八年计划省钱，还要比它费钱。

　　如果我若非此不可，他惟有辞职，或我离校。

　　总要替他想，他在董事会和外交部的地位。外交部只要省钱，就算曹的好成绩。教育不教育，道德不道德，他们一概不懂！

　　我是取与曹勉强合作态度？还是取非此不可态度？

　　存心要清明——中国领袖人才的养成。

　　步骤要大方——不迫，不延，望心服，期成功。

* * * * * * * *

下午一时

　　早晨同曹谈，他能了解我的新建议。

　　如何在外交部立案是下一个难题。

他是同外交部作官样接洽的人，然而让外交部管辖教育根本是不对的。改组董事会后，无论如何，外交部不能有如现在这样大权。

曹能纳我的意见，先生学生同否相容？只要大方针可拟定，细目就可从缓改革了。

得着曹的同意后，我觉着痛快许多。心神安静多了！然而这正是不能容事的铁证！

（清华新方针的成功要十年后再看！）

稍有得意事，就喜欢起来，稍有不顺适，就愁闷起来，……小孩的度量，那能成大事？

"有终身之忧，无一朝之患"；有一生行道的长乐，无一时"不虞之誉"的小快活！

总之，要有长忧长乐，不要因小节容易动情。

（惟一可靠的工具是个人的人格力！坦荡坦荡！）

* * * * * * * *

大方针既有一时的规定，下一步要注意详细的步骤，使得改革真实的效果。

（目标：一九三三，清华大学在全国教育上的地位和新毕业生的贡献。）

上面写的大志愿，不许同别人讲，自己暗地用工夫！自问学问道德够成这样大事业的资格吗？惟有努力长进！

十一月卅日，五

默《泰伯》五章。

今天起晚，不能多作自修工夫。

"如有周公之才之美，使骄且吝，其余不足观也已！"

（李注）"骄，骄其长也；吝，吝其长不以与人也。"

今天，戒骄吝！

十二月

十二月一日，六

不只敷衍一时，作一时的乡愿。拟课程不只顾到现在学生所要求，要注意他们应当有的。

今早接续委员会会议。

十二月三日，一

昨天没读书，亦没写日记。

办理与学生接洽事，因少经验，恐引起一场风潮。昨天学生会开会不知结果如何？

在我应当依然荡荡，作十年后想。此地去留，不过所可得经验之一，藉以增长十年后作事的能力。

此地师生对待的态度不是一两天养成的，所以一两天不能消灭。

* * * * * * * *

昨天一想作戏，就忽略修养了！在纽约亦是如此，要特别小心！

十二月六日，四

三日晚车赴津，志摩同行。夜谈至二时许。

四日午饭在君家，适之自南来。同座有林长民，志摩。下午演讲《中国戏剧》，天津妇女会，美国人居多。

五日早车到京，下午研究班。

同志摩说下大话，戏剧怕逃不开！

* * * * * * * *

今天下午教职会议，课程委员会第二次报告。

容众——这是我小的限制！要大方容众。

* * * * * * * *

读《子罕》四章。

"子绝四：毋意，毋必，毋固，毋我。"

（李注）"寂然不动，感而遂通，何意？"

十二月七日，五

默《子罕》六章。

颜渊喟然叹曰……一个教员的全人都在这几句话里！

昨天在教职员会通过二次报告前半。

成功与失败还在将来!

新月夜里不睡,W.不能支持。今天可访医生,问有什么方法?家事不应不问。

给赵元任送电报。

给邱振中写信。

清理财政。

十二月九日,日

默《子罕》十章。

"吾未见好德如好色者也。"

B.前天在京,见我有愁态,戒我这句话。完全看自己的诚意如何。

"苗而不秀者有矣夫!秀而不实者有矣夫!"

(李注)"苗而不秀,中途而止也;秀而不实,垂成而废也。"

"譬如为山,未成一篑,止,吾止也;譬如平地,虽覆一篑,进,吾往也。"

(李注)"言学者垂成而废,则前功尽弃,苟能日新,则积少成多,其罪其功皆在于我,更以诿谁?"

* * * * * * * *

前星期心神不整,容易被外力动摇。

戏剧是才气的,所以容易使人自矜!

学校学生反动渐渐露出来,他们怕我专制的态度拿出来。

他们造出我是蹂躏学生自由言论的!少数要认为学生公敌了!

学生会有人弹劾《周刊》编辑,因为他把稿件送来我看。这是间接同我为难!我应如何对待?

惟有大方对待。有过自认,有义必争。

自从昨天听见以后,很觉不痛快!实在是小事!与十年后有什么关系!

他们无论如何误解,我的态度要始终如一。现在不能懂,十年后再去懂去。

* * * * * * * *

因为胆小,好虚荣,才闹出事来!

(胆小!)

师生猜疑,亦必须改革的!开诚布公,无论什么事,不要以力,要以理，——如果不能那样，计划是绝对产不出的！学校生活不应变成"政治"生活！

* * * * * * * *

在此地的成功失败，在自己的道德学问，不怨天，亦不尤人！

"反求诸己。""为仁由己。"

（只认清华新政策的成功，不管本身的利害和地盘！被几个学生给困住，还算有什么本领？）

* * * * * * * *

既必须要专心致志，恐怕不能同时照顾戏剧。要早同志摩声明。

（B.的毅力！如果失败，他如何会看得起我？）

* * * * * * * *

不要被愁事，害精神和身体。

精神，天天有修养工夫。身体，寝食，运动，不应忽略！

十二月十日，一

默完《子罕》篇。

"知者不惑，仁者不忧，勇者不惧。"

"可与共学，未可与适道；可与适道，未可与立；可与立，未可与权。"

（李注）"共学则同术，适道则履正，立则不拔，而必终之以权，然后张弛常变，无往不宜，而学全矣。"

一夜不能睡好。W.疲劳过甚，恐将不能支持。新月常夜哭。

夜里不得休息，白天精神一定容易生厌烦。能坚持宁静就好了！

自己不许生病！

* * * * * * * *

晚饭后。

下午同曹步行一点多钟。

明天董事会开会，所以谈到改良方针进行的步骤。

他还是向前进行他"十八年大计划"。他对于我所提出的，只作口头上的赞同。经济方面是他最注意的。

（曹对我所拟的，只作口头上的赞同！）

他对于招生问题，如果今年能敷衍过去，等明年再改。我坚持新生不能从中学年龄按以往的制度招生。他说，无论如何，新生是必须招的，不招中学生，大学必须招生。

他述说外交部里的学务处关某说：To have the president appointed by Presidential Mandate is to kill the Presidency & to build up a Univ. is to kill T. H. !

第一层怕大总统用私人，第二层怕改大学后，教育部要来争权！

"外交系"不愿舍开管辖权！不要作梦！在"外交系"下弄几年舒服饭吃倒可以办到，想要根本改造是万万不能的！

（清华根本改造是万万不能的！）

不要闭着眼说空话！

在此地想休息几年，以后再作道理，是可能的。内部不过尽所能为的作去。

然而作了下去，好的光阴快快飞过！再要作难事，没有那样力量了。

曹是外交部的人，他们有人想我是多少与教育部有关系的。一定有人劝曹不要太被教育界的人所支配！

他们不愿意加入改进社亦恐怕有一点这样心理在内。

＊　＊　＊　＊　＊　＊　＊　＊

外交部所怕的是学生们同他们去捣乱，敷衍一般学生是曹下手时第一段。现在他对学生还是很注意！

（外交部怕的是学生去捣乱，他们眼里没有一群教书走狗！）

给学生想最好方法让他们得利益，这是保守地位的公式！

有一个学者在此地，不过充门面。主权还是在"外交系"。

然而在各种政治势力之下，外交系较比起来还算是懂一点道理的。如果要在北京作事，宁在"外交系"之下，不在教育部之下！

＊　＊　＊　＊　＊　＊　＊　＊

我的志向：是帮助青年将来改造中国，在此地如果有机会，就在此地作，没有机会就到别处去。

与学生常有接洽，是最好改革的工夫！

（最要紧的是多与学生接洽。定出一定接洽的时间和地点。）

影响他们亦是教育切实的工作。

＊　＊　＊　＊　＊　＊　＊　＊

不想收速效，能让学生心服！

下年自己可教一班书。（？）

虽然在各种弊病之下，教育事业还有很可作的机会。

如有余力为自己求学问。

（有余力，造就学问。世界不是一天可改好的。）

　　　　　* * * * * * * *

本星期四在大会报告：

　（一）改革是一步一步慢慢作的！

　（二）最要紧的课程是师生和同学互相磋磨的共同生活。

　（三）最低两年级入校前的教育经验。这样事实是必须有的。

　（四）师生间不要有对待态度，各事开诚布公。委员会致谢各人和各级送来的意见。

　　　　　* * * * * * * *

不要忙！对同人能容众！对学生能诚意指导他们求学的正途。

（不要忙，能容众！）

　　　　　* * * * * * * *

然而小心不要被舒服生活所引诱！

坚苦卓绝的人格是痛苦艰难中产出的！

（然而不要被环境支配！）

　　　　　* * * * * * * *

现在可读书，五年后可再出洋，这是在此地最大的引诱！

绝不妄想校长作！校长是一定作无成功的。这一层要看得清清楚楚！

（校长一定不要作！）

安心本职，很有影响青年的机会。

五年后再说后话。那时小孩都稍大，动地位亦可无大防〈妨〉碍。

　　　　　* * * * * * * *

取助曹态度，以人格感动。

十二月十一日，二

患得患失，畏首畏尾，那就终身不能得安静了！

坦荡坦荡！

经验是积少成多的，缓急并用！所以处事那是容易的？

　　　　　* * * * * * * *

默《先进》十章。

十二月十二日，三

默《先进》十二章。

早起后才知道夜里大雪！

吃过早饭，出去走看雪景。

（登迎春园小丘，为小诗：

要登得高，

要望得远，

那怕寂寞，

那怕风拍？）

* * * * * * * *

昨天志摩来信，他因为母亲病又回硖石，北来至早要到半月后。

他期望我作的很多，但是我枯干迟钝的头脑那能产出鲜明华美的花果？

用笔，是我感大苦的努力！为什么这样？

想在思想界里过生活，文字是必须的工具。只于能用口不能用笔，所收效不能远，不能久！

想笔下敏利，必须多读书，多练习，并且还要名人的指教。

我对于自己的长进，比对于学校的前途，恐怕热烈的多。

昨天曹从董事会回来，说大学有希望早成。让我拟预算。

新大学不能我自己担任！劳死亦不能成功。第一步，各种计划请曹负责。我只出主意，定夺在他。

第二步，必须得着一些有学问而热心教育的教授，新空气是由他们产出的。

然而在起首前，拟定细则，试一试董事会是否有诚意。

（董事会根据于舆论，势力，或理解？它有远见吗？遇着真有事的时候，他们一定不可靠！）

曹说董事会改组不肯加入教育家，他们怕教育界把权夺了去！这清清楚楚是一些胆小人的动作！自己知道地位不牢靠，所以怕加入内行人。这样的董事会配掌学校大权吗？

（没有好的董事会，不能实行什么远大计划！）

我要在明年四月前定去留，定意前详细考虑此地有否作事的机会。如果根柢是贪权谋利，无远见的，在校无论如何出力，结果亦是没有的！

（明年四月前定去留。）

无惑乎，以往的人对于清华前途有最大的存疑！

* * * * * * * *

今天下午师大讲演。只于说些空话，将来有什么效果？想方法不要白费力。

十二月十三日，四

默完《先进》篇。

昨晚休息很好。

今天同曹先生讨论大学预算事。

气勿暴！持远大之猷在自己的胸中！

十二月十四日，五

默《颜渊》首四章。

"克己复礼。"

"出门如见大宾，使民如承大祭，己所不欲，勿施于人，在邦无怨，在家无怨。"

"仁者其言也讱。"

"君子不忧不惧……内省不疚，夫何忧何惧？"

（敬，恕。）

* * * * * * * *

昨天在大礼堂介绍蒋梦麟，言词不敬！

晚在 C.C.O.会，不给捐款委员会李大夫情面。

同余谈，露出不满意同人态度。

这总总让惭愧无法援救！

* * * * * * * *

学问，道德都太浅了！

假冒，常〈长久〉，人一定看得出！

终身大失败——是自己的失败，不能怨人！

十二月十五日，六

默《颜渊》四章。

"君子敬而无失，与人恭而有礼，四海之内皆兄弟也。"

* * * * * * * *

昨天同几个学生谈董事会事，有建议。内容分两层：

前提：

（一）十八年后清华地位如何？

（二）想常〈长〉久必须办大学。

（三）大学必不能使学生全数出洋。

办法：

（一）基金董事会，仍在外交部。

（二）清华大学董事会。

（三）选派留学生董事会。

后二者有独立政策的权。基金董事只管钱。

在座的有余，蔡，戴，陈达及六个学生。

防嫌疑不要过用力。（恐怕他们以为我太理想或为私！）

有机会同曹谈。

＊＊＊＊＊＊＊＊

余有政治性味！他的话，要小心分析！

＊＊＊＊＊＊＊＊

真成功在能诚！为中国将来的人才！

诚意为青年，不图自己的名利！

十二月十六日，日

默《颜渊》十一章。

"子张问政，子曰：居之不倦，行之以忠。"

"政者正也，子帅以正，孰敢不正？"

"子为政，焉用杀？子欲善而民善矣，君子之德风，小人之德草，草上之风必偃。"

作领袖的方法，不外乎此。

＊＊＊＊＊＊＊＊

自从与志摩谈后，对于文学兴趣复然〈燃〉。

昨日聚餐会，我没进城去。

"新月社"的戏稿当于志摩不在此地的时候，恐不能有成。

我对于"Undine"①亦有怀疑。它不是中国东西，与我们生活经验相隔太远了。一切服装要仿欧洲中世纪。费力又有什么根本的用处？

志摩是富于文辞的，他读中国书不少，性又近于字的运用。

我的大问题是干燥！字句不够用！

---

① 代指欧洲神话中的水精灵。

现在读 R. Rolland's[①] "*Tolstoy*"，T.对于平民的字句是能欣赏利用的。

又想前几年读 Synge[②] 的时候，亦曾想过现在中国文人所提倡的白话还是文人的白话，古书里的白话，不是人民间的活话。如何可以运用民间的活话？得着这个妙诀，中国真的新文学就要出现了！

文字的工具自然重要，然而文学出品的根柢还在个人经验的深切，广博。这是天生给的生活力。胆小的人，容易得满足的人，在现在大活动的世界里，是得不着地位的！

作别人不敢作的事，到别人不敢到的地方，得别人不敢得的经验！

* * * * * * * *

咳！我现在在此地苟且偷安下去了吗？

在死之前，可以做些什么动天动地的事？

清华大计划是我的特长吗？

我爱文字发表的出产，我禁不住的爱它，然而我肯为它作下十年的预备，十年世人看不见的预备！

聚餐会的诸位都有过成绩的。适之訑訑不可近的态度，特别使我生气！

我作我的工夫，一定要比这些小孩子们看得远，觉的痛深！

大话说在这里！如何去作工夫？

看得到，不敢作！胆小！弱者！

今天写信：志摩，振中，北大哲学系同学会，伯明太太。

十二月十七日，一（第九册起）

读 J. M. Murry's[③] "*The Problem of Style*" 内有些活句子：

Of more than ordinary sensibility.

Keen & precise sensuous perception.

Crystallization—

Victory over language!

默《颜渊》一章：子张问达。

---

① 罗曼·罗兰（Romain Rolland, 1866—1944），法国文学家、思想家，著有《托尔斯泰传》《贝多芬传》和《米开朗基罗传》。

② 约翰·辛格（John Millington Synge, 1871—1909），爱尔兰剧作家，爱尔兰文学复兴运动的领导人，名作有《骑马下海的人》《西方世界的花花公子》《补锅匠的婚礼》等。

③ 约翰·米德尔顿·默里（John Middleton Murry, 1889—1957），英国新闻工作者和评论家。

默李恕谷的《论语传注》《颜渊》一章。

"质直而好义，察言而观色，虑以下人，在邦必达，在家必达。"

* * * * * * * *

活语言是从生活经验得来的。

（一）必须是本国现代人用的。

（二）必须与本国以往的语言有继续的血脉。

（三）必须是个人胜过文字的痕迹。真正用个人情感力降服它，这是个人的创造。

* * * * * * * *

没有一时代的活语言，力量不能久远。

能征服文字，是思想与情感的试金石。

* * * * * * * *

作文，作字，在熟悉以往大力伟人工作之前，不要妄想创造。

十二月十八日，二

读墨利的《文格问题》①。对于文学作品的心理说的很透彻。

默《颜渊》末四章。

"先事后得……攻其恶无攻人之恶……"

"爱人……知人。"

十二月十九日，三

默《子路》九章。

"子路问政，子曰：先之，劳之。请益，曰：无倦。"

"先有司，赦小过，举贤才。"

"其身正，不令而行；其身不正，虽令不从。"

（先之，劳之，无倦！先有司，赦小过，举贤才。）

* * * * * * * *

今天研究班。

本学期还有以下几次：

十二月十九日，廿六日。

一月九日，十六日，廿三日。

共约五次。

---

① 即 J. M. Murry 的 *The Problem of Style*。

今年讲完标准，下学期再讲实用。

一年效果，不能有很多。

十二月廿日，四

默《子路》七章。

　　"子曰：苟有用我者，期月而已可也，三年而成。"

（期月，周一年之月也。）

　　"叶公问政，子曰：近者说，远者来。"

　　　　　＊＊＊＊＊＊＊＊

恭，宽，信，敏，惠，——作事的人格。

十二月廿一日，五

默一章："无欲速，无见小利。"

昨天教职员会讨论课程科目。

"科学教员暑期研究会"要我作 Director①。

"无欲速"，有为在十年后！

十二月廿二日，六

昨天读梁任公编"颜、李的讲义"，大被感动！

今早读墨利《文格中心问题》一章。

我在英文方面较比本国文读的书多。

看过不能记，所以用字的时候，求之不得了！

（弱于记忆。）

十二月廿三日，日

默《子路》末十三章。

孔子真神者！

　　"子贡问曰：乡人皆好之何如？子曰：未可也。乡人皆恶之
何如？子曰：未可也。不如乡人之善者好之，其不善者恶之。"

（朱注）"善者好之而恶者不恶，则必其有苟合之行；恶者恶之而善
者不好，则必其无可好之实。"

　　"君子泰而不骄，小人骄而不泰。"

———————————————

① 指导者。

（李注）"君子无众寡，无小大，无敢慢，何其舒泰，而安得骄。小人矜己傲物，惟恐失尊，何其骄侈，而安得泰。"

* * * * * * * *

昨天早晨痛斥新生代表以不应争利。

或用气太过，然清华向来患得患失的办事人不敢责青年以大义。

然而自己要小心。责人惟可以诚，为爱人而责人，自然无愧；稍有不诚，不能心安。

* * * * * * * *

在清华为作事，不为地位！

如果大家都愿作的事，你作有什么稀奇？安逸的环境是人格的硬敌。

* * * * * * * *

有机会想同学生讲：（一）勇敢与个人。（二）学校与社会。（三）牺牲与成功。

被现在利益捆绑住，精神必不得自由发展。

* * * * * * * *

"居处恭，执事敬，与人忠。"

"得志与民由之，不得志独行其道。"

锻炼，在我能否完全看破名利？

* * * * * * * *

如果因义离开清华，不要依靠 B.！必须自创自己一生的大业。

合作同谁都可以，依靠是自杀！

（节操，贫穷，服从，——作现代的和尚亦要这三样。四恶：傲，怠，伪，贪！）

* * * * * * * *

德学能否影响一时代？

虚心预备！

自大一定失败！

（五好：恭，宽，信，敏，惠。）

* * * * * * * *

朱敏章译的，我许他登在某种报上，过了一个月还没看！怠！

十二月廿五日，二

默《宪问》四章。

"士而怀居，不足以为士矣。"

知识人才的职务，就是能看轻利禄。

"邦有道，危言危行；邦无道，危行言孙。……有德者必有言，有言者不必有德；仁者必有勇，勇者不必有仁。"

这两章应合在一起读。

＊　＊　＊　＊　＊　＊　＊　＊

（一）作事为人看，自己无一定的主张；

（二）可懒的就想敷衍，不能坚忍；

（三）只顾自己德学的长进，存心未必完全清明。

（李注）"内有存养心性，如承宾祭之功；外有万物一体立人达人之事。"

"体立人达人之事。"注：克代怨硕不行焉。

这内外功夫，可以治我的三病。

＊　＊　＊　＊　＊　＊　＊　＊

廿三日进城，午饭高仁山[①]请，在太平湖。

下午改进社周年纪念会，不大精神。

又访刘大钧。

晚同月涵到开明看杨小楼、朱琴心的《陈圆圆》，编的演的都不好。夜宿勉仲处。

廿四日，午饭，孟和在东兴楼。谈到清华问题，和他家中母、妻不睦的情折。

饭后访通伯，西林[②]，周鲠生[③]，等住处。

《太平洋》杂志的办公室在这里。

我到通伯书房看他的书籍，英文、法文、德文的书都有。中文书里有太白、东坡等集子外，一部《文选》翻阅的很旧。

通伯，西林，亦是中文有根柢的人。旧的文学完全不通，那能希望写好白话？

然而研究旧文学，用什么方法，用多少时间？在百忙中能否抽出许

---

① 高仁山(1894—1928)，名宝寿，以字行，江苏省江阴县人。1914年南开中学毕业，后留学日本和美国，获美国哥伦比业大学硕士学位。1923年回国后任北京大学教育系教授兼副系主任、系主任，同时兼任艺文中学校长。

② 丁西林（1893—1974），原名燮林，字巽甫，江苏泰兴人。1913年南洋公学毕业后赴英国留学，1919年获伯明翰大学理学硕士学位。1919年回国后在北京大学任教，1923年发表处女作《一只马蜂》。

③ 周鲠生（1889—1971），湖南长沙人。1906年赴日本留学，后留学英法，1921年获英国爱丁堡大学及法国巴黎大学博士学位。1922年后曾任北京大学、东南大学、武汉大学等校教授。

多读书识字的工夫？

在城里买着一本梁任公的《陶渊明》，今天读它。

任公是 lyricist①，他所写的东西，无论是文，史，记游，都是他个人情感同思想的自传。

（这个解释是从读 Murry's "*The problem of Style*" 引起的。）

他口里赞扬客观的科学方法，然而实行起来，他是主观以外无材料。

情感，思想，都很灵敏，记忆又丰富，所以他一生的著作同行为，都是他浪漫的人格的反动。

能这样包括万有，实在是过渡时代莫好的代表人物。从研究梁上，可以明白近三十年来一大部分的时代心理。

他还在那里"自强不息"，情感触动时，还能下笔数十万言！亦可谓天才了！

志摩说梁是 Journalist par excellence②。（他这话是他自己不是，我不知道。）我看梁的投机方面是新闻家，他的情感实有诗人的丰富，可惜"概念力"（conception power）不甚发达。他的主意时长变更，亦是因为这个缘故。

（Murry！）

＊＊＊＊＊＊＊＊

新月还是常哭，消化还是不好。大概是食物不合。

W. 非常劳，我又懒于帮忙，如同现节的礼物拜年片等亦要她作。

我真不喜欢作这些小"够当"。

然而不要错想了，以为自己清高！懒罢了！

（懒！）

＊＊＊＊＊＊＊＊

今天应作：

（一）读朱敏章译稿。

（二）与学生彭文应③等谈话。（这件作过。）

（三）答信。写拜年片。

---

① 抒情诗人。

② 即出类拔萃的报人。

③ 彭文应（1904—1962），江西安福人。13 岁时考入清华学校，在清华求学期间，担任《清华周刊》总主编、学生评议部长。1925 年赴美国留学，获哥伦比亚大学硕士学位。1932 年回国，在上海法学院、光华大学等校任教授。

[这二件（一、三）直到今天还没作！十二月卅日。]

虽然知道应作的是这些，然而兴趣是在先读完《陶渊明》！

兴趣在先，还是责任在先？

情感富的，离开兴趣不能生活；责任心强的，不作自己认为应作的，于良心不安。

作教育事业——引导青年——兴趣要紧？还是责任要紧？

最好是使兴趣有恒，自然良心亦安，作事亦不至一时高兴，一时志衰。

无论什么事业，都应如此。

不要想作教育事业失败，可以改作文学事业，为人的道理是一样的！

（自己懒，说些空话，毫无效果！弱者多话，可怜！想到什么，立刻行出来！）

＊＊＊＊＊＊＊＊

所有认为责任的，我就不高兴去作！

这大概是小时候教育得了来的坏习惯？还是我天生是弱者？

（我是弱者！不要为自己造解释！）

能作一时不高兴作的事——这是 Puritan^①的训练。

只于作一时高兴作的事——这是小诗人的性格。

能得着永远有兴趣的一个目标，自己认为应作的，亦就是自己立刻最乐意作的，——这是很少数有成绩而长荡荡的大德大智所可能的！

＊＊＊＊＊＊＊＊

不朽！

幻梦！

将来的人，有他们的经验，有他们的感想。

谁能确定后世能了解我生命的成功和失败？

为取悦将来与为取悦现在，又有何别？

惟有一己择定生命最满足的"真"，为他去生活，这是惟一可得的快乐！（"真"字是从读《陶渊明》得来的。）

这个"真"字必须自己去选择。

注意了解现代的人，不愿现代人来了解我。

————————————

① 即清教徒。

幻梦!

醒来!

十二月廿六日，三

默《宪问》九章。

"爱之，能勿劳乎？忠焉，能勿诲乎？"

爱，是爱民。劳，是"先之，劳之"的意思。

忠，是忠于民。诲，是"诲而不倦"。

这两句与《子路问政》一章互相发明。

* * * * * * * *

"君子而不仁者有矣夫，未有小人而仁者也。"

* * * * * * * *

新月夜哭，W.一夜不能睡，易动气！

* * * * * * * *

昨晚同月涵谈，他说，在清华，学得比以先"滑"的多了！竟平亦有一样的话！

然而清华就不能处了吗？

梅说，如果曹若久在，他要他去；他同曹精神上不能同处。

十二月廿七日，四

默《宪问》若干章。

"夫子欲寡其过而未能也。"

"其言之不怍，则为之也难。"

（李注）"有为，其沉毅乎？"

* * * * * * * *

昨天有人艺剧专学生来找。我说，不能出名。

* * * * * * * *

"小不忍则乱大谋。"

"不忍于一人者小，不忍于天下者大！"

今天计划清华将来大谋的可能否。

* * * * * * * *

下午一点二十分。

早晨读《英文导报》（十二月廿二日），载上海美国大学会对于清华改组的意见。里面还 Shurman 和 Arnold 的信。

他们批评的没有什么新奇，不过他们的方法是用美国人的势力督催改组。

看完后，我有一种猜疑：怕是上海几个朋友为余日章①作预备。（？）

他们不能看分大学和选派留学。

他们在董事会里要中、美合组。

如果按照我的计划，董事会分三部。

赔款管理和选派留学，里面有一两个美国人，还没有什么害处。大学董事里一定不能要美国人。

我所主张的分部必要早宣布出去。

想要掌权的人注意，必须把意见写出来，有机会再设法找他们作个人的谈话。

（身分，学问，声望，够的时候，自然人来找你，不待你去找人。）

将来大学一定要他成为教育事业，研究学问的机关，绝不能让他变成青年会的事业。

* * * * * * * *

我如果出头，人要疑惑我为自己谋将来大学校长的地位。

然而若没有根本解决的办法，现在学校前进的计划就不能拟定。

* * * * * * * *

至于将来大学校长又是一问题。

* * * * * * * *

我自己性格，作什么事最合宜？

（教育事业是择定的！）

作文艺上的生活，还是作办事的生活？

文艺上，我有兴趣，然而根柢太浅，读过的书太少，并且记忆不强，读过的字句，不多时就要忘记。

在办事上，性情不能持久，不能耐难。

无论文艺或办事，本国的文字，本国的情形，必须有牢靠的根基。

* * * * * * * *

一时的感触，要精详的考虑一度，再定方针。

---

① 余日章（1882—1936），湖北蒲圻人，1905 年毕业于上海圣约翰书院，1910 年获美国哈佛大学教育学硕士学位。1911 年回国，任武昌文华大学附属中学校长；组织中国红十字会，任总干事。1916 年起任中华基督教青年会全国协会总干事，1923 年任中华全国基督教协进会会长。

十二月卅日，日

默《宪问》十章。

"君子耻其言之过其行。"

前两天在京同 B.，午晴，月涵谈，说了许多过于行的话。说着好听，把自己"吹"的顶神智，顶仁德！其实免不了患得患失的私心！少不了怕人夺我的地盘！"危行言孙。""多做事，少讲话。"

（多作事，少说话。）

* * * * * * * *

"仁者不忧，知者不惑，勇者不惧。"

"不怨天，不尤人，下学而上达，知我者，其天乎？"

（下学上达。）

修养能到这两层，亦就可以无为而治了！

* * * * * * * *

"子贡方人，子曰：赐也贤乎哉？夫我则不暇。"

批评人，揣测人，不如用那些时候作自己研究学问，修养道德的工夫。

（古之学者为己。）

* * * * * * * *

"不逆诈，不忆不信，抑亦先觉者，是贤乎？"

作到这步真不容易！

如何可以勉励向这个贤明的态度上走？

如果能不患得患失，自然逆忆的动机可减少许多。

（不患得失。）

如何可以不患得失？

清华的地位太舒服，所以人都渴望这个地盘。

亦许因为我渴望，所以容易逆忆别人有我同样的渴望！

然而清华真有大可为的机会吗？

按现在看，实在不像有很大机会。如果能根本改造，再得些同志的学者，将来或有可观。

如果我所分析的都不错，然而能实行出来，是在我力量的可能吗？

我性情太傲，太急！不能与人合作，不能把自己的尊严藏在后面；不能等候机会，不能作一时的容忍。

（太傲，太急！）

李恕谷说："洁士不可大用，以其如鲜花，不奈风尘也；烈士不可大用，以其如利刃，不耐拙〈挫〉折也。"

（李："小人矜己傲物，惟恐失尊！"）

只为地位设想，就没工夫作真教育的事业了！

真教育事业是什么？

为新国新族造领袖人才。

（为新国造人才！）

如何造去？

最要的是在个人的榜样！然而我自己的本领，学问，识见，为人，都够将来领袖人物的资格吗？

说到这里，唯一的办法是虚下心去，求自己人格，能力，学问的长进。

（以身作则。）

多有实在的体验——多到各处游历，多同各色人物交际，（不要太狭小，只于南开一味的人，才愿意与之为友！）不要成见结晶过早。（志摩态度很可仿。）

（广交游！）

"以文会友"。谈话，书札，聘问，都当注意。

狭小最容易枯干！

将来能贡献南开的，也是在出南开后所得的经验，所认识的朋友。

同人交友，很可以看出为人诚实否，能容否。

我所可交的是一般学者，一般留学界较深沉的分子。在与人交的时候，自己的学问，知识必须先有预备。有几个美国人，亦在可交之数。

对于传教士，亦不必守过尊严的态度。将来燕京搬过来后，必须有相当的联络。

自己真有把握，自然不怕人，不猜疑人！

＊　＊　＊　＊　＊　＊　＊　＊

不要看南开当作奶妈，外面遇见困难风波，就想跑回奶妈怀中哭一场！

（不依靠南开！）

自己有自己创出的新路！——这实在是造"大南开"惟一的法门！南开的人（？）是，然而要作南开以往的人没有作过的事，这是帮助南开切实的发展。

如果稍有拙〈挫〉折，就回南开请教成法，看见大波涛在前面，就想舍去职守，回到老家里去躲避，那算有什么本领？回到南开，谁还尊敬你？B.看你不过是一个落伍者！

＊＊＊＊＊＊＊＊

无论清华作事的机会如何，十年内一定不回南开！回去，为南开，为自己，都不是妙策！

（不应轻易舍开清华！）

如果清华无作事的机会，在师大及改进社方面想方法。

自己所专门预备的是教育，生活还是在这里讨。

（教育上的生活！）

文学是梦！自己毫无把握。拿它消遣，交游罢了！

在教育上作工夫，国文工具是必用的！快快起首深造！

（国文工具。）

＊＊＊＊＊＊＊＊

直隶教育厅张仲苏①来信，回津时，有话谈。

明天到天津，住两夜，一月二日回来。

＊＊＊＊＊＊＊＊

廿七日下午到京，同 B.，午晴住在北京旅馆两夜，作长谈。

＊＊＊＊＊＊＊＊

晚七钟：在明天下午去天津之前应作的事。

（一）写拜年片。

（二）读朱敏章译稿。

（三）见曹，与谈答上海美国大学会及暑期科学研究会事。Gee②通知开会。

（四）与彭文应谈。

（五）答步济士③信。（青年会讲演。）

---

① 张仲苏（1879—？），又名谨，河北清苑人。早年就读于京师大学堂，1905 年赴德国留学，1912 年回国，任教育部佥事，1913—1922 年任京师学务局局长，1922—1925 年任河北教育厅厅长，1927 年 8 月—1929 年 3 月任同济大学校长，1931—1932 年任河北大学校长。

② 祁天锡（Nathaniel Gist Gee, 1876—1937），美国生物学家。时任美国洛克菲勒基金会（罗氏基金会）中华医学董事会（China Medical Board of the Rockefeller Foundation）医预科教育顾问，中国科学社外籍社员。

③ 步济士（John Stewart Burgess, 1883—1949），亦译为步济时，美国人。获普林斯顿大学哲学学士学位、哥伦比亚大学社会学硕士学位。1919 年任教于燕京大学宗教学院，1922 年创办社会学系，1926 年回美国。

在津应作事。

（一）到马宅。

（二）与教育厅接洽。

（三）买药。

（四）到各友家，按时间。

其实是为玩，为休息！

十二月卅一日，一

默完《宪问》。

"修己以敬，……修己以安人，……修己以安百姓。"

* * * * * * * *

"兵"失慎。

* * * * * * * *

有过不能改，知道又有什么用处？

"不贰过！"自治，克己的工夫。

自己知道应作的事很多，然而力量不能作去！

不要求什么理由，惟一方法是起首去作。

（不要赖前由，起首往前作。）

* * * * * * * *

新年所求的，是这样的勇敢！

一九二四年

一月

一月一日，二，南开（第十册起）

昨天到此。

读往年日记。得以下几条：

（一）家里小孩每次病，立刻影响作事的勇敢和头绪。

（二）日记上写了许多应作的事，都没作到。

（三）南开完全没有我作事的机会。

（四）猜疑人过多。

（五）北京各校不如清华有机会作事。

（六）在高而舒服的地位，一定有人忌妒。要能容众，尽心本分，不自夸，少言，果行。

（七）到清华第一年，少建议，详审考虑，多造就自己的品行，学问。这是人格感化的莫好途径。

（八）母亲的遗训。

一月二日，三

昨晚南开女中演《车夫的婚姻》。

早车回校。

＊＊＊＊＊＊＊＊

今年三戒：

（一）无欲速。

（二）为新国造人才。

（三）国文大耻。

写了必作。

＊＊＊＊＊＊＊＊

（定）为新月找奶妈。

一月三日，四

早八点起。练习身体，步行三十分钟。

九点早饭。饭后读《论语》，写日记。

****

在静观台，看圆明园遗迹，远望燕大新楼，有感。

圆明园是外国人毁的。

在它近处现有清华和燕京。

这两校都因外国人的势力建起来的。

旧的毁了，新的建起来，

然而以往的主人是谁？

将来的主人又是谁？

****

"言忠信，行笃敬。"（《卫灵公》）

（李注）"忠言本于心也。信，言有其物也。笃，敦厚。敬，戒谨。"

****

如能写出必作，一天一句足用！

一月四日，五

八点十分起。步行。九点十分早饭。

****

"躬自厚而薄责于人，则远怨矣。"

****

自己是为教育来清华，后再责别人。诚！

一月五日，六

夜同新月睡。十至十二睡觉。

清早步行至静观台。红日将出！

****

"巧言乱德，小不忍则乱大谋。"

（李注）"大谋将以建天下万世之利也，乃有一丝之昵以牵之，一朝之忿以泄之，则乱大谋矣。"

****

夜间想到清华大学筹备会组织大纲。

昨天同曹已谈到，然而未及细目。

大纲写出交曹。

****

如何用观察作戏剧品格的资料？

　　　　　　＊＊＊＊＊＊＊＊

幻想！

筹备会二月组成，半年大学计划拟定。

今秋同学生赴美，再渡欧，由苏俄、西比利亚回。

约定新教员，调查大学课程及生活。

能实现吗？

是利己的手段吗？

一月六日，日

新月不应抱她，哭是因为要人抱。

　　　　　　＊＊＊＊＊＊＊＊

　　"知及之，仁不能守之，虽得之，必失之；

　　　知及之，仁能守之，不庄以莅之，则民不敬；

　　　知及之，仁能守之，庄以莅之，动之不以礼，未善也。"

这是为民领袖的妙诀。

诚心努力做工夫，为青年学生，不为本身的地位——这是我现在应注意的仁！

　　　　　　＊＊＊＊＊＊＊＊

昨天在聚餐会，适之到。长谈。

他们几位都是有过文学作品的人。

文字的生活——适之每年平均写二十五万字！

　　　　　　＊＊＊＊＊＊＊＊

读前一周日记。

　　　　　　＊＊＊＊＊＊＊＊

日记上写过自戒的话，不要见第二次。

一月七日，一

昨天新月不抱她还是哭。今天去找奶妈。（这是前五天定，现在还没有做！）

　（未曾找。）

从昨天再读《品格的决断》。

第三章讲"恒"，特别对症！

一月八日，二

读《品格的决断》第四章，讲勇。

＊＊＊＊＊＊＊＊

每早九点到办公室。

一月九日，三

读第四章后半，论"独纯的欲望"。

想雄视一时——又不能坚忍辛苦。

相得达意的永生——又不肯作系统的工具预备。

相得十年的安静修养——又不愿享清华的安逸。

有单纯的大谋者不是这样。

（单纯的欲望。雄视一时。达意的永生工具，十年修养基础。）

＊＊＊＊＊＊＊＊

我的野心还是为自己的长进。

作中学课程研究，为的是博士学位和欧洲旅行。

任清华事，为的是美满的环境，安逸的修学。

想造就青年，为的是同外国人争地位，还为是自己的得好名。

能让我用尽力量的是争胜。

这样野心是人类前进的动机，不应自己毁骂自己。

最大恶敌是懒惰的习惯。

傲，伪，贪，是方法问题；如果他们阻碍前进，自然也应当征服他们。

＊＊＊＊＊＊＊＊

想到就作！

＊＊＊＊＊＊＊＊

中学课程班，下学期改到每星期六上午十至十二。

＊＊＊＊＊＊＊＊

北京近处大学有：北大，师大，燕大，这三处是较好的。

中国的学者有几个够教授？

将来大学毕业生可以作那类的事？

清华大学在这个环境里，应注意那种工作？

清华可以给多数各省的免费额，看好安静的环境（与燕大同），有准款。

应有远大的计划，不与别大学同趋势。

一月十二日，六

前天高内阁①倒了。

顾去后，清华董事会改组又要停顿。

他的改组主张仍有两个美国人。

将来孙阁内，外交非颜即顾。

董事还有改的机会。

如何改法，可以拟出建议以备采纳。

颜长外交，不知曹可为次长否？

（野心造出的幻想。第一戒。）

＊＊＊＊＊＊＊＊

午饭约国文教员谈明年课目事。

讨论时，"姜"字我一时写不出，"壤"写为"壞"！

可耻！

"别字"未必是国文不通的证据，然而一定有人诽笑。

不管他们诽笑！自己国文不够用，这是我知道的，别人看出，我亦不要假充深博！这样想，大方求长进，现在的大耻惟有忍受！

一月十三日，日

早起七点半在静观台看日出。

今天约麻伦同游圆明园。

读前两星期日记。

一月十六日，三

早八点——静观台。读《品格的决断》第三章。

扇起野心的文章。

＊＊＊＊＊＊＊＊

清华的将来与燕京——以逸待劳，要早有预备。

＊＊＊＊＊＊＊＊

中学课程班下学期还是不改时间。（已经宣布的如此。）

一月十七日，四

今天教职员会议，下年课程已拟好。

＊＊＊＊＊＊＊＊

---

① 高凌霨（1868—1940），天津人，1923年10月至1924年1月曾代理北洋政府国务总理。

新月奶妈昨天确定。两个星期方结束！

一月十九日，六

早同曹谈约一小时。答上海美国大学会。

又谈董事会改组法。

董事职务界限分清。

大学董事之产出。人：颜，范，周，胡，严，张（伯），张（福），曹，都可。

曹说颜对胡有疑点。胡与吴佩孚通信，常有主张，吴以告颜。而颜有自己的主张，也与吴很交好，所以对胡有猜疑的地方。

曹又说颜对 B.无异议。

又说颜所以想用余日章，因为余有名望，作过几年清华校长，可以出来任教育总长。

曹自说，如果我在清华作五年校长，也可出头作教育总长。

这是他的希望之一。（作官！不问自己的资格和预备。）

曹近来很听我的建议。如果肯作事，惟可同他合作。一切计划我供给，让他去接洽。

他想作教育总长，也一定想作公使。

我的志愿是为新国造人才，为十年后的预备。

（还是为自己多些罢！）

现在我只要有机会作事，有人听我的计划，我就可以安心作我十年后的预备。

预备中：

一、国文的工具——最要的。

二、多交际。

三、多游历。

一月廿日，日

昨天起首读 G. Moore，"*Confessions of A Young Man*" [①]，今天读完。

很有胆量的一个少年。

---

① 乔治·摩尔（George Moore，1852—1933），爱尔兰小说家、诗人、戏剧家和批评家，《一个青年的自白》为其代表作之一。

一八八六年写的，现在读着还不使人生厌。

穆尔三十以后才沉下气去作成功的工作。然而不能用他来解忧！

离找着我自己还有几万里路！

将来我可以有著作吗？不像可能！

然而作敷衍的行政又不耐烦，——不能安心如郭，B.那样经营。

经营？艺术？

"一所自己分裂的房屋不能站立。"

别字！国文不通的太可怜了！

* * * * * * * *

读前一星期日记。

一月廿一日，一

早登静观。

清华大学的特别功用：预备留学的目标如果能改为学问的研究，清华应注意那样功作，采取那种组织？

研究院？

可同国内各大学合作。定好问题研究，然后约请国内最博深学者，来此作一年至三年或多的研究。

特别指导自然可约各国的学者，为一定的问题作研究。

这样作法可以与已有的各大学合作。中国的学者很有限，争起来，各处都不能有好成效。

不过已有根基的大学未必愿意加入。

那些问题是急待研究的？

研究后又有什么用处？

* * * * * * * *

教会大学的势力一天一天的长大！

虽然中国人不甚愿意同他们合作，可是他们有钱有人，不管中国人的态度，他们只是按计划的发展。

这些机关是将来帮助英美开辟中国莫好的工具。中国天产就眼看着到外国人手里去了！

讲些空的文化有什么用处？中国有数的几个明白人还在那里作梦！

清华在教会大学澎涨的潮流里要守那种的方针？

* * * * * * * *

不要想的过远过大了！

不要忘自己的学问能力都太有限！

一月廿二日，二

昨天因为：（一）李、陈教书不热心，（二）谭唐星期三不进城，不能随他的车回来，（三）《周刊》要我写东西，（四）董凤鸣要一年后的学分，（五）猜疑曹把我改好的答上海的文，又或者删改些处，因为这些同别的小事我生起烦来。

曹是外行，不时常注意他，就作轨外的事。

夜里睡的不好。

然而今早一个乐字涌到我的心上来。

人生要荡荡！

又想到无欲速。

新月吃人奶，还时常哭。

环境无论如何，不改其乐。

艺术的我容易喜，容易愁；

经营的我应当常乐。

一月廿四日，四

昨晚薄雪，邱振中从中州大学来，谈一晚。

* * * * * * * *

暑期科学教员研究会，我作主任，不要钱。

* * * * * * * *

曹答，已在《导报》和《华北明星》登出。

我不要自以为得意。

将来完全无把握，难题都在将来！

* * * * * * * *

单纯的目标：读 D. C. 第四章。

一月廿五日，五

夜间想事，二至六不能睡。

办公室——朱替钟，月薪加廿。

得教员——电赵。四月初赴美定一九二五教员。五月在美，六月在英，七月在欧，八月在俄，由西比利亚返。九月初到校。

此时去较下年去方便，学校事可早预备。

* * * * * * * *

野心过烈，将来失败时特别难过。

不要忘，在董事会产出前，清华如同在走沙上建设。小心！

* * * * * * * *

本领有限，不够作大事用的。这是实情！

一月廿六日，六

朱替钟事昨天办好。也加薪。

敏捷。小有不欢喜的，不能全都照顾。

* * * * * * * *

赴美聘教员事，要从缓。

果然为学校的发展，做了无怨言。

现在最要的是新大学董事的产出。

二月

二月四日，一

旧历除夕。

早同 W.动怒。

她不安心照管家事，不愿做耐烦的琐事。

我虽然喜爱小孩，好家庭的安逸，如果 W.实不能同处，也应早作准备。

受过新教育的女人，都想有个人的作业，立自己的功，成自己的名，绝不安心给男子做料理家事不知名的小够当。

对于小孩和家事不愿负责。

既然如此，我不应勉强。

我自己要有独立的力量，如果愿意合作，我们合作，如果不然，无论有多大的痛苦，还是不勉强的好。

* * * * * * * *

女人不顾舆论，太顾舆论的都胆小，不能有大成功。

事物都有真——真是当寻的，当为的。

不要怕世人的论调。

* * * * * * * *

彻底的主张——这是我一生演进的趋向。

年小的时候胆小，不敢按自己的见解去作，不敢独立，所以受许多人的侮辱。

一点一点的学得少许独立的力量，然而言行，信仰，决断，都还非常幼稚，必须经过波折，锻炼，庶几在四十后可以有为。

* * * * * * * *

不和睦，使我不安逸，这是给我锻炼的机会。

二月九日，六

假期内读《红楼梦》。（看了约二分之一）

文词，结构，人情——真是天才的做品。

又重读胡适之作的考证，也是很有把握的文章。

返想自己空活了三十二年，毫没有造成可以永生的基础；"青年一时就飞过，到年老时不过仍是一个自恃小聪明，好充假外面，办理小事务的人！"

（真的自觉！）
＊＊＊＊＊＊＊＊
新月还常哭，使 W.烦恼，以致无精神治理家事。

奶不合适，不知换奶妈能否生效。
＊＊＊＊＊＊＊＊
明天在协和医学讲《中国人心理的变迁》（用英文）。

题目又大又空，说些无用的闲话罢了！敷衍一些美国人。

多作这一类的事，于自己真实的学问有害无益。

二月十一日，一

夜里大雪。

昨天在协和现丑！没预备，到台上才想定要说的话，泛滥无秩序。说完觉得满无趣味。

后悔了一天一夜。

是要得一般美国人的欢心吗？

去听的人很多，所以觉着辜负了机会，不能让他们见到我的真本领。是吗？

这是不小心的罪，没想到有这许多人去听。

怕他们有因为这一次失败，就看不起我。
＊＊＊＊＊＊＊＊
到清华半年来第二次放肆说错了话。（头一次是介绍梦麟。）
＊＊＊＊＊＊＊＊
答应，心就是不正！要敷衍外国人，说话时又要敷衍，所以完全失真了。

如果不专心为讨人好，自己也一定心安些。

二月十二日，二

下午曹派人来问我有病没有，到天津去了吗。

明明是问我为什么这几天没到办公室。

我对于职务的支配稍有己意，他就要问。这是第三次了。

或者我也有露出不佩服他定的规矩的地方。

我怕是我自己不免有过于自大的时候。

我脾气上有这样毛病。
＊＊＊＊＊＊＊＊

听曹说董事部改组不过只于加入毕业生一人及教育家一人，其余仍旧。

这是外交部敷衍！

不能希望根本改组。外交部绝不能舍离这个权利。

曹发表的主张完全无效，Peck 特别不赞成。恐怕因为这个以后我的主张也不能为现时董事们所采纳。他们自然可以知道曹的意思是我的。

董事部不能根本改组，将来是无大希望的。

＊＊＊＊＊＊＊＊

曹说近来教职员中有批评行政的，曹叫我小心一点，待教员不可太苛求。王文显觉着我轻看了他，恐从中作祟。

实在叫我猜疑曹对我没有十分的信用。

＊＊＊＊＊＊＊＊

这样的董事会之下，不能有作为的，发表以后，不应承认，应当有表示的文字。

预备辞职。

＊＊＊＊＊＊＊＊

如果外部勉强今年招中学生，也定要辞职。

＊＊＊＊＊＊＊＊

为理应当如此行。

去后，自己要到什么地方作事？

什么地方我可以有长进的机会，可以作八年后的预备？

南开我一时不可回去。

师大有他们不能前进的难关，并且阴谋也是大有其人。

改进社的事在人为，然而影响不会远大。

还要问自己的性格。国文不通，不能任大事，交际窄狭，不能得一般人的同情，并且脾气骄懒！又无一特长的学问！

（国文不通，冷，狭，骄，懒，无一特长的学问。）

只有小小的灵滑，那能成什么大业？

前途可叹！

＊＊＊＊＊＊＊＊

自己的主张也没有发表过，未曾为它出过力，自己不算有主张的人。

所以没有发表过，是因为国文不通，又懒！

现在就是定意辞去，也必须作末次的奋斗。

自己笔力不能用，借助朱也不是上策，因为朱还要为他自己的地位留余步。

材料是有，必须为真理作战，不然无声无色的去了，于事又有何益？

万不能再懒了！再懒自己就没有体面了！

*　*　*　*　*　*　*　*

王祖廉来作英文书记替何，何作办公室秘书。这是有一点暗示何辞职的意思。

徐不知在这里有什么作为？

*　*　*　*　*　*　*　*

曹像似渐渐把行政的人都换自己的，手腕是很灵活了。瑞、王不知如何处置？

*　*　*　*　*　*　*　*

曹谏〈荐〉某为农科教员，一定有门径来的。我坚持不用，不知他想什么方法。

*　*　*　*　*　*　*　*

想利用曹恐怕不是好方法，早自醒罢！自己实是为人利用了。

还是造就自己的真本领要紧。

文笔快利是大势必须的工具。

有意不能达，如同没有意思一样。

曹还能把他用英文写的翻到中文，我不过是一个假外面，文字上的真本领还不如曹呢。

假下去就坏了！快想法子改悔。

贪高位，责任必重，必不能有自己求学的时光。如果真有大谋，要寻小事作，用上八年的苦工夫！作小事，不说大话。

（寻小事作。用真功夫。）

不要被舒服环境给害了。

学士的力量就在笔上。品格固然是根柢，而文笔是必要的工具。

年岁已经三十多，不知还能作文字上的基本工夫不能。

作去必难；难后必成！

*　*　*　*　*　*　*　*

按这样的计划，最好还是教书，不作行政事。八年不作行政事。

（八年不作行政上的事！）

如果教书，教什么？

教英文，同时可以研究国文。

在什么地方？

在南开？每星期到北京来三天，教些功课，同时也多认识些人。

（因怕才想去后的计划！）

* * * * * * * *

在定去之前，还要用全副精神作真理的奋斗。

二月十三日，三

默《论语传注》。（从今日再起。）

"敬其事而后其食。"

"道不同不相为谋。"

"词达而已矣。"

* * * * * * * *

下午同王造时①谈约两小时。

他做了一篇对于董事会改组的文章，有二三万字，层次非常清楚，较比起来，我的脑筋倒像过热而糊涂了。

能有这样达意的工具真是作事的利器。

谈话时我露出火热来，发表我不愿与现在的董事部合作。如果不根本改组，我在暑假辞职。

* * * * * * * *

曹用人不当。今早同何谈，也很不满意。

本来门外汉，一定不能作到满人意处。

对王没有调察就招了来，将来恐有后祸。

王是鲍谏〈荐〉的，更可疑。

* * * * * * * *

徐"扶正"斋务主任，加薪四十。

（外行用人失当处：王，徐。）

* * * * * * * *

现在曹是代理，将来如果改为正式校长，不能与他合作。他的资格——学问，处事——不够，不能把大学作到好处。

董事会改组后，就是校长问题。

完全外行是不成功的。

---

① 王造时（1903—1971），江西吉安人。1917 年就读于清华学校，后入清华大学，1925 年 8 月毕业，其间曾任该校学生会评议会主席。

还是预备辞职是上策。

不能贪着曹走后作校长。这是无聊的，也不是好方法。

还是自己去研究学问要紧。

论学问，名望，品格，度量，我也不够大学校长。

＊＊＊＊＊＊＊＊

王既已定，来校后我要大量对他。

他如果有政治上的野心，同人中容易看透。他如果安分作事，唯有以大义来感动他。

（大义动人，不计小节。）

将来在大团体里做事，一定有多人自己不赞成的。唯有不顾个人的意见，只要在大体上合作，就算好了，太苛求的必至于量小。不能容人。

二月十四日，四

读《论语》。

"生而知之者上也，学而知之者次也，困而学之又其次也，困而不学民斯为下矣。"《季氏》篇。

生而知之，是天才丰俊的人；学而知之，是好学不厌，自知用功的人；困而学之，是事到临头才知道学问的要紧，然后用力求学，可以解困。困而不学，是自己知道没有真学问的苦处，然而不去用全力全魂昼夜求长进，这才真是自认下流的人。

（还到孔，可以得精神上的修养，学德上的长进。）

天才，我是谈不到的。

自知求学，不待困迫，也不是我所能的。

如果能作到既困而即刻知求长进，按计划用苦工夫。那也可算是差强了！

（困而学之。）

＊＊＊＊＊＊＊＊

"躬自厚而薄责于人"，少骂人，多求自己学德的长进。

（自反！）

曹虽然不够，然而我就够吗？

外交部有私心，然而我就毫无私心吗？

鲍贪财小巧，然而我就不贪财不务小名吗？

在中国的美国传教士鬼祟用事，然而我的手段就配得起光明正大吗？

一般同事没有真学问。然而我是已有学问的吗？

二月十六日，六

"见善如不及，见不善如探汤，吾见其人矣，吾闻其语矣；隐居以求其志，行义以达其道，吾闻其语矣，未见其人也。"

* * * * * * * *

不要利用学生。如果太依靠他们，将来要弄出不可驾御的时局来。

二月十七日，日

读本册日记。自一月一日。

勉仲自京来，谈师大事。我许帮师大作组织大纲的计划。

又谈清华事。月涵说，开学后再看曹的态度如何。谈时，我太性急了，骂人动气！不可放肆。

曹与鲍接近。——或是曹想用鲍同学会一方的势力。

近来清华毕业生因为华会事，与我感情不好。我来时，鲍已对曹说过坏话。

将来外交系，和近来回国清华学生的党系，都难与之合作。

* * * * * * * *

昨天，西山饭店，聚餐会。

大谈戏剧。

我说着好听，然而真本领有多少？

* * * * * * * *

适之作《词选》，我说要同他学作词，他说，读他的《词选》，熟读二三百篇，自然会做了。是非背诵不可的。

* * * * * * * *

明天第二学期开始。

二月十八日，一

六言六弊。"好仁不好学，其蔽也愚；好知不好学，其蔽也荡；好信不好学，其蔽也贼；好直不好学，其蔽也绞；好勇不好学，其蔽也乱；好刚不好学，其蔽也狂。"

二月十九日，二

昨天 W.同仆人动怒，女仆不愿再作工，男仆也辞，至月满为止。

家庭不安，很分精神。

W.不要我干涉她用人权，又不明用人的方法。

让她得些经验也好，就是将来到难处，他〈她〉要恼到我身上来。

自己家庭不能组织完善，那能出而组织大团体？

惟有不动小气，作那百年大计去。有特别现象时惟有忍受。

二月廿日

进城。访适之，范，谈清华事。

二月廿二日，五

昨天吴女仆去。

范先生来校演说，对于清华学生生活太舒服一点诚意戒勉。

第一学期开学时，我也说过这样话，现在听人讲，我觉着我也被舒服的环境同化了。

（生于忧患，死于安乐。）

* * * * * * * *

一般市井气的留学生在校作教职员，校风如何能好？然而有什么方法对待他们？

如何提倡学者的态度？

校长是最要的。市井气在上，必有市井气在下。

我可作的，唯有自己取学者态度，不用手段而以大义无私动人。

（大义无私。）

每早静思的功夫不可间断。

* * * * * * * *

本星期六可以不到天津去。

应当做自己读书的工夫。

预备在师大本学期的讲演。

* * * * * * * *

原想四月起身赴美，现在恐怕难做到。校事很复杂，我走开恐怕于学校不利。并且我要出洋的目标是什么？

请教员？或可。

调查外国大学组织法？应先从本国大学及需要入手（范先生也如此想）。本国的历史，地理（实际的）没有根柢，那能真得到大学在本国的使命。

并且一处只住两三星期也不能得着许多观察。

在清华大局未定之前，还是不去的好。

＊＊＊＊＊＊＊＊

暑假科学研究会事让我生烦！

然而责任在身上，应如何进行？

不去管他，失败是一定的！

能否得科学社的合作？也许无须，并时太迟了。

同月涵负责计划。

（未能作到，可惜！）

二月二十三日，六

"色厉而内荏，譬诸小人，其犹穿窬之盗也与？"

"鄙夫可与事君也与哉？其未得之也，患得之。既得之，患失之。苟患失之，无所不至矣。"

（色厉内荏。患得患失。）

我的内心是懒！所以假。

我在清华免不掉贪位的暗念！

对于朋友也是懒贪。志摩信没答。（用两小时给他写去了。）

二月廿五日，一

读上星期日记。

前两天在家看《红楼》。应作的琐事没作。

自己的兴趣是否就是应作的？

到办公室要忙公事。

二月廿六日，二

平坦无私，自然可以不同一般人动气。

新清华毕业生——我看轻他们，他们对我也一定不满意。

我想的几个清华大学筹备顾问，他们必有说我私的，只同南开和北大接近。

他们有野心来占据清华地盘，我是他们的眼中疔，将来于我办事上一定有碍。

王已在校，又有蔡、庄，陈，——北京有鲍也很想到清华来。

近来徐有意同王联合。

他们因为我同余、朱、梅、杨常接近，一定说我是南开系。曹在上次职员会议时同我说："你们南开！"

* * * * * * * * *

学生不可靠，不要以为他们听话，将来可以为什么力。

我不小心的时候，少不了露出南开系的态度。

一有党系的争，将来于事不能前进，还要弄出许多猜疑意见来。

（党系的争。）

* * * * * * * * *

我也免不了有党见，想联合北大、南开，来同"鄞"战。我早看到清华这块肥肉，大家都要抢的。毕业生，特别是近两三年回国的，合力来要占地盘。

曹是没主意的人，性情到同一般谋利的人相近。这一般也特别同他亲近。

* * * * * * * * *

我所以来的成功，是因校内几个旧人的力谏。

新的一定说我偏于旧人。

* * * * * * * * *

我是来占地位，还是来作事？

B.也少不了地位的念头。他有一次说："慢慢的将来校长是你的。"

一般对我不满意的也是这样怕。

我若是退出，B.或有看不起我的地方。（管他看得起！）（我真想做行政的事吗？）

此地住处实在是很大的引诱。

一想保守地位，时时防敌，生命也就真无味了。

（贪位！患失！）

近来大小孩又病，我不知如何是好。

心神不定，必不能有好成绩。

愁了无用。慢慢的自有方法。

* * * * * * * * *

下午

同曹大谈清华精神上最大的污点。

就是钱多，贪钱。

这样的精神，在教职员、学生里都不免。这是环境太好的过处。

他说，这个话如果他口说出，一定有人以为他借题发挥，指斥他们。

我说，我现在打下去，到不能打的时候，我就退出。

他说，不要忙，还有可为的机会。

我又对于近来回来的清华学生痛说一场，暗指鲍等，我想曹一定懂的我的意思。

曹露出很愿意听话的样子。大概对于鲍等也是一样的态度。

* * * * * * * *

外交部不像很容易准学校的办法——中学不招生，一年做大学预备。

* * * * * * * *

昨夜没睡好，今天很疲倦。

二月廿八日，四

昨天因病师大请假。

　　子夏曰："日知其所亡，月无忘其所能，可谓好学也已矣。"

　　"小人之过也必文"

　　"君子信而后劳其民，未信则以为厉己也；信而后谏，取信
于人，未信则以为谤己也。"

（李注）"信，为己之德见信于君民也。"

* * * * * * * *

还是走大路，不要想小径。无欲速，无见小利。坦荡荡，然后不忧、不惧、不惑。

二月廿九日，五

　　子贡曰："夫子之得邦家者，所谓立之斯立，道之斯行，绥
之斯来，动之斯和，其生也荣，其死也哀。如之何其可及也。"

（李注）"言夫子为政，所过者化，所存者神，上下与天地同流。"

（第十一册起）

日知月无忘录：

二月的自觉："青年一时就飞过，到年老时，不过仍是一个自恃小聪
明，好充假外面，办理小事务的人！"

* * * * * * * *

国文不通，交际窄狭，脾气骄懒，无一特长。

三月

三月一日，六

默完李注《论语》。

　　"君子惠而不费，劳而不怨，欲而不贪，泰而不骄，威而不猛。"

三月三日，一

起首点李《论语传注问》。

＊　＊　＊　＊　＊　＊　＊　＊

一日进城，B.，华，孟，伉在京。二日回。

与华谈清华事，他说："如有前进的可能，不要辞，慢行不算坏。并且你若不管，清华将来谁还去管。"

前星五，我当于评判学生辨论的时候，也觉悟，在清华最要的还是一般青年，不去好好指导，将来为国家前途的害。

教育是影响个人。

（影响个人。）

如果在清华，可以作这样工夫，应当作这样工夫。就往下作去。

不要只注意计划，而忘却在校许多青年的个人。

这样工夫，（一）自己的德学，（二）与个人接近。

＊　＊　＊　＊　＊　＊　＊　＊

本星五或到天津去。

三月四日，二

读李《注问》。

B.说，在南开近来鼓励诸事公开，只要大家能守三条原则：不偏，不私，不假。

我今年三戒是：无欲速，新人才，国文耻。

三月五日，一

读《注问》。

颜、李不以读书为学，现在中国教育也应注意读书以外的真学问。

现在新派，如适之的，还不外乎读书写文。

将来在清华要提倡"研究"。研究重事实，重条理，重耐难。书当作以往经验的记载看，一定有他相当的价值。将来研究的结果还要用文字记载保存。在研究院里，所研究的是事实，所成就的还是一些新出的书。

如果不以读书写书为学，求学应走什么途径？

所谓经世的，是于现代人民可以有些好处。

然而目的是造就一般社会组织上实用的人才吗？

颜的六艺兵农水火，有的是为发达全人的，有的为社会造就实用人才的。

对于全人的训练，是否在中等教育时期作？

实用人才在大学时期作？

将来有了研究院，怕又有人以为惟有能研究的是真学者。

然而在各种实用艺术上，都可以有研究的问题。

＊　＊　＊　＊　＊　＊　＊　＊

今天下午到师大。预备很费时间，七十多青年期望得到一点有用的知识，然而我可以给他们什么影响？

时间不够，不能有很多的成效。

每次我只能预备不到两小时，材料要枯干了。

＊　＊　＊　＊　＊　＊　＊　＊

各方面用分散的精神，将来怕不能在那一方面上作出不朽的成功。

青年一时就飞过……！

三月六日，四

早起迟，觉心神不静。一天言行上注意。

"不忧，不惧，不惑。"

"敬事而信，节用而爱人，使民以时。"

＊　＊　＊　＊　＊　＊　＊　＊

夜车赴津。

同 T.说城里有事——谎话！

在教职会露出不服 T.的意见，回想非常惭愧！

果然，一天两件错事！

三月八日，六

同济之①看电影 *Robin Hood*②，大受感动，真是廿世纪的艺术。

见着在君同夫人，电影完，一同吃茶。

在君问师大如何？

他说："静生能说大话，过了难关，就怕让步。"

（师大将来不固。）

他说这是多次观察所得。

* * * * * * * *

如何养勇？

（养勇。）

读《孟子》（回清华后）。

* * * * * * * *

在南开旧室。

看这里我的书，一无特长。

（一无特长。）

教育的书稍多，然而我的欲望过空高，不以一门为满足。

三月九日，日

回京车中。

今早同 B. 谈十五分钟。

他的勇，真可佩服。看得到，就做得到！

力气、灵活、大方——我不如 B.。

他身体比我雄健，胆量我远不如他。

他够一时代的人物。

* * * * * * * *

昨天同在君谈。他虽然很忙，而在学问上仍常有出品，也是气力很足的人。

* * * * * * * *

自从第二学期，我对 T. 态度不如以前大方有远见。无论如何，也不应当有用计的念头。

---

① 李济（1896—1979），字济之，湖北钟祥人。1918 年毕业于清华学校，后赴美国留学，1923 年获哈佛大学人类学博士学位，同年回国，曾任教于南开大学和清华大学。

② 译为"罗宾汉"。

以愚以诚是为长久！

（以诚以愚。）

我有我的职务，欲而不贪。

* * * * * * * *

待下以诚以愚，绝不因为"患失"，是因"小不忍则乱大谋"，大谋是教育人才，教育是影响个人。

（不患失。大谋是影响清华学子。惟有从自己的德学作起。）

* * * * * * * *

大方，容众，不刻薄。

认别人的动机都是良善的，然后才可以同人合作。

* * * * * * * *

待下要拥护。

忠而谏，谏不听，然后退。

不作背后的批评！"己所不欲，勿施于人。"

（为事而谏，则可；绝不可作背后的批评。）

* * * * * * * *

读上星期日记，所得：

（一）教育是影响个人。

（二）注意养勇。

（三）不作背后批评。

三月十日，一

读《孟子·不动心》章。

"我四十不动心。"四十前作基本的知言养气工夫。

"勿助长"是无欲速的意思，时候到了，工夫足了，自然可以达到不动心的程度。

"自反而缩，虽千万人吾往矣。""行有不慊于心，则馁矣。"

先正己而后能无惧。

"持其志勿暴其气。"

"其为气也至大至刚，以直养而无害，则塞于天地之间。"

这都是孟子用工夫的方法。

* * * * * * * *

每早必九点至办公室。

三月十一日，二

诵读《不动心》章三十分钟。

"其为气也至大至刚，以直养而无害，则塞于天地之间；其为气也，配义与道，无是馁也。是集义所生者，非义袭而取之也，行有不慊于心，则馁矣。"

三月十二日，三

诵读《不动心》章。

今天进城。

前天同知行约定今早十点在改进社见面。

说的时候没有注意今天功课的预备。

所要谈的不过是知行到河南去，请他宣传暑期研究会的事。还要预备我南游行程。

十点时给知行电话，今早不能进城。如果下午四点十五分有暇，到社谈话。他约我在他家午饭。

早晨好好预备下午的讲演。

* * * * * * * *

清早起来后，出去走一周，如此已三天了，造成习惯。

诵读《孟子》也每早做。

三月十三日，四

"仁者如射。射者正己而后发，发而不中，不怨胜己者，反求诸己而已。"

早起稍晚，走路和诵读不能全在早饭前做。

第四日已出例外！

与人接洽不用多说话。

三月十四日，五

清晨登静观（台名）。

远望散百愁。

* * * * * * * *

这个离群的修养是必须的。

今早在台上背诵《不动心》章，非常欣快！

* * * * * * * *

昨天书桌移到西室。

＊＊＊＊＊＊＊＊

夜间睡不能定神，不应怨小孩闹。或是白天运动不足。

＊＊＊＊＊＊＊＊

"学不厌，教不倦。"对学生不要生烦。

"君子所遇者化，所存者神。"辩驳不能生好效，不应有辩的必须。
"自反而缩。"

三月十五日，六

"以力假仁者霸，霸必有大国；以德行仁者王，王不待大。
汤以七十里，文王以百里。

"以力服人者，非心服也，力不赡也；以德服人者，中心悦
而诚服也。如七十子之服孔子也。《诗》云：'自西自东，自南
自北，无思不服。'此之谓也。"

＊＊＊＊＊＊＊＊

今天进城，聚餐会在北海。

志摩回北来，孟和将南下。

对于新月社要出些力，怕是没有时光。"真本领，可笑可怜！"

＊＊＊＊＊＊＊＊

读 G. S. Hall[①]的自传，真是作学问的人！

惟有缓缓前进，不能一时造不朽！

三月十六日，日

"孟子曰：仁则荣，不仁则辱。今恶辱而居不仁，是犹恶湿
而居下也。如恶之，莫如贵德而尊士。贤者在位，能者在职，
国家闲暇。及是时明其政刑，虽大国必畏之矣。《诗》云：'迨
天之未阴雨，彻彼桑土，绸缪牖户，今此下民，或敢侮予。'孔
子曰：'为此诗者，其知道乎？能治其国家，谁敢侮之？'"

"今国家闲暇，及是般乐怠教，是自求祸也；祸福无不自己
求之者。《诗》云：'永言配命，自求多福。'《太甲》曰：'天作
孽，犹可违；自作孽，不可活。'此之谓也。"

＊＊＊＊＊＊＊＊

---

① 霍尔（G. Stanley Hall，1844—1924），美国心理学家，美国心理学会的创立者，美国发展心
理学的创始人，教育心理学的先驱。曾任美国科学院院士，美国心理学会主席。

在清华正是"闲暇","及是时"应当"明"我个人的"政刑"——自治、求学的工夫——不应"般乐怠傲"——不专，想立刻出峰〈风〉头，懒下苦工夫，无故看不起人！

* * * * * * * *

昨天北海聚餐到的人廿一个，很畅。

提起下一次到清华，我一点不热心的样子！

自问是怕请客吗？因为什么冷淡起来？

我一时说，怕是天气不够暖，花树还不能生芽。又向志摩说，恐怕离春假近，有人不在京。

是怕请客吗？不至于那样丢脸！（自己许违人的。）

过三个星期，天气一定正好。一定请大家来。以后出请客单。

并且能有一点特别的采色，更妙！演一两幕剧，或预备一两篇短文读一读。

（老实说，我文学上的本领，真不配与人交的。连寻常文字都写不通，还谈什么文学？）

既是要作就要作得特别有趣。

我可以四月五日后再到南方去。或者可以与志摩同行（他去迎接太戈尔去）。

这样的愉快，不算纵欲的"般乐"！

* * * * * * * *

然两三个星期，可以作一点什么？

志摩如必须早走，就要减许多兴趣。

* * * * * * * *

我的决断从来是很迟钝的。

以上所拟的，还要往细处想，然后发表。

* * * * * * * *

今天下午青年会演讲后，找志摩去吗？

* * * * * * * *

读前星期日记，自觉：

（一）在校应与同人及学生多有自然的接近。

（二）交友应改我冷苛窄狭的病。

（我的冷、苛的性情，是不能多友的主因。孤单刻薄。）

三月十七日，一

　　"孟子曰：子路人告之以有过则喜，禹闻善言则拜，大舜有大焉，善与人同，舍己从人，乐取于人以为善，自耕稼陶渔以至于帝，无非取于人者；取诸人以为善，是与人为善者也，故君子莫大乎与人为善。"

　　　　　　　　　* * * * * * * *

　　醒后想起行有不慊于心的几件事：

　　（一）顾问内加 B.，未免犯嫌疑。这是大失计！

　　（二）电辞 Bader，手段太厉害，太不给人留余地，将来美教员中定有反动。（这也是不小心！）

　　（三）不能决定请聚餐会到清华，人要想我吝啬（本性私冷）。

　　（四）昨天讲演出口伤人（好用"狗"字骂上海化），将来怕有人提出辩驳（只顾说着痛快，忘了别人的人格和自尊）。

　　（五）对待学生，有时生烦，他们或以为我过专制。

　　　　　　　　　* * * * * * * *

　　如何刚刻上加宽厚？

　　给人留余地。"欲速""助长"然后就不耐烦，手段也刻薄起来。

　　　　　　　　　* * * * * * * *

　　从此不再说，My God！My God！Why hast thou forsaken I me. 替它，要说"自反而缩，虽千万人吾往矣！"

三月十八日，二

　　早起迟，没出去走。

　　教员中必有想用手段的，最好都以君子待他们。自己存养在清华作事的真目的。

　　不猜疑别人，先修正自己。

　　　　　　　　　* * * * * * * *

　　下午六点

　　王造时来说，学生中有误解，怕将来大学办成与他们出洋有关。

　　因为我有一次在中三报告下年功课时，又讲到他们如果不能在清华久住，未必是很大的不幸。所以一般新生又怕起来。

　　学生稍有反动，我就想离开清华。

　　有点像似清华非我办不成功的样子！可笑！

实在是怕离开这样舒服地盘的忧虑。

因为患失，所以怕极了反动的发生。稍一发生，自己就要预备后退的步骤。

又贪位，又不肯合流敷衍，所以心中常不安！

住房、园野、树木、空气、饮水、纸笔、薪俸——中国那有第二处？

何必太同学生为难？对待教员又何苦过于苛求？

大家一同享福利，谁不快乐？

因过于热心，而失去地位，又有谁知你的情？

这是清华心理，渐渐我也被清华化了！

* * * * * * * *

自己的真永生也不去管他了！

自己吃苦的人生观也化为无有了！

* * * * * * * *

我的真本领到底在那里？如果没有真学问，真组织才，将来不得已，惟有敷衍！

王文显的前车可怕！梅、杨、虞、余也没有大发展的可能。

我只有小聪明，所以大处见不到。见得到，也没有坚强的把握！稍有困难，就怕起来！

清华大学是一定要作成功的。无论有天大的阻碍也不怕他的。一时作不成，缓缓去作。将来一定有实现的那一天。

我自己毫没有真本领。用"取于人以为善"的方法，我可以造成一个时代的产物。

必要多下苦功夫，"舍己从人"，作一个主张的忠仆。也就是作中国的公仆。

智、仁、勇，三方面我都不够资格，所以必不可急。

"小不忍则乱大谋。"

下一学年能不生风波，最妙！

多与学生先生接近。

就已有的，建筑起来。

各个人都有希望变好，"有教无类"。

对于一概先生、学生，我应改变态度看他们。给他们一种作好的鼓励，不要让他们一见我，就生一种我有什么计划要害他们的念头！

（改变态度。）

这是我态度上的大病。

人批评我冷傲，也就在这一点！

* * * * * * * *

无论如何，必须洗净一切患失的心，如果在此地勉强作下去，一定是因为有大谋，完全不是为享一个舒服的地盘！

（在清华必须有大谋，所以可以忍一时的小节。）

这是必须得清楚的！"自反而缩，虽千万人吾往矣！"

* * * * * * * *

与朋友交，必须心地清白，不利用！诚心谋互助的机会，作互相的鼓励。虚假，早晚要被人看破的。到那时候真真无趣！

交友一道我是完全没有好成绩。

明早进城访胡。不要猜疑，要懂，要鼓励。

三月十九日，三

"孟子曰：天时不如地利，地利不如人和。三里之城，七里之郭，环而攻之而不胜。夫环而攻之，必有得天时者矣，然而不胜者，是天时不如地利也。城非不高也，池非不深也，兵革非不坚利也，米粟非不多也，委而去之，是地利不如人和也。故曰，域民不以封疆之界，固国不以山溪之险，威天下不以兵革之利。得道者多助，失道者寡助。寡助之至，亲戚畔之；多助之至，天下顺之。以天下之所顺攻亲戚之所畔，故君子有不战，战必胜矣。"

* * * * * * * *

早登静西台，第一次，山野袭人！习默不舍。

* * * * * * * *

昨天听欣海说，济之已定暑后就北大。

欣海对于南开的空气很看不起，所以竭力谏〈荐〉楼光来①到清华。

如果济之离南开，南开又少一员健将。

南开大学的将来也是真有危险！

商科或有发展的机会，文科特别难。

---

① 楼光来（1895—1960），字昌泰，号石庵，浙江嵊县人。1918 年毕业于清华学校，1921 年获美国哈佛大学文学硕士学位。曾任南开大学、东南大学、金陵大学、清华大学等校教授，国立中央大学文学院院长，浙江省政府委员。

* * * * * * * *

王造时来，谈一点多钟。

先说学生怕不出洋事。

我宣布，我在清华完全不是贪位。这是第一层。

因为大谋，所以小处要忍。小忍是第二层。

大谋上的趋向是第三层。

全校师生都应共勉有这样精神。

以后说到为人的道理，在现今时代应用功在人格上，组织是无效的。

学生有不信我的，因为他们看过我"用计"。

以诚以愚，是服人以德的法门。

* * * * * * * *

晚

下午同王造时，及章裕昌①谈话。

小心学生中间政治的动作。

王说是来谈人生观，而不像很专诚。

怕学生中间有政党性质的举动。

教员中也不免。

这种暗潮，大概无论何团体里都有，不算清华特别的污点。

我一定不同那一党派接近。

同是也要小心不被那一派利用。所以要得各方面的实况，多同各方面谈话。多打听内幕。

三月廿三日，日

读前七日日记。

（一）交友戒冷，傲，利用。

（二）大谋以清华作主体。

（三）已宣布在清华完全不为贪位。

* * * * * * * *

今早志摩等来排演"Chitra"。

我的真本领可笑可怜！所以不应引起别人过高的希望。大家一同试做，结果完全没有把握。

---

① 章裕昌（1902—1976），又名章友江，江西南昌人。1915年入清华学校，1925年赴美国留学。1927年加入美国共产党，后赴莫斯科。回国后成为民主人士。

＊＊＊＊＊＊＊＊

先后有志摩、欣海、通伯、西林。

定欣海扮"Arjuna"，只怕他不肯听指挥。

英语不是我们的自然语，结果必不能到入神处，所以不能希望过高。

排戏用很多时间，不肯用工夫，一定没有好结果。

下星三在城内第一次排演。

＊＊＊＊＊＊＊＊

这不过是一时的游艺。

真本领不在这一点小尝试上。

将来在戏剧上的贡献，必须先把自己达意的工具练习应用，然后可期成功。

字记得的太少！语气不灵活！

徐、陈、丁，笔下达意都很方便。非下苦功夫不可！然而不是一两年可望生效的。

三月廿四日，一

诵读《公孙丑》上《管仲晏子》章。

在清华应办的事必须耐烦去做。演戏夺去我的经〈精〉神。

不被琐事困住。

三月廿五日，二

诵《不动心》章。

生正长良……落笔而来的几个字。我也不懂什么意思！

　　"至大至刚，以直养而不害，则塞于天地之间。"

三月廿六日，三

诵《不动心》五遍。

　　"持其志无暴其气。"

今天进城排戏。

自己真本领很有限！最要：别引人有过高的希望。

惟真诚惟可有成。

记住本星期三戒。

晚六点

下午与高三学生谈话。

对于明年招新生办法有怀疑的。

"清华精神"是在校连住六七年又有留美机会的环境所产出的。他们怕这样的精神因为新生的加入渐渐不能保存。

潘光迥①提出将来新旧生不免有冲突，这实在是很大的问题，计划时必须注意。

新生入学后，学生生活里必须造出一种新空气。

＊＊＊＊＊＊＊＊

因为新生的精神要与旧生不同，所以将来同学会对于新大学计划上怕发生阻碍。

＊＊＊＊＊＊＊＊

从这两次同高三学生谈话看，必须多得机会与学生接近。

＊＊＊＊＊＊＊＊

在校学生有以为我对于旧清华精神批评过多，并且不能与他们表同情。

这是当小心的！

三月廿九日，六

明后南开与清华辩悟〈论〉，清华胜。

＊＊＊＊＊＊＊＊

志摩昨晚电话，今天不能来。

我不免疑欣海对我有批评。

过后想来，我应当大方。别人有看轻我的，我惟有不理会他们。我自知真本领很有限，那应期望别人的崇拜？

欣海听过我的讲演，又听我寻常说的英语，都没有什么特色，又因为他介绍楼光来，我没有用，……有这种种理由，是很不佩服我的。

所以我对于他有猜疑。

＊＊＊＊＊＊＊＊

因时间不足，我对于 Chitra 也没有使人佩服的贡献，T.M.一定说过很多我的好话，他们希望既高，所以真情露出后，要特别的看不起我。

＊＊＊＊＊＊＊＊

因为地点关系，不能多练习，成功很难！

---

① 潘光迥（1904—1997），上海宝山人，潘光旦胞弟。时为清华学校学生，任该校戏剧社社长。1929 年获美国纽约州立大学商学博士学位，曾任职于商务印书馆、华美协进社、交通部等。创立了香港第一个眼库，并任香港眼库董事局主席、眼库会会长，后任香港中文大学教授等。

现在想辞去，也有一点对不过朋友。

这种难题如何解决？

＊＊＊＊＊＊＊＊

我在清华对于师生接洽上，也有许多应作没作到的。

曹对我以外人看待。

中外先生都以为我破坏他们的饭碗。

学生以为我是"清华精神"的批评者（将来或变为敌人）。

自己的前途茫茫！

自己特别的学问又毫无把握！

＊＊＊＊＊＊＊＊

家中又过疏忽，不尽应尽之责！

有时与 W.动气！

＊＊＊＊＊＊＊＊

校事、家事、朋友间！唉！失败在目前！

自私，自怜，不能正直宽厚。一方面谦和，一方面坚强。

本来是谋私利计小名的小人，那能做出大方君子的举动！

自觉无味，时时想取巧，时时想利用，时时怕失地盘，见了有名有势的人，不免想借他们的光辉，与他们联络！可耻之徒！

＊＊＊＊＊＊＊＊

我自重的个人是什么样？

家事应当如何？校事如何？朋友间如何？自己的为人如何？

＊＊＊＊＊＊＊＊

今天进城去吗？

三月卅日，日

读前七日日记。

（一）怕学生的反动，不能自信自己的使命。

（二）本来是谋私利，计小名的小人！没有自重的人格。

今天有六七人从城里来排戏。

只能拓二、三、四、五四节，再多就无趣了。定意不改！

不是以演剧为职业的，不能期望他们用全份的力量排演。

并且人也很复杂，有的对于剧本不大满意，还有的对于我个人完全不佩服。

四月

完全的教员个人作根基。学生由教员自己选定。每人担任约二十学生。每星期有两次 Seminar①。再有一科或两科普通性质的讲演。

学生可以同一位教员上 Sem.，以外还可以听别位教员的普通讲演。
****
一九二五开始可以有：

赵元任，李济之，胡适之，秉志？

徐志摩，梁任公，颜任光。

外国人：L. Dickinson， Boaz， Jesperson？ MicRelson or Milligan？
****
曹怕用钱过多，然而能在别处省。
****
前几天读：MacGowan & Jones②，"Continental Stagecroft".（Harcourt，Brace）

现在又借得：

Tagore，"*Creative Unity*".（Mom）

Rolland，"*Michael Angelo*".（Heinemann）
****
今早读太戈儿的《一个东方的大学》。

他注意在全印度的文化，同时也同亚洲各文化及欧洲文化有相当的联络。

他也要重个人的，不只读从西方借来的书及一切机械教育的观念。
****
今天下午适之来讲《中国高等教育的历史》。

要详细分析他讲的材料，看有什么地方可以帮助新大学的计划。
****
对于个人的长进：我在中国文化方面知道的太有限了！

文，思想，史，社会，人生，艺术——我是野人！

到四十岁要作一个受过中国普通教育的人。

读书，为文，——还要与文化的活泉接近，就是一个时代创造的天

---

① 专题讨论会，研讨。

② 分别为 Kenneth MacGowan 和 Robert Edmond Jones。

才。交友大道——因此不得不读书，为文。读书，为文，是因人的激刺才有动力。

大学也就是一般创造人的聚焦点。

四月四日，五

明天《晨报》聚餐会的广告没登出来。

我请客是作地主的意思。客人来就来，不来也无妨。

＊＊＊＊＊＊＊＊

演戏，如果大家不肯用功夫，或是时间真不够用，或是对我无信心，于我也毫无关系。

我有我自己的使命，我有自己的工作。

＊＊＊＊＊＊＊＊

昨天适之讲书院制度。

有一处，是吴稚晖读书的地方，在院长室内有八字的格言："实事求是，莫作调人。"

这就是科学的求真理不调和的精神。

＊＊＊＊＊＊＊＊

我疑大家有看轻我的，是因为我没有过文学的出品。只听说几个朋友讲我有可取的地方，然而没有见过我的出产，终久是使人怀疑的。

然而自问，我自己的园地，究竟是在那一方面？

记忆薄弱到极点——这是在文学和学问上，我的不能修补的缺点！

（自知然后能知人。）

然而我觉着对于创造的眼力还有一点点。

有时可以想出片段的新奇计划。然而不能圆满，不能久远！

往前进行的野心倒有时很热烈，病又是不能守一个择定的道途，走到无兴味处又要换一条路！

＊＊＊＊＊＊＊＊

现在的目标是清华大学的试验。

究竟大学教育在现在的中国要取如何态度？什么方法？

这个问题是在美研究中学课程问题的继续。

在这个上一定要有主张，可用文字发表的主张。

这就是为文的动力，逃不出的逼迫。

中国高等教育的研究，请适之指导，读中国书。

欧洲，特别英国大学，也是应当去的。

请 D.作顾问是最好的了。

本国的国性不能了解，不配谈高等教育！

作大学的计划，按学问说，我真不够，不过用我临时的一点小聪明。

春假中，到南方参观，访人。十一日起身，廿一日回来，去十天。

又遇着太戈儿来，可以参观上海心理。

* * * * * * * * *

作临时应作而有兴趣的事，只要用全副精力去作，自己自然会进步。

* * * * * * * * *

昨日同适之吃午饭时，我说了许多过头的话。曹叫我要小心！说出不过一时痛快。真把握还是没有。越没有把握的人，有时越会说过头话！

四月五日，六

昨晚正在闲暇无事，忽然有一封信来。

信文如下。

　　"本校不日改办大学，其教务长一席非中西兼优如胡适之先生者必不胜其任。

　　阁下何不即刻荐贤自代而退居西文教员之席，此可以全始全终也。

　　先生不知以谓然否？"

清华一份子手函

　　"此虽一人之言，然可是代表全体人之信仰，不可不深思也。"

* * * * * * * * *

（这是很好的建议，又何必用匿名信？怕得罪我，或伤我的自重，所以特别体恤我——这也是或者有之的。无论如何我都以大方态度对待。）

信纸是黄色的，我想惟有教职员用。

"第五次"——是在昨天下午四点七点之间放在信箱的。

信里口气像是一个国文教员写的。如果是学生，他们不用"阁下"的字。如果是英文教员，——他们还没有机会注意我中学的不优。

写信的人还以为学可分中西，不是一个很通的人。

大概作这类事的人，一定多在同人中有怨言。就许连他写匿名信的事也同别人说过。

因淘汰教员，得罪了许多人，他们不在明处反对，也要在暗地里常批评。

（如果辞退，倒许是给我最好的自己作学问根基的机会。）

****

昨天在职员会议，我建议王祖廉①名称为"校长室秘书"，他一定想我小看他。这是不小心作仇的机会，我不会滑头，以直得罪了人。

然而王不至于主动写以上这样的信。他要反对，大概要从较大处入手。

（自己作学问，就在清华任一个教员，或是在别处。）

****

我应当守那样态度？

一、我承认我中国旧学的根柢是很浅的。这是我的"大耻"。然而行教务主任职权，是要各样学问都好的人吗？胡先生的文学、哲学固然是中西都通，然而他的科学、算学、人种学，一样都"优"吗？一个教务主任在计划时期所应作的是大体上的准备，虽然不能样样都通，而对于各种学科都有同情的了解。

（什么是学问？所有从疑问、研究得来的，都是学问，不过材料和方法有不同。）

二、这封信可以放在一边，先不管他。如果能证明那一个人写的，可以请他来，作个人的谈话。将来如果反动加多，我惟有声明我的主张，然后辞职。

三、在执行以外，我特长的学问是什么？

是教育学吗？然而我有过什么研究？什么著作？是文学吗？成绩更可怜了！中英文都不高明。在这以外更没有一点预备。

就教育论，所包含的东西很多，从那方面起首可以有一点创造的贡献？是在实行上吗？

（计划上的创造，是行政人可以运用的。）

学问一道，我性还近于文科，然而专门是在那一学科？普通英文书稍读过些本，然中国书读过太少了！法文、德文，都不能读！

（如果文科，国文达意工具必须够应用。）

既没有的确的学问，自知也不配作大学教务主任。适之是我很佩服

---

① 王祖廉（1895—？），别号酌清，江苏丹徒人。从清华学校毕业后赴美国留学，1922年获美国芝加哥大学博士学位。1924—1925年任清华学校校长处总务书记，1926年辞职。

的，如果他能来，我一定"荐贤自代"。

四月六日，日（第十二册起）

读前七日日记。

"清华一份子"来信所说的正是我批评自己的话。"本国的国性不能了解，不配谈高等教育。"

既然不配谈，一定不配作大学教务主任。

又批评我自己道："我在中国文化方面，知道的太有限了，——文，思想，史，社会人生，艺术，——我是野人！"

因为写信人是知我的，我再抄一过他的信。

"本校不日改办大学，其教务长一席非中西兼优如胡适之先生者必不胜其任。阁下何不即刻荐贤自代而退居西文教员之席，此可以全始全终也。先生不知以谓然否？"

清华一份子手函

"此虽一人之言，然可是代表全体人之信仰，不可不深思也。"

这封信虽在意思和辞句上都有不通的地方，然而是以代表一般人对于我国文上没信仰。

如果我大更换国文教员，有人必要问我有什么国文上的资格可以评判他们。

所以教员的去留，在教员中请几位作顾问，也是办法之一。

＊＊＊＊＊＊＊＊

我特长的学问是什么？

我记忆的薄弱是无疑的。

没有用苦功夫的习惯。依仗小聪明！

适之劝学生，想读中国书，惟有从择定问题入手。不然中国书如山如海，找不着头绪。

多读书必须多买书。外国书放在天津也无妨。此地多买中国书。在外国也是因为买书而多识些著者的名。

如果南行，在杭州可以买些书回来。

诗、词、曲、剧、子、史，都是我要看的。

把自己的书房先充满了前人的好著作，然后自己的达意、胆量和敏捷也定被渐染。（不读中国书，如何能为中国文？）

（多买中国书。多读中国书。）

工夫是苦工夫、慢工夫！不是几天可以见效的。

* * * * * * * *

明天计划南行。

四月七日，一

春假第一日。

"今国家闲暇，及是时，般乐怠傲，是自求祸也。"

"能治其国家，谁敢侮之？"

南行可以作到吗？

校内待理的事很多：

（一）教员的支配。

（二）教科书。

（三）大学筹备顾问的第一次会。

（四）与师生接洽。

* * * * * * * *

如果南行，目的是什么？

（一）访秉志、孟宪承，及为科学研究会请特别演讲员。

（二）找国文教员。

（三）观察太谷儿到上海的情况，我同游西湖。

* * * * * * * *

校事正在忙的时候，至多能走开十天。

在走之前，必须办完教科书和教员支配两件事。

顾问应当早有聚会，不然他们以为我们看轻他们。应在春假内送出请帖，在我从南方回来后作第一次会。或者我不与会，是防嫌的一个办法。

春假内应理清以上三件。若在今明两天能办妥当，那么十日或十一日可南下。若不能办清就不能去。

* * * * * * * *

假使能去，也要在走之前计划好在南方可以作那几样事。千万不要作成为自己取乐的一个机会。

* * * * * * * *

十一，起身。

十二，三，四，南京。

十五，六，七，上海。

十八，九，杭州。

廿日，北上。

廿一，到校。

这样匆忙，怕不能办什么事。结果不过欢迎太谷儿而已！那就不如借放假的工夫，自己读书。

* * * * * * * *

非去不可，有什么理由？

定教员。恐怕再迟，更不容易找了。

* * * * * * * *

这个理由倒是很正大的，不过去了必须有成绩。所以去之前必须有预备。

明年及以后的计划也当早定。

曹愿意我辞去改进社的事。要同 B.谈。

我真能胜任大学教务主任吗？将来大学要用主任制吗？我有什么学问可以使人心服？

四月八日，二

春假内不能南行。

春假后，若为请教员，急去急来，不过用一星期。

同 W.到天津或北京游玩一次。

校事可以等假后再办。

四月九日，三

今天进城，早排戏，下午请 Coldwell 在师大讲演。

我觉着演 Chitra 用西洋布景及服装，不如痛痛快快用中国已有的艺术。台上可以没有布景，切末可以用为默缀。

我对于旧戏所知的很少。……

刚给志摩电话，他怕大家难了解这样的建议。

他今天南下迎太谷尔去。

如果能演成，大概还是用西洋的方法。

会场，协和医学；日期，四月底。太谷尔初到京后。

初次试验，不能期望过高。只有能读得有曲折，就算是成绩。

服装免不了写实，布景可有一点象征。

我能使大家拼命的干吗？

四月十日，四

清华一份子的信我应当每天答复他。

然而中国书这样多，必须有过几年的苦功夫庶几可以见效。不是几天被激刺而后努力所能期成的。

在清华的速久，于我国文上的进步，不应发生如何影响。作一个中国人，特别是想作一个在思想上有为的中国人，本国以往思想的痕迹是必须熟习的。

昨天买着《马寅初演讲集》，在经济学上，他算是找着他用力的方向。

适之是已成名的，更不能同他比。

志摩在诗文上用力，对于文字的运用，也渐渐找出他的特长。

清华有作事的机会，也是应当有为的时候。我所感的困难，在我个人怠傲无恒的性情外，就是国文不能应用，没有著述函柬的方便工具。

（怠傲无恒。）

个人的怠傲无恒，勉强修补，或可即时（？）见效（？）。惟有文字上的进步是消费时日的。

如果在清华失败，是因为作人上的错误，那是很应重重地自责的。若因为国文不够用，自责后悔都不应该，并且也没有用，只可当于作别的事的时候，继续研究中国文化和中国事。

＊　＊　＊　＊　＊　＊　＊　＊

春假已经过去一半。时日空空渡过！南方不能去。开学后，教员支配，大学筹备，师生接洽等，使我不能懒，从春梦中把我唤醒！

师大讲演，太谷儿的来，戏的排演，——这都是清华以外必须作的事。

在这许多奔忙中，若想静心作学问的研究，结果怕是只有一念而不可实行！

＊　＊　＊　＊　＊　＊　＊　＊

然而也不可因一时的琐事，就忘了久违的大谋。外面事愈少任愈妙，同时自己用苦功夫的程序也要定好。

小册子可分三类：

（一）日记——这就是我每天记为人接物的；

（二）读书笔记——读书有得，就随手记录；

（三）字辞集——收集生疏的字辞。

四月十一日，五

昨天下午同 W.步游圆明园西洋式楼房残迹。

有大圆石柱，用大理石雕刻的，高二丈余，还没被人移去。

一个老头儿在那院里耕地，他今年七十五，十一岁的时候，园子被烧，彼时他是那院里的扫地夫。

我问他："为什么这一棵大石柱还没有人拿去？"

他说："太重了，他们搬不动。"

分量重，使人搬不动，是那大石柱所以未曾被辱的理由。小件轻巧的东西，毁的毁，被偷的被偷，现在只剩下这一棵石质坚硬，体大身沉，雕刻完美的柱子。楼房一烧就倒了，然而这棵柱子仍存，彼时还有别的柱子，和它一样完美，一样的坚重，不幸被他们所支持和所倚靠的墙壁、屋顶一齐折断焚碎。这棵幸而免的柱子也不可自傲，他自己质料的坚重固然是可以自恃的，然而现在所以能保存独立，未被动摇，也有出于计算外的侥幸和时运。

* * * * * * * *

昨晚 T.找我有事谈。

《申报》近来有三篇评清华的文章。

T.怕有作用，把清华离开外交部。部里怕的也是改办大学后，教育部来争管理财政权。

（基金和预算应当公开。）

T.又谈到教员支配事。有几位在教书外还帮行政方面事，当于定去留的时候，也要稍注意这一层，不至于让他们抱怨学校。

他觉着我在定夺教员后，到南方去，较妥当。

他有一点以为，我应当多有时间在校才好。所以建议从下年起不继续改进社的事。

（在办公时间，只作学校事。）

* * * * * * * *

今年改进社年会到现在还没有人要我讲演。南京一般人对于我的工作很是怀疑态度。

而我也实无甚成绩可以贡献给人。

下年以后的计划，现在应当定夺了。

春假内能决定才好。

　　　　* * * * * * * *

每天写日记、笔记，要用三小时。时间真不够用！

四月十二日，六

昨天下午六点起到今早八点，读完 R. Rolland's "*Michael Angelo*"①，共用约五小时。安②真天才！不是人力可以产出的。

用尽全身全心的精力，作他不得已不作的工作。

自认小有才的人，用尽他们的力量，不在不得已不作的工作上，而在张大他们可憎的小人格！

见难生烦，不能有恒，无论自负如何，一定不能大有为的！

作一个时代人物，——必须体验深广，胆大尝试，多认识活生命，多研究旧记载，——不然小小的蚯蚓，那敢望雄飞天下！

还有十天，我在世已过卅二年了！

实在成绩，一毫也没有！文字工具不备，体验范围狭窄。对于活生命，胆量小，不敢尝试；对于旧记载，功夫浅，不能耐烦。改造清华，是很好作事的机会，然而不敢自信有相当的资格和能力。想作文章，然而工具不利，不能达欲达的意。

空空发愁，又加上对于家人的责任！

我对于造物，对于人类，没有可怨的。

只于恨自己不能打出一条痛快的大道，往有为的方向上进攻。

中国文字是必须的，这是一个清楚的小道。

先走这一小段，以后或者可以望见较宽广的大路。

天资本来笨，记忆真不强，如果稍有成，惟靠苦工夫！

　　　　* * * * * * * *

一切日常应用的文字都不通，函柬自己不能写，计划不能自己拟！

　　　　* * * * * * * *

今天太谷尔到上海。

---

① 法国作家罗曼·罗兰所著《米开朗基罗传》。
② 即米开朗基罗。

四月十三日，日

不要被仆人所挟。

＊＊＊＊＊＊＊＊

读前七日日记。

（一）多买中国书。

（二）校事不应忽略（多给时间）。

（三）体验深广，胆大尝试。

＊＊＊＊＊＊＊＊

再抄一遍清华一份子的信。

"本校不日改办大学，其教务长一席非中西兼优如胡适之先生者必不胜其任。阁下何不即刻荐贤自代而退居西文教员之席，此可以全始全终也。先生不知以谓然否？"

清华一份子手函

"此虽一人之言，然可是代表全体人之信仰，不可不深思也。"（四月四日）

（思想文章的发表，足以领袖一校，这是中西兼优的标准。）

＊＊＊＊＊＊＊＊

昨天随着 M. A. 的兴趣，又读 Polite 论 M. A. 的诗和蒋百里的《文艺复兴史》①论伊大利②的二章。

＊＊＊＊＊＊＊＊

今天同 W. 进城。

四月十四日，一

春假匆匆的过去了，今天又开学办公。

读《孟子·滕文公》二节。

"彼丈夫也，吾丈夫也，吾何畏彼哉？"

"舜何人也，予何人也，有为者亦若是。"

"是诚在我。"

＊＊＊＊＊＊＊＊

各方面所欠的债：

（一）教科书。

（二）教员支配。

---

① 全称《欧洲文艺复兴史》。

② 现通译为"意大利"。

（三）　顾问开会。

（四）　课程委员会的讨论。

（五）　年级教员会。

（六）　学生茶会。

（七）　在家里请教职员吃饭或吃茶（预备地方）。

（八）　暑期研究会各种通信和预备。

（九）　在师大的讲演。

（十）　演戏的种种。

（十一）　招呼适之。

（十二）　烦 Coldwell 带回纽约的礼物。C.托我买乐器。

* * * * * * * *

办公时办公。九至十二，一半至四。

四月十五日，二

《滕文公》上。

　　"阳虎曰，为富不仁矣，为仁不富矣。"

　　"分人以财谓之惠，教人以善谓之忠，为天下得人者谓之仁。

是故以天下与人易，为天下得人难。"

* * * * * * * *

昨夜睡不着，虑改进社事未曾尽心。

现在社里的经济很不足，而我每月还受他们百元津贴，同是得师大教员的待遇。

并且研究班毫无成绩！空用穷人的钱，而不为人作事，真是于心何忍！

以先到欧洲去，也是想利用社里的帮助！

在欧参观所得很有限，并且回来后，连一个报告都没有，这样如何对得起全社社员。

不只此也！社费的几块钱，我也没有出过！

陶、陈都期望我到清华后，清华可以入社，为机关社员，每年社费二千，这也没有办成功。陈或以为我太不热心。

今年每星三进城，除师大讲演外，社里一次也没去过。这样每月空拿一百块钱，一点责任也没担任，何异于官差？何异于偷盗？

这样的行为，我不能佩服自己，那能使别人佩服？

在清华已经薪俸比别处优，就是行为端正谨慎，也免不掉别人的妒忌，何况行为上有这样许多的破绽？

在同行人中间，丢脸到万分！

只图小名利的小人！没有权可以批评别人！

＊＊＊＊＊＊＊＊

既有深痛的觉悟，有什么方法可以挽救？

退回欧洲旅费和今年已支的薪金？

这是勇敢的行为！清华应能帮助旅费。我自己退出月薪。

如果能这样办，我明年可以完全脱离改进社。不然，我的人格名望都有堕落的危险！

别人看我如何还是小事，我必须看得重我自己。

这样办法，今天同曹谈，看他意见如何。

＊＊＊＊＊＊＊＊

必须有专一的注意，然后心可以不乱。

现在注意方面太多，结果必至一无所成！

四月十六日，三

《滕文公》下。

　　"志士不忘在沟壑，勇士不忘丧其元。"

　　"枉己者未有能直人者也。"

＊＊＊＊＊＊＊＊

昨天同曹说过，下年不能兼顾。如全时间在清华，学校应还改进社帮助我在欧的调查费千七百元金。

曹问我，薪金可否每月三百五十。

我说，这是两个问题，不应合在一起论。

学校应否还改进社帮我的旅费，这是一个团体与又一个团体的关系。薪金是学校与个人的关系。我觉着减少薪金像是学校看轻我工作的价值，既然 Worth 和 Wanner 的问题，我想薪金仍应四百的数。并且各团体里的待遇不同，在另一团体里我就许以百五十为足，然而在此地，情形不同；相比之下，自见个人的价值。（如果学校真有困难，我很愿退出若干作为经费的补助。）

他说要同董事部商议，大概可办到。

我引赵元任的待遇和我比。

＊＊＊＊＊＊＊＊

我怕陷在为利争持的错误里，所以晚间又请月涵来同他谈。

他的意思：既然同曹已如此讲过，如果他不说困难，我也可以不必再提起。如果再讲难想方法的话，可以说我情愿仍受三百元月薪，然不愿定为三百五十。那样是我愿少受薪，为是补学校经济的不足。只要学校承认两条原则：（一）学校理应还改进社所资助的赴欧调查费。（二）学校不以薪金的多少定工作的价值，所以我情愿少受薪金。

这样可以给我将来对于"争利"的风气，留说话的地步。倒是个大方办法。

清华的将来——如何要求？

若因我少拿钱，可以巩固领袖校风的地位，那是我应为的。看将来不看现在！

既然想舍开改进社事，就是想专心放在清华里至少三年全副的精神。

若少拿钱，倒可以少"患失"的心理。作事的精神可以自由些，人格的力量可以纯洁些。

既是不"患失"，将来无论到什么地方都是一样的工作。用度长上去容易，落下来难。谨慎日用，三百元也足够。

还有一层：不要董事会和外交部看我也是同大家一样"争利"的人。如果按上策行，将来我在董事会、外交部方面，作事手续可以清洁便利些。

＊＊＊＊＊＊＊＊

W. 不表同意。我能坚持吗？

四月十七日，四

大建筑！计划是慢慢成熟的。

限制不可怕，惟看你如何运用。大建筑家能利用各种限制和困难，使他们服从。"Turning stumbling blocks into stepping stones！"[①]

清华大学的建筑现在是我的机会。

作教育的建筑家当注意个人的行为学问。

薪金问题——我是"争利"的存心吗？

如果大家都仿我这样做，于团体的精神如何？

看清后，如"自反而缩"，于大建筑的计划无害，自然可以安心往前

---

① 译为：把绊脚石变成踏脚石。

进行。

如"自反而不缩",要早修改态度。

清华大建筑的难题,还有很多在前面,我能否解决,就见出能否成功。

四月十八日,五

"景春曰,公孙衍、张仪岂不诚大丈夫哉!一怒而诸侯惧,安居而天下熄。

"孟子曰,是焉得为大丈夫乎!子未学礼乎?丈夫之冠也,父命之;女子之嫁也,母命之。往送之门,戒之曰,'往之女家,必敬必戒,无违夫子'。以顺为正者,妾妇之道也。

"居天下之广居,立天下之正位,行天下之大道。得志,与民由之;不得志,独行其道。富贵不能淫,贫贱不能移,威武不能屈,此之谓大丈夫!"

* * * * * * * *

昨晚请客:曹、施、庄、李(大夫)。

四月十九日,六

早九点半起床!

想今天进城:

(一) Coldwell 礼物。√

(二) PUMC[①]台。×

(三) 改进社。×

(四) 天坛,童子军。√

(五) 买家具。×

四月廿一日,一

十九日进城,宿焉!

夜读 *Faust*[②]第一章 P.5,正是 Easter[③]节前一夜的事!昨天是 Easter。

送 Coldwell 行。小礼给 Monroe[④]。

* * * * * * * *

---

① 北京协和医学院(Peking Union Medical College)的首字母简写。

② 指哥德所著《浮士德》。

③ 复活节。

④ 美国教育家保罗·孟禄。

今午顾少川请饭。不知为什么事。

* * * * * * * *

太谷儿来清华住。今早要同曹讲好。

读前星期日记。

（一）对改进社的行为不正大。（在此地有患失心！）

（二）注意不能专一。

* * * * * * * *

未了事：（一）教员支配。（二）顾问开会。（三）教员年级会。（四）学生茶会。（五）星期研究会。（六）演剧和招待太戈儿。

四月廿二日，二

今天是我卅二足岁。（按又一算法，我生在四月三日，不知那一个算法对。不过自从一九一〇到美去后，就用二十二日作为生日。）

一天过去了。（现在写日记已在晚饭后。）没吃长寿面！也没有人知道今天是我的生日。（既过去了，也不用再同 W.说，使他觉着不曾记得的懊悔。）

前天在城里买的两部书，陶渊明和白香山的诗集，拿来作为送自己的礼物吧。

* * * * * * * *

自信力——"彼丈夫，我丈夫"的自信——遇难生疑惧，是无自信的积习。

从今后的新我……

能无惧么？

能自任丈夫，敢自敬，敢自信？

我走的趋向是不错的，将来一定有成效！

我族我国的兴盛全在我的努力。

* * * * * * * *

这样的自戒是有效力的，不是说过白说。

* * * * * * * *

今天谈 Emile Coue[①]，"Self-Mastery through conscious Autosuggestion."

"Day by day, in every way."

"I am getting better to better!"

---

① 埃米尔·库埃（Emile Coue，1857—1926），法国心理学家、医生、教育家,欧洲心理暗示研究的集大成者。

（Coveting the little, The instant gain,

The brief of security,

And easy-tongued renown,

Many will mock the vision that his brain

Builds to a far unmeasured momument,

And many bid his resolutions down,

To the wages of content.

　　　　　　　　　—Drinkwater, Lincoln[①]）

四月廿三日，三

"昔者禹抑洪水而天下平，周公兼夷狄驱猛兽而百姓宁，孔子成《春秋》而乱臣贼子惧。……我亦欲正人心，息邪说，距诐行，放淫辞，以承三圣者，岂好辩哉，不得已也！"

孟子所最佩服的是三圣，他自信他的大任就是继续三圣的大业。

四月廿五日，五

"如知其非义，斯速已矣，何待来年？"

改进社方面同学校方面我所应守的义是什么？

拿钱不作事——这是明明的非义。不肯速已的，还是有爱钱心，不肯舍的念头。

义的事完全为自己作了以后痛快。"行有不慊于心则馁矣！"

"不爱钱"是能动人的。蒋百里昨天谈到吴佩服〈孚〉，说他的兵佩服他，他的不爱钱亦是原因之一。

中国人群的神精〈经〉非常灵敏。大方的行为都有人能了解。

学校方面月薪问题如何解决？

按四百数，是我争利么？数是比外面别的学校多，然而此地用费亦较大。果然作我应作的职务，钱多有人批评么？

赵元任是用大薪金约来的。清华与南开不同，南开因钱少，大家都不大注意钱。清华入款充足，不免用金钱来作聘请教员的标准。

月薪提高，为得好教员，这样政策是义，或是非义？

---

① 约翰·德林瓦特（John Drinkwater，1882—1937），英国剧作家及诗人。他创作了一系列有关历史及文学人物的戏剧，《亚伯拉罕·林肯》创作于 1918 年，是其代表作。

有功受禄是当然的，只要注意：

（一）　同人都按着北平的尺来支配薪俸，不要个人争先！

（二）　不要比别处的薪金高的过多，不然必受他们的妒忌和攻击。

（三）　还要想全国人的生活艰难，别只于自求安逸，不能与全国人有同情。如果在清华的教职员不能与全国的平民有同情，那样，如何能期望清华出去的学生可以与全国平民共甘苦？

美国大学如芝加哥，可以用大薪金来定教员的价值，在现时经济困难的中国，也可以用这样金钱政策么？

如果因为薪俸稍高，生活可以安逸些，然后可以多作工夫，为全国人民多造福，不为自己的享受，那亦是可以说的道理。

目的是为全国造福，方法是教育人才。如果能忠心于这两样条件，现时生活稍舒服些，于心可以安么？若于心安，就自信地往前进行。

怕的是先生安逸，学生也安逸，将来他们出校后，那肯同平民受一样困苦？

清华的环境是优美的。这样的环境很容易消散吃苦的志气和习惯。如何利用环境，不要被环境容化——这是很难解决的。

想作这一时代的代表人，必须能吃苦，必须与全国人有同甘共苦的决心和行为。享小安逸，作小学者，不佩作一个时代的公仆！

因为这个理由，我自己先克苦！

用清华作修养所。在"新市"和"旧村"必须能生活，学校可以设立"Settlement Houses"①，使先生学生轮流得与全国人民有同样生活的经验。

＊＊＊＊＊＊＊＊

"得志与民由之，不得志独行其道。"

有决心作精神上的领袖。

今天写好付改进社七百元支票，自九月起未曾尽研究的责任。我就这样作，别人如何，我不管。

＊＊＊＊＊＊＊＊

为"道"必须作个人的苦功夫！

不用说出口，别人自然可以明白。

我能超过地盘的患得失，我的主张是已定的：为全国人民造福，用

---

① 指睦邻运动，起源于 19 世纪后半叶的英国，1920 年代在英美达到高峰。

教育人才作方法。想教育人，必先教育我自己。

太谷尔来后，特别同他谈东方大学的精神和办法。

四月廿七日，日

廿五日宿在城里。

昨天是周年纪念，许多旧同学来校。

北京同学会对于改组董事会的发表昨天提出。我说明我不满意的理由。怕有人误解或猜疑。

今天到南口，W.不能同行。

读上星期日记。

四月廿八日，一

昨天没到南口去。

不能自持，与 W.动气。

不能自主。不能得别人的同意，自己没力量推行。惟能自信自持的人，才真能敬人爱人。

　　"孟子曰：爱人不亲，反其仁；治人不治，反其智；礼人不答，反其敬；行有不得者，皆反求诸己。其身正而天下归之。《诗》云：'永言配命，自求多福。'"

　　　　　　＊＊＊＊＊＊＊＊

无惧！只要自己认得清，守得坚，不管别人如何议论，如何批评。

五月

五月一日，四

太谷尔在星期二晚来清华。

昨天排戏。晚同太谷尔长谈。教育上各问题，——他说，这时代的学生给钱读书，拿教师当仆人待。

现在中国也是学生看轻先生的时候。

"举一反三"是很严的选择。

我说话，不免露出自骄，——谈到博士论文！

又谈到，以人为单位，教科书的谬误，学生与新市旧村生活接近法等。

有许多我们意见相同——如：自己照顾衣食住，长途旅行，不用书。——然而他是有实行的，现在仍在那里进行，我不过是空谈！

＊＊＊＊＊＊＊＊

晚七点廿分

下午梁任公介绍太谷尔讲印度与中国文化的关系。他说，七千卷的《大藏经》，用一句话可以包括大意：悲智双修

他还讲到所谓绝对的自由，绝对的爱。

又举出十二事，都是印度在中国文化上所发生的影响。

＊＊＊＊＊＊＊＊

志摩是很能崇拜英雄的！同情厚，不过用冷血的批评，所以多交游。过于批评态度的，一定落到单调生活。

＊＊＊＊＊＊＊＊

恩厚之①对曹以为他不能了解诗人，不过是办事才。

＊＊＊＊＊＊＊＊

今天交给曹明年教员名单。

听曹的口气有留 C.C.陈的意思。他想不用他教书，用他作农场事。

如果这样作，于教员的支配上，我要失信用。

并且陈在职员中也一定仇视我的。

曹知道我的态度。他想敷衍，我要认真。我应当能预先看出将来能否合作。

---

① 恩厚之（Leonard Elmhirst），英国人，时任泰戈尔秘书，陪同其访华。

"不妒，不恨，不争。"完全用正身的工夫。

五月二日，五

昨晚太谷尔在校讲中国文化的使命。

虽中国人爱物质，然能美化物质的用，不正如纯物质民族的丑。

很激起我想，到底什么是中国文化！

五月三日，六

昨早同太谷尔谈。

他深望中国少年能尽力保存中国民族所创造的特长，不然将要完全失掉。各种工艺的精美，如不尽力提倡就要被工场制度永远灭绝。时乎，时乎，不再来！

他这一番诚意很能动人。

又谈到骄与怒。

他说：骄是应有的。个人有个人所可骄的，如同他自己自信是诗人，这是他自骄的。凡个人找到自己特别完美工作，而后自信有世上这样特殊的珍宝。可以骄的，不是同别人比，是自喜自己的荣幸。一国亦然。至于怒，可以说怒是神的。

这几句话，使我佩服他，比他以前的讲演还有力些。大概因为我是多骄易怒的人！

他能懂人的各方面——这是诗人的神智。

反想我现在的环境，外来的物件居多，衣服、家具等。

书也是读外国的多。

我应当早些醒来，用力在发展中国的特长。

清华办大学，想往中国特色的方向上注意。然而我个人对于中国的特色知道的太有限了！不佩作精神上的领袖。

* * * * * * * *

　　孟子："诚者天之道也，思诚者人之道也。至诚而不动者，未之有也，不诚未有能动者也。"

每天读一点中国伟大人的思想，可以帮助我渐渐地得到所谓中国特长的在什么地方。

自己的智力不敏，时间有限，将来成效不知如何！

* * * * * * * *

今天中午大学筹备顾问开会。

早在进城前，又与太谷尔长谈。（印度森林生活的特点，以往、现在与未来，少数"理想家"的使命。）

五月五日，一

前星六晚，学生开欢迎会。

所做的游艺差不多都是外国的。我觉着非常的可耻！在场内我对人大批评。不能忍，所以半路就跑出来。

在学生方面，这样的 Taste[①]是没有的，不能同他们动气；我一时不能了解，免不掉怨自己不大度！

* * * * * * * *

昨天早晨同恩厚之到成府，看村庄生活。许多事我们都没注过意。可耻！

我高谈人民生活，然而真情形我完全不晓得。

* * * * * * * *

总之，太谷尔这次来，引起我对于本国文化的注意。

* * * * * * * *

昨天聚餐会在玉泉山。太谷尔讲《美术的意义》。

我又读他以前在美国讲的《什么是美术？》

个人在"用"以外的自表。

* * * * * * * *

我稍能懂他，是因为他的话和书都用英文。

昨天我给他一封信，内有前六年做的一首诗。然而这也都是用英文。

英文不是不可用，但是本民族已有的语言工具必须纯熟，然后本民族生活的精神，才可以藉着个人表现出来。

（本民族的语言工具，也须从民族现时生活里去取。）

* * * * * * * *

读前两星期日记。

以往的两星期感想很多，不要失去，暇时消化。

最重要的：

（一）坚强的自信。

（二）与人民同甘苦。

---

① 兴趣，品味。

（三）对于实际生活文化的自重。

（四）太谷尔人格的感动。

* * * * * * * *

学校事：

昨余来。缺课委员会报告。

谈到斋务事。他说曹有去徐意。确否不知。

明年对于校风必须整理。管理不用斋务主任，由教员分任。不知试行后如何？

五月六日，二

昨天下午太谷尔进城去。

他在清华不满七天。我所受的感动不能用文字达出，印象的最深的按日记之如下：（从他到京日起。）

四月廿三日，三。我到车站欢迎。微笑，人群人海中静而和。

四月廿五日，五。北海，先在松坡图书馆，后在静心斋，讲演时，悲现时的印度不若古代（悲诚能动人）。

四月廿九日，二。在庄士敦处茶会。

晚七点廿分到清华。学生门外欢迎。

饭时及饭后谈旧式教育下儿童之苦。

四月卅日，三。

早排演。下午曹陪到八大处。

晚饭后谈教育及 Karma[①]的意义。初次长谈，歆海在座。

五月一日，四。

下午梁任公讲《印度与中国文化》。教职员茶会。

晚太谷尔对全校讲演，诚意寻中国文化的特色，少细目，有倦态。

二日，五。

早长谈。释骄与怒。中国人应自重。午饭辜鸿铭来，饭后照像。

三日，六。

早长谈印度森林生活产出博爱的心理；理想家的重要；以往、现在与将来。

我进城，晚学生欢迎会。我对太谷尔抱歉。他耐烦，我不终会就大

---

① Karma，梵语，译为羯磨或羯摩，系佛教术语。

怒而去！

四日，日。

早送他信和诗。稍谈文学。同恩厚之游成府。

午饭玉泉山，他讲 Art[①]。

五日，一。

早长谈。到中国后只得与一个人得 Serious[②] 的讨论。

我分析他在中国的影响有二：（一）唤醒我们的自重。（二）教我们从现时生活里求标准，不像协和医学的建筑，同辜的守旧。这是诗人的方法。

他是圆满的，人容易只得一面。他是活动，难捉定的。他信简单的生活，然而物质如能做精神的象征，也不应免。

他的记忆不好。述说一个英国文教授的话"所有文人记忆都不好，只于 Macaber，然而 M.不是很大的文人！"

他性懒，好在太阳下默坐。

然而忘与懒都有他们的价值。忘是忘细目不是忘有味的印象。懒不是无动作，是喜欢深求生活的滋味，不使无意识的运作用尽好时光。

这次谈（只文）很相得。

下午我问对于前进方向有什么教导我的。我说明我的疑惧，作执行事不能清洁。

他引梵文："你的职务只是工作，不问效果。"我大受感动！我问如何修养？他送给我"Gita"[③]。

[这七天（特别后四天）是我的再生！今天不到办公室。读 Gita。凡事都不如生命重要。今天在荆棘台上修养！]

下午四点半送他与恩进城。

晚，谈到梵文教授及到恩来华事。

五月十日，六（第十三册起）

七日进城。午饭范先生请。晚排演。住在史家胡同八号，太谷尔处。

八日一天为戏忙。晚间的演作太慢，按时间计算，换幕用 69 分，演

① 美术。

② 认真的，严肃的，郑重的。

③ 指印度诗人泰戈尔的诗集《吉檀迦利》（Gitanjali）。

作只用 64 分！预先排演不足的病。

结果大概不算失败。任公次晨对我说："劳苦功高。"我自己不免有骄傲的自满，然而自知绝不是完全的成功。

演后太谷尔说："错处很多，下次改进。"

新月社是去年十一月十七日组织的，在次女新月生后七日。半年的功夫演成《契玦腊》，这样小成绩已经过许多波折。而终能成功的，实在是因为给太谷尔作看，然后才有钱有人来帮助。

千万不要错认，以为我的力量是成功重要的原因！"自大"是人最容易犯的病。

可以说，我对于戏剧是有兴趣。然而本国文字不能自由运用，不配谈艺术，不配谈文学。

我的大将来全靠文字上的把握，如果用本国文字不能自由创造，那能在思想界里有地位？

（活文字，说来说去，是我现在莫大的问题。）

谁能教给我这样的工具？

我应当用那样的功夫？

那种环境可以给我发展的自由？

＊＊＊＊＊＊＊＊

夜间会散后回清华。

九日早十点进城，十一点在真光电影院太谷尔第一次正式讲演。下午回校。

＊＊＊＊＊＊＊＊

今天早同曹谈陈事。

果然，他留他作庶务上的事。

我说三个理由这政策不好：

（一）人要猜疑有人情的关系。（我说陈性佞。）

（二）教员中以为待遇不平。（有过不忠学校的行为。）

（三）在校中行政上易生不洽。（陈既被我辞去，一定态度上不宜合作。）

曹有一点以为我多事，管范围以外的事。想用我的理想干涉别人的职务。意外是说我干涉他的用人权。

我说："我有专职，然而也有对于全校精神上的责任，如果见到的，要发表我的意见，至于人听不听，在人不在我。"

曹与我性情主张，早晚不免有不能合作的时候。

最要的是我自己正身。

（"爱人不亲，反其仁；治人不治，反其智。礼人不答，反其敬；行有不得者，皆反求诸己，其身正而天下归之。""小不忍则乱大谋。"）

如果我有对他不满意处，应当早定去留。在清华毫无贪位的观念，然后可以有进退的自由。

＊＊＊＊＊＊＊＊

曹说，Peck 昨天在董事会表不满意学校辞 Bader，他为美国人争权利。

这是我不能容的。

上次我对 Gee 发表我对教会学校的不满意。

刘庭〈廷〉芳[①]在南京给我发表我对于教会学校完全无信心。

将来美国人对我一定有反动。

怕是不可怕，不过战争的时间不能让他们择，我不齐备，不能给他们破绽！

并且战争的理由，要择重大的，不择微小的。

作战的态度都应如此，所以必须能"自持""忍小""持其志无暴其气"。

暴一时的小忿，将来一定不能有大成。

只要大谋清楚，然后"忍小"就不是胆怯。不然就成为只求小安逸，患得患失的小人！

忍是为大谋，还是为求眼前的小安逸？——这是主要的标准。在清华定去留，要实用这个标准。

＊＊＊＊＊＊＊＊

太谷尔又重引起我做理想家的希望。他也说，只要自己按理想作去，影响虽小，然而一定有的。

＊＊＊＊＊＊＊＊

昨天曹在车上也同我谈，他以为我将来发达的趋向。

他想我在宗教道德的领袖方面可以用力。

---

① 刘廷芳（1891—1947），字亶生，浙江永嘉人。中国心理学会创办人之一，毕业于上海圣约翰大学，后获美国哥伦比亚大学心理学博士学位。曾任北京大学和北京师范大学教授。

他有诚意，同时也是表示不满意我的办事才——少公事房的自然兴趣。

我自己不知道我对于那方面性情最近。

我喜欢疑问、思究，然而达意工具不备，不敢自信有著述的本领。

只要志愿坚强，将来或可有成。

我心目中的理想人物是一个能影响一时的思想家，或用文艺，或用行为。不甘心做一个为组织而组织的执行者。

我对于思想上还有一点点自信。（？）

五月十一日，日

读第十二册日记。

在太谷尔来前我已有作生活精神上工夫的决心。

"为全国人民造福，用教育人才作方法。"

"想做一时代的代表人，必须与全国人民有同甘共苦的决心和行为。"

（太谷尔也给我自验的机会。）

推广同情心就是仁。坚持自信以为当行的就是义。"彼丈夫也，我丈夫也"，就是勇。

孔孟能给我们一条为人的路，最要的是在自己的生活里实现出来，不要在口头上空谈谁谁的道，谁谁的教。

（孔孟都有坚强的自信。）

颜习斋的为人及教育方法很应注意研究。

＊＊＊＊＊＊＊＊

在清华与曹及同人共事，如果我有达到大谋的机会，那末，我就应当在此地作忍小正身的工夫。

要时时刻刻看清楚，全国人民对于我所要求的是什么？天命对于我所要求的是什么？

想知道清楚什么是全国人民的要求，必须研究他们实际的生活，这也是推广同情心的工夫。以往的记载可以帮助了解他们的现在。

想知道清楚什么是天命的要求，必须作深刻修养的功夫。人类代表人的思想行为，都可以引我们修养到切实高深的去处。

＊＊＊＊＊＊＊＊

今天午饭与北京清华同学会委员会在杨永清①家聚谈。

我虽看他们有短见，然而也要坚守宽恕慈祥的态度。（结果还是说了许多过大的话，做了几个无谓的仇人。）

＊＊＊＊＊＊＊＊

今天晚间一定回来。下星期在校事上注意。

（一）中文教员名单，与任公谈教法。

（二）学生茶会。

（三）年级教员会。

（四）星期四（十五日）的全校集会讲演。

（五）理清一切琐事（留国计划书、在美三年后可回国的计划、英文教员等）。

（六）科学教员研究会事。

（七）改进社未了的关系。

＊＊＊＊＊＊＊＊

今早与志摩电话谈。他说太谷尔以为戏完全不合原意，所以大家很不痛快。

如果是不合原意，责任是我的居多。

徐又说，太谷尔对于中国招待他的态度很不满意，政府不注意，人民也有反对。

他们有意明天离开北京。

在现时的中国，不能期望一致的态度。能在少数人身上发生影响，也算可知足的了。

五月十三日，二

昨晚读庄士敦②的《佛教的中国》。

处清华的态度有不对的地方。总之我性太急躁，期望别人都听从我。早读《孟子》，得最好的教训。

　　"以善服人者，未有能服人者也；以善养人，然后能服天下。

天下不心服而王者，未之有也。"

---

① 杨永清（1891—1956），浙江镇海（今宁波）人。1914年由清华学校选派留美，后获美国威斯康星大学学士和硕士学位。1922—1927年在外交部任职，1927年出任东吴大学校长。

② 庄士敦（Reginald Fleming Johnson，1874—1938），英国人，1916—1930年在华，期间曾任溥仪英文老师。其著作《佛教的中国》于1913年出版。

　　"君子深造之以道，欲其自得之也，自得之则居之安，居之安则资之深，资之深则取之左右逢其原，故君子欲其自得之也。"

＊＊＊＊＊＊＊＊

　　"程子曰：学不言而自得者，乃自得也。有安排布置者，皆非自得也。然必潜心积虑，优游厌饫于其间，然后可以有得。若急迫求之则是私己而已，终不足以得之也。"

＊＊＊＊＊＊＊＊

　　我自己的人格学问根柢浅薄，而我期望曹和北京同学会委员服从我的见解，未免过于是己而非人。这是 Protestant[①]传教士的态度，窄狭不能容人。

　　今天预备星期四讲演。

＊＊＊＊＊＊＊＊

　　午后一时。

　　上午同曹谈，他想请全的意见很坚。不肯去徐。有饭大家吃。

　　我已经说过改良学生道德，应从校风上入手；而校风绝不是两三人专以德育为责的所能影响。全校各部的精神都与校风有关。

　　曹已二次函请全来校。我说无效。

　　他想执行他有的特权，不肯听谏。

　　我应处以何态度？

　　太谷尔也曾谈到，理想家虽不能得完全自由，然而影响一定有的。

＊＊＊＊＊＊＊＊

　　"爱人不亲，反其仁；治人不治，反其智；礼人不答，反其敬。行有不得者，皆反求诸己。其身正，而天下归之。"

　　校内有几部分事，如中文课程及教员支配，延迟不能早早清理，使人对我有所批评。

＊＊＊＊＊＊＊＊

　　我只管教务一部分的事，对于别部的用人，不应过于干涉。

　　有余暇，应做学问的研究。完全成功不在现在，还是在将来。

　　对于学生要尽力指导，在他们身上，如能发生效力，那是真教育。

五月十四日，三

　　早读胡适的《最近五十年的文学》。

---

　　① 基督教新教的。

我又自觉自己毫无成绩，那敢瞧不起人，又那应自以为有救国继圣的大本领！可笑！

潜心求学为是！

雷池下星期日请饭，候复。我不敢写回信！耻！

今天师大讲演，也没预备。天又大土，有意不去，然已经缺课两次了！去了说些什么？

* * * * * * * *

晚七点三刻。

研究清华的政治力量的分析。

曹有王在办公室，与一些毕业同学接近。

曹已明指出我是代表有些教育家的意见。

他在校内安排私人，他怕自落孤单。王、徐、陈、全、戴都有联给〈络〉的可能。外面有外交部和毕业同学会，将来董事会小改组后，也容易敷衍。

我不肯屈就与人联给〈络〉，同学会有与我意见不同的。曹系我容易露出轻看他们的态度。王我已经得罪过，戴、陈我也羞辱过。他们为保守地位起见，与曹、徐很容易合手。如果这样，我在校，虽有教员及一部分学生能了解我，我也很难推行！

有什么方法可以解仇？

五月十五日，四

　　"徐子曰：仲尼亟称于水曰，水哉水哉！何取于水也？

　　孟子曰：原泉混混，不舍昼夜，盈科而后进，放乎四海，有本者如是，是之取尔。苟为无本，七八月之间雨集，沟浍皆盈，其涸也，可立而待也，故声闻过情君子耻之。"

（注：林氏曰，徐子之为人，必有躐等干誉之病，故孟子以是答之。）

* * * * * * * *

在清华去留的问题，还没方法解决。

曹的为人，我稍有领教。用人的趋向，也可以推测一二。能敷衍各方面，为的是保守地盘。

近来因为我反对用陈，和我在鲍、杨、朱前所发表的意见，他对我多加反动。他渐渐地觉出他的性情与陈、鲍他们相近。

因为轻薄，或因为"不中国"，我所批评或裁去的人都要与他相近。

他或者想我是贪权，只同与我意见相合的人联络。

如果这样猜疑下去，为学校必没有好结果。

将来一般学者到清华来的，态度也未必一致，特别是在金钱政策实行后。校长能筹款，很少人能为主张牺牲。美国前例如此。

* * * * * * * *

下午五点。

全校集会讲演刚完。

题目《校风的养成》。

说的时候，不免过火，并不免带攻击全校各部精神的地方。

（一次失败！）

一定有人批评："唱高调"，"有作用"，"不诚实"，"太自大"，"过激烈"，"不能实行"，"自相矛盾"。

然而我自问如何？

我不免有别人批评的各种毛病。惟一答复的方法就是在自己的存心与言行。

性太急！还要往温良恭俭让上用工夫。

在这时代，自任做圣贤，别人以为腐旧，或以为假冒，或以为躐等干誉，只看你自己真诚不真诚。

"汤执中，立贤无方。"

不要猜疑别人都是小人，惟我自己是君子！

我太不柔和了！诚恳自是诚恳，同时也要谦和恭宽。

完全保守爱的态度，我很不免恨，和看不起人的态度！如果这样，是自己最大的耻辱！

（你所讲的效力，完全在你为人的工夫——个人的，慎独的工夫。我不是骂他们，我实在是爱他们。我爱，然后肯批评，肯谏议。）

* * * * * * * *

曹在我说末后，专提出"手段"一节。我疑他说我不免用手段！是么？也怕不免！（手段与步骤是有分别的。）

自己的道德无大把握，下次少说大话！传教式的讲演的危险在此！

五月十八日，日

下午看报，在 Times Literary Supp.[①]（Mar. 27，1924）上得几句评语，很可帮我自知。

> His idealism is obviously as sincere as it is lofty. But it is tainted often with conceit & self-righteousness & with the pessimism which they invariably produce. The conceit which sees nothing but fools & knows around it is seldom mad though to suppose that it can save the world alone.

（提倡理想，最易犯的病是自大做作。上次的讲演犯这个病了！）

我不免轻视曹、王等，以为他们少中国的观点，因此生出能否合作的怀疑。

我尽管研究中国生活，如果我的分析是不错的，将来自然有成效可见。

外国习气是可批评。如因外国习气，怕大家失去中国观点，那末，我应当从我自己的生活上实行我的主张。骂人非徒无益，反而有害。

活生活的接近，必须自己先实作的。

对于中国文化的提倡，也应先从本身入手。我运文的便力不如 T.，写字的形式不如王。不能先行，反责别人，一定不是能远大的气概。

* * * * * * * *

> "本校不日改办大学，其教务长一席非中西兼优如胡适之先生者必不胜其任，阁下何不荐贤自代而退居西文教员之席。此可以全始全终也。先生不知以谓然否？"

清华一份子手函

> "此虽一人之言，然可是代表全体人之信仰，不可不深思也。"

这是四月四日来的，到现在已有一个半月，我的国学有了什么长进？

* * * * * * * *

将来的事业无论是教育或是戏剧，对于本国文化必须有深切的了解。想做这样工夫，以我浅薄的根柢，做下八年去，或可期望实效。

所以仍须静下气去，守谦和容众的态度，慢慢地做将来事业的预备。

（谦和容众。）

---

① 英国《泰晤士报》文学副刊。

＊＊＊＊＊＊＊＊

看前星期的日记。

全校大会的讲演是失败。因失败，引起自谦的觉悟。如果此地给我影响青年的机会，我自然应当不辞厌烦。

（白白地得罪许多人，于自己有什么荣耀，于团体有什么利益？）

孔比孟和缓得多，孟容易使人自大！

下年教一门功课，常同学生有接近的机会。

＊＊＊＊＊＊＊＊

改进社的事还没办清。

年会我去么？

五月十九日，一

早读蔡元培的《五十年来之中国哲学》。

本国学者做的工夫先要多读。昨 W.谏议，多读书少写自己的分析。这话很对。

本星期应做的事：师大、燕京，及本校"西方文化"的讲演——都在星期三。

五月二十三日，五

太谷尔廿日晚十一时离京。

廿一日早在燕京大学女校讲《中国戏剧的过渡》。

＊＊＊＊＊＊＊＊

今早上荆棘台。昨晚雨，今早只有风没有土，山景也很清楚。读 Gita。第二章多妙语。

出乎"对偶"之外。

五月廿四日，六

三年前的今天，在纽约协和神学院结婚。

昨天报上传来消息，美国第二次退回赔款，正拟定全数归清华。每年又加约五十万美金的入款。合第一次的每年七十九万，将来每年可以一百三十万美金，共约国币二百六十万。在美留学现时每年约用一百万，校中还有一百五六十万。如这样经济富足的学校在中国是无二的。

然而钱要用得当！要做有意识的用，按理想计划的用。

昨天同梅汝璈和梁任公谈，他们都劝我忍耐做下去。梅说学生中很有希望我继续今年所提倡的趋向。

我常批评一般"半外国化"的人，而我自己的国学根柢和国民实际生活状况的知识，都没有。

宽容大度！

五月廿五日，日

前一星期日记简略。

精神上不能坦荡荡，不免长戚戚。

有人看出我的短处，这是可乐的，不应愁闷。

曹、王他们猜疑我不免用手段，说的好听，而实行上有伪私的病。这也许是事实。如果是事实，我自然不配得别人的信用。这也许有一点，因为我提出攻击"半外国化"，所以他们做反动的批评。

做事想发生效力，信用是必须的。

两星期前与北京同学会委员谈话，因为我有看轻毕业同学的意见，所以说话未免过激烈，过于自恃自傲。

又因陈的辞去，所以这半个多月是我到清华后最不痛快的时候。

从五月十日（本册日记起）到今天应当做一段看。

* * * * * * * *

上星期五同中四学生谈话，劝他们每天早晨写"日程"，内容可分三段：（一）前一日的感想，（二）本日的计划，（三）前日计划未了的事和未了的理由。

这是自知自治的工夫，我觉着是很有用处的。

* * * * * * * *

愁闷不如勤而乐，做大事的野心和努力，不如个人人格的修养。（事业，无论是著述、功绩，都不如人格的力量大。对于人格，个人是负完全责任的。对于事业的成功与否，不能完全操之于个人。）

虽然主张有时不同，但是人格总要能保守清洁。

与曹、王等共事，主张如有不同，而人格要小心爱护，与一般外国人交际也应如此。

* * * * * * * *

五月廿七日，二

清早到西院。又在台上读 Gita 第三章，背诵三节。

（一）世界被动作所捆绑，除去为牺牲的缘故（而动作），为这个缘故，没有牵连，孔第的子，做（你的）动作。

（二）他，对于已做出的成绩是没有兴趣的，对于这个世界（没有兴趣），对于没有做出的事也没有兴趣，他的无论什么目的，都不倚靠别人。

（三）所以，没有牵连，时常不断地做那本务的动作，因为做无牵连的动作，人可以实在达到<u>至极</u>。

如此看法，大有为，不一定在将来，是在时常不断，毫无作用，毫无牵连的动作，为牺牲的动作。

解除那为将来大谋的野心和捆绑。

这是引入自由、平安的大路。

太谷尔送给我的礼物在此。

五月廿八日，三

早读 Gita 第三章后半，背诵一节（第三十节）。

　　"所有动作都供献给我，把你的思想放在至高<u>大我</u>的身上，从希望和为己解放，心里热病治好，往前奋斗。"

既是自己在动作上没有牵连，然后可以完全为别人想，为世界的善缘想。

五月廿九日，四

再读第三章，背第三十四节。

五月卅日，五

甲子级宴会。我的演说是"圆明园残迹里的一棵石柱"。

六月

六月二日，一

前星期六下午到天津去。

星期日与 B.谈，他说如果在清华，应给曹留地位。改进社事等七月董事会讨论，下年或可作不受薪的职务。下午船游新南开。

今早到马宅。三姊在七天前产生一女。同千里谈。

九点三十分车回京。

下车后，午饭。后到改进社，见张先生。他说，知行在下月开会以前还要来京一次。我中等教育研究报告允许星期三交卷。

下午两点十二分火车回园。

* * * * * * * *

如何与 T.合作？如何产出一种团结的精神？

环境的引诱……然而时候还早，现在要安身预备。

六月三日，二

今天要求注意的事很多，在我脑里非常杂乱。

一、曹、王相处的将来，在此地的环境化。

一、与多数人民生活接近。

一、改进社中学课程研究报告及下年的关系。

一、校里教员的支配。

一、自己学问无把握。

前进的路看不清！

昨晚同任泰谈，我说，在此地各人，教职员及学生，很少拿教育作为主要目标。学生为的是出洋，教职员为的是保守地盘！

难说我在此，也为的是环境的优待？

如果自己是这样，那末，就不应批评别人了！

若是以现在为预备时期，预备的趋向是否要被安逸和特别利益的心理所转移？

来此将一年，被化已经很深了！险！

六月四日，三

陆懋德①在《晨报》附刊上发表《个人对于泰戈尔之感想》，里面有一段论泰戈尔之品格，道："余观泰氏实有一种感人之态度，令人一见而知其性情之冲淡，胸怀之坦白，心地之光明，人格之高尚，与吾国时流政客学者之满口仁义，而心术阴阳，满面热诚，而手段狡诈者，其态度迥乎不同。"

（冲，和也，深也。）

他所訾责的大概是梁任公等，我读到这里，自问心术如何？曾否用手段？不免有可怕的惭愧。

* * * * * * * *

中学课程研究的报告今天必须交卷。

六月八日，日

早晨下雨。

今天应计划的事：

一、给志摩、恩厚之信；

二、改进社年会的讲演；

三、赠别甲子级词。

* * * * * * * *

昨天读 Marley 的 "Confrontation"。辞句、意义非常巧妙明畅。这是说理文的天才。

行政没有耐烦，文字没有自然的方便……什么是我生活的贡献？只有小处的漂亮，那里是你大而远的气概与胆量？

前进的路程是枯干独寂的。打起精神前进，忍小是普遍的必经。

预备时期本应如此。

自己天资有限，千万不要妄想奇特。

做不喜欢做的事……无论那种职务里都有的！

* * * * * * * *

下学年给 W. 找教书的地方。

六月十日，二

王的阻力还有时使我不安。

---

① 陆懋德（1888—1961），字用仪，山东历城人，时任清华学校教师。

T.本是敷衍人，王与他意见相合。

相处的态度应如何？我没有过同样的经验。以往与意见不大相同的就不与他们合作。

如果没有王加入，T.我还可以与他共事。我期望 T.完全听我的话。自从陈事出后，才发现与 T.不洽的趋势。

T.现在又新得实任校长，外面如鲍一类的毕业同学又恭维他，所以他觉着自己的力量可以渐渐地独立，不听我的建议。

他想我不免有强迫的态度。在我少不了看他不过是官僚，在此地敷衍地盘，对于教育完全倚靠一点皮毛聪明，自己本来是外行汉。

一切大学计划自从我来后才定夺的。现在他已经觉着我可以轻视。大学在一群外交官僚手下，将来不像可以有很有意识的成功。

有人劝我不去，他们想我在此地多少可以影响一群外交官僚的教育政策。然而如果不能得他们的信用，所可成就的一定有限。

* * * * * * * *

因为有阻碍，我就没有精神往前进行，这是我感情用事的毛病。

处现在的困难，不算什么真困难。

阻碍在无论什么地方都有的，意见不合的人，也是什么地方都有。现在——无论什么时候——最要的是自己尽力为自己的主张去努力。

"不被牵连，无恨众生。"

在什么地方都可，不管阻碍，不顾成败，往前推行我的本务。

这是人格力养成的途径，也是高尚生活的真精神。

六月十一日，三

去年在定议到清华来之前，很费许多踌躇。

现在已来一年，又要定去留的问题。

去年来的时候，曹同余都有暗示给我，曹不能久留，试办一年后可有校长的机会。

那时，我也觉出这话的不足信。我也觉着不是校长进来的，做过一年后，不能再有校长的机会。

所以决定来的，因为在改进社没有一定的计划，旅行与做文章式的报告都不是我的所长。在南开也没有给我做事的机会，中学不愿有根本改造的试验，大学也没有用人的急需。

* * * * * * * *

来后，立志自己预备，八年后再大有为。

在课程委员会第一次报告之后，学生中间有猜疑，有反动。过去后，定中学不招生和新大学的计划。一切还顺适。曹还很表示信用。

自从第二学期王来后，就不如以前便利。特别是从辞陈事后，又加上曹实任校长，我就发生不愿合作的感想。

我实在看不起曹的敷衍主义。对于用人、行政各方面，全靠敷衍。地盘权利的观念自然影响全校。

我的脾气是好自专！不能受别人的指挥和批评。别人不能完全信用，我立刻做事没有兴趣。

* * * * * * * *

一、与曹是否根本不可合作？

二、离开清华后，我可以做什么事？那里安家？

三、我离开清华，于清华的将来有什么关系？

这三个问题必须整出条理，然后可以沉气做应做的事，持应守的态度。不然空空地，自己觉着不痛快，一方面看不透曹的举动，一方面又不能决定脱离官僚气息之下。

* * * * * * * *

第一个问题，能否与曹合作？现在还没有到完全不能合作的局势，不过我们的性情是根本不相容的。如果在此地继续下去，我必须要多容让，少批评，有时勉强服从他的敷衍。

这个问题不算是最要的。如果在此地有我可做而应做的事，我自然应当训练我的容量。定去留的关键还不在此一点。

第二，如果离开清华，我可以做什么事？那里安家？

改进社的事，如果做，惟有旅行参观，写报告，组织试验学校。

参观、报告，可以介绍给办教育的人中学教育的现状。至于如何改进，各处的景况大不相同，没有一个方法可以治各样的病。

试验所可成就的，或在人材的训练上，或在教材的编制上。做人材训练的工夫，是我很有兴趣的；对于教材的编制，我有文字上的困难。

究竟我可以有什么用处？

骄气很胜，但是我的真本领是什么？

自己的品格学问有什么把握？有什么成绩？有什么可能？因为思路稍有一点条理，自己就可以骄傲起来了么？

从自己实在的把握上着想，还是虚心下气地修养自己的品学罢！没有真把握，一定没有长远的成功。

在什么地方，做这样工夫最相宜？

在清华？在改进社？在南开？在北京一两处大学任功课？在山西组织的试验农村？

中文达意工具无论如何是必须的，多有旅行遇事的经验，多读书，多深思，最要的，也是最有效的，教育事业是教育自己。

所以办行政的时候，必须有研究学问的工夫。今年一年，研究的成绩太少了！

在清华免不了行政的麻烦。一有行政的关系就免不了有政见不合的时候和用人得当不得当的责任。党见、猜疑、嫉妒、手段等黑暗作用，每天离不开与他们接近。

如果兴趣完全在求学一方面，南开或者比清华的空气还好些。不过，现在是不是一个最好回南开的时期又是一个问题。

如果在清华暂为不动，只做能做的事，不同他们生气，不谋立刻的改良，我也可以有时间做研究和修养的工夫么？无论他们如何敷衍，无论全校里有什么不合理的表现，我还是装看不见，自己做我个人的工夫。所希望的是渐渐地用自己的品格、见解、学问可以感化别人——这是一个缓进的途径，不是我性情所容易忍的。也许是引诱我贪懒，学敷衍的魔？

（如稍有贪安逸的念头，人格力就完全消灭了。）

＊＊＊＊＊＊＊＊

第三，我离开，于清华的将来有什么关系？

曹要找别人来，或是程，或是鲍，或是别人。能帮忙计划大学的，大有其人！

与"教育界"的关系，仍可继续敷衍。

再来的人还可以多听他的指挥。学生、教员中都不致发生很重要不能解决的问题。

外交系的影响要加浓些，外国皮毛风俗又要恢复原状。一切如王、陈半外国化的人都要"得其所哉"！

所有的分别，不过是去了一个人！

大学的计划是我定的，如果我走开，或者可引起别人的疑问。几个有思想的疑问于大局上能发生什么影响？

　　然而至少我可以声明清楚我的主张：我不信敷衍的人格可以教育出高尚的学生。

　　这种主张，当于我在此地任职的时候，我解释不清，所以别人不能完全明了此地内幕的真情。

　　在不愿意我在此地的人，一定要说，我是嫉妒校长的地位，所以曹一得实任，我就不快乐，我是因为不得志去的。

　　照着现在敷衍的精神做下去，将来可以有那样的发展？

　　曹在那里胡想他的"梦"，他注意在得到第二次退回赔款。

　　下年是大学计划期，如果我在此地，我可以有机会参与筹划将来。然而执行还是完全在敷衍的外交官人格的空气里。

　　现在的状况在改组过渡时代里还有可说。将来大学实现后，必须有学者的主持。然而所谓学者的，全国又有几个？

　　现在中国应提倡的是那种的学风？

　　什么是现代中国学者的标准？

　　够学者的，都有谁？

　　曹只能说些空话，做一点商业式的财政预算。然而大学是什么？为什么？谁来指导，谁来研究？——这些问题不是他所能答的。对于解决这些问题，或者是我在此地做事的机会。一般敷衍的人在事务上还可以勉强，论到真学问，他们是没有根柢的。

　　从这面着想，现在的小节可以忍过。用全副精神力在新大学的建设上。

　　这样是否可以有成效？是否白费力气，只给敷衍的人保守地盘？

　　　　　　　　＊　＊　＊　＊　＊　＊　＊　＊

　　今天已经写了两千多字，研究去留问题的各方面。还有一层，就是欠改进社的旅费。在清华继续，可以清理这笔债。然而，如此，曹是否要有所藉口，更轻视我的建议，以至我在将来大学的计划上也要失去我主张的力量？

　　　　　　　　＊　＊　＊　＊　＊　＊　＊　＊

　　昨天辞去看明明的李妈。今天两个小孩都不方便，W.非常费力。小孩要求注意！

　　想今天进城，找适之和知行。犹疑，因为我自己的主张还不清楚。

六月十二日，四

在一般敷衍人的中间，能否产生出全国人民所渴望的青年领袖？

王力山等不肯离开此地的安逸，难说梅、余等就肯么？大家都被入款和环境所支配！

我要做不朽的大业，做一时代青年的先峰〈锋〉！

此地的青年大半已经被环境染坏了！已经给国家造了许多的祸根！我一个人的力量究竟很有限。如果我也有为保守地盘不敢言不敢行的态度，我的力量更少了。

若是我的离开此地，可以激动几个少年，让他们可以看见有不贪地盘的人，有为主张牺牲安逸的人，这也是一种很有效力的教育。

* * * * * * * *

在此地有许多钱，所以有许多人注意他。既是如此，做校长也不是容易事，不免用些精神，在敷衍舆论各方面上。

做大组织的行政者，少不了招待，少不了时常注意风尚。想要登峰造极，同时还要做行政事，必须先做胆大的，深刻的，独到的主张，有根柢后再来做行政事。

我八年的预备，是要在独到深刻的工夫上用力。行政或在八年后。

六月十三日，五

在西院读 Gita 第十二章。

"对于众生无恶感，友爱的和怜悯的，无牵连无为我，快乐痛苦不能移动，并且宽容。"

"常知足，调和的，自己守规律，坚决的，心与灵都供奉给我，他是我所亲爱的。"

* * * * * * * *

"无恶感""宽容"……这是我所短的。

每早能有自省的时间，精神上得益处很多。

我在此地有我应做的事，一切阻碍和敷衍是我应当宽容的。

生命观点大不同在此：如果不被效果牵连，自然可以不注意成绩，只管耕种不问收成；还有，就是我喜立功名的观点——按这个看法，成绩是生命最要的目的，各人的兴趣与成绩的效率自然发生关系，工作的地点也有关系了。

所以若是不注意成绩，什么工作，什么环境，什么人合作，都可以。

若是认成绩为生命最要的遗留品，那末，兴趣、地点、工作性质、合作人，都要斟酌了！

我能看破成绩么？

人类少了成绩的观念，大家还肯努力么？

一个调和的看法，或者是认人格是最可靠的成绩；想造最高尚的人格，就不应被兴趣、地点和别人所支配。

（人格是最可靠的成绩！）

　　"敌友一样，誉毁也一样，冷热一样，乐苦也一样，全无牵连。"

　　"同样接受赞美和斥责，无言，无论什么临头都完全满足，无家，心念坚固，虔诚充满，那个人是我所亲爱的。"

六月十四日，六

Gita 第十二章末八节，对于理想人格真能引人入神！《新约·哥林多》前书第十三章差可与之比。

昨晚撰写在改进社年会的讲题：《校风的养成》。

不要自以为奇货可居，自己的本领很有限！

好好做一点研究功夫，然后把结果宣布出来。

　　　　　　　＊＊＊＊＊＊＊＊

对于退还改进社的钱，还有一点犹疑未决。因为不肯舍去么？或是因为手续还没整清楚？

知行十七日从南京回来，本想今天进城找他去。他不在京，我到社里也没有什么事。

六月十五日，日（第十四册起）

看第十三册日记。

在这册时期内有很激烈的感动。辞陈引起定去留的问题。

所觉悟的有：

一、说来说去，文字的便利是我现在莫大的缺欠。

二、性太急燥，期望别人都听从我。

三、提倡理想，最易犯的病是自大和做作。

四、做大事的野心和努力不如个人人格的修养。

人格是生命最可靠的成绩。

"敌友一样，誉毁一样，冷热一样，乐苦一样，全无牵连。"

不敢对于现在知足，是胆量小的病！

"无论什么临头，都能完全知足。"

＊＊＊＊＊＊＊＊

读蒋竹庄[①]的《青年之人生观》，又章太炎的《国学演讲录》。

六月十六日，一

昨天读章演讲录，得一段："王（阳明）论事不恃他物证，亦不必事后考虑。盖对人不许狐疑，对己不得懊悔，故有谓阳明之说宜于用兵最有决断，良有以也。"

对人不许狐疑，对己不得懊悔。

完全无畏，看破一切誉毁成败的人，才可作到。

＊＊＊＊＊＊＊＊

蒋竹庄说佛，章太炎也尊佛。在中国思想史上佛占很大部分，并且现在很有复兴的样子。

＊＊＊＊＊＊＊＊

章演讲录：

甲、国学之自体：

一、经史非神话。

二、经典诸子非宗教。

三、历史非小说传奇。

乙、治国学之法：

一、辨书籍真伪。

二、通小学。

三、明地理。

四、知古今人情变迁。

五、辨文学应用。

＊＊＊＊＊＊＊＊

国学之派别：

甲、经学之派别。

乙、哲学之派别。

---

① 蒋竹庄（1873—1958），名维乔，字竹庄，江苏武进人。1922 年任江苏省教育厅厅长，1925 年任东南大学校长，1927 年后曾在光华大学、沪江大学、暨南大学等校任教。

丙、文学之派别。

* * * * * * * *

国学之进步。

* * * * * * * *

经学以比类知原求进步。

哲学以直观自得求进步。

文学以发情止义求进步。

* * * * * * * *

诸葛孔明读书观其大略，陶渊明读书不求甚解。

* * * * * * * *

明天同国文教员讨论下年功课的支配。

我不能自信。我国文的根柢太浅薄！并且国文教员最善批评。我想要请他们自选下年的主席。

自己谦虚，不假充内行，将来可以少受攻击。

六月十七日，二

早随意拿起一本《学衡》（二十二期）看。读了两篇论文。

一篇是汪懋祖的《现时代我国教育上之弊病与其救治之方略》。

里边有许多是我所想到的，他去年已经发表了。

他提出四种大病：

一、模仿之弊；

二、机械之弊；

三、对外鹜名之弊；

四、浅狭的功利主义之弊。

他也痛惜现在还没有谈到理想主义之人格教育。

他分教师为三类：讲师，技师，人师。

对于人师一类，他说："吾不敢谓其必无，要亦绝少，即有之，而其影响亦未大显。"

* * * * * * * *

我自己以为有独到的见解，其实已经别人一年前说过的话！

我还有什么可以自恃而骄人的？

汪又说："今之辨学者博取时誉，无不藉宣传广告外交之力。"

我完全没有对于学问上用过真工夫，现在不要自欺欺人，妄自尊大！

六月十八日，三

早读吴宓的《我之人生观》。很是用心探讨的一个学者。

更自惭菲薄非常！

* * * * * * * *

Gita 第十四章分 Qualities 为三：一、Harmony or Rhythm，二、Motion，三、Gnertia。能看这三 Qualities 如旁观，不为所移，才是达人。

六月十九日，四

读吴，说到"行而无著"节，他引 Gita，他是从此处得到"无牵连"的茂旨。又介绍 P. E. More①文集第六册。

（Paul Elmer More, Shelbourne Essays 6th Series。—Putnam's Sons—N.Y.）

我取得 More 文，读了内中两篇。

一、论印度森林哲学：知道 Upanishads②"奥义"的大概。以后有暇，取 Müller 的翻译来读。

二、论 B. Gita。G.原来是 Moha Bharata③的一段。很为 Brahman④所崇信，如同圣经。

More 译有几节比 Besant 的似好些。现在抄在此地以备参考。

Ⅱ. 71.

Whosoever abandoneth all desires, a goeth his way without craving.

Who saith not <u>This is Mine</u>! <u>This is g</u>! he cometh unto peace.

Ⅲ. 6.

Whosoever restraineth outwardly his members, yet continueth within his heart to meditate.

The things of the senses as one self-deluded, He is called hypocrite.

Ⅲ. 7.

But whosoever in heart restaineth his senses, yet outwardly with his members, O Arjuna, taketh up the devotion of works as one without attachment, He is the true man.

* * * * * * * *

---

① 摩尔（Paul Elmer More, 1864—1937），美国著名学者，文物学家、哲学家、教育工作者。

② 印度古代哲学著作《奥义书》。

③《摩诃婆罗多》，一译《玛哈帕腊达》，印度史诗。

④ 婆罗门。

其余 More 译的，还有不如 Besant的。

* * * * * * * *

翻译是很应练习的。不用翻译，外边输入的思想，不能完全容在我们的文化中间。

将来大学里，要有专注意翻译事业的一部。

六月二十日，五

Gita 第十七章。

"Without desire for fruit." 没有效果的欲望。

因为是本务而行，绝不是因为名利，或是要别人的恭维、尊敬与奖励。

试行——作各种事，都为本务而不为效果。

牺牲、苦修、施舍——都要纯洁。

六月廿一日，六

G.第十八章廿六节。

日三省。

昨同章裕昌谈。他说我有性燥不能忍。

又评王造时、包华国①，利用朋友。

我好骂人是应自制的。

六月廿三日，一

昨天进城。

访知行，谈下年计划。偶然谈到清华改组董事会的现状。

买书。

"清洁"工夫。

现在因学生分数，易生烦，要特别默静收敛。

六月廿五日，三

昨天是毕业式。

今天暑假起。

读完 Gita 第二遍。

太不顾人群，又怕不是中国历来理想人格的态度，从明日起，每日

---

① 包华国（1902—1963），四川成都人，时为清华学校学生，后留学美国。回国后曾在四川大学任教，1932 后曾在国民政府实业部、中国驻国联办事处、第三战区政治部等处任职。

读李恕谷年谱若干段，要看颜、李修养的得力处。

早晨还可到室外习静，做默澄收敛工夫。

Gita 已教我不少"行而无著"的独立洁澄精神。

不知有中国旧译本否？

我自从去年春天知道有颜李一派学说，就很羡慕他们为人为学的精神。

并且他们是北方之杰者，或者我可以与他们有性情相近的地方。

任公是介绍颜李给我的恩人；他还相信戴东原的哲学很受过颜学的影响。

我有志愿将来到博野等地方，去考察颜李为学的环境。

适之也说，颜派的教育学很待人整理。

如果我守定一个工作，或者可以有长进。

六月廿六日，四

定南京去否。

在那里应做的事：（一）演讲。（二）访问国文教员。（三）为暑期研究会请讲员。（四）与年会到会的人联络。

为改进社服务，应当勉强赴会才是。

只怕时间太短，不能预备演讲的材料。

校事还有一两件没有结束。

觉着有一点倦，恐怕遇事生烦。

家里女仆没有找好。

如果到南京去，廿八日下午往天津，廿九或卅日往南京。在那里住五天。七月六日北来，七日晚到北京，八日早到校，九日研究会会员报到。

＊＊＊＊＊＊＊＊

有几种困难。

今、明、后三天不定有功夫预备演讲。年考分数没算清，S.I.琐事没计划完。

身体、精神，都不得休息。一事未完又加一事。在南京几天的起居饮食不能有定时定所。

精力既然有限，还是专心在一两事上，可以有些效果。

去后，如果出力不多，利益有限，那末，自然是不去为妙。

* * * * * * * *

给知行、茂如①信，暑期科学教员研究会到的人近二百，应备的事很多，学校年终成绩报告还没结束，又研究会指导员有七月四日就到的，一切事务，使我不能分身，请原谅。

* * * * * * * *

廿八下午到天津，小住三天，并且招待过津赴会的人。七月一日回来。

六月廿七日，五

昨天进城。

来回车上阅《学衡》廿九期。内有：

柳诒徵，《评陆懋德周秦哲学史》。

吴宓，译《世界文学史》《印度文学》。

景吕极，《佛法浅释》。

范祎，《由读庄子而考得之孔子与老子》。

* * * * * * * *

这几篇里都有"东西"！比北大近来出版的，多有一种安心做工夫的气象，眼光高下是另一问题。

* * * * * * * *

柳有一段，与我曾怀疑的一点正可答案。

"吾尝谓中国圣贤之学不可谓之哲学，只可谓之道学。哲学则偏于知识，道学则注重实行。观老子之言曰'上士闻道，勤而行之'。曰，'行于大道'。曰，'吾言甚易知，甚易行，天下莫能知，莫能行'。是老子所重，孔、墨诸家无不如是。下至程、朱、陆、王，所见虽有不同，而注重躬行心得则一。故世人观吾国之学术者往往病其陈陈相因，初无层出竞进之胜，不知此正吾国注重实学之一脉，不徒腾口说而兢兢实践，正其受用有得处，略道光景，又虑说破而人皆易视，徒作言词播弄，道听途说，出口入耳，了不知其实际若行，故老子曰，'多言数穷，不如守中'。又曰'不言之教，无为之益，天下希及之'。孔子

---

① 汤茂如，生卒年不详，字孟若，四川大竹人。毕业于国立北京高等师范学校，后获美国哥伦比亚大学教育学硕士学位。回国后曾任北京大学、北京师范大学、燕京大学教授，时任中华平民教育促进会城市教育部主任兼总务部主任。

亦曰，'予欲无言，天何言哉，四时行焉，百物生焉'。故真正最高之道不可言，亦不必言，所可言者，只是从学入门之法。"

六月廿八日，六

踌躇！好留琐事，不能清楚了结。

＊＊＊＊＊＊＊＊

恕谷年谱，二十三岁。

"过毅武斋，毅武言某骄，先生曰，力不行故也，读书之人虚见忆想。自谓高人，故易骄；若力行，则此日此身千疮百孔，欲骄得乎？又言省察力行如循环，省察精则力行勤，力行勤则省察益精。"

＊＊＊＊＊＊＊＊

二十四岁。

"人有誉先生可大用者，先生曰，他日则不可知，若今则自返过大事动心，急事动心，得意失意事动心，未可言担荷也。"

＊＊＊＊＊＊＊＊

知一过，改一过。不要贪多欲速。

今天清理琐事。

一、给知行、茂如信。

二、下年课程委员会。

三、国文教员。

四、为 S.Ⅰ.请Ⅰ讲员。

五、教论理学人。

六、教画、音乐人。

七、学生成绩报告。

八、S.Ⅰ.职员。

九、请胡做国学指导。

六月廿九日，日

决定不到南京去。以后不要再疑。

今天下午赴津，星二早回京。

（再注意：对人不狐疑，对己不懊悔。）

＊＊＊＊＊＊＊＊

恕谷年谱二十四岁。

"与习斋言，交友须令可亲，乃能收罗人才，广济天下。论取与，习斋主非力不食，先生主通功易事。"

又（二十五岁）。

"闻五公在新兴阎公度斋，遣车迎至。传枪法刀法，言一室者天下楷梯，一室不安置有法，况天下乎？为先生移置斋中位次。又言，作事须咄嗟立办。又教以容物去繁仪。目乡请孝悫至。与五公晤语。"

这几句写五公入画！

（又同年。习斋评先生日谱曰：气象多得之五公，亦善取于人矣。）

* * * * * * * *

前两每星期，稍知读书。

七月

七月二日，三

廿九日夜赴津，一日早车回。

阅恕谷年谱，几天的心得如下：

（自今日起，力行省过。）

二十八岁。

"闻媒孽事怒见词色，子固规器小不可以作大事，改容谢之。"

"南溟自言心粗，先生曰非也，君病在心过细耳，作事须磊磊落落，当断即断，过细则沾滞，或穿凿。"

二十九岁。

"求教于刘焕章曰，敛才敛气，喜怒不形。"

三十岁。

"思教人奖而勿贬易于有成。"

"思洁士不可大用，以其如鲜花不耐风尘也；烈士不可大用，以其如利刃不耐挫折也。"

三十一岁。

"思近以宽大待人，或涉同流合污，因三复素书，慨慨梗梗，所以立功。"

"思急于求名，其实必少；以术御物，丧德已多。"

"曰，志大才小，识大器小，言大行小，无用也。"

三十五岁。

"自愧放弃，务期心一刻勿放，身一刻勿颓，放颓则书之。"

三十六岁。

"语习斋曰，自返积累数日，一顷矜张浮躁遂败之，譬货殖者数日积之，一朝耗之，其能富乎？"

三十七岁。

"思近者曲体人情，惟恐伤之，然心欲立人达人也，若有媚世为私之心则乡愿矣。"

"思一人临财，即财大身小者，身本小也。"

＊＊＊＊＊＊＊＊

今天到办公室，看通知书稿。

＊＊＊＊＊＊＊＊

下午一时半：今早因看通知信时，读到劣学生多求各方面说情事，不能忍，器小。

（器小。）

Gee 特别讲演时期，未曾留出末一星期，我猜他有意，病狐疑又病不能容物。

（狐疑。）

＊＊＊＊＊＊＊＊

去年今日到清华。

一年的成绩有什么？在本星期内看一年日记。

＊＊＊＊＊＊＊＊

下午，听梦赉说，人传言，有耳语曹者，谓今年教员的去留，我都与梅、杨议定，又传言所谓天津系者。

自返，教员的去留，实未曾与梅、杨谈。然而有时不免有党见，后当力改。传言不去过问。

（党见。）

七月三日，四

三十八岁。

"子固问危微精一，曰物交物则引，危也；平旦之气，仁义几希，微也；如淅米康秕去尽，精也；纯粒无杂，一也。非礼无视听言动，齐明盛服，则其功也。"

三十九岁。

"抵桐乡，子坚出二镌尺，一镌戒怒，一镌有容，奖之。"

（上颜先生书，论宋学之误，解学有刺骨语，将来专攻颜李教育学理及实验时，须用此段话。）

四十岁。

"著《大学辨业》。在杭州。"

"思虚矫非气节，气节不虚矫；苟卑非含容，含容不苟卑。此君子小人之分也。"

（阅陆道威（桴亭）《思辨录》，陆论戒慎恐惧与"吾心之敬不容或息，能存之至于梦寐之际皆能自主乃可"，先生深然其论。）

　　"思道威言头容一直，四体自中规矩，阅历语也，今立课宜时省头直不直。"

　　"思善引人者，其言半是，从其半而奖掖之；不能容人者，其言半非，即其半而驳折之。"

　　"自勘任道今岁始坚，学功今岁加密。"

四十一岁。

　　"自勘内功不密，惕然，乃以陆道威每日敬怠分分数自考。"

　　"小心翼翼，昭事上帝。"

四十二岁。著《小学稽业》。

　　"九月吴公来请，乃入京。习斋谓曰，勿染名利。先生曰，非敢求名利也，将以有为也。先生不交时贵，塨不论贵贱惟其人。先生高尚不出，塨惟道是问，可明则明，可行则行。先生不与乡人事，塨于地方利弊可陈于当道悉陈之。先生一介不取，塨遵孟子可食则食之，但求归洁其身，与先生同耳。习斋首肯。"

　　"与素公言，经济首在复学校选举，以有人材乃有政事也。"

　　"思古学问二字相连，今人不好学，尤不好问，予每交一人，必求尽其长，勉于问也。"

＊＊＊＊＊＊＊＊

早抄恕谷年谱嘉句，好之不愿舍去，然应理事方待办，不能磊落力辨，病懒惰，见事生烦。

　　（懒惰。）

七月四日，五

晚十钟，习恭。

思：近来贪眼前安逸，不能担负重任，可怕！

　　（贪安逸。）

练吃苦。力去国文不应用的大耻。

现代的学问比颜、李时复杂百倍，然而用力在存养实学上，日久必有效验。

暑假内课程，除办公事外，每天看颜、李书几板，习字数十个。

苦无师无友，然也在自己善择师交友，对于此事致意，可师可友的也自然日多。

年已过"而立"，而未能"志于学"，真乃庸中之庸！

性情狭小，学力浅薄，作事无恒！

若不快快兴起，就要空度一生。

* * * * * * * *

Gita 教我不动心，然而引我看破有为的用处。

颜、李的孔学也教我不动心，然而同时给我有为立业的勇力。

* * * * * * * *

"自强不息""厚德载物"，清华的格言，实在也是两句自修的妙诀。

* * * * * * * *

教育是再造国家和再造个人的方略，岂可看轻他！

有再造国家再造个人的雄心的人应如何入手？

这样看来，言教言政，实是一事。

必须有根本的全盘计划，然后才可以算得着"中国的"新教育学说。有了这样的大计划，然后再施诸实行，自己身而他人"得志与民由之"，不得志，或托之著述，或委之后进。这样才算是天下万世的大业！

习苦，勇为，省过，力改，多阅历，多读书。自己的学就是教人的惟一方法。

七月五日，六

大学筹备是下年的主要功作。

各处大学多抄袭，不满人意。中国现代的大学性质应如何，功课是什么？

在此地抄袭美国制度的引诱和局势很大。态度固然不是抄袭，然而也不应是攻击。我们应当分析清楚中国现代的需要，然后规定方法，在方法中，美国制度的长处自然可以采纳。如果露出不能相容的态度来，那就是器小不可成大事了！

* * * * * * * *

有些小事不能决断，犯延迟病。

（延迟。）

一、下年论理谁教？

一、国文教员缺一。

一、请国学指导。

一、图画音乐教员。

一、陈达助手。

一、改进社结束。

一、给洪深信要账。

****

有了琐事，写下放在一旁，还是想到了，立刻断定，立刻去办清？

延迟是我最深的习惯，能改不能改就看出现在操作的工夫！

有了坏习惯，不能说，待我渐渐的改，那就没有勇力了，应当从此日此时此刻起。

现在想治延迟的老病，非开刀不可！

如果现在今天能决断的，今天此刻就决断辨清。如果还有事实不全，今天不能决断的，也要定出一个到决断的途径，少什么事实，必须见什么人，必须考察什么情形，必须参考什么书文。

坐在一处看书，什么事都不愿意去办，无论看的是什么宝贵有益的书，那也不是真求学的方法。

求学是求做人的方法，做人要做爽快豪杰，不要做踌躇书生。

以后每觉出有不能决断的事，立刻放开一时最喜欢做的，先去办理那不能决断的事。

此刻我最喜欢做的是看《恕谷年谱》。现在不看，先给洪深写信。

****

洪深信，午晴信，都发出。办了两件（问午晴关陈达助手）。

****

晚七点。

明明本星期重量减了十一两，并且常咳嗽，中午和晚间睡觉也要人抱，日里也常哭。

她有七个月重量没有长，恐怕有病。

我应负责。如果我早想方法，或有挽回的机会。最近一星期特别不好。

病小孩最容易使人生烦。要不惊惶，不生厌。

[以前三星期很有进步，能读书，有心得。明明病，又不能专心读书。书也要读，事也要办，成绩不能两全。（七月廿七）]

七月六日，日

看前星期日记。

最要的觉悟：近来贪眼前安逸，不能担负重任，可怕！

力改的过：延迟！立刻断定，立刻辨清。

器小！"敛才敛气，喜怒不形。"

狐疑！"对人不狐疑，对己不懊悔。"

党见！能收罗，能宽容。

* * * * * * * *

昨晚因明明病，很觉恐惧。以往为自己的发展多不顾家人的健康与愉快。

[又是家人的病，以致心乱！（七月廿七）]

母亲不得孝养！

明明是因我带她到欧洲去，小时不得好的养育。

按照个人主义看法，个人的发展对于他人完全不负责任。

按照人伦主义来看，我已有不孝不慈的罪。

个人主义不能推行久远。

人伦的新意义将要产出。无论看法如何，大人对于群人的态度是应当吃苦负责的。

吃苦负责必须自家人起。（觉悟。）

* * * * * * * *

先问自己是否吃苦负责，然后再问他人。在家，在校，在国，在天下，都应如此。

七月七日，一

上星期决定看到清华来一年的日记。这是应当做的，立刻就做。

仿年谱体裁，集一年内的事思录。为的是自省，绝不是想有存留的价值。

七月八日，二

昨天下午访适之，谈两小时。

（一）请他到清华住，作国学顾问，受车马费。

时常来往，可；然他不愿要名，不愿拿钱。

（二）谈对于赔款办法。

他说美公使自觉无权干涉，权还是在中国政府手里，顾和施①是最有关系的人。他主张全数不分开，由一个机关按事业的价值支配补助钱。

（三）问他教论理学的方法。

他介绍些本书，并且述说在北大用的方法。

（四）杂谈。

他说近来很有暮气，对于自己的言论负一种特别"身分"的责任。

脖项上的病，医生说是 T.B.②，疗治的方法多晒阳光。我看他屋里尘土很厚，书堆积各处，没法常打扫，在这环境里，空气好不了，他又好坐在一处常〈长〉时间不动，所以肺病是自然的结果。堆积的书，应有人给他整理，他不应在书库里写东西。不早想方法，恐怕将来病要完全不能治。为他如果能出洋玩一次也是很好的休息。我想同在君商议劝适之换一个环境。

又谈到写日记，他以先印了一格式，上面有自早八点到晚十点，每点一格，又有"预算"和"实行"两竖行。他说为忙人很有用处，然而他有一年多没有用了！

＊＊＊＊＊＊＊＊

十半至十一，写"事思录"。

十一至十二，理研究会事。

十二至二，会议。

二至四（或五），在家。（看书，同小孩玩。）

晚饭，何宅。

晚六时。

下午同研究会指导员开会。

我不应自恃小聪明，以为办事得法。

与外国人合作，无须在小处争权。要能包罗他们的长，忽略他们的短。

我对 Gee 发表过不满意教会学校的意见。我疑他或有对人批评我的时候。他对于聘指导员，像有一点专权。然而我仍应大量。

---

① 指顾维钧和施肇基。顾为时任外交总长，施当时代表中国政府负责与美国谈判庚子赔款返还事宜。

② 结核病。

七月九日，三

明明的咳嗽不见好。W.的右眼已经红了三天。今天请医生看。

当于家人有病，不要心乱手乱。

* * * * * * * *

今天下午曹从南京回来。

教员不齐的，在本星期内办完。

* * * * * * * *

下午一时。

早与赖大夫谈，明明的病大概是 T.B.！他下午来验。

我看 W.颜色也不正，所以怕起来！然而不要慌！

人宁死勿病！

对于卫生上注意。多运动，多作室外生活。

（家人卫生。）

暑假内游泳，拍球。

成功还在其次，最要的是身体。一家人必须身体健康，然后再想有为。

（因为自己的功作未曾注意。）

吃食不合口味。找厨子。能吃几样西洋菜也可，或是南方口味的厨子也可。

（天教我不要过急！）

* * * * * * * *

夏天，为 W.或可以到北戴河去两三星期。（她不愿意。）

七月十日，四

因失物，男仆辞事。我以先有倚靠他的意思，因为是从天津带来的。自从去年他想去，我留过他以后，很不受约束。

仆人问题是很难的。然而是小事，不能算难。

今天找人。

与人接，不勉强。B.用这个方法，我以后也如此。

七月十一日，五

Wold 对文不满意，怕他不精神，不会用 Recit. Melloy。想请他退出指导。

我同梅去见文。文辞。我今早去勉强把他留住。

Gee 以先也想他去好，今早稍能看的远一些，如是让他去，与将来和国立学校合作上有妨碍。

这事算做一小结束。

我的态度未免露出惊慌。不能镇静。

心慌心跳！这是胆小的明证！

不动心是由养勇的工夫得来。

家人病，仆人、校事，都容易让我心慌。

本已决定暑假期内在国文上用功，而近一星期又不能推开一切专心在国文上。不能有恒！

（不能有恒。）

校事未办的：

（一）国文教员欠一。

（二）国画教员能带教音乐。

（三）国学指导。

（四）陈达助手，请示校长。

又改进社事尚未结束！

* * * * * * * *

今天到办公室，立刻不延迟，清理应做的事。暑期研究会已就绪，可以无须我去多事。

能如此，就是养勇。

七月十二日，六

昨天看恕谷赠富平书，内有几句可记的。

"作大事者，勿喜而喜，勿怒而怒，勿有事而有事。"

"作大事者，量如沧海，度如山岳，小善小劳，沾沾自喜，何以图大？"

"善作事者，常使精神余于世，不使事余于精神，苟好胜喜多，以致茫乱，事必有误，名亦有损。"

"沉潜细密，喜怒不形，得失不惊，有始有卒。"

七月十三日，日

看前星期日记。

觉悟：

（一）对于家人的健康以先太不注意。

（二）与人接，完全不勉强。

弱点：

（一）露小聪明。（在办研究会的小事物上！）

（二）心慌。（不能镇静——当于明明病的发现，又当于办文去留事。）

（三）延迟。（国文教员事未办清。）

（四）不能有恒。（用国文功是早决定的，不能每天按一定课程实行。）

本星期应办的：

（一）《事思录》写完两个月，今天继续。

（二）今后对于读书习字，两门功课，特别注重。作信也同时用力。

（三）校事未清的，明天到办公室理清。

（四）改进社事，可问曹消息。其余等知行来后。同曹谈，他到年会有什么感想。

（五）下年教论理学的预备。

（六）大学的筹备要早下手。

* * * * * * * *

下午仆人李旭去，马顺来。

七月十四日，一

上午

十至十二，二至四，在办公室或图书馆。

记过法：

——延迟，（不能计划什么，立刻就办什么。）无恒在内。

——动心，（练喜怒不形，得失不惊。）露小聪明也在内。

这是最大的两个病，习惯已多年！每天省察两次，早一次，下午再一次。每次省察结果用〇记下。

七月十五日，二

上午

上午懒惰，躺在床上看小说。

自己懒，不能责备别人不负责。（因嫌别人不负责，动心。）

时时刻刻，不能放松。

* * * * * * * *

近来看出男女仆都不免有偷东西的毛病。

讨厌这种行为，以致因他们动怒是不值当的。对于东西的件数加小心。

不疑。我的生活力，不要被他们的偷盗影响。

期望他们根本改他们多年的习惯，是不易的。如果不可靠，就换。如果不太坏，可以慢慢地感化他们，使不偷。

（以大量容化。）

再想，薪金本来太不平。要穷人同时守我们的道德，还可以生活，是不容易的。

因为经济状况，他们不能完全守道德规律。怨环境，也在个人。

（无论对什么人，要先以信，不得已时，再疑，既疑必有证。）

* * * * * * * *

想请研究会的旧相识吃饭。W.已被家事压迫，无余力。所以我不能不分责。

七月十六日，三

下年大学的筹备是一件重大的事，也是一个很非常的机会。

养精神，使它"余于事"。

既然事很忙，下年应否担任论理学？

担任的理由，可以使我得同些学生常接近。

不便的地方，怕因为这班功课使我过忙；并且我自己对于论理学的根柢很浅，预备要多用时间。大学的筹备也用时间，有时还要到校外去调查。事多就要"余于精神"，以致各方面都作不满足。

如我不担任，论理请谁教？

恐怕没有相当的人。

为将来，应请专门哲学的教授。

* * * * * * * *

大学最要点在得好教员！一切计划课程还是其次。

得好教员在能知人，在能鼓励他们前进。

广收罗！有人才教员，而后可谈人才教育。

结交天下有志的青年，共图造新中国人才的大业。这就是办大学的方法和目的。

如果我自己的学问不能得一般同志的信仰，就不能收罗真人才，那末，什么计划都没用处。

　　　　＊＊＊＊＊＊＊＊
只能想到，无用！这是我的大病！

实力推行不足！

如何得到这种力量？

以往的经验看来，想到而未能实行的太多了！……

（实行力薄！）

七月十七日，四

昨同曹谈，他劝我不要过忙，因为下年应办的事非常多。又说教员所任功课应早通知他们。

昨天定聘东南一位，教论理学和国文，南开一位为近代文化科助手。

觉悟，同曹比，我太易受感觉（Sensitive[①]）。所以我易惧，易疑，也是因为此。

这样构造的人，少有激刺，立刻就觉不安；所以想作"喜怒不形，得失不惊"的工夫最不易。

神经过敏！

多室外生活。

　　　　＊＊＊＊＊＊＊＊
昨天周焕文来。下年或就东南，或在师大。

晚饭有南开来会几位。

后天午饭请饶柏森等。

　　　　＊＊＊＊＊＊＊＊
校事：

（一）通知各教员下年所任功课。

（二）访请国学讲演员。——为改良国文。

（三）下年各科主席。

---

① 过敏的，敏感的。

七月十八日，五

W.身体乏，精神颓，对于家事易怒易烦。因明明多病，W.更不能支持。（我自己的精神，不应被疲劳所影响。）

在假期内，我很可以在家事上多帮忙。

W.工作太劳倦了，不早注意，怕有大病。

我们对于家事的兴趣都不是自然的，但是到现在，如果再不发生勉强的兴趣，就要有性命之虞！

我想为自己求学问的野心，暂时必须舍开。等家人的身体健康后，再专心求学。

处新家制度不得已不如此。

本来是乐趣，就是照顾病人也是乐事，更应精神欢喜。

我应当做一个常为家人健康计划，精神快乐的人。

不要"研究"为什么家事到这步田地，不要责备以往的情形，到现在就作现在应作的事，这是最痛快，惟一的解难法。

七月廿日，日

看前一星期日记。

觉悟：我易受感觉，所以易惧，易疑。

弱点：只能想到，不能作到！

* * * * * * * *

昨天午饭请 Robertson，Dr. & Mrs. Wold，Miss White。

下午六点，忽然发现新月有热度。

夜里 W.起来许多次。

* * * * * * * *

未了事：√（一）事思录，（二）通知教员功课，（三）国学讲师，（四）改进社结束，（五）为大学得教员，（六）书，字，信。

七月廿四日，四（第十五册起）

宗昭昨天出嫁。

观察：子政与北大的浙派通气。

* * * * * * * *

北大的蒋、马等，东南的郭、程，凡有与他们有关系的，我就生疑。不免有怕他们作计来侵犯我的自由。小心他们的手段，可；怕他们，不应当。

****

写《事思录》。二月。

****

明日办公：（一）通知教员，（二）国学讲师，（三）大学筹划（教员），（四）改进社结束。

七月廿五日，五

曹明日到北戴河。今天办完未了事。

****

下午与曹长谈。教员事有许多待清理。

自七月起，全时间任本校事。

曹说，郭秉文将赴美，与孟禄接洽，为二次赔款事。据说，将来委员会内约有中国人六，美国人三。中国人中约有顾、施、颜、郭，及其他二人，美国人中有孟。

曹说，清华约可得五分之一。他知道孟对于清华不满意。

全将来校，曹很相信全有办事才，他说，将来有用人办要事的时候，可以交给全办。

****

上次王来后，我的态度不能完全收罗，完全远大。对全，必与他合作。

****

曹昨天下午在郑宅（南院一号）赌钱。玩牌作戏，可；赌钱，不应当。特别是一校的校长。校长在校可以如此，学生能否仿效？

官场能如此，作教育事业的人也可如此？

****

上午赵文应到办公室，长谈。董事会改组事。又劝学生中应少党见。

****

下年，职员中练习能与曹、王、全、徐，相处。

处法，不外"自厚薄责""以善养人"。

****

在暑期研究会散会前，校事也要理清。如此可得三个星期的休息，八月十日至卅一日。

休息，旅行，或在校。

七月廿七日，日

看第十四册日记。

六月十五日至七月五日——三个星期为一段。

七月六日至廿六日——三个星期又一段。

（一）前一段内，读书觉着很有心得。看的书有：

章太炎，《国学演讲录》。

蒋竹庄，《青年之人生观》。

汪懋祖，《现时我国教育上之弊病》；《学衡》。

吴宓，《我之人生观》。

P. E. More，《印度森林哲学》及 B. Gita 文集六册。

《恕谷年谱》，《学衡》廿九期内，柳、吴、景、范的文章。

（二）后一段内，心神不定，理由：

明明病，W.身体弱，仆人更换，请客；

暑期研究会事，未了的校事，改进社。

［不要怨，要负责。（八月十一日）家事是最大问题。家事无法，心神不能得安，学业、事业难有成绩。］

＊＊＊＊＊＊＊＊

读书和办事，精神不能两方都照顾。

对于办事的计划，我还有趣味，到了实作去，我就容易厌烦延迟。

然而办事人也是需要的。

我的性情像近于读书，但是也没根柢，没系统。

无论读书或办事，工作专心在约而精。

（约，精。）

＊＊＊＊＊＊＊＊

读中国书先从颜、李入手。外国书可稍停几个月，看效果如何。为计划大学应用的外国书，自然要看。

办事——家事是不得已不注意的！校事要专心在教员养成和大学计划。

＊＊＊＊＊＊＊＊

午前知行来，午饭，谈年会事。下年中等教育我还有份。他想请廖北来一同计划此事。

明年我无薪俸，社里供给助手。知行待我厚！

七月廿九日，二

已有两天伤风。

今天休息，看《岳传》。有暇写些《事思录》。

八月

八月四日，一

前星期病，无精力，只看《彭公案》及近几期的英文杂志。应办的事一概懒惰。

天还没晴。水灾的险天津怕不免。

明明又一星期没有长！不喜食物。因何故？

（小孩病！）

惟有带他到协和去检验。延迟已有七个月！

* * * * * * * *

√（一）电话协和。

√（二）华午晴信，洪深信。

（三）写完《事思录》。

√（四）整理个人财政。

√（五）定休息到何处。

（六）国文教员和讲师。音乐教员。

√（七）课程排列和通知教员。

√（八）论理学的教法。

（九）写信美国订杂志。

（十）写信至 Pude。

（十一）写信 T. C.[①] 印书处要论文。

* * * * * * * *

以上几项，如作去不过一星期；如延迟那就不知要用几个月了！懒人，一笑！

八月七日，四

昨天带明明到协和医院检验。

据 Hammord 说，怕是习惯上毛病。所以不用药，先从改习惯上入手。

* * * * * * * *

今天是研究会的末一日。

* * * * * * * *

---

① 指美国哥伦比亚大学师范学院（Teacher College）。

八月九日，六

昨天答欣海信。踌躇！今天定稿。

读书不能记，读过就忘；做事延迟，易生厌烦！

这是学问及办事两道，我都不能有大成就的预兆！

近两三星期，精神疲倦，所以更容易懊悔狐疑。

现在研究会已完，应当离开此地休息几天。

然而校事还有许多待清理的！看星期一写下的事程。

能在下星期一理清校事最妙！

八月十日，日

昨天改进社信来，新规定自八月起，清华七月加薪应即退回，不等曹归来。

* * * * * * * *

暑假已经过去多半，读书作信习字的工作又没有做到！

* * * * * * * *

看本册日记。

自七月六日到现在，已有六个星期，自觉精神不振。

觉悟：

读书善忘。

做事延迟。

补救方法或在精约。少读书，要精读；少任事，要专心。

* * * * * * * *

精读本国书，自颜、李始。再读《习斋年谱》。（不贪多，先攻两年谱。）

专心做清华事，以外只任改进社中等教育。力辞师大。

* * * * * * * *

今天写完《事思录》。共用了一个多月！共约一万余字。

八月十一日，一

早六时半起床。

觉精神有振作气象。

昨天写完第一年在清华的经历和感想。今早看从今年七月到现在的日记。

这一年作为颜李年。每天读一点颜、李的著作，要仿他们的精神，过这一学年的生活。

（颜李年。）

* * * * * * * *

今天温习抄《恕谷年谱》里嘉言，现在应注意的再抄一次。

"南溟自言心粗，先生曰非也，君病在心过细耳，作事须磊磊落落，当断即断，过细则沾滞或穿凿。"（二十八）

（心不要过细。）

"自愧放弃，务期心一刻勿放，身一刻勿颓，放颓则书之。"（卅五）

前一个月很放颓！今日稍振。

"人一临财即财大身小者身本小也。"（卅七）

"善引人者其言半是，从其半而奖掖之；不能容人者其言半非，即其半而驳折之。"（四十）

* * * * * * * *

延迟，器小，狐疑，党见，无恒，胆小。

* * * * * * * *

自七月初到现在，家里小孩病的心惊，换仆人的麻烦都经过。以后再发现，应能镇静。

在这一个多月，延迟也算到万分！

当断即断。

* * * * * * * *

休息不必走开。每天精神如一，不应有渴望休息的态度。精神要超出时、地、人的影响。

八月十二日，二

早五点半起。

六至八时，在西院横石上，阅《习斋年谱》[①]，至廿四岁。

将来能寻得日记更妙。看他本来面目，可以用现代眼光再赏识习斋的为人。已有的年谱和言行录都不见有选择人的识见在内，为现代应再作选择。

李塨的凡例说："先生交游论定者各附小传，或谓先生年谱不宜传他人，然先生会友辅仁之学见于是焉。"这个见解很对，然按现在看法，在

---

① 全名《颜习斋先生年谱》，李塨纂，王源订。

交游小传外，应有简概时代和地方的提要。

（一个小例是我写《事思录》多按现在眼光选择一年日记里的材料。）

＊＊＊＊＊＊＊＊

记先生孕十四月，又"乡人望其宅有气如麟忽如凤"，又"舌有文曰中，足蝉翅文甚密，其言中行洁之象乎？"这都有时代的信仰在内。

人著述，逃不出时代的信仰。所谓真的好的美的都带着时代的色彩。

所有的著述，无论是历史、科学、文学，都是现代人生活的表现。所以研究他人的著作，第一要务是明白彼时与此时的不同，这就是"时间的相对"。

这一个时代轻看那一个时代，这一种文化系统批评那一种文化系统……都是没有注意"时间的相对"。

增进现代的生活，是为人的本务，也是不得不然的。推广现代人生的了解，与现代人民生活接近，这是增长为人的度量，这也就是人格和学问的修养。要读古书也必须从了解现代生活起。

＊＊＊＊＊＊＊＊

想了解一时代的生活，必须从个〔各〕个人上入手；想了解他人，必先知道自己。知己知人是历来为学的要务。

＊＊＊＊＊＊＊＊

昨天在办公室理清了几件事，还有些待清理的，不知到几时可以办完？

＊＊＊＊＊＊＊＊

起首计划论理学班教学的凡例。又细目数则。

八月十三日，三

早六点三刻起。

阅《年谱》至廿九岁。

"先生昼勤农圃，夜观书史，至夜分不忍舍，又惧劳伤，二念交争，久之尝先吹烛乃释卷。"（廿七）

一方面尽对于人劳工的本务，一方面用力在作学问。

我现在稍多一点责任，就怨天尤人！

校事家事是我对人应尽的劳工本务，求学读书是个人的长进。

（不怕下年的工作忙。）

＊＊＊＊＊＊＊＊

宗昭及其婿今天来午饭。

＊＊＊＊＊＊＊＊

早九至十一在办公室。

八月十四日，四

早五点半醒，起抱新月，六点后又睡，至九点起。

夜里因下年国文教法尚无规模，心生惧。

阅《年谱》三十岁（第一年有日记）。

"三月与王法乾为日记，先生序之曰，……心之所思，身之所行，俱逐日逐时记之，心自不得一时放，身自不得一时闲……"

"（九月）定日功，若遇事宁缺读书，勿缺静坐与抄家礼，盖静坐为存养之要，家礼为躬行之急也。"

这都是宋儒工夫，所可佩服的是他用力的专诚。

* * * * * * * *

"约王法乾访孙徵君，以事不果。"又"同王法乾访五公山人问学"。

孙奇逢和王余佑都是明清际的名士。访贤是求学的妙法。

* * * * * * * *

开学前能走开十日休息么？

未了事：

（一）国文教法及教员讲师。

（二）欣海事及英文功课支配。

（三）科学概论及生物学的教员分任。

（四）改进社结束及进行计划。（不取出社里支票。用七百元还南开，还学校百元。）

（五）国画、音乐教员。

这几件都可等九月一日前回校再办。

* * * * * * * *

在京，——见知行、勉仲。

在津，——退旅费，谈答洪深，图书室的书。

在北戴河——住一星期。

八月十五日，五

早六时起。

阅《年谱》三十一岁。

二月访李晦夫。七月访张石卿。王介祺来谈经济。（介祺写"此书"，对于……必不安心。所谈经济，不知有关政治革命否？）

晦夫善射，"元旦，设弧矢神位，置弓矢于傍，酹酒祀之，曰，文武缺一岂道乎？"

"十二月往见石卿，石卿言性全善，而有偏全厚薄不同，故曰相近，义理即寓于气质，不可从宋儒分为二。"（与存性篇相似。）

"与王法乾言，六艺惟乐无传，御非急用，礼乐书数宜学，若但穷经明理，恐成无用学究。塙案，此时正学已露端倪矣，盖天启之也。"

＊＊＊＊＊＊＊＊

我想从年谱里找出颜学的渊源。彼时所交游的已给习斋综合新见解的资料。

"每月朔日书云：操存涵养省察务相济如环，迁善改过必刚而速，勿片刻踌躇。"

这可看出习斋的勇气。

＊＊＊＊＊＊＊＊

"临财勿忘义。"

我对改进社的月薪，觉不应受。不作事，不应拿钱。

我踌躇了将近半年，同知行谈，他自然推辞。以后我又犹疑起来，所以到现在还没结束。

W.意见不同，每因财生不痛快！

如果退还改进社，就该全数退回；如果受，就受全数。现在定后四月的不受，象是小器！

义则取，不义则不取，如取三分之二而退回三分之一，这是因为见义而不能勇为！

＊＊＊＊＊＊＊＊

一家常有意见的不同！

本想昨天赴京。不知今天能否起行。

八月十六日，六

在南开，早六时起。

昨天十一点离家，不能自持，怒！

在京，午饭知行家。廖有信来，将拟中学教育改进计划，拟好送来。知行使我也作计划。

下午车来津。

晚饭后与琴襄①谈。思凡所谓得力人，虽说给你用，然你也给他用。例华、伉之于 B.。

* * * * * * * *

看《年谱》三十二，三十三，两岁。

"思学者自欺之患，在于以能言者为已得。"（三十二）

"先生以先君子不答拜，稍疏。二月朔日曰，此非所以亲贤也。复入城谒先子，先子言行古礼必以诚。先生约翌日再会。及次晨至则以事出矣，见先子日记，有易直立朝必蹈矫激之僻。先生悚然，观先子学规，又闻先子骨力劲特，为学惟日不足，及年高习射事。叹息而去。"（三十三）

"曰王介祺春风和气，李晦夫暗然恂恂，吾羡之，不能之，即见贤不能齐……"

"四月先君子有书至，云易直凡事皆有卓见，吐时事之务。先生曰，谓我有卓见者，是规我好任己见也。谓我吐时务者，是规我轻谈时事也。"

这都是习斋能得力于贤者的地方。

* * * * * * * *

今天在此地整理未了的事，不要空谈。

八月十七日，日

六点起。

看《年谱》三十四岁。

"先生以祖母恩深，且恸父出亡，不能归与敛葬，故过哀，病殆。朱氏一老翁怜之，间语曰：'嘻，尔哀毁死，徒死耳，汝祖母自幼不孕，安有尔父。尔父乃异姓乞养者。'先生大诧，往问嫁母，信，乃减哀。"

"先生居丧，一遵朱子家礼，觉有违性情者，校以古礼非是，著居丧别记。兹哀杀思学，因悟周公之六德六行六艺，孔子之四教，正学也。静坐读书，乃程朱陆王为禅学俗学所浸淫，非正务也。源按：先生自此毅然以明行用孔之道为己任，尽脱宋

---

① 指孟琴襄。

明诸儒习袭，而从事于全礼大用之学，非二千年学术气运一大
关乎？"

这一年是习斋生命的转机。

＊＊＊＊＊＊＊＊

"思厉言暴色加于人者不仁，致人加者亦如之。"

＊＊＊＊＊＊＊＊

昨上午同 B.到八里台。长谈。

学校二十年作一结束，近五年的发展特剧，现在 B.要别走新路，不
自满足。

B.想多读书，到国内国外旅行参观。

我谏，一年调查后，可在大学自教一门功课。又著述事此后可注意。
著述不必"文章式"，段片的经验记载也著述，或是北人之所可勉为。B.
也然其说。

他问我清华如何，我说，很可练"容"。他说，最难是只容别人，不
容自己，怕的是，容惯了，也要容自己了！

又问我能否离开学校作旅行。

他自新的精神，真可钦佩！勇气胜于少年，虽已四十九，精神很像
青春。同他比，我倒有些老气！

B.待人严，待己也严，作事有眼光，有决断，御人有方，自信坚强，
不服人，虽有时自喜其功绩，然心中很明白成功里都有天赐和偶然在。

＊＊＊＊＊＊＊＊

定明天到北戴河。

＊＊＊＊＊＊＊＊

昨晚去看严老先生。弱甚，不久于世！先生是南开的发源，人格修
养的工夫一时罕有其匹，可惜我没得多受他指教。一般"半新"的人，
不能与老年有存养的人以相当的敬羡。将来南开人才如果小有成绩，都
不应忘严老先生在精神上的恩赐。

这是本乡的卓行君子，如果能文，应当写一篇《严范孙先生小传》。

天津下一辈的领袖，有几个有气节？很少肯下苦功夫，大半是以小
巧取一时的小名利。

＊＊＊＊＊＊＊＊

看前一星期日记。

八月十八日，一

六点二十分起。

看《年谱》三十五岁。

　　"正月著《存性篇》，原孟子之言性善，排宋儒之言气质不善。画性图九，言气质清浊厚薄，万有不同，总归一善。至于恶，则后起之引弊习染也。故孔子曰：性相近，习相远。"

　　"觉思不如学，而学必以习，更思古斋曰习斋。"

　　"三月入祁州，以只鸡清酒，哭奠刁文孝。"

　　"五月入府，哭奠张石卿。"

　　"闻太仓陆桴亭自治教人以六艺为主。"

　　"十月学习冠礼。"（附礼之详节。）

　　"十一月著《存学编》，共四卷。大要谓，学者士之事也，学为明德亲民者也。周官取士以六德——知仁圣义忠和，六行——孝友睦姻任恤，六艺——礼乐射御书数。孔门教人以礼乐兵农，心意身世，一致加功，是为正学。"

　　"自验无事时种种杂念，皆属生平闻见言事境物，可见有生后皆因习作主，圣人无他治法，惟就其性情所自至，制为礼乐，使之习乎善，以不失其性。不惟恶念不参，俗情亦不入，此尧舜三王所以尽人之性，而参赞化育者也。"

习斋学说到这年已成一家言。

　　　　　＊＊＊＊＊＊＊＊

为存养。

　　"戒讲者多言，服膺王法乾语，曰，口边才发出，内力便已少。"

　　　　　＊＊＊＊＊＊＊＊

昨午饭在锦江村请南开诸位。

下午与喻、华、孟、伉、章诸先生谈①。

喻说南开中学的地位。师生间盛情不如以先，概人过多故。学生中也有领袖争锋的病。

孟说，校长有人奖之则喜，与之交；有人评则怒。这是常情，自信力大的人特别容易如此。

──────────────

① 分别指南开大学、南开中学的骨干职员喻传鉴、华午晴、孟琴襄、伉乃如和章辑五。

晚饭，与 B.谈。二十年纪念为什么？为得事业的意义。选择已往的经验，定夺前进的方针。

* * * * * * * *

此地人过爱，易使我骄！说话容易，所以在此地只在口头上露小聪明，如果我自己实作去，就万不能得大家的满意和自己的自夸。故当自虚，少作无根据的谏议。

* * * * * * * *

昨晚已还欠大学的九百多元。

在清华入款丰富，所以在一年内已还清欠账，并有几百元的储蓄。

想到此点，不免有患失心！

* * * * * * * *

八月十八日赴北戴河。

游水三次。

与在君、适之晤三次。

住周先生房，吃济东饭。

廿三到津，廿四回校。

八月廿五日，一

离校十日休息。

明年暑期不应任职。家人至北戴河。

清华距西山不远，每逢星期或假日应作野外游逛。

在北戴河，觉室外生活非常康健。

* * * * * * * *

十日增长许多见闻。闭门读书不得与活事物接近，非现代求学法。下学年至少出游四次。

* * * * * * * *

一家都好，惟明明吃饭还不安静。

* * * * * * * *

孟禄今天到京。

八月廿六日，二

昨天下午游玉泉山，W.第一次。

已给凌、周去信致谢。

自休息归来，犹疑较少。戒 Worry①。

* * * * * * * *

星期五到办公室。还有三天休息。

八月廿七日，三

昨天没出门。上午下午睡两次。

早六点半起。

今天进城。

* * * * * * * *

秋天凉起来。然而秋天是北京最美的时节，所以我异常高兴！

八月卅日，六

廿七日早进城。午饭正阳楼，约勉仲。晚改进社欢迎孟禄，在北京饭店。夜宿勉仲处。

廿八日下午与孟禄略谈。晚在便宜坊，有孟禄、知行与 B.。

廿九上午回校。

孟禄来为赔款组织"基金团"。董事有十四人，华九美五。将来由内阁提出，由大总统任命。

华人约有颜、施（或顾）、郭、蒋、黄（或袁）、陈（限河）、范、汪或唐（南方）。

不出外交系和教育政客。东南得二三。

B.不与。

陶在孟禄耳中有信用。

* * * * * * * *

将来中国事业想得美国庚款的补助，必须得美人的同意。以先皇家主持权已入外人手！一般人将用术在外人前讨好。华九人能敌美五人否在识见、人格力如何。

真自主是定标准的自主，定是非的自主；现在是非标准自外来，还可讲什么自主？

* * * * * * * *

孟是专权的。将来有中国公使希望。（预言！）

* * * * * * * *

B.很灵活，他说："别人已走的路，不要再走。"他的意思是，教育

---

① 忧虑。

政客的成功我们可以无须效仿。美人对他的论定近来像不如以前。郭势日上。

想造自己的标准——以人格或以实力。新国家的产出在此。然利用已成的势力和标准是最大的引诱，也是政客必不免的。

* * * * * * * *

王祖廉介绍顾女士教音乐，我有些疑问。在我是不得不谨慎认真，然而因此又一次得罪人。如果曹坚持，忍过也无妨，本是小点。

* * * * * * * *

全昨日来。稍谈。将来他志不像在教育。

* * * * * * * *

昨晚因王，心不静。我性不近行政工作么？不应如此看——有志竟成！

八月卅一日，日

多室外运动使身体乏倦，然后心中可少忧虑。狐疑和懊悔也自然可减。

与曹骑马是很好的运动。烦他买时给我买一匹。价约百元，每月费约十元。

* * * * * * * *

多与曹谈。玩牌而不赌，是可以做的。会客聚餐（在校或城内）也可做到。有事常与他商量也是应当的。

* * * * * * * *

教员、学生，也应多与他们接近。公事室内的工作减少，与人接洽的机会加多。

* * * * * * * *

孟禄昨天来校。下午同曹陪他到颐和园。

孟在中国教育上有一部分的势力。他的耳目多倚仗常住中国而观察力得他的信仰的人。知行、郭很得他的信听。将来要请教他，多通消息。

别的朋友也当常通信。

* * * * * * * *

昨天同曹谈到办公室事，我说我要加助手。大学筹备事多。曹意现行校事我都应注意，恐无余暇作大学筹备。他有意再找专人担任，直隶他和我之下。这办法不甚妙。

我办公室的例事，全交给朱。为大学计划能再得一助手最好。然而谁？余如何？

上午大学筹备事，一半由课程委员会议定，一半由行政方面提出。今年课程委员会专责在现行课程，对于新大［学］课程可讨论，可谏校长，然不直接报告教职员会。

行政方面可约几位教员特别帮助计划大学事。他们直接对于行政负责。这几位可以讨论各种问题，如招考、教职员待遇、新生管理等问题。

对于新大学计划提出后，要事可由行政交顾问，再交董事会通过，不甚重要事可由行政推行。

* * * * * * * *

课程委员会：庄、余、梅、虞、陆、Danton、Heing、Elwang。

筹备大学特别委员会，可约：庄、全、余、陈（达）、郑、张、曹——曹（主席），张（副主席），余（庄？）（书记），又约助手。

* * * * * * * *

用特别委员会，各种筹备事都可集中。

（Special Committee on Preparations for High Developments.）

应有办公处。

* * * * * * * *

余可少教几点，政治一门给钱教，如此时间可以多些专作大学筹备事。可商之余。再与曹谈。

* * * * * * * *

余才近办事。将来行政上也需用人。

* * * * * * * *

如此，例事可交给朱，大学筹备事交给余。然后我可以多作些自由的思考。就是离开学校一两星期也可无妨。

九月

九月一日，一（第十六册起）

早六点一刻起。

阅《习斋年谱》，三十六岁。在池北。

"二月，与孙徵君书论学。"

"有聘作馆师者，以方解正学，恐教时文费功，辞之。口占曰：千年绝业往追寻，才把工夫认较真。吾好且须从学习，光阴莫卖与他人。"

"语法乾曰：我辈多病，皆不务实学所致。古人之学，用身体气力，今日只用心与目口，耗神脆体，伤在我之元气。滋六气之浸乘，乌得不病？"

"访王介祺于河间，介祺出所著此书及《通鉴独观》示先生。"

"十二月，以贫，断自新岁礼节再减，虚门面再落，身家勤苦事再加，此即素贫贱行乎贫贱，自古无袖手书斋，不谋身家，以听天命之圣贤也。"

* * * * * * * *

今天起每日到办公室。

先做，使我愁、不愿意做的事。

戒心过细。

九月二日，二

早六点半起。

昨天中午一至二休息。以后每天如此。

阅《年谱》三十七岁。（在西院。）

"内子言隐过不可记，先生曰，恶，是伪也。……夫凡过皆记，虽盈册无妨，终有改日也。若不录，即百过尽销，更愧以终无改机也。"

什么是过？不合于理想的标准就是过。常有的觉悟正是自新的实证——不自满，求长进。

理想标准如何产出？由"生命力"，不知足，想为常人所不能为——这是个人的——和社会遗传的价值，混合而成。这遗传的价值，是一般人在一环境内多时欲得而不能得的渴望生出的。

至于分析的粗精，觉悟的钝敏，那又是个人的差别了。

＊＊＊＊＊＊＊＊

昨天在办公室做事不少。

然而气还浮！喜怒易形，话多，不免党见。

＊＊＊＊＊＊＊＊

不要过于倚靠助手。朱虽得用，也要小心。用人的一定反被人用。

国文的不便利还是最大缺憾！

＊＊＊＊＊＊＊＊

余党见很深，有时私而不可测。大学筹备如用他，也要注意。

＊＊＊＊＊＊＊＊

知人之难在一见即知。长时间自然容易多了。

九月三日，三

早六点一刻起。

阅《年谱》，三十八岁。（在西院。）

　　"三月，与陆桴亭书论学。"

　　"八月，哭奠彭朝彦。朝彦，刘村佣者也，捐介勤力，少有余即施人，力为善。先生敬而筵之，朝彦曰：生平非力不食人一盂。先生曰：翁守高矣，然请大之。为述如其道，舜受尧天下事，朝彦犹辞。又述徐稚食茅季伟事，乃食。"

　　"十二月，王法乾曰：兄遭人伦之穷，历贫困之艰而不颓，可谓能立矣。"

　　"书孙徵君联云：学未到家终是废，品非足色总成浮。"

＊＊＊＊＊＊＊＊

昨晚师大宴孟禄。（在来今雨轩。）

孟禄说明基金支配的原则七八条。

听说董事已定，惟有几个团体反对内中外交系的官僚。至昨晚还没有调和办法。

顾、孟禄所拟名单约如下：顾，施，颜？，陈，范，郭，蒋，黄，张，汪？，丁？

几个团体坚持必须容纳蔡，汪，又共推出十四人，政府必须不出此以外。

十四人：蔡，汪，范，黄，熊，郭，张，丁，蒋，袁，李，陈（光甫），周（寄梅），穆（藕初）。

* * * * * * * *

孟禄很愿可早成功。中国人中将来的调和不知如何。

* * * * * * * *

我听说两名单上都有 B.，不觉有快意。

党同是常人的通病！

* * * * * * * *

校事稍就序。

吴宓大约可来。来后，给他什么工作？

我的精神、人格和学识，能否使同事人诚服？

九月四日，四

七点起。

阅《年谱》，三十九岁。

"与人曰：穷苦至极，愈当清亮以寻生机，不可徒为所困。"

"祭泰山，赋诗云：志欲小天下，宁须祭泰山。聊以寄吾意，身陟碧云天。"

"思吾身口及心，何尝有从容二字，须学之。"

"与王法乾习祭礼，法乾曰：劳矣。可令子弟习，观之。先生不可，曰：所贵于学礼者，周旋跪拜，以养身心，徒观何益？乃同习。"

"觉气浮，思气不自持，其灾乎？已而伤手。"

"朱翁卒。先生归宗，移住杨村。"

* * * * * * * *

能专办校事，使同事及学生诚服，这也可算是事业的小试其端。

学问与办事相辅而进。

九月五日，五

六点半起。

阅《年谱》，四十，四十一两岁。

四十。

"先生既归宗，谋东出寻父。值三藩变，塞外骚动，辽左戒严，不可往，日夜凄怆。"

"自勘有美言伤信之过。"

　　"或言天下多事，盍济诸？曰：仆久有四方之志，但年既四
十，血嗣未立，未敢以此身公之天下耳，因怆然。"
家族观念过深了！
四十一：申订教条，共廿则（这里老学究的条件还不少）。
　　一孝父母，一敬尊长，一主忠信，一申别义，一禁邪僻，一勤赴学，
一慎威仪，一肃衣冠，一重诗书，一敬字纸，一习书，一讲书，一作文，
一习六艺，一行学仪，一序出入，一轮班当直，一尚和睦，一贵责善，
一戒旷学。
　　可注意细目。
　　"一主忠信。天生人只一实理，人为人只一实心，汝等存一
　　欺心，即欺天；说一谎话，即欺人。务存实心，言实言，行实
　　事，违者责。"
　　"一习六艺。昔周公孔子，专以艺学教人。近士子惟业八股，
　　殊失学教本旨。凡为吾徒者，当立志学礼乐射御书数及兵农钱
　　谷水火工虞，予虽未能，愿苦学焉。一、六日课数，三、八日
　　习礼，四、九日歌诗习乐，五、十日习射。"
　　"一贵责善。同学善则相劝，过则相警，即师之言行起居有
　　失，俱许直言，师自虚受。至诸生不互规有成，而交头接耳，
　　群聚笑谭者责，甚至戏嘲亵侮者重责。"
这三则很可代表习斋的特别方法和精神。
　　"九月五日率门人习射村首，中的六，门人各二。因思孔子
　　曰，回之仁，贤于丘；赐之辩，贤于丘；由之勇，贤于丘。此
　　圣道之所以光也。汉高祖曰，运筹，吾不及子房；攻战，吾不
　　及韩信；给饷守国，吾不及萧何。此汉代之所以兴也。今从吾
　　者更不吾若，吾道其终穷矣乎！"
一乡的村童那能和天下的达才比，先生未免过于自负，未免欲速。
　　　　　　　　　　　　　＊＊＊＊＊＊＊＊
　　中国向来制度都是一位教师，担任各种功课，尽一人的特长。现在
不得已采用分任教课，所以师生间关系必不如以先浓厚。学生所钦佩的
教员七八位中未必有一位，而他对于教员所负的责只是某一门功课，
他为人的方面教员绝不过问。所以当教员的心理，不过是作知识的买卖，
学生对于教员也毫无一点恩情。

教员必须作广告，不然学生不去买。"教学法"就是广告术！学生没有尊敬心，如何能虚心自得？

九月八日，一

七点起。

阅《年谱》，四十二岁。

"谓门人曰：君子于桓文也，贱其心而取其功；于程朱也，取其心而贱其学。"

"思体人之情，则不校；体愚人之情，则生怜心；体恶人之情，则生惧心。怜则不忍校，惧则不敢校。""又思祸莫大于驳人得意之语，恶莫重于发人匿情之私。"

"思事虽至琐，但当为即义，不可有厌心。"

不校，不厌，是今天的教训。

（犯而不校，未犯更不许猜忌；琐事不厌，大事尤不应厌。）

* * * * * * * *

五日下午进城，昨天下午返。

见焕文、见庵、勉仲、乃传、诚之、孟禄、济东、适之。适之可来清华住。

九月九日，二

六点三刻起。

阅《年谱》，四十三岁。

"元宵悬斋前一灯，群聚观。先生叹曰：碗大纸灯，何足盼，而群聚者，通巷无灯也。士君子生于后世，虽群望集之，必当进而与尧舜周孔相较，则自见其卑，前途无穷。若遽以寸光自多，不几穷巷之纸灯乎？"

"王法乾曰：每苦无聊，便思息肩。先生曰：此大恶宜急改。庄周佛氏，大约皆不耐境遇之苦而逃者也。"

"过溢水由桥，思桥舟，王霸之分也。桥普济而无惠名，舟量济而见头功，君子其桥乎？"

"曰：陈同甫谓人才以用而见其能否，安坐而能者不足恃；兵食以用而见其盈虚，安坐而盈者不足恃。吾谓德性以用而见其醇驳，口笔之醇者不足恃；学问以用而见其得失，口笔之得者不足恃。"

＊＊＊＊＊＊＊＊

昨晚女师大杨荫榆[1]宴孟禄，W.同往。

孟禄发表将二次美庚款用途，以他个人意见，应特别注意下三事：一、新教育的试验。二、中学的科学教育。三、实用科学人材的训练，如各样工程师。

他很反对空高的 Research[2]！

＊＊＊＊＊＊＊＊

听说阁议已通过中华教育文化基金董事会人选。中国人有十：顾、颜、施、郭、黄、范、张、蒋、李（石曾）、陈（光甫）。

支配还算不大差。

＊＊＊＊＊＊＊＊

又听说，昨天八校校长议决一体辞职。无经费各校不能开学。

处清华环境真太舒服了！师生的责任应加重多少倍！

前天与适之谈。他说，手抄一遍可以帮助记忆。

他赞成我以颜李作中心，也劝我常读文学，先从几大家泛读入手，渐渐也可在文学上寻得中心。

对于自省功夫，他戒我不要作的太过，太过就成一种自己解放的路，引人安于静。然而他也信为改习惯，常自记过错，多日综合一次，可以助省察有长进否。

（人与人的影响都如此！）

他说教员的功效如下图：

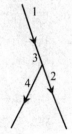

1. 学生原走的路。

2. 如无教员的影响，学生要走的路。

3. 教员指导接触点。

4. 被教员影响后学生走的新路。

在 3.的时候，2.与 4.相差有限，然而将来的方向就差的很大了。

学生的天赋，少年环境，个人造就——都是学生原有的，教员不能为力。教员只可转移一点点方向罢了。

学生最佩服的教员影响不过如此。那些不令人钦佩的教员，影响的

---

① 杨荫榆（1884—1938），女，江苏无锡人。时任国立北京女子师范大学校长。

② 研究。

小更可知了！

* * * * * * * *

我本学年教一班学生，我可有多少影响？

全看我的学识道德能有几分可敬！教书岂易事！

九月十日，三

六点三刻起。

阅《年谱》，四十四岁。

"十月一，门童欧先生弟亨，责之不伏，逐之失言，既而悔
之，以犯刘焕章所戒也。焕章尝规先生曰：君待人恩义甚切，
而人不感或成仇者，以怒时责人语过甚也。夜不寐，内子问故，
曰：吾尝大言不惭，将同天下之贤才，为生民造命，乃恩威错
用，不能服里中之童，愧甚忧甚！"

* * * * * * * *

今天是我在清华第二年的开学日。

我也有过大言，想作一时代为民造福，影响青年的人，然而自己不
免有时猜忌，小器，不能使同事人诚服，这是最可恸的！

* * * * * * * *

晚六点一刻。

看报上载（因新施的严格办法于学生有不利处）师大内讧。对教务
长很有毁谤。

思，在清华，我是主严的，然而我真能使人诚服么？

我也有"怒时责人语过甚"的小器病！

（戒怒责人！）

* * * * * * * *

明天第一次上论理学班。

将来学生的成绩如何，完全在我的学问。譬如大家说谁是某某的高
徒，当先生的一定自己成名，而后学生有成就，也自然承认先生的影响。

留学生中胡适是杜威的高徒，吴宓是白璧德的高徒。学生自然是有
天才的学生，而先生也必是有天才的先生。

我仍应专心在自己学问的长进，小小教法问题不要废去许多好光阴。

（精，约。）

* * * * * * * *

在校事上，小处容让。对王不要猜忌！

九月十一日，四

六点半起。

阅《年谱》，四十五岁。

"正月，墚同李毅武拜先生问学，先生谓墚曰：尊君先生，老成寡言，仆学之而未能；内方而外和，仆学之而未能。足下归求之而已。"

"二月，谓门人曰，天废吾道也，又何虑焉？天而不废吾道也，人材未集，经术未具，是吾忧也。孔子修《春秋》曰，我欲托之空言，不如见诸行事之深切著明也。会典大政记，实窃取之，如有志者鲜何！因吟曰：

肩担宝剑倚崆峒，

翘首昂昂问太空。

天挺英豪中用否？

将来何计谢苍生？"

"之田，行徐而庄，思此无暴其气也，而即所以持志。"

"思老将至，而身心未可自信，如作圣初志何？又思致用恐成马谡，宜及时自改。"

马谡言过其实，不可重用！

（戒言过实。）

* * * * * * * *

今天第一时上论理班，思杜威、桑戴克都不是很注意班上教法小巧的人，而他们影响于一时代的学生较班上小巧的教授深远千百倍。影响青年最要的是教员个人的成就。

九月十二日，五

七点半起。

阅《年谱》，四十六岁。

"看陈龙川答朱子书，至'今之君子欲以安坐而感动之'，浩叹曰：宋人好言习静，吾以为今日正当习动耳。"

"五月，墚来谒，先生衰麻出见（叔父卒），教学小学曲礼。"

"教墚三减曰：减冗琐以省精力；减读作以专习行；减学业以却杂乱。如方学兵，且勿及农；习冠礼未熟，不可更及昏礼。"

这是精约的工夫。

"又语塔曰：犹是事也，自圣人为之曰时宜，自后世豪杰出之曰权略，其实此权字，即未可与权之权，度时势，称轻重，而不失其节，是也。但圣人纯出乎天理而利因之，豪杰深察乎利害而理与焉，世儒等之诡诈之流，而推于圣道外，使汉唐豪杰，不得近圣人之光，此陈龙川所为扼腕也。仆以为三代圣贤，仁者安仁也；汉唐豪杰，智者利仁也。"

"曰：勇，远德也，而宋人不贵，专以断私克欲注之，则与夫子不惧二字，及勇士不忘丧其元，临阵无勇非孝等语，俱不合矣，奈之何不胥天下而为妇人女子乎？"

* * * * * * * *

晚五点半。

上午同歆海谈，不能敛气！说"我同家兄性情都很刚，不争则已，一争到底"。这像是恫吓人！又像是引家长——齐来恫吓人！这话说的太可羞了！

他说我专制（Autocratic！）。如此，将来感情难好！

在我还不免器小，不能坚而和。

然而既往，不可因之而生惧。

* * * * * * * *

每与意见不合人接洽，虽勉励自持，总不免露出火气来。经验不够。过后痛悔！

能完全不生气更好。如果既生气之后，再来后悔，那就无勇了。

* * * * * * * *

歆海不知要作何反攻？惟有任他去吧！我过我的中秋节。

九月十三日，六

六点一刻起。

阅《年谱》，四十七岁。

"正月，携塔如献县，拜王五公先生。"

"参订司马光十科取士法。源按：唐宋科目甚繁，温公十科差胜。要皆出仕之人，而间杂以未仕者，总不外明经进士而已，是取之以章句辞华，而另设科以用之，欲人才之得难矣。不如即以先生所述三物之教，复古制乡举里选，各取其长，而分兵农礼乐诸科以用之，终身于一职，以其职之尊卑为升降，而不杂其途。庶人才可以竞出，政事可以毕举，又何事于唐宋科目哉？先生存治之意如此，今盖姑取其科之近似者检校之耳。"

"时塨与张文升共学韬钤，先生每入蠡城，则商酌彻昼夜。"

"思周孔似逆知后世有离事物以为道，舍事物以为学者，故德行艺总名曰物。明乎六艺固事物之功，即德行亦在事物内。大学明亲之功何等大，而始事只曰在格物，空寂静悟，书册讲著，焉可涵哉？"

"王法乾摘塨过曰：刚主交某某，又与某通有无，可忧。先生曰：果有之乎？然吾以为刚主不及吾二人在此，其胜吾二人亦在此。吾二人不苟交一人，不轻受一介，其身严矣，然为学几二十年，而四方未来多友，吾党未成一材。刚主为学仅一载，而乐就者有人，欲师者有人。夫子不云乎：水清无鱼，好察无徒，某将以自改也。"

"十月，约塨以月之三五日会质学。"

＊＊＊＊＊＊＊＊

昨天我劝歆海少注意钱，他答道："Don't talk that idealistic stuff——that is just pulling wool over people's eyes." [①]

我言过其实，不能使人信佩。他谋他的小名利，难说我能特别清高么？他为私，难说我是特别为公么？

自厚薄责！危行言孙！

九月十四日，日

昨晚进城看戏，杨小楼的《连环套》。（王长林配朱光祖，王已过七十了。）

宿梁家园。

早十一点回校。

＊＊＊＊＊＊＊＊

昨晚看戏后，思我少勇！远不如 B.。

反复无决断，不是大丈夫！

以先同曹说烦他给我买马，昨天他又谈到，我又踌躇起来了！

[①] 译为：别说那些理想主义的东西——那不过是用来骗人的。

九月十五日，一

六点三刻起。

阅《年谱》，四十八岁。又看前两星期日记。

前两天因歆海及买马事，心理不安。

有患失的怕！有不耐难的颓！（见小利则大事不成。欲速则不达。）

（患失的怕，不耐难的颓。）

三十八岁年谱："王法乾曰：兄遭人伦之穷，历贫困之艰而不颓，可谓能立矣。"

* * * * * * * *

不校。

不厌。

不要"怒时责人语过甚"。

过则勿惮改！

* * * * * * * *

《年谱》，四十八岁。

"正月，先君子设谷日之筵，……先生作谷日燕记。"

"塨从先生如献县，与王五公先生议经济。"

"思古学教法开而弗达，强而弗抑；又古人奖人尝过其量，吾皆反此，不能成人材，不能容众。自今再犯此过，必罚跪。"

（不能成人材，不能容众！）

先习，后再抄。

* * * * * * * *

下午。《年谱》：

"七月，著《唤迷途》，后又名曰《存人编》。"

"塨进于先生曰：五谷之生也，生而已矣；长也，长而已矣，不自知其实而稿也。学者有进而无止也如之。孔子从心不逾时，犹思再进也。塨窃窥先生近若有急急收割意焉。且夫英雄败于摧折者少，败于消磨者多，故消磨之患，甚于摧折，不知是否。先生曰：是也，愿急改策。"

* * * * * * * *

能改过的人，对于别人的过，也能不校，因为相信别人也有改过的可能。（对王、张都应如此。要能容，不要取对待态度。）

（对人取容，不取对待态度。犯而不校。）

* * * * * * * *

思在清华不怕严，只怕太依靠法了。

"道之以政，齐之以刑，民免而无耻；道之以德，齐之以礼，有耻且格。"

"以德服人。""以善养人。"

"恭宽信敏惠。"恭，宽，惠，——都是厚道。

＊＊＊＊＊＊＊＊

晚六点。

下午歆海来，愿教十小时。

暂时少一问题。

九月十六日，二

六点起。

因雨，在室内阅《年［谱］》，四十九岁。

　"正月，如易州，望荆轲山，诗云：

　　峰顶浮图挂晓晴，

　　当年匕首入强嬴。

　　燕图未染秦王血，

　　山色于今尚不平。"

　"张函白规先生固执，兼轻信人。王五公先生亦谓曰：流丸止于瓯臾，流言止于智者（这两句引《荀子》），先生服之。"

　"一族弟无状，先生责之。其人曰，大兄惠我一家，原感不忘，因大兄表功，故反成怨耳。先生悚然自悔。"

＊＊＊＊＊＊＊＊

九月十七日，三

七点起。

阅《年谱》，五十岁。

　"二月，王五公先生卒，先生闻之大恸。已而闻其目不瞑，叹曰：五公不瞑目矣，吾之目其可瞑耶！……四月八日，只身起行，如关东寻父。"

　"十七日，入京，……五月十五日，出朝阳门而东，……二十日，抵山海关。"

　"见山海之雄，叹曰：夏殷周之得天下也以仁，失以不仁；汉唐宋之得天下也以智，失以不智；金元之得天下也以勇，失以不勇。"

按，金元下似有清字，或在其意中而未敢书之。至得失之理由，不似若是简单。

六月四日出关……十三日，过韩英屯，南已至奉天府，即沈阳也。四出寻觅。

五十一岁。

二月，如海盖等处。

三日宿辽阳城，七日至盖平，十九日过耀州，二十日入海城县，二十五日入辽阳，三十日复返沈阳。

三月四日，沈阳有银工金姓者，其妇见先生报贴，类寻其父者，使人延先生至家，问先生寻亲缘故。先生泣诉，妇惊泣曰：此吾父也！先生乃详问父名字年貌疤识，皆合。妇又言，父至关东，初配王氏，无出，继配刘氏，生己。曾以某年逃归内地，及关被获，遂绝念。康熙十一年四月十二日卒，葬韩英屯。因相向大哭，认为兄妹。先生又出遍访父故人，言如一。

四月朔，奠告奉主归，只身自御车，哭导而行。

十二日，达松山堡。十八日入关。三十日过京。五月五日至博野。十三日，葬父生主于祖兆。

有志竟成！

九月十八日，四

六点半起。

阅《年谱》，五十二岁。

"二月，思孟子曰：先立乎其大。今小事皆能动心，小不平皆能动性，正是大不立也。"

（小事动心，小不平动性。）

一年在丧礼中生活。

五十三岁。

"自儆曰：尧舜之圣在精一。吾不惟不精，而方粗如糠秕；不惟不一，而且杂如布肆。愧哉！惧哉！须极力培持，上副天之所以生我者可也。"

（精一。）

是年三月嫁母卒。

"许西山致书于先生论学，先生以周孔正学答之。西山先生讳三体，河南山阳人。……著《河洛源流》《政学合一》等书。《源流》略云：圣道一中，原通天地，民物为一，全体大用。揆文奋武，皆吾心性能事。但自孔子没，而中行绝，狂狷两途，分任圣道，乃气数使然，不可偏重。狂者进取，如张良、韩信、房、杜诸人，皆能开辟世界，造福苍生。然求其言行之尽规规圣道不能也。狷者不为，如程颢、朱熹、陆九渊诸人，不义不为，主持名教，然欲其出而定鼎济变，如古圣之得百里而君之，朝诸侯有天下不能也。二者分承协任，庶见圣道，若但认孔子为一经学儒生则非矣。"

"塨与张文升推衍存治，文升著《存治翼编》，塨著《廖忘编》，先生订正之。"

"十二月，订塨所著《阅史郄视》。"

* * * * * * * *

早与 B.电话，今天下午在外交部第一次教育文化基金董事会开会。

九月十九日，五

早六点半起。

阅《年谱》，五十四岁。

"思待圣贤以豪侠，待豪侠以圣贤，待庸愚以圣贤豪侠，待奸恶以圣贤豪侠，或处之如庸愚，则失其心，则致其侮或害，皆己过也。而乃委命之不淑，人之难交耶？"

"塨规先生病中郁郁，是中无主也。先生即书于册面自警。"

* * * * * * * *

昨下午五点半至七点半与曹长谈将来计划。

小！我是病……猜忌！狐疑！不能收罗！不能远虑！

有将兵才，有将将才。吴子玉[①]有可佩服处。将将必须有远虑，能收容，有知人之明。

* * * * * * * *

与朱敏章谈将兵将将的分别：

将兵看一步——能知兵的动作，而纪律他作你要他作的事。

---

① 吴佩孚（1874—1939），字子玉，山东蓬莱人。直系军阀首领。

将将看至少两步——知将的心意，还须能使他得所欲得，同时作你所要他作的事。

将兵主严——待己严待人严，共甘苦，有过必罚。

将将主容——一时的任性处，要能容纳。你为他所想的路，要比他自己所想的路，多发展的可能。

* * * * * * * *

将兵注意眼前的服从，不准例外。

将将注意末尾的成功，喜怒不形。

* * * * * * * *

今早往车站送孟禄。

基金董事人选：顾、施、颜、范、蒋、郭、张、黄、周（寄梅）、Monroe、Dewey、Baker、Bennett、Greene。尚少一中国人，待正式开会时补选一位，大概代表南方。

昨天选出临时职员：主席，范。副主席，孟禄。书记，周。

委员会：一、Bylaws[①]，二、Selection of Director of Execution Secretary[②]，三、审查意见书。

第一次正式会约在明年四五月。

九月廿日，六

六点一刻起。

阅《年谱》，五十五岁。

"谓张文升曰：如天不废予，将以七字富天下，垦荒均田兴水利；以六字强天下，人皆兵，官皆将；以九字安天下，举人材，正大经，兴礼乐。"

"二月，塙执贽正师弟礼。"

"思心时时严正，身时时整肃，足步步规矩，即时习礼也；念时时平安，声气时时和蔼，喜怒时时中节，即时习乐也。玉帛周旋，礼也，不尔亦礼；琴瑟钟鼓，乐也，不尔亦乐。故曰礼乐不可斯须去身。"

"李植秀问曰：秀寻师问道，人多毁忌，如何：曰……汝初立志，当暗然自进，不惊人，不令人知可也。然亦须坚定骨力，

---

① 规章制度。

② 董事长选举。

流言不惧，笑毁不挫，方能有成。"

　　书一联云：虚我观物，畏天恕人。

（虚我观物，畏天恕人。）

＊＊＊＊＊＊＊＊

昨天下午在家方写完将将主容，到办公室与Heing怒！

学生改课太易，也是我没有看到。

自己稍有得意，错过立至。不能一刻放肆！

九月廿一日，日

休息，十点半起。

晚看前一星期日记。

觉悟：

一、患失的怕——见小利！

二、不耐难的颓——欲速！

三、练容众，戒党同。

晚，再看李恕谷的《富平赠言》。

九月廿二日，一

七点起。

阅《年谱》，五十六岁。

　　"思事可以动我心，皆由物重我轻，故兵法曰，败兵若以铢
称镒。"

　　"思定其心而后言，自无失言；定其心而后怒，自无妄怒。
失言妄怒，皆由逐物，未尝以我作主。"

　　"谓门人曰，……（予当）和气包括，英气愤发时思王五公。"

这八个字是五公人格的表现。我想写王五公小传，习斋、恕谷两年
谱内材料不少。

　　"思人才无用矣，厌其无用，即己才无用；世路不平矣，怨
其不平，即己情不平。"

＊＊＊＊＊＊＊＊

W.牙痛，不要缓慢，早进城医治。

九月廿三日，二

七点一刻起。

阅《年谱》，五十七岁。（未完。）

"思有一夫不能下亦傲恶，有一事不耐理亦怠恶，有一行不平实亦伪恶，有一钱不义得亦贪恶。"

"三月，先生将出游。曰：苍生休戚，圣道明晦，敢以天生之身，偷安自私乎？于是别亲友，告家祠。十六日，南游中州。"

昨夜，想在清华近来不免露出高傲态度，同事人与来往的很少。

（高傲。）

态度要改和恕。

九月廿四日，三

八点起。（夜里因新月哭，起来。）

阅《年谱》，五十七岁。

"至夏峰，晤孙徵君子，……具鸡酒祭徵君，哭之。拜耿保汝。……以《存学》质保汝曰：请问孔孟在天之神，以为是否？程朱罪我否？保汝曰：孔孟必以为是也，程朱亦不之罪也，但目前习见不脱者，起纷纭耳。先生曰：苟无获戾先儒，而幸圣道粗明，生死元不计也。保汝曰：如此无虑矣。乃为畅言六艺之学。保汝出其《王制管窥》《论井田封建》与先生《存治》合，深相得，流连几十日，乃别。……保汝名极，定兴人，从孙徵君移家夏峰，高隐力学。"

这是何等精神！

昨天听说，有流言说我要逐曹自代。惟自加谨慎，不去问他。"喜怒不形，得失不惊。"

九月廿五日，四

夏历八月廿七日，孔子诞日，假。

七点起。

昨晚阅完《年谱》，五十七岁。

"五月，至河南开封府，张医卜肆以阅人。"

"时时习恭，心神清坦，四体精健。时疫气流行，兼之斧资不给，而先生浩歌自得，绝不动心。"

"张天章来曰：学者须静中养出端倪，书亦须多读，著书亦不容己。先生曰：孔子强壮时，学成教就，陶铸人材，可以定一代之治平矣。不得用，乃周流；又不得用，乃删述。皆大不得已而为之者也。如效富翁者，不学其经营治家之实，而徒效其凶岁转移，遭乱记产，藉以遗子孙者乎？……"

"闰七月，思化人者不自异于人。"

"抵上蔡，访张仲诚。仲诚曰：修道即在性上修，故为学必先操存，方为有主。先生曰：是修性，非修道矣。……论取士，仲诚曰：如无私，八股可也。先生曰：不然，不复乡举里选，无人才，无治道。仲诚名沐，以进士知内黄县事，有惠政；论学大旨宗陆、王，而变其面貌，以一念常在为主，弟子从者甚伙。"

"八月，先生与仲诚及其门人明辨婉引几一月。"

十月五日抵里。

* * * * * * * *

钱端升[①]来，有疑我偏袒南开意，并谈到学界近来也注意地盘。

我是有党同的病！应在大处落墨。

至于人的猜忌，惟有谨慎，不矜张，完全公平。不应稍有患失心。

九月廿六日，五

七点半起。

阅《年谱》，五十八岁。（因雨在家内。）

"谓塨曰：子纂诸儒论学，名曰《未坠集》，……然……所谓未坠者非也。未坠者在身世也。今诸儒之论在身乎世乎？在口笔耳！则论之悖于孔孟，坠也，即合于孔孟，亦坠也。吾与子今日苟言而不行，更忧其坠矣，而暇为先儒文饰曰未坠哉！"

"七月，录《四书正误偶笔》。"

* * * * * * * *

昨天曹赴长沙，约去三四星期。校事委我的有几件，然有王在，我要少管为是。

既有逐曹的谣传，更须小心些。自己学识浅陋，现在所处地位已觉

---

① 钱端升（1900—1990），字寿朋，上海人。1919年毕业于清华学校，1924年获美国哈佛大学博士学位。同年回国，任清华大学讲师。1927年任教国立中央大学，1934年任天津《益世报》主笔。1948年任北京大学教授，1952年任北京政法学院第一任院长，1954年参与起草了《中华人民共和国宪法》。

惭愧，我作我个人的工夫，将来自有相当成效。校事不要把他看大了，也不要把他看小了，工夫从个人作起，影响要不止一校。

九月廿七日，六

七点二十分起。（近五六天，起的过晚些。）

阅《年谱》，五十九岁。（在西院横石上。）

　　"亡岐刘懿叔延往。先生曰：后儒失孔子之道，致我辈不得见君子以文会友之乐矣，即如今日如圣学未亡，与公郎等吹笙鼓瑟，演礼习射，其快何如！乃只闲论今古，差胜俗人酗赌而已，可胜叹哉！"

"四月，以三物——自勘。"三物，六德——知、仁、圣、义、忠，和；六行——孝、友、睦、姻、任、恤；六艺——礼、乐、射、御、书、数。

　　　　* * * * * * * *

今天聚餐会，如进城，晚必归。

九月廿八日，日

六点一刻起。

看前一星期日记。

昨天没进城。今早进城。午饭清华同学会。

晚要早归，看学生论理文。

九月廿九日，一（第十七册起）

七点廿分起。

阅《年谱》，六十岁。（横石上）

　　"先生曰：为爱静空谈之学久，必至厌事，厌事必至废事，遇事即茫然，贤豪不免，况常人乎？予尝言误人才败天下事者，宋人之学，不其信夫！"

　　"思夫子之温良恭俭让，石卿先生有三焉：温良让也；介祺先生有二焉：温恭也；晦夫先生有二焉：良与俭也。予未曾有一焉，愧哉！"

　　　　　　* * * * * * * *

论理班教法引起我对于新制课程支配的疑问。

学生同时攻七八门功课，每日上班钟点在四小时以上，他们那有时间，作专心一门的研究，经验自得的真乐？

如此往下作，学生如何有练思的机会？空空洞洞地，读些门学科，凑些成绩时，然后可以毕业出洋。在外国仍是一样的制度，读些门学科，凑些成绩时，然后回国来充留学生！

我要作一点真教育的事，就是个人影响的工夫，可以与学生个人有讨论谈话的机会。

九月卅日，二

"思以厚痛人之薄，即已荡也；以宽形人之刻，即已刻也。"

* * * * * * * *

昨天在班上又露出骂人来！

（这是戒 Spiteful Moralism①！）

八点四十分起。

阅《年谱》，六十一岁。（在东阶上。）

"四月，曰施惠于人乃其人命中所有，第自吾手一转移耳，何德之有？故世间原无可伐之善，可施之劳。"

"七月，之小店，途诵程子四箴，觉神清气耸，因思心净气舒一时，乃为生一时，故君子寿长。神昏气乱一日即是死一日，故小人年短。"

---

① 恶意的道德主义。

十月

十月一日，三

七点半起。

阅《年谱》，六十二岁。（未完。在横石上。）

"四月，郝公函三聘请主教肥乡漳南书院，乃往。……［五月］四日抵屯子堡，漳水泛，公函率乡人以舟迎入。"

"议书院规模，建正厅三间，曰习讲堂，……"

（六斋，斋有长，科有领，两镜。以智、仁、圣、义、中、和之德，孝、友、睦、姻、任、恤之行。）

图如左①（本漳南书院记改正）：

（聊存孔绪励习行，脱去乡愿、禅宗、训诂、帖括之套；恭体天心学经济，斡旋人才、政事、道统、气数之机。颜先生联。）

（"思多言由于历世事不熟，看人情不透。"）……（十月二

---

① 注，原图在左。

日读抄。）

　　"命诸生习恭习数习礼，与公函顾而乐之。"

　　"七月朔，行学仪毕，曰：朔望行礼，非直仪文，盖欲每月
振刷自新也，汝等知之。又教弟子舞，举石习力，先生浩歌。"

　　"访路趋光骧皇，论治'主封建井田'相合，谓之曰：圣人
不能借才异代，须宽以收天下之材，和以大天下之交。"

　　"[八月]十六日以漳水愈涨，书斋皆没，叹曰：天也！乃
旋。门人皆哭别。"

（习斋六十二岁，教育规模如成，现以浅陋之学识经验来计划大学，成效定无可
观！宽以收天下之材，和以大天下之交。）

十月二日，四

　　七点起。

　　抄完《年谱》中漳南书院一段。

　　昨晚课程委员起首讨论将来大学方针。

　　习斋六十二岁，可以说是学成教就，才拟他新书院的规模。

　　我学，是一无特长，教，也是一味空谈，如何会产出新大学的计划？
可叹，可怕！

　　昨晚讨论时我又唱了些高调！庄说，他经验过许多人当学生时讲爱
国讲的很好听，毕业后作事一样贪名利。

　　上次歆海也看不起我的高调。

　　我自己回想，也可惭愧！

　　说完大话，而自己的名利心仍旧！

　　提倡口学生应受苦，毕业后不应期望百元以上的月薪，然而我自己
如何？还是洋房住着，睡钢丝床，用磁澡盆，每月四百元现洋足数的薪
金！唉！我说的话真是高调！我的言行实是欺人！

　　（高调欺人！）

　　以身作则是真教育！

　　我享着特别利益，就不应责备别人。

　　如真有大志，工夫必须从危行言孙作起！

　　我劝论理班学生读 Dewey，按从首至尾，至少三周。这样小事也应
先自己作起。

十月三日，五

六点一刻起。

阅完《年谱》，六十二岁。（大雾，在西院墙下。）

"思威不足以镇人，而妄夷之；惠不足以感人，而妄居之。

不智也，祸于是伏焉。"

"十二月，著《宋史评》，为王安石、韩侂胄辩也。"

* * * * * * * *

昨晚 CCC.开会，会长虞讲到〈道〉："上年年终我们听说传言，说校内事有不妥当处，本会应尽一部分责任，帮助学校进行，所以今年特设一委员会讨论教员去留，大学计划等问题。"

言外露出谣传攻击我的话。

我也稍有所闻，大概因陈、王而起。

大家猜疑，我惟"反求诸己"。"自反而不缩，虽褐宽博，吾不惴焉。自反而缩，虽千万人吾往矣。"

我应感谢大家的鼓励和监视。

有我不能容人处，应立刻舍小存大。

（舍小存大。）

在清华有事可为，绝非为保守地盘。

如仅为安逸仅为钱多，自己就不配作自己的领袖，那能服人！

* * * * * * * *

舍小！

对王，我想他诡计，贪权。

对曹，我想他外国习气过深。

对一般好说洋话的留学生，我想他们毫无学问，用"半洋化"骗饭吃，无聊之极！

因为我有看不起人的表现，所以人也一定对我苛求。

先正己，而后人自正。

看清楚要造就那样人才，先自用工夫，有成效后，自然再讲话也有把握。不讲也早晚有人知。

* * * * * * * *

庄的不满意是因为薪金少。他们都知道我的薪金比他们多些，或暗中有批评。

十月五日，日

三日下午进城。在改进社同几个西藏人吃饭。

昨天回校。

大学应造就那样人才？

必须与真事接近。北京是假的。

必须与中国现时多数人同情。北京是毒的。

三十年后的政治文化的活力量，是要从多数农人生活中产出，所以将来人才必须经验农人生活。

现在北京、上海、南京、天津，几个教育中心都是假的，因为他们讲些与中国实情没关系的空学问。

整理国故，不是知真中国的途径。要知真的——活的——中国，必须生活人民现时的生活。

所以大学生活中，应有一部分是经历人民的生活，用 Settlement House 办法，使学生得生活多数人的生活。

* * * * * * * *

我当于说的时候，非常火热，然而自问实行力如何？

唱高调，自己不能先实行，一定别人要骂 Moralistic[①]，Domineering[②]！

别人作过错事，不要因为他的弱点，就永远对于那人有恶感。

Indignation[③]，Seriousness[④]都有时应当的，然而不要以为我特别比人高尚，特别比人道德！

人都有人情的短处，对于人能真谅解，就一定不会记别人的过处，而不能相容。

南开风气有些道德自高的意味。我没有 B.的勇和远见，只于有 Moralistic 的自大。

我在清华对于王、张有成见。大不应当！

把最好的都放在外面，就容易假。要学同情和从容自在。

* * * * * * * *

蔡元培得助于老子哲学的人生观，所以他能把"我"放大，与大地同博厚，能容别人的短。（□的观察。）

* * * * * * * *

---

① 说教的，道学的。

② 专横跋扈的，盛气凌人的。

③ 气愤，愤恨。

④ 认真，严肃。

清华外国习气最深，为新大学精神的产出，我的力量太薄弱了！

期望大家过夜就能革新，是不可能的。

把自己改造以前，不能期望别人按照我的主张改造。

我自己作"中国化"的工夫，我的作法是只于多看些中国书么？我要多知道中国实在的活情形。如此就不应穷守在舒服的洋房生活里，而不与多数代表人和情形接近。

我赞成学生去旅行，为什么自己不去先尝试？

我赞成学生作田地的工作，为什么自己不去先动作？

真正大学计划，还须从自己入手！这是最平浅的。

不用说给人，自己先去作。

* * * * * * * *

假！人猜忌也不应就怕说实情！胆量小！

* * * * * * * *

看前一星期日记。

自觉：

一、唱高调——先行后言。

二、Spiteful Moralism——大家都有弱点。

　　"以厚病人之荡，即己荡也；以宽形人之刻，即己刻也。"

　　"威不足以镇人，而妄夷之；惠不足以感人，而妄居之。不智也，祸于是伏焉。"

十月六日，一

七点前醒，在床上读杜威，八点起。

阅《年谱》，六十三岁。（东院。）

　　"思人至衰老，容色气度，宜倍宽和，以乐人群；骨力志情，宜更刚毅，以保天命。吾未有一焉，岂不可惧？"

　　"答垛书曰，吾所望舆于此道者，惟足下一人，故惧其放，畏其杂，相见责善过切。如日暮途远，担重力疲，将伯之呼，不觉其声高而气躁也。"

习斋所望于刚主的甚笃，必先自己有所发明，而后去寻能继续光大的人，寻得后，一定期望甚大；终身努力的不空，都在得此一好门徒！

* * * * * * * *

对于论理的教法，我还觉茫然。

我想望学生每个都可得些益处，然而方法还没有把握。也不要期望收效过多，收效过速。

十月七日，二

早九点起。无时看《年谱》。

晚补阅《年谱》，六十四岁。

"思宋儒如得一路程本，观一处又观一处，自喜为通天下路程人，人亦以晓路称之，其实一步未行，一处未到，周行榛芜矣。遽返已正堕此，处事非惰即略，待人非偏即隘，仍一不能走路之宋儒也。可愧可惧！墣谓走路者，兵农礼乐也，路程本者，载兵农礼乐之籍也。宋儒亦不甚喜观此籍，盖其所喜者尚在安乐窝居，不在通晓路程也。如《论语》敬事而信等书，必曰是心不是政，可见。"

"十月，王法乾曰：自居功者，人必共怨之；自居长者，人必共短之；自居是者，人必共非之。先生曰然。"

（不要自居，更不要妄居。）

十月八日，三

六点半起。

阅《年谱》，六十五岁。（横石。）

"思每昼夜自检，务澄彻方寸，无厌世心，无忘世心，无怨尤心，无欺假心，方与天地无似。不然，昏昏如无事人，老而衰矣。"

"[四月]十八日，王法乾卒，先生恸哭。"

"闰七月，墣自浙来见，先生命吹簠笙听之。墣谓先生曰：先生倡明圣学，功在万世，但窃思向者束身以敛心功多，养心以范身功少，恐高年于内地更宜力也，乃以无念有念，无事有事，总持一敬之功质先生。曰：然。吾无以进子，子乃于外出得之，可愧也，敢不共力，乃书'小心翼翼，昭事上帝'二语于日记首，日服膺之。"

十月九日，四

六点一刻起。

阅《年谱》，六十五岁第二遍。横石上。

"观毛大可乐书，王草堂书解正误。"大可名奇龄，草堂名复礼，大约是恕谷介绍。

曹敦化以新乡尚重威如及朱主一咏先生辞来，威如词曰。

"卓识绝胆，踢篱折藩。

存性学，恨不亲孔孟传，

讲治法，真如见三王面，

不得已跳过汉唐，举首尧天，

眼睁睁，总不教尘沙眩。"

主一词曰。

"唤回迷途，亿兆添多，

三存如愿，万邦协和。

喜先生寿考作人，

闻风起，焉肯蹉跎，

威如主一寄辞俱四拜。"

**　＊＊＊＊＊＊＊＊**

昨晚学校预祝国庆纪念，我致开会辞。

我说：从前十三年经验观察，新国的建设：

一、不是一时努力可以成功的；

二、不是制度组织可以成功的；

三、不是少数人民可以成功的；

四、不是只于人多可以成功的。

想预备建国工具人才，必须：甲、同情的推广，乙、常功的注重。

说时又过火热！

过后自悟：言在行先！又 Moralistic！

十月十日，五

八点一刻起。

因为男仆问题，不能决断，延迟了两天。

这又是见事生厌的病！

**　＊＊＊＊＊＊＊＊**

谣传说，我去年对于教员的去留，都是几个天津人的党见。又说我反对约翰①的毕业生。

事实是余的意见。不知道这谣言是谁造的。

虽然无根据的谣言可以不管他，我的交游实在有一点过于近天津人。初来时候，还到工字厅古月堂及各家去拜访过，今年开学已经一个月而各处都没有去，天津人可是已聚过两三次。

在清华自己地位问题是小事，最要的是事业的成功。此地如有机会给新国造些工具人才，那就应舍去一切时间和自己的方便，建设一个真能造就人才的学校。如无机会……或因大家不能合作，猜忌过多，或因外面的掣肘（牵掣），或因我自己"威不足以镇人而妄夷之，惠不足以感人而妄居之"，那就应早有觉悟，防失败于未然。

（国立私立各学校都没钱，惟清华有准入款。如此对全国的责任就大得不可想像了！）

* * * * * * * *

现在猜忌虽有，还没到不能合作的地步。

外面虽有牵掣，还没影响到学校政策的自由。

我自己的短处，露在言行的，每天不免，每事不免！

如失去机会，使清华不能有相当的成功，我的罪占最大部分。

如果到自己无才继续的时候，要早谏〈荐〉贤自代，自己再去作修养预备的工作。

（看到必须做到！）

* * * * * * * *

一定多与教职员接近！曹对我的批评也是说我只于与些旧相识接近，有些教员不肯到我近前。

十月十一日，六

六点三刻起。

看《年谱》，六十六岁。（横石上。）

* * * * * * * *

续抄六十五岁。

"堪质新著《大学辨业》于先生。大略言格物致知者，博学于文也，学问思辨也；诚正修齐治平者，约之以礼也，笃行也（如此知行是分的）。物即三物之物，格，至也，即学而时习之；

---

① 指上海圣约翰大学。

诚意，慎独也，内省也；正心，心在也，洗心退藏于密也，不动而敬也。总之不分已发未发，皆持一敬，孔子所谓修己以敬。……先生喜曰：吾道赖子明矣！后为之作序。"

"十一月，省过，恐振厉时是助，平稳时是忘。"

"阅陆桴亭《思辨录》。"

* * * * * * * *

六十六岁。

"一日习恭，忽闭目，自警曰：此昏惰之乘也，不恭孰甚？已而喟然叹曰：天置我于散地二十有八年，曾不切劘我矣！植秀问曰：何也？曰：困抑不若在蠡之甚，左右共事，不若在蠡之才，忽忽老矣！是以叹也。"

习斋是喜困苦的，是好有事的；至于人才，到他末年，清朝天下已定，大概一般稍有才志的都出去应试做官去了，大家只顾求名禄，恭维当代已成的势力，不能再有独树旗帜改造乾坤的大志和机会，所以习斋的这一叹是很动人的！天挺英豪终于无用！

"思释氏宋儒，静中之明，不足恃也，动则不明矣。故尧舜之正德利用厚生，谓之三事，不见之事，非德非用非生也；周公之六德六行六艺，谓之三物，不征诸物，非德非行非艺也。"

十月十三日，一

十一日进城。午北海聚餐会。晚宿城内。

十二下午，中央公园，南开同学会。七点回家。

* * * * * * * *

七点起。

阅《年谱》，六十七岁。（西院。）

"八月，塈将入京，先生曰：道寄于纸千卷，不如寄于人一二分，北游须以鼓舞学人为第一义。"

这是习斋教育观念很要的一点。学既不是读书，教也不是著书，学教都是人与人的关系。

"教塈曰：今即著述尽是，不过宋儒为误解之书生，我为不误解之书生耳，何与于儒者本业哉？愿省养精神，苟得行此道之分寸，吾即死无憾矣！"

* * * * * * * *

看前一星期日记。

觉得：

一、不用说给人，自己先去作。真正大学计划，须从自己入手。平民生活，如旅行，田地工作，自己须先尝试。

二、肯用时间，多与教职员学生接近。全国学校都少款办事，清华的责任大，机会也大，如可为，应尽力尽心在此，不要分神到他方面。（置之于死地而后生，这是历来用兵成法。）

* * * * * * * *

按平民生活眼光看，自己薪金过大了。我想同事人中，一定有人批评我口头上提倡苦生活，而自己拿钱比别人更多！可耻！

薪金问题是很重要的，不要只于唱高调，不顾实在情形。为别人设想，从自己试办。

（为别人设想，从自己试办。）

十月十四日，二

七点起。

阅《年谱》，六十八岁。（西院。）

"服膺小心昭事，思任人情之颠倒，事变之反复，君子之心，总不失其对越上帝之常，其几矣。"

颜、李信仰里深含宗教性。

"六月，自勘曰：李晦夫气象朴穆，全不入世局。王法乾专一畏避，故皆不受侮。予既甘心沮溺，而又不能认确穷则独善一句，且至诚不足动人，恭也皆取耻辱，爱也皆招玩侮，是谁之过与？"

这几句背后有终身无成绩的自怨！一方面不能完全作隐君子，一方面又觉得不能与世接近。

"八月，思大人自恃其聪明，则不能用人；小自恃其聪明，则不能为人用。"

十月十五日，三

六点半起。

大风！阵前不知冻饿死多少人！

南开来电话，说到天津的火车要用两三天，所以阻止一切想赴廿周年纪念会的人。

山海关直军不利，京津路上来往兵车非常忙。

天时，地利，人和，都于吴大将军不利！

* * * * * * * *

既不去天津，应安居清华，与教职员学生接近。

以智、仁、勇，与大家共谋清华的前途。

（一、威不足以镇人而妄夷之，惠不足以感人而妄居之，不智也，祸于是伏焉。

二、以善养人。三、自反而缩，虽千万人吾往矣。）

* * * * * * * *

阅《年谱》，六十九岁。（登台，在横石上。）

"正月，或求教授书文，先生曰：衰疲自知天废，姑舌耕以济绝粮，亦可也。于是（某生）……来从游。"

到老还是很穷。

"六月，大兴王源价埏执贽从学，先生辞不受。固请，乃受之。"

"八月，评培日记曰：既脱俗局而高视远望，再敛空虚而自卑自迩，则可与适道矣。"

"俨侍，言有心疾，曰：习行于身者多，劳枯于心者少，自壮。"

"教培痛除假冒将就。"

十月十六日，四

七点起。

看《年谱》，七十岁。（未完。登台，清朗异常。）

"汉军崔璠奂若来问学。先生谓之曰：学之亡也，亡其粗也，愿由粗以会其精；政之亡也，亡其迹也，愿崇迹以行其行义。"

"自勘一生勉于明虞周之政，学孔孟之学，尊祖敬宗，老老恤孤，隆师重友，辟邪卫正，改过修慝，日新时惕，凛于帝监，勿负苍生，乃年及七十，而反身自证，无一端可对尧舜周孔而无惭者，且有败坏不可收拾。如化族一事，良可伤也。"

这几句说出他终身用力之处。

"谓门人曰：孟子必有事焉句，是圣学真传。心有事则心存，身有事则身修。至于家之齐国之治，皆有事也。无事则道统治统俱坏，故乾坤之祸，莫甚于释氏之空无，宋人之主静。"

＊＊＊＊＊＊＊＊

校事近来觉稍忙，当持"大事化为小事，有事化为无事"的态度。

"沉潜细密，喜怒不形，得失不惊，有始有卒。"

十月十七日，五

七点一刻起。

看完《年谱》。（横石。）

七十岁。

"与门人言博蠡修河法，曰：北人只思除水患，不思兴水利，不知兴利即除害也。"

"曰吾事水学，不外分浚疏三字。圣王治天下，亦只此三字。"

（浚，开河也，使深通也。）

"三月，将以银易新冠，思此门人周珥所寄遗者，当为天下公用之，不可以私华其身，乃易纸抄《唤迷途》。"

"思生存一日，当为生民办事一日，因自抄《存人编》。"

"游西圃，可成从，因言王五公之教于陑阳也，谓主人曰：吾登山即偕弟子登山，玩水即偕玩水，吾吟酌，吾看花，吾步骑射，无不弟子偕。诸公勿问也，只取弟子学问科名胜人耳。学且勿论，其门人甲遂中进士，即帖括也，岂仅在诵读哉？"

"四月，谓门人曰：齐宣王欲授孟子室，养弟子，使大夫国人矜式。是以宋儒待孟子也，孟子志作名世，乌肯居哉！倘以留，宋儒必悦，使翻朱注，程子果曰：齐王处孟子，未为不可。慨然叹曰：程朱之学，焉得冒孔孟之学哉？"

然而也有时代不同的关系。

"［五月］廿五日，塽以往郧城，拜辞求教。先生曰：持身庄辣，力断文墨，爱惜精神，留心人才，佐政仁廉，足民食用，特简武壮，不问小过，出入必慎，交游勿滥。塽拜受行后，先生凄然。"

（留心人才，足民食用。不问小过。）

"六月，沐后，见指肉红润，甲色稳秀，叹曰：天何不使我栉风沐雨，胼手胝足也。"

"七月，谓门人曰：心性，天所与，存养所以事天；道义，师所授，习行所以事师。"

（1.栉风沐雨，劳苦不得休息也。2.胼手胝足，手足劳动，皮生茧而厚也。胼，章便；胝，音氏。）

"[八月]二十五日，寝疾。李植秀、钟镂俱来侍。二十七日，张振旅、张智吾来视，起冠。智吾曰：病何必冠？先生曰：卧则脱，起则冠，固也。三十日，王巽发、王浚……来候，命人扶掖。九月朔日，张文升来视疾。二日晨，令燂汤沐浴。培及贾子一来视疾。先生谓门人曰：**天下事尚可为，汝等当积学待用**。申，命自学舍迁于正寝。酉卒，面貌如生。"

（这两句是不得志而有余勇的人所能说的话。）

"十二月六日，葬于北杨村西祖兆。"

* * * * * * * *

昨天沈商耆（名彭年）[1]来校讲昏丧祭三礼概要。对于守法和礼与社会变迁的关系说的很明了。

十月十八日，六

六点半起。

在横石上想《年谱》后应读什么。

五月五日，太谷尔送我 Gita。

六月廿五日，读完 Gita 第二遍。日记："太不顾人群，又怕不是中国历来理想人格的态度，从明日起每日读《李恕谷年谱》若干段，要看颜李修养的得力处。早晨还到室外习静，做默澄收敛工夫。"

日记又写："我自从去年春天知道有颜李一派学说，就很羡慕他们为人为学的精神。"

八月十日写完在清华第一年的《事思录》，十一日看从七月起的日记。定这在清华第二年作为颜李年，每天读一点颜李的著作，要仿他们的精神过这一学年的生活。

八月十二日起阅《习斋年谱》。

---

① 沈彭年（1877—1929），字商耆，上海青浦人。曾任上海龙门师范学校教师，教育部专门司科长、江苏教育厅厅长等职。1925年创办文治学院，后任暨南大学、光华大学、东亚大学等校教授，兼任上海音乐专科学校教授。

从那天到十月十七日——共两个多月——很少间断，每天看一岁，或两三天看一岁，看后抄写特别对于修养或学术上有价值的话。

我读年谱，还是偏重修养方面。

现在年谱一周看完，要深研一点习斋的学说，所以定从《存性》入手，每天看（点句）若干页。（因为《存性》是习斋所悟的出发点，所以先从他入手。）

不过每早室外省养的工夫还是一定要做的！

十月十九日，日

七点半起。

点《存性·明明德》。

　　"吾性以尊明而得其中正。"

　　　　＊＊＊＊＊＊＊＊

昨天曾霖生来谈将来大学军事学科计划。

话中我有批评在清华教员有贪安逸患得患失的病。又犯小看人的过！

留学生中有一般不能领会中国思想的人，中国的事知道的有限，而又妄自骄奢，生活程度提高，所要求的薪金很大，自以为西洋文明应如此。

他们对于一般人民不肯认为同类，而以"苦力"呼之。

这一类的留学生，国内各处都有。对于他们，不应恨，而应与之同情。

我以往的态度是骂，是攻击。我要改方法，要为国来设法收纳他们。

在清华就用这样工夫：同情，收纳，善养。

对于中国之所以为中国，我先自己下工夫。

　　　　＊＊＊＊＊＊＊＊

今天下午与大一级学生茶话。

他们也是处特别权利地位的人。

我本来的性情对于他们也要骂，也要攻击。

现在完全改造制度是办不到的。大半全可出洋。

既然如此，骂他们有什么益处？

如果能唤醒他们的良心，将来他们可以多作一点于民有益的事，也就算可以了。

所以对于他们，也要用同情，收纳，善养的工夫。

十月廿日，一

六点半起。

看《存性》。（横石上。）

* * * * * * * *

"大约孔孟而前责之习，使人去其所本无。程朱以后责之气，使人憎其所本有。是以人多以气质自诿，竟有山河易改，本性难移之谚矣，其误世岂浅哉！"

道德（品行）论的中干是性说，习斋是深信人皆可以为尧舜的，他不要人自憎，他要人努力自拔。他看一般人没志气，而以气质为辞，想唤醒他们，必先驳倒气质说不可。这是他所以仇视宋儒的动机。

知识论的中干是逻辑（论理），杜威是深信改造环境的，他不要人生在一旁分析，他要人用思想作改造的工具。他看一般人的通病，是用思想来消遣，想唤醒大家努力去改造环境，所以他创出"工具论理学"。

我现在正从这两位先生的学说入手。

知识论是近代西方学术的枢纽。

道德（品行）论是中国历来学术的中心。

如果抱定这两方面用力，将来或者可以多明白一点东西民族所认为最要的问题。

* * * * * * * *

我深信的是什么？

现在中国人最致命的病是什么？

学术的出发点应在这两处去找。

十月廿一日，二

七点起。点《存性》。

昨天看 Lothrop Stoddard, *The Revolt against Civilization*[①]。

他用生物学对于遗传的发明和心理测验的结果，来证明人类绝不平等，环境既不能转移人的遗传，所以各种社会改良的运动，都须经过一次新估价。

----

① 斯陶达（Theodore Lothrop Stoddard，1883—1950），美国历史学家、新闻记者、优生学家、政治理论家。其著作《对文明的反叛》一书于 1922 年出版。

对于政治方面，他宣传一种所谓"新贵族主义"。

用人民日加多，空地日见少的假定（这是我在论文上用的，不过在那里要证明平民主义的，所以看出是由于空地忽加多，人民无互相比上下的心理），也可以解释为什么现代要发生平民主义的反动。

我们可以预料这种反动要渐渐增长。

然而这个过渡是很不易的，不知要经过多少的血战，多少的紊乱，而恐怕现代文化的新光明也要暂入末叶了！

* * * * * * * *

西洋近四百年的经过大概是如此。

在中国现在的变迁是那种社会最合宜？

我们一定受西洋社会过渡的影响。他们内部人日加多，一方面是他们内部的互争，还有一方面就是向外推展的压力一天比一天加大。在中国外国人的势力也要日日增长。

中国人也一定有一部分，要借用外国人的势力，保护自己的地位。政客、军人、商人、资本家、学者，都有！

只有少数人愿意作逆流的工夫，与一般平民接近，不甘心去借用外国人的势力。最可期望的是少数的学者，可以看破一时的势力，而从事于人民生活的研究。他们的大志愿在一方面是帮助人民寻得旧生活的新意义，在又一方面是用旧生活里的理想来感化西洋社会大过渡的趋向。

太谷尔的工夫就在这两点上。

十月廿二日，三

七点起。

看《存性》。（横石上。）

习斋虽不尚著述，而文字工具足以达意。我本国文字大不够用！

校事忙，无时作特别工夫。又英文为办事足以应用，所以没有逼迫凡用文字都须国文。

我提倡本国文化的接近，而自己的文字不通，这就是不能先行后言。

十月廿三日，四

七点半起。

点《存性》。（室内。）

得到习斋学说里性善与习行的关系，为什么想提倡习行之学先从辩性入手。

　　"潜室陈氏曰，……孟子之说为未备。"
颜评。

　　"观告子或人三说，是孟子时，已有荀、杨、韩、张、程、朱诸说矣，但未明言气质二字耳。其未明言者，非其心思不及，乃去圣人之世未远，见习礼、习乐、习射、习书数，非礼勿视、听、言、动，皆以气质用力，即此为存心，即此为养性。故曰，志至焉，气次焉；故曰，持其志，无暴其气；故曰，养吾浩然之气；故曰，惟圣人然后可以践形。当时儒者，视气质甚重，故虽异说纷纷，已有隐坏吾气质，以诬吾性之意，然终不敢直诬气质以有恶也。魏晋以来，佛老肆行，乃于形体之外，别状一空虚幻觉之性灵；礼乐之外，别作一闭目静坐之存养。佛者曰，入定，儒者曰，吾道亦有入定也；老者曰，内丹，儒者曰，吾道亦有内丹也。借《四子》《五经》之文，行《楞严》《参同》之事；以躬习其事为粗迹，则自以气骨血肉为分外。于是始以性命为精，形体为累，乃敢以有恶加之气质，相衍而莫觉其非矣。贤如朱子，而有气质为吾性害之语，他何说乎？噫，孟子于百说纷纷之中，明性善及才情之善，有功于万世。今乃以大贤谆谆然疲口敝舌，从诸妄说辩出者，复以一言而诬之曰，孟子之说，原不明不备，原不曾折倒告子。噫！孟子果不明乎？果未备乎？何其自是所见，妄议圣贤，而不知其非也。"

　　　　　　　　　　＊＊＊＊＊＊＊＊

　　昨晚在课程政策委员会讨论大学组织大纲的英文字句。觉出我的英文亦很不通！不用再妄自矜张了！

十月廿四日，五

　　七点起。

　　在横石上，一旁小树叶如雨落，有感。

　　思状此感，又觉中文字句不应用，同有欲发表情感的时候，英文字句来得较中文字句方便。在清华这样习惯更加深了。

　　（一切思感都用中文字句。）

　　不用本国语言文字是一国文化衰亡的铁证！

在这个觉悟上，也应当"为别人设想，从自己试行"。

＊＊＊＊＊＊＊＊

昨天北京为冯玉祥占据，政局必有大变。

不知吴作何计划。

＊＊＊＊＊＊＊＊

点《存性》二页。

"大约宋儒认性。大端既差，不惟证之以孔孟之旨不合，即以其说互参之，亦自相矛盾，各相牴牾者多矣。如此之类，当时皆能欺人，且以自欺，盖空谈易于藏丑，以是舍古人六府六艺之学，而高谈性命也。予与友人法乾王子，初为程朱之学，谈性天，似无龃龉，一旦从事于归除法，已多艰误，况礼乐之精繁乎？昔人云，画鬼容易画马难，正可喻此。"

（空谈易于藏丑。）

十月廿五日，六

七点起。

昨改进社来信，说清华还未送到游欧旅费。

因此心动！患失，我怕比别人还多！

这样优待一定起别人生妒。如庄、王、张必有新藉口！

全国乱到如彼，而我享受安逸如此，（每月准拿四百元，好的衣食住。）我还有什么脸面见国人！

在校我比别人优待处都多，我还有什么脸面批评别人享安逸患得患失？

并且我有什么真实的本领？

德不成德，学不成学，有什么理由还自己骄矜！

可耻！

＊＊＊＊＊＊＊＊

本想进城，后因口角没去。

责我教论理而桌上堆着学生写的文两星期未曾改；自以为大人君子，而只能说不能行。使别人尽本务，而自己不顾本务，常进城取乐。

这些话有发的可能。

然我觉小看我过甚。

我有我的天职。我的弱点很多，有的我看得出，有的我自己看不出，惟有按我所能看到的方向去用力。

因生气，没吃午饭。

改进社的事永远弄不清，也是我以先走了一步巧步的后果。

从中等教育的研究改到清华，这就是不忠于已定的志向。

到清华又要学校给我还赴欧旅费，这又是取小巧！

到现在又怕同人批评，又怕在清华不能成功，又怕终身一无成就！

小看我，因而生气，然而真自重如何得来？

良心要求我作贯彻的主张。

如果自己信，作人不许重利，要与平民一样生活，那就应当在清华不要大薪金，特别的待遇都不受，一切生活守吃苦主义。

（自反而不缩，虽褐〔褐〕宽博，吾不惴焉，自反而缩，虽千万人吾往矣。）

然而家要安逸。

我能自决吗？我能为良心而不为"计较"作事吗？不能行，而又有时觉出应当行，——这是弱者现世的地狱！

我不信我不能转弱为强！

知耻近乎勇！

（知耻近乎勇！）

小看我！我要加倍努力。向我的主张上着实努力。所谓成功失败，管他作甚？

最要的是自己的标准，按着他实行出来。

只说不行，就是弱者了。

我一定要作出来的！

我照着我的大计划作去。

我信：

一、不应贪名利；

二、与平民同吃苦；

三、用本国文字达意；

四、从现代活生活中，求得中国的新意义。

我可以自重的，惟有实用这四条信条。

已作错的，能改就改过来。

如果不想改的，就要有坚持自信的态度，自知没有错，别人的批评和小看都不管他。

我有这样力量吗？

＊＊＊＊＊＊＊＊

让清华给赴欧旅费，是不是取小巧？

如果是，立刻就改，不管任何人的意见。

如果有理，不是取巧，不如此不能在清华作事，也应当自己拿定主张，不管任何人说什么话。

是取巧还是应当？——谁定？

我自己定，还是按一时的公论定？

有一定的标准，还是服从舆论？

标准如何产出？舆论如何产出？

不用引到太远处，先就简单地问自己，我当于同曹讲的时候，有没有取巧的意思？

或再问下一层，无论以先的存心如何，现在按我的主张看来，我是不是应当不受特别待遇？

这无疑是特别待遇。

"如果大家都如此作，于团体的健康如何？"

我说我有特别理由，他人也可以说有他的特别理由。这是我常同学生说的！

＊＊＊＊＊＊＊＊

还有办法：既然受了坏的名，就不再把钱还出来，因为大家传说特别待遇快，传说自付消息慢，所以现在改变是没用处的，大家仍有只于听见坏的。既然如此，最好不改！

然而改是只为人知吗？

（不欺暗室！）

＊＊＊＊＊＊＊＊

去年因在清华的去留，自扰一场苦思，然后终是定在此地享安逸。

怕现在空想一场高明的道理，终久还是取学校的巧，自认为例外！

十月廿六日，日

九点半起。

一天没用饭。痛恨无决断如妇人女子！

小器，如何能大用？

不轻视人，亦不受人的轻视。

不怕——不怕别人的意见，不怕一时的失败，不怕自己的弱点，——而后能自敬敬人。

"威不足以镇人而妄夷之，惠不足[以]感人而妄居之。"——别人的轻视和批评，多半因为这个"不智"的"妄"。

工夫要从根本处去，"天下事尚可为，汝等当积学待用"。

以至家人，说我假冒，说我只会说不会行，我在外边的影响其少更可知了！

大敌是假和怕。

（假，怕。）

自怼己过——不吃，然仍照常作应作的事，对别人完全不怨不轻视。食不是必须的，作事是必须的。

十月廿七日，一（第十八册起）

新努力自昨天起。

（新努力。）

一、不怕

人不是全倚靠食物活着，衣食住不是生活最要的。"自古皆有死。"

不怕别人的意见。无论是什么人轻视我，不应丝毫动心。凡事按自己决断去作，不准踌躇。

一时的失败是当然的，就是一生的失败也不足为奇，惟须自己对得起苍生，对得起自己。管他别人所谓什么成功失败！

我是弱者！这是事实。然而过不惮改！

（音但，去声。）

二、不假

只会说，不去作。是假冒。先作，后说，是真的。

（冒，上从曰，不从日。）

"不欺暗室。""慎独。"

* * * * * * * *

在清华——或在无论什么地方——总要天职在前，衣食住在后。作出来，不用说。

大薪金，欧旅费，都是不应当的，有机会即改！别人批评即承认。

"妄夷""妄居"都是不智，也是假。所以凡接人接物，务必谦下。

不轻视别人。

* * * * * * * *

这次痛觉的教训，每天读一遍。（至少一个月。）

* * * * * * * *

作工夫不地道。只用小聪明来敷衍。对于一个问题不能作苦工夫的研究。

（作地道工夫！）

中学课程问题是中止了。固然制度在乱的中国是没有研究的可能。

现在大学计划我又倚靠朱，不能自己作老实工夫。

在学问上，也不能作长久不断的工夫。

以先的讲演，都仗着一时的小聪明，不是真正学问上的工夫。这是所以讲的虽不少，而没有写出来的成绩。

* * * * * * * *

本学年的工作，现在可以分配时间老实作去。

一、大学计划各方面。应想的，应读的，很多。不要倚仗别人，自己作应当作的一部分。

二、论理学班。本来我在这一门没有过正确的研究，现在敢教已是胆大。既已担任，就应好好预备，也算自己实在学问上的一点长进。

三、讲演。

（甲）十一月十四日，本校华员大学会。题《中国戏剧的旧习惯和新趋向》。

（乙）十二月，在女师大教育行政班，一次两小时，题未定。

（丙）明年四月，北京历史学会。题未定，大概是：《颜元的新理学》。

所有的讲演都应小心预备。适之的作法，是用每次讲演的机会，作一篇有研究的文章。

这三篇如果都写出来，也是很好写文章的练习。

在文字上，也早应当有发表了。

既是初练写文章，三篇是够忙，不要再多担任。

（甲）和（丙）用英文，然中文稿也应有。

（甲）是综合前几年的观察。（丙）是这一年研究颜习斋的结果。（乙）或是教育者本身的职务——求新中国教育的途径。

很应用这三次讲演，发表我人格的感想。由发表中，可以深知自己主张的细目。

* * * * * * * *

每天的时间，不可空费。从用工夫上得生活的趣味。

十月廿八日，二

六点半起。

七点到西院台上，早阳西山景可清楚远望。

七点半回室内，点《存学》"由道"一段，又读两遍，时已将八点半。

看昨天日记。

* * * * * * * *

昨天稍整理书桌，旧债积累的很多，都是懒！

（懒，不能咄嗟。立办。）

* * * * * * * *

学校得 Julean Arnold① 电话，驻京美国代办于昨晚去世，他建议学校 Half-Mast②。学校照行。

清华是中国学校，因美国赔款创办的，所以特别行致敬礼。或是因为清华属于外交部，所以按着外交礼节，应 Half-Mast。

我心里觉着不平，觉着可耻！

将来所有与赔款有关系的，都认为外国的事业或外交上的事业么？

当于用赔款时，大家应觉如何的可耻！

用时应如何本着天良去用？若因赔款而争利而享安逸——唉！那是真国亡了！那还谈什么新国魂！

用赔款是不得已的办法，因为有现钱在此地，想把他用在最有益的地方，所以我们大家都在这里作事。

完全中国式的教育必不能倚靠赔款。现时"中国的"教育必不能只仗着外国退回来赔款。

并且我们应当有一种独立的精神！

（独立的精神。）

清华的历史和习惯，是否能消灭这种精神？

这是天职上最重要的问题。——如果是能消灭，就要急起补救，如不能补救，我应当离开清华，到别处去作我的工作。

* * * * * * * *

今早忽然想到，提倡工具主义的论理，是否鼓励人从〈崇〉拜成功？

---

① 安立德（Julean Herbert Arnold，1875—1946），时任美国驻华商务参赞。

② 下半旗。

成功以外是否有"应当"在？

习斋是提倡实践的，而不以一时的成功为目的。

将来研究时应注意这点。

十月廿九日，三

七点一刻起。

登西院台。八点点《存学》。

看廿七日日记。

昨天有误传，我费时间去追问，可无须。

以后再有谣传，应不去管他。完全不怕的人，不在别人因畏惧或猜忌造出的谣言上，费宝贵的精神。

（谣言不去管他。）

十月卅日，四

六点一刻起。

西院台上看日出。七点十分回室点《存学》，至八点。字形字音上我没有过一点工夫，现在看书不能一刻离开字典。

看廿七日日记。

十点前预备论理班上材料。

十月卅一日，五

五点半起。明明哭。

登西院台。

点《存学》。（七点半至九点。）

错音错形的字，我寻常太多了！

决定的决是俗写，正写决。景致，致知的致是误写，正写致[①]。如此之类不知有多少！本来在国文上，我没受过正当的教育。

现在自己知耻，想求长进，然而这样工夫真要耐烦！

* * * * * * * *

看廿七日日记。

* * * * * * * *

---

① 原文如此，未作改动。

昨天同熊正伦①谈话，和前天同谭唐谈话，都不慎言，怕生无聊的误解。

（慎言。）

第一层，说话最好少，永守和蔼态度；第二层，既说后，可以知过则改，不可怕，也不用悔。

* * * * * * * *

对于学生，也不要轻视。对于仆人，都应一样态度。

（所有人都不轻视。）

---

① 熊正伦（1901—1991），江西南昌人。时为清华学校学生，1925年赴美国留学，曾获美国明尼苏达大学和哥伦比亚大学硕士学位。1934年回国，历任上海交通大学、上海大同大学、上海法学院、重庆大学、中央工业专科学校、西南师范学院教授。

十一月

十一月一日，六

六点半起。

登西院台。

点《存学》，七半至八半。

* * * * * * * *

昨天听说报上的谣传，请胡适之来作教务长。

口气同写匿名信一样。

我学不足以服人，所以不要妄居之！

十一月二日，日

昨天进城，住在城里。

今日早六点半，由城里回来，八点十分到家。

在城里与君劢、志摩常谈。

为清华前途计，董事会问题是最要的。

我交友太少了，所以不能得多数人的谅解。

* * * * * * * *

昨天同全谈校事，他也有他的困难。他的观察，向来曹是不彻底的。

* * * * * * * *

处这样情形应如何进行？

目的是为将来的国家造些有用的人材。

清华的机会是全国的，不是某系某党的。

尽力的去工作，不只在校内，大局也要照顾到。

昨天大家都劝我不要辞，谣言不去过问。

* * * * * * * *

看前一星期日记。

* * * * * * * *

受攻击是很好的试探。

不能"博通中外""兼通中西""中西兼优"……这是我的缺点。这是与适之比，我的短处。这也是我承认的。

我在别的方面有什么特长？

那是我可以自信无愧的本领？

* * * * * * * *

It certainly requires some courage & perhaps no small shave share of enthusiasm, to stand forth the voluntary champion of the public good. The enterprising seldom regard dangers & are newer dismayed by them & they consider difficulties but to see how they are to be overcome. To them <u>activity</u> alone is life & their glorious reward the consciousness of having done well.

Benjamin Thompson

＊＊＊＊＊＊＊＊

著述不是我特长的本领。文字不能达意。

稍有把握的还是在计划实行上，然而在执行时又有轻视人不耐久的病。

与人合作上不自若，不能得人开诚的信仰。

踌躇延迟，不能坚持到底！

＊＊＊＊＊＊＊＊

在清华是完全为公么？完全不怕难么？

每年一百五十万的巨款，必须用在有益处；而已有的结果，为国造祸恐比造福还多！

在校和留美的精神上不无污点，为国必须舍私利而事。

已成的势力很大，所以我应有完密的筹画然后再开始攻击。如见事不明，知敌不详，或是自己的学问道德，有使别人可藉口处；或是脾气的刚愎寡友不得多数人的襄助；……那就不易取胜了！

在这三方面用工夫：

（一）见事要明，求真，不偏，不存成见。

（二）注重学问和道德的存养。

（三）广交贤德，校内校外都应用力。

作法在纯诚的精神：

（甲）完全为公。

（乙）多作少说。

目的：为新国创造一处真能产生人材的学校。

这个工作不是容易的！

在此地一日，就要按着这个目的去作。就是反对的势力到完全停止我工作的时候，我的精神还可印在一般共事的教职员学生的人格上。

＊＊＊＊＊＊＊＊

我有子玉的那样镇静么？在前线炮弹中的指挥！在四面受敌中的决断！无一时稍疑操必胜的能力！

现在万难中，不知能寻出那样一条活路来！

＊＊＊＊＊＊＊＊

想在大处成功，小处必须能容，必须能忍。

（容！忍！）

十一月三日，一

七点一刻起。

点《存学》。（七点三刻至八点一刻。）

看十月廿七日日记。

＊＊＊＊＊＊＊＊

与余谈。

有几个教职员对于大学计划发表的纲要，以为太空虚。去年讨论了一年，今年又讨论了半年，而结果不过如此。

这样的批评，一方面是不能谅解工作的困难，又一方面是大家不免有找机会批评的动机。

实在说，大学计划进行的也是很慢。

我自己的学问也不够于最短时期内，写出全部的计划。

＊＊＊＊＊＊＊＊

余又谈：CCC.的 Welfare Comm.已有过两次会。现定每期二晚聚会。

内里有：曹霖生，李仲华，余，王维周，全，虞，蔡。

上次又请了四位顾问：王祖廉，徐，郑，梅。

前两次会上多半是虞、曹唱高调，谈原则。

明天晚上的会，如开成，或有重要的条件提出。

虞和曹像似有步骤在心理。

这里有惧的，有忌的，有能阴谋的，有思想简单而盛于感情的。

使我不无可疑之点。

我有反对外国化的表示，有根本改造清华精神的志愿，他们当中必有觉不方便的人。

将来一般觉不方便的，一定可以结合在一团体，来与我对敌。在明处或暗处，都要设法牵制。

并且曹、虞、王，都与校长和校长太太常来往。

都是"留学生"，不读中国书，不说中国话，不知中国心理，也没有真西洋学问的一派。

我与他们难谈到一起，因为兴趣有根本不相同处。

这一派还很注意衣食住的安逸，所以觉着——instinctively[①]，perhaps——清华的旧精神就是他们的精神，他们已有的安逸地位，绝对要设法保存。

* * * * * * * *

在我个人，我的缺点很多，只于看到不能作到的地方又很多，所以将来开始冲突的时候，要特别注意自己的短处。

* * * * * * * *

我无论如何，不要起首挑战。

我应忍，应容！渐渐地作我精神上的工夫。

他们越用非正大的小术，我越要大方！

十一月四日，二

六点三刻起。

登西院台。

早起望北山，

山无半寸平，

经日才东出，

万状光和影。

人生当崎岖，

无胆小齐整！

崎岖何时矣？

红日天微明。

* * * * * * * *

点《存学》。（约半小时。）

看十月廿七日日记。

十一月五日，三

八点廿分起。

---

① 本能地，凭直觉。

看十月廿七日日记。

十一月六日，四

六点半起。

西院台上看日出。折荆棘枝。

点《存学》（上陆桴亭书，两编。）

看十月廿七日日记。

＊　＊　＊　＊　＊　＊　＊　＊

昨晚在课程委员会，庄露出不满意大学计划的话。他仍然对于新政策无信心。他主张存旧制而渐渐修补。现在已拟的办法是从新造起。

我以为大家已完全认旧制为不可行，而在委员会内仍有主张不同的。

我的批评旧制也有过火处。

然而我以为我的把握，就在为清华开辟一条新路。

若是对于新路的怀疑者见机而群起反对新计划，恐怕主持学校的，如现在外交部、董事会及校长，都不能作新计划的后援。

我的出发点是认旧制为根本错误。

我对于旧制下所产生的效果有根本的不相信。这也许是我的偏见，然而我以为这是一般有教育眼光的人所共认的。

我以为新方针至少可以得社会上有知识人的舆论上和道德上的帮助。

现在学校内仍有人不信我的计划。

我想校外一般旧学生也必有怀疑反对的。

所以现在最要的是规定谁是主持学校方针的人或团体。

现在的外交部和董事会都是外行，都少眼光和胆量。

如果有根本相信我的计划的人，我作下去可以有把握。如果大家都是观望态度，到了反对派的开始攻击的时候，有的人旁观，有的人还要加入反对派，——那末，我的失败是可预定的了！

＊　＊　＊　＊　＊　＊　＊　＊

十一月七日，五

昨晚十二点查夜。

回来后不能睡。想到去清华后的计划。

在此地，时常与一些无聊的阴谋家计较，假使胜过他们也无大趣味。

（昨天又听见谣传，说蔡实已起首作计。）

我想集合少数同志作试验学校的组织。

可合作的如：徐，丁，陈，朱，及南开的毕业生选几个。

我们所有理想的教育和艺术都可有地方实作出来。

学生从十五岁上下起，如真有创造的领袖，不怕学生受过四五年这样新训练里可以同外面大学毕业生有同等的程度。

钱一方面，大家少拿薪水，有的钱多用在设备上，一切生活都求简单清洁。

教员学生有一同工作的机会，一同游艺的机会。

第一年招入一百学生，考试在暑假前，考取后要住在学校四星期试看他们能否受新式的训练。

Elm□及 Tagore 也请他们加入他们的贡献。

＊＊＊＊＊＊＊＊

如离清华，回天津或住北京都不如作这样新生活的试验。

在决定前要详加考虑。在考虑中最要的——也是最可靠的——还是自己的学识毅力。

＊＊＊＊＊＊＊＊

现在已听很多的谣言。

我的态度要特别镇静！一定不同他们作阴谋的计较！

看十月廿七日日记。

十一月八日，六

昨晚 B.□的舞引起我想只于有 Originality[①]不够！

先有虚心受教的耐烦，先要谅解人群已有的方式，而后再有创作，那才是真创作。

我的高傲是无根据的！

只想奇特，是假冒，是器小！对于已有的制度应有相当的谅解。

＊＊＊＊＊＊＊＊

昨天写的离清华后计划，也许只是一种自慰，而实在的动机还是把持安逸的地盘。

必须彻底澄清，然后创造才可以有价值有把握。

＊＊＊＊＊＊＊＊

看十月廿七日日记。

---

① 独创性。

十一月十日，一

八日进城。谈戏剧。大批评！

九日早访适之，又访巽甫及通伯①。同丁、陈谈新计划。在乡生活作教育的根基，在城市作艺术的表现。

谈后自觉力量太薄弱！我有什么特别自信的真本领。恐怕以往使我自傲的小成功，都是一时的小聪明，不是宇宙不能动摇的地道本领！

学校里反对派，我猜他们正在集合中。

镇静！纯诚！完全为公。多作少说。

（不怕，不假。）

* * * * * * * *

看前两星期日记。

* * * * * * * *

晚五点十分。

将从大钟寺回来。陪丁、陈、徐等去的。

通伯是昨天同我一同来的。

丁、徐是今天早晨从西山饭店来的。

一同午饭。

今天是新月的生日，有两桌太太们午饭。

饭后去访歆海（北院九号），外国式，整理的很富丽很舒服。

外国书也很多，真是富家学者的气象。（外国的！）

我自己的书有限，大多半只于是美国书。这证明我的外国学问浅陋非常。

我屋子的整理也不富丽，也不精美。

所以看后，我有一种很大的感动，——是我的 Culture②不够吧！是我的学问假冒吧！

实在！我的学问是很浅薄！我中国字认识的有限，外国书读的也不多。实在我没有可自骄的！

我不是出自文化富厚的家（我家的家谱都已丢了），父亲是一个小有才的穷秀才，母亲是一个小买卖人的女儿。他们两家都没有出过文人

---

① 陈源（1896—1970），字通伯，笔名陈西滢，江苏无锡人。1922 年获英国伦敦大学博士学位，同年回国，任北京大学教授。1929 年起，任武汉大学教授。

② 文化。

学士。

我个人的教育也很不规则，很不完备。中国书可以说没有读过，外国书也只于是有一点皮毛的相识。

* * * * * * * *

遗传是那样，个人的以往又是这样，只凭一点假外面骗得几个人的信任！想起来真可怕可耻！

* * * * * * * *

在清华作空声，唱高调，现在反对的人渐渐地多了，将来难望长久。

外面又同巽甫、通伯大吹高谈新计划……什么乡生活的教育，旧艺术的复兴，国家剧场，……自己那配？

"威不足以镇人，而妄夷之；惠不足以感人，而妄居之。不智也，祸于是伏焉！"

不要再假再骗人了！

（不要再假再骗人了。）

应当从根本入手！不要引人合作，自己必须先有把握。自己先作起来，有成绩时，不要去找，大家自然愿意来合作。

若是现在找人来，将来失败时——就是大家知道我真象时——那又是我的欺骗了！

* * * * * * * *

离开清华后，还是安心读中国书，活中国生活，——那是正途。千万不要因为一事失败，自己张大自词鼓吹新计划，藉以自慰，藉以自傲！

苦是要自己吃！工夫是要自己作！不要以空话引人骗人！

（读中国书，活中国生活。不要以空话引人骗人。）

* * * * * * * *

所以昨天同丁、陈的谈话，认为梦话，完全打消！

十一月十一日，二

今天放假。

早起后在西院土山上习默半小时。

不配别人的恭维！

不要妄想别人看重我！实在是没有真本领！

* * * * * * * *

默《存学·学辨一》。

看十月廿七日日记。

* * * * * * * *

今天写论剧的讲稿。

十一月十二日，三

昨天下午因失钱辞去女仆。

今早发现失的不只钱，还有母亲给我的"彭儿"戒指及金针。

戒指绝不应丢！一时心慌，不可自止！

* * * * * * * *

为母亲也要用中文工夫，将来可稍尽天职。

默《存学·学辨二》。

看十月廿七日日记。

十一月十三日，四

晚七点。

女仆被拘留，然而还没说出戒指的去处。

如母亲活着一定要设法暗地里救她，绝不忍难为她。明明她知是她偷的，母校〈亲〉也绝不肯让她受苦。

今天早晨我已经同警察说，实无办法也惟有放她回来，给几天限让他们尽力去找。

* * * * * * * *

对于偷盗取什么态度最相宜？

使他们有改悔的机会，是一种宗教的精神。

罚他们是社会的法律。

还是取恕的态度，——才是为人负载的力量！

* * * * * * * *

因失物与 W. 口角，怨她防备不严。

然物已失，怨又有何用？

家事的不顺适，也惟有"躬自厚而薄责于人"！

下午耶鲁大学历史教授 Johnson 来校讲演，题为 *Abraham Lincoln*。

我介绍用下几句话：

    Lincoln is familiar to all of us. We have heard of him so often and loved him so fondly that we can justly claim him as one of our own heroes. He stirs our hearts, he challenges

our courage, as young men we are more than thankful for his
example. He lived thru turbulent times, he struggled against
tremendous obstacles. Have can we help revering such a
manifestation of the human spirit?

＊＊＊＊＊＊＊＊

回家后读写林肯的诗：

O Captain! My Captain!	Whitman,
Lincoln, the Man of the People.	Edwin Markham,
The Master（Lincoln）,	E. A. Robinson,
Lincoln,	John Gould Fletcher,
Speeches of the Chraniclers before	Jonh Drinkwater.
Scene II of "A. Lincoln", A Play.	

＊＊＊＊＊＊＊＊

各人的"林肯"有相同之点，有不同之点。一个人死后，对于别人的印象，完全没有把握！

所谓"真林肯"如何，完全没有知道的可能。

我们对于某种记载（史传或诗文）惟有随各人相信的，那就是为这一个人（为这一个时代——如果那个人是时代代表人——）的真古人！

如此看来，名还有什么可靠！

虽然，一个人在死之前总要留下一点遗迹——或是几个门徒，或是几句话，或是什么建设，或是什么制度——至于将来的人如何看法，我们是完全没有把握的。所以最好的是只于为工作而工作，至于他人认什么是成效，认什么不是成效，惟有听他们去吧！

（为工作而工作。）

十一月十四日，五

自女仆去后，早起给明明穿衣。

＊＊＊＊＊＊＊＊

昨天下午介绍的几句话，稍露一点小聪明，有人奉承，——自己不免被动，私心里自骄起来！

"Held on through blame at faltered not at praise."

—Markham

＊＊＊＊＊＊＊＊

今晚的讲演又没有作成地道工夫！

本来定的写出来，然而没有时间。

这又是一次失败！

包揽过多，必至失败。

"善作事者常使精神余于事，不使事余于精神；苟好胜喜多
以致茫乱，事必有误，名将受损。"（恕谷。）
＊＊＊＊＊＊＊＊
不得已今晚又要用小聪明了！可耻！

虽然没有写出来，句句要说实话，不许引人骗人。话少是应当的。
只说最可靠最有生命的话。
＊＊＊＊＊＊＊＊
看十月廿七日日记。

十一月十五日，六

五哥同午晴在京，今天进城看他们。
＊＊＊＊＊＊＊＊
昨晚的讲演，用了一下午写出大半。可以算不是完全失败。

然而自己实在的知识太有限了！

十一月十六日，日

昨天进城，在北京旅馆午饭。

买陈师曾画第三、第四集。

到历史研究会听适之讲佛教在中国文学、宗教及哲学上之影响。

我很羡慕他材料的丰富和布置的条理。

明年四月我讲颜习斋，要取法适之，然而我知道的事实太少了！
＊＊＊＊＊＊＊＊
对于中国文化的各方面，我的认识都是皮毛！

现在不要忙成个人的主张，还是在广见闻上用工夫。

同相识的几个人比较，我的中国知识最浅陋，可以说字都识的不多！
还有什么脸面去高谈中国艺术和思想的大问题？

（相识中我的中国知识最浅陋。）
＊＊＊＊＊＊＊＊
昨晚同王造时、彭文应、陈国沧等九个学生谈人生观和对于政变的
反动。

我说现在最少的是懂得中国现时活生活的人。所谓"懂"不只是理性的，情感灵魂都在内。

必须我们在自己的心灵里已有了什么是实在的中国，然后表现出来的，无论在文学、艺术、政治各方面上，才算是代表中国的，代表时代精神的。

所谓人生观，它的力量在不自觉。

我们要自若的养那不自觉的"鬼"。

作奴隶是我们的渴望，不是作自由人。作奴隶就是作"鬼"（自己的不自觉的鬼，也就是时代鬼）的奴隶。

* * * * * * * *

同 B.谈，他说这次政变教训人以后不再找容易事作！

不再找容易事作！自问，到清华是否找容易事作？

（不作容易事。）

我们又谈到，外面各校越乱越不能发薪，清华内部的争持越复杂越厉害！

校事想顺适，必须有可为后援的董事会，然而大局动摇不定，董事会一时不能产出。（产出也未必如人意。）

二次赔款的董事会现在尚有人批评。

* * * * * * * *

时局的问题太大，工夫惟有从个人作起（中国书，中国生活）。

* * * * * * * *

看十月廿七日日记。

大薪金，好住处，——每次想到清华问题，不免被这两样暗中引诱！

（恶魔：大薪金，好住处！）

从我自己可以推测，大概别人也有同样的引诱。

中国没有第二处这样好自然环境的住处。也没有第二处薪金这样多这样可靠！

既然大家有同样的引诱，就是大家都想保守地盘，设各种方法使自己的地位牢靠。然而如有人指出，大家都不承认。

大家都会用好听的字样，巧妙的辩驳，维持自己的体面和自重！

我也是罪人之一！

先自己打败魔鬼。我只于要有机会作事，不要多钱。

若是我自己减薪，别人要疑我"形容"他们，他们要骂沽名钓誉，或说我用手段来保守地盘。

各样的猜忌，无论在什么地方作事都不免的。惟有本着自己的决断去作，不要踌躇——只要对得起时代精神的要求。

* * * * * * * *

看前一星期日记。

觉悟：

（一） 千万不要因为一事失败，自己张大其辞鼓吹新计划，藉以自慰，藉以自傲。

（二） 我已有的学识，人格，都是皮毛！不要以空话引人骗人。

* * * * * * * *

十一月十七日，一

六点三刻起。

点《存学》，半小时。

"心中醒，口中说，纸上作，不从身上习过，皆无用也。"

* * * * * * * *

昨天同高三级生谈话。又劝以衣食住不足虑，然我曾身习过此理否？我已打败大薪金好住处的恶魔么？

人间。End □ Means？

我说，乱时代的成败不可靠，后世的评论不足凭，惟有推广"大我"，然后目的亦方法，方法亦目的。

"大我"是从时代活生活得来。

* * * * * * * *

赵元任又来信。W.责我懒！我实是懒！也有时因事余于精神。或懒或贪多，都是大病！

十一月十八日，二

七点一刻起。

登西院土山。云尘不见北山。

点《存学·性理评》。

习斋所评是否不论，原文是很妙的人格写生。

"武夷胡氏曰：龟山天资夷旷，济以问学，充养有道，德器早成。积于中者，纯粹而宏深；见于外者，简易而平淡。闲居和乐，色笑可亲；处事裁临，不动声色。与之游者，虽群居终日，嗒然不语；饮人以和，而鄙吝之态，自不形也。"

* * * * * * * *

昨天读□Test□Organism，现对于 Intuitive Logic[1]颇有兴趣。

如因好玄妙，临事不能裁处，那就是空怒的病了！

* * * * * * * *

午后四十分：今早忽然研究院办法拟成。

赵元任信有半年延搁，我总觉时机未到。

我的思想是忽然而来的！

（不要被一时的小聪明骗了！）

来之前觉着那样的不舒服，不痛快，自悔，自恨，完全懒惰，不能振拔！……

"困于心，衡于虑，而后作。"

* * * * * * * *

我同学生现在读杜威的论理，然而我自己的思想是突然其来的，不完全遵守杜威的分析。

时候到了，思想成熟了，他自己如泉似的涌出来，如火似的烧出来，如孩童似的不自觉，如神仙似的跳出世故人情是非准绳之外。

不是按部就班，从归纳演绎的种种步骤渐渐地推测出来。

在成熟之前，他也要相宜的滋养料，然而他东吃一口西吃一口，绝对不按着一定的时间地点和秩序去吸收。

这也可名为"直觉"的逻辑。

来之后不用起草，不来的时候无论怎样努力也请不来！

真奇怪！（其实不过一时的小聪明，有何可奇！）

* * * * * * * *

来后我常自骄自诵。

可满可骄的，不是我自己的，是"神"一部分的表现。

应当虔诚祈祷"神"要用我在什么地方？

若自认为自己的"天才"，那就是自欺欺人了！

* * * * * * * *

现在不过还在浅处表现。修养充足后，庶几在深处也可有表现。

（小聪明！）

不要忘，我这个器皿很浅陋很不纯洁！

---

[1] 直觉逻辑。

十一月十九日，三

夜里下雪，今年冬天第一次。

早踏雪登西院小山，云尚低不能远眺。

心中思想乱，因想孔子的话："吾尝终日不食终夜不寝以思，无益，不如学也。"

先从读颜习斋作慢工作。

不妄想，以为有别人尊重的价值。

＊　＊　＊　＊　＊　＊　＊　＊

点《存学》一页半。

求学的进步真慢！

＊　＊　＊　＊　＊　＊　＊　＊

看十月廿七日日记。

＊　＊　＊　＊　＊　＊　＊　＊

"治人不治反其智。"

自己不耐烦，轻视人的病！

（不耐烦。轻视人。）

十一月廿日，四

沐浴，又感"好住处"的引诱！

点《存学》一页半。

习斋对于宋儒，丝毫不苟，由之可见当时亡国失父的痛恨，都归到理学身上！

他的性理许是很好的辩驳文章。

＊　＊　＊　＊　＊　＊　＊　＊

看十月廿七日日记。

十一月廿一日，五

早同 W.、明明登小山看雪景。

点《存学》一页半。

"民可使由之，不可使知之。道之以德，齐之以礼，此圣贤百世不易之成法也，虽周公、孔子，亦只能使人行，不能使人有所见。功候未到，即强使有所见，亦无用也。"（卷二，第六页）

看十月廿七日日记。

＊　＊　＊　＊　＊　＊　＊　＊

前三次在论理班上说了些"疯话"。

一种勇猛不守范围的气，像似被"批评"又激醒！

这是一种"神秘"的现象么？还是一时的浮躁小聪明？

拿它当第二样看吧！

无论有"神秘"的经验与否，大成功必须用苦功夫得来！绝不能一步登天！

十一月廿二日，六

点《存学》两页。

今天进城否？

要同适之谈研究科事。

聚餐性质近只娱乐。有朋是必须的，然而深切的功夫还是个人作。

十一月廿三日，日（第十九册起）

昨、今两天大风，很冷。

昨天进城。郁达夫约午饭。人约晚饭，心领。

下午谈西林的第二个戏。我建议加入一个原的妹，并且剧中人的性格，就是他们的心理，要加曲折加浓厚。

大家不以为然的居多。他们要想一想再谈。

今天又大风，不进城了。（聚餐是今天。）

* * * * * * * *

昨天说话时过于做作！以为是天才的表现，其实是一时的小聪明！

"简易而平淡。"

（简易平淡）

看 J. B. S. Holdane[①]的"Daedalus"[②]，即《科学与将来》，又 B. Russell 的"Icarus"[③]，即《将来的科学》。两本都是一年内出版的，都很有意味。

十月廿七日的教训：

一、不怕：

人不是全倚靠食物活着，衣食住不是生活最要的。"自古皆有死。"

---

① 霍尔丹（John Burdon Sanderson Holdane，1892—1964），英国生理学家、生物化学家、群体遗传学家。

② 代达罗斯，希腊神话人物，伊卡洛斯的父亲，一位伟大的艺术家、建筑师和雕刻家。

③ 伊卡洛斯（Icarus），希腊神话中代达罗斯的儿子。

不怕别人的意见。无论是什么人轻视我，不应丝毫动心。凡事按自己的决断去作，不准踌躇。

一时的失败是当然的，就是一生的失败也不足为奇，惟须自己对得起苍生，对得起自己。管他别人所谓什么成功失败！

我是弱者！这是事实。然而过不惮改！

* * * * * * * *

二、不假：只会说，不去作，是假冒！先作，后说，是真的。

"不欺暗室。""慎独。"

* * * * * * * *

在清华——或在无论什么地方——总要天职在前，衣食住在后。作出来，不用说。

大薪金，欧旅费，都是不应当的，有机会即改！别人批评即承认。

"妄夷""妄居"都是不智，也是假！所以凡接人接物务必谦下。

不轻视别人。

（威不足以镇人而妄夷之，惠不足以感人而妄居之，不智也，祸于是伏焉。）

* * * * * * * *

看第十八册日记。觉出校内反对派渐渐地结合。

用胡适之来校作不满意我的表现。

十一月廿四日，一

看廿三日日记。

早登山，我祷山神，给我山的力量，作成完全不假不怕的人！

不欺暗室。不怕别人的意见。

* * * * * * * *

家、校，要求于我的，——有人的幸福和少年的将来的关系。（要看清楚，绝不是为我自己的安逸！）

我要的是中国的精神！

自动的努力的要，自然是不假不怕的。

苦中得来的是真的。

"不欲速"得来的，可以深，可以真！

* * * * * * * *

点《存学》，十五分。写字，十分。

十一月廿五日，二

无事不可对人言！

踌躇不是大丈夫！

* * * * * * * *

看廿三日日记。

点《存学》，五分。写字，五分。虽少时间也必作到。

* * * * * * * *

校长昨天回校。

昨天同史国纲[①]，朱及全谈话，都有太火烈处！

不是怕人知！

过在不能"躬自厚而薄责于人"。

自己先打破"好住处""大薪金"的爱惜！

不能用全副精神作校事，——我应承认的。

总应责己见事不明。

十一月廿六日，三

看前三天日记。

经验受着激刺！

"中国书，中国字"——中国的精神！（固然不只书字。）

同许多人说过大话，说过疯话！

"只会说，不去作，是假冒。"

如果他要一切，我就应当牺牲一切！

然而要牺牲自己，不要牺牲别人。

* * * * * * * *

仆人易惹人烦恼，然而都因为小孩。

问题……

* * * * * * * *

点《存学》，十分。写字，十分。

十一月廿七日，四

点《存学》。一时。

"先生资禀劲特，气节崇迈，而充养纯粹，无复圭角。精纯

---

① 史国纲（1902—1978），江苏溧阳人，时为清华学校学生。1926年赴美国留学，曾就读于皮劳埃大学和哈佛大学。1932年回国，曾任职于商务印书馆和国立中央大学、南京大学。

之气，达于面目，色温言厉，神定气和，语默动静，端详闲泰，自然之中，若有成法。平居恂恂，于事若无可否，及其应酬事变，断以义理，则有截然不可犯者。"

* * * * * * * *

看廿三日日记。

* * * * * * * *

写字，五分。

十一月廿八日，五

踌躇稍舒。

不假——以何为据？不怕——以忠于青年为归。

* * * * * * * *

看廿三日日记。

点《存学》。写字。

* * * * * * * *

夜宿城里。

卅日，南开同学会聚餐。

* * * * * * * *

廿九日，谈后想起：得画，□通。

"慢！

听，像一个小石子落在水里的声音；

意思也相似，往下沉，往深处沉……深……深……"

* * * * * * * *

买书。

《王摩诘集》《词学全书》《历代诗话》《古今词选》。

十二月

十二月一日，一

进城畅谈，觉精神舒展！

* * * * * * * *

买书。在本国文化上，我还在幼稚教育期！

* * * * * * * *

校事——教学生是真教育。组织都是一时的。只要有教学生的机会，有自己深造的机会，就不多问组织的事。

"不得志，独行其道。"

不要被行政牵去！

艺术是真时代的代表物。

戏剧是我已稍有入门知识的，我的缺点在文字上。

* * * * * * * *

日落（初稿）

红日在灰云里，

往下落；

落到圆形的山顶上，

落……落……洽像满月渐渐变残。

抬头忽见两个新月：

一个在天中，一个在天边；

一个银白，一个金红；

一个不变，一个变……变……变……

我快说，"明天见，明天……"

它已不见！明天？

日头一定再出，同样的日落

永不能再见！

十三，十二，一日（夏历十一月初五）

（夜间起来改稿子！）

十二月二日，二

昨晚与曹长谈。（两点多钟。）

我同他说 T.L.的作祟。

他说我待教员过冷过严。

我知道这是我的短处。

他见着适之，适之也说我高傲！

我劝他不［要］太敷衍。

我的兴趣是作一个教育的新试验。有机会我就用力去作，如有阻碍我就辞去。

他像是愿意合作。

以后常作个人的谈话。

* * * * * * * *

在我应力改己过。

能作到，简单平淡，和乐可亲，就算是真修养。

（简单平淡，和乐可亲。）

十二月三日，三

昨晚开大学筹备各委员会联合会。

讨论时我觉一般人的见解不清晰不宏远。

容易有骄意，不耐烦。

然而自己想有大用，还要用涵养工夫。

现在没有可骄的！取一时的小胜，将来必有大败！

对王的态度欠大方。

背"先生资禀劲特……"

十二月四日，四

看十一月廿三日日记。

欲速！

对于大学的筹备，自信过甚，露出骄气！

"以善养人。"

然而也要断以义理。

* * * * * * * *

晚六点。

觉精神倦！

在教职员会议对张歆海说话，口气过直，恐得罪了人！

与梅谈，他又劝我为事的成功也要和缓些。

太急有时是因为自信不足。

若能完全自信，一定不怕别人的反对。

读诗。

十二月五日，五

有一个星期，早晨没有静养。

精神特别慌。

"妄夷""妄居"特别多。

自私，欲速。

保守地盘，争权妒宠。

怕朋友的轻视。

家人不安。

早起太迟，夜里睡不实。

校事反对的人渐渐加多。我的德学都不够服人的。

空空地自骄起来，忘了真自己！

因"妄"而祸将临头。

失败也是很好教训。

* * * * * * * *

写了丑诗送给人看！本来可笑。

还希望人说好！

以后少现丑。

新月社演戏，我不能常进城，效果也难好。

* * * * * * * *

各种愁虑！自愧！

醒了吧，昏了差不多一个月。

* * * * * * * *

看十月廿七日日记。

点《存学》十分。写字十分。

十二月六日，六

早七点四十分起。

登西院山。

* * * * * * * *

昨天王辞大学筹备委员。

王、张等已有确实反对的表现。

他们一定有外援，清楚地攻击我。

教职员中因大学筹备事一定有一场风潮。

大家觉我太专权，太要他们服从。

反动起来之后，很少的人愿意明认随从我。

只于靠自己的正直忠诚。

而自己的道德学问都有缺欠处。失败还是在："威不足以镇人，而妄夷之；惠不足以感人，而妄居之。不智也，祸于是伏焉。"

* * * * * * * *

看十月廿七日日记。

* * * * * * * *

我批评他们用政治的手段。

然而自问如何？

（一）　他们很可以说我对于请教员有偏见：张可以引梅的例，王可以引顾的例。

（二）　还有大学筹备委员会里，四个天津人都在内。

（三）　还有反对异己，如陈的例。

（四）　还有唱高调而自己拈利益。如欧旅费，大薪金。

* * * * * * * *

（五）　对于家人也不免自私的地方。

* * * * * * * *

（六）　对于朋友也多计算。

* * * * * * * *

有这几样为人的短处，如何配别人的信仰？

失败也是当然！

* * * * * * * *

下午一点

同王长谈，谅解一切。

委员会可进行。

意见不同，仍可合作。最大量的能与意见最不同的人合作。

以后常接洽，使不致再生误解。

筹备委员会再加入四人，意见不同的更好。

待遇和课程两委员会合拟大学组织大纲。

第一次的七个报告（课程二、待遇二、招生一、留学一、课待合一）。分布全体教职员，开会征求意见。

然后大学筹备委员会讨论，修正及通过。

* * * * * * * *

对于方针，我们意见已合：

一、在最早时间利用清华已有的经费、设备和教职员。

二、进行手续必期能实行，并发生最少阻碍。

三、一切计划及教育方法，必期适宜于中国现时需要，使得最高的教育效率。

* * * * * * * *

对于待遇方针，也有相合几条：

一、一个教育机关的主权必属教员团体。

二、期望教员研究必须使教员地位安稳。

三、与教员应早有正式合同的规定。

* * * * * * * *

我的态度容易太冷太窄。

（冷，窄。）

注意练习与不能合作的人合作。

（与不能合作的人合作。完全不存成见。）

曹在这一点很可钦佩。

大量人本应如此。

这是这次经过的教训！

（不承认谁是敌人。只有不谅解，没有根本仇敌。）

十二月七日，日

昨天进城，见歆海。我也改态度。

在校近来的清华毕业生是反动最力的分子。

我批评过他们。

他们想我有南开的关系。

对于清华的根本改造，他们不完全赞成。

* * * * * * * *

我可以招他们中间的优秀合作。

然而对于我个人的批评，还是有。

我不能"中西兼优"！

荐贤自代——也是想当然的办法。自己退后读书也与我的大愿相合。

十二月八日，一

昨晚在城里，我想在第一学期末辞职。

今天同全、梅谈。

要辞的理由：

（一）自己的资格不够。（中西都不优。）

（学问不够。）

（二）不愿为地盘争。

（三）作行政事没时间读书。

然而在天津作研究的时候也没有很好的成绩。

* * * * * * * *

家事不安，比事体的本身难百倍！

* * * * * * * *

四月间的匿名信说的不差。

　　"本校不日改办大学，其教务长一席非中西兼优如胡适之先生者必不胜其任。阁下何不即刻荐贤自代，而退居西文教员之席，此可以全始全终也。先生不知以谓然否。"

清华一份子手函

　　"此虽一人之言，然可是代表全体人之信仰，不可不深思也。"

* * * * * * * *

诚心论，我自己的学问实在没有专长。

既然如此，就应早作道理。

* * * * * * * *

以后学问大的人加多，我一定被人比下。那样不如早退！

（将来学问被人比下，不如早退。）

　　"自反而不缩，虽褐宽博，吾不惴焉；自反而缩，虽千万人吾往矣。"

* * * * * * * *

退出后，是否还在清华任他职？

以不任为上策。

* * * * * * * *

什么是我的特长？

是办教育么？必须自己有学问。我没有专长。

是写戏、演戏、排戏么？以往的小成功都是小聪明，实在根柢也是没有。

现在已经卅二岁半还多，而没有一生真可以有供献的职业！

在许多事上都会一点，不能在某一点上知道许多。

一生无定主张，将来如何会有可观的成绩。

早醒，可以早不自欺欺人！

（早醒，不自欺欺人！）

> 肩担宝剑倚崆峒，
>
> 翘首昂昂问太空，
>
> 天挺英豪中用否，
>
> 将来何计谢苍生？

* * * * * * * *

学问、办事、为人，——三方面我都没有大成绩的可能！

一生将空空渡过！

* * * * * * * *

不假——告诉我早退。

不怕——叫我作长久的预备，不怕临时的不便和不利。

* * * * * * * *

十二月九日，二

今早拟出罪状。

退后，曹或留在清华任他职。他不愿我出校，恐于他不利。

他或留我到本学年终，可以多给他时间物色人。

我最可说的理由，是我觉出，在最近五年我应当读书不作行政事。

实不得已时，许他维持到学年终，然而对新计划和聘教员我不敢负责。

* * * * * * * *

下午一时。

早同曹长谈。同他说我要辞的意思。

他固然不许，劝我不要太看重他们的反动。

他说如果我辞，他去同静生、在君及 B.去说，看他们的意思以为我应辞不应辞。

他说对人不易，以先在南开较易，因为像一种家里事，大家容易服从。

他看出我自己还没有一定的趋向——将来作行政或是作学问，作那种的工作我还没找得我自己。如果我不愿作行政事，学校可以送我出去或到中国各处或到印度去调查。

＊＊＊＊＊＊＊＊

将来研究院可以独立，请王国维为院长，吴宓为组织主任。

这一部，分为 Dean① 执权以外的，直接校长。

对于大学本部，特别是前三年——一年试读，两年普通学科——应有专人担负责任。在这时期道德的训练比专门知识还重要。大学普通学科科长要对于学生及教职员有全权，不应分为教务、斋务、事务各主任。

对于大学职业科，为一九二五至二七，两年只可有组织主任，作调查筹备事。

如果不按这样分类，他们可以举美国例，分为文理科，职业各分科，及研究院。这也无不可，惟有内容是否也要抄袭美国。我主张作内容改组的试验。

（不应作行政事。大学前两年内容改组的试验。）

名目改不改倒是小问题。

我真正的兴趣在产生出些新眼光的青年。

对于学问的专长，我本来没有；然而对于青年人格上的感化和思想方向的转移，还可以作一点工夫。

（有支配的全权。）

新制前两年我来组织。以后特别高深的学问，另请高明。

定三年合同。三年后看成绩如何，看我个人的兴趣如何，再定计划。

＊＊＊＊＊＊＊＊

薪金自己减至三百。欧旅费也不生若何问题。

（这还是保利的动机。最清楚是应早退！）

建筑——最好离开旧址在又一处新盖。一切都要经〈精〉简，生活要求与全国人民接近。

这样可以完全按我的主张实现。

十二月十日，三

早登山。

看《胡适文存》二集，《国学季刊·发刊宣言》。

---

① 院长，主任。

真有条理，有材料。

我是毫无学问的！

我的本领只可以组织高级中学或初级大学。对于高深的学问实在是完全没有根柢的。

* * * * * * * *

作行政的人不一定自己要有学问——这话也是也不是。无论如何，纵然校长没学问，教务主任一定必须有学问。

* * * * * * * *

在教育上，我可以作的事是组织高级中学及初级大学而已。这样事业在什么地方作都可以。在这方面我还相信可以有相当的成绩。

* * * * * * * *

在文学艺术上，我只于在初步的领略。认清后不要再自欺欺人。

给我组织国家剧场，我是不成功的。对于本国的和外国的，戏剧历史及实际的 Technique①我是都没有的。

* * * * * * * *

如果适之身体好，请他来作教务长也是很妙的解决法，也是全国的幸。

本星期六进城同适之谈。

* * * * * * * *

校内的小不痛快是可以不注意的。

现在就让他们 Research Comm.②去作祟，也无大关系。这件事听校长的支配。

大问题是作大丈夫和影响青年们作大丈夫！作学问家或无论什么职业家，都必须先学作人，作中国人，作中国的大丈夫！

十二月十一日，四

这几天不能忍性。

个人的为人，要在名利范围之外。

"有不虞之誉，有求全之毁。"

"欲速则不达，见小利则忘大义。"

"Thy business is with the action only, not with its fruit, so let not the fruit of action be thy motive, nor be than to inaction

---

① 技艺，技能。
② 研究委员会。

attached."

立德在立功、立言之前。

这时代所最缺欠的就是为人的榜样。

教育是人与人的关系，学科在其次。

我没有专长的学问，不能藉此为辞。

作这深远的工夫，所以不要因他人而动心。

[十二月] 十三日

女师大讲演。得听懂，遇摩。

[十二月] 十四日

进城。遇日落。如火烧出窗门。

十二月十六日，二

五哥十二日的信，今早答了。大概下星期日（廿一）到天津去一次。

今天下午第一次大学筹备委员会开会。

自己要慎言！

行而不著。再读 Gita。

适之生日，晚进城，住石虎胡同。

次日早回校，发"周旋"。

十二月廿日，六

与 W.述说从来怕说的话。痛哭！

从今天起，不要再假了！

（不要再假了：一、没有怕说的话。二、作求学的工作，不作行政事。三、还钱。四、不贪清华的安逸。）

三年的毒气都发散开。

清华在本学期后辞职。求学的志愿是真的！

还学校钱——这样把对于改进社和对于清华的假都可改了！

* * * * * * * *

对于小孩们供养育，使同母住。给 W.找读书或作事的机会。

* * * * * * * *

说出了以后，对于 W.倒多感谢的意思。

她为我牺牲的很多，将来待她要厚！

* * * * * * * *

穷是不怕的！还学校三千零六十。

十二月廿二日，一

廿日赴津。今日回。

去时本已写好辞信。

在君助我最多。同时只作一事！现在舍开艺术的我，有全副精神作行政事。（在君追问两个先决问题：（一）曹还相信否？（二）曹是否要好？）

（全副精神在清华改造。）

第一次作事失败于以后的信用大有妨害！

我一定要成功！用诚心，合作，为公的精神，去任劳任怨！

不作戏剧的空梦！

给清华三年的功夫。以后再改也可。

这三年内，作惟一事业的人！

给全国改造清华的好机会。

困难是多的，然而我怕吗？

态度自然应学"圣人"。不要高傲。

B.说，如不改态度，将来一定失败！

十二月廿三日，二

早在家休息，下午先与曹谈，四点开会。

这次真险！差一线就失败了！

到决胜败的最后五分钟，是有勇无勇的真表现！

一定要成功！

失败将影响终身！

（I must succeed. I cannot afford to fail！）

＊＊＊＊＊＊＊＊

三点一刻。

同曹长谈一点半钟。

我许帮助他三年作清华的改造。完全没有别的动机。

他说，如果能合作，将来是两个的 Gut[①]！一个是周旋，一个是专

---

① 胆量，决心。

横——想合作，在我必须学温和！

（学温和！）

十二月廿四日，三

此地的困难不算是大困难。你不想作事则已，若想作事，别处的困难比这还要多几十倍！

并且在此地已有一年半的工夫，那应空空舍弃？

* * * * * * * *

事体少了，心专了，自然可以不延迟。

一、给在君信。

二、访寄梅。

三、作明年详细计划。

四、校内多交际。

五、北京交际推广范围。

* * * * * * * *

读李恕谷《富平赠言》。

十二月廿五日，四

昨天访寄梅，谈一点半钟。

他劝，少同外面那一方有特别的连络。他是暗指北大。别人一定同他说过我跟北大人太接近。

他在清华时，费尽苦心应酬。校里有办事的，有吃饭的。不得已不敷衍的，惟有给他一个不重要吃饭的位置。

（曹说，周以先的难处是在外交部没有说话的地位。）

对于同人，周自说，到不得不去时，在别处找好位置，而后再辞他。大家所要的不外饭碗！

所有计划在未成熟时，不要同人讲。

能进时进，不能进时要静待时机！何用忙？如王 C.T.，顾 V.K.[①]，都太性急！早作过总理，以后如何继续？人都有野心，然急进不能成功。

（静待时机。）

* * * * * * * *

他对新政策，没有问题。出洋自然应公开。

---

① 分指王正廷、顾维钧。

以后常请教。得他的谅解可以减少毕业同学的攻击。

一生能作出的，不过有限的几个 Idea[①]！在中国现在，作事的机会不多，有好机会总要设法使他成功。

Fool[②]只求吃饭的人，比想出峰〈风〉头而主张不同的人好得多！助手不求太聪明的，要求能忠心勤劳的。

* * * * * * * *

不要使人生畏。体谅人情。

不要使人生妒。外面糊涂。

* * * * * * * *

B.说的是，按现在的态度，早晚一定失败！

（态度根本改：不使人生畏，不使人生妒。）

* * * * * * * *

要请各组同事谈话。自己完全无成见，现在要得众望，谦恭下士！

* * * * * * * *

以先在南开，只有事的问题，没有人的问题。现在正是长进的机会。在南开的小成绩不能算成绩。现在在大社会里起首作事，这是事业上的一步长进。看我能否在大社会里成功！真是生命的一个关键。

十二月廿七日，六

南开现在有风潮。看他们办法如何。如风潮延长，社会上或产生一种误解。（不为 B.生惧，我有我的本务。）

今天下午有 CCC.年终俱乐会。想进城，然而这正是与在校人联络的机会。现在既定专心惟一事业，决意不进城去！

用星六及星期与教职员接近，不然将来失败的一个理由就在此。

[十二月] 廿八日

志摩请午饭。蝉与百灵。

十二月廿九日，一

早同余长谈。校事近稍好，然各种误解仍很不少。保地盘是最要的观念。

张、钱、庄、蔡、吴、陈、王，……各有各的理由。（大多数不加

---

① 想法。

② 傻瓜，蠢人。

可否。）

对于课程，批评我唱空调的很多。学理很高，而实行出来，与旧的无大分别。（学生也有同样的批评，想是教职员传出的。）

现在校中大家最注意的是待遇问题。

＊＊＊＊＊＊＊＊

校中年终俱乐会在星三晚上，我必须在校。

如无特别理由，本新年假期内不到天津去。

星六（一月三日）为清华同学会，要进城去。

十二月卅日，二

大雪！

纯美的雪，

雪说。

你必须写。

一九二五年

一月

一月一日（第二十册起）

进城。看电影。

［一月］二日，腊八

在新月社请客。回校。

［一月］三日

晚定离校。

［一月］四日

下午车赴津。辑五同车。

［一月］九日

月涵来津。

［一月］十一日

得无可无不可态度。月涵回校。

［一月］十二日

返京。

［一月］十三日

返校。得清晓禧文。

一月十四日，三

家事再作一次试验。必须能得平安。不然，早离为妙。

校事——看我能否继续。借这个机会重新想一想。如继续，必须改变态度。少疑多容。

（校事的定去留不要与家事混在一起。）

个人——先办事的我，后再艺术。清华有事办，南开将来也有事办。

（过于感情用事。在君说，有人批评高傲。不耐烦。）

* * * * * * * *

秀珠生日。

晚饭，Bible，梅，朱。

（五哥以为我过蹭蹬。）

一月十五日，四

艺术——至少半年不去理它。

将来如果在南开任事，必不能因外面失败，无事，不得已而回南开。

[现时不能回南开：（一）自己学识不足。（二）经验太窄狭。（三）在外边没有成绩。在外面的经验越广，成绩越著，回南开后帮助南开的方位越多。]

在清华必须有相当的成绩而后再定。不然，就是因怕难而逃了！

如果将来离清华，旅费 3060 必须还清。早备款。

* * * * * * * *

家事既已有再试的可能。

一时艺术方面也不去兼顾。

（外面的事暂时一概不问。）

所有力量都用在清华的根本改造。什么都不怕，是非真假要分得清楚，不稍苟同。有主张的失败是荣耀！

钱端升的意见还没有答复。有人或不能懂我的理由而妄以为我怕他的批评。

越有人批评越要坚持到底！

自己方面必须谨慎，量力而进，不要因为个人的弱点而使壹事的主张失败。

一月十七日，六

考论理学。

一月十九日，一

在三星期的寒假内应作的事很多。

（一）看考卷；（二）大学新计划的说明；（三）大学普通学科的课程；（四）下年旧生选课；（五）下年教员的支配。

假期内还想全家到天津去一次。（因不便，不去了。）

* * * * * * * *

一月廿日，二

进城。五哥、午晴和辑五在京。

晚看戏，梅、杨合演《霸王别姬》。这是我第二次看，这次特别好。

一月廿一日，三

早访志摩。约他来清华小住，廿五日大概可来。又约张道宏，或可同来。

中午回校。

* * * * * * * *

下午议对于半年试读生办法，除名六人。

上学期因自退、除名和开除而离校的共约十一二人。被淘汰的都是真不可造就的。

* * * * * * * *

又同校长谈下年计划。仍坚诚的望我消除退意。

一月廿二日，四

心神不定静！

学问无一专长，本领都是皮毛，不过一点点小巧而已！

那应看不起别人？

宽容一切人合作。我自己不要落在识见窄狭的地步！（这是有人评南开办事人的。）

一月廿三日，五，甲子年除夕

因新月社会费十元又起意见不合。

这本来是小事，主要动机在个性的发挥。

她总存一种争胜批评的态度。"我比你见得对，你的行动不合我意。"

少合作的精神，你我间分得很清楚。

"我不愿你成功。"像我越成功，越于她不利！

这是一种很有趣味的现象。

不要一家的男子有事业的成功，惟恐自己失去个人的价格！

* * * * * * * *

我所希望的是一个至少可以懂我，不批评我，可以得安逸的家。外面因事业而遇着的意见和争持已是很多，家里再加上批评妒嫉，生活也就很单独沉寂了！

想得安逸，想人懂，也许是根本不可能的。去想已经是弱点。

生活是永远不间断的独自奋斗！不要想人懂。不许求安逸。

* * * * * * * *

如果我的行动必受批评，这总是我有可批评的地方。懂自然可以原谅，不懂只有批评。争胜也由批评表现出来。

争胜，不愿懂，——是这家的实况。

常冲突不是最高策。

她说，她改是不可能！

我认她为不通道理。她说我"专制"。

若是永不能原谅，不愿合作，永想批评争胜——这个家有不如没有好！

* * * * * * * *

争胜的人同处是最难的。

在南开共事的难也在此。

如何待遇好争胜的人是应研究的。

不与他们共事是自然最易的办法。

如必须时，应取如何态度？

使他们有相当发挥的机会，使他们在合作里得着个人出峰〈风〉头的时间和地方。然而他们若是认定了"惟我独尊"的使命，那就完全没有方法与他们合作。

"以柔克刚"也是很有效的方法之一，然而用在家人中间有些不便，用在人群事业里很可生效。（曹就善于用此术。大概在中国人群中想成功，必须能用此法。纯刚必走到单人独骑的地位。）

有时以刚，有时以柔，——何时用何种？完全在人，在时机。

* * * * * * * *

校事一定与家事分开论。

校事是一定要尽力作的。家事能合更好，不能合也好。

她的态度必须改！这是一定的。常因争胜而批评而冲突——绝不是常〈长〉久计。

在外面的事，作前可以有意见，可以鼓励意见的发表。然在既作后，不能时常以批评自傲！

决定预备个人发挥的机会。继续作科学的研究，或教学生，或在家事的布置、儿童的养育。

能鼓励她，帮助她在一种个人的发展上，——或是解决之一法。

* * * * * * * *

校事不能再延迟，假期内必须产出相当成绩。

新大学课程必须想出一条道路来。

在个人的长进上，比在事业的按程办理上，我用力多，兴趣也多。

这实在是短见。不能舍去一时的小兴趣，为将来的大成功。事业的成功实在是个人的长进。现在所谓个人的长进正是不能有永久大计划的铁证！也是任性！也是不能自制。也是懒！也是不能为大计划而牺牲小痛快！也是不能坚持在一事上注意，而把精神散布在许多小兴趣上！

（为大计划，坚持在一事上注意，牺牲些许小兴趣！）

* * * * * * * *

除夕夜在杨家玩牌到早八点。

一月廿五日，日

昨天下午志摩同两凌女士从城里不约而来，因为我们正要出去到工字厅的新年会去，所以没有一点招待他们就到圆明园去了。以后我们赶到圆明园又到燕京大学，他们已经回去了。

* * * * * * * *

想廿七日到天津去，同行有梅、杨。

* * * * * * * *

近来有一两个月工作不守定程，每早起的也晚了。从天津回来后，需再振作。

不能专一！过于注意别人的意见。新的同时的兴趣就过多了，所以在某一事上也难有大成就。

一月廿六日，一

读 Brent[1]-Leadership，"Power of the Single Motive"。

我平常的 Motive[2]都是 Competitive[3]。

* * * * * * * *

教育部聘我为教育行政讨论会会员。

自知资格不够，所以必辞。

重要的是在自己用功夫，绝不在社会上的地位和别人的意见。

---

[1] 勃罗脱（Charles Henry Brent，1862—1929），美国圣公会传教士。

[2] 动机。

[3] 好竞争的。

＊＊＊＊＊＊＊＊

在南开也是作"Lord"①的动机，比作"Leader"②的动机强！

＊＊＊＊＊＊＊＊

永久的成功失败，完全在真本领，不在一时人所有的偏见。

同群人识见不同不怕，只怕有看不起人类的窄狭！

＊＊＊＊＊＊＊＊

动机想纯洁，必须用大力奋斗。

（动机要纯洁。）

现在的动机还是非常不纯洁！

与人争权利，争荣宠，——都是不纯洁的明证。

一月廿七日，二

琴会。去津。

---

① 权威，泰斗。

② 领导者，负责人。

二月

二月一日，〔日〕

回京。晚开学。

次日回校。

二月二日，一

作人的附属物是打死我也不干的！

让人来就，绝不就人。

无聊的，假借的，是弱者的求怜！

懂也必须专！（不要小器了！完全自若的！）

偏于一方面，这是承认的。也可算是自私！

* * * * * * * *

不怕！不假！不踌躇！

（The sky never sets snare to capture the moon. The moon owns its bondage to the sky in freedom.—Tagore）

二月三日，二

"复古"我那配！

古书、古物、古雅的环境——我都没有过接触。

或从父亲遗传来美艺的趋向。（前天在城里访刘宝全，谈到父亲以先教过他琵琶。以后再访他，从他那里得一些父亲的事迹。天津同父亲同时的人也很少了，应早作调查，为父亲写小传，或用为戏剧的材料。）

我的魂是在中国旧美艺的复兴！

* * * * * * * *

这是我的志愿。

这是人与我同的。

书、画、文、琴，我都得让人。

我有一点天生能懂的灵魂；对于西方的戏剧稍有过一点经验。以外我的工具很薄弱。

* * * * * * * *

想鼓励一时代美艺的倡兴，有钱有势可以为力。组织才，眼光，毅力，也都要紧。

钱，势，我是没有的，将来也不能有。

在眼光、毅力上，或可有一点供献。

然而空眼光一定是无用的！说空话的人很多！只说空话是最容易的事！

* * * * * * * *

天天坐在那里作艺术也是无聊的。

事业的工作必须要有，并且必须要成功！

人希望我成功！

讲美艺的不会办事的多，我更要有事业上的成功！

作事业的不常懂美艺，那末，我要好，养育我美艺上的魂！

* * * * * * * *

对人的殷勤，让他们去作！

我有不朽的大梦，用尽心血！

* * * * * * * *

中国的精神有一部分是作圣人的。

圣里有疯，疯里有圣！或者不是完全不可能？

二月五日，四

在清华第二年已过了七个月，下星期一开学后必须有一次大努力，想先看已过半年多的趋势，而后前进的态度可以有把握些。

八月时定第二年为颜李年，然而近来有几个星期没有看颜李书了。

* * * * * * * *

每月的特点用三五句综合起来如下。

七月。

自己的学是教人的惟一方法。

求学是求做人的方法；做人要做爽快豪杰，不要做踌躇书生！（延迟是我最深的习惯。）

家有病人，以致手乱心乱！（家人的健康是很要的，不然没精力做事。）

心慌心跳是胆小的明证！（病，仆人，校事。）

想到未能实行的太多了！

神经过敏！

处同人不外"自厚薄责""以善养人"。

阅《恕谷年谱》。

* * * * * * * *

八月。

读书不能记，读过就忘。做事延迟，易生厌烦。

这是学问和办事两道我都不能有大成就的预兆。

写在清华第一年的事思录。

精神要超出时、地、人的影响。

再阅《习斋年谱》。他在三十四岁悟正学。

（源按：先生自此毅然以明行周孔之道为己任，尽脱宋明诸儒习袭，而从事于全体大用之学，非二千年学术气运一大关乎？）

游北戴河。

多室外生活。

* * * * * * * *

九月。

过的觉悟正是自新的实证——不自满，求长进。

不要过于倚靠助手；用人的一定反被人用。

能专办校事，使同事及学生诚服，这也可算是事业的小试其端。

影响青年最要的是教员个人的成就。不在班上教法的小巧。

每与意见不合人接洽，虽勉励自持，总不免露出大气来。经验不够。

我少勇，远不如 B.。反复无决断，不是大丈夫。

能改过的人，对于别人的过也能不校，因为相信别人也有改过的可能。

将兵主严——待人严，待己更严，功赏过罚。

将将主容——一时的任性处要能容纳；你为他所想的路要比他自己所想的路多发展的可能。

"虚我观物，畏天恕人。"（习斋联）

工夫从个人作起，影响要不止一校。

廿五日，曹赴长沙。

唱了高调，而自己的名利心仍旧！所以不能使庄、张辈诚服。言行欺人！

* * * * * * * *

十月。

三十年后的政治文化的活力量，是要从多数农人生活中产出。整理国故不是知真中国的途径；要知真的、活的中国必须生活人民现时的生活。

期望大家过夜就能革新，是不可能的。把自己改造以前，不能期望别人改造。

在清华自己的地位问题是小事，最要的是事业的成功。国立私立各校都没有钱，惟清华有准款。如此对于全国的责任就大得不可想像了！

校内的猜忌虽有，还没有到不能合作的地步。校外虽有牵制，还没有影响到学校政策的自由。我自己的短处，露在学识言行上的，每天不免，每事不免！如果到自己无才继续的时候，应早荐贤自代！看到必须做到！

为别人设想，从自己试办。

阅完《习斋年谱》，阅《存性》。

不骂人，用同情、收纳、善养的方法待人。

在中国外国人的势力要日日增长。中国人一定有一部分要借用外国人的势力保护自己的地位。政客、军人、商人、学者，都有！只有少数人可以看破一时的势力，而从事于人民生活的研究。他们的大志愿在一方面是帮助人民寻得生活的新意义，在又一方面是用旧生活里的理想和美艺来感化西方社会大过渡的趋向。泰谷尔的工夫就在这两点上。

不用本国语言文字，是一国文化衰亡的铁证！

全国乱到如彼，而我享受安逸如此！我自己特别优待，一定使别人生妒。可耻！

空想一场高明的道理，终久还是取学校的巧，在此地享安逸！

廿七日，不怕，不假的新努力！（每早读一遍。）

作工夫不地道！中学课程，大学计划，讲演……都仗着一时的聪明！

阅《存学》。

＊＊＊＊＊＊＊＊

十一月。

听说胡适之来校作教务长的谣传。不能"博通中外""兼通中西""中西兼优"——这是我的短处。那是我自信无愧的本领？文字不达意。稍有把握的还是在计划实行上。在三方面用工夫：（一）见事要明，不存成见；（二）学问道德的存养；（三）广交贤德。（校内校外。）

想离清华后的计划。造试验学校。最可靠的在自己的学识毅力！

八日，谈戏，大批评。

同人谈新计划，谈后自觉力量太薄弱。我有什么特别的真本领？实在我没有可自骄的。中国外国的学问我都没根柢!

不要再假再骗人了!

如果离清华,还是安心读中国书,活中国生活。那是正途。

不配人的恭维!不要妄想人看重我!

想识中,我的中国知识最浅陋!

外面各校越不发薪,清华内部的争持越复杂!

大薪金,好住处——清华最大的引诱。

我的思想是忽然而来的。然不要被一时的小聪明骗了!

一种勇猛不守范围的气,被"批评"又激起!这是一种神秘的现象么?

廿二日心领。——说话过于做作!

我要的只是中国的精神!

经验受激刺。要牺牲自己,不要牺牲别人!

廿九日"慢"。买书。精神舒展。

* * * * * * * *

十二月。

一日,看日落。

校事反对的人渐渐加多。我的德、学,都不够服人的!

精神慌,睡不实。间断早晨静养。

五日,王辞大学委员。风潮!

练习与不能合作人合作。不承认谁是敌人。只有不谅解,没有根本仇敌。这是这次的教训。

七日,(公园)想在第一学期末辞职。(一)资格不够;(二)不愿为地盘争;(三)作行政事没时间读书。

以后学问大的人加多,我一定被人比下。不如早退。

退后作什么?教育或是戏剧?

学问,办事,为人,——三方面我都没有大成绩的可能!一生将空空渡过!

曹留。

自信本领只于可以组织大学前二年。

十四日,改"日落"。十六日适之歌。

廿日,不要再假了。痛述。(十九日写好辞信,回校后没交给曹。)

赴津。在君劝我不离清华。（一）曹还信任否？（二）曹是否要好？

第一次作事失败于以后的信用大有妨害。用全副精神在校事上。一时舍去一切别的兴趣。不作戏剧的空梦！作惟一事业的人。

真险！差一线就失败了！

此地不算是大困难。你不想作事则已，若想作事，别处的困难比这要多几十倍！

廿四日访寄梅。能进则进，不能进时要静待时机。

不使人生畏，体谅人情。不使人生妒，外面糊涂。

B.说，如不改态度，早晚一定失败！

廿八日，得蝉稿。

卅日，雪！

＊＊＊＊＊＊＊＊

一月。

一日，二日，城内。（学问无一专长，本领都是皮毛，不过一点点小巧而已！）

三日，定离校。四日，赴津。

十三日，返校。家事与校事不混。

外面失败，不能回南开。

家中有争胜批评的态度。

为大计划坚持在一事上注意，牺牲些许小兴趣。

廿五日，元旦。

廿七日，赴津。二月一日，城内。二日，返校。

＊＊＊＊＊＊＊＊

颜李书从十二月中就停看了。失信！

从二月九日开学起，完全革新。

最要的是"使精神余于事，不使事余于精神"。

校事在先！

二月六日，五

身体精神都觉疲劳！

昨天用了六个多钟点作前七个月日记的总结。

问题仍是不能专！

＊＊＊＊＊＊＊＊

（一）大学课程。

（二）论理。

（三）四月里的讲演。

他事不应问。

* * * * * * * *

吴宓今天在校。蔡、庄，他们请他午饭。

自己完全没有特别利益想把持。绝不应有丝毫怕人争地位的观念。

自己量力不过够一个高级中学或初级大学的教员或办事员。

只想作事的机会，不要特别待遇。

学问、办事、为人，——三方面都没有很大成就的可能！

以君子的心意待人。在我是要谦要真。别人的态度在人。

二月七日，六，元宵节

昨晚看人写的文章，自觉惭愧非常！

空羡他人不朽程！

求人作中国文艺的指导，在人或肯；在己（一）现丑难堪，（二）校事已过忙。

* * * * * * * *

同吴宓谈。我作行政有两不宜。

（吴，陕人，性朴厚，要多依委。）

（一）没有天生办事才。

（二）没有专门学术的成绩。

若天生喜办事，或已有一样学术的专长，再作行政，于事于人都可便利些。

这是实话，不是过谦。

* * * * * * * *

只为自己的前程打算，不管别人的要求；——为个人的长进，当于少年时有志者都不免，私公很难分清，因为没有个人的努力，群人怎样会前进？

* * * * * * * *

在校的"新"毕业生愿得南开的刘、楼。（清华如用此项人，即可先用私人名义约聘。帮南开不在这小点上。）

若不约请，他们必猜疑我为南开吝惜。

因此想到南开的将来。凌是已冷淡的，也没有相当的眼光和能力。五哥一人担负，助手如伉、华对于办事，热心是没问题的，学识都有限。

北京有北大、清华，将来这两校在人上钱上都有发展的可能。

天津离北京不远。南开的经费是最大难题。钱既是少，人也不易得，不易留。学生，除本校中学毕业外，来的也不能甚多。钱有限，教员有限，学生有限，——这些都是事实。如果南开大学想继续生存，必须在这个"有限"之中求特别意义。

再看五哥个人。大家都佩服他的毅力。以往二十年的成绩已大有可观。论办事和人格力，教育界中少有其匹。学问——特别是书本文章的学问——不是他的特长。

南开大学有什么特点可以发展！

造洁士烈士。洁烈之士都有他们不可大用的短处。当乱到极点，世事完全无可为的机会，那时倒是洁烈之士特别用武的时候。

（洁士不可大用，以其如鲜花不耐风尘也；烈士不可大用，以其如利刃不耐挫折也。怨谷三十岁。）

或说，天津是新实业新商业发达的地方，大学应产生些新实商人材。实业的高等教育是非有钱不成功的，南开绝不能办工科。商科可以办，然而教育的方法和教授的人选都应重新改变方针。

＊＊＊＊＊＊＊＊

对于南开我有相当责任，然而现在精神不能兼顾。

＊＊＊＊＊＊＊＊

论理班材料还没预备好，后天就要上课。

今天新月社灯节会，若进城去又用一天工夫。志摩来信说他快起身到欧洲去。

此后城内事一概不问。

一时间只做一事！

二月八日，日

昨天进城。晚灯会。与在君谈，南开最大难题是没有钱，他看不出什么南开大学特点。（他不信造洁烈之士是有效的，社会的力量过大！）

早长谈。

全副精神不分的在校事。

仍自惭学行都无根基！人懂能久吗？（恐人有看不起的时候！）

人、家，都同时好，可能吗？新态度可否试验？

二月九日，一

第二学期开始。

忘自己为众人。

求人懂还是为自己。人懂得多，又怕人看穿！

校事要求全副精神！成功必在以身作则。我不心专，如何望同事人心专？所为私心或有不同，于校事的进行一样有妨碍。

任性，懒惰，——将来失败，就在这两点上！

* * * * * * * *

完全不管人，此地是天职！

独立的力量在自己，不用告诉人！

懂与事有争时，应为事（就是群人的事，可长久的事）而舍懂！

不能不如此！不如此一定事失败，懂也无聊！

所以为两方，独立是惟一妙策！

（独立！）

懂上能舍的是胜！

* * * * * * * *

吴宓为研究院筹备主任，给他专责。

自己处助别人成功的地位。不为自己想。自知本领有限，学行不足服人，不贪权！

"反求诸己。"

"对人不狐疑，对己不懊悔。"这是养勇的工夫。

功作上用力，人的方面可以忘了！

二月十一日，三

"为人谋而不忠乎？"（助人惟一方法，是不想自己的痛快，努力在自己的长进。自己长，人也得长。）

为人设想。——发展的趋向，生活的安全。（个人的及社会的生活。）

* * * * * * * *

这几天很懒，早九点才起，不能安心作功课。任性是不能有将来的。任性只于是一时的！

自应知耻的实在很多，如文章、做事、为人。

知耻后不应无勇气的懊悔踌躇！应努力一步一步的前进。

无论为人为己都不应空渡〈度〉时光。

人愿不能完全得痛快，这是无疑的。

也不应事事都想与他人争胜。

只可每天尽自己的力量做自己认为应做的事。不怕（衣食住都可看破），不假（不自欺欺人，以皮毛骗人）。

* * * * * * * *

"今朝郡斋冷"怕不是陶诗。（是韦应物诗①。）

我不知，也许人轻笑！

本不值人敬重！

静气读书办事。（从理想的大方自若处作去！）

* * * * * * * *

五点。

到西院山上远望。

校事的成功是将来大成功的介绍。

给中国造将来，大愿须渐渐进行。

在校的态度和政策不外。

"其身正，不令而行；其身不正，虽令不从。"

"以善服人，未有能服人者也；以善养人，而后能服天下。"

不要因人而丧志。作时代须〈需〉要的人，代表时代的精神，不被环境和自身所捆绑！

为人为己必须得这样的自由。

（真自由！）

"三月不知肉味。"孔不是音乐家，所以三月以后又去为世运作圣人的工夫去了。

大工夫从小处作。如果用力量专作大学普通训练的工作，自信还可以有这样的能力。同时个人要多求本国的知识。

肯认自己长进的界限。绝不能样样都好！

我所有兴趣的几方面：（一）教育（为新国造人材），（二）说白剧（或

---

① 韦应物的《寄全椒山中道士》，全诗："今朝郡斋冷，忽念山中客。涧底束荆薪，归来煮白石。欲持一瓢酒，远慰风雨夕。落叶满空山，何处寻行迹。"

算美艺的一种）。

（肯认自己的界限！）

从这两方面者可表现出时代的代表精神来。

作教育者有我理想的资格，最要的是有能感化人的人格力。不一定是那一门学问的专门学者。

作说白剧家必须能懂现代生活里某一部分到透骨的深切。工具自然是要精锐。

不想作诗家，或哲学家，或政客，或无不通达的著作家。

死前所期望的成绩是：（一）影响过几个有志的青年作新国的根基；（二）留下两三本能代表时代而有生命的说白剧。

努力的范围要专！

我绝对没有博通中外古今的才能！

人把我看过重了，我自己反觉着豪〈毫〉无半文价值！人把我看轻了，我又觉着生活无聊！

这都因为太注意人对我的感想了！不自由的原因就在此！心神不静的原因也在此！

（太注意人对我的感想！）

我是我自己灵魂的主宰！完全不问人对我的感想如何。我是我，人是人，——各有各人的本务和天定的生活趋向。各人努力，各人负责。谁失去机会是谁自己的罪。

二月十三日，五

昨天进城。买衣，便宜坊午饭，看程艳秋的《金锁记》。

* * * * * * * *

人格的力量从"独立力"和"牺牲力"造起来的。

独立力——不被别人的感想和个人的习惯及本性所缚束。

（独立力。）

牺牲力——忘却自己的安乐，为别人的乐利设想。

（牺牲力。）

人格力的造就，是生活惟一可靠的事业！

我在清华享的安逸过多了！

提倡苦行必须从自己入手。

* * * * * * * *

早八点早起。太晚！

二月十四日，六

七点半起。

只为人的尽美尽善想，是可修到的。用力在自持的把握，和牺牲的眼光及决心。

要先有权能和智慧——然后再懂人和牺牲。

我自私的想念过多！

二月十五日，日

应办而未办的事太多了！

在新大学职务上绝不可贪权！妄夷妄居，将来一定失败！

（绝不可贪权。）

由小事作起，容易有成绩。

作初级大学的事还有把握。如贪权，干涉全校的政策，必致多招怨，也没有实在的本领。

* * * * * * * *

已同吴宓接洽对于研究院的事，能往校长身上推是应当的。

自认自己的地位是"大学普通训练主任"，同时不得已再兼"大学教务长"及旧制的"教务主任"。

为下两年，这三职有法分开吗？

因为筹备大学关系，当于筹备时期全校不得不有"大学教务长"一席。两年或三年后，也许没有这一席的必须。将来分科一定各有负责的人。

我的学问不应任"大学教务长"。如有相当人材，立刻荐贤自代。自知是如此，别人的批评也是如此。贪高位，于事不利，于己也不是为久远计。

最要的是多用工夫长进自己的品学。

"少立课程，多作工夫。"这是明训。我应当少任职务，多求长进。

（少任职务。）

* * * * * * * *

为个人想，是如此。

为事的成功起见，自己是否应任劳任怨？

任劳任怨与贪权的分别在那点？

量力为之是当然的。若是自己完全无自信心，自然不应妄自逞能。鉴别力完全在自知和知人之明。

如果用过自省和察人的工夫后还有一点自信力，比较的勉强称职，那末，任劳任怨和贪权的分别就在居心为公或是为私。

　　　　　　* * * * * * * *

居心为公，这不是我现在能的！从以往的经历看，我为私比为公的方面多！

并常说过头话，自以为知的，其实不知；自以为能的，时常不能！

在改任职前，真应好好的自省！

不假，不怕！看到应如何作，就如何作！

　　　　　　* * * * * * * *

待办的事：（一）论理班用书，（二）朋友信，（三）四月间颜李学的讲演，（四）大学普通训练的课程，（五）下年教员的支配和聘请，（六）预备四月春假南游，（七）与教员学生接谈。

　　　　　　* * * * * * * *

这样忙，人的方面不能多费精神。不谅解的批评和要求，不去管它！

这样忙，应惜光阴，习劳习勤。

（这样忙，应惜光阴，习劳习勤。）

　　　　　　* * * * * * * *

看本册日记。

（一）　去年十一月间的攻击，还有再发现的可能！

（二）　时常不忘我的中国外国学问实在都没有根柢。别人会轻笑的！

（三）　并且自己的名利心绝对不比别人少！争权争利（保守地盘）的动机是常在念头里的！

（四）　不能坚持在一事上！时常分心到别处去！

（五）　常不免用手段！又多疑少容！

（六）　又懒惰、任性！踌躇无决断。

　　　　　　* * * * * * * *

自知是如此。

在下星期内，每早看一遍。

（Without haste. Without rest. —Goethe）

二月十六日，一

七点半起。

静养十五分钟。看日记和 Brent。

只注意以往的失败容易胆怯。从经验里得出努力的方向：

（一）只要自反无悔，不怕攻击。

（二）学问上有系统的用工夫。（中国学问由颜李入手，习字。）

（三）凡事以公为先。看破誉毁和衣食住。

（四）坚持在校事上，外事暂时一概不问。

（五）与难合作的人合作。不狐疑。

（六）快断定，即实行。

* * * * * * * *

只要有生命，将来不一定仍以往的失败！

我信我有生命力，创造力！所以不怕以往的捆绑。

（有生命力，创造力，不怕以往的捆绑。）

二月十七日，二

歆海到善后会议去，学校功课烦人代。

大家都愿求个人方便。

* * * * * * * *

七点半起。

二月十八日，三

昨天 U.C.通过三个 Dean 的制度，不要教务长一席。

清楚是对我不满意的表现。

果然十一月的攻击现在成功了。

五哥说过，如不改态度早晚一定失败！

这是第一次的大挫折。

　　"威不足以镇人，而妄夷之；惠不足以感人，而妄居之。不智也，祸于是伏焉！"（习斋）

失计的是昨天在会场上没有自己让步。我早有只管大学普通科的意思，不过被人攻下来，自己觉着很无聊！

这也是争权不免的结果！

* * * * * * * *

失败后应处以如何态度？

绝不灰心，缓缓前进。择定自己的专职。

待人不仇视。

* * * * * * * *

别人在后面有作用的阴谋。

如实有其事，我更应大方为事作事。

小人私利的阴谋在什么地方都不免的。

求自己正大光明；不贪权，只为公。

现在不能退。如退他们一定说因贪权失败而走的！

（不能退。）

只可正身，不颓丧。"虚我观物，畏天恕人。"

（不颓丧。）

能处逆境更可看出人格力。不在空有此念，而在实行出来。

为事想，为中国将来的领袖想。

人都滑头，我也不效法他们，我也不怕！

有自信的勇力！

下年一定减薪（每月三百足用）。

（与 W.同意。）

只作普通科事。再给我高的地位，一定不要！

周围是安逸，旧生将来都有出洋的机会，影响他们是很重要的。新生也应有人格的榜样！所以在此不只不能退，也不应退！

（第二十一册起）

三誓。①

一、下年一定减薪。

二、只作普通科事，一定不要高位。

三、学生需要人格的榜样，不能退也不应退。

二月十九日，四

以正身主义做事。

自二月十八日起新态度，不与人争权。减薪。

（一九二五，二月十八日后的新态度：不与人争权。克己。）

---

① 此为张彭春在第 21 册日记扉页特别标出。

克己的功夫不能以高傲为动机。自己如此作，因为自认是应当的，绝不想与别人比优劣。

（完全不是为傲而如此作。）

以比优劣作为善的动机不是纯洁的。

别人的动机不去猜疑。

（不猜疑。）

自己作人格影响的工夫，别人如何总有明了的一天。

时间是最可靠的评判者。

* * * * * * * *

不求外援。不怨人不懂。

交友是应当的，然而不应有丝毫"有所为"！

（交友不应有丝毫"有所为"。）

大胆的作圣贤工夫。

* * * * * * * *

读《领袖论》。

二月廿日，五

八点起。

读《领袖论》。

自责的牺牲！

（I lay down my life—no man takes it from me, but I lay it down of myself. I have power to lay it down. P.124.）

二月廿一日，六

七点半起。

读 Brent。

* * * * * * * *

昨晚觉悟有人疑我偏袒南开。

对于楼、刘，他们以为我不肯由南开聘来。

* * * * * * * *

Dean 将来是互选，或是校长委任？

我有怕失去 Dean 的名称的念头吗？

或是真相信委任制可以有作一番事业的可能？

无论如何，第一任（三年）唯有委任。试验后再定办法。

＊＊＊＊＊＊＊＊

有计划的人都想自己做主。常被众人缚束，不能有为。

大家不愿有人"管"！他们都怕我"专制"！

在我不怕失地位，只怕没有事作！

然而想作事，自己的预备还很不充足。为人，——学问，办事，待人，都当研究努力。

二月廿三日，一

廿一日进城。秀珠住王素意①女士处。

参观燕京女校《刘老〈姥〉老〈姥〉》的排演。

晚饭 James②请。到新明看杨小楼的《连环套》和余叔岩的《失街亭》。

夜宿志摩处。

廿二日早谈到拟减薪事。以善养人是作圣人的工夫。（与人谈到，必须努力！）

下午回家。

＊＊＊＊＊＊＊＊

早七点廿分起。

看 Brent。又看前两星期日记。

只做普通科事自己早看到，然而没有作到！

看到应即能作到！

（看到应即能作到！）

＊＊＊＊＊＊＊＊

再抄二月十五日的自察：

（一）去年十一月间的攻击，还有再发现的可能！

（二）时常不忘，我的中国、外国学问实在都没有根柢。别人会轻笑的！

（三）自己的名利心绝对不比别人少！争权争利（保守地盘）的动机是常在念头里的！

（四）常不免用手段！又多疑少容！

（五）懒惰，任性！踌躇无决断！

＊＊＊＊＊＊＊＊

---

① 王素意，1922 年获美国比来大学博士学位，时任燕京大学教授。

② 晏阳初（1890—1990），英文名 James Yen。

朋友的冷淡和猜疑不能怨人。我一方有使人可冷淡可猜疑的地方。

独立力！"人不知而不愠。"

牺牲力！"为人谋而不忠乎？"

＊＊＊＊＊＊＊＊

志摩临走我想送他一点川资。

除作朋友外，完全无所为！

＊＊＊＊＊＊＊＊

就是做普通的 Dean，也不应患得患失！

互选，如何行，于我也无损！

＊＊＊＊＊＊＊＊

完全看破地位，然后才可多作事的自由。

＊＊＊＊＊＊＊＊

从今天起，每早九点到办公室。

（每早九点到办公室。）

二月廿四日，二

八点前十分起。

看 Brent。

到办公室晚十分！

二月廿五日，三

人生的事就是得朋友。

（得朋友。）

我的态度太窄狭，太苛求，太偏冷！

不能得朋友是当然的！

徐，陈，张，胡，丁，黄都应交。不认有谁看轻或仇视我。在校内，王，曹，王，蔡，也要得他们为朋友。

待人如果根本没有得朋友的动机，什么计划将来必失败。这是作人的根本问题。所谓以善养人就作得朋友解。

＊＊＊＊＊＊＊＊

昨晚进城看 Peking Players。在 Wagonlit，"The Man of Desting" 和 "Twelve Pound Look"。演的很好。

＊＊＊＊＊＊＊＊

到办公室晚半点！

二月廿六日，四

八点起。

九点到办公室！

* * * * * * * *

少任事！

二月廿七日，五

九点起。

* * * * * * * *

昨天余说，人批评我只是会唱空调。

旧课程没有大改变！（自来后无成绩！）

新课程又巧立名目而无实际的办法。

听了后，觉着他的意思是我到清华后毫无成绩！如果大家都这样看，我是不称职的了！

（到清华后无成绩！）

* * * * * * * *

或是因为太骄傲，不给别人相当的承认。

要自知成绩有限！不自逞功！

* * * * * * * *

教论理班也近于只是空调，没有实在学问！

学生会看穿！自己也胆寒！

二月廿八日，六

八点起。

九点十五分到办公室。

* * * * * * * *

昨天同余、杨、梅谈学校将来用人计划。

自从听见余的意见后（来清华后无成绩），很觉着无趣！

现在任事也是过多，然而运用机会在自己。如有真本领，不怕事多，不怕没有办法，也不怕人批评！

又有心乱的景况！因为真本领不应用！

不应因此而生惧。

为将来大用起见，择定现在努力的趋向。绝不为一时的小名利而动心！

三月

三月一日，日

昨天下午进城，为燕京女校排戏事。

夜宿季冲家。

* * * * * * * *

昨天在城里见五哥。

他以为清华太 "肥"！将来要受攻击。

若能得到自己工作的特点，自己可以乐，将来也可有影响。

南开没有钱。将来发展难，必须得着自己的特色。

有人说，五哥是最有本领的中学校长，作大学有不相宜处。为什么兄弟不合作？

* * * * * * * *

现在自己做工夫的时间都用在计划和对待人上！在回国两年内，学问的长进可以说完全没有！

办事上，在改进社毫无成绩！在清华又要失败！将来做什么好？

（在改进社毫无成绩，在清华又要失败！）

自己长进是必须的，是最要的！不能服人是不能有成的。

在清华能忍三年是最上策。三年之内最要的是自己求长进。

（无论如何，绝不是回南开的时机！）

少任事，候机会。不能离此地共事人过远。在京有这几年，将来再离开北京也可用这几年的经验。

* * * * * * * *

今晚又有委员会讨论新大学课程。

大家不赞成过头的试验！这也是自然的。为得大家的合作，不能说太激烈的话。

* * * * * * * *

也许作教育行政，不是我的职业！

然而什么是？

三月二日，一

九点十五分到办公室。

下午睡两小时。

心神不定！大有怕失败的将到！

我的小器就在这点：有人说好，特别高兴。有人批评，就怕起来！（五哥也不喜欢人批评！然而五哥同我都有时好批评人！）

一生作人必不能事事都是人说好！

* * * * * * * *

现在使我怕的是大学普通训练的课程！

高调已经唱过，大家都等你产生出的课程细目；到这个时候，心里枯干不能产生出什么新方法！

大家必轻笑！将来对我的信心也必大减！

* * * * * * * *

毛病都在话说的太空高，而实在的本领和经验不够用！

（话说的太空高，实在的本领和经验不够用！）

* * * * * * * *

就是失败，也没有什么可怕！

生命都是试验！试了不成功，下次不再走这条路。有什么可怕？

怕丢脸！性骄的人如此。

（性骄。）

怕苦难！好安逸的人如此。

（好安逸。）

怕终于无用！没勇气的人如此。

（没勇气！）

* * * * * * * *

看破"不虞之誉，求全之毁"，然后心可安！

* * * * * * * *

失败是好教训！

* * * * * * * *

为消遣近来常吃烟，吃多了有害。不再吃了。

（不现吃烟。）

三月三日，二

七点半起。

读 Brent。

Without a sense of vocation the burden is all their own, a bit of doubtful experiment, nothing more. Probably more men and women

break from unnecessary substitute than form any other disease to
which the ranks of *Leaders* are subject....when we are assured that
we are called by God to a task and have His interest and supervision,
our sole responsibility is to commit ourselves to the activities
involved. The ultimate issue is not the worker's concern.

P. 199

He who thinks that he alone is called is a tyrant of dangerous
type....The *Leaders* first duty is to remember that vocation is a
universal gift, and it is the part of Leadership to help all who follow
to discern and obey their call.

P. 201

His promotion to office never separated him from the crowd,
his high consciousness of vocation never led him to depreciate the
vocation of the least. He reverenced his followers by helping them
to greatness, he elevated his own vocation by recognizing the
vocation of others.

P. 207

（I can of myself do nothing: as I hear, I judge; and my judgement is righteous; because
I seek not mine own will, but the will of him that sent me.）

＊＊＊＊＊＊＊＊

昨夜睡的好，所以今天精神较好。

今天早有半点钟静养。中午又半点。

每天如此，精神可以稍安。

三月四日，三

七点起。

在西院山上半点钟。

＊＊＊＊＊＊＊＊

使我心不安的还是大学的课程大纲。

写章程是要耐烦的。好空谈的人大约都不耐烦！

＊＊＊＊＊＊＊＊

研究院已独立。

大学普通科课程现在计划中。本应早已写好，这是我不善写文章的短处。

清华改组只要成功，何必专注意自己工作的一部分。

对于办理大学的经验既然很少，唯有专心努力！

专心在大学课程上用力研究，这就是学问。

能力有限，想成功必须专心在一事上。

三月五日，四

七点半起。

* * * * * * * *

不应存事事与人争胜心。

对我怀疑的人很多。惟有用实在的成绩给他们证明我的真价值！

"自反而不缩！"我自己知道我的价值很有限！所以有时觉着胆量不够大！

对人不作假！

忍耐做长进的工夫！

三月六日，五

八点起。

到办公室晚十五分。

昨晚读吴宓的《我之人生观》。

现在同他共事，可以知道他为人做事的方法。

他也代表一派思想。

三月八日，日

昨天进城，看牙医。拔去后牙一个。（这是拔去的第二个。）

夜宿焉，别志摩，与人午饭。吃面，大悲风土。

志摩明天赴欧。约半年后回国。

* * * * * * * *

吴宓在他的人生观文里有职业与志业之别。

志业是一生希望作的。

人必须有志业。只有，不为它作工夫，不过空想！

若想在文字上见长，必须早下苦工夫！

朋友的激动是有的。人在那里望着我的长进如何！每天必须有一定的功课。

应写的文字，不要懒。信、讲演、公文都应自己下手。绝不能依靠助手。

* * * * * * * *

"语不惊人死不休！"

* * * * * * * *

看前一星期日记。

上星五，大学课程大纲通过筹备委员会。

将来的实行还是大问题。

人选问题应立刻入手。

* * * * * * * *

志趋是作圣，"游于艺"是一部分工夫。

人、家的问题，有时觉着不应敷衍！没有勇气！

然而自己有什么真本领可以使人常敬，可以供给人的前程？想到这，又忍下气来求长进！不应空想！

对于助我长进的环境，我自然应当感激！

将来到了真能助人的时候，对于旧环境也不应忘恩！

各方的责任都担得起——那是大丈夫！

三月九日，一

八点起。

精神又不整！

此地不能失败！尽力为之。

长进自然也当注意。

（"Seek for tasks, hard tasks, for the doing of which strength is needed & in the doing of which strength will come." Brent，P.245.）

三月十日，二

七点四十分起。

心神不定！

自疑无勇。不能痛快了当！

踌躇还是因为见事不明，不能忍苦。求小安逸，好小名利。清华有好住处，大薪金，尊贵的地位！想离又合不是精神上的勇！有贪安逸，利用人的念头。

完全为真为神的生活要爽快百倍！

不顾人懂不懂，不因怕独生而求群，只要得精神的舒畅不怕欠账！

天天校事敷衍，群居不睦。……这样一生空过了！

五哥讥我无决断！

若独，与南和，也恐不易。

独是私吗？私或有小大之别。若群居有利用人意，岂不是私！

分合不应为懂而定。能否有关于懂应完全不稍有希望！

如此方为纯净的，真独立的！不然又因望而空而无聊！

＊＊＊＊＊＊＊＊

养勇乃第一本务。真勇无望也有望，完全能独是勇。

独要工作。为工作而工作！

为真为美而工作。

众人毁誉有什么价值！

＊＊＊＊＊＊＊＊

下午

毫无兴趣！工作有什么意义？

我自己的没决定，不能怨人！

已有两天无出品。

时光空渡过！

三月十一日，三

八点半起。

创造新文学——这是我的志业，已有近十二年了。

然而用力做时很少！

感觉时常有，而苦无材料。（字不够用！）

完全为真为美，不为肉体的安逸，不为一时人的说好。

这样的工作，我的根柢不足。

教育事是为饭碗。既然吃他，就对他有相当的责任。

文艺事是自然喜爱的。自己觉着不佩〈配〉近文艺。

吃教育，不能在他上得着至深的趣味。

爱文艺，自己又觉着自信不足，不能立刻舍去一切，为他工作。并且社会的压力使我专心教育不问文艺。我有时也同他们意见相同！年岁大了，已有的职业不容易得到现在的地位；舍开社会认为是我的责任，而冒险做自己没有把握，社会不赞成的事，他们要说我疯了！

这样争斗不能给我整静的精神专心做教育或做文艺。这就可惜了！

两样都做，可能吗？

文艺是如此相劝。

试验下来，心神不定！

不问文艺则已，一有接触，就被几天的摇动，于教育事大有妨碍！

若舍教育而从事文艺，将来在文艺方面能否有成？完全没把握。因为完全没把握，所以特别唤醒我的勇气！知是一定失败，所以更要试一试！

事事太有把握，生活也甚无趣了！

如选定文艺，生命要完全改组。清、南群都发生问题！与人也无关的独自奋斗！

年岁还少！再延迟勇气更消灭了！

* * * * * * * *

今天应去跑山。

学校事无聊。

空度时光，于己无益，于人又何益？

应淡应冷！

然而那真自然，不会永听话劝！

特别在春天！

一生共有几个春天？

* * * * * * * *

"凉澹之极！"

春来！

今天应去跑山。

工作不耐烦！

"应淡应冷。"

无奈那真自然。

不会永远听话的——

特别在春天！

一生共有几个春天？

三月十四日，六

星期三下午起发烧。星四、五两天没起床。

今天早十一点起。

* * * * * * * *

空绕圈子仍需勉强工作！

读书可以同时下手，校事不多任。

既然一时要压，所以更可用力！不然更对不住人！

目的在得到中文达意工具。

所羡慕人赞美人的，自己努力用功。

求懂不可长，也无聊！

* * * * * * * *

美艺大约以不满足为动机。

欲望都得满足，定无美艺的可能。

* * * * * * * *

前两天在床上看完 Ludwig Lewisohn's[①] *"The Creative Life"*。

多日不读文学书。羡慕他用笔的便利。

* * * * * * * *

一腔的热感觉无法发表为有音节的符号——这是莫大的悲惨！

如何由苦而转美？

符号是公共的，别人能明了的。必须有相当的预备，不然临时无法表现！

至于用符号的巧拙完全在个人的本领。

有了运用符号的便利后，受大刺激时才可用符号表出不可满足之欲望。

表现不必一时就成为有组织的作品。如对于工具的练习，多读书等，也可算表现的方法。

在工具预备期内，不应求成形的作品。

激刺能帮助不改初有的志愿，并且鼓励在工具上用力，也就算有表现的了。

不会走就想跑是人之常情。

在文艺上我初学走步。将来能否跑得动还是很大的疑问。

---

① 路德维希·莱维森（Ludwig Lewisohn，1882—1955），生于德国，在美国长大。小说家，戏剧评论家。

在这时期，想舍开教育事业去作文艺，不只是不智，也是大可笑的事！

初学走，走的很不可观！先关上门自己练习。到能跑的时候再请人看。

（关上门自己练习。）

如果自己不肯做自己关门练习的功夫，将来一定不会有成。

我的病在立刻想出峰〈风〉头！

（病在立刻想出峰〈风〉头！）

推想到这里，又可静气作预备的功夫。

人所赞许的是我的可能。可能不使实现那是最大的耻！

羡慕人的也是在充满的发展。只求近而不求进必至无聊，必至惭愧，必至悔悟！对人对己都非上策。

这个圈子绕回来了！

真废力量！废时光！只要有成绩，就不算空废。

（若无成绩，圈子又空绕了！）

＊＊＊＊＊＊＊＊

写字。

三月十五日，日

昨天读完杨振声①的《玉君》。

写人写的不真切。他自己知道《玉君》恐怕只是皮毛。

写 Comic Scenes② 倒有几段不错的。

中国在现在创造力枯干的时期，只要有人肯用力去写就很可赞许。

杨运用文字比我已经高明多了！

＊＊＊＊＊＊＊＊

昨忽悟人早已有群约。善隐不与世知。因一时冲动我不认可能。

已约与己群——好材料。

隐隐不测！勇而无勇！

认己约，以淡自持。

---

① 杨振声（1890—1956），字今甫，山东蓬莱人。1915 年考入北京大学，1919 年赴美国留学，获哥伦比亚大学博士学位。1924 年回国，曾任武昌大学、北京大学、燕京大学、中山大学、清华大学等校教授。1930 年起，任青岛大学校长。

② 喜剧场景。

智慧聪敏是音节和谐的唯一根据。

人所希，也只于智慧，不他涉。

由音谐而绕空圈，错在己。

人自为计。我须专心，使敏感结晶。文字便利必有其时。

　　　　　　＊＊＊＊＊＊＊＊

校事忽略不应当。

三月十六日，一

七点起。

看日记（自一月到现在）。

清楚定意不兼顾艺术，而在两个半月里又失败了四五次！意志太弱了！

（意志太弱！）

至前星期日已整四月，可以已矣。

专心校事。完全为事做事。以身作则。

这是很简单的方略！至少应努力实行两年。

　　　　　　＊＊＊＊＊＊＊＊

独立——不被人缚束！

牺牲——忘己为校！

　　　　　　＊＊＊＊＊＊＊＊

校事只要专心用力就有方法。最怕的是心神不安！

　　　　　　＊＊＊＊＊＊＊＊

因为论理班没有预备功课，又请假一天。

　　　　　　＊＊＊＊＊＊＊＊

从今天起，再看颜、李书。

看《习斋言行录》。

　　"天行健，乾乾不息，天之诚也，人能长思敦其敬，而无怠惰之念，则几于诚而同乎天矣。"

　　"人若外面多一番发露，里面便少一番著实，见人如不识字人，方好。"

三月十七日，二

九点半起。病后第一次到办公室。

看《言行录》。看完《理欲》第二章。

勇不足或是终身大病！

（勇不足！）

理直气壮！

　　"善恶要知，更要断。知一善则断然为之，知一恶则断然去之，庶乎善日积而恶日远也。"

三月十八日，三

　　八点起。

　　看《言行录》一页。

　　"齐家要观一家所受病在何事何人？便当全副精神，注此一人，此一事，竭力做去。正心修身亦然。"

　　"思诚固是学者切功，然必思此一善，即作此一善，乃有益；若只思仁思义，久之，一若思所及，便是我已得者，则思亦属自欺之端矣。"

　　"君子爱人深，恶人浅；爱人长，恶人短。小人反是。"

＊＊＊＊＊＊＊＊

自从听余评我到清华后毫无成绩，有时对余不免猜疑。

骄傲不肯自认弱点！

有无成绩，将来自然可以看清。

现在最要的不以所有成绩都认为我自己的！不虚心，不能得人合作，所以必不能有成！

（不伐善，不施劳。）

＊＊＊＊＊＊＊＊

下午

　　早同曹表辞意，因王自命为总务主任及推广办公室。

　　曹解释他地位的难处，并没有坚留。

　　此地没有许多人觉着非我不可，只于我自己的骄气觉非我别人不能办。

　　再做下去也是无聊！

　　若辞去，作何计划？

　　回南有多不便。

　　今早不应露辞意。如有意应想好去路后发表，发表后就要实行出来。

又同余谈减薪。又是空谈！应自己拿定主意再同人讲。

* * * * * * * *

小孩们的眼里有 Trachoma①。医治也得用钱！

社会是如此组织的，不能一时改变。

无聊万分！又没有解决方式！

* * * * * * * *

不再与曹谈王事。

自己定意过许多次，在此地再等两年。今早不应一时燥起来。

只因怕难，而不敢去，——就更无聊了！

（是因怕难而不敢去吗？）

三月十九日，四

八点十分起。

看《言行录》一页。

"遭水患粮绝，善曰，吾兹为水困，乃尝此味矣。"

"圣人亦人也，其口鼻耳目与人同，惟能立志用功，则与人异耳。故圣人是肯做工夫庸人，庸人是不肯做工夫圣人。试观孔子是何等用功，今人熟肯如此做？"

* * * * * * * *

在此地的去留不要只为自己的痛快想，还要为事的将来想。

本来定意无论如何现在不去，昨天同曹、余谈又露出去意。

特别对王个人而发，更不应当！

三月廿日，五

八点起。

看《言行录》一页。

"孔子曰，志士不忘在沟壑，勇士不忘丧其元。盖极天下痛苦之境，至丧沟壑止矣；极天下凶残之祸，至丧其元止矣；人诚了此，则无多累吾心矣。如曾子三日不火，歌声如出金石，宁知第四日得食乎？即令饿死，亦如此矣。"

* * * * * * * *

王的争权的假冒使我心不安！

这种的精神在一个团体里最易离间，丧失合作的团结。这种精神影

---

① 沙眼。

响在青年身上，教育还有什么价值？

　　然而我处嫌疑的地位。我要自问是否有丝毫嫉妒心，争权心？

　　躬自厚而薄责于人！

　　然而也应见义勇为！

　　为青年计，为国家前途计，不正的行为都应攻击。

　　然而我自己的品行完全无可攻击点吗？

　　我能否尽心工作？能否看破名利？

　　我国文的缺欠是我的弱点！

　　（国文的缺欠是我的弱点！）

　　我攻人的弱点，人一定也攻我的弱点。

　　我已经对曹及校章〈长〉委员会发表过我的意见，不想在此地作事则已，如想作事，还须能容能忍！

　　在青年身上的影响是教育的真成绩。

＊＊＊＊＊＊＊＊

　　昨天几个南开学生来。谈到南大前途。他们说理科还可，文商科无大希望。

　　南开是五哥一手办起来的，办了二十年，他也五十岁了。前途的难处很多，钱少人也少！要那样做才可打出一条新路来？

　　五哥的勇气还勃勃，他很自信。学历不足而历练丰富。

　　百年后南开教育占如何地位？

　　我的能力薄弱，不要自居南开前途非我不可！那就非常小器了！

　　外面的阅历甚少，自己的学问可笑。就是现在回南开，至多用处不过在两三年内的小改组上！先提高自己人品上和学问上的真价格，然后再回南开，那末，用处就不只在两三年了！

　　现在既是预备时期，自己成功的标准在长进自己。对人少攻击，对己多用功。

　　本分应作的都作到，然后如学风还不能改善，责任就不在我，而在有权者。

＊＊＊＊＊＊＊＊

　　自己作自己认为应作的，静以待时！

　　（静以待时！）

＊＊＊＊＊＊＊＊

　　下午进城。明天或到天津。

三月廿二日，日

廿日下午进城，同五哥长谈。

廿一日治牙，买东西，看戏。（没去天津。）

今天到新月社，第一次见张东荪①。

下午回校。

＊＊＊＊＊＊＊＊

五哥说：南开比较的可以提得起来，有统帅的可能。主要的把握就是校长筹经费的本领。有了钱然后学校才可以维持开门。

在私立学校，校长弄钱的本领是必须有的。

他很镇静地往前做去。最后的防御线还有男中！政府果然不乱，现在的入款可以够已有的局面用。不图大发展，学生人数不求多，内容慢慢求改善。学生有怨课程不专的，他说不专出校后倒许容易找事，太专了倒许不容易得实用。平心说，这是一种巧辩！

当时局这样乱，能保守以待机会是莫好政策。

看着似消极，实是不得已！

物色好教员是当然的，全国好教员很有限。对于课程的组织，他不大注意，以为有好教员课程不用太费力。这也是很对的。

他对于清华大学课程持存疑态度。必须做出来，然后可以知道有没有成效。他向来不信纸上谈兵的。

我对他稍说清华的问题，他像似赞成应忍。

名，利，都看破后，静以待时。

两年以内要忍！小不忍则乱大谋。

无论如何是要忍下这两年的。

减薪或非至上策。我是不贪久的！为事计减薪的举动如何？

虽说忍，千万不要学滑头！

人批评凌冰说他以先一点憨气现在都没了！

虽忍，在本份内的仍应实事求是！实不能忍时，也不应忍！

两年内不使别人多注意，"养精蓄锐！"

（养精蓄锐。）

---

① 张东荪（1886—1973），名万田，以字行，浙江杭县人。1904 年留学日本，1918 年起，创办《学灯》《解放与改造》等杂志。1921 年起，任中国公学、上海光华大学等校教授，1925 年与张君劢合作创办吴淞政治学院。

大谋在将来，不可再疑了。

＊＊＊＊＊＊＊＊

中国向来以社会制裁，对行为自私的人早晚必有公论判断。以自己一时的感想为评判的根据，本是很险的。我们不信这样的制裁，我们相信时间久的多数人的自然评判。

所谓移风易俗的工夫是慢的。现代交通快了，无论什么都要收快效。所以大家都练习以感想做一时批评的归依。

只要我自己谨慎尽职，不以一时的感想去批评别人的行为，将来自有公论。

这可以算是一种信心！有了这种信心，然后慎独的功夫自然会跟着来的。

三月廿三日，一

八点半起。

看《言行录》半页。

三月廿四日，二

九点起。

看《言行录》一页半。

"七十子终身追随孔子，日日学习，而终见不足。只为一事不习，则一事不能；一理不习，则一理不熟。后人为汉儒所诬，从章句上用功；为释氏所或，从念头上课性；此所以纸上之学问，易见博洽；心头之觉悟，易见了彻。得一贯之道者，接迹，而道亡学丧，通二千年成一欺局矣。哀哉！"

＊＊＊＊＊＊＊＊

教育有多大效力？

移风易俗的目的在什么？工具是什么？

大学只在制度上设想，是美国的习尚。

有好制度也在谁提倡？

所谓教育是办教育的教育自己，受教育的教育自己。范围大概不出此！

＊＊＊＊＊＊＊＊

英文想到创造的程度，不知希腊、拉丁文，又不用英文过每天的生活，恐难有成。

中文想到创造的程度，古书、小学都没有读过，对于现实的活语言又没法去吸收采择。

在文字上想不朽——那是容易事？

在教育上最大的实效是产出几个有为的人才。在区区小巧的制度上用力，没有什么成就的！

（在小巧的制度上用力，将来没有什么成就！在制度上得小名无聊的很。）

影响人才，唯一工具是自己的成绩，自己的真本领。

* * * * * * * *

作学者，不是我性之所近，不能成大业。

作行政，不耐烦，也不知足。常看不起只做行政的人，如鸿声、知行等。

作美艺，有相近的爱好。工具还不备。社会不认。友家不助。然而速性将来也必无成。

我的职业——至少在二三年内——是教育。

我的志业是戏剧及他种文字上的发表。

* * * * * * * *

职业上的本务是必须尽力的。

三月廿五日，三

七点半起。

看《言行录》一页。

> "学求实得，要性情自慊，则心逸而日休；学求名美，便打点他人，则心劳而日拙。此关不透，虽自负读书穷理，用功数十年，其实谓之一步未进。"

* * * * * * * *

近两天从图书馆取出些本书，关于希腊戏剧及哲学书。读英文书方便。

将来可以教学生欧洲戏剧。若不能产出中国戏剧，只知道些外国的成绩有什么用处！

只会教书，没有什么趣味！

不朽程须创造得来。须以个人的真天才得来。

在学生面前吹些空话也枉然！学生将来承认先生与否，全在先生的真成就。

"发奋忘食，乐以忘忧，不知老之将至。"

三月廿七日，五

七点一刻起。

西院山上看《言行录》一页。

"养身莫善于习动，夙兴夜寐，振起精神，寻事去作。行之有常，并不困疲，日益精壮；但说静息将养，便日就惰弱。故曰君子庄敬日强，安肆日偷。"

"子曰：学如不及，是何等敏皇，何等急切？吾人常把时日潦草过去，何以为学？"

"思名为道学，而实厌时文以射名利，吾不敢为也。身承道统，而徒事讲说，以广徒类，吾不欲为也。躬行之而风俗式范，德至焉而天下云从，吾仰之，爱之，而不能为也。独行先王之道，勉尊圣人之法，严拒异端而不污，孤立无徒而不耻，如孟子守先王之道，以待后之学者，吾志之学之而未逮也。庶其勉焉！"

* * * * * * * *

人之念萌。

校事已不尽心！那应空渡时光！

独立！知学无成之惭！不绕空圈。

对朱，无事不可对人言。国文不应用，也不能背人的！以诚相待。

不贪位，无私心，无私事。

三月廿九日，日（第二十二册起）

昨天进城。

不愿人群通，是忌吗？怕信是私吗？

所谓不能助人的，是自己没有真本领，没有真成绩。

忌，私，也应自克。

为人想应寻不朽程，语言空的不能鼓励，唯有躬行。

无信可保令名！两年计必须忍的。

群非善策已露言表，应慎言，不再谈。

不解惟听之而已！在我力戒私！

* * * * * * * *

人以群通为如愿，也无不可。

既群能友，非群还是非通？

见不明，暂不断。发奋长进！

* * * * * * * *

曹来谈 Senior Dean 制度。

量力！

读书求学的时间必须有的。

长进比现在作事重要的多！

* * * * * * * *

人说字稍好些。继续努力！

公事文字如何入手？不使同事有轻视的可能！

* * * * * * * *

"春去""春来"。

玫瑰，丁香，碧桃，全白色。

* * * * * * * *

戒 Vain①！人绝不非我不可！戒幻梦！

不过谈谈而已！

* * * * * * * *

习字。

三月三十日，一

八点起。

看《言行录》二页。

如认社会见解为不对，就应大方公然的行自己的主张。什么都不背人那才是真勇！

没有背人的话，没有背人的事，敢作敢当，——那是真勇！

（无话背人，无事背人，无念背人，敢作敢当！）

慎独。"十目所视，十手所指！"

如懂人是应当的，自然不怕知。如无胆就不应为。

完全公开，——大丈夫如此！

助人要公开的助！

想不敢为的事。最卑贱人格！

---

① 自夸，说空话。

不应为自然也不应想。节省精神，一生才可以不空渡。

不假！

三月卅一日，二

八点起。

看《言行录》一页。

昨天得 Stanislavsky[①]—*My Life in Art*。

一天看了全书三分之一。

校事又有忽略的态度。

下年教员支配及教科书应早办完。

练习意志坚强！将来无论作教员或美艺都必须！当于作此一事时，心想彼一事，一定不能有成！

校事必须作的！不能放肆任性！

如任性怠惰，同事人被轻视，也必致怠惰！

到公事房就先办公事。公事暇时，再做自己长进功夫。

在公事房只作校事，如文件，课程，教员，学生，及论理班事。在家作自己要作的功夫。

这是我向来没有作到的！非事到临头我不去理他！这是小才的态度！

泰翁说他也懒，也健忘，所以我特别羡慕他！

这是弱者所以自释！

天生如此，也可有法改！

善幻想的人容易比人懒！这也是事实。

然而西方人的敏捷我也应仿效的。

已九点半，快去公事房。

* * * * * * * *

意志又失败！一天在公事房不免看非公事的书。

---

① 斯坦尼斯拉夫斯基（Konstantin Stanislavsky，1863—1938），俄罗斯戏剧家。

四月

四月二日，四

七点起。

昨天今天为中山出殡放假。

昨天同学生进城看中山遗容。

* * * * * * * *

看《言行录》二页。

"淫僻之念，不作于心；惰逸之态，不设于身；暴慢之状，不见于行；鄙悖之气，不出于口，四者吾志之，而未能一焉。"

"作事有功快，有功而不居更快；为德见报佳，为德而不见报更佳。"

* * * * * * * *

听说王非总务主任不干，吴力谋研究院主任，庄也注意由筹备主任而升为专科主任。

本来名利心是人皆有之。也许是嫉妒心使我们不愿意别人争名利！

将来成绩（死后人能记你不能的把握）就在你曾作过主任、校长吗？

制度和组织都是人的影子！

真成绩绝不在你的地位。

不费精神和富贵的时间同人争位争权！

自己作长进的功夫。

往深处远处着眼，用真实功夫，——成效是一定可靠的！

校内事听校长制裁。

两年必须忍的。以后不能恋位！

（两年应忍，不干涉"不在其位"的政策。）

在此时间内自己用"死功夫"。把达意工具预备妥当，勇气养得可靠，能守定纯洁惟一目标作去，不患四十后无成就！

* * * * * * * *

现在我国文程度比吴、庄太可耻了！

有不如人的地方，绝不应批评人！

* * * * * * * *

乘放假的机会看 S. 的自传。

四月三日，五

七点半起。

看《言行录》半页。

　　"人之为学，心中思想，口内谈论，尽有百千义理，不如身上行一理之为实也。"

八点半习字。九点到公事房，办教科书及教员支配事！

四月四日，六

八点起。

看《言行录》一页。

　　"人心动物也，习于事则有所寄而不妄动，故吾儒时习力行，皆所以治心；释氏则寂室静绝，坐事离群，以求治心，不惟理有所不可，势亦有所不能，故置数珠以寄念。"

＊＊＊＊＊＊＊＊

因没有睡好，W.生怒。惟有不理。

脾气难改！

＊＊＊＊＊＊＊＊

"无智无勇的匹夫！"

＊＊＊＊＊＊＊＊

今天下午赴津。

四月七日，二

五日在津。

六日回京，下午到家。

新月病，发烧。

＊＊＊＊＊＊＊＊

华北各种球赛在清华。

春假不能外出。

＊＊＊＊＊＊＊＊

四日在四行储蓄会存了一千元。

第二次作资本家！

四月九日，四

春假已过去一半。

球戏比赛容易使人偏。

这不过是争斗的小者。有胜败关系的都能使人分党派。

看足球比赛时不免有偏向南开的表现。

这种心理也很有趣。南开胜像于我有荣耀似的！也许在潜心理觉着我将来的功作还是在南开？

其实运动上的胜败与学校的真成绩没有什么关系。运动上争胜是从美国学来的习惯。

清华与南开在运动上相争，像似预指将来在社会上别的事业的争胜。

然而眼光不要太小了！国家的事非常的多，又何必争？

在实业、商业、政治上一般留学生的势力自然比只于本国大学毕业的大的多。

并且南开因为经济的关系，大学的发展一时不能期望富足。钱不够要用精神来补助！

用精神也可在实业、商业、政治上造出特殊的人材吗？

所谓精神的是什么？

论书本知识，不善长。勇气，正真可靠，实事求是，能为团体牺牲个人——这些也许是精神！日久天长这些也许可以战胜留学的机会和经济充足的设备！

然而又想到争胜来了！这也许是南开人自大的病！也许是我们弟兄的小器处！

南开是五哥一手创造。我过于偏向，以为我与南开有特别关系也无聊！不要想利用南开！人家已经作好的菜，我染过指以为我就有份——这是很可耻的！

我必须有在南开外的真成功。用独立成功后的力量再助南开，在人格上可以体面些，在效力上也可以远久些！

五哥最看不起失败的人！

两年必须造出新清华来——必须成功，不能失败！

清华有很好作事的机会，绝不应轻轻放过。

本着南开的精神在清华奋斗，可以减少两方面的狭窄，真给国家造就些有成绩的人材！

＊＊＊＊＊＊＊＊

外人如在君能看明我应当自创事业。

春假内要计划清华下两年事。见济之。

清华成功就是个人长进，个人长进也是清华的成功！

办教育是给全国造人材！那末自然没有清华和南开的意见。

* * * * * * * *

看《言行录》二页。

"今人废学，只是将道理让于古人做，不知古人亦人耳，凡古人可行者我亦可行，如一旦奋然自新，立志躬行，何道理不可能也？"

"或言读书不能记，先生曰，何必记？读书以明理，是借书以明吾心之理，非必记其书也。今日一种书之理开吾心，明日一种书之理开吾心，久之，吾心之明自见，自能烛照万理。譬如以粪水培灌花草，久之，本枝自生佳花，若以粪水着枝上，不足观矣。又如以毡银磨砻铜镜，久之，本镜自出光明，若以毡银著镜上，反蔽其明矣。"

以读书比粪水，可见习斋对于读书的估价！

工夫最要的在久之。

* * * * * * * *

习字。

四月十日，五

六时起。

看《言行录》四页。

"一人昏其德为昏德，众人昏其德为污俗，只自明我德，便是小学，必并明天下民之德，方是大人之学，所以在亲之，亲之是大学工夫也。明必明到十分，不如尧之钦明，舜之浚哲。不止也，还尽力去明。亲必亲到十分，不如尧舜之百姓昭明黎民于变时雍，不止也，还尽力去亲。故曰在止于至善。"

* * * * * * * *

今早李济之来，谈在清华任职事。

为教育的成功必须得人。自己尽心，然后才可以引人尽心！清华有清华的使命，与南开不同，应相辅而不应相争。这是莫好的机会，有大志绝不应放过！

（清华与南开使命不同，应相辅不应相争。）

四月十一日，六

早六点起。这两天早晨给明明穿衣服。

今天本想进城，因秀珠病，又少一个女仆，所以不去。

昨天五哥住在这，长谈。

他很望我成功，在清华打出新计划后可以用力在别的工作上去。我告诉他我现在只作两年打算。

对于想争的人取让的态度。将来他们自己必致相争。

还是不猜疑人好！不要有成见。

（有成见的人一定容易窄容易小！）

我对于王、王、蔡、张有成见，并且常猜疑。对于清华的旧精神我也有成见。

昨天南开棒球又失败，其实与我无关，我觉着像我自己失败似的！这就是太有成见的明证。

（对于成功失败看得过重是青年的通病。）

自己有偏心有党见，绝不能怪王、蔡也有偏心也有党见。

自己的党见深，所以猜疑人也有党见！

如果党见不应有，要先从自己改。如果党见是不可免或是不易免，就应互相容忍。

（与五哥谈到不朽，我说：觉着行政事无聊，生时谨慎，不私不贪，保全令名，然而死后人就忘了！他说：什么事人都会忘，写几本书人也忘！作事时不要太注意，运气好，也许留下一点人不忘的。然而这也是好名！）

＊＊＊＊＊＊＊＊

运动的比赛易使人偏，易使人用小术，易使人骄，易使人信侥幸，易使人以运动员的成功为旁观不用力人的成功。运动的本身是可用的，群众的旁观是于道德有害的。将来在学校鼓励运动，比赛也可有，然而旁观应认为不道德的！

先从自己不去旁观。

"君子无所争，必也射乎？揖让而升，下而饮，其争也君子！"

朱注：言君子恭逊不与人争，惟于射而后有争，然争也君子，而非若小人之争矣。

（名真不可靠！后人对于你的估价完全照着他们生活的需要。共认而能延年的杰作比较的可靠些，而天才不是人人有的！就是杰作作者的本身早已无知觉，后人对于他无论如何佩服如何恭维，他是一点也不会知道的！然而努力的动机是什么？）

[为肉体的温饱？为生时精神的安逸？为生时的名誉？（然而很要注意那种誉是可要，那种是不可要的。）]

现在的运动比赛也可采用同样的精神。

旁观的人不闹，比赛的人总可以冷静些。

由得胜的人提倡很不难作到。

这也是采用西洋的方法而以中国精神化之的一个例。

以上是这次看运动而生的感想。也许因为南开大败而自慰的Rationalization[①]！若是南开大胜我也许跟随群众去高兴去了！

清华骂人是太无礼了！于自己的道德有损。在我所处的地位，这个话是很难说的。现在忍过去，将来有机会再讲。他们如果继续的闹，他们里面一定有人自己也觉着无聊。

吾惟有不理他们。也绝不至于因为这个小事发生什么大问题。至多同学会和学生的团体结合的稍紧密些，对我或有猜想偏向南开。然而如果我毫无私，毫无假，猜想渐渐也就消灭了。

我在此地完全为事做事，与南开实无半点关系！两年的计划作完后，对于清华有相当的贡献，对于国家争出一点公平来。在个人方面长进一点国文和写字的便利。二年能如此也可算一小结束。

＊　＊　＊　＊　＊　＊　＊　＊

从昨天读康有为的《广艺舟双楫》，增一点对于书法的识见。

四月十二日，日

看《言行录》二页。

"或与族人有口隙，谓之曰，族人与吾同祖，正如吾四肢手足，虽有岐形，实一体也，一体相戕，吾祖宗之神得无伤乎？彼不知为一体，吾知之，彼不暇思祖宗，吾思之。如今碗阔于蔬，故盛得蔬；桌大于碗，故载得碗。其人大感，拊心曰，是吾志也。"

＊　＊　＊　＊　＊　＊　＊　＊

这次清华对于南开的恶感容易使我猜疑里面不免有人播弄。有没有可以不必细究。

---

① 合理化解释。

　　我言语间和在清华新方针里有于清华旧精神不利的地方，这是无疑的。他们想我与清华作对，所以用方法与南开作对。这是或者有之的。

　　旧清华人怨别人嫉妒，其实无所谓嫉妒。赔款是全国人民的，绝不能由某一系或清华本校毕业生专利把持。全国的利益应按最公平的法子支配给全国，绝不容一小部分人用作党系的根据地。

　　当于改造的时候，要特别小心不叫他们有所藉口。

　　量总要比有私心的人大。我这次在南开与师大比球时露出偏袒南开，这是一时大不小心！自己退后引罪自责。这是给王、蔡等很好批评我的机会，也容易引起此地学生对我的恶感。

　　他们很可以说你既然心在南开，在清华作事一定有成见，于清华精神一定不利。

　　因为批评清华，得罪的人很多了！仇人过多，将来也难有人合作。

　　如果在清华不能成功，又给南开造些敌人，过错全在我身上了！

　　然而若是我的见地是对的，清华旧精神实在于全国的将来是不利的，我应当继续奋斗下去。在态度上手续上要特别小心！

　　"欲速则不达。"不要过于有成见，无论什么都是南开的好！清华不能说是全坏，在清华旧生中好的也很不少。南开里坏的也是很多！

　　这次怨我自己！

　　"躬自厚而薄责于人。"

四月十三日，一

　　昨天进城。午饭南开同学会，下午李冈同周寄梅的长女在欧美同学会结婚，晚同五哥及月涵看戏。

　　今天上午同梦赉买碑帖四种。

　　秦《会稽刻石》。

　　汉《张表碑》。

　　元赵文敏《归去来辞》。（以上三种都出自上海艺苑真赏社。）

　　邓石如《桂林纪略》[1]。

　　又买《艺舟双楫》一册。

　　书法很可消遣养性。根柢薄弱，然用力也当有效。

＊　＊　＊　＊　＊　＊　＊　＊

---

① 全称《初拓邓石如书桂林纪略》。

与教员、学生谈话时太少！不免易起误会。

听杨说高三级有说我待他们特别难。

多用时间与学生谈。

处领袖地位绝不应毫有成见。

多接洽，各方面的真象〈相〉才可以晓得，然后见事才可稍有把握些。

（多接洽。）

四月十四日，二

今天因运动得胜放假。

春假不觉着已经过了。不只于毫无成就，又因运动事发生感情上的问题。

应办事有：

一、读科学与人生观。（八篇文。）

二、预备论理班材料。

三、答杨振声谢赠《玉君》。

四、答王文显谢赠《爱情与婚姻》。

五、谢君劢送书。

六、其他信件。

* * * * * * * *

因为懒于写信所以得罪了孟和！

* * * * * * * *

昨晚看过一遍新买和旧有的碑帖。按时代可以得着一点派流沿革的意思。所有几种如下：

秦：《会稽刻石》；

汉：《张表碑》；

魏：《张猛龙碑》《龙门造像》；

隋：《董美人志》；

唐：《云麾将军碑》；

宋：《西楼帖》（苏）；

元：赵文敏《归云来辞》；

清：邓石如《桂林纪略》。

* * * * * * * *

现只有九种，康有为说至少也要熟习百种！

自己稍有入门后，可以请教任公。

* * * * * * * *

《艺舟双楫》里分两段，前半论文，后半论书。

文和书正是我现在最感缺欠的！

因为文章和写字都不应用，作事的能力和自信至少减去十分之五。

* * * * * * * *

道德方面也少经验，少明见和决断。

患得失，有成见，易疑，易惧！

（易疑易惧！）

* * * * * * * *

看《言行录》三页。

"思，周公教法，开而弗达，强而弗抑，古人奖人常过其量，良有深心。吾坐反此，不能成人材，又不能容众，屡自怼恨，不能悛改，即此便是闻义不徙，不善不改。"

（怼，音 dui，怨恨也。悛，音诠，改过也。不能成人才又不能容众！）

"杜益斋规先生三失：曰务名，曰轻信，曰滥交。先生曰，务名之过，元不及觉；轻信之过，觉不能持；滥交之过，则仆苦心也。气数益薄，人才难得，如生三代而思五臣，不能借也；生两汉而求伊莱十乱，亦未能借也；居今而求三杰二十八将，其将能乎？故才不必德，德不必才，才德俱无，一长亦不忍弃。且人各自成，势难强同！昔蠹人某，恶人也，吾欲治河以救一方，驰寸纸，立集夫五百名，赴吾于数里外，限时不爽也。脱鄙而远之，数十乡为水国矣。"

* * * * * * * *

昨同梦赉谈时，思如何待遇王、蔡。今得此二节指明道路。

"奖人常过其量。""人各自成势难强同。"

对于王、蔡绝不应鄙而远之！

四月十五日，三

因新月夜里哭，早八时起。

看《言行录》一页半。

"持其志，敬心之学也；无暴其气，敬身之学也。然每神清时，行步安重，自中规矩，则持志即所以养气也；每整衣冠端坐，则杂念不乘，神自守舍，则无暴，即所以持志也。盖身也、心也、一也、持也、无暴也，致一之功也。彼以耳目口鼻等为六贼，自空其五蕴而谓定性明心者，真妄也哉！真自诬自贼也哉！何聪明者亦为之，迷惑不觉也，皆由务虚好大纵意玄远，未实用力于此心此身也。"

* * * * * * * *

今天开学。理公事要勤慎明断！

四月十六日，四

看《言行录》二页。

"刚主问操存，先生曰，予未审孔孟之操存，第予所得力处，只悚提身心四字。问静中工夫，如何着力？曰，戒慎乎其所不睹，恐惧乎其所不闻，正是着力处。"

* * * * * * * *

论理班今天的功课应早预备好！到二小时前还没想！

人约，不知如何处之。

居心正，持己诚，不空废时间去踌躇。定后即行也无可虑！

四月十七日，五

九时起。又懒！空想妄念！

看《言行录》一页。

"思，仰不愧，俯不怍，此气真觉浩然。若陷色恶，便为色害，不能浩然矣。陷财恶，便为财害，不能浩然矣。陷机诈残暴，则又害其浩然矣。其直养之要有二：一在平日竞竞慎独，一在临时猛省决断。"

"不自恕！"

写过以为作过，——这是以日记自欺的病！

* * * * * * * *

今天下午第一次临时校务会议。大家对我绝没有到心悦诚服的地步！自己的学问道德实在不足服人！要收敛操存，持其志无暴其气。安于最低的地位，作最负责的事。

不要写过就忘。

四月十九日，日

待人接物！

与人谋忠吗？

用尽心机，也算人已诚。我的真本领在那里？

怕将来人失望！

不佩人长久恭维。

努力担任那难的重的——谦虚地，永勤劳地——自己不相信可以能担的！

懒，怨，自怜，悲伤——都是弱者的态度！

诚而不可制止的大自然，不是一时的，过去后有可贵可久的遗迹。

不为只小的个人。应有百年千年不朽意义。

结晶的可以为人类寻出新生活的途径。为小痛快而已，是庸人庸扰！物人，不能认为目的，不过道途上的瓢浆，努力中的鼓励。认它们为目的，人格力一定颓废。

* * * * * * * *

创造是出产。人生方法上的创造，人格力的创造，美艺的创造，制度上的创造，——都是出产的可能。出产的品格和将来的生命，那就看相关者的品格和生命力。

* * * * * * * *

作人的导引真不是容易事。

为人想方法必须知人，知己，知世界。

知与不知要分得非常清楚。不然误人也自误。能知的就去行。到不知的时候，特别小心待时，明示人自己的无法，给人自择的随意。

自知。校事必须成功。戏也须成功！达意工具不备。无大谋的把握！人精思，文整，有自负，寻前程。

继学上策。群是不得已，过几时不迟；也在志向力如何。若以群为职早当然。若以群辅志那就看群后机会如何，也看群外能否继志。

* * * * * * * *

"人各自成，势难强同。"

稍作筹划则可，然绝不能自任过强！使人自得，是惟一导人的方法。

自造才能助人。取助于人应感激。

大谋是什么？

最高最美的人格，不朽的作品，时代的前趋，人众的灯塔！

自己努力。若有成绩，再敢语人。及时，不语人人也自随，不去特别计划，看你的途径和你的创造，人必能自得。

* * * * * * * *

约束或快感？

己的贪进或懂的要求？

对少数或多数的负责？

公开或心机？

闲暇或勤劳？

* * * * * * * *

物人而生的问题所关最深切。

以往的训练偏于贪进，约束，多数，公开，勤劳。至少 Rationalization 都本这些高傲的原则。唱的高调也如此，实行适相反的很多。

所谓良心的督责也在此。

现代勇于疑问者指破空虚，然中国情形尚多与近代西方大不相同者。

中国内经济不独立，社会组织要求苛严。洁必须守。两制不能一。

多事之秋，无闲暇。快感不是目的，社会的穷变不能期望可靠生活的秩序和满足。

个人为本渐渐代替家族。

懂不应全制止。然必守定限。

四月廿日，一

艺，文都可羡。己远不及诸相识。惭必努力。

然艺是惟一最高目的吗？预备上也太可怜了！

雄心不限于巧！有力能持久，影响深远。教育是分身法，也是创造。惟必须真有把握，不断的长进，以身作则，力除空谈；不信制度，只信人格感动。

* * * * * * * *

情感力有限，不妄废，能专。

"常使精神余于事，不使事余于精神！"

人只求谈而已。群是己定的，不可也不应改。群我不信兼可，导人自便。

继学如不可能，教书非应自我引。责太重。

建设是雄心！不然太可耻！闲暇快感是弱者玩世。（多事的乱世那应如此无志？）

人助助人都以大谋为止归。

艺人助，力助人。

给中国造生活新光彩、新深义，使人类增美感。不只现在，将来也有印痕。

不再踌躇，物人意义在此。人我共力岂非真乐？

＊＊＊＊＊＊＊＊

看本册日记。

自创事业，南①外有真成功。无成见，多接洽。

四月廿一日，二

小孩们的食睡女仆不能照顾，母不安。

校事待理的也很多。昨天朱摧〈催〉过，第一次同事说我公事忽略。应感谢！

五个小时公事时间不应办非校事。

在校已有很多人不服，若再不诚恳地办校事，更给人攻击的机会。

享着特别利益，再不作事，无论如何看法都是不应当的！

已有事够忙了，已经办得不完善。怎样敢担任另外费精神的事？

不能担任，不该引起希望。自认早悛。

清华两年必作完，并须有相当成绩。家有责。

妄念踌躇都废精神。把握在那里？成功的决心在那里？

不能专是最大病！必无大成就！

＊＊＊＊＊＊＊＊

《晨报》副刊上登着熊佛西从纽约来的一封信。余上沅、赵畸、闻一多、瞿世英、梁实秋、顾一樵等组织了一个"中华戏剧改进社"，并且今年夏天余、赵、闻三君回国来，"先做冲锋工夫"。他们定志回国后不做官，不做大学教授，"专门干众人轻视的戏剧，他们要使戏剧之花开遍于中华大陆"。

余在 Carnegie②专门学校研究了一年，志在舞台监督 Regisseur③。赵

---

① 指南开。

② 即卡内基。

③ 德语，即导演。

从过 Brander Matthews[①]和 Norman Bel Geddes[②]，并 G.认为最得意的高徒。闻是多才多艺，诗有《红烛集》，而且能画。

熊很热心宣传。三君回国后定能给中华戏剧开新纪元。

* * * * * * * *

在美留学人中，我对于戏剧的兴趣可算是最早。因为不专于一事，所以又要让别人赶过。

将来落得个终身无一专长！

（终身无一专长！）

有小聪明而不能专。自己见到，不能做到，而让别人做到，可耻，可恨！

（有小聪明而不专！）

什么是我专一的兴趣？办行政事，或是文艺？

明天已经满三十三岁了！应当有终身大业了。

现在做着教育行政事而心不能专在此，常常想在文艺上争荣。自知未必有天才，又有家人生计的责任，现在不得已不做学校事。

当于在此地，公余可以作些文艺的练习和试验。慢慢进行。"欲速则不达。"不怕他们在那里宣传，如果我有真把握，将来不患没有久远的成绩。

现在连一个普通信片还写不通，有什么脸面来谈文艺？别让人耻笑啦！

人对我一定错误了。都是一时口头上的小巧！什么妄想都不配有！人比我在文艺工夫上高明的多。通也已有把握。

* * * * * * * *

今天下午同高一级谈话又说了许多空话，唱了许多高调！

批评清华人看特别利益为当然，与校外接触太少容易窄。又劝大家注意教育是人与人的关系，师生常作个人的交换经验。

然而自问在清华我有 Ulterior Motive[③]！我想享过几年安逸再另寻别途。我自己的同情最窄！并且我与师生接洽的时间很少！

---

① 布兰德·马修斯（Brander Matthews，1852—1929），被认为是 19 世纪末 20 世纪初美国戏剧界权威。

② 诺曼·贝尔·盖迪斯（Norman Bel Geddes，1893—1958），美国舞台布景设计师。

③ 即隐秘的动机。

说些自己不能做到的原则与自己的人格力有损，而与人的道德更无益！

自己勉励。

* * * * * * * *

英文大学课程大纲已懒了两天未曾动笔。

明天写好，请一位改英文。

四月廿三日，四

《言行录》："忘之病每生于无志，助之病每迫于好名。"

四月廿四日，五

昨天午饭同座有欧阳予倩，长谈上海戏剧情形。有余暇，游艺易发达。

昨天读 E. Huntington[①]，"*Character of Race*"。中国人口过多是各种问题的根本难题。又加以常荒年，穷极就讲不起什么文化道德了！北方的发展是根本方略，清华教育也应以此为重要目的之一。

* * * * * * * *

缓进！对于国文先注意。品行能使人心服。

四月廿七日，一

星期六学校周年纪念。早进城访牙医，下午二至四排《七月七》，晚饭同学会。

昨天进城，下午游故宫。

* * * * * * * *

近几天心神不整！

看《言行录》。

"聪明不足贵，只用工夫人可敬；善言不足凭，只能办事人可用。"

四月廿八日，二

七点半起。

八至八半在西院山上。看《言行录》。

---

① 伊斯沃思·亨廷顿（Ellsworth Huntington，1876—1947），美国现代地理学家，曾任美国生态学会会长、美国地理学会会长、美国优生学会会长。

心神不安。应办的事不能去办。懒成了我的天性。如何心可以整？

（急傲伪贪！）

不能怨人。以前如此已多次！

快决断！心过细，胆就小了。

＊＊＊＊＊＊＊＊

"勉贾易改过，曰：吾学无他，只迁善改过四字。日日改迁，便是工夫；终身改迁，便是效验。世间只一颜子不贰过，我辈不免频复。虽改了复犯亦无妨，只要常常振刷，真正去改，久之不免懈怠，但一觉察，便又整顿。不知古人如何，我是依此做来。"

不振刷是无志！

（无志，好名。）

期速效是好名！

＊＊＊＊＊＊＊＊

无精力多由于失真。

（存真！）

因精力不足，易踌躇，懊悔，丧志，无勇，猜疑，不耐烦！

节省精力，可以增长生活的自信和快乐。

少了生活的快乐，那就看什么事都觉困难，都觉无聊！

抑制是必须的！力足而百难自消。懊悔——自责过度——无益而有害！

（力足百难自消。）

四月廿九日，三

七点前十分起。西院山上看《言行录》。

"刚主佐政桐乡将往，来拜别。先生赠言曰：威仪欲庄整，出语贵开明；取人勿求备，看人勿太刻。存怜天下之心，定独行不惧之志。事必矫俗，则人不亲；行少随俗，则品不立，二者善用之，其惟君子乎？爱人才，所以爱苍生；矫世儒，所以卫圣道。二者交致焉，其惟君子乎？刚主拜受。"

"定独行不惧之志。"

精力有限，兼顾于己无益，于人有害。

"惟精惟一。"

不贪多，少任事或可有成就。下年校事，不滥！

物人是泄，泄必不安。抵制是生路！

适之之失或在不知存真。

西人野，力强。东人弱，省交是经验得来的。不学人皮毛。

四月卅日，四

七至八在西院。看《言行录》。

"父母生成我此身，原与圣人之体同；天地赋与我此心，原与圣人之性同。若自以小人自甘，便辜负天地之心，父母之心矣。常以大人自命，自然有志，自然心活，自然精神起。"

"人须知圣人是我做得，不能作圣，不敢作圣，皆无志也。"

"庸人苦无气，气能生志；学者患无志，志能生气。志气环相生，孟子志气之说，真体验语。"

"学者，须振萎惰，破因循，每日有过可改，有善可迁，即成汤日新之学也。"

"张仲诚云，人言尧舜任其自然，非也，尧舜只是终身竞业，譬如鸢飞戾天，倘一敛翅，便从云际坠下。"

* * * * * * * *

看习斋努力的精神可以激起青年志气！

* * * * * * * *

昨天曹先生谈到代理校长事。

自己量力！不依靠组织，不怨恨别人的贪愚，也不怕时代艰难，人多地少，天灾人恶，衣食不足，难讲道德。

作圣人不外"反求诸己"和"知其不可而为"。

"己身正不令而行，己身不正虽令不从。"

自己德学不足，后援和组织皆不足恃！

学无专长。品格不纯不固，不能成材亦不能害人。肩重任之前要自问能否成功。年还少，勿求速。

* * * * * * * *

去年昨日泰谷尔来校。

五月

五月一日，五（第二十三册起）

今明两天放假。

早七点起。西院看《言行录》。

"铵问行礼，家人多阻挠奈何？先生曰，然。予之初行礼也亦然。惟刚毅以持之，讲说以晓之，积诚以感之，悠久以化之，自彬彬矣。"

"郝公函问董子，正谊明道二句，似即谋道不谋食之旨，先生不取何也？曰，世有耕种而不谋收获者乎？世有荷网持钩而不计得鱼者乎？抑将恭而不望其不侮，宽而不计其得众乎？这不谋不计两不字，便是老无释空之根。惟吾夫子先难后获，先事后得，敬事后食，三后字无弊。盖正谊便谋利，明道便计功，是欲速，是助长。全不谋利计功，是空寂，是腐儒。"

"思君子之心坦荡，则世路无往不宽平；小人之心险窄，则无时无地不戚戚。"

"威不足以镇人而妄夷之，惠不足以感人而妄居之，不智也，祸于是伏焉。仁而得暴，仁者必自反也；暴而招暴，又何异焉？恭者来侮，恭者必自反也，侮者致侮，又何尤焉？"

＊＊＊＊＊＊＊＊

昨天到燕京排演。后遇通［伯］。

今天约孟和夫妇，适之，通伯，巽甫来午饭。

五月二日，六

昨天适之，巽甫，通伯及刘先生来。

下午玩牌。曹先生亦同玩。晚长谈。

请城里人来过 Weekend[①]，可以于主客都有益。

胡恃才，批评人常以天资钝三字。他也配〈佩〉服吴用功。吴派的逻辑多演绎式。

＊＊＊＊＊＊＊＊

校里有人疑我与北大人接近。

_____

① 周末。

又与南开有密切关系。

所以很容易引起清华同学的反对，并且我常有批评清华精神的论调。

同时我的本领和人望都不能使人心服。

妄想校长难免失败！

退一步，多教书，多用功。自知才只可做普通科主任。两年内自己读书，试一试文字上功夫。

"威不足以镇人而妄夷之，惠不足以感人而妄居之，不智也，祸于是伏焉。"

* * * * * * * *

对于代理事还须仔细考虑。

想同五哥，在君，寄梅，适之谈。先要自知，再分析环境。

* * * * * * * *

看《言行录》。

"教果斋脱俗累，曰世人之所怒亦怒之，世人之所忧亦忧之，世人之所苦亦苦之，何以言学哉？故君子无累。"

"天无不覆也，吾心有不覆之人，则不能法天之高明；地无不载也，吾心有不载之人，则不能法地之博厚。"

* * * * * * * *

明知 T. L. 用小术反对我。他的用意不外争地位，曹走后可以做校长，由校长可以入政治或外交。

昨天听适之说，上次报上载欢迎胡为教务长的消息是 T. L. 送出去的。这亦证明去年匿名信也一定是他写的。

自从他到校后，各方面都可以看出他的品格和手段。

用人的责任在曹。曹既招来乱份子，现在自己又想离校高就，对于校内致乱的根源他不能不负责。

在曹绝不如此想。他用人本不谨慎。

至于 T. L. 等攻击我，在我亦实有可攻之弱点，如我的学问不能"中西兼优"，我的态度也太窄狭，天资品德学识都不能使人中心悦而诚服。

* * * * * * * *

处这样环境应如何？

教论理班，办普通科事还敢自信。完全不贪名也不贪利，不图做校长一时的荣誉，真做一点"斡旋乾坤利济苍生"的事。无欲速，勿忘勿助长！

若曹派别人代理，惟有听之。我只做能做的事。

然而也不忘"见义勇为"！不只为一己的小安全设想。

* * * * * * * *

午饭燕京几位教员来。下午预备演讲。

晚访全。

明天早晨到碧云寺讲《中国戏剧最近的趋势》。

明晚本校戏剧社开会。

星一的论理班功课，明天下午预备。

* * * * * * * *

我想下星五到天津去谈。也许无需。

五月三日，日

七点半起。

看《言行录》。

"人不办天下事，皆可为无弊之论。若身当天下事，虽圣人不能保所用之无佥邪。盖办事只以得才为主，事成后，若彼罪著，再为区处而已。"

"思，以我易天下，不以天下易我，宏也。举国非之而不摇，天下非之而不摇，毅也。"

"王景万言看纲目，先生曰：先定志而后看史，则日收益矣。如志在治民，凡古大臣之养民教民，兴利黜害者，皆益我者也；志在勘乱，凡古良将之料先策后，出奇应变者，皆益我者也。志不定，则记故采词，徒看无益，犹之四书五经矣。"

五月四日，一

六点三刻起。七至八西院山上。

思天资本低，不应假冒聪明。

（天资本低。）

有人天资低然而努力用功，如雨僧。我天资低而自恃小有才，不知用苦工夫，又不免患得失！

* * * * * * * *

昨晚同全谈。校内有人反对我代理。

不能任私偏都在他方，独我光明正大！

我不能容众。学问不足服人，使人生畏而不能使人安。

处这样环境先求正己！

（正己。）

勉强为公不为私。谦和不高傲。勤劳不怠惰。自厚而薄责。安位不贪权。持志不欲速。

已担任的事必须尽心做到完善。

"刚毅以持之，讲说以晓之，积诚以感之，悠久以化之。"

（积诚以感之！）

* * * * * * * *

校长定意不走。

对他又谈有人用阴谋。不应怨人。

他批评教员不愿近我，冷傲也实在是我的病。大方不理一切谣言和阴谋，不再同曹谈人过。

（冷傲！不道人短！）

性暴！好猜疑！作本分事，不问别人如何看法。

有过不惮改。闻过应喜。

五月五日，二

七点半起。雨，在室内看《言行录》。

"夫子作春秋，思，学者无日不作春秋，无念不作春秋。吾身天下也，吾心朝廷也，统四端兼万善之仁天子也。喜怒出处取舍进展动静之际，皆自仁上起念，所谓礼乐征伐自天子出也。若偏任义礼智，则必有过刚过柔过巧之患，所谓自诸侯出也。若血气用事，如以喜怒为取舍之类，则自大夫出也。或任耳目四肢之欲，徒以便不便为喜怒焉，则陪臣执国命矣。……要之，克己复礼，吾人春秋之精义也。胡氏之论春秋曰，遏人欲于横流，存天理于既灭，真得春秋之旨也夫！"

"凡有所为，无安坐而获者，须破死力始得。武侯《出师表》劝后主，全是此意。如读书作文，原不是学，而亦足验功力。心静则见理明，必有过人之见；养恬则笔自舒，必有安闲之局；理直则气自壮，必有转折雄宕之致。"

（须破死力得来。恬，音甜，平声。安也，静也。宕，与荡通，去声。）

* * * * * * * *

在清华安闲读书，这是莫大的幸福！太安逸了！

本分内应办的决定早办！不然招人批评。

过于注意别人的怠惰和不胜任，而忘了自己的延迟和不称职！别人地盘的贪心或有露出外面的，我的贪心能完全洗净吗？

努力为事做事！

（为事做事。）

打破地盘的念头！

"积诚以感之！"

五月六日，三

七点起。散步看牡丹。

　　"仁者先难，学者须要先难。此理难知，人知之而我不知，耻也。此事难能，人能之而我不能，耻也。若惮其难而止，是自暴弃也。况学若求明求能，只一用力便可豁然矣。"

写字近来稍用力。为文还无头绪。

人能我不能的事很多，现在最可耻的是文字的工具。

五月七日，四

国耻纪念日，停课。

六点起。

完全公开，纯被十目十手所支配，……不怕誉毁，……所认为是的，必要别人的同意吗？

* * * * * * * *

群约胜过人约，事业胜过懂快。（四、三晋谒消。）

学校的成功，工具的长进，家居的安逸！

在此地的政策，我想推行出来。很好练习容人养人的工夫。用恭宽信敏惠，来与人合作。

（容人，养人。）

王、庄、吴、张等都要能"积诚以感之，悠久以化之"。

对懂尽友力，助之成就其志。无私欲，惟求其得所，求其不废才。为人谋惟求忠。人群通不可免之上策。

曹不去，我也专心校事。

五月八日，五

八点起。

"败亡之国，未尝无谋，但言之不用耳。废弃之人，未尝无善，但口言之不力行，心思之而不加功耳。"

"君子以所不及尊人，小人以所不及疑人。恶人以所不及忌人。"

五月十日，日

昨天进城。

努力作新中国美艺的产生。新中国是旧文化和新经验相融而生。

人的旧文化是我最羡慕的，也是我最缺少的。新经验稍有不多。

* * * * * * * *

在中国的实在情形上用功夫。将来在中国大家都舍去所谓某国留学，用中国的精神，中国的文字，世界的眼光，个人的经验，来做中国多数人要求知识阶级应做的事。

这一步是我早就看到的。

用力方向在此。所以在清华绝不注意在贪权，要提倡中国精神，少争地位的念头，自己用力预备将来。

一般清华派的猜忌可以不理他们。

中国文字是必须熟练的。

谦虚地作自修功夫，还怕不称职，那敢对人高傲。

对于同人多容忍。

* * * * * * * *

李煜瀛（石曾）①的中法大学及法国赔款教育基金委员会代表法国文化的势力。日本文化事业是一般亲日派的机关，将来英国赔款也一定是在一般亲英派的势力范围内。美国在先，日、法、俄、英都相继而来。中国人有几个能不利用外国人的势力财力增长自己的地位和声望的？黄、郭利用美国的，别国的一定也有人利用。

所谓教育界可以离政治而独立，政治分南北而教育可统一，……这些话我们说了五六年，特别骗美国人，现在也不容我们说了！

现在趋势各国文化事业都分开作去，常此以往，将来中国的知识阶

---

① 李煜瀛（1881—1973），字石曾，河北高阳人。早年留学法国，1920 在北京创办中法大学，1925 年故宫博物院成立，任院长。

级必要分裂许多派别。

已有人传说前几年日本留学生失败了，现在渐渐美国留学生已被淘汰，继起者是欧洲留学生，这样的传说也代表一种心理。有的美国学生也是真无用，患得患失，惟恐失去地盘。还有的欧洲学生因不得势对于留美学生各方面都表不满意态度。

将来战胜的，必是对于本国文化有相当的了解，同时有世界眼光的人。美国留学生眼光容易窄狭，只读美国书，不明西方大势。又加以中国文化的根基太浅薄，如同外交系（圣约翰）的短处就在与中国文化隔阂。所谓欧洲学生的领袖人物如蔡、吴、李、章都是国文很好，并肯虚心研究西方文化的底蕴。

（蕴，音愠 yùn，上或去声。）

在美国学生中我是常批评留美学生短处的，因为批评不免得罪了许多人。我只于看到将来的趋势，而我自己的中国文化知识和世界眼光都大不够用。

美国学生也有他们的长处——组织能力。实业上的组织自然特长，在其他方面也有可应用的地方。

国富，人民求安逸，在美国读书怕回国后不能吃国内的苦。

知道一时的趋向，是有用处的。然而工夫在自己作！

努力奋斗！对于全国预备负相当的责。

＊＊＊＊＊＊＊＊

访孟和，圣章①。助现代评论。文字的注意。（先中文，后再法，日。）

五月十一日，一

六点三刻起。

　　"孔门习行礼乐射御之学，健人筋骨，和人血气，调人情性，长人仁义。一时学行，受一时之福，一日习行，受一日之福；一人体之锡〈赐〉福一人；一家礼之锡〈赐〉福一家；一国天下皆然。小之却一身之疾，大之措民物之安，为其动生阳和，不积痰郁气，安内捍外也。"

＊＊＊＊＊＊＊＊

---

　　① 李麟玉（1888—1975），字圣章，天津人。与张彭春同为 1908 年南开中学第一期毕业生，考入京师大学堂，1910 年随李石曾赴法国留学，1920 年巴黎大学毕业。1921 年回国，任教于北京大学，1924 年任中法大学理学院院长，1928 年任中法大学校长。

看本册日记。

* * * * * * * *

怒。

"当忧不忧，当怒不怒，佛氏之空寂也。儒者而无所忧怒也，何以别于异端乎？忧则过忧，怒则过怒，常人之无养也。学者而为忧怒役也，何以别于常人乎？惟平易以度艰辛，谦和以化凶暴，自不为忧怒累。"

* * * * * * * *

不为忧怒役，也不为人役。

群人梦是为人役！完全自立！群不再。

五月十三日，三

昨天看完《言行录》。

最末一节。

"语刚主曰，立言但论是非，不论异同。是则一二人之见，不可易也；非则虽千万人所同，不随声也。岂惟千万人，虽百千年，同迷之局，我辈亦当以先觉觉后觉，不必附和雷同也。"这一节大有近代革命家的精神。

* * * * * * * *

《言行录》分上、下卷，共二十篇。

* * * * * * * *

性懒在什么地方都可求安逸。性勤在什么安逸地方都可寻功作去努力。

"忌在病每生于无志。"

当做的事很多而不能振起精神奋勉——那能自重？那能服人？

下年教员还没有办清。

中四级毕业册写文章。

写东西的本领也是越练越有。现在的胆量太小了！

赠中四级这篇文章应如何作？

现在就起草。

五月十四日，四

九点起。

昨晚俄大使请吃饭。

因文和字不能见人，以至使朱有轻视的可能！

文字不应用不怕人知道。自己早努力。在文字应用前，绝不贪权或多揽事。

五月十五日，五

想产生活语言，必须如 Synge 那样，去同能说活语言的人过生活。在此地用外国话比用中国话的时候多。说中国话的文法也是外国的！

书本的文言不能认为活语言。日用的不是活语言，将来如何会有文章出现。

* * * * * * * *

今天下午临时校务会议。

普通科的教员还没支配好。不能专心！

我只管大学前二年课程。

国文不通，近来不能作假了！

为什么应办的事无力去办？一定无大用！

五月十七日，日

昨天进城。同五哥长谈。

今天早他说他的计划。

过一两年他要到国外去一次。仍前回例，要我代理。等他回来，他专去筹款，校内事让我去办。他的意思，我在清华，改组后没有什么可作的事。

详细的想一想再定。

下午回校。

五月十九日，二

如回南开，第一年代理，或可勉强为之。将来合作上，恐生问题。

以先就是代理后合作上发生的恶感。

B.是独断的人。因为想证明什么事都是他的见解高，所以很容易看不起手下同事的人。同他合作，必须能听他指挥。

如果在外面已有成绩和 Prestige[①]，那就等于有了合作的资本。有了我独立的资本，合作起来不至于偏受一方的指挥。

---

① 威望，威信。

如果再试合作再失败，于南开也是最大的不利。

什么时候我的资本可以够合作用的？

（什么是我独立的资本？）

B.的资本，是学校创造的成绩和在外活动捐钱的能力。钱是有最大势力的。他最大的把握在能去捐钱，现在内部少一个能计划的人。他不承认他不能作内部的工夫，他只认因为捐钱所以不能兼顾到内部的计划。

南开实在少一个学问家的领袖。

（然而我不配作学问家！）

然而我有什么资格？

英文方面有一点皮毛的知识。国文方面还不如 B.！

只论手腕灵巧，我不如伉。现在南大的人，比我学问有根柢已大有其人！

如果回去后，不能在学问方面使人心服，别人对我失去信心，B.对我也起看不起的意思，——那是我最大的失败，也是南开的大不利。

在清华可以自己读书，增长见闻，这是此地的好处。在此地不贪名，不贪权，只求研究学问的机会。等再到美国一次后再回南开，较比着对于学问方面把握大一些。

现在如此看。再想别的方面。

五月廿日，三

昨晚想到自请减薪。

二月十八日曾自誓："下年一定减薪。"

同人也谈过这样志愿。校内人多以为无须或引起别的误会。

要减薪的理由：

一、我常批评清华生活太安逸。先生、学生都求安逸，将来如何能产生能牺牲的青年？在校所见的是教职员争薪争权，患得患失，青年那里求得人格的榜样？

二、现在学校改大，将来大学学生不为留学预备。他们毕业后必不能得很大薪水，如果一般教职员薪金过大，对于学生的影响一定不能提高服务的精神。

三、在中国别的学校正是经济最困难的时候，惟独清华薪金又比别处高，又可准拿到，这不是给全国教育作试验的态度。

* * * * * * * *

请自己减薪，可以发生什么效力？

不期望别人说好，只望不愧为青年领袖。

想减至三百也不算少了！绝不能藉以自傲！只为良心上想这样作。这样可以得行动的自由。

* * * * * * * *

现在全国乱到非常。

清华因为有外国人的关系，所以得保安全，每月发薪，工作仍旧进行。

北京附近不久全在奉天势力下。张作霖不免有总统梦。日本人是助张的，日本在中国的地位要增长。国内政局不能见好，国立各校不能有很大希望。

南开可以勉强支持，全国政局越乱捐款越不易。钱不够用而谈大学教育，在现代怕是不可能！

惟有清华藉着外国势力，可以继续工作，继续发展。因为钱多，大家争钱的心很盛。薪金已比其他学校大约三分之一或四分之一，如在此地三百元月薪的在他校可得二百至二百三四十元。

有特别机会要作特别事业。当于他校不能维持的时际，清华应如何方为尽职？

注意工作是当然的。待遇是要比他校优吗？

现在趋向是否过优？

清华责任大到非常，我们应取如何态度？

作教员的要如何可以影响青年，将来使他们成为时代需要的人才？

减薪只是消极方面的。真能多作事也可算大薪的理由。自己志诚，将来一定有效。自己虚假，专为要誉，减薪后只有损而无益！

（减薪不为沽名钓誉。）

* * * * * * * *

现在减薪不免得罪薪金已大的人。

或有别的方法表明我不贪利的诚意？

有时因为太注意这个问题，倒现出重利的内心来！

先自己想透，再与无论何人谈。

五月廿一日，四

再想减薪事。

校外对我个人已有批评我为大薪而在清华。

改进社不免有人如此想。南开也不免。

将来在社会上想得舆论的谅解，自己走的路要往宽处进行！要往以后想！

在社会上走的路越宽，将来回南开后助南开的力量越大。

＊＊＊＊＊＊＊＊

虽减薪而对清华同事要有特别同情心。以后更要防嫌少批评人。虚心合作，为中国产生能不重利的领袖。

实在月薪三百已是很多，已比在校多数的人多了，所以无论如何，是没有一点骄傲的理由。

就是减薪后还比在别校的待遇好多了！住处好，准发薪，并且将来可以有出洋的机会。

我来清华是有目的而来的，不是为吃大薪水，也没有给南开争什么地盘。如果对于改组的计划多少有一点贡献，自己就应当知足。

将来在无论什么地方作事，都应当有目的，不为利，不为名。量力而为之。

＊＊＊＊＊＊＊＊

再想回南开事。

自己的学问实在不足服人。

在外作事的成绩也还没有。

如有意外，那就什么都不可论了。

如没有意外，最好再长进几年再回南开。

在清华有事可作！一定要有相当的成功。

在此地，因负责小，所以多长进的可能。回去后，责任重，长进不易了。（特别学问方面。）

在清华再有三年，大学计划可无忧。然后到外国去研究一年。回国再尽二年职。所以大概在一九三一可以另作他事。

如果在此不贪大薪，别人不能说因贪利不能舍去。

如南开有意外，那自然是另一问题了。

＊＊＊＊＊＊＊＊

最要的在此地作事要真能使人心服！

以善养人。

五月廿二日，五

在社会里，轻利的人多还是重利的人多？

不义之财不取。不义就是不宜。

不宜作如何解？

多数与我本领差不多的人不能得的财。

在校内我的薪金不算不宜。

与现在中国其他教育机关比，待遇优。

待遇是应当平等的吗？

如少数人肯用力工作，多得一点薪金有什么害处？

别人批评也可名之曰忌妒。

害处：

一、有贪利的嫌疑。

二、难得与同行人合作。

三、因有特别待遇不免患失患得。

四、学生也要以重利为当然，将来给国家造争利的青年。

三百加房租我以为是最大而适当的薪金。

我如此看，所以我如此作。别人可以自定标准。

不强迫人，也不批评人。

* * * * * * * *

研究院教员另有理由。

大学教员应对学生的品行负作榜样的责任。

五月廿三日，六

本想今天进城，定意不去了。

* * * * * * * *

有几天没写字。

* * * * * * * *

"送佛送到西天！"然而西天只于佛能去，凡人焉能送到？

* * * * * * * *

乱世人只顾现在不管将来。只得一时可得的利益不问别人的评论和事理的是非。

然而越是大家如此作，越应该有少数人对于苍生负责，对于将来有莫大的信心！凡事敢舍私利而立大谋！

作教育事业应当如此。

五月廿四日，日

进城。新月社午饭。

与济之谈南开。他说成绩最好的是理科，文、商无把握。商科难处在得教员，好的人才不教书。文科应定范围，不然，如请教员都是无一定计划。据他看南开特点是上下一贯忠于学校的精神。校长不能走开，完全因为财政无人负责。

＊＊＊＊＊＊＊＊

钱是一个学校的基础。

为南开的发展，将来的财源在那里？

全国乱到如此，有谁肯捐？

最大问题在此。

五月廿六日，二

早起后到西院山上远望。空气清朗，西山、北山都在眼前。

减薪与南开两事尚在踌躇中。

两事实是一事——就是一生的大谋。

将来想成功一个什么样人？

自己量力，也要有一定的志向。

＊＊＊＊＊＊＊＊

先解决减薪。

我信精神生活。我以为清华教职员薪金过大。因为我要提倡与别校待遇相差不要过多，所以先从自己起。

减后容易得罪一般薪金在三百以上或是将来薪金可到三百以上的人。

减后，品行方面可以算轻利了，学问仍是浅薄。

减后我无论如何小心，别人一定猜疑我有看不起他们的意思。从校长到校内多数拿大薪的人都想我特别形容他们。果然如此，将来合作上更要发生困难了。也许是我所主张的政策有碍。

然则清华这样特别待遇就永不能改革吗？

这在地位的不同。如果我是拿最大薪的，并且是主持全校精神的，自己减薪一定效力很大，别人也无可批评。

想根本改革清华精神，必须在最高位吗？

如何把利益的观念打破？至少如何减轻？

五月廿七日，三

昨天冯亚麟在办公室动武。

曹不肯决断，恶人很容易让别人作！

我虽表面镇静，很大受惊。

自己不免怕有性命之虞！

这也是经验少！将来如果敢负责的去作事，怕险一定是不成功的。

在清华是与"利益"相争。

为学生是出洋。

为教职员是增薪。

争起利益来，如主持人不愿得罪人，学生、教职员都可以乐，只有国家的公费就没人管了！

* * * * * * * *

我自己也是争利益之一，所以难说话！

* * * * * * * *

晚六国饭店演《七七》，我不进城。

五月廿八日，四

昨天同余谈减薪事。

主要理由是改变清华争利的精神，给新大学造新基础。

再看什么手续最可收效。不要把自己看得离群过远了。

想了三个办法：

一、减薪。

二、纳房租。

三、仍旧。

余赞成二或三。我想一或三。

一、是为得名吧？

房租是很特别的利益。我自己减去这个利益于别人没害处，于我也没有特别的名，这样克己是无声色的，所以可以算真能不争利。

先减特别利益，后再减与大家相同的，不然一定有人说我沽名，藉以自豪。

赴欧旅费也是特别待遇，然而那不是我直接得学校的利益。改进社是已付过的，如清华不出这笔钱，我不能离开那里到这里来。

普通争利已是很坏，最坏是特别利益。

本校普通待遇在全国里已是特别，本校的特别那就是特别中的特别了！

习染于特别中之特别，一定不配作普通人的领袖了。

我所注意的还是对于苍生负责。

如出洋游学不是利益，是负大责的预备。

如知识阶级比工人待遇好，也不是利益，是给我们空间为平民研究特别难解决的问题。

所以享受特别待遇越大，我们的责任越大。

如果我不肯舍去不纳租这一点小利益，我如何鼓励人舍去比这还大得多的利益？

给人民造配作他们领袖的人，这是高等教育的目的。先从自己作起！不应去形容人。

这样看，纳房租是第一步，减薪是第二步。

* * * * * * * *

"大学之道，在明明德，在亲民，在止于至善。"

不只在研究著述。研究著述是方法，工具。

* * * * * * * *

中午与曹先生进城。

颜 W. W.在团城请客。Bostwick。

访人，物多近。（七七次日。戏中戏，因戏而生，已半稔又廿日矣。得乐荒邱。）

* * * * * * * *

人评怯者！什么是怯，什么是道德的责任？（标准在是否计算自己的安逸和名利。）

* * * * * * * *

想起："志士不忘在沟壑，勇士不忘丧其元。"（《孟子·万章下》）

（怕死的念头打破！）

冯亚麟给我很好的经验。

以后能本主张去作！怕什么！

我打的是利益！既是有主张，就绝不怕死。

果然因为有人要动武，就怕起来，还算得什么人！

＊＊＊＊＊＊＊＊

自己是不怕的——这是勇。

仁智的工夫也要同时并用。

仁——以身作则，以善养人。

智——注意事实的精审。

＊＊＊＊＊＊＊＊

明天对校长提出下年待遇问题：

一、月薪三百，同时也纳房租。

二、月薪四百，纳房租。

第一较近目的。第二得罪人少。（用此法。）

以至诚——毫无骄意——向校长陈请。

目的在产出新大学的新精神。

五月廿九日，五

"局促效辕下驹。"（《汉书》。畏葸貌。器量小也。）

"局促人流局促泪！"笑他笑他！

实是胆小！

（Coward！）

英雄无事局促。自认为不应作，一定不去作。所作出的都敢担责任。

不如此，一定不能成大事！

怕——天生的吗？

解说：因对多方 Sensitive，所以踌躇。

五哥比我决断！

近人又怕什么？社会的安全就在个人的局促吗？

我必须听人支配吗？

也不怕社会，也不听人的评訾！

我是有主张的，我有我的我。

五月卅一日，日

昨天进城。五哥，琴襄，乃如在京。观看杨小楼的《落马湖》。

谈到南开事，大学中学内部都急待人领导。

我同伉、孟讲我自信不足。现在还有三分灵气。回校后过一二年恐灵气用尽，那末于南开于个人都是莫大的不利，我现在自己觉着"道行"不过够一年用的。

我的本钱还不足！

将来够了只用息钱的程度，我自信可以敢回南开了。

学问没有专长，办事没有公认的成绩，社会的交际不广，文字不应用，——总总方面使我信心不足！

回南开易，再出南开就难上难了！

B.很易轻视人的，独我惯了，除去真有 Prestige 和南开外的信仰，是最难与合作的！

先集资本。

（先集资本。）

有了独立的资本然后就有进出的自由了。

什么是我独立的资本？

一、不怕不假的自由力。我现在还是怕别人怕社会的制裁！不敢真！为什么怕？为什么作别人要我作的事，而没有自己一定的主张？失去上帝给我的真我，而只作群的奴隶！Coward！

（不怕不假的自由力。）

二、一种特长的本领。现在是东也知道一点，西也知道一点，办事能力也有一点，文学兴趣也有一点。细问起来没有一样是专长！没有一样本领自信——或人说——我比别人都有把握！现在都是皮毛，都是初入门！

（一种特长的本领。）

* * * * * * * *

有了这两样资本，什么地方有事作，什么地方都可去了！

* * * * * * * *

在未有独立资本前，为南开，为个人，都不应回南开！这是已决的！

造成独立资本，必不能欲速，必不能助长！

不要失去机会，然而过于急了有害反而无益。

时常自己审察进行的方向：是否有空走的路，是否所取的方向看歪了？

* * * * * * * *

我要我的自由！

没有创造的个人，生活还有什么意义？

各种社会的压迫一天比一天加重！

责任的观念过早了过深了，都于创造的个人有碍！

然而不被群捆绑，也不被人捆绑，也不被已过的我捆绑！

要作成完全自决的我！任何人，任何物，任何时，任何景况，——
都不能动摇我的真自由！

再有不得已而动摇的时候，那就特别宝贵了！

* * * * * * * *

完全自由和完全的爱，——这就回到佛教去了！

然而不是空理，是实人实事——爱和自由。

六月

六月一日，一

既然要自由，如果辞去清华，也不到南开，什么是我独立的事业？

是戏剧吗？自己把握如何？合作机会如何？

到美国宣传中国文化吗？自己根柢如何？名望如何？

教书是大家都作的。如去教书，真不如到南开办中学去。

在南开还有研究戏的机会。

* * * * * * * *

既然南开有作事的要求与可能，仍踌躇的：

一、合作方法与态度的问题。两个自恃，好持己见的人能否合作？如因功作问题不得不合，互相应持如何态度？

二、我自信的不足。文字，交际，存心，言动——都还没有一定的主张，无疑的成绩。并且在家乡作事比在他处难得多！有了一定的把握再回家乡可以比较的稍易。

* * * * * * * *

在清华有此地的难。有时练忍耐，有时不免敷衍。不能持论高，也可体人情。我有主张，然而也得注意手续，不能过急。这是全国事，也必须有人办它。

无论如何要，下年必须在清华。

这下一年的计划我必须负责，手段不可过严。能退一步想的，先退一步。

此地风气是有饭大家吃！改风气不能快的。

（改风气不能快的。）

下一年内，不得已还要敷衍一些！

也可说不一定是敷衍。这也可说是练习以善养人，不要以善服人。

* * * * * * * *

少批评人，我自己用功。助长必失败！

纳房租还是可作的，也不得罪人。

明天校务会议后再同曹谈。

* * * * * * * *

对南开忠心帮忙，助他成为理想的私立学校。

* * * * * * * *

　　下午：今晨已同曹讲到房租事。他也承认是当作而可作的。从八月起纳房租。薪金仍四百，以一年为约期。

　　二月十八的三誓：

　　减薪——作到一小部分。

　　不要高位——已定。

　　人格的榜样——不敢说这大话！

　　独立的资本。①（第二十四册起）

　　一、不怕不假的自由力。

　　二、一种特长的本领。

六月二日，二

　　肯纳房租——舍去一点利益——这只是消极的！

　　在清华下一年内打好大学将来发展的根基。

　　对人要特别和气！

　　（和气。）

　　果然辞去时，此地留下一群好友。

　　前二年得罪的人，现在对于他们完全没有成见。

　　为南开计，交际越广，将来社会上越可以少阻碍多帮忙。

　　离清华时，使同事人觉着我给清华真办了一点事，对于同人还能合作。若是走开时只留下猜疑和怨恨，这几年用的力量都等于白费了，并且将来在社会上还留些阻力。

　　这下年的方针是如此。

　　（定下年方针。）

六月三日，三

　　上海英界巡捕射击学生（五月卅日）的惨闻已传布到北京，各校罢课。本校学生会今晚开会，讨论办法。

　　有外国租界本是很可耻的；现在巡捕又出了这样惨杀的案子，这是英国人待遇中国人跟待遇印度人一样。"Ameritsar-Dyerism！"②

　　别国待日本就不敢！待俄国也不敢！

----

① 此为张彭春在其第24册日记扉页特别标出。

② 指1919年英国殖民者在印度制造的"阿姆利则惨案"。戴尔（Dyer）为当时制造该惨案的英军指挥官。

武力是必须的了。

无论如何，事实是如此。

讲武力我们有什么预备？

机械在那里？科学发明是战争利器。

人材在那里？

钱从那里来？

一时组织由那里入手？

什么是我们精神的独立和精神的预备？

＊＊＊＊＊＊＊＊

在这次风潮里，我个人可以作一点什么工夫？

一、在本校教职员、学生中负襄助指导责。

二、立志以后不再在本国人中间有不能合作的言行。

六月四日，四

昨晚学生会通过。

"暂时停止学业，作亟极爱国运动为外交后援。"

功课已完，只有考试问题。

学生爱国，先生也爱国。先生不敢敷衍。

考试的功用是什么？

在清华特别的功用是什么？

大一毕业与他级不同。

功课好与功课坏的学生也有不同。

无论如何不得因爱国运动而增长个人的利权。

＊＊＊＊＊＊＊＊

我想建议从下星期一考起。

全体考最妙。不然，大一级必须全体考。

下学期没有过小考或成绩的功课须考。

功课不好的学生要给他们补成绩的机会，所以必须考。

六月五日，五

昨天教职员会议赞成学生举动。

看孙中山的《民族主义》。

又感文字不便利的痛苦！

爱国必须爱本国语言文字。

更羡慕人在旧文化上的才艺！

应自制而护人。时常能自反而缩。

＊＊＊＊＊＊＊＊

什么是我们旧文化的精神可以助我们得独立？

几千年不断的文字。

精美的艺术。

人格的理想和榜样。

＊＊＊＊＊＊＊＊

只用中国货。不动烟酒。以造成新人材自任。谋中国独立——精神的，物质的。

与人盟作和尚，一时代的理想家总占少数！

一定要作到不怕不假的自由！

无事不可对人言。

交友自由。尊重人格，决不利用。

“十目所视，十手所指。”

应作的去作，既作后怕什么？

我们的目的常在百年后！

努力为将来。人可与合作。

以后不再怕！

决定正大光明的言行——然后谁都不怕！

一切言行都可公开——那才是真勇！那才算不局促若辕下驹！

有不怕不假的真勇，一定不再局促！

（不怕不假！）

＊＊＊＊＊＊＊＊

“居天下之广居，立天下之正位，行天下这大道！”

＊＊＊＊＊＊＊＊

是非新标准：所有作出觉得不怕不假的都是“是”的。

这也是自反而缩的道理。

六月六日，六

昨天看《民族主义》。

在这几篇讲演里，中山不免说些过头话。为宣传作用，也不得已。

他主张的经济绝交，虽然只是一种消极方法，很可试行。

他还主张造国族的大团体，以宗族为本推广到全国。国内可以结合成三四百姓的大宗族。这不像能实行。

国已危险到极点，这是事实。渐渐全国人都作强胜民族的牛马！

如何振起民气？什么是我们可收实效的工具？

以人的精神来抵抗物质的侵略！

人必须得到独立的力量！必须看穿名利——特别是利，名还可用他。钱是欧美比我们多。他们以物质为本，我们的利器惟有不作金钱的奴隶！

"无恒产而有恒心，惟士为能。"

为全国想，不爱钱不贪安逸的太少了。

* * * * * * * *

清华是多钱多安逸的所在，在这样环境可以造出看轻物质的志士来吗？

先问自己的动机如何。

我有贪安逸的存心吗？

在舒服的环境里能作苦工夫吗？

拼命争出洋——争增薪——的空气里，如何讲真牺牲，真爱国？

我们争的是利，将来外国人给我们利，我们一定去随外国人去了！

现在同英、日争，实在全国有多少人不往租界里搬，当于遇到兵险的时候？

我们看物质的生命过重了。

* * * * * * * *

在物多人少的时代，领袖人可以去谋利。

在物少人多的时代，领袖人必须舍利而谋义！

* * * * * * * *

清华人根本救国的方略，少不了自省克己一层。

学生能舍去出洋的利益，公之全国。教职员能舍去一切奢侈习惯，勉力工作而不争加薪。那才是爱国了！

六月七日，日

进城。

近接多。

人仍信群懂能分，并应分。群必失懂。

自觉力薄学浅，不足为人久敬！惭愧！

因歆海、平伯①事恐适之误解。孟和也因信未作答有微词。

令名不易保！

然而自己不能不负一部分招人误解的责任！

完全不假不怕！为人专要人说好，那就毫无趣味了！

用力往积极方面注意。

别人批评，有则改之，无则加勉！怕什么？

给歆海信。

六月八日，一

护身符可群不能心。

符已约。如知而不问，雄心何在？只因待人好，平和。既不能全心，群也不得乐。然而认不可得，必另求懂。在符真大方了！

群我两性必不宜。乐苦均极。

讽我戏耳。实对人非空觉。

今夏未必远。人或戏，梦而后群通。

梦求美，久不可。

空觉？增经验？

生活意义是什么？

一说个人经验，一说社会功作。

个人不管规绳，社会不容例外。

艺分个人，组织为众而舍己。

一不负责，一太局促！

* * * * * * * *

还谈不到大问题！真本领在那里？

国文耻！人可说写十篇小说甚易。我写信都不能！

冷静知耻用工夫！个人高懂也高。不然无勇无智，人不轻视，己也觉无趣！人稍轻视，生活痛苦莫甚了！

"不患人之不己知，求为可知也。"

* * * * * * * *

以人为理想，人己都可努力。

我以何艺助人不朽？才是真是假？

---

① 俞平伯（1900—1990），名铭衡，字平伯。祖籍浙江湖州，生于江苏苏州。1919年北京大学毕业，曾在燕京大学、北京大学、清华大学任教。

互相慕心即人间至乐。

才何在？天赋薄奈何？

我无不朽术，那配起人慕！

六月九日，二

早四点半起。

从前天听说歆海在城里怨清华待他太小气，我怕适之过于相信，也怕别人增加误解。

一个 Social Set[①]的评论大半由常见面谈话发出来。我不常与他们来往，而 H.多在城内，想毁我名誉，由渐而入一定会生效力的。

为保名绝不要得罪人。

然而实情如何？

我为什么怕？

我依人过甚！

别人有想绝交，或说批评的话，或因反对而要攻击，我就神荒起来！

我要名甚过贪利！

我愿意人都说我好！这样贪心一定使我胆小！

怕，假，——都因太想得人欢心！

自己不能完全独立！

有这个根本上的短处，一定不能成大事！

交友，弟兄，团体，——必须仰不怍于天，俯不愧于人，而后才可以有所建设！

有了一定的主张，无论别人如何批评，如何造谣，如何攻击，也不要移动。

我的魄力不如 B.，"老弟你太软弱了！"

****

对人深又怕发明！

偷是不对的，觉应有吗？

如有人起而宣传而批评，以至失位，失群，失功作，怕不怕？

别人不原谅，自己能不悔不怨吗？

自坚信我所作的不错！都失去，也知道自己没有走错了路，所以什

---

① 社交性质的。

么都不怕！

怕！这是我最大的仇敌！

怕就不应作，作了就不应怕。

信人，信天，信自己！

事到半路，胆小起来，是最可耻的！

＊＊＊＊＊＊＊＊

我最易被环境引诱。

（环境的奴隶！）

要一时人说好也是因为环境在我心上的力量过大！

我怕极了失败！最得意成功！

（怕失败！）

十年前绝交如此，六年前 B.评如此，去年学生要求如此，现在仍如此！

将来也仍如此！

＊＊＊＊＊＊＊＊

人都喜人说好。然而常人常情！奇人立奇功，必不如此。

一时人都不懂，都批评，自己更有精神往前进！

立奇功惟有如此精神！

＊＊＊＊＊＊＊＊

在日记上说大话，到实行的时候又要 Coward 了！

＊＊＊＊＊＊＊＊

不敷衍别人，凡事要对得起自己，要完全自信而后作。

如何可以胜过怕，胜过假？

这是终身最大的问题。

＊＊＊＊＊＊＊＊

看 Shaw《人与超人》序。

自知无才无勇！

以小聪明骗人！

有过什么成就？什么著述？什么把握？

那有批评胡、陈、张的资格？

那有配人信慕的根据？

昨天作出自卑的丑态！天生就丑，不过寻常是装扮又有才又有勇的外表！

作教育事最易自以为比人高。

南开自高自大的心特别大！张口就是百年业！

我看什么书就被什么书影响。证明本没有创造的思想。

骗人到什么时候可以停止？

为什么没有一个自己的我？

可恨，可恶！

* * * * * * * *

下午七点

今早歆海来。下年在此只任四小时，北大全时间。

如此办，不知将来有无批评。

钱端升不满意教授二等待遇，表示辞意。以居多数旧教员下为耻。

张、钱如此解决，在旧人以为得意。然要防有人造谣说我有党见。

几个天津系把持！不容真有学问的人，也不容约翰的人！如果这样的话传出去，于学校同我个人的名誉上都不利。

积极方面为学校的前途，设法延聘真学者。

免除一切党见。校内校外多交际。

* * * * * * * *

明年燕京搬出来，外国气味更加浓些！

清华要早有准备。

* * * * * * * *

北京有都会的引诱。生活还有特色。

天津较比更干燥些。所以最好长足后再回去。

如何长法？

学校办理的完善？或是戏剧？或是别的著述？

哲学，我的预备不够。教育学我认为没大价值。

比较的在戏剧上稍有根柢。

学校方面也要有一点小成就。

* * * * * * * *

无聊！生活无聊！

六月十日，三

六点前醒。一个奇梦：一个穷小孩被乱飞的枪弹射中。他不明白有什么危险。他嘴里还嚷"Thirty Pencils！"他身上带着铅笔，想必是卖铅笔的。

梦里觉着有人报告给我听，说小孩并没有死。以后被抬到医院里，他心还没完全停。医生用记不清那一部的汁泄来激动他的心。心动后他又呼吸仍旧了。

梦到这里我就醒了。

也许是昨天晚上排戏的余波。

* * * * * * * *

昨天帮学生排《流血惨剧》第三幕。

露一点手段，有人说好，所以不免得意起来！

我的性情太喜人说好怕人说坏！喜人承认我成功，怕人传说我失败！

怕人传说！这是我的最弱点！

怕我相近的朋友也说我不成功。他们或是事实知道的不足容易受一面之辞，或是看我的短处比我还看得明白，所以可以相信传说我的眼光窄，多党见，不能与人合作，骄傲，轻看人，实在没学问——等等将来必至失败的弱点。

等到这些传说布满了北京多数相熟的人，将来在清华失败还是小事，在一般舆论界的信心要失掉了！以后再作什么事也难灵了！

然而在现在完全没有公平标准的时期，想得社会全说好是没有的事。

特别处容易被攻击的地位，又要想本着主张作事不愿一味敷衍。太肥的利益，人一定生忌！

并且自己的真本领也实在有限！

* * * * * * * *

下学年

明年校内先生、学生不至发生特别意外。

校外人不满意的一定加多。

一部分是清华毕业生。他们想进来而不得。

一部分是文人学者好写文章的人。他们听见偏面的话，不明真像，信以为实，或认为可能。

在这大过渡时代，社会里那会有完人？

惟有自己努力谨慎。

各方面的连络固然是一个好方法，有时少使人注意也是方法之一。

连络最贵自然。冷的计算都露在外面，结果更无聊了！

牢靠的还是自己作工夫！

不管别人如何说。

自反而缩，失败也不怕！

＊＊＊＊＊＊＊＊

对张、钱，学校的处置不算错，可以不怕传说批评。最少不再在城里讲起此事。

旧人中学问不高明的实在是有！待遇过优。

能持久也是一种功绩？

将来新加入些真学者就好了。

唐钺①的事我应当尽力收纳进来。失了一个机会。为学校省了一点钱！然而别处妄费的太多了！

＊＊＊＊＊＊＊＊

已经写了一点半钟。都是关于作行政方面。

＊＊＊＊＊＊＊＊

大谋不能从敷衍人上着想！

一时的成功失败是小事！

自己的真把握完全在自己。

想来想去回到自己的苦工夫。

然而一时的成功失败也很有关系的！

如果自信是"缩"，失败不足虑。

如果自己有不小心的时候，或有自满，冷假和党见的嫌疑，这样失败自己应当悔痛！不应只怨时代难，或别人不肯原谅。还是自己浅薄量小，德学都不足服人！

＊＊＊＊＊＊＊＊

读《孟子》《公孙丑》章。养勇！

＊＊＊＊＊＊＊＊

又写云麾②。

六月十一日，四

前四日震动，今早看一过日记。

失位，失群，失功作，怕不怕？

对人已往，自信坚否？

如何继续？

---

① 唐钺（1891—1987），字擘黄，福建闽侯人。1911 年入清华学校，1914 年赴美国留学，1920 年获哈佛大学博士学位。1921 年回国，曾任教于北京大学和清华大学。

② 指唐代书法家李邕书写的《云麾将军李思训碑》和《云麾将军李秀碑》。

理想化，梦化！人高懂也高。

给人类增美——造生活的意义——怕什么攻击？怕什么传说？

原意是为懂而功作，不为群！

功作上创造是懂的解释和 raison d'etre①！

近接不是目的，也不是真快乐。不过是梦化工具。

贵懂所以必不群！人愿群通也无不可。

无须宣传，然公开也不怕。

解释在将来创造上！如能增美增生活意义，人类自能原谅，自能赞扬！

＊＊＊＊＊＊＊＊

现在量力。不要使人空受误解而我无创造！

自信必有创造，不使人失望，——那就失位失群都无可怕了！

＊＊＊＊＊＊＊＊

下午

看吴宓评杨振声《玉君》。

我妄作文学梦！

在文学上谈创造至少在五年后！

本国文学毫无根柢。大可耻！

或者建设不在文学方面？

本国文字浅，外国文学也很有限。英文外别国文都不能读，英文文学读过也不多！

用一点小聪明假皮毛骗动了人！

惭愧万状——连这个"状"字都写不出！

到国文写通之后再去见人！

＊＊＊＊＊＊＊＊

人的文学有根柢有家风，多年成积〈绩〉而很自谦。旧文章的功夫早就用过的。又兼书画的美艺。

我讲得起什么才艺？

丑陋那能产出风韵来？

人不轻视已是万幸！觉悟真象后那有面目再去见人！

＊＊＊＊＊＊＊＊

文字上五年内不能谈创造。

---

① 存在的理由。

办事常识稍有一点。

在这方面的创造就是清华的改组。

办事也是一种才。光耀不如文艺，能的人多些，成绩不易昭显。文艺近不朽，理事过去易忘，并且很难看出个人的工作。

处现在国家危险之秋，我们可以舍开一切专求个人出品的不朽么？

在这个时代，文艺外是否有用才的机会？

文艺的引诱力很大。

然也有性之近不近。感觉似文学的，然而词句枯干不可救药！

在戏剧上，也是喜结构和表情，词句总不能丰富华丽。有骨无肉。

小小办事才或有一点。

然而也没有什么深谋远虑，太易被环境移动。

办事的常识用不着很高的智慧。

知人是要的。思想有次序，遇事有计划。可以持久，也会敷衍。应世之道本来用不着天才！

恭宽信敏惠——足够作理事用。

为什么轻视办事才？为什么稍有聪明的人都不满意只于能办事？

大概因为只能办事的人容易过于敷衍，只注意环境的分析而理想必不能纯洁了。

所以尊贵诗人的，因为他们理想纯洁超出俗情凡境以外。

诗不用文字也可以成形吗？

事物的处置，对人的言动，也可以表出诗意吗？

办事也可以成为艺术吗？

全国需要办事人！

我就不甘心只作办事人！

以办事来表懂！不知能否。

六月十二日，五

昨晚取来几本关于坦德的书。

《新生命》的末一节自述立志。

定意不用已有的文字去赞扬。努力研究修练求得向来没有人用过的语言。

现在的我不配见人！

立志我不再见人！尽力用苦工夫！非求得不朽的神术，一定不再妄接近！

* * * * * * * *

苦工夫如何用？

求文字的畅丽。诵读本国诗词文章。

（文字畅丽。）

求较美的书法。

求为人上的勇和真。

（勇和真。）

求办事上的远虑和条理。

（远虑和条理。）

* * * * * * * *

为人想，有完全自由，不妄干涉。

能力薄弱，那敢妄想助人？

且人莫大于助人不朽。自己去求神术去。求得后，人自然得不朽了。

* * * * * * * *

旧文学苦工夫如何起首？

诗词非熟读不可，先从那一家入手？

《十八家诗钞》。

六月十三日，六

因旺而英，因唐而汉。

《诗钞》外又得《李笠翁一家言》。

《一家言》后六卷为《闲情偶集》。内有八部：词曲，演习，声容，居室，器玩，饮馔，种植，颐养。

这都与日常生活有关，可以推测彼时生活状况。

前二部特别有价值。论曲文字本来不多，而对于演习方面更少人谈到。

* * * * * * * *

《偶集》六卷："天使地晦，则地不敢不晦；迨欲其明则又不敢不明。水藏于地，而不假天之风，则波涛无据而起；土附于地，而不逢天之候，则草木何自而生？"

"节之为言，明有度也。有度则寒暑不为灾，无度则温和亦致戾。节之为言，示能守也。能守则日与周旋而神旺，无守则略经点缀而魂摇。"

* * * * * * * *

谢唐激动努力国化。唐为国化源。

* * * * * * * *

上海惨剧全国痛心！

振起本国文物实爱国利器。使人民 1.有地可爱，2.有产可爱，3.有政可爱，4.也有艺可爱。

六月十四日，日

今天在家静养一日。

这样安逸全国有几处？而以自己的学问人格论那配享这样清福？

* * * * * * * *

昨天排演《上海惨剧》的时候，余、赵、闻三先生来。他们都是专家，所以我深觉惭愧！俗语说：同行是冤家！

（冤，正写从宀俗。）

我与他们大谈。怕不过表示给他们我也是内行！患人之不己知是我的浅薄处！

（又是要人说好！）

长篇大论说了许多北京戏剧状况，问了许多他们的计划和美国最近消息。

余、闻湖北，赵山东。余、赵北大，闻清华。大概分工如下：余排演，赵剧本，闻画家。（亦能诗。）

有意排演 Peer Gynt[①]，参用 Expressionistic[②]派表演。

从这看出他们新气很盛，想以输入最新派别在中国得欢迎。

我想中国没有能懂西洋派别的观众。

他们有青年勇气去作试验，我亦愿意看他们成功。我自己感觉的需要是研究旧剧的特点，从旧剧中得到新剧的出发点。旧剧本和演习法都可指示新中国的（不纯西方的）戏剧如何产出。

然而现在中国是乱世。戏剧本是点缀太平的，乱世中那有精神和余财花费到愉乐上去？

---

① 《培尔·金特》（Peer Gynt），挪威戏剧家易卜生创作的一部讽刺剧。

② 表现主义的，表现作风的。

戏是必须演的，演必须用钱用人。各种美艺都是太平事业。

＊＊＊＊＊＊＊＊

想回来，太被时代环境所拘束，生活勇力就全消灭了！人还有独立的自由。我有什么兴趣就作什么事，不被唯物史观所捆绑。

无论时代怎样乱，我的兴趣在戏剧，我就拼命去研究。至于成功失败都可不去问他！

（拌，欲通作拼，音潘，平声。）

唯物观念不能感动人作造时势的雄业。

"夫志至焉，气次焉，故曰持其志无暴其气。……志壹则动气，气壹则动志也。"

精神与物质并重，互相都可发生影响，而以精神为较要。

"有志竟成！"

＊＊＊＊＊＊＊＊

看本册（从前三日起）日记。

下午逛香山。

＊＊＊＊＊＊＊＊

廿八日："局促人！""志士不忘在沟壑，勇士不忘丧其元。"

（一、轻生。）

五月卅一日：（正是上海惨剧的次日。我立志时不知上海事的发生。）

"什么是我独立的资本？（先集资本，后回南开。）

一、不怕不假的自由力。

二、一种特长的本领。

不被群捆绑，不被人捆绑，也不被已过的我捆绑！"

（二、轻利。）

＊＊＊＊＊＊＊＊

六月一日：下年纳房租。

六月六日："国已危险到极点，这是事实。渐渐全国人都作强胜民族的牛马！

如何振起民气？

以人的精神来抵抗物质的侵略！

人必须得到独立的力量！……

'无恒产而有恒心，惟士为能。'

为全国想，不爱钱不贪安逸的太少了！"

＊＊＊＊＊＊＊＊

六月九日："我要名甚过贪利！

（要名甚过贪利！三、轻名。）

我愿意人都说我好！这样贪心一定使我胆小！

怕，假，都因太想得人欢心！"

* * * * * * * *

六月十一日："现在量力。不要使人空受误解而我无创造！自信必有创造，必不使人失望，那就失位失群都无可怕了！"

* * * * * * * *

六月十二日："非求得不朽的神术，一定不再妄接近！"（对人理想化。）

（所谓不朽或是要名吧？）

六月十五日，一

前十八天经验已炼成丹。

谢人谢天。

名利并除。振起民气。不朽有我，不问世人如何评论。

踌躇，局促，一定不能有成！

"量敌而后进，虑胜而后会，是畏三军者也，舍岂能为必胜哉，能无惧而已矣。"

名也能看穿后，（生命、钱财，早已克服。）不怕不假的自由力才可以渐渐得到。

* * * * * * * *

下午进城，晚在新明演《上海惨剧》。

校事在进城前应理清。

六月十六日，二

早习字。

心不安。得罪了人！胡、陈是已信传说了吗？

前星期真手脚忙乱！应痛悔！

六月十七日，三

昨天访适之，谈歆海事。"自反而缩"，不问其他。

他也说人已通约。

* * * * * * * *

借来《词选钞》。

六月十八日，四

昨天毕业式。今天起放暑假。

到清华将满两年。有什么成绩？

天生才短！那敢妄想不朽？

****

不论才短长，不同别人比，自己努力自己乐，不问收效如何。

六月十九日，五

抄胡适的《词选》。又看《词学全书》。

读诗词不为摹仿，要得旧文学的意境情趣，亦可得字句及结构的奥妙。

陆放翁云：诗至晚唐五季，气格卑陋，千人一律；而长短句独精巧高丽，后世莫及。

现在诗词曲都是已谢的文体。为在世界上发生影响，或须介绍给他们旧有的成绩。为本国新文学的产生，可以从事试验新文体旧意境，或旧文体新意境，——如果力量充足——新文体新意境。

****

小说，说白剧，自由诗，都是近来通行的文体。受西方的影响很多。因为生活浅薄，新作品中意境及文体都少可取。

我的兴趣在说白剧。西方的成绩我稍知道一点，也写过三两个英文的戏，都很空虚无物。

第一次试验在一九一四年春，剧名 Chains，三幕。第二次——Intruder，1915。第三次——Awakening，1915 冬。第四次——木兰，1921。

中文说白戏，在南开，《一念差》，1916，是我排的，《新村正》(1918) 的大意是我编的。定名上精彩大半出于时①、伉、尹②诸先生。

这次回国后，排演了 Chitra，1924，助理《七七》。

因为感文字的困难，所以努力读旧文学。

****

文学上兴趣大概如此。

---

① 时子周（1879—1969），又名时作新，回族，天津人。毕业于清末保定优级师范学校，1904年任教于天津私立中学堂（南开中学前身），1917年赴日本考察，回国后任南开中学教务主任，1930年创办天津市立师范学校。

② 尹承纲（1877—1945），字劭询，天津人，时为南开中学教师，南开新剧团的主要演职员。

旺起英唐激以汉。有为，可以不愧于人。

* * * * * * * *

校事忙！

文学？自信不足。

学校？时感无味。

局促踌躇以此！

学校——又有清、南别！群人也不易合！国乱！惟有勇前？不能求安逸。

* * * * * * * *

在文学上谈创造至少要在五年后。

（用上五年文学工夫然后再谈创造。）

"人不轻视，已是万幸。觉悟真象后，那有面目再去见人？"

"创造是懂的解释和 Raison d'etre。"

六月廿日，六

昨天进城。

胡笳十八拍唐琴。

人旧文章成绩使我惭愧！

近接。胆颤，证明局促。（写小说形容非酒不敢前！我是如此吗？）

私，小，怯！渐被人看透。

完全为人想，如何对得住人？

六月廿一日，日

昨天彭文应来长谈。我要他批评。他说：

一、性太急。

二、好讥讽。Sarcastic[①]。

三、人不敢前。"訑訑之声音颜色拒人于千里之外。"

我解释在清华改造的目标。

他以为清华教育应取国家主义。

我自述己志。四十后作创造事业，还有七年预备。我两样兴趣是教育与戏剧。

---

① 尖刻的，讽刺的。

现在用工夫研究中国已有的。

我又说意志是完全自由的。讲步骤再注意别人的议论和事实的逼迫。

****

下午去天津。

保守非先集独立资本不回南开的志愿。

怕什么？

为国家造一个独立的大丈夫！

大谋是在七年后！

现在别人轻视要忍受。

只要大主意拿定，一时的成功失败，赞成轻视，快乐悔恨——都不足以动心。

（不动心！）

六月廿三日，二

在天津。

昨天到八里台。大学所缺的是真学者。行政方面——除经费外——没有很重要问题。

昨晚同琴襄谈。回南开在三年至十年后。希望在回来前，要预备好一样特长的学问。将来回南开在大学只担任一门功课的教授，不干行政，在中学任整理试验全责。在南开任十年后或可就外事。谈是如此，回南前能再去欧美一次最妙。

今天拜访。

时子周（不在局），千里[①]，仲成[②]（他约午饭），在君（在京），三姊[③]（记着秋官治耳），王进生（不在厂，取得利息）。

从谈话中稍得此处风味。社会守规矩，生活少采〈彩〉色。

---

① 马千里（1885—1930），名仁声，以字行，天津人。南开中学、北洋大学毕业。早年加入同盟会，曾在南开中学、南开大学、直隶女子学校任职。1920 年 1 月因参加五四运动与周恩来、马骏、于方舟等一同被捕。出狱后，筹办《新民意报》，将周恩来所著《警厅拘留记》《检厅日录》在该报连载发表。1921 年创立天津达仁女校，1925 年参与成立天津各界国民会议促成会。曾任河北省教育会委员、天津县议会参事、天津红十字会干事长和副会长、国民党天津党务指导委员会委员、南开校友总会主席等。

② 卞俶成（1889—1952），名肇新，以字行，天津人。1914 年南开中学毕业后留学英美，1917 年毕业回国在上海银行界任职，后回津专事经营隆顺榕中药店。

③ 张祝春（1884—1966），字冠时，天津人，张彭春胞姐，马千里夫人。

六月廿四日，三

端午前一日。

昨晚勉仲也来南开，长谈北京教育界内容。

北大中如李、蒋、马、沈，都善谋略。查不是他们的对手，然而他的浑厚真诚也是很好工具。

六月廿五日，四

昨天访在君、任公。晚饭琴襄在青年会请，同座有王、陈，及俶成夫妇等。他们代表一般（少数的）半新的社会。俶成很精明，有一点富家子弟气。

在君对于教育无大信心。他看南开最好点是教学生念一点书而已，大学特别非钱不可。没有钱，没办法。然而既到现在也不得不往下办。伯苓难处在内外兼顾。

又谈到中国人最大的弱点是怕！

与任公谈词曲，下年多请教，这是在清华可以长进的机会。剧是我一个使命，必要发达到最高可能。这是在北京的一个重要理由。

昨晚与南中职员讨论知识问题。说此空话！

看中学情形，喻是"事务官"。然而在他上的，也得学问使他服。

自己力量学问都不够用！在清华完全为长进机会！不要白多得罪人！所以在清华要多读书，主张不要过多，或太空高。将来学问有成，有主张作事机会在后面！现在是预备！至少给他五年！

今早回京。

* * * * * * * *

清华。

天津最大激动是看梁、丁两先生工作的勤劳！

生活力是人自然的限度。

五哥的毅力亦很可钦佩！

多写信。交流必须用信札作工具。

文言白话都须应用。

如果字好文方便，这次应写信给俶成、在君和任公。

瀍涧亦应有信给他。

在君和志摩都能坐在无论什么地方，拿起［笔］就写几封信。并且他们文章亦来的很快！

天生才短是最重要缘因，人力亦没作到工夫。

* * * * * * * *

在清华注意对人和，少得罪人。在此地最要工作是自己用力长进学问，这样求学机会没有第二处。下年从任公学字学词曲。

六年内难回南开，除非有特别事故。

在清华二年或三年后再往欧美游历一次，专注意词曲戏剧。这是我将来的专长。

在这二三年内专心攻国文及一切旧文化。

作这样工夫惟有在北京或近北京。

在教育方面注重个人工夫。教书先教论理学。

下次进城访琴师。

* * * * * * * *

英文亦不要抛弃。将来用他对世界讲话。

大谋求助于人之处很多！友自然交下去。

六月廿六日，五

家可乐。增口亦可。

为南开计，有数事可作。

一、编选中学教科书。请人编，在南开有过一年以上的试验教学。与大学教育门合作。开办经费由美款内设法。

二、新剧的试验。南开有组织精神，有能演的人。先生、学生都有兴趣。每年来北京一次。

三、在北京西山里办一个学费大、管理好的学校。另有创办董事。内部由南开担任。

四、与各地私立学校合作。将来南开造就一般终身作教育事业的人——拿钱少而作事多。

在乱世应有一部人作 Jesuits[①]。北方人作这样事较比合性。本国人格精神可以藉以保存发扬。旧文化必须注重。

* * * * * * * *

今年夏天专心注意书札——文字及书法。先不问高深文学。

---

① 耶稣会士。

六月廿七日，六（第二十五册起）

昨天看百科全书中讲 Loyola[①]一段，又教育科全书中讲 Jesuit Schools。这类书此地甚少。

L.在三十三岁时始习拉丁文。不怕起首晚，只怕心不专。

* * * * * * * *

南开斋务、训育几位先生约定星期日或星期一到清华来住三四日，为休息亦为讨论问题。

四天日程：

七至八，室外分散的默修。

八点，早饭。

八半至十，看书。（关于管理目的或方法的。）

十至十二，讨论问题。（前一日拟定。实用性质的。）

十二半，午饭。

一至六，逛山。（香山，八大处，圆明园等处。或读书。）

七点，晚饭。

八至十，讨论问题。（普通性质的。）

南开职员向来用能吃苦，学识不很高的人。薪金不过四五十元。都肯热心办事，也肯听指导。

伯苓用人妙诀在此，又省钱又有效率。

现在最得力的几个人，如华、伉、喻、孟等，都是伯苓自己造就出的，都是从低处渐渐提拔起来的。这一般人都是很好执行的人，眼光、政策及方法都出于校长一人。这种组织有长亦有短：长是在效率大；短在眼光容易偏，知识浅薄，校长精神有限，稍有不到处，事务容易停顿。

现在校长已觉精神不足，校内能分肩的没人。到这个地步，不进则退。他们必须的是一个能计划的人。因为他们要求很大，又因为他们用人很苦，所以在未长足以前不敢回南开。

明天南开有十位来。

南开职员代表学校精神。教员多有雇用的态度。教员必须受过一种有系统的训练，得到南开教育特点，然后可以忠心于学校。

在南开职员长——有自开办来没有更动的。教员中越是好的越不长，

---

① 洛约拉（Ignatius Loyola，1491—1556），西班牙人，创立"耶稣社"。

有一点学识志愿的都想高就。教员薪水比别处低，有的想求学。对于教员演成一种勤换主义。

职员有特别情形。薪水一律不高。校长用特别方法造成团体精神，他们觉着在南开作事特别痛快。他们所长的是忠诚，而普通社会得大薪的大半用知识资格或灵活小术。南开用他们的特点，而这种特点在南开有很高价值，在外面换不得较高的待遇和同等精神上的愉快。

所以南开精神全寄托在职员身上。

现在教员中老的都是不好的！这种情形比创办初年更甚。彼时校长自己教书，教员中自己的学生占多数。到现在校长只同职员接近，教员多从外来，所以精神方法大不一致。

成就新教员是南开改进及发展的正途！

使教员亦可得在南开能得而在别处不能得的特别利益。

大学教育科要专对中学用功夫，给任职教员有研究长进的机会。鼓励著述，如编选中学教材。将来渐渐造成一部分以教育为终身事业，以研究学术为最大愉快的人。在南开钱或比别处低，然而在别处得不到在南开所能得到的生活趣味。

＊＊＊＊＊＊＊＊

将来教员必对于学生个人注意——学业亦兼管理。

为过渡时代要用已有的职员作管理事。

对于他们取下列几条政策：

一、增高学识。管初中学生的人至少初中的课程都能熟习，管高中的亦然。至此以外有一种自己特别的兴趣——文艺、科学、技术都可。

二、认明南开特别精神及作管理人的重任。

特别精神：能吃苦，能认真，能为团体牺牲，能百折不回。

同事都如此，所以在南开作事有特别乐趣。

在学生中要说明职员的热忱，启发他们敬慕苦心办事的职员。

三、现在方法有不明了的要给他们计划清楚细目。他们才短是我们承认的。我要用的是他们的忠诚，不是他们的巧智或学问。目的给他们定好，道路给他们说明，然后他们再去走去，就是吃苦亦甘心！

＊＊＊＊＊＊＊＊

这次会议本着这三条政策去作。

六月廿八日，日

看 I. L. Kandel[①]的《法国中等教育的改良》。T.C.出版。

又看《比较教育》PP.289—313 论法国中等及大学教育。

教育上改革见效最慢，实际的效果必须由产生一般新教员入手。

南开的现在还是伯苓二十年前下的种子。

* * * * * * * *

南开诸位明天来。

可讨论的题目：

一、中学教育的意义。

二、南开的特点。职员——管理员——的责任。

三、如何增高学识？

四、工作细则——工作支配，自修时间，注意好学生，写日记，报告经验（？），高三及高二改用自治，由能影响学生的教职员分任指导，对于高一以下学生取兄友态度，（学业，体育，课外，都可帮助。他们所作工作都应知道。）学识高低按程度分。最高级应有特别利益等。

六月廿九日，一

小事不能忍！家不和以此。

亦有不满足处——然多在自己。能力太薄弱，还没有得到一生的大业！

国家到这步田地，没有创造的，中国的，可以统一全国精神的方略和领袖人物出现。

一方面，年岁稍长学识稍高的人都劝青年冷静好好读书。一方面主张共产与苏俄合作。

一方面主张用外交机关，承认已有的政府缓缓进行。一方面鼓励国民救国，对内对外同时用力，以群众运动为工具，以赤俄为模范及后援。

我处旁观地位，论交际和安逸的地盘我接近冷静派，然而我不赞成无勇气的空谈和经济地位的保守。激烈方面的精神也很可钦佩，他们的手段和方法未免太外国了。

* * * * * * * *

---

① 艾萨克·康德尔（Issac Kandel，1881—1965），美国人。1910 年获美国哥伦比亚大学教育学博士学位，从事教育教学工作多年，创立了一套完整的比较教育理论。

介绍南开职员几种书读：

一、梁任公，《颜李的讲演》《习斋年谱》[①]《恕谷年谱》[②]《存学存性》[③]。二、甘地及其主张。三、苏俄革命及其学说。四、《孙文哲学及三民主义》。五、《论语》及《洙泗考信录》[④]。六、《孟子》及《孟子字义疏证》[⑤]。七、胡适，《中国哲学史大纲》。八、蔡元培，《中国伦理学史》。

二、三，参看英文材料。

书由学校备用。每种在读前或读后，开一讨论会，可请外人加入讨论。

六月卅日，二

昨天南开来了九位，今天孟先生到。

他们想三日下午回去。

我加入每天早晨的讨论。共四次。

卅日，问题分类，几部书的介绍。

一日，中学意义，南开特点。

二日，高级学生管理问题。

三日，下年实施细则。

* * * * * * * *

根本问题是如何产生中国特色的教育。

南开有这样特别机会？公立学校难得自由。

谁有这样特别资格？

---

① 全名《颜习斋先生年谱》，李塨撰。
② 全名《恕谷先生年谱》，冯辰撰。
③ 全名《存学编存性编》，颜习斋撰。
④ 崔述撰，四卷，主要考证孔子生平事迹。
⑤ 戴震著。

七月

七月一日，三

中学意义：

领袖基本训练——与一国文化有密切关系。

性质多普通，重感化。

南开特色：

私立——试验主张。对于时代需要有特别解决方法。

钱少办事多。

精神一致。现在多靠职员。

好自大。

* * * * * * * *

中午。

讨论过。

中学有选择责任，然而应给穷家子弟求学机会。建议每年新生 1/4 免费，1/2 常费，1/4 加费。

私立学校可以作选择中的选择。

选择标准必须拟定。

中学课程可以不顾"六三三"制。假设中学六年，前四五年功课一律，后一二年只可分科，不用选科制。上课钟点可少，自修可多。并加与教员个人谈话机会。

大学课程要专以教授作主体，教授对于学生负完全责任。为大学造基础，本校必须出大学者。在大学方面不是以精神及组织取胜。在这以上要有真博深的学问。自己能成一家最有力。

在自己有主张以前，要细心研究各种成法。

* * * * * * * *

明天讨论高级生管理法，管理员态度，及教员合作问题。上午我有口试专科生，讨论改在下午四点。

* * * * * * * *

孟先生说，下年能每月去天津一次——这是校长的意思。

自己读书，清华新精神的造成，——这是正式工作。戏剧，南开建议——这是 Avocation[①]。

建议不要多，不要空高。

所说的为现在办事人所能办到的。不然人以为批评，并且可以对我说："你看着这样容易，你为什么不自己回来办？"

我实在觉着自己资格不够！学问太浅薄——国文不通，知识没有系统。非造就到学问能独立的程度不能回南开，所以在预备好之前，万不可空说大话！

* * * * * * * *

昨天胡敦元[②]来辞行。他说："两年前先生来的时候，大家以为先生与在校的人不同。"言外像不佩服我近来的态度。

我近来学敷衍了么？

或是太取预备态度？

或是过了起首的高兴，性情不能持久？

我觉着对事延迟，兴趣不如初来时。

然而清华必须作到一结束，新计划根基还没有打好。

七月二日，四

二年前今日到清华。

第二年日记要看一过。写月谱。

* * * * * * * *

再读任公《颜李讲义》。

本拟第二年为颜、李年，而不能每天必读颜、李书。

今天从"小学稽业"再入手。

第三年继续研究颜、李。从颜、李深入与旧文化发生关系。从一系统进行较比乱寻途径省时间。

* * * * * * * *

"为学而惰，为政而懈，亦宜思有以更张之也。彼无志之人乐言迁就，惮于更张，死而后已者可哀也。"（《言行录》《鼓琴篇》）

有志那怕更张？清华太容易使人胆小，求安，患得患失！这是我前

---

① 业余爱好。

② 胡敦元（1902—1975），安徽绩溪人。1916—1924 年就读于清华学校，1925 年赴美国留学，获哥伦比亚大学经济学博士学位。

一年半（一九二三，十二月廿一日）写的。

七月三日，五

昨天钞小学四字韵语。

* * * * * * * *

今天下午南开职员去。

昨天讨论时说到高级生管理法，王、周以为我看学生程序过高。他们不承认现在管理上有问题。

或是因为我轻视了他们，说他们学识低。

王颇类庄。胆力欠强，有己见，不服人。在人面前不认力薄，而威又不足以治服学生。

当场不让人！是我器小的病。自己不谦虚，如何引起别人的谦虚？

昨天实在说了许多空话，一定不能使人服。自欺欺人！

* * * * * * * *

无论在什么地方绝不能人人都说你好！

南开有人迷信，一定有许多人不服，背后批评！

少建议，说话小心。自己记清：能力有限，不要欺人！

能容异己。对于庄类，不与他们当场争。看他们不服而不敢言的态度，可怜他们。他们的冷淡，不去理他们。我太好当场折服人！

我劝他们造就到无为而治的人格力，以善养人。而我最好以善服人！我同他们说：力量越小越好多说话。而我是力量薄弱的证据。

* * * * * * * *

今天末次讨论。没有可靠意见，不说空话。

* * * * * * * *

清华事应注意！

七月四日，六

夜一时。

想南开事。

最忠诚的两个栋梁是华、孟。

伉——机警，不能持重。

喻——"事务官"，眼光窄。

尹——好好先生，学、勇有限。

王——自护，少胆力。

大学完全与办事人一致的可以说无其人！

五哥的负担真重。

学校名望还好，所以办事人自己还可以自足。

王不承认不能管理高级生。

喻自以为作三三制的模范，他曾说过在一个制度作成功以前不要更换制度。

校长亦不以人数多了有大妨害，所以人数仍旧。一般办事人虽然看出问题来，仍是自信南开是全国最好的中学。

孟觉出训练太不注意，而其余职员不愿有更张。校长亦看不出新路来，他的力量都用在筹款上。近六年来除去喻加入一些教务上计账法外，中学一切率由旧章。三三制是仿别人的，自己没有创造。而自己原有的集会，也没有人继续提倡。

校长不一定不愿更张，自己一时没一定办法。

喻是自满的。尹、王都近敷衍。

孟以外没有人可以信中学应根本改造。

而论到真根本改造，此非其时，我亦非其人！

不能服喻及社会一般人的是我国文不应用！

* * * * * * * *

大学亦是没有前途的眼光。一般教授看不出现行的美国制与中国情形有不合处。他们只于责成校长多去捐钱。

在大学方面，校长变为捐钱奴！他对于大学亦没有——更没有——一定的主张。先生、学生听他说，因为他能去弄钱！他们佩服他弄钱的本领。如果他一怒，不去办了，南开立刻有大危险，那就于先生饭碗，学生求学都有大关系。

他亦未必安心作捐钱奴！不过到这个地步，不得不如此！

* * * * * * * *

他期望我回去帮他。他稍有觉悟，自己精力不足。然而他绝不是求助于人的人！

前六年他从美国回来，没有帮助我再到外国去，——出国前口头上许过——并且批评我不足信！当于他离国时，学校经过大水，而到他回来，学校一切比以先有条理。

我那次出国，定意独立！不求他助。

在美国三年，完全倚靠自己。

到请改进社送欧参观的时候，他亦没有帮忙。

并且在我未回国前，南开董事会并不赞成我回南开。

现在眼看着南开要发生问题，他又想叫我回去。他想出国去休息一年又要我代理！

已有过一次，这次要小心！

我在清华长的机会大。至少再用上五年工夫。

自己长五年后，再定方针。

不能完全给别人用。特别人家没有觉出非你不可！人家不过说给你一个几百年不朽的机会！应当感谢。谢后，还努力自己的大谋！

* * * * * * * *

自己力量实在不够根本改造南开的！现在以实在力不足坚辞。

* * * * * * * *

既已定意五年在清华，各样态度应早有打算。

一九二八或二七——再到欧美去一次。

一九三〇后——定将来方针。

在这五年内最要的是给清华造新大学，为自己研究国文。

专心作五年！

力量足了后，或南开，或他处都有创造事业可作！

在五年内非南开出了非常事故，一定不回南开。

在五年内，如果觉出清华于精神上不宜，那亦要斟酌情形定去留。总而言之，在自己能力发达足以前，得一点安逸不算大错。

有痛苦亦应当忍！只要不止的工作就可不愧。

养足再想高飞！

如果觉出安逸于精神有害，那末，立刻大胆去更张！然而更张未必是回南开。

（写到两点三刻。）

七月五日，日

无聊！

因对仆人态度又闹气！

* * * * * * * *

南开人就是得罪了，悔有什么用？

知行，主素，因改进社不免不恶感。

张，钱，不会有好批评。

此地真可靠的有谁？

自问各方面都开罪了，自己有什么自恃而不恐的独立本领？

亦要问得罪缘因在那方面。过如在我——因贪，或懒，或傲，或伪，——要早自觉悟！

曹算是很能容人的。滑一些偶有之。

造独立活动的机会，不倚南。此地事业绝不应放弃，社会交游亦当注意。

（私立学校特别如此。无论说的如何大方，主持还在 B.！以学说改造怕是妄想。建议必不受欢迎。最不受欢迎的，是只唱高调说空话，而不会设法去弄钱！南开不能容这样人，亦不应容。）

* * * * * * * *

教育影响不要看得过大！

（在君说：教育影响不大。学生学一点英文，算学，国文，将来可以升学——不过如此，讲不到什么训练。南开最大问题是钱！在君头脑冷！能弄钱比能出主意重要得多！谁能弄钱谁有主持权。）

就是现在的南开已算不坏。社会已承认是中学里一个最好的，又何必去根本改造他？这是校长及多数职员的意思。上次是藉着大水稍作一点整理工夫。

无论一个人或一个组织，想根本更张，必须经过痛悔！没有痛悔，更张的阻力必大，不易成功！

我来此地时，因为几年的批评和纹〈紊〉乱，所以有想改造的空气。

南开也许还要五年或十年后。

非其时，非其人，——一定不去干。

* * * * * * * *

一、还在君稿。又懒！

二、访知行。支票解决。

三、中学第一班毕业纪念赠金——给喻信。

* * * * * * * *

校事：

一、国文教员，见适之。

二、日文教员，见范。

三、德文教员，与 D.谈。

四、下年功课支配宣布。

五、改课手续。

六、大学教材。谁担任那部分？

七、二年，四年，五年，……后留学考试办法。

八、定学校教育方针。新国家主义的步骤。

九、八月间山西游行程。

＊＊＊＊＊＊＊＊

暑假已放过半月了！

懒！是兴趣过多么？什么事应当作，我一定延迟！这种习惯真有趣！所以到现在还没改的，大概因为没有觉过真痛悔。

有时是还没想出最好办法。也有时因为自己没有这样本领，例如写中文信！

恨作应当作的事，无论如何，是我的一个最败事的习惯！

自制力薄弱在此！

胆量局促亦在此！

七月八日，三

七日进城。

陶，谈天。

信进一层。说同印！人亦不愿完全背社会，断绝一切旧习。

同知虽难。

不再造。意已萌。

景需迁！

国家大变不易。

此地易安！如何改？有责任问题！

反社会，自信如何？

什么是生活兴趣？

群人生活能得所么？

为人应止即止。

＊＊＊＊＊＊＊＊

人评：

注〈主〉意虽强，不能久！

为名求名——必失败。

为无名求无名——假，亦作不到。

为无名而求名——先难而后获。自制工夫！

外面厉害，早使敌人预备，似阴而实不能阴到底。

愿意使人知道有主意，其实主意不坚固。很容易受影响。

小聪明！不能收末尾的成功！将到成功时，注意已散！这是最大弱点！

* * * * * * * *

社会与个人？也不是。个人的几种关系的比较和冲突。懂是圣，一看法。不单纯，很复杂，一看法。

肯，是为人最上计么？

工作？文？

生计？

群和？

如非上计，也为人想。

群否由人定。己不知时，惟有听人自由。

洁己，诚意，取法理想。

* * * * * * * *

小才子态度作什么都不能成功！

局促！

* * * * * * * *

自张事后，人看出真无用！

* * * * * * * *

怕什么？要什么时候完全更张，就立刻更张！一切衣食住家国社会都不管他！人生的神是最尊贵的。

人敢的，我敢！

七月十日，五

今天到卧佛寺，给初中夏令会讲《将来干什么？》

* * * * * * * *

看前八月日记。造廿。

不应以空话自欺欺人！

然而真仍是真，不过要坚认无才无勇！

必须有成就，再敢再造。

人已看穿！有何趣味！

为人谋而忠!

* * * * * * * *

勇!

七月十一日,六

昨晚讲演不合他们口味。我提倡大丈夫主义,他们(特别美国宗教家)要的事事服从上帝!

* * * * * * * *

自由!

这是一定不疑的!

看人不能样样求全。看事也应如此。

守这样态度,气就可以和平多了。

没有各方面完全满人意的!

容人也可以容己一点,就是不要期望样样都见长!

昨天在卧佛寺和范孙先生谈,他也说学贵"善弃"。求学必须分得精细,各人只可作小部分。最低限度的普通国学知识是必须有的。

* * * * * * * *

已得之近,应贵。

惟有自己用功夫。

于人于己都无益的,一定不去作。

不是怕难,实是无益!

个人的发达也不只在一方面。

并且对于他人的责任必须负的。事事为自己痛快计算,这条路走不通的!

* * * * * * * *

应止不止最杀风景!

最满意本不长。

人生之乐在梦。

* * * * * * * *

明天南开人请饭,戏。应回请。

喻钱早送为妙。

当于预备时期,应尽义务帮忙。不要稍有一点高傲态度。

上次因王一人不服,气不能持,不免得罪了大家。

近来因心不整,所以时常不能静气。

动机是为人——路越走越宽！

＊＊＊＊＊＊＊＊

后天从城里回来后，要好好的作一星期校事。

七月十三日，一

昨午进城。午饭在来今雨轩，同座南大教职员。晚袁复礼①约。住北京旅馆。

早同五哥谈。他也说能常到天津去几次。

五哥善用计算。对于事理人情分析得非常清楚。用人很能使尽其力。

处世妙诀在善用人长！看人多注意好点。

（善用人长。）

求全必先自己失望！

＊＊＊＊＊＊＊＊

校、家都取此态度。

＊＊＊＊＊＊＊＊

对于事应当尽力求完美！好了还要好！

＊＊＊＊＊＊＊＊

气已稍静。

只求一面满足不是上策。并且性不能久。误人误己！

理想化能生美。

尽力助人！至诚的友义。

使日光和空气多参加。

＊＊＊＊＊＊＊＊

文字耻依然的！爱慕美文是当然。

又有几天不习字了。立刻作！

七月十四日，二

下午进城。周支山②请晚饭。

七月十六日，四

昨早起。

得塚词亭画。

---

① 袁复礼（1893—1987），字希渊，河北徐水人。1912 年南开中学毕业，1915 年清华学校毕业后赴美国留学，1920 年获哥伦比亚大学硕士学位。1921 年回国，长期从事中国地质调查与教学工作。

② 周支山，时任中华书局经理。

路遇，作泉游。

（亭、泉都不再！）

泉上松顶好，

绵绵山上云。

有伴才有景，

为何近而泪？

* * * * * * * *

瞎话是人类异于兽的！

胡诗太白了，无 Secondary Tones（弦外音）。

景应从框里看。

手可恶！

绿竹领。嫩软。

怕梦。怯多物。

* * * * * * * *

贪长！

然人强。

兼？

不许人用符！

太私。

可止。

* * * * * * * *

暑假已过一半。

文，字，有什么成绩？

对得起人，就在自己肯用苦工夫。

我能苦么？可造不可在此！

"先难而后获！"

七月十七日，五

校事必不能使失败！

对人，对南，对将来，此地必须有成绩。

想在文字上见长，不是五年内可作到的！

人早看出我不通！

本国文字不通，这是最大耻辱！

好好读书。到文字通时，再敢见人！

人评我不能久。现在要看是真没有勇力么！

不期而别。

以谢字终，本当然。也妙。

　　　　　＊＊＊＊＊＊＊＊

字形，文词，连张也不如！

真羞杀人！

（羞杀人！）

　　　　　＊＊＊＊＊＊＊＊

不配近！

七月十八日，六

昨天校长催教员分配，这才赶快弄完！

可耻！为什么好延迟？

（延迟！）

非事到临头才去办，假设能办，也不过小才子态度！

恃小才，绝不能有大成就！

应作即作，应止即止。

我去催事催人，不要使人事来催我！

　　　　　＊＊＊＊＊＊＊＊

懒和健忘——泰谷尔说他自己如此。

然而他是诗人，我是办事人。他是富家子，我是穷光汉！

不能同摩比。物质方面，不能过唱高调。

　　　　　＊＊＊＊＊＊＊＊

美艺与办事——同共存？

七月十九日，日

昨伉、邱①来。

想现为教务主任，三年后或无此名称，我能老死在大学普通科主任么？

我的专长是什么？长进的方向在那里？

吴、孟、庄，国文都比我有根柢。办事的见解上，或稍多一点知人

---

① 邱宗岳（1890—1975），名崇彦，以字行，浙江诸暨人。1911 年赴美国留学，获克拉克大学哲学博士学位。曾任南开大学化学系教授、系主任。

知事的敏，然而这是空虚的！

* * * * * * * *

只争得大学里职位高的名称，是无聊的！

个人的不朽，或应在别处去寻。

为什么这样求不朽？

空自高傲！有何把握？

* * * * * * * *

文字上工夫是慢的。

将来安心作教授，专心著作，以文字求不朽。（？）

七月廿一日，二

章行严①的《甲寅周刊》出现。

文尚雅驯，白话不刊。

反对白话文，与《学衡》旨趣相同。

藉白话藏拙本是小丈夫行为！

徒以古奥亦非正大气象。

七月廿二日，三

昨天秋官②、锡羊③回津去了，宗康也回家去。

注意钱，人的常情，然而不大器了！

校事 Dzou 稍有误解。在我完全公正，不管别人如何看。

不怠，不傲，不伪，不贪。

改过不惮！

近几日写苏字。

只要多写，形态总有长进。

在一样上用工夫，再写别样也觉稍易。

七月廿三日，四

看《学衡》第四十期。柳诒徵《罪言》里有一段评现在作校长的丑

---

① 章士钊（1881—1973），字行严，湖南善化人。清代秀才，1903 年任上海《苏报》主笔，同年与陈独秀等创办《民国日报》。1925 年 4 月任北洋政府教育总长，7 月发行《甲寅周刊》，反对新文化运动。

② 马秋官，马千里与张祝春之子，张彭春外甥。

③ 张锡羊，张伯苓次子，张彭春侄子。

陋："有操笔不能为一短简者，有寻常之字读之大误令人喷饭者……"

别的罪恶姑且不论，为文识字实在是我的短处。这一点很容易受人攻击！

自己不要粉饰。好好用工夫。将来必有一日文可通顺，书法可观。

昨天同校长谈到将来考出洋办法。

此部分事应独立于学校之外。

此事与全国高等教育有关。当于谈计划时，有意我去主持。

大学还没办好，又想别的计划去了！

无论出洋大学，国文把握必须有的。

＊＊＊＊＊＊＊＊

因考，人来荐信很多。露出官僚手段"大人"的神通！

宽恕看法，是一种误解。

人烦我早示，也可不必。

得罪了也罢。

既成，何必得早晓的功。并且猜疑不免。

避嫌起见，还是不去理吧。

人如何想，不管他！

＊＊＊＊＊＊＊＊

秋季开学，预备始业式演讲词。

全国人都望知道清华大学办法。课程大纲是我拟的，所以我有解释责任。

在开学前要写好这篇文章。

看英美大学最近改革趋势，再分析中国高等教育弱点及国家人才的急需。

这篇演说应当作清华大学基础，至少使五十年后人可以明白清华改变方针时的眼光和计划。

对于国内大学作一度详审的考虑。

约用一月工夫写好。

＊＊＊＊＊＊＊＊

明早秀珠到北戴河去。

我也许下星二去小住三四日，也许只到天津去遇他。

＊＊＊＊＊＊＊＊

文言白话的争一时不能分胜负。

两个最大分别。

一个是写出给人看，

一个是说出给人听。

写出给人看的，说出人未必懂。只要人看了可以懂就够了，所以字句尽管往古洁处锻炼。人看惯了文言再看白话自然嫌他麻烦，讨厌他不雅驯。

说出人听的自然要人一听就懂。近来写白话的有时所写的，人听了不能懂，那末，白话的活气脉他没得着，同时文言的简练他已经丢开，这类白话文是现在最常见的。《学衡》《甲寅》，不满意的白话十之八九都是这类的。

所谓白话的活气脉是白话文能不能常〈长久〉的主要关键。

活气脉是由活经验得来。人到与人接近的时候如有情感事理想发表给人听，他自然的工具是文言还是白话？

文言最宜个人独自发表，多有时间锻炼再思，预备写出可以给人看着有一种美感。

白话的好处在接近活经验。文法的标准在说出来人立刻可以懂。

多读书可以学文言，多与现代人接谈可以得着一时代的活言语。

想作好白话，书也必须多读，字句也必须精炼。

好白话，将来有生命的白话，必须用创造的苦工夫得来，必不是只因为文言写不来，或因为懒用读书工夫，或因为用外国文法的习惯，或因为一时风尚，所能成功的。

由戏剧及演讲入手，用白话是没有问题的。

信札短简，白话可，文言也可。

寻常说理文字都可用演说或谈话式。

情景文字还是白话好。

如此文言最大用处只在简札上。多看些尺牍书应当有用。

七月廿四日，五

雨已连绵将三日。

秀珠北戴河之行延期了。

今天到办公室送出通知教员授课信。

　　每天用上两小时预备大学开幕讲演词。

（空说没去作！）

七月廿五日，六

　　三位考试评定员颜、王、危已通过二年后及四年后留美考试法。

　　一、二年后，男女生各五，都须大学毕业并一年以上作事经验。

　　二、四年后共送二三十人，公开考试，本校毕业与他校毕业同，并二年以上作事经验。男女合考，女生至少占全数三分之一。（这是他们加入的，将来还要斟酌。）

　　按政策，留美考试必须于大学之外。选择方法很待研究。将来在美应入何科何校，也不应如现在这样没系统。选择标准与全国高［等］教育有莫大关系。派送种类也不应只限一样。各承认大学教授，任职在三年或五年以上，有相当研究成绩及教授经验，每年可选派五人至十人。他们在外年限至多不过二年，并且他们任职大学及所派个人都须负相当供给之责，如学校出一年的半薪，个人筹旅费，或用别的方法鼓励学校及个人出相当代价。

* * * * * * * *

　　信札外，章程的文言也当注意。

　　文言能应用的如朱，近来在学校的用处一天比一天多了。

　　既能早见到，绝不应放过机会。想作大事非本国文字有切实把握不可。

　　将来失败人要耻笑我！

　　动机早有了，进行步骤不清楚。

　　惟有用拙法：多看信札，多看章程，多写字。

　　工到自然成。

七月廿七日，一

　　阴雨连绵已有五天了！

　　时光过得真快！还不到一月暑假就去了！

　　近几日写苏字，颇觉有趣。

　　看《花月痕》，文字便利可羡慕。现代文人在本国文字外，还要知道世界文学，成功比以前更难一筹！

　　写大字，小字笔韵也随之改。多写自有长进。

只有神没工夫是小聪明字。

七月廿九日，三

前天到香山讲演。昨天进城。

阴雨未晴，大不爽快！

到何处休息还没定。秀珠应走开几日。那里去？北戴河？

＊＊＊＊＊＊＊＊

晚十一点

明早如不雨，同赴北戴河。

至多住一星期。

约费一百五十元。

回校后，住一星期就要到山西去。

八月廿五日到校办公。

暑假过得真快！

前一年日记还没得读！

八月

八月八日，六（第二十六册起）

昨天从北戴河回来，路上在天津停一夜。

换环境有些益处。觉意强些，情冷些。

* * * * * * * *

在校办公一星期。

十四日晚赴山西。

启程前大学开学事应备妥。

八月九日，日

昨新月社欢迎志摩自欧归。诸友得晤谈。

志摩怨中国懒性深，无生气！俄国势甚可怕。

新月社想改组加积极工作。太安逸！

已在社会上有地位的人，自然懒于改章。

革命不从这种人发生！

我也在此列！

* * * * * * * *

近来看 R.氏《大学的研究》。有心得。

开学后作几次讲演，谈大学教育沿革及其近今趋势。我担任数次，余请别人讲。

* * * * * * * *

习书稍得兴味。

从梦赉处得包安吴①《论书十二绝句》。

云麾利，东坡厚。苏路宽些。

* * * * * * * *

自北归后知室外动作之益。今日赴西山，骑驴。

能常此方妙。

八月十日，一

每早八点早饭。

_____

① 包世臣（1775—1855），安吴（今安徽泾县）人，清代学者、书法家，后世称"包安吴"。有书法理论著作《艺舟双楫》传世。

从旅行回来觉精神好些。也少延迟。

离开环境是最好休息。

星五（十四日）去山西。不知能否从大同、张家口路而归。廿六日定回校。

八月十一日，二

昨晚请元任夫妇饭，又作竹城戏。很乐。

每交际，于人己都有益。

家人亦须鼓励。

"必有事焉！"作起来再讲！

进城。

八月十二日，三

京汉路免票车不便。

（不写性弱自大的话！）

八月十四日，五

原拟今晚赴太原。得便由大同、张家口回来。

日文教员未定。大同如何游未问明，张家口未先接洽。

大、张两处或再作一起。

已有两年没加入教育团体的讨论。今年应去。

日文教员事可交余或朱办。

只为到会无须去过早。

去晚不知有无旅馆住处。

本届年会到会人不多。我想省外去的不过二百人。

在开学前应预备关于大学教育的讲演。

内地去一次可以得些新观察。

若去，还是只为年会去好。

早一天去，住处容易得些。然而也许无趣味。如赴会人不多，住处或不难找。

明天饶树人昏〈婚〉礼，可见朱我农①谈日文教员事。亦可见济之问大同游。又可见明晚赴太原的，或有同行，或烦在太原定住处。

---

① 朱我农，曾任北京交通大学校长。

如十五或十六起身，廿五前应到校。

开学前还有两星期工作。

八月十七日，一

十五进城。日文教员盛先生已与朱我农说好，从山西回来后一访。

五哥在京，稍谈。

今天晚车赴太原。如便从大同绕道而归。

到校定在廿五前。

* * * * * * * *

作字无笔力。看康有为《广艺舟双楫》，学执笔。临龙门造像《丘穆陵夫人尉迟造像》[①]。为长笔力。

昨在一得阁买墨汁。回来才知道买来油烟，适用光滑纸不适用宣纸，以其质过浓。买得二两，勉强用完。下次要松烟。写小字油烟滞笔。

对于墨稍增半点知识。

* * * * * * * *

昨在新月社有叔永[②]，奚若[③]，鲠生，适之，通伯，孟和，志摩，任光，谈高等教育。叔永拟提倡个人指导。讨论后定先试验研究性质，每年约用五万。叔永大概想在美庚内筹。

钱仍是最要的！这是离不开的。人的理想总要对物质宣告独立。重义轻利！然而到末尾还是谁有钱谁成功！

事或必须钱，然个人不要依靠钱。

清华个人争钱。钱是无只〈止〉境的，越多越不够。

不爱钱，然后作事可独立。

* * * * * * * *

新月社无事业。少数人晤谈，也可算一种需要。只不负责的任意没有什么真诗的可能。富家子所知的不是真苦难，所觉的不痛快只是欲望多，一时不能完全任意得到。

---

① 全称《太和十九年十一月长乐王丘穆陵亮夫人尉迟为亡息牛撅造弥勒像记》，为龙门二十品之一。

② 任鸿隽（1886—1961），字叔永，四川垫江人。早年赴日本、美国留学，获哥伦比亚大学硕士学位。1918 年回国，曾任北京大学教授兼教育部专门司司长、东南大学副校长、四川大学校长、中华教育文化基金董事会董事长等。

③ 张奚若（1889—1973），字亦农，陕西朝邑人。1919 年获美国哥伦比亚大学政治学硕士学位。1925 年回国，曾任清华大学政治学系教授。

非富家子千万不要染富习！

烟酒可不动。

八月廿五日，二

十七：晚车赴太原。

十八：下午到。住泰安栈。

十九：游武庙，文庙。步行，由水西门走汾堤到旱西门外，访旧河神庙。

廿日：游晋祠。

廿一：上午参观军队。

廿二：游傅先生祠。下午回程。住石家庄。

廿三：下午七点到北京。

廿四：早回校。

* * * * * * * *

昨天校长亦到校。

暑假已过。

开学前还有两星期。

* * * * * * * *

下午

今天在《英文导报》上载清华学生上执政书，攻击曹校长。

建议交教育部管辖。

清华比较的得安逸，早晚必受人注意。

想作心安的事，必须待遇比人廉。自己去造机会。

在此地前途艰难。内外都有不能合作的部分。

外面失败不能回南开！

八月廿六日，三

早六点半起。

七至八习字。临《龙门》。

九点到办公室。

（不写怯弱自振的话！）

八月廿八日，五

昨天得碑帖数种。

《爨宝子》[①]。

褚河南《圣教序》。

虞世南《孔子庙》。

苏东坡《洞庭春色赋》墨迹。

苏《养生论》墨迹。

《瘗鹤铭》。

* * * * * * * *

对于书法初觉兴味。

（大字悬肘，小字悬腕。第二层功夫自今日始。）

* * * * * * * *

早习字一小时。

* * * * * * * *

自山西归来，身体精神都觉疲劳。

今天，卅一日、二日，都有委员会。

新教员渐渐到校。

* * * * * * * *

晚

校长给我看近来在《世界日报》上一段攻击清华的新闻，里面几句攻击我的："驱逐喜讲《圣经》，好操英语之教务长张彭春（南开校长张伯苓令弟）。"

还说有人在北京某校开会，提出建议，经教育界多人赞成。

这是一种造空气作用。

心理是反对宗教及外国化。其实不免争利。

八月廿九日，六

五点三刻起。

习字两小时。每小时只作三十余字。

进行甚慢。

小字应用要快些。

* * * * * * * *

开学演说是改革上很重要的一段话。

能否使新旧生新旧同事诚服？

---

① 《爨宝子碑》，全称《晋故振威将军建宁太守爨府君墓碑》，刻于东晋太亨四年，即义熙元年（公元405年）。

能否使一般人明了大学在这个时代的旨趣？

能否感化人使人多公少私？能否预防新生争出洋？

指出大学旨趣是最不易的，然而办大学必须胸有成竹。

时代思潮现在一点也没有标准！

意见绝不能求一致。无论说什么一定不有人批评，人的私利心过胜。

分派结党！大学所造就的人应守如何态度？

我们所有的大学理想和方法美国得来的居多。以后稍知英国的大学组织。

中国在现时大学应作什么功夫？

八月卅一日，一

清华经费充足。薪金比其他学校都大，并每月必可拿到。住处的舒服是全国无双的。那里有这样的田园林沼泉水洋房？

如此好环境，如何别人不窥视，不妒嫉，不设法攻击，批评，拆毁？

全国各校得安静作工夫的有几处？特别是北京各大学。捣乱分子如李石曾派对于美国留学生特别仇视。与俄赤接近，法俄庚款皆在掌握中。军人有冯互相利用。鼓动工人有共产党买通的学生。他们计划将来以党治服全国，仿俄国前例。

这派政见手段如何是另一问题。无论如何，他们是有计划的。如胡，丁，梁，对于学问艺术都能提倡；然而他们都是很深的绅士习惯，自以为有才，而与民众不接近，手段上清洁些，然而具体的计划是没有的。他们多受英美学说的影响。

* * * * * * * *

清华实际上是在美国势力之下。

南开也是与美很接近的，美国舆论要注意的。

东南以先是美国式教育的中心，这次被国民党打击的将散。

* * * * * * * *

好操英语！法语我是不会说的。

国语不常作，所以自信不足。

* * * * * * * *

当于任此职，对于教育有什么主张？对于利益有什么主张？对于中国有什么将来计划？

在星三与大学教师聚会前要预备好对于大学主张的宣言。

九月

九月一日，二

习字一小时写了四十八个。将来再熟些，一小时可以写一百。

* * * * * * * *

昨晚进城，余、闻、赵请在东兴楼。

西林分析共产在中国盛行的两大缘因：

一、失业人多，俄国供给钱。

二、人心思放，狂疯一时不管拘束也与青年心理相容。

* * * * * * * *

今天预备明天对于教员谈话。

九月二日，三

一小时零十分作字七十七个。

* * * * * * * *

今天开会可到十六人，有六人不能到。

国文：吴、戴、朱、陆。（孟、钱）

英文：王、温、贾。（陈）

数学：郑，海。

物理：叶。

化学：（杨）。

生物：虞。（陈）

科学史：梅。

手工：周？

历史：刘、萧。

体育：曹。（郝）

九月五日，六

今天第二次大学教务会议。讨论新生分班问题。

今明两天报到。

新生分入大学正科一年的必须各科都好的。第一班要真好的，贵精不贵多。

加入大学教务会的共廿二人。

* * * * * * * *

钱少办大学如何作得到？

或可只能办到小而有特性的大学。

如 Hall 在 Clark。然而 Hall 老后 Clark 的性质完全改了。

青年人才聚于较大的学校。当教师的都乐教好学生，钱多的学校容易有好教师。

钱多而人能和，最好了。

钱少人易和，然而人才多平庸。

事实如此。

九月六日，日

怯弱自振的话不可写。因为常写后以为已经作了。

自省的观察和别人的评论是有用处的。

* * * * * * * *

公事过忙，前两天不免对于注册部王、崔及学生崔龙光过，有责罚太严，态度失和，含有成见的地方。

九月七日，一

临《长乐王夫人》①七次。

昨天始习《杨大眼》②。

墨汁胶太多，用笔不自由。

* * * * * * * *

今早同新生第一次谈话。

已到约一百人。

他们要知道的大约不外以下数点：

一、将来出身。留学考试，普通训练修业，专门训练毕业。

二、大学教育性质。选科制之不适用。

三、前二星期之课程表。以后暂分两组。

试读期内分班都是暂定。一年级定出何人可以两年修完普通科。

九月八日，二

昨天同学生说了二小时。大义本着以上三层。

---

① 全称《长乐王夫人尉迟造像记》（也称《丘穆陵亮夫人尉迟造像记》），魏碑的代表作之一。

② 全称《辅国将军杨大眼为孝文皇帝造像记》，简称《杨大眼》，魏碑代表作之一。

明天在开学式只报告新旧生应注意事项，不作长篇讲演。

＊＊＊＊＊＊＊＊

《晨报》上载一段新闻：《张伯苓善祷善颂　恭维段祺瑞整顿学风　为五千元大谈天道》。

> 天津快讯，南开大学校长张伯苓对于当局整顿学风一事甚为赞同，特于日前致函段祺瑞表示钦佩，兹照录原函如左：……

看原信大概为要钱写的。送新闻的人总是反对伯苓的，亦是大不赞成段、章的。

法派与美派是处于争势的地位。

法派反宗教，近赤俄，对于英美势力之下的都攻击。

伯苓的名望是一般美国人造起的，特别是宗教界和教育界。他是几处教会学校的董事——如金陵，燕京，协和等。各处青年会及"自立教会"都很依重他。

南开在法派眼光看作一个美国式的学校，并很有教会风味。

伯苓的办事才——特别在独立创造上——是大家佩服的。他的毅力，条理和用人的本领，都是很少人可以同他比的。书本知识他未曾用过许多工夫，并且环境和训练两方面都没有给他机会。天生记忆不强，于博学不相宜。

南开所以有今日，全赖严先生的德望（在初办时特甚）及伯苓的毅力和计划。现在依严先生的比以先少了。基金虽有，而不多，远不足为大学发展用。南开最大问题是钱少，伯苓的工作全在筹款。只要校长能弄得钱，校内没有不佩服的。

＊＊＊＊＊＊＊＊

反美派最不赞成的是"喜欢《圣经》，好操英语"。

又有一部分人批评我不"中西兼优"。

我近来对于英语《圣经》，不如以先热心。我也不想利用英语《圣经》得名位。并颇以利用为耻。

然而实在学问，中没有，西也何尝有！

当于作事，维持名位和生活，实在没有工夫专心求学。所谓求学不过是求有系统的发表能力，如在君所有的便利。

办事组织才也不能说完全无价值，然而中国向来是注重文章的。

朱现在帮助我对于文章发表上。我不能独立！

在戏剧上亦没有过本国文的贡献，在教育上亦没有过正式的著述！

将来什么是得胜的工具？

交际？我们最能得罪人！冷傲是我们的特长！

九月九日，三

早十时行开学礼。

对于多方面话很难说。

明天同新生还有一次会。

解释越多，越露出弱点。

从一面看，今天我应知足。这两年来我所主张的改变方针今天算是实现了——大学研究院成立，旧制废止。

然也算不得什么成绩！人不知而不愠。

有人还不赞成！所以不可知足。一件事从头到尾作完了，那才算是真成功！

一般反对的人都等机会批评拆毁，这是自然的。已经走到此地，非往前走不成！今年是最险的。过了第一年就好多了。

学生没有特别反对。可虑的是教职员中意见不合！

先起于教职员而后学生才加入。

不能使他们一致是学校里最难题！

使他们心服，必须有真本领，也要有容众的态度。只有巧活的计划不能使人诚服。

＊＊＊＊＊＊＊＊

想过以上许多层，只于是对外！

无论别人服不服，无论报纸上如何批评毁谤，我仍有一个我在！

人承认我的成绩也好，不承认也好，我依然是我！

有了这个真独立的我，然后可以坦荡荡。

＊＊＊＊＊＊＊＊

今天说几句鼓励大家浑厚、乐业的精神。

减少先生学生的怕。

"安其学而亲其师，乐其友而信其道。"

"使人不由其诚，教人不尽其材。"今之教者的病！

＊＊＊＊＊＊＊＊

晚

《英文导报》上今天也载伯苓致段信。

口吻很要惹人注意——过于批评别人办的学校。我想他写的时候绝没有想到有人给他发表。

法派分子一定出来攻击。《京报副刊》或《猛进》上将有文章骂他。

英文口吻很不合适，很像只于南开好，其余学校都应把款项让给南开！

外面仇人加多，于将来不利。

南开之急于得钱是作校长不得已的苦情。

如果安于所有入款，大学不能发展，将来不能与其他大学比成绩。

内部工夫不到时候。

九月十日，四

论理班第一次。

昨访任公问执笔平腕法。

写字用磨墨。

九月十一日，五

昨下午与新生谈话。会前怕没话讲，结果还可。

晚元任、济之来便饭。

二星期后到天津去。

为运动，想买自行车一架。

* * * * * * * *

晚

近来大学普通科开始问题已有头绪。

有工夫计划将来事。

专门科不在我管。

自然职员次序：校长、研究院主任、专门科主任、普通科主任。

三科主任制为攻我而成的。渐渐推我到第四位去！方法很妙。

普通科事至多二年后可以交给余办。

旧制二年后也可不用特别注意。

这二年内有工作。

以后如何？

满意普通科主任？

或二年后他就？

或办理留学事？

或统一大学教务？

二年内应静以待时。

（静以待时。）

工夫从克己入手。高傲不能大成。

与吴、庄比，我的弱点：

一、态度骄傲；

二、文字不应用；

三、无实在学问。

稍可自信的。照顾较多方面！

吴比庄有条理有远谋，又不轻浮，眼光窄些。

庄不锐，并胆怯。

* * * * * * * *

清华人回来的加多。现有：吴，庄，王，蔡，笪，陈，钱，叶，朱（J.P.），刘，朱。

渐渐清华归入清华人之手！

他们的野心不过如此。

然而我的小成绩就要完全无效了！

吴的本色渐露出来。外面诚实，而很好用手段！

九月十二日，六

吴用手段例如下：

一、来时争研究院筹备主任。由筹备想转入总务主任，因人看穿中止。三科主任制通过后，要求主任名。

一、争薪。

一、多给赵元任两月薪金以买其心。

一、招生揭晓时假用与我谈过名给校长信。

* * * * * * * *

我也不是没有用过手段！

* * * * * * * *

三科主任制行后，将来用人权吴、庄的机会较多，因为两科是新组织的，发展在将来。普通科没有很大发展可能，将来想发展的教员也要多与他们接近。

清华回来的学生加多，将来多有加入清华的可能。

以先全权在校长，改变性质较易。以后不然！

* * * * * * * *

去年有人攻击我不佩作大学教务长，因为不能"中西兼优"！

三科主任制可以减少这样批评。

在势上看，是我的大失败！然而论真本领，我也自知不足。不过一般批评的人就是我能中西兼优也要寻别的方面入手。

* * * * * * * *

新计划里我的主张居多，实行后我的地位反不如以先！

灰心吗？世上事不能只看近处。计划是我的，已是很可喜的。名位让人也就让人罢！

* * * * * * * *

我主张里还有一两点没作到：

一、选派留美公开考试的办法。

二、董事会改组。

（当于他们争名位，我去贯彻主张。）

生活兴趣在主张的实现，人群承认与否个人完全没把握了。

* * * * * * * *

大家天天争的还是利。

我自己加纳房租。他们可以说："等我们薪金到四百的时候，我们也愿意作一点沽名的把戏！"

效力怕是很小！

然而在我既说出必作到。

* * * * * * * *

也许又想收速效了！

教育不在计划，而在青年身上所能发生的影响。这不是一时看得出的。

然而自己学问无有，影响不能很大！

* * * * * * * *

梅是好人，精神不足。负担也重，难有动转的自由。

杨世故深，力气还足，有时滑。

余有事务才，不好读书。

全浅，老练。

孟可用，小心，条理，胆不大，思也不勇。笔快。

梁、赵、李，可近。

虞、徐、何、王（少甄）、王（维周），可化。

＊＊＊＊＊＊＊＊

吴、庄、王、钱、蔡、朱、叶——李、戴、王，当留意。

＊＊＊＊＊＊＊＊

然而我若安于普通科主任，校中大权让他们把持，他们绝不干涉我的小范围。

死了也不自认无能！

大有为必须静下气来预备。

一时的失败可以促成将来的成功。

文字上工夫必须用的。

＊＊＊＊＊＊＊＊

当于在此地忍辱，南开急于用人。

自信不能胜任。

明年五哥约我去。

不过作帮手。

没有真不朽的本领，就是有全权的机会也怕不能收全效。

"持其志无暴其气！"

九月十三日，日

开学已一星期。

大学无教务长席，用英文讨论的害处。

反对的大有其人。从三科主任制通过后，反对觉得胜的满足。

二月十七日通过。从十一月起（实自四月匿名信起）的攻击果然居功了。

日记上：二月十八日

五哥说过，如不改态度早晚一定失败！

这是第一次的大拙〈挫〉折。

"威不足以镇人而妄夷之，惠不足以感人而妄居之，不智也，祸于是伏焉！"

失计是昨天在会场上没有自己让步。我早有只管大学普通科的意思。被人攻下来自己觉着很无聊！

这也是争权不免的结果！

＊＊＊＊＊＊＊＊

别人在后面有阴谋的作用。

小人私利的阴谋在什么地方都不免的。

求自己正大光明；不贪权，只为公。

现在不能退。如退他们一定说因贪权失败而走的！

只可正身，不颓丧。"虚我观物，畏天恕人。"

能处逆境更可看出人格力。不在空有此念而在实行出来。

为事想。为中国将来的领袖想。

有自信的能力！

＊＊＊＊＊＊＊＊

下年一定减薪。

只作普通科事。再给我高的地位一定不要！

周围是安逸。旧生将来都有出洋的机会，影响他们是很重要的。新生也应有人格的榜样。所以在此不只不能退，也不应退！

又日记：二月廿一日

有计划的人都想自己作主。常被众人缚束，不能有为。

大家不愿有人"管"！他们都怕我"专制"！

在我不怕失地位，只怕没有事作！

然而想作事自己的预备还很不充足。为人——学问，办事，待人，都当努力研究。

＊＊＊＊＊＊＊＊

二月十五日已有自觉在先：

（一）去年十一月间的攻击还有再发现的可能！

果然，二月十七日的失败。

（二）时常不忘，我的中国外国学问实在都没有根柢。

（三）自己的名利心绝对不比别人少。争权争利（保守地盘）的动机是常在念头里的。

（四）常不免用手段！又多疑少容！

（五）懒惰任性！踌躇无决断！"

＊＊＊＊＊＊＊＊

最近两天有以只管普通科为辱的念头。

别人以为有大学教务长一席。

作事，不要人承认。清华新方针是谁拟的，何必要人知名？见你的意思实现是真乐。

退下来自己用功是最上策！不与人争。

教育实在功夫是自己长进和影响青年！

无欲速！

大有为在四十以后！

完全卑让！不露锋芒！

* * * * * * * *

多联络新旧同人。

全无成见，去拜访或请饭。

与旧生开茶会。

冷傲是小才态度！

九月十四日，一

看前一星期日记。

不争眼前名位！

只要我在此处不是贪安逸，辱就可忍的！

所以不走的，不是怕别处待遇不如此地好，实在因为自己主张没有作出。今年后比暑假前走开较易，两年后更易。

九月十五日，二

论理班两次失败，还没有想出好教法，预备时候也太少。

大学斟别也有问题。

对于公事有些忽略，办事是我一点小才。学问既无专长，办事再不小心，将来一定要大失败！

昨晚在元任家吃饭。他西洋学问，如科学、音乐、文学等，可算有根柢。

若是学校没钱，人才如赵，如梁，一定请不到。

办学校的人若真有学问，如 S. Hall，也可影响一时。钱又少，主持人又没有真学问，这样大学难望有好成绩。

只于野心毅力，而没有真学问，如有钱也可有为。全力去弄钱是伯苓不得已的苦衷，然而全国乱到如此，那有人肯出钱办学。想从政府里得怕不易。

能得钱是发展中，人最佩服的。

实在无法得钱，才来注意内部的整理。

* * * * * * * *

现在有机会同学问家接近。抱定一个主要的学问实在作工夫，现在急待研究的有两个问题：

一、论理学。中西都当注意。

二、大学教育的沿革。也含中西两部分。

在这两个问题上，本年一定要有些著述。

有了系统的研究，自信可以加多些。

* * * * * * * *

这样毫无学问的习惯和成绩，那敢骄傲？那应争权位？

安心在小事上！材料不够作大事的！

九月十六日，三

昨天新买脚踏车到了，多一种活动工具。

九月十八日，五

论理班昨天预备很用力，为一小时用了五小时。

越忙越要精神敛！

今天有：旧生改课，新生下星期时间支配，《周刊》新闻，学生会，大学教务会议，外国教员宴会。

九月廿一日，一

看前一星期日记。

大学分班还有问题。

《周刊》上又讲到《处乱世的人格》。我自己真能刻苦？能完全看破名，和位，和利，和生命？能完全舍己为人？

说了大话，学生信了后来要账！

* * * * * * * *

空度日，忙了有什么用处？

什么是我思想的系统？我的著述？

稍能办事而已！

现在想成功，必须自信和使同人相信。

九月廿二日，二

七时骑车出去走一遭，秋意深了。

五嫂在协和医院。今天或明天进城去看一看。

九月廿四日，四

昨进城到协和医院。

五哥从政府果得每月五千。办事本领！

（没到手！）

九月廿五日，五

天未明一梦惊醒！又有所畏惧！

小惊立刻心跳！也许先有生理上作用而后有心理上感觉。

易动心就是胆怯。不能大有为在此！

在此地怕因为南开关系起嫌疑。

在南开怕因为在清华所享的安逸使他们生忌批评，以致失去退身地步！

如果在清华完全无私，绝不偏袒南开，也没有攻击某派的言动，只于本着事理和大公的存心，就是有人猜疑，也可毫无畏惧。

在南开方面，如果看出我在清华不是为求安逸，真想实现我的主张，什么时候我觉着没有在此地的工作，我绝不为安逸而不肯去，他们想可谅解。就是不谅解，将来自有公论。

* * * * * * * *

各方都不敢得罪，自己也没有一定主张，……生活只为得他人的欢心……这是真 Coward！

* * * * * * * *

人怨我局促，骂我怯者，……当然！

人恨都不佩！只可悯了！所谓"姊"性者！

* * * * * * * *

胆量我远不如伯苓。

* * * * * * * *

完全阴很〈狠〉，也有可说。外表像很厉害，而里面实在没有一定主意……一定要失败！

人已看穿，又何必再见？

若不服人，惟有产生反证的根据，作出给人看。

＊＊＊＊＊＊＊＊

文字上必须有出品。言语不可靠。各人听法不同。一段话两个人听，必会听出两个意思来。文字是较比可靠些，至少有再读的可能。

文章必须能作，必须常作！

自信最弱的在文字不畅达。

他人作手笔，可耻，也不可靠！

文字上不便利，也绝不能任大事。

（文字上不便利，绝不能任大事。）

看得既然如此清楚，就应舍去一切专攻文字。

一时的小得失小主张都不重要。他人的轻视和误解也可不去管他。现在只看什么地方，什么事，什么工夫，什么人，使我的文字最得长进！

人懂不懂，赞成不赞成，都不值一问。

一时主张的成败也应忍过。静以待时。

教穷书，作小事都可以。

先试在任现在的事时，公余作文字工夫。如不成功应忍辱忍贫，舍事而不舍文字！

文字就是学问的表现。学不足一定不能有大成就。

真正办教育的成效，在以身作则。空讲提倡学问，而自己没有真学问，将来影响不能很久，不能很深。

南开固然是百年大业，而内部的人必须真有学问而后影响可以真久远。

我所有的一点办事才，伯苓比我勇力多，见事明，有决断。我现在不能真正助南开的短处。

或在此地——就是到南开去教书也可——深究学问是我现时的天职。学成后再想大有为！

＊＊＊＊＊＊＊＊

完全打破各种行政上的野心——出世在未齐备前成功一定不可靠。

在此地可，在南开也可，行政的权完全不争！在四十岁前，不去作行政的活动。

读书，教书！——作一点行政事，而绝不以之自骄。主张成功失败也可不必过注意。在此地，如大主张不能行，惟有辞去，到别的地方去读书教书去。

* * * * * * * *

所以现在绝不羡慕办事人的成功。能办事是很可佩服的，但是不想与他们争荣。

别人用阴谋，更可不理。

我只时刻不忘我的文字还不便利，学问不够深远。

* * * * * * * *

今天下午到天津去。

九月廿七日，日

今天从天津回来。

昨天到八里台大学。见着几位教授。

晚同五哥谈。又同琴襄长谈——读书，著述，将来计划，他能了解。现在对南还不能有特别供献。

五哥引寄梅①悲观例说，人被打击一次以后很难再有同样的信心！

取定方向，量力而进。

* * * * * * * *

晤人远帆阁。

曾对鹤称"春阴"！讽，怨，责，侮？

必自侮而后人侮！

是否少壮气，过细近阴？

* * * * * * * *

写几篇文章而自满，这是新旧文人的俗气。

空空洞洞在小处注意，找不出一条真的新路来！

给人前进的路走是人的渴望。

自己前进的路先要打定。先救得自己。

九月廿八日，一

看前三每星期日记。（自开学后。）

弱点和前进的路都看得稍清。

人闲我忙！人可空想，我不应空想。

（弱点：各方都不敢得罪，自己没有一定主张，生活只为得他人的欢心。

---

① 周怡春（1883—1958），字寄梅，祖籍安徽休宁，生于湖北汉口，曾任清华学校校长。时任中华文化教育基金会委员会总干事。

前进：行政权完全不争，学成后再想有为。专攻文字。）

弱点。[①]（第二十七册起）

生活只为得他人欢心！各方都不敢得罪！

前进：行政权完全不争，专攻文字。

＊＊＊＊＊＊＊＊

一年后退，学校可无问题。

专心读书的计划要早想定。

九月卅日，三

廿八日晚，校长来谈去英事。

他本不想久。然在走前应作一结束。

董事改组是在新校长产出前应作到的。

如何改，要早建议。

曹去我亦去。政策上是很好的分段。

校事人才比我强的大有其人，威惠学问不足服人。小拙〈挫〉折已经过，大打击要一落难起了！

去后，求得长进学问机会。

行政，若与多人接洽，一定用尽精力，再难得暇读书。

教书或与少数人接洽的行政事较相宜。

＊＊＊＊＊＊＊＊

虽去，给后来人计划清楚。

已作到的政策，要报告出来。一件事作的完善，然后人才信你作下一件事。

---

① 此为张彭春在其第 27 册日记扉页特别标出。

十月

十月一日，四

近来看梁任公：《中国韵文里头所表现的情感》。

他能背诵的真多。记忆恐怕是我这生不能有的了！

记忆坏的人可以长于那类文字？

* * * * * * * *

去找新事，不与人争已成局面里地位，——能如此，阻力少些，成效多些。

承认已成局面的相当部分，容而纳之。

给人留余地，就是给自己留余地。

* * * * * * * *

浅的人必薄！学问上加深，自然也可以多容人了。

十月二日，五

中秋。

不免厌烦。文不成文，字不像字！德学都不足为人领袖。

人造出一种胆小若女子的讽刺。

我是真怯者？

粗笨北人那敢问文思！

自有主张。人自信有时过甚，志通皆非其匹。

反证人的推测！

* * * * * * * *

非词达不再造。

辞如何能达？

偶尔看一点文学作品，或受轻视的激刺，一时想起文不便的可耻。过去又忘了！

我很渴望一个系统用工夫的机会。或者明年只教书。

文学根柢太浅。怕一切都是妄想！只于是羡慕别人的荣名！好名而已，不是真文学的兴趣！

十月三日，六

渐明自己的真材料。以往用骗术的时候甚多！以机警取胜！

学问没有，不待言；艺术也不过是假外面！

中文连一个字条都写不出；英文也没有一点把握！

唱些道德上的高调，而自己品行不佳！

十月四日，日

真价值既然如此，往前如何进行？

十月五日，一

能否忘掉自己的无价值，专心在一件完全为公的工作上？

校不得富家子女！

不能弃职。

* * * * * * * *

午后

看"晨副"上引一个哲学家说。

"要与你的对手相当——这是一个正直的决斗的第一个条件。你心存鄙夷的时候不能搏斗。你占上风，你认定对手无能的时候你不应当搏斗。我的战略可以约成四个原则：

第一，我专打正占胜利的对象——在必要时，我暂缓我的打击等他胜利了再开手。

第二，我专打没有人打的对象，我这边不会有助手，我单独的站定一边——在这搏斗中我难为的只是我自己。

第三，我永远不来对人的攻击——在必要时，我只拿一个人格当显微镜用，借它来显出某种普遍的，但却隐遁不易踪迹的恶性。

第四，我攻击某事物的动机，不包含私人嫌隙的关系，在我攻击是一个善意的，而且在某种情况下，感恩的凭证。"

* * * * * * * *

校事出问题。

又惟从自责入手。

我的短处，不用隐藏。

至少还有愚诚。

人格力是最后的自卫线！这再败了，那就毫无生趣了。

* * * * * * * *

打过这一阵，再作久远计。不能失败而走。

十月六日，二

最后的力量是争胜！

（生活为争胜！）

我的本领有限我承认，然而自从任事以来没有失败过！

办事的自信还很够。区区文字工具的小便利我不如他们，然而论识见，条理，愚诚，胆量，我还敢和人争强！

将来大有为，文字工具必须备的。

为料理校内现负的责任，力量足可自信。

十月七日，三

三制的失败不是完全因为本领问题。

然而不能"中西兼优"也曾被人批评。

居人下是不甘心。

自量居人上力实不足。

不平心情，主因在此！

＊＊＊＊＊＊＊＊

一生永不能出人头地么？

只要专心下工夫，那怕不能克服文字！

当于任职，不能专心。

这步苦工夫不下，将来永居人下了！

＊＊＊＊＊＊＊＊

改造清华的思想大半出于我。因为文字不便都让别人用为己有去了。所谓研究院、专门科草案都是我拟的。现在用我意思的人，一点也不承认谁是产生他们的！

人情如此，已是可气。

再不用文字发表出来，那就要被气闷死！

＊＊＊＊＊＊＊＊

气度也要大！不同这般人计较！

人承认与否，不应管它。

大作为必须有浑厚的地基。

＊＊＊＊＊＊＊＊

午后

最〈晨〉副："在你不能认真想的时候，你做人还不够资格；在你还不能得到你自己思想的透彻时，你的思想不但没有力量并且没有重量；在你不能在你思想的底里，发现单纯的信心时，勇敢的事业还不是你的分；——等到你发见了一个理想在你心身的后背作无形的动力时，你不向前也得向前，不搏斗也得搏斗，到那时候事实上的胜利与失败倒反失却了任何的重要，就只那一点灵性的勇敢，永远不灭的留着，像是天上的明星。"

（我所能发现的信心惟有自从任事以来没有失败过。可自信的工具：识见，条理，愚诚，胆量。）

＊＊＊＊＊＊＊＊

这样每天鼓吹，影响青年一定不少。

＊＊＊＊＊＊＊＊

晚

今天从图书馆取出许多近来杂志上关于大学教育的论文。

因想到在大学开幕礼时，我应当有系统的发表。

自从写完论文后（三年了）没有作过有系统的研究。

现在用大学教育作题目试验中文发表。

应该用写论文的方法在自己著述上，那样作论文工夫算没有白费。

十月十日，六

连放假五天。

十一月七日戏剧演讲；对于大学教育的意见；前进的大计划——都当用力。

十月十三日，二

十一进城。

昨早与五哥谈。

外部不能交出每年一二百万的流行款。

动钱等于动命！如果你要动他们的命，他们为自卫必起反攻。他们那就要从别处想方法，攻人或攻政策。

曹的方面，你若逼迫太急，他必推荐一个愿意与外部合作的人，校内或校外的。政策不政策，本来曹不甚注意。我自己去后，校事依然进行，并且也是很多人所极欢迎的！校外也没有人理会。

大家保守饭碗。你有主张，谁也不感谢你！

这是实行家的分析。

＊＊＊＊＊＊＊＊

去年外部已有董事会改组的草案。在顾任内几于实现。

从这草案里可以看出外部预备让步到如何程度。

请曹将这草案从外部设法取出。

* * * * * * * *

如不能脱开外部——外部为生存，不能让出这笔准款——下一步应如何走？

大学与出洋行政上应分。

两部分的用款虽由外部支出，然而每年须有清账公布。

大学与出洋应有两个董事会，或一个董事会而有两个执行委员会。大学有校长，选派出洋有干事长。

* * * * * * * *

既已说出想作的计划，人家要看你办事本领如何。

学问不够！"好好去用功！"

我说出看不起只有小办事才，如知行。

"必有成绩给人看，那才算是才。"

我还没有成绩！

* * * * * * * *

不可靠南。

南不过只要一个保险的！

名望必须自己去创！合作时必须能加入新资本！

在外的经营，比现在可帮忙的小殷勤，重要得多！

* * * * * * * *

看清眼前的机会！

（看清眼前机会。）

或前，或忍，一步不能走差！

* * * * * * * *

广交游。

与最少数人争，而得到自己生活机会。为什么白得罪许多人？

自己要度德量力。与势力争之前，先自问力量如何。自量不足，要静以待时。这不是没有毅力的人所说的话。

成功不是一次努力就好的。努力是生活的习惯。一点一点地去作。就是在一件上成功，又要想下一段的工作。

打好习惯后，生活就是努力，努力就是生活。

十月十四日，三

昨晚与曹长谈。

颜[①]大约在十一月中赴英。

曹如随去，必须同行。（虽然劝他晚走两三个月，一定办不到。）

三星期内董事会能改组最妙。（必做不到。）

* * * * * * * *

假如改组董事会作不成功：

曹去志还是很坚，

外部的势力仍旧，

曹须推荐继任的人。

来的人可以代理，或是正式。

代理有些不便。内外的野心家都要活动起来。特别里边人来代理，同事人必可造出校内不服他的空气。

立刻受外部委派也有些困难。人可以说，你已经声明过教育机关不应由外部管辖，现在因为急于抢得校长地盘，自己就忘了向来的主张了！

* * * * * * * *

董事会能改组，那是最好了。

然而将来执行人分或不分？

若不分，校长职务兼管大学和出洋。两方面都按计划进行，一个人可以办得到，不过受敌方面多些。为两种方针都有完善的政策起见，执行还是分人较好。

若分人，界限如何划清？

现在预算是混在一起的。将来选派新生经费还容易分，在校旧生的经费如何能和大学完全分开？怕办不到。

为我得一个较易的位置么？

* * * * * * * *

量力度德！

德学在不能服人前，专心培养根基。

* * * * * * * *

以往的拙〈挫〉折——被人利用，阴谋——使我这次特别小心！

各人为己。别人利用，时常不免。

---

① 颜惠庆（1877—1950），字骏人，上海人，中国近现代外交家、社会活动家。毕业于京师同文馆，曾留学美国弗吉尼亚大学，为时任北洋政府外交总长。

不轻信人许的利益，绝不期望过切。得着固然可喜，得不着也早有预备。

* * * * * * * *

人多事少。

只要有利，无论如何无耻的事都有人愿意作！

你辞了，别人更喜欢！

一时高兴，自以为漂亮！过后谁来问你！

谁都不可靠！惟有靠自己。

这像是骂世，然而社会实况的确如此！

小心，不要失败。人很少原谅！

* * * * * * * *

掌权是最大的引诱！

除非真有把握，不要贪一尝试。

（拙〈挫〉折过，不再失败！上次也是早定不争，然而临时又被引诱！自量实不足膺重任。）

行政必须见许多不愿意见的人，管许多不愿意管的事，说许多不愿意说的话！

时常有敌人在暗地里计算你。此地至少有二三人很精于计算！

作上行政事，再想得读书机会，那就很难了！

在年青时不专心读几年书，将来只作一个小行政家，那要终身痛悔！

（不要终身痛悔！）

* * * * * * * *

董事会改组粗粗想过。

不完整的思想，专预备给人利用！

（不完整的思想专给人利用。）

自己发达自己的思想到细微处。未成熟的思想不要空空说出，轻轻放过！

懒，不能大成功！

* * * * * * * *

我理想的大学校长比现在的我学问高，经验富，德望和厚！

以现在的我为校长，我自己是第一个要反对的！

十月十五日，四

　　曹之用王，不免有"鹬蚌"的手段。

　　我怕人利用，人也未必不怕我利用！

　　相猜太甚，事必无成。

十月十六日，五

　　明早赴津。南开廿一周年纪念，科学馆开幕。
　　　　　　　　＊＊＊＊＊＊＊＊

　　听说江浙已开战。冯、吴合而倒奉。

　　关税会议恐开不成。各国也许提出共管。

　　若有战事，颜或不能去英。

　　曹若不动，校事不争权。年终或可变计。

　　[在新问题发生前的觉悟：生活只为得人欢心。（弱点）行政权完全不争，专攻文字。（前进）作小行政家无聊！然而有文章才么？]

十月廿二日，四

　　十九日下午回校。

　　在津得着很深的感想。

　　我是从一般穷的平民里产出的。

　　五哥是创业者，从常人中拔出！

　　我也不应放过机会！

　　长进，成功，都应独立去干！什么时候南开用人我必负责！
　　　　　　　　＊＊＊＊＊＊＊＊

　　这几天看 Keyserling《一个哲学家的旅行日记》①。

　　昨天 K. 令妹来校参观。甚巧！

　　人有官习么？通烦行严作中。趣事！
　　　　　　　　＊＊＊＊＊＊＊＊

　　前天同大学学生谈话。

　　推广经验，寻找根源。

　　能拉起多数人！

　　什么时候有在清华为享安乐的存心，立刻应去！

―――――――――――――

　　① 赫尔曼·凯泽林（Hermann Graf Keyserling，1880—1946），旧译盖沙令，德国社会哲学家。《一个哲学家的旅行日记》一书于 1922 年出版，其英文版 *The Travel Diary of a Philosopher* 于 1925 年印行。

一般人糊涂，责任在我。

一般人贫穷，责任在我。

一般人只争名利，责任也在我。

长我自己，必须拉着大家一起长！

引大家的问题到我里面，然后用力在我里面先去解决它。真能胜过问题后，自然人就受了我的教导。

所谓救世用自己作工具！

十月廿三日，五

战事如延长，内政一乱，英使不能赴任，校事可暂无变动问题。

前进可以更力。

"行政权完全不争，专攻文字。"

动机，决心，都十分充足，只于没有能持久有步骤的方法。

或从寻根源入手。苦功夫，拙功夫，必须用的。

时间不够用！

先贤读书方法未比〈必〉适用于现代。

* * * * * * * *

一、认清问题，定范围。

二、方法之假定。

三、假定之推测。

四、试行之效果。

* * * * * * * *

一、认清问题

所感觉的困难：

寻常文件不能写。（如函札，报告等。）

缺少著述的工具。（无论写戏剧，或教育，或哲学都觉手无寸铁的兵器！）

文字不够用，还讲不到文学，也讲不到读古书。问题的一部分可以缩小到多识字。

（多识字。）

文气不通顺。必须多背诵。

（多背诵。）

这是工具的根本两部分。

至于文件的款式、学术的义理或文艺的特采，——都可以分门注意，增广见闻。

* * * * * * * *

二、方法假定

识字。记《说文》部首？读李恕谷《小学稽业》？

立记生字小册，每天记若干？

多用字典，每逢生字必不放过？

背诵。精选已往承认为基本造就文气的文章。

用多读朗诵功夫？

著作。自测最深的兴趣。

先从一门入手。

择定后，搜罗以往的成绩，中西兼顾。

* * * * * * * *

这些方法都可试行，无需理论的推测。

十月廿四日，六

昨晚本校南开同学聚餐。

学生对母校感情全看母校本身进步如何。

如学校兴旺，办事人名望增高，出校生自然愿意与母校联络。人情之常！

十月廿五日，日

昨进城。与在君晤谈。

政局看不出头绪来。无论什么能统一的权力总比没有好！

社会这样不安宁，什么实业教育都不能发展。

南开想在银行界中得些帮助，将来更难。

从在君评判人话里，可以得以下几个标准：

一、贵有决断。手段不辣，不能成大事。富于感情的人容易无决断。

二、要有生活力。半死半活是最无聊的！

三、不要潦倒。倒下去，没有奋斗的机会，与各方面消息不通，论事论人的见解也不准确。

在君不大赞成适之作行政事。然而他也许愿意"试一试"。

* * * * * * * *

与在君谈后，觉得对于中国大事太不明了。本身所注意的，只于在如何长进文字，如何得着小地盘。见解窄陋万分！交际，学问，非常幼稚！

是天生材料不大么？

或是经验，时间，都不到？

看定方向后，要用全生命力量去干！现在不如人，只要知耻，再有能决断的努力，他们无论什么样的成绩都不怕他们！

惟一方法：不放过一个眼前机会。

十月廿六日，一

决断不强！

所谓可自信的条理和愚诚，没有决断也必无成就！

十月廿七日，二

昨天校务会议代表选举。教授互选四人。

事前运动而获选者一人。

这种行为有失教授尊严，然在北京各校习以为常。

曹说可以劝他自辞。他必有一番攻击。

现在不理他，让大家使他觉着无味，也是办法之一。

他在里面，可以有机会捣乱。

现在推他外面去，他也可以有意为难。

两害比较地那一面轻？

现在不理他，还怕将来教授间多"政治的活动"。

* * * * * * * *

是我自己怕他攻击？或是为学校大局想？

作人总要力量足。畏首畏尾算得什么人！

十月廿九日，四

遇事不够镇静的。所以容易急转方向，像是手段不辣，没有胆量坚持到底！

自己国文不应用，连文案先生们也不给用！他们自然觉着非他们不可，要挟的态度和手段都要来了！

利用环境——请教梁先生书法。

十月卅日，五

下午

今早校长同我谈，陆批评我在新大学教务会议态度过厉害别人不敢发言。

有无事实，另一问题。

他如此说，一定有不满意于我的地方。

我上次与他谈话，有一点太不给他留余地，争辩过甚。

* * * * * * * *

曹对于董事改组问题，已与庄、王、陆谈过。他们不赞成把学校大权转到一般所谓教育界手里去。

外部办不到，校内人也不愿改组。

以致有人怕梁将来要活动！

就许有人猜疑，若是"教育界"加入，我的地位更固，势力更厚，他们争利争权机会更少了！

我不能使他们觉着我是能给他们加大饭碗的！

想得大家赞同，只有本领无用，必须与人同争利！

十月卅一日，六

新生有疑普通科制度的，以为专门训练不够与他校比的。

少数有怨言，因此提起多数不满意。

预防出洋问题的复活。

师生都争利！这样环境能产什么英雄？

社会上都是如此！

十一月

十一月二日，一

墨汁用松烟。小字《张黑女》[①]，大字仍习《长乐王》。

* * * * * * * *

从上星五到明晚一连五天酒席。人民生活在这种穷困的时候，我们的奢侈未免过甚！

* * * * * * * *

看 Romain Rolland 传[②]。

求实现完全的美善的——尽量发展的——真自己，必须作一时不求人知的功夫。

行政事是常要使人知的，把自己放在人前面好给人作榜样，作领袖，作指导者。常露在外面的，日久了必至枯干，必至浅薄，必至"患得患失"。

求真自己——理想可能长进到的自己——那是生活的使命。

我所有的理想够行政用么？行政容我实现理想么？

人群生活向来是不合理想的，所以不得已要用美艺，要用礼乐。

作理想家必须用艺术。而最要的工具是自己，因为是自己，所以比较地可够些，所以理想才有实现的可能，所以各种艺术生活——也就是理想生活——必须从自律入手。

自律：

一、自知深切——不过骄不过谦，不高兴不失望，分明己之所长与己之所短。

二、自制坚强——能摈弃一切名利，肯下人不能忍的苦功夫。

十一月三日，二

校长事不问。

此地生活太奢侈，师生不免以利为先。在这样空气里能否产出英雄来？

---

① 即《张黑女墓志》，全称《魏故南阳太守张玄墓志》，为魏碑书法代表作。

② 即法国作家《罗曼·罗兰传》，为奥地利作家斯蒂芬·茨威格（Stefan Zweig，1881—1942）所著。

这也看我的动机如何。

若是我存以个人的愚诚多少影响大家向理想方向去走，那末我还不失作人的自重。

若是稍存与人争权的念头，不顾教育的使命和个人的真本领，那就自己限制人格的长进。

别人如何，不管他们。

己有的责任一定要尽。有余力，努力大不朽的工作。

十一月四日，三

朱近来颇不满意。有时不尽职。家事外，不免与余、何争权。曾建议改余办公室为副主任室。

手下人已有逼我争先的局势。行政事必须依人——用人也是被人用，将来为手下人必至患得患失了！

不争权，以后步骤如何？住处？真工作？

＊＊＊＊＊＊＊＊

一个思想的练习。

难题：前进的目标与途径。

早定目标，然后态度可以镇静，手续可以准确。

可走的途径：

一、继长①。

二、静待——仍兼旧普，坚持不加入谁长问题。

三、教读——至少五年不做行政事。

四、管留学事。

五、南教科兼中。

六、意外。

推测：

一、继长

正——

（一）试验全权办事能力，责任加大。

（二）使野心得满足，必可多努力多得经验。

---

① 意指"继曹云祥后任清华学校校长"。后文同。

（三）能贯彻主张。

反——

（一）校内人不全服。批评的和反对的，在那里设计使此事不能实现，或于实现后时常捣乱。

（二）外部的关系，官僚气太盛，难与共事。

（三）德学都不够资格。大学校长应以学问为先，也须有容人之修养。年岁也太轻。

综合起来，此事不可轻试。野心虽大，自己要万分小心！先打破这样念头。决不做这方面的计划！一定不要无基础的高位——校内，校外，个人，三方面都没有相当基础。

就是有人推到我身上，我也要荐贤自代。

* * * * * * * *

二、旧职不动

正——

（一）为事做事，现在只要勉强尽职，仍旧继续下去，不因易长而改兴趣。

（二）静以待时，在这样乱的社会，多一动不如少一动！空理想无用，物质方面也要注意。

反——

（一）普通科制度不坚固，师生都怀疑。制度是我创的，若是失败，我应辞去。制度的得失要重新想过。

（二）愧居三头之末！易长后，对于大局更不能参加。

（三）余，朱，位置上恐有问题。

（四）依然行政，不能读书。

这一年内必须想清大学普通学科内容，解决普通科有否独立存在的需要。普通训练如不能存在，也要在我未离以前想好改变方法。这次试验若是失败，于我名誉上有关！（新制的形式或是失败，而大学成立是成功！）

本年后是否继续？看事的需要，不要只注意个人的方便。也看代曹的是谁。

* * * * * * * *

三、管理留学

正——

（一）与大学分离，性质本大不同。政策与全国教育有关。留学本是旧制下事。

（二）为个人可多游历，中国外国教育均得亲眼看到。多交际中外名士。

反——

（一）校内财政上万难分立。

（二）事或不足用尽一人之全时间。

（三）清华人必立起而攻我！利益私有多年了！

将计划打好，请曹在离前分配职务和预算。能在派定大学校长之前，分管理留学为另一职最妙。如能做到，从下年起不管大学事。

多有机会游历，然而国文依然不通，达意依然不便！较学校事，或读书时间多些。

* * * * * * * *

四、教书读书

正——

（一）预备大有为！现在最大弱点是文字不通！做教育事业而毫无学术上的著述！文字不便利，将来必不能大有为！专心攻他五年，非在文字上有成绩不再作行政事！

反——

（一）家人生计。收入不如现在。住处也应早想好。

（二）怕一潦倒很难再起。交际也要少了，以后论事论人恐难准确。

（三）难得相当地点——此地？不免难为情！津？学未成不应归。

若能办到，这是最理想的一条途径。完全退下来，又清高又远见！

教书可以教：西洋哲学，英文文学，戏剧，中学教育，教育哲学，教育史（西洋）。

教书不过是糊口，志业乃在用功中文，专心著述。

自己文字才也许天生有限。将来成就，那一定不能很高，这一层也是不能不虑到的。

* * * * * * * *

其余两途——南教科及意外——都是推测也无用。一个学未成不能作。（钱既少，须重学。无学等于无资本，难与创业人合作。合作，必至被轻视！）那一个自然是超乎人虑的了。

怕被人轻视自然是可虑，然而贪安逸是精神上更厉害的毒药。

争利求苟安的环境是宜于读书深造的么？

十一月五日，四

作过昨天的推测，往下：

一、想新假定，可能还很多。

二、增加对于已有假定的观察。

* * * * * * * *

以上都是思维功夫。

问题的解决，在思维方法以外，有别的方法没有？

杜威曾说，问题自己会消散，人力有时毫无用处！

这是说问题有时不能希望思维解决。一时代的大问题属于这类。

个人的问题也不能期望完全依靠思维。有时道路看不清楚，惟有抱定信心的勇敢往前奋斗！

十一月六日，五

近来论理班教法还有效，这是第二年教这本书。人数少，个人有十五分钟谈话（在每次作文后，一学期约四次）。自己对于论理比以先也多明白些。教书是逼迫长进的最好方法，将来转到用中文教，那就是出一本书的机会。

将来不得已作行政，也不完全离开教书好。

* * * * * * * *

董事改组又停下了。

下星期用功夫研究以往经过及现在外交部里手续，看他实在危险和困难都在那里。

* * * * * * * *

当于野心盛时，觉得人都不如我！完全忘却自己的基础还不够成大业的！

办事知人上稍有一点条理而已，真能不朽的本领在那里？

"得志与民由之，不得志独行其道。"

野心在暗地里自语："应当是我的！"

得到，你只以位骄人么？可以有些什么作为？

得不到，你要灰心丧气么？前进是要走这一条路么？别的路比这一条还许好些。

与野心得大战一阵。要早有防备。

＊＊＊＊＊＊＊＊

预备星六讲演。

十一月八日，日

昨天进城，在美国大学女子俱乐部讲戏剧。

因一周早造，劝前进，群通无聊也有碍。

＊＊＊＊＊＊＊＊

为国为族，人才需要。助才何畏？

＊＊＊＊＊＊＊＊

与志述志。

胆量是中国人最少的！

大家都被小名利捆住！

时代怯懦！努力造真英雄。

（肩担宝剑倚崆峒，翘首昂昂问太空；天挺英豪中用否？将来何计谢苍生？）

度德量力。达则兼善天下。不去求"长"，然而到非我不可的时候，胆大地从根本上作一下！成功失败不在心上。

预备下年，舍开安逸。从自己下功夫起，有十年大计。

按现在看法——预备舍，有可为，长也可。

第一或第四。然而第四，绝不贪苟安。

第五有可能，然而要看能否合作。

＊＊＊＊＊＊＊＊

对人说过大话。要看你实行力如何。

＊＊＊＊＊＊＊＊

大学造就的学生，必须有穷则独善其身的自守能力。一般毕业生惟有名利是图，而学校也以多得高名位的毕业生为荣！国家多一个大学毕业，就是多一个争名利的人。这样下去，国家人民的大事还有谁去作？

我们需要代表人格。这个功〈工〉作比什么都要紧！

＊＊＊＊＊＊＊＊

看 Romain Rolland 传。甚得味。

十一月九日，一

前星五范静生①来校讲演。以后在晚饭席上谈到中国教育病在只学外国都市教育，农村教育是我们急需的。

我说出代表人格的需要——能吃乡村生活的苦，思想与工商业文明同进。一般教育界的人也求生活程度加高，每月必须二三百元的入款。

（大话说了！）

现在的教育走的是"此路不通"的一条道。

* * * * * * * *

下午

今早在论理班上讲到这几天的感想。出洋与本国大学学生都是从工商业继续发展的教育制度之下产出的。现在中国工商业大组织的发展，用不了已有的和新毕业的"人材"。同时一般人民的问题很少人过问。

（不应当众骂人！提起五元房租！攻的是制度，对人永表同情。）

理想的大学学生，应离人民生活不远。都市无可为的时候，可以回到民间独善其身去。

能独立，然后有廉耻。

（再读《习斋年谱》。）

工商文化的人生观一定不合于现时的中国。一切教育上的设施也自然有不同处。

如何创造与现时中国情形合宜的思想和制度——这是一时代英杰应作的。

这是我研究的题目。一时绝不能期望多数人明白。自己去研究，十年后，也许百年后才有成效。

（设法改制度，不可弃责，只作消极批评。虽离去，也应为事想方法。因不能实现再走，也很合理。）

研究方法不外：一、用生活作榜样；二、用著述引起别人注意这个问题。

* * * * * * * *

在此地：一、生活太安逸，环境都争利。二、行政忙，没时间著述。

如果用行政可以实现理想，也可以试一试。然而要量力！

---

① 范源廉（1875—1927），字静生，湖南湘阴人，近代著名教育家。曾任北洋政府教育总长、北京师范大学校长、中华教育文化基金委员会董事长、南开大学董事、北京图书馆代理馆长等职。

（空得罪人，是毫无济于事，并于进行有碍！）

信心。[1]（第二十八册起）

自从任事以来，没有失败过。

上次三主任的拙〈挫〉折也是早定不争，然而临时又被引诱。自量实不足膺重任。

十一月十一日，三

昨天新月生日，两岁了。

* * * * * * * *

昨晚同校长及太太，及 Olive 女士进城看 Ruth St. Denis[2] 跳舞。看的人多数是外国人，也有些中国人。这些人的生活在中国现时环境里完全没有“根”——仿西方的生活在中国一定没有创造能力。他们与从自然界讨生活的人民距离太远了！西方式生活在西方工商业发达的环境里有继续创造的可能，在乱世的中国觉着西方式生活太无生机了。

都市人群生活已偏于不真，外国都市生活更不真了！

想要真，必须与多数人民生活接近。从真生活上，用理想化的功夫。

* * * * * * * *

行政要与许多卑鄙人接触，这样过活有时一定很无聊！

想与多数人民生活接近，应多游历。

（历。）

游历在清华还有实行可能。乡村生活上作试验。

这是我从早就有的意思，然而还没有实行出来。

应在普通科内作。

在乡村上住过至少一月。工商都市生活也要经过。

并且每个大学学生都有一种独立糊口的技能。不去倚靠人群生活——有机会，作大远的计划也可以，没有机会也不至降格去乞怜，自己还可保守独立。

教育本这主张去作，成绩或可不至完全失败。

作这根本思想功夫去改组生活——比作几篇诗文闲话又有趣味又有创造的精彩。

* * * * * * * *

---

[1] 此为张彭春在其第 28 册日记扉页特别标出。

[2] 露斯·圣·丹尼斯（Ruth St. Denis，1879—1968），美国人，现代舞蹈早期的发起人。

利用暑假作游历生活。

国内虽乱，游历还可以作得到。

* * * * * * * *

今天放假。

看 Rolland 传。（完）

十一月十二日，四

昨天男仆去。更新总有些不便，常不变使人懒于变，日久失去更新的自由。

穷是一个理由，卑贱地位也使人不顾廉耻。薪水也不多，不够生活的，不得已不偷！

相当的自敬必须给他保存。

* * * * * * * *

今天在论理班上答问。

学生中有自以为聪明的问了一两个较深的问题。我一时也答不出，不免想他有意捣乱。

一个教员绝不能使全班学生都诚服。

上次在班上骂人，失身份！

十一月十三日，五

与朱君毅①及戴志骞讨论将来专科"教育"各门办法。朱的提议不出旧辙。

庄担任专科筹备，而对于新试验的眼光他不甚了解或根本上不赞成。

按实际需要上看，我们今天想到与教育有关系的工作五种：

一、中学教书。附在他科内。

二、中学图书馆管理。兼教书。

三、体育教员。

四、农村教育倡导者。这是理想家的工作。

五、中学训育。兼教书。

功课要本着各种职业应有的训练再订。

* * * * * * * *

---

① 朱君毅（1892—1963），浙江江山人，美国哥伦比亚大学博士毕业。曾任东南大学、南京女子师范学校、清华大学、北京大学、北京师范大学、厦门大学等校教授。

我们自己薪金都是二三百元，而我们告诉学生不能期望多过六七十元！

以身作则应如何作？

从六七十元薪金生活求理想。以致连六七十元的事都寻不到，也有一种理想可实现。

只要有事作就乐！以事为先，以自律为工具，不怕一生失败。

看国内有那样事必须作，而没有人肯作，或没有人能作。先觉可以指导青年的在此。

十一月十四日，六

今早悟二我说。

二我：

（甲）注重别人对我的意见，喜居高位；懒于更新，求眼前安逸，谋别人物质上的供给。

（乙）有创造的野心，想走别人看不到或不肯走的道路；求精神上的懂，不顾人物质上的要求，努力求个人的真理。

二我不停的相争：甲告诉乙多加小心，钱和地位在社会上有莫大势力；没有他们，什么理想都不能实现。以至个人长进也不能得满足。

乙对甲十分的轻视。说甲短见，只作小组织材本来没有很大的将来。在人格上或文艺上求独到不朽的工作！

＊＊＊＊＊＊＊＊

早能统一二我，早可以有积极的成绩。

惟有勇和信心可以战胜二我的分列。甲或乙，或第三者？

这是有生以来最重要的战争！

将来的成就全在这一战的彻底与否。

十一月十五日，日

群人是完全没方法的。最懂的最忠诚的态度是助人长进。助人也有两种方法：一、给人计划，希望他所走的路是于他最可有长进的。二、在自己身上用功夫，使人在你前进的精神上得鼓励，使你配作人的朋友！

看罗曼罗郎的 Beethoven[①]。

＊＊＊＊＊＊＊＊

---

① 指罗曼·罗兰所著《贝多芬传》。

与一群侏儒争真理是不可免的。预先锻炼自己，不要因为你自己的弱点使真理不得光明。

* * * * * * * *

爱真，爱善，爱美。

居天下之广居，立天下之正位，行天下之大道；得志与民由之，不得志独行其道；富贵不能淫，贫贱不能移，威武不能屈——此之谓大丈夫！

* * * * * * * *

看完罗郎的《贝门温》①。

贝说："牺牲，永远牺牲一切生活的琐碎为艺术。上帝在各物之上！"这样勇敢与信心，惟真天才可以有！

* * * * * * * *

自信有什么天才？

条理和愚诚——办事的中材都有。

我有什么使我不服人？

只是无知？只是妄傲？毫无一点本领上的根据？

为什么总感觉一种不满足？

为什么总觉着我早晚必有我不朽的工作？

为什么总看不起众人的见解，总要想出出人头地的计划？

* * * * * * * *

今年已三十三岁，不能完全从新改业。

已有的训练和经验限制努力的范围，不外乎学校与剧场。

想作一时代的大师，必须在学问上真有独到的供献。我在书本的学问上没有根柢，也没有特别兴趣。

学校的事业里，既作不成大师或大学问家，有什么功夫可以作？

在制度上——中学或大学——可以有一点小创造。然而学理不足，制度是浮浅的，是空虚的。或许有一点独到的见解，以身作则的实地去推行，忘了自己没学问，尽力为一个见解终身工作——如 B. 之于南校——一生在青年身上的影响也可有些。这是以魄力得胜。

文艺里我的天资有限！用英文写过两三本戏，成绩很幼稚。将来也许可以产出两三中文的剧本，那就算很可观了！我少不间断的 Vitality②！

---

① 指罗曼·罗兰所著《贝多芬传》。
② 活力，生气。

梁、徐，都长于此。

（文艺天才有限！）

* * * * * * * *

这样看来，将来免不掉作一个小教育行政家！想几个小计划，说几句热空话而已矣！

惊天动地的思想或行为，恐怕要待来生了！

* * * * * * * *

虽然，我就安于此了么？

国文不通，也不拼命去雪耻么？

眼看一般侏儒争先而不去与他们奋斗？

用上五年功夫以后再失望！

（用上五年功夫以后再失望！）

我还是始终看不起一群侏儒！

十一月十六日，一

心中不安。自从曹提出去英已有一个半月了，我还是踌躇未决！

胸中必须有一定不移的主张。

我是敢作不敢作？应当作不应当作？

若是我不作，要早去另选贤能。

* * * * * * * *

这不决断的态度就是大有为的阻碍！

审慎思维是应当的，然而见事也得敏锐刚决。踌躇人没有能成事的！

* * * * * * * *

看廿七册日记①，从曹谈后的一切感想。

北京政局一时可以支持。颜大概在一月前后可以赴英。曹如能随去，校中问题必须早定。

外部或不许他走开。他想在实不［得］已时要请假一年出洋调查。

* * * * * * * *

我自己一生的事业想在那一方？这是根本之根本！

自己也许要贪权，别人不佩服有什么办法？

自信，学问，德望都不称！

自信不足——这是事实。

---

① 时间自 1925 年 9 月 30 日至 11 月 9 日。

（自信不足！）

野心贪得——也是事实！

（野心贪得！）

所以不决不安的，因为自信与野心相战！

* * * * * * * *

按已有的训练和经验看，教育行政还是我的特长。

* * * * * * * *

不过连普通文件都写不通，来长大学，也是笑话！

十一月十七日，二

论识见我真看不起吴、庄！

方针大半出之我手，吴来后三主任制被他们鼓动成功；现在研、专二位忘了他们是那个计划的产儿！现在退下来，真太可气！

曹也利用了我的计划，改大居为己功。他觉着他去后惟有推荐我。

* * * * * * * *

校内反对我的很有人——说我专制，批评我不能“中西兼优”。

我实在反对他们争名利。“有饭大家吃”！为国为民造人材的宗旨还有谁去问？

我如果是真能牺牲，真为公不为私，那就应作下一层功夫——“以善服人者未有能服人者也，以善养人而后能服天下。”

* * * * * * * *

别人不服还是怨自己！

他们对于我的计划都有相当的承认。对于我个人都以为太厉害，太冷傲，太不近人情，太走极端，太不让人，太好唱高调！

若是要人群的成功，我就应在和缓有容上用功夫。

若是要个人独到创造上的成功——文艺思想的成绩——就是高傲一点也不害事。

我有时作梦想作艺术家！

细想起来，又怕把握不够。（在君说这个时代用不着艺术。）

这又是二我之争的一方面！

自己内里不和，一定看别人都不合己意！

十一月十八日，三

在这个二我奋斗的时候，我应离开人群，作四十日的默修。自己和自己的相争必须自己去判断。

我想明天或到津去一次，离开此地或可看得清楚些。

* * * * * * * * *

我对于寻常选举总觉不大合宜中国人心理，特别是与自己有关系的时候。

我们多年心理都以失败为最难为情的。有时自己情愿让下来，也不愿经失败的危险。

到有选举的时候，无耻之徒把自己推到前面，而真有本领的人不肯出来经过一次失败的危险。

"君子无所争"实是君子的自重，也是君子自认比常人高的地方。

* * * * * * * * *

陆是无聊的小计算家！

我本心看不起小器！

然而他们可以批评我连国文都不通，那配长大^①！

曹是官僚，长于敷衍。校内取有饭大家吃的政策，各方面都不得罪。

我学问不足，又不善敷衍，所以必不称职。

白经过一次失败的可能，最好不试罢。

* * * * * * * * *

下午

早与梅谈。

一方面为自己想，将来作什么；一方面为学校想，曹走后请谁继任。

两个问题不应混在一起。

学校前进应取何方针？这是可以公开讨论的，绝没有可怕人的。至中正远大的计划是大家应采纳的，以至人选问题也可得舆论的参考。

至于个人问题，惟有自知深切自己的使命。别人的见解不能完全可靠。

* * * * * * * * *

不要把自己放在前面。不应先问我是不是要校长这一席，而后弄定学校问题。

就是如果大家认你最相宜，到那时还应力辞。

自己深造！不到有为的时候。

（自己深造！荐贤自代。）

---

① 意"作大学校长，执掌大学"。

十一月十九日，四

昨晚同赵元任谈。二我：母遗传，向平处走；父遗传，向高处走。一个看不起利位，想与平民同困苦；一个享受安逸，作个人的长进。

其实，自己的不安主因怕不在此。这样分析不免自己粉饰！

我实在想争权位！怕自己学问德望不足，所以用平民同情的高调来批评敌人。像是说，你们别看不起我的学问，我道德的观点比你们都高，你们都是一群争利的人，你们的学问都是自私，你们理应让我居高位！

（这样诛心或近于事实。）若是将来因不得心里所贪的权位，自己走去，还可以博得清高的名！

论实在的学问或艺术本领我真没有！

自知既已清楚，不要自欺下去！

（不要自欺下去！）

＊　＊　＊　＊　＊　＊　＊　＊

也用不着到津去。B.已经叫我度德量力！

回南没有长进机会，非到不得已时不可走这条路。此地钱多才多是无疑的，见闻自然增广。并多闲暇用工夫。

＊　＊　＊　＊　＊　＊　＊　＊

晚

此地钱多，一切教职员、夫役都想保护饭碗！

不只政治上没标准，智识界也没有标准。道德上也没有一定是非。

大家为保护饭计不得已不用些小术。

争权因为有用钱用人的关系。各处学校内部的纷争，如东南、北大，主因也在此。

本校王、吴、庄的争权，想引用私人，也都可以饭碗争解释。

曹去，想争地位的一定很多。

他们一定怕如果我得到，于他们争利上一定大不方便。他们一定还怕北方人或南开人要得势了，每年六七十万的饭和肉都被我一派的吃去了！

互相猜忌，事必失败。

我也没方法访问庄、吴、王等已有什么阴谋。

我想争，对不对很难定。为公为私也很难说。我自己觉着我的学问不够，然论办事的条理和愚诚还可自信。是争或是让？

请教几位高明也好。

十一月廿日，五

昨同梦赍谈，他说可以访寄梅请教。（李，张，何，蔡，戴，虞及毕业生都听他指挥。）

应作，然要想好步骤。

如果接手，第一年不应更动。

董事会能在曹走以先改组好。

当于作事时，自己还可以有著述。

＊　＊　＊　＊　＊　＊　＊　＊

实在我不是不愿意作，是怕在得到手以前出什么意外，还怕既得之后有什么人反对。

换一句话说，我已是"患得患失"了！

所有谈到作学问作艺术，大概是不自觉的预备失败时的自卫。

＊　＊　＊　＊　＊　＊　＊　＊

曹利用了我三年。因我愚真，自己作了许多的敌人。如果自己聪明些，这几年应自己多读书少管与人有碍的责任！

到现在自己还不能忍让！

B.曾说过，你认真谁知情？

这个机会如果失去，这也可算是一次大失败！

（机会不可放过。一生的成败在你自筹！）

然而也许是造就较深根基的动机。

＊　＊　＊　＊　＊　＊　＊　＊

本星期不去津。B.是崇拜成功的。失败了他一定轻看！回南的那一条路现在是死的！必须自己在外造名望造资本！

在君也说过南校是B.的事业。这是明指我应独立！

＊　＊　＊　＊　＊　＊　＊　＊

担任后自己敢相信。

现在把握全在曹手。他走不走在他，董事会改组不改组在他，推荐不推荐也在他！

我态度上惟有淡淡，无可无不可。

不必得罪人！不可使人怕！能以德怀最上，然而至少也要能忍能容。

十一月廿三日，一

廿日去津，昨早归。

得 Mind of Work，重看。

改变态度——乐观！

往好处想，注意人的好点，鼓励他们自信。对人有信心，大家都可高兴。

在学校二年半已有一部分成绩，这是可喜的。就是现时离开也应满足，并且经验学问也不能算完全没有长进。

所以现在自安。

将来如何，我不能有把握。惟有对人的信心和缓进态度要常保守的。

十一月廿四日，二

顾理克说："大问题可以分开作。至少为实行起见，大问题总可以缩为几小段，每小段分头治理。我们无须永远两个眼瞪着整个的大问题，愁它的大，它的难，和它的紧急的要求。"

这段教训很可帮助我解决国文不便利的大问题。

这个大问题曾分为：

一、寻常文件不能写。包含文体和字形。

二、缺少著述的工具。用功不外四途：一、识字，二、背诵，三、博览，四、习字。

每天分一小段来作。作完了，自己得一点满足；不至于永瞪着整个的大问题去发愁！

沉下气去用功夫，日久天长成绩自见。

　　　　＊＊＊＊＊＊＊＊

对于继长问题完全冷静！

与几位谈，大家都觉先决问题是董事会改组。

曹走以先能改组最妙。

（这是最终决定的态度。）

新董事会再定校长人选。

如果推荐我，我再看情形能否担任。

董事会若不能改组，那时我至多只于答应代理。

　　　　＊＊＊＊＊＊＊＊

梦赉提醒我注意以往几任校长的运命。

没有一个能长的。

所以在上台以前，想好下台步骤。

万一失败，不至如仲藩无着而下，也不至如王①、郑的忍辱抱定饭碗不舍！

十一月廿五日，三

昨晚励社学生来谈话。

如何增加互信？

我答：

（一）自信。有"根"然后能长，然后能信，然后能乐。

有"根"须用两种功夫：自律，（人格，艺术。）同情。（能宽，能深。）

（二）信人。性善说是 Will to Believe②。引习斋《存性》。

你决定只注意好点，人的好点也会加多。

* * * * * * * *

说后我请他们小心我的话不是我自己已经能实行的！

* * * * * * * *

看 M. of W. 第八章。

十一月廿六日，四

看 M. of W. 第九章。

曹既得外长及董事会同意，对于董事会改组及继任问题一定不如以前认真。

以前他怕若是找不着人继任外部不让他走开。

（或如此，仍信他为公为友心。）

现在他自己目的已经达到，至于其他问题都以不得罪人和易于实行为限度。

董事会若不能根本改组，有什么别的方法？

人选若被官僚支配，应取如何态度？

* * * * * * * *

将来可认为成绩的，不在制度的改革，而在所影响的青年。

（成绩在所影响的青年。）

---

① 指王文显，他曾暂时代理校长职。

② 即信仰的意志。

最可影响青年的还在自己德、学上的成就。

十一月廿七日，五

看 M. of W. 第十章，意志的疲倦。

第十一章，休息意志。

第十二章，意志的节用。

这三章很有精彩。

昨晚在意志已疲倦的时候听说有人写文章攻击我，要登《周刊》。编辑没有给登；以后不知如何。

听后，不免有畏心，立即访那位去，请他演讲。

怕什么？不依靠公论，惟信我良心的主张。

他们不佩服我，总有他们的理由。

在我仍是信仍是乐！

（仍信，仍乐！）

我自信本不佩长大。到不得已时，为继续政策起见，只可维持过渡这一段。什么时候有高明，必荐贤自代。

* * * * * * * *

今天不见校长，不与人谈校事——休息意志。

什么我喜欢作，就作什么！今天松一松。

* * * * * * * *

晚

本期《周刊》有两段补白："盛世创业垂统之英雄，以襟怀豁达为第一义。末世扶危救难之英雄，以心力苦劳为第一义。"（曾文正语）

"处乱世的人格

高高山顶立，深深海底行，

不问鱼有无，直须水至清。

疾风知劲草，岁寒识松柏；

举世溺浊流，横天一柱石。"（见《华国月刊》）

* * * * * * * *

本学期《周刊》空气很正。

青年易被理想生活所感动。

我提倡过处乱世人格。他们要看我能作出什么好榜样来。我的言行，我的动机，都有人注意！

现在不争，这不过是消极方面。

积极方面应作什么功夫

自律，同情，然后"有根"，然后"自信"。

信人，然后自乐人乐。

****

孟子知言和善养浩然之气，——我能自信和能信人！

自信然后无畏！也是养勇功夫。

信人然后无忧！这是存仁功夫。

十一月卅日，一

北京国民党得势。

钱端升近来写批评清华的文章——《应外界之要求》。

外界利用内部不满足的分子——与冯用郭是一样手段！

我既有自信——我所拟的方针足对得起国人，又我是早不相信贪高位要大薪金的——现在很可镇静！

到不得已时，为保护真理指导青年起见，我发表我的主张。

我不惯发表，因为我对于所谓"社会"的没有看在眼上！

现在假借民众的名来起革命。

教育界现在占势力的必被攻击。

****

我们在此地饱食暖衣，受人攻也应当！

我已有预备，完全没有现在的安逸也不怕。我自然比钱先生看得还远些。

十二月

十二月一日，二

钱的攻击我还没有想定对待方法。

他想改组清华的动机是什么？

大家都玩政治。张、钱将来怕被"外界"利用。他们自己的事，别人不能管。

看过钱文的人，外面大半相信他的话。此地养尊处优，早为人所忌。实在不应如此安逸。

假设我是北京某大学的一个教授，每月拿不到薪水的一半，为过活计负债已经很重。现在天又冷了，煤要三十元一吨！又饥又冻，积怨已深！而在清华薪水是准拿的，住的大楼洋房，暖饱以外还有许多奢华！同行人一定不平！

清华的安逸是没有根据的！早晚必败。

* * * * * * * *

在校学生全数出洋也是弱点。

* * * * * * * *

再过几时，到他们攻我个人或是我的政策的时候，我可以发表我理想的清华改造。

一、出洋利益必须与学校分。

二、生活必须与平民接近。

三、学制必须有创造精神。

* * * * * * * *

不图自己的利益，惟求理想实现。

* * * * * * * *

"民众"的领袖虽然造谣，为私，——我对他们保存同情。

同时自己预备下野后的工作和地点。

十二月二日，三

吴稚晖[①]在《京报》副刊里有一段：《官欤？共产党欤？吴稚晖欤？》内中有几句骂章士钊，有一句与伯苓有关。

---

① 吴稚晖（1865—1953），名敬恒，字稚晖，江苏武进人。1922年任里昂中法大学校长，1923—1925年与蔡元培共同创办北京世界语专门学校。

"止有拍教育总长马屁的通信来捧。"

并且伯苓的信又批评了一切别的学校。

国民党得势，于南开直接或间接不利。

美国派，基督教，拍马屁！

伯苓之弟也是一样的不可要！

＊＊＊＊＊＊＊＊

造新理想，先作个人功夫。学问或事业——十年后或百年后再求社会谅解。

必须能用笔，不然要被人气死！

＊＊＊＊＊＊＊＊

晚

人倦则畏生。

完全无校长的贪心，所以不怕他们有什么阴谋。

家有家的乐。小孩有小孩的乐。

教导青年有乐。研究学问也自然是乐。

又何必去患得患失？

他们谁要作校长就让谁，让他们取攻势。我完全自知自信；度德量力。

我有我的工作。缓和不息的前进。不欲速，不见小利。

完全以同情和信心对待攻我的人，如一部分的毕业生。我一定让！以后很有合作的机会。将来我离开此地后，又何必留下一群仇人！

＊＊＊＊＊＊＊＊

南开很成问题。经费太困难！不是因为经费也不至于去拍马屁！钱虽是重要，然而也要保守人格的尊严。伯苓因钱过劳了。能到欧美日游历休息一年最妙。

能想出一个钱少而使大学有精彩的方略——这是南开最急的问题。

（答：造就南开一份子的学问和德望。）

十二月三日，四

唱歌是我工作以外的乐。

看 E．F．第三、第四章。第四章特别对症。

"乐以忘忧。"从积极乐上用功夫。

十二月四日，五

看 E. F. 第五、六章。

貌取劲直。

肋骨激烈活动每天五分钟。

室外呼吸半点钟。

每星期留一天专为游艺和休息。

* * * * * * * *

这几天夜里睡的不好。

精神很颓倦！

几层愁畏同时压下来：

一、校中人反对。怕一般毕业生有较大的结合。

二、家多担负。处此乱世少动转的自由，并且生计问题也不是容易的。

（怕失败！怕不自由！）

三、伯苓或走了错步。南开受攻击于我也不利。

* * * * * * * *

精神疲倦因为这三层虑（Worry）！

在校内地位从早就有问题。现在发表出来可以早使我自觉，总因我有可攻之点。然而他们的争权位也很显然。

要想出如何处这样环境。

在未决定手续以前，惟有守镇静大方的态度。

我有我的理由，绝不患得患失。

我是完全为公，完全无惧！

* * * * * * * *

家多担负，所差有限。

于个人发展自由不应有碍。

抱定自律，同情，信人，三样功夫。

只要每天有一些进步，别人取如何态度可以不必管他，更可以无须怕他。

* * * * * * * *

今天觉着疲倦，就应寻室外活动，多取乐的态度。

十二月五日，六

昨天听说钱是与北大的人有接洽。张、李与闻。并非毕业生的团结。

他们若是成功一般旧职员必须更换，一般旧教员将来也在被摈斥之列。

现在要与校内人联络。钱所批评而有理的想法早使实现。他所说的没有理的写文章去驳他。

陆也写文章间接毁我名誉。为真理起见我应当辩驳。

文字不便利！

并且也要看时机。现在我答他们显明我有心作校长。

他们最反对的是我来长校。

他们很可以说，我不是名人，也不是学者。他们并且极不愿意一个有主张的人来长校。"专制！"

（不是名人，不是学者！）

我免不了因为我的偏见不能容人。又因为过于认真，或说不让人的话，曾得罪了人。

然而我在此地两年半的成绩，就让他们几句话给一切抹煞！

虽然我的学问浅薄——中国文不通，法文、德文也都没有学成，也没有过惊人的著述——我的识见和愚诚还可自信，并且办事的条理还算不乱。我所最反对的是自私和以文字骗人！

清华的真改革，不是在制度上，还是在精神上！

＊　＊　＊　＊　＊　＊　＊　＊

《改革清华的步骤和目标》。

这篇文章必须我自己写的。

再看一看环境的情形再发表。

材料早预备好。他们因为我不好写文章欺侮我！太可恨了！

已往到重要时候，没有失败过！

（没有失败过！）

现在我认什么为成功？

我的识见高远，步骤精审，存心为公。这是我认为成功的标准。

十二月七日，一

昨天进城。今天下午回校。

在城里见着筱庄①及孟和。

---

　①　陈宝泉（1874—1937），字筱庄，天津人。曾任北京高等师范学校首任校长，组织并任北京通俗教育研究会会长，河北省教育厅长等职。时任北洋政府教育部次长兼普通教育司司长。

对孟和谈到校事。一般留英人——《现代评论》诸君——对曹很不满意。大家都赞成适之。我自然同意。

曹不走绝谈不到人选。

无论如何我一定不干！自己不配学者。

* * * * * * * *

进城牙补好了。一乐！

家不多口。一大乐！

以下自己快快作学问！

（快快作学问！）

为己，为学校，为南开，为国家，——都惟有走这一条路！

新自由！"不加口！"[①]（第二十九册起）

* * * * * * * *

成功标准：识见高远，步骤精审，存心为公。

* * * * * * * *

清华的安逸是没有根据的！早晚必败！

* * * * * * * *

自信：

自律（人格的，艺术的）。

同情（要宽，要深）。

信人，然后人乐，自己也乐。

* * * * * * * *

不是学者，不是名人，完全无作校长的贪心。

* * * * * * * *

快快作学问！为己，为南开，为国，都惟有走这一条路！

十二月八日，二

新自由是动转的自由；也是人能胜天的自由！

新自由给我新力量！将来一定能成功！

* * * * * * * *

学问分段去作，不是完全无把握——思想清楚的人一定能练到会写文章！

* * * * * * * *

安逸地位全国有限。那类人应享？有人说，在校旧教职员不配。所以引起外人攻击。

———————————

① 此为张彭春在其第29册日记扉页特别标出。

"学者"应享。然而谁是学者？

能发表文章的人；

中西学问兼优的人；

读书多而思想精密的人；

得中外舆论赞许而认为真有成绩的人；

存心为公而能办事的人……

现在全国没有一定的标准。

然则大家就可按己意来抢吗？

有了好董事会，大家稍好些。希望完全没批评是不可能的。

十二月九日，三

昨晚曹约去谈继任事。

大家对我最不满意的是太"凶"，太"拿人不当人看"！

钱反对我最大理由在此——据曹说。

人一见都怕！

其实外面厉害，内里很怯懦！

看不起人和猜疑人——的确是我的病。

量小，是有之的。别人无理的行为和言论，我立刻就想指出他们的错误。这最易得罪人！

孟子的话是从经验得来的："以善服人者，未有能服人者也；以善养人而后能服天下。"

这是助人自得的精神。

* * * * * * * *

曹大约在一月内就要赴英。（走是一定的了。）

外面找人，较相宜的是范或胡①。范已有事业，总不愿舍易就难。并且基金委员会也是很重要的事。胡对于办事不近，将来英款的事还请他和丁到英国去。

曹还说，他们都知道你已经在此地他们不肯来。

这是情面了！如此我应急自引退，不要阻挡贤者之路！

前天同孟和谈也曾推荐适之。

一月前同在君谈，他先说最相宜请适之到研究院。然而以后又说适

---

① 指范静生和胡适。

之也许愿意"试他一试"!

在学问方面适之是最相当的人。

并且他已声明辞去北大，赴英的事完全不可靠。用一点力劝驾，他也许愿意来。

来后校内如何处置一切？

实行"教授治校"，裁靡费，招集学者，废普通、专门分科，组织文理大学。

学生一定欢迎，多数教员也能合作。至于他喜作行政事与否，那在他个人。

他身体能否支持，家庭有无问题——这也在他个人斟酌。

在新组织里，我有什么功作？

旧制教务主任可仍旧，新制文理科主任由教授互选。留学事我可管理。功课教 Logic 及 Shakespeare 或西洋哲学。辞去大学普通科主任。教授资格，三年合同。

若不愿合作，半年后可以到别处去教书。

别处一定没有四百元的薪金！

* * * * * * * *

如适之愿来，并且是由我约请的，于我没有什么丢脸。我实在学问、名望都远不如他，一点办事才也很有限，退下来自己深造是莫好的机会。

我要坚持请适之。

若是他一定不干，教授一定请他担任的，这也可以算是愿意在清华帮忙的证据。

若在曹走之前实在得不着人，我只可以承认代理。同时用力在董事会的改组，将来新董事会选出正式新校长。

* * * * * * * *

曹又说 T. L. 怕不能同行，在校半年后再让他去。这也是内部的难题。

十二月十日，四

看 E. F. 第九、十章。

乐！

注意各人的好点。

学永作乐观家。

别人欺骗，也可不使他影响你的乐！一笑而已！

十二月十一日，五

看 E. F. 第十一章。

根性薄！内本如此。两长都怕因内而有问题。秉性难移！别人不满，也无法。

因短而忘其长，不是我应有的态度！

成败完全在我。不能丝毫怨他人！

别人若不能原谅，惟有退后自修。

* * * * * * * *

发现短处又多一个；争长的野心又应冷一些。请他们另寻有内资格者。

* * * * * * * *

自修根本把握在那里？

难说不长，就没有乐趣了吗？就没有努力的工作了吗？

* * * * * * * *

《周刊》记者写了一篇《我们所需要的新校长》。内中提出四大标准：

一、人格、学问可以为学生之表率者。

二、对于教育有研究且办理教育有成绩者。

三、要有忠于教育，积极任事之精神者。

四、无浓厚之特殊色彩者。

又有三原则：

一、我们要使清华发展，不是使清华退步。

二、我们要提高清华地位，不是要降低清华的地位。

三、我们须认定清华是学术机关，不是……

* * * * * * * *

四大标准我非常赞同。

我个人是不及格的！

只要合格的人来，如果他要我在此地工作，我仍可在此地。不然，就到别处去。

"自律，同情，信人。"

内不良，我应负责。如果因此而起反动，惟可引咎自退！

自己一艺之长是什么？

办教育？造代表人格？

学问？哲学？（中国文字不通！）

文艺？

敢有什么自信？

十二月十二日，六

听有人传说庄有不愿合作的表示。若是我代理他就辞职。

这是我轻视人的结果！

本来自知人格、学问都不足以服人。

有几个学生对我感情很好。他们愿意看我如何治理全校。这是很好一番情谊；然而为我个人的长进，现在实不配膺重任！现在正是我应当用功求学的时候。

我的兴趣不外两方面：教育和戏剧。

这两样都是与人生经验和生活的意义有密切关系的。想得人生多方面的观察必须多与全国各种人民有接触。行政事不敢任，一则德学不配，二则减少我自由行动的机会。

十二月十三日，日

看 E. F. 第十三、十四章。又看前五天日记。

今天二轮车独游香山。

* * * * * * * *

晚

早十一点起身，十二点二十分到香山，碧云寺下。在香山饭馆午饭。

下午一点半雇驴到玉皇顶。两点到庙。绕道上山，在松林的西南边外寻得一石，东南望玉泉山在眼前。坐在石上看 Tolstoy "*What is Art*" [①]第十章。

夕阳将下山西，我才起身下山。（四点了。）

下山前悟得山可为人模范——我们要学山的助人远望，山的助人静观。山对人说："你们工作而疲倦的人都请来，我可以给你们安息！"

我们也要学山无惧无争"有根"的态度，去给一切与我们接触的人安息。

---

① 列夫·托尔斯泰（Leo Tolstoy，1828—1910），俄国批判现实主义作家、思想家、哲学家，代表作有《战争与和平》《安娜·卡列尼娜》《复活》等，其所著《艺术论》（*What is Art*）一书英文版由企鹅出版社出版。

十二月十四日，一

因为这几天怕校长不能到手，自己努力要求得一种独立的工作。

早知道德学都不配，然而野心总在暗地里鼓动！

如果不快快看破这一层迷惑，结果一定自己觉着无趣！

地位不要高。借着地位作事，太容易！这是自信不足而胆小如豆的人所想干的。自信足而胆量大的人都能"不得志则独行其道"。

昨天在山上所悟的道是：助人远望，助人静观。

安逸不是道，争名利不是道。

＊＊＊＊＊＊＊＊

根本精神上的革新——所以贪高位的理由。然而自己的力量如何，自己真能"养人"吗？

＊＊＊＊＊＊＊＊

旧生有拥所谓"需要的校长"的。理由本很正大。新生近来反对他们因为猜疑他们有保护出洋的私心！

这是一个很好的教训：当于你享受特别利益的时候，你减少你主持公道的力量！

真理想生活者要从利益最少入手。

下午

志摩电话：张去同他说——H. H. 等最诧异曹坚持推我。他们猜想一定有不清楚的地方，要我来敷衍。H. H. 曾访沈总长说我是完全没有人知名，北京没有人知道，而在校多数教职员、学生所不赞成的。

H. H. 等原想请适之，适之不来，所以现在想推任公。烦志摩同梁说。并且若有反对，H. H. 包办担任疏通。

梁意赞成我，然而到必要时也愿为学校牺牲。

他们想到梁，也因为我能同〔梁〕合作的。

H. H. 还间接劝我"犯不着"。如果梁来，我还可以帮梁办事。

他们还听说有我代理的消息。让步可以到承认代理，然而要时刻持批评态度，有机会一定起来捣乱。

＊＊＊＊＊＊＊＊

我很感谢这一段消息。

H. H. 等大概包括钱、庄、吴、王、陈、叶（？），——团体想也没有如何坚固。

我为什么博得 H. H. 这样的仇视？因此劳虑奔走？为什么？

一、我曾"毁坏"过他的名誉。

二、我曾"挤"他出清华。

三、我曾轻视过庄、钱、王等。态度冷傲！

四、我的学问实在浅薄，不足服人。

＊＊＊＊＊＊＊＊

反对的虽然是少数，过处总在我！

在我不是完全不能与他们合作，在他们对我的成见很深。这样成见也不是无法解除。

现在最要的还是我个人认为最重要的工作是什么。

他人如何想，如何对待，还是其次。若是有可批评的点，自然应当受人批评，并且应当欢迎人批评。"闻过则喜"就是这个意思。

若是因为私仇而来攻击，我有什么怕的？

＊＊＊＊＊＊＊＊

梁先生，我自然欢迎。H.H.推荐以后，为的是留进言的机会。梁来后是否听我的建议那是另一问题了。

＊＊＊＊＊＊＊＊

山，助我远望！山，助我静观！

＊＊＊＊＊＊＊＊

晚

学生温来谈。他说今天下午有教职员茶会，请校长出席。一定又是张的鼓动。

并且听说，如果在曹走之前不能得相当继任的人，由教授里推出一个校务维持委员会对内外负责。不要代理校长。这真是想尽方法仇视我个人！这又何必？难说怕我到这个地步？难说我的罪恶不可要到这个地步？难说我会这模样危险？

想来好笑。我完全不动心！看他们活动到什么田地。

＊＊＊＊＊＊＊＊

王士达来说内部继续不易！他倒有意劝我，非到义不容辞的时候还是不干为妙。

将来必定到得罪一部人的结果。

不作事则已；想作事，必至与某几位地盘有关。一部分利害的攻击是一定有的。

并且外交部的领款就会常发生问题！

"四凶"也都不是好斗的！动他们的地盘，你看他们会不会和你拼命！

真是"犯不着"！行政我不作，余暇自己用功夫。

我只任旧制教务，再教名学或戏剧。

或主张选派出洋与清华大学分离。我管旧制及选派出洋事。

或完全离开此地另寻别的生活。

无论如何，我守我自己的成功标准：识见高远，步骤精审，存心为公。

十二月十五日，二

现在我有真同我对敌的人，清楚地反我个人。

新生里又有人提倡恢复旧制，要求出洋利益。张之弟也是新生之一。

推倒我之后，他们就可以实行合并新旧制。

新生一定非常欢迎！最好的学生也很容易被引诱！特别出洋利益又可把持在少数人手里！

若是那样，我这两年半的成绩就给完全抹煞了！

我为全国青年争，然而有谁知情？

政府的大权已落在少数为自己打算的人的手里。所以什么地方有利，自然什么地方就有争。各学校都是如此，清华一定更厉害，因为此地的利益比什么地方都大！

谁是主持公道的？

应早产出正式新董事会。我走正路。

学校里自私自利的人可以随意去鼓动！谁来管？

新董事会必须有胆量，有见解的！

若是没有一个较高而公正的主权机关，清华的前途不是很可乐观的！

* * * * * * * *

我个人钱和位都不要。然而如有人来攻正道，我必出头保卫正道！

能把清华改入正轨——那才是真成绩！

董事会改组，大学与出洋分。（两个执行人都在一董事会下。）

如果能作到这一步，那才真给清华打至少十年发展的基础！

要我牺牲，我一定可以牺牲！我所要的是主张的实现。

校长请谁都可，办理选派出洋干事长也是谁作都可。制度必须改善。

* * * * * * * *

一生的成败只看曾改善过多少制度吗？

制度的改善是应当的。然有时因恶势力的环境改善不能成功，那就算一生失败吗？

不然！

能影响少数个人向正道去走——那也是成功！

在乱世能得英才而教育之也就是很大的一乐了！

预备"不得志独行其道"！

十二月十六日，三

看 E. F. 末章，《安息中的生长》。

前两天已经过于注意校长事了！

昨天同余谈，他说校内人一定不成。这是明白地反对我，并且他报告反面的话多。（大学生特别反对。）

我不免有愿意他有援助的表示，所以听后稍寒心！

* * * * * * * *

决定。

不再同人谈校长问题！

完全取远望静观态度。

从此后，自己作久远计划。注意教育的真目的。

十二月十七日，四

昨天进城访志摩。

买一个手表，到家后才注意背面盖儿没有关好。我于是用力一关，倒把正面玻璃挤破了！并且解下来看时又注意那很好看的灰色皮带原来是纸作的！

新买到手的时候很高兴！小心那背面的盖儿！也要小心那外表很好看的假皮带！

* * * * * * * *

这是很好的教训。

若是正式要我继任时，我必须小心校长背面的董事会、外交部及教职员学生的后援是否可靠！还须小心不要被外表好看的虚荣给骗了！

真应当冷静！

十二月十八日，五

"欲速则不达。见小利则大事不成。"

一有自信不足的野心，早晚必有痛悔的失败！

只要自信足，失败也不怕。

国文不通！西洋学问没有特长，并没有发表的便利。办事方面不免刚僻！因此使人生畏！

见到如此清楚，就应早声明；而为学校求得最相当的人选。

打定主义〈意〉——曹去至多允代理，然后访贤自代。

梁我想一定不成。

* * * * * * * *

还是先教书！不作行政事。

十二月廿日，日

睡的不好。精神颓丧！

清华将来一定落在新起毕业生之手。

庄，张，钱，李，陈，S-朱，叶，S-吴，S-蔡，朱，赵等——这都不过是先锋，大队在后面！学校发展必须加人。加进的十之八九是清华新毕业生。所谓新毕业生的，就是曾受过清华园毒环境在三年以至八年之久的。

* * * * * * * *

这样恶"轮回"是全国最大的祸！

现在觉悟的只是很少数人！并且不大透彻！

享受特别安逸的人日久必耗尽他们的雄心和勇力！

八年清华园，五年美国——回国来还想望着清华园！这个人怕是阴谋有余，而真胆量就有限了！

根本解决：一方面停止旧利益；一方面学校生活如何增加与平民接触的机会，待遇过丰的应与一般受苦的人民分享一点！

别处都乱，只有此地享安乐，恐怕是天人都不容的！

* * * * * * * *

庄，张反对我，这是小问题。学问德量本来不足服人！除去个人，学校如何前进？

就任着一般毕业生把持去么？

不然，有什么抵抗的方法？

他们连董事会的改组都不赞成！

校内非清华的人很没有团结，也没有人才。旧人如：梅，虞，杨，徐，何，李，王，余，梁等，实在多数不够办大学的。并且他们也并不一致赞成我的主张。

我的地位实在孤单！论理想，新旧两面都不愿意减少利益。论"政治的"援助，两面也不帮忙！

＊＊＊＊＊＊＊＊

我自己唱些高调而已！有几个学生被我的空谈说动！别人已另有打算！

不要自欺了！

十二月廿一日，一

看本册日记。

上星期山的教训：助人远望！助人静观！

＊＊＊＊＊＊＊＊

渐渐有醒来的觉悟！

局势于我不利。

并且得到手也只是虚荣，难办成功。又减少读书和自由动转的机会。

＊＊＊＊＊＊＊＊

我的问题：求得"中国的"真意义。作一个现代急需的中国代表人。

降低了说，我应有发表工具的便利；应多与人民接触；应从自己生活上改善。

诚实地去作君子。

十二月廿二日，二

冬至放假。

周支山约我合编一部中国戏剧的书。他要我拟目录，而后他去搜集材料。

他对于皮黄很有研究，并能唱。

书的范围注重活材料——从现在还唱戏的人的经验里可得的材料。

中国戏有没有将来？以往社会心理对于它如何？将来又如何？真想改进中国戏应取如何步骤？以先什么是大家共认为戏的美？美的标准近来向那方改变？

十二月廿三日，三

昨天得"*Since Lenin Died*"①。看时想到 Trosky②为何不能得人望。别人的忌妒自然有，而他个人的冷傲也是主因之一！

他的文学才和组织的魄力可以说是他冷傲的根据。还有那本无才的人为什么也冷傲？将来如何会不败？

* * * * * * * *

师大驱鲍、查。

驱查理由中有文字不通，把持校务二项。这也可用为驱我的理由！

政治作用一定不免——如北大国文系之利用《新闻政策》，如《京报》《世界日报》等。然而个人也要量力！

我在预备期。有弱点，快快补救。在有可攻点未防备妥当之前，千万不要出而应敌！

十二月廿四日，四

看"*Since Lenin Died*"。

现在教书，眼光小如豆！

安逸的生活还说得起什么革命！

求地位就是贪多安逸！就是自杀！

十二月廿五日，五

近来谣传有烧清华园之说。

校内有警备委员会之设。昨晚巡视轮班十一至早三点。

为什么有人攻击？清华在社会里的地位还没寻着，如何可以减少别人对于清华的忌妒？

夜静时想到新大学的试验渐渐又入旧辙了！专门科又完全回到四年学分制去了！

此地试验不成功；南开也没有试验的可能！若是想在教育上有创造的成绩，必须另寻机会。

---

① 著者伊斯门（Max Forrester Eastman，1883—1969），美国诗人、编辑，曾在哥伦比亚大学讲授逻辑与哲学。其著作《列宁去世之后》于 1925 年出版。

② 列夫·达维多维奇·托洛茨基（Лев Давидович Троцкий，1879—1940），1919 年起任俄共/联共（布）中央政治局委员等职，1926 年 10 月其中央政治局委员职务被撤销，11 月被开除出党，1929 年 1 月被驱逐出苏联。

十二月廿七日，日

今天看一天书。多日没有专心读书了。

共产主义快到临头，必须研究它了。

专看俄国革命书。

十二月廿八日，一

曹昨天说颜不能即赴英，曹须先行。

校长继任问题，他想先在外面寻。到实在没有人的时候，叫我来暂时代理。

他说反对的约分两类：（一）怕失地位；（二）妒嫉。对于第一类，缓动足以安之。对于第二类，自己不拿校长薪——多作事少拿钱！

学生中也因为自私而起争端。旧生赞成我，因为怕改变政策他们失去出洋的机会！新生希望一个外面的人来长校，或者他们也可以得出洋；至少旧制里写过志愿书的可以停止他们出洋。

教职〔员〕放纵惯了很难收拾。并且争钱争权的风很盛。新旧生之间又有出洋之争。这种状况之下，校长是最难作的！

* * * * * * * *

自己应有自知之明。

能力足以胜任么？

一、国文不应用。

二、无坚持到底的主张。终身志愿是什么？

三、不耐烦。

四、少交际——冷傲。

* * * * * * * *

要千万小心，不要作贪权位念头的奴隶！

十二月廿九日，二

想明天进城同顾林谈董事会改组建议。

今天分析清华问题的根本解决法。有了董事会之后，校内可以减少那几种难点？

大学前进方针，同人意见难趋一致。如吴要请柳一类的问题将来一定很多。我没有这样耐烦！

行政免不了敷衍，根本研究的工夫就很少了。

＊＊＊＊＊＊＊＊

工具远不够大有为的。

现在求深造还忙不过来，那有工夫去和一般无聊的人去敷衍！

我最喜作的是彻底的思想。非寻到"独到"的见解，不能安心。

十二月卅日，三

今天进城。访顾林。

有机会想到南苑去看伤兵。

十二月卅一日，四

中国人为什么不能相信？

只要我不亡，我国不亡，我族不亡！

存心为公，相信同人也为公。

董事会改组是正途，自己的去留是另一问题。"独到"的贡献是什么？

按步作去，不用时常问。弱者才多踌躇！

张彭春文集

崔国良 常健 张兰普 主编

张彭春文集·日记卷

（1923—1932）（下）

张兰普 整理

南开大学出版社

天津

目　录

一九二六年

一月 …………………………………………………………………… 1

二月 …………………………………………………………………… 20

三月 …………………………………………………………………… 33

四月 …………………………………………………………………… 53

五月 …………………………………………………………………… 71

六月 …………………………………………………………………… 91

七月 …………………………………………………………………… 108

八月 …………………………………………………………………… 118

九月 …………………………………………………………………… 129

十月 …………………………………………………………………… 147

十一月 ………………………………………………………………… 160

十二月 ………………………………………………………………… 177

一九二七年

一月 …………………………………………………………………… 191

二月 …………………………………………………………………… 204

三月 …………………………………………………………………… 214

四月 …………………………………………………………………… 228

五月 …………………………………………………………………… 229

六月 …………………………………………………………………… 235

七月 …………………………………………………………………… 250

八月 …………………………………………………………………… 261

九月 …………………………………………………………………… 278

十月 …………………………………………………………………… 289

十一月 ………………………………………………………………… 294

十二月 ………………………………………………………………… 308

一九二八年

一月 ……………………………………………………………… 326

二月 ……………………………………………………………… 339

三月 ……………………………………………………………… 354

四月 ……………………………………………………………… 365

五月 ……………………………………………………………… 389

六月 ……………………………………………………………… 402

七月 ……………………………………………………………… 412

八月 ……………………………………………………………… 424

九月 ……………………………………………………………… 426

十月 ……………………………………………………………… 436

十一月 …………………………………………………………… 451

十二月 …………………………………………………………… 461

一九二九年

一月 ……………………………………………………………… 465

二月 ……………………………………………………………… 479

三月 ……………………………………………………………… 485

四月 ……………………………………………………………… 496

五月 ……………………………………………………………… 503

六月 ……………………………………………………………… 511

七月 ……………………………………………………………… 517

八月 ……………………………………………………………… 532

九月 ……………………………………………………………… 549

一九三二年

七月 ……………………………………………………………… 554

八月 ……………………………………………………………… 566

九月 ……………………………………………………………… 594

十月 ……………………………………………………………… 615

十一月 …………………………………………………………… 623

一九二六年

一月

一月一日，五（第三十一册起）

看一九二五日记。

放假到四日，作身心上的休息。

[一月] 五日，二

昨天在城里访顾临。

他说，美使馆与外交部已有对于董事会改组的正式文件的交换。新董事由新总长（大约是 C. T. W.①）定。

校长——从语气上听——像严鹤龄很得使馆注意。

[一月] 七日，四

曹大约不离校。我劝他作一年半的计划，到一九二七夏为一段，——作完过渡时期的工作。

在这一年半内有三件事应计划妥当：

一、董事会的改组。

二、校内组织的完备。

三、选派留美办法。

在各部计划完整之后，应出一本清华改革的报告。

＊＊＊＊＊＊＊＊

校内既无大更动，我在校内外专心改冷傲为和信！

读书著述的事也可以更加努力！

[一月] 八日，五

W.及明明皆病 Flu②。今天在家。

去年日记看了两册，还有八册。今天或可看完。

＊＊＊＊＊＊＊＊

晚

---

① 即王正廷。

② 流行性感冒。

晚

今天看了四本。

病人都见好。

[一月] 九日，六

病人热度已降至平常。

今早在家理日记。

* * * * * * * *

晚

日记看完。一九二五年观察所得可分四类：一、南开，二、清华，三、操存，四、学问。

一、南开

（一）不要想利用南开。人家作好的菜，我染过指就以为有份，太可耻啦！我必须在南开外有真成功；五哥最看不起失败的人。

（二）有了独立的资本再回南开，合作不至偏受一方的指挥和轻视。若是回南开后，不能使人心服，固然是我的大失败，也是南开的大不利。

（三）在社会上走的路越宽，将来回去后助南开的力量越大。

（四）学问没有专长，办事没有公认的成绩，社会的交际不广，文字不应用，——总总方面使我自信不足。回南开易，再出南开就难上难了。

（五）每月去天津一次。

（六）一九二七或二八再游欧美一次。一九三〇后定将来计划。在五年内，非有非常事故一定不回南开。

（七）钱少如何办大学？钱多，好教师多，好学生也多。钱少人易和，然而人才多平庸。

（八）我是穷人阶级产出的。五哥是创业者。我也不应放过机会。

没有五哥的帮助，我不能到现在的地位。

继续南开功〈工〉作，是我的责任也是我的机会。别人可以小看和批评，在我疑南开就是疑我生存的根源。先有独立的成功，到急需时——无论什么时候——一定回去。

二、清华

（一）二月十七日大失败。

（二）在改进社毫无成绩，在清华只会唱高调。

（三）与教员学生谈话时［间］太少，不免易起误会。

（四）将来离清华时，使同事人觉着我给学校真办了一点事，对于同人还能合作。若走开时只留下猜疑和怨恨，这几年力量都白费了，并且将来社会上还加些阻力。对人要和气，完全无成见。

（五）在拼命争出洋争加薪的空气里如何讲牺牲？如何讲爱国？

有饭大家吃！为国为民造人材的宗旨有谁去问？

……安逸是没有根据的，早晚必败！

别处都乱，只有此地享安乐，恐怕是天人都不容吧！

能否感化人多公少私？能否预防新生争出洋？

（六）清华实际上是在美国势力之下。

法派与美派相争。法派反宗教，近赤俄，对于英美一切制度、学术及绅士化的留学生，都要攻击。"喜讲《圣经》，好操英语。"

（七）一定不要无基础的高位。

新计划我的主张居多，实行后我的地位反不如以先。一时的失败可以促成将来的成功。

行政权完全不争；在四十前不作行政的活动。

一年后退，学校可无问题。

拙〈挫〉折过，不再失败！上次也是早定不争，临时被引诱。

（八）我改造清华的理想：一、出洋利益必须与学校分；二、生活必须与人民接近；三、学制必须有创造精神。

（九）清华将来一定落到新起毕业生的手里。所谓新毕业生，就是受过……环境，又加上五年美国化的人！

（十）六月一日定从八月起纳房租。

减薪理由：将来大学学生不得出洋，毕业后不能得大薪。教职员薪金过大，如何能提高学生服务的精神？比他校待遇过优了！

三、操存

（一）得朋友。待人如果根本没有得朋友的动机，无论什么计划将来必失败。

（二）无精力然后易踌躇，懊悔，丧志，无勇，猜疑，不耐烦！制欲是必需的。力足则百难自消。

（三）人评：注意虽强，然不能久。成功未到而注意已散。外面厉害，早使人防备；似阴，其实不能阴到底。愿意人知道有主张，其实主张不坚固。

（四）最后的力量是争胜。自从任事以来没有失败过。

（五）将来一生的成绩就在你作过主任或校长吗？

（六）生活只为得他人欢心。各方都不敢得罪。

以往用骗术的时候很多。以机警取胜。

环境的奴隶，怕极了失败！最得意成功！

"局促效辕下驹。"

"老弟你太软弱了！"

天资本低，不应假冒聪明。

终身无一专长！有小聪明而不能专。

神精〈经〉过敏。多疑！多虑！

（七）成功标准：识见高远；步骤精审；存心为公。

（八）山可为人模范：助人远望；助人静观。

四、学问

（一）文字不便利，绝不能任大事。看得既然清楚，就应舍开一切，专攻文字。先试在任现在的事时公余作文字功夫。如不成功，应改变计划，忍辱忍贫，舍事不舍文字。

（二）文件不能依靠助手。文字见不得人，手下人必会轻视你！

（三）旺英，唐汉。

非求得不朽的神术，一定不再与人妄接近。

（四）从颜、李入门，比乱寻途径省时间。

工夫不外：识字、背诵、著述、习书。

文言最大应用在函札及公文上。

（五）我的兴趣有两方面：教育与戏剧。都与人生经验和生活意义有密切关系，想得多方面的观察须多与人民接近，并须闲暇。

（六）中国新教育根本病在只学外国工商业发展后的都市教育。现在教育界生活程度日日增高，而工商业在眼前没有大发展的可能。

国家多一个大学毕业生，就是多一个争名利的人。

（七）天生记忆坏的人，不知可以长于那类文字？

（八）对于国家大事太不明了。见解窄陋万分！学问交际非常幼稚。

右列几条可用为一九二六年的出发点。

同样的观察不要再见日记上。

已经见到而未作到的本年去力行。

[一月] 十一日，一

明明还没有好。昨天热度在百〇二以上。

* * * * * * * *

习《长乐王》，大字有两个多月没写啦。

看《小学稽业》①卷三《论书》。

[一月] 十二日，二

早习大字十六个。

昨晚看完《小学稽业》卷三。稍明篆楷之别及几个字形的辩证。

今天看 Karlgren 的《中文的声形》②。（没看）

为我应用，想多识字，须多看书，多用字典。

[一月] 十三日，三

习大字十六个。

* * * * * * * *

前次在校务会议讨论研究院宗旨，我主持应只作研究事。会后吴雨僧又要求开会讨论。吴本固执人，非达到目的不止。庄与吴同情。

我对于反对的人不耐烦。吴、庄很可以说我把持校务。我实在不大配〈佩〉服他们的识见。

校长是敷衍的，绝不能专听我一个人的话。对于这次研究院的事他一定早已允吴所请。自己没有一定主张，更可以显着没有成见。

我太好"强同"！庄最怕我，最讨厌我的在此！

自己见的未必一定比别人高明。假设高明，也不应"以善服人"。假设我的主张好些，尽力说给人，若是他们坚持不听，我也不应因此不高兴。

力争是应当的。然而态度始终不[应]丝毫轻视人，始终存心"作朋友"。走的永是朋路，永是正路。

若是用尽理由和诚恳去同他们说，他们还不听，如果事不重要，惟有忍下；如果关系主要原则，那末，看掌权人的品格如何，实在不能合作，自己应当引退。

* * * * * * * *

---

① 其作者为李恭，字恕谷。

② 高本汉（Kals Bernhard Johannes Karlgren, 1889—1978），瑞典汉学家，曾任哥德堡大学教授、校长，远东考古博物馆馆长。《中文的声形》指其于 1923 年出版的英文著作 Sound and Symbol in Chinese。

　　三主任有争权的形势。曹已经觉悟。

　　研究院是独立的。吴是否其人，或由教授互选，那是另一个问题。现在我在潜意识里觉着对于全局有责任，这是我的误会。也可以不必多虑。我同研究院实在没有直接关系。

　　专门科已筹备有绪，从下年起就要实行预备。教员与普通科同的十之八九。普通、专门两科主任办事上一定不便。学生不过三四百人（在一九二八不过如此）。

　　普通和专门本来只为形容课程性质，不是行政的区分。只因有三主任制而后称科。

　　下年最好大学四年课程统由一教务主任管理。

　　主任由校长委任或由教授互选。资格是教授不是职员；待遇也不特优，与只任教授时同。

　　（我去后，教务由一人长之，果用互选制。一九二七，一月十一日。）

　　我自己只任选派留美办事处主任。旧制生仍由我负责。一九二六至二七拟定细则，招考办法，及在美和回国后的指导。

　　今年预算里分清校内及出洋两部分。

　　这样作也为是贯彻我的主张。

　　＊＊＊＊＊＊＊＊＊

　　第二法是只任旧制和教书，教西洋哲学及戏剧。

　　＊＊＊＊＊＊＊＊＊

　　这两个办法，我自己都要减薪。每月三百，与国内各校比，已是不坏了！

　　＊＊＊＊＊＊＊＊＊

　　第三法就是完全离开清华。

　　第二法又何必一定在清华，教书在什么地方教都可。那要看什么地方的需要较大，什么地方的精神与我生活意义最相宜。

　　＊＊＊＊＊＊＊＊＊

　　南开在这内乱不止的时候，支持已是不易，想发展是作不到的，最大难题是没有钱！

　　国家乱到如此，学校靠借债度日，这样学校还想建树百年大业！

　　能胜过一切困难的就是精神上的把握。

　　南开精神上已有的是什么？将来可以在那方面发展？

自信不足，是我犹豫的一个大理由。

再有可虑的就是能否合作。

难我是不怕的，只要我承认工作的意义。

* * * * * * * *

若是下年想回南开，在清华这下六个月工作要尽心，各种计划都有相当结束。态度上要特别多作朋友。选派出洋办法也可拟好。

* * * * * * * *

本星期五到天津去一次。

[一月] 十五日，五

昨天是秀珠生日，晚约月涵及夫人吃面。

* * * * * * * *

闲暇为文艺是必需的要素。

清华多闲暇。为个人文艺的长进，此地教书是最舒服的了！众生在你周围大声呼救，你有什么良心在此地享清福？

勉力为最高的个人，也是救民的一个方法。在为个人长进的时候，许多社会认为应尽的责任就不能顾了。

然而择难的事作也是个人长进的途径之一。

世界英杰走的都是自寻困苦的路！作一个小小的文艺家可以来争这一点安逸！我去寻难事去了。

文字的长进在难事里也可以作。并且还可以多些骨力。

* * * * * * * *

去年五月十六日，五哥在北京同我说到他要我回南开的话。

他说：过一两年他要到国外去一次，仍前例，要我去代理。他回来后，专去筹款，校内事让我去办。他的意思，我在清华改组后没有什么可以作的。

我想，第一年或可勉强为之。将来合作上恐生问题。五哥是独断的人，看不起手下人的意见。同他合作必须听他指挥。

所以定意必先有独立的资本。

南开少一学问家的领袖。我实不配。

济之①说，南开大学成绩最好的是理科。商科难得好教员；文科应定

---

① 李济（1896—1979），字济之，湖北钟祥人，人类学家。1918 年清华学校毕业后赴美留学，获清华大学人类学博士学位。1923 年回国后任南开大学教授，1924 年 4 月受聘于清华国学研究院。

范围，请教员无一定计划。校长外，财政无人负责。

五月卅日同孟、伉谈暂不回南开理由。（同他们只说第一。）一、自信不足。灵气不够二年后用的。二、我要我的自由！

* * * * * * * *

今天下午去津。

[一月] 十六日，六　南开

昨晚同五哥稍谈。

没有钱！今年要欠十万。在旧历年前已借到三万。

大学有四十几万的现款基金。每年利息三万多。每月盐余项下可得六千五。矿科是最无着的，李组绅已欠五万余。

中学本有省补助每年约三万。现在省里教育经费一时绝无希望的。

[一月] 廿日，三

十八日早车返京。

昨天校务会议再讨论研究院事。

* * * * * * * *

习大字十六个，昨晚习《张黑女》。

* * * * * * * *

到天津去，调查南开情形。

三大困难：（一）战事不止，校舍有被兵占的可能。生命财产都不安，教员学生必至惊慌，或云散。（二）经费完全没把握。基金已用了十三四万！将来用完，还怕有人要质问呢！（三）对于大学没有一定方针。并办事人少学问。大学有什么意义？为什么南开要办大学？

我对于这三个难题，还没有寻得答案。

* * * * * * * *

若是南开大学所希望的与清华相同，那一定是钱多的地方发展的机会也大。

行政是不可少的麻烦。成绩在学问上是真的，真有聪明的人都在学问上用功夫，只是一般平庸无聊的人才去争行政的地位。

中国人对于学校的职务，也免不了一种升官的观念。由教员升教务长，再高就是校长！

教育行政者得传的有几人？最要的还是学问上的成绩。

争一个主任或校长名有什么道理？用执行地位可使主张实现，固然是一个利益，也是一个机会；然若主张不是真从学问里产出的，实现了又有什么价值？又有什么长久的可能？

＊＊＊＊＊＊＊＊

"所希望的相同"是什么？

两校都有洋楼。

课程都仿效美国的。

使教员学生得满足，必须继续发展，必须有充分的经费——政府，或工商富豪的捐助。清华有庚款，南开就无着了！

五哥是好争胜的。"你们都办大学，我也办大学！"至于什么是大学教育，将来就可以办出头续〈绪〉来。以先中学初办的时候也是没有一定方针，到后来也成为最好的中学之一。

勇气和信心很可佩服。

然而大学与中学性质不同。中学的起首是从自己亲身教书和几个学生的帮助。自己是最好的教师，全校精神自然整齐划一。大学自从开办以来没有一个真学者来作领袖的教授，全校没有一个一定的方针。

中学所需经费有限，几个私人或些许省款就够用了。大学——特别美国式的——是没有钱，一定办不成的。

＊＊＊＊＊＊＊＊

现在的大学，若继续下去，怕是失败！

五哥在那里拼命的筹款。将来不过落到私立大学中的一个较整齐的而已！必不能与钱多的学校相比。

＊＊＊＊＊＊＊＊

问题还在：什么是大学？钱少可以办什么样的大学？办学人应有哪种资格？天津的环境于那种大学最相宜？

＊＊＊＊＊＊＊＊

以上问题我可以为南开想一想。

为文艺的长进大概是清华较相宜。那就不应贪行政权。

天津特别干燥！人材少，想见永是那几位！日久就觉得要干枯了！又加以经济的限制，动转不得自由！同事人互相苛求，不得闲暇；领袖又最好轻视人以增高自己的见解。

总结起来，或在此地为文艺的长进，只教书。作到学问有把握时，再试独"唱"大学！

（只教书！）

在此地可教论理学、西洋哲学，或 Shakespeare，或中学教育。

二三年后有望再到欧美去一次。

周围的人虽在那里叫苦，然一碗饭只好先供给一个人吃。若是大家分，大家吃了一口，以后全饿死。若给一个人吃，他还许可以多活几时。

这是自私么？

什么是真牺牲？

* * * * * * * *

这是今天暂定的态度。

想出为南开发展计划后，再确定个人的进退。

[一月] 廿一日，四

在津与午晴谈。最后我说："计划种种最好再用上一年半功夫作一结束；若有非常事故，另想方法。"

他曾建议，校内事完全交给我办，B.专管校外筹款事。他很知道 B.性情不能完全信任人，时常想推行自己的意见，不管手下人的情面和办事的手续。与 B.合作最难的就在此！

* * * * * * * *

与济东①同车返京。

提到校内外有人不佩服 B.轻看教授，也看不起学问，及事事不放手的态度。校内的唐文恺、黄钰生，都不满意。

凌评 B.说话不小心，在言外，有看 B.因没学问而骄慢的意思！（我又是一个没学问的！）

校外在欧同学也有微词。孔②不愿就南开。

[一月] 廿二日，五

昨晚习字后，取出所藏几种帖本再读一遍。

今早想我为什么要练字？

我写的太难看了！怕人轻笑！

一、为写信用；二、为写各种文件底稿用。

我没有一点希望以字传的野心！固然给人写对联、封面等也是向来

---

① 指凌冰。

② 指孔繁霱。

文人的虚荣；我只希望不太难看就够了。

我现在练的是魏体字，为是得笔力。为应用实在太慢。

为我的目标，行草较为相宜。

再看《广艺舟双楫》论行草。

《长乐王》和《张黑女》可以继续写，按一种图画看。

[一月] 廿四日，日

廿二日午与曹长谈。

我攻吴，庄怕——这是近因。

远因在我强傲的态度和言行都不容人。我曾唱过高调，骂过一般贪利的人。作事也不算很勤。交际也冷淡！

当晚我送进辞职信。

社会一般人认为我的失败！

＊＊＊＊＊＊＊＊

昨天进城为暑期研究会事。

凑巧乃如在京，下午请他同来。长谈南开及清华事。

若回南开，只教书，不管行政。

他们怕"生力军"在外面受伤，所以乃如这次特别打听此地真象。

我不肯直说此地的危急。不过形于外的已很清楚。

我还有怕失败的念头！

回南开，脸面上无趣！几位职员或者可以谅解，在教员学生一定认我为失败者！

无论唱什么高调，说什么提倡北方学风，在清华是因为与同事不相容，被排挤出去的！

世人完全以成败论人！

＊＊＊＊＊＊＊＊

我这次攻吴实在有一点太不给人留余地。

这样精神别人一定可以用来待我。

大家合作上不能完全不留情面！

并且我在这个团体里态度上得罪的人也太多了！我看得起的人可以说很少！我寻常看不起人——连曹先生我也常看不起——只要我一有破绽，人必群起而攻之！

＊＊＊＊＊＊＊＊

我送进辞信后，没有回信，也没有找我谈话。

曹也可以说给足了面子了。替我想法下台，我不只不知情①，还要以辞信表示独立！

他忍无可忍，惟有"照准"！

* * * * * * * *

五哥前一年半就说过，若是你根本不改你的态度，你早晚一定失败！

先见之明！

我有什么面目求五哥谅解？又有什么面目自认为南开的"生力军"？

失败后回南开，实在给南开带去许多仇人。

* * * * * * * *

出洋一次藉以洗刷前非。这也是方法之一。

仇人们怕连这个机会也不给我！

* * * * * * * *

我所得罪的人，都是正人君子么？

主张不同，本来无妨。

我高傲的态度，是他们最恨而最讨厌的！

他们争利争位，我丝毫不肯放松！其实我自己就是完人了吗？

如果我根本主张，以为享此地安逸是罪恶，那样我应先从自己身上作起。对于那些贪安逸的只应怜，只应悲！

我比别人不少患得患失的心，我有什么理由看不起人？

也可以说，我看世界都不合适，因为还没有寻到我的真自己。在这时际得罪的人自然要请他们原谅。

我作我自己的试验去！

不回南开。

不出洋。

* * * * * * * *

这回不再走错。

生活必须从简，城市教育离人民过远。外国式大学都是非有工商业发展不成功的。

作教育工作的 Jesuits！

走一条新路。在此地的失败实在是成就我！

---

① 知情，京津冀一带习语，意为"感激别人的帮助或好意"。

南开不用我也可以。并且在我没有找着真我之前,我到那里去也不能与人合作。

在此地或在美国办留学事,也不一定必须用我。

别人可以作,或是别人争着作的事,我何必去作?我去寻别人不愿作而应作的事。

一个真英杰必须经过这一步。

以先都是预备。

这要看自己的真力量!在这方面的成功是真成功!

＊　＊　＊　＊　＊　＊　＊　＊

在此地我所恨的不只别人,不重在别人,而实重在我自己!

恨自己不去走自认为理想的路。

[一月] 廿五日,一

学期考试今天起。

＊　＊　＊　＊　＊　＊　＊　＊

早登西院小山,有半年多没有作早起远望的功夫。

心中不静!因事失眠。持己功夫太浅!

不动心。诵《孟子》五遍。

＊　＊　＊　＊　＊　＊　＊　＊

下午

早同曹谈。

现在反对我的已同曹接洽过。内中有庄、张、王、徐、虞、吴、余,(后二人聚谈时没到)他们本想联名写信攻我,以后定用会谈法,前星六同校长见面。

曹说我不能得同人合作。所以已经失去领袖资格。

我说,我自己态度欠容和是我自己知道的。然而校中我得罪的人多是为学校。曹与我分功——他去作好人,我去作恶人。为他,为学校,我所得罪的人现在对我下总攻击,他倒反过来批评我!

他利用了我两年半,现在因为有人要攻他太听我的话,所以他有意去我以保他自己的地盘。

我自己不能说完全无过。然而受这样利用,自己还不拼命,"老弟,你太软弱了!"

我在此地的工作可以对全国报告。

　　这两年半以来，清华好的成绩都是校长的！校外都说好，近来外面没有攻击，这都是校长的好成绩！名誉也有了！由代理变到正校长！公使记名也弄到手了！现在又怕攻击，要来推我，我虽然老实，也不能欺人过甚！

　　我想立刻就去比夏天走还好些！

＊　＊　＊　＊　＊　＊　＊　＊

晚

　　下午同余谈。我想得他一助。

　　庄志甚坚。早就有意一试。

　　攻我最利器——就是我说话太不留情！

　　道不同！我阻止他们得他们要得的私利。

　　主张大不相同。我看不起他们争利。他们一定反攻说我把持校务，态度高傲，大学前途茫茫等。

　　我现在愿他们承认我的成绩，然后我好离开。

　　他们不只不肯承认，并且一定要批评！

　　我必须保守我的名誉！

　　这二年半工作就没人承认了吗？

　　求人承认证明我经验不足！作事不为求人承认。

　　看破这一层，又少一样忧虑。

　　下半年尽力工作，也许可以作一结束。

＊　＊　＊　＊　＊　＊　＊　＊

　　"自反而不缩"的有什么？

　　一、态度过傲，说话太不让人。

　　二、中文不通！

　　三、学问无专长。

　　自己有短处，所以攻人时自己不能不照顾到弱点。

　　必不可走极端！最好安静地干下半年来再走。

＊　＊　＊　＊　＊　＊　＊　＊

　　这次校务会议的事，我只能负一半的责任。他们有意猜疑！

　　看曹如何措置。

　　若不当，也可早去。

　　舍近求远！不见这几个月薪金的小利。

如何下台而于脸面增光？

如何贯彻主张？如何使真得胜？

捣乱的责任在他们。这层辩清比什么都重要！

[一月] 廿六日，二

今早忽然醒悟。

这次风波是曹造起的，为是给他作不离校的声援。我给他想正当方法他不用。现在他要造出一种空气来，校中非他不可，然后他可以对董事说校中还不能离！

他要走的时候，因校内无人负责怕外交部不让他出去，所以他竭力推我。

现在他不想走了，而外面已造好必走的局势，所以校中必须有人留他。不然他对外面下不来台，真是因为没有 Councillor 作就不去英国了！

这次攻我，是他暗示造出的！

手段可算灵而又狠了！自私若此之甚！

在这种空气之下，还讲什么教人材？

因为文字不便利，不肯发表。现在真欺人太甚！

＊＊＊＊＊＊＊＊

同朱敏章谈。

他说现在立刻走，Issue①不清，社会人大概不管闲事，惟以成败论。静看两天再定。

明天五哥来，或与谈，请教。

[一月] 廿七日，三

昨天曹同我说吴和我的辞信认为一种 Gesture②。吴是好人，庄稍Nervous③，然也没意思全要。大家还可以谈一谈（今晚聚餐），本来只三主任已可以交换意见，不过庄要一点 Moral Support④可以敢说话。他说，你的意思想清华在全国中得有相当地位，他们只于说校内有纹〈紊〉乱少合作。

＊＊＊＊＊＊＊＊

---

① 问题。

② 姿态。

③ 神经质的。

④ 道义上的支持，精神支持。

他的口气与前星五及本星一大不同。在那两次他差不多说你在此地完全失败，你手下人都不愿与你合作，你失去领袖资格。

我与余的谈话甚有用。

在推倒王力山的时候就是庄、余两派合作成功的。从那时庄就有意取而代之。因为资格浅，校中旧派不服，而旧人中又没有可以胜任的，所以双方让步，约第三者来。

我来时的内幕是那样。

来后我不明真相。庄派的反对是当然的。对于余，在前一年很近。以后渐疏远——并且有时看不起旧人，骂他们无能贪安逸！

余去年就批评我过于唱高调。今年虽约他作普通科副主任，而待遇没加。

今年校长问题发生，我又没有开诚的同他谈过。并且他像是另有计划似的，不赞成我。他倒许与反对我的人暗地里连络。

在这次风波将起的时候，我想余也是在反对我之列的——所以曹说，连你的朋友也不赞成你。

我星一同余的谈话，很能互相谅解。他很有作教务长的野心，然而自知不能与庄争。我若是走，一定是庄继任。他看庄身体不能支持。将来庄失败后，或是他上台的时际。我说，他是很好守业的人，我是好创业的。我很可以与他合作。或者我走后，旧制给他作，他听我话像很被动。他说论与学生接近说新旧生都是他知道的多。不过一时庄的野心想要新旧都是他一人经管。我并且许对于他的出洋我一定帮忙。

* * * * * * * *

人的学问道德固然重要，在事业与人合作上"政治的"计算，各部分的利益的分配是首要的！

（新发明！）

* * * * * * * *

曹有什么资格？有什么道德学问？完全倚靠他"政治的"手腕——知人，自谦。

经过这次大危险的所得在此！以往太愚陋了！

此地必不应失败！成功后再回南开。

此地什么叫成功？常与余及各方谈。

* * * * * * * *

窄狭的言行标准，不要坚持。

不能轻动人的地盘和饭碗。这次我攻吴的地盘过凶了！所以起公愤——大家都怕丢他们的地盘。然而到后来，庄等攻我太凶了，也有人出来说话。

庄想得我的位子，并且很想作校长。

吴想久守研究院的地盘，因自知不配办大学院，所以拼命要把研究院办成"国学"研究院，请柳等一般老派人来助他。

张是野心家，先想回来得正教授待遇，进来后再有别的作为。他的自私，是完全不择手段的。时时在那里等机会攻我。他比吴、庄坏百倍！

曹想当于他在此地时，学校不出事。圆滑而善政治上的计算。

王现在那里等机会。There is no truth in him！

钱有待遇的小不满意。

徐、虞等都怕失已有的利益。

蔡、朱等暂不动。如果起纷争，他们自然先与庄合。后来再看！

余有计算，胆不大，野心也不小！

我也有我的计算。在此地得有相当成功的名望，然后回南开可以有"独立的资本"。失败后不能回南开，虽然说教书可以与五哥无冲突，但他也是很以成败论人的！他一定也看不起我！并且南大的希望在那里？在这风雨飘摇的时候，还是多一动不如少一动！南开同人也可以说是要利用我！

这个乱年头，连什么党派也讲不起！完全是各自为计！所以不要太看重了什么清华非清华！都是为自己打算！

我也是为自己打算！所以可以不必批评人！

曹连王都能用。他的方法就是你们不要忙，现在大家帮忙，将来我有了较高的地位，你们都有机会升一级！

这就是成功的妙诀！

有饭大家吃！

实际是如此！Real-politik①！

不要唱高调。大家如此，我也如此！各国人都如此！

＊＊＊＊＊＊＊＊

---

① 现实政治，实力政策。

下午

早又同余谈。

他也说校长问题是主因。

职员方面说不能合作。他们都怕我，不敢有什么建议。我又不常找他们去谈。

教员方面说我不常同他们谈，又在与学生谈话时，听学生批评教员的话。

对于作事上，没有很大的批评。

余说我辩论时好争胜，因此得罪人很多。有时与人谈话时，人有私意不愿明说，我若看出，就给指明，使人最难为情！

我得罪了人，过去我就忘了，然而他要记一生！中国人特别如此。

余建议以后常请教员到家里谈话。小委员会也可以在家里开。余、全，同几个朋友，也可于请客时加入我，多给我机会与同人见面。

在校务会议时能少讲话就少讲。

今晚的会后，空气可稍好些。然而大家还要怀疑。他要看你能否持久。

他说对于专门、普通两科合并，应先想好有关的人如何位置。庄是早想作，然而又怕难。

处这样环境，缓进是最上策！别人不来攻，我也不去计算人！

（缓进！）

我想办留学的计划，最好不由我提出。

若是决意辞，还是以教书读书为目的。

[一月] 廿八日，四

早到西院山上再读《习斋年谱》。至二十四岁。

昨晚曹约庄、吴、徐、孟、全、余、杨和我吃饭。饭后长谈至十二点。我说明前几个月的毒空气，又解释对于我用手段的嫌疑。吴也说了他困难处。

＊＊＊＊＊＊＊＊

这一次误会或可少些，然而根本问题还没方法。

曹自己没主见，取完全敷衍手段，将来弄不到好处。我作两年半的后台主谋，现在争权争位的局势，没有作事的机会。

与说谎话的人争，日久了自己也会学他们的方法！昨晚说话也会粉饰了！

* * * * * * * *

对于动机，自己不能坚持摒除名利！

校长问题发生，自知不配，而当时没有坚决的表示！同去年大学教务主任应早声明不干，是一样的情形！

从此后，完全摒除名利，对人惟有爱恕！

（完全摒除名利，对人惟有爱恕。）

下半年看如何可以助清华上轨道，并且计划完第三主张。

下年去读书教书。想到南开去，一为助五哥，二因为南开是个穷学校，比较地目的单纯。

学问道德不够作大学领袖的！回南开一定不作行政负责的事。

[一月] 卅日，六

昨晚在北京旅馆与五哥长谈。定意辞去清华。

有主义而来清华。得曹的信用而在此地已二年半。现在曹既露出不信任，而曹也绝不像有为的，所以辞去是应当的。

物质上有损失不算什么。家人在寒冬受移动的苦。社会要以失败加在我身上。都为的是什么？

因我的主义犯人的私利！

在人一定不这样承认。他们一定要说我有私心，态度轻狂不能引人合作，并且太看不起人而自己的学问并不高明。

自信在识见、愚诚上还敢说有。

一时难辩明白，日久自可有人知。

* * * * * * * *

半年休息。后在南开任教几小时。

深造根基！忍辱忍贫！

从文字著述下功夫。道德戒不能容人，决断不坚。五哥比我识见高并且决断强！

南开既是终身大业，这次在外面的挫折可以使我气沉些，与五哥合作上可以稍易。他的魄力和锐识自然是南开的领袖。又兄又师，我自然应当钦佩。能虚心下气，才是造将来大有为的根基。

二月

二月一，一（第三十一册起）

学校已放假。

昨天辞信已拟好。月涵拿去，将来请他译中文。

全家想在四日下午赴津。

* * * * * * * *

懂己能看破，能舍是得胜！

名也一样看！越怕越跑！

怕人说失败吗？

看定应如何作就如何作。"自反而不缩①，虽千万人吾往矣。"

* * * * * * * *

到津后休息半年再作事。

半年功作：读书，写文，旅行。

* * * * * * * *

在南开，还可求独立。著述——用中文，在国内可以得些朋友；用英文，在国外也许可以得些钱，或者过三四年可以到欧美游一次。这也许是奢望！其实著述也只是为自己乐！

* * * * * * * *

半年生活要用尽所有一点储蓄！

［二月］六日，六

四日下午偕家来天津。住同仁里一号。

* * * * * * * *

一日写好给校长及董事会信。二日早递进。三日曹说董事会星六早开会约我出席。四日拟再致董事会信，说明不出席理由并陈校中行政势趋。在离校前与学生数人谈话。本想不告诉人，以后怕学生被谣言所惑，所以同他们说明一下。

当场的几人很表同情，然而我是希望他们出来助我吗？这几个人（旧生）在出洋利益外还能有勇气为正义奋斗吗？

* * * * * * * *

志摩、西林，三日来清华看我。他们不以为我失败。我自己也绝不

---

① 应为"自反而缩"，"不"为衍字。

以为我是失败！

我退下来实在为是作下一步工夫：读中国书，专心文字。

* * * * * * * *

来此于家人多不便。住房窄小，自然比不了清华！

家人经这番劳苦，还都无恙，已是万幸！

再过一两星期就可以安定了。

* * * * * * * *

临《张黑女》。

[二月] 七日，日

昨天志摩路过天津，来看我。

晚饭静生请。谈清华将来收束办法：一、改组董事会；二、大学与留美行政分立；三、打倒分肥主义。

有一定预算，经董事会通过，然后校长就不敢随意分肥了。

范明天回京。想去访寄梅，与之同访顾临。周再见颜，或由颜转王儒堂。

* * * * * * * *

新闻已见《晨报》《京报》。

校中或成风波。

"休事宁人"的手段不知如何下落？

* * * * * * * *

我如在校，就大不方便了。

[二月] 八日，一

昨李道煊来代表学生会挽留。述说校中情形。

报载有校长派员来。没见来。

曹为名位必起反功。

校内职员及少数教员，校外的毕业同学及一部分浅美国舆论——他可以运用。

手段，在董事会提出我的罪状，由多少教职员签名；最大罪名在鼓动学生。董事会通过后在报上发表。

在学生方面用诱导，使学生分为两半；然后在外可以有两种宣言。

我奋斗目的是什么？

想打倒分肥主义！

我为自己打算，实在计划专心读书，别人的如何反攻可以不答。若到攻我个人或学校计划方针的时候，要看清步骤再行出马。

若将曹行政的两大弊——靡费及敷衍——公布出来，舆论界或帮忙。

今天要发出给学生会正式答复。

[二月] 十一日，四

八日早李忍涛①、张锐来。发出劝止学生激烈行动的电文。九日又来，陶葆楷②同来。我坚持不回校理由有三。

一、如回校必至半身泥水，无法防嫌；二、那半身疲劳已极，如回校必至成疾；三、对于行政无对付人的耐烦，如回校颇似头上加"圈"不复有动转之自由。

所以返校也必不能为学校工作。

想对于学艺用上五六年工夫，四十以后也许再试行政事。

九日晚朱敏章来。果然曹有反攻，多对于我私德的诋毁。困兽欲斗！将来不知还要计出何途。

十日拟答复。夜印好。今早朱已带件回京去了。

为清华计，曹在必趋。然我也一定不回校。将来新董事会成立推静生为校长。这是最好结果。

＊　＊　＊　＊　＊　＊　＊　＊

昨《京报》载学生会致董事会函，历数张某的"才德"！自己看了虽不免自傲自慰，然也真可怕！自己本来德学浅薄，得此不虞之誉，将来又加重千百倍敌人的毁谤！真真危险！以后作人行事更难了！

再看朱回校后的报告。

学生越过奖，校内同事越忌恨！

惟有听他们誉毁相削吧！

＊　＊　＊　＊　＊　＊　＊　＊

安心读书，作我志已定的工作。爱国，爱成就，爱青年，都必须从预备自己下手。

＊　＊　＊　＊　＊　＊　＊　＊

---

① 李忍涛（1904—1944），云南鹤庆人。1923年考入清华学校，1926年起先后留学美国弗吉尼亚军事学院和德国参谋大学。1931年回国，1932年任军政部防化学兵学部队队长，1943年参加中国远征军。

② 陶葆楷（1906—1992），江苏无锡人。1920年入清华学校，1926年毕业后赴美国留学，1930年获哈佛大学硕士学位。1931年回国，任清华大学教授。

受不虞之誉，也是一样的不心安！可怕！

快给学生会去信声明！驳过奖应当与驳谣谤用一样大力量。

[二月] 十二日，五

旧历除夕。

我在离清华前比别人或多些困难。自从去后我比别人反安逸多了！

大家青年因为我的去，忙得不了，自问良心何以报之？

至于曹和几个无聊教职员，他们倒是早就应当受些惊慌。

黑幕重，早晚必须暴露。

学生已三上董事会函，难题让负责机关去作。

将来如果董事会出来挽留，我若仍坚持，如何对得起一般青年？

曹既已反攻，合作一定是不可能。学生对曹将来取什么态度也是很重要问题。

* * * * * * * *

我先休息几天。

我绝不辜负人。一定为正义奋斗！

怕困难的不是我！

同时自知德学真不佩人家敬服的！

退下来自修实在是寻难事作。

为青年，为国家，将来可以有较大的事业来作。

* * * * * * * *

我这几天不花钱不费力白白得来的新闻宣传太便宜了！

俗眼看来以为得意，连 B.等多少也不免得意！成败的观念！真险！

[二月] 十三日，六

新年初一。

昨天夜里曹信来，董事会已通过辞函。

对于校事可以完全不负责了。

学生及朱先生行动，我也不去管了。

中国舆论可以得谅解。

一些美国人及接近美国派的中国人大概已被曹的谣言诱惑。休息三五天，预备一篇较长的结束文字，指出已往的步骤及将来的计划，用英文写，同时也译中文。

梅、朱在校的动作，我离着太远，我给他们写什么都很有误会的可能。所谓将在外君命有所不受。

* * * * * * * *

不动心——就是毁誉都不理会！

* * * * * * * *

晚

朱信来。很悲观。

"当断不断，必受其乱！"

弃圣贤，为英雄。

既打就要打到底！

现在经〈精〉神疲倦，步骤怕不慎！自信不足。

自馁是真失败！

别人如何看，不重要。大勇在自反而缩。

* * * * * * * *

精神和工具不够大有为的。这是自知之明。既然如此，现在要勇于引退。别人如何责怨，不能管他。

有学生的过奖，将来多数学生的失望也很自然。

持其志——作文字工夫，至少五年！

* * * * * * * *

从五哥处得来《涵芬楼古今文钞》，看《文体刍言》。

工夫立刻作起，可以把清华事放在背后。

[二月] 十四日，日

清华事我担着一部分责任。

昨晚又见《华北明星报》一段半谣言的新闻。曹一定要利用。

陈彬和①从京回来说朱已与国民党有接洽。

我也是爱惜羽毛的人。到现在越弄越复杂！我不是能收束的人了！

* * * * * * * *

在我必须始终如一。

反对曹的行政；

不为自己位置争；

---

① 陈彬龢（1897—1945），也写作彬和，江苏吴县人。曾在南开中学和中俄大学任职。1929 年起在上海编辑出版《日本研究》。

不赞成学生轨外动作，并力避利用学生的嫌疑；

认清华为全国问题，以个人资格加入革新计划的讨论。

＊＊＊＊＊＊＊＊

处这样难解难分的环境之中，一定结果不能圆满！

若是目的不在我个人，而在清华的改革，结果也好不了！

现在我是不管不好，管也不好！进也不能成功，通也被人嫌疑——这真是任事以来第一大难题！

最近的人也对我不满了。朱若因国民党而失败，我也不能洗刷干净我的相关！

＊＊＊＊＊＊＊＊

一个办法，自己完全不问！必须走开，——那样人必骂无胆量不负责！

我的精神真倦了！休息是必须的。为家为校为国，现在不应自伤自己的精神。若是真病了，那就对谁也对不住了！

请教五哥及华先生。

＊＊＊＊＊＊＊＊

在我也要"立持镇静"！

"舍岂能为必胜哉，能无惧而已矣！"

不打则已，打就打到底！

＊＊＊＊＊＊＊＊

下午

午饭丁在君请，同座有静生。谈清华事。

无论如何，不能回去。

范指明：在社会上作事，最重要的是人与人的关系。十之九．九是人与人的问题。

丁明明说出我的短处，太直，太急，性窄不能容。社会经验太少，看多了这类用手段的事自然也就不气了。

丁说，曹很有些手段，一时或可敷衍下来。丁也是有手段的人。

我要承认这次被人用手段打败！

丁又说真想打仗绝对不应动感情。所以他说我不能作"指挥"！也算知人之见。

精神上真不能支持了。早些休息，让过一时，将来自有公论。

气得我真难过！想来还是让过他们去吧！

先休息两天再想办法。练习冷，练习忍！

[二月] 十五日，一

踌躇两可，终无大用！

又怕失败吗？

弄到两面都不够人！

难处到极点了！全国都注意我的动作！

*　*　*　*　*　*　*　*

恨，怕，高兴，都是感情作用！

富于感情的人决断常不能坚。

吾倦矣！

一切函件新闻都持冷静看它们。

自认失败一次！

休息后自修己短。

新态度：专心读书，不问其余。

[二月] 十六日，二

昨始看《曾文正年谱》，看完卷一。

又看曾杂著中课程十二条又四条。

读完气稍静。

*　*　*　*　*　*　*　*

国文不通，屡被人轻视！这半年中按日程自课。一生将来成就惟看国文的能否长进！

*　*　*　*　*　*　*　*

朱昨电报："Come Tomorrow。"不知是他到天津来，或是他叫我到北京来？今早给月涵电话问明。

若是我到北京去，绝不为自己争，完全为全国教育的一个问题想。曹有对我诬赖，自当力辩——一方面为自己的名誉，一方面可以不使一般青年失望。

无论如何，我是不回校的。然而我的主张要力求实现。

本这方针去做，然后再定步骤。

也许急进，也许缓进；也许立刻反曹，也许等他自败；也许请董事会积极调查，也许不管董事会从社会舆论直接入手；也许我个人去访几个有力的美国人说明真象，也许自己只写一篇长文在英文报上发表。

见义不为，无勇也。

要十分哀恸，再在外国人面前暴露本国人的短处！

……攻它是必须的。作起战来，一定有无辜的也被累，这是很可悲的！

攻后的结果，要早想到；——作为作战的目标。

我现在出头，一定受人嫌疑，说我因怨而斗！

所以在出头之前，必须看清所要求的牺牲。

＊＊＊＊＊＊＊＊

兵法：主客，正奇。（见曾文）

［二月］廿一日，日

十七日赴京，十九日早回来。

见的人：梅，朱，赵，通，人，温。最要的算是十八日晚与温的谈话，学生因怕不能出洋所以一时不敢趋〈驱〉曹，也真可怜！开学后校内怕免不了一番风波。

昨晚发出复曹准我辞职信。这一段作一结束。

［二月］廿二日，一

昨晚得朱信，言学生已开始攻曹。

将来或不免"迎张"一策。

责任应由外部担负。要求王聘请范及顾临，再由他们推荐三人，共五人组织一筹备改组清华委员会——职权：一、作为临时全权董事会，推举临时校内执行人，接收及查清一切经费；二、筹备永久大学及选派留学组织大纲。

无论如何，不能听学生指挥。

＊＊＊＊＊＊＊＊

五哥昨晚谈到中学应求改进，颇有意叫我来办，不过没明说出。我说只可不负责的研究方法。

如果清华可完全脱离，在南开也只作教书、读书、著书工夫，至少在三年内不作行政事。

五哥责任过重，一步也走不开。政局这么乱，经费完全没办法！已欠十五六万；看不出有希望的经济援助。

他想出外旅行一次，籍〈藉〉资休息并且得些新观察。然而经费实在没有人可以拿得起来！

果然他像一九一七年那样推到我身上，我有什么方法对付？

国文不应用，现在是最使我少自信的理由！

＊　＊　＊　＊　＊　＊　＊　＊

关于清华事，我不要丝毫以为得意！学校起风潮，是大不幸！绝不应有丝毫幸灾乐祸的念头！

五哥说，他近来看人虑事，以人情为甚薄！所以他想有顾忌的清华学生不能持久。

他劝我为自己将来想。他是专心自己事业的人，对于别的事业都看不如自己的重要。南开的继续发展自然要我帮忙。

持定态度：清华是我德学不足服人而致有人不满；我来此为读书养气！

＊　＊　＊　＊　＊　＊　＊　＊

看《求阙斋日记》。

今日作起工夫。清华事从此可以淡淡待之。

劳，谦，为各种工夫之根本精神。

现无职业，正可专心攻国文。固然不应助长，但是下半年工夫总应不虚。

＊　＊　＊　＊　＊　＊　＊　＊

曾文正：

德成以谨言慎行为要，而敬恕诚静勤润六者阙〈缺〉一不可。学成以三经三史三子三集烂熟为要，而三者亦须提其要而钩其元。艺成以多作多写为要，亦须自辟门径不依傍古人格式。功成以开疆安民为要，而亦须能树人能立法。能是二者虽不拓疆不泽〈择〉民不害其为功也，四者能成其一则足以自怡。此虽近于名心而犹为得其正。

己未八月

二月廿三日，二（第三十二册起）

四日来津，以往十八天被一切琐碎用去了。从今天起作新课程。

上午：七时起，磨墨，作日记。

八时半早饭。

九至十二读书。

下午：午饭后习字。

二至四读书。

四至六室外运动，看报，访友。

晚饭后写信，游艺，阅书及杂志。

这样生活已是我早所想望的，试下一个月看成效再定别的计划。

* * * * * * * *

现在安逸都是南开给我的，要思所以报之。自己下苦工夫实在是助人莫善之道。

* * * * * * * *

读书为什么？读什么书？怎么读法？

一、为什么？

国文不应用。这是工具问题。多识字，多积理，多作多写。

本国以往经验知道的太少。想明白现代的变迁必须注意此民族以往的经过实际和理想。特别是对于生活意义有兴趣的人必免不了这步工夫。终身事业既是教育，本国人生观民族心理及历史人物的背景陶冶修养等方面自然是必须研究的。从外国学教育回来的讲些什么心理、哲学、教育史、教育制度、测验、教学法等，而所用材料外国工商业发展后的情形居十之八九，我们必须创造本国本时代所需要的制度、精神和方法。在外国材料上我已用过十多年工夫，本国材料早知道应当注意，然而一则因为根柢太浅，二则因为公事太忙，所以总没有专心去作。

二、什么书？

作民族心理背景的书——如《四书》《水浒传》《三国演义》。普通哲理书，如庄、荀，及先政修养法等，在内。

史书——如《史记》《通鉴》，年谱等。

文艺书——如诗、词、戏曲、小说。

三、怎样读？

[二月] 廿四日，三

早五点醒，怕惊动家人到七点起。

昨天气稍静，写字二小时，写日记约二小时，书只看了几条《求阙斋日记》。

仆人用煤过费，二十天已将用完一吨。大半他们自己屋里用的也是红煤。用人非时刻注意不可。

俭是必须的！退出清华因为怕成奢习。这半年没入款，能俭到不欠债是最妙的了。

战争无停日，这真是乱世！能保守一点中国人的人格，同时能在世上给中国争一点体面，——那就是很大的事业了。

立志在先！清华不能使我得到理想生活——机关太大，习惯太深，我自己根柢也太浅。既然舍去安逸生活，必须力行自己主张，先预备自己，真有自得而后教人。教育的根本工作是在为人师者在自己身上用工夫。

中国书多如烟海，必须善择善弃，而后庶几可收微效。然而有些普通书是一个有高等教育的人必须读过的。现在无须踌躇，任择一种就可起首。

* * * * * * * *

今天孟禄过天津。不谈清华事。

[二月] 廿五日，四

昨见孟禄，谈到清华事。他早有意清华也交给基金董事会管理，然而中国必不愿意。

明天基金会开董事会，清华事必有人非正式的谈到。评论听他们去吧！

"不患人之不己知。""人不知而不愠。"

* * * * * * * *

看《曾文正年谱》。

文字工具方面还没有系统的求进法。

习字已作三天了。楷书太慢，然这步拙工夫也必须作。习三个月后一定见长进。

[二月] 廿六日，五

早五钟前即醒。

家人不安大半因小孩太闹日夜不止！仆人也有问题。家中必须设法使他们安静。从自身镇静习劳入手。我千万不要生烦！我自己不该散漫！

治家之道即治人之一端，不可忽略。总宜严忍并施。

从今天起到学校读书。虽然对家人可忍，而以不妨碍学业为限！

新课程内只是习字一门实行了三天。先读什么书？心中充满了欲速助长的躁性！学问绝不是读上一两部书，用上两三个月工夫，就可有成的！文章也不是念几篇杰作自己就可以成文豪。德行办事也都不能心急！

＊＊＊＊＊＊＊＊

下午三时半

现在中学五排五十号，借得此室以资静修。

上室虽小，倒也适用。

立志读书自去清华起！

中西学问都毫无根柢，这样自欺下去一生必至空渡！

外国学问也不过皮毛而已！然比较地比中国书还多看过几本。想起来又可笑又可怜！这样浅薄无知的人作了二年半的教务主任，临走人还说我许多好话，未免太便宜了！也真是人材破产！

＊＊＊＊＊＊＊＊

这次立志，必须坚固了！一切朋友待我若是之厚，家人也为我牺牲，又受了不虞之誉，——如此的鼓励再不努力真不配为人！

＊＊＊＊＊＊＊＊

想名室而无以名。

暂名"不求室"。苏诗："治生不求富，读书不求官。"曾涤生又加上两句："修德不求报，能文不求名。"

因不求而后可有求。

以先病在"为人"，现在从"为己"上用工夫。

能五年安于此室么？五年内以读书为主。不求人知，不求高显，不求掌权，——专心求得此时代，在中国，人生的意义。作教育者的根本研究也不外乎此。

这个问题太泛了，太空了。诚然，惟有随兴趣之所之而已。

最近急需还是求得国文达意工具。

＊＊＊＊＊＊＊＊

借得《文心雕龙讲疏》，明天读起。立记字册。

[二月] 廿七日，六

九点前到。

因仆人笨动气！

怠是老病了。现在完全没有金钱入款，惟一入款是光阴了，惜分阴也是当然。

下午约秀珠看电影。上午作完习字工作。

看《文心》《原道》。记字。

［二月］廿八日，日

"从前种种譬如昨日死，从后种种譬如今日生。"

昨天得到曹的信，看后气动！无聊的辩驳不要费我宝贵的光阴！

从此清华事一概不闻问。

明早女仆也送回。

    ＊＊＊＊＊＊＊＊

星期日，晚起一小时。习字，不看书。

三月

三月一日，一

W. 说，我现在读书每月核计用六百元——丢了四百元薪金，而每月费用要近二百元，太不经济！成绩完全没把握。一天多识十个字，一个字值两元钱！

穷人这样多，我们一般教书匠凭什么可以拿一二百元以至三四百元的薪金？

谁若是有机会都愿意劳心不愿意去劳力。如果劳心的人真有供献，也可原；然而有的劳心的反不如劳力的心敏，那就更不公平了！

我的生活一定比多数穷人高几十倍，有什么理由对得起多数人？我可以作什么多数人不能作的工作？安逸我已经享受着，将来我还有成名的希望，这个理在那里？

一个社会为什么要供奉一般知识阶级？中国乱到如此，一般念书人反比以先旧式社会舒服了。就是因为我们念的是蟹文书①么？

我们如何同美国比？大学教授在他们中间工价不比他们的工人高。我们的待遇只想同他们大学教授比，然而忘了同我们自己的工人比。

到底教育是为什么用的？在那种景况之下人为什么要读书？读书人在中国历史上占什么地位？在现代西方大国中教育占什么地位？读书人占什么地位？

我在四个月里要想清楚教育的意义，特别是南开教育的意义。南开应当有机会与社会接近，创出一种中国式的教育来。

我想作这一步工作，自己先下工夫预备——念书，特别是念中国书是我必须作的。每月六百元的牺牲也值得！然则工夫应当苦到如何，狠到如何？

* * * * * * * *

写以上一点日记已用了一小时！

每早四五点之间必醒。其实六小时也就够了，自己总想八小时好。

懒！工作太慢！没读书，一个上午过去了！可耻！该死！

---

① 晚清民国时期人士称外文横排版图书为"蟹文书"，因其似螃蟹横爬。

[三月] 二日，二

昨天五哥同孟禄从京来。五哥很高兴。他说我这次太便宜了！其实也无所谓。我自己还努力作我自己认为应作的工夫。现在五哥对我高兴，要防备将来有时对我不高兴！

别人如何看，一定不被动摇！不动心在此。

* * * * * * * *

下午五时半

一天又空过了！

早九时半才到此室。十至十一与五哥谈一小时。以后直到下午三点半都为招待孟禄用。四点一刻至五点二十五分习字。昨天没写，今天心又不能专一，写的很坏！

现在黄任之住在学校，明天又免不了应酬。

每天光阴不能这样失掉！

立志在下四个月内国文要大见进步！这是我的生命！不如此是死路！

W.为我作"老妈子"！半年没入款，一家吃苦为什么？

既想大有为，国文不通成么？并且唐望不朽，又有南开的大业。无论从那方面看，非专心用死工夫不可。清华事一概不闻不问！谁如何去办，不管它。学生什么态度，舆论界如何批评或建议，都不管它！立志坚不坚，将来能否大有为，就看这次自持的成功或失败！注意注意！

[三月] 四日，四

九点前到。

昨早送孟禄及黄任之行，凌来谈，约他午饭，下午又有苏国才（罗宗震女友）来访，——一天空过了！

来津已满一月，半年已过去五分之一！学问上毫无成绩！

勿忘勿助长！

* * * * * * * *

《文心》共五十篇，每天看两篇，看完也要将近一月。

《原道》——上星期看完。

今天看《征圣》及《宗经》。

看法：（1）先看原文，看完一过，再（2）注意字句（用已有注及字典），再看一过，然后再（3）看所附录之文。

* * * * * * * *

十一时洪深来访。他同欧阳予倩在津，为电影《空谷兰》演讲事。长谈电影事业的方法及兴趣。洪问我要故事为排演用。这是戏友。

六日午饭给二位来。（十六日，请他们讲演。）

洪的文字很便利，对于戏也很专心，渐渐也有他的成就。

想我的兴趣散漫，心不能专，现在才知读书之要，然而什么是我的终身大业还是茫茫！何立志之不坚若此！

[三月] 五日，五

夜中因二女哭睡的稍不安，精神就觉不振，这不是能受"大任"训练的人。

昨天因溃兵将到的谣言，读书被扰，两篇《文心》没看完。

信应答的即日作答。因延迟已经得罪过孟和，并且失过许多机会。在君说以先他也是懒于写信，因为失去朋友太多，所以他现在每天总写四五封信。写信助我英文长进很多，现在想长进中文为什么不也用写信的方法？

日记倒也是练习中文的机会。

懒于写信，因为字句不够用，又字形太不美！记字册及习字工夫就是为这个作的。快快作起来。

[三月] 六日，六

《文心》不能如所定课程作去。今天要补昨天没作完的。

洪深欠南开美金三百元。实在是我借的，我应当早给还上，过了三年还欠一百五十元（华币）。午晴露出不喜欢的态度，今天我约他陪洪和欧阳吃饭，他大概不来。也许我感觉过敏。行有不慊于心则馁矣！

以先忽略了！过则勿惮改。虽然没入款，银行里仍有一千元存在那里生息。无论如何洪不还我一定还。手续上是我错的！第一，我不应乱用学校交给我为学校买书的钱，在未曾得学校允许时借给私人。假设借时情有可原，责任完全在我，不能让学校多一番讨债的麻烦。我有钱时，应早还上，然后让洪欠我的。

现在我良心不安，又怕得罪了午晴，于将来作事上不方便。

同午晴开诚的谈一谈。然后给洪还上其余的欠数。将来用完银行现存的，可以拿出一千元的四行存具去借钱，供给这半年用及保险费。

这样作，我没有什么顾虑，W.怕不愿意。我以先还想一千元存款不动，也不使人知，到交保险费时从别人借。那就手段太卑鄙了！

既然想作诚的工夫，想养至大至刚的气，那就要作圣贤到底，轻视名利，事事求其义，勇于自省，决于知过即改！

写日记用了一点多钟，这是应当的！操行与学问并进。"文以行立，行以文传。"

求得改过心安的方式，现在可以注意文去。

[三月] 八日，一

昨天没工作。

想下学年作什么。无论作什么，国文都需要。现在谈不到专长，更谈不到不朽！只于补习以先在中小学应作过的工作。此学期可以随意，下学年必须有入款。在南大教书，一门英文戏剧，一门教育史，每星期六小时，月薪百元。交通若便利，每星期去京一次，也教四小时功课，月薪也可以得几十元。这是一个计划。

五哥也许要我多帮忙，南中让我负一点责。那样也可，只于不任直接行政事，并且余出时间读书。

大谋在那里？作什么可以在世界上给中国增光？帮助五哥建设一个中国式的学校？分工到我身上是学理方面。

* * * * * * * *

习字听任公说应摹临兼作，然终了还是得自寻途径。

熟能生巧！最良方法必须从习中得来。

今天习字用专静纯一工夫，效验。每事都应如此！

对 W.也要正己躬厚！稍帮忙就自夸，不能服人！曾文正三字：清，慎，勤。

清——无贪无竞，省事清心，一介不苟，鬼伏神钦。

慎——战战竞竞，死而后已，行有不得，反求诸己。

勤——手眼俱到，心力交瘁，困知勉行，夜以继日。

* * * * * * * *

用静敏的感觉，把时代的问题引到自己里面。从复杂中镕化出"一贯"来。用舞台工具达出来的就是戏的艺术；用个人的言动达出来的就是为人师表的教育。艺术，教育，都可用。以往的戏剧和教育自然要细心研究。然而最重要的是求得这个时代"在我"的一贯。

我所接触的一切事物都可成为材料。时时我预备吸抽。"推"之！推己及人，是推广。推而究他的以往，相关，及未来是推深。深，而广，而"一"之——庶几近于时代精神了！

[三月] 九日，二

"愧对"态度。人待我厚，五哥，南开同仁，梅、朱、徐、华诸友，W.——都过爱我。他们都望我有成！

＊＊＊＊＊＊＊＊

用油仿纸摹黑女二页。任公说，摹时学笔法，临时学结构。第一次摹，颇觉不便。试下去，看长进如何。

（写字要摹，为文也当从摹入手。文摹那一家？）

＊＊＊＊＊＊＊＊

人问近来有什么成绩，耻无以对！名为读书而工作太不狠，太敷衍！

每天写几个字，作两条日记，认几个生字，看一篇《文心》，——一天就过去了！信件依然不敢动笔，论文还是望而生畏！四个月后怕比现在所强有限！愁也没用。

"月无亡其所能。"——试一试短文。自己拟题。虽然积久勃发是妙文之所由出，为入门工夫，练习必须按时。此后每星五作文一次。也许评论一星期所读，也许假设投稿某杂志，也许预备讲演底稿，也许拟致某人书，也许一段经验的纪实，也许短篇小说，也许剧中一场，也许翻译，也许自创，——可写的很多，以先太自弃了！

每星期一课文，到暑假也不过只可写十四五篇！

＊＊＊＊＊＊＊＊

背诵工夫也没作起。

Morley 到老时还能背诵，作为消遣。背过就忘也不要紧。

当于读《文心》时每天择几句背。以后要背整篇不朽的妙文。

＊＊＊＊＊＊＊＊

能文以后，又将如何？行真可以文传么？那是太远的事了！一生就怕连文都不通，谈不到能文，更谈不到传！

[三月] 十日，三

家中无女仆，我稍帮忙，也可下去。独立是可作到的。

＊＊＊＊＊＊＊＊

摹四页。恨进步太慢。

《黑女》已写过十数次，而今天第一次读其文，这也算是忽略已极！真是程度太幼稚！中国的文化我至少得用上十年工夫才可以稍入门径！

又不耐烦！

死在半路，也没办法！尽人事，听天命！

根柢太坏，中国书没好好的读过，外国学问也何曾下过系统的工夫？以往所依靠的只是一点小巧而已！

虚假的一定失败！

＊＊＊＊＊＊＊＊

上午理发洗澡，下午习字，看本册日记。一天又空过了！

看完《乐府》再回家。

[三月] 十一日，四

晚到十五分钟。小受风寒，精神也微有不振。

看《文心》次序：

诠赋第八，史传十六，诸子十七；

论说十八，书记廿五。

以后就是下篇了。

[三月] 十二日，五

后半夜没有睡。工作晚约一小时。

昨天志摩北上过津，我到北洋饭店去看他。他要我写文章。

今天第一次作文。懒，不愿下笔！虽然有书应看，字亦应写，今天不去看不去写，拼命要作文。

经验不是没有，积理也有一点，总没耐烦用文字记载出来。

读过书太少所以字句不够用。希望太奢，每作一两句东西，就想不朽，也真可笑！于是越不写，越写不好，越怕写！近两年来，日记还敢写，也是因为不给人看。其实别类文字也可守同样的秘密。

（秘正。）

Tolstoy①把自己锁在房里，非有出品不放出去！我也非下苦工夫不可。Rolland 也是丢去一切交际，自己过简单生活专心著述。行政在四十以后，现在把全自己放在文字里。

今天写一点什么？

那类回忆可以拿来用？写辩理的文字，还是写情感文字？

讲义是一种新体裁，也宜于白话。这是说理文字。我以先有的讲稿可以重新清理一下。

说白戏也是新体裁，我以先用英文试过。中国话就不知怎样说！

也梦想过写诗！那里来的诗资和诗情？

对于"入神"的经验倒有过些，然而如何擒得住放在文字的水晶瓶里？

文字可行远久；固然无经验必没有好文字，但是只去生活不用文字帮助组织，生活不会很有浑厚的趣味和意义。

* * * * * * * *

写文章为是给人看么？好坏标准操之于人，自己一定不能心安。我要借文字找着我的真自己。文字的美就是天地间的美要借文字实现出来。工具不外乎字句。字句是大家共用的，一部分的民族经验是含在字句里的，选择和运用的巧拙完全在我。

（挫折，抑扬顿挫，都不是拙，拙只作不巧用。）

上午已过，只写了些空话！每星五必要产出一点作品来。

至少要写几封信。

［三月］十三日，六

七时前起床，九时前到此室。

昨天开中山周年纪念会，有五哥演说。魄力是我所不敢望的！自信力甚强，救国没有一定方案，唯有奋勉学生立定志向个人择定目标前进。他的感动力很大，南开的发展就是他奋斗哲学的例证。我以先在此地因为办水灾还算小有成绩，所以说话也有一点力量。所谓"文以行立"大概是这个意思。

南开现在的大难题是"穷患"。想前进事，离不开"大洋钱"！"不新

---

① 指列夫·托尔斯泰。

则腐"又是办事人所深信的，所以必须继续的"长"。长的方法离不了用钱，而长就是生命，所以借债也要长。全国一天比一天乱，而南开仍前进如旧。校长以为得意，实在也是很可幸的，然而五哥已觉太劳！助南开不外两途。

一、想法多得钱。

二、求得一个不必完全倚靠钱而仍能继续长的路。

不进则退是不错的。胆小或保守，一定不是方法。那样走下去都是死门！长就是生活！

中学经济不是很难的。学生来的很多。现在的办法已经得社会的信用。办事人并觉不出有试验新法的必须。与他同样而能竞争的可以说没有。谁来想改方法，时机大不相宜。

大学最大需要是钱！已经有所谓 vested interest①。薪金、课程等制度，都已定好。教授学生所要求于校长的就是你去弄钱！有了钱什么都好办，没有钱南开的前途很悲观。校长是好名的，这几年运气还很不坏，虽有时犯一点小脾气讥讽讥讽教授，申斥申斥学生，因为他以外没有别人能去弄钱，大家都能原谅了！校长虽劳也很高兴，教授虽对学校偶有小不满，而每月仍旧拿二百几十元薪金，一个铜子也没有少过！别处有了好事，自然还是高就！

人情大概是如此。都要一点小名利，同时千万不可说破，为是保守他们的廉耻！

大学的将来如何？所以有人为南开忧！

中学的将来又如何？也不是完全没问题。

今天分析到这里，以后再想。

＊＊＊＊＊＊＊＊

写五百多字的日记用了两小时！

[三月] 十五日，一

昨天同五哥、乃如谈。下学年在南开教书，大学任两门，高中任一门。

在大学可任"教育史"及"西洋剧"，这个假设昨同乃如讲过，然在下月中再发表。

在高中我想可任"思想方法概论"。

---

① 既得利益。

行政一定不干！不要妄下批评，对于一切同事不要丝毫轻视。对于制度，除非真有改革的时机，不作批评，不献建议。

* * * * * * * *

学问，文艺，办事，——到底那是我的终身大业？

有野心，而魄力不足！

用上五年工夫再看！

然而专在那一方向？造成中国大文艺家？大学问家？什么学问？

* * * * * * * *

想成一家，是求名么？

名还看不破吗？

立志，努力，都应当，绝不应求人知。"人不知而不愠。""不患人之不己知，患不知人也。"

然立志终身作什么？才知浅薄，怕一生空过！教书可以作终身事，然而可以成著述者吗？什么作一生专精的学问？

在美国读书就没有过专精。在 Clark 学了一点心理学，粗浅的社会、经济、政治，等学科。

作了一年多青年会事。

一九一四至一六，读了几门教育功课，又兼学一点戏剧又加一点哲学！因为英文便利，曾出过些小峰〈风〉头，不过骗骗美国人而已！

在南开水灾经验，倒是一点真的训练。这是一点办事经验，而同事人的成绩我不能掠美。

再游美也不是纯粹为学问去的。精深的研究也没有作，论文是敷衍局面！小巧小奇偶或有之，然而绝没有一点真学问上的探讨！

几本完全没价值的戏更是为出一时小峰〈风〉头而作的！

改进社的中等教育研究也是毫无成绩。在清华也不过闹个假外面！

小巧还有时可以骗下人去！大谋还没有看出来！

很想写一笔好字可以壮门面！中文至少可以写几封漂亮信！

家风也没有出过一个真文人或学者！五哥是吾家创业者。人很聪明，善于用人行政，魄力大，常识足，然绝不是学问或文艺家。

我很觉继五哥志的必须在学问上有相当的成就，同时在知人行政方面虽不能说创也必须至少能守！

我的才实不足！敬谢不敏！

现在既已去清华，责任比以先更大了！已立志五年读书！以前种种失败和浮浅处只可认为譬如昨日死！

为谋生，为"教学相长"，下年必须教书。教什么？发展那一方面的兴趣趋于专？

教育是我曾经用过最多时间研究过的，并且办事经验也都在学校里。我想教一门教育功课。我不愿用中等教育，教育哲学，课程组织等美国式的名称。我自己要寻得一个新的教育定义。所谓新的不是时髦式新从外国介绍来的。我所谓新，是得到一点时代生活的新意义。这一种研究名之曰哲学，易犯空虚；最好还是简单一点叫他"教育史"吧！内容包括中国和西洋教育制度和思想的各种经历，而综合的观点是由现代中国生活的要求产出，这样一种历史比较观，正是现时教育界所最缺少的。实在是我自己最想弄清楚的。

抄袭西洋已快到末叶了！在本土里求根是有识者所最渴望的。我想来作一点这样工夫。什么是本土？这就引起很复杂的问题了。关乎将产生的新文化！

"西洋戏剧"我也想教。"诗"不敢问津！戏也要从现代生活要求入手。内容也包括中西两方面。

将来有结果时，可以在中西并用。

两门很够了！一定不能多担任！

（只两门！）

教育史——三小时，一年
戏剧——二小时，一年。　　文理二、三、四年级生可选。

＊　＊　＊　＊　＊　＊　＊　＊

在高中所给的"思想方法概论"，不要用许多时间，每周二小时。目的在能与学生接谈。若选科制，惟高中二三年学生可选。

［三月］十六日，二

五年安静深求。预备基本工具和专精的研究。所谓天下事尚可为，尔当积学待用。

基本工具：文字，养气，知人（交友在内）。

专门研究：教育思想制度沿革及戏剧。

无论什么学问都是一个时代"在我一贯"的表现。"一贯在我"的雄直怪丽茹远洁适与否，都表现在我所讲的任何学问里。

（八字借自曾文正评古文。）

* * * * * * * *

大学功课重在教授的"一贯在我"，学生所得于教授的也就是这一点。几个浮浅的术语算不了什么真学问。借着几本书骗饭吃不是作大学教授所应为的。

第一年的课程是入门性质的。有的学生愿意深究的，可以作个人指导。所谓深究，就是愿意多同你接谈问难。学问范围大致按你所开的路去进行。大师向来如此！所以想作一个教授那是容易事！教授中有多少人得着时代的一贯在我？在中国现在固然很少，在外国又何尝多！博而约都在教授个人，你自己的言行思想知识都要能使你的学生佩服，暗示他们一种前进的方向和途径，从理想教授的工作上可以推出大学的学风和制度。一个大学是几个理想教授工作的场所。教授都是已有"自得"的观点的。他们日夜不息的研究想求得能立一家之言，他们一定不甘心只拾他人遗唾来转卖给学生。传授世上已有的知识系统，及训练普通领袖人材应用工具，——这是中学教育的职务。中学若能尽职，大学工作可划清，而大学教授的工作自然可以多收实效。现在中学未能尽职，不得已大学一二年还要用来补足普通工具的训练。

中、大之间应有一个很严格的考试，能过的才算大学正式生。为那些想"混"文凭的，和有钱而想得一点大学风化的，可以仿英制 Pass①学位办法，对于他们的学问可以无须太苛求。

* * * * * * * *

以前几点，不能宣布。说出，只于多得罪些人！"造证据"！自己努力作一个大学教授！有了证据，你的演说不用辩人自然就信！

* * * * * * * *

对于中学的改革，和我所想中学应有职务，我也不能说话！所谓"普通领袖人材应用工具"，我自己还没预备好！我自己连一封普通中文信都写不通！别假冒了！不要再高谈空调！

* * * * * * * *

工夫不外：一、基本工具；二、专精研究。

* * * * * * * *

---

① 批准，通过。

在仆人面前丢脸！叫他们打电话给息游别"墅"，读作"野"；他改正我说"息游别'暑'"。以后我查字典，果然墅音暑，上声！

中国字音也是真麻烦！我丢脸的回数太多了！

效率（读作 Swai），破绽（读作定），佥事（七淹切，平，读作检）。这些是自己觉悟的，未曾觉悟的不知道还有多少了！

[三月] 十七日，三

不能稍有一点自认是南开继任主人翁！我不是创业的人，也没有为南开出过什么特别的力，并且没有一样真能使人佩服的本领。

现在南开给我特别机会在此地住，在此地读书。五哥轻视人。他看人情薄，——也给人猜想他有什么用意。南开要用人，我有小可用处，所以一切优待！

要南开借用我，我绝不依靠南开！

听五哥说，锡禄有信来，两年半可以得博士学位。五哥也联想到老二两年半大学毕业，老三中学毕业，老四初中也可读完。一家四子[①]之乐！

我必须作出真把握来，——完全独立的真把握！我有我的出品，我的哲学，我的剧本，或是我的事业。不能独立一家，一定招人的轻视！

虽然在南开也是"合则留，不合则去"！

* * * * * * * *

我也应运用已有的观察和相识深造去，求得一个时代的"我"。志不专，必不能大有为！怕什么青年晚辈！我去给他们开一条路——然后我来"立"他们，"达"他们！不走五哥已走的路。成就要一样，或者还许大！魄力要学他！

现在锡禄的国文就比我好！惭愧死了！我算是先辈，应当利用早与西方接近的机会。胡适已有他的成功，连洪深也渐渐寻得他自己的地位。我真要无聊终身么？可怕可怕！

[三月] 十八日，四

昨晚大学游艺会，洪深、欧阳予倩演说，又欧阳采〈彩〉唱《探母》。

欧阳讲中国音乐研究和创造的途径。言中有物，识见宏达。唐乐之

---

① 张伯苓共有四子，长子张锡禄，后写作希陆，次子张锡羊，三子张锡祚，四子张锡祜。

在日本者尚可寻迹，他颇有志到日本去研究。国乐应专设学院，现在的政府是无力及此！他又说二黄之所以胜过昆曲，也出自细心体验，绝非浮陋者所能及。昆曲传奇的结构，因被每角必有一出的主要唱工缚束，常有散漫的病。

洪讲表演的不易，作出几个姿式作证，也见出他曾经受过相当的训练。西洋的姿式已有过系统的分类，中国的姿式还没有人去研究。

《探母》唱的很好，嗓音圆□自如。

夜里近一点钟才到家。

* * * * * * * * *

今天用新笔。任公介绍的笔店，作法同他的笔一样。不许损一毫。用时虽觉笔峰不整，然也不要用手拔出看着像似已脱的毫毛。若真是脱的，那笔一定作的不精，或用时太不小心。任公说一枝笔可以用得很久；只要用的小心不使脱毫，旧的笔可以送回，两三枝合并一枝，那样还要好使。

砚每日一洗不用陈墨，又摹临同时练，又保护笔法，——这是从任公先生听来的。虽有良法，无奈天资本低，工夫又不苦！

本星期已过大半而《文心》没有看过，这算是什么志气！空愧无用，立刻起首。

[三月] 十九日，五

早送欧阳、洪二人行。

因招待和所引起的感想空过了三天！不免羡慕人家的成功！自想：国文不如人，就是生活经验也渐渐不如人了！前途茫然！

按课程今天应作文。思不如学，所以还是多看一点书吧。

My today vindicates my yesterday; My tomorrow will vindicate my today!①这是我前几天想起的仿 Nietzsche 用这句来自慰！也自策努力！

隐居不应稍有不适。勉强生活，学而时习，有朋友能谅解，人不知正是因为无可知，——再不能乐，那就是戚戚小人了！天资本钝，成就不能高远！已得的名位比我所配得的已经多过！不怨不尤，惟恨自己没志气！

----

① 译为"今天证明我昨天的正确，明天会证明我今天的正确"。

［三月］廿日，六

心神不定！

朱敏章想出洋留学，问我借五百元。今天写信答应替他设法。我自己没入款，又有人来借，不能不答应他！

这几天眼睛又犯不明，怕是去年的 Trachoma[①]没有全好。

易生烦，失望，大不高兴。在此地大学，□□怕不能真有什么著述产出。天资有限，人力是无用的！

有人问我借钱就不痛快，那样天下不痛快的事太多了！这算是什么养气工夫？眼睛有一点不明，就烦起来怕起来，那末，若是将来有了真不幸，精神可以抵抗得住吗？Beethoven[②]的聋，Milton[③]的瞎，那是怎样伟大的魄力！力量小，易怕，易假，——都不是大人物的材料！快醒悟吧！不要自欺欺人！

* * * * * * * *

下午

饭后仍不安，于是取曾文正《日课四条》诵吟四五过，觉稍静。吟诵实是一乐，也助养心。

> "古之君子修己治家，必能心安身强而复有振兴之象，必使
> 人悦神钦而复有骈集之祥。"

我来津为是修学养气。这三四天给家人一个很不好的印象。自己气不振，家人也要不安于贫了，以后每天诵读一段古人励志养气书。天资本低，也不应自馁！既然受了许多人厚待和过宠，惟有自己有多少力量就用多少，当于生一日就作我一日应尽之职，自己的荣誉和将来的成功都不敢问了！

不高兴的一个理由：看成功太重要！

急于想成功，所以不能坦荡荡！其实助长，非徒无益而又害之！

* * * * * * * *

> "心绪作恶，因无耐性，故刻刻不自安适。又以心中实无所
> 得，不能轻视外物，成败毁誉不能无所动于心，甚愧浅陋也！"

（曾文正日记）

---

① 沙眼。

② 指德国音乐家贝多芬。

③ 约翰·弥尔顿（John Milton，1608—1674），英国诗人、政论家。代表作品有长诗《失乐园》《复乐园》等。

[三月] 廿一日，日

诵《不动心章》。

昨悟用笔法。毫稍向里转（反钟表），然后峰〈锋〉可长正，而笔道也可与《黑女》相似。不过何时转？下笔后可否转每到停处用。以先，峰〈锋〉长歪，并点努不像《黑女》。成习后或可稍快，初用比从前更慢了！

＊　＊　＊　＊　＊　＊　＊　＊

昨听说三姊病，劳〈痨〉病初期。今天下午去看他。三姊好忧虑，住处不洁净，又有五个小孩只用一个女仆，知病怕也很难得机会静养！没钱走开，也不放心！

千里也是有才有志的。求学没得机会深造，又加上家累。三姊既不能得物质上的丰裕，而又得不到医药最新的供奉，惟有在可能性内得些生活的乐趣。明知有法，而因没钱不能作到的事，世上很多，特别在犯人多的中国！

身强——身心的卫生。防止生产。求得生活的意义，预备若遭不幸，还可得精神上的安慰。

□□只有五哥、三姊。三姊又得没救的病！

[三月] 廿二日，一

早诵《不动心章》，看朱注。

[三月] 廿三日，二

昨天国民军退出天津，李景林①重来。人民受一度惊慌，然而人民几千年的习惯总是"待治"，没有过"自治"。所谓"国人皆曰"那个国人，到了实受不过的时候只于有消极的表示，就是希望圣君贤相出来拯民于水火！这样人民太贪生，太没有一点政治自决的兴趣和能力！谁有实力，就顺从谁！任人侮辱，反正我自任是被动的"民"，对于政治我完全是外行，官若是稍为民想一点，自然歌功颂德；对于所谓贪官污吏惟有忍受着，一点不平之鸣在民间文学上泄一泄忿也就罢了！

这种人民心理完全是中国的。你看他可怜么？你怕亡国，你怕作别民族的奴隶，你怕人夺去你的自由！他们只要生活！只要安逸，只要懒而不负责！

他们不要你救他们！

———————————

① 李景林（1885—1931），字芳宸，河北枣强人。1926 年，任直鲁联军副司令。

［三月］廿四日，三

昨志摩信来，立作答。用近三小时写一封信，太踌躇，以后常写。

李景林回津，于南开或不利。张学良可用。官场各方面交际，非老资格不可。这样办教育完全没前例，五哥因时势特创一格，新有旧也有，外国有官僚也有，牺牲有手段也有，学问有投机也有，——在这时代里能自成一家！这是时代在他一贯的表现。

［三月］廿五日，四（第三十三册起）

今天印来新纸本。从本册起，日记用自制的本子。每页二百字，标点符号画在行外边。本子外又印了些单张，备作文抄录用。工具有了，要看如何用。

昨天又起首写大字，临《杨大眼》。来津后还没作大字。

＊　＊　＊　＊　＊　＊　＊　＊

午饭在五哥家吃。谈下学年教书事。我想可以任教育史及西洋戏剧。我说了我理想的教授。自己得到时代在我的一贯，然后用任何一种学术表现出来。以后要言行一致——自己勉强作一个大学教授——就很不易了！以时代生命的意义作准绳，来选择中外古今已有的前例，为是帮助时代生命得满足。

自成一家，在你能否一贯！在一时代中求得一个站得住的"我"来，——知道这样努力的已不多见，有相当能力的很少，而真能利用机会，持久到有成效的，自然是很少很少了！

谦虚工作！天资有限！自身不能期望很大的成功。只可预备后起的青年。

五哥在高中集会说这次改变的意义，学生散后有几个大声不满！中学训练上少师生的谅解。

在会场上又发表我明年在大学和高中任课的消息。五哥说话有时很不小心。大家知道我要在此地任课，以后的言行更要加倍小心。

中学人多一定杂！人数还须减少。能快办到才妙。学生中一有人对于办学人表示不佩服不完全信任，这一校的校风就难望有很大的效力了。

我的力量薄弱，不够任得起中学学风的提倡。中学所有的训练我自己还有不足处。教一二小时的功课，已很勉强；再大的责任绝不敢想。

对于校长表示不满的也许是与国民党同情的人，或是党员。他们总会想校长滑头，现在政局一变校长就改声调了！这般青年对于老滑头一定看不起，以为他们勇气不足，以为他们近于无耻！

有政治主张的人有时要冒险的。我们政治上没主张是怕险么？是想安逸么？是真能舍去一切名利和安全，为人类创出些真、美、善来？青年要努力的新方向，只于消极的不能唤起他们的信仰。你只于跟他们说好好念书，不问政事，他们说你滑头，说你怕险。所以必须给他们想工作。"必有事焉！"助他们得立达。他们问生活的意义，我们惟有两个方法答：（一）同他说理说道说命说法；（二）给他们想出各种技艺和工作同他们一同来习。（二）比（一）多教育的性质。（一）也不能完全没有。不厌不倦，循循善诱。几千年的标准有他相当的力量。作教育事因为对于人生想有根本的改造，不然我们就直接去作政治活动去了。这要看动机如何——比政治活动的人本领不小，比他们生活绝不安逸，比他们得利少，得名也少，——动机不小不私，然后再作教育事，就可以完全自反而缩！在未懂之前不想自己去执行；认现状非多得些明达的青年是不能改成功的。自己力量足必须自成一派。对于人生有统盘的计划，而后导引一般青年积学待用——这就是教育的使命。

［三月］廿六日，五

八点前到。近几天消化力不强，今早止朝食。

《求阙斋日记类钞》看过一遍，其中最喜爱的句子另抄一小册。

昨天五哥听人评黄钰生太慢，不能多出品。我也可受同样批评，怕有时还比黄不如！才识有限，惟有少担负责任，择定小部分，专静纯一地去努力。

慢——用勤和专来矫正。

［三月］廿九日，一

前同五哥谈，想在春假后南游。再一星期是春假，南游出发当在四月二十前后。

五哥意在参观学校以定南开将来方针。我想到上海看戏及电影状况，同时也多观察人生现象。

中文及书法能够通信便利就好了！在下两三星期内一定作不到！然看《文心》怕是远水止不了近渴！写魏碑也帮助不许多写行书字的信！

工夫不能忙，不求速效。

在启行前，把《文心》看完。尺牍也起首研究。写大字练肩架，行书看《淳化阁帖》。

《求阙斋日记》集句每天抄一页上下。

＊＊＊＊＊＊＊＊

下午写大字二小时。费力不少——真正筋骨的力和精神专注力。"项力直注毫端。"今天悟得此句。作小字也要笔笔用力。从笔画里也要看出横扫宇宙的气力来。每笔不苟，再贯以至大至刚之气，是字形不美，也不害大体。小巧处注意最无希望！

＊＊＊＊＊＊＊＊

实想起来，进步太慢。以先根柢太浅了！五六岁小孩应作的，我现在来补习。加倍用力，也怕难赶上旁人。然而这又是"为人"的念头。

［三月］卅日，二

南开想筹备为费城博览会的陈列。昨天五哥找我去帮忙。

目的：预备将来到南洋及美洲去募款。

陈列原则：

（一）如何一个家塾发展到一个为中国全国造人才之所。

（二）南开教育特点在那几点。

（三）a. 陈列品为将来捐款人设想，表扬以往的善男信女。b. 为内行人设想，搜集中外人的评论。c. 为外行人想，求醒目。

（四）看完后的印象——是许多中外人士对于中国问题非常热心想帮忙而用南开作一个私人努力合作的机会。

（五）Follow up①工作重要。

（六）陈列品必须易于运输。

（七）中英文说明书要美而精。

预备时间太少，所以不能希望很圆满的结果。

我只作顾问。定出分类筹备时期。在中学设工作地点。就绪后请校中人批评。给中外报送材料，请他们来看。

将来校长出去募捐可以带陈列同行。

＊＊＊＊＊＊＊＊

前四条原则我说给五哥听，他很赞成。现已起首进行。限一个月办好。

---

① 后续的，引起后来的。

意思很有限，毫无功可言。将来未必成，时间太促，也没有相当训练过的工人，并且学校事务已经太忙，而办陈列的仍是那几位。

五哥办事方法是有事大家忙。他最不喜用什么名义，如同委员会、执行部等名称。有什么事想起来立刻就办，而大主意都由自己出。

我只作顾问。少说话。使五哥觉着意思都是他出的。

我有我的工作。读书立身很够忙的，难说还有闲工夫露你的小巧去！今天又完了！——只写了一张大字，抄了一条《求阙斋日记》。

[三月] 卅一日，三

昨晚同五哥、伉、喻等谈到十点以后。我大批评大学选科制。议论并无新奇处，仍是些道听途说的外国材料。这样半熟的意见毫无一点久远性！说出时自己觉着些自夸，以后在慎言上再加力。

（塗通途。）

真为中国创出一条久远的大道，不是小巧可以成功的。制度本是次要的，假设制度能改过来，中国就可以多出几个惊天动地的学者来？南开就可以真对于中国教育有一点具体的供献吗？

（具，设备也，完备也，又器用也。）

主要的不在制度而在人，——能了解时代，同情人群，贯通中外古今而产出时代新意义的人。民族能否存在，就看这类的人能否应时而起。这方面去努力，那有时间自矜，也那有时间去怕人猜疑。昨天对五哥露出怕人忌妒，请他不用说出意思是我出的。其实这倒是得罪人，因为你总以为人有忌妒的可能，并且你无形中自夸你的意思配得人家起忌！大量人不如此。我以为对的我就说，决没有一点看不起人的念头，所以对于思想，也无须分得清楚什么是人的什么是己的。

（俱，皆也，偕也。绝，断也，尽也。有一无二谓之绝。拒之也。隔而不通也。绝对，无对也，甚也。决，一定不移曰决，如决意。）

五哥昨天也说在南开用不着"多一个心眼"，不同清华一样。谨慎固然重要，而不应有畏缩的心态！"至大至刚，以直养而无害则塞于天地之间。"若无此气，那能大有为？

（自知，自忘。）

陈列我要帮忙。南开应当继续发展，得到中外人士的协助；南开也应当得一个解决中国问题的新意义。我若觉自己预备太不充足，那就不应出一语，谢绝交际闭门读书。若觉在读书时间外，还可以帮忙想一点意思，那就应完全为事的成功想，为目的的达到想。谁的意思有什么关系？

别人误解——五哥不了解——不管它，我在此地的使命是为读书！主要是"为己"的工作，帮忙现时的计划是末焉者！

我对于陈列方法及大学制度昨天已经说话太多了。大学制度不要再谈一句。听大学负责的人自己慢慢改进。他们若来问时，可以稍述己意；不问，一定不再谈一句。陈列事可以暗地里作一点工夫，在人前不要多说话。我已说的话，我自然要负责，从预备陈列上，可以作一次南开的调查。对于前进的趋向，在选择历史材料时可以表现出来。又可证明研究历史实在是为定前进的途径，增计划的自信。陈列里注意的，总是现在看为有价值的，也就是将来愿意努力的趋向。

* * * * * * * *

写七百多（近八百）字的日记用了两小时。

* * * * * * * *

今天在作日记外，只写大字两张，抄《求阙斋日记》四条。

现在已近五钟，要到思敏室去看一看陈列事。

"敏则有功。"日程上要加工作。早到校一小时。

八至十二：日记，抄集句，看《文心》。

一半至三半：习字，看《文心》。

三半后：筹备陈列事。

自己认为责任后，不用旁人摧〈催〉，也不用旁人求。

四月

四月一日，四

早八点十分到。磨墨、读四条，用三十分。

今日起带一时辰表来。每日工作按时记下。没有一个表常在旁提醒，容易流连而不知时之已去。

《文心》是我自定的课程，为下学年教书，为国文工具的操习，读《文心》都有益。当于读时，不要想还有什么别的工作比这重要。专心在此——求生命久远之术暂时在此工作上。不能专静纯一，必不能有恒，所以必不能有成。

* * * * * * * *

工作：

八．十：磨墨。

八．四十至九：写日记。

九至十：集句。

十至十二（中间出去一小时许）：看《文心》一篇。

下午：专心陈列计划。

五哥又问我陈列事。我既然说过话，就要来负责。大有以此相责的趋势！今天给一下午，有无办法以后不管了。

从此更得教训：少建议，自己工作。"不在其位，不谋其政。"计划本来都是次要。在修身学艺上求久远的功效。

* * * * * * * *

下午用三小时想陈列方略。五点在校长室开会，我报告十幕布置的草案。

[四月] 二日，五

八点到。磨墨用二十分。同时读四课一过。

早登女中新楼。想到南开现在为发展欠了很多债，所以校长为钱忙。校中生活上应加注意。正想着，野外过了一队日本兵，在中国地上他们居然自由武装行动。激刺我想昨天为陈列出的小计划只是纸上谈兵，只是作文章而已！使中国独立，不是谈谈教育趋向就可有效的！我们实在是在强权势力之下，不是完全独立国。办教育的动机也就在使中国人早得到处现今世界而能独立的能力。

不要空谈趋向，空梦不朽，而忘了勤于救现在中国的人民。

救民之道在那里？造人材——这是不错的。然而如何造？教他们一些国文英文算学理科就算成功吗？凑齐一百几十个绩点也怕不一定与救民有关系。什么工作是最应努力的？——这就摹仿外国以后要问的问题。想供给时代一个生活新意义的教育是必须答的。

* * * * * * * *

昨天下午想出一个陈列的方略。用与不用完全在负责执行的人，我只是顾问。他们要我想一想，就出一点力，然而我的工作不在此。为校，为国，为人类，产出可供献的创造物——那是真功〈工〉作！

* * * * * * * *

刚从校长室回来。果然，我所有的一点"先觉"像不差。校长对于陈列的方略很怀疑。所举的两点：一、时间太短，不能预备完善，材料不足必至晦而不显；二、严、张现在与学校还有关系，多写他们恐有不便，——校长说："你们几位若是让我离开学校，然后再如此作。"这话大概的意思是人去以先，写史不便。

孟、华，都说无论时间如何我们一定要作出来，赶得上就往美国送，赶不上还为别处用。伉像不大热心。

他们用不用完全与我无关。也不要多心他们轻视我的意见。我的脾气是"强同"，——我如此看，希望别人也都如此看。校长向来自己作主，而现在的南开就是他的成绩。他用别人片段的意思而全盘的计划都由自己定。这实在是南开所以能统一而内部不发生问题的理由。我既然能懂，必能谅解，必不至因此而生疑。从旁帮忙——顾问式的——或可有效。

（又是一个别字的笑话！）

我不想出峰〈风〉头。意思出过后就不是我的了。存心在立人达人！我的态度：

一、不依靠南开——生活不靠南开，计划的实现不靠南开。

二、以自主（的馀力）助人——修己以安百姓。

* * * * * * * *

处南开也是人与人关系的问题。曾文正一联云：

天下断无易处之境遇；

人间那有空闲的光阴。

* * * * * * * *

下午到严宅拜寿，老先生生日。三点访饶，同去参观 Jesuit^①学校。

今天又不能读《文心》。只作日记。

陈列不做，于我读书很利。并且可以早些到南方去。

[四月] 三日，六

七点三刻到。

忧学成之难。想中国文通必须自经书读起。四书算是看过，《诗》《书》《礼》《易》《春秋》《尔雅》，连看都没看过！从小时没有经过一位名师。中国书可以说完全没有读过。稍有的一点学问上的兴趣是从英文方面入手的。

成名的野心很强。平庸的生活我不要。只为衣食住的供养，每月弄几百块度日，那就在清华也可敷衍得过。或在别处想糊口也还不难。但只于生活不能使我满足！证据是没有，然而总觉得像是有一种奇特的气在我里面使我不安。这个"不安"使我梦想作常人所不能作的事——我想的路要与旁人不同，我的见解要比旁人高超，我的计划要比旁人周密。所谓"自命不凡"大概就这样讲。

既然有超人的空梦，那就必须先能常人所能，而后才敢说能常人所不能。在思想上作超人工夫可真不是容易事！作教育事业必须讲学问。只有办事才不能久远，真能办事也必辅以学问，不然必至浅陋而无功。讲学问离不了思想，练思想离不了文字。我是中国人在中国人中间工作，所以必要精通中文。超人的一切野念头都聚到精通本国文字一点。若是自认没有这种本领，或是没有这种耐烦，那就从此永不许存丝毫超人的念头。

用我来试验，看看一个失学的人，在卅四岁才立志读书，要经那一条路然后国文才可以应用。

* * * * * * * *

寻途径。《文心》稍缓。昨看《国学必读》，钱基博集的。今日看它有什么方法可以采用。也许约一位老师从《诗经》读起。

世界的新思潮也要知道的。我只懂英文，将来有机会到德、法去住一两年。然而若是天资有限，只于中英文研究精了也够用了。现在只注意中文，过几时稍有把握后，再兼读英文书。

* * * * * * * *

看章太炎的（一）《中国文学的根源和近代学问的发达》及（二）《教育的根本要从自国自心发出来》。

---

① 耶稣教会。

（一）谈的是小学、史学，及哲理的来源及起首研究方法。

（二）辨正本国有学说，本国学者有心得。

都是白话。见解许多我没有听过的。求得学问的途径先看当代学者的论著，不然妄自树奇必出笑话。

* * * * * * * *

又看太炎：

《中国文字略说》（白话）；

《古音娘日二纽归泥说》（文言）；

《论诸子的大概》（白话）。

[四月] 四日，日

看前星期日记。

一、每日早工作一小时。

二、多看当代学者的著述。

三、不在其位，不谋其政。顾问要少说话，存纯粹立人达人求仁的念头，力去一切私欲。若能完全自忘，则人必悦而己心安。

四、研究文字学；要先认字而后再想达意。

[四月] 五日，一

昨开大中学合组陈列委员会，到的：邱、黄、唐、孙、应、陈、伉、孟、喻、章、林。喻同我今天预备大体计划。

在此地工作我不免觉着有点名不正，所以当人有些言不顺的不便。对于历史部分还可以说以毕业生及旧职员的资格来帮忙。难处的境遇，诚然。作好了大家没话说，作不好一定受批评！然而正可利用这个机会练习跳出成败毁誉之外去。为事设想，立人达人。——目标和存心定好，然后只要自反而缩那就可以完全心安。所谓立法及树人可以同时注意。

* * * * * * * *

昨晚看了吴挚甫[①]、严几道、马眉叔[②]、胡适之、胡步曾[③]、钱基博等

---

① 吴汝纶（1840—1903），字挚甫，安徽桐城人，晚清文学家、教育家。曾任京师大学堂总教习。著有《吴挚甫文集》四卷。

② 马建忠（1845—1900），字眉叔，江苏丹徒人。著有《马氏文通》《适可斋记言记行》。

③ 胡先骕（1894—1968），字步曾，江西新建人。1913 年京师大学堂预科毕业后赴美国留学，1916 年获加利福尼亚大学学士学位，1925 年获哈佛大学博士学位。同年回国，任东南大学教授，1928 年与秉志等一同合办了北京静生生物调查所。后继任北京大学教授、中正大学校长和中国科学院研究员等。

的论文，稍觉一点入门的途径。继续看当代的著述。

[四月] 六日，二

明明作烧。

今天又要用在陈列事上。

抄《求阙斋日记》数条，以后再去计划陈列事。

[四月] 八日，四

又空过了两天。昨天是华宅喜事，我帮助演礼。

今早有大学学生伍庆绥来谈。我说了些对于学问、艺术、自得、为己、神来、知罪、郁闷，等大道理。说完了，而证据在那里？怕只是空话吧。

大风土。午饭蒋廷黻约。冒土也当去。

[四月] 九日，五

将十点才到。今天下午和明天上午又要用在陈列上。

春假一星期白白过去。又加上陈列的责任。

昨天蒋说他听说我下年要在大学任戏剧。我说也许。计划本来已定，而我不愿人知。因为没有正式发表吗？怕人说，我没地方找事，下年到此地谋食？自知学问不足，不配作大学教授？

自己理想的工作很高，而实际上一定作不到。

西洋戏剧——我不如宋春舫①在法文德文的便利上；不如洪深在排演方面和专心努力上；不如宋、洪、余、熊、赵，及一切研究新文艺的人在中文发表的工具上！

教育史——本国思想，书本和经验两方面，我知道的都太少。政与学在中国历史上向来没有分开，谈教育思想史离不开哲学，亦离不开政治，亦离不开伦理。治教育史而想贯通中外古今，怕不是我这学问毫无根柢的人所敢妄想的！

下年课程将宣布，这两门我敢担任吗？若为研究和谋生计不得不担任，希望断不能高，一两年内定产不出什么有价值的著述。

---

① 宋春舫（1892—1938），浙江吴兴人。中国早期现代戏剧理论家、剧作家，著有《宋春舫论剧》。

[四月] 十二日，一

看前星期日记。到津后最空过的一星期。

陈列固然应帮忙，但自己生命的工作不能间断。陈列事每天至多给它二小时。

不用全生活力来读书，那真是无耻之至了！世上那里有你立足地？

* * * * * * * *

九点十分到。写日记。抄《求阙斋日记》，看《国学必读》。

[四月] 十三日，二

九时到。

想专心读书，而琐事又不能不问。陈列事大家都忙惟有我闲。并且我若不在此地，他们大概就不想作了。现在给它一小时——九．十至十。

用二十分。与华订下午四点开委员会。

* * * * * * * *

不能节饮食。上星期特别珍羞〈馐〉不下五六次。两天来病腹痛不消化。今天午晚饭少进。

为人，为己的争甚厉。我离清华，我以为作的不错。至于将来经济的不独立，动转的不自由，学问的无成就，同事人的轻视，——等可怕的情景，也惟有人一己百人十己千地去努力，得到自己的一个立足地。"致〈置〉之死地以求生！"

怕的是什么？是冻饿吗？是人轻视吗？是无久远的成就吗？是不能贵显吗？是中国民族的灭亡吗？是人道的不明吗？是文明的不进步吗？真正生活的动机在那里？如何然后可以一生不空过？所谓德成学成艺成功成，必成其一而后可以自怡。然而天资命运都在人力之外，成与不成人不能必，所以生活动机不能依靠成功。从求乐方面，孔子的学习和交朋友是他很得力的方法。他不以"人知"为可靠的乐，所有修德及有为的人必须看破"人知"，不然一定不能心安，一定不能工作。

学而时习，交友，——在这两方面求生活的乐趣，也就是生活动机。

只要勤学，交友，然后冻饿，轻视，无成就，不贵显，都不足忧；至于民族亡，人道晦，文明滞，怕也毫不济于事；想去救民族，倡人道，促文明，也只可从自己用功夫入手。民族之果亡与否也有数在其中，君子知命，必不妄想逆天，然而在自己的工作上还要知其不可而为。

所谓儒家人生观大概如此。所谓不厌不倦就是孔子终身最得力处。简单说，人为什么活着？为的是求学，交朋友。别的目标都是鹜外，都不可靠。

[四月] 十四日，三

八点前到。

昨晚侁同我讲下年要任的功课现在应当预备宣布。对于我在大学任课，校长还没同邱和黄谈过。如果今天他们定好，明天我去访邱、黄。（也许今天下午。）

为自己求学，同时也许可以引起几个青年对于我所注意的问题也注意。至于解决方法大家一定不同，然而我既提出问题也必须负指导解决途径的责。

西洋戏剧可以勉强教。教育史或中学教育——第二用处多一点，文理科毕业生将来教书的一定不少，他们对于中学教育的历史和课程或想要知道一点。教育制度和思想的沿革史性质较空，愿意研究的少一些。这一门或等再下一年再给。

提出一两样学艺的范围，用"在我的一贯"来分析，来从新组织。对于中学我实在抱一种根本改革的志愿，并且曾经用过一番工夫，也有过一些意见。现在谈教育应重中学，因为中学是人材教育的根基。

同邱、黄两先生谈后就可起首预备。

我想这两门只限三四年级生。前二年应当在工具和普通知识上注意。

* * * * * * * *

刚从校长室回来。校长谈话口气里露出他是大实行家。他说大学同中学不能用一样办法，他觉着有许多计划因为精神照顾不到都未能实行出来。现在对于中学想改办法，特别鼓励高材生。他觉出中学精神上因人多稍散，许多应作可作的事都没有作到。言外有中学应特别改进的意思。

又说，精锐想创造的人这里也有他们的地位。不过这个学校有二十多年的历史，不能遽然根本改造。精锐的人可以旁边作根本改造的梦，创造必须从头作起，不能用一个已成的大组织作试验。精锐的人在一旁作梦的时候也可以训练几个青年往精锐创作方向上用工夫。

他还想去捐钱。离开钱什么都不能成功。人是肉的，必须有 Decent[①]生活。太奢不应当，而相当供给是必须的。二十多年的经验使他深信人是肉的，事业必须用钱！你若说这样根本不对，那末，你得把社会根本改造。

　　　　　＊＊＊＊＊＊＊＊

从以上谈话，他露出他的大处。他说，大处落墨自然小处免不了忽略或不精细。暗中对我的估价是：精细或有独到处，而大处没有魄力。

（细，也要大！）

我近来也实有太在小处注意的证据，如在大学方面的防嫌，及在陈列和下年任课事上太留心手续。五哥向来轻视手续，并且好强心颇胜，什么本领没有不如人过。别人的特点总看像对于实际没有什么大用处，——没学过教育办学校的成绩比别人都好；书本上学问没有神圣不可侵犯的地位，有学问也办不成事，最要的是能作实事，而现在为大学的发展，实事是得去弄钱。对于人情和社会的分析非常聪锐，真是天才！他倘或有一点不能自禁地轻视人的态度，也是很可原谅很应原谅的。

我自反。力去猜疑！往大处想，对于五哥师事之。

（大处的魄力！）

　　　　　＊＊＊＊＊＊＊＊

谁能想方法为学校去得钱？想什么方法？固然得来后也得有方法去用。钱的来路不外公家、私人两途。政府方面等政局稍定后或有办法，现在国立学校还没有饭吃，那有力量帮助私立学校？庚款里可得些补助，然而争的人甚多，美款外怕难有很大希望。私人方面：国内军阀官僚也许有肯给的，实业家十年内怕没有很大的余力。国外华侨和美国人，也有可能。总起来，一方面靠人力，一方面靠运气。处这样乱的时代，运气比人力还像重要些！

钱越多，学校可以越发达，学者加多，一切设备加完善，学生多天才生也可加多，教授研究的机会多，出品也加多，——这样一个大学在一时代的影响一定很大，将来久远的根基自然也会在这发展的时期打好。这一串思想是连着的，所以每想到学校的大和久，就想到钱上去。

---

① 得体的，过得去的，尚好的。

在西方有近千年的或数百年的学校。中国以往有名的书院都差不多是随人起随人落。是中国人偏重人治吗？是以往的学者没有感觉到共同生活的需要吗？是以往求学用不着现在这样多私人买不起而很不易移动的设备吗？

一个学校的大和久是只于钱可以成功的吗？一处几个真有成绩的学者共同分门研究学问的地方是需要很多钱的吗？

我现在讲不起学问，更不配讲有成绩，然而我想下来，固然知最低限度的生活是必须维持的，应用的设备是必不可少的，总以学问的真成绩为一个大学的大和久的真基础。

这是一种很普通的偏见，毫不足奇。五哥想钱最重要，他真弄钱来，现已有几百万的成绩。你看重学问，然而你的成绩在那里？什么是你的专长？什么是你的著述？现在连本国文字还写不通，那有脸面讲学问，更那有把握望成绩？

[四月] 十六日，五

昨天到大学去见邱、黄，订下年任课为中等教育及戏剧。

下午在大学同蒋、黄大谈大学教育理想地应如何根本改造。讲有一种国家主义的目的，使中国在世界上得独立的立足地。大学课程应从地上物质现象研究以至社会、思想、精神各样学问。他注意在知识方面。我说基本知识应在入大学前预备好，大学工作在使一般有"一贯在我"的教授同一些青年聚在一处，作勤学交友的机会。一个人勤学是因为在别样生活上都得不着满足，所以埋首学艺里想求得他的"一"。人生十之九．九部分都是复杂的，都是 Opportunist①，所以求"一"的那一小部分是很可宝贵的。在学艺里求"一"的可能比在实事上大，因为实事上人与人的关系使人不得 Compromise②。惟在学艺里你可以表现你的全自己。

"讲大道理"很多空话。我是完全不负责的说法，希望别人以后不要引以为证！

从大学回来后在中学又同华、伉谈了一点多钟。

昨天又猜疑五哥有轻视我的意思，他是实际的，我是空想。在实际上我是失败者！有好的位置我不会保，有好的机会我不会用，有好的饭

---

① 机会主义的，投机的。
② 妥协，折中。

碗我不会吃！失败者的理想一定是空想！

别人如何想何必管它？我有我的工作，在此地也是作，在别处也是作。活一天我作一天的求学交朋友，我就乐一天！"立，达。"五哥，以诚意恕而爱之。"自反而缩"，夫然后又何惧？

不应计划南开变，惟有努力在我自己的变。

既没有行政上的关系，此次不至于失败。如果又不能合作，其责在我！

两个好强的人相处很成问题。都争恭维，互相找错！

昨天我这两片话露出我是理想者。在实际上我已经露出弱点。我不想求掌权，只要给我读书机会我已很满足。

* * * * * * * *

华对于我或有言行不一致的意见。私过公的人是他所最恶的。因住房他或者想我贪学校便宜而还不知足。我所唱高调都不可靠。自反，也知道许多高调只是为沽名要誉！存心不是求仁。

陈列当尽心去办。

[四月] 十七日，六

昨天在陈列上稍用心，精神觉舒畅些。

最大病在自信不坚自持不恒。人一轻视，立刻丧尽一切志气，失掉生活兴趣！这是第一关，必须打破！

比我志愿坚的：雨僧[①]，伯苓。

[四月] 十八日，日

看前星期日记。

合作，如失败，其过完全在我。

高调多为沽名要誉。

信真学问是大学大久的根基，而自己连中文都不通。

勤学，交友，是生活动机。人的不知和轻视，惟用"自反而缩，虽千万人吾往矣"的养勇法自持。对人当始终敬恕，躬厚薄责。

---

① 吴宓（1894—1978），字雨僧，陕西泾阳人。中国现代比较文学家，著名西洋文学家。

[四月] 十九日，一

　　八点十分到。用一小时看所抄《求阙斋日记》集句。曾之所以自勉足能激奋志气，指导途径。

　　事务渐渐加增：陈列，大学课，Rotary Club①演讲。

＊＊＊＊＊＊＊＊

　　九至十一半计划下两星期工作日程。每天必须习字一小时，看《国学必读》一至二小时，写日记，抄求阙斋约一小时。其余可用在办事上。希望以后无论作什么"公"事，每天要有三小时作自己的工作。

[四月] 廿日，二

晚

　　一天用在陈列上。下午开委员会时才得到消息全份中国教育只有长三十四呎宽十五呎的一块地方，我们为南开已经计用长二十宽十六呎。

　　交通不便是一个理由。实在起初太忽略。凭什么想地方可以随我们用？

　　现在改进社对于此事毫无把握。运费无着落。送出至早在五月底。美国虽说有郭②负责，然没有钱也无法进行。

　　白帮了三个星期，用了学校近五百元钱！第一件事就没办成功！以后在教书读书外千万少管闲事。五哥今早又提起大中学方针及制度讨论问题。他要我加入委员会。一次失败是很好的教训！现在我那配谈制度？还是专心读书重要。喻已经笑我的国文不通。

＊＊＊＊＊＊＊＊

　　课程用书在本月内要拟定。廿九日有演讲。陈列事可稍缓，等知行来津后定。

　　演讲题明天想好。只有一星期不能作到满意处。

＊＊＊＊＊＊＊＊

　　今天只写一小时日记。又失信！再试每日三小时：书、字、日记。

　　觉悟工作非常的慢！真所谓鲁！这样钝证明天资有限！不敏——空费时间太多！不能想作什么，立刻作起。

―――――――――――

① 指扶轮社。
② 指郭秉文。

[四月] 廿一日，三

八点十五分到。

现在中国教育是有无问题还谈不到效率，好教师比新奇的制度重要百倍。好教师的定义惟有从以往经验上求得好榜样，而后自己去试验。所以在南开只作教书事。

陈列筹备多少总是一次失败！我自己要早承认。同事人很可批评，对于我的信心更可减少。对于南开根本制度改革我更没有说话资格！

在清华是实行上的失败者——清华未能耐烦去改造好，而自己饭碗和长进的便利都丢掉！到此地第一次献策又是失败！

应作的事自己知道，然而自信不坚，自持无恒！只落得一个"空想"的估价！

早，日记用一小时。下午，写字读国文各一小时。

[四月] 廿二日，四

八点到。

昨天日记和习字各一小时，读书没作。

喻同我谈下年中学任课事。校长意思在高中各生都有的功课上教几小时，可以振刷高中学生的精神。高三一级下年就有一百几十人。每星期给一大班学生讲一两点钟书效力怕不大。并且我自己正在寻门径的时候，我没有具体的学问来教人。

现有功课里文科的论理学和各级英文，我可以担任。不然就要特别加新功课，如社会问题，或人生哲学，或现代思潮概论。若是加新功课，引起人的希望过大，必至自己责任太重，而后自己读书时间太少了。

我只教二小时的论理学还可勉强。在外或帮助一点英文教材的选择。学生用在英文的时间很不少，而收效不见很大。

对于现行课程我没有批评的资格。每天工作七小时，三小时为自修用，四小时为办公。下年在大学任六小时，加预备十二小时，每星期共约十八小时。在中学教论理学，每星期二或三小时，加预备三小时，共约六小时。

每星期：

自修：十八小时；

大学：十八小时；

中学：六小时。

共四十二小时，每天工作七小时。

* * * * * * * *

大学每星期去两次：星二及四，上午一小时，下午二小时。

中学星期一、三有课。

* * * * * * * *

二十多年的学校，"Vested Interest"已经很多，想制度上的改组一定于一部分人不便。与人的地位、利益、成见有关必受人厌恶。千万小心，不要建议！

* * * * * * * *

上午五哥来不求室，谈约两小时。他委了两个委员会：

一、教育方针。邱、黄、蒋、饶、亢、喻、彭 ⎫
二、财政。华、亢、邱、喻、彭 ⎭ 都是校长主席。

校长想在五月十二日前两委员会都要有报告。

我又说话过多，露出许多未成熟的空想。

我说中学根本问题是人太多。他不承认。他说只要有人办，不怕人数多。

请蒋拟出议事大纲来，举出几类教授及学生所感觉的不便作为讨论的出发点。

在筹款方法上建议没有人被扰。在制度上建议改革，有人觉痛快，也一定有人觉大不痛快，因为与他们所习惯的不相同。所谓 Vested Interest 不一定是权利或地位，习惯是很大的阻碍！

我这下五年的工作是改革我自己，并不是改革南开。只要给我读书机会，我什么都不问。现在加入讨论，为是帮朋友们的忙而已！

* * * * * * * *

五哥敏于取人为善。你有一点点心得，给他三五分钟就吸收去了！并且实用起来他比谁都多变化。分析的头脑又锐又清。他能继续随着事业长，真天才！我钝多了！我的思想里多空梦；在对付人方面，我完全幼稚！

* * * * * * * *

五月中旬到上海去。

* * * * * * * *

五哥还说，方法常变，宗旨不变。近来张汉卿来访——与各方面都有联络，政治上无仇人。

[四月] 廿三日，五

八点前到。昨天三小时作到。

我到清华去的时候，内外的人早有根本改革的要求，所以我改组的大纲出来后，一时没有人敢反对，过了两年 V.I.①才结合起来把我推翻。

对于南开觉出有根本改造的必须的人可以说在内在外都很少。学校一天一天发展，名誉也一天好似一天，最近又得到美庚款的补助。南开所急需的不在制度的根本改造，而在去得钱和帮助校长负责的人。所以空想些方法然后没人去办也是枉然。

对五哥不应说"中国教育是有无问题不是效率问题"。南开在效率上不能算不精。五哥说，"我那配办我现在所办的事？南开就如同用零绸零缎糊的一个戏台灯。大家都不配作我们现在所作的事，不过糊在一起就成一个灯"。他就是糊灯的那位巧匠。他所用的人都是自己造出的，本来不过是零绸零缎，然而他用的都是相当地位。这些人离开他必不能作他们现在所能做的事。

南开已经长到现在，走了许多危险的巧步，胆量越练越大。欠债也要继续长！中学是全国最大的，女中学新大楼也盖起来，大学的矿科虽无入款也不肯结束，将来图书馆已经画好了图，——校长的野心仍是勃勃。他说，如果以先没有走过险步，南开决到不了今日之南开！使同事人精神上整，必须要继续地长！许多小心人劝校长中学缩小，矿科结束，他都不听。他信一定有法捐得来，中学虽大现在也没有什么大病，所少的是能办的人。他若不用外面去弄钱，中学一定没有问题。

他看得很清楚想发展必需钱。人比较地是次要！——因为他信自己能用人，什么人到他手里都可以造成为南开有用的人材，所以一生没有受人"拿"过。谁也不能在他手下自负过高，——他永是独立的！你们谁想自己的本领大，你们请去试，南开没有觉出过非谁不可。南开是我一手经理创起来的，将来不幸而失败，不过落到跟未办时一样！既然如此，那就可以胆大地按自己的信心往前去发展——长，长，长！

* * * * * * * *

---

① Vested Interested 的首字母缩写，既得利益者。

本着这样精神，在南开不应用"改革""整理"等字样。只可以说"发展的新趋势"，"如何造久远的根基"。

"缩小""结束"一定不合口味！你只可提倡"利用新机会"。

东南风潮，取消工科是造因之一。现在南开决不取消矿科。我宁要他全部到末尾一起失败，也不愿在半途上因胆小而起内部的不和！

不要"改造"，因为以往没有过大错处。诚然。今日之南开是明证。小处，精处，或有时偶有忽略，然而也谈不到"改革"。惟可说南开的新努力是造久远的根基，所以在精处比以先更加用力。

我的读书，五哥也赞成。不过有时露出愿意我负中学的责。我深信为南开久远计，我也是非读书不可。一方面急于用负责的人，一方面想造学问上的根基，目的稍有冲突处在此。

我的自信既然坚决，对于学校进行上不当批评，不当有建议！惟有在旁鼓励。校长的魄力和实行及树人的天才；同事人的热心合作；诸位教授的专心教导和努力学问；诸同学的安分守己，尽力读书，——这是我应有的态度！一有建议，下一步就要请你出来负责了！我说我不配，他们也都可以说谁配？你能见溺不救吗？

（不批评，无建议。在旁鼓励！）

五哥轻视，很妙。教授们看我太理想，无妨，因为现在志愿只求读书，不问实行。

大谋的能否成功，要看我现在能否忍小。

用了三小时，写了一千一百余字。

[四月] 廿四日，六

学校运动会，一天没有工作。

朱敏章昨自京来。我本来不赞成他辞清华，事已过不当追悔。因此悟交友之道重在谅解。已过的都有他相当的理由，助人自立在使人得着对自己的 Justic　Fication①。谅解后再引导向前的途径。他人已作的都要表同情。第二是寻新前进的方略。责备人已作的事是最软弱的最无用的态度。

---

① 合理确认。

以先我最使人觉着我冷的，大概因为我同情心不广，不能完全谅解。

（交友：能谅，能导。）

[四月] 廿五日，日

看前星期日记。

一、在此地态度：不批评，无建议，在旁鼓励，专心读书。（陈列失败，少管闲事。）

二、交友：能谅，能导。

三、每日三小时自修。（日记，习字，读本国书。）

四、自信不坚，自持无恒。天资钝，又好延迟！（R.C. 讲题还没定，信没答。）

* * * * * * * *

《京报》副刊有两篇骂南开的文字，毫无价值。然而……

职教员的少联络是中学一个问题。

大学每年投考学生很少。

* * * * * * * *

假设中学人数减少，教员可以少几位，然而职员中谁去与他们联络。

假设大学改到一个新颖制度，然而那里是可以引一般青年来南开求学的"学者教授"？我们还没有代表时代的真学者。一般青年态度也是很不定。在这时代求学到底是为什么？

[四月] 廿六日，一

七时前到。R. C. 讲题拟定：《中国戏最近的几种趋势》。只有三天预备。能写出最妙。

抄《求阙斋日记》。上午到大学去，朱同去参观。

本星期力改延迟！应作的：一、每日三小时自修。（一定要作到！）二、演讲写出。三、下年功课用书定好。四、两委员会开会。（在旁鼓励。）

[四月] 廿七日，二

昨天陪客到大学，直至下午五时才回来。六时又被请吃饭在南市登瀛楼，晚十时到家。大动烟——果有五哥在座，我一定不敢动了！偶尔吸烟害处不大，怕成习惯。诸位职员都不吃烟，我也是以先的职员，因为离开南开过几年就可以吃烟，那末南开的规则只于为在南开时遵守的，那就是自欺欺人！

如果我根本相信我的态度是不错的，就是五哥面前偶尔吸烟也可为之。若是在北京敢吃，在天津不敢，在别人当中敢吃，独在五哥面前不敢，在大学敢吃在中学不敢，——这是弱者改不了的根性。不敢内外一致，好行为只是假面具，只是为人！

在我［心］里有两种态度力争，一、放纵的，二、收敛的。收敛的我是勉强自制的，很取"和尚"恨世傲世的态度，这是 Puritan① 的我。放纵的我是喜欢尝试各种经验的，这是艺术的我。用全副力气来"一贯"这两个我。不惧"为己"，是我现在努力的方法。如果对于吸烟有问题我就不吸，因为独立，不倚靠人或物，还可以得我心安，是我所求的"轻视外物"。

我就是我，怕什么？怕是最大的仇敌！

（怕！）

* * * * * * * *

星四在 R. C. 讲演，他们也请五哥去吃饭。我又怕五哥去听了我对于外国人瞎吹的浅陋话轻视我！

今天预备。心中还是不安，无主！我作我自己认为理应作的事——努力读书为文——管他别人如何看！

［四月］廿八日，三

昨晚朱去。我许在七月间给他筹至少二三百元，也许全数。并且劝他学新闻学。

昨天只日记及习字。

今天全要用在预备讲演上。

［四月］廿九日，四

今早八至十一写讲稿。十二时一刻 R. C. 午饭，饭后讲。

下午三时半方针、财政两委员会联席会。又有男生排戏，女生排戏。

不高兴，也不失望！人说好说坏完全不动心，——只求自反而缩。

---

① 指清教徒的。

[四月] 卅日，五

早诵《不动心章》。

心神不静。不要因演讲排戏而大志大谋被间断。抄《求阙斋日记》，预备课程用书，习字，读书。下午三点半后再到大学去。对于排戏只任批评绝非导演。

每日三小时前四天没作到。今天勉为之。

五月

五月一日，六（第三十四册起）

抄《求阙斋日记》。力行每日三小时自课。（日记克省，习字，本国文。）

陈列及方针、财政两委员会，发起时都有因为我的关系。陈列可以说十之八九是失败了。两委员会本订在前天开会，然而也没招集。五哥近来颇不高兴，时局太没眉目，同时五嫂的喘病又加重。

陈列如何结束我应负责。给学校白费四五百元！现在想利用已集好的材料。下星期给它三四下午。

至于两委员会的工作，原为帮助计划南开前进的方略——或进或守，进如何进，守如何守。校长一人所担负的责任太重，对外对内都非他不可。他高起兴来各样事都可进行，他不高兴各样就都停顿。

＊＊＊＊＊＊＊＊

银行存款快用完了。清华家具大约可以卖二三百元。生活的维持也要成问题。

［五月］二日，日

看上月日记。"月无忘。"

一、不依靠南开，以自立助人。

二、一切超人的野念头都聚到精通本国文字一点。

三、勤学和交友是生活的动机。成功不可靠，因为有天资命运的关系。

四、不批评，无建议，只在旁鼓励。

五、增长大处的魄力！

六、现在我那配谈制度，我信教育离不开学问，然而成绩，专长，希望，都在那里？

七、交友之道：能谅，能导。

八、每日三小时。

＊＊＊＊＊＊＊＊

在这几层上，虽十百次失败还要继续努力。

＊＊＊＊＊＊＊＊

今天范孙先生约金氏弟兄，伯平、仲藩，在八里台午饭，也有我陪。仲藩长清华而未得美满结果。现在作实业事，已能立足。我在清华也没有美满的结果，而失败后我还没有立足地。我实不如仲藩——对于将来的把握，我远不及他。我是失败者，因为清华没有根本改好。我的本领不足，虽有好机会我未能成功。不怨不尤，惟有反求诸己。并且仲藩的国文比我好百倍！

空想，高调，自欺欺人！若终身不能去此病，那就是终身失败。

虚心从根柢上培养。

[五月] 三日，一

伯平现任启新洋灰公司经理，仲藩是耀华玻璃公〈工〉厂技师，——在金钱方面很算成功。我丢了清华的肥差事，将来入款没有大的希望；见了阔人心里还免不了一点相形难堪的感想。伯平本是小官僚并且也甚俗气，昨天同游我觉大不自然。我胸襟还不够容这类人的。耀华、启新都与开滦有关系，借外国人势力营利，本来有什么体面？不过，我的同情心也应当能谅解他们。

明天上午去访范孙先生。

钱快用完了。积蓄用完后，要觉着很多不方便！我能看轻钱，而社会一般人都以钱为标准。我以求学交友为乐，不义而富且贵于我如浮云。我真能持久吗？

* * * * * * * *

上午：日记，看教育史。（下年用书。）

下午：习字，教育史，陈列结束。（四至六。）

晚：看国文。

* * * * * * * *

上午五哥叫去谈一小时许。想送喻和我到南方参观。至于目标计划要我同喻谈。此议大约因为我而起，若学校有使命委我，旅费可由校出，不然应自备。

课程方针委员会想缓招集，财政立刻应有办法，不论发展只说欠债已近十五万。没有钱无法进行。为学校筹款去，弄钱来而后才有改进的机会和建议的资格。继续南开的发展，给学校造永久的基础，就在捐钱本领。大家配〈佩〉服一个私立学校校长就在他能把学校办到得社会信用而后藉着信用给学校去弄钱。

五哥说在教育事业上用两项人材：一、学者（Scientist Scholar），二、执政者（Statesman）。没有执政者，学者不能集在一处。美国式大学特别需要执政者的校长。

南开越大越用不着出小峰〈风〉头。言外说用不着求特精出色，只要能维持长久，继续下去，时间到了自然成绩就有了。在五哥思想里最要的两个（为学校发展的）原素：一、钱，二、时间。所以对于制度的创新不看得很重。学校的存在必须维持。青年教授必须用时间去长，学生一年一年的加入学校读书机会，日久就自然会有天才出现。这就是校长对于学校的方针。他说，他用不着引某国为证，他从经验上得来的教育眼光就是这样。

他办事上少一个中英文都便利而能有系统的一个方案。现在他的信件很没有秩序，过去的稿件也没有存根。英文信都是他自己写，中文信魏①对于各种事不能明了。而加一位职员每月又要多出百元以上的薪金。南开用人真可谓经济到极点。

学校各事都待校长去鼓吹，他注意到这件事，这件事就进行一下。他因太忙或不高兴不去注意，这件事就没有人注意。现在比前几年已经好多了。这样现象他知道，也认为苦，然而还没想出较好的方法。也许因为经济关系不能多用人。

[五月] 四日，二

昨天又失去读书一小时。自今日始每早先读书。

三小时工夫如现在作不到，将来任课时更难作到。

下午再用在陈列上，藉此机会给南开修史。

＊＊＊＊＊＊＊＊

昨《晨报》载梅②被选为清华教务长。

[五月] 五日，三

早看任公《中国五千年史势鸟瞰》。

上午在谈话上空费两点多钟。谈话也当有，不应用有课时间。

五哥找去谈话，要我想方法得英庚款的补助。我大有旧式幕府的位置，有特别事可差委。只作一点特委的事也有趣，怕是事太多，责任太重！

---

① 指魏云庄，其长期担任南开中学中文教员，负责文案工作。

② 指梅贻琦。

陈列事在廿日前一定办完。若南行也在六月前启程。南行目标是对于教育和戏剧得一点新观察。学校事业，自然要帮助南开——我没有批评地位，南开的成败与我个人在教育事业上的成败，按世人眼光看，不能分离。南开不幸而失败，我不能不成〈承〉认也是因为我的才能浅薄。

[五月] 六日，四

早六至七半看任公：《历史统计法》，及柳翼谋[1]：《正史之史料》。

昨天下午开经济委员会。因时局不定，学校至本年八月止，将共欠二十万。现款基金将去其半。

他们最需要的是能捐钱的人。五哥要人在这方面分担责任。他说入这个团体必须立头功——就是为学校捐一笔款来。他们劝我到南洋或美国去，专为捐款。

如果能弄来大洋钱那就是你的成绩。对于弄钱的方法很可研究。

但与我求学的目标有冲突了！大家都要沉溺，难说你能坐岸上读书见死不救吗？

陈列也是为捐款的预备。南开的能否久远就在筹款能力。也决不是一劳永逸的。政府立的学校可以不注意捐款，私人办的学校要年年如此，存在不是容易的！

＊＊＊＊＊＊＊＊

十日（下星三）大约同五哥去京一次。

陈列廿日前办完。英庚款委员或来参观。

＊＊＊＊＊＊＊＊

今天上午访严先生。

＊＊＊＊＊＊＊＊

访严归。我问：读书与助南开筹款两条路应择那一条？

老先生答：二者可兼之。老兄已五十一，至多再劳十年，亦当有人帮助。一半时间作事，余时可读书，要看机会如何。

又谈筹款办法。他说：国外想方法或是一道。校长的声望也由于外国人肯说公道话。思源堂的捐募也是先有外国人认捐而后中国人才帮忙。

五哥的名望实在先由外国人造起，以后中国朋友才日见其多。老先

---

① 柳诒徵（1880—1956），字翼谋，江苏镇江人。1914 年，任南京高等师范学校教授。1925 年起执教于清华大学、北京女子师范大学和东北大学。1929 年任教国立中央大学，1948 年当选为国立中央研究院院士，1949 年执教于复旦大学。

生看得很清楚。他自谦无用，不愿得罪人，所以不能冒险亟极推行。校长逆流而上，事业成绩是有，人真劳苦。他说如果他办，就早畏缩不前了。

谈到教育宗旨，我请他传授老"宝贝"。他说，贵"为己"，凡事有我在；又贵有所不为。大家还没看清什么是老道德，什么是老道德的坏处，什么是好处。我又说了一些批评功利主义太骛外的话，及《论语》前三章的解释。

我说我想在两个范围内读书，教育和戏剧。他介绍些关于学案，及音乐、词曲的书。对于认字，他说在中年后强记很难，多抄多读终有益。

临辞，他说我可以常去谈。

* * * * * * * *

同时兼学问办事就怕精力不足。现在对于南开帮忙又义不容辞。

美国人如 Greene，Monroe，友谊上要联络。上次 Greene 信我没答。懒！

* * * * * * * *

到上海、厦门、广东去一次，考察中国高等教育现状。下星期在北京五哥可去访顾临，问他对于到美捐募的意见。从美国至多可以得一点特别设备，经常费必须在国内筹。年年，天天过筹款的生活，是我能作的吗？

* * * * * * * *

这个难题使我心不安。我觉着像走入死胡同里，并且不许回头！在南开就得为钱忙。不然必须为将来另想出发展的途径。捐钱这件事也要用"知其不可而为之"的精神去作吗？我向来对于钱兴趣很薄。

下午是教书，或是为钱忙？自誓（已宣布的）是不作行政事，专心读五年书。然而南开眼看因钱少，大学又有很大危险。

如果真办不来，也没有方法。

[五月] 七日，五

看夏曾祐《周秦之际之学派》；章太炎《论诸子的大概》；胡适之《诸子不出于王官论》。

* * * * * * * *

五哥叫到家里谈约一小时。

现在他看不出那几个清楚的目标，所以不知道如何前进。最低限度南开必须继续往前办。钱和课程是两个重要问题，互有关系，钱的需要急一点。

他问我可以帮什么忙。

　　我说，此地与清华问题大不同处在：清华已有可靠的入款，问题是如何用这笔款最公平，于全国益处最大，于受利益的人无损；南开已有的是办事人的勇气和野心，问题是如何去弄钱，如何看清楚往前发展的途径。

　　捐钱不能作美国十九世纪私立大学的梦。"死"钱不易捐，如官僚的钱。是实业家的没想到的余利多捐的可能。然而一时中国政治没方法实业也没有办法。并且美国人还有一种迷信——既以民治立国，教育是惟一工具，所以政府和私人都以拿钱办教育为社会政策为个人美德。现在中国人没有一个共同信仰。"教育救国"只于很少人明白，并且还有人利用这个美名骗饭吃。

　　我建议如果想到美国去捐款，只限在图书馆及西文书购置的基金。目标作为五十万美金。先请在中国的美国人作 Adv. Comm.①。这次在京可与 Greene 谈。大学毕业式可约美公使演说。五哥都很赞成，叫我想方法。

　　入款在十年内不能期望大。在入款很有限的小大学里，课程应如何组织？现在课程是仿美国式的。虽然大家也算安心，但都有一种想念将来钱多就好了。以钱少为暂局为过渡是一种普通心理。现在功课不满人意，将来钱多就好了，钱多各系可以加人，研究的机会多，到那时可以谈真大学教育。教授如此想，学生如此想，——大家都以现在为暂局，如不能多弄钱南开不配办大学，真大学！——甚至办事人劳死为止！这样劳死就算是达到"教育救国"的目标了么？认清南开地位以后，必须从新想一想在钱少的大学里，用那样工夫就可以达到"教育救国"的目标。不然空忙死也没有人知情。

　　我可以帮助五哥的或在这一点上。

[五月] 八日，六

　　看柳诒〈翼〉谋：《论近人讲诸子之学者之失》（前半）。

＊＊＊＊＊＊＊＊

　　一生要有什么成就？成否内有时运，然也在个人努力。

　　在离清华时，我立志专心读五年书，不作行政事。下年在南开任课就是本着这个主张。

　　自从帮助陈列事及参与财政讨论后，五哥望我出力为学校筹前进的方略很切。我是闭户读书自己造就为学者，或是努力为别人求得读书的

---

　　① Advisory Committee 的缩写表达，译为顾问委员会。

机会！

****

王所安自清华来。在校教职员实行分赃主义。全国穷到如此而一般人在那里把持一块全国人民应有的公产专为一小团体人分肥。这是一件最不公平的事。我战了二年半终久还是我失败了，——权应从学校外来，不然自私的人性一定使在校教职员保守自己的饭碗。如果全国没有一个主持公道的主权，清华难忘根本从良心上改革。

在现时状况之下，我在清华自然作不下，离开无所谓失败，我所望的成功在这样紊乱社会里是不可能。我自己本领的不足也是重要缘因之一。

对于清华全盘问题我应当写出一篇详细的分析。国家一有负责图治的主权，我可以发表。现在发表完全没有用处。我写东西的能力要早预备好。

离清华后的工作最要一部分就是预备中英文写东西的本领。

我认为公平的大道我还是努力去推行。

也许是太理想。本来没有标准，惟有自反而缩。

****

在南开因钱少和创办人的精神，正气还可得申。目标还敢说是公多私少。现在难处，自然钱少是很当想方法的，但是那种教育就可以多产出些救国志士也是根本问题。学校应造就出什么样青年？是只要能维持现在这样给青年读书的机会已经就算满足了吗？为南开的发展，只在弄钱方面努力吗？

我想在南开作救国事业。这是可以暂定的。步骤如何？一、改造我自己，求学补缺。二、在南开教书，希望得几个青年同志。三、筹款——图书馆。四、为学校创新制度。

目标是救国！给中国人争体面，造人格，造学艺，都是为中国人争光！我们有的好成绩，世界应给我们自由发扬和传拨〈播〉的机会。

学校同人期望我最切的是筹款。我觉最当用力的还是自己的深造。——我的德学都太浅薄。德学不深造，不配谈救国大谋。

在最近时期内打定方针。

[五月] 九日，日

看上星期日记。

一、"三小时"工夫有三天作到。看书每早第一时。

二、"教育救国"，为民族争光。

三、筹款不能期望多，也不能一劳永逸。

四、清华的根本改革我应继续负责。

* * * * * * * *

上午陈列材料大体已计划完。说明还要用三四下午。

* * * * * * * *

昨天拟好捐募图书基金草案。今天下午或同五哥谈。

* * * * * * * *

清华改造方略早备好。或由丁转颜①。有眉目后或用中美舆论。这是全国问题，也是中美间事业的体面。我既已看出方法，不去推行是我无勇。

[五月] 十日，一

看柳诒〈翼〉谋：《论近人讲诸子之学者之失》（后半）。

* * * * * * * *

精力不强。在细微处偶有独到，但工作非常缓慢。踌躇最耗精力最费光阴。

因图书捐启昨夜没睡好。昨晚稿交五哥。他今早赴京，稿上一字夜间改好，今早打好五份已快邮寄京。寄时附上五哥数语，述我深信西方书籍的输入实是中国历史的一枢纽，并举唐玄奘的美例。我国学者如能多得西方书籍，从事翻译之，以中国经验印证之解释之，再从中西互触之际新学术得而生焉，——西方人士如肯捐助，实在是参与"历史的"运动，这是何等好机会！

[五月] 十一日，二

昨天日记没写完，喻来谈高中课程事。下午因疲倦睡了三小时。朱从北京来，五点到九点半陪他。

早八时前到，喻又来谈，约一小时。

* * * * * * * *

前晚同五哥谈时，我说南开同人学生或不免一种空气，钱多就好了。

---

① 指丁文江和颜惠庆。

目标是教育救国。校长信心很坚，但是职教员没有运用目标到实际细目上去。校长只去为钱忙，校舍加大，学生加多，然而请问学校里工作与目标曾否发生什么关系。目标自目标，工作自工作！

校长说精力照顾不到。但只在捐钱忙，什么是教育上的成绩？忙死又有谁知情？

我说了，他先想我说的不是实在状况。各部进行都很就序，只于大学文科工作不大清楚。又往下谈，我引了几条证据，他说等他从京回来，招集课程委员会讨论。

＊＊＊＊＊＊＊＊

南开办事人的存心是比较地坦白些。有勇，也能随机应变。细目上的学问不讲求，并且有时轻视。教育不只是空高的目标可以奏效的。

现在野心从大和多上表现。将来应在精和久上努力。

只要多有学生而学校能维持下去，将来自然会有成效。——这是五哥现在坚信的态度。所以上次本定课程和财政两委员会一同开，后来想还是钱重要课程可缓。钱固然重要，但已有的钱必须用得最经济，将来要得的钱也必须先想出教育上的方略，而后再去弄钱，步骤或可清楚些，开源或可多几条门径。

＊＊＊＊＊＊＊＊

我配谈教育方略么？眼光，学问，——那配作一时代的教育家，"不批评，无建议，只在旁鼓励"。

＊＊＊＊＊＊＊＊

南开大学能作到"具体而微"吗？大学究竟作什么工作？

＊＊＊＊＊＊＊＊

本星期待办的：

一、下午大学任课用书。课程说明。（今天拟好，明天送大学。）

二、陈列说明。

三、南游计划。（廿五前必行。）

［五月］十二日，三

七点到。看江山渊①：《论诸子部之沿革兴废》及《论九流之名称》。

昨晚拟出以后计划：

---

① 江琼（1888—1917），字玉琼，号山渊，广东廉江人。民主革命者、政治活动家、中国同盟会会员、南社成员。历任广东临时省议会代议士（议员）、中华民国第一届国会众议员、中国同盟会粤支部廉江分部部长。

一、本星五赴京，下星一回津。

二、约廿五日启程，赴上海、厦门、广州、南京、武汉、长沙。

三、本年或下年赴美欧，由俄返国。

四、以后作甘、陕、川、云之游。

* * * * * * * *

去京前：课程用书，陈列事。

在京：访友，预备南游和美欧行。

南游：调查中、大学教育现状，访一时知名之士，目标在为南开寻得在全国的地位，及筹划将来募捐方法。各地要看的人及学校应早有通知。预备一点演说材料或有用。在各处也可同时照顾到戏剧。

（三不教：在学校里：说好不教功课教学生；不教班级教个人；不教平均数教千变万化的活人。为戏友说："戏的未来。"）

美欧行：在美继郭，为南开捐图书，研究大学教育和戏剧。

内地游：推行观察范围，证验一贯的时代分析。

* * * * * * * *

一切生活举动——读书，教学生，游历，交友，筹款，排戏，——都要本于一贯的宗旨和方术。

方术：与多方面的实际人生接近（游历），利用人类已有的方式（史学），用戏剧与人生同情，用教育传授对于时代分析的心得。

宗旨：创新中国的意义——（哲学）。其中苞〈包〉涵人格的雄奇，事业的建设，学艺的美善。

* * * * * * * *

以上的大谋不免过于空高，但可用为努力的方向。

［五月］十三日，四

十点到。近几天"春倦"，工作不高兴。

喻要我担任高中二三年级英文教材的编制。

* * * * * * * *

下午写好"中学教育"及"现代戏剧"的学程说明。深痛中文的困难！这几句就费了两三点钟工夫——太可耻了！那配谈教育，那配作大学教授？非从本国文字起，没有什么学艺可言。

* * * * * * * *

明早赴京。

在京要见：梅、全、罗、胡、陈、徐、丁。买书。问广东、厦门友人。问武汉近状。运清华物件。

[五月] 十九日，三

十四日：早九点二十分火车开，下午三点后到京。

五至六在陆宅见适之、志摩。

六至七主人外出主人还在。

七半至九半访西林、振声。

十五日：九半至十二半看画。

十二四十五至三在志摩处午饭。

三至七听《牧羊圈》。

八至九同月涵、勉仲在长美轩。

十六日：上午本想看古物陈列所，因不开回去写听琴。

下午吃而及鲜杨梅。两朵白玫瑰洽可充握。

四半至九半北海，仿膳。

回旅馆与支山大谈。他劝我多写，不管行政。

十七日：送□：

There is Turmoil,

It seems there must be Unity,

But—I wander...

访梁、陈，又见胡、罗。午饭支山请。下午在小室憩息，买书，看影戏。

十八日：早八点余车开，一点半到津。

＊　＊　＊　＊　＊　＊　＊　＊

同五哥谈，报告英庚近况。他说范要我到东北大学参观。我说我想到南方去。他也赞成我到各处联络。

格林今天下午自京来，帮助到美筹图书款。

＊　＊　＊　＊　＊　＊　＊　＊

将来到国内各处去我最感困难的是中文函件！

或可预备几份成稿为各种景况之下用。

＊　＊　＊　＊　＊　＊　＊　＊

能继续长进，将来总可对得起人。不能让闲话超过。

＊　＊　＊　＊　＊　＊　＊　＊

有几天没写字就大退步。

[五月] 廿日，四

昨见范先生。约我去奉天调查东北大学情形。

* * * * * * * *

早同五哥到大学与格林计划赴美捐款。

[五月] 廿一日，五

心中无主。懂在一面，文艺的美善，那一面是他人的安全，发育，希望和厚待。都待我过好，我受了足以减福。二者能否兼存，因此不专也深可虑。

还是工作上的成就在先！如其真有成就一切言动不轨而轨。最可怕的是空空引起人的希望而自己没有一点成就的真把握。

我最弱点在此！

五哥昨天又谈到将来的工作。他想用我作"在外"的工夫。下年少教书，在大、中各任三小时，其余力量用在联络和筹划捐款上。五哥很觉有人分肩的需要。我的原意是读书五年完全不作行政事。初志如此，现在又要自持不坚么？

联络筹划上都可帮忙，名义只是"教授"。

凭什么作联络工夫？什么是我的特长，什么是我的成绩？以先人还可以说这是 Dean of T. H. [①]，现在人只可说这是某人的令弟！我没有过一点出品，不是诗人，或小说家，或剧家，或是某校的创办人，或是某机关的干事。人家只可说这是前清华教务主任因为闹风潮出来的，现在帮他们老兄为南开筹款！这样一个毫无成就的人那配与人联络？

还是先从自己学艺方面用苦功夫。

* * * * * * * *

今天上午五哥又谈了一点多钟。大意说将来继任难得其人，眼前几个可能中惟你大家以为最宜。南开必须有在外活动的人。以先倚赖严先生，彼时所虑的如老先生百年后南开就要有危险。现在倚赖严先生的地方较少，这是校长近年来在外活动的成效。校长担负太重，现在大家怕如校长在身体或精神上一有不能支持的时候，谁来继任？既然局势如此，

---

① 译为清华的主任。

无论性情近与不近必须向这面去预备。

在外活动不外三方面：教育界，外国人，社会——官僚，商等，在前二类中已渐入门，第三类可缓缓入手。学生父兄也是可联络的。

作交际事病"面冷"，使人望而远之。这一点应改。

我说大家不要希望过高。慢慢作去不要说定将来准是谁继任。

五哥也许觉着如在旁有一人预备着，他可以放心些。

他又说南开的生存在人。若是有"光棍"来干，就有南开。若是没有人拿得起来，就让它散了也不碍。

实在的难处是维持学校的存在。不要想的过远，将来继任问题。现在最可虑的，还是将来有没有任之可继。往将来想太空虚。到必不得已的时候自然会有不得已的办法。若是早就规定谁是继任者，那人的地位就很难处啦。

还是从现在学校的难题上入手。完全不管将来的问题。不然，我一定觉着非常的不自然，对于校事我真不知何以处之。同人对我也一定难择态度。如果因为一切不自然的状况之下我失败了，那是我的不幸，也是学校的不幸。

* * * * * * * *

只说现在可以在那些方面帮忙。原定只教书，校长希望在捐款和联络上分担一点责任。所谓将来继任事，怕是在想要我分担行政责以后，才推想到的。就是按只教书的计划，也与将来不得已而继任的可能，没有反背。从此看出问题是现在不是将来。

（专预备继任是死路！）

缩到末了，只是五哥要我在行政上也用力，不只教书。

* * * * * * * *

国文工具他劝我只在书函体上用工夫。大篇著述怕根柢太浅，也不是性之所近。练行书，多看名人信札。

* * * * * * * *

家人又不安。钱将用完。五哥说他有五百元可暂借用。穷为什么？离开清华因为有大志。我看的不错。我的事别人不能替我定。我牺牲了许多为是得读书机会。我已有过宣言。成功失败在所不计。已往看的不错，现在仍是想如在教育上活动必须有学问上的成就。为自己为学校必须深造。

明年我想在大学任课六小时，中学只助英文教材的选择，不教钟点。其余时间我自己读书，或出外联络，或筹划捐款。主要的还在长进学问。遇有特别事故，再来特别帮忙。至于将来的职务现在谈不到，并且越少谈越妙。

学校职员中必须有人在学问上能立足的，不然一群教授也不易驾驭。创办的校长有他的眼光和魄力可以服人。将来必须有一点特长的学问。

有特别事可以差遣，如这次南行可以说是为学校调查各大学及中学课程，回来报告以备参考。以后也可以常有差遣的事，那样无形之中就有联络。为联络而联络必至无聊！（捐款也可在特别差遣之内。）

* * * * * * * *

帮忙则可，宗旨不能移。非读五年书不可！真有心得后，联络定不难。自己内中无物，联络也必无效。

能使五哥谅解最妙。不然我也是这个主意。

* * * * * * * *

五哥力劝我不再问清华事。现在已经得罪许多人了。为南开各方面都不应得罪。

[五月] 廿二日，六

校家人三方面的要求，又加上自己的懒钝无恒，——如何得心安？

五哥要我作的不在预备将来而在维持现在。学校已有近二十万的债，大学基金用去一半。盐余每月五千也不是很可靠的。矿科无着。

问题也很简单。谁能弄钱，谁来办这个学校。那谈得到永久的根基？

五哥的魄力真可钦佩。若是不冒险那有今日之南开。

将来的财源在那里？已往走过几步好运，如公债涨价，盐余补助，罗氏基金赠科学馆等。前五六年特别好运。校长信心于是乎更加强大。并且谁若是微有怀疑他必轻视为胆小。

我的魄力远不如他。我只是谨慎人，又好安逸。小处精处或偶有独到，大处勇处追不上五哥的十一。读书教书或可勉强为之，奔走筹款我毫无把握。

* * * * * * * *

学校既然到危急存亡的关节，我不能不帮一帮忙。然而大家希望不要过高，那样我可以勉强从小处试一试，不然我要敬谢不敏了。无论在什么地方只于维持生活还不过难。

* * * * * * * *

因心绪作恶，陈列事也没有精神去结束。精力不足，什么都不能有成！

＊＊＊＊＊＊＊＊

与午晴长谈。他也赞成作"候补"或"预备"校长不是上策。只作特别"委员"于合作上不致生问题，有什么建议听与不听没什么关系。不负执行责，成败的批评可以少直接到我身上，然后轻视不至于使我完全不高兴。

办事上一样，联络也可乘机而作千万不可勉强，名义固然仍是教员，态度上也千万不要露出"预备"的性质。我是一个失败者，现在以教书糊口，若五哥有什么特别委派的事自然勉力为之。高位绝不敢望。

地位既已说明，下年仍以教读为主。大学任课六小时，中学只任高中英文教材的选择，与教员会议及与学生谈话。余时自己读书和办特委事件。

既得华、优、喻的谅解，校长也能谅解，不过一定免不了轻视我胆小。他是有勇气的，别人都不如他。这也诚然。但是大谋要忍小。我以为深造读书是大谋，预备作南开校长倒是临时方略。如果我在学艺方面无成，将来于南开有损而无益。

＊＊＊＊＊＊＊＊

下午同优谈。也能谅解。学校的危急已达极点，今年七月结账后基金只剩二十万。息二万一年，如何可以办大学？应早有计算。请诸位教员学生同负责任。有生存问题在前，没工夫照顾到细目。

每年两万办什么样的大学？若盐余不断，每年有八万。无论如何，不能期望很多。以我个人意见，不赞成欠债造女中楼。既已造了惟有设法维持。谁去办，如何办法，也没有人想。只于露胆大就算是大本领？

＊＊＊＊＊＊＊＊

轻视我胆小，很好！我本领有限，学问浅陋，勇气又不足，——大家失望最好在现时，别等到将来。另请能手，我还是读我的穷书。

南开经费我实在看不出办法来。没有钱，如何能讲学问？

＊＊＊＊＊＊＊＊

回津后"三小时"还没起首。要练习无论如何不间断。南开只要人，也一定有办法。到最低限度大学停办。你个人在这个时代还有你的使命。你还要作能代表时代的人。南行是必去的。

大学若落到关门，不是我的过，也不是五哥的过，实是时局的过。

（大学有关门的可能！大意不得！）

以后不再走完全无把握的险，就算尽了小心的责而已。

［五月］廿四日，一

精神散漫，双方都要失败。

群既定维持，应决意舍懂。当断不断必受其乱。

现在学不成学，事无所事，那里配懂？早晚必受人轻视。努力长进，拼命作工夫，有成后再讲。

不是因怕而不敢为！怕什么？惟求自反而缩。良心上对群有责任。并且对五哥也应帮助。在旁计划是小帮助，大帮助是在自己有成。这是所以必要埋首读书的理由。只是某人的老弟是没有出息的，不是人作的！在清华失败也实由于自己学问上的把握不足。所以退出后非静读五年书不可！若在此地又作起行政事来，那就太无聊了。

懂也五年后再见。

＊＊＊＊＊＊＊＊

谁说也不怕，无论什么也不能移我的志。大学停办，国家灭亡，我仍努力我的工具！一时的小失败，小批评，小轻视，都不算什么。

前三个月立志还不坚。南开事侵入我的计划。现在"继任"又是一个大诱。假设作了南开校长而没有独到不朽的学艺那就能自认为满足么？南开事业固然不小，而现在的工作只是筹款。什么是我们的教育真目标，什么是我们的教育新设施，什么是我们办事人的真学问？

＊＊＊＊＊＊＊＊

华已同五哥说过。大概能谅解。五哥希望多在行政上帮助。学校拟从六月起出薪。我还想现在算借，以后从薪金里还。

读教是正务，办事不能过一半时间。每日三小时必须作到。为自卫计必须规定时间。将来是否只是"老兄的令弟"就看你能否有恒。

［五月］廿五日，二

四点半醒。

"工作无可怀疑，望努力。曾去信问，回说：快收后因不知名，原信退回，又去信令向局声明转寄，想无误。南下稍缓，先去奉天，约卅日起程，南下当在十日左右。俗人最宜散文事，我们以后不再理他。此上，弟，文。”

＊＊＊＊＊＊＊＊

英庚委员约星三来参观。专心预备。

慎独心安。专静纯一。

[五月] 廿六日，三

不敏，不大，——延迟，踌躇，胆不够大，能力太小！

抄《求阙斋日记》。

[五月] 廿七日，四

毫无精彩。对于校事仍是无大趣味。怕得罪了徐么？实有其事也出于无意中。

自己把握太没有了！心神不定，还是闭门读书好。

＊＊＊＊＊＊＊＊

昨英庚款委员来。陈列备好九板。

[五月] 廿八日，五

无徐回信，真是俗人不再理他！与文士游本属勉强。学艺，为人，那是你的特长？自知浅陋，不应高播。但此次胡、陶都不是有很好印象的人，他们的解释或有影响。对徐完全自反而缩。

因人误解或轻视就不高兴吗？求学是“为己”还是取悦于人？别人不理难说不能生活？这都是自信力不足的根本大病。既然自知浅陋，努力用功就好了，别人现在如何看自然不应分神。

没有能力作大事，小事也很作得。为南开在外活动，品学都不足使人敬服。教一两门功课或可敷衍。

去京前，对于自己稍有把握。自十四日到京至今日这两星期，精神不定静，心绪极乱，不能左右局势，中心无主。字法大退步，书也一页未读！

今早不作琐事。抄《求阙斋日记》。习字。

＊＊＊＊＊＊＊＊

下午

星期日赴奉天。同行有邱、欧，一理化，一生物。

＊＊＊＊＊＊＊＊

徐信来，疑释。立复。

* * * * * * * *

未完事。

一、陈列——送美，存校。二、下年用参考书。三、高中英文教材。四、保险费，华北股息，借债。五、南下用衣。六、答信。

［五月］廿九日，六

"心绪作恶，因无耐性故刻刻不自安适，又以心中实无所得不能轻视外物，成败毁誉不能无所动于心，甚愧浅陋也。"

下月结账，学校经济难关。中央及省政府补助金毫无希望。实业家只赔无余。最大可能还在中央，稍定或有办法。英庚可望小数。问题不只在矿科而在全校，不只在教育而在全局。

学校应取何方针？江南五省暂得小康，难说天津没有一个可以代表北部文化的学校存在的可能？

天津是北部工商业的中心，现代文化是随工商业而发展的。工商业一时因政治的影响不见起色，将来一定随世界潮流前进。南开将来见长或也在工商方面及与工商文化同进的各种学艺。

"远水止不了近渴。"现在定什么方针？有什么新财源可开？南洋及美国华侨、广东、福建人，不见得愿意帮助一个北方学校。北部几个商埠或有可能。这次路过大连去调查一下。

内乱越厉害，租界越人多，但这不是商业发展的状态，商埠的存在也是因有内地的生意。内乱到这样，商埠大受影响。租界避难的人那肯出钱给学校？

如此南开怎样维持下去？中学可无问题，大学如何？

* * * * * * * *

上午同华、伉谈大学方略。我以为稍有眉目，其实不济于事。

方略：

一、北部工商业什么时候有特别发展，我们不放过机会。

二、现在不要用过可靠的入款——约八万。（基息二万，学费二万，美庚二或三万，英庚二或三万。）

三、中央公债及盐余，仍进行。

四、矿、商改二年招一班，位置较易，工作求精。

五、文理取消绩点制，头二年必修科，后二年教授钟点减少，学生多自习，注重研究。精选教授，多给他们机会深造。真有五六位大师，一个大学也可算成功。

六、特别捐钱的工作自然要继续。

＊＊＊＊＊＊＊＊

这不过是空谈。八万那会办得出真大学？教授：矿科至少二，商二，理八，文八，共二十位。每位三千，一年六万。职员及设备只余二万。

往将来看，北京可以有三个大学：一、政府立，二、清华，三、燕京。天津有北洋、南开及工商大（法办）。厦门大学现在是最富的。南开在精神方面，如办事为公，有胆量，有计划，求经济，都不在旁人下。北部工商业是南开可利用的。可惜北方人中没有甚富的！

＊＊＊＊＊＊＊＊

学校想从下月起约我出薪。有人说二百五十。然而我已经宣布二百元以上的薪不要。各报也登过。在我少要，倒多得自由。惟家人觉稍不便。或因此而生不谅解。够生活不再多求，这是原有的用意。也有感于清华争利的风过胜〈盛〉。无论如何第一年只要每月二百元。我实在要多一点读书的自由。如果自信不坚，自己没有一个独立于物质外的生活目标，那就能得多少钱就要多少钱了。现时学校有困难更不应多要。一年后再改。

这是道德的战争。

[五月] 卅日，日

昨下午与华谈。他说每月二百五十元是已定的，不过他可以把我的意思传达校长。

说时我不大爽快。别人如何看法完全不应管它。或说我既有宣言不得不如此，或说我沽名，或说我虽自取薪二百而夫人也得数十元，或说我另有作用——若去问别人如何想，自己那有什么独立的品格？

我坚信只要够用就好了。少用钱实在是给自己最大的自由。许多官立学校连钱拿不到，现在一个私立学校作事，我那可拿大薪？

我绝不想同人比，或用我来形容拿大薪的人。如此作我心安，就完了。中国乱到如此有饭吃已算便宜。

钱是小问题，不要说太多话。志既定，不必多说理由。我一定如此，别人随他们便说什么都可。

大问题是在学艺上努力。多得自由作自己的工作。少拿钱自己可以多读书。现在还是预备时期。

"见小利则大事不成。"事本大，利都是小！以轻利自骄也是小气，反倒把利看大了。不注意的态度，减少自己可有的利，那才像似大方。

[五月] 卅一日，一

今晚赴奉天。同行有邱、欧。约十日返津。

早见校长无精彩。校事有难处。

请华来谈。每月二百元是一定的。又同华谈北部商埠捐款的希望。青岛、烟台、济南、唐山、秦皇岛、营口、大连、安东、奉天、哈尔滨——这几埠如商业兴盛，间一两年去筹二三万还不算奢望。不过是一个空梦。我有这种捐款的兴味吗？

对于这个空梦也不要再多说啦。人要你负责去办，那时又要觉痛苦了！

还是少负责自由的好！

* * * * * * * *

"成败毁誉不能无所动于心。"不动心作不到！怕人批评所以好猜疑。如何能独立？如何能有恒心？

* * * * * * * *

捐钱事不是我喜欢作的。但是教育是应当办的，想办必须用钱，所以一个私立学校捐钱是必须的工作，不然无以生存。

钱既然不是容易弄来的，用时特别经济。所希望拿钱的人生活程度不高，而诸位教授都学外国人的生活，这样教育早晚一定破产。

既然得钱难，想办什么教育必须计划清楚。不然自己以为目的很高而学校实际上的工作都与目的没有发生关系！

生活程度是很大的问题。留学生都希望大薪金，然而钱从那里来？大家吃政府，政府已破产。大家吃学校，学校钱有限。

请问什么是我们教育的目标？什么是我们财源的根据？

六月

六月十日，四（第三十五册起）

五月卅一日夜赴奉天。昨天下午返津。路经汤岗子，大连，旅顺。一路上身体好，精神得新感触。

＊＊＊＊＊＊＊＊

同五哥谈，知矿科已经董事会议决停办。校内外影响不知如何？

校内其余三科应自问凭什么不停办？什么是存在的根据？什么是存在的理由？

办事人也应再定方略。

我想先不南行。或可为学校拟新方略。七月同考新生人南下。

＊＊＊＊＊＊＊＊

应作的事不能立作——这是最能使人无大用的习惯。在路上就应将报告作好，现在坐在此地又想起要习字！

致谢的信自己写不出，惟有请人作。

无论在那方面，感最大困苦的是文字上的不便利！

如果自己真没有这类耐烦和天资，只有快寻助手。然而总觉不甘心。总以为是莫大耻辱。

先习字，再作报告。

[六月] 十一日，五

上午同五哥谈。我说：

一、南开要自认清楚是一件灵敏的工具，什么时候要改变就可改变。南开是还能提得起来的，还有主权，有生机。一般同事人要有自由改变的信心。

二、南开的难处要看清楚。早知道，临时无可惊慌。政局、财源、人材、计划，——一切困难预先算到。

三、办学宗旨及宗旨的细目。宗旨要清楚，并且必须分析到细目，从细目下手拟出学校生活、课程及训练。

要根本改造，以上三点是必经的手续。

我又说：无论什么时代都有创造思想的可能。最要的是与一时代实在的问题接近。只要有创造的思想，没有完全无望的时期。别人或可说无望，惟任教育的人永远有望，因为在青年身上永是有望的，教育者应作引路人，给青年寻得前进的途径。

大概说中国现在及将来需要两种人材：一、物质文明的生利者，在工商业上与在中国的外国人竞争，利用中国的天产人工。二、社会组织的领袖，在政治道德方面。这类治人的技术要兼取中西；仁民旧持身的操守必须得有的，同时要有新眼光和新能力。

大学中学的课程要本我们的目标拟定。学别人自然可以，但有我们自己的理由。

* * * * * * * *

五哥已根本承认自己所有的目标没有在大家的工作上发生影响。工作自工作，目标自目标。

既有觉悟，所以想改造。

* * * * * * * *

钱从那里来？用多少？如何用？

人要那样的？如何广收？如何训练？如何运用？

用学校作小试验，预备改造中国。

* * * * * * * *

学校有了难题，正是用武之地。

［六月］十二日，六

南开改组大纲渐渐成形。不要使人过高兴，时时留心自己的短处。

空想上我还有兴趣。想出后，请别人去推行。对于执行方面，我又懒又多踌躇。特别注意强同病。

现在我需要一个中文秘书。

* * * * * * * *

昨天下午五哥又谈改组计划。他很想根本改造。

事不算小。事越大，越要沉气。速则不达。

下手次序：

十五日南下，七月五日前归。看南京及上海教育。

七月十日至廿四日，少数人研究。

八月一日至廿日，组织执行机关。

九月四日，开学前各种规模草案拟好。

* * * * * * * *

改组范围：中学改到如何地步？全部生活或只在课程方面？如何训练教员？

[六月] 十四日，一

端午节。

急应办理：一、报告，二、谢函，三、陈列，四、改组方略草案。

五哥今早赴济南，星期四归。上列四项都应在三日内办完。如在七月十日会议，会前恐不能南行。

筹备——六月廿八日（一）至七月八日（四）。

会议——七月十日（六）至廿四日（六）？（邱不能到。）

* * * * * * * *

与华、伉谈。

南开是继续发展的。既然在财政方面没办法，发展当在精神方面。

然而必须承认最有把握的入款是什么。量入为出。如果下年仍以借贷维持动用基金，空计划改组，过一年后物质精神两方面都破产。

大学现在是最危险时期。定错计划，将来不可收拾。

[六月] 十五日，二

考察东北大学报告及致谢函都使我感国文不便利的痛苦。应用的是函件及文稿。校事这样危急，我如何得时间读书？

* * * * * * * *

为下年计划，不能缩小范围。教授都已约好。惟一生存之道在下年内开新财源。当于设法筹款的时候，大学中学教育上工作或可稍有改进。

* * * * * * * *

报告抄好，谢信已送出。英文稿今晚可编成。

明天为陈列忙。

* * * * * * * *

开财源：南洋，美国，中央，商埠（大连，营口，天津，青岛），学生家长（？），英庚，美庚。

捐法：讲座，图书，建筑。

达目标：分析宗旨，拟定细则，如何办钱少的大学？

* * * * * * * *

无论如何巧，没有钱大学不能维持开门，那能谈改造？

弄钱的路，五哥也错〈差〉不多到了无法可想的地步！内部的细处固然应当有人帮忙，同时捐款方面也得有人开新路。

南开如果停办大学，与中学前途有莫大关系。于五哥一世英名自然有损。

离南开而独创的本领——我最缺少的是国文工具及学术上的真造就。

再造南开！敢任这样重责吗？能得钱，能想教育上新设施，——这两样本领必须兼备，不然一个私立大学没有存在的可能。

[六月] 十七日，四

精力不足。想到不能立刻作到。

昨晚与华、伉谈。拟出基金存放政策，下年修改预算，财源来路，及暑期内会议时期。

南京、上海参观——六月廿日？至七月十日。

筹备——七月十一日至卅日。

会议：中学——八月二至八日。大学——九日至十五日。

会议目的：（1）重新分析南开教育目标。（2）讨论制度上的改进。（3）拟定下年努力的工作范围及改革程序。

* * * * * * * *

我的地位只在筹备方略，不负执行责。然若立法不良，或法有不便于人时，怨必在我。

自问，学问不佩〈配〉作大学教授。现在又来自命聪明，敢谈中、大两处的根本改造，未免过于冒昧了！

* * * * * * * *

Fichte[①] (in his third lecture on the vocation of the scholar):

Contemplation, admiration & praise of oneself—even though the latter be always internal & the indolence which springs from them, as well as the contempt for what already exists in the storehouse of culture, sweely bear testimony to lack of true talent: to forget & lose oneself in the subject & to become so immersed in it as to be unable to think of oneself, is the inseparable accompaniment of

---

① 费希特（Johann Gottlieb Fichte，1762—1814），德国作家、哲学家，古典主义哲学的主要代表人物之一。

talent.

* * * * * * * *

Quoting & commenting, Paulsen[①] writes (German Universities, P.309):

And concerning the productions of those false geniuses, "whose tremendous pride & self-conceit & desperate determination to pass for something out of the ordinary in spite of nature", serves them as an incentive instead of real genius for the matter in hand, he (Fichte) has this to say: "Their production is either something which they have independently thought out, or which happened to occur to them, of which they themselves really do not understand, but which they hope, nevertheless, will seem new, striking, paradoxical & therefore, become famous & which they now launch upon the world, hoping that somehow either they themselves or someone else will discover sense in it; or the thing is borrowed but rendered unrecognizable by artful distortion of transposition & made to appear as something new."

（假天才。）

* * * * * * * *

这一段诋"假天才"可谓刺骨！

我自己就在被骂之列。我有什么真学问敢谈教育制度的创造？是否只以新奇骗人？我所利用的"概念"都是很普通的很浮浅的。我所提倡的新制度也是从外国抄袭来的。这样那配梦想创造？

（我也是抄袭。）

如其在教育上的兴趣是真的，不是只要人说好，必须先下苦功夫研究，把中西教育制度思想都探讨过，而自己发表工具也预备完善，然后才敢在教育事业上立法树人。

理想又是太高。实行不能到万分之一！惟有空自懊悔！

（理想太高！）

* * * * * * * *

东北报告昨天英文稿写好。译汉文又是问题。

---

① 包尔生（Friedrich Paulsen，1846—1908），德国哲学家、伦理学家和教育家。

[六月] 廿日，日

十八日赴京。东北报告汉文欧担任，英文交进。

十九日早七时赴北海摇船，奇遇。午日餐，文室，几一指深，应否是问题。大病在假，在殡。（正饰）

欺人。以巧胜。谎话决不当！人事必以慌时，事止或语真。人胆小，愿安巧假。要力自持，再止人。

不敢真！人烟，弱而痛。"应断不断，必受其乱。"

* * * * * * * *

五哥望助甚切。专心助计划方面。自己工作还是重在文字工具及深造。

上午在五哥家。我读论文①中对于课程试验的建议。大致可用，最难在实施步骤及教员的了解。

小心空谈。空想一大堆，而不能见诸实行。

* * * * * * * *

改造南开实施步骤，——这是要想到细处而后再宣布。

[六月] 廿一日，一

论文是五年前的空想，为骗学位而写的。彼时的环境是美国哲学的空气。问题的提出，思路的条理，感觉的标准，——都是美国的。批评的是美国人，鼓励的是美国人；我用英文写，恐怕肯读完我的论文，不半路丢开，——因为不赞成我的理路，或因不能根本领会我所运用的外国（美国）概念——还是几个美国人。

现在五哥有意要根本改造南开，我又想起论文里的空想，或有一部分可以在南开试验。

论文若是中文写的，现在自然可以得着同事人研究讨论。自然科学类的论文用外国文发表不只无碍并且可以得广布之益。社会问题的论文——特别关于社会政策，或一般普通观念的改革——必须用本国文发表。你的目标是使人改变一种作法或一种看法；你的注意不在少数世界上同样兴趣人的了解，而在使一般同你工作大概相同的人，对他们的工作及生活态度有一种新的解释和新努力的方向。

---

① 指张彭春在哥伦比亚大学所作的博士学位论文。

以先用英文发表是抹杀研究的实效。更可看破那篇论文实在是为学位作的，它的用处在得到学位而已。与科举时代的功名心实在相同。现在留学之风，内中十之八九，不过是功名心而已！

* * * * * * * *

现在南开想改组，论文中是否有几条可试的建议？

假设有，我也应用中文重新写一次。

在教育实施上想开一新纪元，必须有真能代表时代的深远观察，而能树人立法，使你的见解得着具体的方略。

深远的观察——如 Russell①、Dewey，或 Arnold，或中国的先哲学者。不只想新方法，如 Dalton②，Garry等。

具体的方略——立法上，有过什么著述或系统的研究？树人上，影响过那个人愿意在你所开的新路上工作？

* * * * * * * *

现在我那配梦想在教育实施上开一新纪元？

* * * * * * * *

转过头专心注意在眼前的问题和机会。

五哥现在对于旧方法有些不满意。物质上的发展遇着一时开不通的路。又渐有觉悟自己所认的宗旨没有影响到学校里实际上的工作。

改一改可以使得办事人高兴。

这几天讨论的大体上已得原则的同意。现在的问题在进行的手续。

先就中学想。男中学生有一千五六百，教员只有学校式的习惯。职员的办法也已有成规。根本改造一般教职员一定觉些不便，因不便而有怨言。

全盘改造必须已训练好些人，必须已编选好些材料，必须先将改造的目标及学理用文字写出来，说得尽情尽理使识者心服。

（人，材料，学说。）

* * * * * * * *

现在三者都没有相当的准备，如猛于一试，必至失败。

* * * * * * * *

在清华已失败过，在此地不要妄谈改造。

---

① 罗素（1872—1970），英国哲学家。

② 道尔顿制，由美国教育家帕克赫斯特提出的一种教学模式。

在清华，精神方面自然利心过盛，因此我不安于争利的环境。但，在学制创造方面，我不能不承认理想太空高而不能得同事人谅解。彼时我也觉得我没有对于学理发表的文字，我没有耐烦作材料细目的选集，我的学行没有得到真同志人的心服及帮助。

彼时的弱点，我依然还有！

不要引起五哥的希望，使他空于一时的高兴！

* * * * * * * *

昨天五哥想先从本校毕业生入手，或在暑期内集些人讨论论文中几段可用的建议。

试验的精神是由渐而入，或从一班学生入手，或从学生生活中一部分入手。一下全体推翻是不可能，最危险，而且违背科学试验精神的。

试验想成功必须划清范围，拟定工作的程序。

下年在大学教一班学生，同时在中学作小范围的试验。

* * * * * * * *

试验范围：只在旅行，调查，参观方面。别样功课大致不动，不过每星期匀出一下午，或一上午，或一日，专为预备出行及讨论观察用。或只限高中也可。

例科必须渐渐分析，渐渐编制。

每班所参观的，使这班全体教员都知道，他们所授课如能与参观发生关系最妙。

同时在各种教材上作系统的分析。

引导人各科都有代表才好：中文，英文，数学，自然科学，社会科学，体育，技术。

这组人常有讨论。每次参观必有长时间的预备，很详细的观察讨论及报告编制。每次出发必有一次清楚的目标及有条理的结果。

总目标是与实际有直接领会。

暑期内训练这些引导人。

约王捷侠来作这一部的干事。

* * * * * * * *

中学可望改组的，能办到这一步也可算很好了。

* * * * * * * *

大学也应往实际上引。学生能在第三四年里有机会作一种专长的研究。绩点制能取消固妙，然在未发现较好制度前，可勉强修改之。

* * * * * * * *

中、大两处的改组都不能求速。

我能帮助最多的还在天天改组我自己！

* * * * * * * *

上午共三小时都用在写日记上。写后，稍有头绪。

* * * * * * * *

下午

性懒。三点才来。Russell 说中国人都懒，能不动就不动。

读死书本是最适宜懒人的。

印度人也懒。日本人特别勤洁。

* * * * * * * *

完全忘懂，在工作上努力。本不想理，可恨奇遇。把自己作到佩〈配〉人永望。这是 Egoism①？为快舍责怕不能久。努力工作的好。Goethe②也是 Egoist③。现在文艺界 Egoist 太多了。

* * * * * * * *

南游否？目标是见些人谈话。怕他们或有不在上海、南京的。如去，至多三星期。

* * * * * * * *

喻来。高中英文教员在廿四、五开一次谈话会。

"社会视察"下年从高一试起。由本年级各科教员选聘引导人。期望"视察"与各科联络。

如果有效，以后高二、三也可加同样功作，范围自然不同。

这是一种过渡办法。同时在材料上分科去研究——下年自高级读本入手。选择材料时，运用自己拟好的标准。

各科都有材料后，自然就有了根本办法了。

在大学引起学生作分科研究的工作。第一年讨论中学沿革及课程问题。第二年就可以指导学生作研究工作。

作下几年后可以产出些中学教材，也是很有用处的。真能编制得当，很可影响一时的青年。

---

① 自我主义，利己主义。

② 歌德（Johann Wolfgang von Goethe，1749—1832），德国著名思想家、作家。

③ 自我主义者，利己主义者。

一部分南开大学学生也可在各处中学服务。从他们身上可以改造中学教育。

本校中学的根基或也可增加坚固。

这样作去，把我自己要作成一个"中学教育专家"了！

这个途径也不可过于轻视。

同时戏剧上兴趣仍继续。

两种工作都逼迫我注意达意达情工具。

作下六年后——到四十——或可有些成效。

［六月］廿二日，二

中学工作范围又清楚些：

一、英文教材的研究。请黄①担任一部，他可在大学少教三小时。国文、算学、科学、社会科学，可以每年加入一门新研究。五年后，中学教材可以稍有头绪。

二、初中以童子军方法为中心。同章②谈，很高兴。最难在多得领袖。能从各科教员中选用，任童子军可少教钟点。暑期中帮助章筹划细目。

（Activities for Motivation. Logical subjects as formulated tools for generalized usage.）

三、高一加"社会视察"。每星期一下午。三组同时，共两团。引导人由各科教员中选出训练。视察范围、目标、方法等，在暑期中想好。高二、高三，以后按次加入。学校设一 Museum③，储存视察报告、物品、图表等。每年各年级视察或实习种类不同，三四年轮流，然后引导人可以不生厌烦，也不至每年总骚扰限定机关。这部分事拟约王捷侠负总责。

＊＊＊＊＊＊＊＊

下年在中学，我只用力在这三方面。

＊＊＊＊＊＊＊＊

已同五哥谈过。他赞成。中学工作既定，不要再引起另外问题。贪多必败。

---

① 指黄钰生。

② 章辑五（1889—1978），名文瑞，字济武，天津人。毕业于直隶高等工业学校，曾任南开大学、南开中学和南开女子中学的体育主任。

③ 博物馆。

[六月] 廿三日，三

早在五哥处见 C. C. H. 会员名单，以先诚社人多在内。南大如蒋、黄、唐，北京如陶、朱、李等都在内。仍有与 F. F. 对立之势。我是不赞成结社的。这一部人渐渐不与他们接近。在京常来往的是文艺类的人，并且限于《现代评论》和《晨报》两派的人。这也是因兴趣上关系。文艺友人多自认天才，实际上大家在发表技术上都比我高千百倍。我羡慕文艺上的成功，所以自然的愿意与这般人来往。

但，自量在文艺方面将来可以有什么成就。既有这面兴趣，也不应抹杀。不过努力范围要规成。

* * * * * * * *

南开的内部整理及设法筹款就可使我得满足吗？

使南开达到最完善地步，得有百年不摇的基础，——这个事业也不可轻视。自己学问及操守上的努力很够一个人一生全力去作的。

在这方面努力将来也影响不小。知名与否不在预测中。

著述上也可有出品。文艺也可作为 Avocation 继续兴趣。

* * * * * * * *

这样工作可以勉强试去。最要的是学校方面不任行政职。一任行政，自己思想就被缚束。

* * * * * * * *

下午办陈列。廿六日前结束。

南下与辑五同行，启程约在七月一、二日。去三星期。

* * * * * * * *

暑期内工作：

一、高中英文教材。

二、高一"社会视察"办法。

三、初中一、二童子军工作及与功课联络办法。

四、大学学程"中学教育"的预备，"现代戏剧"的预备。

五、发表工具。

六、加入大学制度的讨论。

这就太忙了！不再管别的事。

（不管新事！）

* * * * * * * *

徐信说，人通订廿六。去梦过洽一星期。

订、群，本社会形式。人说为名誉起见。人胆本小——至多梦懂。俗胆何尝大！自恨不成器。

全力在工作。使人不至耻我。谅而远。

* * * * * * * *

下午又懒！又失信于陈列事。

[六月] 廿四日，四

办陈列。廿六行毕业式时展览。

展览作目标，工作觉有意义。我性喜人知，喜人说好。近演剧者心理。浮浅！

* * * * * * * *

下午三点半与英文教员谈话，作选择教材的预备。不多谈，介绍后稍交换意见。问他们已教过什么材料，学生心理，短篇或长篇，诗要不要，进度如何，等问题。

* * * * * * * *

人不能遽忘。想下解释。为什么要名誉，要冰，要饭店？分群与懂，一方面要社会地位，一方面要同趣要神快，人有主张，通自要被蒙，人利用之。终了不知谁被利用。人对仪自然可疑，但既疑又作到盛处以愚社会耳目。这是因家族地位，怕同堂及亲友轻视吗？利用仪，通，又利用俗？俗不愚，并私。"良心"对人之主张如何？

人，才艺可羡，趣有些同，但为何求懂？

激动神趣，定生命方向？

增加经验？感觉加敏？求艺术材料？一时快而忘境？为何？

* * * * * * * *

唐诱俗向中国文艺，人之心理资深味。人颇足自助，利用非正，但可谅否？畏利用，俗也思利用。

快必欺时，去快或去欺人？或欺而快？什么是自反而缩的主张？人用兼，俗想去一。胆大去欺小去快。然俗有什么真能服人？学艺连通不如！那配永人懂？

这是否逃出问题？果配，对利用又如何？怕不永不前，实私。内心自有上懂者。是个人成就？或安逸？有上懂者就是情感薄弱的铁证。

人，俗，徐，都玩非真懂！都怕家社会弃诋！大家都是胆小人！所谓顾他人，顾理性，都是 Rationalization of a fear①。

情感不能统一，就是对于懂不真。不真，只玩，——不能有最高生命，最伟艺术。

[六月] 廿六日，六

自昨天下午颇觉不耐烦。

薪金内定本月百廿五。按半月算（误，大、中各半），以后每月二百五十。我不高兴，大概我所望的是他们给我六月全薪，然后由我建议改二百五十为二百。

我对于钱还是看得太重吧？不然又何必以小薪为美德？离清华时只顾说了一句痛快话，大家都知道我是主张不拿二百以上的人，从此后我就限制在二百的薪金了吗？

钱多自然生活可以安适些。W.以钱少为太苦了。有些新式卫生——如较洁净的衣食住，暑期海滨旅行等——自然不能享受。家人不幸而生病时，也要觉调养的不便。

但是中国人中间，能得每月二百元薪俸的有多少？政局不定，中国人活着就算便宜，那讲得起什么卫生什么安适？

教育事业不是生财的，社会有余力时才来供给教育。新工商业不发达，没有生财的活道，将来教育一定大受影响。

南开现在正值难关。能否生存，尚是问题。我正可提倡小薪。

有人想正相反：他们以为国越乱，只要有得钱的机会，快快拿些，将来可以有一点积蓄，备再乱时可以自存。

我如果那样想，绝不该离清华。固然最末次是曹迫我，非去不可，但是以先的言行都是不想久居的趋向，以至有人说，我所以自减待遇，实为固守地盘起见！

我是有主张的么？我能持定不移么？我自以为生活目标是什么？不要问，不再踌躇。已定的每月二百不再反复。

* * * * * * * *

穷极的环境，人民一定道德高不了，智慧也一定没余力去修养。难说，道德智慧是必须有物质生活作根据的？想得钱，设法到外国去弄。在外国有钱，所以拿了不算错。什么时候中国有起钱来，自然也可以拿。

* * * * * * * *

---

① 恐惧的合理化。

见小利则大事不成。不拿大薪，心里可以少些患得患失。为南开的延长，我是拿小薪好。是否因收入太少使家人不安，以致妨害工作的效率？

只为南开，可多拿。与其他比，可自信。

但在清华的宣言如何？是只因怕别人批评不敢失信？或自己承认彼时不应说得太过火？或我仍坚信不该拿二百以上薪金？

如果怕家人不便，可试一年再看。

将来有可拿大薪的事，我是否因薪大而不去作，或不敢想去作？

* * * * * * * *

行为的标准，不要交给外人。只问外人如何看——那是真弱者。我自己如何看？华、五哥、清华人，——都不管他们，我只问自己我以为什么是最好办法。

我不承认谁能问我，谁能批评我。我信，我如此作，可以达到我所择定的目标。我要我的自由。我所择定的，我以后决不懊悔。

我要多读书少负作事责。要大有为，必须备好达意工具。少拿钱，我自己觉着自由些。

这样黑暗的民族和环境，又加上毫无希望，又弱又笨的我，——还作什么"大有为"的自欺梦？

不作那样自欺梦，谁说就有什么安逸享什么安逸，给多少钱就拿多少钱吗？

（"大有为"自期梦！）

* * * * * * * *

锡祚昨天吐血大重。今早送医院去。

五哥又多此忧虑，怕他身体受伤。校事都望五哥一人维持。怕他受打击后，校事也要大动摇。他的精神是真可佩服的。

以校事为主，其余或有一贯看法。

* * * * * * * *

本想今早与华谈。心中尚无定见。忙过今天再讲。也许再想一想，可以得较自安的解决。

[六月] 廿七日，日

昨天十九次毕业式。五哥要我说几句话。说后觉得很不得体。不是五哥要我说的话，意思也与有些人的主张不合。

本要我说学校历史陈列，我说到现代能力的"求真"去了。这是一样感想，不与陈列有关。我说：学校目的在造就有现代能力的人。现代能力的要素在求真。求真有三方面：求事实的真，求思想的真，求理想的真。在第三上我推重独立，所谓自反而缩。又诋中国人多，从小就没有独住过，是非总以别人说好说坏为标准。

说后，校长补充几句，形容我所谓独立并不是刚僻。因为靳翼青在场，他近来常骂吴子玉刚僻，五哥的几句补充也有所为。

* * * * * * * *

喻怕。我又何必惊扰？中学改组完全由校长推行。我不问行政，定可无问题。

* * * * * * * *

听说，今年南开高三、高二学生考清华的有五六十人。

我觉有一点难堪似的。我以为清华不成一个教育机关，而学生去考的人还是很多。

其实全国读书地方太少。清华设备全国第一，经费充足又可以聚集全国知名学者。至于校风方面争利空气，学生不去注意。

我对，全清华不对！自然是偏见。但是我要保守我自己"理想的真"。清华是问题，然而全国问题太多了。我惟有先预备自己。

* * * * * * * *

想今天与华谈。每月试二百，自六月起。

* * * * * * * *

趋向是往不群处走。不久，怪僻的名就算定了。主因是我性傲，好矫常情。我作大家不愿作的，难说就比大家高了么？是沽名，还是真理想？

或不免为名。然而我相信有一部分是真的。

只少拿钱是消极的。还求积极的工作。

努力舍不掉"大有为"的自欺梦！志必须高。弱点力去，那应自馁？我现在只求读书深造。不问南开行政事。少拿钱也很有理由。

人既通，不再理。努力文字，看将来成绩。也不赞成人的利用。有意的利用，不应当。我也利用似有可原么？既如此，就要真于此。不再人诱。

* * * * * * * *

与华谈。自六月起全数。由大、中各半。

华说，校长仍坚持。我说两理由：一、少钱可以自由些。二、学校经费正在无法的时候，不应多拿。

我想他们怕因钱少而家中有问题，而致减作事效率。如家中无问题，他们可无须为我在这方面想。家中不完全在钱，我多给一点时间在家事上定可安乐。

我说，什么时候我有问题，我一定提出请增。或将来学校经费有办法时，我也可请增。先试一年看。

人都喜钱多。我是有意沽名么？

我要自由。我要深造。

［六月］廿八日，一

华来，拟"说和"办法，房钱由校出，每月二百三十。我初有承认意，与 W. 谈，定义不 Compromise。为主张就作到底。

梅来，听说叔永荐陈、汪、张到清华。什么地方有钱就到什么地方去！我看清华太安逸。别人愿意去享安逸，我决不应有丝毫嫉妒心。人去也好，不过生活更只是片面的了。

（不妒。）

我按我的理想去作。这次战胜，理想又可得清楚些。我如此作，不为得名，只因我深信教育事业不为多得钱。特别处现在乱世，任教育的只以能维持生活为限。全国势转的时候，我也许改变我的看法。

永远每月有二百元维持生活，这一生也就很可得满足了。这件定后，要努力工作去。他们钱多，人才多，设备完善，环境清美，——但我们的工作要比他们深，比他们远！这也许是自大的空梦！"生于忧患，死于安乐。"南开钱少。难说因钱少，就没有伟大的成功？

* * * * * * * *

至于喻的态度，可以完全不理。

真给南开造不朽的根基，不在制度上的小改革，而在自求学德的深造。每月二百元也是南开精神。说出必作到。

大志要坚持。"勿忘勿助看平地长得万丈高。"

（勿忘，勿助。）

* * * * * * * *

今天免去午睡。我笨，惟用"人一己百，人十己千"的工夫。笨而又懒，那就更说不起大志了。

* * * * * * * *

早起前诵《不动心章》三（遍，俗写）徧。

[六月] 廿九日，二

早同清华 B. B. 队员坐船游八里台大学。

下午赛 B. B. 。

* * * * * * * *

看《求阙斋日记》抄，振起精神作工夫。

* * * * * * * *

廿六日本不应演说。说时不能自忘而气又过傲，故说后颇不安适。稍不谨慎，立即失败。骄隋之恶习，根太深了。并且自信薄弱，评论标准不能自持而授柄于人。

我自信那天太浮，但大体尚可自圆。我不自原谅，然也决不自卑过度。

[六月] 卅日，三

八点到。

夏天工作时间。

上午：八至九：日记，自修。

　　　　九至十二：学校工作（选英文，预备下年功课）。

下午：二至五：习字，读书。

晚：随意。

* * * * * * * *

昨晚到五哥处。报告一定不南下。

他兴致又高起来。女中、男中合建科学馆，请基金会助二万五千，学校出同数。长就高兴。又要盖新楼。长必须物质方面么？

又说，同人忙而不见老。他很得意。也实在是他的魄力大精神足。这一点真可佩可羡。

不见老，就是常有新事作。永是发展的，这种精神也是现代文化最可宝贵的。

* * * * * * * *

与华谈，薪数已定。

七月

七月一日，四

九点到。在家诵《不动心章》。

* * * * * * * *

同月涵、廛涧去吊魏孟藩^①。

* * * * * * * *

函件不便真不能作人，同哑子一样，太可耻！

[七月] 二日，五

昨晚看《荀子·非十二子》，有一段颇切己。

"古之所谓处士者，德盛者也，能静者也，修正者也，知命者也，箸是者也。今之所谓处士者，无能而云能者也，无知而云知者也，利心无足而佯无欲者也，行伪险秽而强高言谨悫者也，以不俗为俗，离纵而跂訾者也。"

（悫，先觉切，入。诚实也。）

这后半是我的写真吗？

* * * * * * * *

"百发失一，不足谓善射；千里跬步不至，不足谓善御；伦类不通，仁义不一，不足谓善学。学也者固学一之也。一出焉一入焉，涂巷之人也。其善者少不善者多，桀纣盗跖也；全之尽之，然后学者也。"（《劝学》）

* * * * * * * *

"兼服天下之心，高上尊贵不以骄人；聪明圣知不以穷人；齐给速通不争先人；刚毅勇敢不以伤人。不知则问，不能则学。虽能必让，然后为德。遇君则修臣下之义，遇乡则修长幼之义，遇长则修子弟之义，遇友则修礼节辞让之义，遇贱而少者则修告导宽容之义。无不爱也，无不敬也，无与人争也，恢然如天地之苞万物。如是，则贤者贵之，不肖者亲之。如是而不服者，则可谓妖怪狡猾之人矣，虽则子弟之中，刑及之而宜。"（《非十二子》）

---

① 魏有万，字孟藩，南开中学第一届毕业生。

[七月] 三日，六

昨晚到五哥家。老三肺病稍好，休养要很费时日。老四在中学成绩又有四门不及格。这是家事。学校在六月底结账，实欠四十万。政局看不出一点眉目来，中央和省款的补足自然毫无希望。全校每年要欠十万。所余基金只供二年用。

五哥仍然不为所动。

没有钱学校不能生存。我的空想常离事实过远。现代的大学不是一两个有学问的人可以办得起的。多人多设备，所以必须多用钱。

只为学校想内部改组，不是识时务之急。使教育事业的目标及工作清楚些——自然是应当的，有益的。但是没有钱也不得不关门。不过在内部上改良，可以使学校多有应存的价值，使学校有代表时代的精神，然后再去弄钱谋生存，勇气可以大一些，别人信仰的机会也可以多一些。

（助南开不在制度上的小改革，而在自求德学的深造。）

越到危难时候，越可使人深求。我们为什么要拼命办学校？只为求衣食住？为求名？为扩张势力影响一时？为求真，和帮助几个青年求真？为中国民族求生存求独立？

名心是我个人的最弱点。

但我深信求真的目标，也深信为民族争独立。

什么是真，如何去求？什么是独立，如何去争？

＊　＊　＊　＊　＊　＊　＊　＊

抄《求阙斋日记》一条。

[七月] 五日，一

看上星期日记。

记性用专心熟读方法不无小补。昨看书作记，年后觉真有所得。又背 Keats[①]诗一首。读书必须作这样工夫。可惜我没有过这样习惯。

昨天五哥又想到暑期会议的事。大家已经太忙，不要再加新事。中学只作已定三事：英文、童子军、社会视察。七月筹备英文，八月其他。有余力设法筹款。

＊　＊　＊　＊　＊　＊　＊　＊

送美陈列还懒去办。

---

① 济慈（John Keats，1795—1821），英国诗人。

[七月] 六日，二

八点来。抄《求阙斋日记》。

校中职员已过忙，无暇去读书研求新法。不能怪喻的怀疑。无论想什么新法，必须多用人多用钱。每班人数多，教员程度底〈低〉工作也太忙。只在教材上注意，效力不能望大。至于教大班的方法是否可以加研究？

[七月] 七日，三

对于英文教材的编选稍有门径。与人谈又不免自高，不免言过其实。易自满，一定是器小。

这几天中国书没有读，字没写，信也没练习。自己丧志！必须有定程。下午在家可以练字，难在少一个墨海。其实墨海不过几角钱。今天买一个，一家都得习字。至于读书写信必须有一定时间。每天清早及晚间可以抽出二小时。在这方面不注意，真没脸再见人！

* * * * * * * *

为中学工作外，还有下年大学功课。有的参考书立刻就得去买。

送美陈列也等我办。是我懒而无能，其实都算不了什么事。

但为训练精一，千万不要多任事。作完一事，再起一事。

* * * * * * * *

昨李圣章来。将再赴法。与之谈法大学制。

[七月] 九日，五

前天下午丁西林来。昨天陪他游八里台大学。

又空过了一天半。英文教材应速进行。目的二，原则五已拟好，实在材料还没入手选择。

* * * * * * * *

昨天同着丁、饶，五哥大发议论。学生都愿意聚在北京。得一张北京学校文凭就很像得了功名似的。学生都不想读书，绝不想到北京以外的学校去读书。谈到南开大学招生难，所以联想到这个问题。

我主张考试与教育分。考试应由政府主持，无论什么学校学生都可去应试。考试本来是不得已而社会用它。教育是教师与学生为友而指导青年经验。现在教员管考试，以绩点多少定毕业与否，学校替政府行制裁，——结果：学生认教员为仇敌，学校办的越严，学生对于学校越是机械式的。而教育的唯一有效的工具——师生间的好感——完全不能运用。

所谓书院考试是为奖励学生用功。为功名的考试都是由朝廷专利。（同时也是专怨！我们大家都可以骂他们"选择不当""以名利诱人"，等等。）

管学生很可以严。不好我不教。"举一隅不以三隅反，则不复也。""不曰如之何，如之何者，我莫如之何也已。"这样待学生不能不算严，而师生间感情丝毫没有伤。用无理学校考试制度，结果必不能如此。

督责是必须的，然而是必须用算分法及绩点制吗？

* * * * * * * *

南开中学办理认真，学生到各处考升学的成绩很不坏，所以每年来入学的非常之多。将来如果有为大学毕业生的考试——如留美、留英，或国家学位考试，等——那时，如果南开大学毕业生考试结果不差，大学招生也不成问题。不然，南开认真的精神必须等大学毕业生在社会上有成绩才可表得出。

* * * * * * * *

各国考试法作一调查。中国历代选士法也当研究。预备将来政府成立时可应用。同时也是我教书材料。

七月十二日，一（第三十六册起）

文字工具又忘了！

[七月] 十四日，三

精神不振！家事求一不可。校事陈列懒于结束，明知应办而无力去办！因懒而弱，所以招人侮。

* * * * * * * *

人群通日。

痛思一生将空过。耻死！

家不可依。拼命工作，不为所移。

怒也无趣。

不怨不尤但反身争个一壁静〈清〉；

勿忘勿助看平地长得万丈高。

四个人的小团体不能组织，那能条理大社会？

* * * * * * * *

已废时间太多。无法的暂时不理它。快去办陈列。

[七月] 十五日，四

昨天大风雨，学校损失颇巨。

因些小事精神不快：一、怕清华存的书被雨毁了，二、家人不睦。

病还在：措置无力，自信不足，胸襟不宏。

给梅信，烦他请学校注意。果然已毁也没办法。财物的损失不算什么。那些书是多年搜集的，我所有的一点皮毛知识离了那些书，更没有丝毫根据了。空愁无用，快想方法运来。放了半年没去管，就是懒！惟有快改前非。怨人怨己都没有用。因为书特别到京去一趟，也值得。

＊　＊　＊　＊　＊　＊　＊　＊

家人不安，不愿作家事奴婢。不顾环境，好发脾气，对家中一切人时常动怒。对于少拿薪，外面不肯露，中心颇不悦。住房也不方便。使得大家不安静。最近短发，实不美观，又不端重，为教书及交际都多不宜。有意宣告自由——知道我不赞成，一点不商量，突然就剪了。为感情所使，不加思索。真比长发如何方便也未必。我不注重外表，而家人时髦。

两天不理，然而将来如何？秉性不易改。要求发再留长？不满的火气可以用什么法开导？对于教书兴趣也不大。用我的时力过多。

我有我的使命。求学深造，为时代精神代表。工作是私么？别人都各得其所，我还不快快努力！清华人求安逸，通冷而窄，——然而将来我的成绩若是不如他们，那就太无耻了！

昨看《荀子·儒效》篇，他理想的大儒是他自己作人的标准，也是一种时代要求的结晶。

（什么是成绩比较的标准？）

周公、仲尼，是他崇拜的。

先看君子之所长。"若夫谲德而定次，量能而授官，使贤不肖皆得其位，能不能皆得其官，万物得其宜，事变得其应，……言必当理，事必当务，是然后君子之所长也。"还是做官。

贵、智、富，是人人所要的，看君子如何。"其唯学乎"，是方法。结果："故君子无爵而贵，无禄而富。不言而信，不怒而威。穷处而荣，独居而乐。"

　　"贵名不可以比周争也，不可以夸诞有也，不可以势重胁也，必将诚此然后就也。争之则失，让之则至；遵遁则积，夸诞则虚。故君子务修其内而让之于外；务积德于身而处之以遵遁。如是则贵名起如日月，天下应之如雷霆。故曰：君子隐而显，微而明，辞让而胜。"

　　分四级：民德，劲士，笃厚君子，圣人。

　　又：俗人，俗儒，雅儒，大儒。

　　末一段重法师，重积习。

　　大儒的界说："法先[我想或应是后（？）字]王，统礼义，一制度；以浅持博，以古持今，以一持万。苟仁义之类也，虽在鸟兽之中，若别白黑。倚物怪变，所未尝闻也，所未尝见也，卒然起一方，则举统类而应之，无所疑虑，张法而度之则晻然若合符节：是大儒也。"

　　圣人最大特点也在："修百王之法若辨白黑，应当时之变若数一二。"

　　博明，应变，——这是最高的造就了。也诚然。

[七月] 十七日，六

　　昨天李湘宸①、齐璧亭②在校午饭。齐新从 T.C.归。

　　晚，李琴湘③约。谈字诗。外面露出多闻，使人空望。实在本领没有，只能在口头上冒内行！欺人实自欺。

　　琴湘算是天津读书人中聪颖者。诗句中不无灵巧，然只在小处着眼。旧人不免陋。天津本非文化中心，没有出过渊博的学者。在现代文化方面南开是自然中心，但是影响没出校门。为天津前途计，南开应尽一部分责任。

　　作新学者——可以代表时代的——应如何？

　　应变，办事才，我不如伯苓。我羡慕博而条理。必须多读书，多与

---

　　① 李湘宸（1884—1976），名建勋，以字行，河南清丰人。1908 年北洋大学毕业，赴日本和美国留学。1921 年回国，任北京高等师范学校教授，翌年任该校校长。

　　② 齐国樑（1883—1968），号璧亭，山东宁津人。1916 年任直隶第一女子师范学校校长。1921 年留学美国斯坦福大学，获文学学士、教育硕士学位，后又入哥伦比亚大学师范学院学习两年。1925 年回国，复任直隶第一女子师范学校校长。

　　③ 李金藻（1871—1948），字芹香、琴湘，曾任南开大学校董。1903 年赴日留学，入弘文学院师范科。1926 年任河北省教育厅秘书及广智馆馆长，1935 年任河北省第一图书馆馆长、天津市教育局局长，1936 年任河北省教育厅厅长等职。

博学者交，多游历。

[七月] 廿日，二

十八日为"天津情形调查"，校长在大学召集全体教授（现在津者）及中学喻主任。大家精神还好，下年可小试。

＊＊＊＊＊＊＊＊

昨天家人再合。W.计划南行，阻之。

看《荀子·富国》篇有："其臣下百吏，污者皆化而修，悍者皆化而愿，躁者皆化而悫，是明主之功也。"只能怒而罚，不足为明主。家人有过，家主也应能化。此后取负责而化之的态度。

（悍，刚愎也。愿，善谨也。悫，诚实也。晋乞觉切。）

家事稍定，工作可进行。

＊＊＊＊＊＊＊＊

今早与黄、喻谈英文改善计划。实用三层九步的程序。开学前招集英文教员会。开学后，试行"示教"（每年级中试一二次）。暑假中黄（肇年）、陈帮助我编选英文（初三至高二）教材，并付印。

＊＊＊＊＊＊＊＊

已有工作：

一、英文。

二、天津情形调查。（大、中课程新趋势由此出发。）

三、初中童子军。

四、大学功课。

五、自修。

六、为学校求新财源。

七、送美陈列。与开财源有关。

＊＊＊＊＊＊＊＊

与郑通和[①]及李君（二位新自 T.C. 归，有志改良安徽中等教育）谈。发表了一点见解。

一、职业教育在 Static Society "定社会"用学徒制最宜。如此供给不至多过要求。在 Expanding Society "涨社会"可用职业学校。因为学

---

① 郑通和（1899—1985），字西谷，安徽庐江人。1923 年南开大学毕业，赴美留学，分别获得斯坦福大学和哥伦比亚大学硕士学位。1926 年回国任大夏大学教授。抗日战争期间及抗日战争胜利后，曾任甘肃省教育厅厅长等职。

校本是 Large Scale "大宗"制造工作人的工厂。必须先有 L. S. "大宗"物的制造,然后再 L. S. "大宗"工作人的制造。现在各处学校日多一日,就犯"物"少"人"多的病。

二、高级新职业——如大学所造就的——目标在夺外国人在中国的饭碗。认定后,预备能力与外国人齐,而要钱少。

三、士与学者的教育,是中、大学普通的目标。来求学的希望还是在达则做官,穷则教书!政与学应分,然不能忽略社会旧习。一种为君子,为士大夫的新训练和新知识,在中学及大学普通科里,应有相当设施。

四、农业心理与新工艺心理大不同。前者以勿忘勿助,尽力听天代表它的教育思想及人生观念。后者多信意志,多细量度,对于数非常有信心。测验是新工艺心理的出产,在中国普通一般人情上不应用。

五、(这是现在想到的。)学校制本是"涨社会"的出产。在世界近代大涨之前,向来没有过如现在这样多学校。东西教育以前都用学徒制。中国学校制谋存在,必须注意"涨"事业。政府和私人都应先增"涨"事业而后再作"大宗"工人的制造——换句话说,就是新学校制,现在形势正相反,大家都不去作新而涨的事业,而都来办学校,——这真是死路!

* * * * * * * *

字草起来。为省时间,还是行书应用。

以上几条还是空论。补充以事实,将来或可作为我一贯教育思想的一部分。

* * * * * * * *

《富国》篇。

"不利而利之,不如利而后利之之利也;不爱而用之,不如爱而后用之之功也。利而后利之,不如利而不利者之利也;爱而后用之,不如爱而不用者之功也。利而不利也,爱而不用也者,取天下矣。利而后利之,爱而后用之者,保社稷也。不利而利之,不爱而用之者,危国家也。"

我在南开要小心:对于同人慎戒"不利而利之,不爱而用之"。勉力往"利而不利,爱而不用"处作去。

[七月] 廿四日，六

君劢两次电招：

（一）有事面商，盼莅沪。电复。答：何事请示。

（二）家事阻北上，候公宁垣面馨。如何，复。答：校事难离，歉甚。望函示。

* * * * * * * *

英文稿已渐进行。实在校事很忙。旅费也许无着。

大学功课应入手预备。

财源没办法。五哥露不高兴态。小处雕刻——如英文、视察——此非其时。

* * * * * * * *

或以为对家太软。不然不怒，一怒就怒到底！不能咬牙，必不能大有成！只能空想而不能实作！

但我自问如何？错在怒，还在止怒？如果怒是有理的，因为什么怒又中止？是怕离？以后还有用离要挟的可能。那里你必须再软！

也须为小孩想。发留长为服从条件？

果离——她必不愿，只要你坚持。离，要从你口先说。有什么难看？到不得已时，小孩也有办法。

若想勉强，就要多容恕，不要常出笑话。又不坚又不容，那是招侮的弱者了！

（招侮的弱者！）

* * * * * * * *

因此而起人轻视！

什么时候我可以脱去一切怕？我自有道理，别人轻视完全不理。

作事不是为要人说好！我就是如此作。

我这次不算过软。但是她既有意去，阻之实不免有怕！多是为小孩。也为个人方便。这次理由也不大。外人以为我过软，也不知真状。把握还在我。阻是教管，毫无求意。自信不错。

[七月] 廿八日，三

廿五日君劢又一电："旬日内北来，勿南下。"

* * * * * * * *

昨王 Sui 自南来，说曹对她讲我所以离清华的理由。教员都不愿与我合作。谣言随他造。我被人利用，惟怨自己太不精明坚决。

现在读书，预备未来。"我的今日 Vindicate[①]我的以往；我的明日 Vindicate 我今天。"别人说什么，都可以不理它。

[七月] 卅一日，六

胃痛已全〈痊〉愈。

恨工作无长进。读中国书又有多日没作。精神必要专一，不然，毫无成绩可言。

我深信自己求学是最好帮助南开的方法。

* * * * * * * *

距开学只一月。应作的事甚多。七事仍在：一、英文教材，二、大学功课，三、天津调查，四、童子军，五、送美陈列，六、开新财源，七、国文工具。

* * * * * * * *

陈列应早结束。所任功课应立刻动手。

财源只助计划。童子军也只负鼓励责。

英文因时间短促，不求过于完善。

调查要得人推行。

* * * * * * * *

本月因天气炎热只半日工作。

懒！所以不敏捷。

---

① 证实，证明正确。

八月

八月二日，一

昨志摩过当。孟和南下。丁、杨、通等都在青岛。

＊＊＊＊＊＊＊＊

本星期内应作事：一、陈列必须送出；二、英文教材选好。

［八月］四日，三

家人病，颇欲移住八里台。

精神不安，工作难望有成。应作事也无力推行。此地再失败，怕是终身的失败了！

家事处置失当，我的短处，应坚不能坚，应容不能容。同事人必有批评。

那有余力深造？

我志在读书。在中学或少同行人的注意。

我要隐居读书。五哥要我为南开办事。家人要我多得钱。既然三方面不能全得满足，我惟有本着我所认为本务的去作。

家人生病，你又不能不管。分离又加一层不可能。

＊＊＊＊＊＊＊＊

所处的是一种难境遇。从此可以见出你有无真本领。

其实这算什么难？"持其志勿暴其气。"

求深造是助南开莫好的方法。然而南开危急我必须出马，家人病我也不得不顾。

上次（三年前）到清华去有一部分理由就是为家人求安逸。现在我志又不坚了吗？

然而现在的问题只是移居。

住一年后再移，于已定计划可以方便多了。那时我在南开的地位可以清楚些，南开的方针可以大约打定。那时移不移和移后的态度都容易看得清楚。

她曾说过："我不愿意你成功。"我的失败正是她的心愿吗？

＊＊＊＊＊＊＊＊

无论如何，家是一个失败！

我不愿承认事实，所以还在勉强维持。

＊＊＊＊＊＊＊＊

心续〈绪〉作恶。写了一小时日记，依然不整！

印刷人来时惟有失信。

＊＊＊＊＊＊＊＊

下午

早印刷人来，取稿去。

四至五习字，再习《黑女》。

＊＊＊＊＊＊＊＊

W.仍有热度。怕是 T.B.。应负责，快寻良医诊察。本星五同去女医局，问明理由。或赴京协和。

钱失去是小事，现在人又病了！

如真有病，愈早注意愈好。住处八里台较好。真是 T.B.，那是我的不幸，也是工作的不幸！

[八月] 五日，四

八点到。每日三小时自修，从今日再试行。

心中如有所得，或可轻视外物。

无论责任如何繁重，惟有尽心而已。不生烦，无所惧。对于家人病也守同样态度。

（不烦，无惧。）

＊＊＊＊＊＊＊＊

八至九：日记；九至十：习字；十至十一半：陈列。

[八月] 六日，五

昨天只作二小时。读书没有作。

自修比为人工作重要百倍。为己的工夫作到，为人的工作稍延也可原。

忍辱忍贫都为自修深造。

＊＊＊＊＊＊＊＊

九至十：日记；十至十一：习字；十一至十二：陈列；二至三：看《荀子》；三至五：陈列。

[八月] 七日，六

昨天三小时作到。但陈列又延迟。

看天津史。这是最有兴趣的。英文教材也放在一旁！

是事过多？还是懒于作应作的事？精力时间都很有限。择自己认为有永久价值的去作；别人如何希望，完全不理。

上午：日记，习字。下午：《荀子》，天津史。

＊＊＊＊＊＊＊＊

又失信：陈列，英文，都没结束。

［八月］九日，一

看上星期日记。恢复习字。

任事太多，根柢又太浅，将来必至一无成就。

天性鲁钝，——这是自己要早有彻底觉悟的。又加上傲怠的深习，不配羡慕别人的成功。

＊＊＊＊＊＊＊＊

近来诵《不动心》章稍有所得。"持志"的工夫是从"知言"作起。知自己之言比知他人之言重要。气思"勿暴"必须善养，而善养之道就在"有事"及勿忘勿助。不怕慢，只要有事作去。知自己之言就可不至自欺，不自欺然后志可持；不然则志被情移，那就一生无定志了。

孟子之长在此。

诐、淫、邪、遁，——所谓辞的是动作的理由；——知言是知动作的真理由，所以不被这四种假理由所欺。如何可以知？一方面是天生的分析力，一方面是多自反多观察。

作到胸中常有真在——自觉的与不自觉的——那就能看得破四种假理由的所蔽，所陷，所离，所穷。

有了那个真，然后有自反而缩的把握，然后可以不动心矣。

＊＊＊＊＊＊＊＊

"常使精神余于事，不使事余于精神。"（李恕谷）

少任事。自认才有限。

（才有限，少任事。）

＊＊＊＊＊＊＊＊

十至十二：日记及习字；下午：天津史，英文材料。晚：南开旧生在中学任职者校长约谈话，讨论调查事。

[八月] 十日，二

昨天看：

Woodhead[①]："*The truth about the Chinese Republic.*"

Rodney Gilbert[②]："*What's Wrong with China?*"

R. G. 的书骂中国种半文不值！无独立的！

看骂我们的言论很可以帮助我们增长自知之明。

大学应特别注意外国人对于中国的言论。我们的知识阶级对于中国全局太没有计划的兴趣和能力了！

我们教育的目标也要重新想过。

必须注意事实及新解释。

外国书还看得不够。

* * * * * * * *

用科学方法分析中国问题。成就中国新领袖必须供给他们一个新解释。

* * * * * * * *

十至十一半：日记习字。以后：看 R. G. 书。

[八月] 十一日，三

R. G. 书介绍我们一部分白人的心理。中国青年必须知道我们敌人如何看法。我们努力方向也可藉此看得清楚些。

* * * * * * * *

昨晚在中学任职南开毕业生谈话会。校长对我过奖，并希望太侈！

危险，然而仍能不动心。

[八月] 十三日，五

前天大学几位教授被校长招集讨论调查事。

从调查谈到制度上去。委了四人去研究：饶、蒋、唐、彭。昨天讨论一次，下星期再开会。

趋向是鼓励教授去研究新问题。制度是次要，主要在教授个人的天

---

① 伍德海（H. G. W. Woodhead，1883—1959），英国记者，1902—1933 年期间任上海《字林西报》，北京《北京日报》和《北京公报》，天津《京津泰晤士报》的记者或主笔。

② 甘露德（Rodney Yonkers Gilbert，1889—1968），美国人，《字林西报》驻中国特派记者。著有 *What's Wrong with China?* 和 *The Unequal Treaties: China and the Foreigner*。下文简称其为 R. G.。

才及努力。只要目标看清楚，有一两个真能工作的人在前领路，此风一开，二三年后谁有成绩谁没有成绩自然分得清清楚楚。

我工作的范围是什么？

教育有科学及艺术两方面。学理方面：历史、哲学、心理学。艺术方面：教学、行政。

大教师都有他们特长的学问。古代哪些，近今也如此。

孔子是历史家而兼哲学。Socrates[1]从思想方法入手。

影响一时的大师都有他们独到的学术。从学术的范围及方向表现出他们何以代表时代精神。

* * * * * * * *

中国现在正渴望大师出现，引导全国青年。

鲁钝如我的不敢有奢望。自己学太不成学了！文字不通，志不坚，气不纯，天生又不敏无恒！

（文字不通，志不坚，气不纯，无恒。）

又加上照顾的方面太多——不肯说"不"——将来一定一无所成！

* * * * * * * *

明天到京去。志摩之约。W.能同行更妙。

也多见几位新人才。

* * * * * * * *

英文：高二，高三，用书今天拟定。

开学后，英文事一定要用许多时间。

事多必失败！

（事多必败！）

在南开第一年是试作。多给自己工作的工夫。

［八月］十九日，四

十四日赴京，十六归。十七在大学开会。制度是小问题，大学成功要素在人和钱。真有大学者唤醒一时，又有相当的设备供给研究，——到那时大学才有根基。

自己读书，为学校开财源，——其外都是末焉者。

* * * * * * * *

---

① 苏格拉底（Socrates，约为公元前469—前399），古希腊哲学家。

昨天月涵来。上午理书箱，洗沼〈澡〉。下午访梁、范。

空过了五天！

＊＊＊＊＊＊＊＊

七事已一月仍未清理。

一、°陈列。

二、°英文。教材范围已拟定。用力教法。（与黄分担）

三、⁺大学功课。

四、°天津调查。高一，初二视察细目。

五、童子军。（合并）

六、⁺开财源。

七、自修。

＊＊＊＊＊＊＊＊

所谓童子军只注重自然界的视察。下年只在初二试行。

离清华目标在读书，教书。

家人不满足——依然！因此而同事人不免批评。（生成不能使人敬服！）

在大学方面，少建议。安分守己，教自己的书。

＊＊＊＊＊＊＊＊

十至十一——日记；十一至十二——信件；二至四——英文；晚——读《荀子》。

［中学：九月四日开学，六日上课（二星期半）。大学：十六日上课。（四星期）］

［八月］廿日，五

嗓痛。精神不振。多疑。

弱而怕，怕而疑。

自立，无依人处，——怕什么？

＊＊＊＊＊＊＊＊

以学立。与 B.分疆。

助南开。无丝毫依靠心。

德学必须真能独立。什么是我学的特长？现在注意过杂。

戏剧不够专。

英文不够专。

教育？包括那几门？

哲学——没受过系统的训练。

历史——书读的太少。

行政——少耐烦。

社会政策——知人不明，少交际。

发表工具未备。

有什么学可言？

* * * * * * * *

离清华本有志专攻。然而注意又过杂。

* * * * * * * *

九至十，日记，看病；十至十一，习字；十一至十二，英文；下午——英文，国文。

[八月] 廿一日，六

昨天 B. 摧〈催〉陈列结束。

懒，被人发现！不能自主，颇不高兴。

昨天下午，再今天上午，大概可备好。

* * * * * * * *

W. 明早赴京。

[八月] 廿二日，日

送 W. 上车。

* * * * * * * *

不免羡慕钱多的便利。

但是我要享清华的苟安吗？

不依人。不贪安逸。若是我自己不能吃苦，那末以往对青年所说的话都是骗人！

我认清华不是正当教育机关，是鼓励人恋位苟安的假局面。

南开可以近真。钱少自然有许多不方便。

一切都是小问题，最要的是出品——能代表时代的而不朽的出品。

若无出品，无论在什么地方，吃那样无意识的苦，将来只是一个无聊的小野心家。

但，若是吃苦是出品必经的步骤，那末，吃苦就变为有意识的，苦也自然可忍。

苦的本身无甚可贵。愿意减薪并不是什么美德。减薪后精神安，利于出品，那减薪就有了价值。若减薪后，增加烦恼，有碍出品，那减薪只为沽名，就太无聊了。

* * * * * * * *

现在出品先在学的方面打根基。文字是必须。我减薪为是多自己工作的自由。自己工作必须先立文字基础。

自己定好文字工夫日程，所有其他责任都在其次。

大有为必须文字通。

文字困难，实是离清华的一大理由。退出可以专攻文字。

少拿钱，可以自己多用文字工，而不至人说不尽职。

（苦，为文字。）

* * * * * * * *

理路清楚。

现在学校方面负责又太多了！

文字日程还没定出。

将来在文字上真有心得，也决不羡慕人一时钱多的小便利。"见小利则大事不成。"

* * * * * * * *

陈列已就绪。再有二三小时可以完竣。

大学功课要快下手。只有三星期了。

两星期，中学开学。英文及视察——应筹备好。请黄[①]帮英文，章[②]、赵[③]、陆[④]等负视察责。

文字工作不间断。

[八月] 廿三日，一

昨旧七月十五，晚盂蓝会。往炮台庄看吹打，因太晚没有等看放河灯。

* * * * * * * *

夜明明病，烧到 104 度[⑤]。今早稍好。

* * * * * * * *

---

① 指黄钰生。

② 指章辑五。

③ 指赵漠垫，时任南开中学社会视察委员会干事。

④ 指陆钟元（善忱），时任南开中学公民课兼英文课教员。

⑤ 此处为华氏温度相当于摄氏 39.2 度。

午晴对我或有不满。远有洪事，近有 W.批评房子，陈列延迟等因。私，不敏，批评，——这都是他持以论人的。他的格比校长都严。

[八月] 廿四日，二

小孩们哭，夜里没睡好。旧制家男子完全不管小孩事。这是一件不便。

* * * * * * * *

只要不妨碍事业。昨天空过。陈列、英文急待结束。今天上午已过。下午办校事。决不能因家事而受人怜。

家是问题，无可讳的。要看你如何解决法。

[八月] 廿七日，五

前天夜想出大学文科组织法。（廿五晚 W. 自京归。）

昨同人讲到，颇露"得意"态。

其实制度是小部分的问题解决。较要的是人和钱。

人——自己深造，笃交同志。

钱——用多效率，开新源。

* * * * * * * *

大学课程近来有改组的趋势。将来如有不便，我必又为众矢之的！

见义不为无勇也。自反而缩虽千万人吾往矣。

* * * * * * * *

师资养成部——我所任的史和哲，实在是我很有兴趣的。籍〈藉〉此可以整理材料，预备发表。

英文系——如成立，我任戏剧和诗，稍勉强，然或可助我长进。

* * * * * * * *

理科比较可以站得住的，因为有设备及基金会的补助。

商科可见特长的（至少有此可能），因为地在天津。

文科如何可以见长？自然不能期望作全国领袖，非其地也无其人。可以制度精神胜么？我们可以专注意中国现在问题么？工商文化的社会科学可以作我们的特长么？

我们可以造就一般能了解现在中国状况的人，有为公的动机，也有实行改造本领的人。

文科，那末，应注重实在状况，拟定步骤，使本科毕业生出而为社会组织的栋梁。

社会科学自然教法与别大学不同，——包括政治、经济、史学，三系——就是文字及哲学也要特具彩色。

国家危急到现在，特别文科的学生应看清机会及责任。

现时学生已偏重政治系，而政治系教员不过平常。

将来作政治事，现在就必须入政治系么？

经济系也是解决中国问题。

史学系不是专造史学家，只想供给问题分析的资料。性质近的可以从史学求解决中国问题方法。

哲学心理系求精神改造的要素，知人自知。大政治改造家多是哲学家。近代谈社会改造的犹〈尤〉其注意心理，如 Lippmann[①]和 Welles[②]。

中国文学系那就要注重人民生活的精神。不只研究以往的程式，要特别接近人民生活的经验。

英文语言文学系介绍西方人民精神并预备用英文发表中国人对于中国问题的观点。

* * * * * * * *

所谓文科的，它的对象是社会各问题的分析及解决法。

论设备，人数，我们比不上清华、北大、东南、厦门。但是教育的实效在二三十年后我们毕业生的工作。如果我们给学生开的路是不错的，是比较地近于事实的，将来他们的工作就可证明我们的眼光。

[八月] 廿八日，六

昨文科会议。大纲成立。

今天学制讨论会。下年旧生仍旧章。一年级行新章。新章原则大家承认，但细目只拟定一年课程。经过下年详细研究后再定全体计划细则。

这样办法最便，也为新章保障。

师资养成，已通过成立。

* * * * * * * *

卅一日（二），全体教授会望可通过以上建议。

* * * * * * * *

从现在可以专心预备英文教法及大学功课。

高一及初二视察——开学后才能筹备。现在不必想它。

陈列必须在下星三前办完。

---

① 李普曼（Walter Lippmann, 1889—1974），美国新闻评论家和作家。

② 威尔斯（Herbert George Wells, 1866—1946），英国著名小说家，新闻记者、政治家、社会学家和历史学家。

[八月] 廿九日，日

气浮！

九月二日（四）英文教员会议。各级读本教学法要拟好。

* * * * * * * *

开学后每星期二、四，上午在大学有课。

一、为英文——材料，看教，会议等——每星期六小时。

二、大学功课（教育十，剧六），十六小时。

三、视察（高中二，初中二），四小时。

四、校事及委员会等，四小时。

五、自习，十二小时。

共四十二小时。

星期外，每日工作七小时。

* * * * * * * *

上午：八至十二，下午：二至五。

自下星期试行。每天日记上标明各种工作时数。

[八月] 卅日，一

神不定。

开学后工作表昨已拟好。实行怕作不到。每天表上的工作最多，而临时就不高兴了。

精神工作本是不规则的。

一时高兴，一时又懒下来！

（精力不足。）

精神来时用力特别多，所以用过必须修养。

这样人很难遵守工作表。所以自由空闲必须多，任他随意。

星四前应作事我知道。到那天也一定有办法。现在就无丝毫推行力！怪脾气。

朱先生以半日静坐，半日读书。大约也是一种养神方法。

* * * * * * * *

昨熊佛西①自京来访。志摩介绍。大谈戏剧。有朋自远方来。

---

① 熊佛西（1900—1965），江西丰城人。1926 起任国立艺术专科学校戏剧系主任、燕京大学教授、北京大学艺术学院戏剧系主任。1939 年在成都创办四川省立戏剧教育实验学校，任校长。1946年任上海市立实验戏剧学校校长，1949 年后历任上海戏剧专科学校校长、中央戏剧学院华东分院院长、上海戏剧学院院长等。

九月

九月一日，三

甚懒！

早与傅恩龄①谈。用一小时半。对于日本大学制度稍有领略。明年二月间南开可以送人去参观。

* * * * * * * *

昨大学教务会议。讨论课程及教授下年上课时数后，邱忽提出辞意。

制度本小问题。邱无建设，或自觉不便。

我以后更要少说话，多用自己的功夫。不用为制度出力。

* * * * * * * *

昨晚与五哥谈。他想开学后外出活动。要我分他一点劳。我只能帮助想方法。

* * * * * * * *

陈列，英文，大学功课，无力推行！

* * * * * * * *

任叔永来信。因国文不应用，又不能即作答。

习字请尹先生评。他说，"不入纸"。

固可耻，也可原。习字本来只作了一年余。天资又不强，有微微一点长进就不应失望。

自己用功夫，不必给人看。只为自己满足。

* * * * * * * *

人看不起。依靠五哥的事业——无耻之至。

自立的大业是什么？

求可以久立大地上的学。给一时代一个新意义。有这大野心，决不应有小的满足。

（自立的大业？）

懒实是因为有小自满！

此地一时的小成败——无须注意，拼命自己的大谋。

---

① 傅恩龄（1898—？），字锡永，河北（今北京）顺义人。1917 年南开中学毕业后留学日本，1927 年获日本庆应大学经济学学士，同年回国，任南开满蒙研究会（后改称东北研究会）总干事，主持南开关于东北问题的研究工作。抗日战争期间任国立西南联合大学教授，1946 年后任南开大学教授。

自己长进比校事重要百倍。长进自己是助学校最好方法。

[九月] 三日，五

八点到。

八至九，日记；九至十，与章、赵谈初二视察施行方法；十至十一，烦魏先生答基金会信；十一至十二，沐浴。下午，二至三，陈列；三至五，英文。

* * * * * * * *

一日，特立《文书路》一册，专记文书两道的进程。为文和习字工作时间：午饭后及晚间。每早日记工夫仍备。日记注意全部工作，精神修养及经验感想。

* * * * * * * *

只余十日预备大学功课。

* * * * * * * *

心神仍不定。

每早应看几章修养书。今早看李恕谷《富平赠言》。

　　"作大事者量如沧海，度如山岳。"

　　"庸人之闲暇，怠也；英雄之闲暇，静也。善作事者常使精

神余于事，不使事余于精神。"

[九月] 四日，六

今天中学开学。

下午三时第一次英文会议。

研究新教育的人，一、注意制度，二、课程，三、教材，四、教员，五、学生的改变。

这几年讨论新教育的还多在一、二两层上。

* * * * * * * *

开学式校长及喻先生报告都很得体。精神也颇佳。

看他们工作成功是很快乐的。我只从旁协助，在他们自觉努力的兴趣和结果，在我可以得自己工作的自由。这样态度于对邱、喻最应用。

* * * * * * * *

下午英文会请喻主席。校长到会以资鼓励而已。

我所报告的是今年工作的总目标及进行步骤。

最后的目标应当不是某种学说的证实，或某种教学法的成立，或某

种教材的编定，但是学生的进步实在些，教员对于他们的工作兴味浓厚些。教育既是一种应用科学，最后目标就应当是敬业乐群，教学相长。教法教材不过是工具而已。

讨论工具也是不可少的。这是一种利器的工夫。

黄先生同我对于教育有兴趣。今年想同诸位研究英文教学问题。诸位比我们经验多的很不少。决不敢有什么新供献。所希望的是加入大家的研究，与大家一同得一点解决难问题的乐。

英文实在是一个难问题。

然后介绍每月一次全体会，一次分组会。作下一学期来再看。

＊＊＊＊＊＊＊＊

英文会议刚开过。

我说了一点半钟。对于教法稍有建议。

将来还要同学生说，然后师生才可以有共同目标。

分组讨论前要看几班教学吗？

九月六日，一（第三十七册）

早六钟起。

看《曾文正公嘉言钞》①。

"内足自立，外无所求。"

应办事立即办了，——如此必可少许多疑惧。

"于清早单开本日应了之事，本日必了之。"

自信足，从应了必了入手。

今天是开学第一日，立志训练自信，铲除疑惧。

应了事：√辛烦事，√陈列说明，√答信，√大学功课。

［九月］七日，二

看《嘉言钞》。

"心欲其定，气欲其定，神欲其定，体欲其定。"

自昨日起再读 *Mind of Work*。

对人对事多注意好的方面，鼓励人也就是鼓励自己。不应在南开同人中使人猜疑我是一个批评者。信人都是尽力为校。看出各人的专长，

---

① 1916 年由梁启超编辑出版。

使他们高兴工作，——五哥有这样天才。

* * * * * * * *

应了事：✓给 P+T 写信，为何先生要材料（9—10）；✓陈列说明付印（9—10）；✓视察办法（2—3）；英文 SIII，SII教材（3—4）；˟ "中学教育"材料（10—12）。

[九月] 八日，三

昨天有一门没有做到。

* * * * * * * *

明明又发烧。一夜起来四五次。

昨人信云悴枯不自支。入都不克，亦无用。不答为妙。

* * * * * * * *

《嘉言钞》。

"功名之地自古难居。人之好名谁不如我？我有美名则人必有受不美之名者，相形之际盖难为情。"

"古之成大事者规模远大与综理密微，二者缺一不可。"

我少远大气概！

远大可以不注意小节。也必不猜疑别人的妒忌和轻视。宽宏量大，无惧无疑。尽心焉而已。

不往远大处作，也对不起人！

* * * * * * * *

应了：✓沐浴，✓预备英文材料，✓英文会议。

* * * * * * * *

每日不要贪多。定作必须作完。做这样决不想那样。今天做完今天的已算尽职。不使今天不能做的来扰我，使我心分。

* * * * * * * *

每天想在四项责任上有什么应做的：一、功课，二、财源，三、英文，四、视察。

这是常责。陈列是临时的，越早结束越好。陈列与财源也有关。五哥与华今天赴京，星六归。这三天内想一想财源。

[九月] 十一日，六

明明病痢。今早稍好。

昨天英文会议，B组。

* * * * * * * *

这几天夜里不得安睡，工作不能如常。

十五（三）上午大学始业式，十六上课。

＊＊＊＊＊＊＊＊

五哥昨晚自京归。

[九月] 十三日，一

八点半到。

昨送明明到丁大夫医院。痊愈恐需时日。

＊＊＊＊＊＊＊＊

《嘉言》。

"弟此时以营务为重，则不宜常看书。凡人为一事以专而精，以纷而散；荀子称耳不两听而聪，目不两视而明。庄子称用志不纷乃凝于神。皆至言也。"

"打仗不慌不忙，先求稳当，次求变化；办事无声无臭，既要精到，又要简捷。"

＊＊＊＊＊＊＊＊

九半至十一，√功课；十一——√去看明明；

下午：√英文C组会议，×视察，×财源。

＊＊＊＊＊＊＊＊

下午

W. 因厌烦家事又移怒到钱少上来。

不值一怒的惟有不理她。不能化，责还在我。

为得工作时间，加一女仆。房子太小，可以移到八里台住。钱少，实在没办法。私立学校钱本来不多。近来政府方面的补助又一文也拿不到。学校欠债度日，现在每月二百将来不一定准有把握。在我个人，想多得钱也不是没有办法，然所作事于心不安。

在南开少拿钱。为是得深造的自由。自求深造又不能如五哥所愿分任学校行政事。两方我都怕，就作不成人了！还讲得起什么代表时代的英雄？

＊＊＊＊＊＊＊＊

一定钱少——必须用时，不为所窘。人不喜，我可不理；到太不通情理时，我要勉强自制。

一定深造——学校危急，我必尽力。现在只在财源上助筹划。人不悦，我不疑，仍努力工作，丝毫不改常态。

［九月］十四日，二

九时到。

《嘉言》。

　　"凡事后而悔己之隙，与事后而议人之隙，皆阅历浅耳。"

　　"凶德致败，莫甚长傲。傲之凌物，不必定以言语加人。有以神气凌之者矣，有以面色凌之者矣。[凡]中心不可有所恃，心有所恃则达于面貌。以门地言，我之物望大减，方且恐为为子弟[之]累。以才识言，近今军中练出人才颇多，弟等亦无过人之处。皆不可恃，只宜抑然自下，一味言忠信行笃敬，庶可以遮护旧失，整顿新气；否则人皆厌薄之矣。"

　　　　　　＊＊＊＊＊＊＊＊

近来又不免以傲凌人。

我那配自命为南开的智识领袖？妄想拿我的教书给大学打一个新基础！

对于同事及学生，我都感谢他们给我这样很好读书机会。本来毫无可恃——不能用本国文字发表，就不配作大学教授，特别我所任的又是文科的功课。

　　　　　　＊＊＊＊＊＊＊＊

✓功课，✓选英文，视察？✓沐浴。

［九月］十五日，三

大学开学。

再看日课四条：一、慎独则心安，二、主敬则身强，三、求仁则人悦，四、习劳则神钦。

今天到大学去，记诵这四条可勉强不傲不怠，无畏无疑。

下年预备功课。

［九月］十六日，四

第一次上课。

教育班——我以先想至少也有十个人。其实只有三人！"师资养成部"是个笑话。或是学生以教书为无聊，或因学程多而学生少，或有的教授不赞成。我承认有过妄想：将校中三年级生之多数聚于一室而教育之！

未免看自己的声望太高了！这样骄傲应该失败。

人数少，正是给我自修工夫。也是鼓励我用文字发表。我要接近的青年，我不能用语言直达，所以我必须用文字。

戏剧班——共四人，一个是旁听生，一个是商科生已选足十五绩点，不过想进来旁听而已。只有二人是正科生而选此门的。一位看不出很大的灵机，还有那一位是研究历史的想凑两个绩点毕业。

* * * * * * * *

学生少，教授不免愿意多得几位高徒。有许多教书的好本领都不得施展。好学生都不来！都愿意在北京或上海读书。没有好的原料，无论用什么好机器，也造不出好出品来。

* * * * * * * *

我以往教书的经验总自信还可以引起几个好学生。今天头一天出台就遇了一个"倒好"！两班合一起不过五个人！

旧生也许还有十几人没有到。过两星期或再加二三人。

已证明自己的妄想，要快醒来！

直接影响的学生不能多。学生不甘下就作教书匠。

* * * * * * * *

我转过头来，多用力在中学方面。

一、英文教材，教学法。很有可用力的地方。

二、社会视察。这是一种新事业，起首很要计划密微。

* * * * * * * *

再有就是帮校长开财源。

* * * * * * * *

我是一个很要人说好的人。大家都来作我的学生我才高兴！受这一次挫折也很好——早醒悟过来，别以为世人都对你五体投地。

不疑！

没有人在暗地里给你拆台！然而我不懂我在南开没有引学生的力量了。为什么前三年时来听的人很多？自己以为有的威风也许是都消灭了吧？

不去疑人。惟有自己勉励。我还能自信天生我材必有用！容纳人。永存立人达人心。

不去访问为什么选教育的这样少。日久理由自明。总是因为我认题不清，或有引起误解的可能。在乱世求人谅解是不可能。

* * * * * * * *

因为这一点小成败又用去我许多精力。

大规模的计划——著述或功绩——快打起根基来。

＊＊＊＊＊＊＊＊

在一个小团体里眼光最容易微小。八里台过的是村庄生活！真所谓与世隔绝。各个人都妄自尊大！天津少一种知识的空气。如何可以使八里台与实际状况发生关系？

是否有这种心理——能出洋的都出洋去，南开不过是出洋预备而已？

几个出洋新回国的学生那能办得起大学来！

本国大学到能自重的时期至少还要二十年。日本到此时还不能完全独立。我们差的太远了。创造又是我的妄想！

办中学还可勉强。

练习一点翻译或有些须实用。

有什么新见地想贡诸国人的必须用文字发表。

＊＊＊＊＊＊＊＊

写到这，小节也可以忘了。

［九月］十七日，五

"众口悠悠，初不知其自起，亦不知其所由止。有才者忿疑谤之无因，而悍然不顾，则谤且日腾。有德者畏疑谤之无因，而抑然自修，则谤亦日熄。吾愿弟等之抑然，不愿弟等之悍然也。"

（悠，音由，平。悍，han，去。）

"沅弟谓雪声色俱厉。凡目能见千里者，而不能自见其睫。声音笑貌之拒人，每苦于不自见，苦于不自知。雪之厉，雪不自知，沅之声色恐亦未始不厉，特不自知耳。"

（睫，音接，入。目旁毛，眉。）

＊＊＊＊＊＊＊＊

在不自觉中，自己妄想与南大诸教授不同。于声色上露出一种"教务长"的架子来。待遇与大家不同，自己还不安心作一个完全南开的人。

其实我有什么特长？我以为我是南大最有学问最有经验最善教导的教授，我一来全校的精神必为之一振！全校学生如能受我的教导，南大的教育可以得一个应有而尚未有的重心。这样自恃心已露给五哥听。别人必能看得出，他们如何能心服？

　　昨天一上班就知道又受一次大挫折！

　　　　　　　＊＊＊＊＊＊＊＊

　　自大的态度怨我自恃太过，妄自尊大。师资养成办法大家不赞成吗？提出时大家不肯反对，而实行时大家都不帮忙。

　　如果办法本身是有道理的，一时的误会很可以不管。并且还有三个人作试验的起首。渐渐师生可以明白我的用意。我想一个大学的教育课程是应当如此组织的。但是几位教授不愿意他们的学生给六绩点的时间在一种职业训练上。他或以为学生的精神照顾不到。在三四年级时主系附系的功课已读不好，那有余力再加上一种很费时力的职业训练。这还是假设他们不是根本反对教育训练。有的人就根本否认教书本领是可受训练的，他们的学生就是有时间他们也劝他们无需费时间受这种训练。

　　实在大约如上所述。又加上学生人数也是真少，所以更异常的没有人选了。

　　办法不用改。人少，我也要专诚作下去。如其真有见地，真有材料，在班外我也可以影响学生。

　　对诸位同事，要抑然自下，无丝毫猜疑。

　　　　　　　＊＊＊＊＊＊＊＊

　　现在觉着特别难过的——像似经了一次大耻辱似的——只是因为以前看错了实在情形，自己妄想过高。

　　既然因接触而多得一点"真实"，——这是应乐而不应愁的。应感谢而不应怨尤。应增信心——又多一种真实的把握——而不应疑惧。

[九月] 十八日，六

　　　　"吾兄弟既誓拼命报国，无论如何劳苦，如何有功，约定始
　　终不提一字，不夸一句。知不知一听之人，顺不顺一听之天而
　　已。"

　　　　"凡行兵须蓄不竭之气，留有余之力。"

　　　　　　　＊＊＊＊＊＊＊＊

　　上午，讨论财源，计划视察。

　　周年纪念及女中开幕——十月十五至十七，三天——帮想开会秩序。这也是与财源有关的。

　　只帮忙而不要名位。

　　　　　　　＊＊＊＊＊＊＊＊

大家都说，天津没有一种学术空气。公开讲演没有人来听。果然如此吗？

* * * * * * * *

我所谓教育，包括社会政策及人生哲学。十九世纪哲学在德国的地位，教育可以在二十世纪的中国占吗？不要空梦！然而过渡时代改造的研究有那门学问来特别担任？

[九月] 十九日，日

看前两星期日记。

* * * * * * * *

昨天起看 Spengler 的 *"The Decline of West"*[①]，德人著，看的是英文译本。近来在欧洲读的人很多。主要观念是推翻直线进步的谬见。文化与各种有机物一样——有生有灭，有盛有衰。把世界各派文化都分出一定消长的程序。欧洲人没有十九世纪时那样猛于自信了。思想多些"任命"彩色。

我也早对于直线进步有疑问。我以先解释还是立基于物理学的——机械主义的——因果关系。我想主因是在人与地的比例。这种假设得之于 Summer 的不少。但是我所特别注意的在开拓时动的经验。我分文化程序为三期：第一，力与心合；第二，讲理；第三，信命。我不过有一个空虚的假设。证据自然比不 Sp. 万分之一。他完全脱离了因果关系，看文化是一种生命的现象。这样看法自然彻底。但是教育还有什么功用？已旧的民族有什么革新的希望？

中国历史还没有人敢下一个胆大的新假设。谁来从历史上求得前进的指导？非能看得出前途方向，不能谈政策。Gilbert 倒是对于中国历史有了一个胆大的假设——中国人没有自主的能力，解决中国问题必须白人来主持。我们自己还没有人看出一条路来。

Gil. 的假设，用 Sp. 的分析倒可得到证明。Sp. 说现在西欧正是造大帝国时期，所谓"罗马"推广时期。中国正可以受他们的侵略。

日本的将来如何？

---

① 施本格勒（Oswald Spengler，1880—1936），德国唯心主义哲学家、史学家，其代表作为《西方的没落》。

[九月] 廿日，一

　　"吾兄弟报国之道，总求实浮于名，劳浮于赏，才浮于事。从此三句切实做去，或者免于大戾。"

　　"困心横虑，正是磨炼英雄，玉汝于成。李申夫尝谓，余恘气从不说出，一味忍耐，徐图自强；因引谚曰：好汉打脱牙和血吞。此二语是余生平咬牙立志之诀。余庚戌辛亥间，为京师权贵所唾骂；癸丑甲寅为长沙所唾骂；乙卯丙辰为江西所唾骂；以及岳州之败，靖江之败，湖口之败，盖打脱牙之时多矣，无一次不和血吞之。弟来信每怪运气不好，便不似好汉声口。惟有一字不说，咬定牙根，徐图自强而已。"

＊＊＊＊＊＊＊＊

　　今早五哥报告昨天校董会一位没有到。精神不佳。南开董事会向来不甚重要，人多看作校长的傀儡！校长自己负责，作事也不常征求董事会意见。现在校债已有二十万，正用董事会帮忙的时候，而开会一个人也没到。

＊＊＊＊＊＊＊＊

　　南开的命脉——财的方面——正在危险。别种事业都退缩而南开独自想发展，自然困难。五哥只顾长所以看一切困难都想有办法。自恃甚强，向来不怕人的误解和不合作。南开就是如此创起的。

　　我刚失败过后，想在此地"徐图自强"，所以立志读书深造。但是时机又凑巧当于南开危急之际。想帮而自信不足，不去帮又恐于南开将来大局有关。

　　筹款上是必须有人负专责的。我建议每星期可以开一两次经济委员会讨论办法。上星六校长召集一次会，本定今早再开会，然有三位——华、伉、孟——因事不能到。几位职员实在已经太忙。全盘看起来，很有事浮于才之患。精神不足事用，这种状态受不了特别变故的动摇。当此时，但是最易生变故。

＊＊＊＊＊＊＊＊

　　不要用改组，或某种新计划的药方。用渐渐补润的药品。用我作一位药引子而已。

　　筹款办法是命脉。能帮校长的只有华、伉。现在我可加入。

　　董事会最好用一点力维持它。

　　筹款是我没有过经验的。但是既有此需要，就必当有人作。办学校自然是有目标的。筹款是达到目标的方法之一，所以努力教育的也必须对于财政有办法。

* * * * * * * *

上午：九至十，会议；十至十二，日记及计划。

下午：功课，财源。

* * * * * * * *

现时的中国里，私立学校有什么生存的可能？

谁能捐钱？

实业发达的国家可以有私人拿出钱来办学校。这样各业停滞的中国，那有余财给教育？

南开中学以往多依靠省款的补助。大学得李秀山的五十万作基金后又向中央活动，得有盐余项下每月六千五的补助。谁想到中央不成政府而盐也无余。所以现在又到山穷水尽的时际。

经验上看来，政府的钱——只要它本身不破产——是最易筹的。学校对于上下台的政客也用过些预备的工夫。一时政府方面无大希望的。

实业家——如李组绅、袁述之，——总算慷慨。但是，乱到如此，他们自己都不能支持。别的实业家也没有剩钱的。大连、营口在纪念会后或可去一次。五哥可以到南方走一次，为休息也为参观各私大活动方法。

南开根本上永是不稳固的。一个私立学校时常要捐款度日的。麻烦倒无可怕，只要学校的灵魂永与人民的[生]活需要接近。

捐款人要问为什么办学校。是只为养活一般别处无法糊口的教员吗？所办的教育于社会有什么用处？办教育人（教员，行政）与捐款人目的相同，然后捐款人才愿意拿钱，至少办事人得为捐款人想好。

教育事业是贪安逸的生活吗？处乱世，什么是知识阶级的责任？不尽应尽的责，只顾教几本死书，早晚必被淘汰。

* * * * * * * *

如果得不着钱，有志教育的人可以作什么？

目标看清楚后，得着钱与得不着钱就可以完全不动心了。目标：自己努力去明白时代的意义，用自己的生活作时代问题解决的实验，同时为青年求前进的途径。钱多有钱多的办法。钱少有钱少的办法。就是没有钱也不能说完全没办法。

教育事业作如此看法，然后毁誉成败都可看破！胸怀自然宽宏。态度自然恬淡。贵深不贵大，贵精不贵多。

（恬，音甜，平。静也，安然自适也。）

[九月] 廿二日，三

　　“袁了凡所谓‘从前种种譬如昨日死’，从后种种譬如今日生，另起炉灶，重开世界。安知此两番之大败非天之磨炼英雄，使弟大有长进乎？谚云，吃一堑，长一智。吾生平长进全在受挫受辱之时。务须咬牙励志，蓄其气而长其智，切不可荼然自馁也。”

（荼，音 nieh，入。荼然，疲貌。）

　　　　　　＊＊＊＊＊＊＊＊

　　“兄自问近年得力惟有一悔字诀。兄昔年自负本领甚大，可屈可伸，可行可藏。又每见得人家不是。自从丁巳戊午大悔大悟之后，乃知自己全无本领，凡事都见得人家有几分是处。故自戊午至今九载，与四十岁以前迥不相同。大约以能立能达为体，以不怨不尤为用。立者，发奋自强，站得住也。达者，办事圆融，行得通也。”

　　　　　　＊＊＊＊＊＊＊＊

脱不掉失败的自觉，怕人轻视。

回南开也不受人欢迎！陈列是一个失败。大学选课及一部分人的情感又是失败。五哥所希望于我的——行政与筹款——我也作不到。

自己的本领毫无把握。家人又不安适。

因为心中不定，夜间睡的也不得休息。真有一点荼然自馁的气象！

　　　　　　＊＊＊＊＊＊＊＊

应了事：

√陈列（一小时）。√英文（定星五有无全体会，约半小时）。

√功课[三（二）小时]。√理发（一小时）。

　　　　　　＊＊＊＊＊＊＊＊

我也仿曾文正的：能立能达，不怨不尤。

[九月] 廿三日，四

　　“处多难之世，若能风霜磨炼，苦心劳神，自足坚筋骨而长识见。沅甫叔向最羸弱，近日从军反得壮健，亦其证也。”

　　　　　　＊＊＊＊＊＊＊＊

昨夜又没睡好。今天工作要如常。这正是磨炼机会。不过心神求定，然后身可不疲而强。

＊＊＊＊＊＊＊＊

今天第二次上班。

因人少不免疑，也不免惧！

这两门功课学的人少，原因很复杂。无论人多少，我不为所动。预备上仍是一样用力。讲说还如同对时代的青年发言。

真英雄一定能打破疑惧。

＊＊＊＊＊＊＊＊

下午

今早上班，人数多了几个。说话时稍高兴些。多三五个来听你，有什么可得意的？过于求人知了！一生不能自立在此！

（过于求人知！）

近几天晚间字文的工作不能如常。以后遇着晚间有事，清早补作。

写小字稍有一点长进。日记和讲义稿都还工整。

[九月] 廿四日，五

W.没有治家的耐烦，并且以责任过重，又教书又管家。入款太少是一大不快。

明明病还没好。家里无女仆，W.去上班新月没人看。W.所以想不教书。

这样的家实是障碍！自回国后没有一天无问题！

＊＊＊＊＊＊＊＊

"凡事皆用困知勉行工夫，不可求名太骤，求效太捷也。尔以后每日宜习柳字百个，单日以生纸临之，双日以油纸摹之。临帖宜徐，摹帖宜疾。数月之后，手愈拙，字愈丑，意兴愈低，所谓困也。困时切莫间断。熬过此关，便可少进。再进再困，再熬再奋，自有亨通精进之日。不特习字，凡事皆有极困极难之时，打得通的便是好汉！"

＊＊＊＊＊＊＊＊

下午

与蒋东斗①谈。

我问他，为什么大学的学生少？

---

① 蒋东斗，字子瞻，河南孟津人。南开大学毕业，时任南开中学化学教员。

他说近来学生的态度很不好，多不喜读书，舍难求易。南开的工作认真，有的学生不愿意来。又有姜立夫的走。学生对于他的人品学问，非常佩服，他可以算大学最敬重的教授。他一走，外面猜想或是学校经济破产，或是有什么内部的问题。一个学校的好名誉最难造，但是坏的猜想和批评传播的很快。听说有七八个学生随姜先生转学到厦门去。实有其事否我存疑。

今年大学一年级新生以理科为最多，三十一人。商科次之，二十六人。文科最少，十八人。

人数少，不经济，精神不易振起。三科人都少，而文科最少的原因也许是文科最没有出路，没有设备，又没有人才。

只为文科想方法是不应用的。全校经济整〈正〉在危急中。如果经济上没办法，那就要发生最大的根本变化。

有了钱，可以缓图展进。

* * * * * * * *

根本上着想，大学——西洋式的大学——在这样社会里应有什么职务？

再有看南开的地位和历史。为什么必须办大学？那里是可靠的入款？将来南开存在一天，就得为筹款奋斗一天！南开能长久存在与否，就看社会的组织能容私人的捐助不能，也看有没有筹款才干的人。如果政府采用补助政策，公款仍可望继续。几个庚款或可得沾润一点。

如果大学关门，与中学影响一定很大。

缩到帮校长筹款是很重要的。

至于在学问方面想出人头地，那不是可以轻易妄想的。现在大学教授比我强的已很不少。并且我的根柢太浅，工夫太皮毛，又加上气质本卑，醉人说好，薄而无恒！

[九月] 廿五日，六

"尔惮于作文，正可借此逼出几篇。天下事无所为而成者极少，有所贪有所利而成者居其半，有所激有所逼而成者居其半。"

* * * * * * * *

"不忮不求，何用不臧。"（诗）言无妒忌与贪欲之心，则无往而不善也。

（忮，支义切，去。嫉妒也。）

* * * * * * * *

纪念会筹备将用去下三星期所有空闲时间。我的责任：一、英文宣传，二、戏及游艺。

今天筹备要用四小时。英文？

[九月] 廿七日，一

"余生平略涉儒先之书，见圣贤教人修身，千言万语，而要以不忮不求为重。忮者嫉贤害能，妒功争宠。所谓怠者不能修，忌者畏人修之类也。求者贪利贪名，怀土怀惠，所谓未得患得，既得患失之类也。将欲造福，先去忮心。所谓人能充无欲害人之心，而仁不可胜用也。将欲立品，先去求心。所谓人能充无穿窬之心，而义不可胜用也。忮不去，满怀皆是荆棘；求不去，满腔日即卑污。余于此二者常加克治，恨尚未能扫除净尽。尔等欲心地干净，宜于此二者痛下工夫。"

＊　＊　＊　＊　＊　＊　＊　＊

在南大教书，在南中筹划，存心上要干干净净无丝毫争荣争宠的私意。不然，心神必不得定。

好出峰〈风〉头，好露小巧，好以胜人为快，——正是不足大用！

＊　＊　＊　＊　＊　＊　＊　＊

上午：✓沐浴，✓功课。下午：✓功课，✓视察，✓戏。

＊　＊　＊　＊　＊　＊　＊　＊

陈衡哲：《文艺复兴小史》，15页。

"佩脱拉克当这个企古的时势，又适负有一个与古人相化的天才，不自知的便做了那个久郁待泄的意大利智府的先导了。他的好学不倦的精神，他的崇古的诚意，和他的专深的学问，——都恰恰应合了那时意大利人的内心的需求。"

＊　＊　＊　＊　＊　＊　＊　＊

创造力的结晶在某人——这是完全不可勉强的！

＊　＊　＊　＊　＊　＊　＊　＊

思而不学则殆。

近来思多于学。多看书——工具，内容，惟可以此法长进。

[九月] 廿八日，二

预备功课时间不够。

著述那是容易事！自己真是绝无把握，还有什么理由评论他人的不是处？

[九月] 廿九日，三

　　"精神要常令有余于事，则气充而心不散漫。"

　　　　　＊　＊　＊　＊　＊　＊　＊　＊

　　"天道恶巧，天道恶盈，天道恶贰。贰者，多猜疑也，不忠诚也，无恒心也。"

　　　　　＊　＊　＊　＊　＊　＊　＊　＊

下午

　　早校长找去谈纪念会筹备事。用了一上午。

　　他喜聚谈。大家在一处，想着方法，看着报，写着信，会着客，喝着茶……各种事也就这样筹划好了。

　　他不喜欢分任计划。主要计划须有校长在场时产出。不然让他负责，他觉着自信不足。这倒是很自然的。自有主张的人多是如此。

　　办事手续上再分清楚些，或者效率可以大些。

　　"聚谈"也有它的好处：使同事人谅解多些，相互间的关系不至太干燥，太"公事式的"。过于"公事是公事，闲谈是闲谈"，容易在公事上太呆板，在人与人的情感上太冷严。

　　　　　＊　＊　＊　＊　＊　＊　＊　＊

　　大家既然知道计划必须来自校长，所以都看校长的高兴。校长的高兴来得很不规则，所以在组织方面，无论那类例会或例事，都不甚相宜。捐款要看校长的高兴，课程的改革要看校长高兴，种树栽花也要看校长高兴，——没有一件事完全交给一个人，让他负责个人去发展。我不看，我不定议，——我不放心！

　　校长不去管，没有新发展。他不相信，他没有管过的新计划。

　　这样组织是"零绸零缎糊戏台灯"。这是他自己起的名子〈字〉。为将来工作，这种组织是否最相宜？三个机关，大计划都要出于一人，——也可以，只要精神够，只于大学性质与两处中学不同，不过现时最大需要是在筹款。为筹款集中的组织还可应用。

　　校长下加一个总务处。特别为筹款不能只靠一个人的高兴。至于三部的教育政策也应有三个负专责的人。（现在校长还要出席教员会。）将来必须如此。为经济起见，也为"人"的问题，——就是校长的办事习惯及人选之难——现在的组织还算合适。

有什么新计划，都使出之校长。切记切记！

＊＊＊＊＊＊＊＊

太忙了！

三半至四半：看小孩去。四半至五半：排戏。

七半至十：筹备纪念会。

明早：八半至九半：预备功课。

十月

十月一日，五

早八半至十一，筹备纪念会。

应作事：

一、功课（星六，中学教育班读书讨论。用二小时预备）。

二、英文（今日下午，用一小时预备）。

三、排戏（星六下午），女中戏稿（用一小时，星六午前交）。

四、赴京（星日去，星一晚归）（？）

五、招待蔡先生，接明明回家，墙刷浆。

事余于精神！

* * * * * * * *

今天：午间，招待。（有空看稿），家事。

下午，二至三半，英文。四半去看明明。

晚，功课？

明天：八半至九半，功课。十至十一在大学。

午，请客。

二至六，排戏。

* * * * * * * *

大热闹容易招忌。省长正出令严禁女子剪发，而南开女中新楼落成，女中的师生剪发的又很不少。

教育厅长极端反对演戏，而今年纪念会又演戏三天！

处乱世还是收敛一点好！

（收敛。）

既然已经筹划到现在，有什么方法缩小热闹的范围？

戏只作两天？在外宣传不要多？多表扬旧道德？

[十月]四日，一

昨去京，今早归。在京观志摩婚礼及约人来津与纪念会及女中落成礼。

* * * * * * * *

去时在车上，看本册日记。自开学后，忧患横逆不少。明明尚在危险中。陈列事办的不清楚，至今还没完全结束。师资养成部不受欢迎。
文字工夫无恒。担任事过多——自定演戏后——功课不能尽力预备。心神
不定。

都使我醒悟：我好露小巧，妄自骄大，而毫无真本领！

多作学的工夫。

＊＊＊＊＊＊＊＊

"凡物之骤为之而遽成焉者，其器小也；物之一览而易尽者，
其中无有也。"

"贤达之起，其初类有非常之撼顿，颠蹶战兢，仅而得全。
疢疾生其德术，荼蘖坚其筋骨。是故安而思危，乐而不荒。"

（撼，Hann，摇也。疢，Cha 去，病也。荼，Tu 平，害也。蘖，Niel 入。）

［十月］五日，二

六点三刻来。

百忙中又以小成败为成败，而不能在大谋上进行。

在京遇着曹，他依然很乐的吃他的肥差。在清华真是我失败他成功。
丁在君算知人，他说曹有些手腕，还可以干得下去。果然。无耻无学的
人居然可以长教育。

我在此地，心可以安些。没有争利的空气。大家是为事作事。有时
才短或经济困乏，但是总起看大家作的还是教育的事业。

惟一心不安是在因忙而不克深造。

＊＊＊＊＊＊＊＊

七半至八半，˅功课；八半至九半，˅会议；
十至十二，˅上班；一半至二半，˅看明明；
二半至三半，˅陈列；三半后˅戏；
晚ˣ文字。特加会议。

［十月］六日，三

多日怕增责，今日行之。加多是民族自信有推广力。个人也然——
敢照顾到个人以外的发展。

南开大家忙，但是精神上都甚愉快。无论有什么难处，一定有办法。
五哥的魄力浩大，才能创出这片事业来。

我有我的工作，还有什么疑惧？今天是新信心的纪元。

＊＊＊＊＊＊＊＊

九半至十一半，✓功课；十一半，✓沐浴；

一半至二半，✓看明明；二半至三半，✓功课；

三半，✓戏；晚，✕文，字。（卜傲成饭）

[十月] 八日，五

《胡文忠嘉言》①。

　　"智虑生于精神，精神生于安静。"

　　"放胆放手大踏步，乃可救人。"

　　"兵事必无万全之策，谋万全者必无一全。"

　　"挟智术以用世，殊不知世间并无愚人。"

　　　　　　　* * * * * * * *

有清在曾以前的士儒没有掌兵权的机会，所以只在做官及考据上活动。曾的气魄大些，只于本性过拘谨。时势也没有大创造的可能。

　　　　　　　* * * * * * * *

想要大创造，必须识见远，胆力大。求南开一校人说好算什么！多得一二学生算什么！

创造的范围不外事功与学术。

事功：能转到政治或兵事上去么？只在教育行政上的活动么？

学术：可以有什么著述？教育的学说？自编戏剧？

　　　　　　　* * * * * * * *

在事功方面胆不足。

在学术方面无专长。

　　　　　　　* * * * * * * *

自知毫无把握，惟有勤奋。不要怕精力不足。勿忘勿助！

　　　　　　　* * * * * * * *

上午：日记，又空两小时讨论同仁里更夫事。

下午：一半至二半，教育班笔记习。

　　　　二半至三半，英文。

　　　　三半至四半，会议。

晚：习字。

---

① 全称《胡文忠公嘉言钞》。

[十月] 十日, 日

昨晚排戏到夜里两点。住在学校。

明明昨天从医院回来。五个星期的重病得痊愈, 实是万幸。

* * * * * * * *

《左文襄嘉言》[①]。

"凡用人用其朝气, 用其所长, 常令其喜悦; 忠告善道, 使知意向所在; 勿穷其所短, 迫以所不能, 则得才之用矣。"

"非知人不能善其任, 非善任不能谓之知人。非开诚心布公道, 不能得人之心。非奖其长护其短, 不能尽人之力。非用人之朝气, 不能尽人之才。非令其优劣得所, 不能尽人之用。"

* * * * * * * *

"养气未深, 终是打小伙手段。连声之雷不震, 食鼠之猫不威。"

"天下事当以天下心出之, 不宜以私慧小智示人不广。"

* * * * * * * *

应了事: ×请客信, √功课。

[十月] 十二日, 二

文艺复兴史, 现在因为注意到中学的起源, 又重新研究。不过稍看几本英文书而已! 算是什么学问? 用英文看来的, 如果能用中文发表, 也可以说是作过一点翻译。只于在班上用口, 不负责的, 说一说, ——这算是作什么?

道听途说! 什么是根据?

看几本英文书, 给几个青年讲一讲, 也不能用本国文字写出来, ——这样生活是自欺欺人! 那配名之为学问?

必须如何然后才可以配称学者生活?

一、用本国文字发表。

二、提出时代生活的中心问题, 而设法拟创答案。

三、使方法论立在可靠的基础上。(Methodology)

* * * * * * * *

西方文化我们必须领略。各国文字应当都能运用。我只懂英文, 能三国文字的全国有几十个。多看各国书才可以广集材料, 自下评论。我

---

① 全称《左文襄公嘉言钞》。

的工具不足，不够讲西方学问的。

本国文字？我更可耻了！远不如一个高材的中学一年级学生！

* * * * * * * *

新的很有限，旧的一点也没有——那里来的面目冒充学者？又那配自命可以振作南开的学风？

* * * * * * * *

我信办教育必须以学为主。我只够羡慕那真学者。自己离着学问太远了！

* * * * * * * *

既然如此，就自弃了吗？

还是要努力。如何进行？

利其器！先作这步工夫。

文字——本国的。而后法、德、日、俄。

但是人生有几何时间？今年我已卅四！我从小性不近于博学，记忆甚弱。我好深究，又犯无恒。

惟有努力向前，作到那里就算是那里，不能存丝毫妄想！

* * * * * * * *

✓纪念会——✓给京友写信。

[十月] 十三日，三

翻译是不可免的。练习译书。严复的工作很影响一时。西洋的学问如何使它在中国发生活效力？什么是学问？

* * * * * * * *

功课（九至十一，又下午一半至三半），拟校长女中落成开会词（十一至十二）。

十月十四日，四（第三十八册起）

文艺复兴史的研究中。现代文化的天才时期。想明了现代西方文化必须自此时期起。科学发展的初期也是文艺复兴精神的余波。工业革命后才转入现代文化的第二大段落。

第一段——个人的发展，少数人掌握。教育只注意治者或资产阶级。

第二段——工人受过教育，有组织能力。人民多集聚都市。教育也取工厂式，人数多而少个人的注意。

中国才卷入现代文化的范围，不免要经过一些第一段的步骤。我们自然认定文化是可以半路加入的，不然我们只可在现代西方文化里作为欧西民族的附属品，被治阶级。

我们以往吸收外来文化的经验或可作为参考。

吸收后，我们必须担任现代文化前进方向的转移。旧的方向让欧西民族尽力作去，将来必至衰弱。我们给现代文化作一度归束的研究，而后寻出一条新路来。

日本在吸收后，仍按着旧方式进行。印度失去自主，又没有统一的能力，所以走一条新路。中国或可先旧而后新，先抄袭而后创造（？）。看我们有民族的"朝气"没有。

[十月] 十五日，五

正在纪念会百忙中。

三天过后，学校难关仍在面前。计筹在先是生命发展气象。

此地合作精神是校长天才所创。

我出力很微。这几天咳嗽，自己特加小心。静养——既然有人能负责，我退在后面作下一步的预备。

九至十二，纪念会事宜；午饭后，休息；二至五，女中。

[十月] 十八日，一

今天无课。

前两天大忙后稍得教训：

当于一事方完，如看出他人或有不到处，不要即时说出；如看出自己的不是，也不要空自痛悔。已过的不能重来。所贵于经验的是在它能供将来的参观。看出他人不到处，在他作下一件事前再忠告他。看出自己不是处，千万不要动感情，冷静地记下来为以后用。过去的即成为历史，历史的惟一功用在能影响生命的努力。最愚的是在已去的身上费精力。如此作的是生命力不足的铁证。（得意与后悔同误。）

说出人的不是——在事后——也是毫无用的。空使他难过，或者起他猜疑你好寻人短。

全副精力都用在事前！一事刚过，立刻去筹划下一件事。得的经验记下来为以后用。

* * * * * * * *

纪念会过去了。

英文——到班上去看，预备下学期材料，研究教法，与学生谈话。

功课——多看书，写中文讲义。

学校——筹款方法。

视察——从渐推行。

* * * * * * * *

陈列送美——快办。

［十月］廿日，三

九点到。

上午，功课，看书，改论文。

下午，陈列送美，预备讲义。

* * * * * * * *

文艺复兴史初次用心看。材料必须译（？）为中文，然后在本国人思想上才可以发生影响。Ren.[①]时希腊拉丁文的著作很少译到现代语。用现在语写文章的都能直接看古文。

译，那能译得了？——我们应看的西洋书太多了。中学以上所造就的少数人材都必须能直接看西洋书。

新著作必须用中文。那样中文，这是在此时代要创造的。

* * * * * * * *

西洋书不必费力译，因为中国决没有多数人西洋化的那一天。如果将来中国或可教育普及，到那时西洋文化或已过它的最盛期；在中国可普遍的一定是一种新文化。

* * * * * * * *

现在用英文取其便利。直接看书是最重要的目标，其次是交际。我们现在教英文的方法与文艺复兴时教希腊拉丁文相仿佛。

相同：一、输入一种新文化的工具；二、青年都有求解放的态度。

相异：一、英文是活文字，而英美人又在中国伸张势力，所以有时不免有感情的冲突；希腊拉丁是死文字可以尽量的崇拜；二、英文及新知识外，我们还有本国文字及本国材料要同时注意，而文艺复兴时古典外无所谓本国文化，有也很少。

* * * * * * * *

用历史比较法研究教育，时有心得。将来集起来可以作为本时代教

---

① 英文"文艺复兴"（Renaissance）的简写。

育思想的一部分努力。

[十月] 廿二日，五

教书已月余，还没有寻出途径。

材料都从外国书得来。看过再用中文说出，这一层工作很费时间。并且我以先看过的书很少，所有的一知半解也都不是有根柢的学问；现在要用什么材料必须现去看书。所以结果是时间不够用。

这是教育一门，戏剧只读剧本，预备不费时力。

* * * * * * * *

学校全局计划校长希望我多帮忙。我自己觉着精力不能照顾到多方面。已任的职务已不能作到好处。我所认为这下五年应拼命工作的文字工具现在又忽略在一旁！

（文字工具。）

学校经济固然是生死关头，但是学校工作的本身——所谓教育和学问——也应努力深求。

我要的是空闲的时间去寻求真善真美。在我自己未能得满足之前，在无论什么工作上都不能用全副力量。

* * * * * * * *

昨天在大学看英美杂志。他们的社会情形比较的容易领略。隔半年多没有看外国杂志，现在继续还不难。我对于本国情形太生疏了！没有一份杂志是每期必读的。

今天我作我愿意作的事！除去预备功课外（也要用三小时）。

* * * * * * * *

下午

今天看了几种中文杂志：

《语丝》——九十八及一百期。批评南开专制，不应函请警厅禁止淫书。南开在新派人眼里以为太旧，校长太专横。并且因为筹款，不得不与钱势联络，所以形似"卑鄙"。岂明的文字向来是很锐利，然而用在求责上有点无聊。

《清华周刊》——廿六卷一号，梁任公的《儒家哲学》，没有什么特别精彩。他现在没有人在他身后给他新奇的"假定"。他不是自创假定的人才。材料富足，兴味浓厚，条理清楚，——所以作"介绍"最好了。独创见解不是先生所长。他能随时尚转移，自己真是很少成见。然而什么是先生终身的建设？

《新教育评论》——二卷，十九，廿期。赵乃传：《中学里的两个切要问题》。讨论教育问题这样文字不可多得。词字方便，结构伶俐，材料有据。观点或可提起高远些，但是高又容易空。赵的文字在讨论教育上算是最应用的了。

《现代评论》——四卷，九十七期。陶孟和：《中国人的政治能力》。孟和这篇文字思路特别清晰。论政治的文字里——我所读过的——这是最有条理的一篇。他对于西洋制度的起源及环境，与中国的经济及现状，都给相当的注意。这类文字多一些，将来创造工作可以近一些。

＊　＊　＊　＊　＊　＊　＊　＊

这都是现代中国文字，我以先不注意它们实在是大错。由临时出版物中可以渐渐介绍到深究的问题和工具。看别人已有的成绩，自己也不致妄想出人头地。

如赵、陶的文字我都可"师视"。

＊　＊　＊　＊　＊　＊　＊　＊

近一星期肺中有一点不适。自己虚慌。静养三两天，如不见好，再寻医细查。心神上用镇静工夫。

＊　＊　＊　＊　＊　＊　＊　＊

（纪念会中过劳，可不管的也去管了，又因家中有病人。）

[十月] 廿五日，一

上星六约今早去访沈大夫。昨天 W.腹痛，四肢 Cramp（转筋），大闹了两次，晚间移入北洋女医院。

明明刚好，W.又病，而我也怕肺有不妥。家人的病比经济难还费精神。野心不要过急，——一时作不到一个学者或组织家。勿助！功到自然成。

病，南开经济难，学问无成就，器量不容众，——等都能使人失望。然而根本我仍自信天生我材必有用。将来必会找得我最相当的地位——学问，或艺术，或组织。

越难越提我的精神。

[十月] 廿六日，二

昨天到沈大夫处验，肺无病，是心脏弱。不能耐劳——过劳心即"跳"，夜里失睡。

精力不足的根据在此。

野心大，想作的事过多，而身体又不够强。

承认自己的限度，在限度内努力。

* * * * * * * *

W.身体也不强。理想的劳苦生活，我们资格不够。

[十月] 廿七日，三

上午在校长室大谈南开发展方针。

我报告近来对于文艺复兴及耶稣会的研究。

为南开百年大计，必须注意在人材的训练。现在任教学的都没有受过南开特别训练。

Loyola 有他的 Exercitia[①]。得新同志必须有"方法"。

* * * * * * * *

主要的还是在自己的工作。

执行方面，我少担任。安静思想——是在这团体里我一部分的分工。"罗马不是一日建的。""大器晚成。"

* * * * * * * *

我的空谈：怪与圣是同时的。新文化产生时总是乱的。现在正是独特天才出世时期。无所谓政治上"轨道"——这类思想是十九世纪西方的迷信。

特别人不是站在时代一般人的肩上。这是太平时代相信的。惊天动地的天才，当于乱世，都能"出类拔萃"，与群人完全不同。

张宗昌[②]是怪。越怪的厉害，越是我们民族力的证据。

越乱越是英雄有为时。现在我们作三百年后黄人世界文化的创造事业。南开的工作到那时再去估价。志既然如此远大，预备工夫自然要长久。

我在下十年内要取预备态度。执行上少负责。

---

① 做法，方法。

② 张宗昌（约为 1881—1932），字效坤，山东掖县人。奉系军阀，时任山东省省长、直鲁联军司令。

（十年预备。）

＊　＊　＊　＊　＊　＊　＊　＊

自己精力有限，用时小心而已。无可怕，不必怕。

＊　＊　＊　＊　＊　＊　＊　＊

建议校长息休两月后再继续工作。现在太劳了。

［十月］廿九日，五

昨天夜里睡得好。晚饭后不能读书。

＊　＊　＊　＊　＊　＊　＊　＊

远水：几句零散的空话，不是一篇整齐的文章，我叫它"远水"，因为所说的多迂阔不近急需。

（俗语"远水止不了近渴"。韩非子："失火而取水于海，海水虽多，火必不灭矣。远水不救近火也。"）

南开必须发展。不能发展，现状也无法维持。

我们要作中国文化精神的宣传者。南开对于办事才——为公，勤劳，条理，勇敢，——已有相当的基础和把握。南开精神就在这一点上。创造的学问，虽用力怕也不是这个团体所能见长的。中国人现在最少的正是精神方面——肯牺牲，负责，不怕难，不被物质缚束。一个民族的保存在有这样精神，而不在只有小巧的技术和空虚的学问。中华民族有南开这样精神，然后我们坚信世界上必有我们的地位。

南开的发展有三方面：

一、南开的精神；

二、南开的学程；

三、南开的组织。

＊　＊　＊　＊　＊　＊　＊　＊

一、南开的精神

我们要保护中华民族的存在。我们以传布中国新人材应有的训练为天职。纯粹南开工作者都不加入任何政党，不作直接的政治活动。

中华民族必有他不可毁灭的真生命。生命所由表现的路：一方面是中国已有的方式，一方面是现代文化内可以取材的。保存中国就是保存中华民族的创造能力，——这就是真生命。

旧文化中什么是现在真生命要取来光大的？西方文化中什么是我们要借重的，使生命得满足？这是本时代大家都要知道的。各思想家都在探讨，南开也作一份的努力。将来各家的结果，南开都可拿来应用。应用得当，也可以算是精神一种的表现。

历来南开从困苦中得来的教训都很宝贵。新加入团体的必须使他领略。

历史上与异族接触时所激起的英杰，与乱世时代的大儒，——他们的事迹和精神都用为教材。

精神的修养法——从南开创始时期领袖的经验里拟出。古圣先贤的成法也用为参考。

* * * * * * * *

二、南开的学程

课程不取新颖，而取其切实。教材，教法，训育，——逐渐研究，将来结晶到一种南开方式。成形不期早，至近要在十年后。

学理充足，方法应用；最要的还在应用。教育实施上不能以新奇为标准。见长要在与别人方法大致相同，而运用得其妙。

教师的训练——不在此注重，一切纸片上的课程都是自欺欺人。任职的教员——南开的与外来的——是应用力处。大学毕业后再加上二年的"半教半读"，给他一个学位。将来各南开分校所用的教员都是受过这样训练的。南开的教员比人要钱少而教书好，将来一定有他们的地位。教过三年至五年以后可以有机会回母校来休息深造一年。成绩特别好的送他出洋研究。

在这个团体里，钱虽少，而有长进的机会。并且如果好好工作一生可无失业之虞。

中学教员可分三级：主任教员，教员，试教。

（一）试教——大学毕业，约廿二至廿五岁。

（二）教员——试教二年后，年约廿四至……

（三）主任教员——五年经验，加上一年以上的深造，年约卅……

大学教员分三级：

（一）助教——大学毕业加中学试教二年，或多……

（二）教授——助教五年以上，或中学教员五年经验加一年以上的深造。与中学主任教员资格约同。年卅以上。

（三）正教授——年四十以上，而有学术上真创造。

中学教员每五年可以休息研究一年。大学教授同。休息时薪金如常。旅行还可有特别费。

薪金少，一切需要都照顾到。并且对于如何省费的方法，及共买共耕共储的计划，有特别一部职员去负责。

* * * * * * * *

三、南开的组织

教员的分级以上略略说了。全体的组织更不能一时拟定。

分子如何加入？掌权在谁？职务如何分担？职员如何训练？南开捐款的办法？如何与社会联络？

分校计划——各处校名一定不用"南开"。董事会由各地自组。校长由南开推荐，董事会委任（五年一任）。一切教职员由校长聘请。（校长也是南开总部委员之一。）"分校"董事会负经济责，校长自然也须能活动。虽说是董事会负责，其实权与责任都在校长身上。总部一定用力协助。

将来南开人可以会集各地经验，由各供职地可得一种"全国"的观念。教职员多流动，眼光自然明达。

想造成这样的大团体——魄力，条理，宏度，学识，都要求极高程度的！同时也看时机如何。

* * * * * * * *

大家看到这，一定承认我起的名子〈字〉是对的。这一片空话不是"远水"是什么？

希望它虽远，多少还有一点水气。如果没有唤起丝毫向这一条路上预备的兴趣，我这"远水"的名子〈字〉都太乐观。这不过就是我个人在沙漠里酷渴中远远望见的"幻海"！（"远水"约一千五百字。）

十一月

十一月一日，一

前天晚间与五哥、华先生，说了我的"远水"。

五哥以为可试用，不过只是空空的一个方向。作起来要看机会如何。

小学仍进行。大、中、小、平民、工徒，——南开都有。

中国教育现在还是有无问题。能使之有——筹款，办事人，设备——就是教育上最高的成绩。中学有后，要有大；大学有后，要有女中；女中有后，要有小、平工。使之有是合于时期的教育事业上天才的表现。

五哥的努力——不自觉的——是使教育有。下一步难题是使之继续有。

"创业"时期无暇慎择。"继业"时期必须注意到工作内容，不然不能继续存在。

* * * * * * * *

五哥是过五十的人，不易改新方向。使小学有，可以给他一点高兴。对于中学及大学内容问题，他知道必须注意，但是他兴趣不在此。内容工作是与以往教育经验、学校兴味、耐烦态度有关系的。

使南开教育方式推行到各地去也是一种"使有"工作。因推广，内容须同时注意。

这样可以使"使有的创业"与"内容的研究"合作。

然而我敢自认是"内容的研究"的工作者么？

* * * * * * * *

今年试行的两种中学内容工作：一、英文，二、社会视察。精力不足，不能作到好处。

大学内容：一、教"中学教育"，二、教"戏剧"，三、新学制委员之一。

这五件事，如果想往细处作，每件就要用一个人全副的精力。并且在这五件事外，还须在全局计划及特别事项上帮忙。

结果又是不能专！

* * * * * * * *

办事可以同时提倡、鼓励、筹划许多部分的事。能使各部分按规则进行，全体有生气，——这就是办事的成绩。

学术必须得专。精力大的人可以有多方面的成就。普通精力的人必须择定范围。无论如何，当于研究一问题时，必须作到一个究竟，然后再注意又一个问题。

* * * * * * * *

当于办事时，心里舍不了学术。（在清华时的痛苦。）

当于研究学术时，办事上的问题又来压迫。（现在的痛苦。）

我又不是一个精力宏大的人。

难说一生就如此渡过？

* * * * * * * *

再说现在所研究的是什么学术？

教育的研究也有很多方面，我的兴趣在历史和哲学两方面比较多些。如果将来有什么著述也不外在这两个小范围内。

我欢喜戏剧倒是一种天性所近。从一九一四起就对它发生关系。因它而得的新经验是我生活路上的几点清鲜美景！Cl.，Ml.，S.，叔，志。（读外国剧本，小小排演的机会。）

也很奇怪，现在大学的学生还是愿意同我研究戏剧的多。

在这方面的创作，写剧本，或任导演。

* * * * * * * *

不作到著述和创作的地步，不能算是学术。有了著述，有了创作，——那时我对于学术方面的欲望才可以得满足。

* * * * * * * *

今天知行从京来（没有来）。五哥同他参观天津几处小学。知行再加一点鼓励，南开小学部就算成立了。大约明春可以动工，秋天又是一处校舍落成。

只要经费有办法，自然可以开办。建筑、设备，相继而来。

教育有了就好。盖起房子来，就是教育事业的成绩。至于那样教材，那样教法，可以使南开在教育史上得一特殊地位，——这是太想得名！

* * * * * * * *

五哥现在也时常觉悟大学、男中、女中，工作内容应该注意，但是稍有余力——或当于大筹款不能进行的时候——又去计划新事业的增加和新校舍的建筑。

工作内容上求创造，他没有这样兴味。中学这几年是喻在那里守死板规则作去。喻是认真负责的人。机器大了自然注重一律。最易求一律的检查法是：每位教员教一定页数的教科书，改一定篇数的文；学生读一定页数的书，考一定次数的大小考。学生个人，没有人照顾他。教材教法与别处中学无大不同。特点在办事人铁面无私的认真执行。书本工夫比别处作得牢靠，所以南中的升学成绩很好。家长对于南开管理还能相信：不闹风潮，办事人都很规矩，校风也还勤朴。

能办到这样已经很可观。没有试验新方法的要求。社会视察恐怕不易成功。全校注意不在新法的试验。

大学少中学的老招牌。内容也是没有人注意。校长只于为钱忙。只于认真守规矩办不成一个大学。必须有特别的学问和见地。如果钱上没问题，也许可以作到一处守规矩无特采〈彩〉的大学。但是这样的大学不同这样的中学，大学无学术创造的精神根本上不能存在。

自从南开大学开办以来有过什么创造的工作？

大学内容校长也是想注意而未曾注意。

* * * * * * * *

中学内容改进困难：机器太大，少好教员。

大学内容创造困难：无高深学问，经济基础不固。

* * * * * * * *

五哥办小学可以谅解。

[十一月] 二日，二

昨天社会视察拟出一次试验的细目。

[十一月] 三日，三

看菊，忽忆十一月八日。秋意早忘俗人。

取出前二年此时的日记。一九二四，因有人反对，想离清华聚几位同志作理想生活。以后自悟学识人格都很皮毛，不要以空话引人骗人。一九二五，继长问题正难解决。一时自知不明自持不坚，又以反对方面人众智巧，利用机会，把我打败！正途是活中国生活，读中国书。

今年此时又作空梦——想作现代中国的 Loyola！

妄想也必失败！

还是回到自己求学深造。不要信制度，不要信组织。在大学已经露出意见太多了——"新学制"是空谈！"师资养成部"是失败！功课教的也很无精采〈彩〉！

（自己求学，不依组织。）

中学方面的两个新计划：英文，视察，也很难望成功！

＊＊＊＊＊＊＊＊

不是大有为的材料！

＊＊＊＊＊＊＊＊

秋意，那有面目再见！

＊＊＊＊＊＊＊＊

沐浴。花园日光好。看《中国戏曲》藏笺。偶读廉南湖①赠听花诗句，内中：

阅尽兴亡原是梦，回肠荡气为何人。

（荡，动也。）

都是梨园弟子传，月明吹出古凉州。

天涯流落谁相问，顾曲周郎已白头。

这几句洽〈恰〉适吾情。

成败算什么？本来都是梦。风尘路上得一点诗情画意也可解愁。知是镜中花。

[十一月] 四日，四

连看了两天电影，但是精神上还觉着无聊。

自己没有学问，学校没有钱，——一样的难题。

明天五哥去京。约好同行。

＊＊＊＊＊＊＊＊

上午：功课。

下午：新学制委员会，3 P.M.，Kingman②，写给基金会信。

---

① 廉泉（1868—1931），字惠卿，号南湖，江苏无锡人。曾参与"公车上书"。1896 年任清朝户部主事，翌年任户部郎中，1904 年辞官。1906 年，在上海创办文明书局。

② 金门（Harry Kingman，1892—1983），美国人，生于天津。1921 年来华，1925—1928 年在天津青年会工作。

[十一月] 九日，二

五日去京，昨晚回来。六日访人雪池文光楼。

七日游西山。香山秋景：——在双清"银杏落金片"下真是天境。（银杏俗名白果树。）

又赴大有庄访梁漱溟。静而专的精神很可钦佩。

* * * * * * * *

不能多。

中学教育班改为每周两次。星二、四早各一小时，星一下午二小时，用在外出参观上。讲室内多用答问法。

* * * * * * * *

再读 Gita。不能静，就失去真我。我天性懒，不能乱忙。必须安闲——至少为我必须如此。

按钟点上班已经不宜，再加上对于学生人数的患得患失，那还有什么精神生活之可言。

* * * * * * * *

完全听学生自得。

报告研究结果是可有的。到了没有结果的时候，决不站在学生前面"瞎扯"！

有话就说，没有话就不说。话可长则长，可短则短。

本着这个主张，作自己教学方法的革命。

要帮助的是学生，学科在其次。

[十一月] 十一日，四

早四钟因心跳醒。

自知心脏弱，多作静工夫。不被外物动。

[十一月] 十二日，五

"见贤思齐"是小器！我很受这种态度的害。

人各有特长。我有我的工作，我不想同别人比。

我的精力有限，好静不好动。深刻处偶有独到，但不能任事过多。

喜作什么就作什么，力去"思齐"的恶习。

* * * * * * * *

不思齐，就可完全自在。

（不思齐！）

　　　　　＊＊＊＊＊＊＊＊

心跳病须休息。今天无事，天天无事。

即懒就懒到底。就用静作为我的人生哲学。从静里求观点的一贯。以一持万；以静定乱。

[十一月] 十三日，六

昨晚诵渊明诗，临东坡帖。

食物清节。从今天起少吃油腻。

　　　　　＊＊＊＊＊＊＊＊

沐浴。

　　　　　＊＊＊＊＊＊＊＊

健忘，健懒！不喜不惧！

[十一月] 十七日，三

心神不静。修养工夫浅薄。

不怯不求——我尽我个人所能事。

应理事：✓请款书（九半至十半），功课（四至五），✓英文（一半至三半），理发✓沐浴（十半至十二）。

　　　　　＊＊＊＊＊＊＊＊

请款事：校长主要用意在得钱。办法不过是一种手段。

想利用中学教育研究为名，找基金会要三万元。校长大言不惭，一点也不觉是作伪。大学必须维持，用无论什么方法去得钱都是可作的。

大学果然必须维持？

如果宗旨不私，然后手段就可自由么？

再看中学研究事。有推行的需要否？南开是最好地点否？全国如此乱，各处中学不能开学，师大毕业生以至回国留学生还在那里没有饭吃，我们再要造就中学教员有什么用处？

此路不通！

南开中学学生很多，实在供给一种需要。出校后如何，学校只作到有升学程度就算是尽职。普通大学毕业生在社会上谋生己是问题。再要办中学师范班——将来有什么出路？

能想出出路来，然后再进行，也可以对得起青年，对得起良心！

这个时代能存在已是不易。那还有余力去研究求改进？

（出路：要钱少，教的好。）

＊＊＊＊＊＊＊＊

大学是养教授们的场所。没有大学，这一般人就要失养。为什么社会要供养这般人？学术到底有什么价值？

什么是现在学术应当研究的问题？

（十一月廿五日答案。）

研究的结果必须见于言、行，或品。深造的人理应成为一时社会中理想人物。（轻利是理想中必有采〈彩〉色之一。）

物质方面的要求如此之高，恐怕不免患得患失心，真理方面工夫将必受大影响。

私立大学的地位何在？

今年用这个手段，明年用那样花样，——只是为钱忙！只为使几位教授可以不在衣食住上费心力。有的有出产的还值得人为他们出力。那些不配作学术研究的人，应当自谋衣食去。

＊＊＊＊＊＊＊＊

宗旨相同，手段上偶有不同，还可不碍合作。

＊＊＊＊＊＊＊＊

向基金会求援没有什么不可。只要用途想得正当。

中学教育研究所是一个没有出路的计划。

中学教材应有工作。

教学法试验可以利用南中。

少数研究生也可在大学毕业后而无事可作的青年中得之。但在研究后可以作什么事？可以用什么糊口？

＊＊＊＊＊＊＊＊

（研究后，可以作现在社会上最急需的"理想家"。为中国民族的保存，必须有一部分人去专心诚恳的活精神生活。他们忧道不忧贫。从美国抄袭来的教育只注意到忧贫不忧道。我们急需一般心立于产之外的人。）

　　　　　　　　　　　　　　　　　十一月廿五日

（大胆的造理想家。）

[十一月] 十九日，五

大学是南开的真问题。校长因无法惟有在别的方面求兴趣——如小学，学术讲演等。

大学没有钱，——但也没有人，也没有办法。

[十一月] 廿日，六

心跳病稍好，像与 SI 有关。

* * * * * * * *

中学教育研究所的计划渐有头绪。范先生本星期来津不？如来，可访谈。看他个人意见如何。

不是新事业，已起首三种试验：（一）社会视察，（二）英文教材及教学法，（三）师资养成部。

想补充已有计划：

（一）视察。请专人研究。　　　　　一人

　　　　并推及系统的社会科学。　　一人

　　　　并推及系统的自然科学。　　一人

（二）英文。专人。　　　　　　　　一人

　　　　国文更须实地试验。　　　　一人

（三）师资。a.中学教学有经验者。

　　　　b.招大学毕业生。

　　　　用奖学金法——每年 150 至 300 元。免学宿费。

　　　　与研究专员研究，又实地教学。

在天津：利用南中，学生来自全国。

　　　　多视察机会。

　　　　与已有计划相连。

补助：五位研究专员　　　　　　　一五，〇〇〇

　　　奖学金（五十人）　　　　　一〇，〇〇〇

　　　调查、旅行、印刷等　　　　　五，〇〇〇

　　　　　　　　　　共　　　　　三〇，〇〇〇

立刻给 Monroe 和 Greene 去信请助。

* * * * * * * *

今早同五哥谈。

心自闲！成败无关。

[十一月] 廿一日，日

昨访范先生，报告现在试行的三个试验及推广计划。他喜欢听教育上的新学说。对于经费，基金会有些困难。

范先生近来身体不强，处他所处地位不免受批评。

美款偏向南开，也为公论所不容。

计划写出来，有人给钱我们就作。没有钱就只在小范围内作自己的工夫。

不忮不求。不喜不惧。

* * * * * * * *

梁漱溟在津。约他在中学住。

* * * * * * * *

SI 可使神静。动作太少，也许。

* * * * * * * *

请款书在星三前写好。

[十一月] 廿二日，一

与梁漱溟谈。意志甚强，批评严锐。得力在深，不在博。自爱坚，所以不从众。诚，不苟言，不欺人，自己短处不讳不饰。

这两天的谈话，得益甚多。

[十一月] 廿三日，二

学无须博，但必须：

一、深精。

二、用本国文字发表。

德、法、日诸国文字能用固然方便，若力不足，也惟有承认自己的限度，而不空去怨恨。

* * * * * * * *

漱溟先生的榜样又迫我在本国文字及专刻的思想上用工夫。

不能用本国文字达意，无论在内容上有什么样的新观察，你绝不能算学者。

意志不坚强，——这是我的弱点。

（志不坚!）

激刺又激刺……数十百次! 还不舍开一切专攻文字!

如果不能舍开一切，也必须有一定的学程。

写字近来不断作。中国书看的太少。漱溟作过晚周汉魏文钞，证明他在文字上用过工夫。

我应如何作起? 不能仿效。自创自己的路，从这上看得出你精神的质和量。

****

学校要我注意。筹款!

星四不去上班。明天写请款书。

[十一月] 廿四日，三

昨天取出《桂林梁先生遗书》①，看漱溟编的年谱。今早看完。死节不是现代西方所能领略的。

漱溟也出仕宦家。旧式风教无须特别用力已吸浸富厚。我经验中少旧文化的接触。

我兄能利用时机，才有今日南开局面。

我们的标准还是西方的居大半。起初承认五哥的本领及成绩的是西方人，特别是美国人。崇奉基督教是美国式的；兴办学校是美国式的；创新奋斗的精神是美国式的；以至于现在的渐趋"中国实状"也是美国式的!

五哥的家还立基在中国中等社会，我的家人都是美国方面的习惯多了!

在中国可望久长的生活中，这样美国式的制度必须经一度的消化。

看过梁先生年谱一类文字可以增加对于中国旧生活的领略。

什么是本民族前进的途径?

必须产出时代代表人。时代的困难——生活的各面，如生计，情感，思想等——必须引到个人里面，而用力去作出解决方法。

我个人最亲切问题就是：使一个粗浅"美国式"人生态度的人领略中国的"活以往"。

---

① 该书由梁漱溟编，1927年由商务印书馆出版，内含其父梁齐遗书六种，年谱一卷。

[十一月] 廿五日，四

早看梁巨川先生《感劬山房日记》数则。

反省自己。一无所成，精神薄弱，不能专，不敢真。

（真，专。）

懒怠万分，想也是精神不足之证。

漱溟之来惠我实多。唤醒我，给我一个往真往专上用功夫的活榜样。

＊　＊　＊　＊　＊　＊　＊　＊

从今日起练习敢真。我注意我所认为应作的事，不旁视。自己有什么短处，决不粉饰，甚至于有意作伪欺人。

"恳切的自爱"是漱溟说的第一步工夫。

＊　＊　＊　＊　＊　＊　＊　＊

请款书须动手。

中学试验我是有志作的。如果能得一点补助费自然成绩可以多些。但是实在的，可靠的工具还在自己的真见解和真把握。钱不过是辅助资料而已。

我对于中国中学教育真有志改进吗？肯专诚用毕生的精力去作吗？

南开中学已有基础，然实在教育工作还未起首。用远大眼光实际工夫专心在中学问题上也很够一个人终身作的。

我对于高位多钱的贪心还没有洗净。如果有机会，自己能完全制止这类引诱吗？

＊　＊　＊　＊　＊　＊　＊　＊

五哥念头里少不了维持南开。中学可望存，大学经济无法。庚款中以美为最近，所以现在从基金会里设法。

中学研究一部如能保存在，然后别处再想维持其余部分的方法。

然而这样苦心只为几位教职员的生活吗？

我们想保此民族不灭。但是我们用的是什么工夫？只于读几本外国书就可有效的吗？

能保此民族不灭必须另下一番工夫。不是只于知识可以成功的。必须在精神上着想。必须有甚于生的。维持大家生活是次焉者。给大家一种精神上的提醒和持久工作的趋向，是比较重要的。

大学现状必须根本评判一次，不然，一天要难上一天。

五哥所愁者在此，大家无法解决的也在此。

＊＊＊＊＊＊＊＊

我不配对于这样大问题妄想有所建议。

惟有在个人身上想解决方法。

我自己的精神和学问够作大学教授的吗？"修己安人"，自己也不配。"先行其言而后从之"，我也不甚懂这句话怎样讲。我只知道自己还没作到的先说给人是假的，假的必没有力量，自然效力不能久远。

＊＊＊＊＊＊＊＊

九至十一，日记。

十一至十二，又一半至四半，请款书。

＊＊＊＊＊＊＊＊

十一至十二，又一半至三，我用在看本册日记上。

前四十日的生活经过一次结晶又遇见一位活理想。

结晶：十月廿九日的"远水"。

活理想：梁漱溟（及梁巨川）。

我在有限的精力上，立志建筑我所能见到的真。

［十一月］廿六日，五

精神微弱，所以逢事延迟。请款书卅日前必须送进，到今天不能再延迟了！如此必致误事。

外面假思想模样——其实精力不能自制，应作事不能立刻动手。

＊＊＊＊＊＊＊＊

早看《感旬日记》。

＊＊＊＊＊＊＊＊

校长叫我。一定问请款事。我要敢真。我守我的主张。南开将来必以"学"为生活。

＊＊＊＊＊＊＊＊

从校长室归。

基金会董事改在六、七月间开会。于办事人不便，六、七月定后约请教员已太迟。各校政策大约都在暑假前定。

请款书仍想在卅日前送京。

五哥又谈，政局不定，建设事业非常困难。大学最可虑，然也不能急于改变方法。要内外兼顾，——意谓外面大学如实不能开课，那时南开或可采取特别办法。

立刻缩小范围作不到。并且中学比较可靠的理由之一，也许因为在那里有大学的招牌。

一个人作学问可以自在，有了大组织负上责就不易了。政局太不定，不然还不至如现在这样难！

* * * * * * * *

学校既有了，又大了，现在使之继续有继续大，就成问题了！

从清华出来，希望得安静读书，而又遇上南开这样动摇。势不能坦然作旁观者。但是自己能力太有限——不会筹款，不好办事，学问不能自立，品格没有把握！五哥期望于我的甚厚，我怕无法报他。

* * * * * * * *

"见义不为无勇也。"我坚信南开是有久远价值的。用力在久远处，引大家往那方注意。

为弄钱五哥不得不应变伶俐。南开精神的意义有待阐发。从我个人身上用工夫或可帮助学校寻求前进的方向。一个人在团体里应当尽这一点力。匹夫对于天下都有责，何况一校？

* * * * * * * *

读书一定写好。立定志愿有钱无钱一样前进！

（有钱无钱，一样做去。）

钱虽然重要，我们对于它也要完全独立。

到真没有钱的时候，那才看得出，谁真想作教育事，谁只利用教育谋衣食。

* * * * * * * *

一、节省费用。衣不算费，食上不择美。住已很舒服，不厌狭窄，不贪广厦。

二、真专求学。学是求保存此民族的精神。创造理想生活是方法。

本团体内，有一个人真能不忧不惑不惧，一般人必得安慰，必得镇静。

[十一月] 廿七日，六

昨晚及今晨写完请款书英文稿。

去见校长，不在校。稿交廛涧请译中文。用英文起草本大耻，人轻视不足奇。

国文工具不便利，中学教育之研究必致终无结果。请款书中的计划不过一篇骗人的空谈！

* * * * * * * *

"假模样，假才调，自误终身。"（《感旬山房日记》）

请款这一关算勉强过去。往后要用真工夫。

十一月廿八日，日（第三十九册起）

本册日记一定每早写。虽有应备之讲义也不可因之间断。每星期看前一周日记并作节略。

* * * * * * * *

看前一周日记。

一、遇见一位活理想。漱溟先生的榜样迫我在本国文字及真专的思想上用工夫。读梁氏父子文字，深感其精诚。漱溟说的第一步工夫是"恳切的自爱"。

二、我现在最亲切的问题是：如何使一个粗浅"美国式"生活的人略会中国的"活以往"？

三、教育及学问在现时中国的职志应是保存此民族不灭。但是只于读几本书——多是外国的——就可有效吗？必须另下一番工夫——创作理想生活。自己没有做到先说给人听是假的，假的必没有力量，自然效力不能久远。大学须根本评判，但是我不配妄想建议。

四、请款书拟好。用英文起草是大耻。我真肯专诚用毕生精力在中学教育的工作上吗？请款书中的计划怕不过是一篇骗人的空谈！

* * * * * * * *

读《感旬山房日记》。

"我之所谓大度者，言以极热极厚之心待人。凡人到我前先勿以坏心疑之。或彼出言行事与我小有龃龉，亦勿遽以为此人坏极，再徐徐观之。或旁人窃窃告我某人有毛病，亦宜深细察之，勿遂将此言搁在心中，恐先入之见自蔽则人之好歹看不出。即亲见其人有不是处，亦看其事之关系大小，且勿以为此人永不能改过也。"

（仍有几句，明天续钞。）

今天体验此所谓"大度"。

［十一月］廿九日，一

八点半来。

抄《感劬山房日记》。续昨天。

　　"若人有开罪于我之处，在我之一身固不能无恨，而临事论人则就公处大处断之，力存公道不以私掩。或于此事谬极痛加诋斥，而另一事合理不妨欣赏。故虽与我极相好之人不能无错，与我极不睦之人不能无善。其人虽坏而遇死亡穷苦之时仍应拯救。"

* * * * * * * *

　　"余自弱冠始在外历练，与人交际，留心时事扩充见闻，乃叹唯深沉精细者可以有成，而浮躁浅露者至足偾事。浅人无心肝，聆一言而不辨其是非，遇一人而不察其品术，听人传述一事毁誉一人而不揆度其情理形势一味徇俗从众随波激扬，曾无权度于心。……其以世事为己任者不但切身之事关心，凡万事万物无不随时体察，而于人之邪正，理之是非，事之虚实，言之真伪，尤谆切注意，务求其实际底里，较一身之事更为紧要。积而久之，则孰是孰非，孰虚孰实，孰邪孰正，孰真孰伪，并是非虚实邪正真伪之所由莫不了然于其心，而后识见高乎众人，众人俱在其包罗之内。小之持身涉世可免愆尤，大之经理民物得其要领。"

* * * * * * * *

昨天第一次学术讲演会。齐璧亭讲《在美的感想》，蒋廷黻讲《俾士麦与德意志之统一》。

蒋的材料丰富，思想清晰，精神贯注，——很能看出廷黻是有志有才的青年。

他说俾士麦最大的贡献是"一时只办一件事"，先统一，而后立宪，而后劳动问题……

成事者都是如此。

我现在的一件事是国文工具。一切别的活动——在现时——都没有它重要。

＊＊＊＊＊＊＊＊

定好这是"一件事"后，就要拟出步骤来，而按步进行。

以前拟过，不能持久。然而败了再战！必须打通这一关。

＊＊＊＊＊＊＊＊

字要天天写。——这一步近来不算很间断，但长进甚慢。

中文书看的太少。今天看这样，明天看那样，——不能专。上半年看《文心雕龙》，但也没看完又放在一旁。

是想学文言体吗？

应用的信，章程，讲义，——至少这几样必须写得出。

最感不便的是信牍。因为不能写信，失去许多朋友。想练写信有两方面当注意：文词与字形。临翁同和〈龢〉的书札或是一种方法。从今晚试起。

看书包括今古。文言白话都要多看。

＊＊＊＊＊＊＊＊

无论如何是忙不得的。"勿忘勿助看平地长得万丈高。"（曾文正语）

＊＊＊＊＊＊＊＊

本星期内应了事：

一、请款书寄京，并寄美。（与陈列同送。）

二、起首预备下学期初三、高一英文教材。

三、常课。

＊＊＊＊＊＊＊＊

上午八半至十一，日记。

十一至十二，看科学教学方法。（Twiss）[①]

下午一半至三半，参观科学教学。×

三半后，斟酌请款书中英稿。

[十一月] 卅日，二

早八点一刻来。改请款书稿。

在家看《视〈侍〉疾日记》[②]。旧时使人忍受辛苦者自有其所以操守

---

① 推士（George Ransom Twiss，1863—1944），美国教育家。1922—1924 年应中华全国促进教育委员会的邀请，来中国指导教育。1925 年再次来华。著有《科学教育原理》《中国之科学与教育》等。

② 其为《桂林梁先生遗书》其中一卷。

之道。

功课不得细细预备，心不安。自问：曾偷懒否？

＊＊＊＊＊＊＊＊

请款书下午寄京。（只中文一份，其余一、二日续寄。）

十二月

十二月一日，三

九点半写日记。

请款书送出后，心中不能完全放下。一有所求，不免患得患失。若南开得美款独多必致遭忌，如此则非南开福。

对于钱守完全独立。请款事不再想。工作如常。

* * * * * * * *

五哥叫我去，命我在星期六陪 Wilber[①]——Stanford 大学校长——往访黎和靳[②]。意在给我与"大老"接见的机会，预备将来作"学校外交"。多得一方面的观察也很有味。

* * * * * * * *

钱与势——办教育不得已与它们发生关系。

学——是教育的真骨干，我们岂不应时刻努力？

* * * * * * * *

十一至十二，功课——国家主义与教育。

一半至四，功课。

[十二月] 二日，四

因预备功课，日记不能多写。

男仆去留仍未定。又犯踌躇！小事不忍断，不久大事临头将如何？今天一定决断。

大学经费无着。本学年内必须打定主意。钱少可以办什么样大学？在现时的中国，那样学术将来可望有久远性？

* * * * * * * *

下午四钟

男仆问题。

去——疑近，病。因小事而我有时心不安。

留——无据，尚能工作。炎〈严〉寒辞人恐招恨。

于我的工作，那面最宜？不换人可以少一番麻烦。换可以斩疑。

---

① 威尔伯（Wilber），1916—1943 年担任斯坦福大学校长。
② 指当时寓居天津的黎元洪和靳云鹏。

想去，什么时候去都可。不去，能否无疑？若疑能息，可暂用。待稍有隙即去之。若疑不能息，或这方面错了所关系的多，那方面错了所关系的少，那末还是现在去了痛快。

（隙。）

留错了，关系太大。去错了，关系不甚大。

就哪些定，明早发表。

* * * * * * * *

小问题决定。

再有小事——今晚给月涵写信。久不作答，又是延迟！

* * * * * * * *

精力足，可以立于事外。不如此，焉能解决大问题？

* * * * * * * *

本星期还有应了事：一、陈列寄美，与 Monroe 信；二、英文教材。

［十二月］三日，五

SI 过，不克断。

惭愧万分！看他人成绩，自恨精力太薄弱。

"老弟你软弱了！"这是二年前五哥讥诮我的话。现在仍应用。难说终身应用下去？

男仆去留本小事，但已费去许多心血而仍踌躇——这样还可以为人吗？那配谈什么时代人物？

如何是好？

昨天已定好，今早又不肯执行。

学不成学——连中国字都认得有限。遇事又毫无决断。狐疑而不明决。将来必久居人下，为人与势所驱使。

* * * * * * * *

五哥叫去谈话。招待 Wilber。

经济艰窘已达极点。想同我谈然又中止，大约想谈也无用。盐余无着。哪些下去，必须改变政策。减政，或减人，或减薪。

从此后，大学方面人心必致不安。人为温饱计，将必各自为谋。

收束方略必须胸中早有成竹。从收束中再得前进是最上策。

用最低入款（可靠的）可以作些那类学术上的贡献？

五哥以前想从美款里借出一项暂补盐余所缺。特厚于一校绝不是基金董事所能办到。

钱大概不易多得。到南洋去筹款，怕没有什么特别因缘。到美国去，现在美国人对华感情远不如从前。并且南开向来自夸是中国人自办的学校。从外国求帮也决非长久计。

＊＊＊＊＊＊＊＊

五哥想办大学不只一次。失败都因为钱少。在乱到现在的中国里，没有钱是当然的，不足为奇。

美国式的私立大学惟有工商发达如美国的才可作到。

为什么要办大学？

总是说要造人材。要造那样人材？再问如何造法？在某种造法里钱要用若干？人要具有那种教导的资格？

在根本动摇的时候，以上几个较深切的问题特别要求作答。

＊＊＊＊＊＊＊＊

造那样人材？

如何造法？

用多少钱？用那样教师来教导？

＊＊＊＊＊＊＊＊

这些是根本问题。办事人或嫌这样问下去与现时的困难毫无益处。但是解决现在的困难惟有两条路可走：一维持现状，减薪或减人，不死不活的敷衍下去。二、求新发展的趋向。

第一策无论如何不能长。一二年内政局不知能否安宁些。政局稍定后，盐余即可照发吗？假设经济上可支持，现在大学办法就可置之不问吗？

＊＊＊＊＊＊＊＊

我的才，办中学，勉力为之或可胜职。

问大学根本问题而自己没有作答的才，那就不如专心在中学教育上。

为南开计，亦当量力为之。大学不能保，惟有退守中学。

＊＊＊＊＊＊＊＊

五哥在大学方面能作大家领袖的理由之一是能筹款。将来如何？

＊＊＊＊＊＊＊＊

在这样紊乱时代，无论那级教育，都是不知所之的。社会自己无定向，所以如何知道教育应取的目标？

作教育事业的人难说只为衣食谋？恐怕不过如此！

[十二月] 五日，日

自信太弱。

怕什么？坦然过我的生活——学校，家人，朋友，势，钱等不能奴我！我是我自己的主宰。要名何用？要成绩何用？

（甘为人奴吗？）

完全独立，然后才算成人；然后才有自决道德之可言。

因为我要依人，所以起人侮！

老弟你太软弱了！

*　*　*　*　*　*　*　*

看前一周日记。

一、听蒋讲俾士麦"一时只做一件事"之训，我现时的一件事还是国文工具。

二、踌躇不明决，将来要久居人下，为人与势所驱使！

三、大学根本问题：造那样人？如何造？用多少钱和那样教师？但是我的学识远不够作答的。专心在中学教育上或可勉强。为南开计，也当量力为之。

*　*　*　*　*　*　*　*

昨天同 Wilber 访黎、靳，及张（汉卿）。

*　*　*　*　*　*　*　*

上星六未能写日记。

前星期应了事未能办完。自己不要期望过多，但写出的必须作到。

[十二月] 六日，一

八点半来。

昨天下午发一次怒。家人奢求。怒后气稍静。我过我的生活，别人不能奴我。

难说甘心久居人下，永为人与势所驱使？离清华时立定什么志愿？如不按志愿作去，清华的失败岂不成为真失败？

*　*　*　*　*　*　*　*

月涵来津。晏阳初也住校内。

与晏谈平民教育。有几种试验像很有久远性。自省甚惭愧！什么是我专心用力的趋向？是中学教育吗？是戏剧吗？两方并进也无不可。但必须造就到真有贡献时为止。

我的目标是只要人说好吗？我自己得满足是主要宗旨。

* * * * * * * *

本星期应了事：一、ˣ陈列寄美。二、ˣ英语发音比赛。三、ˣ英文教材。四、"一件事"——已列第四还用此名，藉以自警。

* * * * * * * *

八半至九半，ˇ日记；九半至十一，ˇ预备下午参观科学教学；十一至十二，ˣ戏剧。（未得看书。）

一半至三半，ˇ大学班来参观（上星期未来，今天又值下雪。来不来在他们，预备上我注意）。

晚，ˇ看梁氏书；ˇ习字。

* * * * * * * *

星期二、四两天日记仍要清早写。

[十二月] 七日，二

昨天雪，夜大风。入冬后第一次真冷。

冒风往大学授课。

* * * * * * * *

家人又多怨。我有定见，一家也必一贯。

* * * * * * * *

来此写日记。（室中无火。）虽数语，可使一日静定。

[十二月] 八日，三

九点半来。

星期二、四早太忙，因为功课没预备好。以后要在前一天预备。

十至十二，ˇ中学教育；一半至三，ˣ剧本；

三至五半，ˇ在大学欢迎 Atwood 等。①

* * * * * * * *

一上午又未能预备功课。校长叫去，用一小时。赵漠垫来谈社会视察及学术讲演事，又用半点钟。

本月廿六日学术讲演他要我讲戏剧或文学上别的题目。我说想后再定。

知行来信给校长对于运用南中为师资训练的"中心学校"很有几条

---

① 阿特伍德（Wallace W. Atwood），1920—1946 年任美国克拉克大学校长。

建议。校长有意起首筹备。将来要求一部分精力。

[十二月] 九日，四

八点来。

昨天男仆与林杏孙吵嘴，晚使之去。又听说女仆有不规则行为，以后也须留神。

因招待 Atword 功课又没有预备好。

* * * * * * * *

近来看关于国家主义起源时期的文字。对于 Fichte 特别注意。

* * * * * * * *

本星期又过去一半。

看梁任公讲稿《书法指导》。（《清华周刊》三百九十二期）

又国家主义与教育几篇论文。（见《国家主义论文集》）

[十二月] 十日，五

九点廿分到。

上午，[×]英文教材，[√]沐浴，[√]案上零星。

下午，[√]电话齐璧亭，[×]看《国家主义论文集》。

* * * * * * * *

西岩的小说《买书》写得精密不平，在细妙处已确有把握。

西林的短文《文章与货物》也写得很灵活滑稽。

今早收拾旧纸又得南湖题《飞瀑听琴图》（岩画）诗，益觉惭愧万状。

[十二月] 十一日，六

昨晚习字又体验平腕纽肋的力量。再看《广艺舟双楫》执笔法。

现在学校功课时间分布法使人不能专，——刚起首一件，又要停止作下一件。同时照顾的样数太多。

* * * * * * * *

我高兴作什么就作什么。使生活时常高兴比工作成绩重要十倍百倍。不高兴也绝无成绩可言。能使你高兴最长久的，那就是终身可以有成绩的工作。

他人希望你如何作及作什么，都不要管它。我是我自己的评判者。对于我自己，我®知道的最亲切。恳切为己的学术才可完全独立，才可试出什么是不依人，不依物，而最久长的兴趣。

⑧这是标准，只于极少数人能做到；但一个人的识力最好的测验，就在你的"自己"比别人知道你的深浅如何。

[十二月] 十二日，日

看前一星期日记。

一、坦然过我的生活。完全独立才算是成人。最可耻是要人说好！努力去寻我自己不依人不依物而最长久的兴趣。什么是我认清我在这时代应作而能作的事业？

二、现在职务还是太杂。想作而无时照顾的太多，使心常不安。懒是不该，而因常自失约（写出作不到，殊减自信）。气为之颓，也不是求进的善法。不贪多，不轻负责（对人对己），然承认后必须作到。

三、自知要比别人知我深。不易作到，但正是为学第一层应努力工夫。

四、我有定见，一家也必一贯。

[十二月] 十三日，一

九点一刻到。

一分一秒的自知——到这样程度，自己就可以完全在自己的把握中。到极熟时，庶几近"不迁怒，不贰过"的自制能力。

* * * * * * * *

下午同学生参观女子师范。璧亭是忠诚人，很当敬佩。

[十二月] 十四日，二

昨 Imp.奇。疑，怯，都不当。贵心欲合一。保神，自忠，去利用心。有嫌自露。

功课今日稍有预备。

[十二月] 十五日，三

在家口角。理足必坚且静。无须背人。虽至极端，也无悔无讳。时代的工作不能被任何人，或事物所累。

对家对校，对名对势，——我守同样态度：我有我在。

养勇救族的大谋立基在此。

* * * * * * * *

与喻谈英文各项计划。

一、读法比赛。十七日下午一时招集高一、初三与赛选手。廿至廿三为考试期。高一选出九人，初三亦然。廿七至卅一为练习期。表演在一月七日或八日。

二、教员会。高二、高一、初三教员在廿三日（四）下班后。初二、初一教员在卅日下班后。讨论本学期结束，考试及下学期教材。

三、教材。初三下学期必须印书，至迟在一月五日交稿付印。高三、高二论说文，本学期即有需要，下学期应否印书当早决定。高一在"Modern China"外还用什么教材？

* * * * * * * *

教育班正讨论国家主义，因此我看了些近来中文讨论此问题的文字。李璜①君所写的几篇很深沉条理。文字的便利与思想有密切关系，舍文字思想就失了最有力的辅佐。

[十二月] 十六日，四

早七钟起。

为功课看书，自己看中文书时间减少。最好为预备功课多用中文材料。

[十二月] 十七日，五

夜中忽忆旧好。"近"而无可久之文艺为其晶华，空作些虚梦！几许真境诚为人生至珍之稀宝而久之岂非对于时代精神应尽之天职？

人生何为？历真境耳。

徒历而不使之久是最不道德。天既授以奇缘，意不在快一人。有真境而无创造，天必不悦。

用深沉工夫，精刻妙微。字句不能背诵，心绪或不致全忘。

如此是文艺生活。主旨在实现新真。

* * * * * * * *

有了工具，可以胆增十倍。自信用力必可有成。但至今仍用力不专的，大概还是自信不足。

* * * * * * * *

---

① 李璜（1895—1991），字幼椿。1916年上海震旦学院毕业，1918赴法国留学，1923年与曾琦在巴黎组织中国国家主义青年团（后称中国青年党）。1924年回国后，在武昌大学、北京大学、成都大学、成都高等师范学校等任教。

戏剧与教育外，我决不想再加别的兴趣。

两方稍有个人见地，而急待补救的：一、不专精，二、无本国文字工具。

[十二月] 十九日，日

看前一星期日记。

一、S生活：保神，自忠，去利用心。

二、理足必坚且静。虽至极端也无悔无讳。

＊＊＊＊＊＊＊＊

已看完《桂林梁先生遗书》。起首读漱溟的《东西文化及其哲学》。

＊＊＊＊＊＊＊＊

《伏卵录》①的后边有些条巨川先生在剧目纸背写的感想很可玩味。看完了金刚钻的《三娘教子》，他"亟将胸所感触笔而记之"。

"其一面理杼一面口唱，万一皇王开科场，我儿或者得功名等句，吾国六七百年以来孤儿显扬其亲，节母勖励其子，天理昭章维持世道人心于不坠者，又何非赖此？"[乙卯（1915）二月初三日中和园剧目纸背]

听完了荣福的《骂秋胡》，他联想到："国家百余年不讲教育，而乡间愚民犹有知务根本尚节义者，未始非几出迂腐之戏深印于妇孺之脑中，此非亲与乡野人接洽不能深悉其状也。"[乙卯（1915）四月十六日三庆园剧目纸背]

＊＊＊＊＊＊＊＊

又有更加趣味的。

"今日又增长良心一次。金钢钻每隔八九日必唱《三娘教子》一次，余必趋聆之。其中词句虽不免鄙陋庸迂，吾觉其鄙陋庸迂之中有至理存焉。故聆其言而节妇存心之苦，穷民度日之艰，皆历历可见，不由人善心随声而动，吾故云又增长良心一次也。"[丁巳（1917）九月二十四日中和园剧目纸背]

＊＊＊＊＊＊＊＊

"王益友之《夜奔》始终一人手脚不停，身段工架无一处不合老式，竟在小楼之上。忆四十年前余在良乡县城外观《荆轲入秦》剧能传古人之神，今乡间来之高腔戏又如此，足见城市

---

① 其为《桂林梁先生遗书》其中的一卷。

中人专尚淫靡，不如礼失而求诸野也。"[丁巳（1917）十月十八日广兴园剧目纸背]

＊＊＊＊＊＊＊＊

这几条为作戏剧沿革史很有价值。

[十二月] 廿日，一

昨天校长见张作霖。想用他的力量转令财政总长将盐余下付息之公债转由关余下付息。

今早十点校长还没来校，昨天见张结果或不甚佳。

＊＊＊＊＊＊＊＊

局面已这样大，维持实不易。从政府得钱靠联络。在未产生舆论之前，政府的原动力，一方面是武力，一方面是情谊。政府援助——大笔款项上——是惟一可能。新实业尚未产出能拿多钱办学的巨富。

＊＊＊＊＊＊＊＊

这一笔息金——每年七万八——如能不断，大学尚能维持。

校长看出转关余的一条路，现正努力进行。

没有钱，什么也办不成。这是自然。

[十二月] 廿一日，二

五哥的精神真可钦佩。时常高兴，对人永持大量相信的态度。

[十二月] 廿二日，三

昨习翁帖，稍得入门。行书写得比楷书还慢，初学应如此。楷书宗《黑女》，行书仿《翁札》。大楷偶习《龙门》以立肩架，行书偶临《苏贴》以畅笔韵。暂能以此渐进，数月后或小有成绩。

＊＊＊＊＊＊＊＊

执笔近康法——平腕纽筋。虽作小字腕也须悬。

运笔尚无头绪。所谓横笔竖下，竖笔横下，体验后也不尽然。除多见多练外无妙诀。

＊＊＊＊＊＊＊＊

校事及一时小成败有时来扰。

一九二六将终，一年内有什么长进？国文仍没办法！比离清华时毫无进步——没一篇著述，信札仍不敢动笔。

一曝十寒必其无成。

别人什么要求批评，一概都不问，而后庶可小有成就。一时的误解及痛苦都是当然。离开清华专为自修。在学问上若无成就，生活可以算是完全失败。

知行每月必作文数篇，并且兼顾英、德、法文，同时各处旅行，与多方接洽，——那样精神才配作新起人物。

既有克服文字的雄心，就应有全盘作战的计划。

＊＊＊＊＊＊＊＊

空愁有害无益。先从多看书起。

再看《国文自修书辑要》^①。

＊＊＊＊＊＊＊＊

对于功课，兴味不浓。

现行大学制度——每星期上一定次数班——未必能鼓励人创造，很能治懒病。然而反省时，不免觉得工作毫无意识。

[十二月] 廿三日，四

昨 SI 不畅。体欠强。或心不聚？

＊＊＊＊＊＊＊＊

在五哥处吃午肉，过重。

＊＊＊＊＊＊＊＊

功课又没好好预备。

[十二月] 廿四日，五

严寒，住房诸多不适，又无男仆，家人不快。

稍为分神，即有办法。

＊＊＊＊＊＊＊＊

明天清华来赛球。

＊＊＊＊＊＊＊＊

看《古白话文选》^②。

[十二月] 廿五日，六

又因家人动气。（试一新仆。）

真坚决必静。然对于不通情理的人，不知如何诱导。

＊＊＊＊＊＊＊＊

---

① 沈恩浮编著，1916 年中华书局出版。
② 吴遹生、郑次川编，1924 年商务印书馆出版。

放假一日。

[十二月] 廿六日, 日

看前一星期日记。

一、五哥精神真可钦佩。

二、一曝十寒必其无成！

三、不能坚静, 又动气。

****

昨天太不能自制。

今天家人还不安。这样脾气如何相处？无论她如何闹, 我定守坚静。

无悔无讳——毫无怕人知的事。

我有我生活应作的事, 别人不能阻止。只要自反而缩, 不顾其他。

承认 Handicap①。时承认, 时怀疑, 是空耗宝贵精力。

只要不妨害工作进行——这是最重要条件。

[十二月] 廿七日, 一

应办而未办的事很多。半由能力薄弱, 半由性懒不立断。得罪人是一方面, 还一方面是减少自信以致遇事生烦。

应了事：一、找仆, 二、英文读音比赛, 三、初三英文教材, 四、答秩昭, 五、答中西女学, 六、写贺年片, 七、大学功课。

****

今天时间支配。

九至十, 家事。答中西。

十至十一半, 中学制度, 读廖。

十一半, 沐浴。

一半至三, 初三教材。

三至五, 读音比赛。晚, 习字, 大学功课。

****

昨看《古白话文选》书信类。

程明道语："君子之道莫若廓然而大公, 物来而顺应。"

物来顺应, 必不动气。这一层工夫一定要做到。

****

————————————

① 残疾。

尽力后，做不到也自问无愧。

注意敏的工夫。"敏则有功。"

[十二月] 廿八日，二

早预备功课。

下午：初三教材。

　　　　读音比赛。

[十二月] 廿九日，三

看《古白话文选》《象山语录》[①]，内有涓涓之水一段，示学者首当自信。虽然涓涓，只要源泉发动，将来必能积成江河，放乎四海。最忌见人洋洋大波而自己荒忙。守自己的涓涓却是真。随波逐浪实是伪。

"必有事焉"……本着自己看出的条理前进，自信必成。

* * * * * * * *

保神。来复不再。不为人而勉。心不聚，自当远。

* * * * * * * *

九至十，日记，家事。

十至十二，美国中学制度。

一半至三，初三教材。

三至四，读戏。

四至五，散步。

晚，贺年片。

[十二月] 卅日，四

上午，上班。

下午，贺年片，答秩昭。

[十二月] 卅一日，五

今天是一九二六的末一日。这一年在生活经验上很重要。日记共十册——第卅至卅九册。

又过了一年。是空过了吗？方向是上还是下？平心，无成见地，看

---

① 南宋陆九渊的讲演言论汇编，由其门人傅子云等编辑。

这一年的日记。

****

本想今天审定英文教材，又须到严宅去看老先生。

****

上午：日记，选高二英文，到严宅。

下午：贺年片，初三英文，看日记。

****

《象山语录》。（周清叟）

"学者不自著实理会只管看人口头言语，所以不能进。且如做一文字，须是反复穷究去，不得又换思量。皆要穷到穷处，顶顶分明，他日或问人，或听人言，或观一物，自有触长底道理。"

又（包扬）。

"要当轩昂奋发，莫凭他沉埋在卑陋凡下处。"

****

《朱子语录》①。

"看书与日用功夫皆要放开心胸，令其平易广阔，方可徐徐旋看道理浸灌培养。切忌合下便立己意，把捉滑太紧了，即气象急迫田地狭隘，无处著工夫也。"

****

坚信：节必健。没有病，只须休养。

---

① 朱熹与其门人对答的辑录。

一九二七年

一月

一月一日（第四十册起）

注意身体健强。

休息。

［一月］二日

休息。

［一月］三日

冷水浸。

* * * * * * * *

精神上用"淡然无欲"工夫。

温习《求阙斋集句钞》。

［一月］四日，二

"死中求活，淡极乐生。"

固守"来复不再；不为人而勉；心不聚自当远"。

* * * * * * * *

四至六，不在室内工作。

本年以身体健强为生活第一要务。前四月内有两次体弱的表现。负大责身体必须能耐劳。我的身体和精神都不够用。戒愁戒怒。

天性钝而懒，——体又弱，——成就不能大。

在小范围内——坚守"不忮不求"的态度——一生或不致终身自欺欺人。

立志高，无奈天资低天赋薄！

惟有守我自己的涓涓。钝懒弱也有钝懒弱生活的方式。

［一月］五日，三

《象山语录》（傅子云）。

> "涓涓之流，积成江河。泉源方动，虽只有涓涓之微去江河
> 尚远，却有成江河之理。若能混混不舍昼夜，如今虽未盈科，
> 将来自盈科；如今虽未放乎四海，将来自放乎四海；如今虽未
> 会其有极归其有极，将来自会其有极归其有极。然学者不能自
> 信，见夫标末之盛者便自荒忙，舍其涓涓而趋之，却自坏了。
> 曾不知我之涓涓虽微却是真；彼之标末虽多却是伪。恰似檐水
> 来相似，其涸可立而待也。故吾尝举俗谚教学者云：一钱做单
> 客，两钱做双客。"

* * * * * * * *

不能自信！我守我的真——从国文上用工夫，成效甚缓而微，然而
实在是我觉到泉源已动的一线涓涓。

* * * * * * * *

手抄可以助记忆。《求阙斋日记集句钞》是去年较有成效的一点工作。
文字下手工夫，曾文正说得甚是。

> "凡作文诗，有情极真挚不得不一倾吐之时，然必须平日积
> 理既富，不假思索，左右逢源；其所言之理，足以达其胸中至
> 真至正之情；作文时无镌刻字句之苦，文成后无郁塞不吐之情，
> 皆平日读书积理之功也。"

平日读书积理——就是下手处。

* * * * * * * *

理去年日记时，可分自得为三项：一、操守，二、文字，三、事功。

* * * * * * * *

应了事：初三教材，陈列送美。

[一月] 七日，五

力稍有积。

自信渐强，蓄力而后百事可为。

* * * * * * * *

两事不愿问：男仆，陈列。

* * * * * * * *

看俄革命史。

[一月] 八日，六

昨 I——E.。一说可分，然未知可否。

中快，心还聚。守来复不再。果效。

*　*　*　*　*　*　*　*

试一新仆。

[一月] 九日，日

看新年后日记。

注意体健，戒愁戒怒。

工作荒忙不得。精神有限，缓缓进行。

[一月] 十日，一

七时起。看俄革命史。

昨在千里①处玩竹城。

千里说："安逸生活过长了就懒了，还要负责上套拉你的牛车。"

我是偷安吗？虽不偷安，工作少系统。比有行政责时心境闲暇些。因闲就成懒，那也看个人的志趣如何。

*　*　*　*　*　*　*　*

上午：看俄史。

下午：阅教育班书评。

[一月] 十一日，二

想到做不到——不是想的太多，是兴趣不能持久。

执行力并不薄。只于需计划时兴味很浓，以为是当尽的本务，然而到推行时就另有兴趣来引诱。

如此，小巧或可有，而大谋必无成！

过年来，看俄革命书，国文又间断。

*　*　*　*　*　*　*　*

有成必须割爱。

照顾方面必不可多。

*　*　*　*　*　*　*　*

《南中周刊》有高一同学介绍一个国文书目。以为南开轻视国文。

我想帮助青年寻一条路，但是我自己还没寻得。

[一月] 十二日，三

昨晚看去年日记，看了三册。去年此时正是风波中。

---

① 指马千里。

一年有什么长进？还是自持力薄弱，学行无把握。

* * * * * * * *

不敏，延迟。应推行的无力推行，被琐事缚束。太喜人恭维，如此闷闷终身，一事无成。去年如此，今年仍然如此。那是你的雄心壮胆？那是你的大谋远虑？（体不健！十六日）

文字上如有进步，可以不顾其余。但是文字上也只是一曝十寒。

南开行政我不问。在精神上应时常援助。潦倒的冷淡态度不是我应有的。

精力有限——是一生成就的范围。疑惧不能免。

* * * * * * * *

整理讲义稿。半年说些什么空话？

[一月] 十四日，五

昨丑中 I, N，未 E。不极，故未十满。

亥不觉 ME。

* * * * * * * *

健术：一、深呼吸，二、运动（室内，室外），三、冷浸，四、预备（增），五、清旁，六、来——不再。

* * * * * * * *

间五日，不周。守长间，以周为低限。可近而不工。

* * * * * * * *

张性文字无特奇。

社会习惯于此最严。反动期已至。张不免利用时机为己涣利，不足奇。

我九年前在日本，看人民活泼，曾创一解释：得异性激奋。我们太没有自然的触激，是否这是理由不易确定，但活而好变实与激发性力有密关。我们太枯干了——所以一有必偏。现西来方式渐普，此种新觉不可止。青年应有指道。

学校只禁。将来必须加导。

* * * * * * * *

大学前学期功课已结束。人虽不多还算有兴味。

* * * * * * * *

大雪！踏雪。

[一月] 十五日，六

早 IE。N 清旁备足。五分。快中上。

以后必周。时也延。

＊＊＊＊＊＊＊＊

雪景妙。昨在狂风雪中走了约一小时，甚畅。雪止而处处洁白尚未俗染。天津少自然美，这样好机会不可空过。

[一月] 十六日，日

看日记。

深呼吸甚有效。可以消疑惧，解困闷。

第一学期已结束（只余考试）。好好休息。体健神强然后无事不可能。

[一月] 十七日，一

孟和来津，今天在大学午饭。

＊＊＊＊＊＊＊＊

出试题。初三教材。

[一月] 十八日，二

昨在大学与蒋廷黻长谈。我说"再造三层工夫"的应用，他也觉有这需要。[（一）现代制度学说的起源，（二）实际现状，（三）民族经验。]

研究与执行是两种生活。在现时中国执行还要用力，舆论无效，何必去说理？

研究只为少数人，或者可以预备执行时参考。

最大可研究的问题是再造——全盘生活各样方式的再造。

有力的机会去执行。执行是用"力"的再造。研究是用"理"的再造。

所谓致身学问，就是去用"理"研究出再造的步骤和意义。

"理"如果能使人服，或者将来可以在再造上发生实效。

＊＊＊＊＊＊＊＊

文化不能保存，只能再造。重新安排是活文化。一时代文化的测定，就在所表现的再造的力量和品格。

教育应当训练学生再造的兴趣和能力。各种实施应从这原则演出。

＊＊＊＊＊＊＊＊

谈得甚畅。不过自己能力不够实现自己理论的。但是途径还可试用。

＊＊＊＊＊＊＊＊

第一层注重起源的理由：花不可移，而种子或可移，——固然当注意土脉、气候及培养。

＊＊＊＊＊＊＊＊

教育和戏剧——我的两个范围——都去应用我拟的研究再造三层工夫。

这是研究，不是执行。执行要看力和势。研究生活不被执行的责任来分心。

[一月] 十九日，三

昨接到何鸿烈[①]死去消息，真是不能相信。

陈麟瑞[②]又特别写给我一短信："何君噩耗谅有所闻；何君生时尝向生称述先生，今览斯册，不知先生又如何悲痛也！"

* * * * * * * *

纪念册上有些师友悼他的文字。我也觉应当有一点表示。

我是真痛吗？痛的状况如何？为什么须用文字写出来？写出后又为什么要发表给大家看？

* * * * * * * *

我有一年没有看见何君了。也没有通音问。假设我得不到他死的消息，我必以为他照常求学进步，或者过几时定有见面的机会。用我们以往见面时谈话畅快的经验来推测，将来聚首一定是快乐的——并且还要快活几倍从前，因为别离后人生给我们的悲乐，一定使再聚时精神上的交换和印证，比以往的趣味更要几倍的深浓。

（到何君鸿烈纪念册的感想。）

假设我不知道何君已死，我也许此生没有再与他会面的机缘。不过分别在一点点希望上。生与死的分别是否就在这一点点可能的希望上？

何君的病我毫无所闻。病时的状况我没有一点印象，因为我没有到医院去看过他。死的情景我更没法知道。只于忽然一个纪念册来到我手，硬说何鸿烈死了。我实在不能相信。但是写悼文的不只一人，而人名也不像假造，——何君的死大概是不错了。在与他病后至死一切景况接近的诸位，何君的死是有确实不容丝毫存疑的证据的了。

有时离别反成安慰！我与何君远离——我的印象还是那欢谈编戏演

---

① 何鸿烈（1903—1926），字一公，浙江永嘉人。时为清华大学学生，曾任《清华年鉴》总编辑、清华戏剧社社长等。

② 陈麟瑞（1905—1969），浙江新昌人，时为清华大学学生。1928 年毕业后，留学美国、英国、法国、德国。1933 年回国后任复旦大学、光华大学、震旦女子文理学院教授。

戏的何君，那共尝人生滋味的何君，何君，离你近的朋友都说你死了，何君你还是许我半信半疑罢！

* * * * * * * *

写的这四百字代表我实在的感想。痛就到如此地步。用文字写出来自己的情感上觉得舒畅些。生活经验又加了一点反省的自觉。但是有发表给大家看的需要吗？大家看了有什么用处？没有颂扬何君的美德。只有一点我与他做朋友的快乐，使我不断地希望再得与他见面。这一点情是真的，既是真就该保存，也许就该给大家共同经验。

给大家共同经验可以算是发表文字最充足的理由了。

但是我的那四百字可以激动读者感觉与我同样的经验吗？我实在自信不足。我怕写的文字不通，连"别字"都许不免。人看了岂不讥笑，又那会激起他们经验我所感觉的一点真情？自信如何能增高？完全看在文字上的造就。大家有的标准我能领略后，再下笔自然就有了把握。想去领略大家已有的标准，必须多看细研大家承认为模范的文字。越想创新，这一层工夫越不可少，不然你如何分辨什么是新？

我这篇文字送给人看不？

陈麟瑞我应当写信给他。或者只给他写去我这一点感想，请他不要发表。他大概给同学中相近的几位看。

现在我很愿意有一位长于文字而特厚于我的朋友评论我写的东西。我还没有一位这样的朋友。比我文字有把握的人很多，然而我不肯在他们几位面前现丑。没有师友的帮助求进步就加倍的难了。

[一月] 廿日，四

用惯了狼毫，再用羊毫几乎不能成字。

英文杂志近来看了几种：

New Republic, Nation, Nation of Atheneum,

London Times Literary Supplement, School of Society,

London Mercury, Living Age, Dial.

性质都颇普通，偏向文艺。

本国杂志下次到图书馆去注意。

印刷物若是之多，读阅必须精选。速度不得已也要练快。

* * * * * * * *

中学教育班我要三位学生交讲义大纲。

人的好为人师的病我很重。有时免不了贪学生多几个。但偶一自问什么是值得人听的真学问，立刻惭惧交加。

看过学生记的讲义，自己更觉得在学生前所说的没有一点可久远的气象！

[一月] 廿二日，六

给陈麟瑞的信今早才发出去。稿子改了近十次，到送出时还是自信不足。

思想及句法都是从英文得来。

平日读书积理不富，所以有镌刻文字之苦，有郁塞不吐之情。

因为这一封信我三夜没睡好。文字真不流快！

附：给陈麟瑞的信

陈麟瑞先生：

寄来何君纪念册，多谢。

接到后，我急叫道，"何鸿烈死了？……真的么？……"

我与何君有一年没见了，也没通音问。如果我得不到他死的消息，我必以为他照常求学进步，过几时定有见面的机会；——再见时比我们以往的会谈当更畅快，因为别离间的人生经验必可使再聚时精神上的交换和印证比以往加几倍的深浓！

假设何君不死，也许我此生没有再与他会面的机缘。不过分别在有无可能的希望上。生与死的分别是否就在这一点可能的希望上？

何君的病我毫无所闻。病时的状况我没有一点印象，死时的情景我更没法知道。忽然一本纪念册来到我手里，硬说何鸿烈死了，我实在不能相信！但是写悼文的不只一人，人名也不像假造的，——何君的死大概不错了。在与他的病和死一切景况接近的诸位，何君的死是确实而不容丝毫存疑的……

有时离别反成安慰——其实是悲哀之悲哀！我与何君远离，我的印象还是那温和诚恳令人敬爱的何君……那欢谈编剧演剧的何君……那共尝人生滋味的何君……

"何君，人都说你死了。你还是许我半信半疑罢！"

……

何君的几位近友乞致意慰问。

张彭春　一月廿一日

[一月] 廿三日，日

昨日在五哥处吃牛肉。饭后五哥提出几个问题讨论。

学校经济到了没有新路走的时际。教育方针必须从新想过。一个建议是到南洋去捐款。校内外有很多人期望我出来帮忙。

筹款是大方针里一部分。

想计划必须负责。所以在宣布——或以致在运思——以前，要审详自己的真把握。什么是自信的本领？

我现在的工作——攻文字，读书——有人批评太舒服（乃如笑话），但是我自己深信没有文字工具，不能做我认为应做的事。

* * * * * * * *

早 I，N 旁清三十分，E.有进步。

[一月] 廿四日，一

看考卷。

对于南洋的记载得几本看。

大连还没照顾到。

* * * * * * * *

一个学校是公家事业。在私产制度下，私人捐助还可设法。私人无豪富，不易筹巨款。

经济是学校存在的一重要原素。

公家及私人所以愿意出资办学的，多少因为学校事业及工作可以得他们的信仰。

在这个时期没有共同信仰，学者的职务是产生"言之成理，持之有故"的信仰。私人办学——与前些时期私人讲学一样——必须有自己的见地，可以行证，可以言述，而后本着这样信仰去宣传给人。与这样信仰表同情的人，可以用他们的思想精力以致钱和势来加入你的工作，作你的赞助者。

南开想久远，教育的学理——也含着本时代的人生哲学——比经济重要。

只于用尽精力去筹款维持，然而请问维持什么？什么是南开教育的特点？为什么我们信社会应当维持？

精力用在"筹款为筹款"，那样我们办的到底是什么事业？

* * * * * * * *

我的兴趣在教育的本身工作。经济自然必须照顾，但是经济只是一种工具。钱多有钱多的办法，钱少有钱少的办法，没钱也有没钱的办法！我办的是教育——叫我为筹款而筹款我不干，为虚荣而筹款我不干，因为筹款愁烦以致妨害我认为教育的事业我一定不干！

本领小就小作，本领大就大作，——时刻不要忘了自己的真本领，也不忘勉力长进自己的本领。

[一月] 廿五日，二

月历十二月廿二日，W.生日。用去一天——吃两次饭！

寒假三星期——看去年日记，拟下年在南开的工作。（为学校及"为己"。）

* * * * * * * *

看前十天日记：（一）与蒋谈，（二）悼何鸿烈，（三）南开方针。

继续注意健术。

[一月] 廿六日，三

锡祚的肺病不见起色，锡祜的功课又有三四门不及格。为五哥，校事和家事都不顺适。（听说锡羊亦松懈，同学中有厌之者。五哥在家教上无暇注意。）

校事受时局影响，前进的途径不明。

但是终身事业不能说是无成效。

* * * * * * * *

本期《现代评论》有西岩的《北海的雪月》。合通之乐露于言外——人既得所，我可无虑。如不勉励，为人轻视……那才是真失败！

* * * * * * * *

得几本写南洋的书。快快看过。

[一月] 廿七日，四

看江亢虎①的《南湾回想记》。他在三年前去游过以下各地：星加

---

① 江亢虎（1883—1954），江西弋阳人，中国社会党创始人。

坡①，柔佛（Johor），吉隆坡（Kuala Lumpur），巴生（Port Klang），槟榔屿（Penang），仰光（Yangon），盘谷②（Bank），西贡（Saigon），马尼拉（Manila）。

＊＊＊＊＊＊＊＊

各地演说、社交、作诗、题字。他的旧文化的风格本不高明，但是在海外与同胞们连络还凭这一点骨〈古〉董。

＊＊＊＊＊＊＊＊

我们去有什么可以引起侨胞们注意？

不是政党要人，没有著述，笔墨不流利，与闽粤人向无特别连络。南开没有可以引起海内外同胞当注意的特色。

＊＊＊＊＊＊＊＊

现在正是英美政府对中国猜疑的时候，到他们所属的领地未必不生阻碍。

＊＊＊＊＊＊＊＊

过年后，我以为校长可以先到大连去一躺〈趟〉。试一试可以捐多少，或帮助成立一处中学。

这是为捐款。

至于观察南方局面，去时总宜少引人注意为是。或者我去方便些。

南开特色——教育上的学理和设施——必须从内部里用工夫，从个人上用工夫。这种特色越深浓，南开久远的根基越巩固。

＊＊＊＊＊＊＊＊

从这转到我的责任。才本中下，然义不容辞。为继五哥的志，为中国寻前途，——我要产生一种教育的学说，而使南开为实验地。

捐钱也应帮忙。但是我觉得在学校内部的研究上，或者我的用处可以稍大些。

所谓学理的研究，又要看个人的造就如何。我现在（近一年）所取的方向本来不错。

＊＊＊＊＊＊＊＊

看江的笔记，连江的这样臭笔调，我都弄不来。还说什么特别高深的？程度太低，才也太下了！

＊＊＊＊＊＊＊＊

---

① 现通译为"新加坡"。
② 现通译为"曼谷"。

下午四钟

江书看完。又看 Macllair 的"The Chinese A□uad"数页，关于南洋的。

荷属拒绝一切知识阶级登岸。

可游的：S.S.（星，吉，槟），仰光，盘谷，马尼拉。

据说四月至十月为雨季（S.S.例外），天气又热，旅行多不便。

现在时局不定，外交上正多问题，今年在四月前不能预备完善。秋季开学后或是成行之期，固然也要看政局与人事作如何幻变。

内部工作在年假中可以草拟方针。南方旅行，我想一定要去的。

将来筹款几条可能的路都应有系统的研究。如果确知款项来路有限，事业的发展应另取别的方向。

* * * * * * * *

开会讨论用处很少。主要问题：谁去推行？

大家都希望我出来分担。如何分担的方式还没有明白拟定。我现持的态度是专心深造。我以为这是最适当的分任方式。但是学校到了真危急时，我决不能旁观。其实我的本领真是很可怜地微薄！

因为恐怕将来使人失望，所以时常力戒矜夸！

[一月] 廿九日，六

"中央干部"会议。我报告关于南洋近来读书所得。

南游至早在秋天，学校纪念会后启程。三月到大连去筹款，先作一试验。现在就起首预备。

[一月] 卅日，七

昨 I，E 时不齐，因先故不十足。贵还在存，不轻伸。

* * * * * * * *

寒假已过一星期。

待决问题多，主在自信如何增。

* * * * * * * *

四月一定作长江游。本国实状必须从旅行观察得来。全家或同行——还要细想。

视察后再拟工作方针。

旅行历程——同查勉仲谈，Kilpatrick 在上海或南京开会不知在何时。

一路应用信稿可早备就。沪、广、武、长，可接洽的人，及想谈的话也可在行前规划好。各地主要出版物即去搜集。校事——如大学功课，中学英文教材，将来中学教育研究计划，及社会视察——处置法也要想定。

＊＊＊＊＊＊＊＊

在此环境我不能"闭门"读书。不用"闭门"工夫，国文如何能进步？国文不通，那有什么大谋的可能？

＊＊＊＊＊＊＊＊

看前七日日记。

一、才本中下！力戒矜夸。

二、特色越深浓，南开久远的根基越巩固。

二月

二月三日，四

昨天是旧历元旦。

* * * * * * * *

一日 I，不周。自守不严。

喻谈中学教员去了六七位，恐于第二学期上课有碍。

教员问题比课程的学说切于实际。教员能胜任的甚少，并且多不久留。每学期常有更动——办事上不便，于学生进步也大有妨害。不久留的理由约有：一、政局牵联——舍教读去干政治；二、高就——他校或他种事业比此地待遇优或机会大；三、少能力——不能支持；四、少感情上的连络——人地生疏，以致人与人的误解；五、教员家属来津的不多——学校无各处教员住宅；六、中国各种工作都正在变动——越是才近中上的越不久安于一事。

以上几种理由是现时所能想到的。

不好的教员常更换一点不是不利。好的教员应想鼓励久留的方法。所谓"好教员"包含有天资，并且经过南开特别学理及实施的训练的人。几位职员中与南开气味相同，而能耐劳工作的人已能久留，因为校长对于他们很借重，也很在待遇上注意。

养成一般教员——与南开课程的学理同信仰的——像似下一步努力的方向之一点。

（在待遇不够一家度日的，不得已只可为新大学毕业生暂时停脚地。常换教员是于学校经济有益的政策，想留住待遇必须增加。并且有的教员干长了反多暮气。）

[二月] 四日，五

有一个多月没写字了。文字工作仍无系统。大耻仍是无法雪！

* * * * * * * *

假期内应了事：

一、看一九二六年日记；

二、理中学教育讲义；

三、改英文卷；

四、初三英文教材；

五、高二及高三英文教材；

六、筹划南游；

七、拟定国文系统的用功法。

* * * * * * * *

今天看去年日记。

* * * * * * * *

李湘宸来，谈长江党政。我评道：共产主义本身如何是一问题。到俄后因特别环境及特别人物，所以演成俄国式 Soviet 组织及民众专治的学说。

一般人批评南方政治，以为应从攻击赤俄入手。其实南方政治如何，不仅赤俄输入的主义负责，因为执政的还是深于中国人习俗的中国人。此主义在俄国成功，在中国也许不成功。但在俄国不成功，在中国也许成功。

南方大部分政客还是一般阴险而无胆的文人。这一些各处给人作姨太太的文人真是最足亡国的中国人！

如果真能不为私而为平民工作的人，我们一定可以与他们合作。

社会主义我们自然要研究。

[二月] 五日，六

小感冒。体神疲倦。易疑人轻视——是神不足之证。

* * * * * * * *

写字。没有做别事的推力。

* * * * * * * *

昨勉仲来。据说童冠贤①现在京，为宣传事。曾任中山大学图书主任，预定为北京政治委员之一。宣传事在顾孟馀下，顾系部长。

想十三日去京。

勉仲或介绍李大钊②一谈。

---

① 童冠贤（1894—1981），河北阳原人。南开大学毕业后赴日本、美国、英国留学，1925 年回国后任北京大学教授。

② 李大钊（1889—1927），字守常，河北乐亭人。1913 年毕业于天津北洋法政专门学校，时任北京大学教授及图书馆主任。

[二月] 六日，日

性不善群居——因人而择态度本是很劳精神的。

与生人处比与熟人处易——自然有少数的例外。

* * * * * * * *

今天下午校长请茶会，客有三部教职员及眷，还有大学出校生及眷。这也是自慰。一生影响所及也很可观。

[二月] 七日，一

感冒稍重。在家一天。

昨严老先生也到茶会，为校长助兴。学校前途的困难，老先生怕校长不高兴。

锡祚肺病很少希望，左肺已全部浸染。

这以下半年内，恐怕是五哥最感困苦的时期。国、校、家，都是难题！但是他的体魄还强健——这一点可使人稍放心。

* * * * * * * *

昨范先生也到，他约我下次到京去时谈一两件事。

在京要访：童，高，基金会，平民教育会，查，李，现代社。

* * * * * * * *

晚八钟

下午五哥找去。同谈有华、伉。他说，因老三病，很烦闷。这种病是慢性，明知无望也不得不看着病人受苦。大家劝离开家几天也可消闷。

学校前途又是一个没办法的难题。

在以往什么是使校长最高兴的？人数加多，事业扩张，增加校款，建筑校舍，名望高远。

他是遇难能想方法，而绝不是能静忍的人。

以往相许的：美教育会，教会，官僚。这几部分人相信，所以款与名都来了。一般社会都听说南开好，就送子弟来学。在这前二十几年的历史上，在中国人中间有严先生在那里照〈罩〉着，在各国舆论中有几位教士及教育者奖励着，所以才有南开的今日。

到了此刻，中国、各国的趋向正在变动，老标准有些不灵了，新标准还没产出。

一个私立学校随着领袖人的名望为高下。社会上的财源也限着一时社会上的信仰为开塞；——但是到了实在没有钱时，大家无论如何与你表同情，也无法维持你的事业。

我比五哥小近二十岁，但是我与后一代人的信仰曾经发生了什么关系？论学，论品，论办事能力，——我在那一方面有过特别的造就？成绩更谈不到了！

所拟方式：自己努力是帮助南开最可靠的工具。但是近来感觉能力太薄弱了！假若南开的前途全看我造就到如何，前途求免太可怜了！

为南开的久远计，还要想别的方式。

[二月] 八日，二

早在校长室谈二小时余。

校长颇悲观——学校也像得了病，怕什么现象，偏偏发生什么现象！

学校如同有三个孩子。老大是中学，老二是大学，最小的三姑是女中。老二的病最重。三姑有一点生时带来的病，若有补药吃还不难治。

* * * * * * * *

为大学惟一可想的路是从基金会每年借八万。

此路或可通。但将来关税自管，一切赔款不承认时，自然又成问题。

一个偌大机关，想在这样乱的时势下，打久远的基础，实非易事。

自己量力。但时机的逼迫明显地是趋向着我。我除了空空洞洞地推测南开将来发展不在广，不在大，而在深以外，我也想不出切于实际的方策。

所主张的深处用力，还够不上理想，也不过是一种自慰的白天作梦！

* * * * * * * *

教育事业是时刻可作的。应独立于系统、学校及学科以外，这也是自慰的空想。生活如何维持？钱从那里来？谁能运用钱，谁可领袖一个团体。

* * * * * * * *

我今早说为校长消遣，可以取一学科——如算学——领导一般人作教材和教法的研究。他说或者他心不能专。我也太唐突。内部的细工作怕不是大局动摇时可以提倡的。

* * * * * * * *

经济不能不想。但是如果社会全穷，也无法可想。

再乱下去，大家全要受经济的压迫。到那时，教育的机关一定难保存在。

［二月］九日，三

新月作烧，从昨晚起。今早百零三度。到中午如果热度不减，应请丁大夫来看。

＊＊＊＊＊＊＊＊

回国来已四年。当于任职时，心有不满则以努力国文自慰。

南开经济现在穷途。大局动摇，不容偷闲作缓进工夫。

家人永在那里要求时间与精神。

受这各种捆绑，想个人自由地造就，是不可能的！

只于维持现状，生活还有什么意味？

校、家、个人，——三方面如果落到只于维持存在，把守已有地盘，到那时不如不活。

我信个人尚有可为的能力。南开到困难极时，也有办法。

必须挺拔出捆绑以外！

（挺拔出捆绑以外！）

［二月］十日，四

新月烧退，但很不安静，一夜没睡好。咳嗽。

＊＊＊＊＊＊＊＊

家化的男子最没出息！

志在四方——多动。

［二月］十一日，五

小孩用去精力过多。

＊＊＊＊＊＊＊＊

丁大夫来看病。她现有三处"医院"及许多外诊。今天她说一个人身体好就可以多做事。

身体是最要的——这是没问题的。

＊＊＊＊＊＊＊＊

前两天又与五哥谈，稍多领略一点他的希望和态度。

他注意仍在大处活动。自己说，对于校内工作自己觉着粗心些。我也说，内部改善与在外活动要同时并进，——不然，只在校内小处麻烦，也推行不动。

外面活动。今夏可赴檀香山太平洋问题会议。上次 Wilber 来本为此事。南开是努力中国教育惟一能安静继续工作的机关。南开有解决中国问题的方式——能维持工作，在如此飘摇的时期，总有他特别适合时需的理由。

五哥在他本有的聪颖上，又加了三十多年办事的阅历，我不要轻自矜夸，——我想不出很多他料不到的妙策！

* * * * * * * *

中学报考的学生四百多。比去年此季报考的还多。

报考的多是证明社会一般的信仰。校长自然觉得欣慰。

学生多，中学的经济也可无虞。

校长最乐学生多。前天说，什么时候大学能有二千学生就满足了，——继续着想大学的入学标准及在校内的考核如何可以减少一些死板的严格。

能使教育"有"是他的天才。也洽〈恰〉适合此时代的一大需要。

* * * * * * * *

后天我去北京。

* * * * * * * *

小孩病不见好，三天没吃东西。丁大夫说大约只是咳嗽。新月病时特别淘气，在这一点她不如明明。

[二月] 十二日，六

今早访雷、顾，拟高二英文教材。

* * * * * * * *

去京或改在星期五，可不缺课，并在中学开学时可以在校。这几天北京没戏，所有演员都到山东张宗昌家去作寿去了。到那时也许有几处中学开课，可以去参观。

[二月] 十三日，日

明明也咳嗽，今天两个都见好。

* * * * * * * *

预备高二、高三教材。

* * * * * * * *

看前星期日记：

一、这下半年内恐怕是五哥最感困苦的时期。

二、必须挺拔出捆绑以外。

三、家化的男子是最没出息的！志在四方——多动。

四、不要轻自矜夸，我想不出什么五哥料不到的妙策。

［二月］十四日，一（第四十一册起）

今天第二学期开始。

* * * * * * * *

昨晚与五哥计划出国旅行。

Institution of Pacific Relations[①]已来信约今夏赴檀香山会。

会后可赴美捐款，由欧洲返。行期约半年。为二人旅费约万元。

时间支配：在美约三个月，在英约半月，在法、德、义〈意〉等约一个月，在俄约一个月。

捐款：

一、图书增购西文书籍基金——美金十万元。

二、师生赴美研究旅费基金——十万元。

三、创办商科商品陈列馆（建筑或美商品之一部）——五至十万元。

四、为将来工科捐设备。

考察教育。预备回国后改造南开的方针及课程。

* * * * * * * *

这是一段空想。

第一层难。筹旅费。有了这一万元为考察费，然后捐款可以作为第二目标；能得钱更妙，不能得也不赔本，因为第一目标是考察。

第二层难。有话说。什么是南开的特色？全国情形如何？中国与列强——太平洋之将来——内争与新国家主义——中国新文化之胚胎——等问题都要有相当的解答法。

第三层难。得人钱。美国那些人肯给？同他们说什么理由？虽得国外帮助，如何不失独立的自重？

* * * * * * * *

大学的经常费依然无着！

偌大机关如何维持下去？这是根本存在问题。

但是游历一次或者可以激动灵机，使办事人能想出一种用钱少而多效率的方案——也未可知。

* * * * * * * *

---

① 指太平洋国际关系研究会。

五哥有意将三部课程根本改造。苦于没有具体的办法，也没有人去推行。

还有一困难——怕是最要的——就是经济的压迫不使你有余力！

什么事都离不了这三种元素之一：计划、人、钱。

* * * * * * * *

昨又谈到南开大学在新天津市的地位。应当成为知识的中心。现在就应起首作新大天津的筹划——收回租界的手续研究，收回后大天津市行政上应如何组织，各种建设事业的方案，——大学师生在这些问题里可以得到最有趣味的研究资料，苦于没有人领导去推行。

* * * * * * * *

本星期五去京。见过范先生后，拟南游的行程。

[二月] 十七日，四

大学功课因人少不免怀疑。如此教有何效？南开应否办文科？我在戏剧和教育两门上有什么深造可以配得上"学者"？

今天的功课毫没有预备。到班上去敷衍。

* * * * * * * *

从昨天看 Stanislavski[①]的"*My Life in Art*"。一切应做的事不愿去做。

三步艺术的进步：一、Ease[②]，不要 Strained Effort[③]；二、Concentration，不管旁人。三、Integration of feeling，所谓纯真。

Acting[④]是如此，生活也是如此。

完全自信。看 Stanislavski 不预备功课——这也是生活力的支配，既然如此，就要不愧、不怕、不假。

* * * * * * * *

下午

一点半大学开学式校长学说，精神及眼光——不私，不怕——至少我个人不敢望及。校长不只能弄钱，在精神上及思想灵敏上，也是为大家的领袖。

* * * * * * * *

明早赴京。廿一日返。

---

① 斯坦尼斯拉夫斯基（Stanislavski，1863—1938），俄国演员、导演、戏剧教育家、理论家。

② 放松。

③ 过度努力。

④ 表演，演艺业。

不要希望别人给你什么好机会——范先生约你调查,学校派你南游。不要想利用别人。机会有了固然好,但是不可依靠它。安心读书,本是已定的工作。不能南行,我还有我很喜欢做的事等我。

国文继续去寻路。中学教育第二段工作注意现在实际的状况。学校方面可帮忙的在筹款及课程上,自知能力有限。

工作的性质有应改的,当即刻动手改造。

在民族革命(中产阶级)时期,一个私立学校还有存在的地位。到无产阶级革命时期,按理想说,所有的学校都不许要费,那末,私立学校就无法存在了。

给一个私人的学校造不朽的基础,用保守及为名的态度是一定失败的!

能久存不能,全看工作的性质。

[二月] 廿五日,五

女中开师生联欢会,约我去贡献一点游艺。我想去诵读两首新诗。都从志摩的诗选来:《太平景象》和《先生!先生!》。

这是第一次诵读,作为试验。以先做导演时,只是说给人如何诵读,自己没有出过台。今天小试一下。艺术上的原则——如 Ease,Concentration,integration of feeling 等——拿来体验体验。

自己既不能写,诵读的本领不知有没有。

* * * * * * * * *

叔又提起全编一剧。

艺术的生活不能完全舍开。但什么是我的艺?是表演么?

* * * * * * * *

昨与喻谈。

许多军阀子弟现在南开读书。卢香亭①的儿子本学期入学,大概因为随眷北来。

向来办事人很得官僚及军阀的信心。对于革命事业没有攻击过,也没有参加过。与官僚们连络是一种筹款的手段,自己绝没有利用连络为自己谋政治上的活动。

---

① 卢香亭(1880—1948),字子馨,河北河间人。曾任北洋政府浙江督军等职。

K. P.①或不如此谅解。一般人都想校长加入了政治讨论会。为什么不在报上发表辞信？怕得罪人？张学良我们利用过他。

南开在政潮上下里，已算得到很大的利益。在未来的大波浪里不知受如何的影响？

以人格论，没有为己的痕迹。以学问论，虽没有什么学理的特别见地，也没有特别反革命的论调。

这几天看 K. P. 言论。

[二月] 廿八日，一

昨看汪、于等文字。汪有过旧学根柢。孙也是自己肯读书的人，所以留下著述很不少。

无论是什么主义，你的国文至少必须应用。

问题又回到国文上！

国文不通，什么大计划也不能实现。文还在其次，现在识字太少。这是独立事业的第一难关。此关打不过，那就绝没有独立的可能。

为什么这样笨？连本国文字都不能克服？还请什么思想，讲什么艺术？

（克服本国文字。）

---

① 国民党（Kuomingtang Party）的英文简写。

三月

三月二日，三

昨 SI 快。无虑——凡事都应如此进行。

* * * * * * * *

五哥得一电"Back，Chang"。自 Seattle①发。不甚易解。怕是锡禄回来了。

读书读不下，回家尽孝？前几个月在他忽然给他父亲的信里我猜他有意回家来了。或者没有猜错。

如果是他回来，最好还是继续求学，送他回去读完 Ph. D. 。

学的是算学，只可在教书里找生活。惟有在清华或在南开。难说张家真要以南开为饭碗吗？

我在此是帮助南开，不要有丝毫依靠的意思。在别处可以比在此地拿钱多，那才算是在这特别帮忙。

假设没有南开，我大概做什么生活计？

也许在某处教穷书而已。

在艺术上如何可以谋生活？

* * * * * * * *

在此地，还有人敬重。

在知识界自由竞争的战场上，什么是我的本领和武器？

可以教一点英文，或在某大学教一点美国输入的教育学。

大的远的计划，恐怕没有真本领。

* * * * * * * *

南游后再定下年计划。

勉仲大约在九日前南下。Kilpatrick 在十五日到上海。在上海开会前——或后——K. 还到武汉去一次，凌也许同行。与 K. 一路走或者可以多看些地方和多看些人。

现在南方的局面太不定，上海的会或开不成。武汉也许没有交通的便利，去不了。K. 就许改行程，先到北方来，过一月后再回到长江流域去。我早去，白白在上海住着就没有意味了。

范先生的视察计划还没拟定，早去必须南开出钱。

---

① 指美国城市西雅图。

并且此地职务，一星期也办不完。

* * * * * * * * *

下午

早五哥找去谈一点多钟。

他对于前途持乐观。完全"无我"，然后不致悲观，也可应时长进。学校前途不外两问题：经费与课程。学校产业本来就不是私产，如果将来政府可以满人意，学校归公家管理也无不可。私立学校本含一种试验性质，暂时补充公家教育之不足，——求学地处之不足，办事精神之不足，课程设施之不足等。所谓暂时的，是期望公家快快地作相当的应付。什么时候有相当的应付，私立学校就可以停止或变更它的工作。

私立学校既含有试验和补充的性质，它的工作就永当在时代需要的前面。公家的学校因为积习或因为没人负责——偶或保守或敷衍，但是一个私立学校绝对不该如此。

* * * * * * * * *

喻来，说一位英文教员因病要辞职。找继任的人很难。

教员问题比课程问题困难得多。

好教员不知到什么地方去寻。得了后又不能久留。此地待遇不优，多数在七十元以下，过百元的只二三人。

（那里去寻好教员？）

又谈到教员中或不免不平鸣。职员——主任中——薪金及待遇有特别比教员高的地方。职员有时态度太像主人翁的样子，所以早有怨言说："南开教员都是雇用的。"

庶务课及教务课都不免受怨言。对于教员要换〈唤〉起他们对校事的兴趣。能分权的，就请教员分担责任。

教员的不满——如薪金少，钟点多，——因为学校经济困难，是无法解脱的。如督摧〈催〉过严一层，还是一种谅解和感情的关系，有法减除。

在大波来到之前，我们自己先批评一下。一切可生怨的地方早放上消毒水，或说早修好堤岸。

民治必先施于校内。教员与学生都有反对职员的可能。

* * * * * * * * *

像一个学校的太少，南开第一步补充工作是使一个学校有。在这样乱时代，能支持继续存在已不是容易事。

在有以上，如再能为将来公家的学校做一点试验，供给他们参考，那是更难的一步了。

****

近来觉着中学教育一门无趣味。只三人，其中二人是商科的，一人要改课被我阻止。我给他们一点对于中学教育的知识，在他们未必有用。为什么不用宝贵的光阴去做比较有用的工作？

戏剧一门现有五人，学生稍好些，并每周只二小时，我离开五六星期他们还可以自己读。教育门的讨论我必须在场的。

无论如何，今年在大学里给功课不是很好的成绩！

藉口远游，停止了也好。

下年在大学任课与否，南游后再定。

[三月] 三日，四

南游行程：

一、路线——长江视察，游闽粤（用两个月）。

二、路线——游长江（与 Kilp.同行），视察闽粤云贵（用四个月）。

****

游兴很盛，然也要看校务及时局如何。

校课——大学及中学——早设法解决。在五日内清理。

[三月] 四日，五

大风土，又加上臭味，——那能忍烦地去工作？

****

长江而后云贵怕四个月还不够。云南到贵阳路上的土匪还不知道有多少。

所以想去的理由：远游机会不易得，藉以观察内地实情，看风景。

去不成的缘故：用时间太长，内地旅行不免有些危险。

如果只于云南又不值得远行一次。

****

苏皖战正烈。溯江而上不知轮船开行不。Kilp.到上海后，或因纷乱，先到北方来。

长江视察在一月后出发，局面或稍定。

****

昨天在教育班上问他们愿改课吗。他们都说当于不在校时可以留下几本书读。为学生想，我也不应离校太久。

****

校长七月有檀香山的会，行前要预备好一些印刷材料。

再说北方政局变动也许在四个月内实现，学校必受一次动摇。远游云贵对于学校有点太不负责。这次的应付方式于南开的前途有莫大关系。五哥用人帮忙正是这个时候。

长江闽粤必须去的，因为要知道南方实际状况，然后可以策划南开前进的方略。同时对于新中国教育的前途或可得一个新观点。

* * * * * * * *

文字里有两个原素：一、思想结构，二、事物之名。这两样实在很难分得清楚。不过为求"克服"文字的战略起见，这两样可以分开注意。

我现在感觉最大痛苦的是在事物之名知道的太少。有时实词不知道，有时容形词太枯干，还有时中只知声音而不知写法。

许多名词——特别近于 Attributive noun[①]类的——我从英文里得来，而译词又不过从普通英汉字典中拣得。

从梁任公采用日本名词，我们文字里加了很多新事物之名。

欧文的思想结构近来也输入的很多。几位新文人用的虽是白话——名词上其实都是从"古文"或外国文取来的——而结构大半是"欧化"了。有时几乎没有读过欧文的看都看不懂！

怎样可以增加"事物之名"的认识和记忆？记忆天生不强——识字不能很多！文学上的空梦没有希望实现！

多看中国书，注意平常人日用的活名词和"活语气"，——此外怕没有妙诀。除非是天才，不用特别注意，自然会名词丰丽，思想清妙。

造新文学，只于欧化的结构，和古文及外国文取来的名词，一定不能成功。根基在日用的活名词和活语气！一个时代的新文学——真有活气的——必须如此得来。

所谓"活"的，是从生命经验里一直闯出来的。新创说白戏的机会就在此——当于写如何人时，就要用真生命内那个人自然吐出的活名词和活语气。戏中所选取的经验，也须是这个时代的生命所感觉最深最切的。

本这个主张，自己应当出来造证据。这是我的使命！

---

① 定语性名词。

[三月] 七日，一

昨天 PUML 医生验锡祚病，说大概难好。五哥很不高兴，大连也不想去了。对于校事的前进看不出方向来。

* * * * * * * *

勉仲在津，后天去上海。约他午饭。

[三月] 九日，三

勉仲今晚海路南下。请他在拟定 Kilp. 行程后给我来一电，几时出发，西行或北上。如北来，我在这等。如西行，我也许赶快南下与他们同行，也许在他们回到上海时再见。

我启行在一星期后，或在三星期后。

假定十六启程，应办事如下：一、英文教材，二、大学留课，三、预备基金会来校视察《中学教育之研究》计划，四、与范先生接洽南游视察事，五、行装。

* * * * * * * *

湖北中山大学开幕礼后的标语可以表现对于教育的新希望，"教育党化""教育革命化""教育平民化""教育团体化"。

标语的心理很可注意。舆论学——如何造民意——从欧战后很有新发明。利用标语口号也是发明之一。与广告学有些相同的在心理上的根基。

* * * * * * * *

南军北来不像可能。

北人对于革命思想究竟与南人不同。读书人少，民性好懒不好动，思想也迟钝，暴动或不免，但不过是一时的，过去后又是无步骤，无组织的良民。Huntington 说中国北部民族日见退化，也像有一部分的证实。

北人不能与南人争。就看南开大、中两部教员，北人甚少。

政治上的思想在近卅年来都是自南而北。武力现在——最近一年内——也变为自南而北了！

都城也要改到南方去！将来怕连北京话也不能承认为国语。

以往各省人都到北京来读书，将来也不一定。

南开各省来的学生不少。将来南方新式学校发达后——特别是京津在政治上的地位降低后——南开中学学生也必减少。

* * * * * * * *

南开如果没有中央及美庚的帮助，经济无法维持。

将来的中央未必肯特偏袒南开。美庚也大概在改组之列，就不根本改组，也不能帮南开很多。经济一方面看，前途没有很大的希望！

既然如此，南开应快快认清新地位，从事根本改造。

如何改造？

入款是无望的了。如何前进？大学关门？只留理科？高中移八里台？中学能否维持？

北方现局不知延到何时。继起的势力是谁？要乱到如何程度？一切不定——所以对于南开的前进方式，又不敢拟定太早了。（有信南军在克沪后暂不北上；冯现也止〈只〉取守势。）

难是难，但是也极有趣。惟有如此看。

[三月] 十一日，五

夜不能睡，乱想□近。

* * * * * * * *

初三英文材料选齐。

[三月] 十二日，六

昨杨梦赍来。他说今年在厂甸火神庙买砚的故事。

古玩及一切旧文化的点缀品，北京是惟一会集的地方。梦赍说，他因为想买砚，到各摊上看了三百多块。从此知道砚的类别及品格。又引起买了一部《端溪砚谱》（大概是叶樾著的）看。本想只得一块，以后成为一种嗜好，一块不足又买第二块，两块不足又买第三块。这第三块的购得很有一些波折，他述说起来，饶有兴味。

梦赍在清华的入款很丰，并且自己还有一点遗产。钱既有余，所以时常好买点古书字帖文玩等消遣。他对于生活没有什么大不满，一切安排大半已甚妥适。这类人不愿革命——他又没有从内涌出的大欲望——他们只怕现状不能维持。多年在清华的安乐造成的结果！

但是这类人太把自己放在特殊地位了。全国人，在这个时代，有多少可以享他们的安逸？

我也是享安逸之一！我叱他们没有什么特别的辛苦——我也是特殊阶级的人。

有那样可以讥笑嗜好文玩的凭藉？我讲一点所谓学问的课程及筹划

一点所谓教育事业的策略，——这对于现在人民切实的需要发生了什么关系？每天看点书与嗜好文玩有什么分别？自己以为教育事业是为人民的，——其实比嗜好文玩多加一层自欺欺人，假冒的罪恶！

* * * * * * * *

今天下午或明天去访范问南游事。

* * * * * * * *

沐浴。

* * * * * * * *

近来在家吸烟。怕人知！没大用！以为可吸，怕什么？

* * * * * * * *

下午

范先生有信，要我到京去谈南游视察事。

我想明天下午去。大约星期二回来。

大学留课已有办法。中学英文教材——初三，高一，高三都已选好，高二材料还不够。

行装也不难。出发或在下星期。

[三月] 十六日，三

早车回来。

十三日——晚看戏，梅兰芳演《玉簪记》，昆曲，唱做都不见好。

十四日——上午到基金会；在任叔永处午饭；看李万春的《长坂坡》及《汉津口》；晚同仁山①访守常②，长谈二小时余。

十五日——李济之来；到基金会；午饭述庭约；访香严；晚述庭来，筹划赴欧视察事。

* * * * * * * *

南行已拟定廿三日由海道赴沪。视察所及：一、武汉，二、长沙，三、南昌，四、南京，五、上海，六、苏州，七、杭州。

我还想到广州去看一看。

如果不去广州，大约五月十日可以回来。如去，到家要在五月廿五

---

① 高仁山（1894—1928），江苏江阴人，南开中学毕业后留学日本和美国，获美国哥伦比亚大学硕士学位。1923 年回国，任北京大学教授，兼任艺文中学校长。1925 年 6 月在北京大学参加革命，曾是国共合作时期的国民党北京市党部负责人之一。1927 年武汉国民政府结束后，任"北方国民党左派大联盟"主席。1928 年 1 月被奉系军阀张作霖杀害。

② 指李大钊。

前后。照着两个月预备。对人可以说约六七个星期。

* * * * * * * *

大学功课，空约八星期（春假在外）。再上二三星期课就到大考。这一学期太对不起学生了。

戏剧——每星期一本，回来后讨论，写两三篇剧评。

教育——留书看，写书评，择一题作论文。

* * * * * * * *

同黄、喻、伉、陆筹备基金会来视察。他们必不能给如我们所请求，或可帮助一部分。

大连去否，随校长自定。檀香山宣布材料，归来后再拟。

款项无法。新方略在旅行中注意。

* * * * * * * *

英文材料可选齐。回来后，征求师生意见，对于选材那些最有趣，那些干燥无味。下年材料或可有点条理。

* * * * * * * *

范先生想组织赴欧教育视察团。特别注重俄国。他想约知行同我都加入。基金会可以筹一笔旅费。如何办法要好好地想一想。视察回来，必须发表一个有价值的报告。

我发表能力太薄弱。并且家事和校事未必许我离得开。现在不对人讲，有人提起只说资格不合，又事实上不能出国半年。

* * * * * * * *

与守常谈后，仁山问我愿否加入。他想为南开预防计，我加入团体或有小补。仁山曾露出他的"政治计算"。（为南开好。）

看过高一涵①的《军治与党治》。最末他说在现在中国"与其民治不如党治"。说得很道理。（此文在《现代评论》二周年增刊。）

加入无大不可。只于人要笑南开人投机！

加入自然要受点制裁。

制裁——讥笑——都可不管，只于你自己以为什么是应当做的？我是想转入政治活动吗？与他们表同情不在内也可以。我的政治理解非常

---

① 高一涵（1885—1968），安徽六安人。1912年入日本明治大学政法系。1916年回国，任北京大学编译委员兼中国大学、北洋法政专门学校教授。1926年加入中国共产党，曾担任武昌中山大学教授。1927年，任法政大学教授和吴淞中国公学大学部社会科学院院长。1949年后历任南京大学教授、南京市监察委员、江苏省司法厅厅长、江苏省政协副主席等职。

幼稚。到南方去，再定加入否。

革命的火力，我倒不是没有。不过我是很审慎步骤的人，有时过于小心，因此已失去的机会也很不少。

看风头是真投机！你自己若有觉悟，不待去南视察后再定。但是其没有真觉悟，千万不可勉强！

也许在体面上，现在加入比将来还稍好看些！这是清楚的为私的计算！

现在那面得胜——势力将达全国——大家都想加入实在很难为情。

我以先对于政治活动完全没有发生过兴趣，没有做过官也没有过任何政治意见。如果我现在发生觉悟，政治是我们应当注意的，并且是应该有份的，那样，我的加入没有一点"投降"或是"改节"的意味。旧政治不加入是一种清高。新政治不加入是自己不愿受纪律，不愿负责。加入要完全没有利用心。我信加入，我个人就加入，与南开丝毫不涉。但是我如果此时加入，一定有人说这是为南开计算了！

思想过后，现在仍持研究态度。政治上多看些书，多想些问题。在新政治上负责地发生兴趣。这比以先不问政治已经进一步了。至于加入K.P.与否，那要看它的政纲及实施如何，并要特别注意加入的动机不为利己而为利他人。

这也许是一种给自己留体面的绅士心理。但是这一点自重我总要保留的。

[三月] 廿三日，三

前一星期内使计划不能拟定的有：一、李①的介绍信没有来，二、船未能定，三、查②无电来，四、时局的幻变。

这一次南游的小旅行比出一次国都难决定！

＊＊＊＊＊＊＊＊

李无信来，不管它。本是小事。对于南开态度是另一问题。现在党内争斗及军事方面正在纹〈紊〉乱，那有工夫照顾到教育？更那有工夫

---

① 指李大钊。

② 指查良钊。

照顾到某学校？

　　已定廿九日船，到沪要在四月五日。Kilp.或遇不着，然也没法子。

　　　　　　　＊＊＊＊＊＊＊＊

　　政局一时好不了！人是中国人，无论从外输入什么样的学说及组织，绝对不能一时就好了。

　　我前几天有一点神精〈经〉过敏。我很望南方统一就好了——但不能如此简单——还未成功而各地的左右已经内讧！

　　　　　　　＊＊＊＊＊＊＊＊

　　南开做的是慢工作。不直接加入政争——我们职志是改造个人。

　　新思想我们应当与时并进。教育方法要根本改造。工作为民族，为国，而不为私利私名。自己师生团结坚固，就可以抵抗外潮。政治清明，自然可以与当局合作。政治混浊，也要保守独立和存在。无论它如何变，我们总有应付方法——可以不惧不忧，因为我们的目的清洁。

　　　　　　　＊＊＊＊＊＊＊＊

下午

　　本年过去的三个月对于修养上太不规则。字没有写，书没有读，功课没有好好预备。

　　身体不强是理由之一。

　　对于时局不免一时过于高兴，其实，真的力量还在个人的本领。

　　此次南游坚持冷淡旁观态度。自己的本领太有限，够不上谈国家大事的。

　　五哥常说有两种当注意的：不私，不任性。不任性里包含不热，不以感情用事，不急于利用机会。

　　五哥是老练手。因为老练，才可使人服。

　　　　　　　＊＊＊＊＊＊＊＊

　　大约廿八晚上船，廿九早开。"唐山丸"路过大连、青岛。（到申约在四月四日。）

　　赵、顾二位廿五下午自京来。

　　应了事：一、与朱信，二、与查信，三、行装，四、各地南开同学名单，五、校中事——留课等，六、家中事。

[三月] 廿五日，五

　　昨天大学两门功课已经留给够八个星期的工作。这一学期大半是学生自己读书。其实得到教员介绍之后，这个方法也不算不合理。

＊＊＊＊＊＊＊＊

学生邓照藜①来谈。我对他说势与理两种解决中国乱的方法。他新从湖北回来，他说去时要看左派在民间的工作，如农民协会、妇女协会等。他对于南开教育也有些建议，以后再谈。

他说，同学中对于学校近来有些小改变，以为因我的建议。青年的期望，我实不配。

＊＊＊＊＊＊＊＊

今天下午对于本校同人讲：《经济竞争与教育之新趋势》。

[三月] 廿八日，一

因为怕天津有变，这两天又想取消南游。最后方式是走着看——延〈沿〉路都可得电报，什么时候北方空气紧张，什么时候就立刻回来。在这个时代惟有取这样方式。

"唐山丸"本定明天开驶，但是现在还没到。开船大约要延到四月一日。

＊＊＊＊＊＊＊＊

昨天又同邓照藜谈。说时又不免"言过其实"——恐怕"终无大用"！还应努力收敛，做自己打基础工夫。

因迟出发三天，可以多理清些欠债。

＊＊＊＊＊＊＊＊

听说孟和近来加入 K.T.②。又引起此问题的要求。不应取巧，但是果然有真觉悟，也应早下决断。

我们是想建设的——教育是我们的职志。能否只做教育工夫，完全不涉政争？

我们想用全力在教育青年上。既然全力在此，就无暇做政治活动。我们推行的是现代化的教育，使中国青年得到现代能力。一个新政府必可以谅解我们多些。

不加入，可以致全力在我们认定的职志。

南游视察后，对于这个问题自然可以明白些。

＊＊＊＊＊＊＊＊

---

① 邓照藜（1904—？），字叔青，湖北黄梅人。时为南开中学学生，1927 年中学毕业后留学日本。

② 中国国民党（Kuomintang）的英文简写。

虽有牺牲，南游是必去的。不看一下，对于将来教育方针是无法拟定的。

[三月] 廿九日，二

忽然多出三天闲工夫，可以利用。

昨天发现有用极坏名词批评 B. 的：昏庸，老朽，腐败等。

急进的眼光也不致如此不顾事实。虽说多年经营只落到这样不见谅的地步？未免使人灰心！……

对 B. 不满之点，——可推测的——大约有：

一、接近官僚军阀。有媚颂的痕迹。崇拜金钱。

二、作帝国主义下基督教的赞助者。

三、专横政策束缚青年。管理用专制手段。

四、思想陈腐，干涉学生团体活动的自由，并禁止学生看新出版的书报。

五、养成一般职员视学校为私产，待教员如雇用。

六、学费特别大，只为教育贵族式的青年。

七、学校已经办了二十多年，成绩毫无。除去养成几个军阀的走狗和买办式的小洋奴外，南开产生了什么革命改造家，或是大学者？

八、学生只受一种迷信课本，服从君权的训练。这样训练是革命的障碍，所以必须铲除。

九、学问肤浅，只凭手段，——给青年一种不良榜样。

* * * * * * * *

如果有意批评，大概不外以上几条。若是还有，那就更是诬造。

如何应付，那就是当早有备的。

[三月] 卅日，三

这次烦人写介绍信，结果都很无聊。既然介绍，必须说出你是谁。如果你自己真有过可注意的言行，不用介绍，人也知道。如果自己没过什么成绩，介绍人只可说你是谁的弟，你充过或现充什么职位。这都是可耻的描写！

从此后，永不再求人介绍。这次所有的信一概不用。

* * * * * * * *

B. 有时太自恃。别人没有他能应付事实，没有他思想敏锐。

我承认他思想敏捷，特别是遇难能果断。但是他有一种很讨厌的毛病，就是好寻人短，好表己长。因此得罪的人很多。因此有人说真有计划的人不能与他合作。近几年的容量，据说，比从前大多了。虽然，在他手下做行政事还不可轻于一试的！

我要努力我个人的主张。偶然，我是乃兄之弟！什么是我个人的立脚点？

我个人应付时局有我个人的方式。不要被南开缚束。我可以为他们设想，给他们建议。但是听不听在他们。

这次基金会给我的机会很好。一定要利用它，多观察些方面，使我对于时局的观点成熟。对于南开的建议，回来后，——还假若人真要问——再具体的发表。

* * * * * * * *

我的活动范围不出学校及剧场以外。现时改入政治，自己完全没有根柢。在这两个范围里，可表现的人格及人生观，也可以无量的高大深远。

* * * * * * * *

昨晚看 Lenin[①]言论。锐利真可钦佩。不能运用文字，谈不到思想，更梦不到领袖！

[三月] 卅一日，四

今早想到一个对于俄国的解释：

俄人是一新民族——加入西方文化最后的民族。他们的新鲜气和猛进力还很强。每事都表现一种新动机：就是 "To Out-West the West"[②]。

这种动机可以在很多方面看出。如小说，戏剧，音乐，以致于 Despotism[③]也是从西方学去的而比西方的凶狠。

最近的表现是学革命。他们也是比西方已往的革命方式特别彻底些。

把西方的已成方式往前推几步——这就是一个新民族的创作能力。

我们也想 Out-West the West 吗？一定做不到。第一，我们不是一个新民族，没有多大猛烈的魄力。第二，我们在西方文化下的训练太浅薄。

---

① 列宁（Vladimir Ilyich Ulyanov Lenin，1870—1924），世界上第一个社会主义国家的缔造者，世界上第一个无产阶级执政党的创建者。

② 青出于蓝。

③ 专制统治。

只能模仿别人已成的方式是不能得到生命力的。

中华民族想不灭，必须独立。但是仿日，仿美，仿俄，不是求独立之道。过去后，必须有我们的自己的动机。

西方化是必须经过的一步。物质上求自主，自给，自卫。

精神上如何可以得到创作的动机？这不是学成苏俄就可做到的。并且也可以大胆地推测一句——一定学不成。

四月

四月一日，五

明天中午上船。大约在十日前后可以到上海。

全国将大乱——个人的安全无法保障。

这次去，很有些危险性。本地秩序不知能维持到几时。家里还有病人。但是不到南方去看一下，更不知道如何应付这样乱局面。

去了也许空走一遭。

＊＊＊＊＊＊＊＊

果然此地发生意外，我这一屋书怕被毁散——连生命都不敢保，这些书更照顾不到了。

惟有听天！

五月

五月十八日，三（第四十二册起）

四月二日启程，五月七日返。到沪、杭、苏。

十一日又去京，十六日晚归。视察报告已作好交进。

路上日记一小册，用英文写的。

多日不用毛笔，作字更丑了。

* * * * * * * *

昨日下午校长招集内圈会议。先说时机的紧要，及个人觉悟有落伍的危险。又说职员都以学校安全为前提，而教员学生则不然。

我说"学校安全"易生误会。急进心理必以为职员设辞来保守地盘。如果学校无供献，职员应最先提倡拆毁它或改造它。

还是应当从工作的改进上着想。如果师生有一种共同目标，大家都觉着对于团体的工作有责任，到那时就不只职员担负维持学校安全的责任。

如何改？

以往教员多半觉是被雇用的。学生对于职员也颇有不满。团体必须合作起来。

惟有用"广义的课程之改造"一法。

当于大改革的时期，普通的教育制度还谈不到，这是诚然。但是这正是作教育根本改革试验的时期。以往教育新学说的创造及教育新设施的试验都是在社会改革最猛烈的时期。有人去努力政治，也必须有人努力教育，——此其时也。

* * * * * * * *

我想把古今的教育学说的创始者及各时各地的试验学校搜罗在一起，作为几次讲演的材料。再进一步就要问：我们持那样学说，想作那样学校生活具体的试验。

* * * * * * * *

时局无论如何转移，我也是如此努力。南开现在能否容纳我的主张，我也要如此努力。不然又何苦在教育上空废时光。

* * * * * * * *

搜罗整理起来，先为"中等教育"班用。中学的职教员学生要我讲演的时候，也用一样材料。

我是唱高调么？

我的毅力如何？识见如何？文字够发表达意的么？

* * * * * * * *

对于戏剧，近得一见解：

The <u>Actor</u> is The Theatre.

In Acting: All movements of body are Patterns of Dance,

All placements of voice are Patterns of Song—

产生新剧，先应努力的不在剧本，而在演员。

如何训练新演员？要重舞重歌——为话剧的预备应当如此。有了美的动作和声调，然后上台才可以不讨厌。不是随便的人没受过训练都可以表情。

这一点意思在京时同西林、叔华[①]、通伯、金甫、擘黄[②]、以蛰[③]等说过。

* * * * * * * *

上海的朋友应写信致谢。

[五月] 廿日，五

校中消除危险物，对于活动份子时加劝止，并提前考试。这都是为应付现时局面的。

学生组织及课程以后要改进。领导不应让给外人。校长有意往积极方面努力。

* * * * * * * *

政治活动目的在改换局面，教育工作目的在培养能力。两种努力都不可少。局面不改，有能力也不得施展。能力不备，局面的改换一定不能有满意的成功，不过只是换汤不换药。

我们以为中国最缺乏是具有现代能力的青年。如何帮助青年培养现代能力——这是教育功〈工〉作应努力的。

* * * * * * * *

---

① 凌叔华（1900—1990），北京人，小说家。1926 年毕业于燕京大学。

② 唐钺（1891—1986），字擘黄，福建闽侯人。1914 年清华学校毕业后，留学美国。1920 年获哈佛大学博士学位；同年回国，任北京大学教授。1926 年任清华大学教授。

③ 邓以蛰（1892—1973），字叔存，安徽怀宁人。1907 年留学日本东京弘文书院，1911 年回国，任安徽省立图书馆馆长。1917 年留学美国哥伦比亚大学，1923 年回国后，历任北京大学、厦门大学和清华大学教授。

　　南京的秀山公园报载已改为中山公园。将来的秀山堂及铜像不知如何处置。基金及校产也可藉名收没。这一层不可不防。

＊＊＊＊＊＊＊＊

　　堂役也要注意，C必有工作。室外走过二人，一人说："不像我们堂役，我们不难赶走。"话中有不平气。不知他们谈的是什么，但是受压迫的傭〈佣〉人本是不难扇动的。不知现已工作到如何程度。

＊＊＊＊＊＊＊＊

　　下午英文会议。

[五月] 廿三日，一

　　早校长招集会议，宣布改组的宗旨，以克伯屈对于共和国民之养成的讲演为改组的动机。

　　诚恳地在教育上工作必须根本改造现行制度。

　　想改造不自今日始，所以不是投机。

　　我有我的使命。对于应付临时局面，我无责任。对于创造新学校生活，我要尽力推行理想的实现。

＊＊＊＊＊＊＊＊

　　半生空空过去！

　　四十后也怕没有什么成就的可能！

　　教育上，戏剧上，都不能给时代一种特殊的影响；这样生存，有什么趣味？

　　赶快拼命努力吧。

[五月] 廿五日，三

　　事又余于精神。办不完，因为性懒，手也不敏。

　　当做的，不要空废思索。

＊＊＊＊＊＊＊＊

　　基金会报告刚寄出。

　　教育班及戏剧班都还有五次。

　　明天在教育班讲俄制。以后俄一，法一，南开二。

　　戏剧班。演作，布景，光线，服装等，二小时。

　　旧戏，二小时。

　　影剧，一小时。（去中美参观。）

＊＊＊＊＊＊＊＊

社会科学概论班要我三小时的讲演。

昨天想三个题目：艺术的态度，以人体为表现工具的艺术，以物料为表现工具的艺术。

恐怕按系统讲起，三小时如何够用？零星地东说一点西说一点，还有什么趣味？

或是选几个醒目的题目，说一说只为给大家一种新戟刺，一种新看法，如：《花爆与燃烛》《艺术之宫与到民间去》《北京与上海——艺术空气的比较观》。

* * * * * * * *

天津太土俗！

我有什么能摇动一时的本领？有什么可以在北京或上海使同行人惊奇的本领？

是特别写文章的本领吗？

是演作或排演的本领吗？

办事才我不如五哥。学校有他负全责。离开南开，我用什么能耐求独立？凭什么才能可以达到称雄一时的欲望？

想到这儿，真可愧，也可怕！

只凭一点小聪明，将来一定失败！

写文章的本领一定必须造就的。多多练习，快快注意吧！

* * * * * * * *

太拘谨，太胆小。不能打破一切缚束，放手做去。

[五月] 廿七日，五

昨天排演了两出戏：《亲爱的丈夫》，大学文科学生演；《获虎之夜》，中学丁卯级学生演。

这两出如果演得成功，我想再加演梅特林①的《里面》，一共做一次或二次公开的表演。南开在天津至少在演新剧上是新潮的前趋。

在下每星期一以后（中学本星六出台，大学下星一），看演得如何，再定值得公开不值。

* * * * * * * *

昨天在职员会校长提到我的论文，并且说其中许多点可以供给中学改造时的参考。校长在集会宣布改造原则两条："大家事大家办""继续

① 梅特林（Maurice Maeterlinck，1862—1949），比利时剧作家、诗人、散文家。

的改造环境"。还鼓励大家批评和建议。今天他同教员做同样的宣布。

将来有一个委员会去筹备改组细目。校长昨天说叫我做委员会的主席。想了一想，现在还是不指定人好。

＊＊＊＊＊＊＊＊

自己的能力还没有养足，一定不做负重责出名执行的事。可攻之点太多而太弱！

我少微有一点教育上的见解，还不能用本国文字发表。我有什么本领可以使人心服？负起责来，恐怕还要失败！早自小心。

我还是做我读书排戏的够〈勾〉当吧。真觉能力充足，而有我负责的真需要时，或者出马一试。现在能退就退。

＊＊＊＊＊＊＊＊

慢慢吸烟造成习惯。怕人知道吗？非独立，不能成就。

[五月] 廿八日，六

今年暑假中，学校要招集一个改组筹备会。在讨论各种具体设施之前，必须有几条大家承认的原则。

我想，大家对于教育疑问，应当鼓励大家提出。开会的第一个星期大家只空谈学说，不要兼顾实行的可能及现行办法改革的一切难题。每天早晨有一次讲演，留下几个疑问及参考资料，请大家去看去想；下午或晚饭后再开一次讨论会。问题及参考资料能在开会的一星期前发表给与会的人最妙。

我要预备四次讲演，总名《一个教育试验的序言》（"Prolegomena to An Experiment in Education"）。

里面的材料必须特别富丽。我这十多年在教育上的观察和希望都要结晶在这次的宣言里。

＊＊＊＊＊＊＊＊

这就是我在教育上初次问世的著作。

已经卅六岁了，还没有过一次中文的发表！

《一个教育试验的序言》是新南开的第一种出版。

这一鸣必须要高亮惊人！

＊＊＊＊＊＊＊＊

筹备会日期——七月四日（一）至八日（五），第一周：理论；

十一日（一）至十五日（五），第二周：实施；

十八日（一）至廿二日（五），第三周：过渡。

* * * * * * * *

七月廿五日至开学——编拟各种执行细目及各种指导员的实习。（教职员及一部分学生都在指导员之列。）

* * * * * * * *

我有一个月工夫做我的文章。

[五月] 卅日，一

前天晚上演《获虎之夜》觉出观众不能领略悲剧。稍有机会他们就笑。演员不善表演悲情固然是主因之一，但是观众的态度——因为看惯了中国旧戏——只有消遣开心，绝没有丝毫虔静的欣赏。

观众也须受训练，不只演员。这一点必须照顾到，不然与新剧的出现也大有妨碍。

* * * * * * * *

这几天连排两个戏，自己觉得技术方面的缺乏。

扮演应具的技术如，读音（包括方言和音韵的知识及技能），化装（make up），服饰，姿势（雕刻、舞蹈在内），我都没有受过专门的训练，如何可以指导别人。

作导演的必须对于扮演的技术真有把握，而后可以给演员他们所需要的帮助。

将来在导演上如果想见长，必须用力在这几种技术上。

* * * * * * * *

昨天一个大学学生问我清华的西洋文学系如何，他想去投考。

清华的西洋文学系有王、楼、吴、张等教授自然应当不坏。王又新从 Baker 手下出来，对于戏剧也有最新的智识。英文外，德、法文他们都能运用。并且吴、楼二人中国的旧学也有相当根柢。

我对于西洋文学本来没有受过系统的训练。看的书很有限，英文外不懂其他任何一种外国语言。旧学又毫无根柢。在西洋文学上，我凭什么可以有出人的成就？

只在戏剧一技上讲，编剧我不如西林、田汉，扮演我不如洪深、予倩，——难说只是一个土才子的化身！终身只是小有才而已！

（难说只是一个土才子的化身。）

* * * * * * * *

停止吸烟一星期，看效果如何。抽多了口干也有气味。

六月

六月一日，三

自今天起学校提前放假。

最敏于决断的是校长。他的责任最重。十天前在 C.Y.活动最激烈的时候就有意放假。现在军事紧张，所以立刻决定了。

* * * * * * * *

P.①对于校长不能容。听说市部有接收南开的计划。

可批评校长的地方自然很不少。他以先利用的势力，如旧官僚、教会、美国朋友的赞许，实业家等，在新局面之内都是被攻击的，想存立必须得新局面里某种势力的援助。

办了二十多年的教育，已经很有成绩。旧局面已到末路，将来如何，正是问题。

南开必不免步东南的后尘。郭、黄②既已倒，恐怕范、张③也难免！我们可以说范、张清高些，但是在教育界上的权势也是很高的。新人物出现，旧人必须推开。

* * * * * * * *

校长有意离开，去访焕公去。学校方面暂时要我代理。

离开一时也是为他个人的休息。但是焕公恐难为力。并且以先与焕交是由于教，现在不是焕想用教的时期。

B.自然甚强，他总会想得出方法来。（孤意独断，惯了！）

至于代理一层，我一定不要校长名。旧事由旧职员执行。我只可担任筹备改组的委员。先从中学入手，立刻动工，师生合作。

我个人加 P.与否，只看我兴趣如何。以前与守常谈话，将来可作为研究的入门。教育与戏剧——在这两种活动上的创造是我的使命。政治的活动，我没有那样技能和天赋。并且我最大的兴趣是在创造，只叫我维持我不干，只叫我服从众意我也做不来。

---

① 指国民党。
② 指郭秉文和黄炎培。
③ 指范静生和张伯苓。

大家如果给我一个创造的机会——在教育与戏剧上——我就可以安心工作，或者产生一点作品不也是于大家可以有用的吗？

* * * * * * * *

无论环境乱到如何程度，无论周围的个人如何斗巧争权——我一心一意的努力在我的戏剧和教育的创造上。

* * * * * * * *

中文的发表是必不可少的。白话是民众文字工具，用白话发表本不是做不到的。因为不常做，所以胆怯。

* * * * * * * *

昨晚大学文科学会演《亲爱的丈夫》，很可看。化装我得点练习。

想不到，在这次大变动之前，我还得着机会排演了两个戏。结果至少演员都觉很高兴。

本每星期六或者再演一次——大、中合起来。看一看局面后定议。

[六月] 五日，日

一日下午听说有害及 B.生命的危险。定议南下，凌①出代理。

二日我去说凌，他只允在外帮忙。我说了些过火话，一时气不能静。我说我不是行政材，只能做一点艺术创造的事。请他出来组织委员会改组学校。我想的太过，我有一点露出 B.从此要下野的恐怕。下午车同凌赴京。晚凌访童②部下，得消息。P.现无正式组织，各处只小组连络。

三日在京访仁山。示以我有入 P.意。从仁山口始知童不能统全局，只代表武汉。受洗最好在南。仁山不久南下。又访在君、西林。下午车返。晚知 B.已取消离津意——空气缓和下来。

这三天的紧张是向来没有遇过的。我太慌张，而 B.很镇静！我多怕——胆力弱，自信远不如 B.，决断他是又坚又敏。B.的领袖才是真可钦佩。

独断和矜骄也是有的。他得罪人的大概因为这看不起人的态度。

书本智识自知缺乏。应付变化，果断果行——这样才不多见。B.将来活动范围——假设大学无法维持——也必不仅限一个中学里。他的兴趣不在教育设施的问题，而在事业的推广。

* * * * * * * *

---

① 指凌冰。

② 指童冠贤。

这一年半的工夫因负责轻，奋斗力也像减少。

也许环境太顺适吗？

什么是奋斗的目的？以先在清华，我攻击的是一般贪利苟安的人们。奋斗着虽难，还有兴趣。在此地，目的移到个人的长进上。敌人在个人里面，用力不大痛快。对外我要打什么？只于帮助防患，及保守事业——自己认为被动的了。

我是革命创造者。不用宝贵的力量在保守和防人上！

（努力攻击。不管防守。）

[六月] 七日，二

北方战事在近三天又缓和些。校长今天又想办暑期学校。

学校改革的决心已经宣布了。现在应该立刻招集筹备改革委员会，在暑假中把大纲拟好。

现有的职员为办现行公事最相宜，但是对于改革创新上都没有那样兴趣。实在说，都很限于见闻。

既然如此，研究团应早组织起来。

校长向来看不起学问。职员中没有一个对于学问有特别兴味的。这次如果没有时势的压迫，连那一点改革的空话也不发表。

战局稍缓，难说又敷衍过去！

* * * * * * * *

滑头手段是青年最不服的。继续下去一定被攻击，被淘汰！

五十以上的人很少能急进！不自觉地，就只顾到维持。

"拆了重来"——口头上如此说，但是到了实行改革的时候，就对于自己以往的成绩不肯轻易舍弃了。这是一种心理上不可免的保守性。

* * * * * * * *

我还毫无成绩可言，所以没有什么要保守的。

我想创造又苦于才能太有限。我这一年半的动机就在增长个人的本领。

时局与我无关。我的工作——我要使它不被时局所影响。我没有想保守的，自然不怕时局的变迁。

我不一定要住在天津。不一定要享受这一点小安逸。不一定要被家人缚束。

我要独立的本领。要工作的机会。要创造的作品。

* * * * * * * *

放假期内我定自己工作时间。

[六月] 八日，三

昨天失去结婚戒指。1921 五月廿四日带上，一个月前换到第五指上，昨天午饭后忽然觉出已经丢掉。丢在什么地方完全想不起来。

本来为做终身伴侣的，而因一时不小心毕竟失去了！小小的戒指不过是一种象征。以后在事实方面望无意外。

意外都是最可恶的——谨慎无论到如何地步，也有时免不了偶然的意外。

* * * * * * * *

昨晚校长在家里招集主要职员，忽然提出想做一结束，向严先生辞职，以后改组，本人或任董事之一。校内维持的责任太觉着捆绑，自己想离开活动活动。

大家许久没有话说。继续谈下去，大家不容校长辞退。如果想休息，离校一两个月或可做到，校内职务分配一切仍旧。

校长说到男女中学，赞许喻的成绩，将来这两部请喻主持。

听华的口气，像是什么时候改组他就要退。

* * * * * * * *

伉说，没有生力军谈不到改组。

一般人能从习惯中自拔的本来不多见。

* * * * * * * *

校长性刚。上星期最紧张的时候，大家商定请凌代理，以后缓和下来又做罢论。——经过这一番，也许校长疑人有轻看他的意思。什么时候信任稍有疑问，立刻就想自退，——性刚人如此。

* * * * * * * *

政局混乱，渐渐不容教育独立。学校维持下去，困难很多！

无论乱到如何——我推测在二三十年内政局不像能就绪，再者外人干涉不是不可能——为保存民族的存在，必须养成一般真有独立能力的青年。

这样能力如何养成？——那就是教育上最亲切最重要的问题。

* * * * * * * *

实行家以我的言论为空泛。

喻能照顾到 details^①。这个二千学生的男女两中学，没有机械是动转不起来的。空谈改组容易，改后这盘大机器如何转法？谁去负责？想到这里，谈空理的人自然不受欢迎了。

试验自然有成功，也有失败。如果大家对于试验稍有怀疑，那还是不做试验的好。

我只对我个人努力，对我个人负责。《一个教育试验的序言》一定要写的。别人对于我的国文轻视——这个短处一日不除，自信一定不强，能力也必不足服人！

每天上午作《序言》。

胸无成竹，只开些空谈的讨论会有什么用处？并且还有害处！

[六月] 九日，四

昨晚又在校长家开会。华、喻的口气不赞成改组，——华不过只是留校长不退，喻表明他反对改革。他说等党军到了再看，如果人家容我们存在，我们那时再大改组。如果人家不容我们存在，现在改组是白费力气。这样论调至少承认自己以往的办法是无可改的，改革的动机完全是自外来的。

校长说最不肯舍的：一是一个同心同德通力合作的团体，二是这二十多年积存物质的设备。

现在的组织是校长一个人集合来的。无论什么人不能接收过来，而能继续前进。

这样一个团体的存亡完全看校长一人的成败。

大家不会自定方针。校长的意旨是大家完全服从的。

以往的习惯——特别在教务及管理上——近来校内外很有些不满。但是负责的职员自己不能根本觉悟。校长是惟一能了解的人，惟一有改革毅力的人。一般旧人惟有校长可以领着他们改。听他们自动，只能按旧法维持下去。

局面太复杂，不知将来变到什么样。课程及一切生活如果往新方面改进，又怕引起强盗当局的注意，——昨天听说省政府有人提议接收南

---

① 指细节。

开，他们知道南开有现钱的基金。

如果不去改进，又不足服校内一部分师生及校外的新舆论。

* * * * * * * *

这些产业及这许多青年——又是利，又是名，又是很大政治势力的可能！人家如何会不在暗地里计划打倒你，收没你的产业，毁谤你的名誉，消灭你的影响？

现在已经到了四面被围的时期。

有活路没有？——这是最切急的问题。至于课程改造，组织更新等等还不是根本的困难，只是方法上的小出入而已。怕的是盗与党都想把现在一群办事人赶开！都讲的是实力，谁来问你有什么学理，想做什么教育试验？

* * * * * * * *

讲到实力，如何可以得到真有力量的援助？

一、有熟人——结交多方面。

二、造谅解——高调不可完全不用。

三、两团体——使校内校外南开团体的巩固，组织渐渐从单人的变到多人的。

* * * * * * * *

怕等不到新实力造成功，学校已经让接手去了！

* * * * * * * *

把南开的生活做到又苦又难，那样外人就不敢冒想侵犯里面来。如果我们里面往安逸处去，外人自然想争来享受！

* * * * * * * *

南开惟一希望在校长一人能否领导这一次的大改革。过渡只一活路在校长一人！过渡后校长担负必定减轻。

这是假设有活路的话。不然，出不了今年暑假，一切校产就要被人接收去了！

如果有一得之愚，惟有供给校长是最有用处的。在职员会讨论是无效的。

校长肯听不肯，肯改不肯，那责任就完全在他了。

好在南开是他一手创办的，就假设这次过渡失败了，也惟有他一人可以负这个责。

* * * * * * * *

昨天从大学借来些本近来的外国杂志看。

[六月] 十日，五

昨晚在校长家招集暑期留校学生自治会的执行委员，讨论章程及组织法。

因为大家对于团体组织方法不甚清楚，所以想在暑期中有几次讨论（四次或六次），校长叫我去搜集资料。我还提议对于求学的意义也可以有几次讨论。

* * * * * * * *

盗当局又有恶消息：袁镇守使①、张佐汉已电褚②报告南开多乱党，请示办法。

强盗天下，还讲什么文化？

袁、张或有意抢钱，褚或不敢。并且有奉张的面子。就假设被盗匪们扰乱，将来或易于恢复。真难关还是在党人活动以后。大同已有拒胡运动，并请通缉胡敦复③接收大同。吴老头替胡说话还没效力。如果 K. P. 到北方来，本省的 K. P. 领袖我们都没有接近，李石曾对于南开也不免有误解。恐怕将来下面出问题时，上面也没有援助，——那就危险了。

这廿多年的好运是最使人妒忌的！因妒，大家——特别在革命时期——很少愿意出来给南开帮忙。

[六月] 十二日，日

暑期留校学生自治会已经组织起来。

我对于章程建议了几点，没有全听我的说。我太妄想，以为人家必须看重我。现在的青年都不愿意听年长人的话。以后不要期望他们事事都按着你的意思去做。在小范围内，多给他们一点自由也无碍。

* * * * * * * *

论到标准上，年长人应当比青年知道清楚些高远些。如果青年不能

① 袁振青，辽宁怀德人。1926 年任天津镇守使。

② 褚玉璞（1887—1929），字蕴山，山东汶上人。1926 年任直鲁联军前敌总指挥、直隶军务督办兼直隶省长。

③ 胡敦复（1886—1978），原籍江苏无锡，生于江苏桃源。1909 年获美国康奈尔大学学士学位，1911 年任清华学校第一任教务长，1912 年创办私立大同大学，并担任校长。

虚心，以往一切的文化经验都不能利用了。

只在校内工作上努力不能使校内人心服，必须在大社会里露本领——如著述，或连络，或捐款。如果大社会里对于你不谅解，校内人也要起疑问。近年来，校外人批评南开太多了！而校内也没有新气的表现。

快快改革校中工作，必能得大社会里新舆论的谅解。

* * * * * * * *

我们做积极的工作！

不要在防备上费丝毫有用的精力。

（不怕！不防备！）

有人说："你们已经太晚了；假设新势力来后，无论如何南开是站不住的，那末，现在的改革不是白费力并且还现丑吗？"

我们说，既然我们认清南开的工作是应当改革的，我们不问那种的势力来与不来，我们也是要使我们的理想实现。假若有人在暗中计算拆毁南开，我们现在改革起来也可以减少他们对于攻击南开宣传的力量。

这个改革事业是必须做的，并且必须立刻做起来。

（立刻做起来！）

校长也有决心，已经叫我去筹备。

我的责任很重——惟有努力，成败算得什么！

［六月］十三日，一

昨天下午同五哥去访《大公报》胡、张①二位编辑。他们豫〈预〉备在军事到一段落后，提倡发表各样建设的讨论。文字的力量将来比现在或者大些。

又谈到天津土陋的情形——八善堂②代表土豪，在租界里营生的大半不是买办阶级就是洋人走狗。智识者很有限，如果以发表能力做标准，天津可以说没有一个。将来新局面来到，本地的人民如何组织起来？我们——本地一个比较有生气的学校——对于本地应当担负计划改造的责任。

去访千里谈谈。本地，本省的教育改革——至少在这一小部分上——

---

① 指胡政之和张季鸾。

② 由天津八个地方慈善机构南善堂、引善社、备济社、济生社、体仁广生社、公善社、北善堂、崇善乐社组成，史称"八善堂"。

我们应早筹备出一种方案来。

＊＊＊＊＊＊＊＊

校长想约几位在津的教职员明天吃午饭，做一次谈话会，请大家发表对于课程及训练改革的意见。

我要预备出马了！

《学校工作及生活的改造》——这个题目比《一个教育试验的序言》响亮，也应时。小心不要只求一时群众的欢心！

我预备四次或六次的讲演。说过后出版一小册子。

＊＊＊＊＊＊＊＊

自己想说话，必须先知道别人已经说过什么话。

特别要看近年来南方有什么新言论或新设施。

这一步工作至少要用一个星期。

起首或者不用讲演，先讨论各人已有的疑问。

但是，无论如何，也逃不出一个主脑的学说或见解。

[六月] 十四日，二

一切对于人的方面，由校长决定。我只供给 Ideas①。

我看大家——包含所有教员、职员、学生，——都没有成见。以往如何，我一概不问。我只对于思想负责，谁愿意来听我的思想，并且努力使它实现，我们都是同志。

有人以为我太空泛，——我惟有往实在处做去。有人看轻我本国文字发表能力，——我惟有用力写出文章来看。

[六月] 十六日，四

昨天有教职员约二十位开了一次谈话会。说话的人只有校长同我。大家还没有发言，已到午饭了。饭后也就无形的散会。

今天早九点一个小预备会（七或八人）计划讨论日程。

＊＊＊＊＊＊＊＊

"学校工作改革讨论会"——这是我拟的名。

会员——由校长约请师生三十人。

---

① 思想，想法。

职权——讨论学校工作如何改革问题的各方面，对于南开本校建议各种具体改革方案。（讨论结果及建议方案将来发表。）

会期——三个星期（可延长）。每星期一、三、五上午十点开全体会（各委员会及分委员会在其余时间），（委员会内可加入非会员，委权在主席）。

讨论日程——由日程委员会规定。（日程委员会七人由校长指定）

主席——校长，或由校长指定任一会员。

* * * * * * * *

下午

今早预备会结果大概与所拟的几项相同。

下星期一就开成立大会。

空的架子算是搭起来了。里面要拿什么东西充实？

* * * * * * * *

第一目标：产生一种互信的空气。师生合作不用多说，从实际工作里自然就表现出来。有了互信的空气，然后团体自然会坚固，外力也不易侵入。

想造成互信，必须有大家认为公共的大危险在前。怕使人能忘一时的利益。水灾时的合作是一个例。

给青年人一条达到野心的途径——也是可以造互信的。

* * * * * * * *

使人明了你的意思是最难的一件事！

在你面前能点头了，你还不要以为他们真懂了。他们述说给别人听时，早就不是你的意思了！

为思想简单的群众，惟一可用的工具是标语。一大串意思没有人能记得住，几个字的标语或者有些人可以记得。

富于感情的成见惟有改变它们的连索，不可直接反抗，更不可忽略它们的存在。把它们连索到新目的上，你的新目的一定可以得到绝大的助力。

* * * * * * * *

会员假如能在八里台一同住几天——能离开天津更妙——精神上可以得很大的益处。香山会议地点择的好。

　　既然走不开，要多利用八里台。如果不能去住，至少第一天的会餐到八里台去。

　　想法离开旧环境。

[六月] 廿二日，三

　　学校工作改革讨论会已开过两次大会。

　　还有猜疑！旧制度旧职员都有不适处。现时国内空气也有影响。

　　猜疑要往我身上来——小心！

　　少说话。纯诚，纯敬。

　　校内积习，校外破坏，——力量都很大。希望不可过奢。

　　自己的真本领在那里？

　　　　　　　　* * * * * * * *

午

　　今早在大学讨论学校组织时，校长勿提出把全校事交给学生办，以学生为主以教职员为宾。并且声明如果只于局部的小改组他一定不做校长的。

　　因受批评——近三四月间特甚——负责也太重，所以有这样的冲动。

　　这是第三次——第一次是在一九一九"五四"的时候，第二次在一九二五春，大学闹风潮的时候。

　　不得人谅解，又为什么要这样"混"去干下去？

　　　　　　　　* * * * * * * *

　　痛快地发一炮也好。

　　旁人如何猜想，何必去问？大丈夫应当如此。

　　惟有师生宾主的说在原理上未免有可疑处。

[六月] 廿六日，日

　　今天没有会。

　　前六天我发言已觉太多。长篇的话说过两次：《对于南开今后教育试验的一个建议》及《学校组织改造案——原则根据、组织大纲》。

　　第一篇的理论和第二篇的办法，已为大家所承认。

　　人家收纳了你的意思，你的责任就自然加大了！危险在此！还是人家不听你话的时候，自由多了。

现在你的意思比较地新奇一点鲜明一点，人家听着高兴，于是乎你自己也觉大得其意！但是再过三年五年，或十年二十年，你还能继续地有新奇的意思发表吗？所以对于思想"落伍"的人要有原谅；同时也要日日自新。

＊＊＊＊＊＊＊＊

其实只于说了几句空话！什么是真成绩？什么是不朽的真本领？

连自己说的话都不能自己用文字发表！那配谈高深的原理？那配梦远大的策谋？

只在小处露小巧！大人物一定不如此。

在自己的真本领上用功夫，比在人前露小巧，可以百倍在青年身上的影响。

在下六天的讨论会内，少发言，不要固持己见。空高而大家不能完全谅解的计划，实行起来一定失败。并且你也应当保留一点新意思为以后改革讨论的时候用！

长进自己比全力办事——在这以下四年内——较重要得多！

有了自信的本领，然后再把全副力量放在事上。

＊＊＊＊＊＊＊＊

"暑期南开新剧团"已组织起来。藉此我可以多些练习。

[六月] 廿七日，一

昨天学科审查委员会通过《中学课程改造计划草案》。今天在大会报告。

想出这一点空计划来，还不过只是小巧。这算不得什么本领。

早作字卅六个。神稍静。

＊＊＊＊＊＊＊＊

下午

《课程改造草案》在今天大会里已经原则的通过。

说话又太多了！

组织大纲是你的，课程的计划又是你的！就假设不遭忌，在将来负的责任也很重大了。

并且我的骄傲态度本来是很容易引起的！今天午后同一个学生谈话，

不自禁地露出自满意！

组织方面的事完全顺从校长的意思。我的建议本来是在大家无法解决的时候我才提出的。我的兴趣还只是在课程方面。

在这一方面做试验，困难已经多而且大，那有余下的精神照顾到全体组织的事？

＊＊＊＊＊＊＊＊

校长是实际上有经验而且有把握的人。我是一个空想家！我已经说的空话太多了，对于实际上办法，以后多请教校长。

＊＊＊＊＊＊＊＊

军事结束以后，政局不知变到什么样子。我们所拟的内部改革的方式，不一定可以保全学校经过这次大[风]波。大风波来到的时候，南开还很有危险的可能。校长就许还免不了被党人的攻击。到那时，学校可以保得住不根本动摇吗？如果不幸到工作不能继续的地步，那末，一切的讨论不是白费力气了！

总之，不要高兴。

＊＊＊＊＊＊＊＊

自己不能用文字写出，这算是什么思想家？

这次的讲演可以烦一位学生记录，将来在他拿来稿子要我改时，我必须现丑了！小巧不可大用。

＊＊＊＊＊＊＊＊

如何可以静下气来做一点真功夫？

什么是不被时局动摇的兴趣？教育和戏剧的创造？

＊＊＊＊＊＊＊＊

七七又将来到。

＊＊＊＊＊＊＊＊

看本册日记。从南方回来后，走入一段新工作。

容易受感情的冲动，——例如：传说 B.有危险时，及校中猜疑。

好说过头话——例如：访凌时的谈话，及今天骂旧课程为"亡国教育"的发言。

[六月] 廿八日，二

"言过其实，终无大用。""巧言令色，鲜矣仁。"

＊＊＊＊＊＊＊＊

校长主张交给学生办，另有苦衷在。

问题在大处，不在学校工作改革的细处。大处须大才——敏断，远观，有时还要用手腕。

＊＊＊＊＊＊＊＊

新剧团的组织已有学生争权的现象。将来学生加入行政时也必少不了互相争权，以致演出派别的党争来。所以对于新组织不可过于乐观。

＊＊＊＊＊＊＊＊

过火话已经说的太多了。实施上的困难请大家分担罢。

＊＊＊＊＊＊＊＊

下午

今早的会果然起了纷争。学生中对于办事人有完全不信任的——出我意料之外！

校外有人想鼓动拆毁，这是一方面。以往的制度也应负一部分责任。到现在积习已深，师生间的互信真可谓到了零度了。

校长大概是预备辞职。休息一年或半年再打主意。（以交学生办，刺激学生的觉悟。）这样他自己已往的成绩可以做一结束，责任可以放下一时。至于将来如何，看看时局的变化再定。他是看重实力的，得机会要有相当活动。空话可笑……又可怜！但是太靠实力，将来或被实力误。我想用思想影响人，所以我不善行政，不能筹款。

我的兴趣在教育上的创造。我想把南中改为一个试验学校。大家本着我的意思去实验一种新样的学校工作。同时我不愿意负经济责，如果有校长去筹款，我就可以实现我的理想，将来也可以算是我的成绩。

并且还许用新方式帮助维持南开的一般老同事。

＊＊＊＊＊＊＊＊

革命的空气是想推翻一切老职员。反对职员的力量不意到这样程度。有几位教员（如范等）背地批评，学生对于职员也是仇恨已深——反对职员就是这两方的积怨造成的。

我所拟的方案还是不对症！

（校长根本上恐怕不能看重任何"讨论会"。所以一般师生也以为必无成效。校长独断孤行，会议式的行政他是根本不能容的。我建议的时候忘了校长的性格了。）

大概必须从地基上新起建筑。我的魄力如何？学问如何？自己整理好自己的思想，有机会时可取出一试。

＊＊＊＊＊＊＊＊

经过这一次不能算是完全失败。我的思想得一次的发展，得与事实接近些。也许在几个人的思想上发生了一点影响；但是如果有，也不很深，因为我自己的思想本来还很肤浅。

（教育不是政治，绝对不能按着政治办。没有互信，完全没有教育的可能。）

[六月] 廿九日，三

政党利用校内教员与学生的不满来做拆毁及报复的工作，他们反对学校的内部的合作与改善。

讨论会是想方法改善校内工作的，P.必在暗地讥笑，讽刺，拆台。

校长也看不重这类空谈办法。

在这状况之下，如何得到最好的结束？

空气中布满了猜疑！一方面拆毁的力量，一方面多年的成见！

这种空气中，不能施"教育"。

只我一个人的意思，力量太有限！政潮不管个人的思想！知其不可而为罢了！

[六月] 卅日，四

现在大纲已定，下一层是实施的步骤。如何过渡？

课程必须至少五年努力，才可全体实现。组织也应当有一种年限上的步骤和筹备。我们承认一年级没有过我们新式的训练，所以不给他们在校务会议代表，那末全体旧制学生也应在一年后才可以算有过新训练。

筹备新制实施——至少要一年。下一年可以名为总筹备期。

＊＊＊＊＊＊＊＊

下午

在外吸烟，B.忽来。是否怕人知？假！怕人知事不只此。完全内外一致可能吗？

我不认吸烟为过。B.不赞成，也是因为他做的是学校事。我是职员之一，而不遵校规，也算不忠于团体。

从我的教育观点上看，吸烟可以做吗？没有什么一定不可。如此人知本无妨。B.知也不应怕。

七月

七月二日，六（第四十三册起）

晚十点——刚从八里台野餐回来。

学校工作改革讨论会今天闭会了。

昨天对于组织大纲我说了一大片空话，后来我动议的时候，我只说了三样，忘了董事会及校长。

现在我怕起来——张延森……捣乱份子就许将来固〈故〉意捣乱，说大会通过的不包括董事会和校长。

仇人①在暗处，真是防不胜防！

通过大半是我的主张。从此后我就没有自由了！

昨天五哥已经同我谈，要我代理校长。大难在前，如何过得去？

自己真混！为什么多说这许多话？自己读书的自由白白的丢开！

还是少负责的好！

我的意思是清楚的。大家对于校长和董事会都毫无疑问的。今天我为什么不修改记录？我的胆小，我的忽略！

（董事会及校长都是旧有的，无须再通过。）

如果有人诚心捣乱，也不难辩驳。只于费些笔墨！

暗地总有人想拆毁，事如何可以做得成功？

我本来可以不管的。当场说了许多出风头的话！可是责任就逃不开了！

* * * * * * * *

……我可以不必负责了！

"言过其实，终无套用！"只会说空话，没有毅力，没有胆量！

我自认已经是失败者！新教育实验作起来也一定失败！

惟有少负责一条活路！

* * * * * * * *

白费了两星期工夫！只落了我失败，阴谋的……成功！

———————————

① 指对教育持不同意见者。

现在不必多虑。事已过去，追悔无丝毫用处。听之而已。我是尽力了，还有没照顾到的那就无法了。

（空愁一回，白怕的要死！过后完全无事！七月廿日）

* * * * * * * *

其实，我何必为校长虑？他不怕人攻。我胆小，所以在小处恐怕被人得了机会出暗计攻我。

捣乱份子不想叫人做教育事！我知道他们的狡猾，所以要时常预防他们。

在清华，仇人都看得见；此地的仇人我都看不见，打的时候或者更难防些。过了这次大变，或者可以好一点。

* * * * * * * *

陶诗①："纵浪大化中，不喜也不惧；应尽便须尽，无复独多虑。"应败便须败，无复独多虑！

清华失败以后，我的勇力更少了！现在一点小故足可以使我怕得寝食不安！这样将来可以任得了什么大事？

南中的试验失败恐怕是一定的了

* * * * * * * *

完全冷下来。本来没有希望。

责任由学生负。他们如果真愿意求现代能力的教育，他们自己应当铲除捣乱份子。要我出来，我再出来，不然我何必白费力气！

任何股主任，我都不要。

我做自己的工夫。学生真要，再出来帮助。

我承认是一个失败者，所以必须退让。

* * * * * * * *

经过这两个星期的失败，从明天恢复自由。

我做我的"教育"事业，不管任何"行政"上的职务。

自己作学问，比空谈瞎吹的力量大百倍！自己做起学问来，一切邪人邪气都不敢来侵。

---

① 指苏轼所作《问渊明》诗。

[七月] 三日, 日

五点起。睡的太少, 不过四小时。疲劳已过度, 所以多惧多虑。

今天不想一切校事。

"户庭无尘杂, 虚室有余闲; 久在樊笼里, 复得反自然。"

* * * * * * * *

看 Gulick[①]的 "*Mind and Work*"。

[七月] 四日, 一

觉镇静一点。

"不动心"必须养。新得习惯, 在疲倦时, 最先失效。"无畏"是我还没有养好的习惯, 稍有过劳就先"怕"起来。

开会的末二日, 我实在过劳了。闭会后的虑和惧, 更是由于疲倦已极。

* * * * * * * *

一点没有可怕, ——离开此地, 还许可以多得钱, 多得经验。真有敌人, 再去作战; ——神经不可过敏。

镇静, 我远不如五哥。

* * * * * * * *

事实虽然如此, 但是仍要继续努力。不然, 只会说些空话, 遇事便怕起来, ——未免太可怜了!

[七月] 五日, 二

"理想的我"被人看破, 是最痛苦最伤自信的经验。

我要人想我是哲学家, 道德家, 艺术家, ……

妄想很高。马前三刀——骗人的门面——也会玩。但是一被人看穿, 生命就完全无兴味了。

* * * * * * * *

道德家的假面具——因吸烟 B.发觉——已揭开!

哲学、艺术, ——只是本国文字不通的一点——也无根据!

别人很容易看破你的"假"! 知道你只会吹空话! 虎头蛇尾! 说完了空话, 人家要你负责推行时, 各种疑和惧就充满了你那窄小的心胸。

---

① 古利克（Luther Halsey Gulick, 1892—? ）, 美国管理学家, 曾任美国哥伦比亚大学公共关系学院院长, 曾为罗斯福总统的行政管理委员会成员。

（虎头蛇尾。）

* * * * * * * *

这种只会妄想说空话的人——成功他是没有那样力量的——很够败坏别人的事业！

南开的前途真危险了！

* * * * * * * *

疑，惧，无决断的人可以做什么事？

（疑，惧，无决断！）

教一点书——只说些空话——或者可以做得来。

办事，对付人，——不是无决断的人可以做的。

* * * * * * * *

自欺欺人——"假理想"仍旧要架起来！

没有自欺，生命就过不成了，这是弱者的铁证。

（弱者！）

[七月] 六日，三

看 Gulick。

P. 15.

In dealing with ourselves, while occasionally it is necessary to examine our own failures in order that we may detect our weak spots, the thing to keep in mind constantly is our successes. It is of no great significance that we should try nine times to solve a problem & fail if when we try the tenth time we succeed. The one success means more than the nine failures. That is the thing to be kept in mind.

P. 83.

Assume the bodily positions & moments & manners & tones of voice that belong to the emotional state you desire.

得这两条可以帮助渡过"疲倦心态"，——恢复自信。

* * * * * * * *

不要只注意"不满"，同时也不忘了"成功"。

目的定得高而且远，对于进步总觉太慢。久而久之，只顾自怨不成器，渐渐自信力也就降低下来。

精神强的时候，虽然自怨，还肯努力工作。到了疲倦的时候，就只有自恨和胆怯，没有丝毫勇气了！

* * * * * * * *

有了勇气，才可以做"任重而道远"的事。

"人一能之己百之，人十能之己千之。"这是何等勇气！

"日知其所亡，月勿忘其所能。""成功"是不应忽略的。

* * * * * * * *

这次学校工作改革讨论会也有它相当的成功。

[七月] 八日，五

踌躇，猜疑，——这是我的弱点。

因为这样短处，每次决断一点小事都要用的精力很多。一有难题，就踌躇猜疑起来！所以最容易疲倦。

（太注意细微，所以容易疲倦。）

* * * * * * * *

南中今后的进行，我有推不开的责任。但是我只供给思想，推行的重责还由职教员分担。

[七月] 九日，六

决定后的事一定是对的。

讨论会我对于组织上的发言是对的；

校长请雷①作训练主任是对的；

送走清华带来的王妈是对的。

* * * * * * * *

没有决心，每天就活不成了。

* * * * * * * *

时局不定，学校前途也不易定。踌躇因为时局关系增加十倍百倍！

外面不来拆毁，学校内部本来可以不生问题。

---

① 雷法章（1903—1986），湖北汉川人。1921 年毕业于华中大学后，任天津南开中学训育课主任。1930 年任青岛市教育局局长。1937 年抗日战争全面爆发后，历任山东省政府委员兼秘书长、民政厅厅长，农林部政务次长、内务部常务次长。抗日战争胜利后任浙江省政府委员兼秘书长、考试院秘书长等职。

如果在夏天北方局面不定，秋天开学还要有问题。

****

在改组后，我还是立在出计划的地位。提倡新方法，新学说；用思想作领导的工具。

少露于外。校内外的人——在天津的——我还勉强可以引导他们。

如果作测验事，可以多与学生谈话，听他们述说"不满"。并且在提倡新事业——如消费合作社，新剧，演说，艺术训练等——也可以多认识些好活动的学生。

学生个人写不满及心得，每月集一次。我可以同几组谈话，或选几个特别应注意的学生来谈话。

或在高二、三任"人生哲学"，可名"人生问题谈话"，每周一小时。最好从高级造领袖。

****

以上都是假设没有外力来干涉。若是党人有意来侵占或捣乱，里面的工作就要出纠纷了——如内外勾结，加深猜疑，时刻防备等。

那样一定办不成什么教育了！

期望不致如此。

****

在外面的活动同时也很重要。必须在外面得名望，广交游，然后里面的信仰也可增高。

我惟有教育与戏剧两途可以使校外人注意。在这两样上，我必须得多写文章。

省下执行的时间，在文字上用功夫。训练事让雷去担任是非常对的，不然我自己就要过忙了。

为我将来的发展，文字功夫是第一重要。

（不写文章，不能发展！）

****

说句实话：南开的存在也没有我文字的发表重要！

这是一个新发明。现时觉着特别有力。在实行上既然踌躇的难堪，我就不必在办事上用力。思想创造上去找活动的范围。或者办事现在还不是时候。

不被土俗的天津捆绑住了，必须在文字上见长。为发达文字，住在天津不出门是不成功的了。多交文友——在京，在沪。

* * * * * * * *

多年不写戏了。《木兰》是近七年前写的。现在为什么不写一出？

这一点技术不要放弃！

戏剧是一定有将来的。

学校的事放轻一点吧。校长自然负责。外患不来，毫无危险；外患果然来了，空 Worry 是毫无用处的！

真能帮助学校的，还是在我学术上的发表。

文字发表的梦还是要继续做的！没有梦，还有什么生活的趣味？

写了戏，而后再写别的。

* * * * * * * *

暑期新剧团现排三出独幕剧：《压迫》《获虎之夜》《可怜的斐伽》。

从排演中又多得点经验。对于念词及姿势这次特别注意。

[七月] 十日，日

昨与勉仲、千里谈。勉仲新自南来。千里近加入省执委。

* * * * * * * *

早看 "Decision of Character"。

看前周日记。

今天在家读书。

* * * * * * * *

决定后，不再疑。这一步是必须打过的第一关。

做过的既已过去，悔只有害而无益。

愧悔是往后看，辟新是往前看；——一个是死路，一个是活路。

（愧悔与辟新。）

活着就是辟新。习惯都有改革的可能。以往的弱点拦不住新拟的前程。

[七月] 十一日，一

月涵在津，诉说清华教授如赵、唐、陈、李，都有南方的聘约。南人到北方来教书的很多，北人到南方去教书的就很少了。是北人的天资低吗？或因为天产没有南方富？气候太干燥吗？也许是因为文化积蓄的关系，南方读书的空气比北方浓。

这次政变之后，南人的势力更要加大了。军事上北人难说也不如南人了吗？

南北界限一定免不掉的。

北人的教育应当如何？

天津的发展也不在北人手里。北人真是这样的没本领吗？

南开是北人办的学校，近来职员中也要引入南人了！教员中从早就是南人比北人多。

纯北人办的教育机关——稍有一点名望的——只有南开一处。这次政变南开要受很大的影响。大学经费怕不易设法——政府不能再给很多的补助。北人的巨富一个也没有，南人捐给一个北人办的学校也是很少的可能。

* * * * * * * *

或者北人还可以维持一个北方政府。那末，南开或可以得一点政府的帮助。

* * * * * * * *

北方可以产生一种新中国文化方式出来吗？

可努力的大业可在这个方向上去寻。

教育是我们入手处。南开是要比南方的中学办得好，——以往成绩已经很有可观，今后还要求精求新。北人这一点事业再作不成功，那就太丢脸了！

[七月] 十四日，四

昨天消费合作社研究会开第一次会。

在这样乱的时候，我做教育事可以守两句标语：

一、对于现代文化做复杂的介绍（或名多方面的介绍）；

二、对于中国现时问题有清楚的理想。

至于一时的政治手段，我们去尽量的谅解。加入直接活动的人我们并不反对；为教育青年起见，我们不得已只能做"介绍"跟"理想"两层工夫。

* * * * * * * *

这样策略，党人还是反对。他们不要独立的教育机关存在。"不革命就是反革命。"无所谓思想自由。这是解决中国问题最好的方法吗？这样专政是否只为几个人增高他们的权位？

在里面不好过，在外面也不好过！

* * * * * * * *

看 D. of Ch.。

[七月] 廿五日，一

报载巴黎通信万国戏曲协会之成立。谢寿康[①]——《李碎玉》著者——参与。并约梅明年六月加入戏曲节，去巴黎演艺。此议由谢君提出，大约已与梅接洽。

谢颇善宣传。几次通信都是给自己鼓吹。

* * * * * * * *

畹[②]说如山[③]嫁女有请帖来，约我去京一行，并为介绍伶界。至今无帖来。又如山要送他改编的《西施》来，至今也不见。

* * * * * * * *

希陆明年归国。难说又加一个吃南开的！

我必须另图生计。

现在还是闭门读书时期。无论戏剧或教育，大用都在将来！但要戒防"眼高手低"的病！

（眼高手低！）

文字工作，早觉悟是惟一活路，但到于今还是毫没有长进！

* * * * * * * *

鲁迅的《彷徨》昨天看完，很羡慕他的观察力。运用文字也有独到脱拔处。

[七月] 廿七日，三

这三四天非常热。

看余上沅改译的《长生诀》，情景太不中国，看了半幕。又拿起熊佛西的《洋状元》，看到洋状元出场后称呼父母为老同胞，也就放下不能

---

① 谢寿康（1897—1974），字次彭，江西赣县人。1924 年获比利时布鲁塞尔大学博士学位，同时获比利时皇家学院士称号。1929 年归国，任国立中央大学文学院院长，1934 年任中国文艺社常务理事兼秘书长，1935 年任国立戏剧学校教授。

② 指梅兰芳，字畹华。

③ 齐如山（1875—1962），戏曲理论家。

看了。

眼格不算不高。当代新作者我不轻视的很少，但是自己的作品没有一篇敢拿出给人看的。

* * * * * * * *

齐没信来。假设有帖来，我也不会旧式的筹应。连一封普通信我也写不出！

空空地自己造出一副教育家兼戏剧家的假外表。偶然一忽儿清醒，就觉得工夫没有从基础上作。空唱几句高调还可以骗人听闻；但是到了作一步一步切实工夫的时候，我不免露出不耐烦和兴趣转移的可怜的怯懦状态。

[七月] 廿九日，五

昨晚与千里谈。天津一市的小计划也没有人作过全盘的打算，千里愿意我在这方面出点力。

但是应付人我很幼稚。"知己知彼"——以客观态度，不动情感的去分析事实，我还做不到。

* * * * * * * *

晚

下午开训练会，因小事而与学生辩。事后觉着很无聊！（下午没睡好！）

大处注意！同学生永不要取辨论态度。他们不觉需要时，不必替他们策划。一同讨论，总要先使学生多发言，而后供给他们我的建议。

[大处注意！（不愧悔，只辟新。）]

以后本着新观察去持定态度。

* * * * * * * *

八半至十，访李湘宸，谈直隶教育的将来。他同璧亭对于本省教育起首作一度筹划。全省高等教育合并为一大学，内分八科：文、法、农、医、师范，——设在保定。理、工、商——设在天津。

本省教育津保之争到现在还免不掉。保派对于严、张颇有戒心。他们默认有一种所谓南开系的团结。

大家都太穷了。有一点小利位，大家就争起来。

想到人才方面，本省太少了！

* * * * * * * *

南开的向外发展，在省里，在市里，跟在北几省及在全国，都应取什么态度？将来大学入款依靠什么？这都是南开问题的大处，别只在内部的细目上争持。

[七月] 卅一日，日

有几个青年崇拜可以使我立刻高兴起来！受人恭维原是人天性所爱的，但是行为标准决不应以青年的好恶为根据。

人说好就快乐起来，到人说不好的时候自然就会懊丧起来！要人说好也变成一样"患得患失"的对象了。患得患失，心一定不能安，自然不能大无畏。

* * * * * * * *

习字。

* * * * * * * *

晚

下午睡了三点多钟。精神振新。暑假期内每天下午不工作。

睡的必须充足。一睡的不足，立刻少说话少判断。休息后——当于精神满足时——再去推行。

因为精力不强，惟有不得已出品可以少，但是必须保守精。

* * * * * * * *

看前周日记。

注意大处，——关于本身，南开，天津市，直隶省，全国，现代人生，——都要从大处着眼，更要从切实处作一步一步的工夫。

* * * * * * * *

看《阿 Q 正传》。

八月

八月一日，一

与孙毓棠①谈。为新计划作心理上背景工夫，必须注意两方面：一、由里而外——将已定政策解释给大家；二、由外而里——征集全校的疑问与不满。

这种工作将来或由测验委员会担任。

* * * * * * * *

全校露头角的学生要一个有系统的调查——个人性格，已做过的活动，同游侣伴，在同学中的名望等方面。

* * * * * * * *

又与孙谈到对于党活动的问题。"政治与教育"必须详审的讨论一番。

[八月] 二日，二

离开学只有一个月。各方面都要预备起来。

政局在一个月内还影响不到北方。开学后与暑前——在政治的空气方面——没有什么改变。将来 P.活动与现实力的冲突仍然把学校挤在当中，两方面都受攻击猜忌。

一种居中的方式——如多方面的介绍，清楚的理想，及组织能力的训练——P.必以为不满，并且诬以研究系。P.要的是多人加入，给他们造成绩。

开学后要留余力来对付这个问题。代表 P.方的理由——如要大家立刻加入政治活动——我们要明白，并且使这些他们认为充足的理由在相当的机会得以发表。同时反对方面的理由也得公布。最好这问题由学生中自己解决。

[八月] 八日，一

市部仍取攻击方策。改革他们认为无诚意，——在学生中很用力宣传。

说反对话，在这生活多不满的时代，是比较地易得同情。P.利用这种

---

① 孙毓棠（1911—1985），江苏无锡人。时为南开大学学生，后转入清华大学。毕业后在河北省立女子师范学院任讲师。1937 年后任教国立西南联合大学和清华大学。

心态，鼓励引诱青年多发表谩骂的言论。自己的生活多不满，自己对于自己难得满意，所以对于人总会找出他们可攻击之点来。乱世无完人！谁享名望大，谁受攻击多！

不要名。能不出名，必不出名。

* * * * * * * *

对于 P.的活动要调查清楚。他们自命为南开工作的敌人。如何对敌？

第一重要是冷静。能容则容，能忍则忍。少露外——少说话。

[八月] 九日，二

南方有客人来，我觉着家里设备太不讲究，房间不够用。在美时看着像不如我有希望的学生，现在渐渐阔起来。他们比我会生财。

我并不觉什么。不知太太也一样的坦然么？特别是她的女朋友来看她的时候——谈到几个旧友出嫁的，差不多都比我们入款多——相形之下，不免有点难过。

论钱我不如人，在其他方面，我有什么特别的成就？

在美时我出过些次小峰〈风〉头，回国后做出过什么惊人的事业？清华事件之后，至好人评一个孤高。在南开做的事更是没有人知道的了。难道就从此困死一隅了吗？

人生目的必须精纯。如果想要留下一点有长久性的作品，那末，一时的贫，一时的贱，是必须得忍的，——并且很许是终身的贫，终身的贱。

但是什么是比较长久性的作品？是文艺吗？是事业吗？我现在过的一天一天的生活是有一个总目标的吗？

今年夏每天只为排戏和学校改革忙。但是什么是具体的成绩？戏演过后，不几天，人就忘了。学校改革也不是我个人的工作。不能写下来，大概是不能久的，——这两样工作都离不开文字。文字上没有把握，还说得到什么久远不久远！

[八月] 十日，三

以后三天：每天上午在女中开改革讨论会，下午有委员会或排戏，晚间排戏。动作上忙，精神上要闲。得失完全置之度外。

* * * * * * * *

第三个小孩再有两个半月就到了。住房不够用，应当怎么预备？搬到八里台去也有许多不便。加人，家中用费也要加大，月薪渐不敷支配。我有过宣言月薪不得过二百。按中国实际困难来看，每月准有二百现洋的入款的地位就不可多得。

作教育事业的人本来不能期望入款很多。留学生又带回许多费钱的生活习惯——住处必须宽阔静洁，医药必须西洋的，小孩的卫生和教育必须比较地讲究些，暑假内还应当到海滨去休息几个星期，——全加在一起，每年入款再加一千元庶几可以舒服些。

保护健康——这是第一当注重的。必须 100%康健而后工作才可以收最高效率。

[八月] 十一日，四

向外活路：晼远行无接洽，并且没有把握，也难望多资。

剧必须有本，或有论，但恐此非其时。

教育也须有论。

现处顾问地位。不愿负专责。自居一种预备态度——不肯将全力放在事上。自己觉着最大缺欠在文字不便利，但是工夫还是一曝十寒。

自从今夏学校改革之后，与学校工作又多生了些关系。有些新建议是发动于我的，这是想推也推不开的。所以今后要比暑前多加些校事的忙碌。

＊＊＊＊＊＊＊＊

求活路还要自己下决心！

在小处露点小巧，得一点小名在一个小团体里，——真是可笑又可怜！

每天要打久远的基础。眼前的事不出峰〈风〉头。

[八月] 十四日，日

看前周日记。

《大公报》上昨天也见批评南开文字①。攻击的重心在"专制"，——也可以说专注在校长的态度及手腕。

独断是多年造成习惯，一时不能改。但是这也是工作效率高的理由之一。

---

① 指发表在 1927 年 8 月 13 日天津《大公报》署名"毕业生"《为南开改革会说话》的短文。

对于新的不免有些 Cynical①——自信甚强。

＊＊＊＊＊＊＊＊

晚

攻南开的都从攻击校长下手。

改革的是制度，一时也不能见效；但是对于人的恶感和猜忌依然存在。

实在看起来，校长对于新设施也不是完全没有怀疑的。

凡事都是他对旁人不对，——这也[是]二十多年的成功养成的一种自信。全校实在是都听一个人——同几位御前大臣——的命令！

弊病比较地不算多，也可以说在私利的方面校长看得很轻，校内财政向来公开。但是在态度上，这些年来也得罪人很多了。

并且校长的威严本来建立在筹款的本领上，在学问方面没有系统的造就。学生中已有过拜金主义的讥讽。将来如果校长弄不来"大洋钱"，到那时对于校长威权的疑问也必要发生了。大学恐先起疑问。风潮一起也必影响到中学。以先创业之功也不免要受消减。

＊＊＊＊＊＊＊＊

现在看得更清楚些，改革只是制度方面。对于个人态度及办事手腕仍有久积的不满。

以下如何做？（一）仍旧；（二）改态度；（三）易位。

这三个办法都有困难：（一）有积久暴发的可能；（二）性情是改不了的，无论什么新制，他的态度——如果你要他负责——一定是仍旧；（三）找不着愿意负责而有真把握的人。

如果南开能久存，现在是最重要的一个转机！

＊＊＊＊＊＊＊＊

三部都当注意，几位职员的精神和能力本来有限。

暑前看着中学内部必须改革，并且改革还在能力之内，所以从讨论会下手。（大学先不能动——财源无望，学识也不足。）

现在发现的问题，不在改革的原理，而在对于校长个人的少信任。

南开的整理——同发展的程序一样——应从中学入手。物质上的设备有了，现在要产生新内容。

为学校的前途及校长的新任务计，应取两种政策。

---

① 怀疑的，悲观的。

	（一案）	（二案）
一、中学人数减少——下年一年级限定不过 300 人		250
以后二年级	250	210
三年级	220	180
四年级	200	160
五年级	150	120
六年级	120	100
共约	1240 人	1020 人

下年因旧生多，人数可稍通容，但如能限制在 1400 以内最佳。

改造新内容的努力全看新初中一年级的成绩。新初一只收八组，每组三十二人。

二、校长少参与中学校内事务——特别在新组织内，要减轻依靠他个人裁判的职务。对于师生接洽，多取友谊式的，少取独裁式的。

中学内部所需校长判断的职务可由新校务会议及各股主任分担。将来事务会议里有一位主席也可；或者就痛痛快快地有一位中学主任。难处还在人选——谁肯担任？谁能担任？

* * * * * * * *

以前这两大政策，为全校的将来计，我看是必须推行的。

建议容易，负责难！责任临到本身的时候，自己有决心，能自信吗？如果不能，现在少说话！

[八月] 十五日，一

谣言之起都是根据一部分的事实。"求全之毁"不难专注意去寻一个人的弱点。

现在攻击校长的从两点上用力：一、专制手段；二、腐旧思想。邓信里早有痛诋的名词，所攻之点也有相当根据。但是校长的好点就可以抹杀了吗？他的勇敢，勤劳，轻利，锐思，果断，……这些有确实价值的品格大家都可以因为听一面的宣传，完全不顾了吗？

* * * * * * * *

学校方面最好不为人多辩，将来所谓"宣传"要把南开的精神从实际工作上发表出去。关于校长个人——非至不得已时——不必涉及。表扬事业是间接表扬个人最有效的方案。

师生爱护学校的心，也要从工作上能得到校内人满意入手。大家对于校长的忠与不忠，信与不信，要列在团体工作的信仰之下。

（南开与全国有同样问题，就是从个人信仰转到团体信仰。）

从个人为中心的组织，改到以团体工作为中心，——过渡的危险非常之大。中国人所少的是离开人的抽象的团体信仰。

＊＊＊＊＊＊＊＊

一个人本来有好点，也有弱点。君子成人之美，但是众人最容易注意的是攻人之非。向来结合民众的都是从反面下手。"打倒"的口号是易受欢迎的。求群众原谅是不可能的！群众的评判，恐怕过后的比当时的有价值。

＊＊＊＊＊＊＊＊

下午

"绿林"①更进一步攻击某校当局。无聊的笔战将自此加多！

校内的舆论能一致吗？

我对于处理此事方法以为欠当。但 B. 向来独断。

这一夏天的工作不能算是白费，可是也看如何往下做。B. 是善于发展新事而不善于应付"人敌"。文字战可以说是最少把握的，——近二三年来，每次南开在讨论批评中，结果总是名誉受些损落。办事人也许是有些旧了？常住在天津眼光就有窄小的可能吗？

冷静。看看情形，然后再定我个人应付的方案。

B. 不应时了吗？如何拟出他将来工作的范围？为什么不见容于思想较新的青年？怕不尽然是党派的关系，也不尽然是年岁的关系。

在这个时代，有一点成就也真不易。当心为事的人常因为时代的毒空气而失败，足使人灰心！

[八月] 十六日，二

与人战，兵器应当由我们自己选。这次 B. 一动怒，步法容易错乱了。他的责任也实在太重。再加上暗地的攻击，忍是很难的！

＊＊＊＊＊＊＊＊

旁观是怎样清闲。自己负起责来，精力还要远不如 B.。

＊＊＊＊＊＊＊＊

"绿林"等处文字想都是筹备会中的一个人——或是与会中情形接近

---

① 指《华北新闻》的副刊"绿林"。

的人——写的。他们自然有用意。与党部有关系也是有的。这一类暗中敌人防不胜防。你无论有什么新设施，他们也要从中捣乱。办事的时候又多了一层很讨厌的麻烦——小心是否有敌人来计算拆毁！

本国建设的事业已经少到近零度了，现在这一个稍有生机的学校也要把它打散了，这是什么居心呢？

至于校内不满人意的地方，无论有没有人攻击，都是当然要改的。

＊　＊　＊　＊　＊　＊　＊

晚

南开人才不付〈敷〉用，现在职员中就没有一个人可以专管"宣传"事的。

化〈花〉钱少办事多——这是以往效率大的缘故。

校长善于用要钱少而听指挥的人在手下办事。他说过：南开的用人就像用零绸零缎糊走马灯。这样大的一个中学，职员方面用的钱不多，而才能也不多。好处是大家都非常地顺从校长的意旨，以往精神上的团结也在此。

校长一个人是能创新的，大家只要能了解命令就够了。现在事体大了，而时代的要求又比以先加高，所以校长一个人的精力和学识渐渐地照顾不过来。他组织里的助手很少能在筹划上帮忙的，所以近来不免招人的批评和轻视。

他自己不长于文笔，一般手下的健将都是在办事上见长。"宣传"的人才可以说没有一位。文笔较便利的只有喻一人，而他在教务方面已经负他能力以外的责任。

＊　＊　＊　＊　＊　＊　＊

朱敏章的手笔此地很少。如果他在南方失业，很可约他来。

＊　＊　＊　＊　＊　＊　＊

"善作事者常使精神余于事，不使事余于精神。"现在南开犯的就是事余于精神。为将来计，必须减事或加人。

别人的谩骂本来可以不理它。但是如果内部中有弱点，也当自己早为纠正。

现在局面已经弄到太大太空了，如何收束？校长也日见疲倦，没有什么妙法可施，现状必须维持，局面很难缩小，他也不愿意缩小。——这样的僵局，如其不早设法解决，必弄到于学校于他个人都很不利！

＊　＊　＊　＊　＊　＊　＊

爱惜羽毛的人都很喜人恭维，恶人批评。人一说好，精神百倍；人一訾议，能力消散！这是 B.的弱点，也是我的弱点。大有为必须打破这关！

[八月] 十七日，三

一个别有作用的阴险手段者——特别是他的文笔也便利的时候——很可以搅得大家不安，并且影响到团体工作的进行。

如何应付这种暗敌？

曾的暗计渐有外露的。将来假设能证实了，如何对待他？开除？——他一定有外援。警告？——他必不听话，或者仍旧阳奉阴违。

这类份子开学后一定不只一两个。应当早有准备。

[八月] 十八日，四

昨天"铜锣"①上的是曾拟的，并且在送去之前连他们本委员会的人也没有看见他的稿子。大概还是早同"心冷"②有接洽的，所以陆的交涉失败，结果还是曾稿先登。

稿的内容有两处看出另有作用。

我把这阴谋的推测报告给 B.，建议以后不再理它，不过我们自加小心。

* * * * * * * *

"心冷"一定非常得意——居然南开被他攻动了！并且将来又多了许多不费力的稿子。

曾有再用"毕业生"的口气作辩的可能，或者不出我意料之外吗？果然有的时候，我们只可不理，不过在事实错误的地方必须得机会更正。

无论如何，我们不用他们的兵器！不要用什么"法儿"——我们走光明的大路。虽然以致失败——只就宣传讲，事业还谈不到——也是光荣的，也可自反而直的。

"不逆诈……"我们现在……不被阴谋动，不取敌人法，但是他们的诡计我们也要先觉。

* * * * * * * *

---

① 指天津《大公报》上的一个专栏。

② 何心冷（1897—1933），江苏苏州人。时任天津《大公报》记者和副刊编辑，主编该报副刊"小公园"。

引他们外露——这是应付阴险的最上策。曾已渐露出了。

* * * * * * * *

下午

B.有意沪行，为远东运动会事。九月半大约可以回来。

十月底，在周年纪念会后，再到 Manila①等地去筹款。出去三个月，从日本绕道回来。明春再往美国去。

出发之前不要声张过大。捐款不能有很大把握。如果闹得过热，而捐不来很多，那样校长的威信必致更要受损。

* * * * * * * *

捐得够维持大学的——若是基金，必须要近百万数——恐怕很难。私立大学能否在这样乱的中国里存在？或者得换一种比现在省钱的方案？

* * * * * * * *

校长外出，内部有什么问题？

政治影响到校里来，怕是最讨厌的问题。军阀同党人都免不了在暗中有计算。

师生的新精神——如果人数不太多，份子不太复杂，——或者还不难提倡。

* * * * * * * *

个人的学识，魄力，手腕，三方面都不够负行政责的。只处计划地位，容量要阔大——阴谋派自然不能使我动心，异己的我决不猜疑。

（不动力，不猜疑。）

八月廿日，六（第四十四册起）

昨晚暑期新剧团表演。《压迫》和《裴迦》成绩还好。

又不免有点疑，惧。大概又是因为疲倦。

七月卅一日日记有一段："人说好就快乐起来，到人说不好的时候自然就会懊丧起来！要人说好也变成一样'患得患失'的对象了。患得患失，心一定不能安，自然不能大无畏。"

（不要人说好。不怕人批评。）

* * * * * * * *

---

① 指菲律宾首都马尼拉。

校长昨天乘"新铭"离津。他应当得一点休息。

* * * * * * * *

惟一责任是在新实验筹备实施——校长只留委这一件事。对于一切执行事务不应闻问。

以往的情形无须过于注意。新实验重在生活，重在工作。组织只是工具之一而已。对于组织上太注意的怕是看错了题目，并且还有另外作用的嫌疑。

用纯洁的理想，精细而鲜明的思考，来诱导走光明大路。对于作恶的阴险者要临之以正气。

* * * * * * * *

今后持定本日所拟态度。至少在本册日记期内，每天看一过头两页。

[八月] 廿一日，日

昨天起再看《求阙斋日记语钞》。修养工夫是有长时间多数人的经验作根据的。人格的阔大是要时时用力，不可须臾稍懈的。《求阙斋日记》中以下二条现在对症。

"捐忿之心蓄于方寸，自咎局量太小，不足任天下之大事。"

"心绪作恶，因无耐性，故刻刻不自安适。又以心中实无所得，不能轻视外物，成败毁誉不能无所动于心，甚愧浅陋也。"

* * * * * * * *

近来报上攻南开的文字，我猜想与曾用修[①]有关。曾的举动颇可证实他是阴谋者。因为这一点小捣乱，使我起敌对的态度，实在是不值得，这就是局量太小。

做事不为人说好，然后成败毁誉无所动于心。

* * * * * * * *

以先的毁誉只是个人授受的，现在用报纸传播了，这是时代的分别，所以现今有时也不得不辩。虽然不得已而辩，态度和局量仍当是阔大中正的。在自己还要无所动于心，——应当怎样做的仍旧本着拟定计划往前努力。

* * * * * * * *

"守骏莫如跛。"

* * * * * * * *

---

① 曾用修（1907—？），字慎伯，四川金堂人。时为南开中学高中二年级学生。

中学九月五日开学。我想从廿五日（四）到卅一日（三）离校休息。下三天预备把一切开学后的新设施作一结束。

＊＊＊＊＊＊＊＊

下午

今早《庸报》有"毕业生"的一封信，攻击校长刚愎及一般学生都是顺民。姜希节①与曾等原是在一个小团体的。昨天姜在《庸报》上有一段半恭维半攻击的文字，今天又发表了这样一封信，大约是早有接洽吧？

现在里外勾结来与学校为难，特别是与校长个人为难。这几个人还都是文笔便利的。这次的手段太阴险，为领导青年应当揭开它。

但是校里会造出这样的反对派——上年学生中听说有二三十人——很值得一分析。

为什么对于校长这样不信任？他们反对会员指派，就是对于校长表示不信任。攻击校长刚愎，没涵养，用手段，……更是不信任了。有哪些理由？

一、校长的思想腐旧。对于新潮流，有时露一种 Cynical 态度。没有参加革命，并且是北方革命运动的大障碍。

二、反对 Authority②是这时代青年的一种普通心理。南开学生对于学校向来是守规矩的，所以南开还是一个有秩序的学校。他们这次骂"顺民"，就是不要学生与学校合作，鼓励学生立在学校对待的地位。他们认鼓励青年"不忠"于一个体团③是革命应采的手段。南开又过于重视一个人为中心，他们所以更有所藉口。

三、学校发展得太大了，教员中对于学校多有不满。居然有一种谣传，说在南开教书过两年的，都是没人格没本领的。学校在教员的训练上太没有注意，只顾坏的就换，每年总要更换全数的四分之一。这样办法空空多得罪人，而教学上得不到一点好效果。政策必须改变，对于教员要首重训练，更换是不得已。中学教员的待遇本不过优，能做政治活动的有机会就走了。（近来国文教员不易得以此。）教着书都已经不安于

---

① 姜希节（1905—1970），山东蓬莱人。1927 年中学毕业，考入南开大学。曾任《庸报》编辑和胶东《大众报》的编辑。1943 年加入中国共产党，1944 年起任新华社胶东分社编辑部总长、青岛分社社长。1949 年后在新华社总社任编辑，1959 年任江西大学副校长。

② 当局，官方。

③ 即团体。

位，学校对于他们又没有友谊的连络，只操监视生杀之权，不怪教员对于学校毫无感情，惟有怨惧！他们在学生中一定常有不平之鸣。有一部分学生不免受影响。

四、校长态度上得罪人的时候常有。积久要发泄。如同今天报上骂他刚愎，恐怕认识他的，十之八九以为批评得当。社会上不满于校长的各方面都免不了人。

五、党部在暗中计划要拆毁南开。

＊＊＊＊＊＊＊＊

实在南开要经过一度很危险的变化。

方略的大纲：

（一）造成南开久远的基础——在新中国的南开，在世界教育史上的南开。

（二）不为以往辩护。他们用阴谋攻击校长个人，能不理最好不理。揭开阴谋，开除学生，不是新团体未造成以前可以办的。

（三）对于教员多连络，多加训练辅助。能少更换最好。

（四）以学问及养人的态度领导青年。"知天之长而吾所历者短，则遇忧患横逆之来，当少忍以待其定。知地之大而吾所居者小，则遇荣利争夺之境，当退让以守其雌。知书籍之多而吾所见者寡，则不敢以一得自喜，而当思择善而约守之。知事变之多而吾所办者少，则不敢以功名自矜，而当思举贤而共图之。夫如是，则自私自满之见可渐渐蠲除矣。"

＊＊＊＊＊＊＊＊

校长自有他的成绩在，不怕攻击。

阴谋的人早晚会被人揭破。自寻无趣。沉得住气的必可以得最后胜利。

没有信任，不能成坚固的团体。一个新信任比多少新制度都重要。我对于新制度是提倡的人，全校（就是那些有意见而能发表的人）对于我有信任吗？怕没有很多！——自己要不忘。有几个成见深的恐怕谁也难化过他们来。时间长了或者有可能。在开学后的三两星期内是必做不到的。特别是他们有外援！

惟有忍！在我要完全没有成见。他们以往的关系我知道是要知道，但是决不放在心上。要多收纳各方意见。别人不敌视我，我一定不敌视人。在我正式出马之前，为南开的久远基础计，我的敌人越少越便于将来的进行。

但是见义不为也是无勇。如果看出他们诬毁 B.，以致于他的名誉有害的时候，也应当有对敌的办法。

* * * * * * * *

这次的灾比十年前的水灾难对付多了！这次是病灾——南开本身的病，又加上时代的流行病，所以就特别费手了！

水灾是一时的，是大家认为公敌的，合作上没有问题。并且成绩昭然，使工作时容易兴奋。病灾不是一时可以见效的了！必须审慎的分析病状，研究病由，拟定治疗方案，而最要的还在耐烦看护。

这次病几时可以痊愈，谁也说不定。其中有危险期可是大家都觉得到的。内部稍有把握后，还要照顾到食物问题，不然病稍好后大有冻饿之虞！

* * * * * * * *

这几天校长离开天津，实在于他于学校都有益。不然他动起气来，步法更易错乱了。

[八月] 廿二日，一

看《求阙斋日记》两条。

"诚中形外，根心生色；古来有道之士其淡雅和润无不达于面貌。"

"寸心郁郁不自得，因思日内以金陵宁国危险之状忧灼过度，又以江西诸事掣肘闷损不堪，皆由平日于养气上欠工夫，故不能不动心。欲求养气不外自反而缩，行慊于心两句。欲求行慊于心不外清慎勤三字。因将此三字各缀数句为之疏解：

清字曰：无贪无竞，省事清心，一介不苟，鬼伏神钦。

慎字曰：战战兢兢，死而后已，行有不得，反求诸己。

勤字曰：手眼俱到，心力交瘁，困知勉行，夜以继日。"

"此十二语者吾当守之终身，遇大忧患大拂逆之时庶几免于尤悔耳。"

* * * * * * * *

《庸报》上的谩骂使人可气！我想作答，但是不愿用他们的兵器。在开学前对在校师生要有一次较长的说明，把空气洗刷干净。

替五哥辩护，不在短文字上用力，而在使他的事业延长上。他有"教育救国"的志，现在当在方法上加以修正加以补充。

如果能帮助南开这次病灾的疗治，也就是为中国新教育的努力求得一个新方向，为几位青年指导一条新路径。

责任重，困难多，——在我，学识浅，能力薄！

（责任重，困难多；学识浅，能力薄。）

[八月] 廿三日，二

"治世之道专以致贤养民为本。其风气之正与否则丝毫皆推本于一己之身与心。一举一动一语一默，人皆化之以成风气。故为人上者专重修身，以下之效之者速而且广也。"

"凡用兵之道，本强而故示敌以弱者多胜，本弱而故示敌以强者多败。敌加于我，审量而后应之者多胜，漫无审量轻以兵加于敌者多败。"

* * * * * * * *

今早计划开学后的组织。

提倡新动作——不要用力在铲除旧习惯。所谓旧习，存在心里，不要从正方攻击。越少说破，越少引人注意。

[八月] 廿四日，三

昨天子坚①给我对于新教育实验的态度起了一个名儿叫：宗教的。这样，我们更当注意动人以诚。

方略第一条：造成南开久远的基础——在新中国里的南开，在世界教育史上的南开。

后两句太自矜了！只可以说多在远处大处注意就够了。

* * * * * * * *

新信任比新制度都重要。

全校的新信仰如何建立起来？

个人的举动语默是有关系的。惟有谨守清、慎、勤三字。

* * * * * * * *

---

① 指黄钰生。

"言过其实，终无大用。"

描写新理想的时候，说话不要过火。并且常有为得听者的钦佩，"妄有所陈，自欺欺人莫此为甚！"

＊＊＊＊＊＊＊＊

如何转疑为信？

外来的空气是要打破对于学校的信任。以个人为中心的信仰不能维持。必须产出以团体工作为中心的信仰。所以要注意如何使大家对于团体工作多谅解，多参加。随着团体动作起来，他们自然就会信了。

你若是对他们空讲道理，而后问他们信不信，他们为维持自己的尊严，决不愿意承认他们服从了你的道理。并且还要引起他们的批评。少讲空理，多提倡新动作。

习斋的重习就是这个意思。

能明白空理的，本来是人类中很少的少数。特别在中学年龄，尤其不是谈空理的时候。

＊＊＊＊＊＊＊＊

新动作：一、社会视察，二、新剧，三、消费合作社，四、音乐运动，五、开辟经验（野外生活、旅行、团体组织、职业实习或预备……），六、文艺评论社，七、人生问题讨论会，八、新思潮之介绍，九、外交问题的报告及说明。

动作起来，大家可以少烦闷，无聊的闲话也可以少说些句。

＊＊＊＊＊＊＊＊

从这个新观点来建设新团体信仰。以动作为主，以理解为辅。

在这个方略之下，校务会议只是动作之一，包括在开辟经验之下。实在是教育工具之一，是新生活中的一种练习，自然内含重要教育的意义。

[八月] 廿五日，四

"大抵作字及作诗古文，胸中须有一段奇气盘结于中，而达之笔墨者都须遏抑掩蔽不令过露乃为深至。若存丝毫求知见好之心，洗涤净尽，乃有合处。故曰七均师无声，五和常主淡也。"

今晚在暑期自治会结束大会演说，我要遵守这条明训，洗净求知见好心。

[八月] 廿六日，五

"存心则缉熙光明如日之升，修容则正位凝命如鼎之镇。"

"灵明无著，物来顺应，未来不迎，当时不杂，既过不恋，

——是之谓虚而已矣，是之谓诚而已矣。"

* * * * * * * *

今天在筹备会要决定校务会议的组织。不说一句欺人的话，不存一点自欺的念。完全受真理的支配。

[八月] 廿九日，一

看上星期日记。新教育实验的理想在筹备会里大家稍清楚些。校务会议的地位和组织法大致规定。

* * * * * * * *

昨天有人问我，为什么没有发表的文字；又问我用什么方法作学问。

真惭愧死！也真危险极了！

本为没有一点有根柢的学问！本来文字不通！

面前一点小聪明，不能骗人很久。

每天文字的工夫不可稍懈。

为南开造久远的基础，要看个人的成就如何。

* * * * * * * *

在学校工作上摈除一切"我给"。如果没有"他要"，力量全是白费的。"不奋不启，不悱不发。"在我只勉力去作循循善诱，就算够了。来问的时候自然诲人不倦。

[八月] 卅日，二

昨晚住八里台。家有意搬到大学去。

我认中学有我应尽的职务；家人或者住在八里台可以健康些。但是不满的根由不在住处而已！

精神不得全放在工作上。这是很大的困难，当"少忍以待其定"。

* * * * * * * *

下午四点筹划开学二周工作。昨夜虽没睡好，心里虽有待决的事，但是持于中的还是清慎勤，形于外的还是淡雅和润。

[八月] 卅一日，三

Genesis vs. Individuation①争得正烈。心绪作恶，踌躇不能断。大学立在一个很不可靠的基础上，——那里去捐这样多钱，为几位教授养尊处优用的？中学问题也多得很，不过比较地像有一点头绪。自己学问工夫必须努力。同时家人不安，争钱少争无暇！

这个难题比外面的攻击更不易应付。心神不得安！

* * * * * * * *

大学文科要演剧，中学为纪念会也要演剧，女中也许要演，——只于演剧已经很够一个人忙的。

中学的新教育实验又必须放上全副力量。

事余于精神，一定没有好结果。

* * * * * * * *

必须下决心，限制工作范围。精力本不强，运用须得当。

中学开学前只有四天。要搬家也须在这几天内。

---

① 创始与个性化。

九月

九月一日，四

四点醒，五点半起。

其实没有值得踌躇的怎么样大事！都应当淡淡轻轻地就办了。

纪念会的戏已定好排演《国民公敌》。新布景的预备可以约华一同到北京去参观一次。

排演无须过虑，大家都不是以这个为职业的，尽力为之而已，不要悬格过高。

大学文科演戏，可以告诉他们纪念会以前怕是忙不过来了。

* * * * * * * *

中学新实验——开学二周在全体学生前我只说三次话。少而精。在教职员会可以有两次报告。（星三下午四点半研究会多约人加入讨论。）

诱而不推。指出路来，然后请他们自己去走。这就是贵自得的意思。成败大家自己负责。

* * * * * * * *

在大学只任戏剧一门（星期二、六上午十至十一）。

至于"思想的组织"一门，开学后如真有需要时，再酌量开班与否。

* * * * * * * *

住家——暂不搬。明春再动。

小孩到幼稚园去。

防备太忙——严守一定自修时间。

[九月] 六日，二

昨天说了三次话。

我能帮助大家的在静养。工夫在实现活理想。

* * * * * * * *

"以善服人者，未有能服人者也；以善养人，而后能服天下。"

* * * * * * * *

人的画中含隐远的气韵。百忙中不忘隐远。

* * * * * * * *

一笺

日前见一绝画，

内含隐远奇风；

百忙中不忘隐远。

　　纯

[九月] 七日，三

昨天同几个学生讨论纪念会要演什么剧，有二位暗地斗角起来。他们各人有一出自己演过或是自己要演的剧。有了成见再说出话来都是跛辞了。以后渐渐清楚他们的话里各有所蔽。

知言，养气，——此外真可以说没有别的工夫。

知言，要知他人言，犹〈尤〉其要知自己的言。这两层实在是一样工夫。不过对于自己又加上 Rationalization 的难。常常要借别人的眼才可以看自己，要借别人的耳才可以听自己，要借别人的思想才可以分析自己，要借别人的同情——爱——才可以得到自己的灵魂。

（知言，但不可说破，保廉耻也。）

* * * * * * * *

昨夜看剧本，到十二点半睡的，今晨六点一刻起。

[九月] 八日，四

昨天决定为纪念会排演《国民公敌》。

在全体职员会我说了两点多钟话。为解释改革意义及新组织，不得不如此。以后还是少说话为是。

说话太巧了必致害诚。用字太俗也害敬。

真到不得已的时候再说话。并要力戒"巧言令色"。

* * * * * * * *

读书养神半日。

* * * * * * * *

下午在全校集会报告《一个教育实验的假定》。要以实二学生能了解为标准。什么是"实验""假定"？这个题目小学生们就不能懂。还要用较浅的名词。

[九月] 九日，五

昨天在集会的报告说了两点钟。到末后有些学生听着有点不耐烦。我本着我认为是真理的支配，"不要人说好，不怕人批评"地、挚诚地贡献给大家。成败毁誉非所计也。

（所关系的是民族的存亡，不是个人的毁誉。）

按站排法入礼堂，第一次大家有些以为麻烦的。学生多年没有过纪律的训练了。

人数太多！这样教育怎么可以作到教个人教活人？

＊＊＊＊＊＊＊＊

明天中秋节，放假。第一星期的工作算是过去了。

我已经说话太多——给人一种印象：这次改革是我的主张！快快地使新组织出现，然后负责的就是多人了！

＊＊＊＊＊＊＊＊

学生家长方面听说也有误解的。

暗地里谩骂，讥笑，拆台的人，不难找着他们的机会。

困难，批评，一定是有在那里。难说我就怕失败而不为真理奋斗吗？

只于小心一点就是了，不要操之过急。

（沉得住气的必可以得最后胜利。）

＊＊＊＊＊＊＊＊

这几天连日报都没看。这样忙下去，那有时间作长进自己的工夫？此路不通！出马又太急太早了。

一定要收敛。等人来"要"，不强"给"人。

（不强"给"人。）

收敛起来自己读书。

深沉的思想本来不是群众可以领略的。昨天实在是我一时忘了听众的领略力，勉强非给他们不可，——这是违反了我自己的教学原则。热诚的存心可原谅，但是方法上有了忽略。

＊＊＊＊＊＊＊＊

"心有不诚故词气虚骄，即与人谈理，亦是自文浅陋，徇外
为人，果何益哉？"

＊＊＊＊＊＊＊＊

下午

在全体集会说了两次话，态度过于激烈，有一点太强迫学生的注意。一有偶语，我立刻停止，——神气真太厉害了！

我把前十年作校长的态度——不自觉地——又摆出来！

并且这次改革，我太不惭愧地看为是完全受我一个人的思想所支配！

＊＊＊＊＊＊＊＊

我前几天没有觉悟以上两点。我居心不是有意高傲，但是因为精神没有照顾到，怕给有些人一种骄专的印象。

我一定不要执行的责任。校长将快回来，政策还是由他主持。退后作研究工夫。

［九月］十一日，日

看本册日记。

开学第一星期——我太外露！不应说了这样多空理。犹〈尤〉其不应该把我自己的意思放在太前面了。

＊＊＊＊＊＊＊＊

中学学生的谅解力原是薄弱的。理不可多讲，辩是无须而且不该。只要负指导责的人能明了，学生们本来只可使由之。

医生本来不能同病人共议方案。病人的 Complaints[①]，医生自然要知道的。但是病状的分析决不能只凭病人的报告。作医生的要老实不客气地承认自己有过专门的训练。

无论学生如何评论，作教育事业的人第一要沉得住气，诚恳而耐烦地，指导青年。所关系的是民族的存亡，不是个人的毁誉。

＊＊＊＊＊＊＊＊

从第二星期起，提倡各种新动作。

学生中可以自己组织的，也可以渐渐地入手了。

教员的注意也可引到这方面来，使学科与动作发生关系，渐渐连贯起来。

对于初一的课程，我要负特别责任。新实验的基础就在初一的新生活上。有余暇，就放在这里。

［九月］十二日，一

社会一般人听说南开改革，大概都以为是迎合潮流——党军快来了，所以先"党化"起来。

校内师生也不少有同样的误解。

———————————

① 抱怨。

如果因为这次的改革，而被军阀来干涉，那就太不合算了！

* * * * * * * *

多数人的思想本是很幼稚的，只于被几个名词所支配。他们只于可以运用最简单的 Stereotypes①。"党化""委员制""投机"……再复杂一点的意思，他们简直地不能领略。

* * * * * * * *

北京教育部在那儿禁止白话文。这些人真是作梦！

在他们看南开，一定以为是一个革命机关。

* * * * * * * *

我们走的是一条任重而道远的路。敌对的两方，因为我们不愿参加任何一方，都不满于我们。最大的困难在此——而我们对于民族的贡献也在此。

* * * * * * * *

下次报告组织的时候要注重师生"教学相长"的旧精神。多引些孔孟荀的话作根据。我们这样教学相处的空气正是现行的新学制里所最缺乏的。只于从一方面——教员——所施行的教育实在不合青年感觉的需要，也不合我们多年的一个旧理想。

［九月］十三日，二

又觉疲倦。

事余于精神了！

学生人数太多——教员又不一致——无论什么新方法也很难望成功！

南开丢不得一支生力军。全副精神放在初一，或者是下一步的方略。

* * * * * * * *

昨天看见一篇骂我的文字。"不怕人批评"——虽然，心中还觉不安适。

青年的思想何以如此无条理？我想约他（邢）来谈谈。

作事本不是要人说好，有人骂我自然能沉得住气。

［九月］十四日，三

昨天初一教员会。一见我就寒心了！三十多位！都没有受过训练！实验的失败差不多是开始时可以断定的了！

---

① 刻板印象。

　　"反求诸己"——我只给他们空谈，没有把具体的细目想好。

　　　　　　　　　　＊＊＊＊＊＊＊＊

　　事太繁，又都在下班后；有时晚饭后还有事。在室外的运动一点也没有。睡不好，食量也不强。

　　这不是正当的生活法！

［九月］十五日，四

　　"人之患在好为人师。"

　　大学的戏剧班，昨天我改了时间；意思要多得学生，但是对人说另一种理由，——明白地欺人！将来选这门的如果在三人以下，也可以无须开班。

　　　　　　　　　　＊＊＊＊＊＊＊＊

　　今天曾、邢来谈。

　　我不要期望说服人家。我写文章的本领还不如他们！

　　他们取冷嘲热骂的手段，不能算是完全无效。至少已经引起了些人的注意。并且还有的真怕他们的骂——特别是好名的人！我就是好名的之一！

　　他们近 C.P.①，也是因为 C.可以满足他们的欲望，也因为他们比一般青年勇敢。C.有目的，有理论，有步骤。我们看 C.是利用。但我们也有理论，有步骤吗？恐怕不如 C.那样能引青年吧！

　　同他们谈话，要注意他们政治上的成见。但不可指破。

　　态度——诚敬；存心——养人。"自反而缩"——怕什么？

［九月］十六日，五

　　昨与邢、赖、管谈。我以为还算满意。但是邢对善忱说："张先生何其浅也。"

　　听说，邢对于人没有一个看得起。

　　　　　　　　　　＊＊＊＊＊＊＊＊

　　我本来很浅陋！不该受人钦佩。

　　引起青年希望，而不能使他们满足，将来必有反感！险！

　　昨天在集会报告：《教学的空气与教学的组织》。怕不免又有些"浅"的话。

---

　　① 共产党（Communist Party）的英文简写，C.也指共产党。

［九月］十七日，六

开学已两周。不得不说的话已说过了，别人如何批评，只可沉气听之而已。自己的学识浅薄，我痛切地承认！退后深造，少露拙陋。

（退后深造。少露拙陋。）

一时的成败毁誉，真是不足计较。"为南开造久远的基础，要看个人的成就如何。"

* * * * * * * *

下星期校长就回来了，更可以少问校事。

* * * * * * * *

今天大学功课第一次上班。不知道要学戏剧的有几个人，大约不过二三人。文科全三四年级只有二十人左右，兴趣在戏剧的自然不多。

我为什么要教人这门学科？为饭碗？为求知见好？为提倡一种学艺？为影响几位青年？

人少也是一样努力。戏剧在中国是有将来的吗？我信是有的；看各处青年们对于它的兴趣，也可以预料它是有将来的。

可以为职业——编剧，扮演，营业；——可以为游艺——文艺欣赏，人生观察，观剧及表演。

［九月］廿二日，四

前三天没做什么事。但精神还不振！

西林从津过，谈甚畅，——北京同游多南下，只余岩一人。

* * * * * * * *

明天是水灾十周年。回想当年……现在还是两种兴趣！不能专，力气不够两方兼顾，做事又要做文。

［九月］廿三日，五

夜三钟醒。又多疑惧！

少室外运动。今天找一辆脚踏车骑。

* * * * * * * *

理想是空的，实行起来，大家的习惯不愿改，并且还有私意藉机会来活动。

难说这又是一次理想的失败？

学生中政治活动是对手方。同事都能合作——对他们不要奢求。教员的团体要坚固。

* * * * * * * *

水灾十周，别人不提，我也不说。本来不算什么成绩。学校在那以后的发展比水灾可纪念的多得很。

* * * * * * * *

"知其不可而为。"我们也是知道困难而进行。

不过只可希望自己努力，不能希望别人同心同力！

* * * * * * * *

又取曾句钞来看。上两星期，心不安定，因忽略养神工夫。只 Worry 有害无益，并且消耗精力，不能推行应办之事。

成事必须镇静。现在人误解，或不愿合作，但我仍继续努力，希望将来可以值得人谅解，值得人注意。自己的工夫不能丝毫松懈！因为一时的不顺适，而废掉自己的"为己"的"学"，那就太愚了！

"人才以陶冶而成，不可眼孔甚高，动谓无人可用。"

每天时间支配——

"每日应办之事积阅甚多，当于清早单开本日应了之件，日内了之。"

上午：初一，自然观察及各动作。✓理发，沐浴。✓看报。

下午：✓室外运动。✓排戏。

晚：✓习字。✓看书。

[九月] 廿四日，六

稍静。昨天在外走了四十分钟，颇觉清快。

南中事一定可有把握。小波折是自然应有的。所有方法都是试验，目的是教育，不能帮助教育的方法可以临时改造。现在实验的也许过于空高，但是必须放上全副力量去推行。

小学生在那里弄手腕，何足过虑？

假设工作的进行——大学的教书及中学的实验——都不顺适，我仍然振作精神做自己认为应做的事。

[九月] 廿五日，日

昨校长归。对于满蒙问题热，又感觉中国人不能合作，太少政治能力。

* * * * * * * *

注意力如果强，必不费神去左右顾。

对于自己的 Vision①，我自然负责。学说方面还要深求。教育贵实验——难处在我自己还没有拟定具体的细目。帮忙的人太没有受过陶冶。

在初一方面，必须放上相当的精力。成功难忘，但是努力总应当的。

教育必须打出一条新路来。高调已唱出去了，如果不努力推行必失信任！

* * * * * * * *

欺世：一、言过其实，只有空理想没有具体细目；二、吸烟。

那能作青年领导？

大丈夫不能立足在假上！无事不可对人言，言中必有实物。——本着这两句前进。

* * * * * * * *

"二日因作折将公事抛荒未断。古人有兼人之材，余不特不能兼人，亦一日兼治数事尚有未逮，甚矣余之钝也。"

"百种弊病皆从懒生。懒则弛缓，弛缓则治人不严而趣功不敏，一处迟则百处懈矣。"

* * * * * * * *

近三日每晚习字。这样奇丑的字，及这样不通的文，……真怪，为什么又大胆地出马了！

学生中如邵、孙、曾、邢等都比我的文笔便利百倍！冒充人师——可耻，可怜！

这都是假！

校长既然回来，我不可再问全校事。自己读书外，不得不做一点初一课程事。

* * * * * * * *

春天的情形使我不得不出马。一夏天弄得责任渐渐转重了。开学前，校长一走，改革的事不能不任。

今后，必须自己努力读起书来。

来天津已经一年半多了，文字上有什么长进？

真该死！

我不配作改革中学教育事！

---

① 视野，想象。

九月廿六日，一（第四十五册起）

前天校长回校。离校的五个星期，不得已我多管了些关于中学改革的事。

说空话容易！现在初一年级本着我的空想起首试验，我更觉得实际改革的困难！

只对初一的新生活负责。长进文字。这是本学年的两种主要工作。排戏只为纪念会忙。

* * * * * * * *

三戒：一、慎言；二、忘岩；三、止烟。

病都在一假字！无事不可对人言，言中必有实物。

先要自信，然后能工作，然后才可望有成就。工作——死守程序的工作，勿忘勿助的工作，涓涓源泉的工作！大学的蒋、何①，都能拼命工作，我真愧死！

* * * * * * * *

九至十，事务会议；十至十二半，初一课程；沐浴；一半至二半，戏；参观初一动作；运动；二半至六，集会；排戏；晚，习字，读文。

[九月] 廿七日，二

既然决定只对初一负责，现在一切学生会及学生自治问题就不必过问。如此可以少一层忧虑。

责任名为大家负，但是究竟还要肯负责的个人。

学生有些太求立刻得满足的，并且只被些名词支配他们的思想，让他们出一出气也好。但是指导的标准自然是由指导人拟定，这个原则必须坚持。

[九月] 廿八日，三

As a rule, people do not become nervous wrecks while they are succeeding; but they go to pieces when they begin to fail. They begin to worry & they go down. A major part of the art of successful living consists in adjusting the problems of daily life & taking them in

---

① 指蒋廷黻与何廉。

bundles so that they may be completed & done successfully, instead of having them forever hanging over us as incomplete work & unattainable ideals.

The person who adapts his work to his power can have success & he has a night to hold that success in mind. That is normal, that is wholesome, that makes for good work.

改革的新事太多——现在看出这一点。工作人都过忙了，精神不够用。

"用兵之难莫大于见人危急而不能救。"

无论什么事，都有看到而一时照顾不到的时候。一个人想成功，必须决定作战策略，限制责任范围。如此必致"见人危急而不能救"。

* * * * * * * *

很多人都把改革的责任放在我身上。我有我的方略，从初一级入手；现在所有困难都要一时改好，那是完全不可能的。

坚守作战步骤！初一与文字。慎言！

* * * * * * * *

九至十，会议；十至十二，读书；一半至三半，童子军；四至七，职员会；晚，作字。

[九月] 卅日，五

校长回来后提倡两件事：合作（不私，有组织），满蒙研究。

勇气真可钦佩！

对于全校方针，校长自然能负全责。改革的步骤可以取决于校长。我正可退后，只作初一与文字的工夫。

如此是最妙策——各尽其长也不致有见解的冲突。

* * * * * * * *

大家不想改革的责任全在我身上，我可以舒服多了！

藉这个好机会，快快读起书来。并要注意养勇。

* * * * * * * *

八至十，女中戏；十至十二，写信，读童子军书。

下午，排戏；晚，作字，读中文。

十月

十月一日，六

　　"视不胜，犹胜也；量敌而后进，虑胜而后会，是畏三军者
也；舍岂能为必胜哉，能无惧而已矣。"

［十月］五日，三

　　为南开的将来！现在没有什么问题。

　　我往理想上走。至少我个人要坚守我认为是教育者应有的态度，应
用的方法。理想的教育必须先从自己入手。

　　对于校长要忠，并且要学他的勇气与大方！

　　＊＊＊＊＊＊＊＊

　　清楚的目的及步骤——是人的希望，人精神上的鼓励。

［十月］六日，四

　　看谢婉的《元代的曲剧》（在《燕京学报》第一册）。又看《傅山及
其艺术》（刘开渠评，在《现代》六卷，一百四十六期）。

　　傅山说："宁拙勿巧；宁丑勿媚；宁支离勿轻滑；宁真率勿安排。"

　　刘评："他书画是因为自己有不得不书画的冲动，不是因为别人而书
画。自己到了心中不得不画时再画，这才能有真实的东西出来。"

　　又"他之所能不顾一切的表现自我，在他能超越世俗之生活，而深
入一种伟大的生活里。他不好名，不要官，不贪富，他忘掉了世俗一切
权利之思，所以他能自由自在的任情挥写，任情高歌，奔驰于真实的世
界，艺术的世界！"

［十月］七日，五

　　写信给寄梅，洪深。

　　＊＊＊＊＊＊＊＊

　　三年前位禄！那时，人以为我的学艺高妙！

　　今日！

　　惟有愿意如何做就如何做。成败毁誉非所计也。对得住自己，也就
是对得住人。

　　＊＊＊＊＊＊＊＊

路要越走越宽。不懒，不假。以诚感人。

* * * * * * * *

八至九，日记。九至十一半，戏（景，光，装，票）。十一半，沐浴。一半至三半，改文，室外。三半至六，排戏。

［十月］十二日，三

这几天完全放在戏上。演戏生活是最不规则的，工作的时候非常费力，过后必须有长时间的"懒"，才可以休息回来创造的"精聚"。

尽力作去——结果如何，任人评论。

［十月］十三日，四

早 S[①]到医院去，比预算的先十天。下午 3:45 生一男孩。

下午 12:30—4:00 排演。这是第一次按次序——一幕至五幕——排一过。晚服装。

导演者必须把全剧动作清清楚楚列在幻想的眼前，然后各分段的轻重缓急才可以支配得当。不然，全戏的意义绝不能表现出来。

今天再读全戏一过。×

［十月］十六日，日

昨晚服装排演后，宣告因戒严军警禁止今、明两天的正式表演。

大家这一个月的工作白费了！布景等项用了三四百元。只有排演的经验算是一点结果。

其实，工作就是它自己的赏赐。

* * * * * * * *

剧不演了，我在纪念会的责任已经尽了。平常的程序又可进行。读书，文字，初一课程，——足够忙的。有余力，在旁帮助策应意外。奉晋战事，党活动，经济窘迫，——这都是在最近将来学校必须设法应付的。

精神能持冷静，也是帮忙之一法。

［十月］廿四日，一

E.L.书中论到十二三世纪新欧精神的奋发——新 Romance 和新诗歌的突然的焕放——使我想中国现在正是渴望着一种新生命新文艺的

---

① 指张彭春的妻子蔡秀珠。

出现。

爱，旅行，也是必由的途径。对于自然的真要痛切地去体验。

仿 Goethe 的方式，以努力工作消愁。

文艺是新精神自然的媒介。体材——诗，我没试过；小说，也没写过；以前小试其端的只于剧一种。新剧也是一般青年感觉兴味的；中国文学体材里也正缺少这一格。

想用剧作为新精神的酒杯——阻碍困难非常之多。第一，剧不如诗歌或小说那样不依靠别人的自由。第二，必须有相当社会上的安宁及经济上的充裕为背景。好处也有：因为演作（歌舞并用——听视一同刺激）的利器，印象可以加深加烈。

比较可以独立一点的手段是自精演作。歌舞上用工夫——造演员同造剧本一样重要。

[十月] 廿七日，四

生命力的伟大的表现，在认定为重要的使命不被不重要的纠葛所搅扰。

家，校，国，人类……都时时刻刻来搅乱我；这些我认为搅乱我不能全力放在使命的工作上的都是琐事，别人以为如何重要任凭他们。

有如此决心，是一生不空过的第一条件。

* * * * * * * *

昨天给初一（五、六组）学生讲了一次，题目是《说话》，内分三段：一、少说话，二、不说话，三、说真话。邵存民要记出来在《周刊》发表。

说几句真话是很痛快的。真话都是因朋友而发动的。邵是一个能懂的人，他叫我给他的学生说几句话，我就高兴地预备了一点。

* * * * * * * *

昨天 W. 同小孩从医院回来。

时间是必须的——工夫必须日积月累地做起来。

现在这样活下去，于我无益，于家校国又有什么可望长久的好处？

Individuation vs. Genesis——还是这个老冲突！

* * * * * * * *

晚（九至十一写）

今天早又送小孩到医院去。上午我没在家，母校送他去的。他在第九天受过 Circumcision①，因看护不小心，流血过多，伤处缝过两次。从那天以后，就常不安宁地哭。到家后的三天，仍是很淘气。今早发现伤处有 Infection②，所以母校急忙送他到丁大丈夫那里去。

他这一生的不幸可算是起首得早了！

他在家三天，我实在讨厌他的哭。今天送走了，又加上那 Inf. 的危险性我又觉着有点关心。家里也像格外冷静。

这是什么缘故？是否这样小不忍足以乱大谋？有这样不忍性的，怕不能尽量发达他的 Individuation 吧？

* * * * * * * *

中学学生对于校长有些不满的鼓动。主使的是几个人，但像是很能利用学生心理。校长对于处理这种鼓动，容易太把"自己"放在前面，并且容易动气。勇力永远是足的，有时还要用点手腕。

从南方回来后，事事愿意自己出马。又不信任起来别人的计划。"个人少出头"，——校长应当作 Reserve③用。但是他的脾气是不服人，所以要事事当先。

* * * * * * * *

南开还是一个比较有"中心"的学校。学生人数太多，外面的流行病也太普及了，所以毕竟不得幸免。

（人数多，事务繁，办事人精神照顾不到。）

但是我们应当有一个特别的南开式的方案。

空话我是说过了。初一的新试验可以说是十之八的失败，最重要的理由是教员不同情，方法不具体。

如果对于教育还想用力的时候，在教员的预备与方法的微细上必须首先注意。

（教育试验的条件：一、人数不过多；二、自己有真把握，别人能心服；三、预备同志；四、具体的方法。）

人数太多。第二学期不招考新生。慢慢地可以做一点真正教育事业。

现在学生不信服学校办事人，不敬从教员，那还有什么"教育"可言？

---

① 包皮环切手术。

② 感染。

③ 后备，底牌。

　　如果失去教育性，这种学校还有什么意味？是教育性质的干，不是不干。

　　我有空的意见，同校长说了反倒乱了他的步骤。现在一切可以完全由校长主持，不致有什么意外。本着这半年的经验（从我南游归后），我参加意见的结果都不甚妙。不在其位，不可多说话。并且我也不要负责的位，因为自己知道力量太薄弱！也知道大团体的组织在这个时期，很少成功的可能。工夫必须慢慢从自己个人作起。

十一月

十一月一日，二

校长的态度有时太看不起人，完全是他对别人不对。这样的自信力是他成功的原素，但是看将来……

C.Y.学生的活动很值得分析。其他学生为什么信他们？为什么少数的结合可以有这样大的影响？所谓"民意"本来不是一个简单的现象。这次学生活动很可以供给我们观察，或者还有实验的机会。

这是一个很可研究的问题。又是创新的可能。但是同时不可忘了自己技能上（特别文字工具）的长进。

****

青年为什么有这种状态？活动的具体真像是怎样？——利用那些机会？玩弄那种手腕？群众如何反应？

校长向来是按事办事的人，对于别人的意见向来给过很少注意。既已有了以往的成绩，现在应当少直接与"人"（师生）发生冲突。但是脾气好胜，不能容别人负主持责。

领导的人不是事事都要当先的。

现在校长一定不肯退后。也不必。只要有了根本办法，现时的小波折算不得什么。根本问题：一、中学人多；二、大学没钱。

[十一月] 二日，三

从心理分析学的观点来解剖现在学生的心理——这是有趣的试验。

现象：与先生作对（与学校作对），对于一切规则都认为讨厌的压迫（所以能骗管理人是本领），眼高手低（对于自己不满所以对于人也多批评），社会纷乱，不能安心念书，没钱念书，念书不如革命有趣，（打倒有权势的就增高自己的自重与群众的观仰；念书是要受束缚的，益且要长时间的耐烦，革命是解放的并且立刻可以得痛快。）不愿受人指导。

解释：一、Inferiority Complex①；二、Sex Repression②；三、Economic

_____

① 自卑感。
② 性压抑。

Uncertainty[①]；四、"Herd Instinct"[②]。

* * * * * * * *

教育如果不取学校制则已，不然学校就是群的所在——人数少了，办事人的精神可以照顾到——人数总是在个人教学法的可能以外。所以这个"学生群众"仍是一个问题。

本着分析，要拟出具体方案。

方案（可试用的）：一、公开讨论；二、同情的待遇；三、以艺术作Sublimation[③]；四、使课程增加兴味（难得好教者）；五、与学生有长时间的谈话（作心理分析工作）。

这是新教育——在南开能实现吗？人数太多，不能作新试验；预备（教者与材料两方面）不充足；主持人的态度；将来作试验人的资格，学识与毅力，——这些都是困难。

[十一月] 五日，六

晚

下午步行到城西芥园、赵家窑等处。路上参观僧王祠、千福寺、直隶第一监狱、宜彰帆布工厂。

城西、城北，与旧村生活接连。城东南——延〈沿〉海河下——是新势力的区域。两个方向完全是两个时代，两个世界。租界生活的人与村庄生活的人，可以说，完全没有互相谅解的可能。

什么是现代市生活的必备资格？天津到什么时候可以变成一个新市的组织？谁是组织新市的人？

明天我想到东南方去走一趟。

* * * * * * * *

又止烟。不空望。空想的生命力放在实际的工作上。能忘倒是真挚。不配妄想。快作工夫。

* * * * * * * *

近来看几本关于分析心理学的书。A. G. Tansley[④]的《新心理学》，说理非常清楚，观点也平衡。

* * * * * * * *

---

① 经济不确定性。

② 群居本能。

③ 升华。

④ 坦斯利（Arthur George Tansley，1871—1955），英国生态学家。

又回到本册。走了一个多月，再从原地方启程！太可怜也太可恨！

"无事不可对人言。言中必有实物。"（言过其实，不可大用。）

这是出 Conflict① 的一途。无论如何，不能懒！有出品是真使命。惟如此，可以不愧对人。

* * * * * * * *

Tansley：P.130.

If the mind is flexible & can <u>adapt itself to experience</u> as well as being sensitive to it, if it can <u>endure</u> conflict, even involving the most acute & long-continued psychic suffering, until the conflict has fought itself out, then it will eventually attain a harmony & peace which is impossible either to the stable type, with its rigid base separating the mind into compartments, or to the unstable type, with its repressions & new oses.

* * * * * * * *

无惧。忍痛去求真。

[十一月] 六日，日

以先常觉疲倦，也是因为 Psychic Conflict② 的 Strain③。

几种 CX 相争，精力都废在压抑上去了。

哥〈歌〉德是以文艺的自展代性不满，以 E 代 S。"可嗤""可耻"，——都是从 S 转 E 的先声。

明白心的作用，战略上增了一个得力的参谋。

* * * * * * * *

西面开出一间卧室来。将来我读书也可以在那边，不被搅扰。房修好后，小孩就从医院般回来。

这一件小事也可以看为一种象征。完全搬移越到后来越不容易。岁月大，习惯深，冒新的胆量越小。不能完全更动，只可西面开出一间小室，南面加上一个小窗……全局的布置自然是没有条理，不大气。

* * * * * * * *

吸烟如果不敢公开，自然是力止的好。

---

① 冲突，矛盾。

② 心理矛盾，心理冲突。

③ 压力，负担。

必须我行的就是我完全自信的，完全不怕人的。我如此看，就如此作，——那才给时代加了一个定价值的人格。

[十一月] 七日，一

今天是俄革命十周年纪念，这样大震动影响中国青年甚深。难说中国民族只能跟随西方的方式跑？

但是衰弱已极，连仿效也没有一贯的魄力！

＊＊＊＊＊＊＊＊

昨天我坐电车到海关，延〈沿〉码头步行到俄花园摆渡，过河，游园——旧教 Chapel^①，林间斜阳影，——又趋向万国桥，路过工厂及运输区。这样与实际接近颇感兴味。只说空话是最不道德的。

今天下午游东南方，遍走租界住宅区。

＊＊＊＊＊＊＊＊

学生酝酿风潮，听说今天学生会代表要来见校长有三件要求。不知将来如何。

谨守："灵明无著，物来顺应，未来不迎，当时不杂，既过不恋。"

少说空理。不要以新心理学骄人。

[十一月] 八日，二

昨天步行三小时，到英、法、日三租界，特别它们往西伸张的趋势。这样人群的大动作没有中国人过问。它的意义更没有人领略。

邵存民要我给《周刊》写文章。我不能也不愿。

字不够，是看书少。

整懂击参，志止。多看书，作文。

[十一月] 十三日，日

看一篇介绍 James Joyce 的"*Ulysses*"^②的文字。这才知道一点"*Ulysses*"的内容。二年前曾借来看，但是没有看就送回去了。

Joyce 把一个人一天的生活——一天的各样冒险——深望地分析出来。体材各段不同，有广告式的，有对话式的，有叙述式的，——内容与

---

① 教堂。

② 詹姆斯·乔伊斯（James Joyce，1882—1941），爱尔兰作家、诗人，其代表作长篇小说《尤利西斯》于 1922 年出版。

形式都有创新的贡献。有机会不可不读。

想读而不得读的书太多了！

有了的书还没读过的也不少。

* * * * * * * *

看 Wilde 的 *"The Critic as Artist"*①。对于语言的声调的美 Wilde 特别注意。

活白话的美恐怕还待产生呢！

有这样急待收获的机会，还不快作起工来！

* * * * * * * *

小孩在九日从医院搬回。

* * * * * * * *

对话体的文字在中文里很少，大可试验。

试译一剧本。

为什么不早一试？为文不为发表。时到自会有华实。

中国文字我看过的还不及九牛的一毛！不能征服文字，如何空望著作？

多看书外没办法。人知我短，也是真识见。

[十一月] 十四日，一

昨晚看穆木天②的《旅心》诗集。既然讲究律动，诗歌必须朗诵。但是怕很少的新诗注意到这一点。

诗与散文的清楚的分界，要求纯粹诗歌的出现。诗要有统一性，持续性，暗示的朦胧。诗的世界是潜在意识的世界。这些见地足可证明木天已领略近代西方诗评的意旨。

他的这集中很少得到自然而然的天籁。

* * * * * * * *

"To know anything about oneself, one must know all about others."

—Wilde, *The Critic As Artist*

---

① 王尔德（Oscar Wilde, 1854—1900），19 世纪英国最伟大的作家与艺术家之一，其著作《身为艺术家的评论者》出版于 1889 年。

② 穆木天（1900—1971），吉林伊通人。1918 年毕业于南开中学。1926 年毕业于日本东京大学，回国后任中山大学、吉林省立大学教授。1931 年在上海参加左联，曾任桂林师范学院、同济大学教授，暨南大学、复旦大学兼职教授，东北师范大学、北京师范大学教授。著有诗集《旅心》等。

为知道自我的一点，必须先知道别人的各方面。

[十一月] 十五日，二

昨天同初一学生出外视察，走海光寺土道，经英、法、日租界。今天再领一团出发。

人数多还是问题。

团体的纪律很难维持。

[十一月] 十六日，三

昨天又同初一学生出发视察。

看 Wilde 的 *"The Decay of Lying"*①。

　　　　*　*　*　*　*　*　*　*

大学文科学会及女生都要演剧。今天选定剧本。不要废很多时间。

[十一月] 十八日，五

《鸥鹁》（第二号）有一篇致好校长书，是讥嘲的文字。

学生中对于校长的信任像是日减一日。以为校长用手段来压制学生，利用学生。

造因在很远。最近的波折是自从校长从南方回来，自信甚强，用张天师的雷威来压服几个讨厌的学生。

学校大了，一个教书的校长变成一个行政的校长，那末与学生接近的机会自然很少，而手下的几个职员只把校长当作田地里的 Scan□□用。渐渐就变成众怨之的了。

办事人都太忙——现在无疑问地是"事余于精神"了。

　　　　*　*　*　*　*　*　*　*

如何给校长想事做？中学他不管，谁管？现在已成的局面如何收拾？

小问题不关紧要。我持远水态度。

[十一月] 廿日，日（第四十六册起）

坚，真，——自依的工作。一生不虚渡。

胜惧是第一务。自觉是工具——增进自觉就是增进自持的把握。失

---

① 指英国作家、戏剧家王尔德作品《谎言的衰朽》。

望，完全是不可能。挫折就是自觉的表现。

自一而后自信立。

* * * * * * * *

Herd①的势力在现代西洋加大。识字，交通（广义的，包括道路的及心理的），给群众组织的可能。Logic②——各个思想的——在社会政策上力量不如从前。群众的动作不被理发支配。新心理学在 Instinct③及 Complexes④上注意。

政治活动利用新知识。教育设施也当在群众行为上注意。

中国群众与西方群众的同异在那些点上？这个问题当用力观察。这样工夫与各种社会学术（文艺在内）都有关系。

[十一月] 廿一日，一

初一新课程，英文教材作新生活的媒介，本国文字作 Psychology⑤的工具。群众生活的研究——足够用我精力。

自己努力寻自己的路。成败不在念。别人的评论和进步不能动我以畏以嫉。

不要自任学校舍我其谁。我的"卑贱畏感"常使我自大，也常使我多惧。看破 Insecurity⑥自然会胆大起来。五哥可敬在此。

[十一月] 廿三日，三

第三期《励学》⑦有攻击学校文字。我参加讨论应付方法。

有人以为非"开刀"不可——革除几个激烈份子。但是革除以后，全校就可以安静了吗？

革除是一种抄袭文章。究竟不是办法。

讨论……还是非重要。真重要是谁去办？生力军是否这时候加入？如何加入？

校长辞职布告：

---

① 一般群众。

② 逻辑。

③ 本能，天性。

④ 情结。

⑤ 心理，思想。

⑥ 不安全，无把握。

⑦ 指南开中学自治励学会办的校内刊物。

本学期自开学以来，学生中屡有不受指导之表示，昨复藉旷课扣分事以全体学生名义聚众要挟。学生有此种越轨行动，实无施行教育之可能，鄙人今已向董事会辞职。特此布告。

张伯苓　十六年十一月廿四日

[十一月] 廿五日，五

前天早十点发现学生集众请愿事。校长辞职，昨天赴京。

请愿时校长委我接洽。

＊＊＊＊＊＊＊＊

今天我想借二十分钟（在十一点四十分）报告两点：一、在前天事件里我的地位；二、我在学校的职务。说完后我离校。

＊＊＊＊＊＊＊＊

昨夜睡得很好。但当于一种重要决定时，还不能完全镇静，完全不动心。

"自反而缩，虽千万人吾往矣。"

"居天下之广居，立天下之正位，行天下之大道；得志与民由之，不得志独行其道；威武不能屈，贫贱不能移，富贵不能淫；——此之谓大丈夫。"

＊＊＊＊＊＊＊＊

晚

几位同事不赞成，没有招集。大家说要辞一同辞。

至少事务同人对于我在学校的职务可以清楚些：襄理一个教育新方向的实验。

在校无专责——湮没在一次无聊风潮中！

但总有说明的机会。

校长到最后，才使我出头应付；他又出以辞职，结果还是他的识见高！Prestige 不只保存，并可增高。

在他手下作事，不易有个人独立的政策。

以往到现在的弱点他也看出一些。张天师的雷在前几个星期间实在少效。现在这一大声像是灵了。但是如果他还要继续以往的态度，怕也不是办法吧！

他的自信与坚决，我非常钦佩，就是态度有时太轻视人。这次如果胜利，更可增加"他对，别人不对"的自满，怕更不易听别人的主张——

以后共事有更难的可能！

压下别人的 Personality^①！至少我个人不愿被压！将来惟有退后，还完全由他指挥。

但他也许有觉悟——这次风潮他自有相当责任：思想方面看书太少，态度有时实在压制。

＊＊＊＊＊＊＊＊

我自己太少真把握。大学的几位教授有的出书的，有的写文章的，有的作翻译的。我惭愧死！

校事不用我管，自己读起书来。

[十一月] 廿六日，六

我的两种表现工具：戏剧与教育的新方向。在这两方面的工作都有成功的成绩。

南中还没有完全从我的主张。我的理想是清楚的，大家也有相当的敬服。老机器一时难革新，闹事与我自然无关。

现在没有人知道，那怕什么！

自我仍须努力发展。

[十一月] 廿七日，日

看前周日记。

学校风潮在这时候发出是很幸的。校长必不能立即回校，虽有学生挽留，也不能回校。

南中将来方针，必须现在定妥。谁去负责？

董事诸位只可挽留和表示信任。他们几位没有教育的识见，也没有为学校捐来什么巨款。向来都由校长一人担任。

＊＊＊＊＊＊＊＊

校内问题：一、造就同志的教员；二、引导青年的觉悟（学问，同情与人格）；三、将来校与党的范围。

校外问题：一、财政；二、政府当局的接洽；三、社会上信用。

＊＊＊＊＊＊＊＊

能否造成一个新教育团体，仿 Jesuit 的教育工作组织？

生活必须有使命。古代所称行道君子，行道就是负有使命的意思。

---

① 个性，性格。

北人向来是有骨格的。乱到如今，应当有人出来拟定一种生活的新方案。纯粹教育事业，在这乱世很有提倡的急需。

"得志与民由之，不得志独行其道。"先必须有"独行"的自持。

[十一月] 廿八日，一

大学功课选的人少因为学生的兴趣不在戏剧。排戏他们要我帮忙，但是不愿意选我的功课。大概他们以戏剧为游嬉的消遣，不值得按正功课去学。

下学年不给这门。我教着没兴味，也自然没什么进步。

Logic 我也不愿教。教育学又没有人学。

自己愿意研究什么，就作什么工夫，不问有人同兴趣没有。为人不能成学！

* * * * * * * *

中学暂时没事作。为久远计划。

* * * * * * * *

下午

学校闹事，我不当袖手旁观。

我不出头，因为没有名义。但是我既然有作教育事业的志愿，对于这次风潮应有拟出解决方法的责任。

董事会向来是听校长自己一人的主张。南开先有校长后有董事。校长没办法，董事更没办法。

校内职员完全由校长指挥。

校长的尽职是没疑问的，但是近来校内外都有一种空气：像是以为校长有时好"动气"，态度近于压制，思想有点旧。

学校又过大了，办事人的精神照顾不到的地方很多。最大的困难是外面侵入的政治活动。

青年比以先多要求了。教员不能满足学生的欲望，——找一百多位好教员是事实上的不可能。

对于校长的信任——在学生中——远不如以前。

* * * * * * * *

这次校长从南方回来，自信甚强，然而暗中政治活动的力量已经结合的有根据了。所以经过几次接触，就酝酿成现在的局面。

党活动一侵出教育，那就没有教育的可能了。校长是如此想，——

在一个学校里不能两种势力同时并立。

南开向来是立在政治活动以外的。今后如何？

＊　＊　＊　＊　＊　＊　＊　＊

我回南开将二年了，但是总不愿意任行政责。一方面我想读书，还一方面就是在校长手下作事，他使我觉着他的态度太"我对你不对"。

＊　＊　＊　＊　＊　＊　＊　＊

这次"以退为进"的结果不能与前三年大学闹"罢教"一样的安稳。各种 Factor^① 都比上次复杂得多。

如何解决？今后南开教育有无希望，要看这次如何解决与再进行的方案。

在这样风雨飘摇的时期，谁能拟出一个前进的方向？

见义应为，但也要看时机。

现在静待。

"党与教育"——这是一个根本问题。

"具体的新教材与新教法""任职同志的精神陶冶与职业训练""学生个性的自觉与指导"……这些问题都应研究。

南开如果没有 Vision，只在维持，那就已经不是南开了。

这几天不闲，反应忙起来。

＊　＊　＊　＊　＊　＊　＊　＊

晚

听说一种论调：说我那天应付得太弱了，被侮辱还不打他们。这把我看成弱者！

一群无知的小孩子，同他们动怒很不值得。有人以为我太"好说话"。

如果是弱者，就完全失去领袖资格。

我对人不肯坚决。能忍的就忍下。但是有时也能立住不动。那天对于立刻答应他们的要求，我始终没让步。不过，在起初就可不必同他们谈话。这一点我在被群众包围的时候没有这样看。

我并且那天还有说他们对于学校事发生兴味是很好的……一类的话。或者说：如果认为"集众要挟"当时就不应同他们敷衍。

那天我说的话，我负责。他们"要挟"的点我始终没答应，就是因

---

① 因素。

为他们不愿坐下商量，不是要挟是什么？对于青年劝导是教育者的天职。我那天也说得很清楚，他们取要求手段，不容商议不受指导，那就不是教育。并且说我愿意作这样教育理想的牺牲者。

（如果他们肯坐下商议，我的建议不外校长以先曾经说过的办法：取消扣分办法，试行两星期，如果旷课人数加多惟可仍回旧法。）（这一层彼时没有想到，以后想出为自卫。彼时态度在下月五日的日记上分析得清楚。五日评。）

根本问题不在此。学生不愿意念书，学校可以不必办。

＊＊＊＊＊＊＊＊

这次我被卷入旋窝〈涡〉，实在无聊的很。

从校长回来，本来我就没问校事。这次校长委我，实在是义不容辞。因为这个缘故，我受批评，轻视和侮辱，这也是为校长出力。

自己长了一点经验。如果自己不是弱者，别人如何批评都不关紧要。如果自己是有时不勇生惧的，惟有以后努力养勇。

为南开少了一个生力军也不足虑。

＊＊＊＊＊＊＊＊

本学期的状况实在不能施行教育，散了没有什么可惜。旧习太深，一时不能革新。还许有人说，改革不如不改，祸由自取！我是一个空想家，只能害事，不能成事。

＊＊＊＊＊＊＊＊

但是我自信我是对的，我没有走错步。

[十一月] 卅日，三

看 C. G. Jung 的 "*Psychological Types*"①。

解释巧得很，但不免牵强。

按他的分类，我的性格：Consciously — Intuition，Extravert；Unconsciously—Thinking & Feeling, Introvert。②

PP. 464—467

　　P.466——He is the natural advocate of every minority that holds the seed of future promise. Because of his capacity, when

---

① 荣格（Carl Gustav Jung，1875—1961），瑞士心理学家。其著作《心理类型》一书于 1921 年出版。

② 译为"有意识的——直觉，外币；潜意识的——理性兼有感性，内向"。

orientated more towards men than things, to make all intuitive diagnosis of their abilities & range of usefulness, he can also "make" men. His capacity to inspire his fellow-men with courage, or to kindle enthusiasm for something new, is unrivalled, although he may have for worn it by the morrow. The more powerful & vivid his intuition, the more is his subject fused & blended with the divined possibility. He animates it; he presents it in plastic shape & with convincing fire he almost embodies it. It is not a mere histrionic display, but a fate.

* * * * * * * *

He has the unconscious against him—

P.478——"But if the ego has uswiped the claims of the subject, a compensation naturally develops under the guise of an unconscious reinforcement of the influence of the object…As a result of the ego's defective relation to the object—for a will to command is not adaptation—a compensatory relation to the object develops in the unconscious, which makes itself felt in consciousness as an unconditional & irrepressible tie to the object. The more the ego seeks to secure every possible liberty, independence, superiority & freedom from obligations, the deeper does is fall into the slavery of objective facts. The subject's freedom of mind is chained to an ignominious financial dependence, his unconcernedness of aciton suffers now & again, a distressing collapse in the face of public opinion, his moral superiority gets swamped in inferior relationships & his desire to dominate ends in a pitiful craving to be loved. The chief concern of the unconscious in such a case is the relation to the object & it affects this in a way that is calculated to being both the power illusion & the superiority phantasy to utter rain—

P.479——An analysis of the personal unconscious yields an abundance of power phantasies coupled with fear of the dangerously animated objects, to which, as a matter of fact, the introvert easily falls a victim. For a peculiar cowardliness develops from this fear of the object; he shrinks from making either himself or his opinion effective, always dreading an intensified influence on the past of the object…

我不是 Introvert①，因为我不怕到众人面前发表我的主张，并且我喜欢改造环境。我是一个 Extraverted Intuitive②。不过我对"将来"希望的过于热烈了，所以"现在"在 Unconscious③里来求 Compensation④。

自名"远水"，是对于"现在"不满的一个很明显的表示。

"现在"在暗中要求我的注意。

Conscious⑤方面的希望不可过于空高，Unconscious 方面的畏惧也可以减轻。

（进一步的自觉。）

自己认清现在的实状，再认清自己的真象——希望以事实的可能为限——那自然就坦然无所畏惧了。

---

① 性格内向的。
② 外向而易懂的。
③ 潜意识的。
④ 补偿。
⑤ 意识到的，清醒认识到的。

十二月

十二月二日，五

校长可以复职。昨天董事会开，大约已有办法。

以后整顿方案，惟有大家全听校长指挥。以人作办法的根基，在事实上本是应该的。

拿过来就作，用不着什么"前思后虑"。（这四个字是校长形容我的态度的。）

我以后，闹过这次风波应当留下三个印象：

一、少数操纵是政治活动。党治在一般人民没觉悟的国家里或是一种可试的方法，在一学校里根本不相宜。学校应注意团体训练，不能容政治活动。

二、学生不该对学校取对待地位。青年的欲望，必须承认有受指导的可能，然后才可以有教育。

三、学校在学生个人的认识方面可以说是忽略了。先生学生应当常有自然接近的机会。（至少常同高三、二学生谈话。）

* * * * * * * *

下午

早在五哥家谈。

昨天董事会没按着校长的建议办。校长很望董事会对学生说明：他们如果承认此次"要挟"不是全体意思，应当立刻表示态度去挽留校长；如果大家认为是全体意思，董事会仍信任校长只可解散学生。

校长很不满董事的没胆量。董事会只写了一封挽留信。董事中各人意见不同。校长向来并没有看重董事会。校长要的是大家都听他一个人的意思。他见事比人都高远，手腕也最灵敏。有人恭维，是他最高兴的。一个人应当有坚决的主张，但是外表的态度如果能稍和润，可以少些与别人 Ego-Complex①的冲突。校长的性格里有一点骄满——"我对，你们

---

① 自我潜在意识，自我情结。

全不对"。越是弱于 Self-Assertion①的人，如慈约②，恐怕越觉着校长太压制别人的人格。

＊＊＊＊＊＊＊＊

其实教育的工作，不在这次解决的一点上。解决后，谁去办，如何办？

今早我稍发表意见。主意自然由校长决定。

[十二月] 四日，日

看前周日记。

昨天上午各班代表——分两派，旧新代表会——都到校长家挽留，校长下星一复职。

这一幕是一种手腕——辞职十日。校长是善于用术的，这是大家不能不佩服的。但是从此对于校长的信任未必增高很多吧？

"自大"是 Mania③。昨晚去谈，讲到政治的新组织。最后校长说："那些都是方法，还要有待于尧舜。"尧舜自居吗？

学生中昨早又有传单——皇帝要回宫了……一类的话。

运用手段，这次校长是胜了。但是青年们也要学用手段吗？想也一定有人要学。

＊＊＊＊＊＊＊＊

全国能闹出这样风潮的，只有南开一处！至少寄梅是佩服了——能抵得住大风波的，没有第二校吧？

＊＊＊＊＊＊＊＊

校长必须有 Conquests④，才能高兴。

有捐款活动的机会，他可以到外面去求 Conquests 去。外面不能活动，他要在校内 Assert⑤他的 Mastery⑥。同事和学生的人格都有时要被挤！

利用后，更要觉着"他对，人不对"。应付惟有敬远。

＊＊＊＊＊＊＊＊

---

① 主见，自信。

② 严智怡（1882—1935），字慈约，天津人，严修次子。1907 年，毕业于日本东京高等工业学校。历任农商部秘书、巴拿马太平洋博览会中国代表。1913 年任商品陈列所总理、中华书局经理。1916 年，创建天津博物院。1917 年至 1922 年任直隶省实业厅厅长，1926 年任商标局局长，1928 年任河北省政府委员兼教育厅厅长。

③ 狂躁，癖好。

④ 对危险、困难等的控制。

⑤ 坚持，维护。

⑥ 控制，统治。

Jung，"*Psych. Types*"——PP. 424—428.

P.424——The measure of extraversion in the conscious attitude entails a like degree of infantilism & archaism in the attitude of the unconscious. The egoism which so often characterizes the extravert's unconscious attitude goes far beyond mere childish selfishness; it even verges upon the wicked & bautal.

P.425——But the catastrophic solution may also be subjective, ie., in the force of a nervous collapse…either the subject no longer knows what he really wants & nothing any longer interests him, or he wants too much at once & has too keen an interest——but in impossible things.

[P]P.426—427——The extraverted feeling type…enjoys an excellent feeling rapport with his entourage, yet occasionally opinions of an incomparable tactlessness will just happen to him. These opinions have their source in his inferior of subconscious thinking, which is only partly subject to control of is insufficiently related to the object; to a large extent, therefore, it can operate without consideration or responsibility…

（一、刚愎。二、奢望。三、忽略。）

* * * * * * * *

这次风波翻起不少水下的渣子，寻常不易观察到的。有的是群众方面的，有的是个人方面的。

这点观察就是我的心得，我的快乐。

* * * * * * * *

认清：现在的实状，自己的真象；希望以事实的可能为限。

Mental Hygiene①——为我的 Type——应如此。Anxiety and Fear②都可减轻。

（不忮不求，也必无惧。）

看书。1. Le Bon，"*The Crowd*"③。

———

① 心理卫生学。

② 忧虑和畏惧。

③ 勒庞（Gustave Le Bon，1841—1931），法国社会心理学家、社会学家，群体心理学的创始人。其代表作为《乌合之众》。

2. Trotter，"*Instincts of the Herd in Peace & War*"[①]。

3. Macdougall，"*An outline of Abnormal Psychology*"[②]。

4. Macdougall，"*The Group Mind*"。

1. 完，2. 选，3. 选，4. 今天看。

* * * * * * * *

二日夜大学文科学会开会，演一出短的闹剧《骨皮》。从周作人译的《狂言十番》中选的。

排演只三次，结果还可看。

扮剧里的徒弟我教他学口吃；甲，乙，丙，各人都给他一个性格。场上布置稍加支配，使它灵活。虽是小技，也有运思的可能。

* * * * * * * *

前天看梁实秋的：《浪漫的与古典的》。

他的文体是文白杂在一起的，畅达倒很畅达。他得力大概还是从任公一派所提倡的浅文体。

气还雄直。精深处甚少。

[十二月] 五日，一

今天校长复职。上午招集全体学生，大说了一套。

是一个群众演说家——天生的，不是从书上得来的方法。

领导的 Prestige 恢复大半。这样多人的一个团体，作领导的必须有威可畏。有时因为增高自己的威，别人的自重就可不顾了。

这次请愿时，我给出头接洽，本来是帮忙校长。他不愿见，才要我去见。现在露出以为我太软弱，所以今天给我一个名子〈字〉叫"哲学家"。没有一个人能比他，别人不是糊涂，就是空想。自从校长从南方回来，我就没问校事。等到最后，才要我出头，接洽的结果把我引到风潮中心去。这回事给我一种太缓和的性格，空想想不过是一个"哲学家"而已！论领袖才，那惟有校长独尊。

（现在以为我接洽的不得体，为什么那天不自己接见？大学不是必得去的。并且早知道请愿的要来。接洽时我也许让步太多了，彼时不与他们谈话不给答复，他们

---

① 特罗特（Wilfred Trotter，1872—1939），英国外科学专家，社会学家。其著作《战争与和平时期的群体天性》于 1916 年出版。

② 威廉·麦独孤（William Macdougall，1871—1938），美国心理学家，策动心理学创建人。其著作《变态心理学纲要》于 1926 年出版，《群体心理》于 1920 年出版。

大概也许再招集较大的请愿，但是也许不能有什么作为。我那时实在以为错处不完全在学生。对于校长的态度我早就不满。他对人实在有时太轻视了。这次请愿实在是一半是校长的态度激起的。我彼时存着这个意见，所以没有直爽地敌对学生。但是他们所要求的点——就是立刻照着他们要求的去办——我始终没有让步。我信如果我从本学期负责，我有我的办法，必不至于闹到那样局面。结果也许没有现在一人独尊这样痛快。作一大群人的小皇帝大概是取厉害手段的对，然而对于别人的人格的自重上就照顾不到了。)

校长大痛快！几个糊涂小学生是被他打败了。就是空想的"哲学家"，这次也露出不切于实事！（从暑假前说起，一切批评校长的文字和谣传都藉此指破。）（校长没有错，只承认太忙，错都是别人的。）

* * * * * * * *

我是否过于注意这个小点？

他的 Egoism 是近于 Wicked and Brutal[①]！

我在此有什么独立的事业？是只求人的欢心吗？在此日久了，不能有什么个人的 Prestige 存在！同事们只是校长的工具，主张都是校长一人的。

藉这次风潮，又压倒一个"哲学家"！

我是一个终身作人家的工具的材料吗？

清华是我独立的事业，但是总算是失败了。在此，多少是依人看。

别人如何利用（如在清华），或如何轻视，都因为自己不够坚决的！我是不错的，但在世人眼中他们算成功，我算失败！他们有的收利的，有的收名的；——我替他们出的一些小计划本来值不得什么！

* * * * * * * *

但"自怜"（Self-Pity），我绝对不要的。如果"自反而缩"，无论别人如何利用，如何轻视，我的心是安的。"成败毁誉无所动于心"——那是自修的目标。

* * * * * * * *

论成就，真应当惭愧！一天一天空空过去！已经是三十五岁半的人了！讲事功，没有事功；讲文艺学问，没有一点有价值的著述！

眼光放远些看，现在每天的生活多么可耻，多么可笑！

* * * * * * * *

我离开清华，本来立志读书。有人看我不能办事，我也不必争辩。

---

① 超出限度的和残酷的。

我就专心往多读书上用工夫。我就是空想家，我应自号"远水"。我有我的主张，我的思想，我的使命！对于教育，我要作一个新学说的先驱者。对于戏剧，我也要有我个人的创造。鼓起气去干！结果还不知谁的久远，谁的伟大？

* * * * * * * *

读书不可只为情感上的愉快。要为出品读书。既然不能作事，就得必须著述。今年要写几篇文章？几年之内要出几本书？

（没有著述，不能活！）

为写书而读书——那末，读书就是一种严重的事业了。

文字的工具只可从多看中国书得来。

* * * * * * * *

剧本可以译一个，作为试验。

对于教育的论文及演讲，将来可以集在一起。

（必须有出品。）

* * * * * * * *

如果真能作到一个学者，那就是为南开最高的贡献了。

* * * * * * * *

※我的办法与校长的不同。我重以思想服人，我的理由非到使他们心服不止。校长重威信，我既是为大家好，给大家卖力气，大家就得听我说。理由是次焉者。

他的行政术是人在先。我的领导术是理在先。

他的勇气和勤劳我非常佩服。他的手腕的灵敏与坚决，也是我所不及的。但是，以人作中心的组织，究竟不甚适于个性觉悟的青年吧？

以这次学生会代表的操纵为例。校长以威来服他们，他们不听，并且还宣传校长侮辱他们的人格。校长等机会非使他们屈服不可。以后机会来到，立即决定……结果，全体学生挽留，一致屈服。对于几个闹事的还非常宽大。但是，学生真明白了学生不应与学校取对待态度，学生会的政治幼稚，……等理由了吗？校长不十分注意。他只问你们信我不信，怕我不怕，听我话不听。也许管理中国人——善于服从，不明道理的中国人——是这种开明专制的手段对。

我若处理这回事，我要注重理解，说明学生必须受指导，团体组织可，政治活动不可，……等理由。至于效果如何，我的办法收效慢，他的办法收效快。我的办法，也许没有现在这样直截了当，但是我的办法，如果种下根去，必比现在这样结局效力远感人深。

两人性格不同，方法手段自然不同。

有这样与我不同的一个哥哥，是很好的鼓励，很好的比较。他可以使我多一层的自知，深一层的性格观察。这是应感谢的好机缘。

"哲学家"我可以不当挖苦的话听。这是老哥鼓励我！只要我自己知自重自爱，——就是知耻！

（"哲学家"知耻！）

* * * * * * * *

买了几本新出版的书：郭沫若译：《法网》，杨晦译：《悲多汶传》[①]，鲁迅著：《野草》，鲁迅译：《苦闷的象征》，郁达夫著：《日记九种》。

［十二月］七日，三

前夜看郁达夫的《日记九种》，到午前五点半看完。

* * * * * * * *

近来对于心理学有兴趣。我想写几篇文章关于团体心理的研究。为预备作讲演或作文章而看书，然后看书可以有系统有归束。

（团体心理的研究。）

今年春想作几篇关于教育的文章，但是结果只说了一两次空大话。幸而邵存民笔记下来一点，不然思想又白用了。

我受的教育里缺少写东西的习惯。北人天生笔风不畅，我个人天资又很愚鲁。但是最低限度，在死前必须有几种著述。大概写出也没有人看——它们的死在我死之前！

眼高手低！

* * * * * * * *

鲁迅、周作人、达夫等新作家在旧书上都很有根柢，并且通日文、英文、德文。从日本回来的倒像比从欧美回来的创作多。也许西方产物到日本经过一度消化，弄得近于中国的生活了。中国人到日本去，得了日本人选择过的西方文化，回来后比较容易有文字的供献。许多名词，用不着再费一次力去翻译。

文学的新创造者，日文著作在他们文字上的影响很大。

---

① 现通译为《贝多芬传》。

生活状态，日本的也比较近于中国的。

这般人在中国介绍的不是日本人现有的，而是日本革命思想的人所仰慕的西洋新潮流。

[十二月] 九日，五

昨天文科学会约我给一次讲演。

想来想去，想不出什么可以说的。他们期望太高，我更不知说什么好。本来没有一点专门的知识，所以什么出品都没有。

这次说什么呢？

一个戏剧上的问题？或教育的？或人生哲学的？或文艺的？

我真没有一点特别见地吗？

在知识事业里骗饭吃，连一篇有一点独到的东西都写不出，那太丢脸了！

前天想在中学说两三次，关于团体心理的研究。这个题目为文科学会倒也可用，但是我预备时间太少，并且教授中也许有比我有较深的研究的。

第一层要认清听众。大约大学的学生只读教科书的居十之八九，他们生活经验的观察都是在很小的范围之内。他们的意见多半是从教授们片段的言论中得来。以我的眼光来看，他们最缺乏的是什么？他们肯读书，但在功课规定的书以外，没有很多时光看别的书。生活经验大多数很平常，家庭学校外，不认识什么别样经验。

我比他们多活过几年，多走过几个地方，多看过几本外国书，论天资和技能，他们中间一定有比我高的。

我在此正努力寻求我的工作，我高兴作的是排戏与教学生，我很痛切地渴望能作的是写文章。现在预备这篇说话也就是预备一篇文章发表。

我是要学生学"少说话，不说话，说真话"吗？这个题目为大学学生太幼稚了。

给他们诵读几首诗，好吗？选谁的？我自己看过的也太少。

说一些艺术与情感的话，我的词藻够用吗？从活着为什么上着想，也许可以得到一个题目值得讨论？

* * * * * * * *

有的以为我能讲话，好讲话。其实在每次讲话之前，我非常踌躇，非常发愁。

创造真非易事。

＊＊＊＊＊＊＊＊

"花爆与蜡烛"？鼓励浪漫的生活态度？

八里台的生活太死板了，中国的生活太死板了！人人都是怯者弱者！中国青年必须经过情感上深烈的激刺，才可以算得着再生。没有得过再生的，只有生活，没有生命。青年，鼓起气来，不怕环境的困难，世运的颓唐，力量是从青年宝贵的灵魂涌出来的。无论作什么，都要充满了热情！平静只可形容已成大片的湖海。回看山涧里奔驰沸腾的，那才是大水的源头。青年，你们要活源头的生活，庶几到晚年才有湖海的平静可以享受！

本着这类的话说下去，可以说到在这个时期一种新宗教生活，新艺术生活的重要。造新天新地，此其时也！

他们每日生活里，太少这样的刺激！艺术生活可以供给永新生命的Altar①上那生命神最欢喜的祭物——就是大烈的Passion②！

教授给他们的冷静的死理太多了。我要给他们一点生命的旺火。烧死也比冻死高兴！

[十二月] 十日，六

昨夜想到一个题目：《冷与热》。可分三段说：（一）真冷真热，（二）不冷不热，（三）假冷假热。

冷——冷静，酸冷，冷淡，冷闲，清冷；

热——热心，热情，躁热，热中（孟子：不得于君则热中）。

冷，客观的；热，主动的。冷，个人的；热，群众的。

物质之微点震动为生热之原，动速则热，动迟则冷。

[十二月] 十一日，日

看前周日记。

下周五在文科学会讲演。为这个创造去工作使我加敏。

情感是抑遏，还是放纵？或是"排泄涤净"？Katharsis③。

---

① 祭台，神坛。

② 热情。

③ 卡塔西斯（katharsis），作宗教术语是"净化""净罪"的意思；作医学术语是"宣泄"的意思。

抑是近于冷的，放是近于热的。

情感是生活的原动力。完全抑遏之后，生命一定是灰色的。有人从小时就抑惯了，到大时连一点生气都没有了。

放纵之中，危险非常之多；但是新生命必须受热烈情感的洗礼。并且这样洗礼必须用浸入水中的仪式，只于头上沾几点水是不够痛快的。

情感的洗礼自然引入浪漫式的生活。但是这种浪漫式的生活是否要摹仿西方的模样？这是这代青年必须解决的问题。

西方文化到中国后，中国人先注意武器，再注意政体，再注意思想，再注意情感。一步一步地向生命的源泉处进行。摹仿时期必须经过，并且不能催促使它快过去。将来适于此地此时此民族的生活方案一定会出现的。

青年，用极热烈的情感去作胆大的生活的试验。最可怕的是不冷不热，麻木偷生的生活方式。

* * * * * * * *

要避免"冷脑筋，热心肠"的一类话。人常说过，所以用来可耻。如果不用"冷与热"，用什么题目？

［十二月］十二日，一

看梁实秋的：《现代中国文学之浪漫的趋势》。

古典主义——重理性；浪漫主义——重情感。

> "古典主义里面表现出来的人性是常态的，是普遍的。其表现的态度是冷静的，清晰的，有纪律的。"

阿诺德论莎孚克里斯能"沉静的观察人生，观察人生的全体"。

> "浪漫主义者最反对的就是常态。他们在心血沸腾的时候，如梦如醉，凭着感情的力量，想像到九霄云外，理性完全失了统驭的力量。据浪漫主义者自己讲，这便是'诗狂''灵感'或是'忘我的境界'。"

* * * * * * * *

理性与情感的问题就是我所拟的冷与热的问题。一般创造，文艺的人多是浪漫生活者。青年革命家也注意在打倒一切束缚，使情感得到最自由的畅快。很少的理智信仰者在那里作冷静的观察。

青年眼前急待解答的就是冷与热的问题。我是要纵情任性的去求得我自由的表现，或是听从经验的纪律，承认自己的愉快以外还有所谓义务者在？

对于这个问题未曾反省的，那是还没有觉悟的人。他们还都在不冷不热的睡梦中。多数的青年——虽然或者所用的字句不同，或者没有把零散的经验归纳到一个简该〈赅〉的问题里去——但是都感觉过这种冲突的逼迫。

* * * * * * * *

为生活的更新，情感的洗礼必须经过的。

但是生活本是整个的。理性与情感本是全在一个人的心的活动中，我们不该，也不能，把它们分作两种对待的心理作用。我们不能说，我是纯用理性的，或者我是纯用情感的。我们只可问，理性如何运用，情感如何舒畅？冷与热的问题可以分为：（一）什么是真冷，什么是真热；（二）什么时候应该冷，什么时候应该热；（三）什么是冷中之热，什么是热中之冷。

[十二月] 十四日，三

学校风潮的余波还没有静。几个学生——大约是 C.Y.——现仍发传单骂校长——流氓的学阀等……。

我以"哲学家"态度静观变化。一切主持，完全听从校长指挥。

* * * * * * * *

下午

校长招集全体师生，大发雷霆。场上几乎打起架来。学生对安立元有喊"打"的，校长说："你们坐下，让他前边来我自己打他。"

我走到台前，阻住校长，静了学生，又回座坐下。

有人说我安静下一场是非。

[十二月] 十六日，五

昨天学校去了三个学生。都由家长或保人领回。大约今天又去两三个。这次大约共去八人。

这次波折，校长很要我帮忙，所以参加一些意见。但是对外与对学生的谈话我没出头。

校长要打学生，很有人批评。但这不是校长要打学生，是张要打安。明知安是骂他的人，张为自卫计，本可以施反抗方法。这是个人问题。再者校长说，"你们不要打，我自己打"。实在是从已怒的群众中把他救下。

但是我为校长辩有些不便。因为人说，他是我的哥哥，我的话少效力。大概辩也无须，只要我们自反而缩。

＊＊＊＊＊＊＊＊

今天下午在大学文科学会讲演，题仍用"冷与热"。

［十二月］十八日，日

学校这几天办开除几个学生的事。办得非常不顺手。学生硬不走。

教育办到这样也就很无聊了。

对于校长的态度，不满的很多，他没有力量可以整顿校风。以"人"为中心的组织不能继续下去。

（校长是否承认？）

惟一生力军在我。这也无须客气。但是时机已经到了我出头的日子了吗？

我不应加入旧的消极的办法里，加入管理旧的事是最不经济的。如果那样，南开就完全没有一点希望了。

我只对于教育的革新上有兴趣。

（只管革新。）

＊＊＊＊＊＊＊＊

问题是：（一）真要我出台吗？（二）什么时候出？（三）怎样的出？

（一）要自问：能力如何？现在局面能否救药？校长能否完全信任，不生妒忌？我自信如何？

（二）这个时候是最相宜的吗？或者等到第二学期始？或是等到解散后再从新组织？经过关门一次，是不是太过了？

（三）就直接出任中学主任吗？或只认委员之一？校长是否要正式宣布此后校内革新事完全由某某负责？

十二月十九日，一（第四十七册起）

上册日记里提出几个对于学校的问题：

一、校内问题：造就同志教员；引导青年觉悟；党活动。

二、校外关联：财政；政局；社会信用。

三、校长：动气；压制；思想旧。（Extravert 的三病：刚愎，奢望，忽略。）

四、根本困难：人数太多，精神照顾不到；外面侵入的政治活动。

五、我的地位：真要我出台吗？什么时候出？怎样出？

* * * * * * * *

几点自觉：

一、Conscious 方面的希望不可过于空高，Unconscious 方面的畏惧定可减轻。

认清——现在的实状，自己的真象；希望以事实的可能为限。不忮不求，也必无惧。

二、已经是三十五岁半的人了！讲事功，没有事功；讲文艺学问，没有半篇有价值的著述。天天空空过去，耻死！

三、五哥的行政术是人在先，我的领导术是理在先。论胆量与勤劳，我远不及五哥。

四、没有旧书根柢，很难有新文学的创作。鲁迅、作人、达夫、实秋等在旧书上都下过工夫。并且在英文外，还有日文、德文作为新潮的介绍工具。

五、为出品而读书，读书才可以说不是懒怠的粉饰。

* * * * * * * *

校长是否承认："他没有力量整顿校风；以'我'为中心的组织不能继续下去？"

我无论如何不参加管理旧的消极的事。我只在教育的革新上出力。

* * * * * * * *

晚

从英文会议回来。

各班人数近五十，没法照顾到个人。教材也须精选。教员的教读能力也优劣大不相同。英文如此，各门大致也如此。

学生个性觉悟后，他所感的不满，在现行制度之下没法可以使他得满足。那时去找很多的好教员？经济上也是问题。

退学的学生不走！故意拆毁。

今天又见了一个骂校长的传单……宗法在社会的遗留者……大家族的家长，待学生如儿孙辈……什么东西……用时髦名词应付潮流……自造皇党、顺民党……现在清党……

* * * * * * * *

校内办法，并不自信应当维持。改进恐怕大家没耐烦。

同时捣乱份子是无法可以去得清的。

势到如此，怕是无法整顿了！校长不能，但是别人也不像能！

我不要自以为能！切记切记！

[十二月] 廿一日，三

早晨同几位老同仁谈，他们以为到了我必须出马的时候了。不然，学校要散。

我自知能力薄弱。

并且这样残局，无论谁来收拾也不能得到圆满的结果。

大家出来维持，或者我算是帮忙者之一。

我立在事外。我并不坚持学校必须维持，我的态度是平淡的。

现在大计还在校长一人。在他手下就要完全听他指挥，并且要受他轻视。他必要露出惟有他一人是对的，然后他的领袖欲才可得满足。

南开是一人创的，还要由一人毁之！

政潮的无头绪，也实在没法应付。同时，校内工作者都没有受过养成。训练课课员不能负责，实是弱点，但是教员中就〈究〉竟有几位"同志"？

* * * * * * * *

晚

老同事要我出来——一定有人会骂——是想维持他们的地盘。

无论怎样应付，一定有人要骂的。"不动心"而后庶几可以在这时代出头办一点事。一在个"民治"的时代，既然许大家发表意见，自然免不了挨骂。不想出头办事则已，如果不得已必须出头，第一要预备的是：挨骂不动气，挨骂不灰心。挨骂不怕。

（挨骂不动气，挨骂不灰心。挨骂不怕。）

将来如果南政府的势力过来之后，一定有人想来抢这个学校。这里有二三百万的财产，见了谁不眼热？又有两千多青年可以运用，可以影响。

我们以为牺牲克苦，在人看，我们还是把守地盘。

想倒张的人仍然要攻击侮骂。他们可以说皇帝让位给他的兄弟了！简直说明白了，就是有人在暗中想谋南开的产！

* * * * * * * *

可是，别人拿去，一定要继续捣乱下去。这样大的一个中学，在中国没有一个人可以拿得起来。党里也找不出一个能办的人来。

自然，自以为能的人一定是很多啦！

* * * * * * * *

看着它乱起来，实在是可惜。

我们认南开在现代中国里有一种特别的使命。南开式的教育实在是与众不同的。

但是这个大话现在不敢说，因为内部的组织太软弱。

工作的组织没有造好之前，不要空口说大话。

（先造组织，而后宣布方针。）

* * * * * * * *

人要我出头负责不要，我自己愿意担任不愿意……或是不得不冒这次险……无论闲到如何，或是忙到如何，我时刻不忘自己深造的工夫。活着就是为求学。无论穷到如何程度，学仍要继续求的。

（时刻不忘自己深造。）

* * * * * * * *

打破这样混沌时期，我的武器有两种：Intelligence①与 Humor（Joy）②。推而广之，也可以名之为：哲学与艺术。

[十二月] 廿二日，四

自知：对于筹划上我有兴趣。但是到推行的时候，我好踌躇，延迟，不能果断，不善持久。

在身体精神上，一有不适意的事，就容易生烦生惧。并且心里一有事，夜里睡不好觉。

* * * * * * * *

性格中少坚定不移的意志力！

"每日游思多半是要人说好！"

"凡喜誉恶毁之心即鄙夫患得患失之心也。于此关打不破，则一切学问才智适足以欺世盗名。"

[十二月] 廿三日，五

昨晚大学女生演《少奶奶的扇子》。

还可看。超过观众所想到的。

---

① 智力，智慧。

② 幽默，喜悦。

有人说，此后对于女子演剧的本领增加许多希望。

导演的几点也能表现出来。

但是，一时的人说好，是非常靠不住的。有人说好，也一定有人要骂！想骂总是不难找理由。

过去就是过去。说好或是乱评，有什么关系？所以念念，是贪名吧？是怕有人不承认成功吧？是想长久留在人说好的幻境中吧？

＊＊＊＊＊＊＊＊

演剧是一种游艺。全国的大局面，一校的小局面，都在混沌中！生死存亡还是问题，那有余闲余力作游艺的愉乐？

＊＊＊＊＊＊＊＊

中学的难关实在使人头痛！

[十二月] 廿四日，六

昨天校长招集全体职员，各班委员长、各室室长及挽留校长的代表。校长说了些自己不悲观，跟今后积极工作的共同负责。

话很空洞。对于办法上，没有具体方案。

思想实在不能使人心服，批评新说为"邪说"，并且有维护中国几千年来旧文化的意思。这类言论太肤浅空泛！听着很像军阀们所提倡的"四维"似的！

老先生在思想上真是不能"领导"青年了！

还有弄钱的本领可以服人。但是钱的来源，照着现在的局面，越后越难了。如果校长弄不来钱，这个校长还有什么用处？

余下的就是他这二十多年努力的成绩。对于他的继续奋斗力，没有人可以否认，没有人不表相当的敬意。

＊＊＊＊＊＊＊＊

社会的局面也要渐渐改变了。校长所交际的一部分人要随着旧势力一同下台。

但是校长所结识的之中，也有新起的份子。

还有去美国弄钱的一条路或者可以试一试。

没有钱，大学不能支持过二年。在下学年开始前如果还没有办法，大家都知道学校不久要没钱支持，精神上要大动摇。

这个校长不能维持，必至引动别人的野心，起来争着抢学校的产业。

到那时候，校内的党派也必分列〈裂〉。

＊＊＊＊＊＊＊＊

无论我自己如何不承认，别人看我总以为是"皇族"！必须与校长同进退。

危险已经来到面前。我取什么态度好？

我如何决定，于我的将来很有关系，于学校前进的方向上也很有影响。

＊＊＊＊＊＊＊＊

当于判别推测的时候，神经不要过敏。全局也许不像我所想的那样严重。

[十二月] 廿六日，一

看前周日记。

上星六晚同几位主要职员会谈。我说了一些近来对于团体心理的兴趣。大家注意眼前——本来眼前事，如校内捣乱份子及北方政局的改换，也实在使你不得不注意。

我是空想家，大家渐渐如此承认了。但是自问，思想还没有独到处。有一点空想，还不能以文字发表。

＊＊＊＊＊＊＊＊

看 G. S. Hall 的 "*Morale*"①。

Will②的强弱是与 Muscles③的健强有密切关联的。我在身体的运动上太忽略了。

身心的健康术是第一当注意的。

＊＊＊＊＊＊＊＊

一个行为的新标准，——Morale，团体精神。这是很可研究的一个问题。预备作一次讲演。

[十二月] 卅日，五

一个中日美英的友谊联合团——共十余人——（一月十日）约我说话，题目他们拟的是《庄子》。这个题目很无聊。这些人对于中国情形知

---

① 霍尔（Granville Stanley Hall，1844—1924），美国心理学家、教育家，1888—1920 年任克拉克大学校长。《士气》为其著作之一。

② 意志。

③ 肌肉。

道的有限，讲一个空高的题目一定不能得谅解，并且也没有意味。

他们知识的背景大概很薄弱。

我对于这般租界生活的中外国人有什么话说？他们不认识什么是中国，对于中国现状没有什么希望，不过表面上是同情的。

说话后，可以有什么结果？是只于要他们说我的英语还不差？

现代史的太平洋时期中，我们民族有什么供献？特别在人生哲学方面，什么是未来中国的特色？

［十二月］卅一日，六

昨晚给小孩想了一个名子，叫他"晨钟"。他每早五六点钟就把我们叫醒了，所以给他起这个名儿！我们也希望他一生可以多唤醒些贪睡的人。

* * * * * * * *

一月十日的讲题还没有通知 Hall。大概可以名为：（Chunag Tze, or）"On A Certain Mystic Attitude in Chinese Philosophy of Art"。

一九二八年

一月

一九二八年一月三日，二

新年同乐会是校长提倡的，用意在振刷团体精神。风潮已过，大家快乐。

昨晚演了四个独幕剧——《骨皮》《压迫》《可怜的裴迦》《泼妇》。《泼妇》是女中学生扮演。昨晚是第一次出台，结果不佳。剧本的格不高，演员又太幼稚，排演的时间也不够。

* * * * * * * *

《压迫》近来演了两次。每次在女客说——"无产阶级受有产阶级的压迫，应当联合起来抵抗他们的"——之后，有些学生鼓掌。

学生中有了这样一部分，如何应付他们？他们的团结力比普通一般学生的大。他们听党的指挥，不听学校的指挥。革命时期，不应读书。学校不过是一个暂时活动的地点。

政治是四分五列〈裂〉，思想也如此，——在这时期，如何领导青年？教育真是没法进行！惟有持"知其不可而为"的态度。

不过以先是"个人教导"，现在离不了团体活动。

新实业时代，不能应用以先农村生活的行为标准。孔孟老庄的旧标准不适用了。新行为标准必须在新生产技术所养成的生活习惯上立基础。进化论不得不承认，一部分的社会主义也不得不容纳。

* * * * * * * *

新的思想还是从外国来的。读些旧书不中用，解释的中心在新创的生活经验的结晶观点。

* * * * * * * *

正是多事的时候。胆大的去"结晶化"你的生活经验。这一点就是精神的自决。

* * * * * * * *

战事又来近，时局将乱。乱后学校如何？个人又将如何处之？

[一月] 六日，五

下星一学期考试。第一学期将结束。有几天可以作下学期的筹备。

我在旁 Watch & Study①。方案没有一次拟好，不用继续注意的。

* * * * * * * *

看美国杂志 *New Republic*。书评 Perey Mackage 作的他父亲的传，Stede Mackage 有一段话很可记下来。

> All is mystery—but these are two ways of confronting mystery: with fear or with courage. Fear makes us rewile, superstitious, teaching us to obey from degrading motives. Courage enables us (by the effort to solve) to become strong mind & heart & teaches us to obey, from the love of the supreme beauty & wisdom. I do not believe in bowing to God—but in facing Him boldly, in opening our hearts to Him honestly—though it be to curse Him—Courage is the great conqueror of every virtue. Fear is the mean father of every vice. The world perhaps is beginning to realize this.

* * * * * * * *

所谓"勇"的，就是敢真。有难不退缩。

* * * * * * * *

Piaras Beaslai②写的 "*Michael Collins of the Making of A New Ireland*"③。Collins 死的时候才三十一岁。他的分析力很锐利，并且善于系统的组织。在争自由时，他最大功在作 Chief of Inspiration Dept.，他的分析是：

> England could always reinforce her army—She could replace every soldier that she lost. But there were others indispensable for her purpose which were not so easily replaced. To paralyze the English machine it was necessary to strike at individuals. Without her spies England was helpless. It was only by means of their accumulated and accumulating knowledge that the British machine could operate. … Spies are not so ready to step into the shoes of their departed confederates as are soldiers to fill up the front line in honorable battle. And, even when the new spy stepped into the shoes of the old one, he could not step into the old one's knowledge. …

---

① 观察和研究。

② 皮亚拉斯·贝阿斯拉伊（Piaras Beaslai，1881—1965），爱尔兰作家、剧作家、翻译家。

③ 该书 1926 年出版。

We struck at individuals, and by so doing we cut the lines of communication & we shook their morale. …

Collins 继续多求 Information①，多求 Data②。这是现代组织者必须有的习惯。

　　＊＊＊＊＊＊＊＊

半年又快过去！

因排戏，稍得几个人说好。算什么？

真正立大业的本领在那里？

勇敢？文字的把握？组织的才能？宏远的识见？坚强的手段？深奥的哲理？美幻的技术？——那一样也不是我的！

为团体牺牲个人——只在团体活动里，可以得到个人最满足的发展。但是个人仍应有自己努力的工夫。

[一月] 八日，日

今晚校长在家招集各主任讨论校务进行。

为校长，为学校前途，最好是校长少管中学内部的事——特别是与学生接洽的事。

但是如果使校长不问校内事，校内必须另备一个"中心"。谁能主持？谁肯？

我自信不是"行政"的性格。我好懒，多疑，多踌躇。

为学校计，校长应当多用力在外面。

　　＊＊＊＊＊＊＊＊

晨钟的奶妈今天换一个新的。吃的不合适，所以近来不加重，并且常哭，——哭的全家睡不好。

有了难题，不能怕更换新方法。

　　＊＊＊＊＊＊＊＊

校长的思想，不能引起青年的热望。但是对外仍须依靠他的活动力。

组织上必须根据这个事实有相当的更动。

南开是有将来的。

有这坚决的信心，而后方法总会创得出的。

---

① 信息。

② 数据。

对于这将来的想像上，现在正当努力。换句话说，我们要南开成为一个什么样的团体。我们要南开往那个方向上去发展。

眼前的难题必须本着新目标从新估价，从新分析。

[一月] 十一日，三

上午校长找我谈话，先说雷先生仍坚持辞意，后问我有什么对于全校进行的意见。

我以为雷如肯不退，可以在组织上想方法。

校长最好不问中学的内部事。夏天到欧美一游，在美时作捐款活动。以六月前作为出游预备时期，自己读些书集些讲演的材料。并且也可以筹划如何应付政局的转移，及国内捐款的门路。

问题还是：中学内部事谁来主持？

校长以为校内没有问题。他要我在外面的连络上帮点忙。

同人中间以为我必须出来主持内部。名为中学主任，或代理校长。但是我不愿有行政的名位。如果有必须时，我可以任代行校长职权委员之一。

* * * * * * * *

为学校，为校长个人，他必须离开休息几时。学识精神都当刷新一下。

校内的工作还有维持和渐渐革新的可能吗？

我有这样能力吗？我有这样兴趣吗？我有这样耐烦吗？

[一月] 十三日，五

上午校长又谈到要我负责，名为副校长，三部都交给我。

我只答应代行中学部校长的职务，大学仍由校长主持。我不愿要一个行政的名位。"代行校长职务"我什么时候愿意退下来都可以，"代理校长"名也用不着。

性质是暂代。校长不能照顾到中学校内事，因为要预备出外捐款。校内不能无人主持，不得已我出来临时维持。那时我维持不下，或是那时找到有负责的人，我立刻退出。

（暂代主持中学内部事务。）

* * * * * * * *

我仍坚持读书时间。如果我能帮助先生学生在读书方面注意，我就算完全尽力了。

* * * * * * * *

对于办事本领，自己知道很薄弱。

既然不得已必须出台，惟有勉力为之。

* * * * * * * *

自己要作"一个行为新标准"的榜样。

负起责来，自然难题很多。那就看处以何种态度。

* * * * * * * *

晚间读书。习字。

[一月] 十四日，六

两年没有任事务。洽巧现在我又出来办事，曹先生从清华下台。

这次作事，第一要完全没火气。

（完全没火气。）

如同演戏时，导演人的不露面。表面上是无为而治。

Will 用不着摆在外边。

"物来顺应，未来不迎。"听其自然。不为物动。

* * * * * * * *

第二要完全无惧。

（完全无惧。）

练习果断，不敷衍人。愿意合作的，待以诚厚。不愿合作的绝不勉强。和润但不软弱。

挨骂是当然，胸襟必须宽宏。谁骂也不怕。

有烦要 Whistle & Smile①。有难，一面用力，一面待时。Dewey 说过，大半难题不是解决的，是活过去的。

* * * * * * * *

二月九日第二学期开课。

下星三（十八日）上学期事结束完。

十九日（月历十二月廿七日）至廿六日（正月初四日）休息。

廿七日（五）至二月六日，筹备第二学期开学。

* * * * * * * *

---

① 吹口哨和微笑。

办公室不在旧处也很好，为大家可以换换空气。

所谓办公的公事都有些什么？

* * * * * * * *

我的成就在活现青年生命的一个趋向，我决不与校长争事权。我的工作范围完全与他的不同。办教育本谈不到事权。校长好轻视人，但是我可以少近他。再者如果他肯完全交给别人办，也无须请示他。

我的大业在思想方面，在为青年造新宗教——艺术、哲学在内。

言——谈话，个人的最真切，最有效，演讲，预备发表。

功——办事的识见、条理、公允。

[一月] 十五日，日

校长性刚。任他自己发放。

指点出他努力的方向。顺着他的性情就可以支配他了。

无须怕他的干涉。为团体，将来一定是思想精密的负责"导演"。

* * * * * * * *

下半年同事的待遇上仍旧。看了半年的工作后，再有斟酌。

* * * * * * * *

这次任事，昨天想到两点：（一）没火气，（二）无惧。

今天想到的一点也是新态度：对于校长要负支配责。

从消极方面现在转到积极方面来了。

以思想学识的力量，渐渐责任的范围加远加大了。我要在思想学识上不断努力！

实在的造就还是非常浅薄。在现代中国里还占不上地位。真正的可虑在此。

[一月] 十六日，一

一个一千六百学生的学校是一个最好不过的团体组织的试验场。

团体组织是中华民族最缺乏的一种能力。

* * * * * * * *

今晚校长招集各主任及内圈人宣布组织内部的移动。

我不愿要"中学部代理校长"的名。

"代理"我坚持必用的。"校长"两个字不甚好。校长仍在校，何必要代理校长？

用代理中学主任，也有不方便。有了事，大家还是去找校长。并且在这位校长手下作主任，一定不能有好结果。校长与主任的权限一定分不清。既有校长，学生在中学主任处不能得满足，必去找校长。为避免学生与校长接触的可能，不得已必须任代理主持校务的责任。

但是我决不以"代理校长"自居，我不过是一个"代办"，并且是一个试验性质的代办。

* * * * * * * *

不要名。只于暂代主持而已。

我有我的名——张彭春。官衔用不着。一切文件都可以用"校长办公室"。

对外仍由校长出名。

* * * * * * * *

今晚宣布后，就要起首负责。

本学期结束及下学期筹备。

结束后，大家休息。

假期内住校先生、学生可以组织同乐会。

下学期没有什么新政策。现有的办法不用改变，只于在办法里求点系统就是了。

要新的不在办法，而在精神。以先是那样，现在是这样，——没火气，无惧，而专心注意在思想学问上的一个人。

* * * * * * * *

行政不是我最愿意作的。

读书，教学生，戏剧，——这是我有兴趣的。

一个学校在行政上费力越少越好。

为团体，必须勉为其难。校长必须向外努力。并且校长的思想也须刷新——第一学期内露出不能使青年心服的现象。

不是要权，是为团体不得不出力。

行政本是费力不讨好的事！

[一月] 十七日，二

昨晚校长的态度仍是要坚强的干涉。

他不要有人代理。校长既然在校，不能有代理校长。

就是"代行中学部校长职务"，他也不喜欢。他以为委员制比一个人代行校长职务或者还好些。

他要全权在自己。

他想建议董事会加副校长一职。主持的是他，别人只可作助手。

我是"代"字，因为进退可以方便。也许有不能说出的理由。我看他的政策和态度不能使人心服，如果非要我出台不可，我必须取而"代"之。

他天性自信"惟我独尊"。又加上一生的习惯都是他作 Tyrant[①]。

我最讨厌他的轻视！

合作的方案就很成问题了。

* * * * * * * *

他一点不觉悟没有整顿中学的学识与方法。

别人来办都不如他，他总可以在旁轻视。别人办好了，他说是他打的根基好。别人办出错来，他更可以自豪。

* * * * * * * *

我就完全不管如何？

值得一牺牲吗？

学校有倒的可能吗？我就是出台，准可保不倒吗？

* * * * * * * *

这是一个难处的境遇，要看思想与手腕如何。

我既然自认是成人，并且自信学识思想都还精密，现在有这个难题在前，看你有没有处理的本领。

大业可以在南开立基吗？

如果方向看定，以后决不要与校长暗斗。应当会支配他。

[一月] 十九日，四

在行政上有两个原则：

一、事责分负，Decentralization of Details。

二、原理贯通，Centralization of Principles。

* * * * * * * *

我要作一个自己读书与鼓励读书的行政者。

如果能把办公室化为一处书斋才好。空气如何可以改变过来？

---

① 即专制统治者。

募款委员会办公室用北边室，可以给校长换一换环境。

我用旧校长室。

一切文件放在外间，里间换为书斋的空气。我在校的时候就在里面读书。有人来谈话，请他安安静静坐在书斋里谈话，能越少"办公"的习气越好。

* * * * * * * *

如果必须要一个"官衔"，还是用"代理中学主任"。这样，可以不犯校长在校而另设代理校长的病。我的责任也可以轻些。

惟一可虑的是学生还去找校长，并且校长自己还觉着责任推不开。

再同几位同事商量一下。

为团体工作的大业设想，个人的小高兴不值得过虑。

* * * * * * * *

如何决定都好。决后要勇往直前！

（决定后，勇往直前。）

[一月] 廿日，五

今天第一学期已结束。

休息五天。

廿五日（旧正月初三）会议第二学期应兴应革事项。

* * * * * * * *

月涵、元任来津，住了三天，今早回京。

* * * * * * * *

两年时间国文有多少长进？信还是不能写！书法仍然不能壮观！

我也有时自命不凡，看不起普通一般贪安逸的懦者。但是自问真本领在那里？

不要被琐事捆住，不忘努力长进。

[一月] 廿一日，六

昨晚把男仆赶了，今天去找一个新的。

* * * * * * * *

听说文化基金董事会有意推举丁在君为国立图书馆长，有真本领的人一定有人承认。

学识浅陋，文字不通！只可在小事上见精彩。

* * * * * * * *

对于中学的兴趣是试验的是学理的。

有一种哲学的观点，想用教育实现出来。

行政的责任不要多。力量用在问题的研究上。

从研究的性质上可以拟出一个适宜的名称。无论如何，"代理校长"是不相宜的，因为行政性太浓了。

如果不能有别的较好的名称，或者就用"代理中学主任"。不过我的兴趣是在研究。

[一月] 廿二日，日，旧历除夕

小巧让别人露。

小权让别人拿。

自己在深处大处下工夫。

"守骏莫如跛。"并且自知不是骏，更应退后努力。

* * * * * * * *

为什么到天津这两年工夫，学业上没有一点有系统的成绩？

总是因为志向不坚，天资愚钝。

从清华出来就立志读书。进程为什么这样缓？

歌德的"不急，不息"（without haste, without rest）可以玩味。

* * * * * * * *

Courage is the great conqueror of every virtue.

Fear is the mean father of every vice.

一个勇字包括一切！

（勇！）

[一月] 廿五日，三

上午开第二学期第一次事务会议。

名称定为"代理中学主任"，性质注重在帮助分析和研究问题方面。

本是小问题，只关系名称。The man magnifies the office; not the office the man. 各教育思想家都有他们的试验学校。我认思想上的成就是真成就。我对于教育工作的思想——一些零星的见解与观察——可以藉着南开的机会实验几样。

名称既定，又是完全本着我的意思，现在要勇往直前去做实事。以后不再在这个小节上费思索。

团体的成功是民族的幸。南开在中国教育史里的地位——那是我们共同努力的希望。

* * * * * * * *

精密的思想一定可以支配环境。宽大的胸襟一定可以包容同志。

（宽大的胸襟。）

* * * * * * * *

看 M. P. Follett 的 *"The New State"* [①]。

论团体组织的几章利用新心理学的学说。

教育思想本来与政治思想有密切关系的。中国，西方，都是如此。

不写书的思想家在现代不能有。

主要的精力还得用在读书写书上。

[一月] 廿八日，六

上午事务会议，制度上没有更改。下学期注重在条理。各种会期，能预先规定的，都要在开学前排列好。

（制度不更改，事务加条理。）

几个主要职员不应过忙。"善作事者常使精神余于事，不使事余于精神。"

（不应过忙。）

* * * * * * * *

高级、初三集会我要多讲几次，问题总是要学生最感觉需要的。下学期共讲八次，每次笔记在《周刊》发表。每次不过三十分钟。

在高三或者教一门功课——社会学。每周二或三小时。我想多认识几个学生。（不教。用时间与高三个人谈话。）

* * * * * * * *

从下每星期一起首办公。一个星期筹备。星期四，大学上课。

二月六日（一，旧正十五），考新生。十日（五），开学。

* * * * * * * *

---

① 福莱特（Mary P. Follett, 1868—1933），美国管理学家，1918 年出版著作《新国家》。

一周时间支配表

	上午	下午	晚
星一	中学办公室 （预备功课）	女中	事务会议， 7:30—9:00
星二	大学功课，读书	读书，运动	读书
星三	中学办公室 （预备功课）	全体职员会，年级教员会， 各级辅导员——高级、初级	有时聚餐， 4:00—8:00
星四	大学功课，读书	集会，2:30—4:00； 运动，4—6	读书
星五	中学办公室 （预备功课）	校务会议，4:00—6:00； 女中	读书
星六	大学功课	运动	

我参加的会	不能参加
一、事务会议，每周一次，星①	各学科会议
二、全体职员会，每三周一次，③	各委员会
→新三、年级教员会，每三周一次，③	女中事务会议
四、校务会议，每四周一次，⑤	
五、募款委员会，无定期	
六、班会，各级各组，能到的就到	
七、女中校务会议，每四周一次，⑤	
→新八、各组辅导员——高级，每六周一次；	
初级，每六周一次，⑤	
→新九、各组委员长谈话——高级，初级，	
一学期二次，③	

＊＊＊＊＊＊＊＊

　　主席：一、我；二、全体职员会，喻；三、年级教员会，喻；四、我；七、我；八、雷。

［一月］廿九日，日

　　1929夏，我想出国一游。早写信到美，找一处教书的机会。在美时可以为学校捐款。利用在美的入款到欧洲去旅行。

本着这个计划，在这下一年半内要有准备。

＊＊＊＊＊＊＊＊

游历只是方法，读书也是方法，接人办事也是方法。

生活的目标是什么？

全为……什么？以先 Jesuits 的"All for the Glory of God"①的目的造起一个坚久的团体。

全为名？全为权？全为进化？

全为中华民族的生存与光荣。为生存，所以必须求现代能力。为光荣，所以必须创造有特性的新文化。

＊＊＊＊＊＊＊＊

共产党所宣传的目的是：全为无产阶级的政权。他们要打破民族国家的观念。世界的无产阶级联合起来！

但是俄国共产党还是俄国特性的天才创造出的。

我们的文化也有特性的天才。

假使我们想行共产主义在中国，也必须有中国共产党特别的政策与步骤。

我们第一步必须增加有现代能力的中国人。无论行什么主义还是其次。

当于各种主义相争最烈的时候，我们专心教育工作的人惟有注意在培养能力——立人，达人。对于任何主义都不存成见。

全为中国人能力的培养。能力：身体的，思想的，团体的，同情的。中国人已往没有的能力，我们要造西洋式的现代"活环境"来培养。中国人已有的能力，也要经过现代化，再传授给青年。

教育工作上的创造应当如此进行。

（教育工作的创造。）

一月卅一日，二（第四十八册起）

今天大学开学。

昨晚事务会议拟定各种会期时间支配表。"条理化！"

拟方法不算办事，这是工具的预备，自然很重要。推行时应付的灵活得当，那才是办事的真本领。

＊＊＊＊＊＊＊＊

晚习字。

---

① 译为"为了上帝的荣耀"。

二月

二月二日，四

晚习字。

团体心理的几本书，如 Lappman 的 "*Public Opinion*"，Le Bon 的 "*The Crowd*"，Mcdougull 的 "*The Group Mind*" 等，原来我想为一个 Course[①]里用的。我预备下年教那个 Course。

今天上午有人要在"社会心理"学程里用了。

在外国大学教授中间有"Steal the Thunder"[②]的够〈勾〉当。自然的很。

何必有此疑？胸襟不宏。

真成就不在认识几本外国书！多教几个学生算是什么成功？笑话！

大学教授互相轻视也是常态。

一个小社会最容易发生些小忌妒。

向外努力！

中学，戏剧，——这二门不致引起别人的注意。在这两样上，很有努力发展的余地。绝没有与人冲突的可能。

[二月] 三日，五

本学期切记八字：无惧无悔，不急不息。

* * * * * * * *

新修养术——心身的健康——是成就的基础。

* * * * * * * *

前天同雷先生谈团体组织法。"徒善不足以为政，徒法不足以自行。"

今早再注意到人的方面，谁作辅导？各班学生领袖是谁？方式大纲既拟定，如何提出？

[二月] 四日，六

近来办事用去精神。没有静心读书。

"当读书则读书，心无著于见客也；当见客则见客，心无著

---

① 课程。
② 剽窃他人尚未发表的想法观点或发明创造。

于读书也；一有著则私也。灵明无著，物来顺应，未来不迎，
当时不杂，既过不恋，——是之谓虚而已矣，是之谓诚而已矣。"
* * * * * * * *
办起事来，更感觉文字不应用的痛苦！

向前走！力量都用在向前！不后顾。不旁视。

（向前！）
* * * * * * * *
习字。
* * * * * * * *
办公室外不想校事。能如此，才算是"当时不杂，既过不恋"的工
夫。

［二月］五日，日

看前数册日记。

四十一，一九二七，二月十四日；

四十二，五月，十八日；

四十三，七月，二日；

四十四，八月，廿日；

四十五，九月，廿六日；

四十六，十一月，廿日；

四十七，十二月，十九日。
* * * * * * * *
这一年的经历可以帮助前进的方略。
* * * * * * * *
改革讨论会前后的景况……学校的安全只是几位职员负责……对于
学校攻击批评……骂校长专制腐旧……

过去这一年可谓多事！
* * * * * * * *
上学期自从选举校务会议代表起，政治的空气加浓。有了学生会后，
那就没有教育的可能了。

学生中如何可以不给少数人操纵的机会？

学生是受训练时期。学校的职务是领导青年。
* * * * * * * *
多动作，少说理。这也就是习斋的教学主张。

多给先生学生想事作，能不说理最妙。

* * * * * * * *

"凡用兵之道，本强而故示敌以弱者多胜。本弱而故示敌以强者多败。敌加于我，审量而后应之者多胜。漫无审量，轻以兵加于敌者多败。"

* * * * * * * *

近来没有看报的时间，每天要一小时。

作一个现代人实在太忙了！

* * * * * * * *

训练课课员，在星期三，约他们午饭。（不要太露精神，没有约。八日补。）

* * * * * * * *

明天看改革会的纪录与上学期学生的言论。

* * * * * * * *

多数学生是无知无识的小孩儿，他们没有发生过什么疑问。有思想的不到十分之一，不能同他们说高深的道理。

对于有思想的学生应当特别注意指导。

［二月］六日，一

应付人是最费神的。

校内用人政策还要请校长主持。

* * * * * * * *

教员不如几位主要职员热心，理由在待遇的不同。几位特别出力的教员也要酌加薪俸。

但是这又是经济问题。

［二月］八日，三

从山西带来的真山的两个字"存天"（石上拓下的）今天送去裱去。傅青主是奇人。

* * * * * * * *

雷先生办理训练课事颇有才干，文字上也便利。

* * * * * * * *

团体精神根据以下数事：1. Purpose。2. Justice。3. Security。

4. Loyalty。5. Prestige。6. Sociality。7. Recognition。8. Job Fitness。[①]

教员的精神应当特别注意，他们用的教材及日常读物可以从谈话中求得。

作一个中学的"领导者"应当知道所有师生的读物。然后才可以想出新方法——创造的方法，"出人意外，在人意中"的方法。

* * * * * * * *

星五开学。校长演说并报告组织上的更动。我不想说话。

不说话也可以使人知道你的"人格力"。

"无为而治。""不令而从。""为政以德，譬如北辰，居其所而众星拱之。"这些旧话有试验的价值。

力量从修己得来。

* * * * * * * *

大学文科学会演两出独幕剧：《千方百计》《一支蚂蜂》（女生）。理科学会也演一出：《瞎了一只眼》。

还有人想组织新剧团。如能组织成功，一学期只有一次出台新排的剧。已排好的可以演作。

* * * * * * * *

学生集会多加艺术的介绍与欣赏。艺术本是宗教。

政治根据在人的团结，但是结果常是使人分。

艺术根据在人的自独，但是结果常是使人和。

* * * * * * * *

南开在新的方面要充满了科学的方法。

南开在旧的方面要充满了礼乐的精神。

礼乐的精神我们用，礼乐的节目自然应随时改进。

习斋的教育主张很可研究。

* * * * * * * *

我们要创造的教育必须舍"实在性"与"继续性"。

生存在现代，必须有现代人的能力。

同时要照顾到民族的根力（Root Strength）！

有了哲学的观点，然后制度才可有望创新。

---

① 分别为：1. 目的。2. 公正。3. 安全感。4. 忠诚度。5. 威望。6. 社交。7. 认同。8. 工作适应度。

乱世使我们不得不往深处想，也可以说正是创造的机会。但我自知天资愚鲁，中人以下的材料。只在所感觉到的上尽力工作，希望引起青年同志的注意。

* * * * * * * *

不待说，我们认为现行学校设施应当根本改造！

什么是新从外国学来的什么就是最时髦的——这真是可耻又可笑！要创造的青年，快快醒来！

外国的方式，我们自然要知道，并且要用同情的幻想去领略，去谅解，去分析。我们没有成见可言，因为要作最精密的比较的研究，我们自然非常欢迎新观点和新成效。

* * * * * * * *

大有可为，可惜能力太薄弱！

多得同志，共图大业。

现在不是作政治事业的时代。工夫用在创造思想和培养人才上——这就是教育事业。

* * * * * * * *

写了三小时日记。甚快。这是自得之道。

[二月] 十日，五

中学开学。

校长演说后，我还是少说几句比完全不作声好。特别应说明的是我的职务的性质。

* * * * * * * *

"校长刚报告过本学期在职责上的一个小更动。既然是与我有关，我不得不加上几句说明。

"学校的事向来是由诸位先生分担的。本学期校长既然多在校外作募款的事，为事务的效率起见，必须有一个主持的人——我们也可以叫他中学主任——但是叫我来负这个责，我不敢答应。我自己知道能力很薄弱，并且对于所谓'行政'的职务，兴味极不浑厚。想了些时，我只答应'代理'。

"我很坚持代理两个字。因为自己知道能力薄弱，精神有限，并且对于所谓行政的职务兴味极不浓厚。我坚持要代理二字，因为含有'暂时性'在内。如果是暂时的，试行的，才敢勉强为之。

"有的同事说，你坚持代理二字，结果只于见在将来的一览上，某人代理中学主任，寻常没人注意，没人会说你去找代理主任去。办公室不能写代理主任办公室。其实"代理办公室"很好。学校内办公室不应与局所同，也不与工厂同。听着像有理，所以借今天的机会特别说明几句。

"任教育事业的人的主要职务有两项：求学，教学生。有人看为'求了学，教书'，是错误。还有人当作——在学生方面如此看——我们不是'求学教学生'，简直我们是'教学囚学生'！

"我的职务说清楚一点：'求学，教学生，代理主任。'

"我的小室是，求学教学生代理主任代理办公室。为简便起见，才只用'主任办公室'五字。

"至于现行学校设施的应当根本改造，我是深信的。我们应创造。一点微微的意见也对大家说过。现在请大家一齐努力——要以眼高手准为勉励。

"预祝本学期全体师生求学的乐趣与长进！"

　　　　＊＊＊＊＊＊＊＊

下午

开学了。

起首有系统的求学。

创造新礼乐。

读习斋的学说。

第一次集会下星四作艺术的介绍——音乐。团体的愉乐是精神上最重要的。

以后再介绍诗歌、图画、建筑、戏剧等。

[二月] 十二日，日

看前十天日记。

下星期工作就绪。

多作，少讲！

（多作，少讲。）

开会时，不得不说话的，只在别人答问后加几句说明，多问人。

看"*The New State*"。

[二月] 十三日，一

女中开学。

校长因病不能到会。我不得已说几句话。

* * * * * * * *

"本学期校长想多作校外工作，校内的琐事由诸位先生分担，我也是其中之一。名为代理主任，而事务还是大家分办。

"女中的精神从来是好的。今后一定继续的好。今天我特别供献给大家，鼓励大家的有两项：一、写日记，二、练讨论。

"一、认识自己。分三段：心得，需要，计划。女子向来对于认识自己上太少注意。

"二、产生团体意见。合作必须根据讨论。有什么说什么，从大家意见里产生出团体意见来。讨论不是容易事。作好了，就是创造的社会思想。

"自知与合作的长进才是真长进。望我们师生一同努力！"

* * * * * * * *

晚

下午开第一次辅导员会。

辅导制根据两个需要：一、认识学生个人，二、指导团体生活。

班会"宁少勿干"。

在四个星期内，各班举行一次游艺会。第一目标是乐。

* * * * * * * *

全体职员会，第一次学生集会，也注重乐。

先提倡大家能不问理由就愿意加入的活动。

[二月] 十四日，二

晚

一天在大学。

新剧团第一次会。举出六位委员。

本学期想演一出长剧。二月底选好剧本。排演三个月。五月底为本校师生演作一次。六月底毕业式，图书馆落成，正式公开演作两三次。

下二星期为文科、理科两学会的周年会预备三个独幕剧。《少奶奶的扇子》，如果再演，至早在三月中旬。

* * * * * * * *

中学的《国民公敌》，本学期演一次也好，因为演员中有三位是今年要毕业的。或者在三月底或四月初出台。

毕业班如要演剧，叫他们作"Nora"①。

* * * * * * * *

大学图书馆落成——如果学校想大热闹几天——我们有四出长剧。新剧的运动里能有这样成绩的，怕全国没有第二处了。

但是也要看政局如何！不可高兴！

* * * * * * * *

校务会议，出版，平民教育，这三样的组织法能早决定最好。一学期内只有十五个星期。

踌躇不决定也有引起轻视和捣乱的可能。

决定要在明天第一次全体职员会之前。后天再报告给学生。

* * * * * * * *

出版与平教两委员会的组织法可以无须再踌躇。明天很可发表。

学科，训练，体育，出版，平教，庶务，这六个师生合组的委员会，如果尽力推行，很可以练习团体生活的组织。

（每班互选七个委员：学科，训练，体育，出版，平教，庶务，游艺。选出后，互推出主席一，书记一。）

这几个委员会的范围比较的还清楚。训练的在团体意见的产生，在团体讨论的方法。

上学期成绩我看还不算坏。只于受训练的人数过少，大家的误解多是因为太少注意到教育的意义，现在研究如何条理，过一两星期或两三星期修正好再组织起来（十六日在集会报告）。至于上学期试验的校务会议离我们的理想太远。全校对于它满意的可以说没有一个人。

理论上不是完全没有根据，请看上学期开学时第三次的增刊。但是实行起来，离开理论太远，也是因为我们对于团体组织的习惯太缺乏了。对于教育工作的意义也太少注意。

上学期试验的校务会议暂时停止，力气先用在各委员会的工作上。对于如何使我们的理想实现我们要下一番研究，现在已经得到很多意见。请大家有建议的可以找我来面谈，或以书面的传达。

* * * * * * * *

在本学期集会里特别要提倡三种生活，或者说介绍三种运动：一、

---

① 指易卜生的名作《玩偶之家》中的女主人公。

艺术生活，二、野外生活，三、团体生活。

艺术生活：1. 欣赏，2. 练习，3. 创造。介绍音乐、诗歌、戏剧、建筑、图画、雕刻等。

野外生活：1. 爱自然，2. 开辟精神，3. 野外生活须知，4. 旅行的筹备。

团体生活：1. 现代组织的沿革与最近的趋势（团体新心理学），2. 领导术，3. 公意的分析，4. 团体精神，5. 一个新行为的标准。

[二月] 十五日，三

本学期各种艺术大会：

音乐会，二次。三月底（四月二日春假前），五月初。

美术展览会，五月中旬，外借品与自造品：国画，雕刻，建筑。

戏剧演作，二或三次。大学、中学都有供献。

＊　＊　＊　＊　＊　＊　＊　＊

高起兴来，沉下气去，勇往直前！

新人文主义——新礼就是新个人心身的条理与新社会生活的条理；新乐就是新艺术的欣赏与创造。

[二月] 十六日，四

昨晚在全体职员会又多说了几句空话。

今天在学生集会不说过三十分钟。早想好要的字句。

＊　＊　＊　＊　＊　＊　＊　＊

晚

材料太多，今天在集会说话又用了一小时！

精神还好，开会时过长。音乐、演说、报告、唱歌，全在一起，共用了两小时。后边坐的初三学生有的不耐烦。

下次集会一定不过一小时。

说的话还要浅些。中学学生就〈究〉竟知道的很有限。

＊　＊　＊　＊　＊　＊　＊　＊

出版委员会不致有人捣乱。我们的目的已经认清：为多数学生的练习。学生必须受教，不然，不是学生。

先生离开学生不成为先生。学生离开先生不成为学生。

[二月] 十七日，五

《庸报》登出昨天的演说，内中有一句很不清楚，很不易解："科学的个人与社会主义的联合。"

可以说是"个人主义与社会主义的联合"，这是我原有的意思。说的时候少说了前面"主义"二字，可是意思应当清楚。

"个人与社会主义的联合"可以作个人参加社会主义解吗？这样解法不大通顺。

以后说话在字句上还要谨严，所有的意思都当推求得实实在在。不"见线"，不放松！

（不见线，不放松。）

＊＊＊＊＊＊＊＊

我对于社会主义究竟取什么态度？对于在俄的共产党？对于 C.P.在中国的活动？

[二月] 十九日，日

看前周日记。

周作人的《谈龙集》所介绍的西洋、日本的文艺作家很不少。他的文笔也很飘逸流畅。

现在最流行的杂志有：《北新》《语丝》《创造》《现代评论》。

今天又看见新出的《贡献》，内中有胡适的一篇——《中国近三百年的四个思想家》。

＊＊＊＊＊＊＊＊

职务原是求学，教学生，代理主任。

求学是第一。

自己不够是时代的思想家，那配作青年的领导？

地方与思想——近代河北的三个学者：傅山，艺术家；颜元，教育家；崔述，历史家。

（私淑：傅山、颜元、崔述。）

三个人教我。三个人都能独创。

耻在我自己的愚笨！

＊＊＊＊＊＊＊＊

校事已就绪。

"己身正不令而从。"自己心身上有条理，学校自然有条理。

＊＊＊＊＊＊＊＊

星期日远，静。

[二月] 廿日，一

工具的不便利，时刻不能忘。

学校教育上要有创造，理论必须有立得住的文字的表现。真正的成绩不在纸上的新制度，而在受过训练的新教师。

创造的三步：一、理论，二、制度，三、教师。

（理论、制度、师资。）

＊＊＊＊＊＊＊＊

本星期起首筹划下学年的设施。

最重要的问题是：教员的选择与培养。

＊＊＊＊＊＊＊＊

胡政之①问我的意见关于南方大学院的制度。

多日没有看报，借这个机会补看教育新闻。

又参看法国教育行政的书。

这个问题应当注意。国民政府决定采用法国制。蔡、李②主持最厉。李是直隶人，如果政局统一，将来李的主张在本省一定有很大的影响。在法国式的制度之下，私立学校得不着许多政府的鼓励。

对于行政制度，我的主张是什么？

＊＊＊＊＊＊＊＊

女中集会今天我讲话。

男中集会会序已大致拟好。女中不能相同。

艺术生活也可以提倡。

女生的心理有与男生大不同之点，大有为的野心很少的女子有。

女子也要现代能力，也要独立的职业。民族的健康，女子负很大责任。

这学期也应有几种生活的提倡，几种动作的练习。

音乐会，图画手工展览会，春季歌舞会。

＊＊＊＊＊＊＊＊

"艺术的陶冶"——今天的讲题。

---

① 胡政之（1889—1949），名霖，字政之，四川成都人。时任天津《大公报》总经理兼副总编辑。

② 指蔡元培和李石曾。

[二月] 廿一日，二
晚

排戏用了五个多小时。《千方百计》和《一只蚂蜂》在三月二日出台。或者可以演得可看。下星二、四还有两下午工夫。

排过的戏都没有留 Prepare Copy①。这一年可留的有：一、《压迫》，二、《可怜的裴迦》，三、《少奶奶的扇子》，四、《国民公敌》，还有现在排的两个。《亲爱的丈夫》的滋味不够浓。

《获虎之夜》是失败，《骨皮》同《瞎了一只眼》都不过是闹着玩。《泼妇》为女中还可以再试，但是戏的格不高。

今年大大小小的已经排了十一个剧，大概在暑假前还有三个或四个要我导演。

一定要设法留导演底本，还留像片。

＊＊＊＊＊＊＊＊

排戏的机会少有可以同此地比的。

我只于在导演上得着一点练习，下一步要在编剧上用工夫。如果想在这个时代的戏剧上有一点创造的贡献，必须自作剧本。

（自作剧本。）

《木兰》以后没有编剧。已有七年了。

＊＊＊＊＊＊＊＊

戏剧上的努力也是很要时光的。

也不可太迫。助长也有害无益。

＊＊＊＊＊＊＊＊

南方的中央研究院约蒋②去任国际门研究。

我在南开中学作的就是研究事业，我不想高就。此地给我一个很好的机会作研究作实验。

我是想在中学教育上有创造的贡献。

创造的三步：理论，制度，教师。

南开中学所实验的，有条理的报告出去，一定得全国人的注意。但是要问：

自问：我们的理论立得住吗？思想可以在时代里占相当的地位吗？

---

① 导演底本。

② 指蒋廷黻。

南开的教师受过特别的训练吗？他们能同学校有一致的主张吗？南开的教法与教材有什么创新？

****

自问之后，就觉惭愧万状！

我们的理论很平常！并且毫无系统，也没有著述。

教师与学校很不一致！没有丝毫的特别训练！

教法（训练法在内）教材也是东拉西扯！没有一点比别的中学特长的地方！

有什么可以自大的？真是可笑！

比较着或者认真一点。不过这一点而已！

****

从根柢上用工夫，千万不可自大。

筹划的责任我推不掉。

一个私立学校必须找到它的特别立脚点。

（南开的特别立脚点？）

在两星期内要拟定下学年的方针。

［二月］廿四日，五

仆人有问题。必须用仆人也因小孩的缘故。

****

出版委员会的选举结果又像 K.[①]有活动。

邢、许、曾、汪都当选。

出版在学校里的地位，我已认清。他们不会出范围。

政策由委员会决定。

校内职员中文字便利的人太少。

****

我的文字不够应用。在剧、诗上也不能作学生的指导。

少露丑！

（本不能文，少露丑。）

各班出版委员中定有可造才。我对他们的态度始终是鼓励的，——

---

① 代指国民党。

主远的态度，——没有一点可疑，或是可虑。

他们 K.不 K.的，不应于教育工作有碍。

* * * * * * * *

琐事占去精神。

也应有条理的方法。

衣食住的过活——在相当限度内——必须注意。

* * * * * * * *

睡不好，小孩哭。

有小不适，依然恬静。

利器：Intelligence & Humor。

［二月］廿六日，日

远，静！

一星期过去如飞似的！不知不觉地，人就老了！

文字的表现——没有工夫练习。

在教育工作上，离着创造很远，戏剧上也没有久远性的贡献。

眼高！手实在太低！

* * * * * * * *

事繁不是难题。只要精神足。"敏则有功"。

所谓"敏"的就是不疑不虑，无惧无悔。

访胡政之。（对于教育行政的主张。）

孟禄信。（看他新出版书，拟将来校长赴美捐款步骤。）

下学年方针与预算。［师资、教法（分组，考试等）、教材。］

* * * * * * * *

《国民公敌》改名《刚愎的医生》。

想在三月廿四日出台。

下星四排演。全剧排三过，分幕更正可以有四次。最后有服装排演二次。

这次再排，注意连贯与兴味。

全剧的风律——什么是一贯的 Idea？多写医生坚持、认真、独立。

少写易卜生①的政治的反感与他的怨恨。

　　观众的程度——他们没有过看"重"戏的习惯，减少分量过重的些段。

　　初次介绍易卜生，以能得谅解为要。

＊　＊　＊　＊　＊　＊　＊　＊

　　看《贡献》第七期。（胡适论戴震）

　　自己求进，然后事无大小，都自然有办法。空忙是于人于己都没有益处的。

　　（不空忙。）

---

　　① 易卜生（Henrik Ibsen，1828—1906），挪威戏剧家，欧洲近代戏剧的创始人。主要作品有戏剧《培尔·金特》《玩偶之家》《群鬼》《人民公敌》《海达·加布勒》等。

三月

三月二日，五

这星期又快过去。

每天忙的很，日记没有写。

仆人还没有找着合适的。

＊　＊　＊　＊　＊　＊　＊　＊

出版、平教两委员会已组织就绪。

大学文科学会今晚开周年会，演《千方百计》与《一只蚂蜂》。

"宁拙勿巧，宁丑勿媚。"

应付人不要只弄巧！

有远大目的，手段首先要真纯！条理是要的，但不是小巧。分别在无惧。

[三月] 三日，六

昨晚的两个戏大致不坏，观众还算高兴。

不过有人以为不满，或者对于局部有批评。

大家看戏机会不可给他们太多！

这一年如果排的过多了，以后大家的兴味要变淡薄。

我努力研究。一年至多导演不过四个戏。（两个长的，两个短的。）

＊　＊　＊　＊　＊　＊　＊　＊

现在不得已必须作完已经承认帮忙的。

中学——《刚愎的医生》《娜拉》。

大学——新剧团的一个长戏。

此外不能再担任了。

＊　＊　＊　＊　＊　＊　＊　＊

我也实在太忙了，必须留自己求进的时间。

空忙下去，将来一定悔愧！

学生中，文笔畅达的很不少。

只能说，不能写！少了一种能久远的工具。我始终不能满足，但练习文字的时间没有。奇怪的是前两年比较地在事务上不甚忙的时间，也没有写出什么文章来。是天资的限制吗？或者说，这还都是预备期？第二个看法是乐观的。也许有能文的那一天吗？

（天资的限制？或是预备期？）

可笑的希望！

＊＊＊＊＊＊＊＊

求速只淡淡。快不得。

为人师而能得学生继续的敬服，实在不是容易事！

这一层师生的关系完全勉强不得。切勿助长。

在我不以得学生的敬服为工作的动机。"学而时习之，不亦乐乎？有朋自远方来，不亦悦乎？人不知而不愠，不亦君子乎？"

人来，固然可以高兴。但是人不来，也没有什么不痛快。因为自己的真乐是在学而时习之。

（学而时习。）

[三月] 四日，日

中学开学三星期了。看前三周日记。

渐渐加忙。上星期日想要作的事还没动手。

既已觉悟，立刻少任事。沉下气去，打久远的基础。

傅山、颜元，不是弄小巧贪人说好的小辈！独创的大业绝不是弄小巧贪人说好的人所能望及的！

（弄小巧，贪人说好。）

志气欠坚。

＊＊＊＊＊＊＊＊

看郁达夫的《卢骚传》[①]（《北新》二卷六期，七期）。

[三月] 六日，二

戏剧班读泰固尔[②]剧本。

泰翁是东方第一位受西方承认的诗人。再看他的作品，他真是文字的驾驭者。

[三月] 八日，四

羡慕文人的工作，如《语丝》《创造》《北新》所发表的文字。

---

① 现通译为《卢梭传》。

② 指泰戈尔。

现在潜修。不怕得罪人——大学预科要我排戏，我实在没有时候。小处不能周到。谨慎过度是怯者，那能前进？

＊　＊　＊　＊　＊　＊　＊　＊

最要的是前进——是有生命的成就。小毁小誉有什么关系？

排戏往久远上预备。作学校事也如此。

要久远是生命力向上的表现。至于真能久远不能，那又不是我们所计较的。

＊　＊　＊　＊　＊　＊　＊　＊

前三次集会都有音乐的介绍。Violin[①]，Voice[②]，Symphony[③]。第一次我讲南开的三种新生活，第二次稍说了几句关于歌唱的艺术，第三次没有说大段的话。

我本来想说几次"半个钟点"，并且稿子预备发表。

想说几句有价值的话，没有话最好不说。

今天有唱歌练习，春假旅行的宣布，美展筹备会的报告，——共用约廿五分钟。还可以有一个二十分钟的演讲。

但是说话总要"出人意外，在人意中"。陈腐的话不说，无谓的话不说。

"到室外去！"每天有一二小时，每年有一两个月，——过室外生活。

不说哲理，不谈风景，只草拟一个可试行的方式。

洋人赛马会，成为 Country Club（野外俱乐部）。华商赛马会只是赌博场。

英国公立学校差不多都在秀美的乡间。Winchester[④]参观感想。

在美国的两个夏天。We□□Yamda Lake，+Eates Park[⑤]。

西山的一周。

"群居终日言不及义。"

试行方式："每天一小时，每年一个月，过室外生活。"

［三月］十日，六

晚

青年有他们的友伴，热望，无知无识的自赖。

---

① 小提琴。

② 歌唱。

③ 交响乐。

④ 指英国南部城市温彻斯特。

⑤ 指美国科罗拉多州埃斯蒂斯帕克小镇。

　　时间推我入中年，用力来推！青年认我为前辈——他们的先生——先生必须冷静，不许露丝毫热狂。过于勉强发热，他们会以你为可笑，绝不承认你是真诚。很像你没有真诚的权！

　　这是这次学生给我的新感觉。

＊＊＊＊＊＊＊＊

　　大学预科有两三个很有文学的兴味，新出版的书他们也爱读。已经露面的有贾与顾。

　　中学学生对于新文艺看书多而具有发表能力的也有几个。

　　我对于新文艺早有兴趣。因为根柢不固，快被后进赶过去了！我比他们稍占优势的惟有英文工具与西洋生活的直接观察。我的发表能力远不如他们。天赋的敏锐，他们中有比我高的，天资自知不过中人。

　　有这几位后进常激刺着，我为维持自重起见，也必须努力不落在他们的大后边！

＊＊＊＊＊＊＊＊

　　贾给我看闻一多新出版的《死水》，内有诗廿八首。

　　闻的造就也不浅，文字工具颇用力磨炼。

　　今晚看完。

＊＊＊＊＊＊＊＊

　　闻的这一册诗内很有几首算是新诗中最成功的试验，如：《你莫怨我》《你看》《死水》《心跳》《一句话》《荒村》《罪过》《天安门》。

　　《也许》中有四句特别好：

　　　　也许你听着蚯蚓翻泥，

　　　　听那细草的根儿吸水，

　　　　也许你听这般的音乐，

　　　　比那咒骂的人声更美。

＊＊＊＊＊＊＊＊

　　他是第一个提倡中国诗要印出来好看。每行字数有一定的 Pattern①。

　　意思的安排，Images②的洽〈恰〉当，俗语的活用，词藻的丰富，——这都是他的成功。只于在声音方面还有时生硬，像是没有注意到。

　　他的情绪近温和，但是富于同情心。《荒村》写畜生的悲哀很入微。忧国忧民占去大部分的情感。

---

① 格式。

② 意象。

没有革命的喊叫，没有狂热的奔放，也没有对于生命发出什么根本的怀疑、失望、超脱或信仰。

他是诗"形"的试验者，诗"情"上没有深的大的表现。

[三月] 十一日，日

上午排演《刚愎的医生》。距出台约两星期。下星期六全剧排一过，下星期上午第一次服装。

在下两星期内只于照顾这一个剧。Prompter's Copy①在出台前必要整理好，不然在正式演作的时候就没有一本改过的剧本作为Prompter用。明天下午与孙毓棠、万家宝②商订整理办法，下星期内大家的稿子必须交齐。

光线上还欠研究。白天跟晚间作不出什么分别来。

化装——面部，没有过真训练；服饰，只可临时到各处借用。

读词——有许多没有更正过的字音，并且轻重缓急的不当处还多得很。那能够得上"音乐的语言"？

姿势——身段不合图画的安排，那能够得上"舞蹈的举动"？

总起来说，我们的表演还是非常的幼稚！

这是第一次介绍易卜生。多用心可以多得些经验。

* * * * * * * *

这一步写实的试验也是必须经过的。

"话剧"在中国一定有将来，只看努力的方向与程度。

* * * * * * * *

工作稍觉疲倦。大概因对学生求速多虑。

"学而时习"的动机在我而不在人，在求伟大成就的我而不在无知无识的年小学生。

我自我，学生自学生！我长，而后学生才可得助。

[三月] 十二日，一（第四十九册起）

看《文化批判》一、二号。

《怎样地建设革命文学？》（李初梨作）给我一个新刺激。

---

① 为演员准备的提词本。
② 曹禺（1910—1996），原名万家宝，生于天津，祖籍湖北潜江。时为南开中学学生。

他的几个结论如下：

（一）"文学是生活意志的表现。

"文学有它的社会根据——阶级的背景。

"文学有它的组织机能——一个阶级的武器。"

他引 Upton Sinclair[①]的话："一切的艺术都是宣传。普遍地，而且不可逃避地是宣传；有时无意识地，然而常时故意地是宣传。"

（二）"革命文学，不要谁的主张，更不是谁的独断，由历史的内在的发展——连络，它应当而且必然地是无产阶级文学。"

（三）"为革命而文学，不是为文学而革命。"

关于无产阶级文学的作家，他拟的条件。

第一，要你发出那种声音。（获得无产阶级的阶级意识。）

第二，要你无我。（克服自己的有产者或小有产者意识。）

第三，要你能活动。（把理论与实践统一起来。）

（四）关于无产阶级文学的形式，大约规定。

第一，讽刺的；

第二，暴露的；

第三，鼓动的（Agitation）；

第四，教导的。

[三月] 十八日，日

十三日赴京，十六日归。

＊＊＊＊＊＊＊＊

巧得很，本月廿日是易卜生百年诞生纪念。

我们计划表演日期的时候完全没有想到。

真是最可幸的意外！

＊＊＊＊＊＊＊＊

廿日，及廿二日晚，服装排演。廿三、四日出台。

"地位"的安排上或者比去年的排演小有进步。"光"还是仍旧，"读词"上也许稍熟些。"姿势"无长进，"服饰"也然。

布景大概是不得不注意。科学是要利用的。

---

① 辛克莱（Upton Sinclair, 1878—1968），美国作家。

但是我们步步都要随着西方走么？独创在什么地方？在什么时候？

是否西方所经过的，我们也必须都要经过？

能知道现代西方已有的过程是第一步。因为我们所谓独创，是要现在世界都承认的创造。要作"出人意外，在人意中"的事，必须要先知道现代人意中已有的是什么。

这要看涉猎的范围，鉴别的识见和总括的锐力如何。

涉猎广，鉴别真，总括敏，——这就是独创的根基。

（涉猎广，鉴别真，总括敏。）

各时代的大独创者都能如此。

涉猎不限于书籍及作品。人性（Human Nature）与自然界的直接观察尤为重要。

＊＊＊＊＊＊＊＊

想独创的动机是要人承认吗？

我想不是。想独创是一种不自觉的，不可自禁的力量。不如此，不满足！

受这种力量支配的人大概都是很痛苦的！

＊＊＊＊＊＊＊＊

在校事上，不要过注意小节。

什么学生犯规，《双周》上的言论，党人的活动，经济的困难，好教员的缺乏，——都是些小节！

（轻小节。）

大处，远处着眼。

全民族的命运如何？全国的政治经济的组织如何？本时代中国的思想如何？本时代世界的思想如何？什么是代表时代的文艺作品？

不向这些问题上用工夫，一定不满足！

＊＊＊＊＊＊＊＊

北京买得几种书：

Engels，etc. "*Karl Marx*"[1]；

Lenin，*Collected Works*，*Vol. VIII*"[2]；

---

① 译为"恩格斯等，《卡尔·马克思》"。
② 译为"列宁，《列宁文集》第13卷"。

Dewey, "*The Public & Its Problems*"①。

* * * * * * * *

去年三月十四与守常、仁山常谈。一年内，二位都被刑了。这次在京想到。

[三月] 廿二日，四

今天集会作为易卜生生辰百年纪念，一个学生报告他的小传及著作，我也说几句话。

* * * * * * * *

廿日在大学我说了一片："谁是易卜生？"

没有预备，说的太空泛。今天要少说。

这几天睡得不好，事又太忙，精神不强。最好少有表示。

我不是要人说好，只是求真而已。自知能力薄，学问浅！

* * * * * * * *

"易卜生的创造。"

我们对于一个作家或作品的领略就是我们生活经验的印证，我们对于一个作家或作品的崇拜就是我们努力前进的希望。

易卜生的创造可注意的有三点：一、不息的自剖；二、社会改革的个人根据；三、艺术的生命意义。

[三月] 廿三日，五

今晚《刚愎的医生》出台。

开演前我说几句介绍的话。

本剧编写的情折。

表演上的困难：一、剧本不能完全中国化；二、舞台设备的不完善；三、表演技术的少研究，少经验；四、排演时间的不充足；——总而言之，中国的新剧，本在开始试验期，敢大胆的表演易卜生自然是非常冒险的。但是表演的的成败是扮演者与观剧者双方负责的。我们相信大家都尽力帮忙，表演的缺欠多得很，还请诸位原谅。

* * * * * * * *

少外露，少干涉，轻小节，谋大谋。

---

① 译为"杜威，《公众及其问题》"。

[三月] 廿五日, 日

观剧的人前天晚上有约五百, 昨晚约千人。

昨晚的表演可以算达到本年的最高点。

易卜生在中国舞台上得到第一次的介绍。

本剧排演——去年和今年——共用了约三个月。每星期约三次, 总数在四十次以上。在现在的中国, 这样机会实在难得。

* * * * * * * *

在导演方面, 这是比较最完备的一次。剧本重新改过。Prompter's Copy 大致整理出来。布景也是新制。演员的每人都还算相称。地位, —— Gropings of Position——也得到注意。

* * * * * * * *

前进的方向如何?

费偌大力气, 只表演两次, 就放在一旁了吗?

表演方面的工作, 本不能久远。看时, 人高兴。过后, 谁记得? 苦心, 什么人领略? 不在场的人, 完全不能鉴赏! 最好也不过留个空名而已! (现在的一点成绩还值不得注意!)

文字的痕迹, 或可稍长吗?

* * * * * * * *

这次借用全校的组织。如果不在学校, 现在中国无论什么地方也得不到这样多合作的人。

没有一个学校作背景, 在现时的中国, 新剧很少试验的机会。

机会如何得到效率最高的运用?

只于一年, 忙的不了, 排几个剧就完了? 只于应学生的要求, 给他们排戏为游艺会时的一乐?

排戏的经验也是有用的。但是在中国新剧的前途努力上, 我可以有什么贡献?

如果中国的民族有将来, 中国的戏剧也必有将来。

(中国戏剧的将来?)

中国民族的将来, 要看世界现状, 现时困难及民族根性。中国戏剧的将来也必须注意同样的三点:

世界的戏剧必须输入;

现时的困难必须分析;

民族的性格必须深求。

* * * * * * * *

办校事，指导学生，——太忙在琐事上去。

今天在家休息。看 Ibsen，"*The Master Builder*"①。

星期日的休息，前两星期因排戏间断，精神上很受影响。以后，星期日必留为神用。

（星期日休息。）

* * * * * * * *

还有三个戏要排：大学，《圣水》；高三，《娜拉》；女中的，（？）。

两个月中要有三个戏出台，一定作不到好处。

每星期一处一次，就要用去我的三个下午去。一个戏得不到十次的排演，就要出台——又回到旧习惯去了！

女中要选容易的剧本。

大学与高三，多要他们自己下工夫。每组要有一个很能负责的 Prompter②。我排一次，他们自己至少要练习三次。

* * * * * * * *

两星期来，精神不整。今后戒过忙。

* * * * * * * *

看上星期日记。

涉猎广，鉴别真，总括敏，——是独创的根基。

* * * * * * * *

夜十二点半

看《俄罗斯文学》，[P]P. 1—43；《戏剧论集》，[P]P.137—153。

"来因哈特"固然很可佩服，能判断，能创造，利用机械，会合各种艺术……但是我们在中国要走他所走的路吗？

余上沅③的文字比我方便多啦！

我没有看过他导演的戏。不知道是否只是能写不能实作。洪深、熊佛西导演的戏，我也没有看过。不知道他们走的又是什么路。

此地的试验，本来非常幼稚，根本没有男女合演。并且布景、光影、服饰也很不艺术的。

还是"演剧凑热闹主义"而已。不过排演上稍多用心一点就完了，

---

① 指易卜生的戏剧《建筑大师》，写于 1892 年。

② 敦促者。

③ 余上沅（1897—1970），湖北江陵人，中国戏剧教育家、理论家。1921 年毕业于北京大学，后赴美国留学，在卡内基大学和哥伦比亚大学学习艺术和戏剧。1925 年回国，在北京组织中国戏剧社。1926 年起，任上海光华大学、暨南大学教授。1928 年冬，兼任北平大学戏剧教授。

不配谈艺术，更不应空想创造。

沉下气去，作些读书预备的工夫。文字还出见不得咧！学生都比我能写！耻死！愧死！

［三月］廿七日，二

出版委员会开会时，有人问我为什么不写文章。

如果我能文，可以在每期《双周》^①上有我的文字发表。我非常羡慕如 Tagore 那样文字便利，他的学校刊物上不断有他的文字发表。那样，影响到学生，到社会，一定可以深远。

* * * * * * * *

帮学生写东西。看的书少，但是还敢动笔。

"十目所视，十手所指。"不过是要班上加些兴味。得学生的注意，看他们渐渐地发现自我，——也是一种乐趣。

愿读剧本的是很少的人。

今年既是易卜生百年纪念，多读几本他的剧也很好。为我的长进，专研究一个作家也是应当的。全集是要买的。

"人之患在好为人师。"自己求进比教人，急需得多！

（好为人师！）

* * * * * * * *

看《谈龙集》。

［三月］廿八日，三

明天集会作为给运动各球队赴华北竞赛送行。

他们出去代表一种团体精神，胜败是次焉者。所代表的精神是什么？

一、能奋斗的——有勇敢的；

二、能团结的——有纪律的；

三、能沉气的——有持久性的。

这也就是代表我们理想的南开精神。

* * * * * * * *

求学。深愧浅陋！

一内外。为什么总有怕人的言行？

---

① 指南开中学自办的刊物《南开双周》。

四月

四月一日，日

春假一星期。

从大学图书馆借来美国杂志数种。近三个月来没有看啦。

* * * * * * * *

今年九月十日是 Tolstoy 百年生辰。或者可以表演一个他的戏，也就作为学校周年剧。

* * * * * * * *

只于介绍 Ibsen, Tolstoy……并且没有一点文字的发表——不过空闹一场！什么是你的贡献？

* * * * * * * *

下学年在大学教什么课？

教育的——有兴趣的很少。

哲学的——要学论理学的有人，但太干燥。

文学的——专选几个人的作品来读或是一种方法。

南开大学文科就〔究〕竟作的是什么事？燕京、清华，都比南开教授多。他们都可以仿美国式，分为若干系，每系一年给若干学程。南开一系只于一位或二位教授，所给的学程自然有限，并且文科教授很少能写文章的。

近一年来，文科课程想集中在政治经济。大学前二年的课程本来还是普通的，在后二年稍有分别选习的机会。

那种学科是这般学生所要学的？

我所给的学程，如：《中学课程》《现代戏剧》，选的人都很少。或者因为离他们的兴趣太远？或者因为学生人数本来就少，一选课都分散在各教授所给的学程之下了？

虽然我班上不过三四人，但是有时公开讲演，来听的倒不少。

《中学课程》，读剧本，大概是太“专门”啦。

其实，学生何必要多？如果我没有影响他们的能力，多了又有什么益处？

下年我也是想给一种新学程。我也可以多读些未读过的书，想些没有想过的意思。提出要教给学生的，也同时是我自己要研究的问题。

* * * * * * * *

下年蒋预备研究清代外交史。南京的中央研究院大概约他在社会科学的国际门作研究。这也是一种承认。

我的兴趣范围太广，所以必致肤浅！

没有一样专长！

今年读了几本剧，又导演了几次，——也是一点经验。

最好下年仍限在戏剧与教育二项之内。教论理学就是在限制以外了。

"社会再造的戏剧""政治改革与教育""新生命，新文艺与新教育"。只要材料丰富，自己有发表能力，所拟的学程无妨大胆创新。一个学程每星期三小时，一学期。

上学期"社会改革与教育"。最近百五十年的教育思潮。

下学期"社会改革与文艺"。选读几个作家的作品。

* * * * * * * *

这样说法是太多广告性吗？内容必须充实而有条理。

[四月] 三日，二

本想明天去京，但是不去也可以。

去了，为看些热闹，看几个人，也许买本书或借几本书回来。不去，可以读几本早想读的书。安排安排房间的物件，或者还可以作一点文字上的工夫。开学时没有这样空间。

* * * * * * * *

午饭一个商人小团体——益友会——约我去说几句话。

我想说，"天津市的观念"。报告我去年冬几条路线视察的感想。

天津市的产生，是一个商业问题，也是一个教育问题，文化问题，政治问题。几位新商人，有新眼光（必须参加），正可以指导这个天津市产生的运动。你们几位在前面领略，我们愿随诸君子之后。

[四月] 四日，三

辰中有两个月没加重。将六个月的小孩还不到十二磅重。

病是最可怕的。但是中国社会里各处都是病！卫生是无法讲的。大家都在泥坑里过活！

身体不强，没有在竞争恶烈〈劣〉的现代中生存的资格。

不能过于信赖医生！有病早问医是应该的，但是中心必须有主。天给我大责，只要自己努力，什么敌人也不能阻挡我的前进！所谓 Man of

Destiny[①]！

＊＊＊＊＊＊＊＊

开学没用精力的有：

一、下年教员的选择；

二、大、中、女三处的排戏。这三处都要在八个星期内出台。每星期一处一下午，就用去我三个下午。女中可以最先出台，大约在五月十二日。（两个独幕剧可以在五星期内排好。）

中学高三——《娜拉》——五月廿六日。

大学——《圣水》——六月二日或九日。

＊＊＊＊＊＊＊＊

《刚愎的医生》，如果再演，怕要在大考以后。（不然，再有一个机会就是在四月廿八日或五月五日。）（大考以前办不到。不再现也妙。）

高二游艺会在四月廿一日。高一大概要用廿八日。

女中的春节游艺会在廿八日下午。

还有本校，天津及华北运动会；美术展览会（五月十一、二日）；音乐会。

太热闹了，也要太忙了！同时，政局还不知道要乱到怎样状况！

＊＊＊＊＊＊＊＊

少铺张。留出充足的力量照顾意外。

（照顾意外。）

［四月］五日，四

致命伤在不一不专。"畏首畏尾身其余几？"

为其大者必弃其小者。求小娱快，必有大不安大失败。

无内不可外，无私不可公。"见小利则大事不成。""小不忍则乱大谋。"

一有所惧则必一无所成。世事本无一定标准，完全看你向一个认定的方向上推行力的大小如何。

惟一的罪恶是踌躇，是不坚决！

时代的病，一国的病，集中在个人。

———————————

① 支配命运的人。

求专则无旁顾。

* * * * * * * *

看 G. P. Baker 的 "*Dramatic Technique*"①第一章。

在中国，剧本、剧场、演员、观众……都要从根本上作工夫。

* * * * * * * *

晚

看 Tolstoy 的 "*Redemption*"②。

你必须对于你的时代——你同时代的人——有要说的话，然后说的方法与形式才能产出。

（什么是我要说的话？）

为革命而文学，不是为文学而革命。

自己感觉的深痛处也就是时代的感觉。

[四月] 七日

看 Scott Nearing③的 "*Whither China？*"完。

他的解释是以社会革命为最后目标的。亚洲与苏俄联合——苏俄作精神领袖，中国供给天产与办事才——将来产生新式的社会组织与西方的资本帝国主义相抗衡。

如果我们肯随着苏俄作新社会的试验，中国可以有机会作二十世纪新文化的先驱。那末，这百余年来轻视我们的欧美，或者在三十年后，会到我们这里来游学呢！

中国可以有机会再作亚洲文化的领袖吗？

我们对于西方的已成文化，是取渐进模仿的态度，或是取革命创造的态度？

现在的南京政府与资本帝国主义已经妥协。经济上走的是资本新实业的路。他们反对外国资本的侵略，对于国内新实业的发达，他们愿意作国内资本的后援。

* * * * * * * *

---

① 乔治·贝克（G. P. Baker，1865—1935），美国戏剧理论家、教育家。其所著《戏剧技巧》于 1919 年出版。

② 指托尔斯泰的《复活》。

③ 聂尔宁（Scott Nearing，1886—1985），美国和平主义者、环境与生态保护倡议者，曾任美国宾夕法尼亚州立大学和俄亥俄州托力多大学教授。

我对于经济学没有一点研究。

我的兴趣只在新文化的产生。

是西方有什么，我们也要有什么？西方已有的戏剧，我们只去仿效吗？已有的教育，只去抄袭吗？

Gandhi①走的是一个独创的路——与本国民性相近，同时也为西方理想家所谅解所赞许。

* * * * * * * *

得不到一个思想上坚固的基础，作什么事都觉着没有长久性。

* * * * * * * *

能力太薄弱！魄力可笑可怜！

怕人轻视，怕人争位，——自重，自信，在那里？

（自重，自信。）

* * * * * * * *

自重——个人没有，这时代的国人也太少自重。

有了自重——自重的新根据——而后才可以有道德，有行为的新标准。

团体的自重比个人的自重还关系重大。

什么是我们中华民族的新自重？没有新自重，民气不振，创造力也不得发露出来。

在一个新使命的迷梦之下，才能有新创造发现。

（新使命的迷梦。）

[四月] 八日，日

春假一幌过去了。没出去，倒是得一点安闲。

看达夫的《迷羊》。有变化，也能传出逼真的情景。字句丰富是我最羡慕的。只写放纵的心绪就算尽文学的能事吗？

大家都愿意看这类作品吗？将来人能长久愿意看吗？

最简单的，而且最根本的，评判标准也就含在这两句问话里。

* * * * * * * *

---

① 甘地（Mohandas Karamchand Gandhi，1869—1948），被尊称为"圣雄甘地"，印度民族解放运动的领导人、印度国民大会党领袖。

创造社①又出了一个半月刊，叫《流沙》。同《文化批判》一样，也是鼓吹辩证法的唯物论的，及提倡无产阶级的文学的。

这一条路，现在各国的青年都想试走一走。

我取如何态度？我第一要研究这一派的思想。他们的动作现在都被赶到地下去了，但是我们知道仍旧在那暗处活动。

我与他们同情，他们一点也不感谢。他们认定了你不革命就是反革命。

他们鼓励大家争权夺利，这很合青年口味。

* * * * * * * * *

五哥昨天起身到东三省各地去视察，大约去一个多月。

* * * * * * * * *

看前周日记。

[四月] 十日，二

这次华北球类比赛，南开可以说是大败而归！

第一天，足球、棒球、队球，失败之后，气就不能再振了！

有人说，有的军队是"打胜不打败"。

南开的队员是这样心理吗？

大概这是一种人类普通作战心理。不过经验、训练、自信力，不足的战员比较多一点这种"打胜不打败"的弱点。

有的时候，让人不得不信运气！

* * * * * * * * *

南开各队都加入是我们一种荣耀。

按作战策略上，全加入，别人都有机会遇着我们为敌人，所以我们一个团体要受多数团体的敌视。这次北京各校比赛都有一点对于南开过不去的意思，大概是这个缘故。

* * * * * * * * *

既然全加入，又在同时同地比赛，第一天比赛的结果就很有关系了。

这次第一天，五队之中四队败，结果必全败。

* * * * * * * * *

最好各队分住。

---

① 创造社，由留日青年学生郭沫若、郁达夫、成仿吾、田汉、张资平等为主组织的一个文艺社团，于 1921 年在日本成立，1929 年 2 月被国民党政府查封。

至少要有两处分住，已败的必须分开，已败的加入呐喊很好，但是他们的心理必不与还有希望的战员一样。（前者会使后者更 Nervous！）

* * * * * * * *

从第一天，各队一点不让过。"外交"要据理力争。

* * * * * * * *

以后，多作一队的比赛。一样一样战与多样一同战，在心理上完全不同。

［四月］十二日，四

下年在大学给的学程草拟如下：

一、思维术与社会哲学——杜威的（Experimental Logic & Social Philosophy—Dewey's），三小时（第一学期）。

用书：《思维术》（"*The Public & Its Problem*"），刘译本。

参考书："*Democracy & Education*",

"*Essays in Experimental Logic*",

"*Humor Nature & Conduct*",

"*Reconstruction in Philosophy*",

"*Public Opinion*"（Lippmann）。

二、现代教育之比较的研究（A Comparative Study of Modern Education），三小时（第二学期）。

内容：以近代百五十年来法、德、英、美、日、俄之教育政策与实施为研究的对象。研究的目标是求得一个中国教育的新方案。

三、西方文学选读（Readings in Western Literature），一或二小时（一年）。

下年内选读三种体材：短篇小说，抒情诗，独幕剧。

* * * * * * * *

大学"Nankai Star"[①]约我作英文讲演。我想给他读几首诗。

题如下："Reading of Some Poems in English（Chiefly）On the Moods of Spring"。

Moods:

Gladness in Spring;

---

① 指南开星会，是由南开大学对英语感兴趣的同学于 1923 年秋成立的一个课外组织，并请该校教授司徒月兰和戴尔为导师。

Sadness in Spring;

Love in Spring;

Death in Spring;

Eagerness in Spring;

Laziness in Spring;

Open Road in Spring;

Dust Storm in Spring!

多看几篇诗，再定分类。

＊＊＊＊＊＊＊＊

我给这几门功课，作些次讲演，是为多得学生，要人说好吗？

求人恭维是为人奴隶！

一个自重的生命在自我求努力的动机。

贪名的人必假！假的人必弱！弱的人还有什么成就可言？

＊＊＊＊＊＊＊＊

下午

又想了一想关于下年的学程。一、的改为：一、实验的论理学（Experimental Logic），三小时（第一学期）。

用书："*How We Think*"——Dewey（译本，看过再订）。

"*Reconstruction in Philosophy*"—Dewey。

这样比前式好处很多。只谈 Logic，一个学期庶几可以照顾到。

[四月] 十三日，五

讲诗，说剧，……本国字认识的有限几个，真是笑话！

那有脸面看不起人？

别人（大学几位教授）虽然文字不流畅，倒是还有胆动笔。我连一个字条都不会写不敢写！

真作梦！不知耻！

还暗中计较如何多得学生，如何与别的教授争露头角！

校长写信也比我方便。同事中没有一个不比我文字便利！

又回到主要的弱点。不快想方法，一生眼看着空空地过去！

自己求安身立命的基础比什么都重要！

[四月] 十五日，日

前周日记二条：

一、自重，不贪名不假不弱。

二、文字，不敢写不会写。

****

在大学"Nankai Star"讲一些英文诗是为英文作宣传吗？我们何必？英美国人很能替他们的文字作宣传。

我们是要中国青年崇拜英文诗歌吗？就是欣赏，也没有那样空间，崇拜更谈不到了。

或者说是介绍几篇英文诗可以得一点感情的新滋味。

为写新诗而读外国诗，那更是少数之少数。

****

如果不说诗，说什么呢？

什么题目可以用英文讲？在中国同中国人什么话必须用英文说？

大概还是读几首诗罢。

****

星三晚开会。油印要读的几首，临时发给来听的人也许可以帮助谅解一点，但是于演读时的注意有碍。

[四月] 十六日，一

晨钟种牛痘后又出疹子。

****

南北战争又紧。

昨天与《大公报》的胡、张①午饭，他们露出不肯推测的样子。但是有几点可以注意：两方只预备两个月的钱；奉的步骤日难一日；战事在两星期内可以看出变化来。

学校又得预备应变。这学期很安静地过去一半。战事如果来近，学业又要受影响。

应付第一要镇静，第二有备。

各样计划照旧进行。多数人无须知道应变的预备，加入筹划的有三五人就够了。

****

昨天张对于学校开游艺会唱皮黄有些不满。皮黄有什么艺术的价值，并且用去时间太多。

---

① 指胡政之和张季鸾。张季鸾（1888—1941），名炽章，字季鸾，陕西榆林人。时任天津《大公报》总编辑兼副总经理。

胡也批评南开的学生太安逸。家里有钱的占多数，所以不知道穷人的生活。

以南开为一个"贵族"的学校，有钱的子弟才上得起，——有这样观念的在社会上很多！

这学期的游艺会又开的太多了，一定有人批评学校太提倡享乐。

在这样穷苦乱的社会，享乐的人还有什么良心？

（穷，苦，乱。）

* * * * * * * *

本星期四集会提倡效率。贫穷是问题，俭朴只是方法之一，积极的方法是生产。俭用与生产都要守效率的原则。

目的是同情，是均劳逸。

From each according to his ability；

To each according to his need. ①

[四月] 十七日，二

为 Nankai Star 会的讲演—— "Moods of Spring" ②——费了六小时的预备，今天听说因为一个错误又一位会中职员已经约好校外一位在本星期三讲演。

我觉着很奇怪。疑心或者有什么别的理由吗？

真用心地预备好一篇东西，以后又说不用啦，实在有点使人不高兴！

其实，是很不值得一注意的事！就是说了，会有什么效果？

* * * * * * * *

同伉先生谈下年在大学授课事。他主张我只教三小时，因为下年校长外出，我或者特别忙些。

我在大学到底是什么地位？大学有主任，校长不在校，自然可由主任代理。遇有重要事项可交评议会决定。

大概校长也是这样主意。我又何必多管？大学与中学不同，有本领的人很多，并且大家不相上下。

谁能活动弄钱，谁可以负大学的责任。

校内没有什么大改革的。

* * * * * * * *

---

① 译为 "各尽所能；按需分配"。

② 直译为 "春天的心情"。

现在学生少，几位教授暗中争学生！真无聊！

我想加入这样竞争吗？

中学全部要我注意，又有几处的排戏，我已经很够忙了。在大学教一门我喜欢教的功课，可以使我多读一些我要读的书就够了。

（中学、排戏、文字。）

大概《论理学》一门是很有需要的。我教它，有什么长进？我是要写论理学的教科书吗？我是想帮助青年使他们的思想加一点条理吗？我自己的思想如何？我的达意工具□□如何？

当于教这门功课，我得到什么可以有助于我再〈在〉下年出国用的？什么可以帮助我终身大业的？

那终身大业是戏剧吗？是教育吗？是随波逐浪吗？

（随波逐浪！）

如果是下年想多注意在教育方面，那末《论理学》与《现代教育》都可以使我多读些关于教育一类的书。

＊＊＊＊＊＊＊＊

到南开来教了两年戏剧，实在得了许多益处。

论理学我在清华教了一年半，也多认识了些本书。

教书实在逼迫我多读书。

＊＊＊＊＊＊＊＊

现在大学功课都是以三小时为标准，我以先想教《西方文学选读》只一或二小时不能成立了。

必须下决心只教三小时——上学期一门，下学期一门。

教那两门可以使我长进最多？

教论理学也可以使我长进国文，如果我多用中文参考材料。论理学是离不开达意工具的，也就离不开文字的推敲。

＊＊＊＊＊＊＊＊

将来出国去，可以讲些什么？写些什么？

必须出国，不然就死在此地了！

但是出国再回来的事业，还要看你的人格力与发表工具如何。

（人格力，发表工具。）

[四月]十八，三

明天集会我要讲一个题目，大约用三十分钟。

南开是一个贵族学校吗？南开学生是太享安逸吗？近来学校的游艺会是太多了吗？我们是只顾自己娱乐而忘了人民的痛苦吗？

有什么具体的方案，可以表示出来我们是替穷人民想了，是替穷学生想了，是替穷学校想了？

"阔少"的生活过惯了，将来自己限制自己活动的范围。

学校不只是为富家子弟立的。果然一个学生不幸或是幸而生在有钱的家里，在学校里他也应该得一种简朴生活的滋味。

如何可以实现简朴生活？

简朴的真义是什么？

一律的俭省只是消极的一面。人不是为花钱活着，然而也不是为省钱活着。整天在那里打小算盘如何省钱也不是什么高尚的生活。

我们要用钱用得正当。所谓正当，就是用钱要受有价值的目的所支配。

以上是简朴生活的第一义。

第二义就是，至少在同情上，我们要与多数人民均劳逸共甘苦。

广义的说法，简朴生活也就是最高效率的生活。

一、对于物质与时间的运用，都要受有价值的目的所支配；

二、对于物质与时间的享受，时常不忘推广同情心，勉力与多数人民均劳逸共甘苦。

* * * * * * * *

这样大话，我配说吗？

我的生活上受着什么艰苦？我真是安逸极了！完全一个西方小产阶级的代表！还能唱什么高调？

* * * * * * * *

但是梦我还是作的。生活必须有梦！

最重要的是说话诚实——对于自己，对于人。

[四月] 十九日，四

猜疑别人有意轻视我，为什么？太要人崇拜！——要人多选我的课，要人多听我的讲，要人只看我排的戏！

我有什么真本领？就假定有本领，也不能期望人都供给你自己的荣耀。这种自私，我是有的。

* * * * * * * *

办南开也是要人说好吗？

胡、张对于南开批评，所以回来提倡简朴。

"要人说好"与"要钱"——那个高，那个低？

名利双收，也是可能！

* * * * * * * *

想作奇人——自寻苦懊！能对得起自己，也就好了！

* * * * * * * *

中学一时不能理想化。

我在中学的时候很少，各部照例进行，没有新发展。

我的责任是领导青年，指明前进的方向。

* * * * * * * *

与职教员见面的时候太少。

想作中学的理想化工夫要用全力量。但是兴趣不只此！

[四月] 廿二日，日

今天是我满三十六岁的日子。

前途茫茫！

大处，远处？——不过以迷梦自慰而已！

[四月] 廿三日，一

昨天到大学去，与黄①谈，这才看清楚文科已经把我挤出境外。

这年文科教授会就没有通知过我。

为下年课程，所有文科三四年级的学生，必须选择四个 Curriculum 之一。每 Curr. 内，必修与选修的学程都已规定。四个 Curr. 如下：一、经济（学说方面的）；二、政治；三、政治史；四、外交。

不在这四个 Curr. 内规定的必修或选修的学程自然都不能成立。

* * * * * * * *

黄给我写在选课通告的（本星期要发表）有四门：一、论理学；二、比较教育；三、独幕剧；四、Shakespeare。

后二门完全不能成立。现在我既明白，我一定不给，因为必没有一个文科学生。

---

① 指黄钰生。

　　论理学至多有三四人，但是也许没有，因为二年生虽然有半年的一门可以自选，他们必选四个 Curr. 内规定的科目，论理学不在规定。

　　听说政治史 Curr. 内大方地把《比较教育》纳在规定选修内，这个 Curr. 将来不过三四人，所以能学我这门的，也许有一二人吧。

＊　＊　＊　＊　＊　＊　＊　＊

　　在大学这两年，到昨天才明白为什么没有学生选我的课。文科里完全没有我的地位。

　　我在这里第一年所给的功课，《教育》是失败，学生是两个商科的一个文科四年级的。本来《教育》是二年的 Sequence①，文科学生没有加入的。

　　《戏剧》在第一年还有三个文科学生（共五人）；第二年只有一个半文科学生，并且是功课最坏的。今年教的五个学生中，商科的一个程度最好，理科的一个同旁听的一个文学一年级的也很用心。

＊　＊　＊　＊　＊　＊　＊　＊

　　两年的失败，以后要小心！

　　文科的学生真都是想学政治经济吗？

　　是我们的政治经济的教授比别处特别有成就？

＊　＊　＊　＊　＊　＊　＊　＊

　　到底，大学应当教些什么？

　　南开大学将来的地位是什么？

＊　＊　＊　＊　＊　＊　＊　＊

　　现在没有钱，将来那里去弄钱？

　　谁去弄？

＊　＊　＊　＊　＊　＊　＊　＊

　　钱少，教授少，不得已必须限制科目。

　　对于这个政策，我也认为有需要。

　　如果再加一个《思想文学》的 Curr.，我没有那样本领，也没有时光照顾。并且文科教授已经定好，我来翻案，也在感情上发生不好的影响。

＊　＊　＊　＊　＊　＊　＊　＊

　　其实争学生，争权位有什么意思？

　　我本来倒是想作一个南开大学主要教授，使所有的学生都受我的影响。但是我的学行实在不配！

＊　＊　＊　＊　＊　＊　＊　＊

---

　　① 序列。

中学想好好地作一作就要用我很多时间。

排戏也用很多时间。

在大学不要与人争啦！

著述是必须的。中文必须见长。

＊＊＊＊＊＊＊＊

想教书——教学生——可以在中学。中学有才的学生多。

戏剧谁也不能阻止在我课外作工夫。

并且下年可以在大学组织一个 Reading Circle "文艺读书团"。

＊＊＊＊＊＊＊＊

大学教育在中国应当怎样办？中学教育？

南开那里去弄钱？

解决这两类问题比在文科里争几个学生，争一个 Curr. 重要的多。

对于黄、萧、蒋①取宽大谦和态度。

（宽大谦和。）

自己向真成就上努力！

四月廿四日，二（第五十册起）

因为大学课程事，夜里没睡好，四点以前就醒了。

办法有二：

一、加一个思想文学的 Curr.②（Thought & Literature）。（Curr. G.）

二、改论理学为二年级必修科。

第二比第一还重要，必须教学生而后学生才可以认识你。

如果第二能办到，第一或稍缓。惟有可虑的是课程宣布以后，于招新生有关系。

不有 Curr. 的话，必修与选修如下：

Curr. G.

Thought & Literature：

Required：

1. General Literature；

2. Essays；

---

① 指萧公权、黄钰生、蒋廷黻。

② 课程英文 Curriculum 的简写。

3. Novels；

4. Poetry；

5. Drama；

6. History of Western Philosophy；

7. History of Chinese Philosophy；

8. History of Education；

9. Social Psychology；

10. Recent Development in Educational Thought & Practice；

11. Thesis。

* * * * * * * *

Electives：

1. Any Courses Offering in The Art College；

2. Readings。

* * * * * * * *

学生中一定有一部分，兴趣在思想文学的。

出路是研究学问与教书。

* * * * * * * *

文科教授议定课程时我没有参加，我自然有提出修正权。

但是，我争好，不争好？

应当争！在大学教书比作中学主任，从生命兴趣上看，于我更重要。

我想作研究学问的教授，不想作奔走弄钱的校长。

* * * * * * * *

从学校课程上着想也应有"思想文学"一组。

将来发展计划里也有文化的研究一门。

何况现在的招牌还是文科呢。

* * * * * * * *

明年的三年级里不知道有几个是对于思想文学有兴趣的，今天去实际调查一下。

在二年级时我教一门必修科，对于学生的个性我就可以全认识了。

[四月] 廿五日，三

昨天在大学与萧、黄、蒋谈。对于我的主张实在有阻力。

蒋有谋，但太私。

又是争！

小处能忍就忍，大方些好。一直到昨天是他们犯我，昨天看明白许多内幕。

（大方！）

时局乱到如此，还弄这些小把戏干什么？

大学的经费本来没有着落。将来那里去弄钱？

* * * * * * * *

真成就在个人。自己作学问。

黄、蒋都文字不通，但是比我敢写。

想提倡"思想文学"，我自己文字上的成就必须能服人！

（文字必须能服人。）

* * * * * * * *

为文科的政策要争。为自己要让。

能看得真，看得远，就能大方！

[四月] 廿六日，四

不猜疑！

（不猜疑。）

加"思想文学"（G.）组已经成立了。

论理学改为必修被文科教授会否认。（我只 Part Time 教授，所以在教授会里没地位。）

* * * * * * * *

Curr. G. 下年不成立，因为 Required Course① 不够。（使它够，很容易，但是我不愿意推行。）劝要选的学生选别的 Curr. 。

中学事本来已经很忙。下年只教论理与比较教育。戏剧不成立。

退让，不暗斗。

自知没有领导文学思想的资格。负起责来，将来学问力气都支持不住。

为 Curr. G. 是一个原则上的争。既已成立，一切个人方面不许猜疑别人有什么用意。

* * * * * * * *

---

① 必修课。

争了无趣！

自己不要把自己看得过重。

大学事，有人管。在南开，我应当处处让。

作事为服务。要同情人，帮助人。惟有人格力可以真能服人。"以善服人者未有能服人者也，以善养人而后能服天下。"

近来的计算自私太多！

（自私！）

* * * * * * * *

决心不问大学事。只用力在作自己的学问，教自己的课程（学生）。

（不问大学事。）

校长不在校，有大学主任在。文科功课有文科教授会管。

* * * * * * * *

这前一星期使我最烦恼的是猜疑人暗算我嫉妒我！

得这点教训，非常有价值。自己的人格实在不够大！

[四月] 廿七日，五

"凡用兵之道，本强而故示敌以弱者多胜；本弱而故示敌以强者多败。敌加于我审量而后应之者多胜；漫无审量轻以兵加于敌者多败。"

"知己知彼，百战百胜。"

* * * * * * * *

以先在君说过一次，"你不是出头打仗的人"。来不来就动气不宜于作战。

小处争持使精神不安，失去宝贵时间。

特别在教育事业上更不应有争。

* * * * * * * *

政治看法，外交手段——从那两类学科里无形中得来的——拿到学校里作试验，那可于学校前途非常危险。

并且南开是私立学校，学科里注重政治，一定不免被外面政治的影响。

* * * * * * * *

一个私立学校应当有它自己的教育目标。

校长的教育方针应当支配各科课程。

现在南开没有一个认定的方针。只去忙弄钱，到底办的是什么教育？

在校（八里台）住的得常联络，渐渐文科几位教授都被一位支配。不常到八里台去，很难被容纳。

* * * * * * * *

在去瞎着眼拼命捐钱之前，应当注意内部的状况。

为全校计，我的地位很难处。

为什么文科教授会里不要我出席？为什么文科功课里论理学不是必修？

真不能不气！

但是还要想应付的方法。"敌加于我，审量而后应之。"

* * * * * * * *

以国家的前途为念。以学校的前途为念。

个人的荣辱不在心上！

（个人的荣辱不在心上！）

* * * * * * * *

五哥能宽大，我也不应小气。

五哥能坚决，我也不应踌躇。

五哥能内外一致，努力为公。我也不应畏首畏尾，在小处计较。

真正帮助五哥，是在精神上的继续与推广。

* * * * * * * *

造人格的美是最高的艺术。

（人格的美。）

我本来是假而弱的。

别人不能辱我，因为我自己知道我的价值很低！

"不怨天，不尤人，下学而上达。"

能服人还是道德，不是技巧！

* * * * * * * *

现在是最好机会表现你的人格力！

克服自己比克服人难得多！

* * * * * * * *

真实地告诉要选 Curr. G. 的学生，我的能力实在薄弱。我们没有想到今年有人选。下年要作为预备期。如果没有重大的不便，还是请选别的 Curr. 吧。

马是蒋得意的学生，何必抢他的。马只是因为排戏跟我认识，他本来预备学历史的。

不要对不起学生。

* * * * * * * *

下午五时半

越想越自信不配领导学生作文学思想的工夫！

中国字都认识不多，那敢冒险自命为文学的大教授？

但是为什么要提出 Curr. G. 来？因为文科里应当有这一组。我愿意在这个范围里将来工作。如果不加这一组，将来大学里就没有我工作的机会了。

下一年作为筹备期。

* * * * * * * *

我能把这一组发展到中国最有地位的文学思想的中心吗？我可以引学生到南开来吗？我可以造就出几个真有贡献的人才吗？

在这个时代，一个教师绝不够教导学生的。多加教授必须用钱，南开那里有钱？

* * * * * * * *

我在中学负着很大的责任。中学可以作成一个真能培养青年的地方吗？问题太多啦！那有工夫照顾得到？

在大学我要占地位，但是能力有限，时间也有限！

如果全时间放在大学，或者还可敷衍。现在的中学职务已经是勉强支持，没有什么新贡献，再加上大学的职务，必致两方面都作不到精彩处。一有特别事故，还许两方都失败！也许因过劳而身体受伤。

* * * * * * * *

战线引得过长，不知那时偶有一段的拙〈挫〉折，全军因而失败！

"善作事者常使精神余于事，不使事余于精神。苟好胜喜多，以致范〈犯〉乱，事必有误，名将受损。"

现在慢慢地才醒清楚。

文科的几位实在无聊。但是我太受一时感情的冲动！静想起来，我实在没有学问，没有时间，去推行我提出的建议。

* * * * * * * *

我没想到下年三年级中有人选 Curr. G.。

如果有人要选。怎样办？跟他们说一说，请他们改 Curr.。如果有两个人坚决不肯，我也是不答应的好。

我那有研究读书的时候？不读书，不著作，那可以作大学主系的教授？

[四月] 廿八日，六

今天是女中春节游艺会。

五月十二日女高三演剧。（两剧已走过地位。）

廿五日大学送别毕业同学。（明天下午走完《圣水》的第一幕，下星期二走完第二幕，八日第三幕。《回家以后》在十二日后排。）

六月二日高三"Nora"。第一幕走完，下星一走第二幕，廿日第三幕。

* * * * * * * *

这都是假定没有意外发生。

时局还要照顾到。

（都因时局停止。五月廿五日）

中学下年的课程与师资也当注意。

五哥委我的事也当早办。

* * * * * * * *

事很够忙！已经很难作到好处！

并且还有 1929 出国的幻想！

气必须要沉下来。"动心忍性。"

* * * * * * * *

"沉潜细密，喜怒不形，得失不惊，有始有卒。"

[四月] 廿九日，日

我在美国专门研究的不是文学。

两上学生要选 Curr. G.。现在对不起他们比将来对不起他们好。

文学上我太没有把握啦！

筹备一年后，或者再许学生选。

这两个学生可以在课外帮助他们。

* * * * * * * *

晚

下午到大学排《圣水》第一幕。

又同马奉琛谈 Curr. G. 事。无结果。

如果他们非要选不可，我怎样？我还坚决地劝他们改选吗？既然宣布，又不愿人学，是什么用意？

* * * * * * * *

非担任不可，那就很危险了。

后悔不应起这次波浪！一时的小不忍！

什么是大谋？

争几个学生真是万分的无聊！

* * * * * * * *

多加一层自己的认识倒是很好的。

到天津前两年没有任行政职，非常自在。这学期以来，中学主任加在身上，又有校长预备离国的安排。

大学这次闹明了以后，我一定不能干涉大学的事了。五哥早露出他走后由大学主任与讨论会负责。

是我有想代理校长的虚荣吗？

我何必多这个事？并且有什么荣耀？

自己不肯求学教学生，在教育事业里争权位，真不要脸！

* * * * * * * *

将来怎样？就老在此地了吗？

有什么真本领可以在别处找饭吃？自己早一点求独立之道！

（独立之道。）

到天津这两年半的工夫，国文还是没有什么长进！

离开清华后，主要的志愿不是长进国文吗？

失败一次，又失败二次……成一种潦倒的心态！

（潦倒心态！）

再有大梦，也胆量很小了！

* * * * * * * *

行政事不可问。中学是不得已。大学我一定不参与。

打定主意以后，别人如何计较可以完全不理。

求学比什么都重要。

* * * * * * * *

读书是第一务。

这样看来，如果行政与读书有冲突，应当读书在先。

下年教 Curr. G. 也可以。

* * * * * * * *

但是 1929 的出国的幻想如何达到？

[四月] 卅日，一

争不肯争到底，让不肯让到底——即是确实的弱者。

（到底！）

弱者心里不能得平安。

心中不免患得患失。自然也不免时常忧虑别人对我的评论和态度。

让到底可以自慰，争到底可以自豪。时让时争，自己没有一定的把握，必致受别人的支配。

在中学，对于行政方面，这次回校的前两年，完全是让。

在大学也要让到底。只要给我读书教书的机会，我就很满足了。学生有两三个就够了。只要我在所教的课程里真有心得，真可以使学生得着一点新觉悟。

（让到底。）

侮辱，我也能忍受。

这次的打击比在清华还重！他们看轻我教书的本领！

我的学问也实在是浮浅！

* * * * * * * *

受过一次挫折，火气减轻一些——那样将来还可有为。

大丈夫能屈能伸。

* * * * * * * *

这次选论理学的我想不过四五人。也不要以为丢脸。这个辱也应忍。

人不知而不愠。不患人之不己知，求为可知也。不患人之不己知，患不知人也。

* * * * * * * *

看 Ludwig Lewisohn[①] "*The Creative Life*"。

P. 21.

Art is expression; The creative will is an experiencing will. A unique & incomparable personality has its unique & incomparable contact with the sum of things. Poetry, Music, Philosophy are the

---

① 鲁德威格·卢因森（Ludwig Lewisohn，1882—1955），美国作家。

record of that contact. Without it they would not be.
P. 22.

Art is the life process in its totality. The poet, the experiencing one, is a poet at every moment, in every relation; he is the poet as lover, friend, citizen. He cannot become an average man at a feast, or in a church, or in a jury box. His vision is his constant self. His material is not stone or iron or market values or laws; it is love & aspiration & ecstasy. His business is with fundamentals. His absorption is in the thoughts & passions of life at its deepest. The pervasiveness of his exercise of his peculiar faculties is like that of the saint. Every moment to him is a becoming moment, every hour an hour of crisis, every decision a decision between spiritual life & death. Such is the fate of the creative mind.

五月

五月二日，三

《圣水》二幕三幕昨天都走过地位。

选课结果，马同钱还是择定 Curr. G.。Logic 大概有三十多人。

下年的功课要早起首预备。不要辜负学生。

危险非常危险！战线太长啦！学问也真浅薄！

人之患在好为人师。古之学者为己，今之学者为人。

* * * * * * * *

与萧、蒋、黄谦和交往，丝毫不记以往。大家都是为公，人才应该奖励，感情必须联络。

我无论如何不想参与行政。

南开的精神伟大，小波折过去后，完全没事。

往宽大、为公方向上努力！

（宽大，为公。）

[五月] 三日，四

光明的路不应怕人！

又是假！胆小必致走最容易的道——Hypocrisy①的道！

Poseur②，没有真人格！

昨天又有人问我为什么不写东西。别人替我原谅，但是实在的理由是不会写！Poseur？

早晚不能逃人的看出！人格要落地！如果真信自己的新标准，别人如何评论，都可以不理他们。但是我又是一个不肯舍众人的说好，不敢完全自信的人！

不怕！我有自信的标准——我努力创造新准绳，动机不该是为自己的娱乐！

看清楚目标。是远的吗？是大的吗？是公的吗？是真的吗？

完全不问别人如何评论！

---

① 虚伪，伪善。
② 装腔作势的人。

[五月] 九日，三

五日早校长回津。

七日国耻纪念，早八时在礼堂开会。停课。

昨晚校长为全体职员报告旅行观察。

今早前二时校长为全体学生（二年级以上）报告。

＊＊＊＊＊＊＊＊

对于济南事件学生大热起来。今天宣布组织一个"外交问题委员会"。每班举委员一，每年级出代表二。十人加五位先生——组织筹划机关。

内可分三股：消息、设计、调查。

＊＊＊＊＊＊＊＊

渐渐加忙！特别镇静。

[五月] 十三日，日

前周心不静。

戒严司令部有检查南开的消息。

因济案学生多不安于日常工作，应付要时刻注意。

＊＊＊＊＊＊＊＊

下星期三开对于济案的表示大会。

学生有恐慌的可能，惟有持以镇静。

＊＊＊＊＊＊＊＊

我受了这次刺激，于将来生命方向有什么影响？

在戏剧上可以表现那种平民能受深刺的情感？作那种平民戏剧的试验？

近来新写的话剧，一般平民不能懂。我要写平民能懂的剧。

（平民能懂的剧。）

是要到民间去吗？

＊＊＊＊＊＊＊＊

星期四为大学预科讲"艺术"。

＊＊＊＊＊＊＊＊

远大处！——什么是一生的创造？

近处，小事——不值得注意！

[五月] 十六日，三

星一上午闹了一次虚惊，女中从星二起停课三天。

男中仍照常。今天上午开济南惨案纪念会。

将来预备只停一星期课——在事变的前约三天起。推测着大约还有一星期，南军才可以到天津。停课或可从本星期六起。

＊＊＊＊＊＊＊＊

今天去访千里。过渡时期，大约由绅商组织一个治安维持委员会。并且外国兵也要在围城、河东等处巡查。

听说省党部已准备活动，野心很大。南军到后，开一大欢迎会，民众要求：政府同军队都要受党的指挥、监督。

＊＊＊＊＊＊＊＊

现在学校的国民党员还稳健，还能谅解学校负责人。

党部将来，不知道对于南开，有什么"积极的政策"没有？只要内部精神照顾得到，或者不致有意外。

＊＊＊＊＊＊＊＊

本领还在自己。

自己精力足，思想锐，胆量大，并且遇事沉潜细密，文字畅达应用——那末，一生或可不致空过！

（精力足，思想锐，胆量大；遇事——沉潜细密，文字——畅达应用。）

现在能力太薄弱！当事不老练！

＊＊＊＊＊＊＊＊

外交问题委员会要作些积极的事，由本委员会来提倡。

学生对于国的观念太薄啦！

一两个说风凉话的，不必对于他们动气。大概最讨厌的就是曾了。让他去暗地活动，也闹不出什么事来。不过稍加小心，可以少临时的麻烦。

＊＊＊＊＊＊＊＊

明天给大学预科二年级学生讲"时代与艺术"。（？）

[五月] 十八日，五

昨夜只睡了两小时——一点醒后，再也睡不着了。

学生中有一种浮嚣气，大概是想逃大考。如果是有意捣乱，这种教育是根本失败！

教员不能一致，教育的影响不能深刻。还是教一班学生比较效力大些。

求学，教学生，是快乐的。一个学校的学生数少些，或者精神可以贯注。

＊＊＊＊＊＊＊＊

消息一日几变。食睡不得安!

镇静真不易。

明天可以停课矣!也可以稍放心一点!

[五月] 十九日,六

昨天对初三以上学生在礼堂说话以后,有几个"hiss"①的声音。人数太多,班风难整。素日养成捣乱的习惯。

上次校长报告时,也有"hiss"的。

* * * * * * * *

办教育,造出些敌人,真是不值得!绝不是办教育的目的!

应从根本上想方法。

* * * * * * * *

还听见有学生说,这次我太圆滑,不像校长在前几次兵灾的气魄大。以先校长对学生说:"你们怕什么?你们死,我跟你们一同死。"大家也就不怕了。

我是圆滑吗?我有故意弄巧的时候!要看目的是为自己,还是为国。

(圆滑吗?)

以后要直爽。话要字字可靠。巧里有假。

* * * * * * * *

舍命工作是为国!为中华民族在世界上的地位。我现在努力,我死了必有继续工作的人,怕什么?

我们虽然在学校里,但是视死如归的精神不比前线的战士或是革命的冒险者少!

(为国舍命。)

他们拼命,我们也拼命。

他们的团体中有不整齐的份子,有败类;我们的团体中也不免!

不过我们造团体的方法还很欠精纯。

* * * * * * * *

舍命工作是为国!胆量自然大起来!任劳任怨,心内永是平安。

(任劳,任怨。)

批评,讥刺,暗算,都由他们去。我的生命是有择定的方向的!我

---

① 嘘声。

的方向是丝毫无可疑的！

现在学生，教员，比以先水灾的时候复杂得多！故意找错的人比以先多！大家的观点也差别很大，所以统制也比以先难！

＊＊＊＊＊＊＊＊

有舍命的决心，然后再问工作的步骤。

为国，为教育，舍命了，我们希望的是那类的国，那类的教育？

国——在现代世界上有地位的，使世界上四分之一的民族得到最光荣的发展。

教育——有特别效率的，能培养中国真需要的人材。

＊＊＊＊＊＊＊＊

我们现在教育的方法，离我们所希望的太远了！

既肯为教育舍命，我们必要拟定最高效率的教育方法，——现在不能实现，至少也可以指示将来的努力。这样，命可以舍得有意义。

＊＊＊＊＊＊＊＊

早五点前就醒了。其实，睡六个多钟点也应当够了。

任劳任怨，只要心里平安！自反而缩。

[五月] 廿日，日

（训练课不能维持下去，有些先生太不出力气。）

昨天上午十一时四十五分宣布自下星期一起停课一星期。

我以为这次的步骤没有走差：（一）不使浮动变成有组织的，（二）大考是坚持必有的，（三）将来到紧急的时候，留校的学生可以少怨言。

先生学生的批评不必问。在我是"自反而缩"。

＊＊＊＊＊＊＊＊

以后还要少说话，话多反倒不取信。

高三想免考。应当来请求继续上课，下几班停课高三应当坚持上课。但是青年都是找最容易的道走！这样青年那里得到一点教育的真效果！

今天高三的教员讨论高三功课结束同考试的办法。

应当坚持的一丝也不让，态度永是泰然的。

[五月] 廿一日，一

上午同高三全体学生辩论了两个钟点。他们要免考，我们不许。

下次不多辩。以言服人不是教育的最好方法。

特别不要当大众前辩论。中国人好"面子"，当众谁承认错误谁"丢脸"！

以后，只同几个代表谈。

* * * * * * * *

教育办到不信服指导，效果可以说是很少了！

根本上办法不是最高效率的。全国没有纪律。

[五月] 廿二日，二

大学学生今天可以说是罢课一天。

主要理由还是逃考。

学生不愿意受管束，但社会的制裁是必须的。青年必须经过纪律的训练，考试不能免。

今天商报上有一篇我的访问录，——主张教育与考试分立。

在监考机关没有成立以前，教育者同时还要负执行社会制裁的责。将来有了监考机关的时候，教育者还免不了一部分制裁的责任。

* * * * * * * *

日本是侵略的。京津他们看为他们的保护区！国的危急到这样，我们仍应努力求学教学生。也可以说，越危急越要努力！求学教学生就是我们教育者救国造国的利器。我们跟日本战，就用这种利器。现在敌人来的近迫，难说我们就怕了就跑了！那末，我们的民族真该灭绝！我们的教育事业真算破产！

不过，一切教育活动要以国的危急为动机。如何可以增加我们民族能力？如何为将来争光荣？如何可以造成一个自重人重的国？

为解决这些问题，所以才办教育。一切设施都要与这些问题发生关系。

* * * * * * * *

先从自己下手。我能安心求学吗？

今晚读论理学，预备下年功课。（大纲拟出。）

[五月] 廿四日，四

高三今天上课，下星期四考试。免考的有国文与英读本。

结果算是很美满。

我这次对于高三说话的态度——就是星期一同他们全班的辩论——

特别强硬。因为刘乙阁①对于我这次停课认为我的手腕太软，学生一来要求，立刻就停课。他并且怕这样下去，就完全没办法了。

因为有人批评我软，所以在星期一的态度特别硬。这还是被人的看法在暗中支配。别人如何看，听他们自便！我的办法是我认为最适当的。完全独立的人应当如此。

把自己放在外边就不去要人说好。

（不去要人说好。Hypocrisy & Cowardice！）

＊　＊　＊　＊　＊　＊　＊　＊

要人说好必致于假冒（Hypocrisy）！必致于胆怯（Cowardice）！

先从自己起，治了 Hyp. 与 Cow. 的病，然后民族才有不灭绝的希望！

Shaw：*"Man & Superman"*②，P. 101.

Don Tuan. Why, that you can make any of these cowards brave by simply putting an idea into his head.

……

But men never really overcome fear until they imagine they are fighting to further a universal purpose—fighting for an idea as they call it. Why was the Crusader braver than the pirate? Because he fought, not for himself, but for the Cross. What force was it that met him with a valor as neckless as his own? The force of men who fought, not for themselves, but for Islam. They took Spain from as though we were fighting for our very hearths & homes; but when we, too, fought for that mighty idea, a Catholic Church, we swept them back to Africa.

＊　＊　＊　＊　＊　＊　＊　＊

全民族的根本病在不真，不勇。

必须为一个 Idea 舍命！

（为一个 Idea 舍命！）

为全民族创出一个 Idea 来。有可能！

找出《正气歌》给青年读。

---

① 刘正经，字乙阁，江西新建人。北京大学算学系毕业，时任南开中学算学教员。

② 指萧伯纳的《人与超人》。

[五月] 廿五日, 五

文字不应用, 在大学如何配作文学教授?

学识, 精力, 耐烦, 时间——都不够根本改造中学的。并且同事中有几位是同志?

努力先从自己起!

勇——真! 救国造国就要这两样利器。

(勇, 真!)

自己的能力是有限的, 但是如果国要我舍命——在能力没有培养好之前——我也是乐为的。

当于培养能力的时候, 不幸舍命, 与出去在战线上死是一样的意义, 同等的光荣。教育是兵器!

(教育是兵器!)

天天不忘, 时时不忘, 我们是在作战!

* * * * * * * *

看本册日记。

[五月] 廿六日, 六

昨天下午全体职员会。如果时局仍旧, 下星期一开课, 结束功课一星期, 以后考试。

又有了责任。五点就醒了。

根本问题: 一、外面时局的影响, 二、内部人数太多, 先生学生都太不齐。

这样教育的效率如何? 值得为它舍命吗?

根本如何改造? 时局允许吗? 人材够用吗?

[五月] 廿七日, 日

这几天看 *"London Mercury"* [①]。

一月——An Italian in Cambridge——Emilio Cecche,

Disraeli as a Novelist——Frank Swinnerton,

Katharine Mansfield——Edward Shanks。

二月——Gabriele D'Annunzio——Mario Praz,

---

① 指《伦敦信使》。

Two Types of Modern Fiction—E. F. Benson,

The Trac Case Against Digales—G. K. Chesterton。

三月——Thomas Hardy—John Franman,

The Jeopardy of Oxford—Sir Michael Sadler,

George Meredith—Joan Young。

四月——The Death of Synge—W. B. Yeats,

Nicholas Vachel Lindsay—Edward Davison。

又看近几期的"*Nation*"与"*The New Republic*"。

* * * * * * * *

多读英美文字，思想情感自然受它们的影响。

* * * * * * * *

中学这次应付，得了一部分不好的反感。其实大家想法不能一样。我太注意大家的谅解了！

前星期六，乙阁找我谈话后，无须惊慌地跑到西楼给大家解释。

我审慎后而决定的是不错的！

自信！自信不足反招人侮！

（自信！）

作出后，不该悔。

这次的应付——除去自信不足外（对先生对学生都露出弱点）——还算得当。

* * * * * * * *

下年计划如何？

我的精力学识够用吗？胆量够大吗？那配教学生？那配引导、培养学生？

本册日记内的两个大经过——大学课程与中学秩序——指出在南开的难题。

（大学课程。中学秩序。）

在这两方面，我实在的本领都不够达到人所期望的结果。祸是自己找来的！难说现在怕起来吗？为 Idea，不为己，就不怕！

虚假与怯懦——我的弱点，也是民族的弱点，也是人类的弱点。病根在要人说好！

（虚假，怯懦！为 Idea 不为己，不要人说好。）

* * * * * * * *

为什么不能持久？不能成就的根本缺乏在此！

* * * * * * * *

看前周日记。

每天时间工作出品应守预定规程。松懒的是奴隶！

* * * * * * * *

London Mercury，March，1928，P. 572（Meredith）.

  Whimper of Sympathy

Hawk or shrike has dome this deed,

Of downy feathers: riceful sight!

Sweet sentimentalist, in vite,

Your bosom's power to intercede.

So hard it seems that one must bleed,

Because another needs will bite!

All round we find cold nature slight,

The feelings of the totter-knee'd.

……

O it were pleasant with you,

To fly from this tussle of foes,

The shambles, the charnel, the wrintle!

To dwell in you dribble of dew,

On the check of your sovereign rose,

And live the young life of a twinkle.

* * * * * * * *

P. 571：（From Alsace-Lorraine）.

Like a brave vessel under press of steam,

Abreast the winds & tides, on angry seas,

Plucked by the heavens forlorn of present sun,

Will drive through darkness & with faith supreme,

Have sight of haven & the crowded guays.

* * * * * * * *

这五行可以作为我处世——处现在的中国——应有的态度。

* * * * * * * *

明天中学又开课，不知有多少学生到校。

战局又见紧张，在三五天内也许有变化。如果奉军退出，天津的治安如何？到那时，再停课吗？再停还有再开的机会吗？

南方政府下，党部是否要利用学生，影响校务？

教员中是否有暗中活动的？

南开教育的高调必须设法实现。在这大计划上努力，——南开是有信仰的，有前进方案的。对于无论什么难题，我们都有解决方法！

用不着同教员们讨论，只要他们努力合作。

我们的信仰是远大的！我们的方法是精密的！我们是为 Idea 不为己的！我们是不怯不假的！

造新南开！小得失不算什么。

* * * * * * * *

有"新南中"作目标，一切结束都可以受它支配。

下年的课程教法及教员都应当有全盘的计划。

全校人数是要减少吗？

如何可以在教员中造同志？

学生生活中，在现时的中国，永有不满，永会生出批评的论调，教员可以使他们得满足吗？

这是办教育的不能逃的几个问题。政局稍就绪后，教育上的问题或可少些。

教育是兵器，我们为国为教育舍命。那样教育必须看得清楚，办得切实。

五月廿八日，一（第五十一册起）

早六点半起。看四十八、九两册日记。

学期开始时比现在，字还写得整齐些！病在越往后越忙。时局一闹，我倒多一点闲暇——三部的剧都不演了。

本学期——五月前——进行颇顺利。三月廿四日《刚愎的医生》，以后，没有出台的剧，这是时局的意外恩惠！本来排演的时间太少。秋后，少担负导演。

* * * * * * * *

今天开课，到校学生还不少。（共一千一百，比乙阁怕的人数多。）

又发现 C.Y.传单。校内有他们的份子。

＊＊＊＊＊＊＊＊

大学不排戏，全副精力放在下年中学的全盘计划上。

创造的三步：理论，制度，教师。

自己心身上有条理，学校自然有条理。"己身正不令而从。"

[五月] 卅日，三

昨晚事务会议筹划本学期收尾及暑内工作。

六月四日至九日，高二以下考试。十日上午毕业式。

十一至十四，办通知书。

暑期学校，廿九，卅，报名；七月一日报到。功课，七月二日至八月十一日。

补大考，八月十七至廿一。新生考试，八月廿七至卅日。

秋季开学，九月三、四日报到，五日上课。

＊＊＊＊＊＊＊＊

这是假定没有意外发生。

时局不知发生什么变化。学校借款度日，开学前又要在透支以外，另想方法——穷学校有什么根本的穷办法？现在所施的教育真能造出需要的人材吗？——中学人数太多，先生学生太不齐。

＊＊＊＊＊＊＊＊

当于在这些难潮里挣扎着，不知那一时被水湮没了，听说旧同事①升任游学监督——又舒服，又拿钱多，又开眼界——免不了羡慕！

我对于我现在的工作真自信吗？我将来的成绩可以比那群吃安逸饭的人宏远吗？我有什么真本领？我取的方向是可发展的吗？我有坚持的把握，勇往直前吗？

＊＊＊＊＊＊＊＊

大好光阴，不能空放过一点去。"当时不杂，既过不恋。"在此地此时，就要用尽你的全副力量——生命力的集中——创出新天新地来！（教育是兵器。）

魄力一定要打破物质的引诱！

好差使不能供给我长进的资料。"苦其心志，劳其筋骨，饿其体肤，

---

① 指梅贻琦。

空乏其身，行拂乱其所为，所以动心忍性，增益其所不能。"

＊＊＊＊＊＊＊＊

不要忘了，天资实在愚笨！文字不通，连一封普通的信都写不出！那会有宏远的发展？

自大的妄想！用来自欺欺人！

＊＊＊＊＊＊＊＊

工作还须前进。为 Idea，不为己！

校长在 PUMC①演说，我拟稿，题为 "The Pioneer Spirit"。

＊＊＊＊＊＊＊＊

预备两星期内，不致有时局的更换。但是，战事上也许有突然的进展，还是不能不作意外的警备。

［五月］卅一日，四

前三天奇热，今天大风。

照着自己择定的方向前进，别人的升官发财，著述游历，都不与我相干。在大学有下年课程的预备，中学的全盘计划也用精力。自己的文字上还当时刻努力雪耻！

为什么文字的长进这样难？是我没有持久力吗？是我的天资本来愚钝不可救药吗？

还是在一个死圈子里，左右也闯不出去！

＊＊＊＊＊＊＊＊

看高一英作文下年用书。同时想着自己的国文。

---

① 指北京协和医学院。

六月

六月一日，五

认清自己的能力有限，然后就没有侥幸的贪心。"不怨天，不尤人，下学而上达。"

* * * * * * * *

昨晚为学生看关于短篇小说的论文，用了两个多钟点。为教学生，也为自己多得一点知识。

* * * * * * * *

学校防火防匪，不用露出紧急状态。"喜怒不形，得失不惊。"心境的背景守定一种"无可无不可"的安祥。

* * * * * * * *

如果东三省没有意外动摇，……研究会要送几位教授到吉、黑去调查移民状况。

我也同去，用七月一个月的时间。

论理学如何教法，必须在假期内计划好。

* * * * * * * *

南开的生死关头在今后的财源。

校长能到美捐款？有多少把握？捐不来，如何继续下去？

大学用钱最多。中学每年欠一两万。

新局面到北方后，又不知有什么机会可以运用？

南开是有将来的吗？那要看我们的坚强自信——它应当有将来！南开有在教育上的贡献！

为南开教育——这个 Idea——舍去羡慕安逸发财的一切念头。

这种教育，我们真信值得牺牲一切吗？

拼命实现理想。

学识浅薄，但是努力在中学上也许有一点创新的可能。

办好一处中学——方法可以为别处参考的，并且在学理实际两方面能有长久价值的——已不是一件容易事！

有这样工作的好机会，还不专心拼命吗？

别人应当羡慕我！

[六月] 二日，六

下午与学生谈约二小时，改《邻居》《岁暮》稿。

又是材料。愧死！——有材料而不能用。

* * * * * * * *

今天伉说："董显光不能写中国信，或者连懂也不懂。"喻说："国文教员中能拿得起笔的很少。"昨天章①说："齐不能作副主任，因为国文不通，常写别字。"这又是三个刺戟，提醒我国文不便利的大辱！

为普通应用起见，还是文言重要。特别是书札与公文、章程等。有什么方法可以补救？

各种公事文件还都是文言的。

这次梅的升任，他的国文也是他很大的帮助。

无论作什么公共事务，必须要国文通顺。

有这个大污点，在中国作什么事也不能得最后的成功！

* * * * * * * *

我又是文学的大教授！

时间有限，如何能有望长进？

在此地作些什么够〈勾〉当？觉悟了又觉悟——国文是致命伤！！！但是总没有持久力！

活一天还要拼一天命！天天读文章，记生字。

不知道为什么这件事这样难成功？

这里失败是一生失败！

（文字失败是一生失败！）

[六月] 三日，日

手抄本，在回国后这五年半里，共有五个，但都是有始无终。昨天取出整理一下。

政局乱到什么样子，不管它；我还在拼命求学。

办事时办事，读书时读书。

* * * * * * * *

看前周日记。

---

① 指南开大学、南开中学、南开女子中学三部体育主任章辑五。

[六月] 五日，二

前天又紧张。当晚决定考试延期三天。

局面仍混乱，天津不如北京，因为杂色军队太多。天津能否脱去兵共的危险，现在还看不清。

如果星期四考不成，怎样办？

一、再延三天；二、全体在暑后补考；三、仿去年办法，以平常分数计算。

学生要求第三法，学生不愿意考。考试为什么？在教学方面，考试为编级，还为学习的总括，还为一种精力集中的练习。在社会制裁方面，考试为一种工作的成绩，合若干"成绩"作为一个中学毕业的标准。

在明天中午前，必须择定三个办法之一。也许星期四可以考。

* * * * * * * *

在校的有三百多学生。……秩序可以没问题。……

若是死，要死在奋斗中！

* * * * * * * *

……考试问题的解决都在今明两天办好。

这都是非常态的教育难题。

在这种非常状况之下，还要勉强守定教育工作的理想，还要在应付临时及筹划大谋之中，使理想实现。

* * * * * * * *

蒋室内有左宗棠的四个字"当惜分阴"。蒋很有力，并且有谋。但使同事畏而防之。欠厚，欠大。

要为事牺牲，然而也要有真学识，强精力。

（真学识，强精力。）

在学识、精力，两方面，我不如蒋。他比我专！

* * * * * * * *

星期日在大学打网球。过后，筋痛。筋骨的运动太少了。

* * * * * * * *

师生间的隔阂——还是现行教育制度的根本问题。

大家一点不认识，太少个人接近的机会。考试理应由社会去制裁。

办教育会办出猜疑与仇恨来，真不应该！同情在那里？

看《学记》。

[六月] 六日，三

录《学记》。

大学之法，禁于未发之谓豫，当其可之谓时，不陵节而施之谓孙，相观而善之谓摩。此四者，教之所由兴也。

君子之教喻也，道而弗牵，强而弗抑，开而弗达。道而弗牵则和，强而弗抑则易，开而弗达则思。和易以思，可谓善喻矣。

学者有四失，教者必知之：人之学也，或失则多，或失则寡，或失则易，或失则止。此四者，心之莫同也。知其心，然后能救其失也。教也者，长善而救其失者也。

善歌者使人继其声；善教者使人继其志。

善问者如攻坚木，先其易者，后其节目，及其久也，相说以解。不善问者反此。善待问者如撞钟，叩之以小者则小鸣，叩之以大者则大鸣，待其从容，然后尽其声。不善答问者反此。此皆进学之道也。

[六月] 七日，四

昨天踌躇了一天，决定还是今天考。

天津的治安还在混沌中，但是考期不能再延。全改暑假后考也有许多不便。先生学生中愿意现在考完的很不少，谁不愿来，可在暑期后补考。

* * * * * * * *

昨天接到一封匿名信，因为我不答应放假，所以学生和我的感情恶劣。将来南军过来，要恢复学生会。……所以要我快快放假，不要视大家生命"鸡犬不如"。

……我有我的责任。

办教育真会办出仇人来！

* * * * * * * *

我的决定是缓慢。有时过于审慎。

定了，不再踌躇。

* * * * * * * *

时代是变态的，教育方法也是不守常轨的。

能有一种特别式的教育创出吗？

上次在南开遇着洪水，这次遇着猛兽！这次应付比上次难！

* * * * * * * *

危险不危险在外，必须给中国教育开出一条新路。

为先生不齐，学生太多的大机器舍命，值得吗？

自己有一定的主张，不问别人如何看法，——决断也可以快，自信也可以强。

* * * * * * * *

学生考试练习注意力集中。我要集中精力，筹划下年办法。如此，可以对得起青年。

工厂式的学校教育，如何使师生有相亲相信的空气？

［六月］八日，五

王正廷被任为外交部部长，N. C. Star[①]有几句赞语：

…at Paris…Dr. C. T. Wang was the man who possessed the most courage & who was never for a moment either bewildered or disheartened when the complicated situation appeared to turn against China.

Intelligent, shrewd, clever, far-sighted, reasonable and above all, courageous…

王有无这些好点，评论各人不同。但这几点是大家都认为好的。

* * * * * * * *

现在考试一定继续下去。有几个人，就给几个人考。

还有四天，也许可以冒险过去。

方才听说有人——西楼教员——批评我不应这次停课三天。如果不停，明天可以考完了。

他们用"幼稚"二字！

这类经验——在兵马中应付考试问题——我没有过。也许我缓于决断？但是总算是负责地去应付这个很复杂的难题。

勇气？不够坚决，不够敏锐。

（勇气：敏锐，坚决。）

不谅解，好批评，——是中国人的通病。

* * * * * * * *

顾问我：学校有什么组织上或课程上的变动应付政治的新局面？他

---

① 华北明星报（North China Star），由北洋大学法科教授福克斯（Charle James Fox）于1918年8月在天津创办的大型综合类英文日报。

是 K. 区部的首领。他总是想有应更动之点。

这层当注意。

＊＊＊＊＊＊＊＊

今早看见骂汇文刘校长的传单。我也有挨骂的可能吗？

只要自反而缩，不管人如何批评，如何骂。

＊＊＊＊＊＊＊＊

南开还有可为。不要 Bewildered①，不 Disheartened②！不慌乱，不灰心！

（不慌乱，不灰心。）

下年计划快打好。

岂能为必胜哉，能无惧而已矣。不要过于小心："量敌而后进，虑胜而后会。"那还是怕！

[六月] 九日，六

昨天在大学图书馆顶上忽悟到张、褚③一定要死守天津。中学考试可以安静过去。

推测到这以后，觉着勇气倍加。这次幸而决定又不错！

其实，真勇不因幸免而高兴。时局假设忽然转坏——天津乱起来，……仍然应当无惧！

但，人情都是喜安恶危。

＊＊＊＊＊＊＊＊

雷④胆不壮，必须时加鼓励。作首领的第一条件是信心充足。首领勇往直前，不灰心，然后才可以引起同事人的努力！

＊＊＊＊＊＊＊＊

下年计划，是我的责任。南开是有将来的！

"Faith Supreme！"

Like a brave vessel under press of steam,

Abreast the winds & tides, on angry seas,

---

① 混乱的，不知所措的。

② 沮丧的，灰心的。

③ 指张学良和褚玉璞。褚玉璞（1887—1931），字蕴山，山东汶上人。时任直隶督办兼省长。

④ 指南开中学训育主任雷法章。

Plucked by the heavens forlorn of present sun,

Will drive through darkness, and, with faith supreme,

Have sight of haven & the crowded quays—

* * * * * * * *

五哥头上白发见多，但勇气仍足。

必须把南开中学造成现代化的教育试验所。

钱不应是阻碍。打出新方案，而后再算钱。

为一个 Idea，舍命！

[六月] 十日，日

为缩短考试期间起见，今天继续有考。

* * * * * * * *

昨天同喻商订下年教员的去留与待遇。

学生人数，上四级——S.Ⅲ三组，S.Ⅱ四组，S.Ⅰ六组，J.Ⅲ六组①，——已减到最低数了。初二初一，或可少收新生；但是又不经济。

中学已长到如此大，再来缩小，非常困难。

在组织上有什么方法可想？先生的待遇上？师生的共同生活上？教材，教法上？师资的培养上？

（组织、待遇、共同生活、教材教法、师资培养。）

行政事与艺术不同——不能在一次努力里，得到最大最终的痛快！效果非常之慢！特别在现时的中国——各种制度和思想都没有可靠的根基。

* * * * * * * *

在这各样紊乱之中，如果我们还能打出一条新生路来，那岂不是特别有兴味吗？

不能自馁。舍我其谁？

先把中学整理好。

为教育生活，拿钱少是当然，离开清华是正义之争，办中学与办大学是同等重要。看破这三点，便可以专心在中学的问题上。

（专心中学！）

* * * * * * * *

---

① S.Ⅲ、S.Ⅱ、S.Ⅰ、J.Ⅲ分别指高中三年级、高中二年级、高中一年级和初中三年级。

从上列的六方面上想方法。

同时注意到时局的分析与心态的转移。

* * * * * * * *

看前周日记。

[六月] 十一日，一

昨天看 Uhl 的《中学课程》里关于学生本能，学生兴趣，学生需要及学校设备与课程几章。

各个学生能得到他的 Adjustment[①]，在如南开这样大的学校里，真不易作到。中国办教育的很少注意到这一点。

* * * * * * * *

过去的这一学期，只是我继续别人的计划。下学年的设施与用人，我应当负全责。

看清楚难题，时局，与工具。各种困难，早想出解决方案。以致于自己学识，精力，时间的限制，都要照顾到。

[六月] 十八日，一

十一日晚枪声（事务会未开完）。我住在学校，后半夜听远远的枪炮激战。

十二日，末次考试。九时便衣队出现。走读生百余人留在校。晚保安队八人在东楼上设防。我第二个夜没睡。

十三日，上午放走读生回家。晚住校，守半夜。

十四日，上午到河北视察。守半夜。

十五日，下午到大学考试（上午继续星一的事务会），住家。

十六日，下午到租界，住校。

十七日，三部毕业式在大学举行。本学期工作正式结束。

* * * * * * * *

这一星期非常状态的应付大致不错。不求有功，只望少过。

昨天起觉得稍倦。对人又疑——这是疲乏的心态。

* * * * * * * *

全国大致统一。国民革命成功了吗？

（青天白日旗自此日起。）

* * * * * * * *

---

① 调整，转变。

因地方秩序关系，积极工作间断了一星期。

收敛精神。

看本册日记。

习字。

[六月] 十九日，二

习字——《大江东去》。

* * * * * * * *

马奉琛要我介绍他几本书在暑假内看。我借给他八本：Pater 的二本，France 的二本，Lewis 的 Goethe 传，Master LimcK 的一本，Lunich 的一本及 Robinson 的一本。

学生来要书看，自己尤其感觉读书太少，不够指导学生的。

* * * * * * * *

论理学如何教？

中学如何根本改造？责任又太重了！

自己学问功夫如何作起？

* * * * * * * *

精力本不强，又好胜喜多，必致一生空渡，毫无成就！

如何缩小范围？

疲倦当休息，静养。性好静，不能过于勉强。

[六月] 廿日，三

上午在家偷懒。精神不振！

天生力气不强——一生一无所成！办事容易疲乏，文艺不能持久。

这不是灰心，什么是？

前途黑暗。自己没有一点把握——事不能办，文不能写！

* * * * * * * *

看几本外国杂志。不过是一种 Escape①。

[六月] 廿二日，五

学生 hiss，先生批评"幼稚"！自己知道学识浅薄，力量不能耐难不能持久。

如何活下去？

---

① 逃避。

人之所以为人在什么？在自信。

[六月] 廿九日，五

廿三日下午赴京。住欧美同学会。

廿四日游北海。晚月涵、敏章来。

廿五日上午谈 Peking Art Institute 讲演事。下午访简又文。晚访 Mr. & Mrs. Edmonds，长谈将来中美戏剧交换的空梦。他们肯帮忙，并且想建议给 Geene。

廿六日上午买天坛像片赠 Edmonds。又谈，他们知道我很想到美国去的意思。午饭在清华同学会。晚赴西山，住香云旅舍——夜月很好，独步。

廿七日，上午骑驴逛天太山，登"鬼见愁"。远眺景极妙。下午回城里。晚看余、杨的戏。

廿八日上午回津。

* * * * * * * *

与雷谈。他坚辞行政职，我愿意他仍负一部分责。同时也要注意同事人长进的机会。

* * * * * * * *

比上星期精神稍振。

我也有求进的欲望——将来在戏剧上或可有独到的贡献。但是现在学校不能放开。在校事外，还求真能独创的本领。

不得已又要顾全双方。

我性情不近行政。艺术界也不可久仰。

* * * * * * * *

下年实在过忙。我不想教论理学——预备时间不足。

自己为将来的成就打算。文字必须通顺，必须多有时间读中国书。

雷的求进使我惭愧！

七月

七月一日，日

昨天忽然想出送雷到长江去视察学校。他可以藉机会回家一次，或可解决他的家庭问题。

用人必须尽才，也必使人心安。（我去京休息后，觉精神一振。遇事不怕，也有办法。）

* * * * * * * *

校长、喻、雷，今午去塘沽，乘新铭船南下。

校长约去三星期，喻、雷约五六星期。

* * * * * * * *

暑期学校明天上课。陆为主任。

* * * * * * * *

中学在暑期内无事。

论理学如何教？势不得不教。并且还要特别努力。

文字工夫，戏剧，也要利用假期的空闲。

* * * * * * * *

今晚 Mr. & Mrs Edmonds 过津。下年去美计划，他们或可帮忙。

[七月] 四日，三

雨。习大江东词。

下年太忙——如何缩小范围？

近来二人说到：在此老死为某人弟？

想作官吗？想再染指肥差吗？想在戏剧上造名吗？如何得最满足的工作？

志愿是什么？性格与天资如何？自知不明！

[七月] 五日，四

什么真本领也没有。但是，对于现任的职务也不十分满足。如果预备一九二九夏赴美，一切工作都当根据计划，作一度支配。

校长大约十月赴美，明年四五月返校。

中学多请喻负责，大学的教书越少越妙。论理学能不教就不教，——萧、蒋对于这门都有疑问。并且预备上也要费许多时间。

我的将来？老死此地？大有为——空想吧？没有本领，也没有持久的决心！

　　演剧是惟一的兴趣吗？在中国有什么机会？我有什么特别的预备？文字够用吗？表演的技术我知道多少？

　　　　　　　　＊＊＊＊＊＊＊＊

　　前途暗——如何？今天在家，努力想出一条路来。

[七月] 六日，五

　　昨天在无聊之极的时候，拿起一本《悲多汶传》看。著者是罗曼罗浪①。我以先看过英译本。汉译是从英文转译的，读起来就觉得出错误一定不少。

　　个人有了技术的把握，然后可以"不羁"，可以不顾庸俗的评论。这是"恶循环"——自信不强，不敢致全力去造就技术，技术没把握自信越不强。结果是敷衍作伪的习惯越久越深。

　　　　　　　　＊＊＊＊＊＊＊＊

　　在大学争学生是无聊的开端。论理本不在我的范围内。要求作为必修又被否决。学生选习的虽有四十之多，但自知恐怕兴趣与时间都不许我可以教到好处。

　　现在提出不教，必使学生失望。

　　　　　　　　＊＊＊＊＊＊＊＊

　　中学事务也是问题很多。造同志是第一务。

　　自己不增长学识，必不能得师生的敬服。

　　　　　　　　＊＊＊＊＊＊＊＊

　　戏剧一定用时间。

　　并且还有在戏剧上求久远的空梦。

　　　　　　　　＊＊＊＊＊＊＊＊

　　贪肥差的心没死。见人高升不能无羡慕。

　　　　　　　　＊＊＊＊＊＊＊＊

　　五十册的引诱是争学生，五十一册的引诱是贪肥差。

　　　　　　　　＊＊＊＊＊＊＊＊

　　精力天生薄弱。学问又毫没根柢——文字本当在幼年造就好。意志也特别不坚强。还希望侥幸的成功吗？

　　　　　　　　＊＊＊＊＊＊＊＊

　　打破敷衍作伪！从真实上建筑起来。"勿忘勿助，看平地长得万丈高。"

---

　　① 现通译为"罗曼·罗兰"。

[七月] 八日，日

看前两册日记。

对付黄、萧、蒋很觉无趣。在清华被挤，谁现在也想不到我有过什么根本改造的政策？在南开大学被挤，仍怨自己没有真把握。

自信力一次不如一次。清华下后想努力文字，但是这二年半以来有了什么成绩？现在又想明年赴美专心努力戏剧，结果又是不如所愿吧！

傲岸——但没有真本领。眼高手低！

歧路在眼前。论理学我教不教？文字如何长进？牙跟如何咬定？

为自己活，不为别人。惟精惟一。

不独创出一条新路——耻死！

[七月] 十一日，三

昨天在大学。下学期选名学的有四十四人：

四年级：十三人（文5，理2，商6）；

三年级：六人（文5，理1）；

二年级：廿五人（文）；

选戏剧的有四人（文III2，文IV1，理II1）。

* * * * * * * *

名学，我教不教？

教的理由：

一、选课已经宣布；

二、多认识几个学生——也是一种虚荣；

三、多读几本书。

不教的理由：

一、时间精力不足——文字、中学、戏剧，都须努力；

二、名学我没有研究过，并且也不期望在这门上有什么供献；

三、怕同事中有不满的批评。

* * * * * * * *

不教于我没有什么不便，少教学生也可少现丑。但是如何对得起已选的人？如何为学校的课程想方法？

文字不应用，与努力不精一——这是生死关头！

* * * * * * * *

中学行政必须对付人，不是我愿意作的。得罪人在所不免。

下年，不能不管行政事。实是苦事——但是责任。

* * * * * * * *

现在不肯决断，将来必致失败。必须择定一个方向。不然不能有成就。

也或者环境不许吗？国、校都不许我有专精的成就吗？

打出重围去！

* * * * * * * *

下午

关于 Lindbergh[①]一句赞语："He is exactly my idea of a real hero, a man who knows what he wants, doesn't allow difficulties to reserve him & attains his goal."

"他知道他要什么。"多少人知道他们到底要什么？

* * * * * * * *

上午与伉谈想不教名学，他说他早就劝我少教钟点。听了我很惭愧——别人比我早见到！

* * * * * * * *

到底我要什么？是天生意志不强吗？一遇阻碍，就怕起来，就要改变前定计划吗？

不能胜难，就是弱者。无一定的目标——可耻，可怜！只有一点皮毛的小聪明。动机完全在要人说好，怕人攻击。性又懒，体又弱，——稍有困难，就生畏，就灰心。

（畏难！）

* * * * * * * *

有这样心理状态，必须休息，或破釜沉舟择定一个趋势，以全力干去。

"疲乏"是几种欲相持不相下的结果。

心理治疗应取何手段？

[七月] 十二日，四

下年名学不得不教。如时间不够分配，戏剧取消。马、钱二人我早劝过他们多次另选他系。

名学既然遁不掉，现在起首预备。教也有教的乐趣。

* * * * * * * *

明年赴美积极筹备。

* * * * * * * *

---

① 林德伯格（Charles Augustus Lindbergh，1902—1974），美国飞行员、社会活动家。1927 年 5 月进行了人类历史上首次架机横跨大西洋无着陆飞行，历经 33.5 小时。

文字工夫，空怨空恨是毫没用处的。必须从认字读文上作起，速倖是完全不可能的。真要在文艺思想上有创造，苦功夫必须下。

人一能之，己百之；人十能之，己千之。大器晚成。

* * * * * * * *

近来得到《易卜生全集》，看完 Bland 与 Gosse 写的传。①

[七月] 十五日，日

"戏剧的兴趣"是我不自觉地希望生活的。自己梦想是剧中的主角。

"戏剧的"免不了争——与天然争，或与人敌争。（南开治水，清华战吃肥差者。）

平庸的工作——特别是当于作的时候，没有得人喊好的机会，——不能把持住我的兴趣。对付例事简直地是在我的能力之外。

必须时时得人的鼓励。这样，所以不能作暗中持久的工作，或是有人批评或有人轻视或有人反对的工作。

在大学有人轻视，有人暗中妒忌。在中学有人批评，有人捣乱。

近来不甚高兴，就因少人崇拜吗？果然，也是不能独立。

轻视、批评……益发生气，益发努力！

为什么不高兴？有什么别的缘故？

是抑欲吗？可以假艺术以解之吗？

* * * * * * * *

校长南去，不知对于盐余款有没有办法。

左右全要顾到，那有安静的心神去努力学艺？

（安静的心神努力学艺。）

既要成就一个 Personality②，必须从学艺上用工夫。外面一切的成败毁誉都不问，自己关起门来读书。

这一点的自信还应该有。

* * * * * * * *

看杨鸿烈③的《大思想家袁枚评传》。

---

① 埃德蒙·葛斯（Edmund Gosse，1849—1928），英国诗人，作家，文学史家，文学评论家。其所著《易卜生传》于 1907 年出版。

② 名人，风云人物。

③ 杨鸿烈（1903—1977），云南晋宁人。1927 年任教于南开大学，1928 年起在中国公学、暨南大学、大厦大学、复旦大学等多所高校任教授。

又看 Whitehead 的 "*Science & the Modern World*" [①]。

[七月] 十八日，三

完全不问人如何说是作不到的么？近来太没兴趣。想得人的崇拜，又没有真把握。中学过大，同事人也没训练，空想难实现。并且只办中学不能使野心得满足，——还要在戏剧上有创造，还不能完全不慕肥差，还想作漂亮的大学教授，还自己很痛悟非文字通达什么成就都不可能。头绪太乱，并且野心太大，天资太笨，功夫太散也太浅。同时有不能不照顾到的衣食住问题。总之，今夏觉着最烦闷。

训练课的去周与名学的教法也使我踌躇，不能早些决定办法。其实不是什么重要的事。

烦闷耗去宝贵的光阴。小孩今夏也多病。小孩哭声中不能专心读书。空渡时光——将来一天下落一天，只作人下人！

这个监牢真要囚死我！自己不会给自己想出路，那有脸面去指导学生？

* * * * * * * *

也许主因在不敢真吧？一处假，处处不诚！

[七月] 廿日，五（第五十二册起）

得读哀莫生[②]的《自倚》，精神又复活。

前一个多月，烦闷已极。作什么事都没兴趣没把握。太不自信啦！

哀氏影响我最深。近几年没想到看他的文。上次得他帮助是在九年前。他对于我真有活死人的功效！

他的人生观是现代力的基础。

还没有老，想什么还可以作什么。这次回国后的六年工作不能算是完全失败。现在实行自倚或多些阻碍，世人认为是我的责任的或者多些。但是自问勇气还够！

自己的坠落也是倚靠我的人们的坠落。真责任在此。

愿意作什么，就作什么。能作什么，就作什么。别人的期望不是阻

---

① 怀特海（Alfred North Whitehead，1861—1947），美国数学家、哲学家。其著作《科学与现代世界》于 1926 年由剑桥大学出版社出版。

② 现通译为"爱默生"。

碍，别人的批评不是阻碍，物质的限制不是阻碍，时间的延长不是阻碍。只要信你自己，作你自己的主人翁，完全本着你自己的生命兴趣作去。

* * * * * * * *

随笔译几行，P.56。

"所以要支配一切所谓命运。多数人与命运赌博，全赢，全输，惟看命运轮子的转动。但是你要离开这非法的赢来的钱，去与因果——上帝的佐宰——来往。本着意志去工作去获得，那末你已经将运命轮锁起来，永远牵它在你后面。政治的胜利，收入的加多（？），你的病人的痊愈，你的远友的归来，或者别的什么完全外表的事件，使你高兴，你就想好日子快到了。千万不要信这样事。这是决不会有的。除非你自己，没有东西能给你平安。除非原理的战胜，没有东西能给你平安。"

* * * * * * * *

"本着意志去工作去获得。""除非你自己，没有东西能给你平安。"信你自己是惟一的活路。

如果看清前进的需要有二：文字长进与再游欧美，那就不问一切的阻碍，向这两个目标去拼命。

* * * * * * * *

每天读哀氏文，作为精神的食料。

为自己比为什么都重要。不用怕，这与自私完全不同。自己的里边有神在。神要用你作创造的工具。前进！神要你不顾一切琐碎与牵连。前进！

[七月] 廿一日，六

早三点，小孩哭。看他的女仆走了，现在母亲管。再有两个多月第四个又要生了。

自己想努力，那里有静闲？

昨在八里台与济东谈终日。听些关于冯玉祥的故事，又谈济东将来的计划。清华校长颇有望，因为他与冯的关系。

我不一定羡慕他的机会，也不一定自馁他的本领比我高，但是不免引起今昔之感。以先改造清华的计划是我拟的，因为环境不许，和自己应付无法，不得已不辞开。我还相信我的政策不错。谁还过问？大家只注意谁作校长的呼声最高。

我自己感觉也没有什么使我灰心自弃的。最让我惭愧的，是我文字的不如人。

这次回国后最感不便的就是文字。因为这个，办事不能专心，学问没有著述，交际不敢广，时时怕现丑！弄成一种畏缩的心态。我以先那是这样人？现在作一点小小中学的事，有时都觉着胆量不足！

* * * * * * * *

六年过去了！青年最盛的中间一段——三十到三十六岁。以先说过空话，说有为在四十以后。但是"为"什么？

欧美再去读一二年书有可能吗？文字的把握可以增进吗？

南开不是非我不可。学校正在生死存亡的关头，我能离开吗？其实，我现在不能帮很多忙。自己还没有把握，那能帮人？

* * * * * * * *

无论如何，我不甘心居人下！我不服他们比我多延久性！这个男子汉在死以前还要大闹一场啦！

快醒来。急起直追。他们这样小成绩算什么？什么校长，厅长，编辑，作者，……我没有把他们看在眼里！

* * * * * * * *

什么是我的捆绑？不要紧，我已经醒了。

* * * * * * * *

不要再为人活着。不要再贪安逸。不要再不敢真。

这是最宝贵的六年的痛苦换了来的三个教训。

* * * * * * * *

中学不是非我办。喻、雷下年可以负全责。我的理想太空高，一时不能实现。中学有事交各课办。

大学更用不着我，下年或者须教名学。戏剧一定不教。——Curr. G. 一成立，就不易自由走开。

小孩们是真困难，经济与教育两层——如何养，如何教？但是也有法可想。

钱的问题——自己出洋想法得官费，在美可以用演讲、翻译得一点小入款。家用，或者先用已储蓄的一点，不够或者借。

在外国作什么？专门研究戏剧和文学，那可就预备回国后走一条新路了。那就是我自己的路，不是我哥哥的路，那就成败完全在我一人身上。有这样伟大的自信吗？

上次出国，也是想独立。那次，五哥有点轻视我，所以出国一切都没有倚靠他。在英国时，因换船才借他几百元，——那已经是小孩麻烦的开端。

这次不是因为五哥的轻视而想出国。或者有人轻视，或者自己太轻视了自己。

（五点四十。从三点写到现在——中间躺了几分钟，但是睡不着。小孩到四点睡了，此刻又醒了。又哭了！）

不想在教育行政上有建设了？作一个有权有势的校长，或是厅长，或者以至于部长或是院长，——也是很有可为的。一定不想作吗？

南开将来谁继任作校长？这有很完备的设备，很能工作的组织，又有很光荣的历史。大家都有一种默认，你是一种预备校长似的！其实可笑！早在这预备着干什么？并且不一定有作南开校长的资格，——最大的本领在筹款，我成么？假设校长老了或者故了，到那时再看情形，我是否必须继任，能否继任。

至于现在必须追随左右，我的性情不宜。最主要的原因是我还有志愿未达。说句笑话：死也不瞑目！让我试一试我的文字欲和戏剧的创造。如果是空梦，将来必会醒来。但是不去试一试，总是不甘心！

* * * * * * * *

对于我性格或者艺术工作合宜，也说不定。我很懒，但很能作忽然的精力集中。高傲必须用艺术来发泄，不然是没有法子得满足的。

本国与外国文字方面是我的弱点，——根柢太浅。惟有英文可勉强，不过也只于是勉强而已！

全国注意教育的人太多了。注意戏剧的很少——其中实在有天资的尤少。也可以说，正在那里等候人作领导呢！你听见神的差遣吗？为什么没有胆量答应？

不要再为人活着。不要再贪安逸。不要再不敢真。

* * * * * * * *

八点

名学用书想定。

学生买两本：

Wallas[1]——"*The Art of Thought*";

屠孝实——《名学纲要》。

杜威的《思维术》（原本）可以用为前三四星期必读的参考书。以外还用些油印的材料。

名学是不能不教了，讨论或可以分为二组。戏剧是一定不教的，马与钱请他们改选 Curr. 。

* * * * * * * *

晚

买到 Ben Lindsey 的两本书 "*The Revolt of Modern Youth*" 与 "*The C. M.*"[2]。

看 C. M. 前七十多页，真是新天新地。自知得了一个新观点。

现代生活状况与科学知识完全改造道德的观念。感觉越敏越不能绳以普通标准——或者说是清教徒的标准。五哥受过这个标准的影响。

因艺术的兴趣增知。第一戏是自抒。艺术是造自由之路。很好剧料——几次变化。断离五哥的标准，敢真必不能留校吗？

怕是最大仇敌！罗素主张去怕去妒。

* * * * * * * *

这一天没有空渡，——精神上登高远望的一天。

[七月] 廿九日，日

廿三日去北平，廿七日归。在平遇见罗志希[3]、叔永、佛西、唐悦良[4]、朱敏章等。又在清华与王文显谈 Yale[5] 戏剧科的情形。

多与人谈可以增长见闻。久居一隅，很易孤陋。都城改南京，文化中心也南移，将来平津的文化空气必受影响。

* * * * * * * *

国府发表文化基金的新董事，内华人七，美人四：胡、蔡、翁、赵、

① 沃勒斯（Graham Wallas，1858—1932），英国教育家、政治学家。

② 林德赛（Benjamin Barr Lindsey，1869—1943），美国人，法官、社会改革家。其著作《现代青年的反抗》于 1925 年出版，《伴侣婚姻》于 1927 年出版。

③ 罗家伦（1897—1969），字志希，江西进贤人。1917 年考入北京大学，1920 年赴美国留学。1926 年回国，任教于东南大学。1928 年，任清华大学校长。1932 年，任国立中央大学校长。

④ 唐悦良（1888—1956），字公度，广东中山人。上海圣约翰大学毕业，1909 年赴美国留学，获耶鲁大学学士学位和普林斯顿大学硕士学位。1915 年归国后，曾任教于燕京大学、辅仁大学、清华大学和北京大学等。时任外交部代理部长。

⑤ 指耶鲁大学。

汪、伍、孙①；与 Baker、Bennett、Monroe、Stewart②。旧人——曹政府派的华人，如颜、顾、施、周、黄、张、郭、丁、范、蒋等——自然都下台了。

五哥在新政府下不致有什么反对，但也得不到特别的赞许。新势力下，文字的成就多被重视。必须有著述，才算是学者。在教育事业上只于学者有地位。

南开必须有学者主持。维持南开地位必须快快造就学者。

五哥在旧政治人物中很能活动。将来筹款的机会如何？钱筹不来学校如何维持？校长的威信如何维持？

[七月] 卅日，一

真有学术上的把握，在无论什么政治势力之下，都可得相当的承认，都能自立。道德方面也要去私去假。

* * * * * * * *

南开中学部欠款不多，不难维持。大学的经费无着落。五哥的信心非常之强，真是百折不回的精神。惟有向前进——退是无路的。现在可希望的有三方：政府补助、奉张基金、赴美捐款。这三方都不甚有把握，但也不是完全没有可能。

董事会的人位中有不见容于新势力的。其实，董事对于学校没有出过什么力。他们最大的责任是筹款，但是向来都是校长一人去想方法。董事的组织本来是虚设，至少在南开是如此。

校长很能活动。他还能工作十年——如果没有共的革命。南开的团体将来如何继续？

我在学术上，道德力上，都没有把握。惟有现在努力深造。

* * * * * * * *

满蒙研究会的东省视察二日启程，我在廿日前可回校。多观察是搜集材料的机会。

* * * * * * * *

家人多劳自多怨。可愿，但少安。工作努力仍要镇静进行！

看 Emerson，受益很多。自信是人生的根基，自信才有勇。

* * * * * * * *

---

① 分别代指胡适、蔡元培、翁文灏、赵元任、汪精卫、伍朝枢和孙科。
② 指司徒雷登。

晚

这次东行多注重北满。

大连（三，四），长春（五，六），吉林（七，八，九），哈尔滨（十至十五），齐齐哈尔（十七，十八）（？），洮南廿（？），奉天（廿一至廿四）（？），大连。

大约三个星期。

目的：一、看大势（风土，政事，教育，移民，戏剧，生活）；二、定教育方针；三、作筹款预备（筹基金，或□捐）；四、多交游；五、赴美讲演材料。

＊＊＊＊＊＊＊＊

校事：补考，新生考，下年计划（各课办事细则）。

［英文法用书（明天选定）；名学（已买书）。］

五哥大约八月中旬赴宁，为校款事。五次大会后，全国大局可以看出一点眉目来。

八月

八月一日，三

赴大连船明天下午由塘沽开。

* * * * * * * *

耳闻南大教授中有几位属于某兄弟会。蒋的手腕也使人可疑。为什么中国人派别的习惯特别深？在无论什么团体里都免不了派别的明争或暗斗——为什么？各国人都如此吗？

我在南大只任一门功课。我要教得好——也可以说是成绩竞争。一门就很够忙了。苏格拉底用的方法也不过是使人问使人想。教名学实在是很难的——有人如蒋就根本怀疑思想术是能教的。下学期我来作一次试验。

* * * * * * * *

自信强的人一定不要党派，也不怕党派。能看懂人的弱点就不用动气，更不要猜疑。

* * * * * * * *

凌清华事在南京有阻碍。暂时或不出梅代理一途。

赵在新文基会，或可有机会外遣。一定想方法出去，但也要安静等候——"持其志勿暴其气"。把握还在自己。如果自信在戏剧上一定有创造，别人与环境都不应看重，——自己去造时势造机会。

* * * * * * * *

我是好创新的。中学组织上，大学功课教法上，都可以作新试验。

下年不为排戏忙。真可演作到好处的，排两三个。排一戏必有一次的技术上的长进。

* * * * * * * *

今天预备行装。上午整理校事。

[八月] 卅一日，五

廿九日我回津。

一路得了很多新知识。旅行是受教育最有实效的一种方法。

昨天逢人谈旅行所得。今天起首开学的筹备。

旅行报告笔记或口述都可。教育与社会思想是在我的范围内，最方便的是我说请人写下。

这个范围太广，我所看的学校与社会状态又太少，将来必须择定两三个题目讨论：如《知识的竞争》《在新辟地方，教育工作应注意之点》《东北的将来与教育的目标》《舆论的现状与宣传工作》。

为这几个题目，也很要用些工夫去整理材料。手下没有的，还要写信去搜集。

有一个小题目可以写几句很有趣味的话：《社会的娱乐与信仰》。里面包含——酒席，公园，戏剧与杂技。

再有一个题目：《在新辟地方，妇女的地位》。

* * * * * * * *

这次只能看出些题目，值得以后的研究。

我注意的是以上的五六个题目。至于外交、铁路、财政、农林、工业等有同行的几位报告。

* * * * * * * *

学校行政由各课负责，以少问为是。方针上我要多注意。

九月

九月一日，六

上午在家。

昨天听说河北《民国日报》前几天给我造了一段谣。拿来看，他们说我是研究系，阴谋反对罗家伦长清华，拥护凌冰。

造谣的是怕的，他们怕我们出来活动反对他们。

他们的知识有限，所以怕极了不加入他们羊群的有知识的人。因为怕，所以忌恨，所以造谣。

* * * * * * * *

下星期一晚，第一次中学事务会议。

党的活动必来干涉。我们认清教育的目标，为中华民族在现代世界求生存的能力。

南开教育有独到的精神。我们信这种精神可以救我们民族。如何使这种精神充满全校贯串个人？如何使这种精神得社会的谅解？如何使这种精神收具体的实效？

[九月] 四日，二

昨晚第一次事务会议。我们认清新环境：军阀已渐肃清，国民革命下一步最重要的目标是打倒帝国主义，所以要预备打倒的实力。教育事业是培养能力的，政治事业是改善局面的——两种工作相辅并进。

我们对于现在政局不苛责，更不悲观。大家争政治地位教育地位根本还是饭碗问题。政治、军事、教育，都是分产的——争分产是一时的，长久必越争越乱。下一步必须在生产上努力。

以先校款是从 Begging①来的，以后必须兼顾到 Making②。

我们不与人争分产，我们自己去生产。

[九月] 六日，四

昨中学部始业式。校长述说学校所以能维持经过国家几次大变的理由，宣布本年两个注意点：（一）彻底地研究中山主义；（二）严格地训

---

① 乞求，乞讨。
② 制造，生产。

练建设人材。

我说了十分钟。现在中、大学的目标不为现有的社会预备，因为现有社会（如商业、政治等）还用不着"现代的"中、大学的教育。我们努力把学校办到在廿世纪里有地位的一个学校，因为我们要预备能与受过"现代的"教育的各帝国主义者抵抗。

我们认清目标，然后校内生活的各方面才有统一的精神。

全国努力一致与帝国主义者争。学校要预备与侵略者争的实力——就是有真"现代能力"的人材。

如何培养现代能力？那就要应用"开辟经验"的学说。

东北已注意，以后还要注意西北、新疆、蒙古等地。南开要作发展一切新地的先锋队。

* * * * * * * *

成安来参观。

生命生趣本是统一的。内里的动力是现代的，是发展的，是创新的。剧与校都是表现，两个中间没有冲突。信服时势给我的机会——那里是机会就放力气在那里。

永是自信的，高兴的。

* * * * * * * *

今早女中始业式。

[九月] 八日，六

大机器已转起来。应照顾的事又渐渐加多了。

周年纪念日的筹办；学生团体训练（学生会如何指导）；名学教法；学校的入款（东北，赴美）。

筹划的人不能在细目的推行上过于注意，但对于各部的实状也必须亲眼看过。

今天看报。与千里谈（参观省一中），与次约谈，或去访洗凡。

第一次纪念周①请苏蓬仙②报告党务。

回津后，还没有分析完全清楚最近天津环境。

至于校内情形，渐渐地有把握。

---

① 指批准国民党推行的"总理纪念周"。
② 指时任国民党天津市党部组织部部长。

[九月] 十一日，二

昨天很忙，从总理纪念周到晚间的事务会议——一天要求解决的问题多于精神所能克服。夜里睡不安，早五钟前醒。觉疲乏。

名学后天就要上课，一暑假没工夫预备。因人数多，我原想分为两组，所以才不教戏剧。不然，只教三小时实在对不起半薪的待遇。

精力有限，不能分散。开学才五天，已经觉得精力不足！

名学必须想出办法来。第一时上班时间就要宣布。

注重在教学生，不在教学科。

最先要认识学生，请他们写"履历"，再写所希望于本学程的。我再看他们前几年的成绩。

我的教法也是试验，我希望引起大家对于思想步骤的兴趣。

用"*How We Think*"①为入门。将来 Wallas 的书为"Text"②。别有参考材料或油印或用图书馆书。

* * * * * * * *

改人的思想习惯是最难的。

教人思想的步骤简直是不可能。

使人在思想的步骤上多一点自觉，也或者有些帮助。

再有，就是使人生问——对于无法解决的，从"问"里可以得到进一步的看法。

* * * * * * * *

学生不是学科！我要本着这个假定去作试验。

但是对于利器方面——以学科为教学生的器——自然应当注意。

振起精神来，作这个新试验。

[九月] 十四日，五

不定什么时候就许有 P.③的干涉——这种恐惧使人最不高兴。P.不愿意看私人教育机关发展。将来省与中央的补助款不易拿到，连新立案也许不免有问题——董事人名中有已被通缉或查办的。

* * * * * * * *

仍觉烦倦。看本册日记。

---

① 《我们如何思维》（*How We Think*），1910 年出版，作者为美国哲学家、教育家约翰·杜威。

② 教材。

③ 党派的英文简写，具体指国民党。

"信你自己是惟一的活路。"

[九月] 廿日，四

十六去北平，十八回津。旧如死灰，生命不在那个方向。

昨与五哥谈，他也感到文字的落人后。中文必须用力——一时的小成败不算什么，若文字不通将来必被人摒弃，以致南开也难保领导地位。

* * * * * * * *

名学已有教法。每点钟上班大约必须三小时以上的预备。我可以多读几本书，并多知些名词。教这门学程于中文很有帮助。

* * * * * * * *

今天高中集会。上次讲《知识的竞争》，因倦，不甚精采〈彩〉。今天应继续讲《知识创新的竞争》。

什么是创新？新与已知的关系。创新的心态——不易信习惯与传言（记疑册），精神的自依，耐苦的探讨，分析与综合，——问题的解决（范围、假定、推测、实验），创新的机关。社会无谅解，无鼓励。创新人才的培养。

[九月] 廿一日，五

南开的将来使我不得不注意。

P.人对于校长如何？其中有人忌恨：张伯苓是基督徒，美国派，研究系，接近军阀，——又不是学者。

这次基金会董事被裁（与郭、顾、颜、周同样看）是一种鲜明的表示。

从政府筹款一定不可能。国立的学校还没开学，那会给私立学校筹补助？假设他们有钱，也未必帮南开。南开在革命上有过什么成绩？

以先旧官僚至少佩服校长。一方面有"严范老"的关系，一方面有学校的成绩。

新人物不同了。他们第一要问你革命的成绩，降一步，他们要问你是不是学者。只于能办事，他们不能了解。至于说我们拿钱少吃苦多，这也不是人家所承认的。与党部人比，我们的钱并不少。我们的设备是他们都羡慕的。

* * * * * * * *

以先官僚至少知道尊重办教育的人。现在党人要利用学校，对于非党人而办学的至少说也是不欢迎。所谓教育党化的就是要所有教育都归党人办。

我们如何应付？

只于不背党义，不与人争，就能渡过吗？

还是从积极方面设计。

南开的使命是什么？为什么南开必须存在？如何使南开不只于党人不攻击，并且吸引着他们还愿意尽力帮忙？

换句话说，我们要一个新的南开 Idea。

这次周年纪念会就要表现这个新 Idea。（？）

* * * * * * * *

经费无来源。

昨天奉天有信来，那方面的希望又打断。

将来如何？

大学归市办？——这样好的地方一定有人愿意接收。

私人捐款那里去找？但是也不可失望。

* * * * * * * *

学校要有一处私立的，不因为张伯苓个人的关系，因为我们信一个私立学校可以作教育上的实验。

为巩固团体，校内教职员多参加，校外董事少参加学校的政策。

无论如何必须要钱。并且谁能弄钱，谁有权力！

［九月］廿二日，六

校长没有办法，这几天不高兴。那里去弄钱？

今晚校长约几个人在家谈话。

必须有新的 Idea，也必须有新的财源。Idea 是为引财用的！

政府——不可能。私人——有谁？在东北吗？有大富肯拿出几十万给南开吗？在南洋吗？那里我们认识人更少了。

一个私立大学在现时中国有没有地位？

能到已有的成绩就很不易。居然可以同燕京、清华比，——想起来，校长真是有勇有谋的！

南开是张伯苓创办的。别的私立学校——如湖南的明德——也有以先成绩很好而因无款以后停办的。难说南开也要走同样灭亡的路？

校长真是"不合时"了吗？救国还是要教育，要牺牲，要办事有效率。校长所提倡的——也是南开所实现的——还是救国救族的急需。有什么"不合时"？

＊＊＊＊＊＊＊＊

别人如何评论还是次要。主要的是校长还有弄钱本领没有？如果还有，内部一定没问题，外面也不难应付。

想维持南开，必捐款上用工夫。想维持在南开主要地位也看你能不能捐得钱来。

著述、文艺、教法，——都有用处，但都不能使南开生存。能使南开生存是"捐款术"。

有捐款术，而能运用收效，然后一个私立学校可生存。

连如何得舆论——用什么新 Idea 去 Catch[①]人的 Imagination[②]——也是捐款术里一部分的研究。

（捐款术。）

在世界各国捐款术发达到如何程度？可分几章研究：

一、时代的生产状况；

二、捐款人的心理（各时代的僧侣，慈善事业者，教育者）；

三、任捐人的心理（为留名，为死后，为现利，为国，为雪耻）；

四、捐款的步骤（向那样人去捐？预备什么材料？临时说什么话与如何说？大规模的运动）；

五、南开捐款经验的分析；

六、下一步的设计。

＊＊＊＊＊＊＊＊

捐款也要科学化？

南开要开中国捐款术的新纪元。

＊＊＊＊＊＊＊＊

本年纪念会不能演大剧。我太忙：家事，名学，捐款。

＊＊＊＊＊＊＊＊

名学渐渐教出兴味来。自己多读些书。

[九月] 廿三日，日

为什么乏倦？因为那种冲突？是 Ego[③]求满足吗？

---

① 抓住。

② 想象力。

③ 自我，自尊。

办中学与教逻辑——我的生命欲望在这两种工作里吗？

帮助南开继续生存——不能完全不关心。

教名学为什么使我疲乏？怕人轻视？怕学生失兴趣？怕萧、蒋们批评？怕失去好教师的名望？怕没有人迷信崇拜？

把名学教到什么成绩就算成功？我对于这门学问真有兴趣吗？想在这门学问上有创新的贡献？我有这样创新的天资和准备吗？

我原本教这门只于为多得几个学生吗？"患得患失"——惟恐学生少，惟恐学生去！

动机不对了——不应"自外"！"自外"必没有创造的火焰！

* * * * * * * *

我"自内"有对于名学创造的欲望没有？有然后要教，没有不应教！

学生多少没有关系。萧、蒋如何批评更不值得一注意。

我是想作中国的当代数一数二的名学家或思想的心理学家吗？

同时在戏剧上也想有创造，又不得已不在中学行政与捐款筹划上费许多时间与忧虑！

精力太分散——实在使我觉着一事无成！

* * * * * * * *

蒋有出版的书，我在那方面有创造的表现？

在那种工作上，我的本领是人所承认的比谁都强？

我的教大学功课是比谁都强吗？

我的导演戏剧是比谁都强吗？

我的办事是比谁都强吗？

我的文字是比谁都强吗？

（比谁都强？）

* * * * * * * *

我要作独尊的有权威者！

要独尊所以必须创造！

既想争强，就当专心在一种工作上努力。

光阴非常之快——中年已到！一生要空过了！

在一方面努力，其余不与人争。

* * * * * * * *

近来烦闷，因为到了一个生命的危机。

如何前进？

* * * * * * * *

“最宝贵的六年的痛苦换了来的三个教训：不要再为人活着。不要再贪安逸。不要再不敢真。”——本年七月廿一日日记。

攻文字与再出国——这是出路。

专研究剧，将来有什么机会？机会应由自己去创。

守定一条路去前进的力量我有没有？是易于转移吗？

文字必须精练——走那条路都是必不可少的。

* * * * * * * *

再振作！

教名学专为长进我的汉文。这是自内的动机。

学生多少，别人轻视，——不值过问！将来我成名后，他们自然都来崇拜我！

我信将来一定有成！

这样自信是成就的基础！

* * * * * * * *

上午写日记。气稍静。

[九月] 廿四日，一

昨晚去看 Chaplin 的 “*Gold Rush*”①，得一点松散。

* * * * * * * *

作事是不得已不作，不应期望什么效果。心态要完全冷淡，不能存丝毫要人说好的念头。

（“死中求活，淡极乐生。”）

既作事，就要爱时代。要自信什么事都有办法。

* * * * * * * *

写日记是一种自慰。也可以说是一种自己以将来的成就的幻想来励勉现在的努力。也可以说是以“自大”和希望使 Ego 得到一点满足的替代物！

* * * * * * * *

名学有二次合班一次分组。

合班的时候，还不免要有讲演。

定好预备时间。尽力尽心而已，不顾其他！

星期二、六两次有讲演。这二日上 8：30—10：30 在家预备。

---

① 指卓别林（Charlie Chaplin）的《淘金记》。

星期一	作中学事	看名学书； 4:00 开会	7:30 事务会议
二	8:30—10:30 预备； 11:00 讲	4:00 开会	文字
三	作中学事		文字
四	预备集会讲演	2:30 集会 至 3:30；	文字
五	8:30 去大学，分组	4:00 开会	看名学书
六	8:30—10:30 预备； 11:00 讲		

身体的运动与娱乐也当注意。

[九月] 廿九日，六

星五想定为周年纪念演 "Nora"。每天排演，已走过一、二幕，今天下午走三幕。

虽是加忙，但还有趣味。

化装、衣服、陈设等是必须像 Norway① 的吗？我们的皮肤就没办法。改译又不宜。惟有取折中的路——不能写实。

再有，女角都是男子扮——这也是不得已。

将来，或者有女子扮的时候。化装也许可以像 Nordics②。不知日本人演西洋剧如何化装。言语必须译——其余如何？

或者人名——Family③ 名用译意一个汉字，First④ 名用原音？现在我们全用原文——并且用 Mr. Mrs. Dr. 冠名上。

看西洋电影的习惯与看译本的演作有什么关系？

* * * * * * * *

化装不必——黄头发蓝眼珠说中国话，更不自然。

Mr. Dr. 等不用——可译的应译。并且原文不是英文。

---

① 指挪威。
② 指北欧人。
③ 指中文中的姓。
④ 指中文中的名。

[九月] 卅日，日

上午排戏。下午在家休息。

明天作事：

一、与校长谈训育主任党义教师应检定考试事，学生会如何应付？

二、双十节请演讲人，筹备委员会进行。

三、英文《概况》校对送出。

四、清理东北旅行账。五日在大学讲演题，报告材料，集会讲傅讲。

五、买四本 Wallas 书。名学用书。

六、答 W-Q。

* * * * * * * *

没有不能办的事，都有方法过得去。

* * * * * * * *

名学班又少了几个——将来不过二十四人。一点一点少下来，总是因为我的教法不良！丢脸！

这门非常难教，我也没有真把握。时间又太不够用。

这个辱必须忍！

好胜喜多必致受辱！

不再妄想作最 Popular①的教授。

只要自信能作什么，就作什么。学生不可再求多。自己对于那门学科真有兴趣，就教那门。

* * * * * * * *

校长还是预备赴美，并且在学校周年纪念会后到南京去。

这一月是最忙的。作事，读书教书，又加排戏！在各方面的野心都不小！想有大成就，还必须要专！

这一年不得已不为校事出力。

但是自己的真本领，真事业，将来在那方面？

大胆试验下去——必有一天可以得到满足！

_____

① 受欢迎的。

十月

十月一日，一

Ego 太不得舒——文字丢脸，教书丢脸，作事烦乱！

新月咳嗽，使我睡不好。

情形如此，也要渡过。

"用世"——自己站在外面，站在高处。看定方向去努力——现在的丢脸正是将来成功的基础。

其实不算特别忙。只要不作空想，不作忧虑，自然能力可以加大。

能专固然很好。境遇一时不许我专，也惟有勉力为之。

我信必有出路！

[十月] 四日，四

学生会与党检定已渐渐得应付方案。

名学班还有二十七人。用书或油印。

剧排过两周，到本星六都能背词。服装大概借好。

* * * * * * * *

明天名学分组讨论，今天看他们中英文的作品。分组时要认识个人，帮助个人。

* * * * * * * *

"要从职业去革命，不以革命为职业。"

努力各个人革命的工作——

自问：

（一）不被传统习惯束缚？

（二）不因势力而畏缩？

（三）不为私利引诱？

自信困难都是长进机会。

从远处看，大处看，对于现在的工作满足吗？

排剧是试验。

中学是组织练习。与党部关系是应用心理的观察。

名学是分析文字与思想的转移。

这三种工作——第一是很喜欢作的，第二不得不作，第三是勉强为之。

对于这三种还都算有兴味。

论到将来的成绩——我希望在第一，但是或者只在第二上有一点点。我对于名学没有贡献的希望。

* * * * * * * *

我生活的时代必须认清，无论什么成就必须在这个时代里。

这三种工作——想发展，想延久，——都离不开文字。

* * * * * * * *

如果内部各个学生先生都以作一个南开份子为高兴为利益为荣誉，外面没有法子可以打进来。

（中学。）

高兴，利益，荣誉！

学生：可以有自重的机会。不被轻视，有自主的组织。能对别校的学生夸大在南开学生有最大的权，有最大的自由，有为将来谋生发展的机会。

先生：得按月支薪。学生都肯受教。建议受欢迎。

* * * * * * * *

南开的教育是一个中国最有生机的教育实验。

革命的精神是科学的精神，是实验的精神。

南开是彻底革命的。

南开教育是现代能力的教育。从现代能力的分析上得我们实验的假定和步骤。

我们要造就出有现代能力的青年，——真有能力的继续革命者，也就是能继续创新者。

[原始的本能如：自尊，愤怒，（对□□）美慕（现代能力）。]

我对于学生有非常的希望。希腊神话里有一种鸟（Pelican[①]？），用它自己的血喂它的小鸟。作教育事业的人就是如此——牺牲发财升官以致于自己的作学问，为青年的培养。因为他们以青年的长进为他们的生命。

———————————

① 鹈鹕。

［希望（新中国）（感觉的运用——可以支配群众）。］

* * * * * * * *

真能动人的是诚！

中心自问是为学生——死了也自安。

（为学生。）

要人说好，要人崇拜，——是自然动机，不可忽略，但是当加以制驭。自己创造自己的标准。

（自己的标准。）

术也要用。是为达到目的用。

认清南开的目的和办教育的动机，然后运用造团体的现代心理学。

Le Bon 的《意见与信仰》[①]（译本），P. 252。

"意见及信仰传布的元素之势力，可以数语尽之曰，无声望则不足以发生，无断言则难取信，无榜样及申言则不足以久存。"

又 P. 248。

"就事实言，勿论为政治家，为厂主，为美术者，为著作家，或学者，其命运属于所负有之声望的分量，及可以创造不自觉的诱导之程度。"

（声望；断言；申言；榜样；不自觉的诱导。）

［十月］五日，五（第五十三册起）

动机——为学生，为求中国之自由平等。（牺牲升官发财作学问，培养能力也是革命的。）

性质——革命的：（一）不被传统束缚；

　　　　　　　　（二）不因势力畏缩；

　　　　　　　　（三）不为私利诱惑。

方法——教育的实验。现代能力的教育。

心理——（一）愤怒，对帝国主义者；

　　　　（二）羡慕，现代能力能给的满足；

---

① 黎明（Gustave Le Bon，1841—1931），法国社会心理学家、社会学家，群体心理学的创始人。其著作《意见与信仰》中文译本于 1922 年由商务印书馆出版。

（三）希望，新中国的荣誉；

（四）自尊，"学生会"的根据在此。

* * * * * * * *

学生的 Ego 不得舒畅。被教是一种人格的压迫。

如何给他们自尊的机会？

可以从对外的比较得自重吗？南开的学生比别处多独立创新性，多思想能力，多组织能力？南开的先生比别处能尽职，拿钱少作事多？

* * * * * * * *

有几个学生想组织学生会，他们还没有具体方案。

他们自己去想法。到相当的时机，要帮他们拟定方向。

学生都要有学生会——这是自尊的发泄。他们要这个名，对于实在工作倒是其次。

假设给他们这个名，危险自然有，但是可预防。

找到学生会的教育意义以后，学校帮助他们组织。

* * * * * * * *

我赞成学生会的成立，因为它有教育的价值。

（一）学生练习自治，练习互助负责；

（二）渐渐离开直接指导——与团体训练并行不背；

（三）世界青年运动的一部分。

[十月] 六日，六

研究学生的社会心理。调查各国的学生组织。

办教育的人既是青年的指导者，就应运用团体心理学。

自己的 Prestige 必须加重。我对于世界的情形比任何想指导——利用——青年的人都知道得深切。对于学生的感情也能分析得比谁都清楚，对于青年的欲望也能表同情。

有了 Prestige，然后去 Affirm①-Repeat。这样可以造成一种信仰。

* * * * * * * *

区分部大概要讨论学生会的组织问题。学生中也有想活动的，外面的党部也有想利用机会的。

我要研究出一个方案或几条原则来，得机会同全体学生说。

已宣布的三条原则还没给集会说过。

———————————

① 确认。

方案还没有具体的。

Subconscious①作用必会有 Illustration②。现在是 Incubation③期。

* * * * * * * *

努力建设期间，革命的意义：

要从职业去革命。

不以革命为职业。

革命即是创新。

永有不满足的人，革命的破坏性永有一部分存在。

青年——有欲望没有得满足的——不承认现在已到建设时期。所谓左派的人还努力继续破坏。

有主权的一派将来必要严厉禁止破坏动作。

一二十年内，政治不能平和统一。

* * * * * * * *

苏俄革命的理想在青年中间一定很有些年的影响。

教育要运用这种理想。

办教育的人常被政治当局猜疑着我们太新太左是正途——也是比较稳固的策略。

（方针。）

[十月] 七日，日

小孩也许昨夜已生。现在同新月到医院去看。

不知是男是女。

为什么一般人都喜生男？

男女都一样是父母的责任。没有想依靠他们养老！

成就在自己的努力。儿女不得不养育——这是为民族为社会尽义务。

旧家族观念不易洗刷干净。

* * * * * * * *

昨天教名学，班上很高兴，学生像有所得。教书匠的骗饭技能还有一点。

* * * * * * * *

---

① 下意识，潜意识。

② 例证，实例。

③ 孵化。

因教名学实在引着我看些新书。自己的思想方法也得一点帮助。

＊＊＊＊＊＊＊＊

下午四时

医院来电话，又生一男。

是比得女高兴吗？女二男二——或者是平均兴趣。

不免因别人都以生男为"走好运"，自己也加一点自信。昨天早晨悟得办教育的策略，教书又小有得意，——回来听 W.说要到医院去，我猜或者是男！这太近迷信了！也太以感情为重。

将来养育上一样费精力。夜里必减少我睡觉的钟点！

越喜爱小孩，家庭化的程度越深！自己独立成就的希望怕是越低了！

完全在人力支配范围以外的现象，不可因之过忧或过喜。

人生为是努力人力支配范围以内的工作。

＊＊＊＊＊＊＊＊

也不可太矫情。"天"给的"人以为"可喜的事也可有相当喜的感觉。

［十月］十日，三

国庆放假三天。

昨天在庆祝会我说："革命精神"。（内含三义）

学校要走在时代前面。

与政治势力不背然也不附。

［十月］十三日，六

昨天下午腹痛，在家休息。

这几天正是忙的时候，病不得！

上午大学有班，请假吗？

下午及晚间有服装排演——那是不得不去的。

能不请假，最好不。不应空废学生的光阴，勉强一点好。

［十月］十四日，日

昨天出了三个难题：

一、己巳（一九二九）同学会——曾或有别的用意；

二、女中情形；

三、剧的问题。（临时陆以洪病，《千方百计》怕不能得好。）

又加上为新生小孩找奶妈。

因事太繁，精神不足，夜里睡不好。

＊＊＊＊＊＊＊＊

有了难题，要运用思想的步骤。

分析问题的界限与性质。这步要静候（Suspended　Judgement）。多观察。

方法要多。

推测要利用经验——自己的与别人的。

实验——试行着再改善。

＊＊＊＊＊＊＊＊

行为要科学化——就是以思想制驭感情。

多一点思想，可以多得一点自由。

从不自觉移到自觉的意识的上面来。

＊＊＊＊＊＊＊＊

这四个难题都不难得解决。活动起来——自信足！

［十月］十五日，一

应理事项：

一、十七日纪念会会序。（请演讲人：傅作义，张清源，崔翼，大、中、女学生，小学成立礼。）

二、剧单——招待——赠票。

三、女中游艺会——印票——会序单——招待。

＊＊＊＊＊＊＊＊

夜只睡约五小时，排戏到十二点以后。

学生中有对于学校作攻击批评的，要在《双周》上发表。

自然只是三五人的主动。所有社会活动都发源于几个感觉不满而有鼓动能力的人。

常有青年的不满的表示也可以帮助工作的进步。

一百之中能作创新革命的未必有一二。但是能因被鼓动而加入破坏革命的总不下二三十。

群众不能创新。

（创新，破坏。）

＊＊＊＊＊＊＊＊

学生会的发起也必从反面入手。

纪念会后要注意这方面。

完全事实的观察——看看学生的团体心理的表现。

冷静——自信——少外露。Intelligence & Humor。

胆大成大事!

（冷静，自信，少露!）

[十月] 十六日，二

昨夜又只睡四个多钟点。

＊＊＊＊＊＊＊＊

《娜拉》全剧精华在第三幕的后半。但是演到那里，观众已用过三点多的注意，大半都倦了。（用原文演必可以快些，中国话用时间长。）

前两幕半能缩到两点钟以内才好。有什么法子?

大家一律加快至多能省不过十分钟。

但是那几大段可以完全削去?

第一幕——Nora 与 Mrs. L. 对话可以去十分钟;

收尾 Nora 与 Helmer 加快，H. 不坐下——去三分;

二幕——Nora 与 Dr. R. 一段可去十分;

三幕——Mrs. L. 与 R. 一段可去五分。

再一律加快——大概可减下四十分钟。

＊＊＊＊＊＊＊＊

全剧都是说话!动作甚少——中国看戏的人没有耐烦。

从这方面来比较，不如《国民公敌》的趣味多。

这次试验也可以看出中国观众的性质如何。

＊＊＊＊＊＊＊＊

这五天全力都放在剧上。

十八日要完全休息一天。

今天上午不出门，能睡就睡一点。这半天不想剧，也不想校事。自由半天——不努力，更不问成败!

读胡适的《白话文学史》。

[十月] 十八日，四

昨晚表演。

观众不能得到剧中深处和细处。

排演次数不足，再熟练或者可以圆整些。

这是第一次试验一个严重的剧。观众找笑的机会，找不着所以不畅快。剧中情折或者距他们的经验也太远。不"懂"，自然不能感觉痛快。场中空气太浓太"木"。

连《国民公敌》里，还有些段取笑的，大家能懂也能笑。《娜拉》里差不多全剧都是严重的对话。

今天打听打听各类看戏人的反应。

＊＊＊＊＊＊＊＊

距观众经验过远——普通一般中国家庭不是傀儡式的——妇女所受的压迫也不与 Nora 的经历相同。Nora 不能得中国观众的深切同情。又加上 Ibsen 的笔法又太"皮厚"，大家更不易透彻的明白了。

无论如何，这次试验也是很有趣的。

[十月] 十九日，五

剧算是忙过了。

东北报告必须在十日内写好。

中学的内部工作应当注意的也要起首推行。

冷静——自信——少外露。

＊＊＊＊＊＊＊＊

校长廿一日南行。大约去一个月。十二月初赴美。

上午校长、华、伉一同谈话。出国时，对外事务由我同华、伉推行。（校内各部分担。大学有主任与评议会，中学有各主任。）

对外就是筹款。

代理校长名无须要。

为学校的维持，这一点力不得不出，但是只于校长出国的半年。以后，自己还当专心在学艺的进步。

学艺上没有创造，一生终是空渡。办事是不得已！

（办事是不得已。）

[十月] 廿日，六

昨天的名学没有教好——枯干无味。预备时间太少。

校长去后又加一部分的工作。

一、筹款，二、教名学，三、中学管理。

再有临时发生的：如排戏，东北报告，应付政治环境等。

兴趣方面太多，一定难有成就，但是这也是时代的逼迫。当意大利文艺复兴时期，人的兴趣也是多方面的。不过我的才太短——那敢妄想与 Da Vinci[①]，Michelangelo 等伟大的天才去比高低！

* * * * * * * *

《娜拉》的导演得些经验。这个与《国民公敌》是一年中最重要的成绩。

译本剧是可以演作的。这个门一开，将来选择剧本的范围扩大无穷了。

《娜拉》的 Prompter Copy 必须抄出清本，将来一定有用。或者在别处用，或者为再演（女娜拉）用。

* * * * * * * *

一个剧必须导演后——并且出台后——才算真懂它。

未出台前还没全懂。就是不清楚观众所能了解的是剧中那种意义。

中国女子能得到玩偶式的家庭已经是不可得了！所以她们很难明白 Nora 还要离开她的丈夫，她的孩子。

个人的自由——完全的平等（人格的真义）——在中国是新输入品。特别是女子更梦想不到了！

Nora 的灵魂就是 Ibsen 的灵魂——自尊；并且自己要教育自己，到完全能与世界对抗的程度——看一看是"我错了还是世界错了"。

* * * * * * * *

今天晚上在开幕前加几句介绍。

[十月] 廿一日，日

昨天小孩与 W. 从医院回来。

小孩的名叫远风。

* * * * * * * *

昨晚的演作比十七日熟练。时间也减短——一幕 55 分，二幕 46 分，三幕 70 分。

三幕的后半还可长进。Helmer 的演作太带 Comic[②]性——动作过多

---

① 指达·芬奇。

② 喜剧的，滑稽的。

过快，声音过急过高。平群①只有作 Comedy②的经验。这一段还要排演。

下星六为妇女协会捐款再表演一次。

以后要收起。

在校长离国前的预备工作很要用时间。

* * * * * * * *

两个纪念会都过了。

学生会的问题将要注意。雷很小心；后面给他援助，他的胆量可以加大。

我能不出马，最妙。只作指挥。必须时，一出马即有办法。

学生会没有什么可怕。学生中的阴谋家也闹不出大风浪，党部也不能公然作破坏工夫。

教育事业是宏大的事业——南开是有眼光有办法的。不只于不怕破坏，并且是永走在时代的前面！

提倡新工作。

向伟大的前途去努力！

教育工作是一种战斗。在教育的战斗上，策略要常取攻式。

（攻式的战略。）

* * * * * * * *

校长今早南下。从南方回来后，不过在津两三星期。

中学要以新花样来团结群众！

大学必须用捐款能力增加 Prestige ⎱ 校长离国时我的责任。

* * * * * * * *

所谓对外的事务最重要的是捐款，其次是社会上的连络与宣传。

各部"内务"以不参加为原则。在中学提倡新花样后，只于在旁鼓励与策划。

自己读书长进的工夫不能稍懈。

一切工作的真力量在自信！这惟有从自己的修养得来。

事务越忙，自己越要加力读书！

---

① 张平群（1900—1987），名秉勋，天津人。南开中学毕业后赴英国留学，入伦敦大学经济学院学习。1926 年回国任南开大学教授。抗日战争时期曾任国立戏剧专科学校教员，抗日战争胜利后任中国驻纽约总领事等职。

② 喜剧。

[十月] 廿三日，二

　　因想学生会问题夜里没睡好。

　　是怕学生的轨外行动吗？

　　是要争学校内的主权吗？

　　有几个学生所以热心学生会的大概是因为名和权！

*　*　*　*　*　*　*　*

　　昨天张清源来演讲，谈甚洽。以后雷同他到省党部，得来他们草拟的学生会章程。

　　中央还没有一定的表示。不过对于学联会已经通知他们这是末一个月的津贴。

　　如果我们学校想出特别办法，党部可以商量。

*　*　*　*　*　*　*　*

　　那几个想争名争权的学生如何诱导或防止？

　　到必须时，也要不客气的指导。固然能不伤和气，最好不伤。

　　办学校的人指导学生是天职，是责任。学生不免以为是压迫他们的人格。

　　我们是以身许教育事业的，我们见到的一定要说出来办出来，不然还有什么教育实验的可言。

*　*　*　*　*　*　*　*

　　陈公博的见解很对，油印出来后给对于本问题有兴趣的师生。

　　冷静，自信，少露。

*　*　*　*　*　*　*　*

　　办事不能兼顾到教书！名学没有预备。

[十月] 廿四日，三

　　学生会问题昨天同几个先生学生谈，草拟一个方案。

　　组织青年运动委员会。九委员会合组一个议案征求委员会。

　　学生怕我用术。先立诚。给他们得自由动作的机会，不要管束过严——指导学生不为我的方便，或为维护独断的特权，实在是为青年本身的长进，为中国的自由平等培养人材。

　　言过其实——早晚必失信用！巧言不能自信！假是最害勇的！

　　（言必信！）

*　*　*　*　*　*　*　*

　　愚弄学生不能算是什么成绩。

学生团体训练全组织完善也算不了什么成绩。

自己有什么著述，有什么人格的真力量？青年可以从我得到什么不灭的影响？

造就太浅！"己身正不令而行。"Prestige 与 Example①。

多言是弱者的自慰！

* * * * * * * *

公事桌今天清理一下。

东北报告在一星期内要写出。

中学事不用过于费时间。精神能照顾到，内部自然镇静。

本学期开一次美术展览会，一次音乐会。

教学方面要试行两种方法：一、学力分组（毕业年级不用）。二、年级考卷合阅。

再有军事训练要筹备起来。

* * * * * * * *

明天集会说明学生团体训练的原则与现有各委员会。报告青年运动委员会的发起。

戒巧言，戒多言。

[十月] 廿五日，四

学生会问题已拟出应付方案，今天集会宣布。

组织一个青年运动委员会，专为增进学生对于政治的兴趣和训练政治能力。

或者有几个学生以为"学校"用手腕制止学生的自由行动。

名为学生，就是情愿受指导的青年。帮他们不使他们走上错路是办教育者的天职。

只要存心完全坦白，不怕有人误解。

国民革命的真正对象是帝国主义者。青年运动的目的，就是藉青年的团体努力以求中国之自由平等。

学生不是一个阶级，但是有他们的职业——求学。

建设时期是要从各人的职业上去努力的。要从职业上去革命去创新，不要以革命为职业。

---

① 榜样。

但是青年对于政治的兴趣是应当有，并且应当提高。

* * * * * * * *

环境已分析清楚，办法已有，自信的根据已得到。

下一步是运用 Prestige 去 Affirm Repeat。

威信要从人格学问上建立。

说动一般人要照顾到：一、愤怒，二、羡慕，三、希望，四、自尊。

不要巧，而要诚——如此影响才能长久！

[十月] 廿七日，六

本晚再演"Nora"。

这次导演心得在 Comedy Acting[①] 与 Serious Play Acting[②] 的不同。Helmer 在三幕后半应当用深沉的声音与动作把自私表现出来。他不自觉是自私，要观众感觉所有男子都是如此。不要引起人的笑或恨，要引起人的"Pity" [③]。

我们看完 Comedy 觉着自满——我们比所笑的人多些常识或美德。看完 Tragedy[④]觉着"Pity"——我们也有同样的弱点。看完 Comedy 觉着头脑清楚些，看完 Tragedy 觉着同情推广些。

"Nora"三幕后半虽然没有死表现出来，但是离散也很够是 Tragedy 的动机。

今天下午在这一段上再用一点工夫。

我们作的是试验，观众能不能完全领略还是第二步的注意。

* * * * * * * *

大学有再演 LWF 之议。时间总在四星期后。

* * * * * * * *

神经不要过敏。

镇静——不因环境的刺激而反应太急！

"心中实无所得，不能轻视外物，成败毁誉不能无所动于心，深愧浅陋也。"

---

① 喜剧表演。

② 严肃戏剧表演。

③ 同情。

④ 悲剧。

[十月] 廿九日，一

昨天看莎氏的 "*Tempest*" ①。又看些关于莎氏的评论。

"Nora" 的第三次公演已过。作一个导演者，也可以代表一个时代的灵魂吗？也可以有久远的成就吗？

自己能编剧吗？

* * * * * * * *

我不能作一个名学家，也没有这样兴趣。

对于中学的组织，有不得不负责的局势！

真正喜欢作的还是在戏剧方面。

但是纯粹以戏剧为职业，在现在的社会环境里，是太没有根据的冒险。藉着学校的机关提倡新剧是一种现时最能收效的手段，所以不能不努力维持学校。

不只排剧，自己要能编剧。排剧是编剧的预备——所有世界大剧家都受过这一步训练。

* * * * * * * *

东北报告在三天内应当写出。

[十月] 卅一日，三

昨天青年运动委员会组织完成。

以后用人格学问作领导。

牺牲——即推广同情，即居仁；求真——即努力学术。——这两样是作教育事业的人应有的精神。

政党不是自私的结合，人民应当监督政党。

理想者——如艺术家，哲学家，科学家，教育事业者——不便加入政党。因为他们要为人类保护完全求真的自由。

* * * * * * * *

从今天起，止烟。因失勇。

* * * * * * * *

东北报告及名学教法，当注意。

---

① 指莎士比亚的《暴风雨》。

十一月

十一月二日，五

疲倦。有每星期多没有洗澡！在家水盆都不方便，在外时间不方便。

今天不到学校。对事生烦，就是疲乏的状态。身体要卫生，精神也要补养。心中实有所得，然后才能轻视外物，成败毁誉才能无所动于心。

* * * * * * * *

什么是实在的心得？

独立的勇敢——洞彻的理智——深远的同情。

"吾日三省吾身"——是以三事自省。（不是三次的意思）

勇敢——不怕人的批评非议，不怕环境的转移；固守拟定的目标，不敷衍，不畏难，不见小利。

理智——耐烦探讨，不以小巧自满；多闻多问然后才有创新，文字必须有切实的把握。

同情——狭小的自私，那会有远久的影响？作时代精神的使者！

* * * * * * * *

我太在小够〈勾〉当上注意！

排一个戏就以为得意！在中学管理上想一个小方法也以为得意！多有几个学生在班上听我瞎讲也以为得意！

这也未免太可笑！太拿自己不当人啦！

既然要的是些样小得意，所有稍遇不适就生烦生畏！

* * * * * * * *

不能勤劳，没有文字达意的本领，不能守定一个目标作久远的工作。怕人说坏。

中国现时最少的是深造的个人！

（深造的个人。）

作小够〈勾〉当就是作环境的奴隶！要人说好就是丧失个人的天赋！

看定方向——这一生要有那样的成就？

提高自己就是提高时代。

生命的两个兴趣：戏剧，南开。

戏剧——近来导演，没有编剧。本国文字我不如西林、田汉、佛西。

现时只可在学校作试验。新剧成为独立职业，或者不能在最近的将来。第一处也许在上海，也许在北京——如果都城北迁。第一处大约必须受政府的经费补助。将来中国戏剧能在世界上占一个特殊的地位吗？现在新剧只于随着西洋后面追，多知道一点西洋方法的就算是内行。模仿不能就算是民族的新文化。世界可以承认的中国戏剧在那里？是京戏吗？京戏能代表新中国的精神吗？（俄国与日本很可作参考的研究，新意大利也可以参考。印度、土耳其，也可看一看。）

南开——在中国教育改革史上有一特殊地位，我不得不参加负责。应当时时继续求它的发展方向。学校方法也不应只于随着西方后面追。教育如何可以走向创新的路？走日本的路？或苏俄的路？或美国的路？什么是我们民族的精神？

捐款也要注意。经费上要求继续发展的根据。

* * * * * * * *

以上是上午三个小时的工作。

下午出去洗澡。

[十一月] 四日，日

昨天看 TADC 演 "*The Tempest*"。

因看戏，温习对于 Shak.[①]时的演员、剧场、观众及编剧人的记载。

我们这个时代能产生伟大的戏剧吗？

没有创造，没有生命。个人与民族是一样的，但是如何打〈找〉到创造的路上去？

* * * * * * * *

现在是一段。校长再有一星期从南方回来。东北报告，学校说明及校长演讲稿，——这是下几个星期的努力。

今天下午或明早赴平。

途中看最近两册日记。

[十一月] 六日，二

昨天在大学极西亭看两册日记。

神精〈经〉不可过敏——无须忧虑。

---

① 莎士比亚（Shakespeare）英文的简写。

胆大不被环境转移。

* * * * * * * *

信都不能写，什么社会活动也不能作！

所谓"对外"最要的是交际，——必须能写信。

越怕越不能有长进。

* * * * * * * *

名学没有时间预备，也不高兴预备。我不高兴，学生自然不感兴趣。

对于这门学问，我是根本不喜欢研究吗？

下学期的教育史，我是教或不教？

还是办事心乱，不能专心读书吧！

* * * * * * * *

今天下午去平。也许休息两天，精神可以振作起来。

［十一月］十日，六

六日下午去平，九日归。

昨天在车上读 *"Strange Interlude"*[①]，晚间全剧读完。此剧开一条新路——心理细微的描写。

* * * * * * * *

心琐碎——不能工作。

事繁也是缘故之一。

懒——不能长进！精力为什么这样薄弱？

疲倦是心理病态。无决断。

要走那条路，就走那条。踌躇是死的方向！

在"不敢真"上用去大部分宝贵的精力！只在防备怕人攻，那有余力向前进！

敢真！只对真负责，人如何说如何想完全不管它们。

［十一月］十一日，日

昨夜睡得好。

文字——不敢动笔。必须写。

在平看见通的藏书——英法德日。我读书少，学者是作不到的。在

---

① 尤金·奥尼尔（Eugene O' Neill, 1888—1953），美国剧作家。其作品《奇异的插曲》写于 1927年。

演作和编剧方面能有贡献吗？

佛西送来一本他的论剧集，我连回信都不敢写！——文字太可笑！

不快想方法，就要完全自认无能了！

字形还不甚重要。词不够用，字不够用！

别的都是小事。文字是生命！"语不惊人死不休。"

旧游皆能文。我不甘居人下！

他们有闲暇，多读，多作，多游。我被捆在此——天天时时的琐事！见闻寡陋，又不得暇读作！不久被人丢在后面！排戏不过敷衍一时，骗骗自己！

* * * * * * * *

从今再努力。

看清生命的所在。

多读，多作，多游——也可办到。

[十一月] 十二日，一

总理诞辰，放假。

昨晚开会预祝。今早参加市民大会及游行。

我也同学生走到河北公园，又随游行走回，共走了站了六小时。这是民众化的经验。小学教员中有些以先看见过的——他们老枯在家乡！难说我也要老枯了吗？

* * * * * * * *

昨天蒋廷黻来谈与 Columbia[①]合作研究的计划。他要南开每年出四千为印刷费，分三年作完。如果南开出不起，他有意思要清华或中央研究院合作。内中像有要离南开的可能。

南开本没有钱，蒋知道。他也很明白他自己在南开教授中所占的地位。文科没有他，就很难维持下去。只于教书自然没趣味，所以去年他给 Hayes[②]写信自己求发展的路。

* * * * * * * *

我是一个筹款的人吗？自己没有一艺之长吗？

教育——就离不了南开，并且必须在筹款上用工夫。

————————————

① 指美国哥伦比亚大学。

② 卡尔顿·海斯（Carlton Joseph Huntley Hayes，1882—1964），美国外交家、教育家。蒋廷黻将其《族国主义论丛》（Essays on Nationalism）一书译成中文出版。

戏剧——时间要多，只是余暇不能与人竞争。还要出国去想方法。

我愿在戏剧上努力。必须自己求发展的路。

＊＊＊＊＊＊＊＊

看过《佛西论剧》。他还不如上沅知道的多，但是他有胆子下笔！中国字也比我会写的多些！

这几位戏剧专家，各个不同。我的文字不如他们，在其他方面还可勉强追随他们之后。

［十一月］十三日，二

勤！七点前起。

每天觉疲乏，但是工作很有限。精力都耗费在踌躇与梦想上。不能有成就的弱者！

必须工作，才能得救。"当惜分阴。"

蒋、何能有成，因为勤。黄、萧都懒，所以踌躇。

＊＊＊＊＊＊＊＊

校长昨晚到津。南方去了有相当成绩。

校长再有三星期起程，校事我不得不管。应看为机会。

想深造，想独立，想有成！如何得满足？

懒是不成的。第一条件是干起来。工作为工作——那是真精神。

［十一月］十五日，四

仍然懒！无力推行。

急待做的：一、名学材料；二、东北报告；三、校长讲稿；四、信件（上海）；五、文字。

内心有什么冲突？是烟？是人？是我？

又到一段难路。为什么没精采，没兴味？

＊＊＊＊＊＊＊＊

十月的工作很能努力。从十一月起觉疲倦，是止烟后的影响吗？也许因为十月过劳，现在休息。也许真兴趣是在戏剧，为剧忙就不觉疲倦。或者这三个理由都多少有关系。

无力推行是事实，有事急于待办也是事实。如何解决这个难局势？

只于自己骂自己是没有用的。

惟有稍休息休息再说。

看十一月日记。

[十一月] 十六日，五

疲乏是一个笼统的事实。想了解制止这样现象必须把笼统的分析为零散的，再从零散之中找出乏倦的主因来，然后就可以有方法制驭疲乏了。

没洗澡，没运动，事项太繁，个人与团体的冲突（如烟、人），努力后的反应。

* * * * * * * *

什么都觉着没兴趣！

如此下去是死路！

"不要再为人活着。不要再贪安逸。不要再不敢真。"

暑假前半也有一个多月非常烦闷。读 Emerson 精神得复活。

自己有自己的生命。怕人就是自杀！

"自反而缩，虽千万人吾往矣。"

* * * * * * * *

烦闷！如何打破？做些不愿意做的事！偷懒上午的大半！

[十一月] 十八日，日

看《白话文学史》。

适之在李杜之间是以为杜是"代表中国民族积极入世的精神"，李是"代表隐遁避世的放浪态度"。难道避世放浪就不是中国民族的一种心态的表示吗？

大概可以用 James 的分类：Tender-minded①与 Tough-minded②。李与杜很有点像 Plato③与 Aristotle④的不同。

作考据工夫的人自然性进第二类。

时代风尚自然也有不同。

* * * * * * * *

爱自由，喜傲岸——但是气魄又不够大！勇力不充足！

---

① 空想的。
② 实际的。
③ 指柏拉图。
④ 指亚里士多德。

终身在踌躇中过日子！这是可恨又可笑的！

＊　＊　＊　＊　＊　＊　＊　＊

Emerson 可以作我的指导者。

管他娘的学校与人类！我要我自己的生命！左怕右也怕，那还做得了什么了！

［十一月］廿日，二

读《自倚》。

"没有东西能给你平安，只于你自己。"

教名学实在不是中心高兴作的。因为怕不教这门——与不争设立思想文学组——大学就没有我的地位了！

因为怕而后作的一定是没有生命的。（敷衍又敷衍——都是因为怕！）

得到完全独立生活——那才是真生命！

（完全独立！）

戏剧是我的惟一活路！不是办学校，更不是教名学。

困苦艰难是不应怕的。自信要坚强。

（怕是第一罪恶，第一仇敌！）

过了一天又一天——一天比一天死的气象多些！

必须个人求活路！五哥，家，校，都不能帮你——朋友，社会，都不能为力！只看你个人能活不能活。

这两天又烟。

十一月廿一日，三（第五十四册起）

看《白话文学史》。又欧阳予倩的《潘金莲》。

有了兴趣看书，精神觉稍振。

＊　＊　＊　＊　＊　＊　＊　＊

得到完全独立的生活——那才是真生命！

多在戏剧上用点功夫，像是增长自重与自信。

本星五《少奶奶的扇子》再出台。

＊　＊　＊　＊　＊　＊　＊　＊

这些学校内的演作都是小够〈勾〉当。如何可以使一般人喜欢看新剧？——那是戏剧前途的大问题。

旧剧的戏子真要有训练，有技能。什么是新剧演作者的特殊技能？

是必须经过长时间的训练才能得到的吗？

一般人看轻新剧，因为无论什么人都能上台演作，——并且还不用排演。

必须提高演作的技术。不如此，新剧在社会上不能有普遍的崇信。

皮黄不是一时可以消灭的。

戏剧的趋势在那一方？

* * * * * * * *

搜集近二十年中国新剧著作与翻译。

研究皮黄近来的变迁。

* * * * * * * *

校长行期延到一月底。

[十一月] 廿四日，六

昨晚《少奶奶的扇子》再演，比去年总平均较高。只于欠准欠狠。

遇了一件事——虽疲倦——多少得一点自信。但是一生就只于是些小够〈勾〉当吗？

戏剧就只于在校内作几次追随西方成式的小试验吗？

在西方成式上，我的知识也很有限！

* * * * * * * *

校长行期仍前，大约十二月十三日启程。

今晚出校同学秋宴。

[十一月] 廿五日，日

上午在床未起，神精〈经〉稍舒畅。

昨晚秋宴甚盛。出校同学对校感情还好，组织上应当下点工夫。过几天有一次南开校友会天津分会筹备委员会——Follow up 与下年廿五周年纪念的预备，并且天津分会也可以提倡些动作。

* * * * * * * *

晚

校长在出国前已办好每月六千五，从长芦盐款支。这样本领真使人佩服。

我能筹款吗？所谓"对外"的职务最要的是筹款。

校长这次从南方回来，自信又特别强。他的新观察之一是：只于

Brain①不够，还要 Nerve②与 Heart③。这很像是对我的批评。

神精〈经〉不强的人实在不能在"行政"上有成就。度量不宏也容易使人觉着冷而远。

＊＊＊＊＊＊＊＊

五哥是创业的人，魄力强大。

天津也会有这样一个人，这样规模的一个学校！

我也要在天津立根基吗？戏剧在此地有产生的机会吗？天津是南开活动的试验场。南开要明了天津，改造天津。如果使中国有新剧，天津必须先有新剧。只于在学校里偶尔有一次表演，不能算是天津已经有了新剧了。天津可以产生一个职业的新剧演作团体吗？

此地每天看电影的人可以支持五六个电影园。为什么不能维持一处新剧场？皮黄戏很有几处——北京名角近来也常来，并且票价也很高。

新剧剧本有多少是一般人喜欢看的？这不能完全怨观众。

演员在那里？布景、光、化装，有谁有过研究？

所谓新剧是什么剧？是完全西方式的剧吗？

＊＊＊＊＊＊＊＊

下月十八，北京 Institute of Fine Art④约我讲演，题为 "Technique and Traditions of the Chinese Theatre"⑤。

中国戏还是皮黄戏（昆曲在内），国内国外都是如此认。

连日本学西方的东西，被西方人还看为幼稚。我们的这一点新剧的知识简直不值一笑！

我们的旧戏可以现代化吗？

中国戏已有至少八百多年的存在与变化。我们是（一）追随西方，或（二）改进旧戏（现代化），或（三）双方并进？

旧戏已经改了不少了——在近二十多年内。

＊＊＊＊＊＊＊＊

孙菊仙⑥还在，去访他一次。听说本新历年还要在南开出台一次。

---

① 头脑，智力。

② 承受力，意志力。

③ 热情，爱心。

④ 指国立北平大学艺术学院。

⑤ 译为"中国戏剧的技巧与传统"。

⑥ 孙菊仙（1841—1931），名廉，世名孙菊仙，天津人。清末民国时期的京剧老生演员。

父亲的故事也可以得一点。

[十一月] 廿六日，一

下月五日，中学教职员欢送会。八日，四部联合欢送会。

校长行前应备好：学校说明，讲演稿，东北报告，在美行程与汇款。

＊＊＊＊＊＊＊＊

看《梨园佳话》。以先演员的第一条件是能唱。做工，说白，技击也是应备的技能。

话剧演员的第一条件应当是能读——每个字，每句话，每段话，都应当有它自己的腔调。我们寻常对于说话太不注意，有了话剧的“读法”而后我们的说话才可以有标准。

剧本方面必须造作一字不能改换的对话来，而后演员才有值得用力值得研究的字句读。

英、法、德的演员都有诗剧作练习“读法”的材料。我们现有的所谓新剧本，对于字句上太没有注意。特别在音节方面。新诗人还没有出现。

＊＊＊＊＊＊＊＊

下午去洗澡。

对于戏剧用功夫比办校事多兴趣。自己应当找自己的路。为预备北京的讲演多看些书。

南开新剧团也许可以整理到能南游表演的程度，但是很得下些工夫——理论与技术两方面都还没有得到坚固的根基。

[十一月] 廿七日，二

太安逸了！八点半起床。又烟。每天出品很有限！

当于校长出国时有两样工作：一、筹备廿五周年纪念——中学出版教科书及中学教育新理论与实验；二、新剧团南游——求得新剧的坚固的根基。

这两个兴趣应当有。

＊＊＊＊＊＊＊＊

明天随校长赴平。

是因为校长越成功，我越不振作吗？

看校长走后，精神如何。

十二月

十二月一日，六

廿八日赴平，卅日归。

校中有些学生的小问题，我的决断非常迟钝。又畏虑。

也许室外运动太少。明天试试这个新药方——室外运动。

只要精神强，没有可怕的事。

校长去后，责任加重，也许不能不努力。致之死地以求生。

* * * * * * * *

全校经费是命脉——负责人必须能弄钱。我能捐钱吗？我愿意以捐款为职业吗？我能发达这样本领吗？

五哥望我继续他的工作，我能不让他失望吗？

现在我注意的方面太多，必须缩小范围。

每天不看报是不能应付局面的。

校长走后，对外当注意接洽与联络，这也用时间。下学期不知还能教书不能。

[十二月] 九日，日

前一周欢送校长忙。

女中出一问题，我不愿管。对付人是我厌烦作的。这样小问题能使我睡不安！

下一周还是为校长忙。他星六启程。

十八日我在北平讲演。下星期内怕没有时间预备。

* * * * * * * *

校长去后的八个月是不能不在校负责的。其实也是费力不讨好的事。只于办些琐碎的事。怕是自己没有长进的机会。

校长回校后，我要作什么？

我本来想一九二九夏出国。现在总要等校长回校——十月十七学校纪念日后。

如果志在戏剧，明年十一月必须出国一次。

到明年，在国内又七年了。这七年有什么具体的成绩？

半年在教育改进社（一九二三一月至七月）；

二年半在清华（一九二三八月至一九二六一月）；

半年休息（一九二六二月至八月）；

一年半在南开教书（一九二六九月至一九二八一月）；

十个月代理中学主任（一九二八二月至十二月）；

九个月——当校长出国——兼顾一点所谓对外职务。

* * * * * * * *

真可谓一事无成！青年最宝贵的一段如此过去了！

家人的责任加重！独立的勇气减少！

算一算总账，我的生命的这一段不能认为成功！

* * * * * * * *

如此下去就自认是一个生命失败者了吗？

什么是我要作的？什么是我能作的？

快快醒来！小事捆不住你！你有你自己的使命！愿意作的我努力作；不愿意作的谁也不能勉强我，逼迫我。第一，我要为我自己活着！

* * * * * * * *

在纸上很勇，遇到实事就没有胆子了！

在日记里，自己很能看得清，持得坚。但是在遇着实在的困难时——环境上的阻碍或比我强的人的计算——我就露出弱者的真像来了！

这样一个意志薄弱的人——能力甚微，性情又懒——活着有什么意思？不过为人的走卒，并且成事不足，败事有余！

* * * * * * * *

如何得救？

自己没有得救，那敢教学生？

自知是觉悟的第一步。自信是第二步。

能自知就是能改进的苗。

大胆地为自己工作。

[十二月] 十一日，二

七点半起。近来总是八点以后才起。

* * * * * * * *

校长改在星期五下午启程，过奉天、日本。

前十一年校长出国，那时学校进行遇着不顺利的环境。他临走的时候说："就是学校散了，我也要走。"

这次是有了成功后——十年大学的发展——最近到南京去一次就办好了每月六千五的补助费。

上次他走后，继续工作比较容易。这次，校内如果有事，或是补助费因故间断，他回来更可以自豪了！

并且我的勇气又不如从前。

为事，我不得不负这八九个月的责任。

我自信还有我自己的工作。学校行政——在他回国后——可以用不着我。

[十二月] 十五日，六

昨天下午校长启程。

* * * * * * * *

六点半起。

在以下九个月里不得不负一点责，遇着重要问题不能有待于人。上面没有人监视或批评。

这九个月的行政责必须担起。其实，没有什么特别新加的事务。大学内部不用我问。只于对外连络上，多跑几趟路。

精神振作起来。

有两件当筹备的事：一、学校廿五周年纪念；二、校长回国后，我自己的工作。

勤劳！

"好师，好友，好榜样。"

每天工作要守时间。

自己读书写字的工夫不可间断。

心身的锻炼不可稍懈。

荒疏的日月过得很快！

不能作诗人，惟有学作一个有用人。

生活都是试验。过了这九个月再看成效如何。

[十二月] 廿三日，日

十六日去平，廿一日归。

美术学会讲演，清华去了一次；又看了四次戏；访齐如山；与志长谈。

休息后，精神清爽。回校后，决断也敏锐。昨天办事很勇——如果每天都能这样，一生或者可以有点成就。

顾虑（Repressions）太多，用去精神。离开几天，觉着担负轻了许多。

上面又没有人监督和批评。

＊＊＊＊＊＊＊＊

下学期不能教功课。为校友会到各处募捐。

戏团也许可以南游。但有三个问题：

一、男扮女——新成见，女必须女扮。

二、布景与服装。

三、脚本。

上海的观众一定有他们特别的要求。

＊＊＊＊＊＊＊＊

生命要求在文字上得满足。

校长回国后，我去努力自己的工作。阻碍非常之多——但是文字不应用，只是空活一生！

[十二月] 卅日，日

昨天清华球队与南开比赛，篮球、足球南开均胜。

从明天起放假三天。

这三天可以自己作一点工夫。

论理功课必须结束。

＊＊＊＊＊＊＊＊

今天作第一次证婚人，还要说话。

证婚的意义：一、只于作证见——结婚二人的本人与二人的家长都已接洽完成，证婚人不过是一个记录。二、其实二人结婚本是个人的事，至多是两家事，何必有第三者的多事。要一个证婚人是代表社会，各国有在政府官吏面前行婚礼的也是这个意思。三、各种风俗婚礼都有一点宗教的意义。以先中国风俗的拜天地，拜祖宗也含一种宗教意义。宗教的仪式与条规多已失去影响，但是人生的神秘——特别是男女的关系——依然要求一种表现。

＊＊＊＊＊＊＊＊

晚

作六行小字——《张黑女》——半页行书。

又有三个多月没写字了！无怪字愈写愈难看！

近来激刺更深：文字是生命！

什么人都敢轻视我的文字不通。真耻死！！

一九二九年

一月

一九二九，一月一日，二

Fritz Wittels 的 "*Sigmund Freud*" [①]，P. 57。

　　…an essay by Ludwig Börne entitled, "The Art of becoming an original Writer in These Days". The essay concludes with the words: "Take a few sheets of paper & write down for these days in succession, without falsification or hypocrisy, everything that comes into your head. Write what you think of yourself, of your wife, of the war with the Turks, of Goethe…of the day of judgment, of those set in authority over you—and when the three days are over, you will be amazed at the new & strange thoughts that have welled up out of your mind."

＊　＊　＊　＊　＊　＊　＊　＊

Demosthenes[②]以先口吃，努力练成演说家，他的方法不外 Repeat[③]，Repeat，Repeat！

Tolstoy 也锁自己在一室内，每天必须写若干时。

舍去一切为生命。

我的事业不是五哥的事业。作十个月校事——以后必须求自己的生路。那里有 Libido[④]，那里是信心。

＊　＊　＊　＊　＊　＊　＊　＊

笔上一根毛刚掉出去，现在好用多了。多用，笔的特性就可以在我的支配之下。多写，字句也可以听我的指挥。

练写文章的妙诀只在：写，写，写！

我还相信我有意思，只于字句不给我用。

---

① 弗里策·威特尔斯（Fritz Wittels, 1880—1950），奥地利裔美国心理分析学家，弗洛伊德的朋友和传记作者。其著作《西格蒙德·弗洛伊德：性格、教育和学校》于 1924 年出版并译成英文。

② 狄摩西尼（Demosthenes，前 384—前 322），古希腊政治家、演说家和雄辩家。

③ 重复，反复。

④ 欲望，冲动。

[一月] 二日，三

河北省教育厅委我改良戏剧委员，近来又给我送四个月公费二百元。我坚持不收，因为我认一点事没有作不应用公家的钱。

或者得罪了两三人。

钱自然是好的，每一项入款总是有用的。但是越觉着钱的引诱大，越要看轻它。不作事，白拿钱，——与我的理想不合。

在"不意识"之中还有冲突吗？有人要，我更不要。人愿意我要，我也更不要。无论如何，为自重我既然不能收这笔钱——拿了来也是要捐出去，——为什么不博得一点廉洁到底的名？

凭本领力气换了来的钱，我自然要。将来写戏的入款，我一定要。

天才是一种自然流露的力量。做作是不成的，所以不必在成名上注意。气魄要放大些。自信要作一个通快人。我就如此作，别人如何看不是我的责任。

（不要怪社会，要看你自己敢真不敢真！）

矜持的人作不出爽快事来！

Inhibitions^①太多的人容易矜持。

不自然的社会造出不自然的人来。

[一月] 四日，五

今天在名学讨论班上讲到"Effort & Energy"^②，我说有的教书先生教了三四年教到Effortless^③，但是也滑了。我说过后，我问他们也有这样观察吗？一个学生说Logic班就是这样。他又说："不知道张先生有多少时候预备。"又说："在书以外常有特别意思。"

当场，我认为他是说Logic班是例外，特别不滑而有精彩。所以红了一时脸，气就平下来了。

过后回想，大概这个学生在一时的冲动之下，说的实在是他的真意思，就是对于Logic班的不满足！

从良心上说，我自己对于这学期的教法也不满足！不用别人骂，我早就骂了我自己！

---

① 顾忌。

② 努力与能力。

③ 不费力的。

这个学生是钦佩文字发表的，我没有过文字发表。

对于 Logic，我的知识很浮浅。现在又没有读书的时候。

骗人，不能骗所有的人，不能永久骗得住人！

本学期还有两个星期就结束了。好好地预备预备，作两个星期的好教授。

＊＊＊＊＊＊＊＊

本来对于名学我的兴味不浓，我不能在这门学问上有什么创新的可能，现在想努力也无从下手。惟有敷衍过这一个学期我不想再教了。

还是要忠于自己的兴趣——多读些关于我觉得需要的书。

实在研究起来，我是一无所长！戏剧是比较多一点兴趣的，但是也没有用过博深的工夫。

我最喜欢的只是"人说好"！这是弱者的根性！

下学期不教功课。对于教育史我也不想有创新的贡献，只于教死书也没有趣味。

校长回国后，我预备再出国去一次。到美国去或者可以得到讲演的机会——那样，下学期可以预备些讲演资料。

究竟我将来可以作一点什么有价值的工作？我现在还不清楚。无论如何，文字是必须用工夫的。

下学期，或者同几个学生组织一个自由读书团。

[一月] 五日，六

五时醒了不能再睡。

看过本学期教名学的失败痕迹——没有改的学生文章与没有阅的两次考卷。又看《讲义》——真可怜，只有三次在上班前稍微放上一点时间预备！其余都是敷衍骗人！

起初，空想了许多目标——所谓教学生不教学科，等——但是只说了些空话。

学生看穿我的虚伪！

我的性格——这次教名学，上次在清华教名学是例——就是虎头蛇尾！不能持久，不能实践！

教书与办事一样，我是不能坚持一定计划，表现一种强大的精神！

承认了自己的庸弱，然后不可妄自尊大。在小小范围内，还当努力一点切实的工作。

[一月] 六日，日

看本册日记。

函件不能写，也不能改。烦别人改后，又恐人知，——作假！取得假面目——本不是我自己改的。同事中已有轻视我的表示。

为什么不大胆地使人知道我的文字本来不通？因不通而努力不是什么可耻的事。努力而不成，也无须作假。一作伪，自己求进的力气减少，只希望取巧侥幸！这才真可耻！

Wallas 引 James's "*Principle of Psychology*"①习惯一章中一节：

> Seize the very first possible opportunity to act on every resolution you make, and on any emotional prompting you may experience in the direction of the habits you aspire to gain....When a resolve or a fine glow of feeling is allowed to evaporate without bearing practical fruit it is worse than a chance lost; it works so as positively to hinder future resolution & emotion from taking the normal path of discharge.

既然想写信写文字，就不怕起首。

T. H. Dickinson 的 "*Playwrights of the New American Theater*" 讲到 O'Neil 的一章中有两句，P. 120。

> Given all the qualities of discrimination and insight, of a sense of form & an aspiration for beauty, there still remains one factor that distinguishes the true creator from others. I do not know how better to denominate this than as energy, the power to make out of oneself & one's works a contemporary legend.

这种 Energy 可以增进吗？

向前进！大无畏！

[一月] 七日，一

生活必须统一。惟精惟一。

---

① 威廉·詹姆斯（William James，1842—1910），美国哲学家、心理学家，实用主义哲学创始人之一。其著作《心理学原理》于 1890 年出版。

真，无畏，都是求一。

敢真的事是可作的。人的影响使我不真。无所谓当为不当为，只问敢真不敢真。心的根本力量在这一点上。

消灭外面的影响，作新的人生试验。

醒了，从迷梦里醒了。作一九二九的真人。

君子有过如日月之蚀。表里一致是大丈夫。

生活的一段在此结束。人是作假敷衍的，我有独立求真的根力。

近来精神太不振。不能不再造。

立诚是作人的基础力量。

今天是新途第一日。本 James 的话去勇敢造习惯。

（新途第一日。）

* * * * * * * *

酒可以提神。吃了两次 Brandy①，每次不过小盆的四分之一，工作上很高兴。

［一月］八日，二

七时醒，即起。

以后床上睡前不看书，清早醒了即起。

看了三章名学班上可用的材料。如果早些多下点工夫预备，学生可以多得益处，自己也可以多得益处。

在这下两星期，作一点实在工夫。多给学生些实在材料。

* * * * * * * *

新途第二日。"Face the Facts"②——也是敢真——是 Sanity③与Strength④的基础。

一切弱都是由不敢真来的。作伪日拙！也是弱！

人的明规矩暗求逸一定走入死路。

求真就是为人的最高努力，也就是人的最高道德。一个人的大小就在他能真的力量大小，与能程度深浅，与范围广窄。

---

① 白兰地酒。

② 面对现实。

③ 理智。

④ 力量。

[一月] 九日，三

昨天在女中有学生问我"知足○乐"如何写，我说是"长"。后来问人，因为是成语，所以仍应写"常"。

怕人知道我的国文浅陋，又起了疑虑。到今早问喻，他也以为是"长"字，然后心才稍安。

这又是一个怕真的例。

是怕一切关于体面与社会地位的真吗？

不怕真！——因为真，而丢脸，而失社会地位，我也不怕！现在有决心了。

行为的标准本无定，只看作的时候：（一）是否用全副力量？——自己完全明了，完全负责；（二）是否充满自信与不怕公开？

这是在普通所谓善恶以上。伪善是人生最大最毒的仇敌！

（伪善最毒！）

摆架子；——国文本浅陋，而愿意人以为我渊博；——名学本来没有读过，而在班上假冒是对于名学研究有素的学者，并且妄评所谓形式的名学；——对于戏剧本来知道的也有限，而自以为是中国惟一无二的专家！

新途第三天：在各方面都不怕真，不怕丢脸，不怕失地位！

（不怕丢脸！）

* * * * * * * *

这次新行为的觉悟完全是自己经验痛苦中得来。

在行为上，惟有自己从经验中觉悟的标准是真标准。惟有从苦痛中求得的标准是有生机的，有力量的。

* * * * * * * *

读完一本名学教科书，明天上班前能看完大部分最好。以前没有作过这步工夫！笑话！

[一月] 十日，四

因为不作假，反倒多工作的动机。既然不怕人知道本来对于名学的知识浅陋——以后在班上不要再粉饰，不要露出对于这门学问有过深博的研究，或者对于教学方法早有计划，并且有独到的见解——倒可以努力作工夫，不能再靠假的装门面。以先作假耗去大部分的精力，作假实在耗精力。

国文也要揭穿，然后才可以真努力。

[一月] 十一日，五

早六朝醒，七时起。（以后虽天不亮，也要一醒就起。）

敢真，不粉饰，不伪善，——名学，国文，在大学地位，创作希望，天资……一切都要看清：什么是事实，什么是妄念。不怕丢脸，不怕独立，所以才敢与事实面对面。

作真人，说实话，——这是新途的意义。

看清楚以后，才算认识自己，才可以真有长进！

不想作假，才不在粉饰上费心血，才可以有求进的决心和动力！

* * * * * * * *

既看清事实，然后用力要专。自己不能在各方面都假冒"奇才"！"知之曰知之，不知曰不知。"

当于作这一件时，不想其他。作到相当程度，再作下一件。范围不可过广。

[一月] 十二日，六

六时醒，过二十分起。

只于起得早也没有很大的意义，起后必须作有益的工作。

* * * * * * * *

怕人说，怕人知，——是中国人最深的道德标准。求人知，求人说好，——也是这个标准。

* * * * * * * *

踌躇的病里面也含着有不敢真。敢真，决断自然可以敏锐。就事论事，不在别人如何批评上费心思。

* * * * * * * *

前月教育厅送给我二百元，我没有收，现在想起来，作得不错。严①的手下，同他自己的思想，本来还是官僚。

* * * * * * * *

写了半点钟日记。以下两小时预备名学。

---

① 指严智怡。

[一月] 十四日，一

今早在大学报告东北教育。

在"要人说好"以上，什么是动作的标准？是专家的同议吗？是完全在自己吗？是作后的效果吗？

美术作品是要人说好，还是要自己痛快？练到纯熟时，作品实在动机在自己痛快，但是同时人看了也说好。

标准还是在自己曾否用了全副力量。如果自己用了全副力量，而还有人不满，那末，或者因为我的天资不过如此，或者练习上还欠工夫，或者评判的人有成见或见解低。

如果是天资的限制，我应当敢真地承认。

如果是练习上欠工夫，应当去努力练习。

如果病在人的见解，那我就不能太奢求了！

标准还是在用全力，认事实。

[一月] 十五日，二

真的是什么就是什么。科学家的态度是自己去求真，一时大家说好不说好完全不在顾虑之内。

太想要人说好的人一定会作假！

真人认清事实，知道努力的方向，决不要人说好。

[一月] 十六日，三

敢作你自己！不敢是自己，真太可怜啦！

我说什么，作什么，都有我的理由。别人的反响，我可以审察，但是我何必怕？

缘因：不免太要人赞许，太要人说好；太怕人批评，太怕人不合作。

＊　＊　＊　＊　＊　＊　＊　＊

连三晚看书到十一时以后。脚冷睡不着。早起在八时后。

[一月] 十七日，四

稳，准，狠！力气的表示。再有就是久！

久是自信的根力，所以称雄的在此根力。

是天资的限制吗？或是修养不得法？

气旺是修养可以收效的。气旺然后无所畏。

室外运动是可以使气旺的一道。

再有就是节用。但这只是一个消极的方法。

教育不只是读书，是生活的方法。我要求生活的方法，有得再教人。造根力。民族求强，必须造根力。自己求强，也须从根力上培养。

造起来，不怕真！认清事实，努力向前。

[一月] 十八日，五

自信，久也不为人。完全独立，人高兴与否不去顾虑。自己有一定把握。不取悦于人！尽心尽力，本着自己择定方略推行，别人如果现在不谅解，将来也看得见我的成绩。

自己必须有方略，必须信自定的方略！早晚大家必来本着我的方略进行。

筹备廿五周年纪念就是拟定下二十五年的方略。

下二十五年，世界的文化如何？中国的文化如何？世界的教育学术与实施如何？中国的教育学术与实施如何？南开的工作如何？我自己的工作如何？

[一月] 十九日，六

今天教过末次的名学班。王、周表示不满。李也以为教的材料太少。几个较聪明的学生，我没有能使他们心服。这是最大的失败。

教的时候，没有尽力预备，也没有尽力为学生改文！

自己的真学问——读书与文字发表能力——不能服人！

没有实学，又没有尽力，——承认失败！不再自欺！

下学期因为筹备廿五周年纪念，又想到各地校友会去募款，所以教书又不能尽力。如不能尽力，还是不教的好。

在此地教书下去，是可以满足欲望吗？想有远大的成绩必须打实在的基础。

快决定！

* * * * * * * *

不只在大决定的时候要狠，每天每时都要狠。

这次教名学的失败我自己负责。为什么不早一点起首预备？别的事太多也是理由之一。但是自己应当早计划好自己工作的范围。

既然承认了失败，以后如何进行？

还在大学教书不教？教什么？无论教什么，都必须好好预备。文科里什么是我的地位？"思想文学系"是不能成立的——（一）本身就没有什么成立的价值；（二）学校不能供给教授；（三）我自己没有提倡这系的资格。

如果没有这系，戏剧学程不能有。教育史或者有地位，名学也许可以有，但是对于这两们〈门〉，我有创新的兴趣与能力吗？

大学文科的将来是什么？

我就以作中学主任及每星期在大学教三个钟点为满足吗？

戏剧的兴趣是一时浮浅的表现吗？

什么是我的生命的中心兴趣？为什么可以牺牲一切别的兴趣？中心不定，所以不能进步！

必须择定中心！

是必须与南开有关系吗？

* * * * * * * *

不能一时作大决定，也要有小决定。

廿五周纪念必须办成功，这是一个临时的中心兴趣——为这个中心也要牺牲别的兴趣。不能牺牲就是不能狠！就不能有成！

* * * * * * * *

看过前几次教书的痕迹（在南开的二年半），也同这次不差什么：虎头蛇尾！起首计划的很高兴，以后连学生交的课文都没有兴趣改！

教书的失败不能怨人！

作什么事，都是在计划上好说些大话，但是推行时没有持久的力气！

（不能持久！）

以往实在是如此：清华只是一个空计划，连写都太懒写出！回到天津，国文也不能坚持进行。在大学教书，几次都是太懒，太不肯下工夫预备，及给学生改文。一年半前在中学的学校工作改革讨论会又说了许多大话，推行的兴趣早就冷了！

以后如何？戏剧也只是虎头蛇尾吗？这次廿五周年如何？

[一月]廿日，日

看四日以来的日记。

根病还在太好人的赞许，太怕人的批评。因为这个缘故，不能专心向一个决定目标去进行，不能认清自己实在的本领，不能只顾真而不顾一时的假地位。要王、周等佩服就算是达到生活的目的了吗？

魄力太小！

客观的分析之后，可以不注意别人的态度，只问自己是否用了全副的力量。以后事无大小，都应如此。

今早讲童子军教育的心理根据。要讲两小时，现在只有一小时余预备。惟有不空悔愧，现在用全力来预备吧！

[一月] 廿一日，一

New Public 十二月五日期，P. 61。

What is it—this faculty which enables one to direct oneself? It can be described only in terms of interest. I have no control over my conduct except as I am able to guide interest, to pull it away from that which serves me leas & fix it upon that which serves me more. For interest determines not only every act, but every thought. It is the engine which drives me. If I cannot or do not learn to run it, I am childish & primitive; if it is low-powered or out of order, I am neurotic; if it is high-powered & under control, I am normal, adult & civilized.

Then if what affairs to be will-power is meanly the interest that is under conscious control, which is interest? Freud calls it libido & believes its origin to be wholly sexual; Jung also calls it libido, but defines libido as <u>psychic energy</u> with which the human soul is charged, much as the earth is charged with electric energy & which can be converted into innumerable forms analogous to the innumerable forms into which electricity can be converted—of which the sex impulse is but one. And civilization is the product of this psychic energy—libido, love, interest, call it what you will—that has been diverted from <u>primitive reactions</u> with unconscious motives to <u>deliberate action</u>, the motives of which are fully conscious.

Thus, the more highly civilized the man, the greater the quantity of the libido available to consciousness, the more perfectly does he control the libido-flow, the more easily can be take up a new & desirable interest or drop the interest which has served its purpose. The test is his ability to change the direction of his interest to meet the ever-changing situation in which he finds himself & to live under all circumstances a nick & <u>jestful</u> life.

* * * * * * * *

Mature achievement is possible only through extreme devotion to one of the four psychic functions(sensation, Intuition, feeling & thinking), inevitably narrowing the field of interest. The definition of a specialist as one who "know" more & more about loss & loss, describes only too well the inescapable peril of growing up & becoming civilized—

* * * * * * * *

我的 interest 在那一方向？Libido 向内流的是 Introvert。对于自己的了解最有 interest。四种心作用，我还多 Intuition①——比较地如此。

[一月] 廿二日，二（第五十五册起）

七日起勉作真。

今天起再加勤。

（勤！）

昨天看名学课卷，是一个学期积下来的，惭愧极了，失去一个很好的机会，主因是懒！

再想每天实在工作的时间很少。Daydream②太多！知道国文是致命伤，但一天一天过去，也不多读多写，真懒得该死！

当惜分阴。今早五点四十起。写日记后，看《国文故事选读》。这是陶孟和为小学生选的，我的国文程度不过如此！中国书西洋书，都只读过几本肤浅的，切实功夫从小没有作过！

自欺欺人了这多少年，真可怕！

---

① 直觉。
② 白日梦。

校事不要再失机会！同时自己从基础上用功夫。惟有勤可以救我！

[一月] 廿三日，三

六时三刻起。

昨天名学卷阅完，考题拟好。Monroe 先生过津，送他到塘沽船上，午车去，晚九时余返津站。谈些学校廿五纪念筹备事，也稍露愿再渡意并烦代介绍讲师职。

现任事务不可忽略，不可失机会。只要自己努力，现任事也可以做到有远大的意义！这样工作机会也不可多得！

[一月] 廿四日，四

七时二十分起。

昨天还不懒。今早访颜，送查。午饭在大学请奉天来的二位同学，下午名学考试。

女中有两位辞。下学期加整顿，已有草案。

[一月] 廿八日，一

名学结束——考试卷按时阅完。机会没有利用，只于最后两星期才好好预备。这次是很好的教训——以后要用全副力量。无论作什么事，不能用全力的不应担任。

寒假内工作：

廿九（二）：理清各样旧欠，治牙。

卅（三）：10:30 社会视察，午饭，高三剧。

卅一（四）：草拟下八个月工作（华、伉、沈），下午赛球。

一（五）：募款印刷物，下午赛球，晚城西画会。

二（六）：各地校友会人的认识，下午赛球。

三（日）：校友会筹备，午饭。

四（一）：赴平？

十（日）：元旦

十二（二）：会议筹划第二学期事（及廿五周纪念）。

十三（三）：同前。

十六（六）：入学考试（至十八）。

廿（三）：报到。

廿一（四）：9:00 开学（男中）。

廿二（五）：下午开学（女中）。

廿四（日）：校友会春宴。

* * * * * * * *

以后筹备廿五周纪念：

三月：各地校友会募款。旅行——观察、比较，求得南开的新意义。

四月：各地校友会募款。旅行——同前。

五月：注重校内筹备。

六月：校内筹备。

七月：暑假。校内外同活动。也许新剧团可以出游？

八月：暑假。校内外同活动。

九月：各样活动聚集。

十月：大表演。

* * * * * * * *

全看我们的组织能力。

下学期教书一定是作不到。

用全力推行这个计划。现任职务本可以做到有远大的意义！

二月

二月五日，二

这前一星期没有努力的成绩。

旧年前不去平。

今天清理些琐事，不延缓。

[二月] 六日，三

看完 Rose 与 Isaacs 集的《欧洲文学里当代的运动》，共有九国：英、法、德、西班牙、义、俄、瑞丹娜、契克、荷兰。

我们正在吸收外来的影响，作自己新趋势的试验。外国文学是不得不注意的。翻译功夫不能不做，两面的翻译——外至中，中至外。我们现在就是介绍时期，做介绍者也不是一件容易事。必须有选择的标准，并且译文本也是创造。

[二月] 八日，五

前两天——每天用了四个半钟点——翻译 Milne[1] 的独幕剧《艺术家》。第一次提起笔来译东西，还有兴趣。信，是可努力的；达，多写自然字句流畅；雅，在话剧里不用文言，但是如果雅作美而洁讲，我倒是想在这上切实地用点力气。

* * * * * * * *

好对话有点像海上的冰山，水上只露十之一，水下还有十之九。说的是人家著者的原文。至于我译出的对话绝不像冰山，倒很像山上的冰——冷而远，不大近于人话！

* * * * * * * *

"皮西"——不是"反西皮"，王又宸[2]最拿手的，《连营寨》里那两口儿。调太怨一点，自满的人才敢悲。我那敢？也不是"反 CP"；太时髦啦。我那配？

悲不敢，时髦不配，也未必愿，"皮西"只是个名儿，毫无深意！

"皮西戏"——戏不作戏笔解。小心努力还写不出东西来，那敢戏？

---

① 米尔恩（Alan Alexander Milne，1882—1956），英国剧作家、小说家、童话作家和儿童诗人。

② 王又宸（1883—1943），原名王国栋，江苏徐州人。京剧谭派老生，擅演《连营寨》《洪羊洞》《四郎探母》等剧目。

也不是因为皮西非常喜欢戏，所以句子上加了一个戏字。虽然皮西老愿意跟戏有点关系，但是这样解法未免过于牵强，其实没有什么深的意思。人浅，名字也不应深。"皮西戏"只是三个字母的译音"PCC"而已矣。

（牵。）

* * * * * * * *

文字上稍得门径，作事上毫没有功绩。

铁道部王没有回信。市教育局邓没有答女中备案的请求，财政厅的地租收据没有发下来。严、周，我大概是得罪了。

所谓对外的事，校长走后，我一件也没有作成！我没有对外的本领吧？

自己不要以为是神通广大的。不能办对外的事就以为是丢脸，大概是因为自负过高。也不应期望收效过早——对外应付更是从经验得来的本领。

失败还要努力。那会一出马立刻就成能将？

[二月] 九日，六

旧历除夕。

看闻一多的《杜甫》。

因为对外的几件事的不顺利，自己有一种惭愧的感觉。有需要吗？还不一定是挫败。假设是一种本领上的限制，也不致因此就损失自信。我有我的特长，我的使命。不再自卑，不再空懊丧！迟早我必可以找到我的真我！

读书时间太少。

* * * * * * * *

魄力！自己信自己的使命。

我的言行自然是有根据的。

向外越推不动，自重越加大。——是吗？

生命力向外，也向内。动起来是生命力的表现。

[二月] 十八日，一

十一日译完 Milne 的《艺术家》。

十三日早赴平，十五日晚归。

在平见适之、在君、文伯、叔永、寄梅、Gee、孟和、梦赉等。

适之要我译戏——新月译英文学集百种。我想译 O'Neill，从北海图书馆借来多种他的剧本，读后选译。

* * * * * * * *

大学今天报告，明天上课。中学星期四开学。校友会天津分会下星期日春宴及开成立会。

廿五周年纪念应积极筹备。

* * * * * * * *

精神同时要照顾到几方面，有时觉疲乏。今天上午偷懒——十一时到办公室。前两天很忙。一时不能求专，只可练习敏断。

[二月] 廿一日，四

今天中学第二学期开始。

在我的说话里可含：一、廿五周年纪念的筹备。二、课程方面的开始研究与训练方面的继续试验。

只说有根据的话。言过其实——不勇！

敢真，肯勤，——我的新努力能从精神上暗示出来。现任事有远大的意义。无论作什么，都用全力。

本学期，在大学没有教书，实在不能分神。所以更应在廿五周筹备上用全力！

[二月] 廿二日，五

拟定本学期事程。

廿四日——校友会天津分会成立。

廿五日（一）至三月九日（六）——校内各事就序。

三月十日至十二日——北平校友分会。

十三日至十六日——筹备陈列展览。

十七日——董事会。

十八日——赴奉。住二日。由大连转沪。（约廿四日到沪。）

廿五日至四月五日——在沪、宁。（由宁转汉，约八日到汉。）

四月九日至十二日——在武汉。赴开封（约十五日到。）

十六日至十八日——在开封。

廿日——到平，返津。

廿五日至五月十日——排戏。（五月四、五日——美术展览会。）

五月十一（六）、十二（日）——在津表演。

廿日？——剧团赴沪。

廿四日至卅一日？——在沪。

六月一日、二日？——在宁。

六日、七日？——在汉？

（旅行中学生仍可读书，由同行教员授课。）

六月十二日？——返津。（共用三星期。赴奉可在暑假中。如走不开，南行或也在暑假中去。）

放假前——预备陈列。

六月廿五日？——毕业式。

假中——排演特别纪念剧。（能自编最妙。）

* * * * * * * *

总目标是廿五周年纪念。剧团旅行是帮助各地校友会为"校友楼"募款，一切活动都为学校工作的进展。到各处去——演剧或讲演——可使各地人明了南开的工作，认识南开。

* * * * * * * *

"Nora"多革命性，容易作宣传。不用群众，比 E. of P.① 较便于旅行。并只一个景子，也许在上海可以试演 E. of P.——群众由校友扮。

* * * * * * * *

难点如下：

一、词句——必须整理过，虽不是完全自己的译本，但是也要有我们表演词句的特色。

二、布景——能带着走的，并且还能叫内行人看得下去。

三、服装——样式，材料。

四、演员——排演，各人特性，团结。

五、经济——可以剩多少钱？

* * * * * * * *

一、四、五——都有办法。

二、三——在我们现有的能力之外，必须求援。天津有这样人材吗？也许在上海能得到帮助？

* * * * * * * *

有剧团到各地去，校友会的募款运动可以多一点把握。

———————————
① 指由南开新剧团排演的易卜生名剧《人民公敌》。

[二月] 廿四日，日

晚间记：今天在福禄林开校友会天津分会成立大会，到会的有二百五十多人。我说了十分钟话，关于廿五周年纪念的筹备。我也提到"校友楼募款运动"大约在四五月间全国各地一齐推行。

* * * * * * * *

明天上午八时在大学报告。

在大学说话有些不自然——是怕没有人听，或怕人冷笑，或怕人不敬重，或疑人排挤？

地位上不过是一个讲师。这学期校长委派对外办事三位委员之一。黄、萧、蒋，或有各人的欲望？但只是些小算盘！

我对于大学自然愿意它进展。第一个计划书是我在 1919 的春天草拟的。1923 春，教了一学期书。1926 又来教书。

* * * * * * * *

在二十五年中，我在南开：

光绪三十至三十四年——当学生五年。

民国五至八年——当专门部主任及代理校长三年。

十二年春——教中学课程与管理一学期。

十五至十八年——教书与代理中学主任及"对外"委员三年。

共：十一年，一学期。可以说是廿五年之半，与中学的关系较深，与大学的关系较浅。

* * * * * * * *

民国五年至八年，我在南开的成绩有：（一）水灾的应付；（二）中学课程的整理；（三）新剧《一念差》与《新村正》的编排；（四）大学计划书的拟定。

这次又将满三年，希望可以有什么成绩？

中学——开辟经验的教育；学生之新生活（团体、艺术、野外）；实验教育的开始。

大学——学科的新趋势（不是我的独创，大家都觉需要）；教学法试验的发端——重在教学生，只以学科为材料（不过只有空念，未能实行，不求有声，只求真能帮助几个青年的成就——如李、曹、贾、马、万、杨等。我在大学里没有给人很深的印象；教戏剧、教育，选的人很少。教名学的成绩只得少数人赞许；我的专门学问谁也不知是什么？本来就没有真专过！）；文学作品（或可译一两种剧本。文字成就太没有根柢。）。

戏剧——导演 Ibsen 与他种剧（较前十年有进步）；编剧（怕作不成，或者可以编一种学校史的 Textbook[①]）。

事务——廿五周年纪念（陈列，请人讲演）；校友会的组织与"校友楼"的募集；帮助校长规划未来。

* * * * * * * *

注意还零散！机会使然，或是天性如此？

（零散！）

也很凑巧，两次在南开任职，相距恰好十年。十年在我的进程上究竟有了什么痕迹？应当最有进步的十年——二十七岁到三十七岁——零零散散地就过去了！

* * * * * * * *

校长回国后，不应再零散下去！必须专心再去预备两年！

现在用全力应付已任的职务。以真以勤！不可失去机会。

［二月］廿六日，二

昨在大学说话结果还好。

不用过虑——多疑是因为对于目标不能坚持注意。认定方法，去用全力推行，自然没有疑人的时间。

应付学生会的要求——如果来的时候——要能不怕！坚持教育的意义。真是一件小事！

眼看大处！同人自然能包容。

---

① 教科书。

三月

[三月] 二日，六

按近来刊印的大学章程，教授会议与各科教授会都只限全时间（full time）教授。这是文科弄出的把戏，小孩玩艺！

真有本领，他们无论用什么方法也不能推我出大学以外去。

在大学的根据有二：能捐款，真学问。

捐款——继续五哥的旧方法，创我自己的新方法。不能弄钱学校不能存在，我们的把握也不能坚固。

学问——何，敏捷有出品；蒋，肯专心努力；萧公权，在西方有出版成绩；叔玉与黄，天资限制。

我在那门学问上有专长？在戏剧上，可以努力。在哲学上，根柢太浅。教育是没有人喜欢研究的。

也许名学一门，我可以把它教到好处。

文字实在不够讲学问的！

我在大学教的功课——名学、戏剧、教育史、中学教育，——都只是皮毛，不配教授的名称。既然自己知道不配，也就不必与人争。全看自己努力的成绩如何。

* * * * * * * *

有两小组学生本学期愿意跟我一同读书——一、文学组，二、名学组。每组一星期会一次——我在津不过十星期，或许只六七星期。真要好好地预备！不算功课，只是一种读书团。

* * * * * * * *

将来"文哲组"能成立吗？想成立，必须加教员。并且我也应当多给时间。"文哲组"的学生毕业后可以作什么事？写文，如新闻事业，或写戏、诗、小说，或教文字，或作秘书。（中英文都应用。）

但是至少还要加两位教授，一位本国文学，一位西洋文学。最好还要一位哲学教授。假使那样，我们还不如燕京或清华。

* * * * * * * *

大学是没有钱办不好的！还是得去弄钱！

四月廿一日——南开环球聚餐会。以后二星期作为校友楼募款运动。

四月廿七、八两晚在租界一剧场演剧：《压迫》《斐迦》《少奶奶的扇子》。五月四日在校重演。

《玩物家庭》^①也许可以南下。

今天忽然想到，或者服装与布景问题都可有法解决——就是翻译到中国情形。人也变成中国人，衣服自然是用中国式的。西洋服装和布景的时代问题可以不必费力去解决。五十年前的欧洲状况或者距现在的中国还不远。

这样或者观众倒可以觉着与剧中的问题接近一点。现在的中国很可以有这类事发现的可能。

剧词必须详细修改一过。

演作也有了办法。不过改译不应改变过多，越少更动本来面目越好。

* * * * * * * *

明天把《艺术家》一折剧的译本送上海去。

[三月] 五日，二

一封信写了有三天！今早送走，还有字句不满意。字形比以先稍有长进。

第一次的试验，不能希望有人佩服。幼稚得很，只是开端，应当多作翻译的练习，但是校事太忙！

如果新剧团南行，大学的那两小组在这一学期内只得聚会（四次或）五次，可以按五次预备。好在是非正式的，可多可少。

星期三文学，星期五名学。文学组可以有五种功〈工〉作：（一）读诗，（二）阅杂志报告，（三）廿五年的新诗，（四）廿五年的新剧，（五）个人作品——翻译或原作。

名学组可以有什么工作？

读一本普通的教科书？（英文的或中文的！）

介绍几个现代的思想家？介绍几篇文？（必须油印。）

帮助个人思想的条理？看他们写的文字？增进他们的自知？或辅导他们作人的态度？（教学生不教学科，教个人不教整班，教活人不教数目。）

学生太少教员中的朋友。

那类名学的知识可以增加？是形式名学的材料吗？

---

① 即戏剧《玩偶之家》。

或是介绍几本 Standard Works[①]：如 Mill 的自传，或 Morley[②] 的 "*Compromise*"，或 Emerson 的 Essays，或 Maeterlinck 的 "*The Treasure of the Humble*"[③] 等。

可以二三人读一类，负责报告。自己买书如不方便，可借图书馆的用。

最有发展的希望的是李涛。助他深造——看他应读什么关于思想的书？造出一两个真才来，是教科书最大的乐趣。

五次可以做些什么？

中国书如胡适的，梁漱溟的，李石岑[④] 的，孙中山的，也可读后讨论。

[三月] 十二日，二

这次校友楼募款运动给我一个机会研究：（一）社会各方面对于南开的感想，（二）在那种情形之下，人才肯捐钱。

这两个问题都与南开的将来有密切关系。如何引起人的兴趣？如何使人愿意出钱帮助我们的事业？以往大宗款项不是从政府来的，就是从三五私人或基金团来的。

全国穷到如此，那里去捐？大学的费用过大，在中国大学就〈究〉竟应如何办？在天津有什么特别机会？

一定有人，因妒或因意见不同，批评南开。这类批评也应知道。但是仍当在积极方面用力——如何使人懂，使人热心帮忙？最要的是使与出钱有关系的人能谅解，能热心。

校长在美活动无把握。回国后，取什么方针？虽然在南开钱没有很多，作领袖的机会也不可多得。什么是领袖的资格？（一）学校办得好，（二）能捐钱，（三）能应付人，得人信仰，——道德，学问，经验，都为得信仰。

[三月] 十五日，五

昨晚十一时严范孙先生逝世。

天津少了一个领袖。

---

① 权威著作，基本图书。

② 约翰·莫莱（John Morley，1838—1923），英国政治家，其著作《论妥协》于 1874 年出版。

③ 梅特林克（Maurice Dolydore Marie Bernard Maeterlinck，1862—1949），比利时诗人、剧作家、散文家，1911 年获诺贝尔文学奖。其著作《谦卑青年的财富》于 1896 年出版。

④ 李石岑（1892—1934），名邦藩，字石岑，湖南醴陵人。曾任商务印书馆编辑，光华大学、暨南大学等高校教授，著有《中国哲学十讲》《人生哲学》《哲学概论》等。

在旧读书人中间，严先生人共敬服。新读书人的模范是什么样？谁可以使天津生色？

南开在天津的地位是什么？

这次天津特别市国民党执行委员九人，没有一个是天津人。政治的势力，商业的势力，学问的势力（如大学中的教授），——都不在天津人手里。仅余一个南开学校还不得好好维持！

想维持，不能保守，必须进取！

以先学校的款□都是赖严先生的力量，近来七八年是由校长在活动。将来款从那里来？

谁是南开学问的代表人？维持南开地位不外款项与学问。

根本的精神还要是为公无我。严先生很可以为榜样。

（款项，学问；人格；为公，无我。）

[三月] 十六日，六

学问是第一重要，与大学同人也不可隔阂——八里台住的人常见面，自然多联络。

胸襟要宽大！假使有人计算，也是小问题。

（胸襟宽大。）

自己努力进步也是学校的进步。

提高理论，造就人材，——中学还没有作到，大学更照顾不及。中学的理论已较前提高，但是人材方面很欠训练。大学还没有一个统一的理论，——各科的理论不同，并且大半没有与中国现时实际的需要发生密切的关系。

理论，人材，款项，——这三样全照顾到，这个团体才可巩固。

（理论；人材；款项。）

* * * * * * * *

不要猜疑！只怨自己的力量薄弱！

要学严先生的慈祥，无我，精审。

要学五哥的魄力，决断，耐劳。

（"先有司，赦小过，举贤才。"）

[三月] 十七日，日

早读《论语》。

温良恭俭让——这是严先生的功夫。

昨天《大公报》社论评严先生，结论说严先生是旧时代的完人。

什么是作人的标准？所谓完人有新旧的分别吗？南开是想推重严先生为一个人格修养的榜样吗？

社会敬重严先生，南开也受益吗？

严先生不是独善其身的人。说他二十年来没有闻政是对的，但是他没有完全不问国家与社会的公益事，不能说一离开政治生活一个人就是独善其身。

* * * * * * * *

中国事知道的太少。在中国社会里不作"知人"工夫是自己限制自己活动的范围。

在过渡时代，作一个代表人必须贯通新旧。

敏学，慎言。

[三月] 十八日，一

校友楼募款事昨天起纠纷。

攻击学校过于操纵。也就是说我太急迫，干涉校友会事。

现在出问题，省了将来有问题。

想当于校长出国时要露一手儿！这是浅薄处——弄巧成拙！

到如此局势，往下如何进行？

少说话。

三月廿一日，四

奉天同泽俱乐部

十九午到，访关颂声①，李 Tommy，王子文②梁思成（及东北大学诸友）。晚南开校友会，到会十八人。

* * * * * * * *

---

① 关颂声（1892—1960），字校声，祖籍广东番禺，生于天津。曾就读于上海圣约翰大学，1914年赴美国留学，获麻省理工学院建筑学学士学位。1920年创办天津基泰工程司。

② 王正黼（1890—1951），字子文，浙江宁波人，王正廷之弟。毕业于北洋大学和美国哥伦比亚大学，1921—1931年任东北矿务局总办。

廿日——早曲凌偕教育会会长姬金声来，约廿一日讲演题"学生生活之三种训练"。

访王维宙①，张口相（谈一小时余）。梁来，午饭，谈至三钟半。去司令长官府（下午不见客）。

又访京奉韩麟生②，大威汽车公司。

晚子文来，同到他家坐谈至十钟归。

这次对于张所许基金款事，甚少把握。子文说他在一月前听张亲自说，南开的款他想不给。许过不认，岂不是失信？

王维宙还没有露出完全失望的神气，不过从此后，不再捐助任何来者。

子文说如有望得款，最好多待几日亲身带回。

今早去见张，看语气如何。

可说的话：（一）代表董事会及在校师生来致谢。（二）出校校友也乐闻此消息。（三）学校二十五周纪念，国外国内募款运动，有入款立刻报告各地及各国，司令长官慨然任捐的消息已传至各国。（四）现时学校困难非常，如能早有些款收入不但与现在的困难有益，也与校长在国外活动大有帮助。（五）南开蒙司令长官多年的爱护，现在才敢来冒昧。

Be Practical③！徽音④谈到从小不充裕，性虽不近，但处心积虑，定要成功。

在离津前，校友楼募款不顺利。有人暗讽因我非其人！如果这次来奉再空手回去，白花个一百多元，一定更要受人轻视！

同人看惯校长的本领，对于我的办事能力，至少也怀疑。校友楼的募款是我有意露巧，但是怕作不到成功！思想不够 Practical。

"不有祝鮀之佞，而有宋朝之美，难乎免于今之世矣！"这是慨世的话。但是随机应变之才为处世是必要！我的词峰〈锋〉不利，不会相人设词，与人接洽还没有成绩。

有什么学问可作？我的工具不备。南开的"事"等人"办"。我在办事上可以有成吗？努力这半年以后看。必须要"专"，要"精"，要"诚"。

---

① 王树翰（1874—1955），字维宙，辽宁沈阳人。时任东北行政委员会事副秘书长。

② 韩麟生（1899—1948），字寅阶，辽宁辽阳人，韩麟春胞弟。时任沈阳商埠局总办。

③ 要注重实际。

④ 林徽因（1904—1955），原名徽音，时与梁思成一同任教于东北大学。

这边希望得到一笔款带回去，但不可妄想。尽精力办去，——如不成也不可失望。自己尽力后，不问别人如何评判。"自反而缩"。

回津后，对于校友楼事少干涉，希望也不可过大。"不怨天，不尤人。"自然对校友要宽恕——人家为什么要给学校出力？同时也不怕他们的评论。

自己要志于学！现在真惭愧。

"君子坦荡荡，小人长戚戚。""盖有不知而作之者，我无是也；多闻择其善者而从之，多见而识之，知之次也。"

"以能问于不能，以多问于寡，有若无，实若虚，犯而不校。"

"如有周公之才之美，使骄且吝，其余不足观也已。"

"知者不惑，仁者不忧，勇者不惧。"

"岁寒然后知松柏之后凋也。"

[三月] 廿二日，五

昨见张，结果还好。不过因少谈话的经验，没有完全利用机会。

有备总是好的。

昨晚在教育会讲演。

* * * * * * * *

戒高兴！

巧出风头，必至失败。（不要妄想比校长在校还要有特别处。）

严先生逝世，引起我再读《论语》。中国修养方法自有长处。

[三月] 廿三日，六

"伯苓能'整治'他"——王维宙也佩服校长的本领！本来当时张已不愿拿钱，或至多出一二万。但伯苓见过以后，肯捐每年两万，实在不能不佩服伯苓！

（临事而惧，好谋而成。）

伯苓能说话——也有 Prestige，经验与人格力等关系。我只是初学，惟有用心尽力。

（钱不到手，不回校！）

Keep your Temper & stay on the job!

A test of your coum□□!

March 23, 1929.

学生生活之三种训练

（奉天教育会 三月廿一日）

诸位服务教育事业的同志：

引言

今天得机会与诸位先生同聚一堂，敝人非常荣幸，讲演实不敢当。本来就教于诸位先生。贵会会长一定令我在诸位面前说几句话，既不容推卸，惟有勉强提出一个小题目，稍加讨论，还求诸位先生指正。

题目是关于学生生活的训练问题。

学生在学校大部分的时间与精力自然都用在学科课程上。在学生生活中，讲室生活要占十之七八的时间。其余的时间，近来也有很多学校加以注意——这一部分的学生生活有一个普遍名称，叫"课外作业"——如各种体育，游艺等。

但是学生生活是一个整的，不便分为课内课外；精神本应一致。在某一时代，教育的改革都根据那一个时代所感觉的一种整个的生活的需要。——那样，改革的步骤才可以不致于零散，不至于错乱。

根据一个时代所感觉的生活需要，再拟那几种训练应当特别注意——然后一切生活，课内课外，室内室外，都应受这种训练所支配。这样，学生生活才可以有统一的目标。

今天提出三种训练：

一、团体训练——合作精神；

二、科学训练——思想条理；

三、艺术训练——性情陶冶。

＊＊＊＊＊＊＊＊

一、团体训练——合作精神

（一）团体意见的产生法；

（二）负责地服从纪律；

（三）新领袖的资格。

※1. 学校生活各方面鼓励学生参加；

2. 学生的各种活动都要得到指导的利益；

3. 使多数学生得练习机会。

二、科学训练——思想条理

不只是课本的科学，也不只是实验室的科学，是全生活各种动作理智化，条理化。

（一）亲身到过，亲眼看过，亲手做过；

（二）科学知识的传播。

1. 交通工具；

2. 新工业；

3. 新农业；

4. 武器；

5. 卫生；

6. 日常应用；

7. 儿童玩具。

三、艺术训练——性情陶冶

礼乐是我们古代教育的主要工具，也就是中国文化的真精神——不过多年不讲了。用新名词说，就是艺术训练。

艺术功用：

（1）化复杂为纯一；

（2）化片段为完整；

（3）化干燥为润泽。

1. 一人一艺——音乐，诗歌，绘画，戏剧。

2. 整个教育程序要艺术化。

（1）不教学科，教学生；

（2）不教班级，教个人；

（3）不教分数，教活人。

＊＊＊＊＊＊＊＊

打倒帝国主义者——必须有廿世纪现代的能力。想造就这样能力，我们一切教育工作者——自然不分师生——要努力使我们教育工作加效率——不如此，教育不足救国！

今天供献刍议，请指正。

［三月］廿九日，五

十八日去奉，廿六回。

带来张汉卿捐款第一期二万元。

＊＊＊＊＊＊＊＊

今天严家开吊，明天出殡。学生整队去送。

挽联千余，很像一种书法展览会，这样纪念方法一时不能改变。我们兄弟对于此道远不及人，社会看重此道。

＊＊＊＊＊＊＊＊

如能走开，下星一南下，十八日前可归。

学校是百年大业，不得欲速，不得见小。更不得取巧！

基础在人格力，在精神修养。学行不能服人，事业无法维持。

（学行服人。）

质直好义，察言观色，虑以下人。

过渡时代，作人标准无定。

＊＊＊＊＊＊＊＊

卅日——七时一刻齐集送殡。

旅行社买票（九时）。送电各地。

想好四月十八日以前应办事。（校友会，学校。）

写信寄美，在南应办事。

晚会议。

卅一日——行装。

奉天谢函。

二时追悼会。

三时半去车站。

［三月］卅日，六

早送殡。

本想明天下午赴平，星一乘平浦南下。午后发现辰中热度忽高 102+。新月还咳嗽。

时局摇动的时候，校内应有人负责，并且学生会也正在蠢动。校友会募款运动在天津虽有小波折，但是最大希望还在天津。此地是责任，不能走开。不怕难。

（不怕难！）

也许稍过再南游。很想今春南下——已经计划在三个月前，但是不能完全如愿。

＊＊＊＊＊＊＊＊

不去也好。本来太仓促，不能预备好。

明天追悼会也要好好预备一篇追悼词。南开代表是最末说话，如要早走——赶北平下午车——还得请几个团体代表让我在前，这也是不敬。明天我的地位是总招待，不该草率。

* * * * * * * *

陆可先行。至于我什么时候能走，稍过几天再定。

沉下气去，可以少祸。

内中不强。"不惧，不忧，不惑。""见义勇为。"惟有人格力可以征服环境。

* * * * * * * *

追悼严先生词必须恭敬为之。

* * * * * * * *

不走，应做事很多。美国又当汇钱去，也当去一长信。

学校事很多待推行——如科学运动，纪念会陈列，纪念会剧，高三演剧，募款运动等。

四月

四月一日，一

春假一星期。

盐款又因长芦运使易人发生问题。我当自己去见王叔钧，不可多烦骏人先生。

奉天谢信今天已拟好。五哥、月涵应去信。

春假中稍有空，筹划应付各问题的方略。

* * * * * * * *

严先生人格表现有三点我们当模仿当永不忘：一、仁厚——不伐不施；二、精审；三、润泽。

请教的机会没有了，正可以私淑先生的轨范。

* * * * * * * *

看本册日记。

我还想到各地去一次。时间与事务应先支配好。

* * * * * * * *

晚

下午睡到五点。

对于长芦盐款问题踌躇没有办法。访次约，听说新运使葛仲勋①在巴拿马赛会时我或者见过。明天去见他。也当有信请款，或者我亲自带去。谈话也要早预备好。

张学良款既然办好，这次盐款也必须办好。不愿意办，或是不喜欢与人接洽——无论如何，也得勉强去办！

女中立案与请补助也要在一、二日内办好——至少要送到教育局去。

所谓"对外"事务，最要是筹款。方法是引人高兴帮忙，不使人烦厌，也要人真佩服我们的事业、本领与人格。

* * * * * * * *

维持南开有三原素：一、人格，二、款项，三、学问。

负起责来，就觉得人格力是第一重要。

学校不是个人的，更不是一姓的！要看谁的人格与本领能维持它。使命不只自己认识，还要同事人（先生、学生）认识。不只认识，还要

---

① 葛敬猷，字仲勋，浙江嘉兴人。时任长芦盐运使，天津海关监督。

以身作则。

（以身作则。）

* * * * * * * *

五哥上次从南京回来，说成功的根据要：一、Brain，二、Heart，三、Nerve。量与胆正是暗示我应用力处。

（宽宏，大胆。）

* * * * * * * *

孙中山先生的书，春假中看。真正三民主义的新文化就〈究〉竟应当是什么模样？新的宗教可以有法创出吗？

孙先生是一个继续努力的学者。革命青年必须读书。

* * * * * * * *

四月廿一日是募款运动开始。春假后只有两星期。

还有科学运动，学生会问题，戏剧，美术展览，……五月十日之前不能走开。五月中旬大概可以南下了吧！

凡事豫则立。春假中都预备好应付方案。身体与精神上的力量也要预备好，也许到西山去住两天，要走至早是星期三下午车。明天或约俶成同行。

[四月] 二日，二

今早电话闻葛司长去平。送去一封信。明天再问，如回当去拜访。盐款办有眉目，才能离津。

去看俶成。因农商银行停业，他正多一厌烦。

校友募款稍缓几天，春假后再推行。

* * * * * * * *

国文不通，一封寻常信都写不出！

德薄，能鲜。不配负重任。时刻不忘国文耻！

读《孙文学说》。他在著述上的成绩大半是中年后的努力，有志竟成。

每天时间支配不像有大志的。工作不规则，无论作思想，道德或艺术工夫，心必须专！力必须强！

（心专，力强。）

[四月] 四日，四

Time passed & in proportion with the approach of Marial liberation, Leonardo noticed that Niccolo, despite his self-assurance, was weakening, losing his presence of spirit — now carelessly procrastinating, now bustling about without any sense. By his own experience the artist surmised what was taking place in Machiavellis's soul. This was no cowardice, but that incomprehensible weakness, in decisiveness, of men not created for action — that momentary treachery of the will at the last minute, when one must decide without doubt or vacillation—all of which feelings were so familiar to Leonardo himself.

—Merejkowski, "*The Romance of Leonardo da Vince*", P.464.

我是天生不能做事的人吗？

在做事的时候，总觉非常疲倦，非常痛苦！迟疑，无决断，不敢前！

假若天生不宜办事，我能什么？

弱者是救不了，逃不开的！

吃一点 Brandy。是壮胆吗？可怜可恨！

[四月] 七日，日

五日晚车去平，今天早车归。

到协和买美金，见王叔钧、齐如山、孟和、梦簌、叔永、元任。

去时在车上看前册及本册日记。

* * * * * * * *

承认现状，不怨不尤。

南开要求努力。但是我与先生学生晤谈的机会太少。我所看为学校的使命，他们不能感觉同样的力量。我的时间不够用，精力也不足。讲室、宿室，我一个学期内未必去一次。与同事也很少谈话。性情既然好静，自己不能过于勉强，——立下空愿，不能实践，将来也是枉自埋怨。

责任或是心好？为责任或是为痛快？冲突的最苦的莫过于这个。

环境对于个人有要求，你是作环境要你作的事，还是作你愿意作的事？

这是一个抽象的说法，其中的滋味只于尝过的人知道！

我能完全专心办学吗？或者还有忌不掉的愿欲？

南开是非我不可吗？我是必须在南开吗？

* * * * * * * *

这几个月不容疑！

并且戏在现时中国有可为吗？我的天资与预备如何？

眼前的机会不可失！这是 Practical 的处世法。

* * * * * * * *

春假过去了。明天各种问题待解决。

五月中还是要南下。戏团总当先有把握再去一试。（不可妄动。）

篮球队已得华北锦标，可以送上海、南京（？）一行。

募款运动不能希望过高——早预备第二步。

学生会的应付——话少，志坚（我们的事业是教育的），态和。

（志坚，话少，态和。）

应付大学图书馆问题——也如前。同时不逆诈，但也应能先觉。

[四月] 九日，二

风传蒋、冯不免一战。

校长在国外宣传与募款因国内战争都要受影响。

一有战事，政府拨款（省及长芦）一定困难。并且社会秩序也必不稳，如左倾份子的蠢动。

胡汉民，因桂系倒，在中央党部失去部长地位。吴、李、张、蔡也退后。如果蒋派胜，或者在数月后汪可回国。

* * * * * * * *

市党部已活动起来，他们利用学生是必然的。如学校不受指挥——如学校暗示学生不被利用——他们必要侵入学校。应付必须审慎。

我们仍旧守定办教育的使命。在组织上（用人，训练），理论上（造有现代能力者），个人能力上（勤劳，廉洁，识见，机巧）——都要巩固。

[四月] 十二日，五

五哥有信来。早应写信，但没有一段长时间。

* * * * * * * *

到长芦盐运使公署领款，写收具〈据〉时写了一个别字"庐"！丢脸！回校后送去一个魏先生写的，把我写的收条要回。

代表偌大学校出外办事，连一个字条都写不出！愧死！

手下书记所能的，我不能！如何服人？

国文这一生永不能通了吗？丢一次脸，受一次激刺……但是过后不能持久努力，空受辱而不知耻！

刺一次也要动一动，又不得其门而入。终是一曝十寒！

不能动——力不足。每天工作时间太少，旧人物如曾国藩可钦佩。

习字一小时。

[四月] 十三日，六

给五哥信还没有写。

募款运动材料也等付印。

今天得陆信。南行未果，失掉不少机会，如在全国美术展览会讲演，与冯接洽。但是自己的真本领有限，早晚一定被人看穿。

给五哥信中可含以下几点：一、给严先生造铜像；二、报告张款与长芦款的经过；三、维持南开的三要素——人格，款项，学问；四、理论与人材——大学中学师资继续南开成例"自己造"，注意国外南开学生；五、在美募款不知情形如何；六、这次在校责任很轻，幸也无水灾事，并回国又七年，自觉学识无专长，如不早求深造，为己为校都非善策。今年十一月可启程，第二学期不知有在或〈某〉一大学讲师的机会否？同时也许可助募款。也给月涵与孟禄信。

不直接求五哥助。何会自己找路，我就没有这样活动力吗？

[四月] 十五日，一

昨天写三封信（用英文）。

给五哥信——为严造铜像，汇票，张款，长芦款，维持学校四要素（动机、计划、钱、人），十二月赴美（继募款活动）。

给月涵信——烦设法，本年十一、二月时间最便。

给志摩信——梅去美，为顾问。

＊＊＊＊＊＊＊＊

校事现在当负责，募款运动要注意。国文努力。

安乐在内，不外求。

[四月] 十七日，三

多虑病——大减工作效率。虑也是怕，是一种心理病。

环球聚餐——募款运动——在 Rotary Club 演说——演剧……都使我虑。也不一定是怕失败，就是没有推行的兴趣和力气！

明天在 R. C. 演讲。还没起首预备。

怕什么？怕家责加重？是天生胆小？或是生活方式还没有找到？

下午休息。体力太弱。如果立志有为，必须另拟生活方式。

[四月] 廿一日，日

午饭"南开校友环球聚餐"。募款运动二星期。

二周的努力：星二、四、六（或改星日）募款委员会；

捐启——或信；

名誉会员及队长通告两次（本星五，下星三）；

个人的接洽；

演剧（《少奶奶的扇子》）——宣传，卖票，排演；

结束——与各地通讯。

＊＊＊＊＊＊＊＊

两件不顺适的的事：

一、市教育局捣乱，不与女中补助；

二、工作能力缺乏！只要能力足，别人如何评论，或如何暗算，都不足虑。

[四月] 廿二日，一

今天生满三十七年。

＊＊＊＊＊＊＊＊

志摩回信已与冯谈。冯将来函商梅去美事。

我也未必愿偕行，自荐也觉无趣。并此辈人不可过近，与人共事必须能以函达意，我不能，是奇耻！

＊＊＊＊＊＊＊＊

募款已正式开始，二星期怕不能有很好成绩，以后必须继续。将来大成绩大概还在少数人。

＊＊＊＊＊＊＊＊

新剧去沪在暑假前一定作不到。不可太冒险。

也要看这次篮球队南下的成绩。

[四月] 廿八日，日

冯、齐已有信来。昨天答齐还是烦人代拟代写，耻辱莫过于此！中文不通，什么事也不能作！假不能久，并且非常不健康！

努力国文是第一重要！

觉悟又觉悟，为什么没有进步？心不专，性不长吗？大概天生不是大材料！

不能承认是完全没有望的。

校长归后，必须改变工作。或者中国文要到外国去读去？

* * * * * * * *

如果齐来谈赴美事，自己必须量力，也要算好将来步骤。负起责来。工作更忙了。

作我愿意作的，认为应当做的。

心慌必致有错。

这几天早晚没有静的时候，个人习静工夫不可少。今早读《论语·卫灵公》篇。

[四月] 廿九日，一

近来办事没条理。一天要办的事应在清早开单。

怕家责加重也许是踌躇之原。

* * * * * * * *

六时半：起，写日记，看《论语》。

七时一刻：赴校，看报，募款运动，函件。

十时：访慈约，或到大学或访筱庄①。

午饭后：如在家习字，室外步行，看书。

晚：事务会议。

---

① 陈宝泉（1874—1937），字筱庄，天津人。早年曾参加康有为创办的强学会，1902 年协助严修创办天津师范讲习所，1905 年随严修入学部供职，曾任学部实业司司长。1912 年任北京高等师范学校校长，1929 年任天津市政府参事、天津贫民救济院院长，1930 年任河北省政府委员兼教育厅厅长。

五月

五月二日，四（第五十六册起）

六时半写日记。

看前册日记。

敢真，肯勤。现任事有远大的意义，无论作什么，都用全力。

只说有根据的话。言过其实——不勇！

注意太零散。机会使然或是天性如此？校长回国后，必须专心再去预备两年。

文字实在不够讲学问的。我在大学教功课，都只是皮毛。

不配教授的名称。既知不配，也就不该与人争。

在大学本学期有两小组学生跟我读书——文学，思想。

校长在美活动无把握。回国后取什么方针？

维持南开不外款项，学问，人格。

胸襟要宽大。

要学严先生的慈祥，无我，精审。（又一处说：仁厚，精审，润泽。）

要学五哥的魄力，决断，耐劳。

基础在人格力，在精神修养。学行不能服人，事业无法维持。

沉下气去，可以少祸。

惟有人格力可以征服环境。

五哥上次从南京回来，说成功的根据要：Brain，Heart，Nerve。

量与胆正是暗示我应用力处。

每天时间支配不像有大志的，工作不规则。无论作思想道德或艺术工夫，心必须专，力必须强！

不宜做事吗？迟疑，无决断。不宜做事，能做什么？弱者是救不了，逃不开的！

自己的真本领有限，早晚一定被人看穿。

* * * * * * * *

近几天心神乱。

齐如山没有来。我就〈究〉竟有把握可以介绍中国戏到美国吗？我到北平去好吗？

人无远虑必有近忧。小不忍，乱大谋。

* * * * * * * *

演剧票价太高，地点也不宜。延期或福地。

* * * * * * * *

此季，精神易不定。静——不说话！时稍过，都有办法。

（静！）

* * * * * * * *

一事在起首，容易过于高兴。计划拟定后，无力推行！如此者每次一样！戒起首的高兴，与空大的计划！

有首无尾！

[五月] 四日，六

教育部朱、谢来视察。昨晚在中学请吃饭。

朱说女中可以在市再立案。

* * * * * * * *

听说我译的《艺术家》已在《新月》登出，这是第一次的中文发表。想来可笑。

* * * * * * * *

演剧改在十日（下星五）一晚。在明星戏院。

改期很好。不然，看的人太少。能花两元看戏的大半住在租界里。没有租界，大概没有现代的繁华——上海是榜样。

* * * * * * * *

大学补助费还没发下来。也许明天晚车去平催款。

[五月] 六日，一

市教育局对于女中补足大概是故意延缓推诿，天津人对于南开不能谅解。南开在中央，在美国，在外省人中，都可以得到援助。

与天津人争补助费——不值得。他们既然嫉妒，我们就少跟他们争。他们看张伯苓太骄傲，他们自然不服，也自然不帮忙南开。

我们认清在本地得不到援助。不得罪人，但是也不必去求人谅解。

* * * * * * * *

Freud[1]对于 Anxiety[2]的分析大概不错。C. I. 是有害。

不断至终了——神畅。

---

① 指奥地利心理学家弗洛伊德（Sigmund Freud）。

② 忧虑，焦虑。

[五月] 七日，二

早七时篮球队回津。先在华清池洗澡，在福禄林午饭。午后一时到校，师生欢迎，在礼堂开会。

＊＊＊＊＊＊＊＊

昨晚得齐快信，请我去平。齐像没有诚意到天津来。所以请我去平的理由，说四项其实只有两点。总而言之，他不愿意来。前信说来，怕是冯的主意，写信给齐要他来看我。

齐大概自以为所有梅的戏都是他排的，自然不愿外人来加入指导。但是冯是很希望梅去美成功，所以冯函约我。齐大概愿意利用别人的意见，而去美完全由他自己主持。前两次见面他没有露出在他以外要请什么人作响导。

听他们去，一定要闹笑话。但是有三个问题必须先决：

（一）中国戏究竟可以介绍到美国，并得美满结果吗？

（二）我有充足的本领可以作这样介绍吗？

（三）齐、梅等能否听我指导？

＊＊＊＊＊＊＊＊

这三个问题必须先有把握而后进退才可以不失度。

[五月] 十一日，六

昨晚在明星戏院公演：《可怜的斐迦》与《少奶奶的扇子》。

结果观众还算满意，后台小，布景慢，到一点一刻才演完。这是第一次南开的戏在租界里演，还没有给将来的新剧加阻碍，也可以说在租界的观众第一次看一个像样的对话戏。以先到学校来看戏，究竟总有点像到游艺会，不如在戏园子里正式些，并且这次售票还是二元一元。

＊＊＊＊＊＊＊＊

听说大学教授中有一点小把戏。完全认为没有！不谈，不问。别人说有，我也要说别人没有任何用意。我们大学团体完全是一致的。

看一看我有这样人格力没有！

躬自厚而薄责于人，智谋不能使人和。惟有仁厚的存心！

[五月] 十五日，三

十二去平。晚看梅演《廉锦枫》，戏不好。

十三早与如山长谈，我去看他已是特别客气。他知道很少关于西方观众，他原意要孟小冬去配角，我力劝不可，不知他肯听话不。我带回几本他改后的戏。中国戏太简单，意义与结构太少力气。没有脱掉一段一段书词的组织法——唱些句，几句说白，又唱些句。所谓身段也是零散的，真能动人感情的戏很少。情节都非常简单——有惊天动地的魄力的表现吗？

可演的戏有什么？从《戏考》①剧目中选出：《白蛇传》(《金山寺》)《思凡》《木兰》《香妃恨》《奇双会》《空城计》《桑园寄子》《李陵碑》《宇宙峰〈锋〉》《红鸾禧》《战薄关》《彩楼配》《五〈武〉家坡》《醉酒》《狮子楼》《三国志》《闹学》《冀州城》。

[五月] 十六日，四

在暑假前，如果能南行，惟有廿日启程，六月三日离浦口北返。

六月八日高三演剧，三日归因剧。也许剧期可延至考后，约廿九日。有些要投考别处大学不便。

廿二到南京，三日北返——共十一日，如何支配？

沪五日，杭三日，宁三日。这是最经济的办法。

上海募款可以说是这次南下的目标，还有要观察南方的新气象。时间太促，不能看很多。募款不能希望什么效果。

实在是为学校还是为个人——那方面较多？

* * * * * * * *

能独立走开，自谋发展，自求长进，是最上策。为校为己都有益。大学派去美募款，不能承认。自谋生活是应当的。

齐无诚意。为梅造名誉，不值得。为求得旅费，不必利用这样机会。并且到美后，责任非常之大，保不定不出笑话。一群没有受过教育的人初次到外国，一定闹笑话。

* * * * * * * *

不可前进，见小利则大事不成。

但本年还是想出国，教书的机会不知有无。大约在下月初可以得到五哥同梅的回信。如果没有，是否自费冒险出去？这次我的责任大些。

* * * * * * * *

假若出国，就可以用英文骗钱了吗？将来回国后如何？国文还是致

---

① 指王大错编的《中国京剧剧本集》，先后由上海《申报》馆和上海中华图书馆自 1912—1925年，历经 14 年，共出版 40 册。

命伤！既是中国人，无论做什么事，必须国文能应用能达意。

每天不用力在国文上，难说出国后长进国文的机会能比在国内多吗？想到国外去研究国文，怕是自欺！

什么是前进的方向？努力应当在那方面？

看定后，能否持久不变？

* * * * * * * *

一生大事在那里？是在南开吗？

五哥来信说我应预备做他的继续者。中学勉强能维持，大学有一部分教授是不服的。其实人家服不服倒是其次，最要的是自己的真本领与真兴趣。

如果大学使我负责，第一要能捐钱。第二要能用人——不猜疑，不厌烦，能使人高兴合作。第三要有学问——做北方学问的领袖。

人格力——量与胆——是根基。人格力薄弱无论什么事都做不到大处深处精处！

（人格力，量与胆！）

有阻碍——人或物质或自己的短处——都应有法胜过。如不能，就是弱者！

* * * * * * * *

一生大事是在戏剧吗？

国运如何？社会对于戏的职业如何？我的预备如何？

能自编剧吗？能自演剧吗？对于布景化装有研究吗？社会有一个导演家的地位吗？职业剧团有成立的可能吗？将来最有希望的是影戏（有声或无声）或是话剧？

[五月] 十八日，六

昨梅来，齐没有来，梅、姚同来。

他们说，想到美去，如剩钱将来办一处戏剧学校。这话齐没有对我说过。也许齐怕不能剩钱，也许齐自有计划，不愿别人参加。

我说的几件，听说已经照办。

齐的改本都给他们带回。表示我太忙，并且不要齐看我太容易利用了！将来在美方面，谁给他们作介绍？齐自己大概有办法。

我不再去平，甘被人利用。昨天算是一段，以后不参与此事。

南行还未定。蒋、冯将决裂，我很想到南方看一看。战事开端后，一两月内不至到津。但经济上，学校必受影响。

星一不行，星四必须启程。不然要等到暑假了。

[五月] 廿一日，二

昨天 Greene 过津。他新从美归，他说在美捐款必须我去。

与华、伉谈。华说校长已给蒋、何信，说要我去继续募款。

为求学去，可以自由些。有一点入款，同时给学校帮忙——这是我早想到的计划。我不愿意用学校的钱出去。

* * * * * * * *

南方是应当去的。济东今天或到津。星四大约可以走开。

如果冬天去美，南方不是现在去，就要在十月十七以后了。暑假中太热，也见不了很多人。现在去还可以接洽几件事，并且参加奉安。校友募款，与冯谈——必须现在去。

* * * * * * * *

走前应办：一、中学教职聘函；二、给校长信；三、与黄谈。

* * * * * * * *

大约去两星期。廿三离津，廿五到南京，大概回来总要在六月十日之后。高三剧原定八日，怕是赶不到。

[五月] 廿三日，四

今天不能启程。如果车太不便，可坐船去。听说廿六有船。

这几天工作零散，每天下午睡去两三小时。应办的事延迟！也没有读书。

高三的戏在走前可以排一过。但是八日出台，我是赶不回来了。

从今天起，加紧工作。机会不可失。多动自然是好。

* * * * * * * *

冯可去见。假如他坚请同梅赴美，在十月后也可去得。一切用英文方面我来主持——这一点接洽、宣传与翻译，我还勉强作得来。编剧、排演，请齐负责。

身分〈份〉要保持。不是我要去，是他们坚请我去。我虽有意，但如果他们没有诚意，我一定不前。

* * * * * * * *

南行是必须的。今天去订车或船（廿六或廿七）。可以到六月中旬（十六前后）回来。

应办的事很多。一、募款，二、见冯，三、看戏剧近况，四、买书（近廿五年的诗剧选），五、观察局面，六、参观学校与接见教育新领袖。

走前必须忙起来。

[五月] 廿九日，周三

On train. Left T.[①] 6 P.M. yesterday

Had Talks with 蒋、娄、何。

＊＊＊＊＊＊＊＊

Now trip for rest. Do not bother 校友 too much.

Forget NK affairs—

See places or people

Be oneself!

When veiled—reorient—

＊＊＊＊＊＊＊＊

Reading Proust：“*Swan's Way*”[②]—

[五月] 卅一日，一

南京无量庵车站福厚岗二号应宅

昨天被校友拒绝——我不想讨扰他们。

今天巧遇一位姓“傅”的，司徒的秘书[③]。什么事都是先经他手的样子！

他包办梅去美的行程，与 Hopkins 通信都是他办。并没有到美去过，但是自以为非常内行，他不大愿意别人参加。燕京像是要利用梅的样子。冯、齐他都能指导！他想九月必须出发。在美一切都预备好：“Mac□□说，最好全交给 Hopkins 办，别人少参与。”这也是他的意思。

我愿意作“惟我独尊”的 Guide[④]，现在有了阻碍。我愿意校友都能募款，也有了阻碍。校内也有误会，大概一个人无论做什么事都免不了

---

① 天津（Tiensien）的英文字头。

② 普鲁斯特（Marcel Proust, 1871—1922），法国小说家。其著作《在斯万家那边》于1913年出版。

③ 傅泾波（1900—1988），北京人。1924年燕京大学毕业，长期协助司徒雷登在燕京大学工作。

④ 指导。

阻碍和误会！那要看志向坚不坚，方法妙不妙。不能一有阻碍，一有误会，就不高兴，就灰心，就自恨与后悔。

（自反而缩：不怕阻碍，不怕误会。）

* * * * * * * *

我愿意的（这是梦！）：梅十一月动身。他们敬重我。到美后可以得到机会研究戏剧，并为南开募款，并自己可以在美有文字的收入。回国后……

自己有真本领吗？文字够用吗？

基本的天资与技能，必须要有的！

不然，只作空梦，必致丢脸！

如果不怕丢脸，也可以前进；但又怕丢脸，所以就必须谨慎，必须自反。

一时空梦，一时自谨：痛苦，冲突都是由此生出！

或是空梦到底，或是自谨到底，都可以比我现在的成绩好！

有人看我野心很大，疑惧起来。其实我没有一点可怕！到推行有阻碍的时候，我就会退后自责！

但是完全自谨的人，应当能自己努力求进，不倚傍人，"不慎不求"。我作不到。自己努力了几天自己认为应用力的工作，又不耐烦起来，又想成小功，得小满足！

* * * * * * * *

以现在我的文字本领，作什么事都不能成大功。自己知道，但是没有努力文字的决心，毅力！

* * * * * * * *

生命的路：敢真，肯勤。

小巧，利用人，都不能成大事！

* * * * * * * *

这一天不白过。人格的力量是真力量。每天长进一点文字是生路，每天要作心地坦白的人。

六月

［六月］五日

上海二马路惠中旅舍

二日下午到，直来此。没有通知人。

晚见志摩、适之。（参加平社聚餐。）

＊＊＊＊＊＊＊＊

三日上午到上海中学，见郑①及诸同学。午饭在福禄森。访徐谟、魏文翰、郑玉肇②。

晚访冯又伟③，在大华（Majestic）晚饭。谈梅去美事，约我作顾问。我正考虑，离沪前再详谈。

＊＊＊＊＊＊＊＊

四日，上午彬和来。午饭徐谟请在沙利文（The Chocolate Shop）。访朱敏章。5—12 魏约游：Drive to Jessfield Park，顺直会馆，在家晚饭，Carlton 电影& The Black Cat。

［六月］七日

五日：午饭在 Marcel，翁瑞午④请。

下午，访杏佛，赴杭未晤。

又访 John Tian（田汉）。

晚饭，上海中等学校协进会约演讲，说"一古怪的先生"。

到田汉处看排演《名优之死》。

看戏：《封神榜》。

＊＊＊＊＊＊＊＊

六日：午饭在功德林，西谷请，同席有各私立大学及教育界人，如胡适之，廖篯如，董时，程天放，陈鹤琴，欧元怀等。

适之同回寓，长谈。

朱敏章来：谈南北区别及政治上势力及将来教育之努力。

---

① 指郑通和。

② 三人均为南开校友。

③ 冯耿光（1882—1975），字幼伟，广东番禺人。1918—1922 年、1925—1928 年两次任中国银行总裁，1928 年后任中国银行常务董事和新华银行董事长等。

④ 翁瑞午（1899—1961），字恩湛，江苏吴江人。医生，画家。

晚饭在幼伟家。吴震修[1]是主持冯事的人，看起来像厉害，他要到北平去解决一切。我只建议四部组织：

1. 改剧及排演；

2. 翻译及宣传；

3. 行程；

4. 财政。

现在不用多谈，一切等到平后再定。最要的是去不去的问题，如果去，再请高人负责。

晚饭后游 Dog Race[2] 逸园及 Roulette[3] 场。

[六月] 九日

昨得华先生信，大学内部不静，木斋图书馆也有问题。

早回也不能作什么。

最好想定回校要报告的是什么，然后在这边要调查或要办的事就清楚了。

1. 校友募款；

2. 教育状况；

3. 政局；

4. 我在南开可以负的责任。

[六月] 十日

七日：午饭，志摩父约。

下午，访组绅、彬和未遇。见西林，任之。

晚饭，曹兰苏约。

到吴兴业家。Embassy[4] 看有声电影。不好！

＊＊＊＊＊＊＊＊

八日：上海中学讲演。

午饭，西谷家。

Ocean 电影 "*The Last Command*"[5]。

---

① 吴震修（1883—1966），名荣鬯，字震修，江苏无锡人。时任上海中国银行总文书。

② 赛狗。

③ 轮盘赌。

④ 大使馆。

⑤ 指电影《最后命令》，1928 年 1 月开始在美国上映。

查曹订婚，一品香。

更新舞台：《白蛇传》。

* * * * * * * *

洪深来谈（津友也住惠中）。

中午校友会，至下午五时。

晚饭约津友在致美斋。

到车站见王儒堂，烦出名请客（七月十四日）。

［六月］十二日

昨来京。

自信不足，不能自反而缩。

有所惧——弱者老想取悦于人！

这次的旅行使我回到从下层功夫作起，还要忍耐。成大事必须下苦功夫——天资本来有限！

［六月］十七日，一

五月廿八日南下，本月十五日归。

总觉悟：走愚纯路。他北方学风——在天资限度内。

大业在争位之上，在已有南开成绩之外。革新必在革心上用功夫。存心明正，在远大处着眼。

勤劳是笨人的惟一活路！

［六月］十八日，二

回校后三天工作效率还好。量与胆都有进步。

如果每天写一封信，也是一种长进国文的方法。写给谁可以不怕人笑？

* * * * * * * *

今天从八时至下午五时都有事——在忙中要表现出特别的人格力来。

中国要求一种道德力。没有这种道德力，生命不能维持。新的道德力要从愚纯处得来。出发点在诚。不取巧，用实在功夫。

［六月］十九日，三

昨天功效态度都好。在初中、女中两集会讲话，与大学几位教授谈南游观察。访李组绅①先生，听他说了二小时关于蒋冯之间的经过。多知道些这样掌故可增长识见。

李比冯蒋如楚汉之争，冯近来太骄满。自以为长的正给人可以攻他的弱点——高唱廉洁，所以蒋不供给他钱，并且用钱诱他手下的人。刘骏是这次卖冯的中间人，蒋用三百万买动刘、韩、石，先交百五十万，刘自取三十万，其余交韩、石。

李劝冯不要人与人争，要人与天地争。这是痛切话。

冯负气——别人说他不行，他偏要去干。

冯不能用人——太注意到小节，只以能受小薪水一样取人——他的人渐渐跑到蒋那里去。这一点又像项羽与刘邦。

冯与蒋斗，冯不敌蒋。蒋能懂冯，冯不能懂蒋。蒋能知人，顺性而用。冯是什么事都好自己作——自己要学化学读电学，其实力气用在错处！

* * * * * * * *

不要有丝毫靠南开吃饭的嫌疑！我没有独立的本领吗？因事而在此地任职，另说。

在南京陶知行劝我自己创设一处试验学校。他说南开是代表伯苓的精神。以先丁在君也同我说过：不要轻易舍开清华做事的机会，因为南开是伯苓的事业。

不要依就南开！到了南开必须要我的时候再来。

被人说南开是张家的事业——可耻极了！

南开是依靠我，不是我依靠南开！

（南开依靠我，不是我依靠南开！）

做足这一句是我现在应努力的。

但不用负着气做。努力要从实际上起——锻炼自己，审慎机会。

[六月] 廿一日，五

晚车来平。

看梅的《六月雪》。

《群英会》可以带到国外去。

* * * * * * * *

① 李组绅（1880—1961），名晋，字组绅，浙江镇海人。1921—1926 年曾资助南开大学创办矿科。

这次从南回来，看清大学一部分教授对我有微言。南开不是张家的学校！

我是依靠南开吗？或是南开利用我？

现在为学校忙，自己不能专心长进。

五哥三十多年的事业，我也应当帮他一点忙。

但自己的真本领在那里？

在教育上，没有如知行那样的创造。在戏剧上，没有佛西的那样胆量，没有田汉的那枝笔！

晏阳初在美大成功，五哥无成绩而归。可以说是播种，但是种能长吗？将来有收成吗？五哥要我继续他到美去捐款，我有什么把握？如果用学校的钱出去，将来捐不得钱真回不来了！

晏的平民教育是全国的，话比较容易说。南开是一个学校，有什么特别理由要请美国人帮忙？

怎样可以使一个学校表现一种特别的意义，与众不同，并且特别值得美国人注意？是一个 Personality 吗？或是严与张的努力？

必须拟定南开的特色，然后宣传才有话说。

一切校长回国后的活动，在他到家之前，要预备好。将来在美如何进行也要早有方案。我不同校长，如若我去，必须有七八成把握。不然必有人责难！

这方面的筹备比廿五周年还重要，因为关系学校的将来与校长的地位。

看完了南方，又到北平。观察可以特别清楚。回校前，打定方针。

[六月] 廿二日，六

昨与孟和谈。

外面有许多谣言：有南开内部大有问题，现在教授不走，是因为跟校长的感情，将来校长回国后还有大风波。

不可争权——

孟和的言外像是有人说我什么坏话。我是想在南开大学争地位吗？去年文科排挤我，我不得不为文哲系说话——那是一个裂痕。现在给我造谣言或者有之的。

大学诸位不要我进内！

他们在外面容易说话，我们无法辩白！他们可以说南开变为张家的学校——我就必须要退出！

我退出后，校长个人更独单了。他们下一步或者于校长不利！但是我也不必多虑。

第一应注意的还是自己的学业。既然不能帮南开，不能再接助五哥，自己当另找一条新路。随梅出洋是一条路——将来在戏剧上要有出人头地的创造。

清华被挤出，南大我也不能留，我就〈究〉竟是什么材料，将来能有什么用？

[六月] 廿六日，三

南方回来后精神很强。去平（廿一至四）成绩也好。

昨晚施植之①公使在美大学会讲演，我参加。会后我请他在毕业式讲演，他不允。我像是占他时间太多，他很不客气地走向别人去谈话。

我受不了人的轻视！太 Sensitive！处世必须脸皮厚！

* * * * * * * *

如山又有信来，诚意地要我的意见。但是我的文字太可耻！不敢与人通信！坐失的机会太多了——都因国文不应用！

没有决断力！早该舍去一切专攻国文。

现在也许是机会。

[六月] 廿七日，四

昨天又自讨无趣——烦颜请施——非常悔恨！

少有求于人。要自量。

* * * * * * * *

校长九月回国。我的独立技能惟有戏剧。输中国戏到美，正是我早有的志愿，也跟 Edmond 谈过。现在机会来到，我能运用吗？

但要沉静。诚实认清自己的本领——不可自欺欺人！

危险！欺惯了，不敢真！我就不敢亲笔给如山写信！

假一定失败！丢脸！

自己写，再请人改，也可以！为什么要假体面？

到外国去再努力，成吗？

---

① 施肇基（1877—1958），字植之，江苏苏州人。时任中国驻美国公使。

七月

七月二日，二

齐信前天答过。

梅去美是一个好机会。又因为文字关系，不能运用。

Inferior complexity[1]—Defective[2]的心理！失败一次减一次自信！

* * * * * * * *

如山已具十分诚意，愿听指导。我的学问，见解，有多少？为什么不能用文字发表？越不敢写，胆子越小！

学校事暂作一结束。五日以后，注意两〈三〉项：

一、赴美筹备；

二、廿五纪念周；

三、校长归国及国外募款。

* * * * * * * *

一、如果偕梅去美：

请齐主持，我只顾问。我有我的真我，不怕人，不作假。我的中文不够应用，但愿努力。无患得患失心。

改脚本，我不能。选择上或有一点意见。

介绍文字——或演说——我可以写两三篇（用英文）。

对于美国戏剧状况，我可以给他们说明。我自己也要看最近"*Theatre Arts Monthly*"等杂志。

美国旅行须知——同行人必须经过训练。

排演时可以参加意见。

应带物件的择定——行程——护照——交际——计划上都应商量。

* * * * * * * *

二、纪念会。演剧否？展览。校友会及严修楼。

* * * * * * * *

三、归国后校长对于校务的改革。我不在此地，或者比我在此地好。大致改革的建议案我可以写出一份。

国外的活动——到美后再定方案。

---

① 自卑情结。

② 有缺陷的，有问题的。

Carter 等来南开的招待要早有预备。

　　＊＊＊＊＊＊＊＊

要对于梅去美诚意作一点工夫。

不 Self-centered①。忘了自己的短处与长处。为事！把具体的目标放在眼前。没有对于自己完全满足的时候。用这个不完全的自己，使能得到最高效率——一生不过作到如此地步。

（为事忘自己。）

南开是一个事　⎫

戏剧是一个事　⎬　我为这两事的成功努力。

二者或不能同时兼顾。但为事的成功，对于自己的能力才想增长。

事在前，人在后。

（事前，人后。）

　　　　＊＊＊＊＊＊＊＊

六日赴平前，多看些脚本。

如山要我安置的各问题也要下过工夫预备。（施植之不去见，没有什么关系，还是在事的本身上用力要紧。）

无论作什么事，都要表示一种忠诚的性格。

这三天要把全局的计划拟出。

如在九月中启程，只有两个月整理一切。

［七月］三日，三

公安局长来函要深究共产党在校份子，又多麻烦。其实没有什么可虑，学校并无违法的地方。

给如山信内，国文有不通处。耻死！

早晚一定被人看穿——国文本来不通！不能骗人。

　　＊＊＊＊＊＊＊＊

昨晚看《戏考》。这是第一次作这步工夫。

怕人轻视也无用。每天自反而缩就是真乐。办事，读书，都是乐。

［七月］五日，五

急待问题：

――――――――――――

① 以自我中心的，利己的。

一、事务会议到西山去不去？

二、能否同梅行？如何负责筹备？几时去平？

* * * * * * * *

明天上午招集一次事务会议？（先不招集）

去看施公使一次。

看《戏考》。

约七日去平。

承认国文不应用，我还可以作什么？中文不能写，但中国书能看。可勉强用英文发表。

在人面前造成一个假名誉，时刻惟恐丢脸！

前一年半（在天津）在还稍读些书。最近两年读书很少。

行政责与读书不宜！

* * * * * * * *

去美必须积极筹备。校事，家事？

齐等还不致完全轻视。离国后，他们一定可以完全依托。

为个人，为学校，必须赴美，也必须读书。

可以被学校遣出募款。不必随梅行——他们看轻看重没有关系。

我愿意同他们去的一个理由是我可以独立！我不只于是某某的兄弟！

我对旧戏的研究远不如齐，但是我可以知道中国戏在世界的地位。这是不必客气的。

* * * * * * * *

"见小利则乱大谋。"大谋是什么？是个人的深造——向自己兴趣的路上去发展。造成一个成人的中国人就是救国！

* * * * * * * *

还可以有方法照顾到戏剧与学校两方面。

在我的范围内（个人的天资学力与环境的要求避〈逼〉迫）看我可以做出一番什么事业来。

* * * * * * * *

这次到平为办自己的事。

同梅去吗？几时动身？行前预备？每周去平一次？经济上的准备？应写的宣传品？可译的材料？行装？应带书籍？

* * * * * * * *

为南开募款？在美工作。（如译书或著书演讲？）

家眷去美？在家用费？

* * * * * * * *

我先到平去一次，回来再招集事务会议。明天下午车去。去前，想好梅行的各种问题。大概去三天。

[七月] 八日，一

昨访齐。

与梅同行者有：齐、傅、张、梅、姚、李、王？净 2 演员 8 场面将来"分红"法，齐也拟有大纲。

在他计划中，我管"文学"与"艺术"方面的介绍。因为我知道中国戏在世界上的地位。那末，将来外国人对于中国戏如何看法的责任就要我来负了！所有他们已选出的材料，我要详细分析。

这个责任也不小。我的预备充足吗？

震修大约还有三五天可到。

齐有些事要等震修到再定。

齐的职责：

1. 改编剧本；

2. 排演（场面，行头）；

3. 陈列材料；

4. "总指挥"。

我可以担任的：

1. 介绍的文字与演讲；

2. 剧本选择；

3. 宣传方针；

4. "顾问"。

* * * * * * * *

所有外国人对于中国戏的言论我都应当知道。他们的错处应指出。在 N. Y. 各图书馆关于中国戏的书，我可以给他们一篇总批评。

* * * * * * * *

我应跟齐合作，两方面是相辅的。傅只是接洽事务的人。

* * * * * * * *

给梅说外国戏也是可以的。明天到北海图书馆取些最近的 *Theatre Arts Monthly*。

* * * * * * * *

齐说他们预备九月中启程，彼时校长也可回来了。至于廿五周纪念日，我不在校没有很大关系，只要早有相当预备。

戏的"职业"（依它生活）在现时中国只有旧戏的戏子。在最近二三十年，他们才大阔起来。如梅，大概已有几十万家资。

齐为梅编戏，不知他得多少钱？

新的"戏"到什么时候可以成"职业"？

也必须有能演的，能编的。

* * * * * * * *

从戏上，从学校里，都可以表现出一种特别的人生来。

要造成一个伟大的人格在这两种活动里表现出来。

办学所表现的人格也就是戏剧所表现的人格！

如果天然伟大，在无论任何地方都表现得出来。

"无惧无悔，不急不息。"

"敢真，肯勤"

涉猎广

鉴别真 ⎫ 这是独创的根基，各时代大独创者都能如此。

总括敏

人格上的成就是真成就。事业、艺术，都只是工具。

［七月］十日，三

与齐、梅、黄、姚去谈（6—11）。

出国计划是第一步，现在办。回国后计划，如未有相当成功，在国外预备。

我说话空泛。以后不再谈回国后事。交浅不言深。并且齐也许疑我野心！实在自己的本领真有限。

专心为在美计划。

* * * * * * * *

人格精神要代表时代，代表民族。精神要在事业之上，要以道学的力量去推行艺术。

这样主张，先要自己实践。

空谈者一定被人看穿，被人轻视！

* * * * * * * *

现在还要对南开负责，吸烟就是不负责了。戒免或公开？决定一样，无须踌躇，只是一小节。

无事不可对人言，我仍旧勉进。

* * * * * * * *

今天为南开忙。不想戏事。

[七月] 十六日，二

上次去平——七至十一日。

* * * * * * * *

今早见施植之及司徒雷登。

施对于梅去美很怀疑。但他也说，如果去必须有一个熟于美国情形的同去。

司徒的意思要等 Hopkins 的详函再来筹备。如同带多少人演什么戏都要等信。他没有说非我去不可的话，但是也不反对。

他对于南开在美募款方法表示不赞成。不能先由校长接洽，再由另一人去收款。Personality 很有关系。

我说如果我同梅去，南开募款事我不兼顾。在前四或六个月专办戏的事。以后再分析情形，或者请校长自己去作募款活动，我只从旁作一个翻译。

* * * * * * * *

这次那位傅先生倒很表示好感。在他的表示上，我的同行像是已定。

* * * * * * * *

吴震修一、二日内可到平。傅也说到在平的会议。

我想明早去平。无论同梅去不去，这次必须定好。

* * * * * * * *

果然如我意料到的，司徒有一点自以为主的样子。谁去不去，几时动身……都是他决定的样子！

在美方面是他接洽的，他自然有一部分的兴趣。

我要敷衍他。将来一离开中国，谁的主意最有力自然就清楚了。

* * * * * * * *

司徒说至迟九月一日动身。

其实早晚没有什么关系，南开事总可以有方法。校长在九月前也许可以回来。

我走后，各种事如何安置也要早有预备。

[七月] 十八日，四

昨晚与吴震修等谈。

吴要自己出马，劝如山不去。他主张要高孟一为经理。

他们像有内幕。

＊＊＊＊＊＊＊＊

吴以为想同行的人都是要利用机会。

＊＊＊＊＊＊＊＊

我是想出去，也不免有利用的意思在里面。但是我对于中国戏想尽一种介绍说明的责任。惟有我可以作这部分工作。没有我去，他们不能得到满足的成功。

＊＊＊＊＊＊＊＊

我不要被人利用了！又是南人来作祟！齐、傅，可以说是没有问题了，又出来一个吴！

＊＊＊＊＊＊＊＊

吴是否觉着非我去不可？

我有什么真把握？

1. 在美的演讲，

2. 在美与艺术界接洽，

3. 戏的选择与排演（对于这一点，我已经给他们太多了），

4. 宣传材料和方针，

5. 旅行上的指导。

＊＊＊＊＊＊＊＊

如有真把握，他们愿意请我不愿意，我可以不必过虑。如果他们中间有人想操纵，我就可以不理他们。将来他们自然会知道错误。

我自己不要表示"非去不可"的热情。要处之以<u>冷淡</u>！

不去，我也毫不失望！

＊＊＊＊＊＊＊＊

"不惧不悔，不急不息。"

今天下午与傅、吴、齐等会议。我要<u>少说话</u>。

人家还没约定我，我没有说话的地位。人家与梅的关系深，我其实可以不必出席。既是出席，人家就不免疑我有利用的意思！出席后，假使结果他们稍有不愿我同行的表示，我就很难为情！

＊＊＊＊＊＊＊＊

也不必多疑。吴在上海的表示，同上次给齐的信里，都说非我去不可。

今天再<u>静察</u>，多疑也无须。并且多疑的背景恐怕还是热望！<u>不热望就不多疑</u>。

[七月] 十九日，五

昨天傅病了（齐如此说），吴说要到西山去休息。所谓会议，是开不成了。

看他们的言色间，很少约我参加的表示，阻力大概在司徒。吴等想造成世界承认的梅兰芳，所以使他到美国去。司徒另有用意。（也许于燕京的募款有好处？）

听黄的话，司徒有经济上的关系。（所以对于剧团的组织有主张。）

* * * * * * * *

中国戏在世界上的地位也要由外国人去包办了！

我是如何应付？

梅的团体在这次以前是要我去的，并且很诚恳。他们如何转弯子？吴说要组织一个独立"文化○○团"另外筹款，里面是否为同行的问题想方法？昨天又没谈到。

* * * * * * * *

猜想，大概傅、齐昨早见过面。

* * * * * * * *

为中国戏在世界上的地位，我是否应当设法？

个人的问题除外，梅在美就〈究〉竟应如何介绍，中国戏应如何说明？G. Lenng 可以有说话的资格吗？在美国随便找几个学生（大概燕京的）作翻译，行吗？

我可以回天津，不管他们。司徒跟吴大概对于一切都已有谅解。

如果要管，有什么方法？

是否让别人看，我只是为个人争地位？

可以谈的有 Greene 与寄梅；或者写信给上海的朋友们。我愿意这样作吗？将来要什么结果？是打消梅的去？或是暗中避〈逼〉迫他们约我加入？

我的兴趣在"独立"！所以必须走戏剧的路。到美国去"卖"中国戏，也是我自信能作的。还可以在美国继续研究戏，预备回国后专发展这方面。这次梅的机会是很好的机会。已经作了两个多月的梦！各方面都顺适，就是司徒出阻碍！

"有志竟成"，不走这条路，另有别的路走。

消极忍下去？或积极想法子？

* * * * * * * *

静！

不作声，看他们怎么办。

如果中俄断决交通，校长回国一定费时间。在校长到校前，我也不易离开。

不找人设法是上策。

无论如何，等一等再说。

[七月] 廿日，六

早电话傅，拒访，知彼等已决定办法。我今日回津，一切稿件都送还齐。

这次经验很奇，幸而在事前没有铺张。他们这种办法实在欠圆满，但我应守持自重，不再有丝毫参加的表示与念头。我还没有走错了步。无事可悔。

* * * * * * * *

要看我的 Resilience①如何？我没有走错，所以自信很足。转用精力到学校与学问方面。立志作大事！努力从根基上建起！廿五周年纪念；去进文字！

On Train—July 20，1929.

是我太傲岸，太多疑吗？

太 Brittle②，不能耐久？

但是他们这两天的表示已经很清楚，如果我故意不舍，必致闹得无趣！

我们要面子！

* * * * * * * *

我没看错。

不悔不惧！

[七月] 廿一日，日

去平——十七至廿日。

司徒与吴都不愿我参加。表示既然如此，昨天把一切稿件送还齐，不辞而归。

* * * * * * * *

---

① 适应力。

② 脆弱的，易变的。

这样走法很豪爽。稍有轻视，立刻分手。

三个月的空想，一朝看破！

机会要再造起来。

我还要想独立的方法。

戏剧方面失去一个机会。来自己努力，不依靠人。自己必须要有真本领。不只是空谈！

美国还可以去。美国人不全是司徒！我们要世界的承认，但不能依靠外国人。我们有艺到外国去卖，一点也不丢脸。

* * * * * * * *

南开是五哥的创造。我只是一助手。

南开将来的路——这是五哥回校后最要的问题。那里去筹款？中国需要那样人材？主持者的学问如何深造？

* * * * * * * *

立志做大事。

南开不可轻易舍弃。别人轻视，批评，毁坏——任劳任怨——这两千多青年不易聚在一处。

北方的学风在那里？中国民族的新气象在那里？

校长回来后，重新建树大学部的新目标。动机在先，钱还是其次。

别人都把我同南开合在一起看。南开不是我的利益，是我的责任。五哥既然依〈倚〉重，——并且如果南开失利，别人也要说是我的无能与我的量小，——我也不能不顾及团体。

* * * * * * * *

从今天到校长回校有七个星期。校长大约九月十日前可以到校。

廿五周年纪念要加紧筹备，同时也要想到下二十五年的南开发展。

这个大题很要用些时间去研究讨论。

专心在这一方面。这是背水一战！

任劳任怨——不 Brittle，不 Sensitive，不傲岸，不热望！这是失败得来的好教训。

（专心！不 Brittle，不 Sensitive，不傲岸，不热望。）

[七月] 廿四日，三

早五时醒。

不忘独立。其实，在任何环境之下，都要能耐烦应付与你意见不同的人。无所谓完全独立的事业。

不能说，一有阻碍，就不耐烦。就想到另一事业上去求成功！那绝不是真独立的路。

一、以不完全的自己去为事努力，——事先人后；

二、求独立在耐烦应付。

* * * * * * * *

兴趣多，不怕。只要不因在一方面遇着阻碍，不能耐烦，就想转移到另一方面去。要在每一兴趣上都能耐烦，能成功。

好机会的失掉，都是因为太脆，不耐烦。

在艺术上，也是要耐烦的。

不耐烦——对人对事——必致失败！

* * * * * * * *

国文不能长进，也是因为不耐烦。

［耐烦。（为事委曲求全！）］

* * * * * * * *

还要注意的是：量大，胆大。

能容与我意见不同的与我性格不同的。能容，再能用，——那才是做大事的本领！

无论处什么困难，都能不动心。

* * * * * * * *

要耐烦应付——不然，所有机会都要失掉。

失机会应得教训。

* * * * * * * *

为南开要耐烦去想方法，想出路。有目标，就必达到。

如果戏剧是一个真兴趣，也必为它想方法，想出路。

在一方面成功，在那一方面也要成功。不要因为在一方面不耐烦，就想在那一方面去藏匿！

* * * * * * * *

这次经验给我一个大觉悟！很应乐。

根本改去"两面逃"的恶习！两面必须都能咬牙到底，不怕烦！

（"两面逃！"）

* * * * * * * *

昨晚事务会议。

校长到校还只有七个星期。

作周年纪念会筹备只有四个星期。在那以后就要到入学考试了。

廿五周纪念会必须要特别的热闹，这与学校的名誉有关。

二十五年在中国教育上努力，有什么意义？占什么地位？将来的方向？大学这次风波后要给南开找地位。钱少办大学，本来不是容易事。所以必须耐烦！

不热望。渐渐一步一步走向前去！一切怀疑，批评，轻视，——只是胆小量小人的伎俩！

南开一定有将来。

* * * * * * * *

自己国文不通，不可掏摘人的小错。

* * * * * * * *

南开的将来根据不外：一、动机与人格力，二、钱，三、计划，四、人（有学问而能合作的）。

帮助南开找将来地位也不外这四方面的努力：一、加一部分远见与牺牲，二、设法筹款，三、想出现时大学在中国应有的注意，四、把自己造成一个有学问能合作的人。

[七月] 廿五日，四

经过一次挫折，用力向深处多一步。

我是想得到南开以外的成功。使人知道我不只是张伯苓的兄弟。但是吴与司徒已经完全打破我的计划！

到美国，我应当有我自己的地位。

离开南开，我可以有什么事业？这是我心上最想要做的！我如何可以作到？

我只有两样技能：教育与戏剧。在南开外决不做教育事，所以必须是戏剧。

同梅行的这一条路，既然不通，还要另想别的路。

有什么方法可以得到美国的承认，并且还可以帮助将来的成功？

五哥期望我到美国去为学校捐款。我去前应如何预备？有什么把握可以捐得到钱？校长只捐得旅费回来，社会一般人不免以为校长失败了。如果我去了又捐不来钱，南开在本国的地位也要受影响。

我自信能作的，我得不着机会作。我没有自信能作的，人家倒期望我去作！

不许自伤！

挫折是训练我的！"苦其心志，劳其筋骨，饿其体肤，空乏其身，行拂乱其所为，所以动心忍性增益其所不能。"

* * * * * * * *

习字。

［七月］廿六日，五

齐有信来："因款项发生问题，事实上固为游历，原拟随行人等亦大行减削，尚未知摒挡至何程度。我兄如再作平游，极希临谈，俾罄积愫也。"

* * * * * * * *

我很愿意交齐这个朋友，与将来戏剧的研究很有关系。我愿意帮忙，不得去美的利益。要他们看咱们够朋友！交一回朋友也是很值得的。

在国［内］多帮忙，到国外可称"名誉顾问"。

现在只工作，不问名利。兴趣使然。为戏剧的将来，要委曲求全。

［七月］廿八日，日

在现时中国情形之下，一个戏剧团体必须自己能编剧。田汉、佛西都自己编剧。Mascon A. Th. 是依靠 Chekon 及译本。

脚本必须新颖。Shakespeare，Molière① 也是如此。编者与演团不能分开——有能演的人，再有好脚本给他们演，这个剧团就可以有成功的基础了。

南开剧团在以前是自己编剧——自印过三本。最近两年——新剧团的复兴——我们都用的是译本或别人的剧本，如西林的、田汉的、洪深改译的，等。这两年，多注意在导演方面。对于发音、地位、动作，比较地说，算有一点成绩。

本年周年纪念会必须有新剧。自编时候不够。别人成本又没有什么好的。惟有自译一本或作一种 Pageant②。

在开学前能起首排演最妙。剧本要二三星期内弄好。

---

① 莫里哀（Molière，1622—1673），法国喜剧作家、演员、戏剧活动家。

② 露天表演。

[七月] 廿九日，一

上午事务会议——拟好：一、中学一览大纲（共约 129PP.，铜版 20 页），二、陈列大纲（共约 14 室）。

一览委员会——喻、雷、陆；干事——史。

陈列委员会——华、伉、孟；干事——徐。

* * * * * * * *

剧本还没有选定。

自译也要不少时间。

大学走了几位教授，所以今年纪念会更要特别热闹。又有国外来宾。这次纪念会内容必须值得内行人注意。

校长在国外没有捐得巨款来，一般好批评南开的人很有机会在旁说些风凉话！（如黄宗法辈）所以内部团体更要特别坚固。他们以为南开是无望的，我们必须在无望中寻找光明的将来。

* * * * * * * *

南开的特殊意义要使全国全世界明白。二十五年只是起首！你们注意下二十五年南开的贡献！

纪念会的一切活动都要表现南开的特殊精神。

戏剧也要表示一种革新而建设的人生观——一种现代的开辟的精神，只于玩笑的戏不大值得纪念会来作。

[七月] 卅一日，三

剧本大约可以用 Galsworthy 的 "*Strife*"[①]，题目是劳资的争斗，也是很时髦的。改到中国情形还不甚难，为初次男女合演也没有什么不便。戏的内容或者少曲折——少 Surprise[②] 与 Suspense[③]——也许在改稿本与排演的时候可以加些"不平"处。

一个大的群众的戏最容易忽略"个性"（Characterization），在修改的时候要特别注意。再者，主要角色如 Roberts 与 Anthony 要多加介绍及剧中情感的变迁。

（曲折，个性，情感的变迁。）

---

① 高尔斯华绥（John Galsworthy，1867—1933），英国小说家、剧作家。其作品《争强》创作于 1909 年。

② 惊奇。

③ 悬念。

　　《争斗》①比《法网》——为我们现在演作——适宜些。为弱者表同情也不是我们要提倡的。

　　《法网》为 Star Acting②多色彩——囚中那十分钟值得一个好演员卖力气。

---

① 最终定名为《争强》。
② 明星表演。

八月

八月四日，日（第五十七册起）

昨晚整理抽屉，看见三年半前辞职清华信。

这三年半以来有什么长进？愧死也无用！还是自己立志不坚。认不定自己应走的路——认后易改变。

回国后七年，国文依然可耻。不读书如何能长进文字？到外国也不能长进国文。随梅赴美不过是一种取巧方法，可以博得一点空名。不是远谋，只是小利！

小利不可得，也未必不是福。使我醒来，再看清楚自己的真地位，真问题和真危险。

三十七岁半的人，一家四个子女的责任！学问不成学问，技能没有技能！老是自己骂自己也是不耐烦的表示。对于自己长进也要耐烦——"人一能之己十之，人十能之己百之。"

****

不惧不悔！再从根基上用功夫。

百折不回！学艺方面一定打出一条路来。

南开必须能出学者。办事的时候，不可忘了学。不得已必须办事；更不得已必须求学。惟有勤劳的一线活路！

****

每天午后睡去一下午。今天二时写日记。

不能灰心——失败后，再起首！

校长下月回国。校事努力进行，自己再用起国文功夫来，失败再干不算丢脸！

****

三年前抄的《曾文正求阙斋日记集句》，现在看来自己还是那个自己。品学同彼时没有什么不同，写的字也没有丝毫长进。

****

《字辞集》——六年多前起首的。不几天又间断了！

字形记不住，字辞知道的少。白话都不敢动笔，文言更不能问了。书札，章程，——什么都不能自己下笔！作一个中国的教育者真可笑！耻死！

六年前抄录《洙泗考信录》，梁启超的《国学入门书要目及其读法》

《存学编》。可惜功夫间断。

＊＊＊＊＊＊＊＊

家中病人使你必须注意！读书难专心！

拼命——死了人，我也要读书！

＊＊＊＊＊＊＊＊

梁说："这种（笔记）工夫，笨是笨极了，苦是苦极了，但真正做学问的人总离不了这条路。"

又说："每日所读之书最好分两类：一类是精读的，一类是涉览的。"

［八月］五日，一

从昨夜雨，到今天下午才止。

看五年前读书笔记。作大字三张。一个下午用去。

我是想练出一笔不朽的字吗？可笑！天性不近。在现代一笔好字有什么用处？在君的字不注意，但是他的文字很方便。我不敢给人写信，因为不能文，也因为写的字太难看。

做一个中国人，最低限度要以中国文字表意。至于书法，不求专攻——本是一种艺术——然也要不讨厌，不太幼稚。这两样目标就要用很多精力才能达到。这种工夫应当在中学时期做好。现在补做，是不得已。不用勤来补阙，那末，现时的职责必致不能尽了。

［八月］六日，二

做大字二张，写完《长乐王》，继写《杨大眼》。注意眉架，一笔不苟。写过，看纸后面，如有轻忽笔道必被看出。

看张廉卿①信札。中国字形真繁——不只有真草的分别，草书还有几十样变化。

弱——努力从自得处用工夫。不惧，不悔。从现在立脚处作基础。看平地长得万丈高！

＊＊＊＊＊＊＊＊

看恕谷《富平赠言》。

不只本国文字，也注意到人生观。

资质天生低，不过做几个古人的奴隶！多知道可以多得自由，不然自以为是新而其实是已有的。所以多知古人，反可以少作奴隶。

＊＊＊＊＊＊＊＊

---

① 张裕钊（1823—1894），字廉卿，湖北鄂州人。晚清官员，散文家、书法家。

以往国文工夫永间断。这次在百忙中也不可停——假设到美国也不停。

立志在四十前要预备好工具，四十后是有为时。

还有两年半。到那时，文字必须应用。

多用毛笔写字。

做中国人本是难。在这个特别难的时代，看一看可以活出什么成绩来！

古时人的技能与现代人的技能要并而有之。

做一个眼光远的失败者也值得的。并且兼通中西的人——至少在两方面都比我有把握的——全国不下数百人！如果不努力直追，不只我自己没有地位，于南开的将来也有危险。

[八月] 十日，六

八日下午赴平，今日晚到家。

昨天访齐与梅，都只谈几分钟即辞出。求人说大方吗？这一段作一结束。"既过不恋。"像没有过这一回事！完全向新方向上努力——周年纪念筹备与赴美募款。德学艺功都要从根本用功夫。

过去即过去。

这两天再玩味《求阙斋日记集句》。切病语使精神再振起！

戒骄；戒惰。

胸襟要阔大。成败毁誉，无所动于心。

> 不怨不尤但反身争个一壁静〈清〉；
> 勿忘勿助看平地长得万丈高。

[八月] 十一日，日

五哥在七月八日的信说："弟赴美继续募款，此责甚大，此事甚难，请努力为之。美友到津时，望弟使伊等对于南开，对九弟，均有特别印象，募款自不成问题也。"

所谓美友即国交讨论会美国团体。他们拟到南开参观纪念会，所以五哥说："请弟等用心筹备。"

与 Greene、阳初及寄梅谈过的方案既不能实现，当立刻拟定新方案。各方面都应顾及。不知司徒对于南开在美募款实在态度如何。

"此责甚大，此事甚难。"是很对的！

[八月] 十二日，一

喻、雷、孟、傅、陈、顾，及学生二人，今天启程赴大连。

上午万家宝来。如果他在此地，纪念剧演《法网》。如果他不在，演《争斗》。明天万再来，可决定。

* * * * * * * *

大学教授离校的：萧、陈、饶、杨、蒋、何、李①。

到美国不能再说教授虽钱少仍愿在南开！姜②、邱③仍是老精神。

南开大学在国内也许名誉上要受一点影响，但是根本问题在将来的财源。有人怕南开将来不能发展——或不能维持。

* * * * * * * *

看校长送回的信件。关于筹款，不能乐观！少 Rockf.④答驳了——原来想请他认捐二十万的一半。

我去更要难！南开是伯苓手创的。人家听说过张伯苓的名子〈字〉，所以人家愿意见他，听他讲南开的经验及计划。

我去，有谁认识？我有什么特别成就？只是某某之弟，无聊之极！

同梅去，是想利用机会作宣传，也是为个人求独立。

司徒不赞成南开利用他费力做好的机会。他对于戏是外行，对于梅不相识，所以决不是只为中国文化热心。他也许是为捐款得宣传？

我要一个"名誉顾问"的名义。（一）为说明中国戏在世界上的地位；（二）为我个人得到一个独立的名望。

我还不完全甘心！钱是小问题——一个钱也不用梅的——我要为中国戏剧争光荣！我只去作"说戏"的人。

大部自己拿钱。

办事的余力来为中国戏努力。

一定有路可走！只要我定意要做的事，早晚必有办法！

明天写信给寄梅先生。他从北戴河回平过津时可以到车站谈话。颜先生知道周先生住处，周先生可以帮忙设法。

* * * * * * * *

---

① 分别指政治学教授萧公权、物理学教授陈礼、物理学教授饶毓泰、化学教授杨石先、历史学教授蒋廷黻、商科教授兼社会经济研究委员会主任何廉和生物学教授李继侗。

② 姜立夫（1890—1978），名卓，字立夫，浙江平阳人。1919 年获哈佛大学博士学位，曾为国立中央研究院院士。时任南开大学数学教授。

③ 指邱宗岳。

④ 指美国洛克菲勒基金会。

委曲求全是可以的，应当的。但对于得失毁誉要看得轻！

如果我去美，只是张伯苓之弟，捐款的机会怕很少！

如果我是中国戏剧专家——被梅约为名誉顾问——那末，我可以有我自己的地位。先为中国戏作介绍，以后再捐款也有话讲。人也可以知道 P. C. Chang 可巧是伯苓之弟。

为我自己也多得些戏剧的经验。多认识些戏界领袖。

* * * * * * * *

"沉潜细密，喜怒不形，得失不惊，有始有卒。"

* * * * * * * *

究竟一个中国学校到外国去捐款不是很说得出的事！

中国私立大学，将来发展从那里去得钱？

一个钱少的大学应当注重那样课程？

* * * * * * * *

在国文未通以前，可以到国外去活动宣传去吗？

南开需要领袖——特别在学术方面——但是，我的程度如何？

* * * * * * * *

习大字一张。零四字。

[八月] 十四日，三

万决定下学年在南开。昨天原想演《法网》，已经改剧本。后来看出《法网》所代表的观点不是现在中国社会最当注意的，现在正是提倡尊重法律的时候。

踌躇了许久，今天下午决定演《争斗》。万扮演"安敦一"。万既为演戏而留，所以必须给他一个主要角色，今天下午忽然想到他可以去"安敦一"。

《争斗》这个戏非常合适。题目又时鲜，又广大。人多也是惟有南开剧团可以办到，为各角色也都大体相宜。纪念会也弄得热闹。初次男女合演用此剧也无不便。

如此决定实是一大满足。

[八月] 十八日，日

"Do not cry over spilt milk, for there is enough water in it already."

如赴美，为募款，或为求学。

* * * * * * * *

募款有几点根本困难：

一、个人无地位——只是某某之弟！

二、一校不如一个运动好说话。

三、就〈究〉意是中国人办的学校——又不是教会立的——为什么到外国去捐款？

＊＊＊＊＊＊＊＊

大学的将来：一、钱的来源；二、人的培养。

＊＊＊＊＊＊＊＊

都要干起来看。不能坐下把一切事都想到！只要勇气足，干下去，方法会临时创出的。

＊＊＊＊＊＊＊＊

也许我们在美募款的方法完全跟"平教"的方法不同。

司徒说他力劝晏①只说要五年临时救急费。晏用这样说法有效，南开也要用同样方法吗？

全国的平教运动实在好设辞，但是一个有中国根基而兼西方开辟精神的学校——继续发展，与时改进，——就没有特别可说的话吗？

＊＊＊＊＊＊＊＊

南开应当有南开的特色！

这次二十五周纪念要表现这种特色的各方面。

我来用委曲求全的精神帮助学校，帮助校长。

校长回国后，大学的小风波自然平静。几位不满的教授或者传布些流言，稍过也就无效了。我们的精神还在团结，进展！

＊＊＊＊＊＊＊＊

美国来的的客人，应当照顾。在中国的外人与本国的各方舆论也当注意。

＊＊＊＊＊＊＊＊

这次纪念对于严先生要特别发扬，我写一篇英文短传。

＊＊＊＊＊＊＊＊

校长出国时，我自己在日记上写："校长回国后，不应再零散下去！必须专心再去预备两年。"

专心办南开！不是戏剧，不是独立，还是办学！

＊＊＊＊＊＊＊＊

---

① 指晏阳初。

为学校！一切计划都以此为归。

看清目标，无论哪条路上都有阻碍。不要因为在这一条路上有了阻碍，就换到那一条路上去走。走几步，遇着阻碍再换回来！

学校与戏剧是在一条路上。全要成功！

* * * * * * * *

前三天《争斗》的剧本已修改一周。万很肯工作。

再改一周付油印。本星期三招集主要演员宣读剧本。

"地位"在一星期内走过——二幕二景以后排。

布景——先画出图来。用具在内。

服装——也要早有图案。

光——买新电灯。先用小模型试验。

读法——各人训练。

排演——定出时间表。

剧本——经过修改后，出版，最好在纪念会前。

像片——多照，早照。团体的，个人的。

化装——早有练习。大学、中学，设练习室。（中学借校长室。）

* * * * * * * *

新剧团廿年以上的成绩要有表现方法，展览中特备一室。（不值得，太早。）

努力剧本，这几天没有习字。不能兼顾——惭愧！

* * * * * * * *

对于南开廿五周年的意义要下工夫研究。

纪念会或请名人讲演。

* * * * * * * *

我们是一个完全中国私人活动的结果。不是教会学校，也不是国立或省立学校。

严先生与伯苓二位是本校精神的基石，北方新学风由此发端。

严先生本年内死去，伯苓新自国外游历归来。又可巧是廿五周年纪念，所以我必须在校用全力筹备。

* * * * * * * *

廿七日考新生，九月三日开学。开学前只有二星期。

九月十三日校长到上海，上海、南京或有欢迎会。大约廿日前可到津。

从今天到纪念会两个月，筹备要忙起来。

* * * * * * * *

习大字一张。

[八月] 十九日，一

昨夜想出排演的五步工夫：

一、性格——化装，服饰；

二、发音，语气；

三、动作——背景（光、形、色、声），用具；

四、调谐，一贯；

五、律韵，节奏。

[八月] 廿日，二

大学问题日见扩大。蒋之外，近来听说萧公权也辞。新请的李——教政治的——也不来了。新请的卢也电辞。物理到现在还没有请着人。开学怕开不成。

像是有意拆台！

又有人造谣言，说中学也有问题。

校长回来后，很有些难题等他。如卢家——黄、娄等——都觉应了他们的愿！还有一部分天津的旧人，或者说这是严老先生故去，南开一定有危险。

幸而没有商定与梅同行。现在正是南开的一个难关——校长归国后也正是用人的时候。

* * * * * * * *

文科课程有人建议下半年我须教功课。

英文或哲学。但是太少预备时间，怕不能做到好处。

* * * * * * * *

以后计划必须等校长回来后再定。

不能计算一定可以出洋去。

要看学校对于我有什么要求。我不是帮五哥，是为一种主张奋斗！南开是有将来的！并且不是一种寻常式样的大学。南开要有一种特别的方案。

钱少还要有特别成绩。

* * * * * * * *

T. F.是野心家。可以对于南开造些谣言。阴谋之辈！

姜、邱、唐，都够朋友。将来特别厚待。大学行教授治校制度也无不可。其实主要的还是钱！

这次校长没有捐了钱来，大家对于南开的信心动摇。

校长回来后，社会中也少不了一种误解——说，张伯苓到美国去捐款，失败回来了！

本来大家浅见的多！

* * * * * * * *

现在要看我如何处。

责任不能推。

敌人要看得清楚。稳，准，狠，群！

是人来迫我，不是我去扰人！

严、张二位的精神是不朽的！

现在不能退缩。危急关头，必须出来帮助黄。

* * * * * * * *

自己的力量在诚，在肯出来拼命而不顾毁誉！

毁誉是小，事业是大！看破这一层吧！

全部南开都要以精神来维持发展！必得有人去肯把精神具体用人格表现出来。

"禽里还人，静由敬出；死中求活，淡极乐生。"

[八月] 廿一日，三

昨夜没有睡好。

不能镇静。

"知天之长而吾所历者短，则遇忧患横逆之来当少忍以待其定。知地之大而吾所居者小，则遇荣利争夺之境当退让以守其雌。知书籍之多而吾所见者寡，则不敢以一得自喜而当思择善而约守之。知事变之多而吾所办者少，则不敢以功名自矜而当思举贤而共图之。夫如是则自私自满之见可渐渐蠲除矣。"

* * * * * * * *

这次大学闹事，缘因复杂。我没有方下手，蒋等起首有成见。我没有方管。华、伉也以为最好我不去问。

外面空气很坏——全体教授辞职，下学期不能开学，南开要有危险……现在惟有耐烦忍受，委曲求全。

* * * * * * * *

一点不慌。我的主责在中学，第一要保住大本营。

大学在校长回来后自有办法。现时能帮黄使他不怕是第一着，再要与学生合作使开得成学。大计现在不可空谈。

* * * * * * * *

女中请补助，再去催。或请戴吃饭。

* * * * * * * *

　　"百种弊病皆从懒生。懒则驰缓，驰缓则治人不严而趣功不敏。一处迟则百处懈矣。"

从勤诚上立基础。智、仁、勇，——还是我们人格的标准。

北方学风不是一句容易话。现在立志还不算晚。

渐渐迫到作人的根本的努力，但不可存区域之见。

如此看来，出国不出国倒是其次。南开的基础必须求巩固。外国募款，不能太依靠。假若得些帮助也只是临时的，部分的。为什么办大学，如何办得最有意义？——必须求得南开的真地位。

[八月] 廿二日，四

五时半以前醒。心不能静。

昨帮黄筹划。

电卢默生无效，又出我名电冯文潜①。回来后想，给他薪水过高了——260。给孔②280可，冯其实在中央只260，孔在清华是300。如冯肯来，怕将来大学待遇一律得要增加。

昨天也是一时急，所以才决定去电请冯。不约冯则已，约则必须260，因为上回已有一回误解——去电约别人，他以为约他，那次是260。

冯来不急需，但可为文科三四年生给两门哲学功课。假设萧公权可以留，哲学完全新加一个人。也许中学可以用冯几个钟点，作青年问题的研究。

* * * * * * * *

昨天太慌！太以出风头的态度去办事——自己对人说所有我来管的事没有失败的！这还是弱者勉力称〈逞〉强的态度！不够大，不够冷，不够静！

* * * * * * * *

---

① 冯文潜（1896—1963），字柳猗，河北涿县人。1912 年考入南开中学，1917 年起留学美国、德国等。1928 年回国，任教国立中央大学。1930 年起任南开大学教授。

② 指孔繁霨。

校长来后，大家一律增薪。大学预算加大，将来必须多担负。

现在不要致气。时刻不忘南开为什么要办大学。

* * * * * * * *

大学完全用本校生也不是办法，还要以才重。外面免不掉有人说风凉话，说这次非本校生被排挤。

* * * * * * * *

毛笔多用，自然也稍听指挥。用毛笔的时候太少。

大学事以帮黄为止。少管内部事。现在不得已不出来想法使开成学。

动机总要光明如日之升！毁誉是小问题。

遇着难事，就知道自己浅陋！量小，力薄！

大学我实在没有那样能力、才干和学问去支持它。这是自己确实知道的！

将来南开这个大团体，如何维持？如何在一种动机之下团结努力？校长的领袖，现在没有人可以继他。他要我预备，我不自信有这样资格。

真为将来想，现在以少出头为是。不为自己少挨骂，是为团体的将来。

团体总要以动机与工作为先。不要为利，为保饭碗！

人格必须高而纯！

我不是要继业！我是在一个值得努力的动机之下工作。别人用旧眼光来看的多！只要自己存心光明，力量充足，不管别人！

"天下事未有不从艰苦中得来，而可久可大者也。"

我受过什么艰苦？下过什么苦功夫？

天资本来薄弱！又不能在锻炼上坚持！

人必须要像铁一样坚，然后才能作人！

不论人如何闹，我要坚持——安静！（不怒，不怨，不急！）从家试起。校中越有事，家中越闹气！

* * * * * * * *

交友之道太不讲。多猜疑，不能大量！

处同事，教学生，第一应重交友之道！

交友不能广，不能厚，——都是性薄的病！应当以善养人。处理事务要充满友道的空气。

（办教育首重友道！）

取人为善，与人为善。

天性孤冷，不乐群。

立人达人——一定可以得人心服。也必须以诚意为之，不可存利
用心。
****
晚

习大字一张。

大学伉、平、希等也不免有小组织的心理习惯。偏路容易走。

我的主责在中学，还要长进国文。（国文还是致命伤！）

大学的维持要使离校教授没有机会在外造谣。

[八月] 廿三日，五

中学在开学前请新教员吃饭。（或约旧教员陪。）

预备开学演说词。也为发表用。

精神要照顾到全局。
****
晚

与李涛谈。学生见萧公权，萧露出学校轻视教授，所以他要离开，
表示与离去的教授们一致。职员待教授如雇用的！这次他们给南开一个
机会改良！将来老教授们还有回来的可能。

蒋真狠！他辞，我也没有去留，他大概以为我不重视他。

这次我的地位很难处——管也不好，不管也不好！
****
何①大约也要辞，方②也许一同走。这部〈不〉与南开在美的名誉有
关。校长不在校，怕没有方法挽救。
****
能否开学还是问题。这次是很大的一个打击！

简直是拆台！

大学又要从根本上想一想。

去美捐款至早要到下半年，——假设还有机会的话！

这一学期很有些难题待解决。

---

① 何廉（1895—1975），河南邵阳人。1919 年赴美国留学，1926 年获得耶鲁大学经济学博士学
位。同年回国，任南开大学商科教授，创办该校社会经济委员会（经济研究所前身），任主任。

② 方显廷（1903—1985），浙江宁波人。1921 年赴美国留学，后获耶鲁大学经济学博士学位。
1929 年回国，任南开大学经济学教授。

他们把南开的名誉算是降低了千丈！

"遇忧患横逆之来，当稍忍以待其定。"

* * * * * * * *

蒋等或者看不起南开这群职员们，不认他们有办大学的资格——校长蒋也看不起，或者能捐钱，但是不知大学应该如何办，然而权又不肯舍开。

现在看看情形，一时校长捐不来很多钱，南开的前途可虑。并且就是校长回来，也不像把权让出给他们，所以现在正是走的时候。校长回来后，倒许很难设词。根本就是自己另有一盘打算，没有顾学校的利害。学校的利害像只是几个职员关心！

* * * * * * * *

对外委员里没有请蒋加入。薪金决定没有经评议会通过，又迟迟不开评议会。将来到美募款又不请他们一位去。

大概伉、华有时手也太不放松，因此生出一种彼此之见。他们看南开太像是几位职员的产业。

* * * * * * * *

他们承认南开是一个很好读书的地方。但是南开不是私产，是一个Public Utility①。将来清校必须打倒张家的私党，改变组织或者完全归公家办，或者改换董事会。

这样根本的筹划，蒋、何未必没有谈过。

* * * * * * * *

局势既然如此，校长要如何应付？我如何自择态度？

他们不愿意我在大学里有地位，文科对我的态度是很清楚的。教书使我也不得学生。这是过去的事实。

或者他们以为"职员派"中我是他们真正的阻碍。如果校长有意使我继他的事，将来权必要落在我手，仍旧是一个张家的学校。

* * * * * * * *

校长想给我一个特别名义，教授中免不了有人批评。

我的人格、学问与捐款能力能否使人心服？

我应当再出去好好的预备两年——专门攻英文学与戏剧，造成真正全国数一数二的学者。不在这方面用功夫，就在教育哲学上，但是现在中国学生研究教育的人太多了，我也不想在这方面有什么著述。

---

① 公用事业。

以前在美研究的是些教育方面的功课，大半是 T. C. 的课程。杜威的一点教育哲学——经 Kilp. 的分析——我还算是实在研究过。其余如教育史、教育心理，我只知道一点皮毛。

在 Clark 读的书更没有什么专门的。只是各方面都有一点点入门。

在戏剧上，只于听过 B. M. 一门的讲，实际经验倒是得过一点。英文学完全没有正式研究过。

半生没有研究过一门学问到一个像样儿的程度！真惭愧！

* * * * * * * *

想在教育事业上求发展，必须自己是一个学问家。

维持南开的理想——不是保地位，保饭碗，——必须自己努力求学！

南开的学风如何造起？至少在十年后见功效！

要南开的学生都受那种学问的影响？是哲学吗？是戏剧艺术吗？

百年后，人要如何评论南开？

往远处看，可以得到如何应付现在局势的态度。

哲学的态度！远而厚——远而后能看出此次风波的细小！厚而后能恕能忍！

（远！厚！）

* * * * * * * *

这几天的日记就是这几天的求学。

[八月] 廿五日，日

近月余一层一层幻梦都被惊醒！自立的机会失掉，大学又大动摇——赴美募款本非所愿，现在怕完全不能成为事实。

幻梦醒来不应忧。但不免气馁！近来恼闷以此。

认清脚下实地！

"用兵之难，莫大于见人危急而不能救。"大学到现在，我实在不能救。我有我的阵地——中学及廿五周年纪念。专心作战，慎戒骄惰。

（慎戒骄惰！）

中学事也很有可为，应办而未办者甚多。谣传中学也有危险，不足虑，只要自己在职尽心，不致出事后悔愧！

戏剧与陈列都要尽心筹划。假若不幸大学不能开课，或有一时的窘困，将来大学图再起，必须依据中学所代表的南开精神。

换言之，我们要用中学来答复他们几位在大学的捣乱。

近处看，像是我没有法应付，——我在大学本没有地位可以应战。其实为久远计，我在中学是最好应付的地方。

* * * * * * * *

我先要打好中学的基础，渐渐影响到大学。中学必须认识清楚南开教育的动机、学理与方术。

（动机，学理，方术。）

* * * * * * * *

校长回来后，至少中学、小学与纪念会，可以使他高兴。

* * * * * * * *

从今后，大学假如不幸不能开课——或文科教授不全——我可不动心。因为我现在看清我的职守。

* * * * * * * *

我努力工作要表现什么是南开的精神。廿五年中学办到这样地步，将来大学到二十五年也一定成绩可观。（要给人这样印象。）

* * * * * * * *

什么成绩都是全体教员学生的。决不是几位职员的！

（归功全体教员学生！）

* * * * * * * *

打破职教之分！不等出事，早想方法。

中学教员中也早就有人觉着是雇用的！

（雇用心理！）

为什么？

一、薪金由职员支配；

二、职员在校年数多，教员年数少；

三、职员待遇特别优，或特别稳固；

四、职员爱护校产如个人私产，不肯丝毫放松；

五、一切大政方针，都由几位职员主持。

* * * * * * * *

有什么方法可以打破这种心理？

一、职员态度要谦和；

二、凡事多与教员商酌，多联络；

三、提高教员待遇。（或者在校长回校时办。或者先作调查。）

现在从这三种试起。

　　　　＊＊＊＊＊＊＊＊

职员的领导力在精神，不在权位！

　　　　＊＊＊＊＊＊＊＊

看《国文故事选读》。

　　　　＊＊＊＊＊＊＊＊

中学教育本来不是一件小事！

大事可以让人作小了；小事可以让人作大了！

不办大学不是可耻！

有这样一个中学要求我努力，自己还敢郁闷吗？

离开学还有一个多星期。预备好与教员学生应说的话——看些教育论文和新书籍。办中学不能不看教育著述。

　　　　＊＊＊＊＊＊＊＊

对于中学，近来太少研究改进。给它的注意也太少！

既然办中学，就要办到全国数一数二的成绩。在中学教育上建百年大业也不是不可能！惟恐不是地位低，只是自己的能力薄！

[八月] 廿六日，一

早八时前到校，办公至一时。上午还不惰。

下午睡至四时余，人来谈。现在五时，六时约新教员聚餐。

　　　　＊＊＊＊＊＊＊＊

曾文正日记。

　　"近日公事不甚认真，人客颇多，志趣较前散漫。大约吏事军事饷事文事每日须以精心果力独造幽奥直凑单微以求进境。一日无进境则日日渐退矣。以后每日留心吏事须从勤见僚属多问外事下手；留心军事须从教训将领屡阅操练入手；留心饷事须从慎择卡员比较人数下手；留心文事须从恬吟声调广征古训下手。每日午前于吏事军事加意，午后于饷事加意，灯后于文事加意。以一缕精心运用于幽微之境，纵不日进或可免于退乎？"

这样勤！——我愧死！

今后努力试一试。看看自己有没有力量。

[八月] 廿九日，四

六时前醒。

大学文科怕难找教授——现在少历史、政治、英文，各一人。

* * * * * * * *

蒋辞的时候，应当请他负责找人代。华只看到他去了于大学的内部有益。彼时或者我去挽留一次，以后的气愤或者小一点。

他们看我很重，外人也以为我代表南开。自己以为我在大学完全没有地位，也没有责任。

事到如今，悔惧都无用。

* * * * * * * *

度量不宏。"无贪无竞！"行有不得，反求诸己。

自己没有一定的主见，步骤就乱了！这次对于大学事，有时问有时不问，有时以为完全无责，有时又怕人说与我有关。

* * * * * * * *

离校的几位，我应以个人名义请他们一次。又延迟到现在，怕是太晚了，又怕自讨无趣！

境遇是有些难处。但是不应怨，不应踌躇！中心不够强！

今早到大学，去看蒋、萧。个人约他们一次饭。早就应该大气些。不怕人侮辱，只要自己脚步稳。

往大处看，自然大家全是朋友。量大可以打破小组织。

（心定，量宏！）

* * * * * * * *

昨午后没有睡。断事还不敏，力不强！效率太低！

九月

九月八日，日

昨午晴去上海迎校长。

星五夜公安局传去学生一名，学校先交给保证人。一夜没有睡。

北平戏剧系来津公演。我招待过一次。

* * * * * * * *

校长还有十天就到校了，我的责任将有更动，但是自己的工夫仍是如旧。

在小事上不能轻视毁誉。怕得罪人也是量小！

［九月］十七日，二

中秋。

校长廿二日到津。

在学术上的地位——编剧，教育论述？行政上，校长不急需助手。国外募款也许要用人。真需要在学术上的成就。

前几天办事忙，自己的工夫又间断！

* * * * * * * *

习小字六行。

［九月］十八日，三

习小字六行。

排戏只有四星期。出台在十月十七、八、九三天。第一次服装排演十月九日（星期三），第二次十二日（六），第三次十五日（二）。

九月十六至廿一——地位走过；

廿三至廿八——词熟；

卅至十月五日——Rhythm[①]，化装，服饰；

十月七日至十二——布景齐。

* * * * * * * *

展览及校友会事也在这四星期内办妥。

还要招待外宾及筹备募款。很忙一阵。

---

① 节奏。

[九月] 十九日，四

校长在美时计划要我十一月赴美，司徒也许是阻力——他上次曾明白表示不赞成我到美去"收款"去。中国人直接到美募款实在与燕京有冲突。

梅的去美，也是司徒预备好的，所以不愿意我去吃现成饭！

* * * * * * * *

美款如何得？中国私人办的学校可以受那样外来的补助？大宗款项还是来自本国。

美国人为什么要帮助南开？

* * * * * * * *

燕京现在注意在中国人中间活动。他们要的不是钱，是中国人容纳他们在中国工作的表示。

司徒上次从美国来电要颜、张等表示赞成他们的工作，也是因为美国有一部分人知道中国人对于教会学校的反感。

[九月] 廿一日，六

明早校长到。

问题在大学：

一、近的——教授待遇及全校精神；

二、远的——经费及教育方针。

校长募款成绩不能算没有，大概他报告时要说到以后我去美的计划。至于放洋时期，大约他也有个打算。

我的责任在学术的深造。勿忘使命！必须从学问上立基础。心不整，记忆不强，不能持久，——年岁又近四旬！根柢太浅，没有过作学问的习惯！文字不通，什么著述都谈不到。

（责任：学术的深造。）

到外国去，如何长进本国文字？——这是重要难点。如出国注意研究：

一、戏剧及文学——在欧洲住半年。

二、教育——大学及中学（具体问题的解答）。

三、哲学，思想。

只要精力足，注意三方面不算多。都是有关联的。

如果文字方便，在这三方面都应有发表。还是文字！

＊＊＊＊＊＊＊＊

看校长去后九个月日记。

较大的激刺有四：

一、名学班失败——敢真；（国文耻也不怕人知！）

二、严先生之死——仁厚，精审，润泽；

三、同梅行不果——不"两面逃"；

四、南大风波——维持南开的理想，不是保地位，保饭碗，必须自己努力求学。

[九月] 廿五日，三

校长已到。各部欢迎。

促我赴美。衣装昨日已预备。

我在美募款实无把握。

巧，与梅去美同时。究竟取什么态度？

我要说什么话？如何得钱？

回国后，什么工作？

＊＊＊＊＊＊＊＊

这次还算是 Cultivation①。能否募得不可期望过甚，我不是到美国去收钱去。

对于司徒及梅要取大方帮忙态度，我不想利用他们已烧成的饭。我对于中国戏的地位非常关心。他们本应请我同行，但是吴与司徒会议后拒绝了我！究竟是什么背景？一直到现在我还不清楚！我可以一气不理他们，可是巧了，我又跟他们差不多同时赴美。我看他们未必是轻视我，也未必完全是经济。大概也许是怕我要支配他们。

我要找出事实。本星六同五哥去平。

我们是不好利的，我们要为真的奋斗。我们有对朋友的一团热诚。

校长的魄力——胆与量——使我非常佩服！同他接近已经得力量不少！

文字与学问还当时刻不忘！

＊＊＊＊＊＊＊＊

---

① 耕耘。

暂定计划：在国外要有学问上的长进。为南开募款作九个月。以后作一年读书工夫再回国。南开要钱，更要学问。中国书也可以在外国读——胡适在国外时读了许多中国书。在国内，工作忙，实在没有时间读书。问题与材料如能早有预备，效率还可以加大。

这样求学的决心——为南开为个人——必须打定。

[九月] 廿七日，五

昨夜没睡好。司徒、梅的难题要求解答。

我想保护在美中国戏剧专家的地位。与募款，与我将来活动，都很有关系。也是南开与个人的广告。

前次办到九成，被司徒与吴拆散了。

同时在美，我不能不问。

南开募款于燕京的活动有影响吗？到底司徒是什么态度？我很讨厌这个人的神气——生成假中国人的阴狠狡诈！养成一群善于互相利用的人来——如 T. T. 之流！

他也是要在下月到美去募款去。我们是完全中国人的事业。要美国人帮的只是小数，并且是一时——五年后我们自有办法。我们实在应该自有办法，不求外人的援助！

英国人有不赞成要美国建筑 Stratford[①]剧院的——一个自重的民族应该有独立性！

（南开是中国独立活动的象征。）

现在美国人在中国销售不少他们的货，所以要他们捐款跟要中国实业家捐款一样的理直气顺。

一个现代的私立大学是一个美国或实业发展的附产物。必须实业发达，然后这样大学才可以得到经济的来源。日本的庆应大学就是一个例。（这次到日本去参观，早稻田是政治气味重。南开性质与庆应相近。）

南开比燕京的前途光亮。校舍越用钱多，越证明是一个外国学校。

* * * * * * * *

中国的戏剧不应被外国人利用了！

明早与校长同赴平。

* * * * * * * *

---

① 斯特拉特福（Stratford），英国英格兰中部城市，莎士比亚的故乡。

在美讲演可分三类：

一、中国教育思想——孔家（《学记》《论》《孟》等，颜元，严先生——南开的旧根柢）；

二、中国戏剧；

三、现时的状况。

到外国要讲中国事，回中国要讲外国事。作一个文化沟通者，自然要常来回跑——两方面都有工作，有入款！

一九三二年

七月

七月十五日

今早与校长谈,辞去中学主任职。各种计划已拟好,别人可以去推行。自己不能有文字的发表是一"心病"。

也许有人说我自私,只顾自己的长进不顾学校的顺利。但是我以为我在理论上用力,于学校的将来是非常有利的。成绩如何,完全看我的努力如何。

没有行政的责任,心虑自由多了。身心一快乐,什么事都可有办法。

* * * * * * * *

回国后已近半年。今天才算是自己的工作第一天。

再读 Emerson。《自依》……自己愿意做什么,就做什么。真的必有成绩。

[七月] 十六日

摹《张黑女》三十六字。多日不写,无笔力。还应写得快。太注意字形,又不免要人说好的心理。

多写着,多阅读比较重要。每天不在习字上费时过多。时代紧张非常,没有时间用在写字的艺术。每天有半小时的练习,目的在做字不太幼稚就够了。

* * * * * * * *

学校新计划我不能不负责。吸烟的自由要以大方的态度取得。真为教育新实验努力……诚心为青年求出路……发挥自己性之所近……不怕人的评论……做不到的,性情不愿意做的,自己没有丝毫的愧悔。

我就是我这样!谁人也不能如我何!

[七月] 十七日

吸烟自前天公开。本是一件小事,但是表示不怕人的新决心。

人期望我的,不愿意做,或是太烦杂,我不能老在畏缩中活着。我愿意做什么就做什么,别人说懒,说私,我也不管他们。第一步先打自信自依的基础。自己必须先能独立，然后才能谈见解，成就。

心神旷达逸远，再本着一种自己的觉悟去努力。使青年畏缩是教育的大罪恶。

天炎热身体不适是自然的，于所谓精神道德都无关。

抬起头，直起身来活着。

* * * * * * * *

无所谓懒，只是精力不强。先天与经验都有关系。承认力量有限，在范围内尽力就完了。怨天尤人皆无益。

[七月] 十八日

昨天看南大《消夏周刊》，载中学消息，又涉及张蓬春先生的"二年计划"。

改革的责任全在我。想起容易使我生畏。

其实这正是练习自信的机会。做事本来不是要人说好，误解与批评何足虑？

应办事实在太复杂，我的精力也是有限。中国社会情形各处都是问题。在这种环境之中，要做事必须自信，不然就要采无为的态度了。

既有声明，南中要有改革，我不能不负责。但是必须划清责任的范围。

信还没有答。筹备开学后的各样工作也没有做了。

[七月] 十九日

在各种事清理之前不到北平去。

中学新设施已有头绪的：一、健康训练；二、工厂经费与地址；三、平教旧校不动，广开新试验从缓筹划——Toynbee Sha□□作参考；四、高二社会作业；五、高二西洋史，高一中国与世界，初二中文，初一人与自然——都有人进行预备材料；六、辅导制度的草案。

待办的事：

一、函件；二、辅导的细则（如何应付学生会）；三、工厂工头人选及机器的安置；三、高三的社会作业；四、开学前的会议与讲稿（下年考试方法改良）；五、开学后二周的秩序（如何使师生相识，高一工作组的人选，学生会的选举）。

* * * * * * * *

教育试验指导是我愿意做的，只管指导与研究，不管行政的细目。

组织上有名义的变更，于工作，于精神都有益。教育工作中只有事办，无所谓行政。我认为我可稍有供献的或者是试验的研究。

* * * * * * * *

既已定意多研究少办事，中学主任我不要。

研究时间加多，接洽时间减少。

对于已成制度不负维护的责任，全力用在新路的探讨。

余出时间，自己写文字。

* * * * * * * *

早起后写日记，心神得静镇。"自依"是生活的基础。近三天来舒畅得多。吸烟本不必怕人——做怕人的事是弱病的主因。

* * * * * * * *

下午

上午预算委员会开会。以后每月一次。

下年工厂四所：印字，木工，铁工，豆乳。

修缮也规定。

主要职员休息两星期。

[七月] 廿日

日本进攻热河。民族如何自卫？学生中活动份子必将在反日方面发挥。我们如何领导？大概我是维持现状者，并且怠性已成，不能完全舍开旧习惯。

这时期的教育应如何办？我所提倡的手工作、社会学科的新教法、辅导制、健康训练等等，在这种局面下能否引起学生兴趣？国家将亡，教育有什么效力？

难说立刻放下书本到前线上去作战去吗？

* * * * * * * *

现在可以作些什么立刻见效的事？C.P.的奋斗路线很可以吸收一部分的热烈青年。当于我们踌躇的时候，他们在那里努力训练战斗力，预备开学后到学校里来活动。

如果我们办教育的人没有具体应付时局的方案，开学后他们必来夺取青年群众。

其实，在筹划时，不应怕别人如何计策，我应有我自己的主张。在这时局下，我的教育主张是什么？是敷衍吗？是贪安逸吗？是想自己写文章出峰〈风〉头吗？

生命的动力究竟在那里？不在要人说好？在求自己的舒畅？在奋斗？在领袖欲的满足？

还不断地梦想在美生活的舒适。

* * * * * * * *

国难虽到临头，也有给民族争光的事业可做！

这生必不虚渡！

我有我个性的特长。不在求人悦，不在只做别人要我做的事。我能做什么，愿意做什么，就做什么。我在世上一定有我特殊的贡献！

越乱越要自信。

[七月] 廿一日

昨天写了三封信。精神稍快，力气还是不强，无持久的能力。根本病在此。

只能想而无力推行，又喜虚荣。提起新见解，但不能耐烦。

已负责的事必须尽力作去。新事不再加。

[七月] 廿三日

怕攻击，怕失败，怕人轻视。忌妒胡适、冯友兰的成功。

对于工作又不能持久。愧悔无用，仍是无力按着规定计划推行。这是什么病？

懒？只能作露小聪明的事。私？有人赞美就高兴起来。

明知是应作的，心神不静不能自制不能克苦。弱者！求安逸，求一时的痛快。不能怨人怨环境，只能自责。

事不到临头，我不能集精力去干。自己限制；救自己不得不努力。将来不过还只小巧！做大事的必须在暗中努力，不要人说好。

力量在那里？暗地能努力——不救人说好，不待时机的压迫，不失去作事的机会。

弱者？

* * * * * * * *

应做的事，无力去做，一天一天空过，并且容易动气！自私又贪安逸！那里也没有我的地位！

这样活下去，先不问将来，现在就无聊极了！

四十岁的人还不知道如何支配自己，那有支配人的本领？

到美去也没有你的地位！别再作梦。以小巧骗人是不能久的。

在中国，不耐烦！不为事想，不能对于工作发生持久的兴趣。不能怨家人，不能怨同事，不能怨国情，不能怨学生捣乱，更不能怨中国文字特别困难！只能承认自己的无力，自己是弱者！

* * * * * * * *

我的自依在那里？我根本的兴趣是什么？

什么事一变应做的立刻就没有力气和兴趣去推行。为什么？什么病？可以用心理治疗吗？

是根本上不能治么？自己还有时相信一生不至空过。但是事业在那里，力气在那里？

如果真无用，早些承认也就完了。安心下来，做一点小事。第一步先去怕，必须自在，把成功放在度外。

[七月] 廿四日

《独立评论》九号载孟真①的《教育崩溃之原因》一文。他举出五个主要原因：

一、学校教育仍不脱士大夫教育的意味；

二、政治之不安定；

三、一切的封建势力、部落思想、工具主义，都乘机充分发挥；

四、哥伦比亚大学的教员学院毕业生给中国教育界一个最不好的贡献；

五、青年人之要求，因社会之矛盾而愈不得满足。

我所看到的关于教育现状的分析，属这篇最清楚明晰。

改革方案，他下次还有文字发表。

这样文字我很愿意能写。

或者在具体方案上我也许有一点见解。因为文字不流利，我就无法使人知我的思想。

* * * * * * * *

萧伯纳对韩德森说他练习演说的方法是不怕露丑……"by doggedly

---

① 傅斯年（1896—1950），字孟真，山东聊城人。1909 年就读于天津府立中学堂，1913 年考入北京大学，后赴英国、德国留学，时任北京大学教授。其于 1932 年参加了由胡适主持的独立评论社，在《独立评论》周刊发表了大量政论文章。

making a fool of myself until I got used to it".

我在用文字发表上也要用同样的功夫。

＊＊＊＊＊＊＊＊

练习抄写也是增加信心的方法之一。写长篇文字，不只短条如日记体。

＊＊＊＊＊＊＊＊

晚

练习快写。其实写得并不快！五个半钟点写了约三千六百多字。腕稍痛。向来没有一气写这样多字，这还是抄他人做的文字。如果自想自做自写，必比抄的速率慢得多多了！

人家能做文章的人，不知一天能写多少字？

抄写是很好的练习。

[七月] 廿五日

平津安全不久或有问题。

如在开学前，应付还较易。如在开学后，必致紊乱。

对于这样意外，要早有方案备好。

治安的扰乱：中日在热河开火，在津日本买便衣队出动。如平津不保，必有傀儡政府出现。到那时，南开一定不得自由进行。一切改革的计划都根据在工作能照常进行。非常时期必须有非常方法来应付。

学校的建筑无法保卫，也无法移动。仪器书籍也太多太重。主要文件可以早些放在较安全的地点。

教职员学生及眷属的身体安全，也可以有相当预防步骤。

＊＊＊＊＊＊＊＊

以后我们做什么？还继续办学校？旧团体能维持？

假设南开被毁，我的工作要取什么方面？为自己求安全舒适的生活方式吗？还查为民族努力争一线光明？

我的政治主张一向是骑墙。没有勇气和兴趣加入那一种政治集团。

小资产阶级的迟疑和胆怯！

到了这个紧急关头，必须有一清楚光明的政治主张。C.P.是一条路，中国的问题不是中国一国的问题，是与世界各国局面分不开的。是与英美接近？或与苏俄？

我的政治见解非常幼稚。

动机不免还是为个人与家属谋安逸！这就谈不到革命。也不能与一般没有身家顾虑的青年表完全同情了！

不要再迷梦下去！

学校的安全不能保，强敌快要来奴隶我们。我们不能闭门读书，再不闻不问地空活下去。青年骂我们，很对！如果不走 C.P.的路，要走什么路？

在非常情形之下，学校生活要如何改造，才可以应付？学科及一切活动方式，都要带有特殊的意义。

我所计划的新设施还离开时局过远，无怪有色的学生骂我"麻醉"。有特殊困难时，我相信还有思想新方法的能力与勇敢。

现在已经到了特殊的时期了。聚精会神地想一想吧。不想就要太晚了！

* * * * * * * *

自己想做组织的工作，文字的发表是必要的工具。

跳开了想一想。自己有什么本领？有什么用处？凭什么享受现在的安逸？

人民的团体就组织不起来！到非常时期，天津一地就组织不成！

我个人没有加入过任何政治的组织，老存一种猜疑的心理。自己不过只是一个资产社会中的 entertainer① 和 poseur！我好的是"人说好"和"舒适的闲暇享受"。以往的经验都没有预备我做一个革命领导者。

然而也不敢说一定。水灾时代的我也许再活！领袖欲也许可以代替闲暇的享受！

* * * * * * * *

看《政治工作》。……

学校的……学生对于我的攻击，也因为我是有改良计划的。

如果我也明白地加入革命，我自然要失去工作的自由。……

是机会主义支配我，使我左倾吗？还是真有觉悟？真有步骤？真有研究？

（机会主义？）

到底我的立场是什么？是维持现状，还是打破现状？如果学生不服从时，我是以办教育的负责者来说服他们，或以打破一切现状和秩序者

———————————

① 艺人。

的态度同情他们？

问题在我自己坚决的主张。自己必须负责，不能再骑墙！

（坚决的主张。）

不做行政，这个责任也逃不离。

我是领袖，大家必须有所遵循。主张就是我所看到的路线。这个领袖地位，我推也难推的干净，所以我必须有决定。

［七月］廿六日

夜间幻梦，不能睡。

今天日军演习枪炮声不断。他们射击就在大、中学之间。

开学后，学生一定容易受煽动。……青年的不安是自然的，前途实在无路。反日反帝的活动，本是应做的，不过在我们现在的政局之下，当局不免干涉。如果日本想在平津威胁，南开一定被大扰乱。那里又应如何处？

这样环境之中的教育又应如何办？

谈不到学术的深造！

中国需要人才，但教育是长时间的预备，不能立刻造立刻就要用……不容你安静地造就十年后的人才，他们要先夺取政权，然后再谈建设。日本也不容我们长时间去作准备。这两方都要立刻动手，所以教育就难办了。

我想做的学问是哲学思想，或是戏剧。有两种态度：一、缓进的——假设社会秩序较安宁；二、急进的——一切教育、思想、艺术都被用为达到政治目的的工具。我以往的经验、训练、习惯等范围我在缓进态度中。现在想改实在很难的。安逸惯了，没有精力来应付紊乱的社会局面。特别前二年在美受的是"学者"的安逸和虚名！

回国前拟定的研究教育哲学工作，现在环境不容我有那样的安静。

也许在动的里面可以得着新激刺？这在我应付事变的本领！特殊时势可以激动特殊的本能与力气。

畏缩是自找死亡的路！我是能在非常时想出特殊方法的人。不要只看我寻常时的迟疑与懒怠！我储蓄的精力为非常时期用——所谓艺术性格就是这样。

然而也要用功夫去研究方案。

接着看《政治工作》。

* * * * * * * *

下午

孟先生来报告膳食问题。应付依仗有组织的（学生会）学生个人（特别是学生会职员）比以先是困难得多。

应付策略要审慎。现在的职员先生多没有过这样训练，校长训练出的人只有本着校长意旨办事的经验。如果还是校长主持，方法还是旧方法。

其实是小事，不致有什么关系。处置本易易。

我们在教职员训练上，以后要加以注意。这种新态度和新方法也要从基本的教育主张（适合于这特殊局面的）及办事人的组织与训练上建设起来。

问题又回到根本的主张，组织及训练也同时要注意到。

中心动机是民族的生存，独立与光荣。

C.P.的政纲以阶级斗争为策略之基本方法。我们的民族意识也能包容在内，不过现时我们不愿意立刻加入政治工作。

……时局也迫着我们决定政治上主张。教育为教育自然是空虚，就是所谓的教育救国，造现代的教育，都不能应付燃眉的困难与前途恐慌。青年们要求一个具体的出路，立刻有动作的策略，并且一个社会新组织的理想。这几个条件，C.P.都有可以使一部分急进的青年满足的说法。他们有理论，同时也有策略革命的经验。无怪，青年们受他们的影响的一天比一天多。不止中国如此，连美国也有加增左倾的趋势。

* * * * * * * *

我是小资产阶级的产儿，意识不出这个阶级的总形态。我顾惜我的安逸，我的闲情。我不肯立刻舍开一切，加入革命。

我的教育主张和社会意识也不出小资产阶级的意识范围。

无产阶级比我们是不如。他们每月约十五元，我们作教员的有一百元至三百多元的月薪。我们的生活比他们实在是安逸多了！所以我们还供给他们革命对象！

我的生活不能降低到工人的程度。我的意识大概要成形不易改变的了！

中国工人生活程度也实在是太低。如果大家都降低，还能维持身体的健康和文化的培养吗？

并且中国人口多，天产不够分配，没有俄国天产的丰富。他们人口比我们少，地面比我们大，并且地势可以遇〈御〉外侮。中国不能与俄国比，也不同美国一样。我们的将来可能到达的理想境遇是什么？这是根本的问题。

也许中国要紊乱下去，以致人口死到现时的一半或三分之一为止！也许这个民族要受多少年异族的管理与支配！什么是我们的地位？

民族的将来本是很危险的！

我又不愿加入 C.P.的……的世界活动！又不肯到美国去苟且偷安！矛盾在此！

[七月] 廿七日

怕事，因为怕负责，怕人批评。其实自己自信比普通人见解高明。我有主张，有步骤；能估量，能策略。怕什么？

应付学生……应付任何群众……都要有威信。遇事有办法。力气是有组织的。

我们的口号：

　　坚决与盲动主义斗争；

　　强固学校团体的意识；

　　肃清一切不负责的态度；

　　到中国实际生活中去；

　　工作与研究联合；

　　发展政治讨论；

　　明了现实世界大势及其背景；

　　健全年级生活及组织练习；

　　继续改造全校各种组织；

　　闹个人意气的滚出去；

　　完成全校的朝气化，青年民族化；

　　做艰苦的群众工作；

　　扩大全校的社会影响；

　　争取群众，教育群众；

　　促进新民族意识的高潮；

　　领导民族独立，民族光荣的彻底胜利！

＊＊＊＊＊＊＊＊

以上是抄袭 C.P.的。有口号，也有些用处——至少可以集中注意，并且作团体情感暴发的预备。

大家都用，就要紊乱。

思想要比这些抄袭俄国方式的人高明。如果人家有长处，我自然要学。

我们有我们解决中国问题的主张与方案。我们必有理论，有组织，有策略。不然，在这个时期的中国里，不配谈教育。我们也要争取群众，达到我们造新民族的目标。

（造新民族：主张，组织，策略！）

*　*　*　*　*　*　*　*

做欲梦的不配造新民族！……

打倒机会主义！自己必须有诚恳的主张。

小资产阶级意识中是有取巧与投机！还有畏缩与脸面虚荣！

又用 C.P. 的理论了！

一个完全独立的理论——真需伟大的精神！天才的头脑！

[七月] 廿八日

早与张、曹谈。教育的实际工作在这个时期有两个先决的问题：一、时局的应付（最切近的如平津地安全）；二、理论的探讨（是 C.P. 的理论，或国民党复兴的理论，或"再生派"的理论）。

时局难测，理念难定……在这个过渡期间，惟可：一、有限度的决定；二、继续地工作改造（谈不到长时间的计划）。

在学生组织方面，提倡：一、健全的民治化（公共意见的产生，代表的选举与监察）；二、多数人领袖的练习（六个月或三个月一改选，对于推选团体常有报告）。

*　*　*　*　*　*　*　*

下年在组织上，注重支部负责，小事由支部决定。

我个人对于理论可以得暇多加研究。

多问，多看别人的论文。（研究各主张的背景，加以分析批评。）

*　*　*　*　*　*　*　*

卅日赴平。走前，应写的信必须做一部分。陈厅长也要看他去。

[七月] 廿九日

昨看墨利的《共产主义的必须性》。

牺牲一切是参加革命的前提，墨氏提倡"英式的共产主义"。一个民族有他的特别习惯与性格。

中国的民族病太深了！所谓工人，学生，都不纯洁。

＊＊＊＊＊＊＊＊

九龄来说，学生膳食委员有舞弊的。真是使人失望的民族性！制度改革不知道可以造出新性格否？

八月

八月三日

前几天看了些书。

关于共产主义的：

《胡适［中国］哲学史大纲批判》[①]；

《二十世纪》的几篇文字；

《政治工作》；

《社会意识学大纲》[②]——集团社会意识一段；

《再生》与叶青辩——张东荪哲学。

关于社会作业的：*Toynbee Hall*，与"*Chicago—An Experiment in Social Science Research*"，Chops，by Park & T. V. Smith。

在现在环境只可努力在三方面：一、技术的试验，二、理论的探讨，三、时局的应付。

时局最难推测。在大家动感情的时期——特别是青年——有什么教育的可能？学校难说立刻就停止？如果还能勉强开学，我们应当如何应付这种浮动的局面？

技术与理论——我愿意研究。给我时日，总可以有些成绩。时局的应付最使我生烦！但是中国恐慌，世界不安的现实逼迫我不能偷安！

（不能偷安！）

* * * * * * * *

第一先要分析时局，认清时局。不先做到这步，一切技术与理论的努力都没有安宁。（其实根基在一个人的见解，见解与理论有密切关切。如果是 C.P.，他们也能安然前进。）

认清时势后，才可以安然应付每日的新发展。

* * * * * * * *

昨夜看《外交月报》。

* * * * * * * *

特设读书室，可以安静工作。但是不知平津有无扰动！

[①] 该书由李季著，神州国光社 1931 年出版。

[②] 该书由波格达诺夫著，陈望道和施存统翻译，大江书铺 1930 年出版。

[八月] 四日

事不到临头，不办！这种性格不好写信！更不能为长久计划！

每天出品太少。应答的信还是没有动手！

非乐于草字，只是自娱。字应当练。现在还有更紧急的事。

草书可以快些，真书只为草□的练习。

这次在国，练草书是新努力，也许有一点用处。

[八月] 五日

夜睡着很晚。也热，心中又不安。

早七时醒。

工作习惯——从前根基在农，有成就的学者也具农家的勤劳工作方式，如我钦佩的颜元及近百年最有功绩的曾国藩，都能本着农家的工作方式去勤劳。我幼年的环境只是小都市，没有接近旧式的农，也没有看过新式的工，我所过的生活只是在严家的学校，工作方式已是离生产甚远。后来到美，又只是学校书本生活，养成小市民的意识形态（并且是美国式的）。

结果是在美比在中国生活"合式"，舒适。

过的生活，只在工作要人说好。生产的自依，和持久，和秩序，和出品的责任——这一切的习惯我都很薄弱。

现已过四十，还能改习惯吗？自知短处，至少可以不自欺欺人。

工作方式以外，还有情感形态。时而束缚，时而浪漫；时而自己高兴骄傲起来，时而又畏缩得不敢有丝毫自信！

这样远离实际生产工作习惯的人，一方面不能有出品，又一方面不能有创造。

在小范围内，也许可以做一点小巧的事！小市民的出路不过如此！

＊＊＊＊＊＊＊＊

晚

自己无决断力。很容易受一时环境的影响——别人的言谈，以至于颜色，都能支配我！所以根本就没有独立的力量！

什么事都不能决定——左怕右也怕！

明早到北平去。天热也可以去。

看别人的成功——好薪金，好住处，有著述……自己容易起妒心！

其实，各人的兴趣不同，各人努力自己的工作，想同别人比真是卑贱！

胸襟太狭！局量太小！不怠——太懒了，一天一天空过，只动感情，不能安心工作！奴隶！弱者！傲而又量小！这类人一定没有什么成就可言！必须下决心！病深了——能救吗？

[八月] 六日

本相今早去平。迟疑不决。以后决定下午车走，上午可以写信。但是上午又空空过去，只于看看报跟杂志。

延迟成了致命的病！需要心理治疗吗？

懒！不怕失败，也不怕人轻视，……就是懒的动不了！该死！

（懒不如自杀！）
冲动互相取消力量——所以结果就丝毫不能动了！

必须打出一条活路！

丁、蒋、何等在《独立》发表文章，其实也没有什么高明的见解。不过他们敢动笔。想在中国作人，必须有文字运用的能力。

就是不能动！有什么治法？想不出法子来，恐是神经要大受伤。或者会疯的！

* * * * * * * *

各方面都要好是不可能！不一定大家都用一样的方式来应付时局！中国问题也不一时全可想出办法的！

下工夫增长自己能力——也是一种应付面前的方法。不要照顾方面太多！不求急效！自己的短处不怕公开！

[八月] 十日

在北平住了三天。见了几个人——都没了什么特别新见解。

自己感觉本领太有限。以往想得名望，只是欺人！投机成份不少！今后真要好好努力。不用力而想有好名誉一定走上做假一条路上去。

必须真诚地努力。懒是一定失败的。

* * * * * * * *

时局到了危急的阶段，在这下几个月内一定不能安宁。世界的局面也要日趋尖锐化，大概战争是不远。在这样世界与中国的不安之中，想作完全闭门不问外事的教育工作是不可能的。

南开的学生来自小康及商家的居多，我们所享受的安逸离开民众生活太远。我对于民众虽有同情，但还没有具体的表示。自己生活方式还是从西方中产阶级的享受方式得来的。

非常时势必须有非常方法去应付。旧时代的人物（B. 在内）只能消极。等候是待亡！四十以上，在社会上已有地位的（如胡适等）都没有新创造力，所以不能依靠他们。

我虽已四十，我还愿意与青年一同来想新方法。多与青年接近，不是投机！是一同求生路。

对于旧的一切都可牺牲！

[八月] 十一日

喻拟出《年级辅导委员会办法》。文字的便利是我非常羡慕的，也是我所不能做到的。

何、张来中学讲演《社会科学大纲》。何是有野心的，他很能利用机会扩充自己的势力。

我不可生妒，只应就自己所能，努力奋斗。自己实在没有真学问！并且少毅力。只有小机警，小聪明！

在美讲演不过为钱！不算是什么真工作！近来 Feeknis 寄来的讲员人名，看了以后，就觉出这一般人都是骗美国钱的。这种事使人格降低！绝对不可依靠这样工作为将来出路。

现在中学教育的研究——特别理论的探讨——是我的工作。在这方面，努力找出路。不怕人的批评与轻视。自己所短所长都要清楚。用己之所长补己之所短，如此，诚恳地，坚决地，奋勇地，做下去，将来一定可以有相当成绩。

以往的骗人要根本改过！实在没有做过真工夫——敷衍已成习惯，懒惰毒入骨血！将来真是危险！

谦虚是当然。勤劳是自救。紊乱是试验我的勇气与精力。

读毕士马克①小传，藉以鼓我的毅力。

* * * * * * * *

只有十天就工作开始了。昨天写了两封信，今天再写几封。

* * * * * * * *

---

① 即德意志首相俾斯麦。

（1）为青年求出路——一个学校应当负责。

分析中国现在的需要是求出路的一样手续。各种方案——如 C.P. 的，梁漱溟的，陶希圣的，《再生》的，《独立》的，等等——我们都要明了，批评。自己也要有一个主张。这种主张至低可以说为临时教育工作用的。

对于这个问题——也可以说是理论的探讨的工夫——我是要特别负责的。

我要用心读一切关于中国问题的文字。

我现在的见解偏于 C. 主义的较多。但是还要往深处研究，还要将探讨所得用文字发表出来。

读书，讨论，批判。——这是研究的方法。

不用迟疑，也不应蹰躇。有的工作可做，应做。不怕学问根柢浅陋，利用已有的知识和见解。

＊　＊　＊　＊　＊　＊　＊　＊

（2）应付国难——如果平津被侵占，青年可以做些什么？

一、组织游击战——如何与民众接近，如何训练军队，如何秘密联络，如何用清楚的头脑分析环境，如何决定志愿争政治的自由。

二、加紧预备最低限度的知识技术——如国文的达意技能、现在的世界大势、中国社会的大概分析、简单实用的科学（如医药、卫生、食物、交通、武器等）。

三、练习自己组织——不能依靠先生，现在听先生们的话，将来就要听敌人的话了。提倡奋斗，但必须为大众，不为个人。在合作之下，鼓励领袖的发展。知道组织群众的心理与草拟章程的技能。如何发言，如何主席，如何讨论，如何选举，——这些要有速成的训练。

（开学高三学生作野外夜宿及远步行的练习。日本兵在我们近邻时常作战练习，难说我们还贪安逸吗？）

课程时间表还可利用，但是课程内容要赶快国难化！

＊　＊　＊　＊　＊　＊　＊　＊

（3）至于教育技术的试验，因国难的关系，要重新订定各种技术的缓急。工厂生活可仍提倡，这可以给学生一个印象将来平定后教育应走的方向。其余新试验如健康训练、社会学科的新教学法等，都可在应付国难上现出他们的特殊效能。

＊　＊　＊　＊　＊　＊　＊　＊

这是我的三种工作。努力做去，可以忘了别人的批评与计算，更可以忘了自己的弱点与畏缩。

聚精会神的，创造出国难期间教育工作的方式。

（创造国难教育工作新方式。）

* * * * * * * *

大学戏剧班——比较离国难工作稍远。我们对于西方戏剧——及一切文艺——应取什么态度？这也是值得研究的。

教这一门功课可以给我多一点文艺方面的兴趣。

* * * * * * * *

可做的事正多得很！那怕将来无成绩？

做一种工夫倦了，换一种去做。有工可做，就是最大的快乐。

（在工作里找真乐！）

[八月] 十二日

昨晚李、袁从北平来。

谈时，我说出国难中之特殊教育设施。说到南开新课程时，不免有言过其实的地方。同着人，因为要得人的赞许，最容易说得太高兴——这是我的性情。真有计划的人应沉静不多言。只说已做到，或必能做到的话。

* * * * * * * *

国难应付——加一条：

四、外交的形势——知己知彼——研究的对象：日本、苏俄、美国、国联。预备有人讲演：傅[①]讲日本，我讲俄（与美），徐敦璋[②]讲国联与美。

* * * * * * * *

战术、外交——高三、二用军训练与社会作业钟点。

组织法，科学知识——各年级都应注意，可按程度分配。

* * * * * * * *

早后战争不可免。日俄都加紧预备，我们自然应当预备。飞机，毒气的防备练习，浅近医药的 First Aid[③]，野外卫生，一切消息传达等都应注意。

如此，教育可以切实些。

---

① 指傅恩龄。

② 徐敦璋，时任南开大学政治学教授，著有《国际联合会与国际纷争》。

③ 急救。

＊＊＊＊＊＊＊＊

现在教育实在没有出路。毕业后，只可升学。升学毕业后又怎样？

造就些什么作品？必须能牺牲物质享受。希望有些高材生可以作：一、革命的职业家，二、职业的革命家。

不再供给吃闲饭的政客，资产者的奴隶，帝国主义的媚妾。我们要造就新局面的打开者与建设者。

这样办下去，早后要失去我们的财源。新南开必须要用最省钱的方法，将来被迫到内地后，还能继续工作。

＊＊＊＊＊＊＊＊

我们办事人比多数南开的家产低。又加上我们的觉悟，我们应当做学生的革命领导。在我们的领导之下，一定不能有统治与被统治的意识产生。我们要领导学生作民族革命。我们的敌人自然是帝国主义、军阀、官僚，及一切轻视及毁坏我们民族独立的人。

（不怕学生来自资产与小资产的家族。他们有闲暇，可以能〈做〉过渡时代的领导人材。革命在这个阶级很要利用这般人的。）

旧的升学教育——南开做的还算有成绩——我们认为是一条死路。

我们的新生路是造就革命的职业家与职业的革命者。

中国必须走一条新路。

＊＊＊＊＊＊＊＊

明早与张、曹讨论团体组织辅导办法。

如何应付学生会？

一部分学生对于学校教职员有敌视的态度。你无论想什么方法，他们总以另有用意——要干涉他们的自由，或是要分化他们的力量。他们自认是革命的前锋，认先生都是不革命的，并且有帮助统治阶级的嫌疑。

我们如果不去管他们，不去想如何改良学生会的组织，让他们自由活动，他们也闹不出什么事来。我们所虑的只是少数人操纵，而在出版物上写些不负责的批评与谩骂。

我们怎样产生一个团体合作的意识？

有人批论着，有人骂着，就〈究〉竟作事容易不高兴。至少在学校内怎样可以统一意志？

（统一意志。）

从目标入手。

什么是我们的目标？久远的与近前的？

由新拟定的目标，去想新组织法。

我们也必须先自问：我们是维持现状的吗？我们是偷安的吗？我们是妥协的吗？我们是敷衍的吗？我们是认改良主义可以有效的吗？我们是看见时势要变而想假冒时髦而投机的吗？

如果我们是有诚意想改造环境的，那样我们的主张是那一派？为什么不加入 C.？是与陶希圣同见解吗？

教育想离开政治是不可能的。我的主张就〈究〉竟是什么？

没有一定主张，只是骑墙与看风头不能统一一个团体的意志。

（骑墙不能统一团体的意志。）

* * * * * * * *

有了专强的主张，然后再制定组织方案。

如果我们没有一定的主张，将来一定没有我们的地位。

我们有了主张，以后必须与不同的主张去争斗。与人争斗时，一定不怕人谩骂。有了自己的主张以后，自然必须舍离要人说好的虚荣心。

（必须舍掉要人说好的虚荣心。）

* * * * * * * *

大多数学生只是贪玩，对于国事不闻不问。这些人我们必须换〈唤〉醒他们，使他们有时代的意识。

先生们的意识也大多数是不清楚的，革命的是少数。既然想利用这个学校做我们社会改造革命的工作，我们就必须训练这些先生，统一他们的意志。由先生们再传到青年。

必须先分析先生，认识先生。然后组织他们，给他们日常斗争的工作。

* * * * * * * *

一个学校虽是不大，但是如能组织得法，适应一个时代的需要，也就是解决一国问题的小缩影。

做好了，不是一件小事。必须明了全国大势，民族心理与世界的局面。在学识方面至少也不能落伍。

* * * * * * * *

结论：对于学生会不取消极的应付，而取积极的团结。所以先要决定主张与步骤。

（对学生会不取消极的应付，而积极的团结。）

[八月] 十三日

我们可以 C.，但仍是仿效。就〈究〉意我们的民族性与俄民族性不同。必须先认识我们的无产阶级。我们能有俄民族那样新兴的气概与魄力吗？我们的物质天产远不如俄那样丰富，人数又太多。中国问题不是简单仿效可以解决的。

* * * * * * * *

青年性的问题也当注意。

* * * * * * * *

下午

早与曹、张谈。

在这个时代，政争日渐剧烈，政治的恶习要往学校里进攻。

我没有政治手腕，更没有应付阴谋的耐烦。在这种狠斗中我太幼稚太软弱。

我的意志不坚强。不能为 Monomaniac①，不能坚持一种意见。看见各种见解很容易受［影］响。

与曹、张谈，我还是犹疑不决定的。以后张坚持"研究"的态度，不能表示任何政治上的具体主张，我就说到我的"现代能力的教育技术"。

张在中国的经验比我广，也有决断力，只是学识浅。他很有可用处。

我的思想并不"冷"，容易受环境支配。"要人说好"是性格中的基本弱点，怕人骂也是因为这个。

* * * * * * * *

孙子文死去。B. 感慨，想身后事。对于时局，他看不出出路来，所以近来很消极，很不高兴。经费实在是问题。张学良为南开总算是出力。政治局面变后，那笔补助费不知能否继续。不从政府想方法，私人的财源在这个时候更靠不住。无怪校长消极。

南开的将来依靠什么财源？

中学或者藉着现有的设备，可以维持下去，但是学费也不可靠。如果初中人数多，高中人数少，也许可以小补。但是在下三年内是办不到的。

在三年之内，大概要有政治的大动摇。我们内部一致是我们的强点。团体上有中心，并且有长久的历史。全体教员也要用力团结。

* * * * * * * *

---

① 偏执的人。

到了没有钱的时候再想方法吗？做一天是一天？有什么方法可以办没有补助费的学校？这样同事人到那里去吃饭？根本还是饭碗问题！要谋吃饭，同时想做一点为民族求生存的工夫——眼光看得清楚，不要空唱高调！先生们是来谋食的。南开向来不欠薪，所以对于办事人还能合作。

我以前"空想"，从今后要注意实际人事。所谓名誉是空的，事业是满足个人的领袖欲，一切理论只是手段。为多数人谋饭吃有事做，就有人随从你。佩服不佩服，批评不批评……都是上层的，当于努力的时候千万不可过问。

［为人：（一）谋饭吃。（二）找事做。］

* * * * * * * *

教育的技术是我的本领，也是我的职业。我要求职业的革命。同时不可忽略基本的实在：给先生与学生谋饭吃，找事做。所谓革命的在谋食的方法与做事的路子。

* * * * * * * *

在中国可以施展我的教育技术。南开这个团体有它的地位、财源、同事人与设备——这些有的可靠，有的不可靠。运用这些工具，看你可以做出什么事业来。

自知：国文不应用，与人接洽不耐烦。再有意志不坚决——这是主要的弱点！

八月十四日，日

昨夜没有睡好。白天运动太少。身体必须健康，然后精力才可充足。合宜的运动：走路，自行车，网球。

下年在大学任课。星期二（下午 2:30 至 4:00），五（2:30 至 4:00）。下班后作运动或走路。

中学各会议：辅导——星一。（五时，会后聚餐，喻、华、章、伉、孟、陆，这六位也出席。关、王。请喻主席。）

事务——星一上午——女中，小学。预算委员会——星六上午，每月一次。

办公室：星一、三、六（九至十二），视察工厂，讲室，广开。

星三——下午，2:30—3:30，高一，女高，集会，广开，或工厂。辅导会及全体教职会，在星三下午五时。

集会：分组，高三、二，高一，初三、二，初一，我轮流每周一次。

社会作业：高三，我参加计划及实际工作。

自己工作：星一下午。

星二，上午——下午教课，运动。（教课每次上班一小时半。）

星四，整日。（有时有集会，2:30—3:30，高三、二。）

星五，上午——下午教课，运动。

星六，下午。

星日——野外，全家同游。运动。

自己读书要有计划。目的在理论的探讨与文字的发表。

* * * * * * * *

开学后，学校生活第一月特别注意：一、健康习惯，二、团体组织习惯（包含原理与练习）。

* * * * * * * *

全校师生三大工作：

一、教育技术的试验。（教学两方面一同努力，课程的各种试验。）

二、国难的应付。

三、生活习惯——健康，团体。（各方面都同时注意这两样。）

* * * * * * * *

集会很重要。用得要有效率。

与学生认识必须有共同工作，空说师生合作有害无益。找共同的事去做，不用说师生合作的话。

讲室的空气必须改向共同工作路上去。一切都是共同的，师生间自然无隔阂。学生会只是"果"，不是"因"——如果是病像，应研究病源而施根本治疗。治标只是临时的补救。

先生们要青年化，然后学生可以接受经验的辅导。

"青年"不只是年岁的关系。许多青年有老气！

青年的性格应具下列条件：（一）动机纯洁，（二）勇于试验，（三）虚心学习。

[八月] 十五日，一

上午与张、曹谈三小时。讨论问题：生产技能与青年出路；辅导技术（青年精神、共同工作、多做少说）；出版问题；膳食问题。

订十七日上午辅导干事谈话，廿日各年级辅导主任及干事会议。

* * * * * * * *

本学期新设施：

一、工厂[印刷，木工，铁工，陶土，编物（工艺课程工作）。豆乳，烤食——计划中]。

二、广开试验区（小学，高三社会作业）。

三、高一新课程（先生学生共同工作精神，读书室，自治练习，年级会等。特别注意"试验班"）。

四、初一新课程（注意点与高一大致相同）。

五、辅导办法（详细办法见前）。

六、健康训练（教职员的健康运动，学生中的各种注意）。

七、国难中的特别工作（四项，见前）。

八、理论的探讨（与教职员共同研究，各种研究会，读书会）。

* * * * * * * *

以上八事，我要特别负责的。在中学所谓办公的是专指这八事而言。每事也要限制范围，规定步骤。事有负责人，我只任试验指导。

（中学办公：八事。）

我在教育试验上必须有文字的发表。写出来就是我在学问上的出品。集散文字成一本书。观点定后，可有有系统的著述。在办事以外必须有文字的出品，然后影响可以不限于一校。如果见解真能深远，影响也可不只一时。

（文字著述可使影响不限一校，不只一时。）

生命努力在此！

* * * * * * * *

如何能有文字的发表？

不怕现丑。多记字与词——我的词字不够用。耐烦——自己常动笔。我不是没有意思，实在是不耐烦！连写信也不耐烦！

所谓自己的工作就专指写文字而言。

（自己工作：写文。）

固然，文字包括中英两种。

[八月] 十六日，二

八事中，高一初一课程喻负责，健康训练章负责，要我特别注意是在其余五事：工厂，广开，辅导，国难，理论。

* * * * * * * *

上午与陆、唐谈。广开小学订十月招生，十日上课，十七日行开学礼。

* * * * * * * *

每月有使全校注意的事。

九月——国难特别工作，"九一八"纪念。

十月——周年纪念日，各工厂及广开实试区开幕。

十一月——音乐演奏会。苏俄革命纪念。

十二月——一艺会（或在年假后）。

学校也是一种群众。群众所能高兴的只有"面包与 Circus①"。

墨索利尼说"群众像女子，佩服强有力的男子汉"。他还说领袖在他们面前要表演戏子的技能。这两句也是别人常说的，大概为大众领袖的都发觉过。

无论思想有没有过训练，在大众中都不免受群众心理的影响。

全学校也是一大台戏，我是导演。

* * * * * * * *

昨天写了四封英文信。在二三日内旧债可还清。以后每星期必有一天写信。

* * * * * * * *

不能有恒，还是天生精力关系。但努力操练，精力必能增进。下午作一种运动。

[八月] 十七日，三

上午与辅导干事讨论年级辅导委员会办法。明天再谈一次关于工作分任的细则。

辅导问题是最容易使人厌烦的。开学前筹划完备，开学后必能应付自若。

* * * * * * * *

下学期各种新设施必须用文字写出向全校职员学生及社会说明意义

---

① 热门场面。

及解释疑问。如有批评，必是因为我们没有陈说清楚。我预备几次讲词，向职员学生说，以后在本校刊物或报纸杂志上发表。这是我最重要的职务。

史先生回校后，可以试验我说他写的方法。我先想出大纲然后对他慢慢说，他可以写出。这样可以比我自己写得快，并且也可省去我费力想生字写法的困难。

* * * * * * * *

昨天写了五封英文信。今天再写几封。

晚间吸烟不可过多。吸多了，睡不好。

* * * * * * * *

教员不负责的很多，都为个人利益想。到现在曾签过合同的还有辞职的，团体的精神必须由我们去养成。这样过渡时期，个人主义非常盛兴。找合作的人必须自己造团体。如果我们有一种精神团结，别处虽有较优的待遇，大家或者也可仍不他就。应注意的：别留下只是别处找不着事的！虽然要提倡精神，物质待遇上也不可忽略。人——多数人——只是为自己谋物质利益的。不可被惟〈唯〉心的迷梦骗了！

* * * * * * * *

十七至廿日——辅导问题——给孟和信——工厂工作。

廿二、三——新教员谈话。

廿四至八——全体教员会谈。（《本学期新设施》至少写出大纲。）

* * * * * * * *

三时至五时，用在研究辅导问题。五时半去运动。

[八月] 十九日，五

戏剧又来要求注意。教书不是随便可以办到的。

当于注意一事的时候，我不喜欢他事来扰我。只于办事我不满足。只于教书，现在的局势又不许。统一精力惟在研究中国现代变迁的意义，表现于学校与戏剧两方面的。

我是哲学者——生活的意义是我研究对象。

我是艺术者——学校与戏剧是我试验的范围。

这样的分法，怕是努力领域仍然太广泛。

其实可以不必过于注意努力对象的界说。我有我的兴趣与能力，一时的环境有它的机会与求要。我的生活是在一时环境里表现我的能力就完了，管他普通学问与事业的分类！

自己想得心安，还在少管别人的论调！

不过应做的事还是应当做。

＊＊＊＊＊＊＊＊

昨在大学打网球半小时。身体还可支持。

[八月] 廿日，六

辅导到现在还没有约定。

这时候学校的难题有下列几样：

一、政治的不安定，社会各方面都在崩溃动摇。

二、教员没有职业的兴趣与责任，别处有较优待遇虽有合同也可随时辞去。

三、学生旧习很深，又加上少数人认学校为敌人。

四、教员除教课外不负与学校合作的责任，并且受过职业训练的可以说是没有，所以我们必须自己训练。

＊＊＊＊＊＊＊＊

在我个人也有我的短处：一、兴趣不专，二、不愿将全时间勤劳在中学里，三、国文不便利。

[八月] 廿一日，日

中午事务会议，决定下年各会议时间及下二周日程。大机器的各部联络及负责人大致已定好，以后在运用上努力。有机器后，注意原料（即学生），工人的工作及出品的成色。

出品的应用与否要看分析社会需要的眼力如何，这样政局及社会状况不容我们安于现状。我们势必取革命方式——即必须打破现状，建设新局面。工人（即教职员）必须有统一的意志与调和的步骤。策略的责任与机会是我的。

九月五日第一次集会——与本月廿四日与教员谈话——在这两次要说明"下学年的新设施"。廿四日说的话如能写出最妙，九月五日的讲词也预备发表。

＊＊＊＊＊＊＊＊

在中国找饭吃是现在最难的问题，大家争地位。何廉是一个争地位的人，不顾一切旧道德。我要有自己的真本领，必须拼命工作。我有机会可以造就自己，千万不要自大，或是松懒！一天每时间都要努力！

我不是弱者！只是没有与人打过脚〈交〉手杖〈仗〉。免不掉"少爷""名士"派！其实我是穷光旦〈蛋〉，必须自己打出天下！

骄——也娇！不够坚固，不够硬！只有见解，没有坚决，不能成功！

现在，中学我必要把它办好。国文必要能达意。成绩在我的毅力。

（毅力。）

练习翻译。多看中文书。

[八月] 廿二日，一

七时起床。从今天学校工作开始。

九时，小学；十至十二，预备讲词。一半至三，讲词。

下午三至六，招待新教员。

[八月] 廿三日，二

昨夜写出"力心同劳的教育"的草案。

有了目标，下一步是推行。同事人未必明了。我不求谅解，更不希望赞许。要运用一切——人与物——去实现目标。同事人（自校长以下至校工），物质设备，学生，社会财源与心力……这些都是为达到目标的工具。

你们不喜欢，我就退去，那是娇嫩的士大夫身份自傲！成年的工人不取那样态度。学列宁的专一与毅力。

＊　＊　＊　＊　＊　＊　＊　＊

既有革命的决心，又有前进的目标，步骤应坚决。"宁紊乱勿将就。"但不可暴躁。内心坚决，外表镇静。

多年的旧习，不革命不能刷新。教育的办法要刷新，自己的生活方式与工作习惯也要根本革命式的刷新。旧的是死亡的路！

[八月] 廿四日，三

今天与全体教员谈"本学年新设施"。

多做少说。喜怒不形，得失不惊，——无论如何，可以少形少惊。

近来有几位对于庶务课表示不满——膳食、电灯。其实小事。他们在宿舍的生活本不自然，偶有不适的表示不足为奇。并且在这个时期，谁也不能完全安逸。在同情之中，引导他们走向教育革命的路。选择其中的觉悟分子，统一意志向目标进行。

所谓雇用与被雇用的分界，也是很自然的。如果合同有效，可以有一部分延长年限为三年。经济合作上也可试行。

所谓职员与教员的感情融洽，也要想方法。

* * * * * * * *

晚

上午教员到的有十之九。我说得很高兴——只能说不算什么本领！必须能推行。难题必须一一的想出办法来，并且在每日实际工作里表现出我们的目标。

下午与喻谈，高一试验班的教员已拟定：国文——关，英文——史，算学——李，社会——吴，化学——郑。

这五位都可称职，并且也有求进的态度。我在这班上要特别注意。国文，英文，——根本改造。其他三门材料与普通班学的大致相同，但教法不同。

这是第一班实验"力心同劳的教育"。教材与教法正给我们作实验的机会，因为每课都教两次。一周教过，下周再教立刻可以改良。我可以到班上去旁听，下班后与教员讨论。

* * * * * * * *

读完列宁的《应当做什么？》一文里关于组织的一节。思想真深刻真清楚。真是大策略家的筹划。

他主张党应当是"职业革命家"的组织。贵少贵精。要专门以革命为职业的人，不要 Amateur①。（在中国教育里少的正是以教育工作为专门职业的人。）

教育事业与革命职业有不同之点，打破现状是革命家的工作。教育工作者的职务是造就人。政局不改，教育不能收最大的效力。是不是应当先去做政治革命，成功后再办教育？政治革命者是这个阶段中最需要的人材吗？现状中允许我们做教育改革吗？固然可以试一试看。中国实在还是少有现代能力的人。

我自己是要专心在教育事业上，终身不变吗？也许有转入政治革命的可能吗？如果加入政治活动，C.P.比较相近。

……不知 C.P.有方法改造中国人没有。

---

① 业余爱好者。

今天已经宣布教育改革的决心。打倒旧制，铲除士大夫恶根性，创造力心同劳的教育，接近劳苦者，换消耗的观点为生产的观点。

必须从我自己先改造！专心做新教育的领导者。

如有政治上的阻碍，迫我非先做政治革命不可，那时再决定。

* * * * * * * *

本学年如有 C.份子在校活动，可以指出他们的"中国性"。

如有风潮的鼓动，也看他们是否真有现代的眼光与本领。

在我没有加入政治革命职业者的团体以前，我自然有我自己的立场、理论与策略。如果 C.P.来扰乱，我也要有我制止与预防他们的步骤。

万不可骑墙——将来两面都不讨好。在我没有改主张之前，我要本着我已定的目标努力推行。如有人与我辩，我是非常欢迎的。我现在有我的见解，有我的办法。

* * * * * * * *

我们与理想的职业革命者——如列宁——有同样的：

一、清楚的头脑。深刻的理论。

二、为劳苦大众谋利益——不止是改良主义的救济慈善，还要预备他们夺争政权——工作在教育他们，组织他们。

三、精密的组织。

四、周详的策略。

五、长久的训练。

六、坚强的意志。不怕死。

* * * * * * * *

我实在一点也不认识中国的无产阶级。

我还是偏重在从学生中造就中国的新领导人材。我看出旧的教育方法是错了，所以现在要创造力心同劳的教育。我还是希望从我们造就的学生里可以出来真能改造中国的人。

但是这样做去，收效至少要在十年以后。那时是什么情形现在很难推测。

政治革命立刻急需工作者。也许十年以内中国可以用 C.P.的组织打出一条生路来。也许因为 C.P.的中国人没有现代能力，他们不能成功。（中国的职业革命者与无产阶级都是"中国人"。）

我们现在做教育事，我们虽然不是决定的认为 C.P.份子都脱不掉中国人的旧根性，但总有些怀疑。并且多少怀疑中国革命在十年内可以成功。

＊＊＊＊＊＊＊＊

以上是假设有理性的推测，不是在这里苟且偷安。不是用许多新花样麻醉青年使他们不参加革命。

我们很应当自己分析明白：我们是否贪现在的安逸，舍不开现状给我们的利益？（我们现在有领导的地位，加入政党我止〈只〉是一个学徒。）

欺人结果只是自欺。

同时也不要失去自信。看到一步，先做这一步。

我实在怀疑 C.P.革命在中国十年内可以成功。

我还怀疑 C.P.份子已有现代能力。

如果十年内，C.P.革命不能成功，中国要到一个什么样子？K.P.会复兴起来统一中国吗？要由蒋独裁吗？要被日本征服吗？要成为列强瓜分的局面吗？要由列强共管吗？

十年内，日本是我们的最大问题。

K.P.如果不能抵抗日本，C.P.或者可以乘机而起。

蒋个人怕是没有统一的力量。一切胆怯的国会民治论者更是做梦。

C.P.中国份子没有现代能力，俄人（有思想有经验的革命家）可以参加指导。

K.P.改组后的成绩实在依靠俄顾问。俄顾问退出后，K.P.又回到完全为中国人的根性（或者叫幼稚性）所支配了。

在最近期间内，中国人不能把中国弄好。这个事实，许多中国人已经默认。既然必须外族人来支配，那末比较的，俄人比日人美人或欧人都稍好些。

民族的旧习惯实在太深了！到现在又加上外面强敌压迫，自己很难自拔。

中国中部的 C.P.活动，后面用第三国际的名义，早有俄人指导。

现在的世界也许不容我们有狭义的国家民族观念。但是一个民族还是要有一点自重，然后人民才能尽量发展。

先要努力要求民族自己去做去。实在必须受外人指导时，C.P.的俄人或者较好。然而我们始终要维护民族自重。

[八月] 廿五日，四

继续读列宁。

他所写的《尾巴主义》《投机主义》与布尔乔的《知识者》我觉着都像是对我说的。

我只随着革命的潮流的后面——尾巴主义。

我看出旧势力旧制度都将崩溃，所以我要提倡力心同劳的教育，要办广开市区试验接近劳苦者——投机主义。

我的意识不过只是"自由主义""改良主义"，不敢大胆的去鼓动无产阶级，不敢直接组织大众去示威去要求反帝抗日——这只小资产阶级的知识者表示。

C.学生骂我麻醉青年，因为没有胆量表示真与革命者同情。并且胡、张的案子证明学校是与统治者的公安局是狼狈为奸的！还谈什么革命来骗人！

我也只是抄袭些新名词，用来漂亮而已！

不能再骑墙！

如果我是革命的，我不应制止与防备C.学生的活动。指出他们的"中国性"与幼稚性那是应当的。

对于校长的压迫态度，到发暴时，我要明白表示反对。

＊＊＊＊＊＊＊＊

我的政治教育实在非常有限。中国的社会我就根本没有接近过，中国的人情世故我不明了。政治的实状不是看几本书可以清楚的。

我能在此自由唱我的高调还是因为在校长保护之下，不然校款从那里来。自己不要太自唱高歌！还是不能完全独立。

我以为可以利用此地的一切的人与物为我达到目标的工具。小心自己不要被人利用了！

见解，主张，必须清楚坚强。能独立，能不怕，然后一切的空话才有变为实际工作的可能。努力吧！不能自欺！

（独立，不怕。）

[八月] 廿六日，五

小不顺适的事不值得放在心上。看清目标，然后一切障碍自然不能扰乱前进的心绪。

不以说了为得意。必要推行到实际工作。

今天说了第二次话——团体生活训练，到的人比第一次少。将来写出讲稿送给全体看。

毅力强的人用各种方法，非达到目的不止。

[八月] 廿七日，六

昨夜写出《教工团计划大纲》。本想定的是不与人谈。以后在办公室与张、曹两位客人说出大话来！好豪语！

张暗示我道："K.P.说了许多大话——如党纲，三民主义等——人人爱听的。后来不能兑现他们开的空头支票，所以人们恨他们比恨旧政府还厉害！"这是批评我说大话。

我实在有以大话自傲的旧习惯。"言过其实，终无大用！"

* * * * * * * *

高三唐，高二孙已表示恐怕时间（辅导主任每周八小时）太多，他们忙不了。辅导办法以后还有别的问题。

一件事说的时间觉得高兴，不能就算办了！每天都有难题。

* * * * * * * *

大话——空话，欺人以自豪的话——自然应当力戒。然而如果有特别见解，也不可胆怯就不敢说了。至少可以先写出来为自己待考。

说大话的根本动机是求得人的赞许。还是被环境支配，不能完全独立。

话不为求人赞许说，不为出风头说，不为露聪明说，不为表功劳说。

话只为定政策说，为指出前进步骤说；有详细办法而后说；说完必可实现，必使之实现而后说。

* * * * * * * *

新事已经宣布的不少了。以后要耐烦去推行，使这些支票都能兑现。

* * * * * * * *

改良主义是根本胆怯的，事事照顾现有的状态及稳健的步骤。一方面要维持现状，还一方面要勉强不落伍——所以就不能根本刷新。社会变迁还是而量的而质的。量的变是渐缓的（是改良式的），质的变是突然的（是革命式的）。中国的教育是快走到质的变的时期了。当于我们一面照顾着已成的形态，一面努力改进的时候，还不可忘了将有质的变到临。

我今早写的《中国现行的所谓教育的三大致命伤》不是大话，（如果不在人面前自豪。）也不是空话，确实是有见地的。不过在发表之前，要想定周详的策略及精密的组织，去推行实现我的理论分析。

辅导办法的小难题不算什么。学生自治的琐碎也不值得生烦。中国的教育要根本从质上改变一过。大、中、小的制度，课程学科的意义，大众实际生活中的需要，社会前进的路线，等……一样一样必须批判一过，并且还要想出具体的推行组织来。

* * * * * * * *

晚

万家宝来。我与他长谈教工团计划大纲。

他的总评是我们必须有深刻的理论，不然我们抵不过别派的攻击。这话是很对的。我向来是喜欢以一两次谈论取得人的赞同，并且没有费过长时间的力气将我的思想有系统的写出来。必须先加入论战，然后思想才能锐利，才真能得人同意，才有组织的基础。

我的话还只是短时间兴趣的取得人临时赞同的工具而已！

必须下深功夫。只说说得意，真是小资产阶级的知识者的自豪！真是空话。

列宁在加入活动前，早有富足的知识。并且他不断地努力作有系统的探讨。他的权威是这样得来的。

世界真有价值的东西，能延久的思想，没有不费力气得来的。

[八月] 廿九日，一

今天下午第一次辅导会议。日程已备好。开会时，我少发言，鼓励大家多说话。说话的人多，负责人也多；发过议论的自然觉着他在办法中有过一部分的参加。

试一试大家负责到什么程度。

* * * * * * * *

上午与陈松泠谈。中学学生不能期望他们太高。我们只诚意领导——有理论，有步骤，有努力的榜样，——一定能影响他们。

****

辅导人必须能对学校设施有真确的认识坚强的自信。自己不自信，学生如何能信？全体教员本应都如此。第一步，先得辅导诸位的合作。

[八月] 卅日，二

学生会是上年留下最麻烦的问题。雷与校长不能解决，也不知如何解决的。他们的态度先分析一下。

雷的职务繁重，一个人的精力有限，所以他只能应付，不能有创新的领导。如果没有九一八的事变，他还能应付过去。九一八给急进份子一个鼓动的机会。雷知道前进很难，所以往青岛去了（那面也多收入）。雷本来不能创新，希望他维持就不容易。

校长是灵敏的。他对于学生不免用压制，也因为不常与学生接近，不明了现在学生的心理。风潮起后，学生不服指导，他用辞职的方法使他们觉悟。学生转弯了，但是学生会的章程修改后经校长许可了……以后的难题留着待我回来！

我到校后，一切情形不清楚，雷又离去，训练无人负责，——在上一学期对于学生会只作观察与从旁影响。学生会组织起来，急进份子（如徐、胡、张）得操纵其间。出版学生独立，并被利用为宣传品，谩骂批评讽刺学校办事人。以后胡、张补〈被〉捕，强迫离津，一时空气转移。最后临放假前，陈、马等在学生会执委中占优势，孙会闿被排挤，空气渐变为和缓。陈、马等对于我略能信服。

我对于学生会一直到现在没有一个具体的主张。

在开学前——今明两日——对于这个问题必须产生一个自信的具体策略。

****

今天下午有〈与〉关、唐、孙、张、曹讨论这个问题。

辅导全体会之前，必须有方案齐备。如明日不能开，可在九月二日招集。

****

我当于负责时候，一方面照顾到学生的心理（世界上及全国左倾的趋势），再一方面又顾虑校长轻视我应付的手段太怯弱。其实这正是给我一个表示"独立，不怕"的机会。我自然有我的办法与主张。

我对于一事怕决定。大概因为不耐烦，怕决定错了受攻击。现在必须决定了！"顾惜〈姑息〉养奸"，触网清楚，决断坚强。

（怕攻击！）

* * * * * * * *

"整理旧局面难，创设新局面易。"……这类的话不要拿来自慰。已经负上责任，必须有应付的步骤。

* * * * * * * *

下午

一部分青年心急，他们想直接立刻加入政治活动。他们自认为是有立场的。我们努力的教育工作，他们批评是立场不明，麻醉青年。这是破坏时期，应教学生如何去破坏。一切建设等将来革命成功后再做。无论你如何努力，他们要骂我们只给资本主义者造工具。

我们说，用我们的方法，我们造就具有现代能力的革命者。要用几年，但是中国革命不是立刻可以成功的。

* * * * * * * *

学生会是已成的事实。我们有两条路可走：（一）不理它，让学生们自己去活动。他们要我们帮忙，我们再去参加。有事出来，再随机应付。同时，在组织原则上讲说明白，不叫多数人被利用。（二）在开学之初，积极指导。会章里的毛病讲陈明白。选举手续直接帮助他们。

第二办法，必有一种反感。这是不是给鼓动者们一个机会？如何早晚必有冲突，现在或者比以后好，因为我们各方面都在革新。

* * * * * * * *

晚

下午讨论结果一致主张采取第二路线。

到必须时斗争不可免。张有勇气，但政治意味稍浓。辅导中很少有战斗力。他们多旁观态度——教员大多数意识不与"学校"纯粹站在一个立场上。全校分为三阶级："学校"、教员与学生。教员必须引入学校的团体。一部分的学生也要能团结起。如此，才可以产生统一的意志。

团体有目标，有纪律，有工作。

校长所造的团体是以个人为中心的。同事都是他的学生，他的意思就是大家的意思。现在职员中心还是他造的团体，大家都服从他，依靠他。既服从他的意旨，团体不用什么理论与共同意见产生法就能运用自如。

这个主要职员的团体就是现在教员与学生所目为"学校"的。

以先学生人数少时，及容易受规矩管理时，几个职员足能使学生服从。彼时校长每星期三的修身班也能统一学生的注意与合作精神。

现在学生人数多了。并且学生心理被外面革命思想及 C.P.小组织活动的影响，不服从死板规则，不信仰办学人的理论，所以问题就发生了。

几个主要职员不能照顾到全体学生。各位教员又不肯为"学校"买〈卖〉力气，又加上社会紊乱，理论非常难于统一。这以上三种情形增加了许多困难。

"职员"还能努力；不过，他们事务忙迫（大学，女中，小学都要注意），学识稍觉陈旧（几位管理员特别这样）。

教员自觉是被雇的，职员是管他的。他们对于学生不愿负责；学生如与"学校"冲突，他们自己以为处第三者旁观的地位。

本学年，我想用辅导制度使几位教员与职员一同负应付学生的责任。我引他们加入职员圈里——用加薪与一同讨论，造成一个较大的与"学校"合作的团体。

这个团体是我新设的"中心部"。加厚他们的待遇，有事常与他们商量，经济合作方面也要给他们想利益。知道他们个人的状况（家庭，经济，学业，思想等），鼓励他们长进。

在辅导外，如有特别可造的人材，或自然领袖人才，我要用时间认识他们，并且用各种方法联络他们。

* * * * * * * *

在与有成见的学生份子挑战以前，自己的武器必须备好。

职员是必服从命令的。

各班的辅导如何？他们都明了我的用意吗？咱们教员能有道德的援助吗？

多数的学生能领略我们的意义吗？除有成见的份子以外能有多少为正义斗争的人？

我们的理论充实吗？团体可以用这种理论来结合吗？我们可以引起想急进的青年与求出路的青年加入我们的团体吗？我们的团体是为自己谋饭碗求安逸的，还是为大众谋生存，谋利益，谋夺取政权的？

我们可以试一试有多少青年随我们，有多少随 C.P.。无形之中造成与 C.P.对立的团体。

与 C.P.造成对立的局面，是我心中愿意的吗？

＊＊＊＊＊＊＊＊

群众佩服强有力的。要强有力。我的见解为南开学生比 C.Y.与他们的背后指导者还自信稍高。

取过 M. L.①的思想与精神，我们拿来做，不让外国人指导的 C.P.去做。

先造好武器，以后再挑战。

＊＊＊＊＊＊＊＊

我自己必须愿意多给时间与教员学生接谈。

＊＊＊＊＊＊＊＊

锋伯②可常注意"运动员"。

[八月] 卅一日，三

夜间睡四小时。想到本年学生既大减，我的主张既已实现，我们要问为什么主张人数要少。人少然后可以多认识学生。不招收编级新生也为要认识学生。

人数少了，学校经济受影响。要出这样代价，因为想提高教育的效率。认识是提高的一个基本条件。

夜里想到一点是近来忽略的。只在策略上冷酷的分析，忘了真能感动群众的还必需热诚的同情。

（热诚的同情。）

现在学校空气中少信。教员猜疑职员用手腕，学生猜疑学校不真诚。如何可以立信？

同情是信的基础。

敢信教员，敢信学生，不要常在策划如何防备与制止。

教育工作不是造敌人！

成见深的青年也一样与他们接谈。

中国人本来少同情心。现在又注意斗争与夺取（群众与政权），同情

---

① 分别指马克思与列宁。

② 张锋伯（1900—1985），原名连颖，字颖初，陕西长安人。时任南开中学教员，1936 年加入中国共产党。1949 年后曾任西安市副市长和民盟西安市主任委员。

更薄了。

但是俄人的同情是浓厚的。M. 不为自己（Marx 的分析）的经济的利益设想，同情是革命动机中很重要的成份。所恨的是阶级的制度及习深不悔的人，而不恨大众及个人。

以往"学校"用手段的地方自然有。从今后，大家努力刷新，立信，立诚。

（立信，立诚。）

"不逆诈，不亿不信。"

昨天写的"挑战""斗争"等字，表示校中互疑的空气。成见深的学生是很少数。对于大多数应当同情，对于少数有成见的也应当同情。并且真诚与同情是得群众心的基本条件。

团体应当友爱化。

使暗中策划的人觉得我们的组织是强有力的，但是我们待人以宽以诚。

这样有什么弊病？

当于待人以宽以诚的时候，要增高教员对于"学校"的团结。教员团结是我们组织的真力量。

* * * * * * * *

晚

没有睡午觉。一天忙到晚十时半。精神提起又不想睡。

这几天没有得运动。

明天：

九时——初一新生集会。

十时——女中初一。

十一至十二——见陆、史、刘孚如、曹（高二 3，5 辅导，试验班事）。

一至三——休息。

三至四——休息。

四至四半——国难工作会。

四半至六半——去大学打网球。

* * * * * * * *

二日：

八至十——高一试验班。

十至十二——筹备第一星期各集会。见韩？

四半至六——高级辅导研究会。（详细分析学生。喻、张、王、朱参加。初集下星一开。）

三日（六），四（日）——两天休息，运动。

* * * * * * * *

开学后，要按规定时间工作。（星二、五不到中学。）

* * * * * * * *

大致都有计划。

必须能忙时忙，过后要能放得下。办事人应当能如此。

* * * * * * * *

学生会事一定免不了麻烦。作主的还在我，但前线上已加了新助手——喻、张、关、曹（喻为辅导主任，张为副主任，曹干事）。办公时间由曹、关、张分担，并且高级各班辅导也比较精明，他们也能明了各班情形及认识学生个人。这些人就是我的武器。

初级辅导不甚整齐。只要有办法，高级不出事，初级也必能相当无事。朱必须多鼓励他，使他多负责。

* * * * * * * *

尽力而已，不可希望过高。自己还要长进。勇者不惧。心安气静。

九月

九月二日，五

今天各班上课。

八时与高一试验班谈话。

下午四时半高级辅导会。

[九月] 三日，六

五时半醒。

八时再与高一试验班谈话。

每逢早八时有事，早晨不能安睡。其实五时半起不算什么特别早，只要十时前能就寝。

能办事的人必须能沉气。气有时浮，因为信息不坚——想求速效，一有小波折就怕计划或有失败的可能。患得患失——过于注意一时的得失，不能有大成就。

* * * * * * * *

今年开学前的筹备比往年都周详。各种主要的难题已有相当的应付方法。

军队的操练与军械的准备，已做到八九成的把握。从下星期一正式作战。我在旧生集会中（星一第三时）要宣布全线动员。（决定各集会分着报告，不大作表示镇静。）

* * * * * * * *

作战必须认清目的地，有策略，行动敏捷。不被小拙〈挫〉折动摇。坚持到底。

全校动作都要军队化。教员的训练只是干部的功夫，全体学生是大队，校工是伙夫与随营者。

干部与大队必不能相互敌视——那还打什么仗？

* * * * * * * *

高一试验班是我们的冲锋队。

* * * * * * * *

下星期一宣布全军前进的目的地。（分队报告，或者比大队一同报告，可以使兵卒们明白清楚些。）

军长与士兵同甘苦。爱护每个小兵——学冯玉祥。

＊＊＊＊＊＊＊＊

决定下星期的对学生宣布，不另招集旧生全体，用时间表中之集会钟点。好处很多：一、更动时间使学生气浮——特别在开学之始。二、不使因少数人不注意而全体对于集会失兴趣。三、各年级学生年龄不同，学识不同，说话法应不相同。四、不使学生想我们的新设施有对全体报告的需要。五、不使学生有轻易招集全体大会的印象。

[九月] 五日，一

昨天休息，下午游北宁花园。

七时起。精神不倦。八时到。

＊＊＊＊＊＊＊＊

与人谈不可露精明。给人充满的同情，说话不苛不薄，立诚立信。友爱比精明能吸引人的合作。

（友爱。）

＊＊＊＊＊＊＊＊

今天按时间表工作。

大致就续〈绪〉。

学生会的应付步骤还没有想定，旧执委要与他们接谈，"知己知彼"。

（知己知彼。）

认识必须非常清楚。在星四高二、三集会前，对于选举办法筹划周详。多与学生谈话。

[九月] 六日，二

昨晚与侯熙敬、杨逢春谈。他们没有钱交学宿费，请学校准借费——也可说是请免费。

我想出"自助"的办法：每天做二三小时工，例如豆乳、烤食、织袜等。收入可以供给饮食及零用。

侯、杨对于这样工作方法不大特别勇〈踊〉跃。他们不是真没有钱，都是以前有过钱，现在不能交学宿费就完了。

现在南开的学生全来自富足的家。上到半路，忽然断了经济的来源，他们没有"自助"的精神与吃苦的习惯，他们还是想依靠人——求学校，求同学——想走不费力的路。

学生所可想到的出路还是"为人君，为人师"！为人君是玩政治——加入新势力（C.P.）的活动，但仍是旧观念。为人师，教校工夜校每月得六块钱很容易。或者在家馆里也很容易得钱。

这样小士大夫们值得我们培养吗？小士大夫的教养所！亡族亡国的路！

* * * * * * * *

提倡做工自助，学生只在口头上说不错，他们实在要的是人家给他们钱，最好不出力能得钱！

依赖是士大夫的根性。"为人君，为人师"，都是不费力而得给养的生活方式。生产，他们向来轻视。自己不能动手。

* * * * * * * *

力心同劳——我自己如何？我自己也在这儿"为人师"，吃舒服饭！颜习斋，Tolstoy，——立场不同——都提倡过自食其力。

我能加入生产的工作吗？就〈究〉竟"为人君，为人师"是必须做过生产工作的人才准其为君为师？

我是要推一种的见解到极端吗？

"为师"也是一种工。所以我要办"教工训练所"，组织"教工团"。

"为君"——职业革命家也算是一种为君之道吗？

* * * * * * * *

打倒士大夫！我也在内！为人君，为人师，是不能直接生产的。我能生产吗？

空高只为自傲！以身作则！如不能，就应当恕——同情这个过渡时代的困难。

（恕！）

"不工作，没饭吃。"不是所有工作都是直接生产的。

理想的办法是人人都能做生产的工作，并且有生产者的意识。上层活动，如政治、教育、艺术等都应当建树在生产工作之上。先是生产工人，以后再受政治、教育、艺术等训练。

这种办法在中国的现状之下行得通吗？在南开现在的学生中（来自富足家者大约八成以上）行得通吗？不能生产工作的我来提倡推行，行得通吗？

[九月] 七日，三

今天下午高一集会。预备演讲词。

说话注重同情与立信。诚能动众。策略是末焉者。

* * * * * * * *

昨天去配眼镜。是花眼的开始，人到四十以后花眼渐渐加深，这是自然现象，不能制止的。老年慢慢来了。

[九月] 八日，四

六时醒。

全校要充满了友爱的空气。一切防备与制止，都在不得已时，或对少数几个人，才适用。

有见解——生产的方向，与生产者接近的方向。不再闭着眼去造士大夫。

有团结——友爱，认识，然后组织。友爱在先，策略在后。

这样做去，庶几工作可以有效率。庶几给中国教育——也是给中国民族——打出一条新出路。

* * * * * * * *

用口说后还要用笔写出。发表的习惯要渐渐养成。

* * * * * * * *

晚

下午在高二、三集会只说了"方向"，没有讲到团结，时间就完了。觉着不甚满意。只于分析，容易使听众太偏重批评。下次注重热烈的友爱。

其实说话不是最要的。存心友爱。与学生及同事接洽要时时表示友爱。

友爱可以宽旷胸襟。学生本来都是些知识浅薄的青年，无须有什么防备与惧敌的心理。假设他们有成见，想批评或讽刺或谩骂我，也不过是青年的不了解。我仍要努力领导他们，以友爱的诚恳指给他们前进的道路。

教育工作理应如此。"不厌不倦"一定能动人。孔子的时代与立场与我的大不相同。不厌不倦的态度在什么时代的领导者都应有的。

不厌不倦，不怕批评。

* * * * * * * *

歌德的话可译为："不怠不急。"（为工厂开市，下联配"劳力劳心"。）

* * * * * * * *

对于学生不防止他们，要领导他们——要用力气在积极方面——要走在他们前面。

[九月] 九日，五

下星期开始筹划的事：

一、南开自助社。

二、"生产观点"征文。（国文班作文用此题，可以在班下预备材料。每年级或每班有奖品。）

三、西广开小学。[或名"力心学校"？请王（《大公报》）、俞（及其他街长）吃饭。]

四、考试办法。（使学生努力，不使因小考不及格而失望。已有不[及]格的学科，使早有实习机会。）

[九月] 十一日，日

开学后一星期全校空气大致甚好。

前两月日记中有些理论的分析。今天看 B1 册。

[九月] 十二日，一

墙上发现些粉笔标语。"打倒流氓张蓬春""揭穿张九""要求不交学费""争取择师自由""成立学生的革命的学生会"。

几个有成见的学生想扰乱。

自然不怕骂——这是当然的。一些不安的学生必要造各种谣言。不敢明说，只得偷着写些标语。

他们起始有表现——这也是预定的"策略"。

[九月] 十三日，二

挨骂——被误解——是做人一定有的经验。

眼光越远，计划越大，懂得的人越少。但自信必须充足。

厚——真能舍己。勾找我要要钱，我给了三次，再求我没有给他，是我薄吗？对于穷学生真能同情吗？

（厚。）

诚——内外一致。我说话太多吗？（言过其实？）出力有限而自来勤劳吗？自己生活安逸，而提倡劳苦生活吗？自己是消费态度者而鼓励别人有生产观点吗？自己学问浅薄而冒充学问渊博吗？

（诚。）

厚诚——然后能动众，然后不怕人误解，不怕人揭穿。

* * * * * * * *

革命要真诚到底。不要以左倾为取巧，为投机。

不只在思想上左，在生活方式上要一律的不假的左。

[九月] 十四日，三

昨晚读完告励的《易卜生传》。

想终生不虚度，精力要集中。

昨天大学开学。黄、冯谈教哲系事。我说要办"教工训练所"。"教工"包括学校、戏剧、文字宣传等技术。理论方面探讨社会变迁的原则及人生价值的哲学。大学教哲系的学生可在三年级加入教工训练所，一二年级的学生也有应当学习的功课为入所的预备。

"教工"的定义与训练方法——这是我运用创造力的范畴。我能集中精力在这样工作上吗？我的一切兴趣能统一吗？

（统一兴趣。）

文字必须有发表。不怕现丑。这是我的战场！运用文字，然后影响才能久能远。五哥能捐钱造房子，能用人格力感动人。他的思想灵敏，但不够深刻，没有系统。他不能用文字发表。毅力胆量，我都应当学他。深刻系统的思想是我的特别供献，系统的思想必须用文字写出。

* * * * * * * *

只于有一种草拟的大纲不算什么创造，必须使空想具体化。

（空想具体化。）

在开学前报告的《本学年新设施》写出来登在《南中学生》或在十月十七日出版的《教育工作》第一期，作为发刊词？

思想还不够深刻，还没有系统。工作才开始。

* * * * * * * *

下午与女中高级学生谈话。特别预备关于女子教育的见解及中国女子出路的问题。

[九月] 十六日，五

早六时前醒。夜里——后半——心不安宁。心里有事，放不下心。近三夜如此。

是怕人骂吗？有人说 C.的策略是毁谤领导的人，使群众对于他失去信心。用粉笔标语，用对于新设施的批判，想法"揭穿"领导，然后群众就可以随着 C.的指挥。

我向来怕人骂，喜人赞扬！现在给我一个机会，练习受攻击。自己能照顾自己的营垒。使一群小卒没有可攻之点——他们造谣是没有用处的。

昨天与方振亚谈，他说学生不明了学校计划。想统一意志必须使大众明了。

防止只是消极的。积极方面要统一意志。

在集会上说过两周，多数学生大概稍过几天就全忘了。

要有常激刺群众的方法。对于大众宣传，不可只靠集会的讲演，文字的工具也应当用。各位辅导的解释也重要。

* * * * * * * *

青年欢喜一种新的激刺。他们听了《二年计划》很高兴。但是我到校后不讲"计划"，只是实现一些零散的设施，所以有几个学生认为不满。

我没有给学生想大众可参加的活动。做过一点修识、音乐演奏……大众只能在活动中领会意义。所以"游行"是使大众最感兴趣的。

十月十日及十七日可以有什么样的群众表演？十日的表演是加深爱国的意识。十七日的表演是使社会及学生本身增加对于教育新内容的认识。如何使学生参加筹备？

大家想用什么方法引起他们的兴趣？他们的动机就〈究〉竟在那里？为经济斗争？为领袖欲的满足？为求将来的出路？为争民族的生存与光荣？避免国亡族奴的耻辱？为在"先生"面前争自由及自重？为安逸——如自由旷课，免考等？为择师自由——是青年自重的一种表示？为性的发育？为要人说好，说新，说不落伍？

到底学生的动机是什么？

他们现在求读书，大多数不知为什么！

几个学生稍稍起过疑问。

先生们大大多数只是为饭碗！

我们就〈究〉竟为什么？

Marx 的经济动机可以用来解释吗？大多数的学生在南开不感觉丝毫经济的压迫。用什么方法激起青年？激起他们做什么事？

国亡族奴的危险及耻辱——这也许是这一阶段，学生感觉最深的，而能领导大众的激刺。

（国亡族奴！）

［九月十八日］

"九·一八"。

不忘国亡族奴的危险、痛苦与耻辱！

C.份子组织抗日会。学校劝阻他们街头讲演，不愿意他们作无意识的牺牲。

但多数人太不活动了。他们不如 C.份子！不过 C.份子一闹，别人对于抗日活动反不敢有什么表示。

* * * * * * * *

国亡族奴是真痛苦！真危险！

大家继续享安逸吗？如果不盲动，大家要有那样团体救亡雪耻的决心与动作？还是只于老实读书吗？

援助自卫军，增长组织能力，研究前进步骤，加高个人技能及学识。

要动我们一块儿动，并且有步骤的动。动之前，要有：

清楚的头脑——深刻的研究，为大众谋利益，精密的组织，周详的步骤，坚强的意志。

* * * * * * * *

下午

九时开会。沈阳来的一个十五岁的小孩报告，他是二十一路义勇军来北平的传信的。

族奴的危险更加深刻！

我们必须领导青年作民族争生存争自由的战斗。不只消极防止 C.的活动——这是最要的！

我不是"资产阶级的代言人"。我是反帝抗日的领导者。

为族争生存，争独立，争光荣——必须有理论，热诚，组织，步骤与牺牲。

个人主义必须打倒。

为族斗争——将来的国一定不使少数人得利益。大众的利益必须许给大众，并且成功后必须不失信。有大众的力量然后才能成功。

（领导斗争！力雪族辱！）

十月十日的纪念今年大作。有大表演，真能使民族意识到大众里去。这是新表演的机会。我的戏剧技术在这一方面运用。

＊＊＊＊＊＊＊＊

为族斗争——必有死亡——新自信必须用血培养！

有自信，然后才有大众的创造！

怕死的不能求活！

（怕死的不能求活！）

＊＊＊＊＊＊＊＊

这些学生，在我们领导下，都要造成敢死队。

为族死，然后族才可得生。

＊＊＊＊＊＊＊＊

今天立志为族死！

生命能舍，然后再谈理论，组织与步骤。

（为族死。为族舍命。）

[九月] 十九日，一

昨天几个学生出外讲演被捕。

C.的活动不只"抗日"一项。已发现的还有"青年读书会"（昨天来要出布告）及校役王庚寅建议的工友组织。

中心份子大概不在"抗日会"的名单内。暗中指挥的也许还没有露头——校外有人，校内也有 C.Y.的支部主持人。

＊＊＊＊＊＊＊＊

应付这些小枝节要用精力不少。为族的奋斗——C.在暗中争领导。

"日常生活斗争"——在学校找机会。

＊＊＊＊＊＊＊＊

我们或者自己造起组织来与 C.对抗，或者一事一事的应付。

无论如何，我们的精力要用得有效率。

看清楚舍命的对象。为族——族里的大众如何提高？准许校工们的组织吗？

* * * * * * * *

学生会这两天选举各组代表。

已选结果之中，C.份子大概不少。大众对于他们的立场不明了。

并且青年中有思想的大概左倾。

新学生会执委举出后，大概不免有与学校敌对的态度。特别是出版。

遇难时，不要后悔以前步骤的不妥。以前曾经审慎，在彼时实在不错。现在有新局面，我们自然有新的不错的步骤来应付。

手腕要硬必须硬到底！骑墙是招乱之来。

不能怕麻烦。

C.份子是不能肃清的，是中国乱的局面造出的。青年没有路走，有思想的自然向左倾。

我们在大众上用力气。

* * * * * * * *

C.份子日常斗争。我们也必须每天奋斗。

* * * * * * * *

我是怕决断的人。……

他们的理论，我承认一部分。我是投机吗？

战！不怕死，那怕骂？

* * * * * * * *

夜

下午高级辅导会讨论应付"抗日会"几个学生的办法。

晚事务会（加高级辅导主任三位）又审慎研究。我在先想开除四人——王光第、王士钧、褚金龙、于惠敬。散会时还未完全决定。大致想去三人（王士钧较轻），或二人（于或可从轻）。

我现在想得办法如下：

一、王光第开除——在供词上假造"张主任承认"的话。

二、其余被捕的人立书不再参加任何活动，并须具保人保证。（孙会阎告知他叔叔使他退学或立字。方振亚及其他参加而未被捕的——通知他们家长。）

三、褚金龙、于惠敬，记大过一次——不接受指导。以后不许再有活动，也须具保。

四、办法在集会时详细说明。用大众的力量阻止他们的活动——这是上策。

（用大众力量制止 C.份子。）

五、对于新代表大会，要加以辅导。出席说明执委推选法及各干事会由全体干事负责（有干事主任）。各会先生都有发言权，无表决权。

心不得安，夜睡不好。这是为什么？

舒服的道有的是。为什么不在大学教书？或到外国去找安逸？为的是救族！因为我有为族舍命的志愿。

＊＊＊＊＊＊＊＊

书记中发现嫌疑份子。校役中也有。

学生中自然不只"抗日会"的人。

此后，各方面要详加调查。

＊＊＊＊＊＊＊＊

在代表大会初次会时，我建议：

一、大家练习组织团体，不要稍涉群众的意味。在选举前必须先认识。不只认识性名，还应认识性格。同年级的可先互相认识。

二、旧章程大家必须明了。如觉有应改处，可讨论如何修改法。不明了章程，就来选举，又近群众行动。全体学生都应看过章程，再进行组织。其实全体应明了章程后再起首组织，但既已举出代表，至少代表应详细明了章程。（明天印章程百份，为代表用。再印一千五百为全体。）

三、大家急于组织起来。可暂选临时执委十五人（以四个星期为限）——每年级二人，共选三人。再推出章程修改意见征求委员会，每年级二人，到各年级去征求意见。章程修改后，再正式组织。

四、每星期开代表会一次，讨论章程及组织方法。在开会讨论时，可以得些组织的知识及训练。

五、各干事会可以早组织起来，实际干起事来。

＊＊＊＊＊＊＊＊

使一个群众变为团体不是容易的事！

（化群众为团体——不容易！）

这又是一件麻烦事！一定有不安的景象——我又要夜里睡不好！

想把中国人条理化，真是费力气！又是不得不做的事！

这样的艰难，谁来担负？

事太多了！我一个人的精力有限！能使一个学校团体化也许可以帮助一个民族渐渐地条理化。

先生们先没有条理化！

* * * * * * * *

我用我一个人的力量去顶。尽心，也就是了！

（一个人的力量去顶！）

整个儿的社会太乱！不然，一个学校的责任还可以小得多！

在青年中求同志！

* * * * * * * *

也许不等团体造成，一切重要地位都已让"小组织"拿去了！

民治是很不敏捷的。不使 C.用小组织来操纵，或者我们必须造起我们自己小组织？

C.用得自然领袖的方法，实在是有效的！我们可以学他们的方法。

先作化群众为团体的试验。

* * * * * * * *

一个人的精神，必须敌得过 C.方的策略。正是一个很好练习的机会。但也要注意"分身法"。

[九月] 廿日，二

早与校长及喻、张谈。

结果开除王（光第）与褚。

校长说我柔他刚。又说，"你们几位如果办不了，我来"。他以能角力自豪！他也说我们可以刚柔相济。

我认为他的方法在中学办不通。

* * * * * * * *

其实，我真是忍得难过！睡不好，心不静，就〈究〉竟为什么？我也要自己痛快痛快！

真理由：是为族争荣。

（为族争荣。）

行政是真麻烦。为什么还干？一方面十二分的疲劳，一方面还有人说我软！我不是要人说好。我是要造就些有条理有能力的中国青年。

* * * * * * * *

本星期内与高一试验班谈话。

[九月] 廿一日

被开除的二人昨天没有办。

他们有胆量闹，我们必须有胆量的维护团体的纪律。

过于小心审慎是畏惧的表示。

* * * * * * * *

有胆量——有理论。学校的事给我练胆的机会。只有理论没有胆量是空想家，绝不能有任何成绩。写戏，作文章，——大的久远的作品——也必须有胆量！大作家在忠心于他们的艺术上何曾无毅力！

一个有胆量的人"不伐善，不施劳"。不以人说好为得意，不见难思退。有一定的计划，说得出必做得到，——百折不回。

（练胆！）

我有我教育改革的方向与步骤。我们向前走，无论任何阻碍，我们必须胜过！

（前进。）

* * * * * * * *

造团体。不能让人侮辱为群众。

对于"抗日会"的事，在集会说明他们用错了方法，不服从团体的合作方式。经过情形及处置方法也要开诚布公的对大众说明。

* * * * * * * *

什么都不怕。我都有排除一切阻碍的办法。

校长有胆量，有毅力。锋伯也有胆。我又何尝胆小！

* * * * * * * *

我们是向前进的。是创造的，不被成式捆绑，为族争光荣。不欺人——"麻醉青年！"——求自己的安逸。

"自反而缩，虽千万人吾往矣！"

（自反而缩。）

[九月] 廿二日，四

为族增荣——为族争体面，争生存。

忘了一切个人的痛快。我知道中学只有我能整理，但我也不期望人承认。我劳苦为的是族！

从奋斗中得力量。

B.的诚与勇我已吸收来。我还有我的深刻与精密。

我有自信。在紧急时，步步走得不错。自慰比 B.有办法。

一个学校不是什么招人注意的大事。一个戏，一首诗，本来也是小事。但事在人为。小事在大人手中就可以做成影响一个时代的作品。并且可以留下一些人类回想的成绩。

（影响时代的作品。）

当于奋斗时，不贪功，不好名。只是集中精力，本着看清的目标，排除一切障碍，造成可以使自己满意的作品。

（不贪功，不好名。）

＊＊＊＊＊＊＊＊

人必疯而后心才得静！说来像怪，但是真理！

＊＊＊＊＊＊＊＊

晚

今天在高二、三集会报告处理学生经过。

褚金龙又恫吓说我诬骂他，他说他没有骂曹京实① “不是人类”，他说只于“反对抗日的不是中国人”，但是他指着曹的脸说“你们压迫抗日”，简直是说 “曹不是中国人”。如果他说的是对的。

我是听曹说的，曹也许没有听清楚。（无论如何，他对曹还说：“你告诉南开学校，小心点！”）

他还要求挂牌。我们答他，挂牌是旧习，我们不用。并且我们给青年留自重。（骨子里我们怕他再从词句上捣乱。我们的新办法一定不挂牌。）

＊＊＊＊＊＊＊＊

我是顾虑太多！因为我不愿意多事。顾虑多所以决断慢。

（顾虑太多。）

顾虑多是因为胆量不大！

决断慢——有时反致夜长梦多。倒不如大刀阔斧的办了就了，心细是好，但过于细——迟疑——就是胆怯了！

_____

① 曹京实（1907—1986），名汉奇，字京实，辽宁昌图人。1921—1931 年在南开中学、南开大学读书。时任南开中学训练课课员。1950 年起，任大同大学、华北师范大学等校教授。

这一点自知，是要有的。不要以 B.的批评为可耻。

* * * * * * * *

上学期去胡、张是一种暗中策略。胡、张必终身怀恨；但做了，B.何曾迟疑或愧悔。

我不愿意做理由不完全充实的事。做了总觉得不自适。

怕得罪人，留下仇恨。

* * * * * * * *

B.批评，我很难过。我是做得太晚了吗？但是结果可以证明我策略的不错。只是办事人多费了许多力气与心血。

* * * * * * * *

事是要办——有阻碍，怕什么？C.份子是一种阻碍。B.批评我应当早"硬"，也是阻碍。我要从双方的"敌人"得增长能力的机会。

C.份子捣乱，我是一样的干。他们骂我欺骗青年，我要加倍的诚恳，加倍的勤劳。

（诚，勤。）

B.批评我迟疑，我也不气。我仍然是干！不能存退志。早晚大家会明白。如果我的顾虑太多，此后要练习敏断。如果有胆怯的病，快向大胆处练。

（敏断，大胆。）

责任是负上了，干上两年后再想别的路。四十后的我是造成胆大有毅力的。我情愿受这两年痛苦。

（二年痛苦锻炼。）

* * * * * * * *

明天如果褚还不走，送他公安局。他是扰乱秩序，要打入办公室行凶。

* * * * * * * *

一点小事费了这样许多精力与时间。积极事不能前进。

用力在积极方面。

办完了褚，怕什么？难说我怕死吗？为族工作而死，又有何怨？

* * * * * * * *

十一时半

孟先生来信说褚金龙已答应明天下午回河南。

他就是不走，我也有办法。

* * * * * * * *

陈国新也必使他家长领回。理由：他仍去挑播〈拨〉学生会，不服指导。

孙会阆——家长必须来函确实保证。方振亚——同样办法。

王士钧等八人，必须在下星期一，同家长或保人来校具书声明。不然，自下星期一停学。

* * * * * * * *

陈、邢、王，所在班，由学校通知，使他们改选代表。

* * * * * * * *

首次代表会在下星期一开，我说明自治意义。并使他们必须先互相认识，不然是群众，不是团体。先按年级分坐，辅导主任给他们介绍谈话。星期二再选举。（还是本日办完较妥——时间可延长。）

执委——每年级二人，共选三人。

进行修改章程，各班讨论，代表会再讨论。全体大会通过——这不过是尊重旧章程的形式，全体大会本是群众性质的。

干事要有事干。不能让几个执委包办。

* * * * * * * *

在 B.回津后，我要给他写一封信，说清楚我的态度及感想。

［九月］廿三日，五

今年对保时，带着保证书，请保证书上盖章。

* * * * * * * *

在首次代表大会或者先不提出修改章程。也看里面的份子如何。

* * * * * * * *

上午预备戏剧一小时。

［九月］廿四日，六

昨天下午褚离校。这一件事告一段落。

下三个星期，筹备十月十七的纪念会。

* * * * * * * *

晚

送给三姊一百元为秋官医院割病费，在现在我的薪金下每月不能有余。这一百元是从旧存数中取出，小孩们的将来养育是要用钱的。我对于钱不看得重，现在入款有限，薪金比大学教授低。更不能同他校任职的（如清华）比。入款这样少，我为的是什么？

忽然送出一百元实在不是一个小数。至于人感激与否，那在人，与我无关。

下星期到银行取出，给家里补上。（取出二百，一百为家中补用。不应不为家人想！明早先从学校暂借二百送家来。）

* * * * * * * *

夏天退回学校上年送我的三千元，为的是表明独立，并且同时向校长辞中学主任职。

现在行政还负责。B.还说风凉话！太甘受欺侮也不应当！

必须为终身的成就想。

（终身的成就——？）

不为要人说好，不为钱，为什么？

成就是在那方面？教育——改造的中学？戏剧——导演或写戏？在美为中国民族增光？

忍苦，忍痛，——干二年。但是辱不可不反抗！

* * * * * * * *

梁漱溟送来他的新出版的《中国民族自救运动之最后觉悟》。这是近来在《村治》①上发表的文集。

我能在南开改革二年后有这样一本书出版吗？

夜里不能睡，起来看人家的文字。

[九月] 廿六日，一

昨天下午得休息。精神上比前几天安适。

已过的事不再说。

向前努力。今天对高一试验班报告新办法，事务会讨论周年纪念的筹备，下午学生代表会，初级辅导谈话会。

* * * * * * * *

本星期各集会由章与校长分担。

* * * * * * * *

顾虑过多是胆怯！敏断，工作必加效率。办事不只注意质还当注意量。

---

① 由梁漱溟主编的半月刊，于 1930 年 6 月创刊。

[九月] 廿七日，二

上午看"*New Masses*"①。

难说又犯迟疑病！今天午饭后学生会代表大会开首次大会。我出席不出？建议执委选举法不建议？

是怕学生不接受我的建议，给我一次难看，以致以后不易再说话？我有把握，大多数学生一定听我指导吗？

我看到的必说，不然，我们所做的就不是教育。

说完了，让他们自己讨论议决。

没有胆量，什么都做不成功！看到的一定做到。

学生们是学自治的，盲从的群众活动是给中国人丢脸。不愿受指导，不必在这儿当学生。讨论自然是应当鼓励的。

＊＊＊＊＊＊＊＊

下午

在代表会我说了一段原则上的话，说明团体的意义及学生自治是教育中的一种方法。大家慢慢地练习组织一个健全的团体。

我没有提出执委改选方法，因为章程第二十六条有"以记名连选法票选之"。既是"连选"，我想建议的分年级选法就有被驳的可能。

并且我说几句话，是要他们知道，我以后要常出席指导。并且在组织上我们认为是一种练习团体组织的教育方法。自然是时常在我们指导之下。

没有提出建议，非常得体。

[九月] 廿八日，三

学生群众认不清 C.份子是谁，更不明了他们的作用。

我们用什么方法可以使大家明白？

今年的空气已经比去年清爽多了。我们要继续用力造团体。

稍费心思，其实不是什么大事。

＊＊＊＊＊＊＊＊

陈国新不是开除。我请他家长带回，因为我们没有方子保护他。他父亲大概是惧内，所以他母亲也来了。

我们如何应付？使他离校我们的理由充足吗？因为他被捕释出后仍

---

① 指美国共产党的机关报《新大众》。

想活动？因为他与韩宝善等接近？因为他是 C.份子？

如果答应他家长所请，自然在津要有妥实的保人。

* * * * * * * * *

如何应付新执委？内中有四人大概是敌对学校的。内中大约有三人可以当选常委——那就是过半数。

这样操纵群众的组织，必须打破。

学生会成立时，我没在津。这是我到津前学校处置的失当。也是党部太无能！他们用群众团体组织法，应当是为他们自己操纵的。现在他们不能运用，结果让别人利用了去。

学生们本来年岁很轻，他们那会明了复杂的组织方法。

* * * * * * * * *

我们要想好步骤。如能运用，先不解散。

找执委们来谈话。或每星期有一次见面讨论。

态度永是沉着的。这是小事，稍有麻烦，办法也不难想。

晚

陈国新来谈。他问学校要他家长领他回去的理由及对于被捕学生将来是否都一样办法。他说有的学生听见，要强硬反抗学校。他自己说一定不是共产党。

我还没有见过王、张，不知他们与陈的父亲谈话的情形。据陈说，张、王还请他父亲明天来校"具结"。陈问"具结"是什么性质？他父亲明天下午三点半到学校来要同我见面。

既然已办到这步——他父亲已有意领回他——不能不办到他离校。将来如何，自然有法应付。

* * * * * * * * *

学校到了对于他家长不能担保他的行动时候，惟有请他家长领回。

至于一切被捕的学生，学校要按个人情形办理。陈没有问的需要。

* * * * * * * * *

学校实在不能容敌视学校的人在学校里活动，敌视学校的自由在学校里是不许有的。

* * * * * * * * *

C.先对我攻击。现在我表明态度，直接制止 C.的活动。C.的思想，可以自由研究，但是行动必被制止。

* * * * * * * * *

陈今晚仍在学校，或有活动。王不在校，张也不在。但他闹不出什么事，没有什么可虑的。

[九月] 廿九日

早五时半醒。

陈生事使我心不安，倒不是怕学生的反对。使他失学必须有充实理由。

主张去他最力的是我，王、张都本着我的意旨去办的。但是我在见陈前，还想他父亲一定求学校宽容，不知道张、王已经说得他父亲自愿退学。

* * * * * * * *

我还不免有所顾虑。还是我不够老练。

现在想或者使他停学二星期，回北平去想一想。这是"出尔反尔"吗？真有见解及自信的——如 Lenin——不怕"反"自己。

压迫青年不是我愿意作的。

* * * * * * * *

精力全用在消极方面是不对的。如何引导青年到积极方面——那才是教育工作。

* * * * * * * *

不能因 B.讥我软，我为他作出一个硬的样子来看一看。我自然有我的自信的步骤。

* * * * * * * *

为什么许多有毅力有思想的青年都向左倾？为什么大众的学生一天一天胡混，只是敷衍好玩？如何造就学生中的优秀份子？这些是要求积极努力的问题。

* * * * * * * *

对于陈，不妨宽大。要点在使大家都向积极处用力。

今早先与王、张谈，再定办法。

* * * * * * * *

下午一时

早与陈谈。约定下午三时他们父子同来谈话，决定办法。

* * * * * * * *

拟与学生会执委共同组织一"师生工作研究会"（师不是师道尊严的师，是工程师的师）。必须打破互相猜疑的空气。大家一同研究。

先生们是教育工作者，我是总工程师，我们的工作是在使学生身心上有长进。一切学科，组织，设备等全是工具。目标是学生的身心长进到能为族增荣，为族求生存。

想在学生身心上生变动，我们必须注意学生的需要。这些需要由两方面调查得来：一、主观的——由学生自觉的需要；二、客观的——由分析环境及学生性质的表示得来。

特别在主观方面，我们教育工作者要知道学生自觉的需要及感想。对于学校工作的各方面（也包含学生会）师生都可建议讨论。

* * * * * * * *

学校空气必须立诚。不然，在消极方面白白费去精力。这是于大家都无益的。

诚——凡事公开；有步骤，不用策略。一齐努力向前，用力在积极的创造。

[九月] 卅日，五

陈事已办完。结果圆满。

对于学生会执委，以积极工作领导。领导自然在我们工程师。

今晚与方、邓谈。有时也约冷①谈。

* * * * * * * *

今天到大学看近来杂志。（？）

* * * * * * * *

中英文的发表不可忽略。开学已一月，大致就绪。文字的努力从今日开始。每星期二、五为长进文字用。

（努力文字。）

上午在家看梁漱溟文集。大学的杂志可以借回家看。（十时四十五分到大学去，在家心不定，换一换空气。）

* * * * * * * *

上海来信约我作"教育学会"的发起人。我答应了。

要想影响较大范围，必须依赖文字。

---

① 冷冰（1911—1983），河南周口人，时为南开中学学生。1934年考入南开大学，1937年7月南开大学被日军炸毁后，冷冰离校参加革命，加入中国共产党，改名冷新华。

十月

十月二日，日

近两天看英文杂志——两月来的 "*New Republic*" ① 及八月份 "*The Arts Monthly*"。

* * * * * * * *

精神稍得休息。前一月作一段落。

如何以诚感化学生？不猜疑，不看重我个人的活动。

"If the inner attitude is strong and true, the atmospheric emanating from it will be strong and truthful."

—*The Arts Monthly*, Aug. 1932, P.626.

强与诚——先自我始。

（强，诚，勤。）

广开小学是我的提议倡办的。下星期内用力筹划。

纪念会出版的《教育工作》——我的两篇文字早整理好。

工厂工作记分法——帮他们计划。

下星期集会请校长与喻讲。

重排 *Nora*，难作到好处。明天决定。

[十月] 三日，一

待办事及待决问题：

一、广开小学——课程，董事会，社会作业。

二、两篇文章——在《教育工作》发表。

三、纪念会——演剧？陈列，会序（台的布置）。

四、工厂——工作记分法，开市，办法说明（为宣传）。

五、学生会——如何打破隔阂？如何预〈应〉付出版的批判与讽骂？如何化群众为团体？如何以强诚感动？如何以积极工作领导？

六、理论的探讨——中国的出路？C.的将来？教育的根据？

七、自己的认识——我的最大供献就〈究〉竟在那方面？与 B.谈不

---

① 指《新共和》，美国一份以政治与艺术为主题的杂志。

谈？如何向强诚努力？（舍安逸，舍命，不好名，不贪功。）打定二年的痛苦锻炼的主意，不再迟疑。别人阻碍，批判，谩骂，造谣，……我依然前进。他们越骂，我越有胆量。

（锻炼挨骂！）

*　*　*　*　*　*　*　*

演剧——（正）

1. 纪念会有一样热闹。

2. 得一种精神上团结。学生有看一个好戏的机会。社会或者多一点对于南开的认识。

[演剧——]（反）

1. C.派的谩骂与批评。

2. 多些麻烦。

3. 戏——*Nora*——不是我现在愿意选的。

如果不顾批评，我一定主张演吗？如演，是否演员全用大学学生？或参用中学学生？请万家宝来导演？

[十月] 四日，二

决断还是太慢！

演剧——时间太短，不能做到好处。*Nora* 不能得好评，因少时代性。如排《呐喊中国》，必得一般青年的赞许。演戏实在不免"要人说好"的欲望。费力不讨好，不应当做。

比较重要的是如何领导左倾青年，我的精力应当放在这个问题的解决。

广开社会作业与《教育工作》的文字发表都要求时间。

如果排戏也不演 *Nora*。将来再看。纪念会少一样热闹，没有什么关系。

*　*　*　*　*　*　*　*

青年左倾——

（一）顺着他们，从旁协助 C.的气势。

（二）另有理论，反驳 C.主义。

（三）各种"新"的世界潮流我们都介绍，但希望中国民族有创造人才出现。

我们在（三），C.是一样反对。不完全听他们领导，他们都认为敌人。

在他们思想里，完全不承认有中立的可能。

不止演 *Nora* 他们要反对，我们一切学校设施他们都必反对。只有立刻参加革命——并且在 C.指导下的革命——是惟一正确的出路。

学校设施——既须防备攻击——要精不要多。

* * * * * * * *

C.的问题在各国都有，美国的思想也有左倾的表示。近来 Chase 在 *New Republic* 发表的第三路，及 Muny 的主张《英国的共产主义》——都是向左而同时不完全以暴动为最好办法。他们还照顾到本国的性质与习惯。

这也是我的思想趋势吗？

青年左倾要求我做深刻探讨的功夫。

* * * * * * * *

既不演剧，纪念会的会序如何做得有精采〈彩〉？

无论你如何小心，还是必有 C.的批评！怕骂，必致什么都不做！

我的"怕骂"，在他们分析，是小资产阶级的意识！

想"中立"也是小资产阶级的意识！

你或赤或黑——他们压迫你表明态度！他们的策略是如此。

* * * * * * * *

大多数的学生不闻不问，并且厌烦一切党。同时也不负责。C.闹，大家看"学校"如何应付他们。

* * * * * * * *

我必须决断。取"中立"的路也无不可。无论取那一条路，必有人攻击与误解。

* * * * * * * *

我的根性是"好名"！现在正是锻炼挨骂的好机会。

* * * * * * * *

不敢发表文字，也是怕攻击！

[十月] 五日，三

演剧——纪念会一定没戏。但是，如果为精神团结起见，我们想演戏，我们可以预备排演《怒吼，中国!》[①]，大约要用四个星期。

---

① 其由特列季亚科夫（S. M. Tretyakov）创作，于 1926 年在梅耶荷德剧院上演，并成为该院的固定剧目。20 世纪 30 年代随着日本侵略中国的步伐加剧，中国戏剧界纷纷上演该剧，以激发民族主义，反抗西方的帝国主义。

迟疑是不强。

言过其实是不诚。

* * * * * * * *

本月底或下月十日前后，到上海、南京去一次。去两星期。

Nora 或在廿二日晚及廿三日下午演二次。南方回来，排《怒吼，中国!》。十二月中，出台。

大约廿四日晚南下。十一月六日返津。

* * * * * * * *

11 AM.

已函约万家宝本星期五来津一谈。

自己不高兴——是因为怕人反对批评吗？（学生中一定有不满的。）是因为精力不足吗？是因为不耐烦想求安逸吗？

也许排戏可以提一提高兴？

我的动机是要人说好吗？这是艺术的动机吗？

* * * * * * * *

也许不排 Nora，一直预备《怒吼，中国!》。

[十月] 六日，四

昨天校长与高中学生（男女一同）谈话。说话时有学生私语，校长怒，但稍停又讲，并给想破坏团体学生警告。

学生的浮嚣，在集会时不静，不自本学期始。本学期集会分四次，为的是整静。昨天全高级合是本学期第一次。

高级学生的不敬不静——虽是几个人——也实在是一问题。这也与所谓"新兴社会科学"的传播有关。C.的思想暗中毁坏对于先生们的信仰。用他们的术语——如麻醉，法西习蒂，资产阶级代言人，揭穿等使学生中自命为有思想不落伍的，对于先生们说的话，生出不信与批判（吹求）的心态。

我们许他们看这样宣传品，但不许他们盲动，在事实上——为中学年龄的青年——是办不到。他们看了必受影响，加深成见，自然地就生出动作来。（如不信先生，对于学科无兴趣，想加入革命活动等。）

这类宣传品也无法完全制止，越禁止越使他们增加趣味。

我们公开反驳一次，他们暗中讨论十次百次。成见已有的不容易引他们出他们的范围。

应付是问题。又不能不管；不管，他们的气势必致推广涨大。

必须有坚决领导的意志。用人格力（如牺牲精神，为劳苦大众谋解放）及思想力（也须有宣传的方法）使一般有思想而少成见的青年随从我们的理论，并且使大多数不受他们的煽惑。

这样做去，C.自然认为我们是反对他们。

这也无法避免。我们不想领导青年则已；如想领导，他们一定攻击我们。不是我们有意反对他们。他们的策略是打倒一切不听他们指挥的人。

但是，不必看重这些浮躁的鼓动者。

我们自信思想与人格都能抵抗他们而有余。

十月七日，五

上册日记——开学后一月的经验——指示应注意的二事：一、不怕骂；二、快决断。

自信的基础：强，诚，勤。

动机：为族舍命。

人必疯，而后心才得静。

[十月] 八日，六

昨晚万家宝从北平来。今早要决定演不演 *Nora*。

我在回国后声明五年不排戏。现在为什么又有活动的意思？是我的意志不坚？想做一件要人说好的事？

排 *Nora*，没有什么意义。如果演戏——破戒！——要努力做一个新的试验。破戒总要做得值！

起首筹备《怒吼，中国！》。

[十月] 九日，日

戏又来要求时间。昨天读 R. C.①一过，演员在五十人以上，说话在十句以上的有二十余人。排演群众的戏要用的时间特别多。

如果明天能起首修改词句，至早出台要在十二月三、四日。

我对于戏有自然的兴趣，但时机与志愿又不能集中在这一方面，所

---

① 为《怒吼，中国！》（*Roar China*）的英文首字母缩写。

以成就不能很大。

［十月］十日，一

今年国庆照常上课。

昨早四时张力泉^①大夫故去。

联想到同事们渐渐老了，或有意外。为事业的发展，必须训练新手。

事业如何，完全在人。先从自己起。再注意同事的训练。一种"风"是从人传给人的——一个团体，如果是有生命力的，必须具有传"风"的功用。在学生中也要特别注意能继续我们的精神与工作的人。这是求同志，也是分身法，也是"师承"。

* * * * * * * *

下午

早与万谈。

"教工训练所"（Educational Workers Training Institute，EWTI）：内分三部——一、学校，二、戏剧，三、新闻。

戏剧部约万为"助理工师"。话剧每学期排演一出新的长戏，再演两三出曾出过台的戏。本部的学生用全时间（也许一月以上）去筹划，演员一部分自己任，一部分由全校师生中选择。

* * * * * * * *

下学年开办。

我任所长，或名总教练，或名总工程师。中学主任归喻。

详细办法，今年拟好。经费、工作及工师，都要早些想定。

* * * * * * * *

万本星期四晚车来。工作五天。下星期二晚车返平。

* * * * * * * *

《起来呀！中国！》^②一定排演。

约万帮助词句的修改及各种 Plan^③的草拟。

导演时约侊、陆、关及几个学生为助手。

星期四以前，词句草改一过。万来后，再改一过。同时进行各种Plans——如光、景、服装、动作。

---

① 张力泉，应为张丽泉，天津人，北洋医学校毕业，时任南开中学校医。

② 指《怒吼，中国!》。

③ 计划。

十八日至廿三日，主要角色地位走一过。

廿四日至十一月五日，伉、陆领着主要角色背词。

十一月七日至廿六日，我导演。群众自十日开始。

廿七日，初次服装排演。十二月一日晚，末次服装排演。

三日晚，出台。

[十月] 十二日，三

八时半补开事务会议，讨论十七日纪念会办法。

二时半女中高级集会我讲。

广开小学干事会组织起来。

改戏词。

* * * * * * * *

国文不应用的耻辱时常不忘！

[十月] 十三日，四

校长十六晚南下，大约去十天。

我想廿三日走。如一定走，各事要早有安排。在南京、上海、济南、青岛，——都到些什么地方，见些什么人？

强诚勤，不一定老是紧张着！安静更是自信的表示。

* * * * * * * *

下午三时半在省立一师演讲。通知教厅廿七日不在津。

[十月] 十六日，日

明天学校廿八周年纪念日。工厂开幕及广开平民小学开学。今年这两种新事业，起首虽不大，将来发展的可能不可限量。说明书已拟好，明天印成小册分赠到会者。

* * * * * * * *

万家宝十三日晚来，这三天戏词已改好。今天已付油印，明天可印完。"地位"草案，明晚及星二上午，可拟好。万星二下午返平。

[十月] 十九日，三

小伤风，胸部不适。这几天事务忙乱。

计划廿三晚车南下。今明两天高级集会我讲。

集会的纪律，或用学生参加选定讲题。

* * * * * * * *

中学学生的浮动使人生烦。静想下去也自然有办法。

国家民族都在寻出路，青年的思想紊乱是当然的。

如何使我们的教育工作增加效率？

* * * * * * * *

工作既然不要人承认，报纸上不见又有什么关系。

动机是为族求生存增光荣。

使工作加效率——个人必须强，诚，勤。

* * * * * * * *

星五在 Rotary Club 演讲。讲稿早备好。

* * * * * * * *

上午在家。十一至十二，到办公室。下午，高一集会。

* * * * * * * *

南方去，究竟为什么？

休息？个人快意？调查教育及戏剧？

如有一定目的，应写信各地早有预备。

* * * * * * * *

精神疲乏。无推行的兴趣与力气！

[十月] 廿日，四

还是到上海去一趟。调查：一、左翼作家，China Forum，出版，组织等；二、社会改善事业；三、教育新趋势；四、政治人物的思想。

写信给：郑、朱、Hayes、洪、丁。

纪念册印二百本好纸的为送人用。

十一月

十一月九日，三

廿三日晚起身。

廿五，苏州。廿六至二日，上海。三日四日，南京。六日，七日，青岛。八日，济南。

* * * * * * * *

到校后，听说 C.份子加紧活动。学生会完全在他们手中，标语也常有。

锋伯在代表会被学生暴诋，应付方法等我来筹划。

不革命的不准享安逸。我的态度不明——一方面同情革命，一方面不愿积极参加。"黄色"态度两边都不讨好。

如果不负行政责任"骑墙"还勉强，我现在的地位与南开的政策有重要关系。

校长是主张独裁的，意志坚强。C.份子的意志也一致，最难的是处中间的。时局越紧张，越没有中间人的地位。

"中间人"——小资产阶级，意志不坚，胆量小（怕开罪任何方），好小安逸。

如果参加无产阶级，意识必须改变。南开的事，我不能做。校长对我必失望，前途必须另想。一家的安全与教养也成为问题，必须另想谋生的路。

如果想维持现在的安全与社会地位，一切政策要听校长指挥。对于C.份子必须设法压迫。

我的见解是向 C.的路。

不能再骑墙！刚从南游回来，正是决定新方针的时机。

* * * * * * * *

自己的主张必须清楚，坚决。心中无主，一切都可引起恐惧。现在到了决定的关头了。

有勇气斗争的只有无产阶级。我是怕将来被 C.敌对吗？学校必到一个阶段，或是 C.份子被开除，或是学校被军人停办。我是怕 C.份子将来对我报仇吗？我是怕左倾的朋友们将来不睬我吗？想两方面都不得罪，将来必至于两方面都得罪！

究竟如何解决这个难题？

[十一月] 十日，四

维持现状是不可能。

制止青年的活动是"内战"，自消力量。

民众必须换〈唤〉醒——注重识字及组织。

军阀势必与帝国主义联合——人民被压迫。

海岸及大市国际共管或瓜分内地共产。

共产党内部人才缺乏，并常有纷争。

共外，没有组织的政党——这也是事实。

* * * * * * * *

南开在这个阶段应认清环境。

我的决断力不强。

平津一带在明春或再有战争。

学校不能闭门读书——青年不能安心。

如积极做民众活动，学校必被当局停办。

* * * * * * * *

晚

与女中孙、王二生谈，她们也问政治的出路。我没有答案。她们嫌现在的社会作业太慢，我也觉现在的教育方法太慢。

就立刻参加政治革命工作吗？除去这个工作，没有别的可做吗？我有什么工作可以引起青年们的努力？我自己可以做什么？我自己也是觉着做事没有兴趣。为什么？

* * * * * * * *

今天早晨与校长谈。我说我左倾，不愿开除 C.学生。

我自己觉着没有出路的时候，我不能有决断。

自然，我烦闷。没有力气推行。

校长轻视我没有自信心，我也不能说什么。他问我：是因为 C.学生不服我的领导，所以我怀疑起来？那自然是我自信不坚！

学校是必须维持的吗？

就〈究〉竟我愿意做什么？我的意志太弱！

我的动机是要人说好，怕人反对吗？

只享安逸，我也不安心。

如要有作为，但又不能持久！

* * * * * * * *

我提出力心同劳的教育，但自信坚强吗？我能同学生一同工作吗？

我的兴趣方面多，但对于那一方面都不能持久。也许还没有完全找着自己。

不是没有思想。也不是真怕难。

[十一月] 十一日，五

我的生活很安适，不配作革命者。既不革命，早晚必受 C.的攻击。想用"同行者"的态度逃出攻击是胆小人的自欺幻想。

我又不愿直接反对 C.。他们的理论实在很有些是处。

中学的行政实在很麻烦，我最喜欢的是要人说好。在被攻击批评之下，我不高兴。

我还是少一个中心坚决的主张！

[十一月] 十二日，六

昨得到夏威夷大学校长来信正式聘我明年暑假到檀香山去讲学。

藉这个机会可以整理讲稿，或许可以有几篇发表文字。

得国外的承认，也是足可使人高兴的。

想做学问，就不能有时间办行政的琐碎事。

中学行政，如果我不管，完全交给喻也不致有什么危险。下学期交待，从现在预备。我仍作教育实验指导。中学如须加人，我可帮助训练。

* * * * * * * *

中国出路问题不是一时可以想得出方法的。

我可帮助筹划政策，教务方面喻能负全责，训育实在没有人。一切事与喻商议。

下学期在大学也许多教一门，同时筹备"教工训练所"。

少数人的训练，比一千多中学生的管理，可以整齐些。现在我觉着最痛苦的是不能常与这样多学生接近，这种接近是教育惟一的有效方法。但是教员太没有训练，我们必须从教员上用工夫。

（教员的训练。）

* * * * * * * *

我的性情对于筹划上有兴趣也有步骤；但对于执行上嫌麻烦，不能持久。

也许这是我不适宜做行政事的证据。

（善筹划，厌执行。）

但是做戏剧或著述，也应不怕麻烦去在小处努力。

* * * * * * * *

晚

今天放假。上午买物，下午看足球，晚看戏 "A Master has been arranged"（天津小剧场公演）。休息一天。

* * * * * * * *

待办事：

一、写信——路上招待过我的朋友，美友人。

二、明年暑期——船期，讲演材料，给 *Pacific Affairs*①送稿子，整理旧讲稿。

三、下学期工作——请喻做中学主任，大学教"现代教育思想"，筹备教工训练所。

四、工厂指导委员会——下星期三开会。

五、辅导会议——下星期一开会，讨论学生会及 C.份子。

六、自助社——与郭君儒谈。

七、全体教职员会——廿三或十八日开会。

八、广开小学课程。

九、新剧团——审定剧本(参看英译本)，选角色(十四日至十九日)。排演话多的角色(廿一日至十二月十日)。排演群众(十二日至廿四日)。服装及布景排演(廿五至卅日)。出台(卅一日晚，一日下午，二日下午)。

[十一月] 十三日，日

怕——懒——如何战胜？

（怕，懒。）

想人说好又不能下苦功夫，喜作计划又无持久推行力。小巧是有的，但不能成大事。

危险还是在自己！

* * * * * * * *

自己要做什么就做什么。"三思而行，一败涂地。"

---

① 指加拿大不列颠哥伦比亚大学于 1928 年创办的期刊。

兴趣不可兼，必须专！我是教育者或戏剧家？中国在任何方面都是落伍的——共产主义的活动也是"中国气味"甚浓。

为中国民族增长文化是必须努力的。时间一定很长！短期内在国际间不能有使人钦佩的地位。

必须忍耐。

（忍耐。）

* * * * * * * *

看清自己的能力薄弱。如一生不空过，成绩也必在十年努力之后——这是假设说，能从现在起下苦功夫自修！

* * * * * * * *

现在的张蓬春半文不值！没有做出什么真值得人看重的事！"欲速则不达，见小利则大事不成。"

现在既然半文不值，那末，别人骂我有什么关系？

做人，惟有尽力。

* * * * * * * *

在报上看见人出风头，就不免动心。小，妒！

好虚荣，常作假，——一定不是养勇之道。

（养勇。）

"是集义所生者，非义袭而取之也。"

[十一月] 十四日，一

上午与校长谈，他说美国捐款现存约二万六千。如五年用完，每月约得四百元。他建议我做一件研究事（如何的统计，张的化学）。他想这样或者我可以高兴，我愿意做什么就做什么。

行政事我不能完全脱离。心中不安适。杂事使我不能安心研究。

我确实高兴做什么？除去为人说好的事，我在什么工作上可以忘了烦闷？

中国人在各方面都落后——戏剧可以努力，教育，哲学都可以努力。但无论做什么，都要能持久，能不厌烦。

* * * * * * * *

四十以后的我还是精力分散吗？

世界紊乱，国与民族都在争生存，如果我能做政治的活动，自然应当参加，如果我的性情与预备都不适宜政治活动，我不应老在踌躇的烦闷中不去做我能做的事。

文化的事或者是我能做的事。

C.主义在文化上也在努力分化——不是友，他们就认为敌。所以想做文化工作也必须对于 C.主义决定态度。"骑墙"不是可能，并且不勇。

还是不能完全离开政治上主张。

增长自己的能力——在紊乱中，这一步也必须做。

[十一月] 十五日，二

昨天辅导会议。在琐事外，谈到学生 C.份子。中国与俄国不同之点我举出六条：

一、一个是新野的民族，一个是旧巧的民族。

二、物质的发展——工业化的程度，如铁路，工厂等——我们不如革命前的俄国，无产阶级的人数与意识也不如俄。

三、行政系统——旧俄与新俄本是联〈连〉续的，我们的行政系统习惯已破坏了三代（约九十年）了。K.及民国所承受的都是清末年的恶习。

四、在革命前俄是世界强国之一，并且俄内地向来没有被外兵征服过（至少在现代是如此）。中国的四面都是敌人。

五、俄比中，人数少天产富。纵欲的人生观适合于物多人少的阶段。

六、革命领袖——在俄——受过西比利亚的锻炼并且在西方也有多年深刻的研究。俄国有二百年西方化的背景。

* * * * * * * *

我们现在不能闭着眼抄袭苏俄，就同十五年前不能抄袭美国一样。

美国的民治不适合于中国——但到现在还有做这样迷梦的。

苏俄的苏维埃也不适合于中国——这个迷梦也一定有人继续做下去。

* * * * * * * *

中国没有急方可以救好。

什么东西到了中国都变为"中国低文化的"。

努力研究世界，明了现代文化的各方面。

* * * * * * * *

C.的战略——使大家觉紧张，世界大战快到；罢工，罢课，加入革命活动。

我的分析态度，C.以为太缓，分散他们的力量。

[十一月] 十六日，三

今天打听明年暑假赴檀香山船期。

六月十九日离上海，廿九日到檀。

八月十七日离檀，廿九日到上海。

离津大约在六月十五日。大学考试可稍提前，中学大致工作已结束。

下学年工作计划在离津前定好。

* * * * * * * *

校长昨天又问我想好工作计划没有。他有可以用美国捐的三万多与张学良个人捐的二万多，息钱每月可有五百余元。

我要作什么研究？我想有什么工作的成绩？

一、教工训练所——学校部，戏剧部。

训练实际的社会改造家，先要有社会改造的理论与坚强的意志。

我是做这样事的人吗？怕的是不能持久。难题一定不少，见难思迁是我的旧病。

自己努力研究，不能让琐事来麻烦，白费去宝贵的精神。

文字的发表必须做到。

二、专心教书，读书，写文章。

先不要什么组织，也不作行政事。

教思想（特别社会改造的理论）及戏剧。有工夫写出研究的结果。

在国内或国外可以自由。

只写文章可以使我满意吗？写文章的人很多，有新制度创造能力的不多。

至于持久的问题仍在我自制的力量如何？

当于作教工训练所的事，也可以——并且应当——写文章。

* * * * * * * *

根本对于中国问题的认识——及中国民族的出路——必须有一个坚信的把握。不然，各样步骤与设施都是没有基础的。

Marx 的学说，我想逃也逃不开。我对于这一派的思想必须看清楚，并且弄明白我自己的态度。

[十一月] 十七日，四

我的性格宜于做什么？

学者——无专长，不耐烦。

行政者——厌琐事的麻烦（信都不愿写）。

戏剧——知识不够精细。

"先知"——不能舍去小安逸（如吸烟）。

老在犹疑，老不能持久专心在某一种努力上。

怕得罪人，怕骂。

Luscious Porter 是小聪明的人。我不喜欢这一派。Carter 来信说他（P）介绍 Corbett 到 Chicago 教中文。如果我肯专心在为美国人研究中国旧东西，也有我的地位（如江亢虎），但在外国偷安我也觉着无味。

报载梅兰芳筹备赴 Chicago 演戏。不知谁为他筹划——大约齐如山约 ExMoy 及余上沅。就来约我，我也不管。组织内部的问题固然有，但我最不愿意的是与旧戏联合战线。我认旧戏是没有将来的。

* * * * * * * *

研究的事业——如何廉、张克忠[①]所做的——可以使我专心吗？我能研究什么问题？Research 是一件大家承认的事。但在 Rugg[②]来的时候，我们看出所谓教育上研究的空泛。数目字的研究在教育上（中国现状的教育上）没有什么用处（基础太不稳固），并且我在数目字也不感兴趣。

做历史类的研究，如教育史，戏剧史，思想文化史，我的预备太不充足。

比较的，我在制度的创设上相近些。

学术的设施与戏剧的导演，或者最能用我所长。

理论的基础又在动摇——C.的干涉在我的路上。他们攻击我的设施，因为他们以为我分散革命的力量。

* * * * * * * *

就决心做"教工训练所"的事吗？

遇到困难，阻碍，批判，讽骂……我又很容易不高兴！自信不坚。

必须破釜沉舟的决断一下！究竟我想做什么，要做什么？就是有人骂我，打我，不给我钱用，以致想杀死我……我还是要做的是什么？

---

① 张克忠（1903—1954），字子丹，天津静海人。南开中学毕业后，考入南开大学。后赴美国深造，获得麻省理工学院博士学位。1928 年回国，任南开大学教授，创办了应用化工研究所，任所长。1937 年抗日战争全面爆发，随南开大学迁往内地。后任资源委员会委员、昆明化工厂厂长。1947 年重返南开大学任教。

② 罗格（Harold Ordway Rugg, 1886—1960），时任美国哥伦比亚大学师范学院教授。

这才到了根本的根本。

* * * * * * * *

午后

下午学生会开全体大会。

C.份子想用群众造成紊乱的情绪。

我在高二、三集会上说话。我想指明中俄不同之点，并说出浮动的短见与无用。"懒人使长线"——救中国没有痛快的法子。青年想求快法，所以很易受煽惑。

认清环境，急追现代。这两种努力我必须做到。充实自己。

* * * * * * * *

五时

在集会说明我对 C.活动的态度。钦佩 Marx、Lenin 及俄国的成绩，但我们要看清中俄基本条件之不同。C.主义在中国之活动受的是中国幼稚病。

说明我是反对现在 C.活动的。在他们看，我是他们的敌人。这是无法避免的。我说的实在是我确信的。

我要帮助民族的长进，要为民族增光荣。这是我的原动力。做这样工作，什么阻力我都不怕。

中学的教育还有可做的事。

* * * * * * * *

自己校内的互疑互斗消磨宝贵精力，这是最可惜的。

* * * * * * * *

为学生想积极的事，团体组织也需要训练。

* * * * * * * *

六时

学生会全体大会等了一点多钟不足法定人数，结果没有开成。

学生会在 C.份子手里，就〈究〉竟是大多数的学生不会组织健全的团体。我们必须教给学生团体组织法。

自助社应当快快办起来。

新剧团演剧问题也要早决定。

[十一月] 十八日，五

只于批评 C.，不是根本办法。必须我们自己有出路。不然，必致落到与蒋介石同调。

C.能引青年,我们也应当有指给青年将来出路的方法。

一、能为主张努力牺牲;二、有精密的理论;三、有步骤有组织;四、为劳苦大众谋利——诚肯〈恳〉的,希望他们能奋斗。

自信良心清白,眼光深远,意志坚决,不怕麻烦。然后各样阻力都容易迈过或排除。

(不怕麻烦。)

* * * * * * * *

应做而怕麻烦的事必须立刻办去。

为大众,不为自己。

懒人无论如何不能有大成就。

[十一月] 十九日,六

学校筹备修盖礼堂。明春开工,十月可落成。

这就是教工训练所的剧场,后台是将来工作的地方。

当于政局这样不稳固的时候,还有建设工作的机会。谁也看不清将来究竟政局如何开展。我们努力建设也许是梦想。但是钱既已捐得,不得延迟不用。并且也不应畏缩不前。

* * * * * * * *

教工训练所是我终身的事业吗?兴趣能持久吗?

我可以有时间作自己长进文字的工作吗?

南开的教工训练所将来的成绩可以与经济学院相比吗?

自己先要看清自己的兴趣,学问与毅力如何。再要分析环境,看这样事业的发展机会如何。然后求同志一齐努力。

[十一月] 廿一日,一

与校长谈教工训练所的大概。他说再想办法,以后讨论。我说明年暑期到檀香山讲演,他说可以去。

我计划什么事,太急于得人的赞许。其实自信在自己。

迟疑——白空费时光!想做什么,就做什么。"三思后行"必致"一败涂地"!

今天理旧欠,及写寄美贺年信。

[十一月] 廿二日，二

教戏剧还觉着有兴趣。其实有什么效果！

自己写了什么剧了？

办中学又有什么效果？真可以造就几个为族增光的人吗？

今天大学新印章程要教员的称号，我的名下只好写"教育哲学教授"。我现在教的只是"西方戏剧"列在英文系。

在美国，我是"哲学教授"。我太想得人的尊敬！

就〈究〉竟我的称号是什么？中学主任我不愿意要，但是大家知道的，我也负着中学的责任。

我的学问是那一门？

假若办起教工训练所来，难说就以"所长"自足了！

下学期我给一门功课："现代教育思想"。那样我就成为教育哲学教授了吗？我的著述在那里？没有著述，如何配称"教授"？

如果看不起窄狭的"教授"生涯，我又有什么新奇的言论——如梁漱溟的著述，或陶知行的短篇文章——使我可以自成一家？

不在称号，还是在个人的专心努力。

* * * * * * * *

檀香山我是去不去？

教什么材料？译本太少了。我是戏剧专家吗？我是文学教授吗？

我就〈究〉竟是干什么的？

如果想在国外教书讲演，我也必须有我的著述和专门学问。

在美国时，想回国后做五年专门思想——哲学——的研究。回国后，一看研究真不易做，又加上中学的职务舍不掉，所以到现在，自己的工作又起了大疑惑。

* * * * * * * *

演戏不演，去檀不去……都在等着决定。都要看我自己以为什么是我的工作。

中心不定，无论什么小事都足使我迟疑。

[十一月] 廿三日，三

学生烦闷。我也烦闷。

C.的解释：这是小资产阶级的心态——机会主义，迟疑，畏缩。

无产阶级只有劳苦，奋斗，没有烦闷。

烦闷也需要相当闲暇。中国的无产阶级（如天津电车工人）渐渐多起来，现在只做经济斗争，将来也要发达政治的意识。

小资产者将来应如何自处？利用闲暇，预备需要的知识份子，或加入无产阶级帮同组织革命（所谓职业革命者）。

* * * * * * * *

究竟我自己怎样？

空烦闷是自杀！

也许毛病还在求速与投机。

（求速。）

无论做什么，都必须有决心。

* * * * * * * *

晚

看完英译本的"*Roar China*"。以先我所根据的中译本不对的地方太多，已整理的本子不能用。

决定暂不排这个剧。本子以外还有问题：新剧团多日不演，起首排五六十人登台的戏，不容易做好；布景灯光也很费精神；政治上的意见。（C.以为不应减少火夫的话，普通的人以为我介绍共产主义。）

如有演剧的兴趣，先"试演"三个独幕剧。旧演员可以温习，新演员可以得训练。布景、灯光，也可先从小处研究。

三个剧，两个用新的，一个用曾排过的——《压迫》。

这个问题决定了。

* * * * * * * *

校长在全体职教员会对于 C 学生下攻击令。在学期末或年终"强迫转学"。说到急时，用"滚蛋"的字样。或者他们滚蛋，不然，我们滚蛋。"到这个时候，必须有自信心。"——这是暗指前几天的谈话。还是他行，别人不行！

如果没有办法，只于"硬碰"，也不能算是办教育。

"干脆"就是青年的态度吗？

他自然看不起自信不坚的人。

* * * * * * * *

Taylor①组织一个"华北工业改进社"。伯苓是社长，翁咏霓②与Stuart③副社长，何廉也在内。又是这一群人。

是忌妒吗？

像是只有兄，何必要弟。

* * * * * * * *

我做我能做的事。

能讲演但能写书吗？能排剧但能编剧吗？

如果真有成绩，那怕无人承认！

写书，编剧，——大概在这方面我可以有我独立的工作。

* * * * * * * *

檀香山教书用什么材料？明天计划。决定以后，快去信通知。

[十一月] 廿四日，四

看了田汉在《文学月报》发表的两个戏：《暴风雨中的七个女性》《战友》。

第一个是讲话多的，不宜演作。写各人的思想与阶级背景确是观察很敏锐。内中一个布尔乔亚家的女子写得很像一般同情革命而不能舍去生活享受的骑墙派。

第二个——《战友》——很能在台上表演。田汉实在是有希望的剧家。我又不便排演这个戏，因为里面有鼓动学生运动的话。

* * * * * * * *

看人家的作品我羡慕。什么是我的立场，我的工作？

我劝学生们"充实自己，急追现代"，也就是告诉他们不要立刻参加革命活动。

假设参加，现在在天津可以做出什么事来。并且中学学生的知识实是太幼稚。到工厂区发一发传单，在学生刊物上骂一骂法西斯蒂教育就算是工作吗？

中国的革命不是浮浅的人能领导起来的，中国不能完全仿效苏俄的

---

① 戴乐仁（John Bernard Taylor，1878—1951），英国人。1906年来华，在天津新学书院任教。1919年任燕京大学教授，1932年回英国。

② 翁文灏（1889—1971），字咏霓，浙江鄞县人。1912年获比利时天主教鲁汶大学地质学博士。同年回到中国，在北洋政府农商部任事，并在地质研究所任讲师、主任教授。同时兼任北京大学、清华大学教授，为国立中央研究院院士。

③ 指燕京大学校长司徒雷登。

方式。

大众的力量必须有工厂工人（真无产阶级）作中心。我们先要认识他们，看他们是否有领导的能力。中国的无产阶级包含着那样的民族性？他们的团结力如何？

* * * * * * * *

我们期望于学生的是埋头读书不问政局吗？

中国这样危急，应当如何领导青年才对？

我自己应当怎样？

C.说法可以批判我是有饭吃的，有社会地位的知识分子。现状待我已经不坏，我又何必忙于革命？并且为解除忌妒给我的不满，我可以到美国用流利的英语博得自重与金洋。忙于革命于我有什么好处？

对于时髦的左倾思想，表一点 Sentimental①的同情，还可以得人赞许我宽博！俄国也去过一趟更可以"虎"〈唬〉人！

我不必责学生们烦闷，我是最烦闷的之一！

* * * * * * * *

空虚，狂大！

文字发表，思想，读书，观察力，生活方式，……都是没有努力过！用小聪明骗得一时的人说好！为大众谋利益根本不是我的动机！

真是意志薄弱的享受安逸者！

B.侮辱我，实在我侮辱我自己。

* * * * * * * *

踌躇徘徊是胆怯的自杀！

矛盾之后必有进一步的发展，也许快到从量变转质变的阶段了。

* * * * * * * *

究竟我去檀香山不去。因为预备教材，也许可以翻译出几种东西来。用唯物观点作研究的立场。什么是唯物论？——我自己用过什么深刻的工夫去研究，分析或反驳？我只是道听途说的知识贩子！真不配作学者！

（道听途说的知识贩子！）

* * * * * * * *

下午

见到一步，先走一步。

_____

① 情感上的。

假设决定暑假到檀去教书，有什么心中的不满和实际的困难。

一、是为钱去的。也是为在学术上求独立，求中国以外的承认。

二、投降美国资本主义。我有我的立场，不能因为去讲演就算是投降。

三、缺少戏剧专心的研究。这次需要预备工作，这就是专心研究的机会。也可以藉这个机会，实地分析一次究竟中国戏在现代世界上有什么地位。在学术上没有著述，能冒充学者吗？并且在南开我的名称——中学主任，大学教育哲学教授——没有涉及在戏剧上的成就。

四、英译本的材料太少，不够教用。这是实际的困难。在戏剧方面还远不如在哲学方面。也许可以赶译几种为明年暑期用？翻译不是易事——并且 Waley[①]以为中国剧本的文学价值在世界上可以说没有地位。只靠一些历史及解释，讲不了三四次就穷于词了。虽然可以说些不相干的社会思想，文学背景，文化变迁……的话，就〈究〉竟必须在戏剧本身上有材料。

五、离开此地已创设的试验，做另一方面的工作。中学的"力心同劳"的新教育试验，西广开社会实地工作及辅导制的推行——这三种新设施我能不负责吗？如果答应去檀，预备上需要很多时间。并且夏天的两个半月不能在校筹划。

＊＊＊＊＊＊＊＊

这些问题如何解决？

如果不去，又觉着失去一个机会。与外面接触，一暑期的休息，得几个余钱用，有一点学校以外的兴趣，——这些利益也不可多得的。

＊＊＊＊＊＊＊＊

晚

如果去教，大约每天一小时或二小时（如果因学生分为二组），六个星期共三十小时。讲些什么？

暑期学校的总题是太平洋诸国的戏剧及相关的艺术。

要我讲的自然是中国戏剧及相关艺术。所谓相关的艺术大约不外文学（诗歌），音乐，舞蹈，画（颜色，线条，意境）。

三十小时最好分为六个单元（一星期一个）。草案：

一、中国戏剧的发达——总论。

二、中国戏剧与文学——中国诗歌与剧本。

---

① 韦利（Arthur David Waley, 1889—1966），英国人，汉学家。

三、中国戏剧与人生观——旧人生哲学的派别与剧中思想。

四、中国戏剧的演作（一）——演员的训练，舞台，动作（身段），服装，音乐。

五、中国的演作（二）——表演些姿势，利用照相与流〈留〉音机。

六、近年来中国戏剧的变迁——新文化运动，革命文学，中国戏在现代世界艺术的地位。

＊＊＊＊＊＊＊＊

最苦的是没有剧本（英译的）。

为身段的表演，自己还要下一番功夫。

[十一月] 廿五日，五

昨天想一想可以教什么，就更清楚自己没有一样专长。

戏的材料不够，又想加上一点诗，哲，为的是充满学生的读物。这又是东拉西扯去骗钱得名！

自己静思，真危险！过四十的人还没有找着一生的总目的！以往因为贪名（也贪利），只有得人说好的机会我就去投。在美时，我是哲学教授又是名导演，用一口流利的英语骗得名利不少。我充哲学家，我有什么著述？充戏剧导演，我有什么成绩？

难说明年夏天还去骗人！

不去，我可以沉下气来做一点充实自己的工作。必须干脆地，决定一种努力的工作——是教育（如办中学）？戏剧（明年专心排戏，写戏）？思想（中国社会变迁的意义）？国外宣传（使外人重视中国文化）？

不肯决定，结果必定一生空过，一事无成！

在大学，何廉、张克忠等都有一定的目标。黄子坚性近浮浅，但是他自己不觉什么不满。

我性骄而妒，不肯安居人下。我轻视人，但自己没有一样专长在人间能出类拔萃。

＊＊＊＊＊＊＊＊

动机上是个人主义。为自己出风头，忘了大众。为大众，应当做什么？我能做什么？

从现在，舍去一切个人主义，为大众奋斗吗？过田汉那种生活，我能吗？业成定县的那几位留学生又觉着没有很大的意义。

破釜沉舟是惟一取胜之道。但要避免"一鸣惊人"的狂念！

"按步〈部〉就班"地做琐碎的日常工作。

在美国，我那能与胡适的名望比。将来，如不努力，我就永久降在晏、何①等之下了！（其实，晏、何真比我多具体的成绩。）

在国内，我有什么具体的成绩？办过一次清华，没有文字的记载。想出中学的几点设施，也是没有写记下来。五哥最低留下许多建筑作他工作的纪念，我将来留下什么工作的痕迹？

＊＊＊＊＊＊＊＊

"教工训练所"是空想。自己必须写文字。五哥有建筑，我要有文字的作品——也许内中有可以比建筑还多延年的。这倒不是狂大，只看努力如何。但是基础太坏了！

＊＊＊＊＊＊＊＊

写文字，一概行政小事不必问。Marx，Lenin，Gandhi 用文字，Ibsen、Haptmann②、Shaw 用文字，Dewey、Shatsky③用文字，胡适、梁漱溟用文字，田汉、西林也用文字。

知识分子的作品自然用文字造成。

征服文字——这就是这一阶段内在矛盾的量转质。

（征服文字。）

从想在办事上与五哥争，转到用文字。从排戏转到写戏。从用讲说出风头，转到写文字发表。

＊＊＊＊＊＊＊＊

到檀教书，如能迫我写文字发表，我不可失这个机会。

下学期，在大学教一门"现代教育思想"，也为写文字。

知识工作者，不用文字不能有生命的痕迹。

［十一月］廿七日，日

昨天看新出的《南中学生》④。对学校取敌视的态度——这是一时各种出版物给学生们的。敌视办学校的人，以与学校合作为可耻。反帝就要先在学校里闹。

---

① 分别指晏阳初与何廉。

② 霍普特曼（Gerhart Hauptmann，1862—1946），德国剧作家。

③ 沙斯基（Stanislav Shatsky，1878—1934），俄国教育家、作家。

④ 由天津南开中学学生自治会编辑出版的校内刊物。

互相消磨力量在这无聊的敌对上，实在不值得。……

什么建设，C 都反对，因为他们认为分散革命的注意。所以他们对于南开新试验想法攻击拆毁。说这是改良主义，不彻底。

我们还办不办？

我与校长态度不同，我不高兴受他的轻视。如果中学责任完全在我，上面没有批评和讽刺，我或者把全力放在中学的改造。现在一面学生幼稚，一面校长专决，我是两面不讨好。……我想在中国局面不是那样简单。我信将来胜利在我——学生太浮浅，校长太以为学校是他的独有物。

* * * * * * * *

南开的将来如何？要看社会的转移。如果资本主义能维持，私立学校还可以有地方去捐款。南开——一个私人捐钱与政府补助办的学校——在基本上不能革命，不能反对资本家与军人。并且学生也来自小资产者居多。在现在环境下，只可做到自由主义，民族资本社会节制。左也不过左到慈善的改良穷人生活。

至于继续校长的人的问题，要看谁能捐得钱来。如果社会上根本没有余钱，学校或关门，或改为工厂兼教育。

这又想得空远了。一时的事等着办：学生会如何应付？我找他们执委来谈话？如何引导他们与学校合作？或者取强硬态度直接干涉学生会活动——特别是出版？这是目前的待决问题。

* * * * * * * *

个人待决问题：赴檀教书的材料。

* * * * * * * *

这两个问题快快决定。不管人说好说坏——就可以不踌躇。校长说什么，学生说什么，美国人说什么，中国人（注意我在国外活动的——也许忌妒）说什么——都不管！

正是练自信的机会。先自信，别的都是次焉者！以往大病——也是痛苦与软弱的根源——在不能坚决自信！

养勇在自反而缩。

* * * * * * * *

下午

读《现代》（十一月）：苏汶的《论文学上的干涉主义》，鲁迅的《论"第三种人"》。

苏主张政治不可以"不正确"干涉文学。当于政治想获得文学武器的紧张斗争的时候，"正确"倒好像是"有利"的别名，它与"真实"是根本无关的。至于造谣中伤，更是下焉者的手段。

鲁迅说："生在有阶级的社会里面要做超阶级的作家，生在战斗的时代而要离开战斗而独立，生在现在而要做给与将来的作品，这样的人，实在也是一个心造的幻影，在现实世界上是没有的。"

（但是阶级的意识在现在的中国社会里究竟有多少实在性？"阶级"这个概念在西方近百余年来才发现的，特别鲜明是在新工业兴起后。思想——分析社会的思想——也是相对的。）

* * * * * * * *

在教育上，也有同样的现象。政治要获得这样武器。但教育又有与文学不同之点——左翼作家虽被压迫，仍能个人工作。教育工作者不能"左"；"左"如明显，学校必被停办；在现代方法下教育工作者离开学校的设备就不能工作。除非他变为政治工作者。

教育工作——如果在现状下想维持——必须认在不受政治支配之外，还有教育独立的工作。（在文化落后的中国，教育有它特别的使命。我们什么都不如人。）

苏、鲁迅，都承认："定要有自信的勇气，才会有工作的勇气。"

巧了，我也正有这样感想。